CÓDIGO
DO
PROCEDIMENTO ADMINISTRATIVO

CÓDIGO DO PROCEDIMENTO ADMINISTRATIVO

AUTORES
MÁRIO ESTEVES DE OLIVEIRA
PEDRO COSTA GONÇALVES
JOÃO PACHECO DE AMORIM

EDITOR
EDIÇÕES ALMEDINA, SA
Av. Fernão Magalhães, n.º 584, 5.º Andar
3000-174 Coimbra
Tel.: 239 851 904
Fax: 239 851 901
www.almedina.net
editora@almedina.net

PRÉ-IMPRESSÃO I IMPRESSÃO I ACABAMENTO
G.C. GRÁFICA DE COIMBRA, LDA.
Palheira – Assafarge
3001-453 Coimbra
producao@graficadecoimbra.pt

Junho, 2010

DEPÓSITO LEGAL
106815/97

Os dados e as opiniões inseridos na presente publicação
são da exclusiva responsabilidade do(s) seu(s) autor(es).

Toda a reprodução desta obra, por fotocópia ou outro qualquer
processo, sem prévia autorização escrita do Editor, é ilícita
e passível de procedimento judicial contra o infractor.

Biblioteca Nacional de Portugal – Catalogação na Publicação

PORTUGAL. Leis, decretos, etc.

Código do procedimento administrativo :
comentado / Mário Esteves de Oliveira,
Pedro Costa Gonçalves, João Pacheco de
Oliveira
ISBN 978-972-40-0989-6

I – OLIVEIRA, Mário Esteves de
II – GONÇALVES, Pedro
III – AMORIM, João Pacheco de

CDU 342

Mário Esteves de Oliveira

Pedro Costa Gonçalves   João Pacheco de Amorim

CÓDIGO
DO
PROCEDIMENTO ADMINISTRATIVO

COMENTADO

2.ª edição

(8.ª REIMPRESSÃO DA EDIÇÃO DE 1997)

colaboração de
Rodrigo Esteves de Oliveira

Os exemplares desta obra são numerados
e rubricados por um dos autores

Mário Esteves de Oliveira

873

Toda a reprodução, por fotocópia ou qualquer outro processo, sem

prévia autorização escrita dos Autores ou do Editor, é ilícita e

passível de procedimento judicial contra os infractores.

PREFÁCIO À 2.ª EDIÇÃO

Foram muito penosos e laboriosos os trabalhos respeitantes à 1.ª edição desta obra. Feita a par de outras obrigações, académicas e profissionais, dos autores, a pressão dos editores para a publicar levou-os a permiti-la, quando ainda estava pejada de imperfeições. Talvez útil, a obra era também defeituosa e incompleta, em vários aspectos e questões — havendo, até, índices, que fizemos dos comentários de cada artigo, erroneamente numerados.

A necessidade de uma segunda edição era, e não só por isso, óbvia. A superveniência do Decreto-Lei n.º 6/96, de 31 de Janeiro, com uma actualização relativamente aprofundada da disciplina do Código e a necessidade de cumprir a promessa de apresentar um índice por matérias, que facilitasse a consulta, tornaram esta nova edição também num imperativo.

Sendo assim, é claro que muitas das reservas e ressalvas feitas anteriormente, se devem considerar em vigor também para ela, muito embora — apesar de nos mantermos fiéis à ideia, aos tópoi e à controvertibilidade da 1.ª edição — se trate, em tantos aspectos, de um livro novo: comentaram-se extensamente as alterações legislativas do Código, reviram-se e aumentaram-se significativamente as questões discutidas e as matérias tratadas, fizeram-se opções sobre temas que apenas se questionavam, procurou escrever-se mais escorreitamente e sistematizar os comentários à medidas da comodidade dos leitores, alargaram-se as citações doutrinais e incluíu-se (a muitos propósitos), no próprio texto dos comentários, referências à jurisprudência existente sobre matérias que interessam à interpretação, à integração e à aplicação do Código.

Circunstâncias da vida académica e profissional de cada um de nós, fizeram, porém, com que os trabalhos desta segunda edição recaissem, quase exclusivamente, sobre o primeiro dos seus co-autores (e da colaboração que obteve para o efeito) sem que os seus colegas nela pudessem reflectir e escrever o que, no respectivo entendimento, mais contribuiria para a melhoria da obra.

Por outro lado, seria injusto não destacar — como destacaria qualquer outra pessoa que tivesse ajudado do mesmo modo na reflexão, no preenchimento e na redacção desta edição — a valia quantitativa e qualitativa da contribuição recebida de quem, para estes efeitos, tem o azar de transportar o meu nome e sem o qual seria completamente impossível dar a obra à estampa neste momento.

Preliminares

Como seria injusto, também, não ressaltar a contribuição do Sr. Dr. José Luis Bagulho, e ainda do Sr. Dr. Gonçalo Tavares, que "esgravataram" e organizaram tantas versões, tantas buscas e tanta leitura com que se teve que lidar para preparar esta edição, tendo tido ainda participação valiosa na elaboração do difícil índice ideográfico.

Lisboa, 21 de Novembro de 1996

ABREVIATURAS

Código de abreviaturas e siglas mais usadas (*)

AD — Acórdãos Doutrinais do Supremo Tribunal Administrativo, revista mensal.

BFDUC — Boletim da Faculdade de Direito da Universidade de Coimbra.

BMJ — Boletim do Ministério da Justiça.

CPA-INA — O Código do Procedimento Administrativo — Seminário Fundação Calouste Gulbenkian, Instituto Nacional de Administração, 1992.

CRP — Constituição da República Portuguesa.

ETAF — Estatuto dos Tribunais Administrativos e Fiscais, Decreto-Lei n.° 129/84, de 27 de Abril e suas alterações.

LAL — Lei das Autarquias Locais, Decreto-Lei n.° 100/84, de 29 de Março e suas alterações.

LOSTA — Lei Orgânica do Supremo Tribunal Administrativo, Decreto-Lei n.° 40768, de 8 de Setembro de 1956.

LPTA — (ou Lei do Processo) — Lei de Processo nos Tribunais Administrativos, Decreto-Lei n.° 267/85, de 16 de Junho, e alterações introduzidas.

Projecto — O Projecto do CPA, submetido a aprovação do Governo; as referências às anotações dos AA. do *Projecto* entendem-se feitas para o Código do Procedimento Administrativo Anotado, de Freitas do Amaral, João Caupers, Martins Claro, João Raposo, Siza Vieira e Pereira da Silva, 1.ª edição, Almedina, 1992.

RDES — Revista de Direito e Estudos Sociais.

(*) As siglas "a.a.", "c.a." e "p.a." aparecem usadas apenas nos índices, com o significado, respectivamente, de "acto administrativo", "contrato administrativo" e "procedimento administrativo".

Abreviaturas

RDJ   Revista de Direito e Justiça, revista da Faculdade de Direito da Universidade Católica Portuguesa, vol. VI. 1992.

RDP   Revista de Direito Público.

RJUA   Revista Jurídica do Urbanismo e do Ambiente, Instituto de Direito do Urbanismo e do Ambiente, Lda.

RLJ   Revista de Legislação e de Jurisprudência.

STA   Supremo Tribunal Administrativo.

ÍNDICE GERAL

	Pags.
PREFÁCIO À 2.ª EDIÇÃO	5
ABREVIATURAS	7
ÍNDICE GERAL	9
LEIS DE AUTORIZAÇÃO	19
DECRETO-LEI N.° 442/91 (15 de Novembro)	23
DECRETO-LEI N.° 6/96 (31 de Janeiro)	29

CÓDIGO DO PROCEDIMENTO ADMINISTRATIVO

NOTA PRÉVIA	33

PARTE I
Princípios gerais

CAPÍTULO I
Disposições preliminares

ARTIGO 1.°	(Definição)	43
ARTIGO 2.°	(Âmbito de aplicação)	62

CAPÍTULO II
Princípios gerais

PRELIMINARES		83
ARTIGO 3.°	(Princípio da legalidade)	85
ARTIGO 4.°	(Princípio da prossecução do interesse público e da protecção dos direitos e interesses dos cidadãos)	96
ARTIGO 5.°	(Princípios da igualdade e da proporcionalidade)	99
ARTIGO 6.°	(Princípio da justiça e da imparcialidade)	106
ARTIGO 6.°-A	(Princípio da boa-fé)	108
ARTIGO 7.°	(Princípio da colaboração da Administração com os particulares)	116

Índice Geral

Págs.

ARTIGO 8.º   (Princípio da participação)... 122
ARTIGO 9.º   (Princípio da decisão) 125
ARTIGO 10.º   (Princípio da desburocratização e da eficiência) 131
ARTIGO 11.º   (Princípio da gratuitidade)... 133
ARTIGO 12.º   (Princípio do acesso à justiça)... 136

PARTE II
Dos sujeitos

CAPÍTULO I
Dos órgãos administrativos

SECÇÃO I
Generalidades

PRELIMINARES 139
ARTIGO 13.º   (Órgãos da Administração Pública)....................................... 142

SECÇÃO II
Dos órgãos colegiais

PRELIMINARES 143
ARTIGO 14.º   (Presidente e secretário)... 147
ARTIGO 15.º   (Substituição do presidente e secretário)............................... 154
ARTIGO 16.º   (Reuniões ordinárias).. 156
ARTIGO 17.º   (Reuniões extraordinárias)... 158
ARTIGO 18.º   (Ordem do dia).. 160
ARTIGO 19.º   (Objecto das deliberações)... 162
ARTIGO 20.º   (Reuniões públicas)... 164
ARTIGO 21.º   (Inobservância das disposições sobre convocação de reuniões) 166
ARTIGO 22.º   (Quórum)... 168
ARTIGO 23.º   (Proibição da abstenção).. 170
ARTIGO 24.º   (Formas de votação) 173
ARTIGO 25.º   (Maioria exigível nas deliberações).. 179
ARTIGO 26.º   (Empate na votação) 181
ARTIGO 27.º   (Acta da reunião) 182
ARTIGO 28.º   (Registo na acta do voto de vencido) 188

SECÇÃO III
Da competência

ARTIGO 29.º   (Irrenunciabilidade e inalienabilidade).................................. 190
ARTIGO 30.º   (Fixação da competência)... 195

Índice Geral

		Págs.
ARTIGO 31.º	(Questões prejudiciais)	197
ARTIGO 32.º	(Conflitos de competência territorial)	202
ARTIGO 33.º	(Controlo da competência)	203
ARTIGO 34.º	(Apresentação de requerimento a órgão incompetente)	205

SECÇÃO IV
Da delegação de poderes e da substituição

ARTIGO 35.º	(Da delegação de poderes)	209
ARTIGO 36.º	(Da subdelegação de poderes)	220
ARTIGO 37.º	(Requisitos do acto de delegação)	222
ARTIGO 38.º	(Menção da qualidade de delegado ou subdelegado)	225
ARTIGO 39.º	(Poderes do delegante ou subdelegante)	227
ARTIGO 40.º	(Extinção da delegação ou subdelegação)	233
ARTIGO 41.º	(Substituição)	234

SECÇÃO V
Dos conflitos de jurisdição, de atribuições e de competência

ARTIGO 42.º	(Competência para a resolução dos conflitos)	236
ARTIGO 43.º	(Resolução administrativa dos conflitos)	241

SECÇÃO VI
Das garantias de imparcialidade

ARTIGO 44.º	(Casos de impedimento)	242
ARTIGO 45.º	(Arguição e declaração do impedimento)	250
ARTIGO 46.º	(Efeitos da arguição do impedimento)	252
ARTIGO 47.º	(Efeitos da declaração do impedimento)	254
ARTIGO 48.º	(Fundamento da escusa e suspeição)	256
ARTIGO 49.º	(Formulação do pedido)	260
ARTIGO 50.º	(Decisão sobre a escusa ou suspeição)	261
ARTIGO 51.º	(Sanção)	263

CAPÍTULO II
Dos interessados

ARTIGO 52.º	(Intervenção no procedimento administrativo)	265
ARTIGO 53.º	(Legitimidade)	268

Índice Geral

PARTE III
Do procedimento administrativo

CAPÍTULO I
Princípios gerais

Págs.

PRELIMINARES		289
ARTIGO 54.º	(Iniciativa)	291
ARTIGO 55.º	(Comunicação aos interessados)	302
ARTIGO 56.º	(Princípio do inquisitório)	306
ARTIGO 57.º	(Dever de celeridade)	311
ARTIGO 58.º	(Prazo geral para a conclusão)	313
ARTIGO 59.º	(Audiência dos interessados)	317
ARTIGO 60.º	(Deveres gerais dos interessados)	318

CAPÍTULO II
Do direito à informação

PRELIMINARES		321
ARTIGO 61.º	(Direito dos interessados à informação)	326
ARTIGO 62.º	(Consulta do processo e passagem de certidões)	331
ARTIGO 63.º	(Certidões independentes de despacho)	336
ARTIGO 64.º	(Extensão do direito de informação)	339
ARTIGO 65.º	(Princípio da administração aberta)	342

CAPÍTULO III
Das notificações e dos prazos

SECÇÃO I
Das notificações

ARTIGO 66.º	(Dever de notificar)	347
ARTIGO 67.º	(Dispensa de notificação)	351
ARTIGO 68.º	(Conteúdo da notificação)	354
ARTIGO 69.º	(Prazo das notificações)	359
ARTIGO 70.º	(Forma das notificações)	360

SECÇÃO II
Dos prazos

ARTIGO 71.º	(Prazo geral)	364
ARTIGO 72.º	(Contagem dos prazos)	367
ARTIGO 73.º	(Dilação)	371

CAPÍTULO IV
Da marcha do procedimento

SECÇÃO I
Do início

Págs.

PRELIMINARES		373
ARTIGO 74.º	(Requerimento inicial)	375
ARTIGO 75.º	(Formulação verbal do requerimento)	382
ARTIGO 76.º	(Deficiência do requerimento inicial)	383
ARTIGO 77.º	(Apresentação de requerimentos)	387
ARTIGO 78.º	(Apresentação dos requerimentos em representações diplomáticas ou consulares)	389
ARTIGO 79.º	(Envio do requerimento pelo correio)	391
ARTIGO 80.º	(Registo de apresentação de requerimentos)	391
ARTIGO 81.º	(Recibo de entrega de requerimentos)	394
ARTIGO 82.º	(Outros escritos apresentados pelos interessados)	395
ARTIGO 83.º	(Questões que prejudiquem o desenvolvimento normal do procedimento)	396

SECÇÃO II
Das medidas provisórias

ARTIGO 84.º	(Admissibilidade de medidas provisórias)	399
ARTIGO 85.º	(Caducidade das medidas provisórias)	410

SECÇÃO III
Da instrução

PRELIMINARES		413

SUBSECÇÃO I
Disposições gerais

ARTIGO 86.º	(Direcção da instrução)	415
ARTIGO 87.º	(Factos sujeitos a prova)	418
ARTIGO 88.º	(Ónus da prova)	422
ARTIGO 89.º	(Solicitação de provas aos interessados)	425
ARTIGO 90.º	(Forma da prestação de informações ou da apresentação de provas)	428
ARTIGO 91.º	(Falta de prestação de provas)	429
ARTIGO 92.º	(Realização de diligências por outros serviços)	431
ARTIGO 93.º	(Produção antecipada de prova)	432

Índice Geral

SUBSECÇÃO II
Dos exames e outras diligências

Págs.

ARTIGO 94.º (Realização de diligências) 433
ARTIGO 95.º (Notificação aos interessados) 436
ARTIGO 96.º (Designação de peritos pelos interessados) 438
ARTIGO 97.º (Formulação de quesitos aos peritos) 440

SUBSECÇÃO III
Dos pareceres

ARTIGO 98.º (Espécies de pareceres) 441
ARTIGO 99.º (Forma e prazo dos pareceres) 446

SUBSECÇÃO IV
Da audiência dos interessados

PRELIMINARES 448
ARTIGO 100.º (Audiência dos interessados) 451
ARTIGO 101.º (Audiência escrita) 457
ARTIGO 102.º (Audiência oral) 459
ARTIGO 103.º (Inexistência e dispensa de audiência dos interessados) 461
ARTIGO 104.º (Diligências complementares) 466
ARTIGO 105.º (Relatório do instrutor) 468

SECÇÃO IV
Da decisão e outras causas de extinção

ARTIGO 106.º (Causas de extinção) 472
ARTIGO 107.º (Decisão final expressa) 474
ARTIGO 108.º (Deferimento tácito) 475
ARTIGO 109.º (Indeferimento tácito) 488
ARTIGO 110.º (Desistência e renúncia) 500
ARTIGO 111.º (Deserção) 503
ARTIGO 112.º (Impossibilidade ou inutilidade superveniente) 505
ARTIGO 113.º (Falta de pagamento de taxas ou despesas) 507

PARTE IV
Da actividade administrativa

CAPÍTULO I
Do regulamento

PRELIMINARES 509
ARTIGO 114.º (Âmbito de aplicação) 511
ARTIGO 115.º (Petições) 516

Índice Geral

Págs.

ARTIGO 116.º (Projecto de regulamento) 520
ARTIGO 117.º (Audiência dos interessados) 523
ARTIGO 118.º (Apreciação Pública) 530
ARTIGO 119.º (Regulamentos de execução e revogatórios) 534

CAPÍTULO II
Do acto administrativo

PRELIMINARES 539

SECÇÃO I
Da validade do acto administrativo

PRELIMINARES 546
ARTIGO 120.º (Conceito de acto administrativo) 546
ARTIGO 121.º (Condição, termo ou modo) 568
ARTIGO 122.º (Forma dos actos) 575
ARTIGO 123.º (Menções obrigatórias) 580
ARTIGO 124.º (Dever de fundamentação) 588
ARTIGO 125.º (Requisitos da fundamentação) 600
ARTIGO 126.º (Fundamentação de actos orais) 606

SECÇÃO II
Da eficácia do acto administrativo

PRELIMINARES 610
ARTIGO 127.º (Regra geral) 613
ARTIGO 128.º (Eficácia retroactiva) 617
ARTIGO 129.º (Eficácia diferida) 624
ARTIGO 130.º (Publicidade obrigatória) 627
ARTIGO 131.º (Termos da publicação obrigatória) 630
ARTIGO 132.º (Eficácia dos actos constitutivos de deveres ou encargos) ... 633

SECÇÃO III
Da invalidade do acto administrativo

PRELIMINARES 637
ARTIGO 133.º (Actos nulos) 639
ARTIGO 134.º (Regime da nulidade) 651
ARTIGO 135.º (Actos anuláveis) 655
ARTIGO 136.º (Regime da anulabilidade) 660
ARTIGO 137.º (Ratificação, reforma e conversão) 662

Índice Geral

SECÇÃO IV
Da revogação do acto administrativo

Págs.

PRELIMINARES 666
ARTIGO 138.° (Iniciativa da revogação) 672
ARTIGO 139.° (Actos insusceptíveis de revogação)................................... 674
ARTIGO 140.° (Revogabilidade dos actos válidos) 675
ARTIGO 141.° (Revogabilidade dos actos inválidos).................................. 681
ARTIGO 142.° (Competência para a revogação) 684
ARTIGO 143.° (Forma dos actos de revogação).. 688
ARTIGO 144.° (Formalidades a observar na revogação)............................. 690
ARTIGO 145.° (Eficácia da revogação) 691
ARTIGO 146.° (Efeitos repristinatórios da revogação) 693
ARTIGO 147.° (Alteração e substituição dos actos administrativos) 694
ARTIGO 148.° (Rectificação dos actos administrativos).............................. 696

SECÇÃO V
De execução do acto administrativo

PRELIMINARES 698
ARTIGO 149.° (Executoriedade).. 708
ARTIGO 150.° (Actos não executórios) 713
ARTIGO 151.° (Legalidade da execução) 719
ARTIGO 152.° (Notificação da execução) 726
ARTIGO 153.° (Proibição de embargos)... 731
ARTIGO 154.° (Fins da execução).. 732
ARTIGO 155.° (Execução para pagamento de quantia certa)...................... 733
ARTIGO 156.° (Execução para entrega de coisa certa) 738
ARTIGO 157.° (Execução para prestação de facto)..................................... 740

SECÇÃO VI
Da reclamação e dos recursos administrativos

PRELIMINARES 743

SUBSECÇÃO I
Generalidades

ARTIGO 158.° (Princípio geral).. 747
ARTIGO 159.° (Fundamentos da impugnação).. 751
ARTIGO 160.° (Legitimidade).. 753

Índice Geral

SUBSECÇÃO II
Da reclamação

		Págs.
ARTIGO 161.º	(Princípio geral)	757
ARTIGO 162.º	(Prazo da reclamação)	759
ARTIGO 163.º	(Efeitos da reclamação)	762
ARTIGO 164.º	(Prazos de recurso)	767
ARTIGO 165.º	(Prazo para decisão)	768

SUBSECÇÃO III
Do recurso hierárquico

ARTIGO 166.º	(Objecto)	770
ARTIGO 167.º	(Espécies e âmbito)	773
ARTIGO 168.º	(Prazos de interposição)	775
ARTIGO 169.º	(Interposição)	777
ARTIGO 170.º	(Efeitos)	779
ARTIGO 171.º	(Notificação dos contra–interessados)	783
ARTIGO 172.º	(Intervenção do órgão recorrido)	785
ARTIGO 173.º	(Rejeição do recurso)	789
ARTIGO 174.º	(Decisão)	791
ARTIGO 175.º	(Prazo para a decisão)	795

SUBSECÇÃO IV
Do recurso hierárquico impróprio e do recurso tutelar

ARTIGO 176.º	(Recurso hierárquico impróprio)	798
ARTIGO 177.º	(Recurso tutelar)	801

CAPÍTULO III
Do contrato administrativo

PRELIMINARES		805
ARTIGO 178.º	(Conceito de contrato administrativo)	808
ARTIGO 179.º	(Utilização do contrato administrativo)	816
ARTIGO 180.º	(Poderes da Administração)	821
ARTIGO 181.º	(Formação do contrato)	829
ARTIGO 182.º	(Escolha do co-contratante)	833
ARTIGO 183.º	(Obrigatoriedade de concurso público)	840
ARTIGO 184.º	(Forma dos contratos)	843
ARTIGO 185.º	(Regime de invalidade dos contratos)	844
ARTIGO 186.º	(Actos opinativos)	849
ARTIGO 187.º	(Execução forçada das prestações)	852
ARTIGO 188.º	(Cláusula compromissória)	855
ARTIGO 189.º	(Legislação subsidiária)	857

Índice Geral

Págs.

LEGISLAÇÃO AVULSA

DECRETO-LEI N.º 112/90, de 4 de Abril (Normalização do papel) 863

DECRETO-LEI N.º 129/91, de 2 de Abril
(Melhoria de qualidade dos serviços públicos a prestar aos utentes) 864

LEI n.º 65/93, de 26 de Agosto (Lei de acesso aos documentos da Administração)...... 869

LEI N.º 6/94, de 7 de Abril (Lei do segredo de Estado) 874

LEI N.º 26/94, de 19 de Agosto (Regulamenta a obrigatoriedade de publicação
de benefícios concedidos pela Administração Pública a particulares)..... 877

LEI N.º 83/95, de 31 de Agosto (Direito de participação procedimental e de
acção popular).. 879

ÍNDICE IDEOGRÁFICO.. 885

LEI N.º 32/91
de 20 de Julho

Autoriza o Governo a legislar sobre o procedimento administrativo e a actividade da Administração Pública

A Assembleia da República decreta, nos termos dos artigos 164.º, alínea *d*), 168.º, n.º 1, alínea *u*), e 169.º, n.º 3, da Constituição, o seguinte:

Artigo 1.º É concedida autorização ao Governo para legislar sobre o procedimento administrativo e a actividade da Administração Pública.

Artigo 2.º O sentido fundamental da legislação a elaborar é o seguinte:
- *a*) Disciplinar a organização e funcionamento da Administração Pública e racionalizar a sua actividade;
- *b*) Regular a formação e manifestação da vontade dos órgãos da Administração Pública;
- *c*) Assegurar o direito de informação dos particulares e a sua participação na formação das decisões que lhes digam directamente respeito;
- *d*) Assegurar a transparência da actividade da Administração Pública e o respeito pelos direitos e interesses dos cidadãos.

Artigo 3.º A autorização concedida pela presente lei tem a duração de 120 dias contados a partir da sua entrada em vigor.

Aprovada em 23 de Maio de 1991.

O Presidente da Assembleia da República, *Vítor Pereira Crespo.*

Promulgada em 28 de Junho de 1991.

Publique-se.

O Presidente da República, MÁRIO SOARES.

Referendada em 30 de Junho de 1991.

O Primeiro-Ministro, *Aníbal António Cavaco Silva.*

LEI N.º 34/95

de 18 de Agosto

Autoriza o Governo a alterar o
Código do Procedimento Administrativo

A Assembleia da República decreta, nos termos dos artigos 164.º, alínea *e*), 168.º, n.º 1, alínea *u*), e 169.º, n.º 3, da Constituição, o seguinte:

Artigo 1.º É concedida autorização ao Governo para rever o Código do Procedimento Administrativo, aprovado pelo Decreto-Lei n.º 442/91, de 15 de Novembro.

Art. 2.º O sentido e a extensão fundamentais da legislação a elaborar são os seguintes:

a) Alterar o disposto no n.º 6 do artigo 2.º, por forma a pôr termo às dúvidas levantadas em redor da aplicabilidade do Código a procedimentos especiais, designadamente no que respeita à contagem de prazos e funcionamento dos órgãos colegiais;

b) Fixar expressamente o momento a partir do qual se conta o prazo de dois anos previstos no n.º 2 do artigo 9.º e, bem assim, o momento que lhe põe termo;

c) Aperfeiçoar a disposição do n.º 2 do artigo 11.º sobre o juízo que a Administração deve fazer sobre a comprovada «insuficiência económica» do interessados, a fim de o dispensar do pagamento de taxas ou de despesas;

d) Acrescentar ao elenco dos princípios gerais da acção administrativa o princípio da boa fé;

e) Tornar subsidiária a convocação da reunião prevista no n.º 2 do artigo 22.º, viabilizando a existência de procedimentos especiais previstos em lei ou regulamento de modo que não ponham em causa a continuidade da acção do órgão colegial;

f) Alterar o disposto no artigo 23.º, por forma a permitir em geral a abstenção dos membros dos órgãos colegiais, salvo tratando-se de órgãos com funções consultivas e no âmbito dessas funções;

g) Regular o modo de fundamentação das deliberações tomadas por escrutínio secreto, previstas no n.º 2 do artigo 24.º, quando esta seja exigível, bem como precisar as situações que determinam a votação por este modo de escrutínio;

h) Rever em geral os prazos do procedimento administrativo e alterar a forma de contagem dos prazos superiores a seis meses e estabelecer a possibilidade de prorrogação do prazo geral para a conclusão do procedimento administrativo até ao limite máximo de seis meses, mediante autorização do superior hierárquico do instrutor ou do órgão colegial competente, designadamente quando as diligências relativas à audiência prévia assim o exijam;

i) Adoptar a regra de que a impugnação administrativa das medidas provisórias não tem efeito suspensivo;

j) Alargar a limitação do direito de informação aos casos de revelação de segredo comercial ou industrial ou relativo à propriedade literária, artística ou científica;

l) Aditar aos casos de dispensa de audiência prévia as situações em que o procedimento se dirija a um muito elevado número de interessados;

m) Precisar o objecto, conteúdo e elementos essenciais do acto administrativo;

Lei n.º 34/95, de 18 de Agosto

n) Admitir no próprio Código formas de execução dos actos, quando estejam em causa interesses públicos fundamentais, mantendo o regime geral de execução em vigor, sem diminuição de garantias dos particulares;

o) Reformular as regras relativas à execução administrativa para pagamento de quantia certa, tendo em vista o regime do Código de Processo Tributário;

p) Adoptar a regra de que a reclamação de actos insusceptíveis de recurso contencioso suspende os prazos do recurso hierárquico.

Art. 3.º A autorização concedida pela presente lei tem a duração de 90 dias.

Aprovada em 21 de Junho de 1995.

O Presidente da Assembleia da República, *António Moreira Barbosa de Melo*.

Promulgada em 28 de Julho de 1995.

Publique-se.

O Presidente da República, MÁRIO SOARES.

Referendada em 1 de Agosto de 1995.

Pelo Primeiro-Ministro, *Manuel Dias Loureiro*, Ministro da Administração Interna.

DECRETO-LEI N.° 442/91 *
de 15 de Novembro

1. O incremento constante das tarefas que à Administração Pública portuguesa cabe realizar nos mais diversos sectores da vida colectiva bem como a necessidade de reforçar a eficiência do seu agir e de garantir a participação dos cidadãos nas decisões que lhes digam respeito, têm vindo a fazer sentir cada vez mais a necessidade de elaboração de uma disiciplina geral do procedimento administrativo.

A Constituição de 1976, indo ao encontro do desejo generalizado de muitos especialistas e práticos, veio dispor no artigo 268.°, n.° 3, que "o processamento da actividade administrativa será objecto de lei especial, que assegurará a racionalização dos meios a utilizar pelos serviços e a participação dos cidadãos na formação das decisões ou deliberações que lhes disserem respeito".

Foi em cumprimento desse preceito constitucional — hoje o art. 267.°, n.° 4 — e dos objectivos que há muito vinham sendo definidos que se elaborou o presente "Código do Procedimento Administrativo".

2. Na elaboração deste Código teve-se em conta os ensinamentos do direito comparado e a larga experiência que já se pode colher da aplicação de leis de procedimento administrativo em países com sistemas político-administrativos tão diferentes como a Áustria, os Estados Unidos da América, a Espanha, a Jugoslávia e a Polónia, para apenas citar alguns dos mais importantes sob este ponto de vista. Particular atenção mere-

ceu a Lei do Procedimento Administrativo da República Federal da Alemanha, publicada em 1976, e a riquíssima elaboração doutrinal a que deu lugar.

Foi, porém, na doutrina e na jurisprudência portuguesas que se recolheram, de maneira decisiva, muitas das soluções adoptadas, devendo igualmente mencionar-se os projectos anteriormente elaborados, que serviram como trabalhos preparatórios indispensáveis.

A primeira versão do projecto, com a data de 1980, foi entretanto submetida a ampla discussão pública, em resultado da qual foi elaborada em 1982 uma segunda versão.

Finalmente em 1987 o Governo incumbiu um grupo de especialistas de preparar uma terceira versão.

É o resultado desse trabalho que constitui o presente diploma, tendo o texto sido ainda objecto de ajustamentos introduzidos após a audição dos diferentes departamentos ministeriais. Além disso, e muito embora a Assembleia da República não tenha apreciado o projecto na especialidade no âmbito do processo de concessão de autorização legislativa, ainda assim foi possível encontrar soluções de consenso que constituem aperfeiçoamentos da redacção final.

3. Nas primeiras versões do projecto deste diploma adoptava-se a designação tradicional entre nós de "processo administrativo gracioso"; a final perfilhou-se a designação mais moderna e mais rigorosa de "procedimento administrativo".

A nova nomenclatura é utilizada não tanto por razões teóricas como sobretudo por razões práticas, uma vez que se afigura ser mais facilmente compreensível para o grande público a noção de procedimento administrativo. Trata-se, no fundo, de regular juridicamente o modo de

---

* Com as alterações introduzidas no seu Preâmbulo (e nos seus preceitos) pelas Declarações de Rectificação n.ᵒˢ 265/91, publicada no Diário da República, 1.ª Série-A, de 31 de Dezembro e 22-A/92, publicada no Diário da República, 1.ª Série-A, de 29 de Fevereiro.

Decreto-Lei n.º 442/91

proceder da Administração perante os particulares. Daí a designação de Código do Procedimento Administrativo.

4. Um Código do Procedimento Administrativo visa sempre, fundamentalmente, alcançar cinco objectivos:

a) Disciplinar a organização e o funcionamento da Administração Pública, procurando racionalizar a actividade dos serviços;

b) Regular a formação da Administração, por forma que sejam tomadas decisões justas, legais, úteis e oportunas;

c) Assegurar a informação dos interessados e a sua participação na formação das decisões que lhes digam directamente respeito;

d) Salvaguardar em geral a transparência da acção administrativa e o respeito pelos direitos e interesses legítimos dos cidadãos;

e) Evitar a burocratização e aproximar os serviços públicos das populações.

Até aqui, apesar de uma lei do procedimento administrativo haver sido prometida por sucessivos governos desde o já longínquo ano de 1962, nem a Administração conhecia com rigor os seus deveres para com os particulares no decurso dos procedimentos administrativos por ela levados a cabo, nem os cidadãos sabiam com clareza quais os seus direitos perante a Administração Pública.

A partir de agora, e em virtude da elaboração deste Código, tanto o cidadão comum como os órgãos e funcionários da Administração passam a dispor de um diploma onde se condensa, em linguagem clara e que se julga acessível, o que de essencial têm de saber para pautar a sua conduta por forma correcta e para conhecerem os seus direitos e deveres uns para com os outros.

5. O âmbito de aplicação das disposições do Código do Procedimento Administrativo abrange todos os órgãos da Administração Pública que estabeleçam relações com os particulares, no desempenho da sua actividade de gestão pública (artigo 2.º). Os princípios gerais da actuação administrativa contidos no Código são ainda aplicáveis a toda e qualquer actividade da Adminis-

tração Pública, mesmo que meramente técnica ou de gestão privada (artigo 2.º, n.º 4).

Pretende-se, assim, por um lado, regular expressamente a actuação intersubjectiva de gestão pública da Administração, enquanto, por outro lado, a restante actividade administrativa, sem ser directamente regulada, não deixa de ficar subordinada aos princípios gerais da acção administrativa.

Prevê-se ainda a possibilidade de os preceitos deste Código serem mandados aplicar à actuação dos órgãos das instituições particulares de interesse público (artigo 2.º, n.º 5), bem como a procedimentos especiais, sempre que essa aplicação não envolva diminuição de garantias dos particulares (artigo 2.º, n.º 6).

6. O Código divide-se em quatro partes:
Parte   I — Princípios gerais;
Parte   II — Dos sujeitos;
Parte III — Do procedimento administrativo;
Parte IV — Da actividade administrativa.

Na parte I contêm-se as disposições preliminares (artigos 1.º e 2.º) e a enunciação dos princípios gerais da acção administrativa (artigos 3.º a 12.º).

Na parte II, que se ocupa dos sujeitos do procedimento, existem dois capítulos: o primeiro disciplina os órgãos administrativos (artigos 13.º a 51.º) e o segundo regula os interessados (artigos 52.º e 53.º).

A parte III versa sobre o procedimento administrativo e comporta quatro capítulos: um sobre princípios gerais (artigos 54.º a 60.º), outro sobre o direito à informação (artigos 61.º a 65.º), um terceiro sobre notificações e prazos (artigos 66.º a 73.º) e um quarto sobre a marcha do procedimento (artigos 74.º a 113.º).

Finalmente, a parte IV trata da actividade administrativa, e contém três capítulos correspondentes às três principais formas jurídicas da actividade administrativa de gestão pública: o regulamento (artigos 114.º a 119.º), o acto administrativo (artigos 120.º a 177.º) e o contrato administrativo (artigos 178.º a 188.º).

Houve a preocupação de eliminar os artigos desnecessários e de simplificar a redacção dos restantes: da primeira para a terceira versão, foram suprimidos 83 artigos, e muitos do que ficaram foram drasticamente reduzidos.

7. Na parte I estão contidos os princípios gerais da Administração Pública, designadamente o princípio da legalidade (artigo 3.°), o princípio da prossecução do interesse público e da protecção dos direitos e interesses do cidadão (artigo 4.°), os princípios da igualdade e da proporcionalidade (artigo 5.°), os princípios da justiça e da imparcialidade (artigo 6.°), o princípio da colaboração da Administração com os particulares (artigo 7.°), o princípio da participação (artigo 8.°), o princípio da decisão (artigo 9.°), o princípio da desburocratização e da eficiência (artigo 10.°), princípio da gratuitidade (artigo 11.°) e o princípio do acesso à justiça (artigo 12.°). Trata-se de princípios gerais cuja existência decorre, expressa ou implicitamente, dos preceitos constitucionais (máxime, artigos 266.° e seguintes) e que respeitam à organização e ao funcionamento de uma Administração Pública típica de um moderno Estado de Direito.

8. A parte II do Código ocupa-se dos sujeitos das relações administrativas, compreendendo um capítulo I, referente aos órgãos administrativos, e um capítulo II, referente aos interessados.

No capítulo I são enumerados os órgãos da Administração Pública (artigo 13.°); é regulado o funcionamento dos órgãos colegiais (artigos 14.° e seguintes); são estabelecidas regras referentes à competência dos órgãos administrativos (artigos 29.° e seguintes); é definido o regime jurídico da delegação de poderes e da substituição (artigos 35.° e seguintes); é determinada a competência para a resolução de conflitos de jurisdição, de atribuições e de competências (artigos 42.° e 43.°), e são reguladas as garantias de imparcialidade da Administração Pública (artigos 44.° e seguintes).

No capítulo II é estabelecido o direito de intervenção dos particulares no procedimento administrativo, (artigo 52.°) e é atribuída legitimidade para iniciar o procedimento administrativo ou intervir nele aos titulares de direitos ou interesses legalmente protegidos e às associações que tenham por fim a defesa desses interesses, bem como aos titulares de interesses difusos e às associações dedicadas à defesa dos mesmos (artigo 53.°). Consideram-se, inovadoramente, interesses difusos os que tenham por objecto bens fundamentais como a saúde pública, a habitação, a educação, o património cultural e o ambiente e a qualidade de vida [artigo 53.°, n.° 2, alínea a)].

9. A parte III ocupa-se do procedimento administrativo, que é iniciado oficiosamente ou a requerimento dos interessados (artigo 54.°).

O desenvolvimento do procedimento administrativo é enquadrado por princípios gerais que visam equilibrar a participação dos interessados e a celeridade da Administração Pública.

Assim, o procedimento rege-se pelo princípio do inquisitório (artigo 56.°), procurando afastar formalidades inúteis e assegurar o contraditório. Particular relevo merecem as disposições que concretizam o direito à informação (artigos 61.° e seguintes), num esforço de tornar a actividade administrativa mais transparente, e remetendo para legislação própria o desenvolvimento do novo princípio constitucional da administração aberta (artigo 65.°).

O capítulo III (artigos 66.° e seguintes) é dedicado às notificações e aos prazos. A matéria é disciplinada por forma a garantir aos interessados um efectivo conhecimento dos actos administrativos.

O capítulo IV ocupa-se da marcha do procedimento (artigos 74.° e seguintes), merecendo ser sublinhada a preocupação de facilitar e promover a colaboração entre a Administração Pública e os interessados, bem como as reais possibilidades de participação destes na instrução e na discussão das questões pertinentes.

As diversas formas de extinção do procedimento são reguladas em pormenor, nomeadamente a decisão.

Duas notas merecem referência especial: a concretização do preceito constitucional que visa assegurar a participação dos cidadãos na formação das decisões que lhes disserem respeito, que se fez consistir no direito de audiência dos interessados antes de ser tomada a decisão final do procedimento (artigos 100.° a 105.°), e a inovação que se traduz em enumerar um conjunto de situações em que ao silêncio da Administração a lei passa a imputar o significado de deferimento (artigo 108.°).

10. A parte IV é dedicada à actividade administrativa.

No capítulo I estabelecem-se algumas regras genericamente aplicáveis à actividade regulamentar da Administração.

Decreto-Lei n.° 442/91

O princípio da participação dos administrados no processo de elaboração dos regulamentos inspira algumas das suas disposições. Desde logo, reconhece-se aos particulares o direito de dirigirem petições à Administração, com vista a desencadear o procedimento regulamentar (artigo 115.°). Por outro lado, prevê-se a possibilidade da audiência prévia dos interessados no caso de regulamentos cujo conteúdo lhes possa ser desfavorável (artigo 117.°), ao mesmo tempo se incentiva a submissão a apreciação pública, para recolha de sugestões, de regulamentos cuja matéria o permita (artigo 118.°).

No tocante à elaboração dos projectos de regulamento, acolhe-se no artigo 116.° a regra da fundamentação obrigatória. Por seu turno, a proibição da mera revogação — sem substituição por nova disciplina — dos regulamentos necessários à execução das leis em vigor e a obrigatoriedade da especificação, quando for caso disso, das normas revogadas pelo novo regulamento surgem ditadas, respectivamente, pela necessidade de obviar a vazios susceptíveis de comprometer a efectiva aplicação da lei e por preocupações de certeza e segurança na definição do direito aplicável.

11. O capítulo II da parte IV ocupa-se do acto administrativo (artigos 120.° e seguintes).

A fim de evitar dúvidas e contradições que têm perturbado a nossa jurisprudência, sublinha-se com particular energia que só há acto administrativo aí onde a decisão administrativa tiver por objecto uma situação individual e concreta (artigo 120.°) e contiver a identificação adequada do destinatário ou destinatários [artigo 123.°, n.° 2, alínea b)].

Em matéria de fundamentação do acto, manteve-se no essencial o disposto no Decreto-Lei n.° 256-A/77, de 17 de Junho (artigos 124.° e seguintes).

Quanto à eficácia do acto administrativo, regula-se em pormenor os termos da eficácia retroactiva e da eficácia diferida (artigos 128.° e 129.°) e disciplina-se cuidadosamente, com preocupações de garantia dos particulares, a publicação e a notificação dos actos administrativos.

Em matéria de invalidade dos actos, cuidou-se de explicitar com rigor quais os actos nulos, definindo-se em termos mais amplos do que os usuais e estabelecendo que os actos que ofendam o conteúdo essencial de um direito fundamental ou cujo objecto constitua um crime são sempre nulos (artigo 133.°). Manteve-se a anulabilidade como regra geral dos actos administrativos inválidos (artigo 135.°).

A revogação do acto administrativo, dada a sua importância prática, foi objecto de toda uma secção (artigos 138.° e seguintes), onde se procurou consagrar soluções hoje pacíficas na doutrina e jurisprudência portuguesas.

A secção V sobre a execução do acto administrativo representa um esforço de introduzir ordem numa zona particularmente sensível e importante da actividade da Administração, onde esta mais claramente se manifesta como poder (artigos 149.° e seguintes).

Feita a distinção clara entre executoriedade e execução, reafirma-se o princípio da legalidade, agora quanto à execução, e admite-se a apreciação contenciosa dos actos de execução arguidos da ilegalidade própria, isto é, que não seja mera consequência do acto exequendo. São previstas as três modalidades clássicas da execução quanto ao seu objecto — para pagamento de quantia certa, entrega de coisa certa e prestação de facto —, remetendo-se, no que respeita ao processo de execução para pagamento de quantia certa, para o disposto no Código de Processo das Contribuições e Impostos.

Uma reflexão cuidadosa levou a reforçar, nesta matéria, as exigências que deve satisfazer a Administração Pública num Estado de Direito. Daí que a imposição coerciva, sem recurso aos tribunais, dos actos administrativos só seja possível desde que seja feita pelas formas e nos termos admitidos por lei (artigo 149.°, n.° 2). Também a execução das obrigações positivas de prestação de facto infungível é rodeada, atenta a sua natureza, de especialíssimas cautelas (artigo 157.°, n.° 3).

12. Na secção VI da parte IV regulam-se a reclamação e os recursos administrativos, os quais podem, em regra, ter por fundamento a ilegalidade ou a inconveniência do acto administrativo (artigo 159.°).

No que se refere aos efeitos destas garantias dos cidadãos, regista-se que a reclamação suspende a eficácia do acto quando este não é susceptível de recurso contencioso (artigo 163.°).

O recurso hierárquico necessário tem, em geral, efeito suspensivo, cabendo, todavia, ao órgão recorrido atribuir-lhe efeito meramente devolutivo quando a não execução imediata do acto possa causar graves inconvenientes para o interesse público. Quanto ao recurso hirárquico facultativo, não tem efeito suspensivo (artigo 170.°).

Por último, introduziu-se, pela primeira vez, a distinção — já esboçada no ensino e na jurisprudência — entre o recurso hierárquico, o recurso hierárquico impróprio e o recurso tutelar, disciplinando-se as três figuras em conformidade com a sua diferente natureza (artigos 176.° e seguintes).

13. Na matéria dos contratos administrativos o legislador teve a preocupação de não se substituir à doutrina nem invadir os terrenos que cabem à jurisprudência.

A importância do contrato numa Administração que se quer em medida crescente aberta ao diálogo e à colaboração com os administrados, eficiente e maleável, impunha, porém, que se traçasse alguns princípios orientadores.

Optou-se por não definir os tipos de contratos administrativos e construir sobre a definição o respectivo regime. Julgou-se mais prudente enunciar os poderes da Administração como parte no contrato (artigo 180.°).

Com vista ao alargamento do uso do instrumento contratual, consagrou-se o princípio da admissibilidade da sua utilização, salvo quando outra coisa resultar da lei ou da própria natureza das relações que tiver por objecto (artigo 179.°).

No que respeita ao processo de formação dos contratos aplicar-se-ão, na medida do possível, as disposições relativas ao procedimento administrativo (artigo 181.°).

O Código consagra o modo de escolha do co-contratante e regula de forma geral a dispensa de concurso, limitando, naturalmente, esta possibilidade (artigos 182.° e 183.°).

Estabelece-se, com carácter geral, a não executoriedade dos actos administrativos interpretativos ou que modifiquem ou extingam relações contratuais, pondo, assim, termo à possibilidade de comportamentos abusivos. De acordo com esta orientação, dispõe-se que a execução forçada das obrigações contratuais devidas pelos particulares, salvo se outra coisa tiver sido previamente acordada, só pode ser obtida mediante acção a propor no tribunal competente (artigo 187.°).

Por último, consagra-se a admissibilidade de cláusulas compromissórias a celebrar nos termos da legislação processual civil (artigo 188.°).

14. A complexidade e delicadeza das matérias tratadas, a novidade de muitas soluções, as inevitáveis lacunas de um diploma legal com este objecto e extensão, o número e qualidade dos seus destinatários, aconselham a que se preveja não só um prazo relativamente dilatado para a sua entrada em vigor como ainda que se estabeleça um período experimental, findo o qual o Código seja obrigatoriamente revisto. Permite-se, deste modo, não só a continuação de uma discussão pública teórica, mas colher os ensinamentos resultantes da sua prática. Para melhor aproveitar as críticas e sugestões que certamente serão feitas e avaliar a experiência da sua aplicação experimental, o Governo tem intenção de criar uma comissão que recolha todos os elementos úteis e proponha as alterações e melhoramentos que a experiência torne aconselháveis.

15. Com a publicação do Código do Procedimento Administrativo o Governo, ao mesmo tempo que realiza uma das tarefas fundamentais do seu Programa em matéria de Administração Pública, tem fundadas esperanças de que ele constitua um dos instrumentos importantes da reforma administrativa — reforma indispensável para que a Administração portuguesa possa cumprir cabalmente as tarefas que lhe cabem nestes últimos anos do século XX. Espera-se, designadamente, que a renovação que vai permitir preparar a Administração Pública para a plena integração do País na Comunidade Europeia, a qual nunca será realizável com êxito sem que o aparelho administrativo se encontre suficientemente apetrechado e renovado no seu espírito, nos seus métodos e nas suas práticas.

Assim:

No uso da autorização legislativa concedida pela Lei n.° 32/91, de 20 de Julho, e nos termos da alínea b) do n.° 1 do artigo 201.° da Constituição, o Governo decreta o seguinte:

Artigo 1.°
Aprovação

É aprovado o Código do Procedimento Administrativo, que se publica em anexo ao presente decreto-lei e que dele faz parte integrante.

Decreto-Lei n.º 442/91

Artigo 2.º
Entrada em Vigor

O Código do Procedimento Administrativo entra em vigor seis meses após a data da sua publicação.

Artigo 3.º
Revisão

O Código do Procedimento Administrativo será revisto no prazo de três anos a contar da data da sua entrada em vigor, devendo ser recolhidos os elementos úteis resultantes da sua aplicação para introdução das alterações que se mostrem necessárias.

Artigo 4.º
Norma Revogatória

São revogados os Decretos-Leis n.ºˢ 13 458, de 12 de Abril de 1927, e 370/83, de 6 de Outubro.

Visto e aprovado em Conselho de Ministros, de 22 de Agosto de 1991 — *Aníbal António Cavaco Silva — Mário Fernando de Campos Pinto — Lino Dias Miguel — Eugénio Manuel dos Santos Ramos — Luís Miguel Couceiro Pizarro Beleza — Luís Francisco Valente de Oliveira — Manuel Pereira — Álvaro José Brilhante Laborinho Lúcio — João de Deus Rogado Salvador Pinheiro — Arlindo Marques da Cunha — Luís Fernando Mira Amaral — Alberto José Nunes Correia Ralha — Jorge Manuel Mendes Antas — Jorge Augusto Pires — António José de Castro Bagão Félix — José António Leite de Araújo — Carlos Alberto Diogo Soares Borrego — Albino Azevedo Soares.*

Promulgado em 29 de Outubro de 1991.

Publique-se.

O Presidente da República, MÁRIO SOARES.

Referendado em 5 de Novembro de 1991.

O Primeiro-Ministro, *Aníbal António Cavaco Silva.*

DECRETO-LEI N.º 6/96,
de 31 de Janeiro

O decreto-lei que aprovou o Código do Procedimento Administrativo (CPA) determinava, no seu artigo 3.º, que o CPA devia ser revisto no prazo de três anos a contar da data da sua entrada em vigor.

A Modernização Administrativa acompanhou os três primeiros anos de vigência do Código do Procedimento Administrativo e desse acompanhamento verificou que a Administração Pública recebeu bem as principais inovações e exigências do Código, adaptando-se no seu modo de funcionamento e na sua forma de agir à nova disciplina.

Realizaram-se centenas de acções de formação, colóquios e seminários, por iniciativa do Governo, de universidades e de outras entidades, e surgiram numerosos comentários e anotações ao Código, o que não só mostra a atenção e o interesse da comunidade científica como contribui para tornar o Código mais conhecido e mais claro.

O estudo técnico de avaliação do Código, que pela primeira vez se realizou em colaboração com vários serviços públicos selecionados, confirmou a generalizada aceitação do diploma e permitiu detectar os principais pontos carecidos de revisão ou clarificação.

O presente decreto-lei, preparado com o apoio da comissão especializada que elaborou o Código de 1991, condensa as respostas que se julgam mais adequadas às diversas questões suscitadas e permite aperfeiçoar significativamente o Código à luz da reflexão teórica e experiência prática sem por em causa a filosofia modernizadora que sempre o inspirou e a preocupação de acautelar a posição do cidadão perante a Administração Pública.

São as seguintes as principais inovações ora introduzidas:

a) Clarifica-se o âmbito de aplicação do Código de modo a tornar claro que as disposições procedimentais do Código são aplicáveis subsidiariamente aos procedimentos especiais;

b) Consagra-se expressamento o princípio da boa fé, implicito na redacção originária do Código, que se tem por indispensável ao enraizamento da confiança nas relações entre os particulares e a Administração;

c) Prevê-se a forma de fundamentar as deliberações tomadas por escrutínio secreto;

d) Permite-se a prorrogação do prazo geral para a conclusão do procedimento, que passa assim a ser de 90 dias prorrogável por igual período mediante autorização do imediato superior hierárquico;

e) Ressalvam-se do acesso à informação os casos de segredo comercial ou industrial ou segredo relativo à propriedade literária, artística ou científica, em sintonia com o disposto na lei sobre o acesso aos documentos administrativos;

f) Introduz-se a regra da contagem contínua dos prazos de duração superior a seis meses sem prejuízo de nos restantes se continuarem a excluir os sábados, domingos e feriados;

g) Determina-se que a audiência prévia suspende a contagem dos prazos em todos os procedimentos administrativos e prevê-se a sua não realização nos casos em que o procedimento se dirige a um muito elevado número de interessados;

Decreto-Lei n.º 6/96, de 31 de Janeiro

h) Introduz-se a regra de que a reclamação de acto de que não caiba recurso contencioso suspende o prazo para a interposição do recurso administrativo necessário;

i) Adaptam-se as regras sobre o co-contrante ao novo regime dos concursos públicos.

Refira-se, por último, que, dada a extrema importância da legislação que ora se altera, entende-se por dever publicar em anexo a versão integral do Código do Procedimento Administrativo para reunir num só texto as normas em vigor.

Assim:

No uso da autorização legislativa concedida pela Lei n.º 34/95, de 18 de Agosto, e nos termos das alíneas a) e b) do n.º 1.º do artigo 201.º da Constituição, o Governo decreta o seguinte:

Artigo 1.º

Os artigos 2.º, 9.º, 11.º, 14.º, 22.º, 23.º, 24.º, 31.º, 35.º, 44.º, 52.º, 58.º, 62.º, 63.º, 70.º, 71.º, 72.º, 84.º, 92.º, 100.º, 103.º, 113.º, 123.º, 128.º, 149.º, 155.º, 163.º, 164.º, 172.º, 175.º, 182.º, 183.º e 185.º do Código do Procedimento Administrativo, aprovado pelo Decreto-Lei n.º 442/91, de 15 de Novembro, passam a ter a seguinte redacção*:

Artigo 2.º

Ao Código do Procedimento Administrativo são aditados os artigos 6.º-A e 189.º, com a seguinte redacção**:

Artigo 3.º

É revogado o n.º 2 do artigo 187.º do Código do Procedimento Administrativo***.

Artigo 4.º

O Código do Procedimento Administrativo, aprovado pelo Decreto-Lei n.º 442/91, de 15 de Novembro, com as alterações decorrentes do presente diploma, é republicado em anexo, com as necessárias correcções materiais**.

Visto e aprovado em Conselho de Ministros de 24 de Agosto de 1995 — *Aníbal António Cavaco Silva — Abílio Manuel Pinto Rodrigues de Almeida Morgado — Manuel Dias Loureiro — Eduardo de Almeida Catroga — Luís Francisco Valente de Oliveira — Álvaro José Brilhante Laborinho Lúcio — Vitor Ângelo da Costa Martins — António Duarte Silva — Luís Fernando Mira Amaral — Maria Manuela Dias Ferreira Leite — Joaquim Martins Ferreira do Amaral — Adalberto Paulo da Fonseca Mendo — José Bernardo Veloso Falcão e Cunha — Fernando Manuel Barbosa Faria de Oliveira — Maria Teresa Pinto Basto Gouveia — António Baptista Duarte Silva — Luís Manuel Gonçalves — Marques Mendes.*

Promulgado em 13 de Outubro de 1995.

Publique-se.

O Presidente da República, MÁRIO SOARES.

Referendado em 16 de Outubro de 1995.

O Primeiro-Ministro, *Aníbal António Cavaco Silva.*

---

* Feitas as alterações nos respectivos preceitos.

** Colocados nos lugares próprios.

*** Feita a anotação no respectivo preceito.

CÓDIGO
DO
PROCEDIMENTO ADMINISTRATIVO *

COMENTADO

---

* Decreto-Lei n.º 442/91, de 15 de Novembro com as alterações introduzidas pelo Decreto-Lei n.º 6/96, de 31 de Janeiro.

NOTA PRÉVIA

   I. A importância actual da figura do procedimento administrativo no Direito Administrativo.

   II. O procedimento como factor (e como revelação) da racionalidade, eficiência e organização administrativas.

   III. A vertente garantística das normas procedimentais.

   IV. A concepção dos deveres procedimentais como prestações jurídicas.

   V. O procedimento como instrumento de compensação da protecção jurisdicional.

   VI. O procedimento como espaço de contradição (não de contraditório).

   VII. O procedimento como instrumento ou espaço de concertação das relações de autoridade.

   VIII. O princípio da informalidade procedimental e a parametricidade "modular" das normas procedimentais do Código.

   IX. A colisão entre as vertentes garantística e funcional do procedimento e dos seus princípios gerais.

   X. Direito Estrangeiro.

I.   A IMPORTÂNCIA ACTUAL DA FIGURA DO PROCEDIMENTO ADMINISTRATIVO NO DIREITO ADMINISTRATIVO

Os trabalhos que, sobretudo desde A. Merkl e A. Sandulli, os juspublicistas vêm dedicando à categoria do *procedimento* jurídico como *categoria geral* do direito público — e, no que a nós interessa, do direito administrativo — têm vindo a assumir uma importância cada vez maior no seio da ciência administrativa e levando inclusivamente, como revela GOMES CANOTILHO (*in* Procedimento Administrativo e Defesa do Ambiente, RLJ, ano 123.°, n.° 3794), a recolocar questões metodológicas e científicas fundamentais, como a da determinação do eixo ou núcleo deste ramo do Direito (ainda) em torno do acto administrativo ou da necessidade (ou vantagem) da sua deslocação para outras categorias, como a das relações jurídico-administrativas ou a do desenvolvimento procedimentalizado da acção administrativa.

Nota Prévia

Nesses planos metodológico e sistemático, o acréscimo da valia do procedimento administrativo deixou de ser doutrinária ou dogmática, e foi assumida pelo próprio legislador como uma categoria juridicamente conformadora das relações jurídicas, ora difusamente ora de uma maneira concentrada, como se fez agora com este Código.

O procedimento administrativo deixou de ser um mero antecedente da decisão administrativa, externamente irrelevante perante o fulgor e preponderância desta, do *acto administrativo definitivo e executório*, olhando-se agora para essa decisão como *produto de um procedimento*, por ele sustentada, moldada e condicionada através de uma sequência de actos e formalidades externamente relevantes — permitindo captar, como assinala o referido A., não apenas dimensões que a concepção tradicional de *acto definitivo* já se mostrava insuficiente para explicar (como no caso dos actos destacáveis), como muitas outras vertentes e manifestações que antes nem sequer eram encaradas, pela impossibilidade em as explicar (ainda que desviadamente) nos quadros da teoria tradicional, de que é exemplo paradigmático o problema das relações jurídicas administrativas multilaterais (poligonais) hoje largamente dominantes, pode dizer-se, no seio do Direito Administrativo.

Desengane-se, porém, quem pensar que a categoria do procedimento tornou tudo mais linear e compreensível. Sobretudo nestes tempos da sua infância e puberdade legislativas ainda se suspirará, frequentemente, pelo simplismo e simplificações das categorias tradicionais, quando olhadas isoladamente.

II. O PROCEDIMENTO COMO FACTOR (E COMO REVELAÇÃO) DA RACIONALIDADE, EFICIÊNCIA E ORGANIZAÇÃO ADMINISTRATIVAS

A exigência e a existência dum procedimento administrativo tem imanente, em primeiro lugar, a ideia de **racionalização** e **eficiência** administrativas. O procedimento existe para que, através dele, a Administração procure, em cada caso em que um interesse público esteja juridicamente em causa, uma decisão exacta, adequada e eficiente à sua realização harmónica com os outros interesses envolvidos.

É, portanto, a preocupação de assegurar que a decisão foi ponderada em todos os factos e confrontada com todos os interesses e factores envolvidos — que não é fruto de um "palpite", de uma inspiração, senão de uma precipitação — aquela que primeiro preside à formação procedimental da decisão jurídico-administrativa.

E é por isso mesmo que o legislador não desenhou a sequência, o *iter* e a tramitação procedimentais, senão nos momentos que considerou elementares ou essenciais (a tramitação obrigatória), deixando depois à Administração uma larga margem de **discricionariedade procedimental ou instrumental**, isto é, uma zona de liberdade na escolha dos meios procedimentais que considera idóneos para encontrar a decisão juridicamente acertada (cfr. nota **VIII**).

Discricionariedade procedimental que não existe, obviamente, apenas nos casos em que o legislador confere também um poder discricionário no âmbito da definição do conteúdo da decisão. Ela existe mesmo na hipótese de o acto a praticar ser um acto vinculado.

Embora seja "descoberto" *pari passu* pela Administração, em ordem à realização do interesse público (no respeito dos direitos e interesses jurídicos de particulares), o procedimento, além disso, permite ao interessado conhecer com alguma transparência os contornos genéticos da decisão que o toca, pois ele constitui também a **revelação** (ou dimensão) **histórica** da formação da "vontade" jurídica da Administração. No procedimento (*rectius*, no processo) ficam documentados os critérios e os meios de averiguação e apreciação do caso, usados pela Administração, permitindo conhecer e aferir da própria racionalidade e eficiência da decisão tomada. Através da forma como o órgão administrativo se conduziu no procedimento, ficam-se a conhecer importantes dimensões sobre a bondade, a legalidade, a justiça e a eficiência da própria decisão final — que não se apreenderiam, de todo, no caso de a vontade administrativa se formar à revelia dele.

É a feição garantística do procedimento administrativo a brotar já, mesmo neste seu primeiro momento.

Por outro lado, ao procedimento subjaz, de igual forma, uma ideia **organizativa**: a decisão administrativa é, em regra, fruto da colaboração e participação (a diferentes títulos) de várias Administrações Públicas, todas elas concorrendo, no âmbito das suas atribuições e tarefas, para a específica regulação a dar à situação *sub judice*.

E é ao procedimento que cabe a tarefa de articular essa colaboração, a tarefa de organizar e coordenar as diferentes competências e funções atribuídas por lei (ou regulamento) aos diversos órgãos e agentes da Administração que contribuem para a decisão final.

III. A VERTENTE GARANTÍSTICA DAS NORMAS PROCEDIMENTAIS

Dentro das normas jurídicas administrativas, é habitual distinguir dois grandes tipos: aquelas que disciplinam o **modo de exercício** do poder e aquelas que individualizam os pressupostos e **o conteúdo** desse exercício.

As primeiras, as **normas de procedimento**, teriam uma natureza e relevância meramente formal, indicando apenas a modalidade de exteriorização do poder, pelo que não tutelariam nenhum interesse ou sujeito em particular. As segundas (além de também disciplinarem indirectamente o modo de exercício do poder), respeitariam aos diversos interesses envolvidos e confrontá-los-iam — valori-

Nota Prévia

zando interesses particulares, qualificando-os juridicamente (face ao interesse público), estabelecendo as condições e a medida em que cada um deles pode ser realizado e em que o interesse público exige o seu sacrifício.

Só perante uma norma do segundo tipo se poderia falar, pois, dum interesse juridicamente protegido dos particulares na legalidade da actividade administrativa. As normas procedimentais, essas, não visariam a harmonia jurídica dos diversos interesses envolvidos, mas tão só a harmonia interna ou formal da Administração, não tutelando os interesses de ninguém.

Esta concepção tradicional está hoje completamente enterrada nos regimes de Estado de Direito ocidental ou democrático, nas quais as normas de procedimento assumem igualmente uma feição ou dimensão **garantística.** São normas que não se destinam a regular as dimensões substanciais da actividade administrativa — e não obstante os particulares têm o "direito de exigir" a sua observância e a fazer anular judicialmente as decisões administrativas que as infrinjam.

Como se disse acima (n.° **I**), a decisão administrativa é hoje *produto* (sustentado, condicionado e moldado) *de um procedimento*, e não apenas a revelação externa de uma vontade formada no seio interno e (inexpugnável) da Administração.

Tudo se passa como se o (actual) Direito Administrativo atribuísse aos cidadãos posições substantivas a efectivar na pendência do procedimento, no âmbito da própria norma procedimental: os **interessados** (na decisão administrativa sobre a aplicação de **normas relacionais**) **têm um interesse ou posição juridicamente protegida no seio do próprio procedimento**, em relação a normas que respeitam ao modo (não ao conteúdo) da actividade administrativa.

No fundo, a garantia que o procedimento proporciona consubstancia-se na vinculação da sua sequência e conteúdo a uma disciplina normativa fixada antecipadamente, ou seja, na sujeição da actividade procedimental aos princípios da *constitucionalidade* e da *legalidade*, tornando juridicamente inválidas as decisões procedimentais (e os actos finais) que os afrontem.

IV. A CONCEPÇÃO DOS DEVERES PROCEDIMENTAIS COMO PRESTAÇÕES JURÍDICAS

Numa outra perspectiva, esta *"revalorização do direito das formas"* (VIEIRA DE ANDRADE, *"O dever de fundamentação expressa de actos administrativos"*, Coimbra, 1991, pág. 184 e segs.), que está ínsita no direito procedimental contemporâneo, aparece concebida como a atribuição aos particulares de **direitos a prestações jurídicas** procedimentais. Muitas vezes, os interesses juridicamente protegidos do particular só são, de facto, susceptíveis de serem satisfeitos no próprio procedimento com uma *verdadeira prestação* (unilateral) da Administração. É claramente o caso do direito à informação, será o do direito de audiência, do direito à fundamentação (ver, no entanto, as críticas de Vieira de Andrade a este entendimento) e, claro está, o próprio direito à decisão.

O que interessa reter aqui, dessa concepção, é que, ao menos em última *ratio*, quando já nos faltarem outros recursos dogmáticos, não constitui um despropósito recorrer aos princípios e regras do direito geral das **prestações públicas** para colher as soluções, orientações e critérios em matéria de direito procedimental.

V. O PROCEDIMENTO COMO INSTRUMENTO DE COMPENSAÇÃO DA PROTECÇÃO JURISDICIONAL

Como bem destaca Gomes Canotilho, a existência de um procedimento é um pressuposto ou instrumento importante da própria **protecção jurisdicional** dos interesses e posições jurídico-administrativos, permitindo a compensação de muitas insuficiências suas:
- por revelar ou fazer transparecer factos e questões, que, de outro modo, não se suscitariam e que passariam jurisdicionalmente desapercebidos;
- por permitir um acréscimo de controlo administrativo (ainda que não independente) nos casos de menor densidade do controlo jurisdicional, como em sede de relações especiais de poder;
- por se deverem observar, logo no procedimento, princípios e regras que um controlo jurisdicional *ex post* dificilmente detectaria, se não estivessem já ali consagrados;
- por permitir ao particular intervir muito antes da decisão final, litigar pela sua razão muito antes de a protecção jurisdicional poder ser posta em marcha ou actuar efectivamente.

VI. O PROCEDIMENTO COMO ESPAÇO DE *CONTRADIÇÃO* (NÃO DE *CONTRADITÓRIO*)

A abertura do procedimento à **participação de particulares**, que constitui um dos principais materiais da sua construção dogmática, tem sido, por vezes, tão exageradamente salientada que leva a aproximar o **procedimento** (administrativo) da ideia de **processo** (jurisdicional).

A verdade é que, evitando essa aproximação, tem que se reconhecer estar a actividade administrativa prevalecentemente, senão sempre, inspirada na valoração de interesses contrapostos (normalmente interesse público *versus* interesses privados, mas também interesse público *versus* outro da mesma natureza e diferente titularidade ou interesses particulares contrários).

Neste sentido, o procedimento é seguramente um meio de permitir que os titulares dos interesses a afectar (em vista da realização do interesse público dominante) possam carrear para o procedimento os seus pontos de vista, fazendo com que a Administração os deva tomar em consideração. Isto é, ainda que não se belisque a dimensão autoritária do poder administrativo exercido no próprio devir do procedimento (pois falar em participação é falar no *agere,* não é falar no *actus*), a verdade é que esta possibilidade de **contradição** contribui para a objectividade da decisão, no sentido de que permite aos administrados chamar a atenção da autoridade administrativa para dimensões de interesses que lhes aproveitam e que conhecem melhor do que ela.

Pode-se falar, com rigor, numa participação dos administrados na produção da decisão administrativa, a qual não se resume, assim, a um trâmite meramente formal pré-fixado de audição, antes acaba, na prática, por depender mais da própria iniciativa, espontaneidade e interesse do administrado em **influenciar** o sentido, o rumo e a extensão da instrução do procedimento. De modo que, em vez de afirmarmos que o procedimento deve garantir o **contraditório** — o que faz pensar em **defesa** e posição passiva ou reactiva perante a Administração —, preferimos dizer que ele deve estar organizado de modo a possibilitar sempre a **contradição**.

Por outro lado, esta dimensão participativa dos interessados introduz ainda uma outra nota essencial para a correcta compreensão da intervenção privada no ciclo de formação da decisão, na medida em que desloca a análise dessa intervenção da mera vertente garantística — posição passiva, de defesa perante os actos do poder administrativo — para a vertente colaborativa, de empenho em carrear pontos de vista e (dimensões de) interesses diversos para o procedimento, auxiliando na realização proporcional e imparcial do interesse público.

VII. O PROCEDIMENTO COMO INSTRUMENTO OU ESPAÇO DE CONCERTAÇÃO DAS RELAÇÕES DE AUTORIDADE

É comum ligar à noção de procedimento administrativo uma ideia ou princípio de consenso ou concertação das relações autoritárias de poder público. Ainda que não seja adequado exagerar esta linha de força, *maxime* quando os dados legais não são inequívocos ou, pelo menos, tão inequívocos como noutros ordenamentos — caso da lei italiana do procedimento, que, no artigo 11.°, prevê a ocorrência dos designados *acordos integrativos e substitutivos do acto administrativo,* mesmo quando o procedimento tenha sido impulsionado para a prática de um acto desses —, o certo é que, em várias disposições do CPA, já encontramos normas e princípios que, de algum modo, derivam daquela ideia de concertação ou consenso com os interessados, no exercício de poderes autoritários pela Administração (será, por exemplo, o caso dos contratos administrativos substitutivos de actos administrativos ou de revogabilidade de actos constitutivos de direitos, etc.).

Pode dizer-se que o procedimento é, evidentemente, a sede indicada para a introdução destes espaços de consensualidade, com o que se prepara e propicia uma prévia adesão do administrado à decisão (eventualmente desfavorável) que venha a ser tomada, facilitada pela colaboração que este foi chamado a dar na determinação do conteúdo e sentido daquela decisão.

VIII. O PRINCÍPIO DA INFORMALIDADE PROCEDIMENTAL E A PARAMETRICIDADE "MODULAR" DAS NORMAS PROCEDIMEN-TAIS DO CÓDIGO

O Código do Procedimento Administrativo não introduz no direito português algo que possa assemelhar-se a um procedimento-regra, tipo ou ordinário — não é um "missal" através do qual os órgãos administrativos façam desenrolar um procedimento, como é pelos Códigos de Processo Civil ou Penal, por exemplo, que os juízes vão seguindo ao longo do processo judicial respectivo, qualquer que seja o seu objecto ou questão concreta a decidir.

A diferença entre um Código do Procedimento Administrativo (como o nosso e outros) e um Código de Processo Civil radica em que àquele subjazem preocupações próprias de eficiência, informalidade e oportunidade, alheias (senão contrárias) à realização da *verdade formal e material* — através de órgãos independentes — do processo judiciário.

A diversidade e heterogeneidade das actuações administrativas e as inafastáveis necessidades de racionalidade e eficiência administrativas são, aliás, incompatíveis com a processualização do procedimento administrativo, como é sabido de há muito. Escrevia expressivamente, em 1964, um Autor espanhol que "*la Administración Pública no puede sujetar todos sus actos a un mismo procedimiento, porque si ha de existir, como es natural, una íntima relación entre el procedimiento y su materia, la diversidad de fines administrativos exige un procedimiento adecuado a los mismos. No puede ser igual el procedimiento para la adjudicación de una obra o servicio público que para matricularse en un centro oficial de enseñanza*". "*Ahora bien*", continua o administrativista espanhol, "*el que existan varios tipos de procedimiento no supone la necesidad de disposiciones diversas, pues cabe perfectamente que en un texto único se regulen las distintas variedades de procedimiento administrativo. Y esto es lo que intentó la LPA. La unificación de la heterogénea y dispersa normativa sobre el procedimiento administrativo fue una de las finalidades básicas de dicha Ley*".

De modo similar, adverte-se no § 10.° da lei alemã do procedimento administrativo que este "*não está sujeito a formas determinadas, a menos que normas*

Nota Prévia

especiais disponham o contrário. O procedimento deve desenvolver-se de acordo com critérios de simplicidade e oportunidade". É o chamado princípio da **informalidade**, que coloca o procedimento longe do processo (judicial), no qual o juiz encontra sempre desenhado o ciclo de formação da sentença.

O que acontece com as leis de procedimento alemã e espanhola é exactamente o que acontece com o nosso CPA: não se pretendeu, em geral, fixar o trajecto que deve ser observado em todos ou em cada procedimento administrativo, mas apenas definir "módulos" normativos a que os diversos procedimentos administrativos devem ser referenciados, **quando neles haja que cumprir alguma formalidade ou observar algum requisito daqueles que são regulados no Código**.

A este propósito fala ROGÉRIO SOARES na *"tensão desformalizadora, desregu-ladora da actividade administrativa, ou seja, ventos que são hostis à fixação de requisitos procedimentais"* (*in* Codificação do procedimento administrativo hoje, RDJ, vol. VI, 1992, pág. 21).

Informalidade não quer dizer, porém, ausência de regras ou desenvolvimento desregulamentado do procedimento. O que significa é que não há no Código um procedimento-regra desenhado de princípio a fim, a observar sempre, ou seja, um programa ou plano normativo de passos e trâmites que se vão seguir necessaria-mente após o desencadear do procedimento administrativo. Os órgãos a quem está cometida a sua condução são livres de procurar (no respeito dos princípios gerais do procedimento administrativo) quais os trâmites que cabem melhor à realização do seu escopo, ou seja, à obtenção de uma decisão que seja simultaneamente eficiente e harmoniosa, em termos de interesses públicos e de interesses privados envolvidos.

Exemplificativamente: no Código regula-se a formalidade de solicitação de provas aos interessados (art. 89.°), mas isso não significa que nos procedimentos administrativos deva ser observada essa formalidade. Significa tão só que, **se a ela houver lugar**, se procederá nos termos aí previstos.

Não se afasta, com a afirmação do princípio da informalidade do Código, que ele próprio ou outra lei de procedimento não possam, aqui e ali, criar trâmites e for-malidades a observar na generalidade dos procedimentos ou em cada procedimento administrativo de determinada espécie, sempre que nele ocorram os pressupostos da sua estatuição (como qualquer norma, afinal).

Assim se passa, por exemplo, em matéria de audiência prévia dos interessa-dos — trâmite que passou agora a ser obrigatório e que deve considerar-se integrado (com as ressalvas que se farão) em todos os procedimentos administrativos não excepcionados ou dispensados (arts. 100.° a 103.° do CPA), sejam procedimentos **formalizados** na lei, sejam aqueles em que é deixada ao órgão administrativo a liber-dade para o ir moldando segundo critérios de eficiência e oportunidade.

E à formalidade de audiência prévia poderíamos ainda acrescentar outras, como é o caso do dever de comunicação do início do procedimento oficioso aos interessados (art. 55.°), do dever de notificar os actos administrativos (art. 66.°)

Nota Prévia

ou do dever de adoptar a forma escrita para a prática de actos e para a celebração de contratos administrativos (arts. 122.° e 184.°), etc.

IX. A COLISÃO ENTRE AS VERTENTES GARANTÍSTICA E FUNCIO-NAL DO PROCEDIMENTO E DOS SEUS PRINCÍPIOS GERAIS

A origem ou natureza garantística da esmagadora maioria dos princípios e regras do Código e do próprio direito administrativo é evidente, não faltando quem, entusiasmado com o aprofundamento dessa visão, assegure ser a exigência de formalização do procedimento administrativo uma manifestação dessa dimensão essencialmente defensiva das posições dos administrados.

Sem deixar de reconhecer a valia parcial dessas premissas, entendemos, contudo, que o procedimento (e o Direito) administrativo não têm por função (principal) a realização de uma contínua defesa dos direitos ou interesses dos particulares, como se deslocássemos e antecipássemos para aqui, para o momento da formação da decisão, as garantias administrativas (e contenciosas) *post*-acto.

Outras dimensões, funções ou objectivos se assinalam à figura do procedimento, como os que se ligam às exigências de eficiência, eficácia, celeridade e oportunidade da acção administrativa. E, se é verdade que, muitas vezes, estas vertentes não são incompatíveis com aquelas outras, podendo realizar-se harmoniosamente, noutras já não sucede assim, verificando-se que a efectivação de uma garantia plena se revela contraditória com os valores da eficiência e racionalidade, ou vice-versa.

Ora, em casos como esse, não pode deixar de reconhecer-se o princípio da maior valia das vertentes relativas à eficiência, perante as garantias do particular, desde que não fique afectado o conteúdo essencial do seu direito de participação no procedimento, como lhe assegura a lei fundamental. É, aliás, a própria Constituição, no art. 267.°, n.° 4, que traça como primeiro critério de valorização legal do procedimento administrativo a *"racionalização dos meios a utilizar pelos serviços"*.

X. DIREITO ESTRANGEIRO

A ideia de plasmar num diploma legal a disciplina do procedimento administrativo tornou-se uma realidade mais ou menos generalizada no direito estrangeiro, mesmo em regimes ditos de Administração Judiciária, onde rigorosas leis de procedimentalização (quase) levam à processualização da fase da decisão, como sucede com a lei estado-unidense de 1946.

Regimes de Administração Executiva similares ao nosso (mas nem todos, como em França, por exemplo) dispõem de uma lei geral de procedimento: é o

Nota Prévia

caso de Espanha (cuja Lei de 1958 foi revogada pela nova Lei do regime jurídico das Administrações Públicas e do Procedimento Administrativo Comum, de 26 de Setembro de 1992), da Alemanha (1976), da Itália (1991) — além de alguns estados do antigo bloco socialista (Checoslováquia, Hungria, Polónia, Jugoslávia).

O primeiro de todos foi, porém, a Áustria que, em 1925, já tinha um Código do Procedimento Administrativo.

A filosofia e o sistema de cada um deles varia, naturalmente, em função de múltiplas circunstâncias, sugerindo-se, para um estudo sobre o assunto, a leitura de ROGÉRIO SOARES, em *"A propósito dum projecto legislativo. O chamado Código de Processo Administrativo Gracioso"* (*in* RLJ, anos 115.°/116.°).

Parecem ter influenciado, de uma ou outra forma, o Código português, a lei espanhola de 1958 e a norte americana de 1946, bem como, em menor medida, a lei procedimental alemã.

PARTE I
Princípios gerais

CAPÍTULO I
Disposições preliminares

Artigo 1.º
Definição

1. Entende-se por procedimento administrativo a sucessão ordenada de actos e formalidades tendentes à formação e manifestação da vontade da Administração Pública ou à sua execução.

2. Entende-se por processo administrativo o conjunto de documentos em que se traduzem os actos e formalidades que integram o procedimento administrativo.

    I. Procedimento e processo (documental). Sua incindibilidade.

    II. Noção de procedimento (a cadeia de montagem jurídica).

    III. Procedimento e acto complexo: consequências da distinção.

    IV. A diversa causalidade jurídica dos actos procedimentais. Actos funcionais com autonomia jurídica.

    V. Delimitação funcional do procedimento administrativo (a fase integrativa de eficácia). Procedimentos prejudiciais (incidentes) e secundários.

    VI. Princípio da legalidade procedimental: significado da sua consagração no CPA.

    VII. Manifestações do princípio.

    VIII. Excepções.

    *IX. Os actos procedimentais da Administração e de particulares (diferença dos **actos particulares** e relevo destes no procedimento). Factos jurídicos, operações materiais.*

Artigo 1.º

X. *Formalidades.*

XI. *O processo administrativo (documental) e o carácter escrito do procedimento.*

XII. *A "sede" do processo (sua confiança ao interessado).*

XIII. *Noção de "documento" para efeitos procedimentais.*

XIV. *Documentos nominativos e documentos classificados.*

XV. *As lacunas do Código quanto ao regime da documentação do processo.*

XVI. *Idioma. Documentos em língua estrangeira.*

XVII. *A legalização de documentos estrangeiros.*

XVIII. *Autuação e numeração de documentos.*

XIX. *Outras questões omissas respeitantes a documentos.*

XX. *Documentos de abertura e de encerramento.*

XXI. *Deveres de conservação e de restituição de documentos.*

XXII. *Dever de remessa do processo ao tribunal.*

art. 1.º, n.º 1

I. Distingue-se, neste primeiro artigo, entre as figuras ou conceitos de "**procedimento administrativo**" e de "**processo administrativo**", retirando a essa dicotomia o significado que tinha tradicionalmente, de divisão entre "procedimentalistas" e "processualistas" quanto à (designação e) natureza do chamado "processo administrativo gracioso".

Não sendo só por aí que se avalia da opção feita pelo legislador nessa controvérsia, a verdade é que o pendor manifestamente procedimentalista do Código vem revelado logo na designação do *iter* da vontade administrativa.

Sendo distintas, as figuras do "procedimento administrativo" e do "processo administrativo" andam, contudo, juntas: onde há um "procedimento", há o respectivo processo documental, mesmo que esteja apenso, eventualmente, até, entranhado no de outro procedimento.

II. Conceber a actividade jurídica da Administração Pública como um **procedimento** significa, em termos metafóricos, concebê-la como uma *cadeia de montagem, de produção industrial*, ou seja, como o movimento sucessivo e conjugado de diferentes máquinas e peças com vista à obtenção de um produto final uno, para o qual a participação de todas elas contribuiu.

Juridicamente falando, essa *"cadeia"* corresponde à **sucessão concatenada e ordenada de actos e formalidades (de factos e de operações), estrutural e funcionalmente distintos uns dos outros, tendendo à produção de um determinado resultado ou modificação jurídico-administrativa, consubstanciada numa "decisão final",** num acto, regulamento ou contrato administrativo.

Estão aí, parece-nos, todas as características que a doutrina costuma assinalar a propósito da noção de procedimento. Mesmo aquelas que — até por poderem faltar — consideramos não deverem ser destacadas autonomamente, como seja, por exemplo, a da diferente autoria orgânica dos diversos actos e formalidades do procedimento, que vai, por isso, apenas implicitamente assumida na sua diversidade estrutural e funcional.

Quanto à noção legal do n.º 1 deste artigo, ela "peca" por referir o procedimento à produção de uma (declaração de) *vontade* jurídica, parecendo enveredar por uma concepção voluntarista ainda demasiado controversa e nebulosa.

Descontado isso, na expressão legal — *"sucessão ordenada de actos e formalidades tendentes à formação e manifestação da vontade da Administração Pública ou à sua execução"* — estão, para quem a souber ler, os elementos ou características que fazem dum conjunto temporal de actos e factos um procedimento. Sendo uma **sucessão**, como tantas outras sucessões de factos ou fenómenos naturais e jurídicos, ele é, contudo, uma sucessão **ordenada** e articulada — cada acto "chamando" pelo seu subsequente, em vista da produção de um resultado jurídico, consubstanciado num acto final, que pode ser um qualquer produto da actividade jurídica da Administração, seja um acto administrativo, um regulamento ou um contrato administrativo.

Ainda nesta sede, importa referir a contradição intrínseca no conceito de procedimento: é que apesar do procedimento, por definição, ser "forma" e não "conteúdo" (numa consagrada fórmula, ele é "a forma de uma função"), contrapondo-se, portanto, estruturalmente, à própria decisão de fundo por ele servida — que assim seria excluída da noção de procedimento —, a verdade é que o conceito de procedimento abranje a (fase de) produção do próprio acto (regulamento ou contrato) administrativo que, em regra, lhe põe termo.

O legislador do Código de Procedimento Administrativo Alemão revela-o bem, quando, no § 9.º da respectiva lei, se dá ao trabalho de esclarecer expressamente que *"ele (procedimento) compreende o exarar do próprio acto administrativo ou a celebração do contrato de direito público"*.

III. Na delimitação do conceito ou figura do procedimento administrativo, a doutrina distingue-o frequentemente de outros conceitos ou figuras, sobretudo do **acto complexo** e do **acto composto,** a que Freitas do Amaral, à semelhança da doutrina tradicional italiana, chama *actos complexos iguais e desiguais*.

O que interessa aqui sublinhar é que o procedimento administrativo, sendo um *complexo de actos* (e formalidades), não é um *acto complexo*. Este é fruto da **associação** ou conjugação de declarações de vontade ou intervenções jurídicas de autoridades administrativas diversas **na fase constitutiva do procedimento,** para a produção (definição) da própria decisão procedimental — ou seja, é o acto produzido em **co-autoria**, como é o caso mais típico da decisão conjunta.

Artigo 1.º

Sem embargo de também poderem ser qualificados como *acto complexo* uma série de pronúncias temporalmente separadas, provenientes de um só órgão, mas apresentando uma identidade de fim imediato, para cuja prática e definição contribuem conjugadamente.

Ao *acto complexo* tanto pode convir um único procedimento como, eventualmente, procedimentos separados — simultâneos ou sucessivos — , embora todos eles sirvam para compôr um único acto, um único efeito jurídico.

Ao invés, no *complexo de actos,* que o procedimento é, o efeito jurídico respectivo é produzido (definido) por uma única decisão constitutiva.

Claro que as pronúncias que integram o acto complexo têm no procedimento uma valia e um regime qualitativamente distintos daquelas que se reconduzem a meros actos preparatórios ou integrativos de eficácia de outros actos anteriores.

É que, enquanto a falta ou vício dos actos preparatórios acarretam, em regra, a mera *anulabilidade* da decisão final ou principal (quando não mesmo a simples *irregularidade*), e enquanto a falta ou vício de eventuais actos integrativos de eficácia apenas prejudicam a efectiva produção de efeitos, a incompletude ou vício grave de uma só pronúncia da fase constitutiva pode acarretar a nulidade de toda a decisão.

Veja-se, por exemplo, a diferença entre a falta (ou vício) de uma mera autorização inter-administrativa, ou de um parecer, mesmo vinculativo, e a falta (ou vício grave) da declaração de um ministro, quando a lei preveja a sua intervenção no exercício de uma competência conjunta: neste segundo caso, a incompletude (ou o vício grave de uma das pronúncias) acarreta necessariamente a nulidade absoluta da decisão tomada.

Ou seja, o acto complexo a que falte uma das declarações que o compõem é um acto nulo por *"falta de um elemento essencial"*, *ex vi* art. 133.º, n.º 1.

IV. Em rigor, os diversos actos e factos de um procedimento administrativo deveriam manter uma idêntica relação de **causalidade jurídica** com o efeito final, no sentido de que, sem qualquer um deles, não sobrevém o seguinte interrompendo-se toda a cadeia procedimental, com prejuízo da consistência jurídica do resultado final. Ou seja, sabendo-se que nem todos os actos ou formalidades do procedimento têm a mesma influência positiva sobre tal efeito — como é próprio da sua heterogeneidade estrutural e funcional —, aceitar-se-ia, contudo, que todos teriam igual influência negativa nele.

Não é assim, contudo. Como sucede com os diversos factos ou factores de um processo natural ou industrial de criação ou produção — os quais podem ser mais ou menos determinantes da modificação em curso, do produto final, desde os que contendem com o seu próprio devir, até àqueles que apenas põem em causa a plena optimização da modificação ou produto final — , também no procedimento administrativo se admite a existência de factores ou elementos juridicamente mais

Artigo 1.º

ou menos causais e valiosos, na determinação e consistência da decisão final do procedimento.

Na verdade, mesmo que se verificasse serem todos os passos ou formalidades procedimentais necessários à valia legal da decisão a tomar, a verdade é que muitos deles não produzem outro efeito senão o procedimental — de projectar o procedimento um pouco mais além da fase em que ele se encontrava antes da sua produção — sem contenderem (ainda ou directamente) com a decisão final, e outros, mesmo, que só ganham relevo jurídico externo através do acto ou decisão final.

Em contrapartida, há actos ou formalidades procedimentais que têm, só por si, efeitos jurídicos externos, constituindo já uma decisão do procedimento quanto a alguns dos seus possíveis efeitos ou interessados, mesmo sem serem ainda a decisão final do procedimento. Ou, então, aqueles outros actos que ofendem ou lesem interesses juridicamente protegidos, diferentes daquele a cuja tutela se destina a decisão final (e, ainda, eventualmente, também aqueles que condicionam irremediavelmente tal decisão).

Trata-se de *decisões parciais e de pré-decisões,* conceitos que vêm sendo elaborados pela doutrina alemã, incluindo-se, tanto uns como outros, num conceito mais vasto de *actos prejudiciais,* isto é, actos cujo conteúdo cria um *efeito conformativo* para a actuação administrativa subsequente e que apresentam a característica de não realizarem ainda o *efeito prático final* procurado pelos particulares, embora o condicionem (ou possam condicionar) decisivamente.

Por isso, tais actos aparecem no âmbito de *procedimentos multifaseados ou por degraus* e podem referir-se à pronúncia de um órgão sobre determinados aspectos implicados no efeito final pretendido.

Decisão parcial têmo-la, por exemplo, no procedimento para o licenciamento da construção de um empreendimento turístico, onde se exige uma autorização da Direcção Geral de Turismo sobre aspectos do empreendimento relacionados com as suas atribuições. Caso de *pré-decisão* é o da informação prévia dada por uma Câmara Municipal, no sentido da viabilidade da realização de determinada obra (não podendo os factores ponderados na informação ser postos em causa na fase constitutiva e decisória do procedimento do licenciamento, dado o carácter *vinculativo-confirmativo* daquela informação).

A instrumentalização jurídica dos diversos actos e formalidades do procedimento em vista da respectiva decisão final, a sua falta de autonomia funcional, o seu faseamento, não obsta a que eles sejam considerados, muitas vezes, como uma decisão autónoma e destacável (quer quanto à sua divulgação quer) quanto à sua contestação jurídica.

Adiante, em anotação ao art. 135.º, dá-se conta da diferente valia jurídica dos diversos actos e formalidades que compõem o procedimento, revelada no facto de nem todos terem a mesma força invalidante sobre a decisão final.

Artigo 1.º

V. A **delimitação de cada procedimento administrativo** — que consiste, no fundo, em determinar como se inicia, por onde segue e em que acaba — faz-se em função da respectiva decisão final, nele cabendo todos os actos e formalidades instrumentalmente concatenados ou ordenados a ela.

Dirigido à produção de um acto com autonomia funcional — dotado, por si, da capacidade de produzir (não uma qualquer consequência jurídica, mas) um efeito jurídico definitivo e actual na relação jurídica em vista de cuja modelação é desencadeado —, o procedimento administrativo comporta uma série (mais ou menos) finita de actos que carecem dessa autonomia funcional e que têm repercussão jurídica apenas na sua sequência.

Muitas vezes, porém, no "tronco" de um procedimento principal, podem estar enxertados vários sub-procedimentos tendentes à prática de actos e à tomada de decisões administrativas **incidentais** ou **prejudiciais** (em termos relativos ou absolutos) da decisão principal. Para que tais "ramos" ou derivações do procedimento principal possam ser vistos, eles próprios, para os devidos efeitos legais, como procedimentos administrativos (incidentais ou prejudiciais) é preciso que o respectivo tipo legal de acto ou decisão constitua também uma "decisão final", ou seja, se consubstancie em acto, regulamento ou contrato administrativos.

Em contrapartida, com os actos **secundários** (com uma revogação, ratificação, conversão, etc) já não se passa o mesmo. Só em termos documentais é que eles se poderiam considerar enxertados no procedimento principal, pois estão concebidos no próprio CPA como procedimentos autónomos, distintos do procedimento respeitante ao acto primário (demonstram-no, p. ex., os arts. 138.º, 142.º e 160.º, entre muitos outros).

Isso vale também em relação ao procedimento de **execução** de actos administrativos (demonstram-no, v.g., os arts. 152.º e 154.º do Código), encontrando-se claramente estabelecido, logo neste art. 1.º, que há, por um lado, procedimentos tendentes à formação e manifestação da vontade administrativa e, por outro, procedimentos destinados à sua execução.

Ao invés, não se enquadra usualmente na figura dos procedimentos secundários a chamada **fase integrativa da eficácia** de um procedimento administrativo, composta pelos actos e formalidades (por exemplo, aprovações, vistos, referendos) necessários para que o efeito jurídico-administrativo produzido ou definido pela decisão final adquira eficácia jurídica. Trata-se, aí, apenas de uma fase de um procedimento único — a não ser, obviamente, que ela esteja expressamente configurada como um procedimento distinto (é o que aconteceria, por exemplo, com o visto prévio do Tribunal de Contas, para quem o considere uma decisão materialmente administrativa).

É evidente, porém, que a circunstância de integrarmos os actos de aprovação e similares (que conferem eficácia jurídica à decisão final) no procedimento administrativo decisório, em nada prejudica a sua destacabilidade para efeitos contenciosos, que admitimos convictamente, quando fôr própria (e não derivada) a ilegalidade que os afecte.

VI. No n.° 1, mais do que a noção de procedimento administrativo, interessa-nos o **princípio** dele derivado, que é o **do carácter procedimental da actuação jurídico-administrativa da Administração Pública**: a sua vontade não se forma, manifesta ou executa livremente, no modo e formas arbitrariamente preferidas pelo respectivo autor, mas com a cadência e de acordo com procedimentos ou regras (mais ou menos) vinculadamente definidos e articulados.

É o princípio da *legalidade procedimental* ou da exigência de procedimento, que os franceses denominam como proibição de *"manque de procédure"*. Com tal valia nos ordenamentos constitucionais dos Estados de Direito democráticos, tanto dos sistemas de administração anglo-saxónica como dos continentais, que um autor tão seguro como M. S. Giannini o considera (mesmo na ausência de formulação constitucional expressa) como um princípio fundamental das normas positivas e da teoria geral do direito público contemporâneo — aplicável não apenas à função administrativa, mas a todas as outras funções (e Poderes) do Estado.

A novidade do CPA, neste aspecto, não reside na existência do próprio princípio — que esse, já a jurisprudência e doutrina administrativas o afirmavam pacificamente, estando de há muito sepultadas as teses da irrelevância externa do *modo* ou "processo" de preparação, de produção e de execução da vontade jurídico-pública da Administração Pública. Reside, sim, na sua consagração expressa como **cláusula geral** e na fixação de um corpo de normas às quais os intervenientes no procedimento administrativo hão-de referir, em regra, as formalidades que neles houver de praticar.

VII. São de tomo, no plano jurídico-prático, as implicações ou corolários do princípio da **sujeição da actividade administrativa a um procedimento legal**.

O primeiro é o de toda a actuação ou medida de *gestão pública* da Administração, respeitante a uma relação jurídica sua com terceiros, dever consubstanciar-se numa decisão (jurídica) formal, expressa, em que se define o seu conteúdo ou efeito.

Trata-se de uma pedra-base do regime constitucional do nosso Direito Administrativo. A actividade jurídico-pública da Administração Pública manifesta-se em *decisões* procedimentalizadas, formadas e manifestadas solenemente; não se revela em puras manifestações de vontade psíquica e física, como é próprio, muitas vezes, do agir jurídico de particulares. O princípio está, de resto, manifestado a muitos outros propósitos no CPA — destacadamente no art. 9.° e, sobretudo, no respectivo art. 151.°, n.° 1.

A outra manifestação da sujeição da Administração a um procedimento legalmente definido e articulado é a da *invalidade* jurídica dos actos, regulamentos e contratos administrativos em que ele não haja sido observado — por

Artigo 1.º

falta, desvio ou irregularidade — prejudicando, por isso, a sua *consistência* ou aptidão para produzirem estavelmente os efeitos jurídicos a que tendiam.

A observância das normas legais procedimentais, em regra, é — tanto quanto a observância das regras legais relativas ao conteúdo ou efeitos desses actos ou aos domínios da intervenção da Administração — condição da respectiva validade jurídica, tornando-os, em caso de inobservância, virtualmente impotentes para produzir os respectivos efeitos jurídicos (materiais).

VIII. Note-se que o princípio da legalidade procedimental, afirmado sem restrição no art. 1.º e no n.º 1 do art. 2.º, não abarca efectivamente toda a **actividade administrativa de gestão pública de entes e órgãos administrativos.**

A produção e prática de **actos administrativos sem procedimento** decorre de não se estabelecer legalmente uma obrigação de o respectivo autor seguir uma qualquer sequência procedimental nem externar o modo de iniciativa e de recolha, exposição ou apreciação de dados que o levam a tomar a decisão.

Nestes casos, o processo de formação da decisão é puramente interno e a estrutura da sua progressiva elaboração é geralmente privada de relevo jurídico, reduzindo-se a um puro processo psicológico e burocrático.

A aceitação da validade destes actos sem procedimento depende ou da sua natureza e configuração ou da sua admissão inequívoca em lei especial, sendo exemplo de escola de uma categoria de actos desses, por sua natureza, os **actos declarativos**, actos que contêm uma declaração administrativa sobre a (in)existência de factos ou actos, de coisas, ou pessoas e suas qualidades ou títulos, etc..

A formação desses actos — que são, contenciosamente pelo menos, actos administrativos e levam ínsita uma decisão administrativa — segue, na generalidade dos casos, um procedimento tão simples e rudimentar (traduzido num pedido oral e na entrega duma fotocópia) que não se pode falar verdadeiramente em procedimento administrativo. Mas só se tudo "correr bem"; porque, se houver recusa da emissão do acto declarativo, qualquer que seja o seu procedimento em 1.º grau de decisão, as "coisas", em 2.º grau, havendo reclamação ou recurso dessa recusa, vão se complicar significativamente, passando o acto declarativo a estar sujeito, sempre, a um procedimento administrativo organizado nos termos dos arts. 158.º e segs. do Código.

Outra hipótese de acto administrativo sem procedimento (ao nível do 1.º grau de decisão) é o das **ordens de polícia**, cuja **decisão** é normalmente confiada a autoridades executivas, inclusivamente a meros agentes, que se encontram em contacto directo e imediato com as circunstâncias causais e os destinatários ou os objectos das suas medidas. O mesmo se diga de actos, como os de expulsão disciplinar dum estudante duma aula ou dum exame, que não comportam, naturalmente, nenhum procedimento prévio, ao nível do 1.º grau de decisão.

Artigo 1.º

Caso contrário, onde não haja lei especial a prever a prática de actos administrativos sem procedimento — e com excepção da ressalva do art. 151.º (estado de necessidade) —, a juridicidade (ou validade) destes está liminarmente recusada.

Contudo, os actos legalmente desprocedimentalizados ainda cabem no CPA, com as consequências jurídicas daí derivadas, seja pela sua subordinação aos princípios gerais da actividade administrativa seja como procedimentos especiais (n.º 7 do art. 2.º) ou como actos praticados por outra forma imposta pela natureza e circunstâncias do acto (art. 122.º, n.º 1) e acabam por assumir, mesmo, relevo procedimental, se forem objecto de reclamação ou recurso, consequentes à sua prática, como acima se referiu a propósito dos actos declarativos.

IX. Os *"actos e formalidades"* deste n.º 1 abrangem, em primeiro lugar, os **actos jurídicos** de órgãos administrativos e de particulares — declarações de vontade (individual ou orgânica) produtoras de efeitos jurídicos procedimentais.

Note-se que os **actos procedimentais de particulares**, que referimos como parte do procedimento administrativo, não são actos particulares regulados pelo direito privado, mas sim pelo direito administrativo. O requerimento que desencadeia o procedimento, por exemplo, é um acto de um particular, mas é disciplinado pelo direito administrativo.

Valem para os actos dos particulares no procedimento administrativo princípios gerais aplicáveis aos próprios actos da Administração, como sejam o do aproveitamento dos respectivos actos (vejam-se manifestações suas nos arts. 34.º e 76.º) e o das formalidades não essenciais.

Diferentes destes, são os **actos particulares** que podem reflectir-se no procedimento administrativo. Imagine-se uma compra e venda respeitante a um prédio (que é o objecto do procedimento de licenciamento ou expropriatório) ou a procuração passada pelo interessado a favor de outrem para nele participar, em seu nome. Não se trata aqui de actos procedimentais, nem eles são, obviamente, regulados pelo CPA. O que é matéria procedimental é a obrigação ou possibilidade (e valia) jurídico-públicas de trazer ao procedimento a comprovação da existência jurídico-privada desses actos e de determinar os seus efeitos na situação procedimental anterior e subsequente.

O procedimento administrativo, em sentido técnico ou jurídico, só inclui actos (jurídicos) — é um edifício puramente jurídico, podendo falar-se, para o efeito, num conceito de procedimento em sentido estrito.

Mas, além dos actos jurídicos que constituem o procedimento em sentido estrito, a sucessão procedimental completa-se, actua-se e ordena-se, também, através de **factos jurídicos**, alheios à vontade (ou conduta) da Administração e dos interessados, como sejam o decurso do tempo, a modificação de circunstâncias de facto, a própria modificação do Direito — sendo factos jurídicos para

Artigo 1.º

efeitos do procedimento, igualmente, os actos jurídicos extra-procedimento (como, por exemplo, o pode ser o trespasse de uma agência de peritos, que têm intervenção no processo).

Incluem-se, igualmente, no desenrolar do procedimento administrativo, **operações materiais** e **actos de expediente**.

Operações materiais são, por exemplo, as inspecções, vistorias, análises, exames, perícias e (na fase de execução) as ocupações e despejos, demolições, tomadas de posse, delimitações, etc. A realização de operações materiais tem sempre alguma tradução escrita no procedimento — onde se dá conta da respectiva realização e resultados, através de autos ou relatórios — e são muitas vezes concretização de actos jurídicos, através dos quais o instrutor do procedimento ordena a sua realização.

Actos de expediente, têmo-los nos ofícios, nos registos, nas apensações, nas juntadas e demais diligências burocráticas, nas notificações, nas cartes "precatórias", etc.

X. Na referência às "**formalidades**" — como constituindo (além dos "actos") os elementos de que se compõe o procedimento administrativo —, a lei serviu-se de uma expressão ou conceito tradicionalmente usado, no qual cabem, afinal, todos os passos, trâmites e momentos em que se decompõe o procedimento administrativo, que não sejam a sua decisão final. O próprio requerimento constitui, nesse sentido amplo, uma formalidade. Tudo, inclusive o curso de um prazo ou o seu termo — a exigência de que se deixe correr totalmente um prazo em curso para que sobrevenha outra formalidade legalmente dependente de aquele ter já terminado — constituiria formalidade e, se outra ilegalidade não gerasse, provocaria sempre (salvo em caso de mera irregularidade) vício de forma ou de procedimento, por falta ou preterição de formalidades.

As formalidades em que se decompõe um procedimento particular, por exemplo, vão desde a apresentação e quitação do requerimento, passando pela verificação da competência do órgão, pelo convite ao suprimento de irregularidades e seguindo depois, através de oposições, de audições e das respostas a estas, de vistorias, de inspecções, de exames periciais, de requisições, de pedidos e emissão de certificados, de exibições de documentos, de pareceres, de memórias descritivas, da designação de peritos, da elaboração de relatórios, da realização de avaliações, selecções e classificações, do cumprimento de obrigações fiscais e para-fiscais, da apresentação, discussão e votação de propostas, do lavramento delas em acta (bem como de outras diligências em auto) e de comunicações até à publicação e notificação da decisão final.

As formalidades a que a lei se refere não são só aquelas que se inserem na fase preparatória ou constitutiva da decisão do procedimento, mas também as que respeitam à fase integrativa da eficácia do acto praticado, sendo óbvio que a

Artigo 1.º

sua falta ou preterição (se não se situar no domínio da mera irregularidade) se reflectem, naquelas primeiras fases, na validade da decisão do procedimento, e, quando respeitarem à terceira, na validade do acto integrativo de eficácia da decisão levando, consequentemente, à ineficácia desta.

art. 1.º, n.º 2

XI. Diferente da noção de procedimento é a de **processo administrativo**, a que se refere o n.º 2 deste art. 1.º, como sendo "*o conjunto de documentos em que se traduzem os actos e formalidades que integram o procedimento administrativo*", ou seja, o **conjunto de documentos produzidos para dar suporte físico (documental) e jurídico aos actos praticados e às formalidades observadas no procedimento.**

Está ínsito na noção dada que o processo não é uma caixa ou dossier onde estão guardados os documentos, um aglomerado de documentos, mas um "conjunto" onde aqueles que traduzem (juridicamente) os actos, factos e formalidades do procedimento vão sendo autuados ordenada e organizadamente, segundo a sua sequência cronológica, de modo a comporem um conjunto (física e) juridicamente unitário, documentador do modo como se foi formando e se manifestou ou executou a vontade jurídica da Administração Pública, naquele caso.

Com o acrescido relevo jurídico que a Constituição (na revisão de 1989) e o Código vieram dar à *instrução* do procedimento e aos direitos de consulta e informação do interessado, as questões da sua documentação e arrumação processual não podem mais ser encaradas com a ligeireza e "descontração" com que o eram até agora. O processo administrativo é, na verdade, o principal instrumento de concretização ou efectivação do direito de informação dos interessados em relação aos procedimentos ou actuação da Administração em geral (como se assume no art. 62.º) — para além de ser também o principal suporte da instrução do processo contencioso de anulação, e não só, da respectiva decisão (art. 46.º da LPTA) — exigindo-se rigor, ordem e transparência na informação por ele veiculada.

O legislador ordinário tem, aliás, dado recentemente mostras disso: num procedimento tão próximo (em estrutura e conteúdo) do procedimento administrativo geral, como os respeitantes ao licenciamento das operações de loteamento e de obras particulares, foram introduzidas uma série de normas relativas à parte processual ou documental do procedimento, que funcionarão (enquanto não houver outras) como normas comuns às tarefas de autuação e documentação processual dos procedimentos administrativos.

A elas nos referiremos nas notas subsequentes (sobretudo nas notas **XV** e **XX**) e nos comentários a outros artigos deste Código (v.g., arts. 34.º e 74.º e segs.).

Mais uma indicação de que, como já sugeríamos, a falta de clareza ou confiança geradas por um processo deficiente ou equivocamente organizado não

Artigo 1.º

pode deixar de pesar na avaliação da conduta da Administração — ao menos quanto aos elementos (vícios) de índole subjectivista ou voluntarista dessa conduta — e de levar até à responsabilização civil dos agentes administrativos pelos prejuízos daí derivados para os interessados (quer para o que viu demorada ou prejudicada, por isso, a sua pretensão, quer para o que vê posta em causa a consistência da posição jurídica que um procedimento deficientemente documentado tenha produzido a seu favor, se não lhe couberam nisso quaisquer responsabilidades).

A existência legal de um processo administrativo, de um "documentário" ou repositório histórico do que se passou e observou no procedimento, é também tradução de um princípio de base deste, o da **forma escrita** que assumem os actos e formalidades, que o integram. Mesmo os actos ou formalidades que não sejam praticados por escrito (v.g., deliberações de órgãos colegiais, exames, inspecções, etc.) devem — quando se pretende que sejam tomados em conta na decisão final — ser reduzidos a acta, auto, relatório, a incorporar no processo, como se afirma explicitamente (para as primeiras) no art. 27.º do Código.

XII. O processo administrativo tem o seu "**domicílio**" ou "**sede**" num serviço, departamento ou secretaria dependente do órgão competente para a decisão final do procedimento, a quem compete dirigir a sua instrução — directamente ou através de subordinado (ou de membro de órgão colegial, se for esse o caso) ou de órgão delegado ou designado para o efeito (art. 86.º do CPA). É que, embora a *instrução do procedimento* seja algo diferente da arrumação processual da respectiva documentação, não se concebe que essas duas tarefas corressem sob a direcção ou responsabilidade de órgãos diferentes.

De resto, é essa a solução geralmente adoptada, de forma expressa, nas leis orgânicas dos vários entes públicos, Ministérios ou serviços da Administração, distribuindo-se aí por Direcções, Secretarias ou Departamentos que os compõem, a tarefa de preparação e organização dos processos cujas decisões cabem aos órgãos de que dependem.

A **saída** do processo documental do seu "*domicílio*" procedimental, a dar-se, deve ser anotada numa "*folha de movimento do processo*" — duvidando-se que seja aplicável nesta matéria a possibilidade de "confiança" do processo burocrático a particulares (cfr. nota **VI** ao art. 62.º) — e só poderá ocorrer, com as devidas adaptações, nos termos do art. 33.º do Código do Notariado.

XIII. A **noção de documento**, para efeitos do procedimento administrativo, não pode, claro está, restringir-se aos documentos a que se refere exemplificativamente o n.º 1 do art. 4.º da Lei n.º 65/93, de 26 de Agosto — "*processos, relatórios, estudos, pareceres, actas, autos, circulares, ofícios-circulares, ordens de serviço, despachos normativos internos, instruções e orientações de interpretação legal ou de enquadramento da actividade ou outros elementos de informação*" — pois são

Artigo 1.º

documentos, para efeitos de "processo administrativo", além desses, por exemplo, os requerimentos, as petições, as procurações, as escrituras, os ofícios não-circulares, correspondência, etc., e mesmo, como vai ver-se, outros suportes, que não apenas os gráficos.

Podem, porém, suscitar-se algumas dúvidas quanto ao alcance da noção.

É que, não obstante a consonância existente nesse aspecto entre, por exemplo, o Código Civil (art. 362.º) e o diploma legal relativo ao património arquivístico (art. 5.º, alínea **c** do Decreto-Lei n.º 16/93, de 23 de Janeiro) — nos quais, documento é **toda a representação através de sinais** (em termos duradouros e manuseáveis ou de fácil consulta e apreensão) *"de uma pessoa, coisa ou facto"*, abrangendo, portanto, para além dos documentos escritos (em "folha" ou papel), quaisquer outras reproduções mecânicas, como os registos fonográficos, fotográficos ou cinematográficos —, já no Código do Notariado, por exemplo, documentos são apenas os primeiros, os lavrados em **folha** (como se induz dos respectivos arts. 28.º, n.ºs 1 e 2 e 35.º do respectivo Código).

Mas, não é por aí que se suscitam grandes dificuldades do ponto de vista hermenêutico. Parece, na verdade, relativamente fácil concluir que é a uma noção ampla de documento que devemos referir o "processo administrativo". Mal faria que a função e o Poder do Estado, que se quer mais *livre*, ágil e eficiente, a administrativa, não gozasse, em matéria de constatação e comprovação dos factos e dos juízos do procedimento, das possibilidades ou opções que se conferem ao Poder e à função jurisdicionais.

Nesse aspecto, a noção de documento administrativo na referida Lei n.º 65/93 (sobre o direito de *acesso aos documentos da Administração*) serve-nos aqui, pois que nela também se definem como documentos administrativos *"quaisquer suportes de informação gráficos, sonoros, visuais, informáticos ou registos de outra natureza, elaborados ou detidos pela Administração Pública"*.

XIV. Distinguem-se nesse diploma (art. 4.º) os conceitos de **documentos nominativos**, que são *"quaisquer suportes de informação que contenham dados pessoais"* — entendendo-se por "**dados pessoais**", nos termos do mesmo preceito, "as *informações sobre pessoa singular, identificada ou identificável, que contenham apreciações, juízos de valor ou que sejam abrangidas pela reserva da intimidade da vida privada"* — e de documentos não nominativos, distinção útil para efeitos do art. 62.º do Código.

Nos arts. 62.º e 63.º aparecem mencionados também os **documentos classificados,** aos quais, por sua vez, se reporta o art. 5.º do diploma referido, considerando-os como *"os documentos que contenham informações cujo conhecimento seja avaliado como podendo pôr em risco ou causar dano à segurança interna e externa do Estado (e que) ficam sujeitos a interdição de acesso ou a acesso sob autorização,*

Artigo 1.º

durante o tempo estritamente necessário, através da classificação nos termos de legislação específica".

Além das espécies referidas, são também relevantes para efeitos procedimentais, por força da nova redacção do art. 62.º do Código, os *"documentos que revelem segredo comercial ou industrial ou segredo relativo à propriedade literária, artística ou científica"* (profissional, etc), que ficam sujeitos a um regime similar ao dos documentos classificados.

XV. Em matéria de disciplina da documentação do procedimento, o Código não dispôs senão incidentalmente, devendo, portanto, a sua regulamentação normativa procurar-se nos vários "códigos" que a regulam (como o Código Civil, o de Processo Civil, o do Notariado e, eventualmente, o do Registo Civil ou Predial, etc) e nos diversos diplomas sobre sectores específicos da documentação administrativa, que vigoram já, como o Decreto-Lei n.º 447/88, de 10 de Dezembro — respeitante à pré-arquivagem de documentação, que estabelece os princípios de gestão de documentos relativos a recursos humanos, recursos financeiros e recursos patrimoniais dos serviços da administração directa e indirecta do Estado — e o Decreto-Lei n.º 16/93, de 23 de Janeiro, que estabelece o regime geral dos arquivos e património arquivístico.

A manifesta importância procedimental da documentação processual vai-se revelando, hoje, em diplomas sobre importantes procedimentos administrativos, como os respeitantes aos licenciamentos de operações de loteamentos e de obras particulares, podendo confrontar-se para o efeito, por exemplo, o art. 2.º do Decreto-Lei n.º 448/91 (na redacção do Decreto-Lei n.º 334/95, de 28.XII) e o art. 4.º do Decreto-Lei n.º 445/91 (na redacção do Decreto-Lei n.º 250/94, de 15.X.).

XVI. Uma primeira questão a que o Código não se refere é a do **idioma**, da língua em que devem ser escritos os documentos do processo administrativo.

São, é claro, obrigatoriamente escritos em português todos os termos, despachos e demais diligências de carácter procedimental lavrados ou realizados pelas autoridades administrativas que superintendem no processo — mesmo aqueles que se destinam a solicitar a colaboração de autoridades ou a participação de interessados estrangeiros, que serão traduzidos depois.

É princípio geral de direito — atributo de soberania e territorialidade —, com tradução explícita no art. 139.º do Código de Processo Civil e no art. 92.º do Código de Processo Penal, o de que as autoridades e oficiais públicos de um país se expressam na sua própria língua — embora não exista (ao que sabemos) entre nós, norma geral a consagrá-lo explicitamente para efeitos procedimentais ou administrativos —, como acontece nas leis do procedimento administrativo espanhola e alemã.

São também redigidos em português, evidentemente, os **requerimentos** dos interessados, quaisquer que sejam.

Artigo 1.º

Mas admite-se que do processo constem também **documentos redigidos em língua estrangeira**, oferecidos pelas "partes" ou obtidos pelo órgão instrutor (p. ex., por requisição a autoridades públicas estrangeiras).

Questão é a de saber se a junção de tais documentos implica a necessidade de serem acompanhados da respectiva tradução oficial. A dúvida põe-se por haver no direito português soluções diferentes para essa questão.

De um lado, a tradução de documentos escritos em língua estrangeira é expressamente exigida no Código de Notariado (art. 44.º, n.º 3), no Código de Registo Predial (art. 43.º, n.º 3) e no Código de Registo Comercial (art. 32.º, n.º 2). Nos procedimentos administrativos são conhecidos casos — como os dos procedimentos concursais — onde se exige também a tradução de documentos redigidos em idioma estrangeiro, como acontece, por exemplo, com o art. 70.º, n.º 2, do Regime das Empreitadas de Obras Públicas e com o art. 22.º, n.º 2, do Decreto-Lei n.º 55/95, de 29.III.

De outro lado, nos Códigos de Processo prevê-se que os documentos em língua estrangeira não venham acompanhados de tradução legalmente idónea, existindo nesse caso um poder discricionário do tribunal para ordenar a respectiva tradução — art. 140.º, n.º 1, do Código de Processo Civil e art. 166.º, n.º 1, do Código de Processo Penal.

Parece-nos que a solução preferível a aplicar no processo administrativo é a dos Códigos de Processo referidos, da não obrigatoriedade de tradução oficial — dado até o interesse numa instrução profusa e não burocratizada do procedimento administrativo, que a exigência de tradução oficial em todos os casos prejudicaria, considerando-se, portanto, abrangido na discricionariedade instrutória de que goza a Administração (art. 87.º do CPA) o poder de exigir essa tradução, se a considerar necessária.

Essa solução, aliás, está de acordo com o princípio geral da boa instrução do procedimento (a que os AA. se referem — cfr., por todos, M. S. GIANNINI, *Diritto Amministrativo*, II volume, pág. 892) que obriga a autoridade instrutora a obter para o processo o máximo número de factos e informação.

XVII. Distinto do problema da tradução dos diplomas redigidos em idioma estrangeiro, é o da **legalização dos documentos emitidos em país estrangeiro**, que consiste no reconhecimento pela autoridade consular portuguesa da assinatura e qualidade do oficial público estrangeiro que emitiu (ou reconheceu) o documento.

Na verdade, no direito português, em nenhum caso-regra se exige a prévia legalização desses documentos (ver, por exemplo, art. 365.º do Código Civil, art. 43.º do Código de Registo Predial e art. 49.º, n.º 1, do Código do Registo Civil).

O que pode suceder é que, no caso de se levantarem dúvidas quanto à sua autenticidade (ou à autenticidade do reconhecimento), seja exigida a sua legalização, nos termos do art. 540.º do Código de Processo Civil ou do art. 89.º do

Artigo 1.º

próprio CPA. Mesmo, porém, que a legalização solicitada não venha, o documento valerá sempre como documento, embora desprovido da sua normal força probatória. É o caso de documento autêntico não legalizado, que passa a valer como documento particular.

Se assim é em todos os outros processos públicos, quer de índole administrativa quer de índole judiciária, deve, obviamente, sê-lo-à também (por maioria de razão) no procedimento administrativo.

XVIII. Os documentos em que se consubstanciam ou se reflectem actos e formalidades do procedimento devem ser integrados neste de acordo com a **ordem cronológica da sua produção ou apresentação** (pelas ou perante as autoridades administrativas) e são numerados nessa sequência. *Autuar* um documento, por sua vez, significa entranhá-lo oficialmente num processo, rubricá-lo e atribuir-lhe um número de sequência.

Na verdade, como se dispõe no art. 547.º do CPC, "*os documentos incorporam--se no processo, salvo se, por sua natureza, não puderem ser incorporados ou houver inconveniente na incorporação; neste caso, ficarão depositados na secretaria, por forma que as partes os possam examinar*" — norma que se aplica, com as adaptações necessárias, nos processos documentais dos procedimentos administrativos.

O Código nada dispõe sobre incorporação ou autuação e numeração de documentos — referindo-se apenas, nos arts. 80.º, n.º 3, e 82.º, ao registo e respectivo número de ordem de requerimentos iniciais e outros escritos apresentados pelos interessados, o que é bem diferente da numeração processual de documentos, de que aqui curamos.

Mas, face a essa mesma lacuna do direito anterior, já MARCELLO CAETANO (*in Manual de Direito Administrativo*, vol. II, pág. 1313) alvitrava que "*os documentos juntos aos processos devem ser registados como os requerimentos e, na falta de autuação, é hábito nos serviços mais bem organizados capear os processos com uma folha pautada onde vão sendo descritos, por sua ordem, todos os papéis que nele sejam incorporados*".

Por outro lado, no Código de Registo Civil (art. 35.º), no Código do Registo Predial (arts. 60.º, n.º 1 e 61.º, n.º 1, alínea *e*) e no Código do Notariado (art. 29.º), está previsto o dever de numeração das folhas, cujo incumprimento faz incorrer os funcionários e agentes na pena de multa prevista no art. 23.º do Estatuto Disciplinar (Decreto-Lei n.º 24/84, de 16 de Janeiro).

Repare-se, porém, que o dever de numeração de documentos (pela ordem da sua apresentação) não significa que os documentos respeitantes a cada uma das formalidades do procedimento estejam necessariamente nele integrados pela ordem em que estas vêm descritas ou articuladas na lei e que haja, portanto, por força disso (e se for só por isso) qualquer ilegalidade ou sequer irregularidade — solução que o próprio princípio da *informalidade* do procedimento recomenda.

Artigo 1.º

Pela nossa parte, é uma certeza que os deveres de autuação e numeração do processo são deveres jurídicos dos funcionários encarregados da organização do processo, embora possam não ser deveres jurídicos da Administração face aos interessados no procedimento. Ou seja, a sua violação é com certeza fonte da responsabilidade disciplinar, mas não é causa necessária de invalidade do procedimento ou da sua decisão.

É evidente, porém, que as deficiências da organização dos processos, nestes aspectos, recaem também sobre a Administração. Pois que, se (nos processos de fiscalização da legalidade do procedimento) se discutir acerca da irregularidade da sua sequência, será sobre a Administração que recai o **ónus da prova** da respectiva legalidade; não é ao particular, ao interessado, que cabe demonstrar que, por trás dessa irregularidade, está uma ilegalidade (v.g., uma falsificação de datas).

Podem parecer rigores e cautelas excessivas, estas, a que aqui nos referimos, em matéria de autuação e numeração de documentos procedimentais. Mas as vantagens daí decorrentes, em quase todos os aspectos ligados à transparência e legalidade da actividade administrativa, sobrelevam largamente os respectivos custos, que não excedem o escasso tempo perdido nessas tarefas, do mais simples expediente.

XIX. Há muitas outras questões com relevo procedimental em matéria de documentação processual, que também **não foram objecto de regulamentação no Código**. É o caso da sua *força probatória* — à qual se aplicam, naturalmente, as regras gerais do art. 366.º e segs. do Código Civil —, da sua *utilização fora do procedimento*, da sua *perda* ou *deterioração*, da sua *restituição antecipada* (ver art. 550.º do Código do Processo Civil), da *reconstituição do processo* (ou "reforma dos autos", como é designada nos diplomas de Processo).

Regulada "pela negativa" está a questão da **requisição** de documentos. Na verdade, só se prevê nos arts. 89.º e 91.º, n.º 2, um **ónus de apresentação** dos documentos pedidos pela autoridade instrutora (e não um poder seu de os requisitar), ónus que tem, aliás, como sujeitos passivos apenas os **interessados** no procedimento — ao contrário do que sucede em processo judicial (v.g. arts. 519.º e 535.º do Código do Processo Civil), onde se abrangem quaisquer terceiros — e cujo incumprimento é objecto de livre apreciação, em sede probatória, pela autoridade administrativa.

A existir possibilidade de requisição de documentos pela autoridade instrutora, ela seria restrita a documentos na posse de outras autoridades administrativas, porventura obrigadas a cedê-los em virtude de específicos deveres de coadjuvação, que entre elas exista.

Reguladas estão também no Código (embora indirectamente), pela via da legislação penal e disciplinar, as questões relativas à **falsificação, destruição ou desaparecimento** de documentos do processo administrativo, conforme se pode ver nos arts. 256.º, 257.º e 259.º do Código Penal, no n.º 2.º do art. 188.º

Artigo 1.º

do Código de Processo Penal, no art. 31.º do Código do Notariado, no art. 37.º do Código de Registo Civil e no art. 26.º, n.º 4, alínea f) do Decreto-Lei n.º 24/84, de 16 de Janeiro (Estatuto Disciplinar).

Destaque especial merece a utilização de documentos do processo **fora do procedimento** onde foram produzidos — sendo óbvio que também aqui as facilidades de reprodução da tecnologia contemporânea tornam muito mais fácil a abordagem do tema. Até por isso, as questões importantes que hoje se suscitarão giram em redor do (direito de) acesso aos arquivos e registos administrativos (para documentação dos procedimentos que correm), matéria que é objecto da Lei n.º 65/93 e que se tratará a propósito do art. 65.º do CPA.

Questão diferente é saber se a Administração pode utilizar a documentação facultada pelo interessado (nomeadamente em procedimento de interesse privado) e com ela instruir outros procedimentos administrativos. A resposta é que pode fazê-lo, desde que se trate de documentar a existência e consistência dos interesses públicos envolvidos ou desde que não haja violação dos princípios da igualdade, da imparcialidade (em processos com interessados particulares contraditórios) ou da confiança e boa-fé e, sobretudo, da confidencialidade e intimidade privada.

XX. O **documento de abertura** de cada processo é naturalmente ou a ordem para a instauração do procedimento (no procedimento oficioso) ou o requerimento registado e autuado nos termos da lei — ou "capeado por folha de movimento do processo", como se refere no n.º 5 do art. 4.º do Decreto-Lei n.º 445/91 (na redacção do Decreto-Lei n.º 250/94) e no n.º 4 do art. 2.º do Decreto-Lei n.º 448/91 (na redacção do Decreto-Lei n.º 334/95) — embora na prática, mesmo neste caso, o documento que faz seguir o processo seja o despacho de autuação do requerimento e de ordem para seguimento do respectivo procedimento.

Não há (ou pode não haver), porém, coincidência entre o **documento de encerramento** do processo administrativo e o momento da extinção do respectivo procedimento — que o art. 106.º do CPA fixa no momento da "tomada da decisão final" — , pois que do processo ainda constarão, pelo menos, as notificações (bem como, provavelmente, os mandados expedidos para instauração do procedimento de execução, embora este, em si, já se organize depois em processo documental próprio, mesmo se apenso ao procedimento do acto executado).

XXI. Após a ordem de **arquivo dos processos documentais administrativos** — que não é, para efeitos contenciosos, decisão jurídica autonomamente impugnável —, a respectiva documentação deve ser:

  a) **guardada** (inclusive através da respectiva micro-filmagem, prevista no art. 564.º do Código do Processo Civil e art. 134.º do Código de Registo Predial, sendo a questão regulada, em geral, no

Artigo 1.º

Decreto-Lei n.º 447/88, de 10 de Dezembro e também no Decreto-Lei n.º 16/93, de 23 de Janeiro, sobre o regime geral dos arquivos e do património arquivístico;

b) e/ou **devolvida** aos interessados, ou aos que a houverem apresentado.

Quanto ao **dever de conservação** e guarda do processo administrativo, haverá que distinguir, desde logo — em função da sua diferente relevância para a comprovação do acto e dos seus efeitos —, entre "*documentação de conservação permanente*" e documentação que pode ser eliminada.

Quanto a esta última, se a lei não fixar um prazo de conservação (como acontece, por exemplo, para os processos respeitantes à gestão de recursos humanos, financeiros e patrimoniais — ver Decreto-Lei n.º 121/92, de 2 de Julho), deverá a respectiva documentação ser conservada até ao esgotamento ou consumação (na ordem das coisas juridicamente significantes) dos efeitos da decisão do procedimento.

Esse dever tem em vista, não apenas a satisfação de interesses públicos, mas também possibilitar a efectivação do dever de informação por parte da Administração e do direito de acesso dos interessados — que podem requerer as certidões de que careçam constantes dos próprios processos arquivados (art. 65.º do Código e Lei de Acesso aos Documentos Administrativos).

Quanto ao **dever de devolução ou restituição** de documentos previsto nos Códigos de Processo Civil (art. 548.º e segs.), do Notariado (art. 105.º e 136.º) e do Processo Tributário (art. 61.º), pensamos dever também a Administração considerar-se constituída nele, em relação à documentação dos procedimentos administrativos, mas só a partir do momento em que se tiver tornado desnecessária — por exemplo, depois de esgotados os procedimentos secundários, de revisão ou execução da decisão procedimental ou após os recursos que se houverem interposto — e sempre com a salvaguarda da possibilidade de reprodução, se os seus efeitos ainda não se tiverem consumado.

Ao contrário do que se passa no regime do Código do Notariado, o dever de restituição de documentos do processo administrativo só se constitui a requerimento daquele que os facultou, não vinculando oficiosamente a Administração, salvo se (pensamos que a solução do art. 548.º, n.º 2, do Código de Processo Civil, merece, nesta parte, aplicação analógica) se tratar de documentos facultados por organismos oficiais ou por terceiros (não interessados), porque esses devem ser restituídos oficiosamente.

XXII. Por outro lado, os processos administrativos devem ser oficiosamente **remetidos aos tribunais administrativos**, quando estes os requerem para efeitos de recurso contencioso de anulação (art. 46.º da LPTA).

Artigo 2.º

A Lei de Processo não estende esse dever de remessa do processo administrativo ao tribunal a nenhum outro meio do contencioso administrativo — embora aqueles a que se aplica subsidiariamente o regime dos recursos de actos administrativos devam, obviamente, ficar sujeitos à mesma regra.

Quanto às acções de responsabilidade contratual e extra-contratual, é que a questão é mais duvidosa. Talvez que aí se devam considerar aplicáveis as normas do Código de Processo Civil sobre direito à apresentação de documentos na posse da outra parte, constantes dos seus artigos 528.º e seguintes.

Artigo 2.º

Âmbito de aplicação

1. As disposições deste Código aplicam-se a todos os órgãos da Administração Pública que, no desempenho da actividade administrativa de gestão pública, estabeleçam relações com os particulares, bem como aos actos em matéria administrativa praticados pelos órgãos do Estado que, embora não integrados na Administração Pública, desenvolvam funções materialmente administrativas.

2. São órgãos da Administração Pública, para os efeitos deste Código:

a) **Os órgãos do Estado e das Regiões Autónomas que exerçam funções administrativas;**

b) **Os órgãos dos institutos públicos e das associações públicas;**

c) **Os órgãos das autarquias locais e suas associações e federações.**

3. As disposições do presente Código são ainda aplicáveis aos actos praticados por entidades concessionárias no exercício de poderes de autoridade.

4. Os preceitos deste Código podem ser mandados aplicar por lei à actuação dos órgãos das instituições particulares de interesse público.

5. Os princípios gerais da actividade administrativa constantes do presente Código e as normas que concretizam preceitos constitucionais são aplicáveis a toda e qualquer actuação da Administração Pública, ainda que meramente técnica ou de gestão privada.

6. As disposições do presente Código relativas à organização e à actividade administrativas são aplicáveis a todas as actuações da Administração Pública no domínio da gestão pública.

7. No domínio da actividade de gestão pública, as restantes disposições do presente Código aplicam-se supletivamente aos procedimentos especiais, desde que não envolvam diminuição das garantias dos particulares.

Artigo 2.°

   I. Advertência.

  II. Âmbito objectivo de aplicação do Código (e dos seus princípios) aos órgãos da Administração Pública.

 III. Extensão do conceito "órgãos da Administração Pública" : esclarecimentos e dúvidas.

 IV. A actividade de "gestão pública" dos órgãos da Administração Pública: factores de delimitação do conceito.

  V. As relações da Administração com particulares. As relações entre entidades públicas e entre órgãos administrativos.

 VI. A extensão do Código aos actos em matéria administrativa de órgãos do Estado (e das Regiões Autónomas) não integrados na Administração Pública (extensão do conceito). Regimes aplicáveis.

 VII. Órgãos não abrangidos na Administração Pública.

VIII. A (auto-)extensão do Código às entidades concessionárias. Âmbito.

 IX. O caso das sociedades de economia pública ou de economia mista.

  X. A (hetero-)extensão do Código às instituições privadas de interesse público.

 XI. A aplicação dos princípios gerais e das normas concretizadoras de preceitos constitucionais constantes do Código, em matéria de gestão privada e execução técnica (ou material).

 XII. Âmbito subjectivo dessa aplicação: caso específico das concessionárias e das empresas públicas.

XIII. Âmbito objectivo dessa aplicação: princípios gerais da actividade administrativa.

XIV. (cont.) Normas concretizadoras de preceitos constitucionais.

 XV. O âmbito geral da aplicação directa do n.° 6.

XVI. A aplicação supletiva das normas de trâmite (ou procedimentais) do Código aos procedimentos especiais.

XVII. Situações em que (não) há lugar a aplicação supletiva do Código, prevista no n.° 7 do art. 2.°.

XVIII. Conceito e casos de "procedimentos especiais".

 XIX. O caso especial do procedimento tributário.

 XX. A revogação operada pelo Código nas leis anteriores: esclarecimentos e dúvidas.

art. 2.°, n.⁰ˢ 1 e 2

I. Regula-se neste artigo o **campo de aplicação das normas do CPA,** o que é, obviamente, da maior importância teórica e prática.

Pretende-se, com isso, determinar quando é que, face a um caso ou situação que se lhes depare para resolver, devem os órgãos da Administração Pública ou outros com funções similares, os seus titulares, pegar num exemplar do Código — de uma fotocópia do Decreto-Lei n.° 442/91, de 15 de Novembro, com a redacção que lhe foi dada pelo Decreto-Lei n.° 6/96, de 31 de Janeiro — e adequar a sequência

Artigo 2.º

ou o modo dos trâmites do respectivo procedimento àquilo que nele se estabelece, em vez de procederem de qualquer outra maneira.

Convém, por isso, que se tomem aqui cuidados redobrados em matéria de rigor, objectividade e certeza, para diminuir o número e a extensão das dúvidas, às vezes insistentes, que a indeterminação, polissemia ou abstracção dos conceitos e noções usados necessariamente provoca em questões como as reguladas neste art. 2.º.

II. Na verdade, do ponto de vista sistemático, o art. 2.º apresenta significativas dificuldades hermenêuticas que nem a distinção entre a aplicação do Código aos órgãos da Administração Pública e a outros órgãos ou entidades permite superar completamente.

Quanto aos **órgãos da Administração Pública** (definidos no n.º 2 do preceito), começamos por separar a sua **actividade de gestão pública** das suas actividades técnica e de gestão privada — podendo confrontar-se sobre a distinção entre gestão pública e gestão privada o Acórdão do Tribunal de Conflitos de 5.XI.81 (AD, n.º 243, pág. 367 e segs).

Àquela primeira espécie de actividade, o Código é (tendencialmente, se não existirem procedimentos especialmente previstos) aplicável na sua globalidade, em todas as suas disposições e princípios gerais; já quanto às segundas, só se lhes aplicam os *"princípios gerais da actividade administrativa"*, bem como as *"normas que* (no Código) *concretizam preceitos constitucionais"*. O confronto entre a 1ª parte do n.º 1 (e os n.ºˢ 6 e 7) com o preceito do n.º 5 permite afirmá-lo — mesmo se subsistem algumas dúvidas quanto ao alcance exacto do conceito *"princípios gerais da actividade administrativa"*.

Por outro lado, dentro da actividade de gestão pública da *Administração Pública* que envolva relacionamento com "particulares", deve distinguir-se entre as disposições do Código relativas à *"organização e à actividade administrativas"* e as restantes: as primeiras aplicam-se em todos os casos, a *"todas as actuações"* (n.º 6), as outras aplicam-se em função da existência ou inexistência de *"procedimentos especiais"* que estejam previstos normativamente para disciplinar certas dessas actuações (n.º 7).

Existindo tais procedimentos especiais — que ficam sujeitos em matéria de organização e actividade às normas do Código —, as disposições deste que regulem a tramitação procedimental só se aplicam *supletivamente,* e desde que não envolvam diminuição das garantias dos particulares (como resulta do mencionado n.º 7).

A relativa clareza desta separação de campos de aplicação do Código, no que respeita aos órgãos da Administração Pública, fica algo prejudicada por assentar, além do mais, na distinção entre normas relativas à organização, à tramitação e à actividade administrativas, que, em muitos casos, é dificílima de estabelecer.

Artigo 2.º

Enfim, dando como assente que os conceitos e figuras em que se sustentam estas distinções seriam mais ou menos inequívocos, os campos de aplicação do Código, em relação aos **órgãos da Administração Pública,** ficariam definidos nos termos expostos, com os aditamentos e esclarecimentos que se vão intrometendo nos comentários subsequentes, a propósito de questões com eles conexionadas.

III. Em relação ao conceito "**órgãos da Administração Pública**", anota--se, a título de especialidade ou esclarecimento, estarem aí incluídos, para além dos genericamente mais conhecidos:

a) O **Conselho de Ministros** (com as particularidades da respectiva Lei Orgânica ou de outras, como, por exemplo, o art. 4.º, n.º 2, alínea *b*), da Lei n.º 65/93);

b) Os órgãos das **Associações de Municípios** — mas não os das associações civis ou comerciais de Municípios, como a Associação dos Municípios Portugueses;

c) Os **Conselhos Administrativos** (nas Câmaras Municipais do Porto e Lisboa) e os conselhos de administração e administradores delegados dos **serviços municipalizados**;

d) As **Assembleias Distritais** (e o governador civil), nos Distritos (enquanto se mantêm);

e) Os órgãos dos **institutos públicos**, como o Instituto Português de Oncologia, o Instituto do Vinho e da Vinha;

f) Os órgãos de **estabelecimentos públicos**, como os Hospitais e as Universidades Públicas;

g) Os órgãos das **empresas públicas**;

h) Os órgãos de **associações públicas** (como, por exemplo, as ordens profissionais);

i) Os órgãos da **Administração Militar**, nomeadamente, os Chefes de Estado-Maior e os órgãos colegiais de que todos façam parte, bem como o Vice-Chefe do Estado-Maior General das Forças Armadas.

E também, claro, os órgãos das Regiões Administrativas, (se e) quando estiverem criados.

É de realçar, em especial, a sujeição da actividade de direito administrativo das **empresas públicas** ao regime do CPA — corroborada, aliás, por igual sujeição imposta aos concessionários públicos. São clarificações que consideramos muito úteis, verdadeiras garantias de uma "devolução de poderes" num Estado de Direito.

A opção clara do Código nesta matéria — incluindo todas as espécies de institutos públicos sob o manto da regra procedimental — constitui um dado da maior importância na construção e configuração do ordenamento jurídico por-

Artigo 2.°

tuguês e na delimitação da movediça fronteira entre o direito público e privado na disciplina dessas "Administrações".

São **órgãos dos institutos públicos,** para efeitos de delimitação do campo de aplicação do CPA, aqueles que nas respectivas leis orgânicas ou "Estatuto" têm funções e competência deliberativas ou executivas de cariz jurídico-administrativo, ou seja, os seus "órgãos dirigentes" — expressão que constituía, no direito administrativo anterior, o correspondente dos "órgãos sociais" no direito civil e comercial — englobando-se aí, normalmente, o respectivo órgão de gestão colegial (a Direcção, a Comissão Directiva ou o Conselho Administrativo dos serviços personalizados, os Conselhos de Administração e de Gerência dos estabelecimentos públicos e empresas públicas), pois que em tais institutos não existem, normalmente, outros órgãos legais com competência jurídico-administrativa externa.

O que pode é suceder que nos respectivos regulamentos de utilização e exploração externamente vinculantes — não nos organigramas dos serviços e departamentos do estabelecimento ou empresa, que esses não relevam para o efeito — os titulares de outros cargos ou órgãos da respectiva estrutura, estejam dotados, também, de competência para a tomada de decisões jurídico-administrativas perante terceiros (ainda que sujeitas a recurso hierárquico para os respectivos órgãos dirigentes), caso em que, então, também eles estarão sujeitos ao CPA.

Questionável é se se deve trazer para aqui, subsumindo-os no conceito de órgãos da Administração Pública, os denominados **órgãos independentes do Estado,** a que se refere a anotação **VII** a este artigo.

A resposta depende, naturalmente, de saber se se trata de órgãos de carácter administrativo ou político-constitucionais, podendo, eventualmente, incluir-se naqueles, entre outros, os Conselhos Superiores das Telecomunicações ou o do Desporto e a Comissão Nacional de Protecção dos Dados Pessoais Informatizados, criados respectivamente pelo Decreto-Lei n.° 176/92, de 13.VIII., pelo Decreto-Lei n.° 145/93, de 26.IV. e pela Lei n.° 10/91, de 29.IV., bem como a Comissão de Acesso aos Documentos Administrativos, criada pela Lei n.° 65/93, de 26.VIII.. Daríamos a mesma qualificação aos Conselhos Superiores de Magistratura, do Ministério Público e dos Oficiais de Justiça.

Quanto aos restantes, a sua configuração (político-constitucional ou administrativa) é mais discutível, pelo que, se fosse correcta a primeira, o Código ser-lhes-ia aplicável, claro, mas nos termos da parte final do n.° 1 deste artigo.

IV. Não são, porém, já se viu, todas as actuações de órgãos da Administração Pública, que estão sujeitas ao regime do CPA. Aliás, o Código di-lo por várias formas, a mais expressiva das quais é esta do n.° 1 do art. 2.°: as actuações desses órgãos estão sujeitas globalmente a procedimento administrativo quando se desenvolvam nos domínios da *"gestão pública"* e *"estabeleçam relações jurídicas com os particulares".*

Artigo 2.º

Globalmente, o Código aplica-se, pois, nos domínios da actividade de **gestão pública,** em que a Administração Pública se **relaciona com particulares**.

A fixação rigorosa desses primeiros factores legais de determinação do âmbito de aplicação do CPA aos órgãos da Administração Pública, constitui doutrinariamente uma tarefa inacabável — e bem mais laboriosa, entre nós, face às flutuações que se verificam na doutrina e nos tribunais —, pois a vida sempre se encarregará de apresentar novos casos avessos a catalogações legais ou dogmáticas.

A formulação que menos equívocos e dificuldades suscita ainda nos parece ser aquela que considera, como sendo de gestão pública, a actividade administrativa exercitada com base em **normas de direito administrativo**. E, portanto, se a produção de um determinado efeito no ordenamento jurídico depende da conjugação de dois actos jurídicos (ou de um acto e de um negócio jurídico) da Administração Pública, um, regulado pelo direito administrativo, o outro, pelo direito privado, só à formação e manifestação do primeiro se aplica o Código. Ao segundo serão aplicáveis apenas os princípios gerais nele consagrados ou as normas a que se refere o n.º 5 deste artigo.

É verdade, como sustenta a maioria da doutrina, que a norma que habilita um órgão da Administração a recorrer ao direito privado para a prossecução de interesses públicos, é uma norma administrativa (se bem que, para a proposição ser rigorosa até às suas derradeiras consequências, se tenha de ir ao ponto de considerar, como alguns consideram, a norma que define a capacidade de direito privado da Administração Pública, como uma norma "exorbitante" das que correspondem à normal capacidade jusprivatista dos entes colectivos particulares). Contudo, o acto ou a actividade exercida ao abrigo dessa norma administrativa é de *gestão privada*, e daí serem as normas do direito privado que se aplicam ao desenvolvimento da actividade administrativa nesse caso (sem prejuízo, claro, do disposto no n.º 5).

Outra formulação que parece próxima (e que talvez correspondesse melhor ao uso legal do conceito "actividade") consistiria em considerar, como sendo de gestão pública, as actividades que não podem ser levadas a cabo por particulares, e de gestão privada aquelas que a Administração Pública pode exercer nos mesmos termos em que o fazem os particulares.

Parece-nos, porém, que, procurando ainda por outra via, se pode encontrar no próprio CPA um factor de delimitação material "sucedâneo" desses, fixados no n.º 1 deste seu artigo 2.º e de aplicação muito mais pacífica, extensa e prática. É que, sabendo-se que os procedimentos administrativos previstos são os que têm como objecto a prática (ou execução) de um acto, de um contrato ou de um regulamento administrativos, dir-se-à que a actuação dos órgãos da Administração Pública sujeita a procedimento administrativo é aquela que é levada a cabo com vista à formação, manifestação ou execução de uma vontade traduzível em actos, regulamentos ou contratos administrativos.

Artigo 2.º

Não é, portanto, pela caracterização de uma actividade administrativa como sendo de gestão pública (e relacional), que aconselhamos a delimitar, primeiramente, na prática, o âmbito de aplicação do Código aos referidos órgãos da Administração Pública. É, sim, pela consideração do tipo legal de actos ou decisões jurídicas em que se decompõe ou consubstancia essa actividade, como sendo actos (regulamentos ou contratos) de tipo administrativo.

De resto, essa consideração tem utilidade jurídico-prática mesmo que se prefira recorrer directamente ao factor *"gestão pública"*, pois que dele resulta tratar-se aqui de uma gestão desse tipo traduzida (ou de relação jurídica vertida) em acto, regulamento ou contrato administrativos — com exclusão, portanto, daquele tipo de actividade material e operacional, onde a distinção entre tal conceito e o seu oposto (de gestão privada) funciona mais dificilmente.

V. Quanto ao outro inciso ou factor legal que torna os órgãos da Administração destinatários do Código — ou seja, *"que estabeleçam relações com os particulares"* —, por um lado, ele não preclude a exigibilidade e a sequência do procedimento administrativo no âmbito das relações entre distintas entidades públicas ou órgãos administrativos, mesmo se muitas dessas relações estão sujeitas a procedimentos especiais, outras, até, dispensadas dele.

Por outro lado, *"particulares"* são aqui também as entidades públicas — inclusivamente, órgãos administrativos — que se apresentem perante *"órgãos da Administração Pública"* na qualidade de *"administrados"*. Assim, por exemplo, a Comissão da Reserva Agrícola Nacional deve instaurar procedimento administrativo para a emissão de autorização ou parecer seus, de que dependem as utilizações ou afectações particulares ou públicas de terrenos agrícolas, seja a entidade interessada (nesse parecer ou autorização) uma pessoa privada ou uma autoridade pública (Decreto-Lei n.º 196/89, de 14 de Junho, alterado pelo Decreto-Lei n.º 274/92, de 12.XII.), nomeadamente, em relação a um bem do seu domínio privado.

Mas, além dessas, existem outras relações inter-administrativas, próprias do relacionamento jurídico entre diversos órgãos do mesmo ente ou de entes distintos, situando-se a capacidade procedimental de ambos no domínio do direito público (v.g., relações entre as autarquias e o Estado em matéria de investimentos conjuntos, relações entre a Câmara e a Assembleia Municipal em matéria de autorização ou aprovação de actos ou propostas daquela), algumas das quais o Código se aplica directamente — como quanto à aprovação ou autorização tácitas da prática de um acto administrativo (art. 108.º) — ou com adaptações.

São situações correspondentes àquilo que, em anotação **XI** ao artigo 54.º (entre outros), designamos como *procedimentos públicos*.

Por outro lado, o preceito sugere que pode subsistir uma esfera interna, uma "lide puramente doméstica" da Administração, que não se reflecte nas relações com *terceiros* e onde não vigoraria a exigência da procedimentalização das decisões.

Artigo 2.º

Sendo essa uma solução desejável, devendo ser preservado esse reduto não procedimental da decisão administrativa **interna**, não pode, contudo, esquecer-se nem as dificuldades que há em estabelecer rigorosas separações entre o "interno" e o "externo" (numa Administração aberta e transparente) nem os perigos que estas distinções comportam.

O segundo inciso legal deste preceito deve, pois, ser tomado (como, aliás, a sua redacção sugere) no sentido de que os destinatários das normas procedimentais do Código são órgãos de relacionamento externo da pessoa colectiva, não os serviços e agentes que internamente os acolitam. Não, portanto, no sentido de que, intervindo estes no procedimento, eles já não teriam que se conformar com o que no Código se dispõe.

VI. O Código aplica-se ainda noutros domínios, a outros órgãos e entidades que não integram o conceito de Administração Pública do seu n.º 2.

Revela-o, logo, a parte final do n.º 1, que manda aplicar as disposições do Código "**aos actos em matéria administrativa de órgãos do Estado não integrados na Administração Pública**", que ficam também sujeitos à exigência e sequência do procedimento administrativo.

É uma solução similar à já adoptada, para efeitos contenciosos, no Estatuto dos Tribunais Administrativos e Fiscais (ETAF), fechando-se assim o edifício do Estado de Direito Constitucional com a sujeição de todos os poderes do Estado (com funções administrativas) à Lei e ao Direito.

É sabido, na verdade, que os outros órgãos ou poderes do Estado (como os políticos, os legislativos, os judiciais e os órgãos constitucionais auxiliares), desempenhando primordialmente funções não administrativas — e sendo, portanto, estruturados em função da sua outra vocação principal —, estão também incumbidos acessória ou secundariamente de tarefas administrativas, na realização das quais são chamados a praticar actos, a elaborar regulamentos e a celebrar contratos administrativos, de que sobressaem (por serem praticamente comuns a todos eles) os respeitantes aos meios pessoais, materiais e financeiros postos ao seu dispor, às suas tarefas "*domésticas*", digamos assim.

"*Actos em matéria administrativa*" não são, portanto, para estes efeitos, só "actos", mas também **contratos administrativos** da respectiva autoria. Do ponto de vista racional e teleológico, é a única interpretação coerente; sistematicamente, ela está em consonância com outras referências da lei a este propósito ("actividade" do n.º 1, "actos" do n.º 3 e "actuação" dos n.ºs 4 e 5); literalmente, tem tradução suficiente na expressão utilizada ("actos"), pois que os contratos administrativos, tanto quanto os actos administrativos, são actos jurídicos.

No que respeita aos respectivos regulamentos, não nos parece que seja de lhes aplicar a disciplina dos arts. 114.º e segs. — embora os consideremos sujeitos

Artigo 2.º

aos princípios gerais do art. 3.º e segs., pelo menos aos do n.º 2 do art. 266.º da Constituição — quando se trate daquelas questões a que chamámos "domésticas".

Se, porém, os restantes Poderes do Estado dispusessem de competência regulamentar geral em determinadas matérias administrativas, então já as consideraríamos sujeitos, aí, à disciplina do Código.

As questões que o preceito levanta não ficam por aí. Embora tenhamos por certo que também se aplicam a estes "actos" as próprias disposições do Código que contêm princípios gerais da actividade administrativa (ou que concretizam preceitos constitucionais), haverá que descontar nessa aplicação normas de carácter orgânico (e às vezes normas de trâmite) que resultariam inconciliáveis com o estatuto ou natureza principal desses outros Poderes, como acontece, nomeadamente, com as disposições do Código que se refiram à particular fisionomia dos órgãos administrativos ou às regras sobre a convocatória das suas reuniões, etc, naqueles casos em que as leis orgânicas desses Poderes disponham diversamente. Aliás, o facto de o preceito mandar aplicar as disposições do Código "aos actos", sustenta, de alguma maneira, essa proposição.

Em suma: descontadas algumas particularidades orgânicas e formais, estes actos (regulamentos e contratos) têm os regimes procedimentais e substantivos estabelecidos no Código para os correspondentes actos jurídico-administrativos da Administração Pública.

Interessa notar ainda que, muitas vezes, às competências materialmente administrativas referidas nos diversos diplomas citados correspondem, nos termos da lei vigente, procedimentos especiais. Nesse caso, é evidente que a regra do n.º 1 do art. 2.º deveria ser conciliada com a do respectivo n.º 7.

VII. São, obviamente, "*órgãos do Estado não integrados na Administração Pública*" os órgãos não administrativos das Regiões Autónomas, ou seja, a Assembleia Legislativa Regional e o respectivo Presidente — bem como outros órgãos que os coadjuvam quanto ao desempenho de funções admnistrativas.

Para além desses, são órgãos não administrativos do Estado, para estes efeitos de sujeição procedimental (referimos apenas os diplomas de base, sem menção das alterações que lhes têm sido introduzidas):

— o Presidente da República (Lei n.º 7/96, de 29.II. e Decreto-Lei n.º 28-A/96, de 4.IV);

— a Assembleia da República, o seu Presidente e o respectivo Conselho Permanente da Assembleia da República (ver, quanto a este, a Resolução da Assembleia da República n.º 12/91, de 15.IV);

Artigo 2.º

— os Tribunais (Lei n.º 38/87, de 23.XII), o Tribunal de Contas (Lei n.º 86/89, de 8.IX) e o Tribunal Constitucional (Lei n.º 28/82, de 15.XI);
— o Conselho Superior de Defesa Nacional (Lei n.º 29/82, de 11.XII);
— o Conselho Superior da Magistratura (Lei n.º 21/85, de 30.VII);
— o Conselho Superior do Ministério Público (Lei n.º 47/86, de 15.X);
— o Conselho Superior dos Oficiais de Justiça (Decreto-Lei n.º 276/87, de 11.XII).

Temos ainda aqueles órgãos a que se chama **órgãos constitucionais auxiliares** (e os designados **órgãos independentes do Estado)**, de que são exemplos:
— a Procuradoria-Geral da República (Lei n.º 47/86, de 15.X);
— o Provedor de Justiça (Lei n.º 9/91, de 9.IV);
— a Comissão Nacional de Eleições (Lei n.º 71/78, de 27.XII);
— a Alta Autoridade para a Comunicação Social (Lei n.º 15/90, de 30.VI);
— o Conselho Económico e Social (Lei n.º 108/91, de 17.VIII e Decreto-Lei n.º 90/92, de 21.V).
— o Conselho Nacional de Ética para as Ciências da Vida (Lei n.º 14/90, de 9.VI);
— o Conselho Nacional do Consumo (Lei n.º 24/96, de 31.VII).

Subsistem, porém, dúvidas sobre se não deveriam caber aqui outros órgãos, como os referidos *supra* na nota **III** — ou se não deviam, antes, alguns dos órgãos aqui mencionados ser considerados, pura e simplesmente, como órgãos de Administração Pública (nomeadamente, os Conselhos Superiores referidos).

art. 2.º, n.º 3

VIII. Outro domínio onde o Código se aplica — incluindo os princípios gerais e as normas que concretizam preceitos constitucionais — respeita aos *"actos praticados por entidades concessionárias no exercício de poderes de autoridade"*, sujeitos, portanto, ao princípio da legalidade procedimental, sem necessidade de haver disposição expressa a esse propósito. Ficam porém abrangidos aí apenas os actos que relevam do exercício de poderes de autoridade implícitos no objecto de concessão ou expressos na respectiva lei e contrato.

É mais uma achega preciosa em termos de Estado de Direito, apesar de já vigorar há décadas no ordenamento português — coisa diferente de estar a ser observada consistentemente. Agora deixa de haver dúvidas: quando se preva-

Artigo 2.º

lecem de poderes de autoridade face a terceiros, as entidades concessionárias actuarão procedimentalmente, seja em consonância com a lei (contrato incluído) da sua concessão ou por referência ao regime-regra do Código.

Não são só, note-se, os actos administrativos que essas entidades pratiquem, que estão sujeitos à regra da exigência procedimental. Também em matéria de emissão de regulamentos de utilização do serviço, da obra ou bem público que lhes está concedido, bem como de celebração de contratos administrativos subordinados (v.g. de empreitada ou sub-concessão), se lhes aplicam os regimes estabelecidos no Código.

A aplicação do Código aos actos de autoridade das concessionárias é praticamente global: são-lhe aplicáveis, por exemplo, as disposições respeitantes ao início e ao desenvolvimento do procedimento, bem como as que respeitam ao direito de informação de interessados (arts. 61.º e segs.) ou ao acesso de não interessados a procedimentos que perante eles correram (art. 65.º), nos mesmos termos em que tal dever vincula os órgãos da Administração Pública (cfr. a respectiva anotação).

Pode dizer-se, em geral, serem aplicáveis as disposições sobre princípios gerais, as normas de trâmite ou sequência e as regras de direito substantivo respeitantes à actividade administrativa

É evidente, porém, que, do âmbito de aplicação do Código às entidades concessionárias ficam excluídas as normas específicas de carácter orgânico, salvo, naturalmente, quanto àquilo que nelas for revelação ou projecção de princípios gerais inerentes ao exercício de toda e qualquer actividade administrativa autoritária — como é, por exemplo, a proibição de renúncia e de alienação da competência conferida.

A tentação de excluir do campo de aplicação do Código neste domínio, por exemplo, as normas da Secção II do Capítulo I da sua Parte II (*"Orgãos colegiais"*), que tem a sua razão de ser, não pode, porém, levar a esquecer que os actos de autoridade das concessionárias estão sujeitos a regras como as constantes dos arts. 27.º e 28.º, do mesmo modo que às dos arts. 44.º e segs., sobre garantias de imparcialidade (ver contudo o que se diz no comentário **V** ao art. 44.º) etc., embora quanto às normas sobre convocatórias e reuniões (e outras do mesmo género) devam prevalecer as normas do próprio estatuto societário.

IX. Claro que, ao referir-se a *"entidades concessionárias"*, o legislador não tinha em vista apenas aqueles casos em que o exercício de actividades públicas por particulares assenta num título denominado "concessão" (seja legal, administrativo ou contratual), mas todos aqueles casos em que, em virtude de qualquer título, entes privados são chamados a exercer, em nome ou por devolução administrativa, perante terceiros, prerrogativas ou poderes similares aos dos entes públicos, se estes se se confrontassem com os particulares em relações jurídicas similares.

Artigo 2.º

Não obstante o Código não se lhes referir expressamente, consideramos as **sociedades anónimas de capitais exclusivamente públicos** ou as **sociedades de economia mista** — desde que, naturalmente, se trate de entes a quem estão conferidos por lei (ou estatuto aprovado por lei) poderes de autoridade para o exercício das respectivas "atribuições" ou objecto social — sujeitas ao regime procedimental das empresas concessionárias.

Tal situação não é, no direito português, tão rara quanto se poderia pensar: veja-se, por exemplo, o caso paradigmático da EPAL, SA (Empresa Portuguesa das Águas Livres), à qual o Decreto-Lei n.º 230/91, de 21.IV. confere amplos poderes de autoridade — cfr. v.g., o respectivo art. 8.º — ou de algumas das sociedades que saíram da cisão da Electricidade de Portugal.

A não se entender assim — que estaríamos, aqui, perante situações de *"exercício privado de funções públicas"* sujeitas procedimentalmente ao mesmo regime das concessionárias (embora esse exercício não assente aí num acto ou contrato de tipo concessório, mas em leis que também atribuem aos entes criados prerrogativas ou posições de autoridade) —, então teríamos que reportar a situação destas sociedades a um conceito amplo de empresas públicas (aliás, admitido no preâmbulo do Decreto-Lei n.º 260/76, de 8.IV) e considerá-las incluídas no conceito de institutos públicos do n.º 2 deste art. 2.º do CPA, o que nos parece solução menos desejável.

O que nos parece de excluir em absoluto, é que, comportando-se como "autoridades", praticando actos (emitindo regulamentos ou celebrando contratos) administrativos no exercício de poderes públicos, elas pudessem considerar-se dispensadas do cumprimento procedimental e substantivo do Código.

Distinguimos, portanto, num conjunto amplo de situações, normalmente designadas como de *"exercício privado de funções públicas"*, duas classes: aquelas em que a assunção pelo particular de funções públicas é operada por acto ou contrato administrativo de concessão (ou de tipo concessório) ou com efeito similar — e teríamos então o caso das empresas concessionárias de serviços públicos e as sociedades de capitais públicos e de economia mista — e a situação de certos profissionais privados investidos em funções públicas, como será o caso dos Revisores Oficiais de Contas ou, proximamente (quando disso forem encarregados os particulares), os notários.

art. 2.º, n.º 4

X. Era (*ipsis verbis*) o anterior n.º 5 do mesmo artigo 2.º, que o Decreto-Lei n.º 6/96 "puxou" para cima — apenas, pensa-se, para depois arrumar melhor, um a seguir ao outro, os números 5 e 6 respeitantes à actividade de gestão pública, de gestão privada e de gestão técnica da Administração Pública, no sentido do n.º 2.

Artigo 2.º

Por força deste n.º 4, o Código pode ser mandado aplicar também — total ou parcialmente, directa ou subsidiariamente — às **instituições particulares de interesse público**.

A sujeição ao procedimento administrativo depende, porém, nestes casos, de lei expressa — e não de norma do próprio CPA. Por outro lado, não se restringe expressamente a (possibilidade de) extensão do Código aos casos em que tais instituições exercem poderes de autoridade — embora a exigência tenha aqui também plena razão de ser.

Dúvida legítima é a de saber se, em relação àqueles actos destas instituições que, segundo o regime vigente de há décadas, já são actos administrativos (ver art. 51.º, n.º 1, do ETAF), se aplica o Código ou se é necessário que venha uma disposição expressa dizê-lo agora, de novo.

Por nós, respondemos afoitamente no primeiro sentido. De outro modo, teríamos aqui, sem qualquer justificação, uma matéria ou sector jurídico-administrativo a viver num regime de excepção procedimental, sem garantia adequada de prossecução dos interesses da colectividade e de consideração dos interesses dos cidadãos abrangidos pela actuação destes entes.

art. 2.º, n.º 5

XI. Corresponde ao n.º 4 deste mesmo artigo 2.º, da versão de 1991.

Com um importante aditamento, porém. É que, agora, a actuação da Administração, mesmo a meramente técnica ou a de gestão privada, está sujeita não apenas *"aos princípios gerais da actividade administrativa constantes do Código"* — como já estava antes, embora sob a fórmula *"princípios definidos"* —, mas também às *"normas que concretizam preceitos constitucionais"*.

Tal aditamento suscita algumas observações, pois — se já acontecia assim no domínio da aplicação dos *princípios gerais* do Código à actividade de gestão privada ou meramente técnica da Administração (*infra*) —, também no domínio da aplicação, aí, das normas concretizadoras de preceitos constitucionais se põem problemas delicados, a exemplificar adiante (cfr., nota **XIV**).

XII. Deste modo, a actuação dos órgãos da Administração, quando se traduz na realização de operações materiais ou no exercício de actividades jurídicas em moldes jusprivatistas, fica apenas sujeita aos princípios gerais e normas concretizadoras de preceitos constitucionais.

Das várias questões que o preceito suscita, a primeira respeita ao seu **âmbito subjectivo de aplicação**: aplica-se ele à actuação técnica e de gestão privada apenas da Administração Pública no sentido do n.º 2, e a toda ela, ou há extensões do preceito que nele não estão expressamente contempladas?

Artigo 2.°

Por nós diríamos que a sua *ratio* valeria também para a actividade técnica ou de gestão privada, por exemplo, dos órgãos do Estado não integrados na Administração Pública, mas que desempenham acessoriamente actividades materialmente administrativas. Não se vê por que razão esses órgãos, a que se refere a 2ª parte do n.° 1 deste art. 2.°, não hão-de estar, nestes domínios, sujeitos aos mesmos princípios e normas que condicionam a actuação substancialmente idêntica dos órgãos da própria Administração Pública.

E ainda poderíamos discutir também, nesta sede, se a actuação técnica ou material de entidades concessionárias, que seja mero prolongamento ou execução de actuações suas *ex autoritate* não deveriam considerar-se também sujeitas aos princípios gerais e normas concretizadoras a que se refere este n.° 5 do art. 2.°.

Ao invés, duvidamos que os princípios e normas aqui em causa sejam aplicáveis (sem aquela reserva, pelo menos) à actividade técnica e de gestão privada das empresas públicas — que são órgãos da Administração Pública para efeitos do n.° 2 — dada a sua natureza e regime empresariais, que muito dificulta a harmonização dos imperativos e exigências a que estão legalmente sujeitas com os princípios gerais e as normas concretizadoras que aqui se lhes estenderiam — sem embargo, claro, de se poderem colocar, em relação a elas, outras condicionantes e exigências derivadas desse seu estatuto empresarial público, como sucede, por exemplo, com a recente Lei n.° 23/96, de 26 de Julho.

XIII. Mais graves são as questões que se põem quanto ao **âmbito objectivo** de aplicação da estatuição do mencionado n.° 5 do art. 2.°.

Desde logo, porque nos aparece a referência aos princípios gerais da *actividade* administrativa — num artigo onde se fez distinções entre *organização, actividade* (n.° 6) e *tramitação* (n.° 7) — levando a supor que só alguns dos princípios gerais do Código serão aplicáveis neste domínio e colocando ao intérprete graves dificuldades para fixar quais são os respeitantes a cada uma dessas classes; com a agravante, por exemplo, de (logo no Capítulo II), entre princípios claramente respeitantes à actividade da Administração, se inscreverem outros muito mais virados para a sua organização (art. 10.°, primeira parte).

Pela nossa parte, quanto a esta questão, preferiríamos dizer que todos os princípios gerais do Código — qualquer que seja o domínio a que se referem — se aplicam à actividade técnica e de gestão privada da Administração, salvo aqueles cuja razão de ser reside na própria natureza jurídico-pública das normas de que brotam: há, na verdade, princípios gerais constantes do Código, que não fazem sentido, quando uma Administração Pública actua técnica ou jusprivatisticamente. Pense-se, por exemplo, nos princípios da decisão ou da participação, que não têm aí lugar.

Mais significativo é, ainda, o caso de princípios, como o do art. 7.° (da colaboração), que — sendo de afastar, até, em certas circunstâncias no domínio de procedimentos administrativos pré-contratuais (ver nota **II** ao art. 181.°) — deve

Artigo 2.º

ser discutido, também, a propósito das actuações da Administração *jure privatorum*, no domínio de departamentos seus com carácter empresarial, ou no da execução de contratos de direito privado por parte de órgãos administrativos.

XIV. Como se viu, também hoje se aplicam à actividade técnica ou *jure privatorum* da Administração Pública — no sentido que para este efeito lhe atribuímos —, além dos princípios gerais referidos, *"as normas que concretizam preceitos constitucionais"*.

Suscitam-se igualmente alguns esclarecimentos e reservas ao preceito legal.

Em primeiro lugar, deve entender-se que *"normas que concretizam"* preceitos constitucionais são tanto aquelas que precisam, explicitam ou aclaram a disciplina neles contida (ou, até, aquelas que se limitam a reproduzir o seu teor), como aquelas que dinamizam, densificam ou desenvolvem esses preceitos.

Por outro lado, trata-se apenas das normas concretizadoras contidas no próprio CPA, e não daquelas que, porventura, constem de legislação administrativa avulsa ou até de normas de outros ramos de direito.

Ou seja, as normas de diplomas de direito privado que concretizam preceitos constitucionais no domínio das relações jurídico-privadas vincularão certamente a Administração *jure privatorum*, mas não por força da aplicação do próprio CPA.

Finalmente, há preceitos constitucionais que se referem apenas à actividade jurídico-pública da Administração e, portanto, as suas concretizações legislativas não valem (não devem valer) para a respectiva actividade técnica ou de gestão privada. É o caso, por exemplo, dos preceitos do art. 268.º, n.º 1 e n.º 3 da Constituição, cujas concretizações no Código (arts. 61.º e segs., art. 124.º e art. 132.º) não se vê como poderiam ser aplicáveis a essas actividades, ao menos sem extensas restrições e adaptações.

art. 2.º, n.ᵒˢ 6 e 7

XV. Os novos n.ᵒˢ 6 e 7 do art. 2.º do Código, como já assinalámos na nota **II**, destinam-se a explicitar o alcance da primeira parte do respectivo n.º 1, esclarecendo que as disposições respeitantes à *"actividade e organização administrativas"* se aplicam a todas as actuações da Administração Pública — aqui entendida naturalmente no sentido restrito do n.º 2 deste artigo —, independentemente do que se dispuser nas leis (gerais ou especiais) onde tais actuações estejam reguladas: nessas matérias, consideram-se substituídas pelas do Código. É o que se estabelece no n.º 6.

Já não será assim em matéria de **tramitação** da actividade dos órgãos da Administração Pública, porque, aí, havendo *"procedimentos especiais"*, as disposições do Código só se aplicam supletivamente — seja para preencher eventuais lacunas dos procedimentos especiais seja para lhes fornecer a regulamentação de que eles carecem — e se não envolverem diminuição das garantias dos adminis-

Artigo 2.º

trados, que resultassem desses procedimentos (só podem ser essas, claro, pois as garantias gerais são precisamente aquelas que o Código assegura).

XVI. O n.º 7 corresponde ao n.º 6 do art. 2.º na versão inicial do Código, mas tem uma redacção nova.

Em primeiro lugar, porque se concretizou que as normas aqui em causa se aplicam apenas aos procedimentos especiais no domínio da actividade de gestão pública — o que, aliás, já resultava da versão anterior deste artigo.

Em segundo lugar, muito mais relevante, é que veio agora estabelecer-se que as disposições **supletivamente** aplicáveis aos procedimentos especiais, são as **disposições procedimentais** do Código. Isso resulta não apenas de o preceito se referir às *"restantes disposições"* (por oposição às do n.º 6), como também da sua leitura à luz da alínea a) do art. 2.º da Lei de Autorização Legislativa (Lei n.º 34/95, de 18.VIII.) e do preâmbulo do próprio Decreto-Lei n.º 6/96, esclarecendo-se assim as dúvidas que existiam em matéria de contagem de prazos e de funcionamento de órgãos colegiais, no seio de procedimentos especiais.

Por outro lado, a nova redacção do preceito veio suscitar (e, ao mesmo tempo, resolver) uma questão que não se punha perante a sua anterior redacção. Na verdade, parece-nos resultar agora dele que, se as disposições procedimentais do Código apenas se aplicam *"supletivamente aos procedimentos especiais"*, as outras (a que se refere o n.º 6 deste artigo 2.º) aplicam-se **directamente**.

Mesmo se o mencionado objectivo da alteração efectuada não nos levaria tão longe, é aí que chegamos (agora que a questão se põe) face àquilo que ficou objectivado na lei.

XVII. Como resulta do preceito, obsta à aplicação supletiva das disposições do Código o facto de elas envolverem uma qualquer diminuição das garantias dos particulares estabelecidas nos procedimentos especiais.

Isso não significa, porém, que o facto de tais disposições se traduzirem num alargamento dessas garantias tenha como consequência automática a sua aplicação ao procedimento especial em causa, mesmo verificando-se o pressuposto de nada se dispor a esse propósito na respectiva disciplina procedimental.

É que o *punctum saliens* da aplicação supletiva do Código nos procedimentos especiais não reside, em primeira linha, em uma qualquer questão garantística, mas sim (como na aplicação supletiva em geral) na existência ou inexistência de uma verdadeira lacuna de regulamentação.

Na verdade, o facto de nada se dispor, num complexo normativo, a propósito de determinada formalidade ou aspecto do procedimento nele regulado, não faz com que nos possamos considerar necessariamente face a uma lacuna ou caso omisso procedimental, carente de preenchimento normativo. É que a falta de previsão normativa pode não se traduzir numa *"imperfeição contrária ao plano"* regulador

Artigo 2.º

desse procedimento, numa *"incompletude insatisfatória no seio de um todo"* — que, essa sim, reclamaria tarefa integradora — mas antes, como observa K. ENGISH, numa *"inexistência **planeada** de certa regulamentação, propriamente uma regulamentação negativa"* (Introdução ao Pensamento Jurídico, 6.ª edição, pág. 281).

Nesses casos, em que a falta de regulamentação legal de uma questão procedimental corresponde a uma sua *"regulamentação negativa"* não há que chamar à colação a aplicação supletiva das disposições procedimentais do Código. É o que sucede (ou pode suceder), por exemplo, no caso da não previsão (pelo menos em certos procedimentos concursais) da existência de audiência prévia dos interessados, por não se tratar aí de uma *"imperfeição contrária"* ao plano normativo do respectivo procedimento, mas, sim, de uma omissão querida pelo legislador, ao entender que nesses procedimentos (em alguns deles ou em certas fases deles) tal formalidade constituiria uma degeneração do sistema instituído — como se discutiu em comentários aos arts. 100.º e 181.º deste Código.

Em casos desses, o art. 2.º, n.º 7, não tem que ser chamado à baila, como se se tratasse de um "escape" para proceder, até ao limite, à optimização procedimental das posições dos interessados.

E o que acaba de se sustentar pode mesmo estender-se às falhas de política legislativa (às chamadas lacunas *de jure condendo* ou lacunas *"críticas"*), valendo a disposição deste preceito apenas para as lacunas *próprias*, normativas ou de regulação (no sentido que lhes dá K. LARENZ, Metodologia da Ciência do Direito, 2.ª ed., pág. 450 e segs.), em princípio as únicas que permitem ao (ou vinculam o) juiz à respectiva integração ou preenchimento.

XVIII. A questão da **aplicação supletiva** das disposições procedimentais do Código a "**procedimentos especiais**" reside, também, em determinar quais são esses procedimentos.

Embora o conceito pudesse fazer pensar em procedimentos que se afastam do regime geral (especial opor-se-ia a procedimento geral ou regra), não é esse o sentido com que ele deve ser acolhido. Não há no direito português — nem em qualquer outro — um procedimento-regra desse tipo, como logo advertimos na Nota Prévia. O que o CPA introduziu foram apenas algumas regras e princípios a que devem obedecer os trâmites, formalidades e actos de qualquer procedimento; mas não está definida, nem podia estar, uma tramitação, um procedimento, geral ou comum, que deva ser observado em regra. Não são *"procedimentos especiais"* para estes efeitos, portanto, os procedimentos que tiverem legalmente uma tramitação e sequência diferentes das estabelecidas no CPA, porque, pura e simplesmente, este não contém um **iter** a ser observado em geral.

Mais coerente parecia, então, considerar como *"especiais"* os procedimentos respeitantes ao exercício de uma determinada competência que se encontre regulada em normas procedimentais próprias (no "processo" disciplinar, no "processo" expropriatório, no procedimento de licenciamento de obras e loteamentos, no procedimento concursal de empreitadas de obras públicas, etc, etc). O Código aplicar-se-ia supletivamente, por exemplo, às notificações neles previstas, que não estejam definidas, por exemplo, em relação às respectivas menções ou prazos (ver arts. 68.º e 69.º), etc.

Cremos ser neste sentido que o n.º 7 deste art. 2.º se refere a *procedimentos especiais*".

Outra possibilidade seria a de dar o Código como supletivamente aplicável naqueles casos em que, ao lado de procedimentos considerados *regra* ou comuns (o processo expropriatório comum, o processo disciplinar comum), houvesse procedimentos especiais (v.g. o processo de expropriação urgente, o processo disciplinar a titulares de órgãos colegiais), aplicando-se supletivamente às lacunas destes os preceitos do Código e não os dos respectivos procedimento-regra.

Não nos parece, porém, ser essa a intenção do Código, nem nos parece ser boa solução para tal questão.

Assim, *"procedimentos especiais"* serão, para estes efeitos, todos aqueles cuja tramitação esteja estabelecida na lei, mais ou menos minuciosamente, para a prática de uma certa categoria de actos, regulamentos ou contratos administrativos.

XIX. A aplicação supletiva do Código determinada no art. 2.º, n.º 7, estende-se aos procedimentos administrativos tributários naquilo que aí não estiver especialmente previsto, é óbvio.

É, pelo menos, o entendimento veiculado pela própria Administração Fiscal. Assim se comunicou às diversas repartições fiscais, no Ofício Circulado n.º 2485, de 11 de Novembro de 1992, da Direcção Geral das Contribuições e Impostos e cujo sumário é o seguinte:

> *"1 ..... 2.- O CPA aplica-se na Administração Fiscal e no próprio Código de Processo Tributário, supletivamente, quando haja lacuna, e quando não envolva diminuição das garantias dos particulares (art. 2.º, n.º 6, do CPA). 3.- O regime dos prazos vem regulado directamente no Código de Processo Tributário, pelo que não se lhe pode aplicar supletivamente o CPA. 4.- .... ".*

XX. Para além de preencher as lacunas e de fornecer a regulamentação dos referidos procedimentos especiais, o Código **revogou** muitas das respectivas regras (e princípios) como revogou também muitas regras (e princípios) de direito administrativo substantivo.

As dificuldades que a questão suscita provavelmente só poderão responder-se de maneira plena, norma a norma. Mas como esquema genérico para solução teó-

Artigo 2.º

rica da questão, parece-nos curial a proposta de Freitas do Amaral e dos restantes AA. do *Projecto,* a qual, com a devida vénia, aproveitamos aqui.

Depois de dividirem o Código em quatro grandes sectores normativos — a saber: os princípios gerais do procedimento administrativo, as normas genéricas sobre organização administrativa, as regras de direito substantivo aplicáveis à actividade administrativa e as normas particularizadas sobre trâmites processuais —, alvitram os referidos AA. que:

a) os *princípios gerais* do procedimento administrativo consagrados no CPA se aplicariam a todos os procedimentos, mesmo se especiais (cfr. os n.ºs 1 e 5 do art. 2.º do CPA);

b) as normas genéricas sobre *organização administrativa* (nomeadamente as que se contêm na Parte II) pretendem regular de modo uniforme a estrutura e o funcionamento de todos os órgãos da Administração Pública, pelo que prevaleceriam sobre quaisquer disposições especiais;

c) as regras de *direito substantivo* que regulam a actividade administrativa (nomeadamente as que se contêm na Parte IV do Código) têm validade geral e vocação universal, pelo que se aplicariam a todos os regulamentos, actos e contratos administrativos da nossa Administração Pública e aos respectivos procedimentos decisórios ou executivos, ainda que especialmente regulados;

d) as normas particularizadas sobre *trâmites processuais*, que regulam os procedimentos especiais, deveriam em regra prevalecer sobre as regras genéricas do CPA com o mesmo objecto. É o que resulta do n.º 7 do art. 2.º do CPA, que considera o Código aplicável *supletivamente* aos procedimentos especiais, isto é, só em caso de lacuna ou dúvida insanável.

No sentido de que o Código operou uma revogação em bloco da legislação anterior que verse sobre idêntica matéria (e que por ele não tenha sido ressalvada) pronunciou-se o Conselho Consultivo da Procuradoria Geral da República, no Parecer n.º 3/93, de 1.IV.93, publicado no Diário da República de 7.10.93.

Nem sempre se poderão resolver as dúvidas que surgirem a este propósito, por simples apego às soluções alinhadas pelos AA. do *Projecto,* embora nos casos mais frequentes elas constituam uma ajuda inestimável nesse sentido. Pense-se, por exemplo, no art. 96.º do Código e imagine-se um procedimento relativo a uma reforma por doença, no qual é chamada a intervir uma Junta Médica, perguntando- -se, então, se o cidadão terá direito de nomear um número de médicos igual ao que é designado pela Administração? Tudo está em saber se pode, ou não, configurar-se como uma lacuna, ou *caso omisso,* a falta, aí, de uma referência à designação de peritos pelo particular.

Artigo 2.º

Entendemos que, no exemplo dado, o referido art. 96.º do Código valerá — ou seja, aplicar-se-á subsidiariamente — nos casos em que a Administração designe peritos para a realização de certo exame ou diligência ou nomeie uma Junta sem que a lei preveja algo sobre isso (a não ser, eventualmente a realização dessas diligências). Já quando a lei especial fixa ela própria o método de realizar a diligência, não pode falar-se em lacuna e em aplicação subsidiária, salvo, claro está, nos espaços deixados em branco por essa norma sectorial.

Existe a possibilidade de consultar a obra de ADALBERTO MACEDO (O Código do Procedimento Administrativo, RDP, Ano VII, n.º 14), onde se contém um elenco das normas que o Autor considera revogadas pelo Código. Não tivemos, contudo, tempo para avaliar, caso a caso, da pertinência das conclusões aí tiradas.

CAPÍTULO II

Princípios gerais

PRELIMINARES

> *I. Âmbito: princípios gerais do direito administrativo e princípios gerais do procedimento administrativo.*
>
> *II. Irrelevância da consagração ordinária de princípios constitucionais no CPA.*

I. É de verdadeiros *princípios* que se trata aqui, intrinsecamente distintos da outra categoria de normas jurídicas: as *regras.*

Os princípios são normas dotadas de uma elasticidade e de uma abertura valorativa próprias, e comportam, por isso, vários graus de concretização, consoante o seu peso e valia (em ponderação, até, com outros princípios jurídicos pertinentes) na situação *sub judice*; ao contrário, as regras prescrevem imperativamente uma exigência, que é ou não é cumprida, são normas que obedecem à lógica do "tudo ou nada".

Por isso se pode afirmar, com GOMES CANOTILHO, que *"a convivência dos princípios é conflitual; a convivência das normas é antinómica. Os princípios coexistem; as regras antinómicas excluem-se"*.

O elenco de princípios gerais deste Capítulo II não tem carácter exaustivo — outros, como, por exemplo, *o princípio da conformação do procedimento segundo os direitos fundamentais* (GOMES CANOTILHO, Direito Constitucional, 5ª Edição, pág. 390), *o princípio da responsabilidade administrativa* ou *o princípio do aproveitamento dos actos administrativos* (expressamente consagrado na lei alemã) podiam acrescentar-se-lhe.

Por outro lado, além dos princípios gerais aqui enunciados — aplicáveis a toda a actuação administrativa, procedimentalizada, ou não — aparecem consagrados no Código (entre os arts. 54.º a 60.º, mesmo se existem outros por ele dispersos) princípios e regras gerais de aplicação restrita à actuação procedimental da Administração, que chamaríamos **princípios gerais do procedimento administrativo.**

Preliminares

Enquanto estes, a que agora nos referimos, vinculam toda a actuação de gestão pública ou privada da Administração Pública — ou de quem faz as suas vezes —, seja no âmbito de um procedimento administrativo seja fora dele, aqueles que vamos encontrar lá à frente são restritos à matéria procedimental, respeitam ao próprio desenrolar de um procedimento, não dispõem sobre o **sentido ou critério** das decisões ou actuações administrativas, mas apenas sobre o **modo da sua formação**. Não se trata, porém, de uma separação estanque: entre os primeiros encontram-se alguns que são de projecção tipicamente procedimental e, em certa medida, também se pode dizer o contrário dos princípios incluídos nos arts. 54.º e seguintes.

Os princípios gerais que se comentam a seguir não são, portanto, os princípios próprios de um código de procedimento administrativo, mas de todo o direito administrativo relacional.

Assinale-se ainda que os princípios aqui consagrados têm diferente âmbito de aplicação e também diversa força vinculativa ou eficácia invalidante — o que, não tendo nada de censurável (tinha de ser mesmo assim), coloca a questão da determinação desse âmbito e, sobretudo, dessa projecção, tema em relação ao qual as necessidades hermenêuticas mereciam efectivamente mais do que as respostas que o Código (não) nos deu.

II. A explicitação no Código de princípios gerais aplicáveis à Administração Pública consagrados na Constituição — como os da igualdade, da imparcialidade, da proporcionalidade, da justiça — suscita problemas de importância não despicienda, entre os quais o de saber se agora, reportando-se à norma da lei ordinária, um tribunal já poderia declarar ilegal com força obrigatória geral um regulamento que tivesse por desigual ou desproporcionado, expurgando-o da ordem jurídica, o que o n.º 5 do art. 11.º do ETAF expressamente lhe vedava, por tal declaração assentar num juízo de inconstitucionalidade.

A resposta continua a ser a mesma: o regulamento desigual pode ser ilegal, mas também é inconstitucional e o juiz deve reportar a violação detectada à norma de valor superior e às sanções por ela cominadas. Basta ver que, se não fosse assim, o legislador ordinário passava a dispor de um instrumento que lhe permitia furtar ao juízo de inconstitucionalidade (e à jurisdição do respectivo Tribunal) a violação de normas constitucionais que reproduzisse na lei ordinária.

Artigo 3.º

Princípio da legalidade

1. Os órgãos da Administração Pública devem actuar em obediência à lei e ao direito, dentro dos limites dos poderes que lhes estejam atribuídos e em conformidade com os fins para que os mesmos poderes lhes forem conferidos.

2. Os actos administrativos praticados em estado de necessidade, com preterição das regras estabelecidas neste Código, são válidos, desde que os seus resultados não pudessem ter sido alcançados de outro modo, mas os lesados terão o direito de ser indemnizados nos termos gerais da responsabilidade da Administração.

   I. *Remissão.*

   II. *Princípio da legalidade: sua extensão subjectiva no Código.*

   III. *O sentido do Código quanto à vinculação da Administração pela legalidade: conformidade ou compatibilidade. Conjunção das duas regras.*

   IV. *A tese da compatibilidade face ao art. 3.º do Código.*

   V. *Enquadramento da disposição legal na tese da conformidade: a (não-)inconstitucionalidade da opção do Código.*

   VI. *A actividade de gestão privada da Administração e o princípio da legalidade.*

   VII. *A vinculação da Administração ao "Direito": sentido.*

   VIII. *As consequências da violação da legalidade administrativa (procedimental).*

   IX. *O estado de necessidade: enquadramento.*

   X. *Extensão da sua força validante (no procedimento e em geral).*

   XI. *Requisitos.*

   XII. *Âmbito da legitimação jurídica pelo estado de necessidade.*

   XIII. *Peculiaridades do contencioso dos actos e contratos praticados em estado de necessidade.*

   XIV. *Estado de necessidade e urgência: requisitos e regime desta.*

art. 3.º, n.º 1

I. Supõe-se que o interessado leu os comentários Preliminares deste Capítulo.

Artigo 3.º

II. Não se pode resumir num preceito legal, ou num seu comentário ou anotação, o alcance e o sentido do princípio da legalidade administrativa, sobretudo quando aparece indistintamente referenciado, como aqui acontece, a toda a actividade materialmente administrativa, seja qual for o órgão que a desenvolve e seja qual for o terreno, jurídico ou material, público ou privado, em que se projecta (ver n.º 1 e n.º 5 do art. 2.º).

Curiosamente, o princípio da legalidade vem referido no Código aos *"órgãos da Administração Pública"*: o legislador, que no art. 2.º se mostrara cioso da distinção entre "órgãos da Administração Pública" e outros "órgãos" ou entes a quem estão cometidos também competências ou funções administrativas, esqueceu-se aqui dela e utilizando à mesma o conceito orgânico de Administração Pública — para nós, sem qualquer prejuízo, porque é óbvio que, afinal o que interessa é que todos esses órgãos e entes são (é como se fossem), para estes efeitos, órgãos da Administração Pública, estando sujeitos, mesmo se, às vezes, com extensão ou compreensão não inteiramente coincidentes, ao *imperium* do mencionado princípio — estava na verdade a referir-se a todos os órgãos ou entes (públicos ou privados, executivos ou legislativos, etc) que exercem, primacial ou acessoriamente, funções administrativas.

Mais importante é, porém, saber se o preceito contribui, ou não, para esclarecer as dúvidas e questões que atravessam a jurisprudência e a doutrina a propósito do princípio da legalidade administrativa.

III. Entende parte da doutrina que a vinculação da Administração à *"legalidade"* significa uma exigência de mera **compatibilidade**, de *preferência* ou *prevalência de lei* , impedindo a Administração, pela negativa, de contrariar ou violar as normas legais pré-existentes. Fora dos domínios constitucionalmente reservados aos poderes legislativos, isto é, fora dos domínios onde se estabeleça uma reserva de acto legislativo (de Lei, Decreto-Lei ou Decreto-Legislativo Regional), a Administração poderia ou criar ela própria normas inovadoras ou actuar à revelia da existência de lei (sendo, portanto, a sua actuação legal, quando não for *contra legem)*.

Outros já entendem a *"legalidade"* no sentido mais exigente de **conformidade** da conduta administrativa com a lei, não bastando, portanto, que se trate de um acto (de um procedimento) não proibido, não previsto: qualquer que seja o domínio da intervenção administrativa exige-se que tal actuação, para ser juridicamente válida, tenha sido objecto de uma prévia qualificação ou habilitação legal.

No primeiro entendimento, a existência de lei funcionaria como *limite* da actividade administrativa; enquanto, no segundo, ela seria também o seu *pressuposto* ou *fundamento,* na conhecida fórmula de JESCH.

Artigo 3.º

Sobre a controvérsia já se escreveram montanhas de papel. Muitas vezes, porque nem sempre se atentou que a opção pela regra da conformidade não significava o repúdio da regra da mera compatibilidade (a qual, aliás, tem um largo papel ou função no Direito Administrativo).

Sucede assim, desde logo, por ser a própria lei administrativa que induz essa "fuga" da Administração para domínios jurídicos próprios — não necessariamente civilistas ou privatistas — onde lhe é dado revelar a sua *autonomia de vontade*" (no sentido em que a detém e exerce qualquer particular), actuando com base em critérios, segundo formas ou em matérias, pura e simplesmente, não proibidas por lei.

Por outro lado, no próprio domínio da gestão pública, há muitos sectores onde a validade administrativa se sustenta em juízos de mera não-oposição, de mera compatibilidade com a lei.

Veja-se o que sucede com o art. 266.º, n.º 1 da Constituição, onde o (princípio do) interesse público a prosseguir se procura ou define em função de uma habilitação ou pressuposto legal, embora o do respeito pelos direitos dos particulares se afira (também) por regras de pura não-oposição, não-lesão (cfr. comentários ao artigo 4.º deste Código).

Aliás, é preciso atentar em que uma é a questão da compatibilidade ou da conformidade da actividade administrativa entendida como um bloco, outra, a da conformidade ou compatibilidade da concreta actuação administrativa, consubstanciada em um acto, regulamento ou contrato administrativo, com a norma (ou acto) que hierarquicamente o antecede e disciplina.

Ou seja, assente que a actuação administrativa concreta há-de encontrar sempre o seu pressuposto na lei (ou regulamento por ela habilitado) — com a excepção que referiremos a propósito dos regulamentos autárquicos — o que agora se quer saber é se essa actuação, para ser legal, deve ser meramente compatível com a lei ou se deverá, antes, ser conforme com ela. Pode, por exemplo, dar-se o caso de um regulamento urbanístico ser desconforme com a lei que é seu pressuposto, mas não ser incompatível com ela; pergunta-se, então, se ele é legal ou ilegal. Temos, para nós, e abstraindo do exemplo dado, que tudo depende da extensão da vinculação legal (ou da subordinação regulamentar) existente em cada caso, bem como da matéria que estiver em causa.

Sobre as referidas questões, temos, entre as reflexões mais recentes e/ou aprofundadas que se fizeram a esse propósito em Portugal, por exemplo, as de FREITAS DO AMARAL (Curso de Direito Administrativo, II Vol.), de GOMES CANOTILHO (Direito Constitucional, 6ª ed.) e de SÉRVULO CORREIA (Legalidade e Autonomia Contratual nos Contratos Administrativos) e ALVES CORREIA (Revista Jurídica do Urbanismo e do Ambiente, n.º 1, pág. 29 e segs.).

Artigo 3.º

IV. E o Código, em que sentido se voltou? Para que lado pende a noção de legalidade deste seu art. 3.º (tendo sempre presente a distinção que estabelecemos na nota anterior)?

O máximo que parece poder dizer-se em prol da tese da compatibilidade, **face ao teor do art. 3.º, n.º 1, do Código** — para além de o legislador não ter falado explicitamente na exigência de "conformidade" —, é que os poderes conferidos e os fins atribuídos à Administração (que constituem aí, manifestamente, uma determinante heterónoma da sua conduta) também podem ser fixados por regulamentos, bastando-se, portanto, a Administração com uma habilitação normativa (seja legal ou regulamentar) prévia, que lhe atribuísse competência e definisse os fins. Tal entendimento viria confirmado, de algum modo, no art. 29.º do Código, ao admitir que a competência dos órgãos administrativos é fixada por *"lei ou regulamento"*.

A verdade é que tal conclusão funda-se em dois pressupostos ou premissas não demonstrados (senão indemonstráveis). Desde logo, porque se é verdade que ao nível da norma de competência se admite, embora com limites, a intervenção regulamentar, já quanto à atribuição de interesses públicos aos entes e órgãos administrativos, isto é, de definição das suas áreas de intervenção, ao que julgamos, entende-se ainda hoje pacificamente, ao que julgamos, na esteira da lição de ROGÉRIO SOARES — *"Interesse público, legalidade e mérito"*, *maxime* págs. 108 e segs. e 118 e segs. —, que é sempre o legislador a fixá-los(as).

A tese da hipotética ligação do art. 3.º, n.º 1, do Código ao princípio da *preferência* de lei assenta noutra premissa, também por demonstrar: a de que a Administração pode (constitucionalmente) demarcar os seus próprios domínios de intervenção através de regulamentos (verdadeiramente) independentes, desligados de prévia qualificação ou habilitação legal nessa matéria.

Esse pressuposto será verdadeiro no caso das Autarquias Locais, admitindo muitos Autores gozarem elas de um poder regulamentar independente, não carecido de lei habilitante (pese a existência do art. 2.º da LAL e do art. 239.º da Constituição, que poderiam funcionar como normas de habilitação regulamentar autárquica, se ela for considerada necessária).

Reconhece-se, no entanto, que há muito boas razões para o sustentar, aqui também.

Assim sucederá sempre que exista um interesse público, autarquicamente sensível (para esta ou para aquela autarquia) e falte lei reguladora desses interesses ao nível geral ou institucional. Nessas circunstâncias, é dado à autarquia (por força da cláusula geral do citado art. 2.º da LAL) — se tal interesse for assumido como público pelos órgãos competentes respectivos — decidir normativamente sobre a realização local desses interesses, independentemente de haver lei específica de habilitação ou a regulamentar essa matéria.

Artigo 3.º

Para além disso, ou seja, da específica liberdade regulamentar das autarquias locais nas circunstâncias referidas, tal postura já tem implicações e suscita dúvidas prementes.

Ficamos, portanto, com a ideia de que, respeitando as leis vigentes — e os regulamentos do Governo (ou os de grau superior das autarquias), o que já é uma formidável restrição —, as autarquias podem criar as normas necessárias à realização desses seus interesses, enquanto, claro, não vier lei que se lhes sobreponha (ou lhes sobreponha outras normas regulamentares).

No resto, por muito que se procurasse desfazer nas sugestões que, em contrário, já resultam do facto dos preceitos constitucionais relativos ao poder regulamentar se referirem ao regulamento como execução ou regulamentação da lei, sempre subsistiria uma dificuldade: a de mostrar como o preceito do n.º 7 do art. 115.º da Constituição, relativo a todos os regulamentos (até aos regulamentos chamados "independentes" do seu n.º 6) se conjugaria com essa tese de que são admitidos, no nosso ordenamento constitucional, regulamentos desligados da lei. Então não é nessa própria disposição constitucional — onde se estabelece a hierarquia e garantia dos diversos "actos normativos" entre si — que se fixa (em defesa precisamente da proeminência da lei face ao regulamento) que as normas regulamentares devem indicar expressamente a lei que regulamentam ou aquela que define a competência subjectiva e objectiva para a sua emissão?

Há, portanto, evidentemente, competências administrativas que são fixadas em regulamentos, como se admite no art. 29.º do Código: mas são regulamentos emitidos ao abrigo de previsão legal , daqueles a que se refere a parte final do citado n.º 7 do art. 115.º da Constituição.

No mesmo sentido, com abundância de argumentos, pronunciam-se GOMES CANOTILHO e VITAL MOREIRA, Constituição da República Portuguesa Anotada, 3ª Edição revista, 1993, págs. 514 e segs..

V. É nos quadros da conformidade com a lei, que a noção de legalidade do art. 3.º, n.º 1, do Código assume pleno sentido.

Está lá dito, na verdade, por um lado, que essa actuação se realiza em **"obediência à lei"** e, sobretudo, está lá dito claramente que ela se confina *"nos limites dos poderes que* **lhes estejam atribuídos"** *e "em conformidade com os fins para que os mesmos poderes* **lhes forem conferidos"**.

Nem se trata apenas, ao contrário do que à primeira vista poderia parecer, de exigências de *conformidade* em matéria de normas de competência e de fins. Sobretudo quanto àquela segunda estatuição, é patente que o legislador não estava a pensar apenas nas normas distributivas da competência entre os diversos órgãos, mas na própria forma e conteúdo *"dos poderes atribuídos"*: por isso mesmo, escreveu que a actuação administrativa se deve conter *"dentro* ***dos limites dos poderes"*** — e não apenas "dentro dos poderes" conferidos.

Artigo 3.º

As fórmulas usadas parecem manifestações inequívocas de que, para o legislador do Código, a actuação da Administração Pública é, em bloco, **comandada pela lei**, sendo ilegais não apenas os actos (regulamentos ou contratos) administrativos produzidos contra proibição legal, como também aqueles que não tenham previsão ou habilitação legal, ainda que genérica (ou até orçamental).

Se o legislador quisesse qualquer coisa como a compatibilidade legal da actuação administrativa não precisaria de dizer mais do que a Administração "deve actuar em obediência à lei e ao direito". E estaria tudo dito, se bem que o conceito "obediência", só por si, à semelhança da expressão constitucional "*sujeição*", até seja muito mais no sentido de *conformidade*, do que de (*mera*) *compatibilidade* — onde não há propriamente obediência, mas "*respeito*".

A predilecção do nosso legislador por uma concepção mais exigente (ou ampla) do princípio de legalidade administrativa, parece, pois, óbvia.

Bem diferente daquela outra "legalidade" que liga os particulares à lei, traçada segundo uma regra de mera *compatibilidade*, ínsita no seu direito fundamental de liberdade individual (de agir) e explícita no art. 67.º do Código Civil, segundo o qual "*as pessoas podem ser sujeitos de quaisquer relações jurídicas, salvo disposição legal em contrário*". São expressões destas — não aquelas (muito mais complexas) do art. 3.º, n.º 1, do Código — que abrem caminho à regra da compatibilidade.

O facto de alguns defensores dessa tese terem de se agarrar ao preceito da alínea g) do art. 202.º da Constituição, para sustentar a consagração constitucional (fora dos domínios da reserva do Legislativo face ao Executivo) de uma exigência de *mera compatibilidade* entre a lei e a Administração — dado aquela alínea constituir, no seu entender, uma habilitação constitucional para serem praticadas e tomadas administrativamente quaisquer medidas **jurídicas** "*necessárias...... à satisfação de necessidades colectivas*" — faz também a sua fraqueza.

Basta perguntar se seriam os tribunais administrativos a pronunciar-se (em sede de controlo de legalidade) sobre a **necessidade** dessas medidas administrativas ou, então, pior ainda, se seriam medidas do Executivo furtadas à fiscalização jurisdicional e às garantias fundamentais do Estado de Direito.

As implicações de uma resposta afirmativa a qualquer uma dessas questões — que a lei constitucional manifestamente não quis, nem a lógica do sistema comporta — seriam suficientes para nos afastar, também por esta via, da referida interpretação da alínea g) do citado art. 202.º da CRP.

Nem há, no entendimento que aqui se sugeriu parecer prevalecer no Código, qualquer inconstitucionalidade: não está prescrito na Constituição, em parte alguma, que o exercício de poderes de soberania em geral e o exercício de poderes jurídico--públicos de autoridade por órgãos da Administração, em particular — com ou sem a inerente carga ou compressão das esferas de liberdade e de propriedade dos cidadãos —, seja legítimo, onde quer que não esteja constitucional ou legalmente proibido, sempre que se considerasse ser tal actuação exigida pelo interesse público administrativo.

Em conclusão: ao menos em sede procedimental, seria nesse sentido ou com esse alcance que deveria ser entendido o princípio da legalidade administrativa, isto é, que, em matéria de procedimento administrativo, a Administração actua nos casos e de acordo com os trâmites e regras fixados por lei (ou, secundariamente, por regulamento habilitado nos termos referidos) para prossecução dos fins estabelecidos na respectiva norma.

VI. O princípio da legalidade não tem obviamente o mesmo alcance em matéria de gestão pública e privada.

Em termos aproximados, poderia dizer-se que, enquanto no exercício da capacidade jurídica de **gestão pública** das entidades a ele sujeitas, o princípio se afirma, em bloco, sempre, segundo a regra da conformidade, em matéria de **gestão privada** só se exige conformidade com a lei em relação ao acto jurídico--público (sub-legal) do qual derivou o recurso a meios ou instrumentos jurídicos de direito privado, porque a "legalidade" do exercício destes, em si, já é apreciada (embora com bastas especialidades) segundo os regimes de *compatibilidade* por que se pauta, em geral, a actuação dos particulares.

VII. Na sujeição da Administração "**ao direito**", imposta no art. 3.º, n.º 1, este vai manifestamente entendido em sentido objectivo, reportado às fontes de Direito (a todas elas, desde as mais solenes às menos graduadas, como os regulamentos de utilização de serviços públicos) incluindo os princípios gerais, mesmo se estes não constam de norma escrita.

A referência da Administração ao "**direito**" implica ainda outras sujeições ou conformações jurídicas da actividade administrativa, não directamente referidas às fontes de direito objectivo, mas sim aos **antecedentes jurídicos** dessa actuação (como o podem ser, por exemplo, os actos ou contratos constitutivos de direitos administrativos a favor de terceiros) .

Finalmente, a referência ao "**direito**", como parâmetro da actividade administrativa, leva ínsita ainda uma outra implicação importantíssima: a da vinculação da Administração a uma **ideia justa (ou jurídica) da lei**, não para a olhar de forma puramente mecanicista e formalista, mas como um crivo jurídico para a sua interpretação e aplicação, em consonância com os valores de justiça inerentes ao ordenamento jurídico, *maxime* ao constitucional.

VIII. A violação dos princípios e regras procedimentais, ou seja, a violação da legalidade procedimental, pela decisão do procedimento (e por aquelas

Artigo 3.º

que ao longo dele se vão tomando) implica ilegalidade administrativa, ou seja, conforme os casos:

— a **invalidade** (salvo disposição da lei ou do princípio da essencialidade) da própria decisão ilegal ou da decisão final em que ela se vai repercutir;

— a **ineficácia** dessa decisão, quando deixaram de observar-se os requisitos de que esta depende;

— a **responsabilidade civil**, quando existirem prejuízos;

— a **responsabilidade disciplinar** (própria ou imprópria, do titular, do órgão ou da própria pessoa colectiva), a quem tal decisão seja imputável, sempre que se trate de órgãos administrativos (salvo os membros do Governo), de concessionárias ou de instituições particulares de interesse público;

— outras formas de **responsabilização, política ou mesmo penal,** do titular do órgão.

art. 3.º, n.º 2

IX. Consagra-se aqui o princípio (da força validante) do *estado de necessidade* (administrativa): os actos praticados *"com preterição das regras estabelecidas no Código, são válidos"*, se tal preterição se fundou em **estado de necessidade**.

É, no fundo, a mesma ideia que subjaz ao princípio do art. 339.º do Código Civil.

Não tem, obviamente, esta *necessidade* (de que agora curamos) nada a ver com a da alínea g) do art. 202.º da Constituição, no qual se permite à Administração *"praticar todos os actos .... necessários à promoção do desenvolvimento económico-social e à satisfação das necessidades colectivas"*: aqui, no estado de necessidade, não se "habilita" os órgãos administrativos a tanto, permitindo-se-lhes apenas que, em circunstâncias excepcionais ou anormais, se subtraiam ao respeito da regra legal existente — de uma ou outra regra legal, ou, até, de uma fase do procedimento — para não sacrificar **interesses legais** (públicos ou mesmo privados) que, por força daquelas circunstâncias, se manifestam, em determinado caso, de modo sensivelmente mais relevante do que aqueles que a regra legal preterida visa normalmente proteger.

X. Valendo para a generalidade dos requisitos e formalidades procedimentais da decisão — e para o conteúdo desta mesma, como adiantaremos —, o princípio convalidante do *estado de necessidade* tem, no CPA, uma consagração explícita, de aplaudir, em relação à exigência ou dispensabilidade da precedência dos actos e operações materiais de execução por um acto administrativo de que sejam desenvolvimento ou concretização (cfr. art. 151.º, n.º 1).

Artigo 3.º

Não é, porém, qualquer violação do princípio da legalidade pela decisão do procedimento que comporta uma legitimação através do *estado de necessidade*.

Podia parecer, em primeiro lugar, pelos conceitos usados, que só as "regras" estabelecidas no Código, e não já os seus "princípios", seriam passíveis dessa legitimação. Não é rigorosamente assim, porém: o *estado de necessidade* pode levar a afastar os próprios princípios gerais.

Em segundo lugar, o *estado de necessidade* pode legitimar não apenas actos administrativos, como também **operações materiais ou técnicas** e, até, **contratos administrativos** (ou pelo menos, a respectiva decisão de contratar). E, para alguns, são mesmo legítimos os regulamentos emanados em estado de necessidade — o que o Código não previu, porque certamente o legislador não quis alcandorar-se até aí, entendendo, porventura, que tal questão deve ser resolvida em termos constitucionais.

Em terceiro lugar, o CPA reporta-se ao estado de necessidade como um princípio de legalização, *maxime,* **dos vícios procedimentais** (*"com preterição das regras estabelecidas neste Código"*). Não se trata, sequer, de acolher o princípio de legalização de todos os vícios procedimentais que essa situação leve a cometer, mas apenas daqueles que decorram da infracção às regras do próprio CPA — o que, aliás, é avesso à orientação perfilhada para os outros princípios gerais, para o próprio princípio da legalidade, todos referidos à actividade administrativa em geral — sem que isso prejudique, obviamente, a sua aplicação como princípio geral de direito, válido tanto para as formalidades e para a forma do acto, como também para o seu conteúdo (ou pressupostos), inclusive, para a norma de competência.

XI. Para que exista uma situação ou estado de **necessidade**, que legitime o acto praticado "ilegalmente", é necessária a verificação dos seguintes pressupostos ou requisitos:

— ocorrência de factos **graves** e **anormais**, em circunstâncias excepcionais, não contempladas;
— existência de um **perigo iminente** daí derivado, para um **interesse público** essencial, mais relevante que o preterido;
— a impossibilidade de fazer face àqueles factos (ou a esse interesse) com os meios normais da legalidade (ou a *necessidade* da medida tomada);
— é frequente exigir-se também que a situação de necessidade não seja provocada por culpa do órgão que se pretende prevalecer dele.

O Código não enumera — nem tinha de enumerar, claro — os pressupostos do estado de necessidade.

Limita-se a exigir que o resultado tido em vista não pudesse ser alcançado "de outro modo" (v.g., pela adopção de medidas provisórias nos termos do art. 84.º).

Artigo 3.º

Obviamente, porém, que o juízo sobre a necessidade da medida tomada para o fim em vista pressupõe a verificação desses requisitos, a começar pela inadequação da medida legal para realizar o fim da lei, naquelas circunstâncias excepcionais.

Depois disso, é que se averigua da adequação ou proporcionalidade da medida efectivamente tomada à finalidade de protecção jurídica do interesse ameaçado. Se ela for objectivamente adequada à realização desse interesse "maior", o estado de necessidade só não a legitimaria se houvesse outras sensivelmente menos lesivas do interesse sacrificado — embora já seja indiferente que haja outros modos de alcançar o mesmo resultado.

Além da necessidade (e da proporcionalidade) vigoram ainda, em matéria de estado de necessidade: o princípio da **realidade** (as circunstâncias excepcionais e o perigo que delas advém têm que ser reais); o princípio da **actualidade** (as necessidades a satisfazer devem ser actuais); o princípio da **excepcionalidade** (a situação normal é a da observância e cumprimento da lei); o princípio da **ressarcibilidade** (os lesados devem ser indemnizados pelos prejuízos causados pela actuação em estado de necessidade, princípio que o CPA admite em consonância com a regra, há muito estabelecida, do n.º 2 do art. 9.º do Decreto-Lei n.º 48.051, de 21.11.67).

O estado de necessidade traduz-se, pois, numa "legalização" ou "legitimação" da inobservância do princípio da legalidade, através do reconhecimento aos órgãos administrativos de **poderes de excepção** que permitem afastar as próprias normas de competência — sujeitando-se, embora, à **ratificação** do órgão competente, como acontece com os actos da competência da Câmara Municipal praticados, *"sempre que o exijam circunstâncias excepcionais e urgentes"*, pelo seu Presidente (art. 53.º, n.º 3, da LAL), e com as *"providências administrativas indispensáveis"* tomadas pelo governador civil (art. 8.º do Decreto-Lei n.º 252/92, de 19.XI) — ou, então, igualmente as respeitantes ao procedimento para a produção do acto administrativo, a forma de que estes se devem revestir ou o conteúdo que a lei lhes tenha pré-figurado, (aditando-lhe, por exemplo, cláusulas acessórias, como uma *condição* ou um *modo* resolutivos), desde, claro, que se verifiquem objectivamente os mencionados requisitos para legitimar o afastamento, pela Administração, da opção ou determinação normativa na matéria.

XII. A verificação do *estado de necessidade* não legitima propriamente o **acto inválido**, mas apenas a (invalidade derivada da) "ilegalidade" que, por causa dele, se cometeu. Qualquer outra ilegalidade que afecte o acto — por exemplo, a falta de referência na fundamentação (ou na própria medida) aos pressupostos do estado de necessidade — invalida-o.

Artigo 3.º

XIII. Há aspectos contenciosos da legitimação do acto ou contrato administrativo pelo *estado de necessidade* cuja especialidade convém realçar.
Assim:

a) A apreciação judicial da legitimação do acto ilegal pelo princípio do estado de necessidade bole (sobretudo, quando se trata de apreciar da necessidade da medida tomada) com aspectos relativamente sensíveis do contencioso administrativo, mormente com a fiscalização judicial de juízos de oportunidade e mérito. Não pode, porém, remeter-se o tribunal, a este propósito, apenas para cláusulas como as da *notoriedade* ou do *erro grosseiro*, demasiado flexíveis, numa matéria que não se enquadra, de todo, nos moldes do poder discricionário;

b) Outro aspecto delicado da aplicação contenciosa do princípio do estado de necessidade consiste em saber se o particular que não impugnou um determinado acto praticado com invocação explícita (mas errónea ou insuficiente, logo, ilícita) do estado de necessidade, deixando-o converter num *caso resolvido* (administrativo) pode, depois, em **acção de responsabilidade**, demandar os prejuízos derivados da sua prática, invocando precisamente a regra da responsabilização do art. 3.º, n.º 2, do CPA — propendendo-se no sentido afirmativo (salvo, eventualmente, o disposto no n.º 1 do art. 7.º do Decreto-Lei n.º 48.051);

c) Também em matéria de **prova** (dos pressupostos ou requisitos do estado de necessidade) há peculiariedades a ter em conta, devendo distinguir-se duas hipóteses: por um lado, a **fundamentação do acto** deve referir-se a esses pressupostos, caso em que cabe inequivocamente ao particular o ónus da respectiva impugnação (e prova) e, por outro lado, a de **não haver fundamentação** a esse respeito, caso em que:

c1) ou tudo se resume a um vício de forma, por falta de fundamentação, cabendo ao recorrente a sua alegação nos termos gerais;

c2) ou, então (admitindo-se que a questão da verificação dos pressupostos do estado de necessidade possa vir a ser discutida judicialmente, sem que eles hajam sido invocados na respectiva fundamentação), cabe ao autor do acto, à Administração (recorrida ou ré), e não ao destinatário ou ao lesado pelo acto, a sua alegação e comprovação judiciais.

Note-se que as observações feitas sobre este último aspecto do regime processual do estado de necessidade administrativa, assentam na pressuposição de que, em regra, o ónus de prova da ilegalidade dos actos administrativos caberia

Artigo 4.º

aos recorrentes (ou autores) que pretendem prevalecer-se dela, proposição, porém, que a doutrina e a própria jurisprudência vão abalando e desaplicando aqui e ali.

XIV. A par do *estado de necessidade*, outras situações existem, de *urgência administrativa*, em que se permite aos órgãos administrativos passar à revelia das normas de competência, de forma e de procedimento legalmente previstas, como acontece, por exemplo, com os casos dos arts. 19.º, 31.º, 46.º, 84.º e 103.º do CPA.

Trata-se de figuras diferentes, às quais correspondem regimes também diversos, mas que nem sempre se distinguem facilmente, nomeadamente por a urgência e a necessidade (mesmo em circunstâncias diversas) serem requisitos subjacentes a ambas as figuras.

A pedra de toque da distinção entre as duas figuras está, a nosso ver :

— no facto de a decisão ou acto *urgente* carecer de expressa previsão legal, enquanto que a decisão de *necessidade* se funda num princípio geral, invocável em qualquer caso (desde que preenchidos os referidos pressupostos ou requisitos);

— no facto de a *urgência* em praticar o acto ser discricionariamente determinável pelo órgão, bastando a invocação de uma razão *séria*, enquanto que a invocação do estado de necessidade requer a verificação objectiva dos respectivos pressupostos, sendo a sua qualificação administrativa totalmente sujeita a revisão judicial.

Temos asssim que, enquanto a urgência *administrativa* é um pressuposto legal negativo de incidência de **uma** norma legal, baseado na determinação do órgão administrativo, o estado de necessidade é um princípio geral de direito, dependente da verificação objectiva de pressupostos ou requisitos positivos que permitem afastar a aplicação de **qualquer** norma legal.

Artigo 4.º

Princípio da prossecução do interesse público e da protecção dos direitos e interesses dos cidadãos

Compete aos órgãos administrativos prosseguir o interesse público, no respeito pelos direitos e interesses legalmente protegidos dos cidadãos.

I. *O princípio da prossecução do interesse público: norma de competência ou de fins.*

II. *Implicações.*

*III. O princípio do respeito pelos direitos e interesses legalmente pro-
tegidos dos cidadãos: extensão e sentido (a regra da compatibilidade na actuação da Administração Pública).*

*IV. Dever de "respeito" e dever de "consideração" dos direitos e inte-
resses legalmente protegidos.*

I. São dois os princípios que aqui vêm formulados: o da **prossecução do interesse público** e o do **respeito pelos direitos e interesses legalmente protegidos dos cidadãos**.

Aparentada com a do respectivo preceito constitucional (art. 266.º, n.º 1), a redacção do Código não é, porém, para nós, tão clara como a da lei fundamental, quanto à ligação entre a Administração Pública e o interesse público. Com efeito, o princípio da prossecução do interesse público aparece no CPA como uma norma de *competência*, enquanto na Constituição ele é uma norma sobre os *fins* (ou interesses por que a Administração pauta a sua actuação), afirmando-se assim que o interesse público é o "momento teleológico necessário" (GOMES CANOTILHO e VITAL MOREIRA, ob. cit., 3ª ed., pág. 922) de qualquer actuação da Administração, trate-se de actos jurídicos (de direito público ou privado) ou de operações materiais.

II. A ligação da actuação da Administração Pública ao interesse público traz consigo, no plano jurídico, duas referências importantíssimas.

Por um lado, ela é uma primeira manifestação da **sujeição da Administração em relação à lei**, na medida em que não se concebe que existam interesses sociais qualificáveis como públicos (no sentido de exigirem o empenho de órgãos, serviços e recursos da própria colectividade), que não tenham sido elegidos, como tais, pelo legislador ou sob sua habilitação.

Por outro lado, ela significa também que em toda a actuação administrativa há-de ser considerada e valorizada juridicamente uma **dimensão teleológica**, finalística, seja para a invalidar juridicamente (por desvio de poder), seja para "condenar" aquele que, actuando como Administração, se decidiu (intencionalmente, ou não) **"com intuitos diversos da prossecução do interesse público"** — servindo até, segundo algumas teses, como padrão finalístico da legalidade dos actos de gestão privada da Administração Pública.

E no que respeita, em especial, ao plano procedimental essa adstrição da Administração à prossecução do interesse público tem também uma enorme importância, além do mais, por poder constituir, muitas vezes, obstáculo às pretensões ou posições que os administrados detêm ou reclamam nesse domínio: sucede assim, por exemplo (como se vai ver a propósito de cada uma dessas questões), com a dispensa de audiência, com a recusa de suspensão da eficácia de

Artigo 4.º

actos que esteja legalmente prevista, em matéria de informação procedimental ou em matéria de fundamentação, etc.

III. Quando a Administração tiver de reportar-se ao princípio da prossecução do interesse público, como parâmetro da sua actuação — ou seja, quando tal actuação não estiver vinculadamente fixada na própria lei —, a sua "liberdade" ou discricionariedade para agir nesse sentido fica limitada pelo princípio do **respeito dos direitos e interesses legalmente protegidos**, de outras pessoas com quem essa sua actuação brigue, sejam eles cidadãos (ou pessoas colectivas, estrangeiros ou apátridas, igualmente protegidos pela estatuição normativa).

Ou seja, por outras palavras: mesmo quando a prossecução do interesse público constituir já o **único critério** de decisão ou actuação da Administração Pública — por se terem esgotado as vinculações derivadas da lei e dos outros princípios gerais —, ela há-de ter sempre como limite inultrapassável o respeito por essas posições jurídicas de terceiros.

A *"prossecução do interesse público"* seria, digamos assim, o "volante" (ou o "acelerador") da Administração Pública: os *"direitos e interesses protegidos"* são as barreiras da estrada em que ela circula, levando-a a fazer, aqui e ali, "curvas" e desvios mais pronunciados, a optar por medidas menos radicalmente viradas para a satisfação do interesse público do que aquelas que se tomariam, se este fosse o único critério da sua determinação.

O princípio do respeito por direitos e interesses alheios constitui, além disso, um dos momentos da actividade administrativa em que a Administração pauta a sua conduta por regras de compatibilidade legal, constituindo a sua existência um limite externo à realização ou prossecução do interesse público nos moldes que a Administração considerasse mais conveniente (no quadro da legalidade existente, obviamente) — ver comentário ao art. 3.º, n.º 1.

Quanto à noção de direitos e interesses legalmente protegidos, a cujo respeito ou consideração o preceito condiciona (negativamente) a conduta da Administração Pública, ver as anotações ao art. 53.º.

IV. O *"respeito"* (dos direitos e interesses) a que se refere o preceito é concretamente, pelo menos muitas vezes, não respeito, mas sim **dever de ponderação ou de consideração** (é a expressão usada na anotação dos Autores do projecto).

Da existência dessas posições não deriva então, para a Administração, outra obrigação senão de as considerar e ponderar imparcial e proporcionadamente em relação ao interesse público que lhe cabe prosseguir — mas não propriamente de se abster de tocar nelas. Por exemplo, o respeito pela propriedade privada manifesta-se, não só em não expropriar senão nos termos da lei (legalidade), mas também — quando se expropria — em ponderar a medida do acto expropriatório em função de todos os interesses envolvidos (imparcialidade) e em dimensioná-lo proporcionadamente (proporcionalidade).

Artigo 5.º

Artigo 5.º

Princípios da igualdade e da proporcionalidade

1. Nas suas relações com os particulares, a Administração Pública deve reger-se pelo princípio da igualdade, não podendo privilegiar, beneficiar, prejudicar, privar de qualquer direito ou isentar de qualquer dever nenhum administrado em razão de ascendência, sexo, raça, língua, território de origem, religião, convicções políticas ou ideológicas, instrução, situação económica ou condição social.

2. As decisões da Administração que colidam com direitos subjectivos ou interesses legalmente protegidos dos particulares só podem afectar essas posições em termos adequados e proporcionais aos objectivos a realizar.

    I. Sentido e implicações do princípio da igualdade do Código.

    II. A (auto)vinculação ao precedente: requisitos. A figura das "directivas de discricionariedade".

    III. Manifestações procedimentais do princípio da igualdade.

    IV. Sanções da violação do princípio pela Administração.

    V. O princípio da proporcionalidade: sentido e alcance garantístico (e funcional).

    VI. Exigências.

    VII. O controlo judicial da proporcionalidade (e adequação) e a separação de Poderes.

    VIII. Relevo procedimental.

art. 5.º, n.º 1

I. Com a redacção do n.º 1, ficaria sem se saber se o princípio da igualdade consiste apenas em não poder ninguém ser beneficiado ou prejudicado pela Administração em função da sua ascendência, raça, sexo, filiação política, situação económica, condição social, etc. — a não ser, claro, nos casos em que um factor desses seja legalmente relevante (e constitucionalmente válido) para estabelecer diferenciações jurídicas.

É claro que o princípio da igualdade não é só isso, não se resume à proibição de discriminações dessas, embora não caiba discuti-lo aqui, na generalidade. O leitor interessado tem na **Constituição Anotada** de GOMES CANOTILHO e VITAL MOREIRA (3ª edição revista, págs. 130 e segs.) um resumo do que nessa matéria é juridicamente importante — e, para um excurso jurisprudencial por ela, temos o recente livro de MARTIM DE ALBUQUERQUE, *"Da Igualdade. Introdução à Jurisprudência"*, Almedina, 1993.

Artigo 5.º

Permitimo-nos transcrever da anotação dos referidos constitucionalistas, aqueles que se considera serem "*os momentos mais relevantes da vinculação da Administração pelo princípio da igualdade*":

a) proibição de medidas administrativas portadoras de incidências coactivas desiguais na esfera jurídica dos cidadãos (igualdade na repartição de encargos e deveres);

b) exigência de igualdade de benefícios ou prestações concedidas pela Administração (administração de prestações) — hoje, objecto de regulamentação administrativa específica na Lei n.º 26/94, de 19.VIII;

c) autovinculação (casuística) da Administração no âmbito dos seus poderes discricionários, devendo ela utilizar critérios substancialmente idênticos para a resolução de casos idênticos, sendo a mudança de critérios, sem qualquer fundamento material, violadora do princípio da igualdade: a Administração só pode afastar-se de uma prática anterior, que não seja ilegal, se existirem alterações na dimensão do interesse público prosseguido ou dos interesses particulares com ele comprometidos (ver, *infra*, nota **II**);

d) direito à compensação de sacrifícios, quando a Administração, por razões de interesse público, impôs a um ou vários cidadãos sacrifícios especiais, violadores do princípio da igualdade perante os encargos públicos (cfr. art. 22.º da Constituição e art. 9.º do Decreto-Lei n.º 48 051).

Trata-se de um regime bem rigoroso, que deve ser naturalmente sempre temperado — sob pena do absurdo dos seus resultados — pela consideração da *função social* do princípio da igualdade, admitindo a existência de brechas no rigor da **igualdade formal** e exigindo que ela, algumas vezes, se torne em desigualdade, para assegurar a **igualdade material.** Ou seja, o princípio da igualdade pode impôr, em certos casos, a obrigação de distinção (de discriminação positivas) por forma a poder compensar-se (juridicamente) a desigualdade (fáctica) de oportunidades.

Embora se admita, portanto, que o princípio da igualdade impõe por vezes um tratamento desigual, uma medida individual de (des)favor para uns, que é recusada a outros, entendemos que há-de haver sempre limites constitucionais, derivados da exigência da igualdade formal, à criação pela lei ou pela Administração de situações de desigualdade de tratamento entre os cidadãos.

O limite essencial é que a diferenciação há-de ser sempre **feita por** (ou, quando se trata de medidas administrativas concretas, **reportada a) categorias** e nunca em função de uma situação pessoal, concreta e determinada, porque, então, não há desigualdade, mas *arbítrio, discriminação*: digamos que não se pode beneficiar A, por ser A, mas por a situação económica ou a condição social em que ele se integra justificarem a diferenciação, constituirem *"fundamento objectivo bastante"* desta.

Falta só dizer — o que é bem importante — que, se o princípio da igualdade exige o tratamento igual de situações iguais, impõe também que seja tratado desigualmente aquilo que é jurídico ou materialmente desigual (e na medida dessa desigualdade).

Todas estas dimensões assinaladas ao princípio da igualdade são pacificamente admitida, no plano do direito administrativo substantivo, onde funcionam frequentemente, mas "encaixam" menos bem no plano do direito administrativo procedimental, onde não serão tantas as oportunidades para a Administração distinguir como modo de igualar oportunidades, exigindo-se-lhe antes, salvo casos contados, uma actuação formalmente mais rigorosa e aderente à determinação ou medida legal.

II. Dos referidos momentos ou vinculações derivados da exigência de igualdade, reserva-se uma referência especial à ideia da **autovinculação** da Administração à conduta que haja adoptado antes, com o intuito de fazer face a situações iguais às que são agora objecto do procedimento.

Para que possa falar-se em *regra do precedente,* no seio da actividade administrativa, são necessários, na verdade, requisitos positivos e negativos.

Os primeiros consistem na **identidade subjectiva** — as actuações (precedente e actual) têm que provir do mesmo órgão ou dos seus sucessores legais nessa competência —, na **identidade objectiva** — os elementos objectivos das duas situações (pressupostos, procedimento e forma) têm que ser similares — e na **identidade normativa** das situações em apreço, ou seja, na identidade da respectiva disciplina jurídica.

Ao invés, são seus requisitos negativos, o facto de a decisão precedente não ser contrária à densidade actual do respectivo interesse público e de não ser ilegal. Note-se, porém, que, não havendo em regra um direito (ou uma imposição) à igualdade na ilegalidade, um direito (ou sujeição) à repetição dos erros ou vícios cometidos em casos idênticos, eles podem, em certas hipóteses, criar situações juridicamente tuteladas, desde os deveres administrativos da *restitutio* ou de ressarcimento, obrigando a Administração a ressarcir os particulares especialmente prejudicados por não lhes caber direito a uma medida igual. O que o Acordão do STA (1ª Secção), de 19.X.95 (*in* AD n.° 412, pág. 313) não prejudica, só se sustentando aí, em suma, que o acto legal não está ferido de desigualdade, por dispor diversamente de um precedente ilegal.

Note-se que admitir a auto-vinculação da Administração à decisão precedente não significa o reconhecimento da vinculatividade das *"directivas de discricionariedade"*, actos internos tendentes ao estabelecimento de critérios de aplicação uniforme da lei. São coisas diferentes, opostas até: a concessão legis-

Artigo 5.º

lativa de poderes discricionários envolve uma proibição de desatender as circunstâncias concretas de cada caso, pelo que não pode uma norma interna vir, afinal, inovar no ordenamento jurídico, mediante a transformação (em vinculado) de um poder que o legislador configurou como discricionário.

III. As principais manifestações do princípio da igualdade em matéria de **procedimento** projectam-se, naturalmente, ao nível da respectiva **decisão**.

Mas há também refracções suas em relação ao **desenrolar do próprio procedimento**, principalmente naqueles casos em que são várias as pessoas com um interesse idêntico (ou contraditório) na respectiva medida e esta só pode beneficiar uma delas — como no caso dos **concursos** abertos pela Administração, seja para que efeito for. Aí, o princípio da igualdade procedimental há-de funcionar rigidamente.

Pode ver-se um caso de aplicação do princípio da igualdade nesta matéria no Acordão do STA (1ª Secção), de 28.IX.93 (AD n.º 389, págs. 516 e segs), onde se decidiu — por referência menos correcta, segundo cremos, ao princípio da imparcialidade — que *"viola tal princípio a entidade que, extinto já o prazo de apresentação das propostas, convida um dos candidatos a esclarecer a sua e por esse meio lhe faculta a oportunidade de aditar novos elementos com que a torna mais competititva e depois concede preferência a essa proposta, determinada pelos elementos aditados"*.

Mas a igualdade procedimental já não impõe forçosamente, por exemplo, que as formalidades de instrução do procedimento administrativo observadas num caso, as medidas provisórias cautelarmente adoptadas noutro(s), ou o juízo que o órgão instrutor faz sobre a falta de colaboração dos interessados na prestação de provas (art. 91.º) numa dada situação — e por aí fora —, tenham de ser repetidas metrologicamente nos procedimentos subsequentes do mesmo tipo e em que se verifiquem circunstâncias aparentadas.

Seria, além do mais, a morte do princípio da *informalidade* do procedimento administrativo (ver Nota Prévia), que o tornaria, em breve, num rito labiríntico e burocratizado, distante do modelo informal de enquadramento jurídico da actividade procedimental da Administração Pública, por que o nosso legislador claramente optou.

Há, portanto, casos em que, adoptado num procedimento um formalismo de protecção de interesses diferente daquele por que se optara em casos idênticos, só há lugar a invalidade se tal formalismo violasse, por exemplo, o princípio da participação ou da intervenção de interessados, não por ser desigual em relação aos anteriormente observados. Servem manifestamente de exemplo aquelas hipóteses cuja qualificação ou valorização jurídica está na inteira dependência da convicção subjectiva por parte do órgão instrutor ou decisório em matéria de prova, não havendo lugar a falar, então, em *"casos iguais"*.

Artigo 5.º

Outra hipótese é a de se tratar efectivamente de condições de facto iguais e não obstante serem observadas formalidades diferentes. Mesmo aí, ainda há situações em que a diferença de tratamento procedimental não gera invalidade da respectiva decisão: para além do caso, óbvio, das modificações de direito, a diversidade é também legítima no caso referido na alínea c) da nota **I** deste artigo.

IV. Também em matéria de **sanções e de fiscalização contenciosa** da violação do princípio da igualdade (e, portanto, da efectividade da fiscalização da sua observância) se suscitam delicadas questões, com reflexos na maneira relativamente hesitante como os tribunais vêm encarando a arguição de uma desigualdade de tratamento.

A mais relevante dessas questões liga-se com a (in)aplicabilidade do **regime próprio dos direitos fundamentais** à exigência constitucional da igualdade de tratamento: porque, se a resposta for afirmativa, então o acto ou a decisão administrativa desigual será **nulo** — que é essa a sanção que corresponde aos actos que violam o conteúdo essencial de um direito fundamental (alínea *d* do n.º 2 do art. 133.º do CPA); caso contrário, à violação do princípio corresponderá apenas a sanção jurídica da anulabilidade.

A jurisprudência do STA tem vindo a admitir, uniformemente, que a violação do princípio gera mera anulabilidade, justificando em geral a sua postura com a ausência de norma expressa a consagrar a consequência da nulidade (STA, Pleno, Acordão de 23.X.90 — AD, n.º 350, pág. 243 — embora a haja também, como referimos no comentário **XI** ao art. 133.º, no sentido de considerar nulos os actos que ofendam grosseira ou gravemente as exigências da igualdade jurídica.

Também nós preferimos a solução da nulidade naqueles casos em que o comportamento desigual da Administração é ostensivo e injustificado, fruto de puro arbítrio ou de uma discriminação atentória de certos valores referidos neste art. 5.º do Código, v.g., do sexo ou da raça.

Para esta última hipótese, a sanção da nulidade já decorreria, pelo menos em alguns casos, da alínea d) do n.º 2 do art. 133.º do Código, pois distinguir (procedimentalmente) alguém com fundamento na sua raça ou sexo é violar o núcleo essencial do direito fundamental à integridade moral, consagrado no art. 25.º da Constituição.

art. 5.º, n.º 2

V. O princípio da proporcionalidade, ou da proibição do excesso, constitui um **limite interno** da discricionariedade administrativa, que implica não estar a Administração obrigada apenas a prosseguir o interesse público — a alcançar os fins visados pelo legislador —, mas a consegui-lo pelo meio que represente um menor sacrifício para as posições jurídicas dos particulares (a disposição legal desdobra, quanto a este aspecto, a juridicidade da decisão administrativa nas ideias

Artigo 5.º

de adequação e de proporcionalidade, embora caibam ambas num conceito amplo de proporcionalidade).

O princípio está formulado no Código em termos puramente garantísticos, de defesa da posição de particulares, como normalmente é concebido. Parece, pois, que um acto ou decisão procedimental **desproporcionadamente favorável** aos particulares interessados não violaria o princípio da proporcionalidade e não seria inválido — que, obviamente, é (ou devia sê-lo). E não apenas quando o desproporcionado favor de uns interessados fôr o desfavor excessivo de outros, mas também quando se tratar de um sacrifício desproporcionado de interesses próprios da Administração, tendo, então, legitimidade para a impugnação o Ministério Público e o agente ou "autor" popular — sempre que a sua intervenção contenciosa seja admitida.

Não se vêem razões lógicas ou teleológicas para afastar essa dimensão do princípio da proporcionalidade — ou, pelo menos, o seu relevo para determinados efeitos — a não ser, claro, a sua origem garantística. E não tem nada de estranho aproveitar princípios e regras criados para proteger determinadas posições ou interesses sociais, como meio de protecção de situações ou interesses que, com o evoluir dos tempos, se vão identificando com aqueles.

VI. O princípio da proporcionalidade da actuação administrativa (colidente com posições jurídicas dos administrados) exige que a decisão seja:

— **adequada** (princípio da adequação): a lesão de posições jurídicas dos administrados tem de revelar-se adequada, apta, à prossecução do interesse público visado;

— **necessária** (princípio da necessidade): a lesão daquelas posições tem que se mostrar necessária ou exigível (por qualquer outro meio não satisfazer o interesse público visado);

— **proporcional** (princípio da proporcionalidade em sentido estrito): a lesão sofrida pelos administrados deve ser proporcional e justa em relação ao benefício alcançado para o interesse público (proporcionalidade **custo/benefício**).

VII. É claro que a exigência jurídica de *"proporção"* das decisões da Administração aos objectivos a realizar não constitui um atentado ao nosso sistema de separação entre a Administração Pública (o Poder Executivo) e os Tribunais, que exclui a jurisdição ou controlo destes sobre a *oportunidade* e *mérito* da actividade daquela.

A proposição pacífica da invalidade jurídica do acto desproporcionado (ou inadequado) tem, pois, de ser entendida cuidadosamente: é fácil asseverar que não se pode, para esses efeitos, confundir a proporcionalidade (jurídica) com o mérito (administrativo) de uma decisão, mas é muito difícil determinar

Artigo 5.º

através de cláusulas gerais onde acaba uma e começa o outro — salvo tratando-se de um caso de inadequação objectiva da medida tomada à finalidade proposta.

Por outro lado, essa invalidade é muitas vezes reduzida aos casos de desproporcionalidade *manifesta, grosseira* — geradora, então, da sanção da nulidade (cfr. comentário **XI** ao art. 133.º) não abrangendo as hipóteses em que a medida tomada se situa dentro dum círculo de medidas possíveis, embora possa ser discutível se a mais proporcionada é aquela de que a Administração se serviu.Na prática, só face ao processo *sub judicio* é que se pode fixar qual o alcance invalidante da exigência constitucional e legal da proporcionalidade, nos dois aspectos mencionados.

Esse juízo depende muito da **matéria** que estiver em causa (desde, por exemplo, a polícia de segurança, matéria altamente sensível e subjectiva, até aos metros quadrados que são necessários expropriar para a zona de protecção das estradas nacionais, onde predominam factores e avaliações numéricas), das **circunstâncias** do caso concreto e da **extensão da prova** feita no processo (a causar maiores ou menores certezas, quanto à existência e consistência de outras opções menos onerosas para os particulares afectados).

Domínio priveligiado, no Código, da aplicação do princípio da proporcionalidade é o da execução dos actos administrativos, como referimos em comentário ao art. 151.º.

São factores (ou matérias) desses que determinarão, na maior parte dos casos, se a fiscalização contenciosa do princípio da proporcionalidade se cingirá à (in)adequação objectiva da medida tomada à realização do objectivo proposto ou se estenderá mesmo à avaliação ou determinação do menor coeficiente da equação (favor do) interesse público / (desfavor do) interesse privado — ou se permanecerá em alguma etapa intermédia.

VIII. No desenrolar do **próprio procedimento administrativo**, os princípios da adequação e proporcionalidade das decisões não têm, na prática, um relevo jurídico facilmente autonomizável e muito significante, pois a inadequação ou desproporcionalidade dos **meios e instrumentos procedimentais usados** revelar-se-à normalmente através dos erros que se cometerem na decisão final, em matéria de apuramento de factos e da sua apreciação jurídica. Caso contrário, pelo menos em regra, serão irrelevantes.

Ou seja, a decisão do procedimento administrativo não é inadequada ou desproporcionada pelos meios procedimentais usados serem inadequados ou desproporcionados, mas porque, por causa disso, ou não se tomaram em conta pressupostos que o deviam ter sido ou (ao contrário) fizeram-se sobre eles qualificações legalmente erróneas, incorrendo-se na decisão final em ilegalidade (desproporcionalidade e eventualmente, mesmo em desigualdade).

Artigo 6.º

Artigo 6.º
Princípios da justiça e da imparcialidade

No exercício da sua actividade, a Administração Pública deve tratar de forma justa e imparcial todos os que com ela entrem em relação.

I. O princípio da justiça e o seu relevo jurídico-administrativo.
II. Relevo procedimental.
III. O princípio da imparcialidade: sentido. A imparcialidade e a proporcionalidade.
IV. Especial relevo jurídico e procedimental deste princípio.

I. Não é por critérios de justiça abstracta que a Administração Pública deve pautar a sua conduta, pelo menos na vertente da eventual invalidade da decisão injusta. **Justiça**, neste sentido é, como referem GOMES CANOTILHO e VITAL MOREIRA (ob.cit., pág.925), a justiça *"constitucionalmente plasmada"* em *"certos critérios materiais ou de valor, como por exemplo, o da dignidade da pessoa humana, da efectividade dos direitos fundamentais, da igualdade".*

Não é, portanto, por referência à concepção subjectiva do administrador ou do juiz, sobre o que seria justo naquele caso, que se encontra o parâmetro da eventual invalidade do acto injusto, mas sim por referência aos critérios e valores de justiça plasmados no ordenamento jurídico, sobretudo ao nível constitucional.

De resto, o *princípio da justiça* não apresentará, senão em casos-limite, autonomia jurídica em relação a outros princípios em que ele se desdobra (ou lhe são instrumentais), como os da igualdade, da necessidade e da proporcionalidade, da imparcialidade e da protecção de direitos e interesses legalmente protegidos.

Ele constitui, digamos assim, uma última *"ratio"* da subordinação da Administração ao Direito, permitindo invalidar aqueles actos que, não cabendo em nenhuma das condicionantes jurídicas expressas da actividade administrativa, constituem, no entanto, uma afronta intolerável aos valores elementares da Ordem Jurídica, sobretudo aos plasmados em normas respeitantes à integridade e dignidade das pessoas, à sua boa-fé e confiança no Direito.

II. Procedimentalmente, o princípio da justiça ainda menos relevo terá: a forma injusta como se terá dado (ou deixado de dar) cumprimento a algumas formalidades procedimentais só levaria à invalidade da decisão final se se projectar nesta mesma ou demonstrando-se que, doutra forma, teriam sido levados ao processo outros interesses, factos ou sensibilidades atendíveis — mas, neste caso, ou se trataria de ilegalidade ou de parcialidade, não de injustiça.

Artigo 6.º

III. O **princípio da imparcialidade**, esse, pode e deve ter um lugar enorme no seio dos princípios gerais da actividade e do procedimento administrativo — o que nem sempre é devidamente encarecido.

A dimensão da imparcialidade, ligada essencialmente a uma postura da Administração, é um meio para a realização de uma exigência de **objectividade final** da actividade administrativa.

Na verdade, o dever de *imparcialidade* significa para a Administração — parte interessada nos resultados da aplicação da norma — que ela:

a) deve ponderar, nas suas opções, todos os interesses juridicamente protegidos envolvidos no caso concreto, mantendo-se equidistante em relação aos interesses particulares;

b) e deve abster-se de os considerar em função de valores estranhos à sua função ou *munus*, v.g., de conveniência política, partidária, religiosa, etc.

É alias, para tornar efectivo esse dever administrativo, de ponderação de todos os interesses envolvidos, que a lei concede aos interessados o direito de intervirem no procedimento (arts. 62.º e 63.º do CPA) e de aí serem ouvidos antes da decisão final (arts. 100.º e segs.)

Sendo portadores de interesses juridicamente protegidos, eles são *"parte"* no procedimento, precisamente para que a Administração possa atender, com melhor conhecimento de causa, a todos os interesses envolvidos: por isso, a imparcialidade tem uma projecção essencial na fase e actividade instrutória, na recolha e valoração dos factos respeitantes às posições dos diversos interessados, exigindo-se que a Administração adopte uma postura **isenta** na busca e ponderação de todas elas, quantas vezes contrapostas.

É diferente a formulação do princípio proposta por RUI MACHETE (*CPA — INA*, pág. 47), mas os resultados a que se chegará através dela não parecem diversos dos que se alcançam pela via aqui proposta — que é, no fundo, a proposta primeiramente por VIEIRA DE ANDRADE, em *A Imparcialidade da Administração como Princípio Constitucional,* BFDUC, ano 1974, pág. 219.

De tudo, resulta evidente que o *princípio da imparcialidade* é um antecedente, um *prius*, em relação ao *princípio da proporcionalidade*: com este sancionam-se as condutas que sacrificam (ou beneficiam) desproporcionadamente certos dos interesses envolvidos face a outros; com aquele, as condutas tomadas **sem** (ou com) **ponderação** de interesses que (não) o deviam ser.

IV. Pelo exposto se vê o relevo deste princípio. Porque, no plano garantístico, ele é dos de maior significado, como também porque, no seu conteúdo, é da mais pura funcionalidade procedimental — votado que está, precisamente, à consideração aberta e equilibrada de todos os interesses juridicamente atendíveis — e ainda, finalmente, porque é, dos princípios complementares do da legalidade,

Artigo 6.º-A

aquele que mais fácil e rigorosamente se pode fiscalizar em sede de invalidação procedimental da decisão (sobre as consequências da violação deste princípio, veja-se o comentário **XI** ao art. 133.º).

Artigo 6.º-A
Princípio da boa fé

1. No exercício da actividade administrativa e em todas as suas formas e fases, a Administração Pública e os particulares devem agir e relacionar--se segundo as regras da boa fé.

2. No cumprimento do disposto nos números anteriores, devem ponderar-se os valores fundamentais do direito, relevantes em face das situações consideradas, e, em especial:

   a) **A confiança suscitada na contraparte pela actuação em causa;**
   b) **O objectivo a alcançar com a actuação empreendida.**

   I. Noção de boa-fé. Concepção objectiva e subjectiva: sua superação.
   II. Virtualidades positivas e negativas.
   III. Significado da consagração do princípio no Código: dúvidas e dificuldades.
   IV. Reservas à sua (ousada) extensão no Código.
   V. Consequências da violação do (e do respeito pelo) princípio, em sede de validade (ou invalidade) dos actos praticados.
   VI. Consequências em sede de responsabilidade.
   VII. Outras projecções da violação do princípio.
   VIII. Os critérios e factores legais de apreciação da boa-fé.

art. 6.º-A, n.º 1

I. Com o Decreto-Lei n.º 6/96, introduziu-se no Direito Administrativo português o princípio da boa-fé como princípio geral da actividade administrativa, consagrado neste seu art. 6.º-A.

De acordo com a distinção tradicional, a **boa-fé** é, *objectivamente*, *"um padrão objectivo de comportamento e, concomitantemente, um critério normativo da sua valoração"* (Rui de Alarcão) e significa, enquanto princípio geral de direito, que qualquer pessoa deve ter um comportamento correcto, leal e sem reservas, quando entra em relação com outras pessoas.

Subjectivamente, a boa-fé é essencialmente um estado de espírito, uma convicção pessoal sobre a licitude da respectiva conduta, sobre estar a actuar-

Artigo 6.°-A

-se em conformidade com o direito, podendo resultar da existência dessa convicção consequências jurídicas favoráveis (de carácter muito diversificado) para o respectivo agente. É, presumidamente, com este sentido que, por exemplo, o art. 251.° do Código Civil se refere à boa ou má fé do representante, ou que o seu art. 291.° consagra a inoponibilidade da nulidade e da anulação a terceiros de boa-fé, ou, ainda, que os arts. 1294.°, 1295.° e 1296.° do mesmo Código diferenciam os prazos da usucapião de imóveis. Nestes, como em outros casos de referências legais à boa-fé, ela mais não representaria, nas palavras também de Rui Alarcão, *"do que um elemento constitutivo da previsão de uma norma, funcionando, pois como um **pressuposto de facto** da sua aplicação"*.

Prima facie, o CPA parece ter optado por uma concepção objectivista (ou ética) da boa fé, por contraposição à sua concepção subjectivista (ou psicológica), o que se revelaria não apenas na epígrafe do artigo (*"Princípio da boa-fé"*) como também na sua parte dispositiva (*"segundo as regras da boa-fé"*).

Daqui decorreria — ou poderia entender-se decorrer — que a acção da boa-fé, no Direito Administrativo, se nortearia sobretudo por critérios objectivos de comportamento procedimental, quando a verdade é que o estado de inocência psicológica, de boa-fé interior, tem inúmeras potencialidades jurídico-administrativas: a situação daquele que actua na convicção (errónea) de proceder em conformidade com o Direito é (também) jurídica e autonomamente protegida na ordem jurídica administrativa.

A questão é, porém, em princípio, de somenos importância para quem, como Menezes Cordeiro, vai no sentido de considerar superada a tradicional dicotomia boa-fé objectiva/boa-fé subjectiva e de aceitar, em sua vez, a *"unidade conceitual"* deste instituto jurídico. Quer isto dizer que a boa-fé, em sentido jurídico, tem forçosamente de ser reconduzida a regras de comportamento, a normas jurídicas, e não apenas a estados espirituais ou psicológicos.

Sucede é que essas regras de conduta, esse Direito objectivo em sede de boa-fé, pode ou não ser acatado pelo sujeito (administrador ou administrado), só então se devendo falar em situações jurídicas de boa ou má fé subjectivas. Ou seja, **salvo forte indício legal em contrário**, a boa-fé subjectiva constitui mera projecção da boa-fé objectiva (como refere Menezes Cordeiro).

II. É difícil encerrar o conceito de boa-fé, enquanto princípio geral de direito, numa noção precisa e completa, fixada de uma vez por todas: ele constitui, antes, uma *linha geral de orientação jurídica*, um padrão ético-jurídico de avaliação das condutas humanas, como *honestas, correctas, leais*. E conseguir dizer numa cláusula jurídica geral, quando é que isso ocorre, não só é impossível, como frustraria exactamente a função que estes princípios assumem, de *"escape"* ou de *"travão"* da ordem jurídica, que hão-de estar sempre abertos a novas aplicações.

Artigo 6.º-A

Apesar de o princípio da boa-fé ser dotado de inúmeras potencialidades jurídicas, é possível, com Rui de Alarcão, resumi-las a dois vectores básicos: um, de sentido *negativo*, em que se visa impedir a ocorrência de comportamentos desleais e incorrectos (*obrigação de lealdade*), e um de sentido *positivo*, mais exigente, em que se intenta promover a cooperação entre os sujeitos (*obrigação de cooperação*).

Naquele primeiro sentido, podem subsumir-se certas exigências típicas da boa-fé, tais como a inadmissibilidade, em certas condições, da invocação de vícios formais, a proibição de *venire contra factum proprium* (ou proibição de comportamento contraditório) — de acordo com a qual se veda (ou impõe) o exercício de uma competência ou de um direito, quando tal exercício (ou não exercício) entra em flagrante e injustificada contradição com o comportamento anterior do titular, por este ter suscitado na outra parte uma fundada e legítima expectativa de que já não seriam (ou o seriam irreversivelmente) exercidas —, a *supressio* ou *verwirkung* (que da anterior se distingue pelo facto de a dimensão temporal ganhar uma relevância autónoma), etc.

Pode ver-se, sobre estas figuras, por todos, PAULO MOTA PINTO, Declaração tácita e comportamento concludente no negócio jurídico, 1995, pág. 120 e seguintes.

Por sua vez, no segundo sentido apontado — sentido positivo — pode integrar-se o princípio da colaboração mútua entre as "partes" intervenientes, do qual resultará por exemplo, para os interessados, *"o dever de prestar a sua colaboração para o conveniente esclarecimento dos factos e a descoberta da verdade"* (n.º 2 do art. 60.º) e, para a Administração, o dever de ordenar e promover *"tudo o que for necessário ao seguimento do processo e à justa e oportuna decisão"* (art. 57.º) devendo, por isso, evitar prolacções dilatórias do procedimento, que possam prejudicar os interessados.

III. O Decreto-Lei n.º 6/96 trouxe, pela primeira vez, para o domínio das relações jurídicas administrativas (procedimentais ou não), o princípio ou cláusula geral da **boa-fé**, que aliás (diz-se preambularmente) já estava implícito na sua redacção originária.

Estava e não estava.

É evidente que os princípios e exigências da colaboração entre a Administração e os particulares no exercício da função administrativa, a responsabilidade daquela pelas informações prestadas (art. 9.º, n.ºs 1 e 2 do Código) e os deveres gerais dos interessados enunciados no art. 60.º preenchem algumas das vertentes da boa-fé; mas não a consomem, nem, por outro lado, assentam exclusivamente nela. Princípios estabelecidos, no domínio do direito administrativo, eram os da legalidade, igualdade, proporcionalidade, imparcialidade e apenas no da justiça, e apenas em outros "menores", como no da transparência (mais intenso e marcante em alguns sectores normativos), podia ver-se algum reflexo das exigências da boa-fé.

Artigo 6.°-A

O que o Código deu foi, portanto, um significativo passo em frente, em termos normativos, o que é notório, aliás, quando o próprio legislador constituinte se resguarda nessa matéria (nem uma só vez, a que propósito seja, a Constituição fala nela). Mesmo sabendo que a própria ideia de Direito assenta na *protecção da confiança* (e que a boa-fé é um seu elemento) — e que nenhum juiz deixa de a tomar em conta **(quanto ela é juridicamente relevante)** nos seus julgamentos —, daí a pô-la com a amplitude com que agora aparece no Código, designadamente, abrangendo *"todas as formas e fases"* da actividade administrativa, vai um passo muito significativo.

Mais: quando esse dever de boa-fé é, pura e simplesmente, reportado a *"regras"* sem estabelecer a esse propósito qualquer distinção, fica-se com a sensação que valeriam aqui exigências precisamente iguais às do direito privado ou de outros ramos jurídicos, que seriam património comum do Direito.

A aplicação do princípio da boa-fé no domínio do direito administrativo é, no entanto, fonte de *"complications inextricables"* (E. FORSTHOFF, Traité de Droit Allemand, tradução francesa, pág. 273) — como acontece em outros ramos de direito, onde muitas vezes até é excluído. Não é que não haja domínios onde ele possa ter largo campo de aplicação, como na actividade administrativa *jure privatorum* ou na execução do contrato administrativo — mesmo se é ousado pensar que vale aí em termos iguais aos de uma relação entre indivíduos, no seio do direito privado.

Sucede, sim, que numa organização hierarquizada e impersonalizada não há praticamente contactos pessoais entre o órgão com competência para decidir, pela Administração, e aqueles com quem esta se relaciona juridicamente. Nem o órgão instrutor do procedimento administrativo tem capacidade ou liberdade para manifestar sensibilidades, sugestões, intenções ou objectivos em nome da Administração Pública ou valorar aquelas que os particulares lhe manifestem, em termos de proporcionar uma factualidade valorizável em sede da boa-fé.

Claro que não existe hoje uma *falta de intimidade* entre a Administração e o particular com a dimensão de outrora, quando a actividade administrativa consistia essencialmente no controlo da vida pessoal e social dos indivíduos, assentando em princípios como os da *"arcana praxis"* ou da confidencialidade. Mas é inevitável que, logo pelo modo da sua organização e do seu funcionamento, a comunicação entre os diversos interlocutores jurídicos é, aqui, muito mais formal e documental do que assente em contactos e intimidade pessoais, que levam as pessoas a deixar influenciar-se pela confiança que têm na contraparte.

Não esquecendo, claro, que, em certos casos, essa formalidade e documentalidade, próprias do agir administrativo, permitirão fundar expectativas mais facilmente comprováveis e demonstráveis do que aquelas que assentam em relações de intimidade entre os intervenientes no procedimento.

Não é só aí, porém, que estão as principais dificuldades de consideração e aplicação do princípio da boa-fé em certos sectores ou vertentes do direito

Artigo 6.º-A

administrativo. Elas resultam, sobretudo, da *indisponibilidade* pessoal dos interesses públicos envolvidos (e do dever legal e funcional da sua prossecução actualizada) e do princípio da legalidade a que a Administração está sujeita.

Em espaços, como os do *jure privatorum*, onde os interesses a satisfazer se situam no domínio da livre disponibilidade e da autonomia da vontade, e onde os instrumentos utilizados para os prosseguir são valorizados apenas em função da sua (i)licitude, o princípio da boa-fé funciona necessariamente de uma maneira diversa do que quando inserido em outros espaços onde, por um lado, os interesses a realizar são de prossecução obrigatória e definidos heteronomamente e, por outro lado, tanto eles como os mecanismos a utilizar para o efeito são legalmente marcados e valorizáveis não apenas em sede de licitude, mas sobretudo em sede de legalidade.

Reconhecendo-se, então, com Rui de Alarcão, que o princípio da boa-fé actua não só no campo do direito privado, mas também no do direito público, designadamente no direito administrativo (*maxime*, nos contratos administrativos) e no direito processual, assume-se que é, contudo, na área privatística do direito das obrigações que a boa-fé mostra especial fertilidade.

IV. Com a amplitude que o Código lhe deu, a cláusula geral da boa-fé é, certamente, muito ousada — mesmo se a referência à actividade da "*Administração Pública*" deve ser entendida extensivamente , uma vez que o princípio vale tanto para os entes a que se refere o n.º 2 do art. 2.º do Código, como para qualquer outro ente, mesmo privado, a quem esteja confiado o exercício de uma actividade administrativa.

E é ousada essa cláusula geral porque refere o dever de boa-fé a todas as "*formas e fases*" da actividade administrativa, quando, por exemplo, nalgumas dessas formas (seja a actividade de fiscalização sancionatória ou a de produção normativa) não sobra praticamente campo de valorização jurídica do princípio da boa-fé, para além da garantida pela intervenção dos princípios da (legalidade e da) igualdade, proporcionalidade, imparcialidade e justiça.

A referência a "*todas as formas e fases*" do relacionamento entre Administração e particulares também deve ser entendida reservadamente noutros aspectos ou por outras razões, como sucede, por exemplo, no procedimento de contra-interessados, em que os particulares são chamados a esgrimir, entre si, quase contraditoriamente, não se impondo a nenhum deles que traga ao procedimento os factos do interesse da "*contraparte*", sem que isso implique quebra do seu dever de boa-fé — do mesmo modo que o próprio Código prevê, na parte final da alínea b) e nas alíneas c) e d) do n.º 2 do seu art. 89.º, que os interessados se abstenham, em certos casos, de dar conta no procedimento de factos que os possam prejudicar.

Há, finalmente, muitos domínios administrativos onde as únicas regras da boa-fé aplicáveis se consomem nas exigências respeitantes ao princípio da transpa-

Artigo 6.º-A

rência administrativa e ao dever de informar os interessados sobre o que consta dos processos ou procedimentos em causa.

Por outro lado, a "ousadia" do legislador, ao consagrar aqui (e com tal amplitude) o princípio da boa-fé, carecia do enunciado dos domínios onde ele seria mais (ou menos) relevante. Os civilistas vão, na verdade, lidando bem com a questão da aplicação do princípio, porque a respectiva lei fornece-lhes (mesmo se isso não fosse necessário) a indicação dos casos em que ele se projecta. Por sua vez, os administrativistas não apenas são quase "virgens" na matéria, como se deparam agora com um princípio carecido de intenso preenchimento valorativo, e omnipresente, por força (da letra) da lei, em todo e qualquer tipo de situação ou relação jurídica administrativa.

Parece-nos, por tudo, que o preceito deve ser lido e aplicado de uma maneira bem cautelosa e reservada. Como advertia E. FORSTHOFF, a aplicação, neste domínio, do princípio da boa-fé *"ne dispense pas de refléchir sur la portée qu'il convient d'attribuer au principe dans le cadre particulier du droit administratif"* (ob. cit., pág. 272). E não dispensa, certamente, também da necessidade de adaptar a boa-fé às realidades juspublicísticas, sobretudo à relevância que representa, no direito administrativo, o **interesse público** legalmente definido.

A propósito de uma visão bastante optimista e mais alargada sobre a função da boa-fé neste ramo do direito, pode ver-se J. GONZALEZ PEREZ, El principio general de la buena fe en el derecho administrativo.

V. Que implicações jurídico-administrativas pode ter a violação do princípio da boa-fé, é outra questão que carecia de esclarecimento no Código.

O problema pode ser colocado sob dois ângulos: saber, por um lado, se a violação desse princípio levará a invalidar um acto administrativo e, por outro lado, se a sua observância lhe dará a validade (ou pelo menos a incontestabilidade) de que ele carecesse.

Obviamente que estas questões não podem ter uma resposta final, aceite dogmaticamente, do tipo "sempre" ou "nunca", para todos os casos. Só em função da situação real, concreta, tendo em consideração o domínio onde ele se insere e a eventual existência de outros princípios conflituantes, se poderá aferir do peso e valia jurídica do princípio da boa-fé e da sua implicação na hipótese *sub judice* — validando ou invalidando, responsabilizando ou desresponsabilizando, permitindo ou proibindo.

No entanto, feito o reparo, sempre se poderão afirmar algumas soluções-regra, que, repete-se, possivelmente serão afastadas em casos excepcionais.

Assim, a actuação de boa-fé de um dos intervenientes no procedimento não convalidará, não fará desaparecer o vício invalidante de que sofre o acto administrativo: um deferimento a que falta um requisito legalmente exigido, por a Administração ter sugerido ao particular, e este ter confiado nela, que não o consideraria na

Artigo 6.º-A

sua avaliação, é anulável; como também não é válido o acto do órgão incompetente, por a sua conduta ter levado o particular a entender que se tratava do órgão competente (situação diferente é o caso do agente putativo, em que apenas está em causa a deficiente investidura do titular do órgão, e não a competência deste).

A conduta administrativa, nesses casos, é certamente fonte de responsabilidade civil, mas não de convalidação jurídica do acto ilegal: este não deixa de ser anulável mesmo que represente o culminar de um comportamento procedimentalmente correcto e leal da Administração ou que o seu destinatário tenha mantido ao longo do procedimento uma postura irrepreensível, ignorando violar qualquer disposição legal.

As hipóteses em que se vem admitindo algo diferente são, por exemplo, a de a Administração ter considerado, durante um longo espaço de tempo, uma dada situação conforme ao Direito (apesar de ilegal), mas pretender agora, porque a manutenção dela já não lhe aproveita, invocar a sua nulidade (por vício de forma ou por qualquer outro) ou de ter, com a sua conduta ilegal (consubstanciada ou não em acto administrativo), induzido em erro o particular, e querer depois extrair dessa conduta, de forma intolerável, efeitos desfavoráveis para o administrado de boa-fé.

Sobre esta última hipótese pode ver-se, com interesse, os Acórdãos do STA de 6 de Junho de 1984 e de 11 de Fevereiro de 1988, *in* AD, 289, pág. 62 e BMJ, 374, pág. 301, respectivamente.

Quanto à questão inversa — saber se um acto será ilegal por violação do princípio da boa-fé — há que distinguir, em primeiro lugar, se se trata de boa (ou má) fé da Administração ou do particular, ou seja, se foi a Administração que levou um particular a confiar na prática (ou na não prática) ou no conteúdo de certo acto, que depois não praticou (ou praticou), ou se foi o particular que a induziu a praticá-lo (ou omiti-lo), escamoteando-lhe dados que poderiam levar a Administração a uma ponderação diversa do caso em apreço.

Na primeira hipótese, a resposta é, em geral, negativa, salvo se a lei (ou a natureza do acto) impuserem a vinculatividade jurídico-administrativa da expectativa criada e sem embargo, claro, da responsabilidade em que, por isso, a Administração se constitui.

Outro caso em que deveria considerar-se a hipótese de invalidade de uma actuação administrativa contraditória com as expectativas criadas pela Administração a um interessado seria a de se ter praticado um acto prévio sobre certa situação de (des)condicionamento administrativo da actividade que ele pretende levar a cabo, serem cumpridos os condicionalismos postos para poder obter o efeito condicionado e, depois, ao verificar esse cumprimento, a Administração praticar um novo acto condicionando tal efeito a novas (ou até contraditórias) condições. Então, se tratar de verdadeiras condições da sua lavra (e não de uma *conditio legis* ou *juris*), tal acto seria ilegal por violação do princípio da boa-fé — embora seja verdade que a sua ilegalidade derivaria também da proibição, da

Artigo 6.°-A

alínea b) do n.° 1, do art. 140.° do CPA, de revogação de actos constitutivos de direitos (ou interesses legítimos), que sejam legais.

Se, pelo contrário, é a má-fé do particular que leva a Administração a incorrer numa convicção errónea sobre dados determinantes do caso administrativo (e lhe permite obter uma vantagem ou eximir-se a uma desvantagem), deve entender-se que essa actuação dolosa gera a invalidade do acto (por erro induzido ou provocado sobre os pressupostos de facto ou de direito) e, eventualmente, a própria destruição dos prazos estabelecidos para a revogação anulatória, no art. 141.° do CPA — se não é que, em casos mais graves, a sanção da nulidade do acto seria mesmo a mais adequada, salvo havendo terceiros de boa-fé que tenham adquirido posições jurídicas com base naquele acto.

VI. Quanto às implicações da violação do princípio da boa-fé, nas relações jurídico-administrativas, em sede de **responsabilidade** da Administração ou dos interessados na sua actuação, entendemos que são plenas. Aquele dos sujeitos envolvidos nessa relação que não respeite as exigências da boa-fé e dê causa, com isso, a prejuízos das outras partes, constitui-se na obrigação de as indemnizar civilmente: o sujeito administrativo, por força do art. 22.° da Constituição e do art. 6.° do Decreto-Lei n.° 48.051, os interessados na sua actuação, por força do art. 483.° do Código Civil.

VII. Não é só nos referidos planos da validade jurídica e da responsabilidade civil que se projecta a violação do princípio da boa-fé nas relações jurídico-administrativas.

Para a Administração, essa violação pode redundar ainda na responsabilidade disciplinar ou criminal dos titulares dos respectivos cargos, dando lugar à perda de mandato (art. 8.° da Lei n.° 27/96, de 1.VIII., para os membros de órgãos autárquicos ou de entidades equiparadas), a uma sanção aplicável no âmbito do Estatuto Disciplinar dos funcionários e agentes da Administração Central, Regional e Local (arts. 2.° e 3.° do Decreto-Lei n.° 24/84, de 16.I.) ou à acusação por crime de denegação de justiça, prevaricação, corrupção, peculato, abuso de autoridade ou violação de segredo (arts. 369.°, 372.°, 373.°, 375.°, 378.° e 383.° do Código Penal).

A violação do princípio da boa-fé por parte de interessados na actuação administrativa pode constituir pressuposto da revogação ou extinção de um acto anterior, de sanções "disciplinares" no âmbito de uma relação especial de poder e também da sua responsabilização criminal.

art. 6.°-A, n.° 2

VIII. O preceito do n.° 2 (que se refere aos *"números anteriores"*, quando existe apenas um) vem confirmar de algum modo as dúvidas que se disse existirem

Artigo 7.º

quanto à extensão e compreensão do princípio da boa-fé no âmbito do direito administrativo. Determina-se aí que, na aplicação do princípio, *"devem ponderar--se os valores fundamentais do direito .....e, em especial, a confiança suscitada na contraparte .....(e) o objectivo a alcançar ...."*.

Ora, ponderar a boa-fé (merecedora de protecção jurídica), em função dos valores fundamentais do direito — como a segurança jurídica, a igualdade, a proporcionalidade, a justiça, a confiança, a prossecução do interesse público pela Administração — é torná-la em certa medida dependente da sua confluência ou harmonização com eles e desvalorizá-la, enquanto factor autónomo de parametricidade jurídica da conduta da Administração e de particulares, nas relações administrativas.

Mostram-no, aliás, as duas alíneas do preceito, uma, a recomendar que se atenda à *confiança* suscitada na contraparte pela actuação da outra, a segunda, que se atenda ao objectivo (ao fim ou resultado) que se queria ou devia prosseguir com essa actuação. Que é o mesmo que dizer que a *confiança* criada, a boa-fé, não é factor isolado de valorização duma conduta jurídico-administrativamente relevante.

Artigo 7.º

**Princípio da colaboração da Administração
com os particulares**

1. Os órgãos da Administração Pública devem actuar em estreita colaboração com os particulares, procurando assegurar a sua adequada participação no desempenho da função administrativa, cumprindo-lhes, designadamente:

   a) **Prestar aos particulares as informações e os esclarecimentos de que careçam;**

   b) **Apoiar e estimular as iniciativas dos particulares e receber as suas sugestões e informações.**

2. A Administração Pública é responsável pelas informações prestadas por escrito aos particulares, ainda que não obrigatórias.

   I. O relevo procedimental do princípio da colaboração da Administração com os particulares.

   II. Manifestações e efeitos jurídicos.

   III. O dever de colaboração dos particulares com a Administração.

   IV. Dever geral e dever procedimental de informação.

   V. Informações não obrigatórias.

Artigo 7.º

VI. *Conteúdo da responsabilidade da Administração.*
VII. *Casos de auto-vinculação da Administração à informação prestada.*
VIII. *As informações simples e qualificadas (procedimentalizadas): vinculação ou responsabilidade.*
IX. *Requisito da responsabilidade ou vinculatividade da informação: informação escrita ou oficial.*
X. *(cont.) Competência do autor da informação.*
XI. *A falta de informação e responsabilidade da Administração.*
XII. *Informações orais.*
XIII. *Informações de prestação obrigatória.*

art. 7.º, n.º 1

I. À semelhança do princípio da imparcialidade (ou do da participação), o princípio da colaboração da Administração com os particulares tem também repercussão procedimental no Código, como se revela ao longo de todo o Capítulo dedicado à "Marcha do Procedimento".

II. Note-se que os deveres de colaboração da Administração para com particulares no âmbito do procedimento administrativo não se cingem ao **decurso deste**, sendo até, provavelmente, nos momentos anteriores ao seu desencadear, que esse dever mais releva.

É por isso que, quanto ao dever da alínea a), de prestar aos particulares as informações e os esclarecimentos de que careçam (para bem poderem intervir no procedimento), não se pode ver uma mera repetição do que já resultaria do art. 61.º do Código — predisposto aos procedimentos em marcha.

Por sua vez, os deveres da alínea b), de apoiar e estimular as iniciativas de particulares e receber ou tomar nota das suas sugestões e informações, não têm um significado juridicamente muito útil em termos de validade jurídica da decisão procedimental — salvo se a falta de colaboração da Administração com os particulares se reflectir na própria decisão procedimental, nos termos (indirectos) enunciados nas anotações aos princípios da proporcionalidade e da justiça.

Pondo de lado casos contados e dentro de certos limites, a violação do dever de colaboração não conduzirá a um juízo de censura que afecte autonomamente a consistência da própria decisão do procedimento.

Como, aliás, se revela no facto de os deveres da Administração referidos nas alíneas a) e b) respeitarem mais à ajuda ou apoio que ela deve dar aos particulares, para estes poderem desencadear ou participar (mais esclarecidamente) no procedimento, do que propriamente ao modo como o órgão administrativo deve encaminhar o procedimento.

Artigo 7.º

Para haver invalidade da decisão procedimental por omissão administrativa do dever de colaborar com os particulares (no sentido de eles poderem participar "adequadamente" no procedimento), é necessário, portanto, demonstrar que, por causa dessa omissão, se deixaram de levar ao processo factos a ele pertinentes ou interesses nele envolvidos.

Deveres especiais de colaboração existem em matéria de acção popular, onde a recusa de colaboração pode levar mesmo à responsabilização civil e disciplinar dos respectivos agentes (art. 26.º do Decreto-Lei n.º 93/95, de 31.VIII).

III. Embora o *princípio* (ou dever) *de colaboração* respeite à conduta procedimental da Administração, o certo é que o Código pô-lo também, mesmo sem afirmações tão enfáticas, a cargo dos particulares considerados como interessados e auxiliares na instrução do procedimento. É o que sucede com os arts. 60.º, n.º 2, 74.º e segs. e 88.º e segs.. Só que aí a violação do dever de colaboração já tem consequências jurídicas visíveis (cfr. art. 91.º, n.ºs 1 e 2).

art. 7.º, n.º 2

IV. Dispõe-se neste n.º 2 sobre a responsabilidade conexa com o dever **geral** de informação da Administração aos particulares, estabelecendo-se o princípio de que a Administração Pública (o sujeito a que pertence o órgão administrativo) é responsável, isto é, *responde* pelas informações prestadas aos particulares, não se distinguindo, para esse efeito, entre *informações prestadas no cumprimento de uma informação legal e informações livres*, ou entre, *informações com relevância procedimental e informações de outra natureza*, ou entre *informações que* (não) *respeitam às condições de exercício de uma competência administrativa*.

Regulam-se, portanto, as consequências de toda e qualquer informação que a Administração preste a particulares; logo, também, das próprias informações procedimentais (mesmo se, quanto a estas, há outros aspectos para considerar).

Note-se que, além de fundamento de responsabilidade da Administração, as informações prestadas pela Administração ao abrigo deste art. 7.º — mesmo se são anteriores à abertura do procedimento — devem ser consideradas como factor de obrigatoriedade da fundamentação dos actos administrativos posteriores desconformes com elas, por interpretação extensiva que propomos para alínea *c*) do n.º 1 do art. 124.º.

V. Vigorando o princípio da responsabilidade da Administração pelas informações dadas aos particulares, mesmo no âmbito da colaboração que lhes deve ao abrigo deste preceito, e não apenas quando se trate de satisfação de direitos de informação dos interessados — ou quando se trate do artigo 10.º da Lei n.º 65/93 e dos artigos 22.º, 23.º e 26.º da Lei n.º 83/95, em matéria de acção popular —,

Artigo 7.º

não é de estranhar que as cautelas da Administração redobrem nesta matéria (como redobraram os seus deveres e responsabilidades) e que se venham, afinal, a adoptar, nas informações prestadas, reservas, alertas e advertências, que desvirtuem o sentido da colaboração e que vão tirar ao princípio muito da sua dimensão prática.

Certo é que, prestada uma informação escrita pela Administração, mesmo sem existir o correspondente dever legal, ela torna-se responsável pelos prejuízos que daí advenham aos particulares.

VI. E em que consiste essa "responsabilidade" da Administração pelas informações (procedimentais ou não) prestadas por escrito aos particulares? Na sua autovinculação ao conteúdo da informação, em termos de tornar inválida uma decisão que as contradiga? Na ressarcibilidade dos prejuízos que, demonstrada negligência, daí derivem para os particulares?

Claro que, a admitir-se a primeira hipótese, a autovinculação da Administração só existiria em relação a informações sobre aspectos legalmente não vinculados da sua conduta: porque é óbvio que uma informação contrária à lei não convalida uma decisão desconforme com esta.

O facto de a "responsabilidade" da Administração vir configurada no preceito de modo unitário, sem qualquer particularidade ou distinção, é, portanto, só por si, um indício de peso no sentido de afastar essa solução para todos os casos.

O significado do preceito é, para nós, o de que a Administração responde civilmente pelas informações erróneas prestadas aos particulares, mesmo que não estivesse obrigada a fazê-lo, constituindo-se na obrigação de ressarcir os prejuízos daí derivados. A resposta não pode ter aqui um sentido diferente daquele que, em geral, tem a atribuição de uma responsabilidade, e que, como é sabido, consiste em considerar que o *responsável* tem o dever de ressarcir os danos que culposamente provoque.

Portanto, ser a Administração Pública responsável pelas informações prestadas significa que ela tem o dever de ressarcir todos aqueles que provem ter sido prejudicados por tais informações.

É provável que uma investigação mais aprofundada venha a revelar existirem, quanto à responsabilidade civil da Administração (por acto de gestão pública) nesta matéria, algumas distinções a fazer, algumas particularidades a estabelecer: é que se, em relação à informação errónea, se aplicam aqui os requisitos gerais dessa responsabilidade — como o são o da *negligência* e da *causalidade* —, já quanto às informações não vinculadas, que (não sendo erróneas) foram contrariadas na decisão, se dispensará a verificação do requisito da culpa (da negligência), ou, então, considerar-se-à estar ela ínsita no facto de a Administração não ter realizado, logo de início, a ponderação que a levou à decisão final contrária.

A não ser que se entendesse que nas informações prestadas aos interessados, estão (podem estar) ínsitas duas reservas: a de que elas são condicionadas

Artigo 7.º

ao melhor conhecimento que se venha a adquirir sobre a matéria — não se lhe pedindo que, para informar os particulares, use de maiores meios do que aqueles de que, de momento, dispõe para o efeito — e que estão sempre dependentes da eventual emergência, no procedimento, de outras posições ou interesses jurídicos não considerados (ou não consideráveis) à data da informação. Existindo (explicita ou implicitamente) essas reservas, não existe responsabilidade, se a informação não condisser depois com a decisão.

Não existirá, obviamente, qualquer responsabilidade, quando a diferença entre a informação dada e a decisão tomada se deva a uma alteração das circunstâncias de facto ou de direito, com base nas quais aquela tivesse sido prestada.

VII. Há casos, porém, em que a posição da Administração que informou erroneamente os particulares interessados é mais desfavorecida juridicamente, do que aquela que em regra ela suporta ao abrigo deste preceito. Trata-se de hipóteses em que, mesmo tendo errado (mas sem que isso implique ilegalidade, obviamente) o órgão administrativo se deve considerar vinculado ao conteúdo da informação prestada e é obrigado a praticar actos administrativos em conformidade com o que daí resultar — só se pondo o problema da responsabilidade se ela se pretender furtar ao acto que "deve".

A informação prestada constitui (pode constituir) nesse caso um verdadeiro acto administrativo conformador de posições jurídicas e quando estas forem favoráveis aos particulares são constitutivos de direitos, não podendo a Administração deixar de acatar o efeito que deles resultar.

Casos paradigmáticos de informações dessas existem, hoje, por exemplo, no domínio do direito do urbanismo, como acontece com as informações prévias de viabilidade de construir ou lotear, reguladas, respectivamente no art. 12.º do Decreto-Lei n.º 445/91, de 20.XI. e no art. 7.ºA do Decreto-Lei n.º 448/91, de 29.XI.

Nesses casos — em que a própria informação é objecto de um procedimento específico —, ela vincula a Administração, salvo se for revogada por ilegalidade nos termos em que o podem ser os actos constitutivos de direitos.

É claro que, a haver revogação por ilegalidade da informação constitutiva, deverá passar a funcionar a regra da responsabilidade por informação errónea, prevista neste preceito.

VIII. Quando se fala em informações prestadas pela Administração convém referir que, ao lado de informações (obrigatórias ou não) que se restringem à emissão de uma declaração traduzida numa transcrição ou numa representação (acrítica) de uma dada realidade (certidões simples, cópias de documentos), outras há que levam implicado (ou exteriorizam) um juízo *crítico, estimativo* ou *interpretativo,* sendo qualificadas.

Artigo 7.°

É obviamente neste segundo tipo de informações que a questão da responsabilização da Administração adquire maior complexidade e relevância, já que as declarações que a exteriorizam pressupõem um *processo decisório*, o que conduz a supor que, pelo menos, quando *obrigatórias,* elas desempenham as funções *concretizadora e estabilizadora* dos actos administrativos, apresentando, por isso, um efeito vinculativo que pode ser invocado perante o próprio órgão que prestou informação — como sucede com as informações prévias sobre a viabilidade de construção, actos pré-decisórios constitutivos de direitos e vinculativos em relação a actuações administrativas subsequentes.

É irrelevante, porém, que se trate de informações procedimentais prestadas ao abrigo do art. 61.° e segs. ou de informações prestadas fora dum procedimento e respeitantes a qualquer questão do interesse dos administrados, que envolva apreciação ou avaliações administrativas.

Não é, portanto, diferente o regime da responsabilidade a que se refere esta disposição do Código, quando esteja em causa a prestação de uma informação que tem um efeito vinculativo-conformativo de uma actuação administrativa subsequente.

Perante uma informação ilegal dessa natureza, a Administração deverá fazer prevalecer a sujeição ao princípio da legalidade em detrimento da vinculação à informação dada, de modo que acabará por praticar um acto contrário, assumido como *anulação administrativa tácita* de um anterior *acto informativo constitutivo de direitos.*

Como, porém, a Administração tem em geral o dever de ressarcir os prejuízos sofridos pelo particular derivados da informação ilegal prestada, a ilegalidade daquela projecta-se igualmente em sede de responsabilidade.

Recusamos, deste modo, que o sentido da responsabilidade da Administração tenha como consequência a absolutização do efeito vinculativo deste tipo de informações, que só aceitamos quando a informação prestada não seja desconforme à lei.

IX. Primeiro requisito da responsabilidade ou vinculatividade da Administração às informações prestadas é que o tenham sido **por escrito**, e **oficialmente**, não por mero escrito particular, subscrito a título pessoal por um seu funcionário ou agente.

Sobre as informações orais, ver comentário **XII.**

X. Um outro requisito da responsabilidade administrativa aqui prevista — para além de se tratar de uma informação escrita — é o de que a informação seja prestada pelo **órgão com competência específica para o efeito** ou, então, pelo órgão que tem competência dispositiva na respectiva matéria.

Se a informação for prestada por órgão ou agente não competente — e aí o ónus da sua determinação, salvo casos especiais de *boa-fé*, cabe ao particular —, a Administração Pública não responde pelo "direito" ou "expectativa" criada.

121

Artigo 8.º

XI. A omissão ou **falta de informação** pedida gera responsabilidade da Administração, é óbvio, mas pelo incumprimento do dever de informação (quando ele existir), não porque a hipótese seja equiparável à prestação de informação errada.

XII. Quanto às **informações orais**, parece-nos mais prudente (sem nos envolvermos agora na questão da sua compatibilidade com o art. 22.º da Constituição) entender que o legislador não as quis no mesmo regime de responsabilidade — no mínimo, não se imiscuiu na questão e restringiu a estatuição deste preceito às informações prestadas por escrito.

Seria, na verdade, muito perigoso — por razões óbvias — responsabilizar a Administração por informações orais, sem mais e em geral.

Só vistos os requisitos que se considerariam exigíveis é que poderia aventar-se uma posição favorável em casos contados, bem concretizados e em que exista tradução oficial escrita da informação oral prestada.

XIII. O dever de informação corresponde, hoje, muitas vezes, a um direito dos particulares (arts. 61.º e segs. do CPA) e, nessa medida, tais informações são de prestação obrigatória — embora valha a verdade que a obrigatoriedade se restringe aí a juízos de mera constatação e/ou transcrição.

Temos casos de informações obrigatórias, para além daquelas mencionadas nos arts. 61.º e segs. do Código, por exemplo, em matéria de viabilidade de construção, de loteamento, de realização de empreendimentos hoteleiros e similares, etc (cfr. nota **VII.**).

Artigo 8.º

Princípio da participação

Os órgãos da Administração Pública devem assegurar a participação dos particulares, bem como das associações que tenham por objecto a defesa dos seus interesses, na formação das decisões que lhes disserem respeito, designadamente através da respectiva audiência nos termos deste Código.

I. A vertente garantística e funcional do princípio.
II. Sua inserção procedimental.
III. Extensão subjectiva do direito de participação.
IV. Reforço do direito de participação: casos especiais.

Artigo 8.º

I. A **participação dos interessados** na *"formação das decisões que lhes disserem respeito"* não é um princípio meramente garantístico, destinado a prevenir e a reforçar, pela sua extensão ao procedimento administrativo, um direito de defesa dos particulares tradicionalmente centrado no contencioso.

Esta ideia (que traduz de facto a sua aplicação prática) é a que dele fazem normalmente os juristas e corresponde, historicamente, à primeira fase da sua consideração jurídica. Mas o princípio da participação e os mecanismos legais da sua concretização, representam, em termos político-constitucionais, bem mais do que isso: são o resultado da moderna tendência, nas democracias de tipo ocidental, de reformulação dos quadros da democracia representativa tradicional.

Com efeito, a estatização da vida em sociedade que caracteriza a segunda metade do séc. XX, com a generalização do modelo Estado Social de Direito — fala-se, neste sentido, no advento da "sociedade técnica" ou "de massas" —, provocou o agigantamento do aparelho administrativo do Estado, bem como uma crescente complexidade e tecnicização, aumentando, na prática, a sua distância quer dos órgãos político-legislativos dotados de legitimidade democrática (o Parlamento e o próprio Governo) quer dos administrados, fugindo, por aí, ao respectivo controlo.

As formas de democracia participativa no direito administrativo, constituem, por isso, também uma modalidade de controlo político do executivo por parte dos cidadãos/administrados (para quem o voto assume, nessa dimensão, cada vez menor significado prático). Mas não só de controlo: traduzem igualmente uma verdadeira participação no exercício do poder executivo (ainda que a título mais "consultivo" do que de *"associação ao exercício do poder"*), permitindo levar ao procedimento uma multiplicidade de situações e interesses que de outro modo não seriam ponderados.

O princípio constitui, como RUI MACHETE lucidamente esclarece (*CPA — INA*, págs. 45 e segs.), um dos momentos fundamentais da transformação da Administração contemporânea, em relação à sua visão clássica, fechada, unilateral e autoritária.

Mesmo sem que o nosso entusiasmo vá tão longe, no que respeita ao sepultar dos conceitos, arquétipos e regime de garantias do sistema clássico do Direito Administrativo — pelo menos, à falta de outro que o substitua global e homogeneamente —, estamos inteiramente de acordo quanto à importância do princípio deste art. 8.º e da revolução que ele significa para uma Administração fechada e unilateral, como a nossa se habituou a ser.

II. À semelhança de alguns dos outros já referidos, é mesmo em matéria de **procedimento administrativo** que o princípio da participação tem o seu campo de aplicação preferido: para além da audiência prévia (regulada nos arts. 100.º e seguintes do Código) — que só tem lugar depois de concluída a instrução — muitas

Artigo 8.º

outras manifestações de participação dos interessados no procedimento administrativo existem, como as dos arts. 61.º e segs., 88.º, n.º 2, 96.º, 97.º e 118.º.

A referência específica à audiência prévia deve-se apenas ao facto de ela representar o conteúdo legal mínimo do direito de participação, mesmo se o interessado não invocar outras pretensões ou não responder a outras solicitações procedimentais.

III. É óbvio que o princípio da participação vale, não apenas para **particulares**, mas também para outros **entes públicos**, cujos direitos ou interesses **privados, comuns, ou mesmo públicos,** possam ser afectados pela decisão do procedimento administrativo e ainda que a sua consulta, audição ou participação não esteja legalmente prevista. Assim, se o Estado requerer à Comissão da Reserva Agrícola Nacional autorização para expropriação de terrenos agrícolas em vista da realização de estradas, ele tem direito à participação no respectivo procedimento nos mesmos termos em que o particular, que lha requer para efeitos, por exemplo, de construção da sua casa ou indústria.

Admite-se, além da participação de pessoas directamente interessadas no procedimento, também a das **associações** — pessoas colectivas de fim não lucrativo — que nos termos em que o art. 53.º as admite a intervir nos procedimentos que respeitam àquelas ou aos seus próprios interesses, embora, como aí se discute, tenhamos dúvidas quanto ao real significado desse preceito. Note-se, a este propósito, o rigor e cautela da formulação legal, bem compreensíveis, pelos excessos que a plena abertura do Código e do procedimento (aos titulares de interesses difusos) podia acarretar.

À questão de saber se a falta da audiência destas associações — havendo audiência da pessoa directamente interessada — prejudica, ou não, a validade jurídica da decisão do procedimento, responde-se na anotação ao art. 100.º.

IV. Ao lado deste princípio geral de participação procedimental (*Verfahrensteilhabe*), a lei tem optimizado o *status activus processualis* dos cidadãos em certos procedimentos administrativos.

Assim, por exemplo, a Lei n.º 83/95 (de 31.VIII), que vem regular o direito de participação popular nos procedimentos planificatórios e nas decisões sobre localização e realização de obras públicas e de outros investimentos públicos (ver comentários aos arts. 54.º e 117.º), a Lei n.º 23/94 (de 26.VII), que estabelece um direito de consulta a favor das organizações representativas dos utentes de serviços públicos essenciais (de água, de gás, telefone, etc), quanto a actos dos poderes públicos (e concessionários) relativos a esses serviços, a Lei n.º 24/96 (de 31.VII) que vem estabelecer o direito dos consumidores participarem, por via representativa, na definição administrativa dos seus direitos e interesses (art. 18.º), as Leis n.º 10/87 e n.º 11/87 (4.IV e 7.IV) que disciplinam os direitos procedimentais dos cidadãos e de associações de defesas do ambiente em matérias relativas a este.

Artigo 9.º

Artigo 9.º

Princípio da decisão

1. Os órgãos administrativos têm, nos termos regulados neste Código, o dever de se pronunciar sobre todos os assuntos da sua competência que lhes sejam apresentados pelos particulares, e nomeadamente:

a) **Sobre os assuntos que lhes disserem directamente respeito;**

b) **Sobre quaisquer petições, representações, reclamações ou queixas formuladas em defesa da Constituição, das leis ou do interesse geral.**

2. Não existe o dever de decisão quando, há menos de dois anos contados da data da apresentação do requerimento, o órgão competente tenha praticado um acto administrativo sobre o mesmo pedido formulado pelo mesmo particular com os mesmos fundamentos.

    I. Dever de decisão e dever de pronúncia (de resposta): distinção básica.

    II. Âmbito do preceito.

    III. Relevo jurídico da consagração do dever de decisão: o Estado de Direito.

    IV. Procedimentos a que se estende o dever de decisão (procedimentos particulares, públicos e oficiosos).

    V. Requisitos do dever de decisão

    VI. "Sanções" da falta de pronúncia ou de decisão.

    VII. O dever de proferir nova decisão sobre pretensão já decidida (e a eventual natureza confirmativa daquela).

    VIII. Requisitos da dispensa do dever de decisão no caso do n.º 2.

    IX. O órgão competente.

    X. A prática de um acto administrativo (exclusão dos indeferimentos tácitos e procedimentos regulamentares).

    XI. A identidade do pedido e fundamentos: esclarecimentos.

    XII. O decurso e contagem do prazo de dois anos (contagem).

art. 9.º, n.º 1

    I. Admite-se que os órgãos administrativos se devam **pronunciar** sobre todos os assuntos da sua competência, que lhes sejam apresentados pelos particulares, mas não têm o **dever de decidir** (procedimentalmente) todos eles. Doutro modo, todas as petições que lhe fossem apresentadas implicariam a abertura de um procedimento administrativo e a audiência dos respectivos peticionantes, o que seria, pura e simplesmente, um absurdo (aliás, irrealizável).

125

Artigo 9.º

A entender-se que haveria um dever de decisão, por exemplo, nos casos da alínea b) do n.º 1 deste preceito — o que não pode entender-se, até porque tal estaria em contradição com os arts. 53.º, 54.º, 74.º, 108.º e 109.º —, da Administração burocratizada que ainda temos hoje, estaríamos caídos num universo procedimental Kafkiano.

O **dever de pronúncia ou resposta** dos órgãos administrativos (*lato sensu*), esse sim, é que existe sempre face a qualquer petição (salvo se não for séria) — mesmo se tal resposta se limita em muitos casos a uma daquelas a que se refere o n.º 2 do art. 115.º do Código, ou nem isso — e constitui um dever de natureza constitucional, **correspondente ao direito fundamental de petição dos cidadãos**, em matérias que lhes dizem respeito ou à Constituição e às leis (art. 52.º da CRP), direito que se exerce nos termos da Lei n.º 43/90, de 10 de Agosto, não nos termos do art. 74.º e segs. deste Código.

Com o **dever de decisão** procedimental é diferente: ele só existe quando a pretensão é formulada em vista da defesa de interesses próprios do peticionante e tem por objecto o exercício de uma competência jurídico-administrativa (normativa ou concreta) de aplicação da lei à situação jurídica do pretendente.

Voltamos à questão na anotação ao art. 54.º e nos respectivos preliminares.

II. Está consagrado, no preceito, um princípio genérico "*de decisão*", que abrange quer um dever genérico de pronúncia ou resposta, quer o específico dever de decidir (e, portanto, de abrir um procedimento administrativo). Mas o preceito não é claro: é que enquanto a sua epígrafe se reporta mais a este último, já a redacção do n.º 1 — e especialmente a da sua alínea b) — parece contemplar sobretudo o dever geral de resposta.

Contudo, atenta a "equação" representada pela epígrafe do artigo e pela redacção do n.º 1, se se tem que aceitar tal abrangência, já o n.º 2 parece contemplar especificamente o dever de decisão — desde logo porque se fala em "decisão" e não, mais genericamente, em "pronúncia", mas também e sobretudo pela referência à prática de acto administrativo.

III. Ou seja, **no procedimento administrativo**, o dever de pronúncia da Administração, face às petições de particulares, é um dever de decisão; fora dele, é um dever de resposta. Por isso, só no n.º 2 deste art. 9.º o legislador usou o conceito de decisão, referindo-se antes no n.º 1 ao dever de pronúncia.

O facto não diminui em nada a enorme importância jurídico-procedimental desse dever do n.º 1. É nele que se afirma, afinal, **como princípio geral**, a obrigação em que a Administração está constituída de se pronunciar — neste caso, de decidir — sobre todas as pretensões de particulares cuja realização dependa da prática de um acto administrativo e é, portanto, nele que reside o núcleo dos "actos administrativos" tácitos, regulados nos arts. 108.º e 109.º do Código.

Artigo 9.º

Mas há outro aspecto em que o relevo jurídico do princípio de decisão carece de ser realçado. É na revelação de que a Administração **profere decisões** nos procedimentos que são submetidos à sua apreciação, não lhe sendo admitido agir sobre as situações em causa mediante medidas, operações ou acções materiais (ou técnicas), que não estejam suportadas em anterior acto jurídico.

É uma manifestação pouco mostrada do Estado de Direito, mas que faz, afinal, parte do seu núcleo essencial e a que o CPA se refere no art. 151.º.

IV. Claro que o princípio ou dever de decisão não existe apenas nos procedimentos administrativos **desencadeados por particulares**, mas também nos de **iniciativa pública** (procedimentos públicos). Estão, portanto, abrangidas aqui todas aquelas pessoas (públicas ou privadas) cuja posição jurídica esteja dependente de uma decisão procedimental da competência de um órgão administrativo.

Contudo, se a afirmação é pacífica e entendível nos procedimentos de hetero-iniciativa (particulares e públicos), já o mesmo não pode dizer-se dos procedimentos oficiosos.

A afirmação de um **dever de decidir um procedimento oficioso** liga-se a uma exigência de conclusão dos procedimentos instaurados pela própria Administração, afirmando-se, por vezes, nestes casos, que o administrado não pode fazer valer qualquer direito em relação a uma efectiva declaração do órgão administrativo, por isso que nada lhe pediu ou requereu.

São, todavia, mais ou menos evidentes as razões que podem levar a sustentar uma tese oposta: embora oficioso, o procedimento pode visar a produção de um acto favorável, para todos ou alguns dos seus potenciais destinatários, caso em que (ainda que a sua posição não esteja tutelada directa e isoladamente pela lei), se poderia concluir pela tutela de uma *"expectativa do acto favorável"*, que o início do procedimento originou. De resto, mesmo nos procedimentos tendentes à prática de um acto desfavorável, o interesse do potencial destinatário pode merecer protecção (v.g., direito de obter a decisão não condenatória num procedimento disciplinar).

Tudo se conjuga, pois, no sentido de estender, em certos casos e circunstâncias, o princípio da decisão aos procedimentos oficiosos: se neles a Administração não cumpre esse dever, poderia admitir-se o recurso contencioso do acto que tacitamente revele ter ela desistido de tal procedimento — e que poderá consistir, inclusive, na queda do prazo de que dispunha para concluir o procedimento (art. 58.º, n.º 1) — ou mesmo a instauração de uma acção para o reconhecimento de interesse legalmente protegido à respectiva decisão. Excluída, no nosso ordenamento, a primeira hipótese (que o recurso contencioso só é admitido em relação a actos administrativos expressos ou legalmente presumidos), restaria a segunda.

Claro que, se se tiver verificado que a finalidade a que o procedimento se destinava se esgotou, ou que o objecto da decisão se tornou impossível ou inútil, aplica-se o art. 112.º, n.º 2 — existindo, então, uma decisão impugnável do pro-

Artigo 9.º

cedimento, do mesmo modo que existiria se ela decidisse expressamente extinguir o procedimento iniciado.

Voltamos à questão da existência do dever de decisão nos procedimentos oficiosos em anotação ao art. 54.º.

V. Para que, perante um requerimento que lhe seja apresentado, a Administração fique constituída no **dever de decidir**, é necessário o preenchimento de alguns requisitos, os *pressupostos procedimentais* a que a lei condiciona o desenvolvimento regular do procedimento — permitindo, designadamente, a formação do acto tácito — e que desdobramos nas seguintes espécies:

a) **pressupostos procedimentais subjectivos**: competência do órgão que recebe o pedido e legitimidade do requerente;

b) **pressupostos procedimentais objectivos**: inteligibilidade, unidade e tempestividade do pedido, actualidade do direito que se pretende exercer e inexistência de decisão sobre pedido igual (do requerente) tomada há menos de dois anos (art. 9.º, n.º 2).

Não existindo tais pressupostos, também não existe o dever de decidir, embora possa ou deva subsistir o dever genérico de pronúncia.

VI. A **inobservância do dever de pronúncia** "sanciona-se" juridicamente, face à Administração Pública que o infringiu, de maneira diversa da inobservância do dever de decisão, de que se cuida frequentemente neste Comentário.

É um dever (e um direito) de cariz político-constitucional e há-de ser, portanto, aí que o seu regime essencial se encontra.

Não nos repugna, porém, aceitar o seu relevo em sede jurídico-administrativa, quando o destinatário da petição do particular é a Administração Pública e se trata de uma questão administrativa, casos em que o incumprimento dos seus deveres nessa matéria deveria comportar a possibilidade de reacções judiciais, sem o que o direito de petição ficaria sem qualquer tutela ou protecção adequada: de resto, o modo como está estruturado o exercício do direito de petição e do dever de resposta (com indeferimentos liminares "e tudo") é indício de que se está perante uma actividade juridicamente organizada e protegida.

Diríamos, por isso, que, se se trata de mera pronúncia e do correspondente dever de resposta, "sanciona-se" a falta administrativa com uma acção para o reconhecimento de um direito — eventualmente com uma intimação daquelas a que se refere o art. 86.º da Lei de Processo, se estiverem em causa petições a concessionários ou pessoas privadas de interesse público.

Já quando estiver em causa uma verdadeira **decisão,** a respectiva "sanção" alcança-se através do deferimento tácito e o seu carácter *constitutivo de direitos* ou com o indeferimento tácito e a consequente invalidade da omissão (ver ano-

Artigo 9.º

tação ao art. 109.º) e ainda, residualmente, com a acção para o reconhecimento de um direito.

Para além disso, é evidente que a Administração incorrerá em responsabilidade civil por acto ilícito de gestão pública, impondo-se-lhe indemnizar todos os prejuízos de que tais omissões sejam causa adequada, trate-se de falta de resposta ou de decisão.

art. 9.º, n.º 2

VII. Não pode retirar-se do preceito a conclusão de que, existindo o dever de decisão de uma pretensão já decidida (**se a mesma voltar a ser formulada mais de dois anos depois**), a decisão proferida de novo seria uma decisão impugnável contenciosamente. Na verdade, se ela vier igual à anterior, em resposta a uma pretensão igual à já formulada, será meramente *confirmativa* e, portanto, em princípio, irrecorrível.

O preceito apenas constitui a Administração no dever jurídico de pronunciar-se de novo sobre a questão, mesmo que ela seja a reprodução literal daquela que lhe havia sido formulada antes; mas, se a petição e decisão forem as mesmas — formulada aquela e tomada esta com os mesmos fundamentos — tal decisão (expressa ou tácita, tanto faz) continua a ser meramente *confirmativa*, não se abrindo prazo para recorrer contenciosamente.

Assim se decidiu (e bem) no Acórdão do STA, de 6.II.96 (AD n.º 413, pág. 553 e segs.).

O que significa, por outro lado, que, se houver entretanto uma alteração de quaisquer circunstâncias relevantes para decisão da questão e o interessado as trouxer à baila para fundamentar um pedido igual ao anterior (o que pode fazer em qualquer momento e não apenas dois anos depois), a decisão da Administração, se se limitar a reproduzir os fundamentos antecedentes, não será confirmativa e admite o recurso (ou reacção) contencioso.

VIII. São pressupostos da dispensa legal do dever de decisão, prevista no n.º 2:

— que o órgão **competente**
— tenha **praticado**
— um **acto administrativo**
— há **menos de dois anos**
— sobre o **mesmo pedido e com os mesmos fundamentos**
— e formulado pelo **mesmo requerente**

Cada um desses requisitos carece de esclarecimentos.

Artigo 9.º

IX. Em primeiro lugar, a lei refere-se ao *"órgão competente"* e não ao órgão requerido — e bem, pois podem ser diferentes no caso de a competência legal para a decisão pertencer hoje a outro órgão.

X. É necessário, depois, que *"tenha (sido) praticado"* um acto.

Ou seja, os casos de indeferimento tácito não estão abrangidos na hipótese: e, portanto, decorridos noventa dias — nem é necessário dois anos — sobre a apresentação de um requerimento sem haver decisão expressa da Administração, pode o particular formular (ou não, como quiser) novo requerimento com os mesmos fundamentos e pedido, estando a Administração legalmente obrigada a decidi-lo.

XI. O quarto pressuposto da dispensa do dever de decisão é o de o segundo requerimento respeitar ao *mesmo pedido* e ser formulado pelo *mesmo particular*, com os *mesmos fundamentos*.

São aqui necessários vários esclarecimentos complementares:

a) obviamente que um pedido igual a outro, formulado no âmbito de **normas novas**, não é o mesmo pedido — *rectius*, não tem os mesmos fundamentos;

b) a dispensa do dever de decisão só está prevista quando o segundo requerimento **provém do mesmo particular**, da mesma pessoa. O que é satisfatório em relação aos requerimentos formulados por interessados; quanto aos requerimentos formulados no âmbito da alínea b) do n.º 1, este preceito do n.º 2 não previne nada — a não ser que se entenda, como propusemos, que aí há lugar apenas a uma resposta (do tipo da do art. 115.º, n.º 2), não a um procedimento e respectiva decisão;

c) se o mesmo pedido tiver fundamentos diferentes daqueles que suportavam o primeiramente formulado, mas se tratar de fundamentos que, embora não suscitados, **houvessem sido objecto de ponderação na primeira decisão**, verifica-se o pressuposto da norma e a Administração fica dispensada de se pronunciar.

XII. O último pressuposto que consideramos necessário esclarecer respeita à **contagem do prazo de dois anos**, sem cujo decurso não se considera a Administração constituída no dever de decidir de novo pretensão já anteriormente decidida.

O aditamento, pelo Decreto-Lei n.º 6/96, da expressão *"contados da data de apresentação do requerimento"* — sobre um caso (com os mesmos elementos subjectivos e objectivos) que haja sido decidido há menos de dois anos — vem esclarecer as dúvidas que se suscitavam, face à redacção de 1991, quando existiam razões a apontar em sentido diverso, a propósito do momento em que se considerava decorrido esse prazo.

Artigo 10.º

Agora está esclarecido que o termo final desse prazo é o da data de apresentação do requerimento, isto é, o dever administrativo de decisão fica precludido se o novo requerimento for **apresentado** antes do referido prazo ter corrido, independentemente de o órgão requerido só o apreciar inicialmente (ou confrontá-lo com actos anteriores) posteriormente a isso.

E desde quando se conta o termo inicial desse prazo de dois anos? Da prática do acto anterior ou da sua notificação (ou publicação)?

Preferimos a primeira alternativa: os dois anos que se querem guardar, para potenciar uma mudança das circunstâncias consideradas determinantes na prática do primeiro acto ou decisão, já decorreram. Ou seja, o prazo legal parece-nos mais uma presunção sobre o período mínimo de estabilidade das circunstâncias ou pressupostos do primeiro acto, do que um intervalo para "repouso", dado à *Administração*, ou uma abstinência imposta ao interessado.

Artigo 10.º
Princípio da desburocratização e da eficiência

A Administração Pública deve ser estruturada de modo a aproximar os serviços das populações e de forma não burocratizada, a fim de assegurar a celeridade, a economia e a eficiência das suas decisões.

    I. A dimensão funcional (e não sancionada directamente) dos princípios da desburocratização e eficiência.
   II. Dever de Legislação ou dever de Administração.
  III. O princípio da informalidade, como síntese da desburocratização e eficiência.

I. Surgem-nos reafirmados neste preceito dois princípios organizatórios com dignidade constitucional (princípio da **aproximação dos serviços às populações** e princípio da **desburocratização administrativa**), mas agora numa perspectiva estritamente funcional, isto é, tão só na sua dimensão de meios ou pressupostos de concretização do princípio da celeridade, da economia e eficiência das decisões administrativas (consagrado como princípio procedimental, sob a epígrafe "dever de celeridade", no art. 57.º do Código).

São princípios dos quais, naturalmente, os interessados não tiram mais do que uma protecção reflexa no procedimento, tendo maior valia programática do que sancionabilidade jurídica, enquanto princípios procedimentais.

Artigo 10.º

II. Paradoxalmente, os princípios aqui mencionados aparecem referidos (como na Constituição) à estruturação legal da Administração Pública — à sua organização por lei — e não ao procedimento e à formação e manifestação da sua vontade.

É evidente, porém, como assinalam GOMES CANOTILHO e VITAL MOREIRA (ob. cit., pág. 926), que *"a positivação constitucional de alguns princípios organizatórios pressupõe a ideia da influência ou conexão da organização administrativa sobre o conteúdo das (respectivas) decisões....."* e, portanto, por maioria de razão, influência também sobre os respectivos procedimentos.

Mas — além de nessa sua formulação, correspondente à do art. 267.º, n.º 1, da Constituição, eles serem muito mais um princípio de Legislação do que de Administração —, não é menos verdade que, assim, parecem consequência duma estruturação organizatória e não valores autónomos, a fazer valer pela Administração no próprio desenrolar do procedimento administrativo.

Quando o são, mais do que tudo.

III. A celeridade, a economia e a eficiência das suas decisões são parâmetros em função dos quais a Administração deve pautar o seu poder de conformação do procedimento administrativo. Não se lhe exige nem que seja temerosa (mas expedita) nem complexa (mas económica) nem "picuinhas" ou burocrática (mas eficiente).

E nisto, da desburocratização e eficiência, vai sintetizado muito da essência do procedimento administrativo, como vectores fundamentais que são do príncipio da *informalidade*.

Existindo para proteger interesses públicos fundamentais, sejam os interesses dos particulares que se realizam através do procedimento sejam os da comunidade, com uma função de garantia inderrogável, o procedimento administrativo deve avançar — no que não bula com essa garantia — informalmente, isto é, sem arreigo a formas especiais ou pré-determinadas, como as circunstâncias recomendarem para a decisão vir atempadamente e capaz para produzir o seu melhor efeito.

A este propósito fala ROGÉRIO SOARES na *"tensão desformalizadora, desreguladora da actividade administrativa, ou seja, ventos que são hostis à fixação de requisitos procedimentais"* (*in* Codificação do procedimento administrativo hoje, *in* Direito e Justiça, vol. VI, 1992, pág. 21).

Pode procurar-se no n.º **VIII** da Nota Prévia e na anotação ao art. 56.º, referências a essa ideia de *informalidade*, que deve perpassar o procedimento todo, na observância da lei e dos regulamentos que sobre ele disponham.

Artigo 11.º

Princípio da gratuitidade

1. O procedimento administrativo é gratuito, salvo na parte em que leis especiais impuserem o pagamento de taxas ou de despesas efectuadas pela Administração.

2. Em caso de comprovada insuficiência económica, demonstrada nos termos da lei sobre o apoio judiciário, a Administração isentará, total ou parcialmente, o interessado do pagamento das taxas ou das despesas referidas no número anterior.

 I. *O princípio da gratuitidade e o seu afastamento por lei: falta de pagamento de quantias devidas por actos procedimentais.*

 II. *Excepções ao princípio da gratuitidade procedimental. Espécies de taxas e encargos procedimentais.*

 III. *A dispensa (vinculada) em caso de insuficiência económica: comprovação desta.*

art. 11.º, n.º 1

I. Enquanto o acesso à Justiça depende do pagamento das respectivas taxas (às vezes, impropriamente designadas como "impostos"), já o acesso à Administração é, em princípio, **gratuito**.

Os casos em que os particulares podem ser chamados a pagar taxas ou despesas procedimentais são apenas os previstos em lei ou os criados ao seu abrigo (como é o caso, por exemplo, da alínea *d* do art. 8.º da Lei das Finanças Locais, respeitante às taxas devidas por actos e formalidades dos procedimentos municipais).

Importante, ainda, é notar que a falta de pagamento das taxas ou despesas de que a lei faça depender a realização de "actos procedimentais" determina a extinção do procedimento (art. 113.º, n.ºs 1 e 2), salvo o caso de comprovada insuficiência económica.

II. Está previsto, contudo, o pagamento de **taxas (e encargos) procedimentais** — que são taxas e encargos devidos pelo facto da **instauração ou tramitação do próprio procedimento** (e não as taxas respeitantes aos direitos e posições dele decorrentes) — em muitos casos.

Não havendo uma lei geral sobre a matéria e na impossibilidade de referenciar os inúmeros diplomas sectoriais existentes nesta matéria (entre os quais se destacam inúmeras posturas municipais, com expressa habilitação na Lei das

Artigo 11.º

Finanças Locais, na LAL e noutra legislação avulsa), limitamo-nos a descrever de seguida alguns tipos de taxas procedimentais usualmente previstas:

— pela emissão de autorizações e declarações (distinguindo-se entre emissão normal e emissão no próprio dia);
— pela emissão de licenças e certificados (distinguindo-se entre emissão normal, urgente e muito urgente);
— pela realização de peritagens (em que a taxa é determinada em função do número de horas de permanência do técnico no local e varia consoante a peritagem seja realizada dentro ou fora do horário normal de funcionamento do serviço ou aos sábados, domingos e feriados);
— pelo envio de declarações por telecópia;
— pelos averbamentos, quer em casos especificados (de licenças de obras, de alvarás de licenciamento sanitário, de alvarás de concessão de terrenos em cemitérios, de velocípedes, etc), quer quando se trate de averbamentos não especificados;
— pela realização de buscas nos livros, registos e arquivos;
— pela realização de vistorias (incluindo a deslocação e remuneração de peritos e outras despesas);
— pela emissão de segundas vias (com ou sem carácter urgente);
— pela afixação de editais relativos a pretensões que não sejam de interesse público;
— pela emissão de pareceres;
— pela emissão de certidões;
— pela emissão de atestados ou documentos análogos e suas confirmações;
— pela emissão de autos ou termos, de qualquer espécie;
— pela emissão de fotocópias autenticadas de documentos arquivados;
— pelos registos (obrigatórios ou facultativos) previstos em lei ou regulamento habilitado;
— pela emissão de fotocópias não autenticadas de quaisquer documentos;
— pelo fornecimento de fotocópias ou outras requisições autenticadas de processos relativos a empreitadas e fornecimentos ou obras particulares;
— por plastificações de documentos;
— pelo registo de documentos avulsos;
— pela reprodução de desenhos e plantas;
— pelos actos notariais praticados pelos notários privativos dos entes públicos (os emolumentos fixados por lei).

Artigo 11.°

Estas espécies de taxas ou encargos procedimentais são praticados nos serviços da Administração Central, Local e das Regiões Autónomas, constatando-se que, enquanto nos casos das autarquias, a previsão e o montante das taxas constam aquela de lei e este de regulamentos ou tabelas aprovadas pelos seus órgãos competentes, na Administração Central, quando se verifica falta de normativos especialmente aplicáveis ao montante de taxas legalmente previstas, é usual recorrer ao Código do Notariado ou aos Códigos dos Registos para determinação do respectivo montante, pelo menos, para os actos simples (certidões, certificados, buscas, fotocópias, etc.).

Note-se que, hoje, de acordo com o disposto no n.° 2 da Resolução do Conselho de Ministros n.° 189/96, de 28.XI, a generalidade dos serviços, empresas e organismos da Administração Pública devem afixar nos locais de atendimento *"os preços ou taxas dos bens e serviços que forneçam ou prestem".*

art. 11.°, n.° 2

III. Curiosamente, o legislador não tinha imposto inicialmente à Administração a obrigação de dispensar o interessado do pagamento de taxas ou de despesas, em caso de comprovada insuficiência económica — apenas tinha previsto que o pudesse fazer.

A doutrina, nós incluídos, duvidara da bondade da solução: não só *de lege ferenda*, mas mesmo face ao nosso actual regime constitucional, pelo menos na medida em que o procedimento administrativo seja um meio de acesso necessário às instâncias jurisdicionais de recurso.

O Decreto-Lei n.° 6/96 introduziu importantes alterações na redacção inicial do preceito deste n.° 2, ambas no sentido proposto pelos comentadores.

Por um lado, com a nova redacção, a Administração ficou vinculada a isentar os interessados das despesas e taxas a que houvesse lugar, deixando de caber na sua competência discricionária — como é curial — o poder de os dispensar, ou não, do respectivo pagamento, quando façam prova da sua "insuficiência económica". E, inversamente, no caso de falta de comprovação, nos termos da lei, a Administração não pode conceder a isenção ou dispensa dos pagamentos previstos na lei.

Por outro lado, estabeleceu-se que a demonstração da insuficiência económica do interessado seja feita *"nos termos da lei sobre o apoio judiciário"*, o que redunda em aplicar aqui as normas dos arts. 15.°, 19.° e 20.° do Decreto-Lei n.° 387-B/87, de 29 de Dezembro, onde se prevê que essa demonstração se realiza através de requerimento do interessado ou de um seu representante (arts. 15.° e 18.°), e se prove, por qualquer *meio idóneo* (art. 19.°), a sua insuficiência económica ou se demonstre gozar de uma das presunções legais de insuficiência económica (art. 20.°).

Não é muito feliz, contudo, noutras partes, esta remissão judiciária, dado o regime altamente processualizado da lei do apoio judiciário e que, a aplicar-se sempre aqui, poderia trazer bastos inconvenientes para o desenrolar normal e funcional

Artigo 12.º

___

do procedimento. É duvidoso, por exemplo, que possam considerar-se generica-mente ou sempre aplicáveis aqui normas como as que prevêem a contestação de interessados e a existência de recurso de *agravo*.

Artigo 12.º

Princípio do acesso à justiça

Aos particulares é garantido o acesso à justiça administrativa, a fim de obterem a fiscalização contenciosa dos actos da Administração, bem como para tutela dos seus direitos ou interesses legalmente protegidos, nos termos previstos na legislação reguladora do contencioso administrativo.

> *I. A redundância da fórmula legal.*
> *II. O acesso à justiça administrativa em matéria de decisões procedi-mentais destacáveis e de trâmite.*
> *III. Casos de destacabilidade necessária.*
> *IV. O direito à dupla decisão administrativa (ao recurso administra-tivo) e as questões de mérito e similares.*

I. *O princípio do acesso à justiça* (administrativa), tal como está formulado neste preceito, não contém uma norma, um comando primário: o que lá está pre-visto resulta já de outras normas, mais proeminentes do nosso ordenamento jurí-dico. É uma nova consequência de se terem formulado alguns princípios gerais no CPA, não na sua vertente procedimental, mas como princípios gerais da actividade administrativa.

O acesso à justiça, como princípio geral do procedimento administrativo, tem (para além das regras gerais) manifestações específicas, por exemplo, nos casos em que é admitida a acção popular como na Lei n.º 83/95 e no art. 822.º do Código Administrativo.

II. E a verdade é que era importante dizer alguma coisa quanto ao acesso à Justiça, em matéria de decisões procedimentais. Importava esclarecer, por exem-plo, quando é que a violação duma regra ou de um princípio de inserção ou relevo procedimental se devia considerar passível de reacção jurisdicional, autonoma-mente da reacção a desencadear contra a própria decisão final.

Nessa matéria domina, como se sabe, a teoria da **destacabilidade** contenciosa de actos ou decisões (da qual se faz uma aplicação, por exemplo, no Acórdão do STA, Pleno, de 27.II.96, consultável nos AD n.º 414 , págs. 749 e segs.) que

Artigo 12.º

— embora inseridas num procedimento tendente à produção duma decisão final — acarretam, só por si, efeitos ou modificações insuperáveis ou irremediáveis, não apenas na decisão, mas na própria adequação do procedimento à satisfação do interesse material (do bem da vida) que, através dele, se pretende promover.

Não é, portanto, qualquer modificação de posições procedimentais, por decisão do órgão competente, que integra o conceito de acto ou decisão destacável, como se poderia entender se aplicássemos ao caso a fórmula do art. 12.º. Em rigor, todo o avanço "processual" no procedimento pressupõe necessariamente uma modificação, para melhor ou pior, das posições procedimentais nele anteriormente detidas ou de interesses protegidos por normas procedimentais — e não obstante tais actos não são de considerar, só por isso, como destacáveis.

Destacáveis, para efeitos contenciosos, são também as decisões tomadas em procedimentos multifaseados (ver notas **IV** e **V** ao art. 1.º), quando delas derivem, para os interessados ou terceiros, efeitos jurídicos extra-procedimentais ou finais.

Destacável pode ser inclusivamente, por exemplo, o acto de nomeação de um júri — como bem se julgou no Acórdão de 19.V.94, publicado a págs. 272 e segs. dos AD n.º 399 — se, como aí sucedia, se sustenta a destacabilidade do acto (e a sua ilegalidade) na falta da especialização profissional legalmente exigida aos seus membros.

III. Entre os actos destacáveis, há uma importante distinção a fazer entre os casos em que fazer actuar essa destacabilidade é **necessário** — sob pena de decadência dos eventuais direitos e posições procedimentais dos interessados na impugnação do acto destacável — e os casos em que ela será facultativa, podendo o particular actuá-la logo, ou deixá-la para ser impugnada a propósito do acto final.

Há, efectivamente, como no caso dos procedimentos concursais, muitas hipóteses em que (legal ou regulamentarmente) essa destacabilidade tem de ser feita valer imediatamente (ou em curto prazo) pelo particular, de modo a não atrasar o desenvolvimento do procedimento administrativo.

Isso é, por nós, um indício de que (salvo disposição clara e expressa da lei ou clara aceitação do acto) a não impugnabilidade imediata dos actos destacáveis não prejudica a sua futura impugnabilidade contenciosa, a propósito da decisão final.

IV. Se, por um lado, como vimos, a consagração deste princípio do acesso à justiça corre o risco de pecar por redundante, não pecará por outro lado, por defeito? É que no conceito de *"acesso à justiça administrativa"* — e pelo menos nos casos em que se exerça uma função de controlo da Administração por si própria — também se poderia incluir o **direito ao recurso administrativo**, pelo menos nos aspectos em que a decisão ou opção administrativa escapam às malhas do contencioso, como sucede, nomeadamente, quanto ao respectivo mérito.

Artigo 12.º

Parece-nos que, no âmbito de um código de procedimento administrativo teria sempre cabimento a consagração, como princípio geral (neste capítulo), dessa garantia graciosa: note-se que o princípio do duplo grau de decisão administrativa adquire uma importância inusitada em actos contenciosamente irrecorríveis — porque não destacáveis (ou autónomos) ou porque padeçam de vícios de mérito — ou, mesmo ainda, no caso de actos injustos e sujeitos a apreciação jurisdicional, mas cujo vício não seja clamoroso (e que tenham, por isso, menos possibilidades de serem contenciosamente anulados).

Aliás, já falámos sobre essa possibilidade de compensação administrativa das insuficiências da protecção jurisdicional dos administrados na Nota Prévia, n.º **V**.

PARTE II
Dos Sujeitos

CAPÍTULO I
Dos órgãos administrativos

PRELIMINARES

    I. Noção de órgão.
    II. A teoria organicista e a imputação da vontade e dos efeitos dos actos do titular ao próprio órgão (ou à pessoa colectiva).
    III. A delimitação do conceito de órgão no Código.

I. Com a excepção da atribuição de poderes administrativos a entidades de direito privado — que, de resto, salvo um ou outro caso, também são entes colectivos, como os concessionários ou as pessoas privadas de regime administrativo —, a função administrativa é juridicamente imputada a (e exercida por) pessoas colectivas de direito público, que recebem do legislador a incumbência de prosseguir e realizar os interesses sociais legalmente assumidos, em cada momento, como sendo interesses da própria colectividade publicamente organizada.

Portadores de interesses públicos, dotados (para os prosseguir) de poderes e deveres, direitos e obrigações, esses entes precisam — como os indivíduos, quando prosseguem os seus fins próprios — de os exercer, de os tornar efectivos, de os pôr *in actu*, para se alcançarem as finalidades que determinaram a sua criação legal.

Como, porém, as pessoas colectivas não pensam, falam ou agem (como os indivíduos), necessitam de órgãos para o fazer.

Os órgãos das pessoas colectivas são figuras ou estruturas subjectivas abstractas — como, v.g., *Presidente da República, Ministro, Câmara Municipal, Tribunal Colectivo* — ou centros abstractos de imputação legal de competência, a cujo(s) titular(es) a lei pede uma *vontade*, uma actividade pensante e operante, de

Preliminares

decisão ou execução jurídicas, em ordem à assunção e exercício dos direitos e obrigações da pessoa colectiva, sendo essa actividade do titular (ou dos titulares do órgão) considerada como actuação ou vontade jurídica da pessoa colectiva (aproximadamente), nos mesmos termos em que a "actividade" de uma mão é actuação da respectiva pessoa.

Por isso, e porque a actividade administrativa supõe alguém que realize essas actividades intelectuais e físicas, há-de aparecer um indivíduo, uma pessoa física, que actue e desenvolva os poderes que a lei entrega aos órgãos da pessoa colectiva.

II. A importância do conceito de órgão no Direito Administrativo (no Constitucional, Civil ou Comercial) é enorme e a sua adopção representou um passo enorme em matéria de evolução e aptidão jurídica da teoria da personalidade colectiva, aliviada, então, dos obstáculos que a teoria do mandato ou representação levantava à sua mais eficaz operacionalidade, nomeadamente em matéria de actuação *ultra vires* dos seus representantes.

Na verdade, o facto de a pessoa física agir enquanto **titular** de um **órgão** significa que o resultado da actividade que desenvolva nessa qualidade é imputado apenas ao órgão de que é titular e à pessoa colectiva em que esta se insere. Esbate--se a dimensão subjectiva ou humana da actividade administrativa, que quase não se revela — o que não exclui, em certos casos, que a lei não tenha também em atenção a pessoa do titular do órgão, isto é, as suas qualidades subjectivas ou a sua posição relativamente a certas actuações, em matéria, por exemplo, de responsabilidade e de impedimentos — e, para efeitos de valorização jurídica dos actos de que os titulares dos órgãos são autores psicológicos, imputam-se os mesmos à pessoa colectiva (ou ao órgão em causa).

A implicação jurídica mais importante da concepção organicista da vontade das pessoas colectivas é precisamente a de — quando o titular de um órgão age juridicamente nessa qualidade — a sua vontade, os seus actos (contenham-se, ou não, nos limites dos poderes do órgão) e os *commoda* e *incommoda* daí derivados, serem da própria pessoa colectiva, produzindo-se os respectivos efeitos directamente na esfera jurídica desta — mesmo que essa actuação seja ilegal ou ilícita, e ainda que haja sido ditada por propósitos pessoais e gere prejuízos e indemnização.

Pode, é, depois, haver lugar ao *"regresso"* (civil, disciplinar ou, até, "penal") da pessoa colectiva sobre os titulares dos seus órgãos — mas isso são projecções suas noutras relações jurídicas (como, por exemplo, a de *serviço* ou *emprego*) que ligam o titular do órgão à pessoa colectiva respectiva, ou seja, noutras dimensões diferentes da *relação orgânica* existente entre ambos.

III. Controversa tem-se revelado a questão de determinar quais são, em cada pessoa colectiva pública, as estruturas ou centros de imputação orgânica, que merecem o qualificativo legal de **órgãos** (administrativos). Serão órgãos todas aquelas

Preliminares

unidades que detenham competência para a prática de actos jurídicos, de qualquer natureza ou efeito, imputáveis à pessoa jurídica — sentido em que parecem inclinar-se Jorge Miranda e Sérvulo Correia —, ou sê-lo-ão apenas aquelas que detêm poderes funcionais ou competência de carácter decisório (deliberativo ou executivo) e que exprimem uma **vontade** externamente relevante, como prefere Marcello Caetano?

A questão não tem, naturalmente, quando projectada no ordenamento jurídico, uma resposta única: tudo depende da lei cujo âmbito ou sentido se pretende traçar. Na generalidade, parece-nos que se pode dizer que os órgãos são necessariamente unidades da estrutura orgânica legal (ou estatutária) da pessoa colectiva — estando, portanto, excluídas, por exemplo, as estruturas delineadas nos organigramas dos serviços ou empresas ou nos seus regulamentos internos.

Mas dizer-se, por exemplo, para efeitos do CPA — ou seja, para sujeição de certos órgãos, nomeadamente, ao regime deste Capítulo I da sua Parte II —, que são órgãos apenas aqueles a quem estão confiados poderes para proferir a própria decisão de procedimentos administrativos, ou, doutro modo, "*os órgãos... que estabeleçam relações com particulares*" (art. 2.º, n.º 1), é regressar a concepções já defuntas sobre a actividade administrativa pública, como actividade só relevante, do ponto de vista jurídico, no momento, no plano, no acto, da sua externação.

A seguir por aí, estar-se-ia, por exemplo, a excluir da aplicação deste importantíssimo Capítulo do Código, as reuniões (votações e actas, etc) das instâncias colegiais consultivas ou de controlo interno (aprovação, ratificação, etc) — e que, pelo menos no exercício da sua competência, não são órgãos que estabeleçam relações com particulares —, o que nos parece intolerável e, pelo menos, nas suas consequências em sede de validade procedimental, não tem sido felizmente aceite pela nossa jurisprudência.

Por isso, tem ela anulado, sem discrepância, actos administrativos com base em deficiências de tramitação das reuniões de corpos consultivos chamados a dar parecer prévio à decisão de procedimentos administrativos. E nós, para prevenir consequências absurdas e desastrosas daquela postura, preferimos de igual modo (na esteira de Sérvulo Correia) acoplar, aos órgãos abrangidos na fórmula da lei, aqueles que, embora não estejam em relação jurídica directa com terceiros, contribuem (**com a produção de efeitos de direito**) para a validade ou eficácia de actos ou decisões externas — mesmo se se reconhece que tal fórmula também comporta algumas extensões indesejáveis.

Ciente das dificuldades que a questão coloca, o legislador mostrou não querer que ficassem margens para grandes dúvidas e por isso, para os efeitos que mais lhe interessavam arbitrou a contenda e (como o revelam várias disposições do Código) considerou os titulares de órgãos e os agentes, quando envolvidos em questões de procedimento, sujeitos a regimes similares de competências e impedimentos. Por exemplo, há agentes de entidades privadas (como por exemplo, as comissões de

Artigo 13.º

concursos ou os quadros do organigrama das concessionárias) que podem praticar actos administrativos — se bem que seja muito discutível que a delegação neles feita, nesses casos signifique que se esteja a conferir ao subordinado a competência para a prática de actos recorríveis contenciosamente, sem precedência de recurso hierárquico para os órgãos representativos da pessoa colectiva.

Subsistirão é claro outros casos que se revelam bem difíceis de encarar mesmo numa perspectiva prática. É o que se passa com os vereadores municipais.

A doutrina do sumário do Acordão do STA, de 2.III.1990 (BMJ, n.º 395, pág. 329) resolveu apenas uma parcela da questão. Escreveu-se aí que "*o acto praticado por vereador para além dos poderes que lhe foram delegados, mas dentro das atribuições da pessoa colectiva, está ferido de incompetência. O acto praticado por vereador, ainda que no âmbito das atribuições no município, mas no qual não foram delegados quaisquer poderes, esse, sim, está ferido de inexistência jurídica*".

Podendo servir ao caso concreto em julgamento, a proposição não nos serve, porém, como regra geral, pois não é a existência de uma delegação numa qualquer matéria que tornaria o delegado um órgão da Administração, para todos os restantes efeitos e matérias das atribuições da respectiva pessoa colectiva.

Secção I

Generalidades

Artigo 13.º

Órgãos da Administração Pública

São órgãos da Administração Pública, para os efeitos deste Código, os previstos no n.º 2 do artigo 2.º.

> *I. Sentido da norma.*
> *II. A aplicação de normas orgânicas ou "estatutárias" do Código a órgãos não administrativos.*

I. O legislador repetiu neste art. 13.º, precisamente, aquilo que já pusera no art. 2.º, n.º 2, e, pese a inutilidade do preceito, é provavelmente só disso mesmo (de uma repetição) que se trata, como sugerem os AA. do *Projecto* (ob. cit., pág. 45) na sua anotação .

A verdade é que, a dar-lhe um sentido útil, ele seria o de que as disposições (do Capítulo I ou, eventualmente, de outros) da Parte II do Código, sobre "*órgãos administrativos*", se aplicariam só aos órgãos da Administração Pública do art. 2.º, n.º 2 — **e não já aos órgãos não administrativos do Estado e aos de con-**

Preliminares

cessionários e instituições privadas de interesse público, quando desempenham funções administrativas, que continuariam submetidos ao respectivo direito estatutário ou ao direito privado.

A proposição, pelo menos em relação a algumas dessas disposições de maior relevo jurídico na protecção de interesses públicos e privados fundamentais (por exemplo, a da proibição da renúncia e da alienação da competência), resultaria pura e simplesmente chocante.

Claro que sempre pode entender-se que há disposições do Código que, correspondendo a princípios gerais da função administrativa (procedimentalizada ou não), se aplicam a quem quer que a exerça, valendo independentemente de estarem (ou não) consagrados no Código.

O que é seguro é que o legislador do Código, por um lado, podia ter sido mais preciso na delimitação sistemática do âmbito de aplicação das disposições do Capítulo I desta sua Parte II (e de outras que se reportam também aos órgãos administrativos) e, por outro lado, não podia manifestamente ter querido subtrair esses órgãos de entes não integrados no "seu" conceito de Administração Pública a princípios e valores orgânicos fundamentais do Direito Público Administrativo.

II. Aliás — mesmo a ser verdade que o art. 13.º é a mera enfatização ou assunção da delimitação já feita no n.º 1 e no n.º 2 do art. 2.º —, a questão suscitada não deixa de ser juridicamente pertinente: resolvê-la-íamos, dizendo que a sujeição dos **órgãos não administrativos** a regimes administrativos é restrita **às normas relacionais e procedimentais**, não às normas de tipo orgânico (como, por exemplo, as respeitantes a delegações) ou estrutural, respeitantes à composição do órgão, seus membros e respectivas posições funcionais ou tarefas internas e orgânicas, ao modo de se reunirem e deliberarem e de registarem as suas decisões, etc..

E também há **órgãos administrativos** que não estão sujeitos aos regimes orgânicos do Código, como acontece com aqueles que têm regime legal especial; é o caso do Governo (*maxime*, do Conselho de Ministros) no que respeita, por exemplo, à colegialidade das suas deliberações.

Secção II

Dos órgãos colegiais

PRELIMINARES

> *I. Órgãos colegiais: noção e formação da respectiva vontade.*
> *II. Os órgãos colegiais de maioria e de consenso (o Conselho de Ministros).*

Preliminares

    III. A aplicação do regime (adaptado) dos órgãos colegiais às instân-
    cias plurais não institucionalizadas da Administração (v.g. júris,
    comissões).

    IV. O sub-procedimento colegial: sua revelação e tradução no proce-
    dimento administrativo.

    V. Manifestações e exigências ou implicações da colegialidade do
    órgão: maxime, a formação presencial da vontade, a vinculação
    dos diversos membros à deliberação tomada e a prova de resistên-
    cia das deliberações.

I. Os órgãos colegiais são compostos por uma pluralidade de titulares ou membros — dois ou mais (para MARCELLO CAETANO, ob. cit. vol. I, pág. 207), pelo menos três (para TREVIJANO FOS, *Tratado de Derecho Administrativo*, tomo II, pág, 213) como nos parece preferível e o art. 22.º, n.º 2 do Código inculca —, formando-se a vontade do órgão (da pessoa colectiva) pela confluência da vontade individual, paritária ou não, das diversos pessoas que o compõem.

O acto colegial — produto de uma só **vontade orgânica**, formada a partir da expressão da vontade individual de cada membro — distingue-se assim, claramente, do *acto conjunto* e do *acto complexo* (ou do *acto composto*), onde há *diversas vontades orgânicas* a confluir num único acto.

Em confronto com o que se passa nos órgãos colegiais, nos órgãos singulares, a competência legalmente conferida é exercida por (vontade de) um único titular. As duas espécies de órgãos correspondem a concepções ou opções diversas de política administrativa, implicando o princípio colegial uma diminuição das exigências de eficiência e rapidez na actuação das autoridades administrativas em favor dos valores do debate e da discussão entre pessoas, juízos e interesses diversos, para a determinação do conteúdo e sentido dos respectivos actos.

Assim, por exemplo, como sublinha TREVIJANO FOS, *"la actividad policial de seguridad está en manos de órganos unipersonales (gobernadores, alcaldes), porque se rige por el principio de rapidez y unidad de mando"*.

II. O Código não fornece uma noção de colegialidade, mas é óbvio que o seu arquétipo é o da colegialidade com voto igual, maioria constitutiva e discussão prévia.

Pode, pois, usar-se a este propósito o conceito de **colegialidade perfeita**, por lhe estar associado tradicionalmente, na conceptuologia jurídica, a noção de colégio em que não é dispensável a fase da discussão.

Mas, quanto ao modo de formação da vontade, também há colégios em que a vontade orgânica não se forma por **maioria**, mas por **consenso**, estando normalmente um dos "pares" em posição de proeminência em relação aos outros, cuja decisão orienta e consagra. Como acontece, por exemplo, com o Conselho de Ministros.

III. Questão relevante é a de se saber se o regime de funcionamento dos órgãos que possam qualificar-se como colegiais se aplica também a outras figuras ou processos deliberativos que correm em instâncias plurais detentoras de poderes públicos, mas que não podem considerar-se propriamente "órgãos colegiais", como é o caso dos júris (sobretudo dos de exame nas escolas públicas ou dos júris de concursos, sejam de "pessoal" ou de "material"). A questão põe-se porque o regime do Código é um regime pensado predominantemente em função das instâncias deliberatórias institucionalizadas, as únicas que, independentemente de expressa qualificação legal, se subsumem pacificamente no conceito de órgão colegial. E, portanto, podendo essas figuras, inclusive, estar previstas na lei (em abstracto), como se de verdadeiros órgãos colegiais se tratasse, a verdade é que há factores (como a forma intermitente do seu funcionamento, a variabilidade e imprevisibilidade no que respeita à sua composição e ao modo de designação dos seus membros ou o exíguo número destes, etc.) que obstam à sua institucionalização no seio da respectiva pessoa colectiva, não permitindo o seu encaixe satisfatório no conceito de órgão colegial — quer dogmaticamente quer em face dos respectivos requisitos, implícitos no regime do Código.

Independentemente da natureza de tais figuras, o que ora importa averiguar é se ao seu funcionamento (ainda que esporádico), e quando hajam que deliberar, se se deve aplicar (com adaptações) o regime legal previsto no Código para os órgãos colegiais.

O que parece ser de aceitar quando se conclua que a lei tenha consagrado essa forma de exercício de uma competência por duas ou mais pessoas ou agentes e haja (expressa ou implicitamente) exigido que tal vontade colectiva se forme de modo presencial, simultaneamente, com discussão prévia.

Exemplo da necessidade de adaptação desse regime para este efeito é, à partida, o da inaplicabilidade da norma que estipula a obrigatoriedade da deliberação ser tomada segundo as regras estritas da maioria. Nestas instâncias não nos parece necessária (nem adequada) a exigência legal da paridade ou igual peso de votos na deliberação, pela assunção da regra da maioria ou colegiabilidade "perfeita" absoluta (cada pessoa, um voto): basta para tanto que, no exercício do poder de auto-organização do "colégio" ou do "colectivo", a vontade comum se manifeste, por exemplo, por consenso, pela melhor opção ou proposta, por médias aritméticas (como acontece muitas vezes com as comissões de avaliação em concursos de adjudicação), etc.

IV. Costuma afirmar-se que a produção colegial de uma vontade orgânica (ou de um acto administrativo) integra um **subprocedimento**, inserido no procedimento administrativo que serve à formação e exteriorização desse acto: no acto colegial — que, no resto, apresentaria tramitação idêntica à da formação do acto singular —, a fase constitutiva (nascimento do acto) suporia o recurso a um mo-

Preliminares

delo distinto de tramitação, traduzido nos momentos e formalidades próprias da emanação de uma vontade imputável a um colégio de pessoas.

Independentemente do seu rigor dogmático, a proposição tem alguma valia jurídico-prática em termos de processo documental: a deliberação colegial, no processo administrativo principal, encontra-se revelada apenas por acta (ou extracto de acta) e não por todos os documentos relativos à reunião onde foi tomada.

O que há (ou deve haver) é um processo documental respeitante a cada reunião do órgão colegial, donde serão extraídas as certidões que vão ser integradas nos diversos procedimentos a que respeitam as deliberações aí tomadas, se neles forem necessárias.

V. A colegialidade tem implicações ou **corolários jurídicos** vários, que é importante destacar, pois que não aparecem afirmados directamente na lei, embora a doutrina e a jurisprudência os considerem imanentes ao princípio colegial.

O primeiro é que só há "vontade" orgânica quando haja vontade colegial subjacente: a vontade (pretensamente) imputada por qualquer um dos seus membros ao órgão colegial — incluindo aquele que o representa — só tem essa qualidade se tiver sido tomada colegialmente. Caso contrário, não existe "vontade" do órgão e, portanto, não existe acto — ou é nulo (ver anotação ao art. 133.º, n.º 1).

Por outro lado, a colegialidade não se manifesta apenas na pluralidade de vontades, mas no próprio **funcionamento do órgão**: as deliberações são apreciadas e tomadas **conjunta** e **presencialmente** pelos membros do órgão colegial, estando arredadas votações e deliberações tomadas em moldes análogos aos previstos no Código das Sociedades Comerciais (art. 247.º) para as sociedades por quotas. Só pode verificar-se a imputação do acto e do seu resultado ao órgão colegial (e à pessoa colectiva de que faz parte) depois de ter sido tomado no **seio do próprio colégio** — de modo que o juízo ou "voto" de cada um dos seus titulares sobre determinada questão, enviados pelo correio ao Presidente, previstos naquela disposição da lei comercial, não corresponde a uma deliberação conforme à maioria ou unanimidade desses escritos.

É evidente também que a vontade colegial vincula os diversos membros do órgão, mesmo daqueles que votarem contra ou que estiveram ausentes: todos devem actuar em conformidade com a deliberação colegial, mesmo se, no plano da responsabilidade civil (disciplinar ou penal), ela não obrigue os que a houverem votado desfavoravelmente — melhor, que hajam feito declaração de voto vencido.

Já não é, porém, um fenómeno próprio da colegialidade aquilo que certa doutrina designa como *prova de resistência das deliberações,* isto é, o facto de, quando o voto de alguns dos membros do órgão colegial for nulo ou anulável — por alguma das causas que invalidam a respectiva declaração de vontade: violência, erro, dolo, como também, por exemplo, o voto do membro impedido ou suspeito, ou um voto de abstenção proibido — não o ser necessariamente a deliberação respectiva, a qual só seria atingida na sua consistência, ela própria, se aquela presença e aquele voto fossem determinantes do preenchimento do *quórum* da respectiva reunião ou da maioria da respectiva votação.

Esta proposição, nos casos respeitantes ao impedimento ou suspeição — por menosprezar completamente o interesse da plena liberdade dos restantes membros do colégio que a nossa lei quis proteger (ver art. 24.º, n.º 3) e que a simples presença do seu par (interessado na deliberação) constrange em medida significativa — é de muito duvidosa aceitação.

Artigo 14.º
Presidente e secretário

1. Sempre que a lei não disponha de forma diferente, cada órgão administrativo colegial tem um presidente e um secretário, a eleger pelos membros que o compõem.

2. Cabe ao presidente do órgão colegial, além de outras funções que lhe sejam atribuídas, abrir e encerrar as reuniões, dirigir os trabalhos e assegurar o cumprimento das leis e a regularidade das deliberações.

3. O presidente pode, ainda, suspender ou encerrar antecipadamente as reuniões, quando circunstâncias excepcionais o justifiquem, mediante decisão fundamentada, a incluir na acta da reunião.

4. O presidente, ou quem o substituir, pode interpor recurso contencioso e pedir a suspensão jurisdicional da eficácia das deliberações tomadas pelo órgão colegial a que preside que considere ilegais.

  I. Sentido da alteração legislativa do n.º 1 deste artigo.
  II. Membros do colégio com funções diferenciadas: internas e externas.
  III. O estatuto dos membros de um órgão colegial: direitos e deveres.
  IV. Escolha do presidente e do secretário: relações entre ambos.
  V. As relações entre o presidente e o órgão colegial. Remissão.
  VI. A função de abrir e dirigir os trabalhos das reuniões.
  VII. O poder de suspender e encerrar reuniões: circunstâncias invocáveis.
  VIII. Requisitos da acta da reunião suspensa.
  IX. A insobreponibilidade da vontade do órgão colegial à do seu presidente, em relação à competência deste, prevista no preceito: extensão da regra.
  X. A impugnação contenciosa da deliberação colegial pelo presidente. Questões e peculiaridades (interesse próprio; gestão privada; definitividade da deliberação; representação do órgão colegial no recurso interposto pelo presidente).

Artigo 14.º

XI. *Questões e peculiaridades do incidente judicial de suspensão da eficácia das deliberações colegiais nos recursos delas interpostos pelo presidente.*

art. 14.º, n.º 1

I. A alteração da redacção do preceito, pelo Decreto-Lei n.º 6/96, parece meramente formal e consistiu em "puxar" para o início do texto deste n.º 1 a proposição adverbial "sempre que", a qual, na redacção de 1991, estava na sua parte final.

É verdade que também se suprimiu a referência ao facto de a eleição do presidente e do secretário do órgão colegial dever recair necessariamente em titulares ou membros do órgão colegial: tal supressão deveu-se apenas ao facto de esse requisito de elegibilidade para estes cargos decorrer do facto de, no órgão colegial, só terem assento os membros que legalmente o compõem, não podendo ser investidos em funções a ele atinentes pessoas que lhe sejam estranhas (longe que estamos, aqui, da possibilidade conferida pelo direito privado, de designação de terceiros para os órgãos estatutários das pessoas colectivas).

II. Para além da qualidade comum e idêntica de todos os membros do órgão colegial — que consiste na *titularidade,* **neles todos**, da vontade colegial —, o certo é que, para assegurar o correcto e harmónico funcionamento deste, é necessário dotar um ou alguns dos seus membros de poderes e deveres funcionais diferenciados, de projecção **interna** ou de representação jurídica. É o caso do presidente e do secretário.

Diferentemente sucede com aqueles membros de órgãos colegiais que estão dotados de uma competência (administrativa) **externa** própria, diferenciada da do órgão colegial — mesmo se fundada na competência dele (como os seus delegados). Exemplar é o caso das Câmaras Municipais e do respectivo Presidente: sendo membro e presidente do órgão colegial — razão pela qual lhe competem as funções internas referidas nos arts. 14.º e segs. do CPA —, o Presidente da Câmara Municipal é também um órgão administrativo singular com vasta competência jurídica externa, no exercício da qual a sua posição jurídica (face à própria Câmara) é diversa daquela que lhe cabe como presidente do respectivo colégio — cfr. arts. 52.º e 53.º da LAL.

Os outros membros do colégio (além do presidente e do secretário, que desempenham cargos qualificados) designam-se por **vogais**.

III. São direitos, poderes e deveres comuns a todos os membros dos órgãos colegiais — o seu *estatuto* — os seguintes:

> *a)* o direito de investidura (pelo próprio órgão, se de outro modo não estiver estabelecido);

Artigo 14.°

b) o direito de requerer a inclusão de assuntos na ordem do dia das reuniões;

c) o direito (e dever) de assistir às reuniões e para elas ser convocado;

d) o direito de apresentar propostas;

e) o direito de discussão;

f) o direito (e o dever) de voto;

g) o direito de requerer a recontagem dos votos;

h) o direito de declaração de voto vencido;

i) o dever de se abster de participar de qualquer forma (propondo-a, discutindo-a ou votando-a) na deliberação em que tenha interesse;

j) o direito de acesso a todos os registos e actas do órgão, para se informar;

l) o direito de reclamar e de recorrer para o próprio órgão (se o mesmo as puder rever) das decisões do presidente que considere inconvenientes ou ilegais — mas não o direito de recorrer externamente delas, salvo no caso da alínea seguinte;

m) o direito de recorrer ou impugnar as decisões do Presidente ou do próprio órgão, que afectem qualquer um dos direitos referidos nas alíneas anteriores.

Além dos direitos (e deveres) que lhes cabem **individualmente**, os vogais **conjuntamente**, podem também requerer ao Presidente a convocação de reuniões extraordinárias (um terço dos membros do órgão — art. 17.°, n.° 2), e reconhecer a urgência da deliberação imediata sobre assuntos não incluídos na ordem do dia (desde que requerida por dois terços dos membros presentes na reunião — art. 19.°).

IV. A regra geral da cooptação do presidente, entre os diversos membros do colégio, não se aplicará frequentemente no nosso universo administrativo, pois a larga maioria das normas estatutárias dispõem diferentemente, optando-se pelo processo da sua representatividade própria (eleições autárquicas) ou da sua designação por outro órgão (político ou administrativo) ou entidade.

Quanto ao secretário, a regra do art. 14.°, n.° 1, já funcionará mais frequentemente e traz consigo uma uniformização institucional de práticas administrativas anteriores diversas, de secretário-membro do órgão (com ou sem direito a voto) ou de secretário não titular.

O regime legal da designação do secretário por eleição dentre os seus próprios membros, como se prescreve no Código a título geral, passará a valer muito mais frequentemente do que a de cooptação do presidente. Mesmo aos órgãos do Poder Local — com excepção (segundo se votou no parecer do Conselho Consultivo da Procuradoria Geral da República, de 1.IV.1993, n.° 3/93, publicado no

Artigo 14.º

Diário da República, 2ª série, em 9 de Outubro) dos secretários das câmaras municipais e dos conselhos de administração dos serviços municipalizados, nos quais é secretário (membro ou não) quem por eles for designado.

É evidente que o secretário pode ter um serviço de secretariado: mas os poderes internos imanentes ao cargo são da sua indelegável titularidade, nomeadamente a elaboração das actas (art. 27.º, n.º 2) e, em regra, a ordem ou despacho para serem emitidas as respectivas certificações — cabendo, porém, a transcrição das actas para o respectivo livro ao secretariado.

A lei não esclarece se o secretário está vinculado a coadjuvar o presidente nas funções que são da competência deste.

A questão pode ter enorme relevo prático, sobretudo em termos de responsabilidade. Na dúvida, ainda preferimos — até por causa do silêncio da lei a esse propósito e da inexistência de qualquer vínculo hierárquico ou orgânico estabelecido entre os dois — responder negativamente.

Não é que o secretário não possa ajudar o presidente e não lhe deva até colaboração: o que acontece é que a responsabilidade funcional do presidente não se transfere para ele, quando é coadjuvado ou ele lhe presta colaboração.

V. Questão delicada é a de saber se, e quando, é que o órgão colegial pode sobrepor-se às decisões do respectivo presidente em questões respeitantes ao seu funcionamento, *maxime* as respeitantes à convocação e direcção de reuniões — do que curaremos na anotação ao n.º 2 deste artigo.

Como também é delicado determinar em que medida é que o órgão pode retirar (e substituir) as decisões do presidente em matéria de execução e representação externas das deliberações colegiais, se ele não as exercer ou exercer em contradição com as deliberações do colégio — respondendo-se em princípio pela afirmativa, pelo menos em circunstâncias de *necessidade* e em casos como o referido na anotação **IX**, *in fine*.

art. 14.º, n.º 2

VI. Descrevem-se aqui funções do presidente, no que toca ao **decurso das reuniões** do órgão colegial; sobre a sua competência e funções *ante* e *post* reunião dispõem outros preceitos.

Reportando-nos à competência do presidente do órgão colegial prevista neste preceito, começamos por referir a importância prática do poder de "**abrir e encerrar as reuniões**": só no período compreendido entre esses dois momentos é que o órgão colegial pode tomar as suas deliberações.

A competência para "**dirigir os trabalhos**" não fica, em importância prática, aquém dessa, estando aí envolvidos poderes como os de admitir propostas, de considerar terminada a sua discussão, de determinar o modo de votação e de apura-

Artigo 14.º

mento dos votos, com enorme influência no decurso das reuniões (salvo nos casos em que a lei ou estatuto reservem poderes desses, nomeadamente, para o próprio órgão colegial).

Quanto à competência para **"assegurar o cumprimento das leis e a regularidade das deliberações"** — que também é um fim genérico da sua função — traduz-se ela em poderes(-deveres) específicos, como de verificação da competência do órgão para se pronunciar sobre certos assuntos (art. 18.º, n.º 1), o de conhecer da existência de impedimento de qualquer titular do órgão e declará-lo (art. 45.º, n.º 3), etc.

art. 14.º, n.º 3

VII. O poder presidencial de **suspender** ou de **encerrar antecipadamente** as reuniões dos órgãos colegiais só pode — por razões óbvias — ser usado em circunstâncias excepcionais ou quando a lei o impõe; ou então, o presidente deixava de ser um *par inter pares*.

"Circunstância excepcional" determinante da suspensão — além dos casos em que elas se ligam à gravidade de eventos ou situações exteriores ao órgão — é manifestamente, por exemplo, a existência de um assunto que exige decisão urgente, não incluído na ordem do dia da reunião (art. 19.º) e sobre que os vogais precisam de esclarecer-se, ainda que rapidamente, antes de se manifestarem.

Mas também há circunstâncias não tão excepcionais como isso — sejam as necessidades fisiológicas ou de retemperamento — que podem determinar uma suspensão da reunião.

VIII. Anota-se a exigência legal de que a decisão de suspensão ou encerramento antecipado da reunião seja **fundamentada** pelo presidente, e que fiquem exarados em **acta** não só a medida tomada como os motivos que o levaram a proceder assim.

É essa a sua "condenação": ficam "atestadas" na acta as eventuais ilegalidades ou irregularidades em que haja incorrido para, um dia, se for caso disso, lhe poderem ser exigidas as responsabilidades "orgânica" (perda do mandato) e/ou civil (reposição de prejuízos causados) daí emergentes.

A suspensão de uma reunião não implica a elaboração de duas actas, respeitantes a cada uma das partes em que ela decorreu — apenas implica que, quando se retomarem os trabalhos, se declare reaberta a reunião e que na acta da reunião fique relatada que ela foi suspensa e dividida em sessões.

IX. No plano prático, pelo menos, parece que deveria admitir-se o **recurso das decisões do presidente**, junto do próprio órgão colegial, no que respeita à sua competência nestas matérias.

Artigo 14.º

No plano jurídico, não é assim, como resulta precisamente do facto de a lei ter sido muito clara ao confiar ao presidente, nunca ao órgão colegial, os interesses públicos de *"dirigir os trabalhos"* e de *"assegurar o cumprimento das leis e a regularidade das deliberações"*, bem como o poder de *"suspender e encerrar ou antecipar reuniões"*.

Além de que, de outro modo, se introduziria um factor de grande instabilidade procedimental, no processo de formação colegial da vontade administrativa.

Competente para tomar a deliberação, para a decisão do procedimento, só o órgão colegial. Não está, porém, atribuído nenhum papel ao próprio colégio no que respeita à direcção, condução e regularidade dos seus trabalhos, velando o presidente, em exclusivo, por isso tudo — como decorre da maneira directa e incondicionada por que tais tarefas lhe estão confiadas na lei.

Se não fosse assim, aliás, a lei não se eximiria de prescrever a possibilidade de recurso ou outro controlo das decisões do presidente, como o fez na hipótese inversa — recurso por ele interposto contra as deliberações do órgão colegial — e a outros propósitos de interferência do órgão colegial em decisões respeitantes à direcção e regularidade dos trabalhos (v.g., arts. 19.º, 24.º, n.º 3 e 27.º, n.º 2, do CPA).

E, sendo assim, ou existem disposições não revogadas a consagrar especificamente a possibilidade de sobreposição da vontade do órgão colegial à do seu presidente, no exercício das competências aqui configuradas, ou, pelo Código, tal possibilidade não existe.

É claro que o membro ou membros do órgão colegial que se sintam lesados, nos seus direitos "orgânicos" ou estatutários, pelas decisões tomadas pelo presidente no exercício destas suas competências, podem recorrer de tais decisões junto dos tribunais, como se se tratasse de actos destacáveis do procedimento: não podem é pretender que seja o órgão colegial a sancionar essa lesão, pois faltam-lhe as atribuições e competências para tanto, a não ser naturalmente quando a lei o previr e pela forma nela estabelecida (como acontece, por exemplo, em certos casos de perda de mandato).

Aquilo que dissemos quanto à competência do presidente, nesta matéria, face ao órgão colegial, vale igualmente, por maioria de razão até, quanto à sua restante competência.

Dúvidas mais persistentes suscita a questão dos poderes de representação jurídica externa do órgão, a que já nos referimos na nota n.º V e que tem implicações importantes como a mencionada a seguir, na nota n.º X.

art. 14.º, n.º 4

X. É a mais importante das inovações introduzidas, em 1991, nesta matéria pelo CPA — que assim se desviou do princípio tradicional da proibição de "auto-

Artigo 14.º

-impugnação", estabelecido em homenagem ao interesse da "continuidade do órgão" —, reforçando-se a posição do presidente como garante da regularidade e legalidade das deliberações colegiais.

A disposição — destinada a valer onde quer que a lei não disponha o contrário — pode gerar algumas situações peculiares.

Pense-se naqueles casos em que o órgão colegial é chamado a pronunciar-se em segunda linha (confirmação, ratificação, etc.) sobre decisões tomadas pelo seu presidente no exercício de competências jurídicas externas (próprias ou delegadas) deste — como acontece com os Presidentes das Câmaras Municipais (ver art. 53.º, n.º 3, da LAL) —, podendo, então, ele recorrer contenciosamente dessa deliberação camarária pela qual se reviu a sua anterior decisão, solução que nos parece bastante estranha e poderá eventualmente ser atenuada por aplicação das regras legais em matéria de impedimentos ou suspeições.

Outra questão resulta do facto de o legislador se ter referido aqui apenas às deliberações passíveis de recurso contencioso (ou de suspensão jurisdicional de eficácia), pelo que não deveria admitir-se a possibilidade de impugnação das deliberações tomadas colegialmente no âmbito **da gestão privada** — que não é, obviamente o caso das decisões administrativas de contratar em moldes privatistas, as quais pertencem ao âmbito da gestão pública.

Diga-se também não serem muito claras (ou convincentes) as razões que podem aduzir-se em prol da existência de dois regimes distintos nesta matéria — pelo que se duvida se não haverá, mesmo, legitimidade processual do presidente para recorrer das deliberações do órgão em matéria de gestão privada, possibilidade que, se de facto existir, será da competência dos tribunais comuns, *ex vi* alínea f) do art. 4.º do ETAF. Cremos, porém, que não é com base neste preceito do CPA que se pode responder à questão, já que a sua formulação revela ter o legislador preferido não se comprometer a esse propósito.

Nova questão é a de saber se as deliberações procedimentais dos órgãos colegiais só podem ser impugnadas judicialmentemente pelo respectivo presidente quando estiverem preenchidos os requisitos de que depende, em geral, a impugnação contenciosa de actos administrativos, nomeadamente o da sua **definitividade** competencial ou vertical.

E se pomos a questão é porque os interesses que se quiseram defender neste caso são diferentes daqueles que levam a Constituição e a lei a formular os requisitos de lesão ou definitividade (e eficácia) como condição de admissibilidade do recurso de interessados. Ora, a competência para recorrer das deliberações do órgão colegial faz parte da função presidencial de "assegurar o cumprimento das leis e regularidade das deliberações" (art. 14.º, n.º 2), e esta não se esgota, é evidente, nas deliberações definitivas.

É um passo arriscado, reconhece-se — mesmo com a contrapartida de se exigir um interesse sério (com relevo jurídico) no eventual recurso de tais deliberações

Artigo 15.º

— e por isso convém aguardar melhor opinião jurisprudencial ou doutrinal sobre a questão. Estando todos de acordo, claro, em que a lei pode criar casos de recurso contencioso para actos não definitivos (ou destacáveis). E sabe-se também que o próprio texto da lei — *"recurso contencioso..... das deliberações...... que considere ilegais"* — não arreda tal interpretação.

Nos referidos processos judiciais, o presidente funciona como recorrente e o órgão colegial — que, para o efeito, será presidido e representado pelo suplente do presidente — como autoridade recorrida.

É uma especialidade a ter em conta também, em matéria de poderes de representação do presidente e da sua substituição.

XI. A possibilidade de o presidente do órgão colegial pedir a **suspensão judicial da eficácia do acto recorrido** deve entender-se, naturalmente, nos termos gerais, como um meio acessório e cautelar de um recurso principal.

O facto de a lei se ter referido explicitamente a este meio abre, porém, a hipótese de os requisitos de que depende a concessão judicial da suspensão — atentos os diferentes interesses e posições em causa — poderem ser diferentes dos do regime geral do art. 76.º da LPTA, quer quanto à possibilidade de pedir a suspensão, por exemplo, de actos negativos (ao menos de alguns deles) quer quanto à natureza dos interesses em confronto quer, finalmente, à própria exigência de o prejuízo do demandante ser irreparável e, eventualmente, quanto à dignidade ou gravidade dos interesses em confronto.

Claro, também, que tal abertura — a fazer-se, como à primeira vista parece razoável — deve ser casuística, em função dos interesses que, em cada recurso, estiverem em jogo.

Artigo 15.º

Substituição do presidente e secretário

1. Salvo disposição legal em contrário, o presidente e o secretário de qualquer órgão colegial são substituídos, respectivamente, pelo vogal mais antigo e pelo vogal mais moderno.

2. No caso de os vogais possuírem a mesma antiguidade, a substituição faz-se, respectivamente, pelo vogal de mais idade e pelo mais jovem.

> *I. Substituição e suplência.*
> *II. Faltas esporádicas e duradouras: chamamento do suplente ou substituto. O caso especial do art. 14.º, n.º 4.*
> *III. Substituição por antiguidade.*

Artigo 15.º

IV. Substituição pela idade: pressupostos.
V. Conflitos entre o órgão e o presidente nesta matéria.

art. 15.º, n.º 1

I. A *fattispecie* que aqui vai prevista não corresponde técnico-juridicamente a uma verdadeira **substituição**: é, antes, um caso de **suplência**.

Pois, na verdade, não se trata aqui da substituição de órgãos (um órgão a exercer a competência de órgão diferente), mas do preenchimento de um lugar ou cargo de um órgão cujo titular está momentaneamente impedido. Por comodidade, usamos de seguida, em regra,no texto, o conceito legal "substituição".

II. A necessidade de substituição do presidente pode verificar-se na sua falta ou ausência esporádicas ou duradouras.

Naquele primeiro caso, constatada a falta ou ausência esporádica, o substituto toma o lugar do substituído por "chamamento" (transcrito em acta) feito ao mais antigo dos membros presentes; no segundo caso, a sua chamada ao exercício das funções de presidente, terá lugar mediante simples acerto entre ambos, "oficializado" ao órgão colegial na sua primeira reunião, após a "substituição" ter tido lugar.

Diferentemente se passam as coisas com a substituição (temporária ou duradoura) do secretário, que é constatada pelo presidente do órgão colegial, no âmbito das funções referidas no art. 14.º, n.º 2, cabendo-lhe garantir a "posse" do cargo ao substituto.

Hipótese peculiar de substituição, que vimos atrás, a propósito do art. 14.º, n.º 4, é a do impedimento do presidente naqueles casos em que aparece contenciosamente envolvido com o próprio órgão colegial, impondo-se, para tomar as deliberações do colégio quanto a esse recurso, que o presidente seja "substituído" no exercício dos seus poderes de representação.

III. As regras para operar a substituição são aparentemente simples: o primeiro critério, o deste n.º 1, é o da antiguidade ou tempo de permanência no órgão, sendo o presidente substituído pelo vogal mais antigo e o secretário pelo vogal mais recente (n.º 1).

Põem-se, porém, dúvidas, por exemplo, quanto à questão de saber o tempo que conta para efeitos de antiguidade: dois vogais eleitos ou nomeados na mesma data, têm a mesma antiguidade, se um deles teve que ser substituído no exercício efectivo das suas funções durante algum tempo? Ou seja, a antiguidade reporta-se ao momento da assunção do cargo ou ao tempo de exercício efectivo de funções?

A solução correcta, para estes efeitos, parece ser a primeira: a segunda redundaria, aliás, em complicar o funcionamento de um critério que se queria sumamente simples.

Artigo 16.º

art. 15.º, n.º 2

IV. Quando o critério da antiguidade (ou da modernidade) não possa operar — v.g., por falta de dados fiáveis ou inquestionados sobre a antiguidade dos vogais, e não apenas quando estes forem igualmente antigos, como se refere na lei — a substituição faz-se, então, no caso do presidente, pelo vogal mais idoso (dentre os igualmente antigos) e, no caso do secretário, pelo mais jovem.

V. Não está legalmente previsto um escape para o caso de se verificar conflito entre o presidente e o órgão, quanto aos pressupostos da sua substituição, levando, por exemplo, os restantes membros a realizar reuniões não convocadas e não presididas por aquele.

É certo que, hoje em dia, o presidente dispõe da faculdade do art. 14.º, n.º 4 — o que permite fazer de algum modo face a uma situação dessas ou, pelo menos, às suas consequências mais nefastas. De qualquer modo, tal instrumento destina-se a outros fins, que não a resolver conflitos destes.

E, por isso, pelo menos naqueles casos em que não haja uma tutela com poderes de disposição em relação à titularidade dos cargos — e em que o conflito interno ameace paralisar completamente o funcionamento do órgão —, a solução da prevalência da vontade colegial é praticamente necessária, obrigatória, e corresponde, digamos assim, a um *essentialia* (do primado) da colegialidade e do princípio da *continuidade do órgão*.

Artigo 16.º
Reuniões ordinárias

1. Na falta de determinação legal ou de deliberação do órgão, cabe ao presidente a fixação dos dias e horas das reuniões ordinárias.

2. Quaisquer alterações ao dia e hora fixados para as reuniões devem ser comunicadas a todos os membros do órgão colegial, de forma a garantir o seu conhecimento seguro e oportuno.

I. Noção de reunião (reunião e sessões).

II. Dias e horas das reuniões: as reuniões ordinárias (não convocadas, mas requerendo comunicação da ordem do dia respectiva).

III. Alteração do dia e hora das reuniões ordinárias: requisitos da respectiva comunicação.

IV. Antecedência da comunicação referida.

V. Lugar das reuniões.

Artigo 16.º

art. 16.º, n.º 1

I. Reunião, pode definir-se como o encontro **pessoal, solene e formal** (processualizado) dos membros de um órgão colegial com o objectivo de exercer a respectiva competência. Só no decurso das reuniões se pode formar a vontade do órgão colegial, pelo que, não havendo reunião, não há deliberação.

Não é, pois, qualquer encontro (presencial ou não) dos membros do colégio, que constitui uma reunião.

Não são admitidas, por exemplo, deliberações tomadas por voto escrito entregue ou endereçado ao presidente, por cada um dos membros do órgão — como se prevê, por exemplo, em relação às deliberações dos sócios nas sociedades por quotas. Nem se admite a realização de reuniões através de telecomunicações, como a vídeo--conferência. Já dissemos acima, na nota **V** dos Preliminares desta Secção, porquê.

Uma reunião pode dividir-se em várias partes ou sessões, consoante as suspensões que ocorrerem. Por outras palavras: a suspensão de uma reunião não a encerra, não havendo que elaborar nesse momento uma acta respeitante à sessão realizada.

Há, no entanto, que ter em atenção que também existem casos de "suspensão" de reuniões que não correspondem ao seu seccionar, mas apenas à quebra temporária da regra da sua publicidade (se for uma reunião pública) — como quando a comissão que preside ao acto público do concurso se fecha, na sala ao lado, para deliberar sobre reclamações apresentadas por interessados.

II. As **reuniões ordinárias** são as reuniões que se realizam regularmente, com a mesma cadência ou frequência, determinada por indicação legal e/ou deliberação do órgão.

Exactamente por isso não é necessário *convocar* as reuniões ordinárias, embora o interesse ligado à convocação de reuniões esteja também acautelado de algum modo, pelo facto de se exigir (art. 18.º, n.º 2) que a respectiva ordem do dia seja entregue a todos os membros do colégio com, ao menos, 48 horas de antecedência em relação à data da reunião.

Quando não estejam fixados (legal ou colegialmente) o dia e hora certos para as reuniões ordinárias, deve o presidente proceder genericamente à respectiva fixação e convocar os membros do órgão para a primeira (dando-lhes, naturalmente, conhecimento do seu despacho sobre o dia e hora em que, doravante, elas se realizarão).

art. 16.º, n.º 2

III. Note-se que não é a simples alteração do dia ou hora (e do lugar) fixados para uma reunião ordinária, que a convertem em reunião extraordinária.

Artigo 17.º

Como estabelece este n.º 2, tal alteração terá de ser comunicada (pelo presidente) a todos os membros do órgão colegial, de forma a garantir o seu conhecimento **seguro e oportuno**: portanto, se a alteração tiver sido determinada em reunião anterior, de que estiveram ausentes alguns membros, deve ela ser especialmente comunicada só a estes (não carecendo de o ser aos restantes). Exigindo a lei um "conhecimento seguro" da alteração, pressupõe-se que este deva ser assegurado pessoalmente, através de comunicação escrita dirigida à própria pessoa e entregue por protocolo e até por mão ou outros meios que ofereçam a mesma segurança, como seja o registo postal — mesmo o telex ou o telefax.

IV. Não se estabelece um prazo para este efeito, embora nos pareça defensável, em analogia com o que se passa na convocação de reuniões extraordinárias, que a comunicação feita a este propósito deve ser enviada com a antecedência de, pelo menos, 48 horas em relação à nova data da reunião (em caso de sua antecipação) ou àquela em que normalmente ela teria lugar (em caso de seu adiamento). Com uma diferença: é que, no primeiro caso, a inobservância do prazo bole com a posição jurídica do titular do órgão e pode vir a determinar, até, a anulação das deliberações tomadas na respectiva reunião; enquanto, que, no segundo caso, tudo se resume a uma falta protocolar — a não ser que ela aparece cumulada com a falta de comunicação da própria alteração.

V. O que se dispõe nos n.ᵒˢ 1 e 2 deste artigo, a propósito do dia e hora das reuniões, deve valer igualmente para a fixação e mudança do *local* das reuniões — pois o Código só se referiu a este nos arts. 20.º, n.º 2 e 27.º, n.º 1.

Artigo 17.º

Reuniões extraordinárias

1. As reuniões extraordinárias têm lugar mediante convocação do presidente, salvo disposição especial.

2. O presidente é obrigado a proceder à convocação sempre que pelo menos um terço dos vogais lho solicitem por escrito, indicando o assunto que desejam ver tratado.

3. A convocatória da reunião deve ser feita para um dos 15 dias seguintes à apresentação do pedido, mas sempre com uma antecedência mínima de quarenta e oito horas sobre a data da reunião extraordinária.

4. Da convocatória devem constar, de forma expressa e especificada, os assuntos a tratar na reunião.

I. Reuniões extraordinárias: noção e convocatória.

II. Requisitos e prazos da respectiva convocação.

III. A posição da sujeição do presidente face à iniciativa de convocação dos vogais: suprimento da vontade do presidente.

IV. A ordem do dia nas reuniões extraordinárias: requisito da simultaneidade do seu envio com a convocatória.

I. As reuniões extraordinárias são todas as que se realizam fora da sequência normal (e previamente determinada) das reuniões do colégio, assumindo um carácter excepcional e imprevisto: não é reunião extraordinária, naturalmente, a reunião ordinária cuja data foi alterada.

Ao contrário das reuniões ordinárias — que podem não ser especificamente convocadas —, estas são necessariamente objecto de convocatória. Diz-se **convocatória** o acto que leva ao conhecimento do titular de um órgão colegial o (lugar,) dia e hora em que se realizará a respectiva reunião, indicando os assuntos que nela serão tratados (ordem do dia).

As reuniões extraordinárias, quer da iniciativa do presidente quer da iniciativa de (pelo menos) um terço dos vogais — em efectividade de funções, secretário incluído — que lho solicitem por escrito, com indicação dos assuntos a tratar, são objecto de convocação específica daquele.

II. As convocatórias são escritas com indicação (do local,) da data, hora e ordem do dia e devem efectivar-se (estar entregues, publicadas ou afixadas) com pelo menos quarenta e oito horas de antecedência em relação à data da reunião extraordinária — sem haver lugar às dilações do art. 73.° — seja ela da iniciativa dos vogais (ver n.° 3) ou do presidente, por não se ver razão para não aplicar neste caso o mesmo prazo que aí se estabelece.

As reuniões extraordinárias devem ser marcadas, no caso de a sua iniciativa ser (de um terço) dos vogais, para um dia dentro dos quinze dias posteriores ao da apresentação do pedido.

III. O n.° 2 coloca o presidente do órgão numa posição de **sujeição** jurídica, não prevendo (ou não concebendo) uma recusa sua ao grupo de vogais, assim como se o próprio poder de convocar pertencesse a estes. Ou seja: ao presidente não caberia averiguar da legalidade ou da idoneidade da pretensão dos vogais (salvo quanto ao número dos requerentes e à forma escrita do pedido), limitando--se a dar-lhe o devido encaminhamento procedimental e reservando para a reunião qualquer discordância que queira manifestar em relação à referida pretensão.

Note-se, contudo, que é ao presidente que cabe redigir a ordem do dia, mesmo das reuniões convocadas a pedido dos vogais.

Ao contrário do que se passa com a LAL, o CPA não contém uma disposição para a eventualidade de o presidente do órgão não ter procedido à convocação da

Artigo 18.º

---

reunião, depois de isso lhe ter sido requerido nos termos deste preceito. Nesse caso, de acordo com o art. 49.º, n.º 5, daquele diploma, poderão os requerentes efectuar a convocação directamente, com invocação dessa circunstância. Não parece que seja exclusivamente nas especificidades da representação em matéria de autarquias locais que se funda essa solução, pelo que, em princípio, por razões de ordem prática, a daríamos como aplicável também aqui — pese o facto de existirem também argumentos em sentido contrário.

IV. Do n.º 4 deste preceito resulta que a disposição do art. 18.º, n.º 2 é restrita às reuniões ordinárias.

Na verdade, a convocatória só se considera feita se (ou quando) constar dela a ordem do dia, pelo que, no caso da comunicação da data e do local não ser simultânea da comunicação da ordem do dia, a convocação só se considera feita na última data.

O requisito legal da **indicação expressa e especificada** dos assuntos da ordem do dia devia estar consagrado no art. 18.º, não neste art. 17.º — pois é comum a todas elas, sejam as "ordens do dia" de reuniões ordinárias ou extraordinárias.

Por isso, remetemos a anotação sobre o modo e conteúdo legal das ordens do dia para esse artigo.

Artigo 18.º

Ordem do dia

1. A ordem do dia de cada reunião é estabelecida pelo presidente, que, salvo disposição especial em contrário, deve incluir os assuntos que para esse fim lhe forem indicados por qualquer vogal, desde que sejam da competência do órgão e o pedido seja apresentado por escrito com uma antecedência mínima de cinco dias sobre a data da reunião.

2. A ordem do dia deve ser entregue a todos os membros com a antecedência de, pelo menos, quarenta e oito horas sobre a data da reunião.

    I. A ordem do dia (das reuniões ordinárias e extraordinárias): relevo jurídico.
    II. Especificação dos assuntos da ordem do dia.
    III. Agendamento de assuntos da ordem do dia pelos vogais: conflitos com o presidente.
    IV. Conciliação de prazos de agendamento e convocatória de reunião a pedido de vogais.
    V. Entrega da convocatória: antecedência legal.

Artigo 18.º

art. 18.º, n.º 1

I. A ordem do dia, elaborada sempre pelo presidente do órgão, é o elenco das questões, dos dossiers, dos assuntos, a tratar na reunião. A enorme importância da sua fixação decorre de, em princípio, só poderem ser objecto de deliberação na respectiva reunião os assuntos nela incluídos (art. 19.º).

Ao contrário do que ocorre com a convocatória — não exigida nas reuniões ordinárias —, a comunicação da **ordem do dia** tem de ocorrer em qualquer caso, nas reuniões ordinárias e extraordinárias, para que os vogais possam esclarecer-se e preparar a sua intervenção na reunião.

II. É necessário que os assuntos da ordem do dia sejam indicados de forma **"expressa"** e **"especificada"**, como se prescreve no art. 17.º, n.º 4. Ou seja, não basta, por exemplo, indicar que se trata de deliberar sobre "processos disciplinares" ou "de loteamentos pendentes"; é preciso que se especifique quais são esses procedimentos. Quaisquer praxes de sentido contrário tornam-se assim — e bem — ilegais.

Mas pode, obviamente, abranger-se num único "assunto" ou menção um pacote de medidas a ele respeitantes, desde que isso não prejudique a compreensão pelos vogais das questões, dos *dossiers*, que vão ser objecto de discussão e votação.

Referindo-se a lei a "assuntos", no caso, por exemplo, de um processo disciplinar, não é necessário indicar que se trata de discutir e votar a pena **X** proposta no relatório do respectivo instrutor, mas apenas indicar que se vão apreciar as conclusões do processo disciplinar instaurado a **A**.

Ver, contudo, a anotação **II** ao art. 19.º.

III. Da ordem do dia das diversas reuniões deve o presidente fazer constar os assuntos que, para esse fim, lhe sejam indicados por escrito por qualquer vogal, com a antecedência mínima de 5 dias em relação à data aprazada para a reunião, e se tal assunto for da competência do órgão colegial.

O diferendo que, porventura, exista entre presidente e vogal sobre esses requisitos, poderá ser decidido na via graciosa ou jurisdicional (eventualmente, até, através de recurso contencioso de anulação da decisão que o presidente haja tomado a esse propósito) — ou solucionar-se pela via do art. 17.º, n.º 2, se um terço dos vogais resolver exercer a faculdade aí prevista.

É, na verdade, difícil transportar para aqui a solução da sujeição jurídica do presidente do órgão colegial — que admitimos atrás (por analogia com a LAL), a propósito do art. 17.º, n.º 2, quanto à sobreposição da vontade do conjunto dos membros do colégio à do presidente, para efeitos de convocatória de reuniões extraordinárias.

Artigo 19.º

IV. Problemático é conciliar a possibilidade reconhecida aos vogais de solicitarem a inclusão de assuntos na ordem do dia da reunião até 5 dias antes desta se realizar (art. 18.º), com, por um lado, a faculdade de o presidente convocar reuniões extraordinárias (pedidas pelos vogais) com uma antecedência de apenas 48 horas (art. 17.º, n.º 3) e, por outro lado, com o dever de enviar a ordem do dia das reuniões ordinárias também 48 horas antes da sua realização.

A possibilidade de conciliação traduz-se, aqui, no dever do presidente agendar os assuntos que lhe foram indicados e de fazer as convocatórias de modo a que as reuniões possam ter lugar legalmente: assim, se lhe foi requerido a convocação de uma reunião extraordinária para discutir certos assuntos, o presidente está obviamente vinculado a convocá-la para um dia situado entre o 5.º e o 15.º após a solicitação dos vogais.

Se se tratar de assunto sugerido por vogal para debate em reunião ordinária e esta se realizar antes de decorridos 5 dias, o presidente incluí-lo-à na ordem da reunião seguinte.

art. 18.º, n.º 2

V. De acordo com o n.º 2 deste artigo, a ordem do dia deve ser **entregue** (e não enviada) a todos os membros com a antecedência mínima de 48 horas — o que em certos casos se pode mostrar de difícil, senão impossível, execução, como, por exemplo, no caso de ausência dos vogais ou de estes não serem encontrados.

Sobre as consequências do incumprimento destas regras, ver notas ao art. 21.º.

Artigo 19.º
Objecto das deliberações

Só podem ser objecto de deliberação os assuntos incluídos na ordem do dia da reunião, salvo se, tratando-se de reunião ordinária, pelo menos dois terços dos membros reconhecerem a urgência de deliberação imediata sobre outros assuntos.

I. Extensão ab-rogante da norma.

II. Esclarecimento sobre a sua redacção.

III. A excepção à proibição legal, nas reuniões ordinárias: requisitos formais e substanciais.

IV. A invalidade da deliberação sobre assunto ou procedimento não incluído na ordem do dia.

Artigo 19.º

I. As deliberações respeitantes a assuntos não incluídos na ordem do dia passam a ser reguladas, **em todos os órgãos administrativos colegiais** (mesmo nos órgãos colegiais autárquicos — ver art. 79.º, n.º 3, da LAL), pela norma deste art. 19.º, passando a proibição dele constante a valer como regra geral para todas as reuniões, incluindo as ordinárias — nas quais, contudo, se admite excepcionalmente arredar a sua aplicação, verificando-se as circunstâncias legalmente previstas.

II. Proíbe-se, aqui, que sejam objecto de deliberação os **assuntos não incluídos na ordem do dia**.

Nesta parte, a lei é clara, se bem que o objecto das deliberações não sejam, é evidente, os "assuntos" da ordem do dia — no mesmo sentido que o conceito tem nos arts. 17.º, n.º 4 e 18.º, n.º 1 —, mas sim as declarações, os actos, os regulamentos e contratos administrativos, a cuja prática (ou execução) tende o procedimento administrativo.

A não ser que se entendesse que os "assuntos" que devem constar especificadamente da ordem do dia (art. 17.º, n.º 4, e art. 18.º, n.º 1) são as próprias medidas a discutir e votar no colégio, com o conteúdo específico da proposta da respectiva deliberação, o que, como se viu, é manifestamente de rejeitar.

III. Tratando-se, contudo, de **reunião ordinária**, a norma permite que sejam apreciadas e votadas deliberações sobre assuntos não incluídos na ordem do dia, desde que pelo menos **dois terços dos membros do colégio** — contados em função dos membros presentes na reunião — reconheçam a **urgência** de deliberação imediata sobre outros assuntos.

A possibilidade aberta pelo preceito funda-se na urgência de deliberação, sendo havida como tal — para além de muitos outros casos que as necessidades práticas imponham — a circunstância, por exemplo, de se estar a esgotar o prazo para a formação de actos tácitos ou para se verificar a caducidade ou prescrição de direitos da pessoa colectiva.

É claro que o reconhecimento da urgência da deliberação é fundamentado. E constará integralmente da respectiva acta o que se tiver passado a este respeito.

IV. É inquestionável a invalidade das deliberações tomadas colegialmente sobre "assuntos" não incluídos na ordem do dia da reunião: um acto praticado contra a proibição da lei é sempre inválido — podendo até suscitar-se dúvidas sobre a sua nulidade.

A mesma conclusão, pelo menos quanto à existência de invalidade, vale para o caso de a inclusão do assunto ter sido deliberada com violação dos requisitos mencionados na nota anterior.

Artigo 20.º

Artigo 20.º
Reuniões públicas

1. As reuniões dos órgãos administrativos não são públicas, salvo disposição da lei em contrário.

2. Quando as reuniões hajam de ser públicas, deve ser dada publicidade aos dias, horas e locais da sua realização, de forma a garantir o conhecimento dos interessados com uma antecedência mínima de, pelo menos, quarenta e oito horas sobre a data da reunião.

> *I. Proibição de reuniões públicas: significado.*
> *II. Excepções e desvios.*
> *III. A participação do público em reuniões públicas.*
> *IV. Publicidade das reuniões públicas: formas.*
> *V. Anúncio da reunião pública: conteúdo obrigatório, objectivo e prazo.*
> *VI. Consequências da falta ou irregularidade do anúncio.*

art. 20.º, n.º 1

I. Diz-se **pública** a reunião aberta à assistência do público, sejam interessados ou não.

As reuniões dos órgãos colegiais administrativos não são públicas, prescreve-se neste art. 20.º, n.º 1.

A opção pelo carácter fechado das reuniões dos órgãos colegiais (e pela excepção admitida) tem um significado jurídico mais intenso do que à primeira vista poderá parecer. É que fica vedado aos órgãos colegiais tornar públicas as suas reuniões: não se trata apenas de não lhes impor a reunião pública, mas verdadeiramente de a proibir.

Pretende-se que os membros do órgão discutam e votem em plena liberdade e consciência, sem as pressões e manifestações inevitáveis decorrentes da presença do público.

II. É, porém, uma regra geral que admite **excepções**. Uma, de todos conhecida, é a dos órgãos administrativos colegiais com assento constitucional, que funcionem como assembleias: para eles, a regra é a da publicidade das reuniões (só podendo correr à porta fechada nos casos previstos na lei — art. 119.º, n.º 1, da Constituição). É o que se passa com as reuniões da Assembleia Municipal.

A regra agora estabelecida também não se aplica quando a lei dispuser em contrário, como sucede, por exemplo, em relação às Câmaras Municipais e Juntas de Freguesia, que devem realizar uma "reunião pública mensal" (n.º 2 do art. 78.º da LAL).

Artigo 20.°

III. A **participação do público** nas reuniões dos órgãos administrativos colegiais, quando admitida, pauta-se pela regra "os mirones são de gesso" — da gíria do xadrez — consagrada no art. 78.°, n.° 3, da LAL.

No rigor do conceito, não cabe, portanto, a possibilidade de uma qualquer intervenção activa dos cidadãos (v.g., pedidos de esclarecimentos) — embora a lei possa estabelecer formas que a tornem possível, mesmo depois de ter sido encerrada a ordem dos trabalhos, embora, preferencialmente, antes da ordem do dia.

art. 20.°, n.° 2

IV. Este preceito é aplicável a **todas as reuniões públicas**.

Quanto às formas de publicidade a usar para este efeito, utilizam-se os editais afixados nos lugares de estilo ou faz-se a publicação de anúncios em meios da comunicação social.

V. Sendo que, no anúncio da reunião pública, **deve ser indicado** o dia, hora e local em que ela se realizará, interrogamo-nos sobre as razões que terão levado a não impor também a publicitação da ordem do dia, ainda que sumariadamente.

A fórmula usada na lei quanto ao objectivo da publicidade da reunião pode gerar muitas dúvidas: é evidente que tal publicidade não só não pode ser feita "*de forma a garantir o conhecimento dos interessados*" — como pressupõe a lei —, sendo impossível assegurar um desiderato desses, como também não é feita só para isso, para dar conhecimento a interessados, mas sim à colectividade em cuja área de interesses (comuns) se insere o órgão.

O que se quis com a referida fórmula legal foi, certamente, menos do que (na sua primeira leitura) o preceito aparenta: trata-se tão só de "garantir" que os anúncios serão feitos com antecedência superior a 48 horas em relação à data da reunião. Ver, em anotação ao art. 17.°, n.° 2, como se conta esse prazo.

Na verdade, embora na republicação do Código anexa ao Decreto-Lei n.° 6/96 tenha sido suprimido o advérbio "mínima", consideramos (ver art. 179.°) que a lei vale com o texto do Decreto-Lei 442/91 e do Decreto-Lei n.° 6/96, não com o texto da sua republicação. Reconhece-se, contudo, que o advérbio suprimido era praticamente inútil ou redundante, para se determinar o sentido inquestionável da lei: não podia, claro, ser um prazo obrigatório e o facto de se tratar de uma antecipação já lhe fixava automaticamente o termo mínimo.

VI. Questão é saber quais as consequências de ter havido **deficiências no processo de publicitação** da reunião pública. Parece-nos de considerar tais deficiências como insanáveis e invalidantes das respectivas deliberações: de outro modo, despia-se de significado jurídico prático um preceito que se destina a salvaguardar normas "de interesse e ordem pública" administrativa, como são as respeitantes à exigência de reuniões públicas, nos casos em que são obrigatórias.

Artigo 21.º

Artigo 21.º

Inobservância das disposições sobre convocação de reuniões

A ilegalidade resultante da inobservância das disposições sobre a convocação de reuniões só se considera sanada quando todos os membros do órgão compareçam à reunião e não suscitem oposição à sua realização.

> *I. As consequências das ilegalidades da convocatória sobre a (in)validade das deliberações tomadas.*
> *II. "Disposições" abrangidas na previsão legal.*
> *III. Requisitos da sanação das ilegalidades cometidas.*
> *IV. Momento da oposição.*

I. Consagra-se a regra geral da **força invalidante das ilegalidades** cometidas em matéria de *"convocação de reuniões"*, ou seja, de reuniões não convocadas ou mal convocadas — sem prejuízo de as mesmas poderem, eventualmente, ser sanadas nas condições adiante referidas.

Assim, quando não tenham sido observadas as disposições sobre convocação das reuniões de órgãos colegiais — e estas vierem a realizar-se sem a presença de algum ou alguns dos membros —, serão **anuláveis** as deliberações que se tomarem.

A infracção desses preceitos tem um reflexo objectivo — os interessados no âmbito das deliberações tomadas podem recorrer com alegação de vício referente à legitimação do órgão para agir — e subjectivo, podendo os membros do colégio afectados impugnar as reuniões realizadas por violação de um dos seus direitos estatutários, eventualmente, através de recurso contra a decisão do presidente, que deu tal reunião como aberta e apta a deliberar.

II. Na *fattispecie* da previsão desta norma — que é a "inobservância das disposições sobre *convocação* de reuniões" — estão incluídos, em nossa opinião, **os preceitos de todos os antecedentes arts. 16.º, 17.º** (com a dúvida manifestada mais abaixo) **e 18.º do Código**, não obstante só o art. 17.º se referir explicitamente à convocatória.

Ficando de fora, claro, em primeiro lugar, o caso do art. 19.º, porque ele próprio prescreve um meio diferente para sanação da ilegalidade aí regulada (votação de assuntos que não constem da ordem do dia).

E em segundo lugar, o caso do art. 20.º, porque a ilegalidade nele prevista não é sanável por nenhum modo — é, digamos assim, de "interesse e ordem pública", pelo que não está na "disponibilidade" dos membros do órgão, da sua presença e do seu consentimento maioritários ou mesmo unânimes.

Artigo 21.º

De resto, no caso dos arts. 16.º, 17.º e 18.º (este respeitando à ordem do dia, mas sem projecção no art. 19.º) são mais as razões para assimilar num só regime as diversas ilegalidades possíveis, do que para as separar — mais não fosse, porque todas essas disposições se relacionam (mais ou menos) directamente com a convocação das reuniões.

E também é verdade que o modo de sanação previsto — presença e consentimento unânime dos membros do colégio — é tão razoável nas hipóteses do art. 17.º, como nas dos arts. 16.º e 18.º, devendo, pois, considerar-se extensivas às disposições destes artigos.

Note-se, até, que é precisamente em relação a uma hipótese do art. 17.º do Código — o único desta Secção do Código em que se fala explicitamente em "convocação" —, a do seu n.º 4, que esse modo de sanação não é (não deve ser) admitido. É que a sua inobservância subsume-se muito melhor na previsão do art. 19.º, do que na deste art. 21.º, que agora anotamos.

III. São requisitos da sanação das ilegalidades da convocação:

a)   a comparência de todos os membros em efectividade de funções à reunião (no momento da sua abertura e, julga-se, também no momento das deliberações);

b)   que nenhum membro "*suscite oposição à ...... realização da reunião*" — sendo óbvio que se trata, não de oposição "suscitada", mas de oposição por ele declarada (e registada pelo presidente, se já tiver dado abertura à reunião).

IV. A oposição por qualquer um dos membros tem de ser suscitada **antes ou logo no início da reunião**.

Não faria sentido, na verdade, admitir que o membro do colégio pudesse reservar a sua faculdade de se opor à realização da reunião, para a exercer em momento posterior, quando já estivesse em condições de poder determinar mais seguramente se a reunião (não) corria consoante os seus intentos.

Artigo 22.º

Artigo 22.º
Quórum

1. Os órgãos colegiais só podem, regra geral, deliberar quando esteja presente a maioria do número legal dos seus membros com direito a voto.

2. Sempre que se não disponha de forma diferente, não se verificando na primeira convocação o quórum previsto no número anterior, será convocada nova reunião, com o intervalo de, pelo menos, vinte e quatro horas, prevendo-se nessa convocação que o órgão delibere desde que esteja presente um terço dos seus membros com direito a voto, em número não inferior a três.

> I. *Quórum de deliberação: noção e momento da sua realização.*
> II. *Regra geral*
> III. *Sentido da alteração legislativa ao n.º 1 deste artigo.*
> IV *O quórum em segunda convocatória: requisitos substanciais da sua aplicabilidade.*
> V. *Inaplicabilidade do quórum da 2ª convocatória aos órgãos estatutários das autarquias locais.*
> VI. *Inaplicabilidade aos órgãos com 5 membros ou menos.*
> VII. *Requisitos formais da 2ª convocatória.*

art. 22.º, n.º 1

I. *Quórum* é a **fracção** (ou percentagem) **mínima do número legal** de membros do órgão colegial cuja presença é necessária na reunião, para que possam ser votadas as suas deliberações. O quórum aqui previsto é, pois, um quórum de presença ou de deliberação, aferido-se em função do número legal de membros (com direito a voto), e não do número dos que estiverem em efectividade de funções.

Não sendo necessário no momento da abertura dos trabalhos — em que podem ser debatidos assuntos anteriores à ordem do dia ou questões genéricas — ele deve estar preenchido no momento em que se passa à fase das deliberações, da apresentação das propostas de deliberação, da sua votação e da aprovação da acta.

Note-se que o quórum desfeito após a votação e antes da aprovação da acta também não prejudica a existência das deliberações tomadas, mas apenas eventualmente a aprovação da acta na própria reunião (ver, na anotação ao art. 27.º, n.º 2, as complicações que podem surgir por causa disto).

II. O quórum-regra corresponde à *"maioria"*, ou seja, pelo menos, a uma fracção superior à metade do número legal de membros do colégio.

III. O carácter de regra geral da *"maioria do número dos membros com direito a voto"* (como *"quórum"*) vem agora, na redacção do Decreto-Lei n.º 6/96, confirmado expressamente neste n.° 1 — cedendo naturalmente o passo às regras da maioria relativa ou reforçada, quando lei especial as preveja.

Tudo se entendia já assim, porém, no domínio da redacção de 1991. Assinala-se ser estranho a lei ter usado, nos n.ºs 1 e 2 do preceito, conceitos diferentes quanto ao número de referência do *quórum*: no n.° 1, é o *"número legal de membros com direito a voto"*; no n.° 2, o *"número dos membros com direito a voto"*, não devendo, porém, tirar-se daí quaisquer consequências distintivas.

IV. O referido quórum, di-lo o n.° 2 do preceito — antes era o seu n.° 1 — respeita às reuniões realizadas em primeira convocação.

Se nelas não houver quórum (e não dispondo a lei outra coisa), pode ser convocada, no próprio momento e para ser realizada posteriormente, uma **segunda reunião sobre o mesmo objecto**, podendo então deliberar-se — preenchidas que sejam determinadas formalidades (ver nota n.° **VII**) — com a presença de apenas um terço do número de membros do órgão com direito a voto, como se dispõe neste n.° 2.

Regista-se, também, que não podem ser votados pelo *quórum restrito* das reuniões de 2ª convocatória os assuntos que não constassem da ordem do dia da 1ª convocatória.

art. 22.°, n.° 2

V. A regra contida no n.° 2 deste artigo não vale para os **órgãos colegiais das autarquias locais**, por, nos termos do n.° 2 do art. 119.° da CRP, se exigir em qualquer caso a presença da maioria do número legal de membros. Por essa razão, o art. 79.°, n.° 1, da LAL estabelece que, no caso de não estar presente a maioria do número legal de membros, as reuniões não terão lugar — entendendo-se, naturalmente, que a regra só é aplicável aos órgãos estatutários da autarquia (não, por exemplo, aos órgãos das empresas e serviços municipalizados).

VI. O n.° 2 parece consagrar a ideia de que os órgãos colegiais de três membros não podem deliberar sem a presença de todos — pois a verdade é que, ao exigir-se nele a presença, em 2ª reunião, dum número mínimo de três membros, não se fez nele distinção alguma, (corroborando assim, de certo modo, a tese de que com dois membros já não haveria colegialidade).

Isso pode pôr frequentemente em causa o princípio da continuidade do órgão, bem como valores mais "comezinhos" (ou pessoais), como as simples férias dos seus membros — e a situação de recurso sucessivo a suplentes ou substitutos quebra a lógica, a unidade e a pretendida eficiência da gestão colegial.

Certo é que, em casos de órgãos colegiais de 3, 4 e 5 membros o preceito do n.° 2 nunca poderá funcionar: estando presentes três membros, já está presente o quórum normal.

Artigo 23.º

VII. O facto de se tratar de uma segunda convocatória não dispensa que se dê conhecimento dela, pelos meios normais (ou outros mais expeditos, mas seguros), pelo menos, aos membros do colégio que estiveram ausentes na primeira reunião, destinando-se precisamente a exigência legal de um intervalo mínimo de 24 horas a tornar isso possível, evitando que se convoquem segundas reuniões para daí a uma hora ou para "logo à tarde".

Artigo 23.º
Proibição da abstenção

No silêncio da lei, é proibida a abstenção aos membros dos órgãos colegiais consultivos que estejam presentes à reunião e não se encontrem impedidos de intervir.

    I. Sentido e âmbito da alteração legislativa.
    II. A revogação da regra tradicional: inconvenientes.
    III. A restrição da proibição aos órgãos ou às funções consultivas?
    IV. Proibição de abstenção e proibição de se ausentar.
    V. Excepções: a lei em contrário (o caso das Autarquias Locais).
    VI. O caso dos órgãos não administrativos do Estado (e das Regiões).
    VII. Concessionárias e instituições privadas de interesse público.
    VIII. Consequências da violação da proibição legal.

I. A redacção dada pelo Decreto-Lei n.º 6/96 a este preceito reduziu substancialmente o seu âmbito de aplicação. Desde logo, agora a abstenção só é proibida aos membros dos órgãos colegiais consultivos, e não mais aos membros de quaisquer outros órgãos administrativos.

É uma opção de política legislativa e que teve certamente em conta, além do mais, a existência de órgãos colegiais deliberativos ou executivos das autarquias, cujos lugares são preenchidos através da eleição representativa, por pessoas de partidos concorrentes, e ser tal voto (ou a falta dele) um modo politicamente desejável de fazer oposição. Mais, até: o art. 119.º, n.º 3 da Constituição reconhece o direito à abstenção nas *"deliberações dos órgãos colegiais"* — devendo, claro, tal preceito constitucional entender-se no sentido de órgãos colegiais *de soberania, das regiões autónomas ou do poder local"* (art. 119.º, n.º 1, da CRP).

Se a razão de ser desta alteração reside aí, ou próximo, seria preferível, então, recortar (mediante cláusula geral) os casos em que a abstenção seria permitida, porque a generalização do sistema também pode ter graves inconvenientes — quer ao nível da preparação das deliberações quer ao nível da solenidade que se exige das deliberações administrativas, vendo-se mal que, por exemplo, um indeferi-

Artigo 23.º

mento colegial possa resultar de uma deliberação "tomada" por abstenção de todos os membros de um órgão (a qual, aliás, seria anulável por falta de fundamentação).

Outra das alterações do Decreto-Lei n.º 6/96 consistiu em suprimir deste preceito a regra legal sobre a ordem de votação no órgão colegial, a qual viria a ser incluída (com a mesma redacção) no n.º 1 do art. 24.º.

II. Era uma tradição do nosso direito administrativo, a regra da **proibição de abstenções** nas votações dos órgãos colegiais administrativos e que agora vê o seu campo de aplicação reduzido às funções consultivas dos órgãos administrativos, como no preceito se prevê. A favor dessa regra, agora revogada, podiam encontrar-se vários (e fortes) argumentos. Na verdade, sempre se poderia dizer que, instituindo-se a colegialidade com o fito de se obter uma vontade orgânica correspondente ao confronto de diversas vontades individuais, à confluência de diversas opções em matéria de interesse público, é normal que se queira que todos os membros se pronunciem, não se lhes permitindo a comodidade das abstenções — como, aliás, o titular do órgão singular nunca pode fazer. O cargo de membro de órgão administrativo colegial é para exercer assumida e responsavelmente, com o propósito da realização da legalidade e do interesse público, sem margem para votos de "nem sim nem não": o desempenho de funções administrativas é um *munus* público, um compromisso com a definição do interesse público, que pressupõe o estudo dos dossiers e a preparação da decisão.

Aliás, a admitir-se a abstenção está-se a admitir, por via indirecta, que o órgão possa renunciar ao exercício do poder, uma vez que todos os seus membros se podem abster. Por isso, nesse aspecto, **o dever de votar nos órgãos colegiais não é mais do que o dever de exercer a competência que impende sobre os órgãos administrativos (singulares)**, que também não pode ser objecto de renúncia.

III. Pela redacção do preceito no Decreto-Lei n.º 6/96, dir-se-ia que a proibição da abstenção é restrita aos membros dos **órgãos consultivos**, enquanto que, na respectiva lei de autorização legislativa (a Lei n.º 34/95, de 18.VIII.) a proibição estava reportada às **funções** consultivas, sugerindo que aos membros dos órgãos deliberativos, quando chamados a dar *"pareceres"*, também está vedada a abstenção.

Parece-nos preferível a solução dessa lei e interpreta-se o preceito do Decreto-Lei n.º 6/96 em conformidade com ela, não apenas por ser uma sua interpretação convalidante, como também por a *ratio* da proibição alcançar manifestamente os dois casos .

IV. Trata-se, *prima facie*, de uma **proibição de abstenção**, não de uma proibição de se ausentar da reunião. E, portanto, um membro do órgão consultivo, que não pretenda manifestar-se num dos sentidos possíveis de votação, poderia ausentar-se no momento em que se procede à votação.

Artigo 23.º

A lei parece, na verdade, querer apenas evitar a assunção de uma posição de abstenção, referindo a obrigatoriedade de voto aos titulares que *"estejam presentes à reunião"*. Esta referência, a ter alguma utilidade, significaria que o legislador se quis referir à existência da obrigação de voto, se o titular estiver presente no **momento** da votação.

Sob pena, porém, de se permitir a institucionalização de uma verdadeira situação de "fraude à lei", parece preferível arreigarmo-nos aos interesses e fins que ela pretendeu satisfazer, para considerar ilícita tal conduta — sancionável pelo presidente, salvo justificação séria, com a marcação de uma falta de presença ao respectivo membro. .

V. O Código ressalva (da proibição de abstenção) os regimes especialmente estabelecidos a este propósito, só valendo o preceito *"no silêncio da lei"*.

Falta, porém, saber se bastará o facto de haver numa lei orgânica ou estatutária uma qualquer referência, por exemplo, a "abstenções", ou "a maioria de votos expressos", para se dar como adquirido que tal possibilidade não foi afastada pelo CPA, baseando assim a distinção dos diversos regimes que passarão a existir em elementos puramente acidentais do respectivo estatuto — que, até, poderão ter sido objecto de referência expressa pelo facto de o legislador de então se reportar a uma regra geral de proibição da abstenção, contrária àquela que agora se consagrou. Por nós, votaríamos, pois, pela revogação implícita dessas permissões de abstenção (em matéria consultiva) anteriores à regra do Código, salvo se elas estiverem ligadas à estrutura representativa ou às características específicas da organização da respectiva pessoa colectiva.

VI. Põem-se em relação a esta norma, com particular acuidade, as questões suscitadas em matéria de aplicação das disposições do CPA aos **órgãos colegiais não administrativos**, quando *deliberam* (consultivamente) sobre procedimentos administrativos.

Trata-se precisamente de um caso em que se justifica considerar as normas deste Capítulo como aplicáveis apenas aos procedimentos que correrem perante os órgãos da Administração Pública, no sentido estrito que lhe dá o art. 13.º do Código, excluindo-se, portanto da sua previsão (além dos órgãos estatutários das autarquias locais) os órgãos colegiais de outros Poderes do Estado — salvo, obviamente, se a respectiva lei, organização ou estatuto funcional o impuserem também.

VII. A proibição de abstenção não é certamente aplicável aos órgãos das **empresas concessionárias** e às **instituições privadas de interesse público**, quando exercem funções consultivas.

Artigo 24.º

VIII. A consequência da violação da regra da proibição da abstenção, nos casos em que se aplica, não se traduz necessariamente num vício de procedimento: consequência jurídica necessária da abstenção é, sim, apenas a de que o membro que se absteve não conta para efeitos de quórum (ver nota **V** dos Preliminares).

Portanto, só será inválida a deliberação tomada, se a presença ou voto daquele que se absteve fossem necessários para compor o quórum de deliberação.

Isto para além, claro, da responsabilidade "disciplinar" do respectivo membro e de todo o órgão, se a irregularidade for usual.

Artigo 24.º

Formas de votação

1. Salvo disposição legal em contrário, as deliberações são tomadas por votação nominal, devendo votar primeiramente os vogais e, por fim, o presidente.

2. As deliberações que envolvam a apreciação de comportamentos ou das qualidades de qualquer pessoa são tomadas por escrutínio secreto; em caso de dúvida, o órgão colegial deliberará sobre a forma de votação.

3. Quando exigida, a fundamentação das deliberações tomadas por escrutínio secreto será feita pelo presidente do órgão colegial após a votação, tendo presente a discussão que a tiver precedido.

4. Não podem estar presentes no momento da discussão nem da votação os membros dos órgãos colegiais que se encontrem ou se considerem impedidos.

    I. O sentido da alteração legislativa.
   II. A votação e o seu objecto: a proposta de deliberação.
  III. A discussão prévia das propostas (incluindo as que estão sujeitas a escrutínio secreto).
  IV. A regra da votação nominal: o uso doutras formas.
   V. Ordem da votação nominal (interesses subjacentes): Sua violação.
  VI. A obrigatoriedade do escrutínio secreto: significado e corolários da exigência.
 VII. Escolha da forma de votação pelo órgão colegial.
VIII. As "pessoas" a que se refere a previsão do n.º 2.
  IX. As qualidades ou comportamentos tidos em vista.
   X. Consequências da violação da regra.
  XI. Fundamentação da deliberação tomada por escrutínio secreto: regime.

Artigo 24.º

    XII. A proibição de "estar presente" do membro interessado na deliberação.
    XIII. Consequências da violação da proibição de assistir.

art. 24.º, n.º 1

I. A alteração introduzida pelo Decreto-Lei n.º 6/96, neste n.º 1, consistiu — para além da previsão sobre a existência de disposição especial ter passado logo para o início do texto — em incluir aqui a regra sobre a ordem da votação (os vogais votam primeiro, o presidente, depois), que, na redacção de 1991, se encontrava no precedente art. 23.º.

II. É através da votação que os membros do órgão colegial exprimem o seu sentir individual sobre as propostas de deliberação, que lhes são apresentadas.

A votação versa, portanto, sobre uma (ou várias) **proposta(s) de deliberação**, formuladas adrede por qualquer membro do órgão colegial ou conforme lhes são propostas pelos serviços encarregados da sua instrução e informação — embora, em regra, os membros do colégio lhes possam aditar considerandos e sugestões.

O voto de cada membro pode ir no sentido de rejeitar ou aprovar essa proposta, ou, quando ela implicar mais do que essas alternativas, no sentido de votar uma delas ou de as rejeitar a todas.

III. Note-se que não está consagrada no CPA a regra da obrigatoriedade de **discussão prévia** das propostas de deliberação — *rectius*, de todas as propostas a serem postas à discussão —, embora o art. 24.º, n.º 3, pareça pressupô-la. É, em todo o caso, uma regra geral subjacente à natureza dos colégios, como espaço de debate e de confronto de ideias.

Por outro lado, não foi arredada a possibilidade de discussão prévia da proposta de deliberação que deva ser tomada por escrutínio secreto — por se ter considerado certamente que isso não prejudica o interesse dos membros que pretendam manter confidencial a sua posição (basta-lhes limitar-se a ouvir a discussão que houver) e que a participação (em certo sentido) numa discussão não representa um compromisso de voto irrevogável.

IV. A forma geral de votação, salvo disposição diversa de lei, é a **nominal** — ou seja, aquela em que cada membro revela ao colégio o sentido do seu voto.

A votação nominal faz-se de diversos modos: declaração verbal, braço no ar, levantados e sentados, com cartões coloridos, etc, etc. O que interessa é que cada membro exteriorize o sentido do seu voto **ao próprio colégio**.

A regra do art. 80.º, n.º 2, da LAL — de que os órgãos colegiais autárquicos podem deliberar doutra forma que não a nominal, se assim o resolverem —, a qual

Artigo 24.°

se mantém em vigor, não é extensível a outros órgãos sujeitos ao Código, que só podem furtar-se à votação nominal no caso de a lei o permitir.

V. A ordem da votação estabelecida neste preceito (vogais primeiro, presidente depois) previne dois inconvenientes.

Desde logo, que os membros do órgão se sintam reverencialmente menos à vontade para se manifestarem contra o presidente. Assim, é o presidente que se pronunciará, eventualmente, contra eles.

E, depois, porque evita que o presidente — em caso de empate — tenha de votar duas vezes, uma antes, outra depois dos vogais: assim, o seu voto (no caso de com ele se perfazer empate numérico) cumpre duas funções: como voto (que iguala o número de votos que a posição contrária já obtivera) e como desempate. Donde, a lei chamar-lhe, com algum rigor, *"voto de qualidade"* — uma vez que o *voto de desempate* é, tecnicamente, um voto novo ou autónomo daquele que tem o poder de o manifestar.

Diferente é a hipótese de o presidente do órgão colegial, só ter direito de voto **no caso de empate**. Então, só depois de concretizado esse empate (com apenas os votos dos outros membros do colégio), é que ele é chamado a desempatar, agora, sim, através de um voto de desempate.

A violação da ordem de votação estabelecida neste preceito deveria dar lugar à anulação da deliberação: é que não há maneira de o interesse (público) legal em causa ser realizado por outra via, pelo menos nos casos em que o presidente vota nominalmente em primeiro lugar.

Trata-se, é certo, de um regime demasiado rigoroso, que poderá, por isso, ser afastado, pelo menos no caso de exercício de competências vinculadas, ou quando se demonstrar que a inobservância da ordem estabelecida foi puramente acidental ou, por exemplo, fruto de simples ignorância do substituto do presidente, pouco habituado a tais "andanças".

art. 24.°, n.° 2

VI. Para as deliberações que envolvam a apreciação do comportamento ou das qualidades de qualquer pessoa, exige-se o **escrutínio secreto** (por listas, esferas, etc).

O facto de o legislador se referir à natureza **secreta** deste escrutínio não constitui, presumimos, uma mera redundância, Tratar-se-ia, antes, de sublinhar que não pode saber-se qual o sentido do voto de cada um dos membros do órgão colegial, devendo o presidente providenciar para que cada um guarde para si o sentido em que votou.

Não é naturalmente um valor absoluto, este, da confidencialidade do voto — basta que a deliberação seja votada unanimemente pelos presentes, para se saber

Artigo 24.º

como votou cada um. E põe-se também em confronto com outro valor muito importante, que é o do direito de os membros do órgão (que ficarem vencidos) fazerem registar na acta os seus votos e as respectivas razões.

No escrutínio secreto, porém, em princípio, esse direito deveria considerar-se prejudicado. Não só porque a lei não quer que se saiba o sentido do voto de cada membro do colégio, como também porque, havendo um ou alguns votos vencidos, todos os membros se poderiam reclamar a sua autoria (até para efeitos de se exonerarem de eventuais responsabilidades), não podendo eles serem conscientemente atribuídos a ninguém.

É por isso, até, que defendemos (ver notas **II** e **III** ao art. 28.º) que em caso de escrutínio secreto — salvo, eventualmente, na hipótese de unanimidade — só a pessoa colectiva, não os titulares dos seus órgãos, pode responder perante o titular do direito ou interesse ofendido pela deliberação.

Em última *ratio*, se tal corolário não fosse pertinente, tem que se reconhecer que o carácter secreto do escrutínio legal constitui um princípio que deve ser preservado — nomeadamente, pelo presidente, na condução dos trabalhos da reunião e pelos membros do órgão colegial fora deles (com a inerente responsabilidade disciplinar, mesmo em sede de perda de mandato) —, se outras exigências, com ele inconciliáveis, não se postarem mais alto.

VII. Com a nova redacção do preceito, dada pelo Decreto-Lei n.º 6/96, acrescentou-se à versão de 1991 a regra da escolha da forma da votação pelo próprio órgão colegial, em caso de dúvida sobre se a deliberação envolve a apreciação de comportamentos ou qualidades de qualquer pessoa.

O "escape" encontrado parece pouco eficiente: por um lado, as dúvidas existentes sobre tal qualificativo (que são inúmeras, como se verá a seguir) mantêm-se inteiramente, e, por outro lado, criou-se um instrumento que poderá mostrar-se perverso, por furtar aos membros dos órgãos colegiais, nesses casos, a plena liberdade de opção que só o escrutínio secreto assegura, já que aqueles que quiserem uma votação secreta (quando outros dos seus membros pugnem por uma votação nominal) terão que opôr-se nominalmente logo na discussão e deliberação sobre a forma de votação a adoptar, mostrando aí, de certa maneira, o sentido em que irão votar. Mais valia, então, parece-nos, que se mandasse optar, em caso de dúvida, pela realização desse escrutínio.

Claro que a recusa da realização do escrutínio secreto em casos em que ele era exigível, implica ilegalidade da deliberação ou decisão, que constituía objecto de votação.

VIII. É duvidoso se a previsão legal sobre os casos em que o voto é secreto está, ou não está, mais extensa do que o legislador a terá querido, impondo-se, então, fazer dela uma interpretação restritiva.

Artigo 24.º

Desde logo, "qualquer pessoa" é qualquer **homem** ou **mulher** ou são também as pessoas colectivas ?

Estas disposições radicam tradicionalmente na protecção de interesses e valores de intimidade e de sociabilidade dos indivíduos, não das instituições, pelo que, em princípio, a resposta deveria ser no primeiro sentido. Mas hoje, provavelmente, há iguais razões para que se tomem por escrutínio secreto deliberações sobre pessoas colectivas — até porque, em certos casos, se tratará, em última análise, de uma deliberação sobre qualidades ou comportamentos dos titulares dos seus órgãos —, pelo menos, nas situações em que seja necessário assegurar a total convicção do voto na prossecução do interesse público.

IX. Mas obviamente que não é aí que reside a principal interrogação, a este propósito. Essa é a de descortinar o que são *deliberações que envolvam apreciação de comportamentos ou das qualidades de qualquer pessoa*"?

Em primeiro lugar, questiona-se se são deliberações dessas apenas aquelas em que o comportamento ou qualidades tidas em vista constituem o próprio objecto da apreciação a fazer ou se incluem também aquelas hipóteses em que eles funcionam como pressuposto de um acto com objecto diverso. A regra deve valer para ambos os casos — quer para o caso de decisão disciplinar (que versa sobre o comportamento de uma pessoa) quer para o caso de uma adjudicação ou de uma autorização em que o seu comportamento ou qualidades são pressupostos da referida decisão — interpretação que, de resto, é corroborada pela letra do preceito.

Outra questão a ter em conta é saber se se tratará aqui só das *qualidades* da pessoa (humana), ou seja, da sua ombridade, da sua integridade, da sua sensibilidade, da sua inteligência, da sua compostura, do seu modo de se empenhar, enfim, da sua valia como pessoa humana, ou se nesse conceito legal vai algo mais implicado. Parece-nos que não. Assim, averiguar se, por exemplo, um concorrente tem melhor capacidade económica (ou melhores habilitações profissionais) para o exercício de certa actividade de interesse ou serviço público, não é avaliar *"das qualidades de qualquer pessoa"*, das qualidades ou características que necessariamente qualquer um tem (ou não tem) e, nesse sentido, proporíamos uma interpretação apertada da previsão legal.

Essa interpretação restrita, potenciada também pela referência da lei ao conceito de *"qualidades"*, é a que corresponde melhor aos interesses que se querem proteger com o preceito, sendo que, por outro lado, se não cingíssemos assim a sua previsão, caberiam nela um número irrestrito de deliberações dos órgãos colegiais.

X. Quando, infringindo as disposições do n.º 2, o órgão tome uma deliberação dessas por votação nominal, gera-se **anulabilidade por violação de formalidade essencial** — salvo, eventualmente, quanto às deliberações que traduzam o exercício de poderes estritamente vinculados no seu *se* e no seu *an*.

Artigo 24.º

art. 24.º, n.º 3

XI. É um preceito novo, resultante da alteração legislativa de 1996.

Estipulou-se nele que a fundamentação das deliberações tomadas por escrutínio secreto seja escrita pelo presidente do órgão colegial, *"após a votação"* e em função da *"discussão que a tiver precedido"*.

Assinala-se já que essa fundamentação deve ser vazada na acta da respectiva reunião, não havendo lugar à aplicação do art. 126.º do Código.

Ficam dúvidas, olhando para a letra do preceito, sobre: *a)* se a fundamentação da deliberação deve ser escrita logo após a respectiva votação, ou no termo da reunião; *b)* se a fundamentação dada pode ser objecto de apreciação e impugnação pelos restantes membros do órgão colegial; *c)* quais as consequências de o presidente do órgão colegial optar (consciente ou inconscientemente) por uma fundamentação que não se cinge à discussão havida.

Quanto à primeira questão, opõem-se os interesses da fidelidade da fundamentação — maior quanto mais próxima dos acontecimentos — e o da sequência dos trabalhos da reunião, que não convém estar a interromper constantemente para este efeito. A solução que nos parece preferível é deixar ao presidente do órgão, no âmbito da condução dos trabalhos da reunião, a opção nessa matéria.

Quanto à segunda questão, deve responder-se que sim (como já fizemos a propósito do artigo 14.º), admitindo-se que se questione e impugne a fundamentação do presidente, pelo menos quando omita algum aspecto pertinente; de outro modo, só ele (e não os restantes membros do colégio) poderia ser chamado à responsabilidade pelo acto cuja ilegalidade seja atinente aos respectivos motivos.

Quanto à terceira questão — resultante de a fundamentação dada extravazar da discussão havida — entende-se (ainda para mais, se aquilo que o presidente escreveu foi confirmado expressa ou tacitamente pelos restantes membros do colégio) que, "para o mal e para o bem", é a fundamentação escrita que vincula o órgão.

art. 24.º, n.º 4

XII. É uma proibição de **assistir** à reunião, na parte em que seja discutida e votada a respectiva proposta, que se trata aqui: o membro impedido de participar na discussão ou votação, não pode sequer estar presente nesses períodos. Sai do local de trabalhos — havendo, portanto, para o efeito, lugar a nova contagem ou aferição do quórum.

A proibição de assistir já decorreria do facto de a reunião dos órgãos colegiais não ser pública — na medida em que o membro impedido, para efeitos da respectiva votação e deliberação, é como se não fosse membro do colégio. Mas o legislador fez bem em esclarecê-lo, prevenindo assim os melindres derivados de uma presença que poderia ser incómoda e influenciar a própria discussão e o sen-

Artigo 25.º

tido de voto dos outros membros do colégio, quer nos casos de impedimento (referidos no art. 44.º) quer nos casos de escusa ou suspeição (do art. 48.º), havendo lugar aqui à aplicação dos arts. 45.º, n.º 3, e 47.º, n.º 2.

XIII. Não é suprível, parece-nos, a invalidade das deliberações tomadas contra esta proibição de o membro impedido assistir à reunião, sancionada, aliás, no art. 51.º — mas o próprio membro que assistiu ou participou indevidamente na reunião, não pode impugnar, por isso, a deliberação tomada.

Votamos pela insupribilidade desta ilegalidade, pelo legislador ter sido aqui particularmente rigoroso e severo (cfr. com a redacção do art. 44.º, n.º 1) na definição da proibição legal, compreendendo-se a sua opção para defesa dos interesses da transparência da deliberação e da independência do voto.

Artigo 25.º

Maioria exigível nas deliberações

1. As deliberações são tomadas por maioria absoluta de votos dos membros presentes à reunião, salvo nos casos em que, por disposição legal, se exija maioria qualificada ou seja suficiente maioria relativa.

2. Se for exigível maioria absoluta e esta se não formar, nem se verificar empate, proceder-se-á imediatamente a nova votação e, se aquela situação se mantiver, adiar-se-á a deliberação para a reunião seguinte, na qual será suficiente a maioria relativa.

    I. A regra da maioria absoluta.
   II. Maiorias qualificadas, relativas e unanimidade.
  III. O impasse na votação e a degradação da regra da maioria: casos em que a regra não funciona.
  IV. A repetição imediata da votação.
   V. O adiamento da votação para a reunião seguinte (requisitos).

art. 25.º, n.º 1

I. As deliberações dos órgãos colegiais são tomadas por "**maioria absoluta de votos**". Ou seja (existindo *quórum e* não havendo abstenções), por uma maioria que nas **propostas de A ou B**, corresponde à proposta com mais votos, e, **nas propostas de A, B ou C**, à proposta que obtiver um número de votos superior ao das duas restantes, no seu conjunto.

Artigo 25.º

O facto de se usar aqui — e já não no art. 22.º — o qualificativo "**absoluta**", deriva de a maioria desse preceito da lei ser necessariamente absoluta, enquanto agora, como se viu, a maioria na votação de uma proposta com mais de duas alternativas poder ser apenas relativa ou simples, se não ficasse consignada a exigência de ela ser absoluta.

II. Além das deliberações carecidas de uma maioria qualificada ou relativa de votos, há também deliberações que só podem ser tomadas por unanimidade. Só por disposição legal podem, porém, ser criados casos de maiorias diferentes da absoluta.

Maiorias qualificadas exigem-se, por exemplo, em matéria de destituição dos membros da mesa da Assembleia Municipal (art. 33.º n.º 2 da LAL) ou, tratando-se de reuniões ordinárias, no reconhecimento da urgência de deliberação imediata sobre assunto não incluído na ordem do dia (art. 19.º do CPA).

São suficientes **maiorias relativas**, por exemplo, logo no caso do n.º 2 deste art. 25.º, e provavelmente também no caso do art. 26.º, n.º 2, nas circunstâncias da respectiva nota **III**.

Unanimidade, exige-se, por exemplo, para a realização de reunião não convocada (art. 21.º do CPA) e, em certo sentido, na aprovação da acta (art. 27.º, n.º 2).

art. 25.º, n.º 2

III. Agora, que não estão proibidas as abstenções (senão no domínio dos órgãos ou das funções consultivas — art. 23.º do Código), o preceito do n.º 2 já serve (ou pode servir) a todos os casos de votação, quer se trate de votar apenas entre "sim" ou "não" ou de votar entre A, B, C, e quer esteja presente um número par ou ímpar de membros. Na verdade, em todas as hipóteses, se podem verificar empates, e, nesse caso, a não formação de maioria absoluta supera-se pelo desempate do presidente.

Não sendo isso possível, recorre-se a nova votação, como se vê na nota subsequente.

Note-se, finalmente, que não estão previstas formas de ultrapassar uma votação através da qual não se consiga alcançar a maioria qualificada ou relativa, legalmente exigidas.

IV. A primeira forma de ultrapassar o impasse surgido (e não havendo possibilidade de desempatar) consiste em proceder **imediatamente** a nova votação. Não quer isto significar, provavelmente, que a segunda votação tenha de se fazer necessariamente logo a seguir à primeira, mas apenas a exigência de nova votação na mesma reunião. Até porque não parece frutuoso nas votações nominais fazer--se, logo a seguir à contagem dos votos de uma maioria frustrada, uma nova

Artigo 26.º

votação, que, no espaço de segundos ou minutos, não se modifica assim uma posição assumida nominalmente, como ponderada e responsável.

De resto, pareceria mais vantajoso prever, em alternativa, a realização de segunda votação por escrutínio secreto que, aí, sim, é maior a possibilidade de "retratação".

V. Se, nos casos abrangidos no preceito não se conseguir, nem com a segunda votação, alcançar a maioria absoluta, **adia-se** a deliberação do órgão colegial sobre a questão para a reunião subsequente, sendo então suficiente, aí, a existência de uma maioria relativa.

Note-se que se trata necessariamente da repetição da votação na **reunião seguinte,** e que o facto de a votação ser adiada não dispensa a inclusão do respectivo assunto na ordem do dia dessa reunião.

Artigo 26.º

Empate na votação

1. Em caso de empate na votação, o presidente tem voto de qualidade, salvo se a votação se tiver efectuado por escrutínio secreto.

2. Havendo empate em votação por escrutínio secreto, proceder-se-á imediatamente a nova votação e, se o empate se mantiver, adiar-se-á a deliberação para a reunião seguinte; se na primeira votação dessa reunião se mantiver o empate, proceder-se-á a votação nominal.

> *I. Contagem dos votos: verificação da contagem.*
> *II. Voto de qualidade e de desempate.*
> *III. O desempate por repetição da votação, no escrutínio secreto: a passagem à votação nominal.*

art. 26.º, n.º 1

I. Terminada a votação nominal, ou aberta a urna do escrutínio, há que proceder à **contagem dos votos,** tarefa de que se incumbe o presidente (ou o secretário do órgão, sob a supervisão daquele); em qualquer caso, existe a possibilidade de ser pedida uma nova contagem de votos e, no escrutínio secreto, também a possibilidade da sua verificação pelo colégio.

Depois de apurado o número de votos emitidos, o presidente declara em que sentido se formou a deliberação, e qual o número de votos obtido em cada um dos sentidos possíveis da votação.

Artigo 27.º

II. Como resulta do art. 24.º, o presidente é o último membro do colégio a votar: isso significa que o empate previsto na lei é o que resulta de, com o seu voto, se obter um número de votos igual ao dos que se pronunciaram em sentido contrário ao seu. Nessas circunstâncias, o voto do presidente é um **voto de qualidade** — é um voto emitido "na qualidade" de presidente e não de simples membro do colégio —, é como se a mesma declaração de voto valesse por duas.

Diferentemente se passam as coisas, como ressalvámos atrás, com o chamado **voto de desempate**, pelo menos nos casos típicos, pois que ele implica a emissão de uma segunda declaração de voto por parte do presidente, o que até permite que esse novo voto seu seja em sentido diferente daquele que manifestou inicialmente.

art. 26.º, n.º 2

III. É evidente que nas votações por escrutínio (são secretas, já o vimos), o desempate por voto de qualidade não pode funcionar.

O desempate alcança-se, então, pela repetição imediata do escrutínio e se (mesmo assim) ele persistir, adia-se a deliberação para a reunião seguinte — nos termos vistos a propósito do art. 25.º, n.º 2.

Se, nesta reunião, o empate ainda se mantiver no primeiro escrutínio, é que se passa, então, à votação nominal.

O que redunda, imagine-se, em poder haver seis votações sobre o mesmo assunto!

A lei não diz, aqui, se para esta votação nominal — por ter lugar em segunda reunião — basta uma maioria relativa — como sucede no caso do art. 25.º, n.º 2. Por nós, e por razões de certeza hermenêutica, entendemos que basta.

Artigo 27.º

Acta da reunião

1. De cada reunião será lavrada acta, que conterá um resumo de tudo o que nela tiver ocorrido, indicando, designadamente, a data e o local da reunião, os membros presentes, os assuntos apreciados, as deliberações tomadas e a forma e o resultado das respectivas votações.

2. As actas são lavradas pelo secretário e postas à aprovação de todos os membros no final da respectiva reunião ou no início da seguinte, sendo assinadas, após a aprovação, pelo presidente e pelo secretário.

3. Nos casos em que o órgão assim o delibere, a acta será aprovada, em minuta, logo na reunião a que disser respeito.

Artigo 27.º

4. As deliberações dos órgãos colegiais só podem adquirir eficácia depois de aprovadas as respectivas actas ou depois de assinadas as minutas, nos termos do número anterior.

    I. *As actas das reuniões: a externação jurídica da vontade do órgão colegial (e singular).*

    II. *O dever de resumir "tudo" o que se passou na reunião (mais a fundamentação das deliberações tomadas): consequências da violação.*

    III. *O princípio "uma reunião, uma acta".*

    IV. *Competência do secretário para lavrar a acta e sua concorrência com competências do presidente e do órgão colegial.*

    V. *As alternativas em confronto, quanto à natureza e efeitos da aprovação de uma acta.*

    VI. *Quórum de aprovação.*

    VII. *Aprovação da acta e seu diferimento para a reunião seguinte.*

    VIII. *A assinatura das actas: a recusa de assinar.*

    IX. *Aprovação em minuta.*

    X. *A minuta da acta: acta provisória.*

    XI. *A acta e a minuta assinadas como requisitos da eficácia das deliberações tomadas.*

art. 27.º, n.º 1

I. As deliberações dos órgãos colegiais consubstanciam-se na confluência de várias vontades individuais e na declaração verbal, pelo presidente, da vontade orgânica formada.

O acto colegial externa-se, pois, **oralmente**. Daí que a sua **redução a escrito** seja da maior importância para a estabilidade e firmeza jurídica da deliberação, dando-lhe um suporte histórico-documental fundamental em matéria de prova.

É nas *actas* (escritas) das respectivas reuniões, onde se relata resumidamente tudo o que nestas ocorreu, que vêm indicadas quais as deliberações tomadas.

A acta não é, porém, para a deliberação do órgão colegial, o que o despacho escrito é para a decisão do órgão singular: a deliberação, a vontade do colégio está nos votos apurados, e na sua declaração pelo presidente, não naquilo que na acta se escreveu.

Ou seja, enquanto o despacho é a materialização jurídica do acto, a acta é uma **notícia** sobre ele. E, portanto, se houver discrepância entre o que o colégio votou e o que consta da acta, a vontade do órgão colegial, a deliberação, o acto administrativo, é aquele — nem, por outro lado, a falta de aprovação da acta (ou uma acta aprovada onde se relatam deliberações diferentes das tomadas) pode ter-se como uma revogação de deliberações que hajam sido efectivamente tomadas.

Artigo 27.º

A pureza da construção dogmática revela-se aqui, como tantas vezes sucede, enganadora: porque, na verdade, só a deliberação do colégio reduzida a acta goza de eficácia jurídica e também porque o que dela consta faz prova legal plena das deliberações tomadas — só podendo ser infirmado nos apertados termos em que um documento autêntico pode ser questionado (arts. 371.º, 372.º, 393.º e 347.º, todos do Código Civil) — o que significa que a proposição do parágrafo anterior deste comentário só tem sentido útil se houver possibilidade de discutir plausivelmente a falta de correspondência entre o que se deliberou e o que se levou à acta.

E isso diz bem da importância jurídica da *acta*, equiparando praticamente a sua falta, em termos de resultados jurídicos, **à falta do próprio acto**: ou, noutra perspectiva, dando à declaração um sentido manifestamente formal e objectivo, mais do que voluntarista.

A importância e a relevância das actas advem-lhes, finalmente, de serem um instrumento fundamental para realização do princípio fundamental da **Administração aberta**, neste domínio, onde ela não é levada a cabo publicamente, mas em reuniões fechadas. A acta, as transcrições ou certidões de actas, ou parte delas, servem para dar conhecimento aos particulares do que aí se passou, de "*tudo*", como se lá tivessem estado a assistir.

II. As actas devem efectivamente, resumir **tudo** o que se passou na reunião — exige-o a lei neste n.º 1. Mas o elenco exemplificativo nele contido deixa de fora algumas menções que pareciam igualmente indispensáveis, como, por exemplo, a relativa à respectiva ordem do dia — que aliás é da praxe incluir, indicando-se, não apenas os assuntos apreciados, como também os agendados.

Por outro lado, "**tudo**" significa que se trata não apenas das deliberações do colégio, como também das decisões do presidente (e a sua fundamentação) sobre assuntos legalmente relevantes da abertura, objecto, sequência e acta da reunião.

Da acta deve constar igualmente, ao menos quando a deliberação recair sobre uma proposta fundamentada, o resumo dessa **fundamentação**, com que o órgão colegial tenha concordado (como resulta implicitamente do art. 126.º, n.º 1).

A exigência legal de "*tudo*" se relatar deve, portanto, ser entendida *cum grano salis*, não em termos absolutos (e de impossível realização). Por nós, diríamos que esse "*tudo*", é tudo o que for necessário para dar conta, resumidamente, do modo como foram cumpridas as exigências legais da reunião e da formação e manifestação de vontade pelos órgãos colegiais, desde a convocatória até ao encerramento da reunião ou ao fecho da acta, incluindo a súmula do conteúdo das discussões travadas, o número e o sentido dos votos em cada votação (quando possível), os votos de vencido, o conteúdo das deliberações tomadas e das propostas sobre que foram votadas, etc.

As actas devem pois fornecer todos os elementos necessários à apreciação (nomeadamente pelos Tribunais) da legalidade da(s) deliberação(ões) tomada(s).

Artigo 27.º

(cfr., STA, Acordão de 24.11.61, *in* AD 8-9, pág. 1032 e Acordão de 12.5.61, *in* Diário do Governo, de 1.6.62, pág. 104).

A violação do dever de resumir na acta tudo o que se passou não implica automaticamente irregularidade da reunião ou ilegalidade das deliberações nela tomadas. A consequência é, apenas, a da inoponibilidade (ou ineficácia jurídica) daquilo que não se relatou, ou seja das deliberações ou das formalidades sobre que nada consta na acta (ou nos seus anexos): é como se não existissem juridicamente. E se, sem elas (formalidades), as deliberações ficarem inquinadas de ilegalidades, é só o interessado invocá-las, que a sua prova reside na falta do respectivo relato na acta correspondente.

Relevante é também a questão de saber se uma deliberação pode ser transcrita, após o encerramento da reunião, em aditamento a uma acta já fechada. Não nos opomos à solução, desde que fique aí claramente demonstrado que se tratou de um lapso, de um esquecimento. O aditamento está, no entanto, sujeito a aprovação e assinatura (nos mesmos termos da acta).

III. Já se viu, a outros propósitos — nomeadamente da suspensão das reuniões —, em que casos se (não) aplica o princípio "uma reunião, uma acta": entende-se que se trata de uma acta por reunião e não de uma acta por cada sessão de uma reunião (embora dela deva constar a suspensão ocorrida entre a realização de duas sessões).

art. 27.º, n.º 2

IV. É ao secretário que compete "lavrar" a acta, redigi-la, e portanto elaborá-la — embora seja ao presidente que compete "ditar para a acta" o teor das deliberações tomadas, as maiorias formadas e o mais que lhe parecer pertinente.

Parece ínsito no regime legal que esta competência do secretário é exclusiva e excludente, com a ressalva de os outros membros do órgão poderem manifestar, no termo da acta e após o seu lavramento pelo secretário, a sua declaração individual de não aprovação. Na verdade, a lei dispõe que é depois de lavrada pelo secretário que a acta "*é posta à aprovação de todos os membros presentes*", podendo, então, cada um referir a sua desconformidade quanto ao que dela conste.

V. Não é, porém, claro, que seja exactamente assim. A própria fórmula da lei abre as portas ao entendimento de que a acta seria aquilo que a maioria entender reflectir a vontade dela própria.

Ainda vamos, porém, pela primeira solução: a acta é um documento que contém uma declaração de conhecimento, de facto, não de vontade, e o órgão dotado de fé pública pela lei, nesta matéria, é o secretário, não o órgão colegial (ou o seu presidente) — sem embargo, é óbvio, de o relato do secretário poder ser "corri-

Artigo 27.º

gido" ou questionado, em sede de aprovação da acta, por declarações fundamentadas de discordância de um ou vários membros do colégio.

O sistema tem inconvenientes de ordem prática — como os teria, de resto, qualquer outro. A sua principal desvantagem consiste no facto de poderem existir, após a acta estar lavrada, muitas declarações de discordância (que deveriam também ser lavradas), criando-se a dúvida eterna sobre o que efectivamente se passou na reunião.

A cautela recomenda, pois, que a acta seja, primeiro, objecto de um rascunho do secretário para ser submetido à apreciação dos seus pares, o que permitirá àquele prevenir equívocos desnecessários.

VI. Outro problema que se põe — ligado à solução da questão posta na nota anterior — é o de saber se a quebra do quórum, entre o momento da última deliberação e o da aprovação da acta, prejudica a possibilidade da sua aprovação na própria reunião.

Não choca a resposta negativa, de que não há aí qualquer prejuízo, porque não parece que a aprovação da acta traduza uma vontade colegial, mas sim uma atestação individual, como o inculca a redacção do preceito. Mas a resposta afirmativa também não tem inconveniente prático de maior, se se admitir que os membros que continuam presentes podem optar por aprová-la em minuta.

Uma coisa nos parece certa: a deliberação votada em reunião com quórum não pode ser afectada, quanto à sua existência, no momento da aprovação da acta.

VII. O normal é que a aprovação de uma acta consista na simples ausência de oposição de qualquer dos membros do colégio à leitura, pelo presidente, da acta lavrada pelo secretário.

A lei permite também que — por deliberação do órgão — a acta seja aprovada no início da reunião seguinte àquela a que disser respeito, dispensando, portanto, o seu lavramento imediato.

Daí resultará eventualmente que a aprovação se fará na ausência de membros que tinham estado presentes e com a presença de quem tenha estado ausente — não devendo, então, estes ser chamados a pronunciar-se sobre a questão. Poderia suceder, até, não estar presente na reunião seguinte, com excepção de um (por exemplo, do secretário), qualquer dos membros que estiveram na reunião cuja acta se trata de aprovar.

O melhor entendimento parece-nos ser o de que a aprovação da acta é feita pelos membros que estiverem presentes na segunda reunião e que tenham estado também na reunião anterior, sem que a falta de um número suficiente de membros que preencham esses requisitos, para compor um quórum de deliberação, implique com a consistência e eficácia do respectivo documento e, portanto, das deliberações nele resumidas.

Artigo 27.º

A não se aceitar esta postura, teríamos, em última instância, de considerar que a aprovação da acta em reunião seguinte, na qual faltassem membros presentes na reunião anterior (com a referida excepção do secretário), se faria com a aprovação dos que agora estão presentes (na qualidade de substitutos dos ausentes), até porque a ausência daqueles pode dever-se a morte ou desaparecimento, e ser, assim, insuprível por outra via.

O problema podia resolver-se facilmente, se entendessemos que aquele "assim" da expressão legal do n.º 3 do art. 27.º se reporta à hipótese de ter sido adiada a aprovação da acta para a reunião seguinte. Seria, então, **obrigatoriamente** lavrada, aprovada e assinada (na própria reunião a que respeita) uma **minuta**, limitando-se, na reunião seguinte, o colégio a verificar ou constatar se a acta posteriormente lavrada o foi em conformidade com a respectiva minuta, procedimento muito mais simples que o anterior.

Mas esse entendimento não resulta claramente do modo como estão articulados os n.ºˢ 2 e 3 do art. 27.º, subsistindo, nomeadamente, a dúvida sobre se é, ou não, obrigatório redigir e assinar a minuta da acta, no caso em que a aprovação desta é adiada para a reunião subsequente. Por nós, votamos afirmativamente, quanto mais não fosse pelas dificuldades e inconvenientes que a outra postura acarreta.

VIII. As actas **são assinadas** pelo presidente e pelo secretário do órgão.

Enquanto não tiverem essas assinaturas, não valem como tais, não conferem eficácia às deliberações que nelas se relata terem sido tomadas nem constituem documentos autênticos — o mesmo valendo para os aditamentos e para as minutas que não sejam devidamente assinadas.

A falta de assinatura duma acta por titular que tenha entretanto ficado **impossibilitado** de o fazer, é suprida pelo seu substituto, com essa indicação.

A falta de assinatura da acta por **recusa** do presidente é, em princípio, um acto ilícito: ele deve assinar a acta, mesmo não estando de acordo com o seu conteúdo, sendo-lhe permitido, não só formular reservas quanto ao que dela conste, como interpor recurso contencioso da própria acta (ou da sua aprovação), por analogia ou paralelismo com o art. 14.º, n.º 4, do Código.

art. 27.º, n.º 3

IX. Não é absolutamente unívoca a leitura do preceito do art. 27.º, n.º 3 (e a sua ligação com o n.º 2) — como acima se anotou.

O que pode dizer-se com segurança é que a acta da reunião tanto pode ser lavrada directamente no próprio livro de actas, como — desde que assim o delibere o órgão colegial — em minuta, ou seja, em folha(s) avulsa(s), para ser depois aprovada e transcrita para o respectivo livro, não sendo de admitir, contudo, que o relato das reuniões fique a constar apenas de minuta (ainda que juntas ao respec-

Artigo 28.º

tivo livro), devendo ser sempre transcritas neste, pela sequência cronológica em que ocorreram, salvo caso excepcional, clara e devidamente justificado.

Também é seguro, por outro lado, que se revela neste preceito uma competência dispositiva do órgão colegial, não revelada nos artigos anteriores, pelo menos quanto ao momento e aos termos (em livro ou em minuta) em que acta deve ser lavrada.

X. Será a "minuta" um verdadeiro borrão ou rascunho (Dicionário da Língua Portuguesa, Porto Editora, 6ª ed.) ou, antes, uma acta menos solene, "resumida", e avulsa, só carente de concretização e pormenorização, para transcrição no respectivo livro ?

A redacção deste n.º 3 do art. 27.º sugere a segunda alternativa. De resto, se a minuta assinada já confere eficácia às deliberações nela referidas (art. 27.º, n.º 4), é evidente que não pode ser, pelo menos na rigorosa acepção da palavra, um borrão ou simples rascunho.

As minutas que servem de base à aprovação da acta, devem ficar arquivadas, registadas (ou, então, apensas ao respectivo livro).

art. 27.º, n.º 4

XI. A eficácia das deliberações tomadas numa reunião depende da aprovação e assinatura da acta (pelo presidente e secretário) ou da assinatura da minuta (por todos os membros presentes).

Da consideração da acta como requisito de eficácia da deliberação, resulta ser ilegal (ou ilícita) qualquer execução jurídica ou material que não tenha nela suporte jurídico.

Uma acta que não esteja aprovada e assinada (ou uma minuta que não esteja assinada) não vale(m), pois, juridicamente nada, não acciona(m) a eficácia das deliberações nela(s) contidas.

Note-se que a eficácia conferida pela **minuta** de uma acta às deliberações tomadas numa reunião, em princípio, esgota-se na reunião seguinte, na qual deve ser aprovada a própria acta da reunião.

Artigo 28.º

Registo na acta do voto de vencido

1. Os membros do órgão colegial podem fazer constar da acta o seu voto de vencido e as razões que o justifiquem.

2. Aqueles que ficarem vencidos na deliberação tomada e fizerem registo da respectiva declaração de voto na acta ficam isentos da responsabilidade que daquela eventualmente resulte.

Artigo 28.°

3. Quando se trate de pareceres a dar a outros órgãos administrativos, as deliberações serão sempre acompanhadas das declarações de voto apresentadas.

> *I. A declaração, para a acta, de voto pelo(s) membro(s) que haja(m) sido vencido(s). Conteúdo da declaração e natureza (potestativa) do respectivo direito.*
> *II. A declaração de voto vencido no escrutínio secreto.*
> *III. Consequências jurídicas da declaração de voto vencido: exoneração da responsabilidade pessoal e sujeição à deliberação tomada.*
> *IV. O regime especial dos votos de vencido nas deliberações de órgãos colegiais consultivos.*

I. O resultado das votações nos órgãos colegiais (art. 27.°, n.° 1 do CPA) é expresso nas actas em números de votos, não aparecendo cada voto necessariamente referido ao respectivo membro — embora, nas votações nominais, isso possa eventualmente suceder.

Por isso, a lei prevê que os membros do órgão colegial que ficaram vencidos (e só eles ?) expressem na acta o seu voto e as razões que o justificaram. Admite-se, porém — admite-o a letra do preceito e os interesses que o preceito visa proteger — que se faça apenas a declaração de voto, sem se lhe aditar as razões que a sustentam, limitando-se assim o declarante a manifestar a sua discordância com a deliberação tomada pelos seus pares.

A faculdade de fazer registar na acta uma declaração de voto vencido corresponde a um direito potestativo, digamos assim, dos membros do órgão colegial.

II. Duvidoso, como já anotámos, é se a declaração de voto vencido, para a acta, pode ter lugar em relação às deliberações tomadas por escrutínio secreto — pois, se é verdade que não deve ser afastada a garantia da exoneração da responsabilidade pessoal, não é menos verdade que isso podia representar uma ofensa directa à natureza secreta do voto e geraria a maior confusão, se havendo, por exemplo, um só voto vencido, vários membros se reclamassem da sua autoria (até para efeitos de cómoda exoneração da respectiva responsabilidade pessoal).

A ser assim — como supomos dever ser —, a única saída seria considerar que as deliberações tomadas por escrutínio não responsabilizam pessoalmente nenhum membro do órgão colegial — salvo, talvez, no caso de unanimidade —, só respondendo a própria pessoa colectiva perante o titular do interesse violado por essa deliberação.

Artigo 29.º

III. A única consequência jurídica da declaração de voto vencido reside na já referida exoneração da responsabilidade individual ou pessoal (qualquer que ela seja) do respectivo declarante, pela deliberação tomada (nominalmente) — exoneração que deriva apenas, no caso regra, da declaração de voto (vencido), não sendo necessário exarar os fundamentos da oposição à deliberação.

E, portanto, numa acção de responsabilidade que se instaure, por acto ilícito de gestão pública, também contra os próprios titulares do órgão onde se tomou a deliberação ilegal, aquele que a haja votado vencido será "absolvido da instância" (e não apenas do respectivo pedido), se tiver sido igualmente demandado.

Note-se que é essa a única consequência jurídica do voto vencido. Porque, no mais, o membro que votou contra a deliberação (ou, mesmo, o que não participou na reunião) está tão vinculado a ela, como qualquer outro que a tenha votado. Ou seja, qualquer membro do colégio (a quem caiba por exemplo a respectiva execução) deve fazê-la observar como deliberação do próprio órgão, alheio à questão de saber se votou a favor ou contra.

IV. O n.º 3 não excepciona nada em relação ao disposto no n.º 2: tudo quanto está preceituado neste se aplica também, com efeito, às deliberações sobre pareceres dados por órgãos administrativos colegiais. O que se preceitua no n.º 3 é que, **havendo** declarações de voto de vencido, os pareceres devem ser remetidos com tais declarações (agora obrigatoriamente fundamentadas), ficando tudo a constar do processo administrativo documental — enquanto que as outras deliberações são apresentadas ou publicitadas sem qualquer referência à existência de votos vencidos.

Ou seja, a norma em apreço destina-se a beneficiar ou aumentar (pela negativa) a informação ou opinião constante do parecer, e não a regular os termos da (ir)responsabilização pessoal dos membros dos órgãos colegiais consultivos, ou o modo como deve ser exarada a declaração de voto vencido.

SECÇÃO III

Da competência

Artigo 29.º

Irrenunciabilidade e inalienabilidade

1. A competência é definida por lei ou por regulamento e é irrenunciável e inalienável, sem prejuízo do disposto quanto à delegação de poderes e à substituição.

Artigo 29.º

2. É nulo todo o acto ou contrato que tenha por objecto a renúncia à titularidade ou ao exercício da competência conferida aos órgãos administrativos, sem prejuízo da delegação de poderes e figuras afins.

    I. A habilitação legal, regulamentar e contratual da competência dos órgãos administrativos.

    II. Corolários imanentes ao princípio da legalidade da competência.

    III. A irrenunciabilidade e a inalienabilidade da competência: o carácter funcional dessas proibições.

    IV. Distinção das duas figuras.

    V. Projecções do princípio da irrenunciabilidade e inalienabilidade em matéria de recurso ao direito privado e de autovinculação.

    VI. Exemplos de renúncia e alienação de competência.

    VII. A nulidade do acto (ou negócio) em que se verte a renúncia ou a alienação da competência: extensão da regra.

art. 29.º, n.º 1

I. O princípio fundamental consagrado neste preceito — pese a sua epígrafe — é o da **legalidade da fixação da competência,** primeira das vertentes do princípio geral da legalidade: a competência administrativa é fixada por lei ou por acto por ela habilitado.

Este tanto pode ser um regulamento, como um acto ou contrato, com a natureza, por exemplo, de concessão (aliás, a concessão propriamente dita tem por objecto, precisamente, a transferência temporária para uma pessoa privada do exercício de direitos e poderes reservados à Administração Pública).

Quanto à habilitação da competência por norma regulamentar, ela, ou se entende no sentido das competências conferidas por regulamentos de execução, delegados ou autorizados ou autónomos — e ainda de regulamentos emanados no âmbito de uma relação especial de poder —, todos eles possuindo uma referência legal mais ou menos próxima ou distante, ou se entende, também, no sentido da existência de competências fixadas em regulamentos independentes, *stricto sensu,* como pode acontecer com os regulamentos das autarquias locais (art. 3.º, nota **IV**).

Já ficaram acima, em anotação ao art. 3.º, esclarecimentos sobre essas duas teses. E daquilo que lá (ou mesmo ao nível constitucional) se assumir, tirar-se-ão aqui os correspondentes corolários. Não pode é inferir-se de um conceito de regulamento face à lei, que não está neste art. 29.º, qual é o sentido da legalidade que se teria adoptado no Código.

II. As projecções do princípio da legalidade da competência administrativa — para além das referidas no próprio preceito — situam-se a um nível tão nuclear,

Artigo 29.º

que, na maior parte das vezes, nem se chega a pensar nelas: é o caso, por exemplo, de não haver, no direito administrativo, *competências* (procedimentos, processos, decisões ou) *administrativas*, conferidas ou configuradas por vontade dos interessados, dos administrados.

Nem um procedimento administrativo pode, por vontade da própria Administração e dos interessados, ser transformado num procedimento diferente, salvo se a lei o previr especificamente, como, por exemplo, em matéria de contratos (arts. 185.º, n.º 3 e 188.º).

III. A **irrenunciabilidade** e **inalienabilidade**, pelo órgão administrativo, da competência que lhe está legalmente conferida (tanto da sua titularidade como do seu exercício), são também corolários do princípio da legalidade e da sua funcionalidade jurídico-pública, entendida como uma adstrição da Administração à prossecução de interesses públicos.

Por isso, os órgãos administrativos estão legalmente obrigados a exercer a sua competência — e um poder que se exerce por cominação funcional da lei é sempre, salvo disposição em contrário, de exercício pessoal, insusceptível de delegação ou de procuração.

Não se trata, portanto, de regras ou princípios postos com vista à protecção dos interessados, mas de uma constrição que impende sobre os órgãos administrativos (ou competentes em matéria administrativa) com o objectivo de garantir a prossecução do interesse público.

Por outro lado, dos referidos princípios resulta ainda que o poder ou competência administrativa conferida para a prossecução das necessidades públicas (que não podem ser objecto de renúncia ou de alienação) são sempre objecto de consideração e decisão **primárias** pela Administração Pública — que foi constitucional e legalmente estruturada em vista disso mesmo.

Não pode, pois, a Administração remeter-se para um tribunal ou para um órgão supra-partes — arbitral, por exemplo — para que nele se decida em que sentido deve ser exercida uma competência administrativa. É, aliás, uma exigência nuclear da legalidade administrativa.

Donde resulta que os tribunais, não podem, nem a rogo da Administração, ser chamados a decidir directamente sobre o modo como deve ser prosseguido o interesse público, que actos devem ser praticados e que medidas ser tomadas para (melhor) o realizar, a não ser em sede de execução das suas próprias sentenças. Podem apenas — é esse o esquema da nossa separação de Poderes, nesta matéria — ser chamados a decidir **secundariamente** sobre a validade jurídica da competência primariamente exercida pela Administração, na prossecução do interesse público.

IV. Embora o Código não se lhe refira, senão na epígrafe do artigo, a *inalienabilidade* da competência é distinta da sua *renúncia*.

Nesta, o titular da competência abdica ou desiste de exercer os poderes que a lei lhe conferiu; naquela, ele transfere ou transmite para outrem a titularidade ou o exercício de parte ou da totalidade dos seus poderes.

O facto de o Código só dispor sobre a primeira figura não tem, obviamente, o sentido de excluir do seu âmbito — designadamente do n.º 2 — a alienação de poderes, que fica sujeita às mesmas proibições e regras da renúncia.

V. Quanto às projecções das regras da irrenunciabilidade ou inalienabilidade, algumas merecem uma consideração à parte.

É o que se passa, em primeiro lugar, com a proibição de o órgão deixar de recorrer aos seus poderes de direito público: o órgão administrativo não pode substituir as suas competências (jurídico-públicas), pelo uso da **via do direito privado**, o que se manifesta na rejeição, neste âmbito, de uma liberdade de escolha entre os instrumentos de direito público e de direito privado para a constituição de relações entre a Administração e os particulares, preferindo-se aqueles sempre que legalmente previstos e também como regime-regra, que são, de entes estatutariamente administrativos.

Como em todos os outros casos, esta proibição estende-se igualmente às situações em que "*a fuga para o direito privado*" possa ocorrer como efeito indirecto ou tácito.

A proibição da renúncia ou da alienação redunda também numa proibição de autovinculação administrativa, sendo nulos, pelo menos em muitos casos, os actos pelos quais a autoridade administrativa se compromete a exercer, no futuro, de certo modo ou em certo sentido, poderes discricionários, que lhe são conferidos para avaliação das circunstâncias concretas e actuais de interesses públicos, em cada caso.

VI. Caso de renúncia proibida, têmo-lo, por exemplo, na hipótese que SÉRVULO CORREIA criticou a propósito do Acordão do STA, de 19/10/78 (*in* BMJ, 280, 248), "*segundo o qual as câmaras municipais poderiam prescindir do privilégio de execução prévia que a lei lhes concede em matéria de demolição de construções não licenciadas, para optarem pela via dos tribunais judiciais a fim de fazerem reconhecer o direito à demolição*".

Como já dissemos — e o n.º 2 explicita —, são proibidos os casos de renúncia à titularidade de competência, como também de renúncia ao seu exercício (ou, mesmo, apenas, ao modo legalmente previsto do seu exercício).

Quanto à proibição de **alienar** competência, não estão proibidos apenas os actos que tendessem à sua partilha, divisão, transferência ou cessão a terceiros (órgãos administrativos ou não) — fora dos quadros da delegação ou da substi-

Artigo 29.º

tuição —, mas também aqueles que tenham como objecto a legitimação pelo órgão competente de actos ou negócios jurídicos já praticados ou celebrados por órgão incompetente — fora, é óbvio, dos quadros de uma ratificação administrativa.

Exemplos de alienações de competência proibidas, têmo-los nas concessões que não estejam autorizadas legalmente, na submissão de um acto, que legalmente não lhe está subordinado, à autorização de outro órgão (se não for, antes, renúncia), na delegação não autorizada legalmente, no exercício conjunto duma competência singular, eventualmente, na adopção sistemática, automática e unânime, sem debate, das propostas dos vogais relatores nos órgãos colegiais.

As hipóteses de "delegação de poderes" e de "substituição" aparecem na lei reportadas à **renúncia** (legítima), mas, na verdade, elas não são renúncias e, sim, respectivamente, uma "alienação" (do exercício de poderes próprios) e uma "ocupação" (de poderes alheios) legalmente autorizadas.

É a figura da substituição de órgãos, a verdadeira (não a mera suplência, como, por exemplo, no art. 41.º e no art. 47.º), que está envolvida neste preceito. Doutro modo, ele não faria sentido.

art. 29.º, n.º 2

VII. Sanciona-se com a nulidade absoluta qualquer acto ou contrato que tenha por **objecto** a renúncia à competência — devendo, naturalmente, entender--se que o regime é o mesmo para os casos de alienação de competência.

Quando se refere a *"um acto ou contrato que tenha por objecto a renúncia"* (ou alienação) da competência, a lei quer naturalmente referir-se ao seu resultado ou efeito jurídico, qualquer que ele seja, directo ou indirecto, explícito ou implícito — não se dando, portanto, ao conceito legal de *objecto* um sentido técnico-jurídico rigoroso.

E trata-se, como se viu, de sancionar tanto a renúncia à titularidade da competência, como quanto ao (modo do) seu exercício.

A sanção da invalidade absoluta estabelecida neste artigo é restrita à cláusula ou efeito do acto ou contrato cujo objecto seja a renúncia ou a alienação — só se propagando ao seu restante clausulado, se aquela for determinante dele.

Em consonância com o disposto neste preceito, deve entender-se, portanto, que a delegação de poderes feita sem previsão legal é nula e de nenhum efeito — embora o acto praticado ao abrigo dela possa estar ferido de incompetência apenas relativa (ver anotação ao art. 35.º, n.º 1).

Artigo 30.º

Artigo 30.º

Fixação da competência

1. A competência fixa-se no momento em que se inicia o procedimento, sendo irrelevantes as modificações de facto que ocorram posteriormente.
2. São igualmente irrelevantes as modificações de direito, excepto se for extinto o órgão a que o procedimento estava afecto, se deixar de ser competente ou se lhe for atribuída a competência de que inicialmente carecesse.
3. Quando o órgão territorialmente competente passar a ser outro, deve o processo ser-lhe remetido oficiosamente.

I. *Correspondência do regime administrativo com o regime processual.*
II. *O momento da fixação da competência no início do procedimento: eventual convalidação do procedimento iniciado por órgão incompetente.*
III. *Alteração dos pressupostos e das regras de competência ocorridas no decurso do procedimento.*
IV. *Relevância das modificações de direito. Regime.*
V. *Irrelevância das modificações de facto: esclarecimento.*
VI. *A remessa do processo ao órgão que se tornou territorialmente competente: dúvidas sobre a limitação do âmbito de aplicação do preceito.*

art. 30.º, n.ᵒˢ 1 e 2

I. Estes preceitos do art. 30.º sobre regras de fixação de competência são, no procedimento administrativo, os correspondentes aos do art. 18.º da Lei Orgânica dos Tribunais Judiciais (Lei n.º 38/87, de 23 de Dezembro) e aos do art. 8.º do ETAF, em matéria similar.

II. Estabelece-se no n.º 1 que a competência para o procedimento se fixa no momento do início deste: ou seja, no caso do procedimento de iniciativa particular, o requerimento deve ser dirigido ao órgão que for competente para a sua **decisão**, à data da respectiva apresentação.

Porém, o facto de um procedimento se iniciar sob o "mando" de órgão incompetente para o decidir (sem prejuízo do art. 34.º), não o torna, ou à respectiva decisão, sempre inválidos: pode, em virtude de modificação de direito **ocorrida no decurso do procedimento**, aquele órgão passar a deter a competência que lhe faltava e, então, como que se convalida aquilo que já tivesse processado ou mandado processar. Diferente é a hipótese de a respectiva decisão já ter sido tomada, porque,

195

Artigo 30.º

nesse caso, o facto de sobrevir (mesmo imediatamente a seguir) uma alteração normativa de competência não a salvaria da sanção da invalidade.

Note-se, aliás, que mesmo naquela primeira hipótese, de convalidação, esta só abrange as "ilegalidades" que se reportam ao elemento competência — pois, se simultaneamente houver formas, formalidades, pressupostos e interesses que não tenham sido observados ou considerados (por causa do modo como foi exercida a competência), claro que o procedimento é ilegal e inválido nessa parte.

III. Para além da regra legal da competência reportada ao momento do início do procedimento administrativo, estabelecem-se no preceito as consequências das modificações de facto e de direito ocorridas no decurso dele, sobre a titularidade ou exercício dessa competência.

O princípio geral é o de que **são irrelevantes as modificações de facto e de direito posteriores ao seu início,** mantendo-se o "mando do procedimento" na titularidade do órgão inicialmente competente.

IV. Exceptuam-se dessa regra, no n.º 2, apenas as **modificações de direito** em matéria de competência, que tenham como efeito:
— a extinção do órgão;
— a perda de competência (a cessação de habilitação legal);
— a atribuição da competência de que carecia inicialmente.

Das modificações de direito relevantes, a primeira — extinção do órgão — suscita a questão de saber qual o destino a dar ao procedimento: remessa oficiosa ao órgão sucessor (se o houver) ou devolução do processo, de documentos, ao(s) interessado(s), nos termos referidos em anotação ao art. 1.º, n.º 2? A solução correcta não está, parece-nos, na aplicação analógica do n.º 1 do art. 34.º — onde se regula o caso do *erro* do interessado —, mas do n.º 3 deste artigo 30.º, onde se fixa o dever de remessa oficiosa do processo derivado de modificação jurídica do factor competência. Não havendo sucessor legal do órgão extinto — hipótese que, em regra, corresponderá ao facto de a actividade que era objecto do procedimento em causa ter passado a ser uma actividade livre, não sujeita a procedimento (ou decisão) administrativo(s) —, então sim, é que haverá lugar à devolução de documentos ao interessado.

Quanto à segunda excepção da lei — ou seja, de o órgão perder a competência de que era titular — aí, havendo sucessão legal, parecem também mais fortes os laços que ligam a hipótese ao caso do n.º 3 deste preceito, do que à previsão do art. 34.º.

Sobre a terceira excepção — respeitante à atribuição legal de competência ao órgão que dela estava inicialmente carecido — já dissemos algo acima, na nota **II.**

V. O princípio de que as **modificações de facto** são "irrelevantes" em matéria de competência carece de esclarecimentos. Há, na verdade, modificações de

Artigo 31.º

facto — como uma mudança de residência (ou de escola, por exemplo) que podem implicar com a competência territorial (ou em razão da matéria) da autoridade sob cuja égide se iniciou o procedimento —, havendo ou podendo haver então, também, lugar à aplicação do preceituado no n.º 3 deste artigo.

art. 30.º, n.º 3

VI. A disposição do n.º 3 suscita, como já se alvitrou, a questão de saber por que razão aparece a sua estatuição limitada ao caso da competência territorial — não sendo já de aplicar quando se trate, por exemplo, de uma nova distribuição de competência em razão da matéria (ou, mesmo em razão da hierarquia) —, porque, em qualquer desses casos, também muito do que já foi processado pode servir à instrução do procedimento junto da autoridade que agora passou a ser (hierárquica ou materialmente) competente.

Mas já quanto a eventuais modificações de facto atendíveis para este efeito — v.g. a referida mudança de residência, quando esse foi o factor determinante na fixação da competência territorial dum órgão —, é evidente que, a haver lugar à remessa do processo para o órgão competente (se não for o caso de o procedimento se considerar extinto, por força do art. 112.º, n.º 1, do CPA), ela teria lugar a solicitação do interessado, embora seja concebível a existência de um dever oficioso de proceder à remessa no caso de a modificação de facto ter sido provocada por razões do foro da própria Administração procedimental.

Artigo 31.º

Questões prejudiciais

1. Se a decisão final depender da decisão de uma questão que seja da competência de outro órgão administrativo ou dos tribunais, deve o órgão competente para a decisão final suspender o procedimento administrativo até que o órgão ou o tribunal competente se pronunciem, salvo se da não resolução imediata do assunto resultarem graves prejuízos.

2. A suspensão cessa:

a) **Quando, a decisão da questão prejudicial depender da apresentação de pedido pelo interessado e este não o apresentar perante o órgão administrativo ou o tribunal competente nos 30 dias seguintes à notificação da suspensão;**

b) **Quando o procedimento ou o processo instaurado para conhecimento da questão prejudicial estiver parado, por culpa do interessado, por mais de 30 dias;**

Artigo 31.º

---

c) **Quando, por circunstâncias supervenientes, a falta de resolução imediata do assunto causar graves prejuízos.**

3. Se não for declarada a suspensão ou esta cessar, o órgão administrativo conhecerá das questões prejudiciais, mas a respectiva decisão não produzirá quaisquer efeitos fora do procedimento em que for proferida.

I. *Precisão terminológica da lei.*

II. *As questões prejudiciais: o seu aparecimento no procedimento administrativo.*

III. *Dúvidas sobre a delimitação do respectivo conceito por referência à competência de outras instâncias.*

IV. *Suspensão (parcial) do procedimento e remessa da questão prejudicial para a sede competente.*

V. *Sentido da alteração legislativa do n.º 2.*

VI. *A cessação dos efeitos da suspensão decretada (para conhecimento da questão prejudical em sede própria).*

VII. *Conhecimento da questão prejudicial no próprio procedimento: casos e requisitos.*

VIII. *A vinculatividade dos factores legais de opção administrativa pela decisão da questão prejudicial no procedimento principal.*

IX. *Os efeitos da decisão da questão prejudicial proferida no procedimento principal.*

X. *A impugnação da decisão de (não) suspensão do procedimento e da decisão prejudicial que for tomada.*

art. 31.º, n.º 1

I. Na republicação do Código aparece-nos, por um lado, o conceito "resolução", em vez do conceito "decisão" que se usou duas vezes no início do texto do próprio diploma legal. Como afirmamos atrás, para nós, lei é o Decreto-Lei n.º 442/ /91 e o Decreto-Lei n.º 6/96 (e não a sua autorização legislativa ou a sua republicação), embora, naturalmente, a questão não tenha aqui qualquer relevo prático.

Relevo poderia ter sim o facto de na mesma republicação se ter suprimido a expressão *"deve o órgão competente para a decisão final"* — supressão que não consta do Decreto-Lei n.º 6/96 —, recusando-se, no entanto, a essa republicação diferente o mesmo valor (nulo) que atribuímos a todos os outros casos em que se verificaram divergências similares.

II. O art. 31.º transporta para o direito e procedimento administrativos, de maneira adaptada, as normas do art. 97.º do Código de Processo Civil.

Questões prejudiciais num procedimento administrativo são aquelas que, sendo das atribuições, competência ou jurisdição de outro órgão administrativo ou

Artigo 31.º

dum tribunal, condicionam, contudo, em termos de facto ou de direito, a decisão desse procedimento; e, portanto, para que esta possa ser tomada, em função de todos os factos existentes e de todo o direito aplicável, é necessário primeiro responder às referidas questões prejudiciais.

Falámos *"em termos de facto ou de direito"* para tornar claro que, por exemplo, a comprovação autêntica ou judicial de factos pode ser uma questão prejudicial num procedimento administrativo. Em princípio não será assim, obviamente: a autoridade procedimental deve formar (sobre os factos nele aduzidos ou envolvidos) a sua própria e intíma convicção e considerar a prova feita como adequada, ou não, aos fins do procedimento administrativo — o qual, aliás, se pode bastar com um juízo ou uma evidência menor do que a que seria necessária para uma sua comprovação judicial —, tirando daí as respectivas consequências.

Há, na verdade, no procedimento administrativo, muitas "questões prejudiciais", de facto e de direito, que nem sequer ressaltam como tal, porque são resolvidas e decididas de acordo com os princípios da eficiência e da informalidade, próprios do proceder administrativo, por oposição aos princípios do contraditório e da formalidade do processo judicial. Em certas circunstâncias, porém, uma questão que estava destinada a ser resolvida informalmente, pode extravazar do âmbito da capacidade procedimental do órgão respectivo e tornar-se uma questão prejudicial, a resolver autonomamente: assim, por exemplo, a invocação da qualidade de proprietário num procedimento administrativo pode tornar-se numa "questão prejudicial", se tal invocação for contestada por outros interessados.

Claro que esta compressão ou extensibilidade circunstancial do conceito de questão prejudicial tem limites: há questões que nunca são prejudiciais (são cobertas pelas normais faculdades instrutórias e inquisitórias da Administração) e outras há que não podem nunca ser resolvidas no foro do procedimento administrativo (sejam, por exemplo, as respeitantes à verificação de pressupostos de natureza penal) e que, a surgirem, serão sempre prejudiciais.

III. O que não nos parece feliz, na lei, é o facto de se reportar a delimitação das questões prejudiciais ao factor "competência" (de outro órgão ou de um tribunal) — pois há questões prejudiciais para as quais o órgão procedimental pode ter competência, mas que têm de ser objecto de procedimento próprio ou específico, havendo então toda a razão para aplicar a essa questão (que é da sua competência) as regras deste art. 31.º.

IV. Surgindo uma questão prejudicial, o órgão administrativo fica constituído no **dever** jurídico de **suspender** o procedimento até que ela seja decidida na instância ou procedimento próprios — ao contrário dos juízes que, face a uma questão da mesma natureza, podem suspender ou sustar discricionariamente o processo em que ela se suscite (art. 97.º do Código de Processo Civil; art. 7.º, n.º 2, do Código de Processo Penal; art. 4.º, n.º 2, do ETAF), mas também podem decidi-la aí, eles mesmos.

Artigo 31.º

Quer dizer que, em princípio, a competência procedimental de um órgão administrativo **não é extensiva à decisão incidental das respectivas questões prejudiciais.**

A suspensão do procedimento, quando a ela haja lugar, para decisão noutra sede da questão prejudicial, não é necessariamente total: podem continuar a cumprir-se formalidades que não estejam directamente dependentes da solução da questão prejudicial. Mas não pode continuar-se o procedimento, cumprindo as respectivas formalidades de modo a salvaguardar qualquer das hipóteses que possam vir a sair da decisão principal da questão prejudicial — por exemplo, dar audiência aos dois "interessados" que discutem sobre a propriedade do bem que é objecto do procedimento, não só porque tal audiência (em vez de ser dirigida primacialmente à defesa da respectiva posição procedimental) teria certamente como objectivo a defesa da respectiva pretensão no conflito sobre a propriedade e tornaria o procedimento num emaranhado e confusão de duplas formalidades, uma parte das quais seriam praticadas e documentadas para depois serem, pura e simplesmente, inutilizadas e desentranhadas, mantendo-se apenas as correspondentes à decisão favorável da questão prejudicial.

art. 31.º, n.º 2

V. A alteração do Decreto-Lei n.º 6/96 resumiu-se — para além de alguns acertos sintáticos — à distribuição das regras da anterior alínea *a*), por duas alíneas distintas, a a) e a b).

VI. Uma vez "declarada" a suspensão do procedimento para decisão da questão prejudicial, os respectivos efeitos cessam, se ocorrer qualquer das circunstâncias referidas nas três alíneas deste n.º 2, "regressando" a questão prejudicial ao procedimento em que surgiu para ser aí resolvida com os efeitos do n.º 3.

A hipótese que, na redacção do Decreto-Lei n.º 6/96, fica abrangida pela alínea *c*) — ainda bem que o legislador a previu — corresponde à da parte final do n.º 1; mas neste, a existência de prejuízos graves deriva de circunstâncias surgidas durante a suspensão do procedimento. Se tais prejuízos fossem conhecidos antes, a suspensão do procedimento para decisão da questão prejudicial nem tinha sido "declarada"; assim, surgindo depois de "declarada", fazem-se cessar os seus efeitos e a questão incidental volta a integrar-se no procedimento principal, para ser decidida aqui.

A outra hipótese de cessação dos efeitos da suspensão — desdobrada nas actuais alíneas a) e b) — é a de, por inércia do(s) interessado(s) na suspensão, o processo respeitante à questão prejudicial não ter sido desencadeado no prazo de 30 dias a contar do conhecimento (oficial) da suspensão, no caso dos procedimentos de iniciativa particular ou, de o interessado o deixar parado mais de 30 dias (neste caso, se houver culpa sua).

É, afinal, uma solução correspondente à das leis processuais citadas.

Artigo 31.°

art. 31.°, n.°3

VII. Só se admite a extensão da competência principal à decisão da questão prejudicial (para além dos casos previstos no n.° 3) na hipótese da parte final do n.° 1, que é a de a suspensão determinar graves prejuízos, derivados da demora provocada pela necessidade de recorrer a um procedimento administrativo (ou processo judicial) principal para decisão da questão prejudicial, decidindo-se esta no próprio procedimento em que surgiu.

Tem de tratar-se, note-se, de prejuízos que resultem efectiva e actualmente da suspensão. Caso contrário, tratando-se de um prejuízo ou consequência eventual, apenas possível, há lugar à suspensão do procedimento administrativo, avaliando-se depois (se e quando tais consequências se tornarem efectivas), nos termos da alínea c) do n.° 2, da necessidade de fazer cessar a suspensão e de "recuperar" a questão prejudicial para o procedimento em que se suscitou.

A lei não distinguiu entre graves prejuízos **públicos** ou de **particulares** envolvidos pelo procedimento; propendemos, por isso, para considerar que qualquer que seja a sua natureza, pode o órgão principalmente competente estender a sua competência à decisão incidental das questões prejudiciais.

VIII. Note-se que a decisão de não suspender o procedimento (para decisão principal da questão prejudicial) deve ser fundamentada — pelo menos, se a decisão incidental da questão prejudical redundar em detrimento do interesse ou da posição formulada por qualquer interessado, a esse propósito.

O preceito do n.° 3 — ao contrário do que poderia parecer, se fosse lido desgarradamente do n.° 1 — não confere ao órgão administrativo a faculdade discricionária (que as leis processuais conferem aos juízes nesta matéria) de suspender, ou não, o procedimento para decisão das respectivas questões prejudiciais. A expressão *"se não for declarada a suspensão"* significa, portanto, que ocorreram aquelas circunstâncias a que se refere a excepção da parte final do n.° 1 — ou da alínea *c*) do n.° 2 — e que foi nesse quadro que o órgão do procedimento administrativo resolveu decidir, ele próprio, a respectiva questão prejudicial.

IX. Neste n.° 3 prevêem-se as consequências da decisão da questão prejudicial no âmbito do procedimento em que ela surgiu.

A decisão incidental de uma questão prejudicial do procedimento administrativo não produz quaisquer efeitos fora dele, valendo, digamos assim, apenas como *caso julgado* (meramente) *formal*.

Nem sequer, note-se, noutro procedimento administrativo que corra entre a mesma Administração e interessados — salvo, obviamente, se se tratar de um procedimento secundário (ou consequente) daquele primeiro, como o são os da respectiva execução, revogação, reclamação, recurso, etc.

Artigo 32.º

X. A decisão incidental de uma questão prejudicial, no procedimento administrativo, pode ser impugnada contenciosamente, quando seja uma decisão ou acto dele destacável — nem é de estranhar a competência da jurisdição administrativa para o conhecimento dos recursos dirigidos contra a decisão procedimental incidental, uma vez que os efeitos dessa decisão são restritos ao próprio procedimento administrativo em que se inserem — ou, então, ser impugnada através do acto principal quando, não sendo destacável, ela se repercute em termos determinantes, na sua prática ou conteúdo.

Outra questão é se pode ser impugnada a própria decisão de suspender ou não suspender o procedimento, para decisão da questão prejudicial.

A decisão de **não suspender** o procedimento e de nele decidir a questão prejudicial não parece, **em si**, ferir ou lesar interesse procedimentalmente relevante de qualquer interessado; só a própria decisão prejudicial, favorável ou desfavorável, tem, ou poderia ter, essa virtualidade.

Já a decisão de **suspender o procedimento,** para tal efeito (pelas demoras que isso, em regra, acarreta) essa, sim, pode lesar o interesse procedimental que foi objecto de tutela jurídica na parte final do n.º 1 deste art. 31.º: por isso, aí, admitiríamos o recurso contencioso, se bem que não se anteveja a sua utilidade prática.

Artigo 32.º

Conflitos de competência territorial

Em caso de dúvida sobre a competência territorial, a entidade que decidir o conflito designará como competente o órgão cuja localização oferecer, em seu entender, maiores vantagens para a boa resolução do assunto.

> *I. Âmbito de aplicação da norma.*
> *II. A decisão do conflito em sede de conveniência e sua obrigatoriedade (e eventual impugnação).*

I. Quando dois (ou mais) órgãos administrativos se proclamarem territorialmente competentes ou incompetentes para a decisão de um procedimento administrativo, o respectivo conflito (positivo ou negativo) de competência é decidido pelo órgão de menor categoria hierárquica, que exercer poderes de supervisão sobre os órgãos envolvidos no conflito, como se dispõe no art. 42.º, n.º 3.

Manda o preceito deste art. 32.º que a decisão destes conflitos se faz em função do *"órgão cuja localização oferecer (.....) maiores vantagens para a boa resolução do assunto"*. Duvidoso é se a previsão do preceito abrange, ou não, as hipóteses em que existem dúvidas sobre a competência territorial de órgãos de entes (ou de ministérios) distintos.

Outra questão que se põe, quanto ao âmbito do preceito, é a de saber se a sua previsão corresponde à das normas de resolução de conflitos ou se as *"dúvidas"* aqui previstas não serão as resultantes da diferente interpretação ou aplicação da lei de competência, mas sim da falta desta.

A resposta é, porém, óbvia: na falta de lei de competência, não pode haver "dúvidas" sobre ela: não existe, nem para um nem para outro órgão. É, portanto, da primeira alternativa que se trata (como, aliás, o sugere o próprio texto do preceito).

II. O órgão com competência para decidir este tipo de conflitos não é chamado a resolvê-lo no plano da legalidade — como sucede, em geral —, mas da conveniência ou eficiência. É, porém, estranho que, mesmo que esteja firme na sua convicção sobre a (i)legalidade da posição de um dos órgãos conflituantes, o órgão superior deva decidir o conflito em função de parâmetros, como o das *"maiores vantagens para a boa resolução do assunto"*, ou seja, como dizem os AA. do *Projecto* (em anotação ao art. 32.°), *"a análise a fazer não é, portanto, meramente orgânico-formal, antes deve tomar em conta a natureza dos interesses em causa"*. Não está excluído, porém, que os parâmetros dessa decisão se relacionem com a legalidade de cada opção.

A decisão administrativa do conflito de competência territorial vincula os órgãos conflituantes — na sua qualidade de órgãos sujeitos ao poder hierárquico —, mas não vincula os interessados no procedimento, que podem sempre impugnar a respectiva decisão final com base na incompetência do órgão que foi administrativamente designado como competente.

Artigo 33.°

Controlo da competência

1. Antes de qualquer decisão, o órgão administrativo deve certificar-se de que é competente para conhecer da questão.

2. A incompetência deve ser suscitada oficiosamente pelo órgão administrativo e pode ser arguida pelos interessados.

    I. A "reserva da Administração" em matéria de decisão sobre a competência.

   II. A decisão sobre a competência, prévia de todas as outras decisões procedimentais.

  III. A decisão positiva sobre a competência.

  IV. A decisão negativa.

   V. A arguição da incompetência no procedimento administrativo.

Artigo 33.º

art. 33.º, n.º 1

I. As expressões usadas no n.º 1 (*"antes de qualquer decisão"*, *"certificar--se"*, *"conhecer da questão"*) não são das mais claras, mas não parece que, por causa delas, se venham a suscitar grandes dúvidas na interpretação e aplicação do preceito. O que ele significa é que o órgão administrativo, salvo nos casos em que exista conflito superiormente resolvido, (auto-)verifica a sua própria competência — tal como é o tribunal que avalia da sua própria competência para o processo judicial.

Note-se que na proposição deste n.º 1 do art. 33.º reside um dos traços essenciais da nossa separação de Poderes: a decisão sobre a competência procedimental faz parte da *"reserva de Administração"*. A Administração não instaura procedimentos por ordem ou decisão primária dos tribunais, sendo ela, em "1ª instância", o *juiz* da sua própria competência.

II. A auto-verificação da competência é, eventualmente (ver *infra*), a primeira decisão do procedimento.

É verdade que a leitura do n.º 1 do art. 34.º do Código sugere que, antes da decisão sobre a competência, o órgão administrativo deveria decidir a questão da tempestividade da petição ou requerimento. Não é assim: com a ressalva referida, a decisão sobre a competência precede todas as outras, pois, se o órgão não é competente, não tem poderes de cognição e decisão em qualquer outra matéria, ainda que sejam as respeitantes aos restantes pressupostos procedimentais, como os da tempestividade ou da legitimidade.

É, no entanto, de admitir que, antes de se certificar sobre a sua competência, o órgão administrativo seja obrigado a tomar conhecimento de outras questões do procedimento, de que dependa o juízo sobre tal competência. Assim, por exemplo, como esta só se pode determinar (nos procedimentos particulares ou públicos) em função do pedido formulado, pode suceder que o órgão tenha que se defrontar previamente com a questão da sua inteligibilidade (ver art. 76.º) para poder determinar, depois, sobre se é competente, ou não, para conhecer dele.

III. A **decisão positiva** sobre a existência de competência, constatando-a explícita ou implicitamente, não é (até pela sua provisoriedade) destacável, salvo em circunstâncias especiais, e na maior parte dos casos é, até, uma decisão sem traço no processo, ínsita apenas no despacho que o manda encetar ou prosseguir.

Mas pode ser arguida no próprio procedimento administrativo pelos interessados — como também resulta do n.º 2 deste artigo — e, depois, contenciosamente, através da arguição do vício da incompetência da decisão final.

Artigo 34.°

IV. Já a **decisão negativa** inicial sobre a incompetência do órgão para "conhecer da questão" — tenha sido oficiosa ou particularmente suscitada —, essa, pondo termo ao procedimento, é passível de impugnação contenciosa imediata, desde que afecte uma pretensão ou posição de fundo de interessados.

Verificando a sua incompetência em procedimento particular, o órgão administrativo deve fundamentar a respectiva decisão e proceder de acordo ou com o art. 30.°, n.° 1 ou com o art. 34.°. Sobre o procedimento oficioso, ver notas aos arts. 54.° e 55.°.

art. 33.°, n.° 2

V. O n.° 2 deste artigo é algo equívoco.

A sua primeira parte é inútil porque já resultava do n.° 1. A segunda parte é equívoca porque, havendo verdadeiras arguições procedimentais da própria decisão sobre a competência — quer da decisão positiva (só em procedimento administrativo, salvo destacabilidade) quer da decisão negativa (também em processo contencioso) —, o preceito está redigido para uma situação que pode nem ser de verdadeira **arguição** (da decisão tomada), mas em que se trata apenas de "agitar" a questão num procedimento em que ela ainda não houvesse sido posta.

Artigo 34.°

Apresentação de requerimento a órgão incompetente

1. Quando o particular, por erro desculpável e dentro do prazo fixado, dirigir requerimento, petição, reclamação ou recurso a órgão incompetente, proceder-se-á da seguinte forma:

   a) **Se o órgão competente pertencer ao mesmo ministério ou à mesma pessoa colectiva, o requerimento, petição, reclamação ou recurso ser-lhe-á oficiosamente remetido, de tal se notificando o particular;**

   b) **Se o órgão competente pertencer a outro ministério ou a outra pessoa colectiva, o requerimento, petição, reclamação ou recurso será devolvido ao seu autor, acompanhado da indicação do ministério ou da pessoa colectiva a quem se deverá dirigir.**

2. No caso previsto na alínea b) do número anterior, começa a correr novo prazo, idêntico ao fixado, a partir da notificação da devolução ali referida.

Artigo 34.º

3. Em caso de erro indesculpável, o requerimento, petição, reclamação ou recurso não será apreciado, de tal se notificando o particular em prazo não superior a quarenta e oito horas.

4. Da qualificação do erro cabe reclamação e recurso, nos termos gerais.

> *I. Esclarecimento e correcção terminológica.*
> *II. A obrigação de proceder dos órgãos incompetentes (e o dever de decidir dos órgãos competentes).*
> *III. Como se procede face ao requerimento dirigido a órgão administrativo incompetente.*
> *IV. O juízo administrativo sobre a desculpabilidade do erro e o princípio do favor do administrado.*
> *V. Impugnabilidade desse juízo.*
> *VI. Regime aplicável no caso de erro desculpável.*
> *VII. Resumo do regime legal e dúvidas que suscita.*

I. A leitura do n.º 1 sugere de algum modo que, antes da decisão sobre a competência, o órgão administrativo deveria decidir a questão da tempestividade da petição ou requerimento. Não é assim, como já anotámos acima a propósito do artigo anterior. A decisão sobre a competência precede todas as outras (salvo eventualmente as respeitantes à identificação do requerente e à intelegibilidade do pedido, como se comenta a propósito do art. 83.º): se o órgão não é competente, não tem poderes de cognição e decisão em qualquer outra matéria (salvo, eventualmente, sobre a inteligibilidade da pretensão deduzida).

Por outro lado, do que se trata neste preceito não é, propriamente, da *"apresentação"* do requerimento a órgão incompetente — que, em certo sentido, essa está regulada nos arts. 77.º e 78.º do Código — mas do facto de o interessado ter **dirigido** o requerimento a um órgão incompetente para conhecer do pedido dele constante, de ter, em suma, indicado como destinatário oficial do seu requerimento um órgão "estranho" à pretensão aí formulada.

II. A existência do dever revelado neste artigo, de os órgãos administrativos actuarem em qualquer caso para o que sejam solicitados pela apresentação de requerimento (ou petição), demonstra a importância de distinguir entre a obrigação de **decidir** — que impende sobre os órgãos administrativos **competentes** nos termos do art. 9.º (cfr. notas respectivas) — e a obrigação de se pronunciar (de responder), que existe sempre, mesmo para os órgãos incompetentes para a questão suscitada ou para a decisão pretendida — obrigação que já resultava, aliás, do art. 52.º, n.º 1, da Constituição, do art. 8.º da Lei n.º43/90, de 10.VIII (Direito de Petição), e do art. 4.º do Decreto-Lei n.º 129/91, de 2.IV., disposições legais que alguns

Artigo 34.º

Autores consideram revogadas por este artigo 34.º (ver, por exemplo, ADALBERTO MACEDO, ob. cit., pág. 21 e segs.).

III. Essa obrigação de proceder consubstancia-se, em primeiro lugar, no facto de, perante uma petição que lhe seja dirigida, qualquer órgão estar constituído na obrigação de se "certificar" sobre a sua competência, como se estabeleceu no art. 33.º.

E, mesmo que constate ser incompetente, não cessa necessariamente aí a sua obrigação de proceder. É, então, que se salta do disposto no art. 33.º para este art. 34.º.

O órgão administrativo pode, na verdade, ter chegado à conclusão sobre a sua incompetência com base no facto de ser outro o órgão competente para decidir, ou então, com base em qualquer outra circunstância ou factor de que não resulte a determinação do órgão competente.

Neste segundo caso, notifica-se o interessado, dando-lhe conhecimento de se ter concluído pela incompetência e do teor resumido das razões dessa decisão (devolvendo-se-lhe os documentos que acompanharam o requerimento).

Porém, se o órgão requerido tiver determinado qual é o órgão competente para apreciar o requerimento ou petição do interessado, impõe-lhe este art. 34.º, em primeiro lugar, que averigue e qualifique as circunstâncias que terão levado à não apresentação da petição perante o órgão competente: se tal erro for considerado **indesculpável**, aplica-se o disposto no n.º 3, cessando aí a obrigação de proceder; se, porém, o erro for **desculpável,** seguem-se os termos do n.º 1.

IV. O juízo administrativo sobre a **desculpabilidade** do erro do requerente — para o qual a lei não estabelece quaisquer parâmetros — deve pautar-se por um princípio de *favor do administrado*, que contrabalance a teia cada vez mais complexa e desdobrada de serviços da Administração Pública.

Erros com a determinação dos órgãos administrativos competentes — por causa das dificuldades de acesso e interpretação das inúmeras leis e regulamentos administrativos (ou da existência de delegações que não se tomaram em conta) — ocorrem frequentemente.

Devem considerar-se como desculpáveis, pelo menos, todos os erros de direito que não sejam notórios e grosseiros, bem como todos aqueles erros de facto que não resultem da despreocupação ou ligeireza com que o interessado encarou a questão da competência para o procedimento.

V. Note-se que a lei, no n.º 4, permite expressamente a impugnação da qualificação feita sobre a censurabilidade do erro, sem distinguir entre a sua qualificação como indesculpável ou como desculpável e, permitindo, portanto, que a impugnem

Artigo 34.º

tanto o requerente (quando for qualificado como indesculpável) como os contra--interessados (se ele for considerado desculpável).

É necessário, porém, parece-nos evidente, que estes revelem ter um interesse directo e legítimo ou actual, um interesse efectivo nessa impugnação, não bastando, pois, o mero erro na qualificação feita, se (por causa dele) não ficarem afectadas as suas posições jurídicas, substantivas ou procedimentais — como sucederia, por exemplo, quando a entrada do requerimento com uma ou outra data bulisse com a caducidade das pretensões que se manifestam no procedimento.

VI. Verificada a desculpabilidade do erro cometido na apresentação do requerimento — e com o objectivo de aproveitar este acto procedimental do particular — o órgão (incompetente) que o recebeu procede como se determina ou na alínea a) ou na alínea b) do n.º 1.

No caso do erro respeitar à competência de órgãos do **mesmo ministério** (ou do mesmo Poder, tratando-se de competência "em matéria administrativa" de outros Poderes soberanos) — ou, não sendo o Estado, de órgãos da **mesma pessoa colectiva** —, remete-se o requerimento ao órgão competente, disso se notificando o requerente (e os restantes interessados, se a decisão e remessa tiverem lugar já com o procedimento a correr).

No caso de o erro respeitar a órgãos de **ministérios** (ou Poderes) **diferentes** — ou (não sendo o Estado) de **pessoas colectivas diferentes** —, devolve-se a petição ao interessado e indica-se-lhe qual o ministério (ou Poder) ou a pessoa colectiva onde se deve dirigir, **começando, então, a correr novo prazo para apresentação da petição** (se o houver fixado na lei, é claro).

VII. Estabelecem-se, portanto, três alternativas em termos de consequências jurídicas da "apresentação" de uma petição (procedimental) numa instância incompetente:

a) se o erro é indesculpável, a protecção do particular é mínima — pois apenas está assegurado que ele será notificado do erro cometido, em prazo não superior a 48 horas;

b) se o erro é desculpável e versa sobre órgão do mesmo ministério ou pessoa colectiva, a protecção é total: o procedimento segue com a mesma data de entrada, remetendo-se oficiosamente ao órgão competente;

c) se o erro é desculpável e versa sobre órgãos de ministérios ou pessoas colectivas diferentes, a protecção é média: o procedimento não segue, mas o interessado dispõe de novo prazo procedimental para o desencadear (salvo, claro, se o direito que se pretendia exercer tiver caducado materialmente).

Quanto ao prazo referido nesta alínea a), não estabelece o Código o momento a partir do qual ele começa a correr, o que pode ser fonte de algumas dúvidas,

Artigo 35.º

sobretudo se a este prazo se acopla o previsto para o caso de apresentação do requerimento num serviço dependente ou desconcentrado (cfr. n.ᵒˢ 2, 3 e 4 do art. 77.º, art. 78.º e n.º 3 do art. 169.º), devendo considerar-se que o prazo (48 horas) aqui fixado só começará a correr, quando muito, a partir da entrada do requerimento (petição, reclamação ou recurso) nos serviços centrais do órgão a que é dirigido.

Questão é saber quais são os efeitos do incumprimento do prazo referido pela Administração a quem o requerimento foi dirigido: parece-nos dever entender-se que — para além dos efeitos pertinentes em matéria de responsabilidade civil (se a sua inobservância for culposa e causa adequada de prejuízos) —, havendo um prazo legal para apresentação da respectiva pretensão, os dias que excederem o prazo de 48 horas não se tomam em conta para efeitos da respectiva contagem.

Difícil é também saber se tal prazo de 48 horas se conta a partir da apresentação do requerimento ou da data da detecção e qualificação do erro. Preocupações de garantia recomendariam a primeira solução — além de se tratar de erro indesculpável, porventura flagrante, e, portanto, de fácil e rápida resposta por parte da Administração —, mas cremos que será mais pragmático aceitar a segunda.

Por outro lado, quanto ao último caso que se suscitou acima na alínea *c*), vêmo-lo com alguma apreensão por estabelecer uma garantia excessiva, já que teria sido suficiente a suspensão do prazo ou, se este terminasse entretanto, uma pequena dilação.

Deste modo, os particulares poderiam encontrar aqui um meio de reabertura de novos prazos (se, por exemplo, já tivesse deixado correr parte substancial de um prazo para apresentação procedimental da sua pretensão), o que só seria contornável por via da qualificação do erro como indesculpável, solução naturalmente inadequada.

SECÇÃO IV

Da delegação de poderes e da substituição

Artigo 35.º

Da delegação de poderes

1. Os órgãos administrativos normalmente competentes para decidir em determinada matéria podem, sempre que para tal estejam habilitados por lei, permitir, através de um acto de delegação de poderes, que outro órgão ou agente pratique actos administrativos sobre a mesma matéria.

2. Mediante um acto de delegação de poderes, os órgãos competentes para decidir em determinada matéria podem sempre permitir que o seu imediato inferior hierárquico, adjunto ou substituto pratiquem actos de administração ordinária nessa matéria.

Artigo 35.°

3. O disposto no número anterior vale igualmente para a delegação de poderes dos órgãos colegiais nos respectivos presidentes, salvo havendo lei de habilitação específica que estabeleça uma particular repartição de competências entre os diversos órgãos.

    I. Delegação de poderes: noção. Figuras excluídas.

   II. A delegação de atribuições (ou funções).

  III. A coadjuvação.

  IV. A delegação tácita (o caso do Primeiro-Ministro, em relação à competência para assuntos correntes do Conselho de Ministros).

   V. A delegação interna (de tarefas e funções respeitantes ao exercício de uma competência).

  VI. A delegação de assinatura (sua admissibilidade).

 VII. A habilitação normativa da delegação de poderes.

VIII. O acto de delegação de poderes: natureza e impugnabilidade.

  IX. Os destinatários da delegação (órgãos ou agentes administrativos) e a relação jurídica que por força dela se constitui.

   X. A habilitação genérica para a delegação de competência em matéria de "administração ordinária": âmbito desta e a necessidade do acto de delegação.

  XI. O conceito de "administração ordinária", no Código: as competências instrumentais da competência decisória.

 XII. (cont) A "administração ordinária" e a administração normalizada e vinculada.

XIII. (cont.) O factor casuístico.

XIV. Os destinatários da delegação de competência em matéria de "administração ordinária" (a possibilidade de subdelegação).

 XV. A delegação, em matéria de administração ordinária, dos órgãos colegiais nos respectivos presidentes.

XVI. A prevalência de lei colegial especial.

XVII. Poderes indelegáveis por natureza.

art. 35.°, n.° 1

    I. Concebida como instrumento da desconcentração administrativa (e dos diversos valores ou interesses que lhe vão associados), a delegação de poderes é, no CPA, o acto pelo qual **um órgão** (legalmente habilitado para o efeito) *"permite...... que outro órgão ou agente pratique actos administrativos sobre a mesma matéria"*. Ou seja, e segundo a doutrina hoje mais generalizada, trata-se de um acto pelo qual um órgão transfere para outro o poder de exercício normal de uma competência cuja titularidade lhe pertence (primária ou originariamente).

Artigo 35.º

E, com tal noção, excluem-se logo da aplicação (pelo menos directa) das normas desta Secção do Código, algumas figuras afins da "delegação de poderes", como:
— a delegação de competência regulamentar;
— a delegação de atribuições ou funções;
— a coadjuvação;
— a chamada "delegação tácita";
— a delegação (ou repartição) interna do exercício de uma competência;
— a delegação de assinatura.
Referimo-nos a seguir, especificamente, às figuras enunciadas, com excepção da primeira, analisável noutro enquadramento.

II. Na **delegação de atribuições ou funções** — de que poderia constituir exemplo a delegação de certos poderes policiais do Estado nos Municípios — verifica-se que, em virtude de um acto delegatório, se tranfere para um órgão pertencente a pessoa colectiva diversa (Estado/Universidade; Município/Instituto Público) a responsabilidade pela realização de uma necessidade colectiva, bem como os poderes ou competências que lhe estão associadas.

Portanto, diferentemente do que ocorre com a delegação de competências, que respeita a uma transferência de poderes dentro do mesmo ente — relações inter-orgânicas —, a delegação de atribuições situa-se no âmbito das relações inter-subjectivas.

Um aspecto importante para a compreensão da natureza da relação que, por meio deste acto, se estabelece entre "delegante" e "delegado" parece-nos ser o que resulta de não haver aqui — pelo menos tão vincadamente, como na delegação de competências — um elemento de confiança pessoal, *intuitu personae*, entre o titular do órgão delegante e o do órgão delegado. A figura assume-se primacialmente com um recorte e uma intenção meramente organizatórios, alheios (pelo menos, do ponto de vista jurídico), a qualquer sintoma ou intenção pessoal do órgão da pessoa colectiva "delegante".

A grande questão que ela pode colocar, e que pode ser motivo para reflexão, é a de saber se, quando pré-exista uma relação de mera tutela entre "delegante"/"delegado", ela põe em causa a autonomia do ente tutelado em relação à actividade desenvolvida ao abrigo desta figura.

Entendemos, em primeiro lugar — designadamente para os casos em que essa tutela se limita à verificação do cumprimento da lei por parte do tutelado —, que não se aplicam a tal figura muitas das regras desta Secção. Assim, por exemplo, as directivas e instruções emitidas pelo delegante respeitantes ao exercício dessa actividade não deverão ser vinculativas — veja-se, neste sentido, o art. 4.º, n.º 5 da Carta Europeia de Autonomia Local (ratificada pelo Decreto do Presidente da República n.º 58/90, de 23/10) nos termos do qual *em caso de delegação de poderes por uma autoridade central ou regional, as autarquias locais devem gozar, na me-*

Artigo 35.°

dida do possível, de liberdade para adaptar o seu exercício às condições locais" —, do mesmo modo que a revogação, pelo "delegante", dos actos praticados pelo "delegado" só será possível se o acto for ilegal (revogação anulatória), se é que mesmo esta hipótese não é de excluir.

E pode ainda discutir-se, se se verifica ou não a caducidade da delegação no caso de alteração dos titulares dos órgãos envolvidos, à qual respondemos, em princípio, em sentido negativo, em virtude da natureza impessoal desta relação de delegação.

III. A **coadjuvação** — que não se deve confundir com o dever de colaboração, também chamado de coadjuvação entre autoridades administrativas, a que nos referimos em comentário aos arts. 90.° e 92.° — é a relação que se estabelece entre dois órgãos a que a lei atribui competências iguais, que podem ser exercidas indiferentemente por qualquer deles. *"Todavia, para evitar na prática um atropelo das suas actividades, reserva-se ao coadjuvado a faculdade de escolher certas tarefas e de as indicar ao coadjutor como o seu campo de acção normal"* (ROGÉRIO SOARES, Direito Administrativo, pág. 253).

Para o Autor citado, constitui um caso particular de coadjuvação a posição dos Secretários de Estado perante os Ministros respectivos. Tal perspectiva — mesmo se parece a mais adequada quanto ao modo de conceber a relação política entre aqueles dois órgãos —, não tem hoje apoio legal suficiente, estando afastada pela Lei Orgânica do actual Governo (Decreto-Lei n.° 296-A/95, de 17.XI) e de outros anteriores, que, referindo-se embora aos Secretários de Estado como coadjutores dos Ministros, estabelece, a seguir, que os mesmos *"não dispõem de competência própria, exercendo, em cada caso, a competência que neles for delegada pelo Primeiro-Ministro ou pelo Ministro respectivo"*.

IV. Figura controversa, pelas incertezas geradas em torno da delimitação de competências entre os órgãos envolvidos, é a da chamada **delegação tácita** ou **legal**.

O caso dos artigos 51.° e 52.° da LAL (revogados na actual versão dessa lei, dada pela Lei n.° 18/91, de 12.VI.) é ilustrativo da normal razão de ser do instituto: tarefas de um órgão colegial, como a Câmara Municipal, que são mais apropriadas para um órgão executivo singular (como, v.g., a de *"superintender na gestão e direcção do pessoal ao serviço do município"*, ou a de *"modificar ou revogar os actos praticados por funcionários municipais"*), estavam **legalmente** delegadas no Presidente da Câmara, que assim se tornava responsável, em primeira mão, pelo seu desempenho; mas o legislador não subtraía tais competências definitivamente da titularidade da Câmara — permitindo a esta o poder de fazer cessar a delegação, como também ainda de revogar, com qualquer fundamento, os actos praticados pelo seu Presidente, ao abrigo dela.

Artigo 35.º

Se bem que tenha perdido parte do seu interesse prático com a Lei n.º 18/91, que a eliminou da LAL (outorgando directamente ao Presidente da Câmara, como próprias, as competências até então consideradas *"tacitamente"* nele delegadas pela Câmara), esta figura subsiste em certas leis orgânicas.

Verifica-se ela, como se viu, quando a própria lei considera delegadas num determinado órgão competências que atribui a outro, mantendo neste (quando pré-exista entre ambos uma relação de supremacia/sujeição) o poder de revogar os actos praticados pelo "delegado" nessa matéria, bem como, em qualquer circunstância, o poder de fazer cessar a "delegação", chamando a si o exercício da competência.

A figura justifica-se, pois, como forma de conferir uma determinada competência, dentro da mesma pessoa colectiva, à instância mais apta para a exercer no dia a dia, mas sem deixar de salvaguardar, nessa matéria, não só a possibilidade de um órgão em posição de "supremacia" (qualquer uma) exercer um poder de controlo sobre o órgão "sujeito", como, mesmo, de tal órgão "supremo" substituir o órgão subordinado no exercício das competências que "normalmente" cabem a este. São, digamos assim, competências da pessoa colectiva, e que podem ser exercidas por mais do que um dos seus órgãos, consoante as circunstâncias de (a)normal funcionamento o recomendem.

Em nosso ver, não se deverá aplicar à *delegação tácita ou legal*, sem as adaptações que se mostrem necessárias, o regime instituído nesta secção do Código, porque não é uma verdadeira delegação de poderes que aí se trata, mas uma forma de desconcentração originária em que, normalmente (e ao contrário daquela) o órgão competente "em primeira mão" é o órgão que está em posição de sujeição ("delegado") — afigurando-se como precária e excepcional (ou provisória) a substituição do "delegado" pelo "delegante", subsequente à "revogação" desta "delegação".

Repare-se, aliás, que, no âmbito desta figura, o órgão "delegado" também é, indiscutivelmente, titular da competência (o que já não é pacífico no que se refere à delegação de poderes) e isso torna-o um verdadeiro órgão da administração, mesmo que não disponha de nenhuma outra competência — o que pode ser considerado relevante, por exemplo, quanto à cominação da sanção para os actos por si praticados, que padeçam do vício de incompetência (ver Acordão do STA, de 2.III.1990 *in* BMJ, n.º 395, pág. 329).

Uma figura algo semelhante à delegação tácita está consagrada na Lei Orgânica do Governo (actualmente o Decreto-Lei n.º 296-A/95, de 17.XI), relativamente a competências atribuídas por lei ao Conselho de Ministros, no âmbito de "assuntos correntes" da Administração, que se "consideram delegadas" no Primeiro-Ministro.

Nesta "delegação tácita" passa-se exactamente o inverso do que vimos acima, na delegação tácita "corrente". Na verdade, o Conselho de Ministros não exerce qualquer tipo de supremacia ou superintendência político-constitucional sobre o Primeiro-Ministro; pelo contrário, é o chefe do governo quem detém o poder de decisão na matéria, que decide sobre quem vai exercer a competência que a lei con-

Artigo 35.º

fere originariamente a ambos os órgãos — se ele próprio, se o Conselho, se, eventualmente, até, um ministro, por "subdelegação". De resto, a norma legal só não foi redigida em tais termos, certamente, porque o legislador não há-de ter querido beliscar a dignidade formal do Conselho de Ministros.

Trata-se, portanto, aqui, de uma figura diversa da delegação tácita, de que falámos nesta anotação.

V. A designada **delegação interna** não é propriamente uma delegação, mas antes uma **repartição de tarefas e "competências" internas**, no âmbito dos serviços de um ente ou órgão administrativo, não tendo, por isso, relevância no ordenamento jurídico geral e correspondendo a um poder normal dos titulares de órgãos administrativos.

É o caso, por exemplo, de se distribuírem, ao chefe da secretaria ou da tesouraria dos serviços, tarefas em matéria de processamento e contabilização de actos procedimentais, para efeitos de liquidação de taxas e custos e subsequente execução.

Note-se que o facto de designarmos esta forma de delegação como "interna" apenas visa excluir dela os casos de delegação que abranjam competências decisórias ou qualquer forma de competência externa.

Serão casos de delegações ou repartições de competências internas, no Código, o poder do instrutor do procedimento de encarregar subordinado seu da realização de diligências instrutórias específicas (art. 86.º, n.º 3) e, fora dele, aquele que é referido no art. 54.º, n.º 1, da LAL ("*O Presidente da Câmara será coadjuvado pelos vereadores........ podendo incumbi-los de tarefas específicas*").

Nesta forma de repartição de "competências", o único órgão com competência para a prática de actos administrativos e decisões procedimentais ou acessórias é o titular da competência: só a ele é imputável a actividade.

VI. Na **delegação de firma ou assinatura** não há uma delegação propriamente dita, porque o "delegante", o titular da competência, não transmite qualquer poder a outrem; apenas incumbe um agente coadjutor ou subalterno de assinar, em seu nome ou representação, os actos por ele praticados e que, obviamente, lhe são imputáveis de modo exclusivo.

Trata-se de uma figura de uso frequente na prática, através da referência da assinatura do acto ao órgão seu autor, assinando o "delegado", aqui, "pelo" ou "por", seguindo-se a indicação do autor do acto.

Parecem-nos insuficientes as razões que tradicionalmente são apontadas para a sua admissibilidade em geral (a não ser, eventualmente, nos casos em que o acto não seja praticado por forma escrita). Até porque o art. 123.º, n.º 1, alínea g), ao exigir (sempre) a assinatura do autor do acto, ou do presidente do órgão colegial de que emane, inviabiliza esta possibilidade, quando não haja lei expressa a prevê-la (v.g., art. 54.º, n.º 4, da LAL).

Artigo 35.°

VII. A possibilidade da **delegação de poderes**, a verdadeira, de que falamos agora, depende de a **lei** a prever. Sem essa habilitação, a delegação é ilegal — **nula**, por envolver uma renúncia ou alienação de competência, ficando os actos que venham a praticar-se ao abrigo dela feridos também do vício de incompetência (geradora de anulabilidade ou de nulidade, consoante os casos).

A exigência de habilitação legal tem mesmo consagração constitucional (art. 114.°, n.° 2), em relação à competência administrativa dos órgãos de soberania, das Regiões Autónomas e do Poder Local.

A regra é (não a da autorização legal, mas) a da autorização **normativa** da delegação administrativa. Quer isto dizer que não é necessário que a habilitação para delegar resulte da **lei**, como sugere literalmente o preceito do n.° 1 deste artigo; e uma lei pode, ao invés, não ser suficiente para o efeito. Na verdade, tanto como uma competência administrativa conferida pela Constituição só poderá ser delegada quando o previr uma norma constitucional, também aquela que seja conferida regulamentarmente pode ser delegada, quando o autorizar um regulamento (da mesma força).

É claro que uma delegação baseada em norma de grau inferior ao da norma atributiva da competência (v.g., um decreto a permitir a delegação de poderes conferidos por decreto-lei) é uma delegação ilegal, nula, que dá origem a actos ilegais, nos termos já vistos acima.

VIII. A delegação carece, para se tornar operante, de um **acto de delegação**: não basta nem a sua previsão normativa nem uma medida ou ordem informais que permitam ao delegado exercer certa competência.

O acto de delegação, quando respeita ao exercício em abstracto da competência pelo delegado, comporta-se como um acto normativo — ou, fazendo apelo à conhecida classificação da doutrina italiana, como um acto *"com conteúdo indirectamente normativo"*, isto é, um acto que, não contendo normas jurídicas, um *dever--ser*, se destina contudo a tornar aplicáveis normas anteriores —, porque o seu efeito é operar uma "redistribuição" de competência normativamente fixada.

Mesmo a delegação para a prática de um acto administrativo, para a decisão de um procedimento administrativo determinado, também pode ser vista como tal: na verdade, para o delegado e para os destinatários do acto a praticar por este (ou para os interessados no respectivo procedimento), a delegação funciona como se fosse a verdadeira e primeira norma de competência, vinculando todos eles à repartição de poderes feita através dela, como se estivesse estabelecida na própria lei de competência.

Mas, se não é um acto normativo (ou para-normativo) — pode ver-se, em PAULO OTERO, *"A competência delegada no Direito Administrativo Português"*, 1987, pág. 160, um apanhado das principais teses doutrinais quanto à natureza do acto de delegação —, ele há-de ser sempre considerado como um acto só indirec-

Artigo 35.º

tamente impugnável, através do recurso contencioso das decisões concretas em que for vertido, como pacificamente se reconhece.

Podem, porém, hipotisar-se casos de impugnabilidade do próprio acto de delegação, como sucederá, por exemplo, quando ela for feita por um órgão ou num órgão, com prejuízo da esfera de competência ou interesses *próprios* de outro órgão, ou quando estiveram envolvidos órgãos de pessoas colectivas distintas, sobretudo de Administração Autónoma, no caso da *delegação de atribuições* (ver *supra*).

IX. A delegação pode ter como destinatário um **órgão** ou **agente** e cria, entre o seu autor e o destinatário, uma relação nova, a relação de delegação, sobre a qual se dirá nomeadamente nas anotações aos arts. 39.º e 40.º.

art. 35.º, n.º 2

X. Contém-se neste preceito uma habilitação geral para a delegação — por parte de quaisquer órgãos administrativos (só esses, os do n.º 2 do art. 2.º do CPA, em princípio) e em qualquer assunto das respectivas atribuições — da sua competência para praticar *"actos de administração ordinária nessa matéria"*.

A delegação aqui prevista só pode reportar-se, obviamente, à prática de actos administrativos — nem de outro modo se compreenderia a referência, por exemplo, aos adjuntos de um órgão — que, se se tratasse aqui de uma mera repartição interna de tarefas ou actividades, não era necessária esta habilitação.

É, como se vê, um preceito com uma extensão amplíssima: todos os órgãos administrativos, passam, independentemente de previsão legal específica, a poder delegar a sua competência de *"administração ordinária"* em relação a todas as matérias das suas atribuições ou funções administrativas.

Torna-se necessário, portanto, encontrar uma noção consistente de *administração ordinária*, de modo a não causar embaraços ou dificuldades incomensuráveis na aplicação do preceito, mesmo se tais perigos estão de algum modo acautelados pelo facto de esta delegação (genericamente autorizada) estar dependente, também ela, de **um acto de delegação**, com todos os requisitos que este deve preencher e no qual irão especificados os poderes que é permitido ao delegado exercer.

XI. Quais são, então, esses *"actos de administração ordinária"*, para cuja delegação funciona a habilitação genérica deste artigo?

A noção de *"administração ordinária"* não é nova no Direito Administrativo português. Existia já, nomeadamente em matéria de administração financeira, um conceito de *"gestão corrente"*, a qual (nos termos do Decreto-Lei n.º 155/92, de 28 de Julho) *"compreende a prática de todos os actos que integram a actividade que os serviços e organismos normalmente desenvolvem para a prossecução das suas atribuições, sem prejuízo dos poderes de direcção, supervisão e inspecção do mi-*

Artigo 35.°

nistro competente". Mais sintomática, ainda, era a noção do art. 105.°, § único, do Código Administrativo, que previa a possibilidade de o Presidente da Câmara Municipal *"delegar nos directores de serviços a competência para o despacho de **negócios correntes** das respectivas direcções"*.

Já se sabe que conceitos deste tipo suscitam sempre enormes dificuldades, quando se quer fazer-lhes corresponder uma fórmula rigorosa, clara e capaz de abranger (salvo caso-limite) as diversas hipóteses concebíveis.

A verdade é que a natureza da norma aqui em apreço — cuja interpretação pode pôr em causa, inclusive, o próprio sistema de repartição da competência na Administração Pública portuguesa — desaconselha uma abordagem puramente casuística da questão, impondo-se procurar, ao menos, algumas referências mínimas que assegurem à sua aplicação um grau de certeza e segurança confortáveis, e evitando que a prática administrativa se torne num campo de experiências em matéria tão sensível.

A primeira referência, a tomar para este efeito, encontramo-la na própria lei: a distinção a estabelecer entre poderes delegáveis e indelegáveis, ao abrigo deste preceito, não é função da importância relativa das diversas "matérias" para a prossecução das atribuições dos serviços, mas, sim, das diversas competências que lhes cabem **numa qualquer matéria.**

Não há, neste sentido, matérias — como, por exemplo, os Recursos Humanos — que possam considerar-se de "administração ordinária" ou de "gestão corrente". Em qualquer "matéria", há competência decisória (indelegável, salvo habilitação específica) e competência "ordinária". Assim, a competência para decidir disciplinarmente não é delegável ao abrigo deste preceito pelo órgão dirigente do serviço público no seu adjunto para os recursos humanos: o que poderia ser delegado seria a sua competência para assegurar o cumprimento das penas aplicadas, que essa é que poderia ser *"administração ordinária"* da competência (ou decisão) disciplinar.

Do mesmo modo, poderíamos incluir aqui a distinção entre a competência para a **decisão do procedimento** e a **competência para a sua instrução**, embora a hipótese esteja expressamente prevista (aliás, sob regime similar ao da delegação aqui prevista) no art. 86.°.

Parece-nos que tal entendimento — para além de ser o mais conforme com uma habilitação genérica feita num Código de Procedimento — é, de longe, o mais agarrado à letra da lei e, portanto, aquele que, em termos de certeza e segurança jurídica, maior rigor de aplicação proporciona.

Teríamos, portanto, como primeiro núcleo desta categoria de actos, aquilo que se pode designar como *"administração ordinária de uma competência decisória"*, abrangendo **actos instrumentais** e de execução desta, para os quais, explícita ou implicitamente, fosse também originariamente competente o órgão com essa competência principal.

Parte-se da ideia de que, onde existe uma competência decisória principal, lhe vão agregados muitos poderes instrumentais, preliminares e complementares,

Artigo 35.º

da decisão principal — e que não se resumem, aliás (embora os incluam), aos poderes respeitantes à instrução do procedimento ou à execução da sua decisão.

XII. Outra questão é a de saber se há-de introduzir-se na noção de "*administração ordinária*" uma referência ao seu **carácter vinculado** (ou discricionário) ou ao seu carácter "corrente", "quotidiano", melhor se diria, "**normalizado**". Será a "*administração ordinária*" uma administração "normalizada", no sentido da aplicação repetida e quase mecânica de critérios legal ou regulamentarmente definidos?

Não nos parece: não há nenhuma indicação na lei que empurre o intérprete nesse sentido. Pelo contrário: a administração ordinária respeita a qualquer matéria, seja ou não daquelas que os serviços são chamados a resolver repetidamente. E há decisões repetidas e vinculadas que não cabem num conceito de administração ordinária, podendo respeitar ao próprio núcleo da competência decisória do órgão.

Isto, é óbvio, sem prejuízo de uma gestão "normalizada" — desde que não envolva uma opção em relação ao exercício da própria competência principal, "decisória" — caber mais à vontade no conceito de "administração ordinária", do que uma competência que só se exerce esporadicamente ou com recurso a critérios de oportunidade.

Assim, o órgão que tenha competência para decidir, por exemplo, em matéria de licenciamento, pode delegar ao abrigo deste preceito, a competência para a renovação das licenças outorgadas (ou para a liquidação das respectivas taxas legais), se tal renovação não implicar uma opção semelhante à decisão inicial, bastando o cumprimento de formalidades burocráticas ou similares pelos interessados.

XIII. Como se disse, a delimitação do conceito de "*administração ordinária*" tem, porém, sempre algo de **casuístico**, sendo impossível de catalogar por simples referência a uma cláusula ou fórmula geral.

Na verdade, só em face de uma norma de competência específica se pode determinar o que é, nessa "matéria", a competência decisória e a competência para a prática de actos de **administração ordinária.**

Tudo depende do nível e da extensão (ou da natureza) da "matéria", para cuja decisão o órgão é legalmente competente: se a norma dispõe que lhe compete "*definir as taxas aplicáveis em matéria de licenciamento*", poderia ser delegada, ao abrigo deste preceito, a competência para as aplicar a cada caso; mas, se o órgão é originariamente "*competente para a **aplicação** das taxas das licenças*", delegáveis já seriam só os poderes respeitantes, por exemplo, à cobrança daquelas que forem aplicadas.

XIV. São *órgãos delegáveis*, para este efeito, nos termos do n.º 2, o imediato inferior hierárquico, os adjuntos e os substitutos — sendo óbvio que "substitutos" são aqui os suplentes do titular do órgão, no sentido do art. 41.º.

Artigo 35.°

Importa também deixar claro que, quando a norma se refere aos substitutos, reporta-se à sua situação virtual, e não à situação em que eles "substituam" efectivamente os titulares dos órgãos competentes, desencadeada pela ocorrência dos pressupostos constantes do n.° 1 do art. 41.°. Aí, exercem plenamente, por força da "substituição" ou suplência legal, a competência ordinária e decisória do substituído, cessando temporariamente (por "confusão" digamos assim) o exercício das competências em matéria de administração ordinária que nele estivessem delegadas por aquele.

Aliás, o n.° 3 do art. 41.° inclui mesmo, na "substituição", o exercício de funções que tenham sido delegadas ou subdelegadas no substituído.

É evidente que não há nenhum obstáculo a que um órgão delegue simultaneamente, nos seus vários imediatos subalternos, adjuntos e substitutos, poderes diversos de administração ordinária, ainda que respeitem à mesma matéria.

É muito duvidoso, porém, que a competência delegável, nos termos deste artigo, possa ser subdelegada — mesmo se o elemento sistemático de interpretação vai nesse sentido.

art. 35.°, n.° 3

XV. O preceito contém uma **habilitação genérica** de delegação de poderes, semelhante à anterior — e dependente, como ela, de um acto de delegação que satisfaça os requisitos legais —, permitindo aos órgãos colegiais delegar nos respectivos presidentes a prática dos actos de *administração ordinária*, em relação à competência decisória principal que lhes caiba (aos órgãos colegiais) em qualquer matéria.

A habilitação abrange, note-se, os próprios órgãos colegiais das autarquias locais.

É igualmente duvidoso, como na hipótese do n.° 2, que a competência delegada nos termos deste preceito possa ser subdelegada, mesmo com autorização do delegante.

XVI. Pelo Decreto-Lei n.° 6/96, previu-se que, havendo uma disposição especial a repartir as competências em matéria de administração ordinária dentro dos órgãos colegiais, que prejudique a estatuição desta norma do art. 35.°, n.° 3, será ela (a norma especial), a aplicável.

Não parece grande a novidade. Destina-se o aditamento, certamente, a esclarecer aquilo que, na versão de 1991, podia considerar-se equívoco: se as leis com habilitações específicas nesta matéria tinham sido afastadas, ou não, pela delegação aí prevista. Era o caso, por exemplo, do art. 53.°, n.° 2, alínea f) da LAL, nos termos do qual cabe ao presidente da câmara municipal uma competência própria (e não delegada pela câmara) em sede de administração ordinária.

Artigo 36.º

XVII. Nem todos os poderes que são da competência normal de um órgão administrativo podem ser delegados, por a isso se opôr a sua própria natureza.

Não faria sentido, por exemplo, que os poderes respeitantes à própria relação orgânica entre dois órgãos pudessem ser objecto de uma delegação: o órgão a quem compete fiscalizar a actividade de outro, aprovar actos seus ou aplicar sanções disciplinares aos respectivos titulares não pode, obviamente, delegar no órgão que lhe está *infra*-ordenado esses seus poderes.

Do mesmo modo que são indelegáveis aqueles poderes de exercício unitário, que extravazam do âmbito territorial ou institucional da actuação do órgão delegado: o Ministro não pode delegar no Governador Civil uma competência que deva ser exercida através de actos cujo objecto ou alcance legal se reporta a todo o território do continente.

Artigo 36.º

Da subdelegação de poderes

1. Salvo disposição legal em contrário, o delegante pode autorizar o delegado a subdelegar.

2. O subdelegado pode subdelegar as competências que lhe tenham sido subdelegadas, salvo disposição legal em contrário ou reserva expressa do delegante ou subdelegante.

I. A subdelegação de poderes como faculdade inerente à delegação.
II. Alcance derrogatório do art. 36.º.
III. Requisitos gerais dos actos de primeira e segunda subdelegação.
IV. A definitividade competencial ou vertical dos actos praticados por subdelegação de poderes.
V. Extensão dos poderes de subdelegação dos subdelegados.

I. Onde quer que exista uma habilitação específica para a delegação de poderes — e, eventualmente também, onde exista uma habilitação genérica como as do art. 35.º (ver, contudo, os comentários n.ºˢ **X** e **XV** ao artigo anterior) —, vai nela envolvida, segundo este preceito, uma habilitação para proceder pelo menos a **duas subdelegações** dessa mesma competência.

É uma regra nova no direito português: à regra tradicional da excepcionalidade da subdelegação (*delegatus delegare non potest*), substitui-se a regra da sua admissibilidade, desde que o autorize expressamente o delegante — e desde que (é óbvio) a lei de habilitação específica não lho vede excepcionalmente.

Artigo 36.º

A mesma habilitação e os mesmos requisitos valem ainda para efeitos de delegação de poderes pelo próprio subdelegado num segundo subdelegado.

No regime anterior, as coisas passavam-se inversamente: era exigida habilitação específica para a subdelegação, mas não era necessária autorização do delegante (ou do sub-delegante) para que o delegado (subdelegado) pudesse, por sua vez, (sub) delegar.

II. Põe-se, em relação às disposições deste artigo, a questão de saber se a sua estatuição derrogará os **regimes especiais**, por exemplo de leis de habilitação em que esteja prevista uma só subdelegação. Cremos que sim. Pois, se se tratava, antes da entrada em vigor do CPA, de uma norma de competência mais espraiada do que as do regime geral — que não admitiam, em princípio, senão a possibilidade da própria delegação —, não faria sentido que invertêssemos agora essa sua posição relativa, passando a considerá-la em termos mais restritos do que o comum das competências delegáveis.

Diferente é o caso de nos regimes anteriores se proibir expressamente a subdelegação. Em relação a esses regimes, uma de duas: ou tal proibição aparece como um reflexo das regras gerais então vigentes em matéria de delegação, ou não. Na primeira hipótese, aplicaremos o regime do art. 36.º, n.º 2, do CPA; no segundo caso — ou em caso de dúvida — aplica-se a lei anterior, ou seja, a proibição de subdelegação e/ou de segunda subdelegação.

III. Note-se que a **subdelegação** (em primeiro ou segundo grau) está sujeita aos mesmos requisitos da delegação — salvo a tal necessidade de habilitação específica —, quer em termos de necessidade de um acto expresso e da sua publicação quer quanto à necessidade de especificação dos poderes subdelegados (art. 37.º, n.ºs 1 e 2).

A diferença que existe entre a primeira e a segunda subdelegação, a este propósito, decorre de a primeira carecer de autorização expressa do delegante (art. 36.º, n.º 1), enquanto que a validade da segunda só depende do delegante e delegado (ou subdelegante) não haverem formulado reserva expressa a esse propósito (n.º 2).

A autorização para subdelegar e a reserva à segunda subdelegação não têm de ser simultâneas do acto de delegação, podendo resultar de despacho posterior (o qual está obviamente sujeito aos requisitos de publicidade previstos no art. 37.º, n.º 2).

IV. Para efeitos de **reacção contenciosa**, os actos praticados por (sub)delegação têm o mesmo carácter, impugnável ou inimpugnável, definitivo ou não definitivo, do correspondente acto quando praticado pelo (sub)delegante.

A regra, afirmada explicitamente, no art. 7.º do ETAF, para os actos praticados pelo delegado — e confirmada em certa medida no respectivo art. 51.º, n.º 1, alínea a) —, vale também, é claro, em relação aos actos dos subdelegados, por as razões

Artigo 37.º

que levam a adoptar a solução naquele caso valerem igualmente para este. E, de outro modo, o interesse da figura ficava prejudicado de maneira significativa.

Aliás, o art. 56.º da Lei de Processo acaba por confirmar a natureza equivalente, quanto ao grau de definitividade contenciosa, dos actos praticados pelo (sub)delegado, com os mesmos actos que tivessem sido praticados pelo (sub)delegante.

V. Não nos parece que o n.º 2 habilite o subdelegado a proceder a mais de **uma subdelegação**: é *"o subdelegado"* e não qualquer subdelegado que pode subdelegar a competência que lhe foi conferida pelo delegado. Não se trata, portanto, de uma habilitação de subdelegações sucessivas, mas apenas de uma subdelegação de segundo grau.

Mesmo assim, conjugando as possibilidades dadas pelo art. 35.º, n.ºs 2 e 3, e por este art. 36.º, já se foi bastante longe em termos de desconcentração e eficiência administrativas. Na verdade, a possibilidade de sucessivas subdelegações, não sendo em si mesma de rejeitar, cria problemas progressivamente mais graves pela inevitável degradação da confiança orgânica e da responsabilidade administrativa, sendo impossível ao delegante (que autorize o seu delegado a subdelegar) saber em que "mãos" a sua competência originária iria cair.

Além de que (e jurídico-positivamente isto até será muito mais determinante), dada a definitividade orgânica de que gozam os actos praticados pelos sucessivos sub-subdelegados, admitir subdelegações de 3.º e 4.º graus levaria a colocar, às vezes, em patamares degradadíssimos da hierarquia administrativa, as decisões externamente vinculantes da Administração Pública, com todo o rol de consequências que isso pode acarretar, nomeadamente no plano do ressarcimento patrimonial de prejuízos agravados duradouramente.

Para não falar já na confusão que isso geraria nos interessados — obrigados a lerem colecções completas dos jornais onde as subdelegações seriam publicadas, para saberem, em cada momento, quem é o órgão competente, a quem se devem dirigir — ou na consistência da cadeia de subdelegações, que pode ser afectada em quaisquer dos seus elos pela mudança de titulares dos respectivos órgãos, por publicações inexactas ou incompletas, etc..

Artigo 37.º

Requisitos do acto de delegação

1. No acto de delegação ou subdelegação, deve o órgão delegante ou subdelegante especificar os poderes que são delegados ou subdelegados ou quais os actos que o delegado ou subdelegado pode praticar.

Artigo 37.º

2. **Os actos de delegação e subdelegação de poderes estão sujeitos a publicação no *Diário da República* ou, tratando-se da administração local, no boletim da autarquia, e devem ser afixados nos lugares do estilo quando tal boletim não exista.**

    I. A exigência de especificação dos poderes (sub)delegados: sentido.
    II. A menção da norma que permite a habilitação.
    III. Publicação da delegação: requisitos e consequências da sua falta.
    IV. Local da publicação (os casos não contemplados na lei).
    V. Âmbito da obrigação de publicação.

art. 37.º, n.º 1

I. A delegação de poderes de um órgão noutro tem de ser delimitada positivamente: a lei exige a **especificação** dos poderes delegados (ou subdelegados) ou dos actos que os órgãos assim habilitados podem praticar.

Claro que uma especificação destas se pode fazer de diversas maneiras e questiona-se, nomeadamente, se a especificação exigida se traduz no enunciado escrito dos poderes delegados.

A resposta parece-nos dever ser negativa: o que o Código quis afastar com a exigência da especificação de poderes foi a possibilidade de se fazerem delegações genéricas de competência. Seria o caso, por exemplo, de uma delegação respeitante à "competência disciplinar" ou "para decidir sobre actos que impliquem a realização de despesas, pagamentos e recebimentos".

Qualquer fórmula deste tipo é ilegal e impotente para sustentar actos praticados ao abrigo de delegações de competência. Mas já se admitiriam, em contrapartida, as delegações cuja especificação seja feita, por exemplo, por remissão para uma norma de competência.

Note-se, porém, que o enunciado escrito dos próprios poderes (ou actos) delegados tem vantagens substanciais nomeadamente em termos de consulta da publicação da delegação — e não seria de estranhar que o CPA tivesse em vista proteger também valores desses —, podendo até suceder que, na prática, seja esse o entendimento que virá a prevalecer: não só porque literalmente parece mais próximo da "especificação" no próprio acto de delegação, exigida na lei, como também, porque, na dúvida, os órgãos (sub) delegantes tenderão cautelarmente a enveredar pela especificação dos próprios poderes que (sub) delegam e não apenas pela indicação da lei que os prevê.

II. Pena que a lei, exigindo a especificação dos poderes delegados, não tenha imposto também a **menção da norma que permite a delegação**: era mais um factor de rigor e certeza, de resto, bem fácil de preencher.

Artigo 37.º

art. 37.º, n.º 2

III. A **publicação**, pela forma legalmente indicada, é requisito de **eficácia da delegação** de poderes: os actos praticados ao abrigo de delegação não publicada legalmente ou antes de se proceder a essa publicação são actos inválidos, por incompetência do respectivo autor.

A exigência da publicação do acto de delegação significa, obviamente, que devem reflectir-se nessa publicação os requisitos próprios de tal acto, como é o caso da especificação de poderes.

IV. A disposição deste n.º 2, tomada à letra, causaria enormes engulhos: é óbvio que a publicação das delegações de poderes no âmbito da Administração das **Regiões Autónomas** não tem de ser feita no Diário da República, mas no jornal oficial da respectiva Região.

Quanto aos actos da Administração Central no Continente, a exigência da publicação no Diário da República é obrigatória, mesmo naqueles sectores onde existam outros jornais oficiais — como é o caso do Boletim do Trabalho e Emprego, em matérias relacionadas com o Ministério do Trabalho —, só valendo para efeitos de delegação, a publicação que seja feita naquele periódico oficial.

Ficam, portanto, abrangidas por esta exigência, as delegações de poderes a que se procede no âmbito, por exemplo, dos institutos públicos (empresas públicas incluídas) e das associações públicas.

As delegações, como actos normativos (ou que tornam operativas normas jurídicas, como também os actos da sua suspensão ou revogação), deviam ser publicadas na mesma série onde o é a norma de competência. Nem sempre, porém, esse paralelismo funciona.

As delegações feitas entre ou por membros do Governo são publicadas na 1.ª série do Diário da República, nos termos da alínea b), da alínea d), da alínea l) ou, ainda, da alínea m) do n.º 3 do art. 3.º da Lei n.º 6/83, de 29.VIII. As delegações restantes, mesmo as que envolvam órgãos de pessoas colectivas da Administração Indirecta do Estado, incluindo empresas públicas, são publicadas na 3ª série do Diário da República (art. 3.º do D.L. n.º 365/70, de 5.VIII.) pois não cabem na alínea a) do n.º 1 do respectivo art. 2.º, respeitante à 2ª série, embora seja muitas vezes aí que são publicadas.

Dúvidas suscitam-se, também, quanto às delegações de competência que tiverem lugar entre órgãos (ou agentes) de outros Poderes do Estado: uma delegação do Presidente da Assembleia da República, no respectivo Conselho Permanente ou no secretário-geral da Assembleia, é eficaz quando publicada no Diário da República ou no Diário da própria Assembleia?

Parece-nos ser esta segunda a resposta correcta.

Não, assim, obviamente, com a publicação das delegações administrativas a que se proceda no âmbito da Presidência da República e dos Tribunais, que não têm jornal oficial próprio, devendo ser publicadas no Diário da República.

Na Administração Local, das autarquias, a publicação é feita no respectivo boletim — ou, não existindo ele, nos lugares do estilo, durante, pelo menos, o período mínimo legalmente previsto para a afixação de editais (ver art. 84.º da LAL).

V. Outra questão é a de saber se **todos** os actos de delegação estão, hoje, sujeitos a publicação.

A resposta é afirmativa, mais não fosse, porque *ubi lex non distinguit, nec nos.* Deve, pois, considerar-se revogada a disposição do art. 15.º, n.º 7, do Decreto-Lei n.º 323/89, de 26 de Setembro, ou outras como ela, que restringissem a exigência da publicação de delegações no Diário da República àquelas que versam sobre *"poderes da competência originária de entidades de cujos actos caiba recurso contencioso".*

É duvidoso, porém, que, seguindo a *ratio* dos respectivos preceitos, chegássemos tão simplisticamente à mesma conclusão.

Artigo 38.º
Menção da qualidade de delegado ou subdelegado

O órgão delegado ou subdelegado deve mencionar essa qualidade no uso da delegação ou subdelegação.

> *I. A exigência legal da menção da qualidade em que o autor do acto (sub)delegado actua: delimitação do respectivo âmbito.*
> *II. Interesse da exigência.*
> *III. Falta de menção devida e menção indevida: consequências.*

I. A exigência da menção da sua qualidade de (sub)delegado, pelo autor do acto praticado ao abrigo de (sub)delegação, reporta-se naturalmente aos actos que pratique no exercício dessa competência.

Não ficam, pois, abrangidos por tal exigência os próprios actos de subdelegação, que esses são praticados, não no uso da delegação, mas no da norma de habilitação da delegação.

II. A menção da qualidade em que actuem ("por delegação de..."), que o delegado ou subdelegado devem inscrever nos actos que praticam, permite aos

Artigo 38.º

destinatários destes determinar, no caso de contra eles pretenderem reagir, quais os meios de que devem ou podem servir-se para o efeito.

Na verdade, o regime de oposição aos actos da competência delegada de órgãos administrativos não é o mesmo que cabe dos actos da sua competência originária ou própria.

Em primeiro lugar, porque, do acto praticado por delegação cabe sempre (art. 158.º, n.º 2) recurso administrativo para o (sub)delegante, mesmo que entre ele e o (sub)delegado não haja qualquer relação — nomeadamente hierárquica — que legitimasse, no caso de se tratar de uma competência originária do segundo, a interposição dum recurso.

Por outro lado, os actos praticados por delegação (ou por subdelegação) de órgãos de cujas decisões coubesse recurso contencioso imediato são, eles mesmos, recorríveis em sede jurisdicional, ainda que os actos da competência originária do órgão (sub)delegado não sejam, em regra, organicamente (ou verticalmente) definitivos.

Acresce que, havendo (sub)delegação, podem existir indicações ou directivas vinculantes sobre o modo como o (sub)delegante pretende que a competência (sub)-delegada seja exercida, o que constitui mais um elemento que o destinatário do acto respectivo poderá ter interesse em conhecer, de modo a abrir o leque dos fundamentos de reacção ou das provas contra ele (pois a violação de tais directivas pode, por exemplo, revelar mais intimamente vícios como os da desigualdade, parcialidade ou desproporcionalidade).

III. A falta de menção da (sub)delegação no acto praticado ao seu abrigo não implica necessariamente a respectiva invalidade, como, aliás, se tinha por jurisprudencial e doutrinalmente adquirido no regime anterior.

Confronte-se, a título meramente exemplificativo, o Acórdão do STA (Pleno) de 3.IX.93, recurso n.º 26311, onde se escreveu que *"a falta de menção do título de competência, nos actos praticados por delegação de poderes, constitui irregularidade formal, que deverá considerar-se sanada segundo o regime das formalidades essenciais ...."*, desde que não haja prejuízo de impugnação por parte do recorrente.

Posição, que, registe-se, não se alterou com a entrada em vigor do CPA, como se sustentou no Acórdão da 1ª Secção, de 18.I.96 (AD n.º 412, pág. 449).

Assim, se não foi mencionada a delegação existente — ou se, porventura, se omitiu tal menção ao notificar ou publicar o acto praticado —, abre-se ao interessado a possibilidade de exercer, nos prazos legais, os meios de impugnação processualmente adequados aos actos praticados sob tal regime, contando-se os mesmos apenas a partir do momento em que teve conhecimento oficial de o acto ter sido, afinal, praticado ao abrigo da delegação. Para além, claro, do direito ao ressarcimento dos prejuízos que isso causasse.

Duvidoso é se a menção de uma delegação inexistente ou ineficaz (ou que não abranja a prática do acto em causa), que tenha dado lugar à utilização de meios de

Artigo 39.º

reacção não idóneos, estará sujeita ao mesmo regime — permitindo-se ao interessado que exercite os meios idóneos a partir do momento em que tomou conhecimento dessa inexistência ou ineficácia — ou se, pelo contrário, nesta hipótese lhe cabe o ónus do conhecimento dessa ilegalidade e da arguição do vício da incompetência de que padece o acto praticado. Preferimos, de longe, a primeira solução. Optar pela outra, seria pôr "o justo a pagar pelo pecador" e obrigar os particulares a fazerem, por sua própria conta, juízos desses sobre questões cujos dados, só por si, já lhes é dificílimo conhecerem perfeitamente.

Artigo 39.º
Poderes do delegante ou subdelegante

1. O órgão delegante ou subdelegante pode emitir directivas ou instruções vinculativas para o delegado ou subdelegado sobre o modo como devem ser exercidos os poderes delegados ou subdelegados.

2. O órgão delegante ou subdelegante tem o poder de avocar, bem como o poder de revogar os actos praticados pelo delegado ou subdelegado ao abrigo da delegação ou subdelegação.

    I. A específica relação de (sub)delegação entre (sub)delegante e (sub)delegado e a interferência recíproca entre ela e outras relações existentes entre os mesmos órgãos.

    II. Conteúdo da relação criada pela delegação.

    III. As directivas e instruções vinculativas emitidas pelo (sub)delegante: distinção das ordens.

    IV. Inobservância das directivas: consequências.

    V. A avocação da competência (sub)delegada.

    VI. A forma e extensão da avocação.

    VII. Sua comunicação aos interessados.

    VIII. A revogação pelo (sub)delegante dos actos praticados ao abrigo da (sub)delegação: questões suscitadas.

    IX. Competência revogatória do (sub)delegado.

    X. O recurso para o (sub)delegante de actos praticados ao abrigo da (sub)delegação.

art. 39.º, n.º 1

I. O acto de delegação cria entre o (sub)delegante e o (sub)delegado uma **relação jurídica nova**: ou porque não existia entre eles uma qualquer relação respeitante à competência de ambos ou porque, mesmo existindo essa relação

Artigo 39.º

orgânica anterior (por exemplo, de tutela ou hierarquia), a relação de delegação se traduz em momentos ou vínculos específicos, alguns dos quais, de resto, cobrem ou modificam aspectos ou efeitos, que já estavam contemplados no regime daquela relação prévia.

Mas a anterior relação (v.g., hierárquica) entre eles existente não se esvanece totalmente, quando o delegado exerce a competência que lhe foi conferida pelo delegante: se este é seu superior hierárquico poderá, por exemplo, sancioná-lo disciplinarmente pelo modo como exerceu essa competência — o que a relação de delegação, só por si, não explicaria.

II. A referida **relação de delegação** tem no CPA o seguinte **regime**:
— constituição do delegado no poder-dever de exercício da competência delegada, no âmbito dos poderes especificados (art. 37.º, n.º 1);
— actuação *nomine proprio* pelo (sub)delegado, mas com menção da qualidade em que actua (art. 38.º);
— poder do (sub)delegante emitir directivas ou instruções vinculativas sobre o modo como devem ser exercidos os poderes (sub)delegados (art. 39.º, n.º 1);
— poder de avocação do (sub)delegante em relação aos poderes (sub)delegados (art. 39.º, n.º 2);
— poder de revogação da (sub)delegação (art. 40.º);
— poder de revogação dos actos do delegado, pelo delegante (art. 39.º, n.º 2, art. 142.º, n.º 2 e art. 158.º, n.º 2);
— poder do (sub)delegado revogar — depois da publicação da (sub)delegação — os actos do (sub)delegante praticados no exercício da mesma competência, antes da delegação.

A título indicativo, assinalamos não se encontrar na lei nenhum apoio para distinguir entre a revogação dos actos do (sub)delegado pelo (sub)delegante, com fundamento em (i)**legalidade** ou (de)**mérito**. Mais duvidoso é se esse poder de revogação é restrito à cessação dos efeitos do acto do (sub)delegado ou se envolve também a faculdade da sua alteração ou substituição — as quais, pelo menos em princípio, pressuporiam a existência de uma avocação (explícita ou implícita na própria revogação). Sobre a questão, ver adiante a anotação n.º **VIII**.

III. O poder do (sub)delegante emitir **directivas ou instruções vinculativas** sobre o modo do exercício da competência pelo (sub)delegado não é, não corresponde ao **poder de dar ordens** do superior hierárquico.

É que, ao contrário do que acontece com as ordens, o destinatário da directiva tem, em princípio, um espaço de autodeterminação, reconhecido, aliás, no próprio enunciado do preceito.

Artigo 39.º

Enquanto na *ordem* aparece uma formulação do tipo "faça-se isto com recurso a estes meios", não ficando (para o destinatário) qualquer liberdade de não realizar o comando, nas *directivas* ou *instruções* dir-se-á: "para prosseguir este objectivo, actue-se de acordo com estes critérios ou empreguem-se estes meios". Ou seja, na directiva há apenas uma pré-fixação de fins, escopos, programas (ou então, uma indicação de critérios), deixando-se sempre uma certa margem de liberdade para a actuação concreta do destinatário.

A ordem, quanto ao exercício da competência pelo subalterno, é (pode ser) vinculativa em todos os seus momentos e aspectos: a directiva, ao invés, só vincula quanto ao **modo de exercício** da competência e nunca, por exemplo, quanto ao sentido ou conteúdo dos actos a praticar em concreto.

Não se (sub)delega uma competência "para deferir" ou "indeferir". Essa decisão cabe no espaço de autodeterminação do delegado, de quem exerce a competência. A ordem, sim: pode ser para praticar o acto X ou indeferir o requerimento Y.

De resto, admitir que a vinculatividade da directiva ou instrução se aparenta à das ordens, próprias das relações de hierarquia, traduzir-se-ia numa perturbação elementar da natureza e objectivos que se prosseguem com a admissão da figura da delegação.

IV. Quando o Código se refere ao **carácter vinculativo** das directivas e instruções visa, obviamente, significar que o (sub)delegado tem o dever legal de as considerar, não devendo produzir o acto com base em critérios ou para cumprir objectivos distintos daqueles que foram enunciados pelo (sub)delegante.

Se o (sub)delegado desconhecer ou desconsiderar o sentido das directivas e instruções, infringe uma obrigação no desempenho do cargo ou função pública e tal actuação é juridicamente sancionável por vários lados — participando-o, ou não, o (sub)delegante às instâncias competentes para actuar (v.g., em sede de perda de mandato).

Além disso, ainda pode o (sub)delegante fazer cessar imediatamente a (sub)delegação e revogar ou modificar os actos praticados em violação das directivas que emitiu.

Suscita-se igualmente a questão de saber quais os efeitos da inobservância das directivas e instruções sobre a validade dos actos praticados pelo (sub)delegado.

A discussão dogmática em redor da questão fica logo prejudicada pelo facto de o Código não ter mandado dar publicidade a tais directivas: se as quisesse assim, como factor de validade dos actos (sub)delegados, o legislador teria certamente mandado dar-lhes publicidade equivalente à do acto de delegação. Conclusão que se corrobora com o caso paralelo dos actos praticados por subalternos em desobediência a ordens do superior hierárquico, que também não são (só por isso) inválidos.

De qualquer modo, a tese da ilegalidade não pode ser rejeitada *in limine*, como manifestação geral, que é, da violação do princípio da legalidade. E a vio-

Artigo 39.º

lação duma directiva legalmente vinculativa é, evidentemente, violação da própria lei que supra-infraordenou os dois actos.

Convém ainda assinalar que o art. 11.º da Lei n.º 65/93, de 26.VIII (Acesso aos documentos da Administração) vem obrigar a Administração a publicar, "com a periodicidade máxima de seis meses e em moldes que incentivam o regular acesso dos "interessados", os documentos, designadamente **"orientações",** que *comportem enquadramento da actividade administrativa"*, integrando-se aqui as directivas e instruções de que curamos.

Portanto, os interessados (e os tribunais) terão acesso a tais directivas, até como elemento de interpretação dos actos praticados e eventual coadjuvante probatória em matéria da sua (i)legalidade. Mas não se trata da publicidade de um elemento normativo condicionador da validade de actos e sim de um instrumento da Administração aberta, mantendo-se, por isso, a conclusão inicialmente afirmada sobre a validade (externa) dos actos do delegado que infrinjam as directivas vinculativas do delegante.

art. 39.º, n.º 2

V. Vigorando a delegação, o titular da competência originária continua a poder exercer os poderes delegados, desde que "previna" a respectiva competência, mediante um acto de **avocação,** através do qual chama a si a condução e decisão — ou só esta, se estiverem concluídas as fases procedimentais anteriores — de um procedimento ou caso administrativo **concreto** (por oposição a uma avocação genérica da competência delegada, que se traduziria na revogação da delegação).

Com a avocação, preclude-se a competência do órgão delegado, mas apenas em relação ao caso abrangido, subsistindo ela quanto aos outros.

Não é credível que o legislador se tivesse referido à avocação, e nos termos em que o fez, se o órgão delegante mantivesse, em perfeita paridade com o delegado, a capacidade para o exercício da respectiva competência. Sem a avocação, o órgão delegante é, portanto, hoje, legalmente incompetente para exercer a competência delegada.

VI. É evidente que num mesmo despacho se pode proceder à **avocação de diversos casos**. Como também se pode proceder à avocação, antes mesmo do procedimento ser desencadeado ou no seu decurso, até à decisão final.

O facto de a avocação recair sobre um caso concreto (no sentido indicado na nota **V**), não quer dizer que tenha por objecto um só procedimento ou um procedimento já plenamente identificado. Pode, por exemplo, em relação a uma delegação de competência em matéria de licenciamento urbanístico, avocar-se "qualquer procedimento respeitante à construção de edifícios na Avenida da Liberdade".

Artigo 39.º

Admitir-se uma avocação deste tipo — que, em rigor, não tem como objecto um caso concreto — permite realizar interesses relevantes e sérios de desconcentração administrativa e não se vê que ponha em causa qualquer valor ponderoso de interessados ou inerente à repartição administrativa de competência.

O único problema que subsistiria em relação a esse tipo de avocação respeita ao conhecimento pelos interessados da existência do despacho de avocação. Mas isso é um problema de qualquer avocação (ver anotação seguinte) e não apenas desta.

Nem nos parece que a possibilidade de obter um resultado aproximado através do meio previsto no n.º 1 deste art. 39.º seja argumento para arredar este tipo de avocação. Até porque tal expediente se traduziria no desvirtuar dum instrumento ou figura legal, para finalidades diversas daquelas para que foram criados.

VII. A avocação pode não ser objecto de despacho escrito, mas há-de obviamente ficar oficializada no próprio procedimento a que respeita.

A lei também não exige que a avocação seja **publicada**, como o fôra a delegação. Mas, em contrapartida, é necessário que os interessados no procedimento **tomem conhecimento dela**: tal conhecimento ser-lhes-à assegurado mediante notificação, se antes não tomarem conhecimento oficial, por qualquer outra via, da existência da avocação.

Note-se que não basta que o interessado pratique qualquer acto do procedimento avocado perante o órgão avocante, para se poder presumir que ele tem conhecimento oficial da avocação. Por cautela, a Administração deve, mesmo nessas circunstâncias — a não ser que a respectiva conduta já o revele sem equívoco —, dar conhecimento oficial da avocação aos interessados.

Sem prejuízo, é claro, de, enquanto esse conhecimento não lhes for dado, o órgão delegado estar constituído no dever de enviar imediatamente os requerimentos, as petições e as diligências de interessados, que hajam sido cumpridas perante ele, ao órgão delegante.

VIII. Quanto à competência revogatória do (sub)delegante, a principal questão é a de saber se tal poder se traduz numa revogação *stricto sensu* ou se lhe permite **substituir o acto do delegado por outro**, contendo a nova disciplina material da situação administrativa em causa.

As razões por que o legislador operou cortes ou cisões nos poderes de supremacia do delegante em matéria de direcção da actuação do delegado, permitindo-lhe a emanação de directivas vinculantes, mas não de verdadeiras ordens — razões que se prendem com a natural autonomia decisória de quem tem de conhecer o *caso decidendi* e de dispor sobre ele —, valeriam em princípio também aqui e levariam a responder restritamente à questão posta.

Nem o facto de o Código permitir no art. 142.º, n.º 2 a revogação pelo delegante dos actos do delegado, faz desaparecer a dúvida: a *"revogação"* de que aí se

Artigo 39.º

fala não é a *"alteração ou substituição"* a que se refere o art. 147.º, bem podendo dar-se o caso de se entender estar aí estabelecida uma distinção entre os regimes dessas figuras, em matéria de competência (cfr. a anotação a este último preceito).

A verdade, porém, é que a consistência das objecções à competência do delegante para alterar ou substituir o acto do delegado — e não apenas para o revogar — esvanece-se quando se pensa que aquele é titular da mesma competência dispositiva e que, ao exercer a sua competência revogatória, ele bem pode estar a avocar para si (implicitamente) a decisão do procedimento.

IX. Já a outro propósito — ver nota **III** — referimos que, durante o período por que vigora a delegação de poderes, o (sub)delegado pode revogar os actos praticados antes dela pelo (sub)delegante. É uma consequência de o exercício da competência dispositiva na matéria pertencer agora, normalmente, ao (sub)delegado.

X. Ao abrigo da alínea b) do n.º 2 do art. 158.º, cabe recurso para o delegante dos actos praticados pelo delegado.

Se o delegante dispuser de competência exclusiva, ou se se tratar de um órgão do topo da hierarquia da respectiva pessoa colectiva, ou seja, se se tratar de órgão que por natureza ou disposição de lei, pratique actos verticalmente definitivos em tal matéria, à luz do art. 7.º e da alínea a) do n.º 1 do art. 51.º do ETAF, esse recurso não tem carácter necessário, pois os actos praticados no exercício da competência delegada eram passíveis, desde logo, de recurso contencioso, dado que a (não) verticalidade definitiva dos actos praticados pelo delegado afere-se pela força e grau jurídicos desses mesmos actos, se praticados pelo delegante.

Pode, portanto, o particular interpor também recurso delegatório a título facultativo, de acordo com o disposto no art. 167.º do Código, recurso que, conforme se dispõe no n.º 2 do mesmo artigo — e ainda que o acto de que se interpõe seja susceptível também de recurso contencioso —, abrange *"tanto a ilegalidade como a inconveniência do acto"*.

Questão é saber se — não se tratando de acto de que caiba recurso contencioso — o recurso hierárquico necessário do acto do (sub)delegado se interpõe junto do (sub)delegante ou do superior hierárquico dele, sendo, obviamente, esta a solução correcta, uma vez que o delegante tem uma competência verticalmente igual à do delegado e o recurso que para ele se interpusesse não acrescentaria nada à falta de definitividade (vertical) do acto, como, aliás, esclarecemos em comentário ao art. 169.º, n.º 2.

Artigo 40.º
Extinção da delegação ou subdelegação

A delegação e a subdelegação de poderes extinguem-se:
  a) **Por revogação do acto de delegação ou subdelegação;**
  b) **Por caducidade, resultante de se terem esgotado os seus efeitos ou da mudança dos titulares dos órgãos delegante ou delegado, subdelegante ou subdelegado.**

I. Extinção dos efeitos da delegação: causas previstas e não previstas.

II. A revogação da delegação: autoria, requisitos formais e efeitos.

III. A caducidade da delegação: o caso da mudança de titulares dos órgãos colegiais envolvidos.

IV. Efeitos derivados do não preenchimento de um dos elos da cadeia de delegações e subdelegações.

I. Enumeram-se aqui as causas da extinção dos efeitos da delegação por **razões respeitantes a ela mesma**; mas eles podem cessar também por outras causas, seja, por exemplo, a revogação da lei que permite a delegação (ou da própria lei da competência), bem como em caso de avocação (e na medida dela).

II. A **revogação da (sub)delegação** só pode ser feita pelo **(sub) delegante** — não o pode ser nem pelo superior hierárquico deste nem pelo superior hierárquico do (sub)delegado.

Esta revogação também não tem sequer de ser fundamentada: a simples vontade do (sub)delegante suporta-a inteiramente, do ponto de vista jurídico, seja fundada em motivações ou apreciações funcionais e objectivas ou simplesmente subjectivas e pessoais.

A revogação da (sub)delegação deve ser publicitada nos termos referidos a propósito do art. 37.º e tem eficácia *ex nunc*: portanto, quando o delegante pretender pôr em causa efeitos dos actos já praticados pelo delegado, deve usar da competência revogatória conferida no art. 142.º, n.º 2, deste Código — com todas as implicações daí decorrentes (*maxime*, em termos de fundamentação) — e não da competência conferida neste preceito.

Questão que se põe é se a revogação da (sub)delegação produz efeitos, nas relações entre delegante e delegado, a partir da respectiva publicação ou mediante simples comunicação daquele a este, propendendo-se para a primeira solução.

Artigo 41.º

III. A caducidade da (sub)delegação resulta, para a lei, de se terem esgotado os seus efeitos — cabendo aqui, por exemplo, a verificação de um termo resolutivo, a revogação da lei de habilitação ou, na (sub)delegação simples, a prática de todos os actos para que foi concedida — ou, então, da mudança dos titulares dos órgãos (sub)delegantes ou (sub)delegados (mas já não no caso da sua substituição ou suplência, como se pode ver na nota **V** do art. 41.º).

Revela-se assim o carácter *intuitu personae* que o acto de (sub) delegação assume no CPA — na tradição do direito anterior, carácter só contrariado pela disposição do art. 41.º, n.º 3, e, por razões funcionais (bem compreensíveis) — que, aliás, o delegante pode, se assim entender, colmatar por outras vias.

No caso de mudança de titulares de órgãos colegiais — suponha-se uma delegação dada, ao abrigo do n.º 3, do art. 35.º do Código, pela Câmara Municipal ao seu Presidente — deve considerar-se a delegação extinta por caducidade em caso de dissolução do próprio órgão colegial ou da mudança global ocorrida no termo do mandato dos seus actuais titulares, e não quando muda um ou outro destes.

Note-se que, enquanto a revogação da (sub)delegação deve ser objecto de publicação, a verificação de uma causa da sua caducidade não, obviamente.

IV. É claro que a inobservância dos requisitos da (sub)delegação, ou a cessação dos respectivos efeitos num dos elos da cadeia que vai desde a delegação até à última subdelegação, inquina ou repercute-se em todos os elos subsequentes. Mudando o titular do órgão subdelegado, cessa, portanto, não apenas a primeira, como a segunda subdelegação.

Artigo 41.º

Substituição

1. Nos casos de ausência, falta ou impedimento do titular do cargo, a sua substituição cabe ao substituto designado na lei.

2. Na falta de designação pela lei, a substituição cabe ao inferior hierárquico imediato, mais antigo, do titular a substituir.

3. O exercício de funções em substituição abrange os poderes delegados ou subdelegados no substituído.

 I. Previsão do preceito: substituição (e suplência).
 II. Causas da substituição ou suplência.
 III. Chamamento e investidura do substituto.

Artigo 41.º

IV. *Critério-regra de designação: os substitutos ou suplentes designa-*
   dos na lei.
V. *O exercício pelo substituto da competência delegada no substituído.*

I. Não é de uma verdadeira **substituição de órgãos** — em que há "sub-rogação" de um órgão na competência doutro — que se trata neste preceito. Tudo se passa dentro do mesmo órgão, só que, estando o respectivo titular impedido ou ausente, aparece outra pessoa a substitui-lo no cargo. É, pois, um caso de **suplência**, não de substituição — conceito que é preferível reservar para aquelas hipóteses em que um órgão exerce poderes de substituição em relação à competência doutro, em que existem, portanto, implicações em termos de repartição legal de competências administrativas, o que não é o caso deste art. 41.º.

Estes "substitutos" ou suplentes legais existem para assegurar o princípio da *continuidade do órgão* e a regularidade do exercício das respectivas funções ou competência — e aí, sim, é que existe alguma aproximação entre a suplência e a substituição.

Deve dizer-se, contudo, que, se tiverem sido razões de clareza e acessibilidade do texto da lei, aquelas que levaram o legislador a falar de "substituição" a propósito destes casos, elas se compreendem muito bem, pelas dificuldades de leitura causadas pela declinação do verbo "suprir", como aliás ocorre no próprio texto desta anotação.

II. Falta, ausência ou impedimento do titular — sejam quais forem as razões que as determinam — são as **causas da suplência**.

A *falta* corresponde à situação de não preenchimento (temporário) do cargo; a *ausência,* às "faltas" dadas pelo titular do cargo (seja qual for a razão, por doença, férias, viagem oficial, etc, etc); *impedimento* verifica-se quando o titular tiver sido declarado impedido em determinado procedimento, nos termos dos arts. 44.º e 47.º deste Código (ou nos termos do art. 48.º e 50.º).

III. O suplente ou substituto não necessita de ser **investido** oficialmente no cargo, de cada vez que tenha de ser chamado a exercer funções em "substituição" do titular do órgão. E pode ser chamado a exercê-las pelo próprio titular (ou pelos pares deste, nos órgãos colegiais) — ou por órgão que lhe esteja supra-ordenado por qualquer forma —, mas também pode assumi-las ele próprio, *maxime*, se entender tratar-se de situação de necessidade.

Só que, pelo menos neste caso, deverá fazer **menção** da qualidade em que actua e da razão ("falta", "ausência", ou "impedimento") de se ter substituído ao titular normal do órgão.

Artigo 42.º

Aliás, a menção dessa qualidade devia constar obrigatoriamente dos actos praticados pelo substituto — à semelhança do que se exige nos arts. 38.º e 123.º, n.º 1, alínea a) do CPA, para os actos do (sub)delegado.

IV. Suplentes designados na lei são, por natureza, os *Vices* ou os *Subs* — se houver só um, porque, havendo vários, ou há regra específica da *suplência* ou, então, funcionará por analogia a regra geral do n.º 2, de que o mais antigo suprirá o seu "principal" — ou os *Adjuntos*, quando estiverem configurados na lei, como uma figura próxima daquelas.

A regra da suplência ou substituição pelo mais antigo, no caso de haver vários suplentes potenciais, é reportada à antiguidade no exercício da própria função que dá acesso à suplência — afastando-se assim outra regra possível, que seria a de cada um deles substituir o "principal" no sector a que respeitasse o seu cargo, e que teria a desvantagem de nenhum coordenar a actividade específica de cada um dos seus pares.

Se a lei não designar explícita ou implicitamente quem é o suplente do titular de um órgão, essa suplência cabe, **em regra**, ao seu imediato inferior hierárquico ou, sendo vários, ao mais antigo.

V. Toda a competência originária ou delegada pertencente ao (ou que pode ser exercida pelo) titular "substituído" é **exercitável também pelo seu suplente**.

Entendeu-se que se justificava este desvio ao carácter pessoal da (sub)delegação, em virtude do *princípio da continuidade* do órgão e porque a interrupção ou suspensão dos efeitos da (sub)delegação nessas circunstâncias acidentais, imprevistas, temporárias — ou a necessidade da sua confirmação — tornaria a repartição de competência administrativa (e o procedimento administrativo, bem como a sua decisão) num emaranhado inextrincável de devoluções e avocações sucessivas de competência.

SECÇÃO V

Dos conflitos de jurisdição, de atribuições e de competência

Artigo 42.º

Competência para a resolução dos conflitos

1. Os conflitos de jurisdição são resolvidos pelo Tribunal de Conflitos, nos termos da legislação respectiva.

2. Os conflitos de atribuições são resolvidos:

Artigo 42.°

a) **Pelos tribunais administrativos, mediante recurso contencioso, quando envolvam órgãos de pessoas colectivas diferentes;**

b) **Pelo Primeiro-Ministro, quando envolvam órgãos de ministérios diferentes;**

c) **Pelo ministro, quando envolvam órgãos do mesmo ministério
ou pessoas colectivas dotadas de autonomia sujeitas ao seu
poder de superintendência.**

**3. Os conflitos de competência são resolvidos pelo órgão de menor cate-
goria hierárquica que exercer poderes de supervisão sobre os órgãos envolvidos.**

    I. Conflitos de jurisdição: noção.

    *II. Como surgem, entidade competente para decidir e efeitos da de-
cisão.*

    *III. Âmbito do n.° 1: casos duvidosos (v.g. órgãos independentes do
Estado).*

    *IV. Conflitos de atribuições: o catálogo legal e a sua (in)constitucio-
nalidade.*

    *V. As espécies de conflitos de atribuições decididos em tribunais ad-
ministrativos. Casos duvidosos.*

    *VI. Competência do Primeiro-Ministro em matéria de conflitos de
atribuições:remissão.*

    VII. Competência ministerial.

    *VIII. Conflitos de competência (âmbito): decisão em sede de supervisão
hierárquica (remissão).*

art. 42.°, n.° 1

I. Conflitos de jurisdição são aqueles que, a propósito de determinado caso,
se verificam entre quaisquer autoridades ou órgãos de um Poder (aqui, o Administrativo ou Executivo) e órgãos de outros Poderes do Estado — *maxime,* órgãos
judiciais — cada qual arrogando-se (conflito positivo) ou declinando (negativo)
jurisdição, competência, para proferir a respectiva decisão jurídica.

É o que sucede, por exemplo, se um particular pedir ao tribunal administrativo, em acção para o reconhecimento de um direito, a verificação da caducidade
da declaração de utilidade pública expropriatória (art. 10.°, n.° 3, do Código das
Expropriações) — sendo a acção rejeitada por só caber ao tribunal, por hipótese,
pronunciar-se sobre eventual indeferimento administrativo duma pretensão nesse
sentido — e de, indo depois o mesmo particular junto da Administração procurar
a sua satisfação administrativa, ver esta ser-lhe recusada por se tratar de questão da
competência dos tribunais.

Artigo 42.º

II. Os conflitos de jurisdição surgidos **em procedimentos administrativos** são resolvidos, dispõe este n.º 1, pelo Tribunal de Conflitos, nos termos da legislação respectiva. Verifica-se um conflito de jurisdição, neste caso, quando se constata, num procedimento administrativo, que um tribunal está em vias de proferir (ou já proferiu, sem haver ainda *caso julgado)* decisão de aplicação da lei ao caso e a Administração se arroga a mesma competência (conflito positivo) — ou, então, que já se recusou a fazê-lo, entendendo a Administração que também não lhe cabe a ela proferir decisão jurídica (conflito negativo).

Mas o conflito pode surgir também pelo lado inverso: havendo uma decisão administrativa procedimental, sobre um caso, ele é levado a tribunal para que este dirima o mesmo conflito de interesses. Dispõe claramente o art. 63.º do Decreto n.º 19.243 (de 16 de Janeiro de 1931) que *"serão levantados os conflitos não só quando o conhecimento e decisão da causa proposta em juízo forem por lei da competência das autoridades administrativas, mas também quando as acções tiverem por fim controverter em juízo as questões já decididas pelas autoridades administrativas em matéria da sua competência"*.

Surgido o conflito, a questão (e só ela) de saber qual é a instância ou órgão competente para a decisão, sobe, então, ao Tribunal de Conflitos, que a resolve.

Se, em relação a um procedimento pendente, o Tribunal de Conflitos proferir sentença no sentido da prevalência doutra jurisdição, a Administração devolve ao interessado a documentação que lhe couber ou envia ao tribunal competente todo o processo documental; se a decisão fôr no sentido da prevalência da competência administrativa, o procedimento inicia-se, segue e decide-se em sede administrativa, retomando-se então a contagem dos prazos de formalidades, de caducidades e de prescrições que se tinham suspendido.

III. Note-se que **não estão abrangidos** pela disposição do n.º 1 os conflitos de jurisdição entre autoridades administrativas e tribunais fiscais ou entre autoridades fiscais e tribunais administrativos, sujeitos à competência do (Plenário do) Supremo Tribunal Administrativo (art. 22.º do ETAF).

Discutível é se cabem no âmbito desse n.º 1 os conflitos entre os chamados órgãos independentes do Estado (Provedor de Justiça, Conselho Económico e Social, etc.) e órgãos da Administração Pública.

art. 42.º, n.º 2

IV. Começa por anotar-se que todas as referências feitas nesta matéria, no Código e nos comentários subsequentes, **ao Estado (sua Administração Indirecta), ao Primeiro-Ministro, Ministros e Ministérios são extensivas às Regiões Autónomas (sua Administração Indirecta), aos Presidentes dos Governos Regionais, aos Secretários e às Secretarias Regionais.**

Artigo 42.º

Acompanhamos também algumas das críticas dos Autores do *Projecto* do CPA, quanto ao **catálogo** de situações abrangidas pelos **conflitos de atribuições** deste n.º 2, tornada menos coerente pela alteração introduzida pelo Governo no projecto que lhe fôra apresentado.

Mas não nos parece que, quanto à resolução administrativa dos conflitos de atribuições surgidos (no seio do procedimento administrativo) entre órgãos "*de pessoas colectivas dotadas de autonomia sujeitas ao poder de superintendência ministerial*"— que é a hipótese da parte final da alínea c) —, ou seja, entre órgãos de pessoas colectivas da Administração Indirecta do Estado, a solução do Código seja criticável, ao menos em sede de constitucionalidade (art. 202.º da Constituição). Nem vemos que se trate de uma medida centralizadora nem que, com ela, se prejudique a tutela jurisdicional de interesses juridicamente protegidos.

Só seria assim, se a **resolução administrativa** de um conflito de atribuições (ou de competência) se devesse considerar como um *caso julgado* da questão, que define em última instância a competência para decisão do procedimento.

Mas, se não for assim — e não se vê que o legislador o tenha querido para a decisão proferida no âmbito de poderes de superintendência ou tutela —, a resolução ministerial do conflito, a ser ilegal, repercutir-se-á na decisão procedimental que (afectada do vício de incompetência absoluta) será invalidada por tribunal administrativo, no recurso que dela própria seja instaurado.

De resto, o legislador salvaguardou aquilo que era juridicamente inestimável e constitucionalmente imposto: que os conflitos de atribuições em que seja parte (ou sejam parte) órgãos de pessoas colectivas não sujeitas a superintendência governamental, como, v.g., as autarquias locais e as associações públicas — que são as abrangidas pela alínea a) deste n.º 2 — sejam decididos pelos tribunais administrativos.

V. A conclusão é, portanto, que no regime do CPA, os conflitos de atribuições administrativas surgidos entre órgãos de pessoas colectivas distintas não são regulados todos na mesma alínea, por isso que, precisamente, o legislador quis que a solução do conflito, nuns casos, viesse dos tribunais, noutros, da própria Administração, com as diferentes implicações daí derivadas.

Aos **tribunais administrativos** cabe a solução de conflitos de competência entre órgãos de pessoas colectivas diferentes, que sejam titulares de **interesses jurídicos próprios**, umas face às outras — mas é, apenas, note-se, uma parcela das que compõem a hipótese da alínea a). São, portanto, conflitos entre um órgão do Estado e um órgão duma Autarquia ou duma Ordem Profissional ou entre órgãos de cada uma destas duas categorias.

Mas também cabe aos tribunais administrativos a decisão dos conflitos de atribuições entre pessoas colectivas da Administração Indirecta do Estado, **que não estejam sujeitas à mesma superintendência ministerial.** Como vai ver-se já, estas caem igualmente na alínea a), e não nas alíneas b) ou c) deste preceito.

Artigo 42.º

Nestes termos, a **decisão** que vier do tribunal administrativo sobre o conflito constitui *caso julgado*, quanto ao aspecto da competência procedimental que esteja em causa, vinculando os órgãos e as pessoas colectivas envolvidas, bem como qualquer outro tribunal que seja chamado a pronunciar-se sobre a decisão final do procedimento.

VI. Já é à Administração, ao **Primeiro-Ministro** que cabe, nos termos da alínea b) deste preceito, a decisão de conflitos de competência procedimental verificados entre órgãos de **Ministérios diferentes**.

A decisão do Primeiro Ministro, nesta matéria, tem a natureza e o regime assacado às decisões ministeriais, na anotação seguinte.

VII. É ao Ministro que exerça a respectiva superintendência, que cabe a resolução dos conflitos de atribuições entre órgãos de **pessoas colectivas diferentes** e que, embora gozando de autonomia jurídica face ao Estado, são apenas seus derivados, apêndices, "propriedade" e não detêm, portanto, perante ele, **interesses jurídicos próprios** — é a hipótese da parte final da alínea c), restrita, como já se viu, aos casos em que o Ministro que superintende nas pessoas colectivas conflituantes é o mesmo.

É uma **solução administrativa** do conflito, é óbvio: vinculativa para os órgãos conflituantes — obrigados, agora, a abster-se ou a actuar, consoante a decisão —, mas não é um *caso julgado*: a decisão do procedimento pelo órgão que vier indicado como competente pelo Ministro, pode ser atacada precisamente com fundamento na incompetência do autor do acto, como propusemos na anotação n.º **IV**.

Eventualmente, pelo menos em certas circunstâncias, não se admitirá ao interessado, que tenha requerido a decisão administrativa do conflito de competência ou de atribuições, a interposição de recurso com fundamento em incompetência do órgão que for considerado competente, nesse incidente —, mas será por causa de razões ligadas com a sua legitimidade contenciosa, não com a natureza e carácter administrativos dessa decisão.

Cabe também aos Ministros, nos termos da mesma alínea c), decidir os conflitos de competência entre **órgãos seus subordinados**.

art. 42.º, n.º 3

VIII. O n.º 3 respeita a **conflitos de competência** apenas entre **órgãos da mesma pessoa colectiva** . Mas os conflitos entre órgãos desses não estão resolvidos apenas aqui, estabelecendo-se, no Código, dois regimes excepcionais de natureza diferente: um é o do art. 32.º, aplicável apenas em caso de conflitos de competência territorial, o outro, o caso dos órgãos de Ministérios diferentes, que esses são conflitos de atribuições solucionados nos termos da alínea b) do n.º 2.

É o superior hierárquico comum a ambos, no menos elevado dos graus da escala hierárquica, a autoridade competente para decidir os conflitos aqui regulados, como já se disse em anotação ao art. 32.º, com os efeitos vistos a propósito da **decisão administrativa** dos conflitos de atribuições.

Artigo 43.º

Artigo 43.º
Resolução administrativa dos conflitos

1. A resolução dos conflitos de competência, bem como dos conflitos de atribuições entre ministérios diferentes, pode ser solicitada por qualquer interessado, mediante requerimento fundamentado dirigido à entidade competente para a decisão do procedimento, e deve ser oficiosamente suscitada pelos órgãos em conflito logo que dele tenham conhecimento.

2. O órgão competente para a resolução deve ouvir os órgãos em conflito, se estes ainda não se tiverem pronunciado, e proferir a decisão no prazo de 30 dias.

I. Âmbito de aplicação do preceito: sua interpretação extensiva.
II. A iniciativa do respectivo incidente.
III. Efeitos da decisão do conflito.

I. O regime da resolução judicial dos conflitos está estabelecido nas anotações do art. 42.º. Neste art. 43.º, fixa-se, em parte, o regime procedimental da **resolução administrativa** desses conflitos.

Paradoxalmente, deixou-se fora deste regime — e não se descortinam razões para tal, senão as derivadas de uma eventual falta de ajustamento da redacção do projecto à alteração introduzida no art. 42.º pelo Governo — um dos casos que, nos termos desse preceito, é objecto de resolução administrativa.

Na verdade, os conflitos de competência entre órgãos de pessoas colectivas da Administração Indirecta do Estado, sujeitas ao poder de superintendência do mesmo Ministro — aos quais se refere a parte final da alínea c) do n.º 2 do art. 42.º — não estão abrangidos em nenhum dos casos da previsão do art. 43.º. Por nós, somos francamente adeptos de uma interpretação extensiva dessa previsão, sob pena de se criar um vazio legal incompreensível.

II. A estatuição do preceito deste n.º 1 é clara, correspondendo aqui o conceito de "interessado" ao de "interessado no procedimento", de cujo alcance se dará conta em anotação ao art. 53.º.

III. A decisão proferida pelo órgão competente para a resolução administrativa do conflito de competência procedimental é notificada aos órgãos envolvidos e aos interessados, vinculando os primeiros, mas podendo ser impugnada pelos segundos, embora só através de reacção contra a decisão final (ou decisão destacável) do procedimento, no entendimento que acima propusemos para essa questão.

Artigo 44.º

SECÇÃO VI

Das garantias de imparcialidade

Artigo 44.º

Casos de impedimento

1. Nenhum titular de órgão ou agente da Administração Pública pode intervir em procedimento administrativo ou em acto ou contrato de direito público ou privado da Administração Pública nos seguintes casos:

a) **Quando nele tenha interesse, por si, como representante ou como gestor de negócios de outra pessoa;**

b) **Quando, por si ou como representante de outra pessoa, nele tenha interesse o seu cônjuge, algum parente ou afim em linha recta ou até ao 2.º grau da linha colateral, bem como qualquer pessoa com quem viva em economia comum;**

c) **Quando, por si ou como representante de outra pessoa, tenha interesse em questão semelhante à que deva ser decidida, ou quando tal situação se verifique em relação a pessoa abrangida pela alínea anterior;**

d) **Quando tenha intervindo no procedimento como perito ou mandatário ou haja dado parecer sobre questão a resolver;**

e) **Quando tenha intervindo no procedimento como perito ou mandatário o seu cônjuge, parente ou afim em linha recta ou até ao 2.º grau da linha colateral, bem como qualquer pessoa com quem viva em economia comum;**

f) **Quando contra ele, seu cônjuge ou parente em linha recta esteja intentada acção judicial proposta por interessado ou pelo respectivo cônjuge;**

g) **Quando se trate de recurso de decisão proferida por si, ou com a sua intervenção, ou proferida por qualquer das pessoas referidas na alínea b) ou com intervenção destas.**

2. Excluem-se do disposto no número anterior as intervenções que se traduzam em actos de mero expediente, designadamente actos certificativos.

I. Alteração legislativa.

II. Feições garantísticas e funcionais dos impedimentos: típicos e especiais.

III. Incompatibilidades.

IV. Impedimentos e suspeições (escusas).

Artigo 44.º

V. *Alcance subjectivo dos impedimentos (escusas e suspeições): órgãos não administrativos e privados.*
VI. *O carácter taxativo do elenco legal.*
VII. *Intervenções proibidas aos impedidos.*
VIII. *Casos de interesse material impediente.*
IX. *Apreciação dos casos de interesse (moral) tipificados na lei.*
X. *O impedimento da alínea g): alcance.*
XI. *As intervenções permitidas aos impedidos ao abrigo do n.º 2: actos certificativos permitidos e proibidos.*
XII. *Extensão aos casos de suspeição.*

art. 44.º, n.º 1

I. O Decreto-Lei n.º 6/96 acrescentou um n.º 2 a este preceito. E modificou insensivelmente a redacção do n.º 1.

II. Os **impedimentos** respeitantes à participação em procedimento administrativo de titulares de órgãos que tenham um **interesse pessoal** na decisão do caso, aparecem no nosso direito sob a designação de "garantias de imparcialidade", embora não visem assegurar ou proteger apenas os valores inerentes ao princípio constitucional ou legal da imparcialidade administrativa. Tanto quanto ele, o que está em causa nesses impedimentos ou proibição (de intervenção procedimental de titulares de órgãos ou agentes administrativos interessados na decisão) é o princípio da **prossecução do interesse público**. Mas é na sua vertente garantística que eles hoje são apresentados e estudados.

A figura dos impedimentos, e as situações aí integráveis, aparece no Código sem significativas alterações relativamente ao regime que constava do Decreto-Lei n.º 370/83, de 6 de Outubro, um dos dois diplomas expressamente revogados pelo Decreto-Lei n.º 442/91, que pôs o Código em vigor.

Mas a verdade é que, não é só no Código que encontramos normas sobre impedimentos. Muitas leis especiais os estabelecem para casos e cargos especiais, nomeadamente para agentes administrativos que cabem no conceito legal de *titulares de órgãos de soberania, de cargos políticos* e de *altos cargos públicos* (ver Leis n.ºˢ 64/93 e 12/96).

III. Dos impedimentos distinguem-se as "**incompatibilidades**". Teoricamente — pois nem sempre o legislador se mantém fiel aos conceitos que noutras ocasiões assumiu —, a **incompatibilidade** aparece ligada a uma ideia de impossibilidade de exercício simultâneo de dois cargos ou funções. Ela traduz a natureza inconciliável da **acumulação**, na mesma pessoa, de dois estatutos profissionais ou ligados ao exercício de mais do que uma actividade (o que, aliás, não supõe o carácter duradouro de qualquer uma das actividades incompatíveis).

Artigo 44.º

O que está em causa na incompatibilidade é, pois, a garantia da imparcialidade da actuação administrativa como **valor (puramente) abstracto**: é a própria lei que exclui a possibilidade de acumulação — por suspeitar, em abstracto, dos desvios em favor de outras actividades privadas ou públicas dos fins por que se deve pautar o exercício de certas actividades públicas, independentemente da pessoa que se trate e do interesse que ela tenha ou deixe de ter em qualquer decisão. A incompatibilidade não tem, pois, que ver com casos concretos, com procedimentos determinados.

São também garantias de imparcialidade que estão em causa na consagração da figura (e dos casos) de **impedimentos**; porém, nestes, o que se passa é que o titular do órgão fica proibido de intervir em casos concretos e definidos, o que não se deve a razões abstractas de incompatibilidade entre cargos, mas à **pessoa** do titular do órgão e ao interesse que ele tem naquela decisão — e exactamente por só respeitar ao caso concreto, o impedimento pode qualificar-se como um **incidente** do procedimento (à decisão do qual se referem os arts. 45.º, n.º 4, e 46.º, n.º 1).

Assim, nas incompatibilidades, o que é proibido é o governador civil servir de árbitro ou perito, enquanto nos impedimentos, proibida é a intervenção de uma certa **pessoa,** da governadora civil de Lisboa, Srª. X, que não pode atribuir uma licença a Y, por o requerente ser seu cunhado.

A esta dupla forma de proibição de situações inconciliáveis, as leis acrescentam outras modalidades.

Assim, por exemplo, a lei sobre as incompatibilidades e impedimentos de titulares de cargos políticos e altos cargos públicos (Lei n.º 64/93, 26.VIII, alterada pela Lei n.º 28/95, de 18 de Agosto e pela Lei n.º 42/96, de 31 de Agosto) prescreve, no art. 8.º, que *"as empresas cujo capital seja detido numa percentagem superior a 10% por um titular de órgão de soberania ou titular de cargo político, ou por alto cargo público, ficam impedidas de participar em concursos de fornecimento de bens ou serviços, no exercício da actividade de comércio ou indústria, em contratos com o Estado e demais pessoas colectivas públicas".*

Temos, neste caso, a criação de um "impedimento" ao exercício da actividade privada do titular do órgão: ou seja, em vez de considerar incompatível a titularidade de certos órgãos, por uma pessoa, com a sua participação no capital de sociedades comerciais (ou de proibir uma intervenção no procedimento de concurso do titular do órgão naquela situação), a lei proíbe a empresa em cujo capital ele participa de concorrer.

No Código do Procedimento Administrativo, trata-se, regulam-se os impedimentos típicos, não as incompatibilidades. A estas respeitam, hoje, o Decreto-Lei n.º 413/93, de 23 de Dezembro (reforça as garantias de isenção da Administração Pública), o Decreto-Lei n.º 196/93, de 27 de Maio (regime de incompatibilidades do pessoal de livre designação) a Lei n.º 64/93, de 26 de Agosto com as alterações que acima citámos (sobre o regime de incompatibilidades e impedimentos dos titu-

Artigo 44.º

lares de órgãos de soberania, de cargos públicos e de altos cargos públicos) e a Lei n.º 12/96, de 18 de Abril (novo regime de incompatibilidades).

IV. São bem mais complexas as diferenças entre os impedimentos e as **suspeições**. Como os primeiros, estas pressupõem a consideração da **pessoa** do titular do órgão — distinguindo-se por aí das incompatibilidades; só que, para a lei, a possível parcialidade da actuação do titular do órgão não é agora tão evidente e carece de um juízo de aproximação administrativa à situação concreta, que estiver em causa.

Por isso, enquanto a situação de impedimento, a existir, se traduz na mera verificação de um pressuposto legal que conduz ao impedimento (e à invalidade do acto praticado pelo impedido) — considerando o Código que a situação de impedimento origina, em abstracto, uma perturbação no exercício da competência —, na suspeição a lei já não impõe a proibição de intervenção do titular do órgão, deixando a questão à decisão de um órgão da própria Administração, conhecedor do carácter daquele que vai agir pela Administração e dos interesses que se jogam no respectivo procedimento.

Isto quer dizer que, se não se deu por um impedimento, que existia, a decisão final do procedimento nem por isso deixa de ser inválida; ao passo que se a escusa ou suspeição não forem declaradas, a decisão final, podendo ser impugnada com fundamento em parcialidade (desproporção ou desigualdade), não é, porém, imediata e directamente ilegal, só pelo facto de ser de autoria daquela pessoa.

À frente, na anotação **III** ao art. 48.º, voltaremos à questão.

V. A primeira questão que o preceito coloca é a de saber qual o âmbito subjectivo da sua aplicação — se só aos órgãos e agentes da Administração Pública ou também aos órgãos e agentes de outros Poderes do Estado (quando exercem funções materialmente administrativas) e, ainda, aos órgãos e agentes de entidades concessionárias e de instituições particulares de interesse público.

Por nós, votaríamos afoitamente que sim — que não se vê, nos planos objectivo e teleológico, razões para qualquer diferença —, mesmo sabendo-se que o preceito vem literalmente restringido aos *"titulares de órgãos e agentes da Administração Pública"* e os servidores dos concessionários são tradicionalmente vistos como estranhos a essas categorias (embora por razões que não tem a ver com a sua intervenção na autoria de actos administrativos ou na decisão de procedimentos destes).

VI. Quanto ao **elenco legal** de situações de impedimento, discute-se, em primeiro lugar, a sua **taxatividade.**

Parece que sim, que as situações referidas nas diversas alíneas deste preceito são as únicas a que se aplica o regime dos impedimentos. Tratando-se de uma situação que não cabe nesse elenco, o que poderia era haver lugar à aplicação da cláusula geral do corpo do art. 48.º, sobre a escusa e suspeição, figuras diferentes desta, como se viu.

Algumas das situações do elenco legal do art. 44.º têm, porém, um alcance tão amplo, que a regra do *numerus clausus* perde parte do seu significado prático. Aí

Artigo 44.º

temos a cláusula geral (condensada) das alíneas a), b) e c) — impedimento daquele que, por si ou por interpostas pessoas, tenha *"interesse"* no procedimento —, a evidenciar que a aplicação desse conceito indeterminado abrangerá hipóteses diversíssimas e heterogéneas, que nenhuma (boa) previsão legal taxativa albergaria.

VII. Também carece de densificação o conceito *"intervenção em procedimento, acto ou contrato"*, que é afinal o objecto da proibição contida neste preceito.

Tratar-se-á da proibição de uma **qualquer intervenção** no procedimento (acto ou contrato) ou só da proibição de tomar ou participar na tomada da **decisão** do procedimento?

Nas anotações dos AA. do *Projecto*, o preceito implicaria a proibição de os órgãos ou agentes impedidos *"tomarem decisões......, bem como de celebrarem ou tomarem parte em contratos"* (ob. cit., pág. 82). Nas aplicações jurisprudenciais do mesmo regime do direito anterior ao CPA, encontramos, porém, alguns casos que respeitam a intervenções na fase preparatória do procedimento (como é, por exemplo, o caso do impedimento de um júri de um concurso para proceder à instrução do procedimento de recurso da deliberação nele tomada) — ver Acórdão do STA (1ª Secção), de 25.V.90, recurso n.º 25.411.

Uma restrição do impedimento (ou proibição) à fase decisória do procedimento frustraria, na verdade, muito do interesse do preceito: um agente administrativo poderia, afinal, subscrever um parecer, informação ou proposta oficial de decisão ou encarregar-se do inquérito num procedimento disciplinar, influenciando ponderosamente a decisão do órgão com competência decisória, sem que daí adviesse qualquer consequência jurídica para a estabilidade do acto praticado, da decisão tomada.

Por este lado, a tendência é para entender o conceito "intervenção" (da proibição legal) alargadamente, estendendo-o às formalidades da **instrução** do procedimento, bem como aos actos da **execução** da sua decisão (para além, obviamente, da **autoria** desta ou de **participação** na sua tomada, que são os casos mais evidentes de intervenções proibidas).

O que é perfeitamente compreensível, dado ser na fase de instrução que o órgão recolhe os dados essenciais para a decisão, e, portanto, o momento em que mais sentido faz a exigência de uma ponderação **objectiva, isenta** e **imparcial** dos factos e interesses envolvidos.

Mas, hoje, está reconhecido, no novo n.º 2 deste art. 44.º, que, pelo menos, nos casos de *"actos de mero expediente, designadamente certificativos"* não vigora o regime dos impedimentos, escusas e suspeições desta secção.

Na verdade, como se advertia na 1ª edição deste trabalho, naqueles casos em que a intervenção se traduz em **actos de expediente ou de gestão corrente** — como, por exemplo, os meramente certificativos ou executivos (vinculados, devidos) —, que não podem ser influenciados pela pessoa que neles participa ou decide, já é duvidoso que o impedimento funcione. Não se vê por que não poderá, por

Artigo 44.º

exemplo, o presidente do órgão colegial incluir na agenda da ordem do dia da reunião assuntos que dizem respeito a questões do seu interesse — *maxime,* se vêm encaminhadas, como todas as outras, pelos serviços ou se respeita, por exemplo, ao seu próprio impedimento (ver anotação ao art. 45.º) — provocando, com isso, a ilegalidade da deliberação respectiva, que foi proposta, discutida e votada afinal, como se impunha, sem a presença dele. Ou por que razão deixaria de poder ordenar a execução de uma massa de actos, como no caso de pagamentos a funcionários, por exemplo, pelo facto de, entre eles, estar uma sobrinha sua.

Claro que, em sede da fiscalização de legalidade de intervenções que bolem directa ou indirectamente com a decisão do procedimento, a questão raramente se porá: se a intervenção do impedido se verifica em acto que determine ou permite afeiçoar a decisão final, ela leva inexoravelmente à sua ilegalidade. Nesse caso, a Lei dos Impedimentos, sobretudo em matéria de avaliação jurídica da situação, já não é hoje (Decreto-Lei n.º 42/96, art. 14.º) tão cega como o era ao tempo da Lei n.º 64/93.

Por isso, o membro do órgão colegial é obrigado a ausentar-se da discussão e da votação da questão que lhe diz respeito (n.º 4 do art. 24.º) — embora, contrariamente, não lhe seja vedado, por exemplo, aprovar a acta onde está contida a respectiva deliberação.

Em sede de responsabilidade funcional (disciplinar) dos titulares de órgãos ou agentes, é que as coisas podem passar-se diversamente, nomeadamente em situações como aquelas que acima mencionámos exemplificativamente, porque, estando aí em causa uma censura disciplinar ou penal, exigir-se-à, para que a intervenção proibida se torne plenamente relevante, que, à sua proibição de princípio ou em abstracto, acresça um juízo ético — de *culpa*, digamos assim — que, obviamente, a importância da intervenção verificada poderá amenizar (ou agravar).

Não há, porém, que fazer em relação a outros domínios situados para além da gestão pública, qualquer restrição: a lei é bem clara no sentido de que tanto faz que o acto ou contrato em apreço seja de direito público como privado, que a intervenção do impedido está sempre proibida.

VIII. A delimitação do conceito de **interesse impeditivo** da intervenção no procedimento nos casos das alíneas a), b), e c) do preceito legal há-de fazer-se em função de dois pârametros: por um lado, trata-se de garantir a objectividade e utilidade pública da decisão administrativa em vista da (melhor) prossecução do interesse público, e por outro lado, de assegurar a imparcialidade e a transparência dessa decisão, face àqueles que nela estão interessados e face à colectividade administrativa em geral. O interesse aqui tido em vista é, em princípio, de **natureza material**, mas podem também, em certas situações, ser atendíveis interesses morais.

As situações de interesse impeditivo de intervenções no procedimento — que devem ser avaliadas em concreto, não vindo tipificadas na lei — respeitam à própria pessoa do titular do órgão (eventualmente como mandatário ou gestor de negó-

Artigo 44.º

---

cios de outrem) ou a seu cônjuge, parente ou afim em linha recta ou até ao 2.º grau da linha colateral (sobrinhos por afinidade, por exemplo), bem como a pessoa que com ele viva em economia comum.

IX. Além das situações de interesse no procedimento previstas nas alíneas a), b) e c) do preceito, existem ainda outras que potenciam ou indiciam a existência de um **interesse moral** ou **instrumental** na decisão do procedimento. Os respectivos casos vêm agora tipificados na lei.

Desde logo, o referido na alínea f): verifica-se uma situação de impedimento quando, contra o titular do órgão ou agente administrativo (ou contra o respectivo cônjuge), **corre acção judicial** proposta por um interessado no procedimento ou por o seu cônjuge.

Trata-se, é claro, não apenas de acções ou processos em que o impedido "seja parte" em virtude de actos praticados como titular daquele cargo (v.g., acções de responsabilidade por acto ilícito de gestão pública), mas também como simples particular. Já é diferente o caso dos recursos propostos contra actos do próprio órgão de que é titular o agente em causa — pois aí não há impedimento, continuando o titular da competência decisória a poder exercê-la.

A fórmula legal carece, porém, de uma interpretação extensiva ainda noutro aspecto: é que não se vê razão para não aplicar o mesmo impedimento naqueles casos em que a acção é proposta pelo titular ou agente administrativo contra o interessado no procedimento e também para aqueles processos ou acções em que, não sendo partes principais, eles têm, porém, uma posição processual (de assistente, por exemplo) assimilável, para estes efeitos, à posição de parte.

Nos casos das alíneas d) e e), o "interesse" impediente revela-se no facto de o impedido (ou da pessoa a quem ele se encontra especialmente ligado) ter tido anterior intervenção qualificada no procedimento, seja como perito ou mandatário (ou como autor de parecer sobre a questão a resolver).

É óbvio que estão abrangidas na previsão legal, a este propósito, aquelas hipóteses em que o impedido — ou aquele de quem ele deriva o seu impedimento — actuou no exercício de uma actividade profissional (ou não), mas extra *função*. No caso de o juízo de perícia ou o parecer ter sido emitido, pelo impedido, no desempenho de funções oficiais ou procedimentais a resposta será, pelo menos em princípio, negativa.

X. Quanto ao impedimento da alínea g) — proibição de intervenção no procedimento de *"recurso da decisão proferida por si, ou com sua intervenção, ou proferida por quaisquer das pessoas referidas na alínea b) ou com intervenção destas"* — deriva ele de razões ligadas à posição funcional do impedido.

Para estabelecer o alcance do impedimento, é necessário distinguir. Quando o recurso se reporta a decisões proferidas por familiares ou afins do impedido, este

Artigo 44.°

não pode intervir nem no desenrolar (salvo tratando-se de actos de mero expediente) nem na decisão do procedimento do recurso; mas, se se trata de decisões suas ou proferidas com a sua intervenção, o titular do órgão *a quo* deve até intervir no procedimento de recurso para efeitos do disposto no art. 169.°, n.° 3 e 172.°, n.° 1 do Código — embora não seja da sua competência a própria instrução desse procedimento —, como se decidiu, aliás, no Acórdão do STA (1ª Secção), de 1.III.94, publicado nos AD n.° 390, pág. 666.

art. 44.°, n.° 2

XI. Este n.° 2, aditado ao art. 44.° do Código pelo Decreto-Lei n.° 6/96, é reflexo de uma preocupação curial, que também já manifestáramos na 1ª edição deste comentário, nomeadamente quanto a actos certificativos.

Na nota **VII**, *supra*, o leitor encontrará razões para ampliar a excepção deste preceito não só aos actos de expediente, como também aos de gestão corrente, pelo menos, àqueles em que a intervenção do impedido não determine ou influencie a decisão final — embora se compreenda a cautela do legislador, para não deixar a delimitação da excepção cair em domínios vagos.

Quando a lei se refere aqui à possibilidade de os impedidos praticarem actos certificativos, está a reportar o conceito à certificação administrativa de factos (etc) que constam, ou não, dos livros, registos ou documentos administrativos, limitando-se o órgão ou agente a certificar (positiva ou negativamente) isso mesmo: que deles consta "assim ou assado".

Diferente é o caso dos actos certificativos sobre a realização e resultados de diligências e operações instrutórias — ou seja, dos relatórios ou autos em que se reduz a escrito o que aí se passou e concluiu, e aos quais nos referimos na nota **I** do art. 94.° — porque, obviamente, nestes casos, os impedidos não podem participar nem na diligência, em si mesma, nem na sua redução a escrito.

XII. Esclareça-se, por último, que, embora a lei refira a excepção apenas aos impedimentos (*"excluem-se do disposto no número anterior"*), ela estende-se, naturalmente, aos casos de suspeição oposta por terceiro ao titular do órgão ou agente administrativo (art. 48.°, n.° 2) e, mesmo, aos casos de escusa deste (art. 48.°, n.° 1), na medida em que passa a considerar-se que, quanto aos actos de mero expediente, o facto de ele não se escusar não é ilegítimo, não constitui presunção sobre a sua responsabilidade disciplinar ou civil (como acontecerá, no caso dos outros actos).

Artigo 45.º

Artigo 45.º
Arguição e declaração do impedimento

1. Quando se verifique causa de impedimento em relação a qualquer titular de órgão ou agente administrativo, deve o mesmo comunicar desde logo o facto ao respectivo superior hierárquico ou ao presidente do órgão colegial dirigente, consoante os casos.

2. Até ser proferida a decisão definitiva ou praticado o acto, qualquer interessado pode requerer a declaração do impedimento, especificando as circunstâncias de facto que constituam a sua causa.

3. Compete ao superior hierárquico ou ao presidente do órgão colegial conhecer da existência do impedimento e declará-lo, ouvindo, se considerar necessário, o titular do órgão ou agente.

4. Tratando-se do impedimento do presidente do órgão colegial, a decisão do incidente compete ao próprio órgão, sem intervenção do presidente.

    I. O incidente procedimental do impedimento: autonomia e iniciativa.

    II. Forma e tempo da iniciativa: consequências da sua falta.

    III. O "ónus" da especificação dos factos geradores do impedimento: consequências do seu incumprimento.

    IV. Órgãos competentes para declarar o impedimento (o caso especial do impedimento do delegado)

    V. Competência no caso de impedimento de presidentes de órgãos colegiais.

    VI. Audição do titular do órgão ou agente a impedir.

art. 45.º, n.ᵒˢ 1 e 2

I. A questão do impedimento é resolvida em **incidente procedimental autónomo**, especificando a lei que ele pode ser suscitado, junto do órgão competente para sua decisão, por qualquer interessado ou pelo próprio titular ou agente impedido.

Mas é claro que o órgão competente para a declaração do impedimento também detém poderes de iniciativa oficiosa nessa matéria.

II. O incidente procedimental do impedimento é desencadeado por **escrito**.

E só pode ser desencadeado enquanto o **procedimento principal** (com a emissão da "decisão definitiva" ou pela "prática do acto" — como se diz no n.º 2) **não se extinguir**. Mas isso vale em qualquer caso, seja quem for que o desencadeie e não apenas, como aí se prevê, para os impedimentos suscitados pelos interessados.

Artigo 45.°

O facto de já não se poder arguir o impedimento depois de proferida a decisão final não significa, obviamente, que o acto praticado por um órgão cujo titular estava legalmente proibido de intervir no procedimento se convalide, quanto a esse aspecto. O que sucede é que tal proibição deixa, então, de funcionar, como *impedimento* e passa a funcionar, antes, como requisito de *(in)validade* da decisão ou do acto.

Até porque pode acontecer que a situação justificativa do impedimento não fosse conhecida do interessado.

Do mesmo modo, é óbvio que a rejeição da arguição do impedimento pelo órgão competente para o resolver administrativamente não preclude que o interessado argua, em juízo, a decisão final que tiver sido tomada no procedimento, com fundamento nessa ilegalidade.

III. O "ónus" da especificação das circunstâncias de facto justificativas do impedimento — que o n.° 2 faz recair sobre o interessado, mas que também vincula o titular ou agente impedido, quando é ele que desencadeia o incidente — não é um verdadeiro ónus jurídico, podendo o órgão competente para a decisão proceder, por sua iniciativa, às diligências que considere necessárias para determinar que circunstâncias devem ser ponderadas.

Mas, mesmo que a arguição do impedimento seja eventualmente rejeitada, em sede administrativa, com esse fundamento, isso não preclude a possibilidade de o interessado, depois, arguir judicialmente a decisão tomada por titular de órgão ou agente que considere legalmente proibidos de intervir no procedimento.

art. 45.°, n.ᵒˢ 3 e 4

IV. Fixa-se aqui a **competência** para a decisão do incidente sobre impedimentos.

Órgão competente é, em regra, o superior hierárquico do órgão cujo titular está legalmente impedido de participar. Se não houver superior hierárquico, é o titular (ou o presidente) do órgão (colegial) dirigente da pessoa colectiva, que tem competência para a decisão do incidente.

A regra geral deveria, provavelmente, considerar-se afastada também no caso de delegação (ou subdelegação) de poderes, deferindo-se ao delegante — embora eles também sejam em regra superiores hierárquicos — a competência para declarar os impedimentos dos seus delegados, em relação ao exercício dessa competência derivada.

V. Neste preceito, a referência ao *"presidente do órgão colegial"* não é restrita aos presidentes dos órgãos colegiais dirigentes ou de natureza deliberativa: **em qualquer órgão colegial**, os impedimentos são apreciados e declarados pelo seu presidente.

Artigo 46.º

___

É claro que o presidente do órgão colegial não pode intervir na discussão e votação do seu próprio impedimento, não sendo necessário a lei afirmá-lo aqui especificadamente. Mas não lhe está vedado, por exemplo, agendá-lo para a reunião do órgão colegial, no exercício das competências de gestão corrente, atrás referidas.

VI. A formalidade da **audição** do titular do órgão ou agente (que é alvo do impedimento), prevista neste n.º 3, revela que a lei se está a referir apenas aos incidentes (ou arguições de impedimento) formulados por interessados. Trata-se de uma faculdade ou poder do órgão competente, ao contrário do que acontece em matéria de escusa ou suspeição, em que a audição é obrigatória.

Já agora, que tal audição está concebida como uma mera faculdade do órgão competente para declaração do impedimento, podia também ter-se previsto tal faculdade em relação à audição do interessado, na hipótese de ser o impedido a suscitar a questão do seu impedimento.

Artigo 46.º

Efeitos da arguição do impedimento

1. O titular do órgão ou agente deve suspender a sua actividade no procedimento logo que faça a comunicação a que se refere o n.º 1 do artigo anterior ou tenha conhecimento do requerimento a que se refere o n.º 2 do mesmo preceito, até à decisão do incidente, salvo ordem em contrário do respectivo superior hierárquico.

2. Os impedidos nos termos do artigo 44.º deverão tomar todas as medidas que forem inadiáveis em caso de urgência ou de perigo, as quais deverão ser ratificadas pela entidade que os substituir.

    I. A inexistência de um prazo de decisão no incidente relativo aos impedimentos.

   II. A suspensão de funções do impedido no procedimento: momento e consequências do seu incumprimento.

  III. Intervenção do impedido no procedimento, após o início do incidente, a mando do órgão competente.

  IV. (Cont.) Em casos de urgência e perigo: objecto cautelar ou provisório das medidas inadiáveis.

   V. Ratificação das medidas tomadas pela pessoa suspensa (que continuou a intervir).

Artigo 46.º

art. 46.º, n.º 1

I. Ao contrário do que se verifica nas decisões de incidentes de escusa ou suspeição (ver art. 50.º, n.º 2), aqui, o legislador não fixou qualquer **prazo para a decisão** do incidente relativo aos impedimentos.

Mas não devia perder-se de vista que, funcionalmente, o facto de os impedimentos acarretarem a (auto-)suspensão imediata do impedido se, por um lado, constitui uma garantia, também exige que o incidente corra célere para o procedimento não ficar eventualmente parado à espera da decisão da questão.

Deve, portanto, no máximo, aplicar-se o regime-regra do artigo 71.º.

II. Pelo simples facto de suscitar ou de ter conhecimento que se suscitou de modo oficial a questão do impedimento, o titular do órgão ou agente "arguido" como impedido **deve** (auto-)**suspender imediatamente** qualquer prestação sua para o procedimento — embora o incumprimento de tal dever não tenha, **por si só**, repercussão em sede de validade (do procedimento ou decisão) no caso de o impedimento não vir a ser declarado (ou reconhecido, depois, judicialmente).

Claro que, se a pessoa impedida for o instrutor do procedimento — e dado que a sua substituição só ocorrerá após o impedimento ter sido declarado —, no período intermédio há-de-se suspender o próprio decurso do procedimento.

III. A **ordem** (do superior hierárquico) para que o arguido (de impedimento) continue a intervir no procedimento pressupõe, naturalmente, uma avaliação prévia das circunstâncias de facto em que vem baseado o incidente, bem como a fundamentação de tal ordem.

Só prevê a lei que a continuação do exercício de funções pelo impedido possa suceder "a mando" do superior, parecendo assim haver descordenação com o art. 45.º, n.º 3, devendo prevalecer uma interpretação conjugada dos dois artigos. Ou seja: o presidente do órgão colegial também pode avocar a questão, se ela coubesse já na sua competência, claro (como sucede no caso do art. 45.º, n.º 3).

art. 46.º, n.º 2

IV. A disposição do n.º 2 — que permite ao impedido tomar, em casos de **urgência** e **perigo**, as medidas que repute **inadiáveis** — só funciona se o impedimento ainda não foi declarado.

Note-se que as medidas inadiáveis aqui previstas e admitidas, que podem ser tomadas (sem intervenção do superior hierárquico) em caso de *urgência* ou de *perigo*, pelo titular ou agente impedido e suspenso, são medidas provisórias ou cautelares do procedimento, e não a sua própria decisão.

O uso deste poder (que também é um dever) legal do titular impedido deve, quanto aos respectivos pressupostos, ser igualmente objecto de fundamentação.

Artigo 47.º

V. A lei não fixa o momento ou o prazo para exercício, pelo suplente ou "substituto" do impedido, do poder de **ratificação das medidas inadiáveis** que houvessem sido tomadas pelo titular ou agente impedido. Deveria entender-se que essa ratificação é logo objecto da sua primeira intervenção no procedimento e que, portanto, na falta de qualquer declaração nesse sentido, a medida tomada considerar-se-ia não ratificada — pois que a ratificação, em si, deve ser expressa.

Mas pode ser expressa por forma implícita, porque também pode resultar de outra ou outras decisões procedimentais do suplente, que revelem concludentemente a sua vontade de ratificar as medidas tomadas pelo impedido.

Artigo 47.º
Efeitos da declaração do impedimento

1. Declarado o impedimento do titular do órgão ou agente, será o mesmo imediatamente substituído no procedimento pelo respectivo substituto legal, salvo se o superior hierárquico daquele resolver avocar a questão.

2. Tratando-se de órgão colegial, se não houver ou não puder ser designado substituto, funcionará o órgão sem o membro impedido.

> *I. Substituição do impedido: necessidade de convalidação dos actos que já tenha praticado. Efeitos secundários da declaração.*
>
> *II. Substituição do impedido e possibilidade de avocação da decisão do procedimento pelo superior hierárquico, no caso dos órgãos singulares: dúvidas*
>
> *III. Substituição do impedido no caso dos órgãos colegiais: consequências.*

I. Regula-se no n.º 1 os efeitos da decisão do incidente sobre a existência de impedimento legal — o qual consiste, como já se viu, em ficar o titular do órgão ou agente impedido ou proibido de intervir no procedimento —, realizando-se a sua imediata "substituição", em princípio, no próprio despacho onde o impedimento é declarado.

É preciso, porém, atentar em que a *"imediata substituição"* do impedido não convalida os actos ou diligências do procedimento em que ele já tenha intervido, havendo, naturalmente, que refazer agora tudo isso através da intervenção do substituto.

Mas há outros efeitos secundários da decisão do incidente, qualquer que ele seja. É o que se passa com a cessação dos efeitos da suspensão que impendia sobre

Artigo 47.º

a pessoa em questão, desde o momento em que fôra suscitada a hipótese do seu impedimento.

E cessam, em qualquer caso, porque: a) **não tendo sido declarada impedida**, ela retoma a sua capacidade funcional, plena, não sendo necessária qualquer ratificação do anteriormente decidido; b) ou, então, **declarado o impedimento**, a capacidade para o exercício da respectiva competência procedimental é encabeçada imediatamente no suplente (salvo se o superior hierárquico do impedido resolver avocar a questão, como se dispõe na parte final do n.º 1), deixando o impedido de estar apenas suspenso.

II. Dúvida que se suscita é se, com a possibilidade de avocação aqui prevista, se pretendeu conferir ao superior hierárquico tal poder sempre que haja um subalterno impedido ou, antes, se ele é para ser exercitado só naqueles casos em que o superior hierárquico fosse já, por outra via ou norma, titular dessa competência para avocar.

O problema, para quem (como nós, hoje) entende que o superior hierárquico não tem, em regra, o poder de avocar a competência própria do subalterno — mas apenas para suprir uma omissão deste (e a sua desobediência a ordens), pelo que ocorre mesmo em caso de competências exclusivas ou, talvez mesmo, de competências excludentes —, denota que a hipótese aqui admitida é mais um caso especial, em que o legislador se afasta da regra geral.

A norma deve ser vista, pois, com esse sentido útil, e não como a mera refracção de um poder geral de avocação, que, aliás, não está manifestamente subjacente à concepção do Código, e que era rejeitado na lição de FREITAS DO AMARAL, primeiro responsável pelo respectivo *Projecto* (ver, sobretudo, Conceito e Natureza do Recurso Hierárquico).

III. Enquanto a regra do n.º 1 se aplica aos titulares de órgãos individuais, a regra do n.º 2 aplica-se quando o impedido é **titular de órgão colegial**: se não houver (ou não puder ser designado) um suplente ou substituto para o titular impedido, funcionará o órgão sem ele — pondo-se, portanto, em causa o *quórum* que ele ajudava a integrar, mas sem que isso signifique que o número legal dos membros do colégio, em função dos quais se afere a validade das reuniões e deliberações, deva ser reduzido .

Problema (que o preceito não tinha de resolver) é o de o impedimento de um dos titulares do órgão colegial paralisar este, por estarem já vagos (ou ainda não preenchidos) outros lugares do colégio, não permitindo que a questão seja votada — como, aliás, qualquer outra — enquanto não forem preenchidos esses lugares vagos.

Artigo 48.°

Artigo 48.°

Fundamento da escusa e suspeição

1. O titular de órgão ou agente deve pedir dispensa de intervir no procedimento quando ocorra circunstância pela qual possa razoavelmente suspeitar-se da sua isenção ou da rectidão da sua conduta e, designadamente:

a) Quando, por si ou como representante de outra pessoa, nele tenha interesse parente ou afim em linha recta ou até ao 3.° grau da linha colateral, ou tutelado ou curatelado dele ou do seu cônjuge;

b) Quando o titular do órgão ou agente ou o seu cônjuge, ou algum parente ou afim na linha recta, for credor ou devedor de pessoa singular ou colectiva com interesse directo no procedimento, acto ou contrato;

c) Quando tenha havido lugar ao recebimento de dádivas, antes ou depois de instaurado o procedimento, pelo titular do órgão ou agente, seu cônjuge, parente ou afim na linha recta;

d) Se houver inimizade grave ou grande intimidade entre o titular do órgão ou agente ou o seu cônjuge e a pessoa com interesse directo no procedimento, acto ou contrato.

2. Com fundamento semelhante e até ser proferida decisão definitiva, pode qualquer interessado opor suspeição a titulares de órgãos ou agentes que intervenham no procedimento, acto ou contrato.

    I. Noções.
    II. O carácter exemplificativo das circunstâncias legais determinantes da "dispensa" (escusa) ou "suspeição" e a respectiva cláusula geral: sua complementaridade em relação aos casos não abrangidos pelas taxatividade dos impedimentos.
    III. O regime da dispensa (e suspeição) face ao do impedimento. Teses.
    IV. A cláusula geral de escusa ou suspeição do corpo do n.° 1: o seu entendimento e implicações.
    V. As circunstâncias especificadas na lei: precisões.
    VI. Prazo para suscitar o incidente da suspeição. Consequências.

art. 48.° n.° 1

I. Chama-se **escusa** ou **dispensa** a este incidente, quando é desencadeado pelo próprio titular do órgão ou agente, o qual " *deve pedir dispensa de intervir no procedimento*"; na **suspeição**, o incidente é suscitado por qualquer interessado no procedimento.

Artigo 48.º

II. Ao contrário das circunstâncias determinantes de um impedimento que — com a advertência feita atrás — são taxativas, as circunstâncias justificativas da *escusa (dispensa)* ou *suspeição* enunciadas nas diversas alíneas do n.º 1 são meramente exemplificativas da **cláusula geral e aberta do corpo do artigo**, segundo a qual o titular do órgão ou agente pode pedir dispensa (n.º 1) ou o interessado opor-lhe *suspeição* (n.º 2) sempre que ocorra situação *"pela qual possa razoavelmente suspeitar-se da sua isenção ou da rectidão da sua conduta"*.

A existência duma cláusula geral destas — mesmo que se discorde dos conceitos nela usados — permitiria superar os inconvenientes de uma interpretação restrita do elenco legal de impedimentos do art. 44.º, arredando os titulares de órgãos e agentes atingidos pela inibição, por exemplo, das intervenções em procedimentos nos quais é interessada uma sociedade em cujo capital eles (por si ou interposta pessoa) participem.

III. Mas isso só aconteceria se a escusa e suspeição tivessem um carácter semelhante ao do **impedimento**, ou seja, se a intervenção dum órgão passível de suspeição num procedimento afectasse, só por si, como afecta no caso do impedimento, a validade da respectiva decisão.

Ora, não é assim: o que sucede é que, se o titular ou agente sob escusa ou suspeição for declarado como tal, muito bem, o procedimento segue sem a sua intervenção — evitando-se que a decisão seja tomada por quem se poderia deixar tentar pelas circunstâncias. Caso contrário, a decisão é tomada mesmo por aquele sobre quem recaia essa suspeita e, se nela houver qualquer ilegalidade (interesse ou desproporção), que seja então arguida como tal, nas instâncias competentes.

Isto é, na escusa ou suspeição algo fica dependente do juízo feito pelo órgão competente para a decisão do incidente: pode dizer-se, embora sem grande rigor, que ele é "juiz" dessa causa "interna" da Administração, que é a de saber se a hierarquia, a pessoa colectiva, se sente ou não bem representada por aquele seu órgão ou agente, pese o que se possa dizer sobre o perigo da sua suposta falta de isenção ou rectidão.

É esta a concepção da escusa (dispensa) e suspeição que está subjacente ao CPA e às diferenças de regime que nele se estabelecem entre impedimentos e escusas ou suspeições, mesmo se esse seu carácter ou natureza, face ao dos impedimentos, está meramente pressentido nos arts. 48.º e 50.º, n.º 3, e sugerido no art. 51.º, n.º 1.

Neste momento, ficamos à cautela mais próximos dos pressentimentos e das sugestões literais da lei, sustentando que a tese da invalidação judicial de actos praticados por órgãos e agentes administrativos que se encontrem nas circunstâncias especificadas no art. 48.º, pese não ter sido reconhecida administrativamente a sua falta de isenção ou rectidão, só deverá ter lugar se, **no acto praticado ou no procedimento em que ele se formou**, se revelar, de algum modo, que a decisão foi tomada em função (também) dessas razões ou factores malignos do art. 48.º do Código.

Ou seja, não é dado ao tribunal anular o acto por a Administração ter avalia-

Artigo 48.º

do mal da situação de escusa ou suspeição, mas só no caso de, afinal, essa situação se reflectir (ao nível, nomeadamente, da imparcialidade ou proporcionalidade) na decisão tomada ou no procedimento seguido.

Em contrapartida, exigir-se-à, como penhor da **garantia judicial efectiva** (art. 20.º da Constituição) — dada a dificuldade de fazer a prova (ao nível do exercício do poder discricionário) da consideração de interesse pessoal nas motivações dos actos administrativos (nessas circunstâncias, qualquer pessoa, sobretudo a mal intencionada, procura obviamente esconder a preversão dos critérios funcionais da sua decisão) — que os tribunais sejam especialmente flexíveis na consideração da existência dos indícios dessa malignidade.

IV. As circunstâncias ou pressupostos da escusa e da suspeição estão definidos, na lei, através de **cláusula geral** e de provisões específicas.

Constitui fundamento da escusa, em primeiro lugar, no corpo do n.º 1, qualquer circunstância relativa ao titular do órgão *"pela qual possa razoavelmente suspeitar-se da sua isenção ou da rectidão da sua conduta"* ·

A existência desta cláusula geral, ao lado dos casos específicos, tem uma grande importância jurídica: é que suscitada e resolvida negativamente a questão da existência de uma das circunstâncias específicas mencionadas na lei, como justificativas da concessão da escusa ou do bem fundado da suspeição, o órgão competente não fica proibido de compor com os elementos obtidos (e que eram insuficientes para fazer funcionar qualquer das alíneas da previsão legal) uma outra situação subsumível na cláusula geral do corpo do artigo: por exemplo, uma inimizade que não seja grave pode, mesmo assim, levar a suspeitar razoavelmente da isenção ou rectidão da conduta do agente.

Não menos importante é saber se, verificado qualquer dos factos de uma das alíneas deste n.º 1 do art. 48.º, isso basta para se considerar suspeito ou excusável o agente em causa, ou se deve acrescer a esse juízo outro sobre o preenchimento da cláusula geral, isto é, se tal facto leva a suspeitar da sua isenção ou imparcialidade.

Conscientes das importantes implicações da resposta, votamos, ainda assim, pelo entendimento de que os exemplos da lei valem, só por si, como pressupostos (simples, nus, despidos de qualificativos) de subsunção da posição do agente à situação de suspeito ou excusável.

Nem a leitura do corpo do art. 48.º, n.º 1, do Código faculta, parece-nos, outras alterantivas hermenêuticas.

V. Das circunstâncias que a lei especifica, como justificativas da concessão da escusa ou da suspeição, algumas merecem um esclarecimento particular.

Assim, no caso da **alínea b) do n.º 1**, o pressuposto da escusa (ou suspeição) consiste apenas na existência (efectiva) de uma **relação obrigacional** entre o titular do órgão e o interessado. A existência de uma contenda ou disputa efectiva — não judicial, porque essa cai no âmbito da alínea f) do n.º 1 do art. 44.º —

Artigo 48.º

sobre a titularidade de tal relação entre ambos, pode levar à declaração de suspeição ou à dispensa, não ao abrigo desta alínea b), mas sim, nos termos da
cláusula geral do corpo do artigo.

Na previsão da **alínea c) do n.º 1**, não se abrangem, é claro, todas as **dádivas** recebidas pelo titular do órgão ou agente, mas apenas aquelas que foram feitas:

— com intuito ou significado relevantes, porque, apesar de todas e
quaisquer dádivas feitas a funcionários ou agentes serem hoje ilí-
citas (face à Carta Deontológica do Serviço Público, aprovada pela
Resolução de Conselho de Ministros n.º 18/93, de 17.III), muitas
delas, implicando eventualmente responsabilidade, não terão relevo
suficiente para fundar um juízo de suspeição ou escusa: é o caso,
por exemplo, do funcionário que recebeu de um fornecedor uma
lapiseira ou isqueiro BIC, com publicidade da respectiva empresa;

— por qualquer interessado no procedimento, ainda que não tenham
sido feitas em vista dele, ou;

— por qualquer outra pessoa, mas com vista à adopção de um certo
comportamento, no próprio procedimento, pelo donatário.

Em relação aos pressupostos da escusa e suspeição previstos na **alínea d) do
n.º 1**, convém esclarecer que as dificuldades de avaliação da *"gravidade"*, da *"inimizade"* e do alcance da *"intimidade"*, são superáveis (e, em regra, com vantagem)
pela avaliação feita através da cláusula geral do corpo do artigo.

Sobre as circunstâncias em que uma inimizade pode contribuir para a suspeição do membro em causa, ver Acórdão do STA (Pleno), de 21.III.91, publicado
nos AD n.º 355, pág. 898.

art. 48.º, n.º 2

VI. O n.º 2 do preceito — à semelhança do que sucede com o n.º 2 do
art. 45.º — só permite que o incidente da suspeição seja suscitado *"até ser proferida decisão definitiva"*, o que redunda, desde logo, no caso do indeferimento
tácito, em a questão poder ser levantada mesmo que haja decorrido já o prazo para
a sua formação (e que, claro, o particular ainda não tenha recorrido aos meios da
respectiva impugnação).

Pode discutir-se se, havendo lugar a reclamação ou recurso administrativo da
decisão do procedimento, a questão da suspeição ainda pode ser aí suscitada, respondendo-se pela positiva, pelo menos, no caso de a pessoa sobre quem recai a suspeita
continuar a intervir (decisória ou instrutoriamente) no procedimento de 2.º grau.
Caso contrário, respondemos negativamente — mesmo que se trate de reclamação
ou recurso necessário, onde, em certo sentido, as decisões de 1.º grau ainda não são
"definitivas", como é pressuposto legal da exclusão do direito de levantar a questão.

Tão delicada como essa é a questão de determinar as consequências do facto
de o incidente não ter sido deduzido pelo interessado até à *"decisão definitiva"*, ou

Artigo 49.º

seja, saber se isso faz com que a questão da suspeição já não possa constituir fundamento directo da impugnação do acto praticado em procedimento em que interveio ou que foi decidido por pessoa que (hipoteticamente) se encontrava numa das situações descritas no n.º 1.

A resposta maioritária parece ser a de que, nesses casos, se precludiria o direito de levar directamente a tribunal a questão da suspeição — sem prejuízo, claro, de o acto poder ser impugnado por parcialidade, desigualdade, desvio de poder (etc), no caso de se verificarem os respectivos pressupostos de invalidade.

Temos a questão como muito duvidosa: por um lado, porque — mesmo tomando em conta o que se diz na nota **III** — também no caso dos impedimentos o incidente só pode ser suscitado procedimentalmente antes da decisão e não é por isso que (não o tendo sido) o acto deixa de ser directamente impugnável, apenas por ter sido praticado por pessoa impedida. Por outro lado, tal resposta iria mal com as teses defendidas na nossa jurisprudência àcerca da impugnação directa e autónoma do acto pelo qual o órgão competente não reconheceu a suspeição que tenha sido invocada, ou a escusa que lhe tenha sido pedida. Acresce que, a existência do facto constitutivo da suspeição podia não ter sido conhecida durante o procedimento, pelo interessado na sua arguição, mas só após o seu termo.

Reconhecemos, porém, igualmente, que a tese da irrelevância da não invocação tempestiva da suspeição é difícil de conjugar com o disposto no n.º 1 do art. 51.º por referência ao n.º 3 do art. 50.º.

Ficamos assim à espera de melhor inspiração, para tomar uma opção definitiva na questão.

Artigo 49.º

Formulação do pedido

1. Nos casos previstos no artigo anterior, o pedido deve ser dirigido à entidade competente para dele conhecer, indicando com precisão os factos que o justifiquem.

2. O pedido do titular do órgão ou agente só será formulado por escrito quando assim for determinado pela entidade a quem for dirigido.

3. Quando o pedido seja formulado por interessados no procedimento, acto ou contrato, será sempre ouvido o titular do órgão ou o agente visado.

> I. *Pedido de escusa ou suspeição: extensão do regime legal (quanto à sua fundamentação) aos impedimentos.*
> II. *Forma: a regra da oralidade da escusa.*
> III. *Competência para a decisão do incidente: remissão.*
> IV. *Audição prévia do agente "arguido" de suspeição.*

Artigo 50.º

I. A necessidade de fundamentação do pedido de escusa ou suspeição, qualquer que seja o signatário, já deveria ter sido consagrada explicitamente a propósito do regime dos impedimentos do art. 45.º, considerando-se, porém, como se disse já, também aplicável a eles.

II. A regra do n.º 2 é a de que o pedido de **escusa** é formulado **verbalmente**. Só deve ser reduzido a escrito, se a entidade competente para dele conhecer o ordenar, enquanto a comunicação (pelo titular do órgão) ou arguição (pelo interessado) do **impedimento** são sempre formuladas **por escrito**, como o é a arguição ou pedido de suspeição pelo interessado.

III. A entidade a quem devem ser dirigidos os respectivos pedidos é a entidade competente para conhecer deles, que se determina nos termos dos n.ᵒˢ 1, 3 e 4 do art. 45.º, aplicável por força do art. 50.º, n.º 1.

IV. Note-se que, aqui, de acordo com o n.º 3, **a audição** do titular ou agente sob suspeição é obrigatória e prévia da decisão do respectivo incidente, quando iniciado pelos interessados (ou pela entidade competente para o decidir), enquanto que, no regime dos impedimentos, a necessidade da sua audição é sempre juízo inerente à margem de liberdade de apreciação e avaliação da Administração.

Essa discrepância de regimes advém certamente da diferente natureza que a escusa e suspeição têm em relação aos impedimentos, pois se trata de avaliar em que medida é que as circunstâncias verificadas põem efectivamente em causa a isenção e rectidão do titular do órgão suspeito de "interesse" na decisão, havendo, por isso, necessidade de conhecer — até pelo carácter eventualmente infamante da questão — o seu ponto de vista sobre ela.

Artigo 50.º

Decisão sobre a escusa ou suspeição

1. A competência para decidir da escusa ou suspeição defere-se nos termos referidos nos n.ᵒˢ 3 e 4 do artigo 45.º.

2. A decisão será proferida no prazo de oito dias.

3. Reconhecida procedência ao pedido, observar-se-á o disposto nos artigos 46.º e 47.º.

I. Competência para a decisão do incidente. Remissão.
II. Prazo da decisão.
III. O regime da dispensa (ou suspeição) concedida ou denegada.
IV. A forma escrita da decisão de dispensa ou suspeição.

Artigo 50.º

I. A **competência** para conhecer e decidir do incidente da escusa ou da suspeição defere-se nos precisos termos dos n.ᵒˢ 1, 3 e 4 do art. 45.º, para cujas anotações se remete aqui.

II. O **prazo** fixado no n.º 2, para a decisão destes incidentes, é relativamente curto.

E a razão de ser da sua previsão, face à inexistência de um prazo de decisão no incidente relativo aos impedimentos, deve-se certamente ao facto de, nestes últimos, a pessoa sobre quem ele recai ficar logo suspensa, desde o momento em que a questão foi suscitada, diminuindo os perigos da sua intervenção.

III. Em relação ao preceito do n.º 3, o que importa sublinhar, em primeiro lugar, é que, quanto aos respectivos **efeitos** sobre a actuação funcional do titular ou agente em causa, a lei assimilou a decisão que concede a escusa ou reconhece a suspeição como correspondendo à (comunicação ou arguição e) declaração de um impedimento.

Ou seja, aqueles a quem foi aceite o pedido de escusa ou que foram considerados sob suspeição, são, para todos os efeitos legais, impedidos: estão, portanto, proibidos de praticar actos naquele procedimento, os quais serão, só por isso, inválidos — salvo a hipótese (aqui remota) da necessidade da prática de actos inadiáveis.

No sentido de que a decisão que não concede escusa ou suspeição é susceptível de impugnação contenciosa autónoma pelos interessados no processo, confrontar os Acórdãos do STA, publicados nos AD n.º 91, pág. 1026 e n.º 313, pág. 6.

É duvidoso, também, se a decisão que concede a suspeição pode ser impugnada pelo titular do órgão ou agente considerado suspeito — em sentido afirmativo, o Acórdão desse Tribunal, publicado nos AD n.º 157, pág. 14.

IV. Sustenta-se também que a decisão do incidente de escusa ou suspeição deve ser tomada em **forma** correspondente à do acto de nomeação ou designação do respectivo titular. Não entendemos assim.

Pense-se, por exemplo, no caso dos titulares eleitos de órgãos da Administração Pública ou aqueles que são nomeados por portaria. Aliás a competência para decidir do incidente nada tem a ver com a competência para a nomeação ou designação do titular do órgão ou agente em causa.

O incidente é decidido por escrito, mesmo nos casos em que haja sido suscitado oralmente (art. 49.º, n.º 2), até para protecção do próprio titular ou agente não dispensado.

Artigo 51.°

Artigo 51.°
Sanção

1. Os actos ou contratos em que tiverem intervindo titulares de órgão ou agentes impedidos são anuláveis nos termos gerais.
2. A omissão do dever de comunicação a que alude o artigo 45.°, n.° 1, constitui falta grave para efeitos disciplinares.

> *I. Actos e contratos abrangidos pela sanção da invalidade derivada da intervenção do titular ou agente impedido (dispensado ou suspeito).*
> *II. Regime de invalidade: possível existência de casos de nulidade.*
> *III. A invalidade do acto derivada apenas de intervenções anteriores à declaração do impedimento.*
> *IV. A omissão do dever de participar o próprio impedimento.*

I. Os actos ou contratos abrangidos pela estatuição ou sanção do n.° 1 são aqueles que tenham como autor ou parte os titulares de órgãos ou agentes que estejam numa das circunstâncias do art. 44.°, ou em relação aos quais tenha havido decisão administrativa de dispensa ou suspeição, pois, como se viu, a situação daqueles que foram abrangidos por estas últimas medidas corresponde legalmente à situação dos impedidos.

Ver, contudo, o que dissemos em anotação (n.° **III**) ao art. 48.°.

II. O facto de a lei considerar os actos e contratos incluídos na previsão do n.° 1 como sendo *"anuláveis nos termos gerais"*, significa, com certeza, que o regime da anulação desses actos por causa da ilegalidade de intervenção de um agente legalmente impedido (ou declarado sob escusa ou suspeição) é igual ao regime de anulação de quaisquer actos, **por qualquer outra ilegalidade**: se, por exemplo, o acto em que tal ilegalidade se manifesta ou revela não é destacável da decisão final, a sua impugnação contenciosa só poderá deduzir-se através do recurso desta.

Mais duvidoso é se se considerou que se tratava mesmo de **anulabilidade** ou se a expressão *"anuláveis"* é compatível com um regime de verdadeira **nulidade** — para o qual aponta em certas circunstâncias, por exemplo, o art. 14.° da Lei n.° 64/93, de 26.VIII.

É que, em rigor, quando falta o titular do órgão — e é essa a situação jurídica do órgão cujo titular está legalmente impedido de intervir —, falta o próprio órgão, e também portanto, uma vontade ou conduta que possa ser organicamente consi-

Artigo 51.º

derada como imputável à pessoa colectiva. Aquela pessoa é, passou a ser, um terceiro em relação ao órgão e não está, portanto, em condições de lhe imputar nada, como nada lhe imputa o usurpador.

Aliás, veja-se o que acontece a uma deliberação do órgão colegial votada à justa, com a presença do *quórum* mínimo, e na qual interveio (perfazendo esse quórum) o membro impedido: ela é nula, obviamente. Por que não, então, também no caso do órgão singular?

Além de que, em muitos casos, sem a sanção de nulidade, não se garante a protecção adequada do interesse público e dos interessados em actos praticados por pessoas impedidas de intervir, por o conhecimento das respectivas circunstâncias determinantes só chegar tardiamente ao conhecimento dos interessados.

Não nos custaria nada, portanto, admitir que os actos em causa são *"anuláveis nos termos gerais"* — ou seja, como o são em geral os actos que provêm de um órgão que não tem titular ou não tem *quórum* para deliberar — e, portanto, nulos.

Pese a expressão literal do preceito.

III. Diga-se também que as intervenções procedimentais do impedido tornam inválido o acto ou contrato celebrado, mesmo que tenham tido lugar antes da declaração do impedimento e que, após esta, só o seu substituto tenha agido.

IV. A qualificação da gravidade disciplinar da omissão do dever de comunicação do art. 45.º, n.º 1, que impende sobre o titular ou agente impedido, não arreda a sanção da invalidade do acto praticado pelo titular ou agente impedido: acresce-lhe.

Capítulo II
Dos interessados

Artigo 52.º
Intervenção no procedimento administrativo

1. Todos os particulares têm o direito de intervir pessoalmente no procedimento administrativo ou de nele se fazer representar ou assistir, designadamente através de advogado ou solicitador.
2. A capacidade de intervenção no procedimento, salvo disposição especial, tem por base e por medida a capacidade de exercício de direitos segundo a lei civil, a qual é também aplicável ao suprimento da incapacidade.

> *I. Capacidade procedimental pública, de entes públicos e privados. A intervenção pessoal por representante (voluntário) ou gestor de negócios.*
> *II. O direito de se fazer "assistir" (a inexistência-regra de "assistentes"): efeitos procedimentais.*
> *III. A intervenção através de advogado ou solicitador: significado.*
> *IV. Representação em procedimentos colectivos ou populares.*
> *V. Capacidade de exercício. Representação legal.*
> *VI. A posição do representante no procedimento administrativo.*

art. 52.º, n.º 1

I. O direito de intervir num procedimento administrativo afere-se, em geral, em função da **capacidade jurídica**: todas as pessoas, singulares ou colectivas, públicas ou particulares, têm capacidade procedimental e podem, portanto (desde que nisso tenham interesse ou legitimidade), intervir em procedimentos administrativos.

Fazem-no pessoalmente ou, então, através do respectivo representante legal ou de pessoa mandatada para o efeito.

Artigo 52.º

E não é de excluir, também, a admissibilidade da figura da gestão de negócios neste domínio, mesmo para além dos casos em que é invocada *necessidade*.

Quanto à capacidade procedimental das entidades administrativas e seus órgãos, ela afere-se em função das normas de atribuições e competência das pessoas colectivas públicas e dos respectivos órgãos.

II. A **assistência** ao interessado prevista no n.º 1 não tem nada a ver com a figura do *assistente* (processual), ou seja, daquele que num processo acolita uma das partes, por ter um interesse jurídico em que a decisão do pleito seja favorável a essa parte (art. 335.º do CPC).

Aqui, no procedimento administrativo, onde não há **partes**, mas **interessados** (ver anotação ao art. 53.º), o assistente ou se encobre atrás do interessado ou, indo ao procedimento (pessoalmente ou por procuração daquele), vai como interessado, ele mesmo, intervindo em via principal. Só não será assim — pelo menos se prevalecerem certas interpretações desse preceito, que não sufragamos — no caso da legitimidade conferida pela parte final do art. 53.º, n.º 1.

O direito de se fazer assistir aqui previsto é o direito de, ao intervir no procedimento administrativo, o interessado se fazer assessorar e acompanhar de peritos (juristas ou não) nas diligências em que é chamado a intervir.

III. Na nova redacção dada ao preceito do n.º 1, pelo Decreto-Lei n.º 6/96, ficou assente expressamente que o direito de os interessados se fazerem representar ou assistir também se pode exercer através de advogado ou solicitador.

Prever expressamente essa possibilidade não é mera redundância: a representação dos interessados por esses profissionais corresponde a algo mais do que o simples poder geral de uma pessoa se fazer representar no procedimento, porque envolve uma representação institucionalizada, em que o representante aparece investido das especiais prerrogativas e privilégios da sua profissão.

IV. Outra forma de representação dos interessados prevista na lei respeitante aos procedimentos colectivos (ou a *petições uniformes — gleichformigëm Eingabe*, no Código Alemão) em que são muitos os interessados, prevendo-se que, para efeitos de audiência, por exemplo, eles se façam representar por pessoas escolhidas para o efeito — como sucede em matéria de acção ou participação popular, em procedimentos respeitantes aos bens ou interesses fundamentais (saúde, ambiente, etc.) do art. 52.º, n.º 3 da Constituição, nos termos previstos no art. 10.º da Lei n.º 83/95.

Artigo 52.°

art. 52, n.° 2

V. Quanto à capacidade de intervenção procedimental própria, ela tem por base a capacidade de exercício de direitos segundo a lei civil, suprindo-se as respectivas incapacidades nos termos desta: um recém-nascido já proprietário é representado, no procedimento administrativo em que se expropria o seu imóvel, pelos pais ou, faltando eles, pelo tutor. Sobre a forma de suprimento de incapacidades, ver arts. 124.° e 139.° do Código Civil.

Em princípio (a dúvida por-se-á para os procedimentos oficiosos), a Administração não é admitida a abrir incidentes tendentes à superação, no procedimento, da incapacidade de exercício de qualquer interessado: quando muito, solicitá-lo-à ao Ministério Público ou a qualquer membro da família daquele.

Há, porém, casos em que a capacidade de exercício (ou tratar-se-á da própria capacidade de gozo?) é suprida na forma determinada em leis administrativas especiais, como acontecia, por exemplo, em matéria de intervenção em procedimentos no âmbito das concessões de águas minerais, para sustentação dos direitos do concessionário falecido (pelos seus herdeiros), enquanto não estivesse partilhado o acervo dos respectivos bens.

VI. Quando o interessado se faz representar no procedimento por alguém — e o respectivo mandato não tem reserva — é ao mandatário que a Administração deve passar a dirigir-se até à notificação da decisão final (salvo sendo caso que exija a intervenção pessoal ou física do interessado). Depois disso, para o procedimento de execução é que os efeitos da representação podem cessar, nomeadamente se estiverem envolvidos actos de disposição, que exijem sempre procurações ou poderes especiais.

Estando constituído no procedimento um representante do interessado, é, pois, perante ele que a Administração deve praticar todos os actos procedimentais, do mesmo modo que é a ele que cabe iniciar o procedimento ou intervir aí, em nome e no interesse do seu representado: o que significa que, se a Administração notificar o representado para uma diligência instrutória, em vez do representante, se deve considerar tal notificação como não realizada, com todas as implicações daí derivadas.

Isto não significa, obviamente, que, na representação apenas para actos de expediente e da sequência procedimental (*v.g.* representação de peritos, consultores, técnicos), se exija que a pessoa mandatada vá munida de títulos solenes ou sacramentais, bastando, para o efeito, simples credenciações, o mínimo de formalismo necessário.

No caso de representação legal, é ao representante que cabe realizar tudo o que seja do interesse do representado, incluindo, por exemplo, a desistência do procedimento. No caso da representação voluntária, é o instrumento de mandato junto ao procedimento, que define os poderes (gerais ou também especiais) conferidos ao mandatário.

Artigo 53.º

Artigo 53.º
Legitimidade

1. Têm legitimidade para iniciar o procedimento administrativo e para intervir nele os titulares de direitos subjectivos ou interesses legalmente protegidos, no âmbito das decisões que nele forem ou possam ser tomadas, bem como as associações sem carácter político ou sindical que tenham por fim a defesa desses interesses.

2. Consideram-se, ainda, dotados de legitimidade para a protecção de interesses difusos:

a) **Os cidadãos a quem a actuação administrativa provoque ou possa previsivelmente provocar prejuízos relevantes em bens fundamentais como a saúde pública, a habitação, a educação, o património cultural, o ambiente, o ordenamento do território e a qualidade de vida;**

b) **Os residentes na circunscrição em que se localize algum bem do domínio público afectado pela acção da Administração.**

3. Para defender os interesses difusos de que sejam titulares os residentes em determinada circunscrição têm legitimidade as associações dedicadas à defesa de tais interesses e os órgãos autárquicos da respectiva área.

4. Não podem reclamar nem recorrer aqueles que, sem reserva, tenham aceitado, expressa ou tacitamente, um acto administrativo depois de praticado.

    I. A legitimidade: conceito.

   II. Legitimidade procedimental (e direito de petição).

  III. A legitimidade procedimental como função de uma posição jurídica material (ou formal).

  IV. Legitimidade procedimental e " interessados " no procedimento.

   V. A diversa extensão e compreensão do conceito de "interessados" no Código.

  VI. Interessados obrigatórios e facultativos: distinção e diferença da respectiva legitimação procedimental.

 VII. Legitimidade para iniciar e para intervir no procedimento.

VIII. O primeiro factor legal de legitimidade procedimental: a titularidade de um direito ou interesse legalmente protegido. Interesse jurídico-procedimental da distinção e dificuldades desta.

  IX. As noções de direito e de interesse legalmente protegido, como normas de protecção substantiva ou instrumental de bens jurídicos.

   X. A busca do conceito de interessados através de factores sucedâneos (ou auxiliares) da determinação da titularidade de um direito ou de um interesse legítimo: os requerentes (dos procedimentos particulares de 1.º grau) e os destinatários do acto.

Artigo 53.º

XI. *A mesma determinação feita em função da exclusão dos interesses difusos ou simples.*

XII. *A ponderação da posição jurídica do interessado em abstracto e em função do objecto e pressupostos de uma decisão concreta.*

XIII. *Avaliação da posição jurídica do interessado em função da própria norma a aplicar. Importância deste factor: o "interesse directo" no procedimento.*

XIV. *O interesse ou legitimidade restritos a certa questão ou fase do procedimento.*

XV. *A exigência de um interesse actual.*

XVI. *O ónus de alegação e prova da legitimidade pelos interessados.*

XVII. *Os efeitos da decisão positiva e negativa sobre legitimidade e a sua impugnabilidade.*

XVIII. *A legitimidade procedimental de associações, nos termos da parte final do n.º 1.*

XIX. *Os interesses difusos, indiferenciados ou simples: noção e exemplos.*

XX. *O seu reconhecimento e protecção pelo direito em matéria de responsabilidade, de contencioso e de procedimento.*

XXI. *As exigências do Código nessa matéria: que se trate de interesses difusos respeitantes a "bens" fundamentais.*

XXII. *(Cont.) Que haja uma radicação subjectiva, uma "diferenciação", dos interesses difusos (interesse difuso, não legitimidade difusa).*

XXIII. *A legitimidade difusa (mas) em matéria de afectação de bens do domínio público local (ou "circunscrito").*

XXIV. *A lesão actual ou virtual dos interesses difusos "dominiais", como factor da legitimidade por eles conferida.*

XXV. *A legitimidade do n.º 2 do art. 53.º como legitimidade singular.*

XXVI. *A legitimidade colectiva do n.º 3 do art. 53.º.*

XXVII. *A legitimidade das associações tendo por objecto a protecção de interesses difusos protegidos (a "circunscrição" do interesse e do objecto da associação ?).*

XXVIII. *A legitimidade colectiva das autarquias locais para a defesa de interesses difusos protegidos dos respectivos residentes.*

XXIX. *A aceitação do acto como factor de ilegitimidade para intervir em procedimentos de 2.º grau.*

XXX. *Aceitação expressa e tácita.*

XXXI. *Falta de legitimidade: consequências.*

art. 53.º, n.º 1

I. A intervenção efectiva dos particulares **num** procedimento administrativo não depende apenas, obviamente, da sua capacidade de gozo e de exercício de direitos, mas também da sua **legitimidade** (procedimental), ou seja, da titularidade de

Artigo 53.º

um interesse juridicamente protegido no procedimento ou decisão em causa, da titularidade de uma **pretensão jurídica concreta** ligada administrativamente a essa decisão.

Porém, ao contrário do que acontece com os actos e os processos jurídicos entre **particulares**, o procedimento administrativo não é um processo de **partes** (e restrito a estas), mas aberto aos **interessados.** Bem compreensivelmente, aliás: a respectiva decisão vincula (pode vincular) muito para além das esferas jurídicas daqueles que desencadearam o procedimento respectivo.

II. A legitimidade de que aqui se trata é a **legitimidade procedimental**, para iniciar ou para intervir num procedimento tendente à prática de um acto ou de um regulamento administrativos, bem como à celebração de um contrato de direito administrativo (ou de direito privado) da Administração — que também os há, desta última espécie, em que a vontade administrativa se forma procedimentalmente, como se viu — ou, então, para reagir em relação a decisões procedimentais já tomadas.

Diferente é o **direito fundamental de petição,** que todos os cidadãos têm de apresentar petições, representações, queixas ou reclamações aos Poderes Públicos, em defesa dos seus direitos ou da Constituição e da lei, e que se encontra regulado no art. 52.º, n.º 1 da Constituição e na Lei n.º 43/90, de 10.VIII. (alterado pela Lei n.º 6/93, de 1.III). A essas petições não corresponde (ou presume-se que não corresponde) a titularidade de nenhuma posição ou relação jurídico-administrativa concreta do peticionante com o *bem* em causa e, portanto, não constituem a Administração Pública no dever de decidir, mas apenas em um dever de exame e de resposta (e, eventualmente, de informação e encaminhamento) — como já se escreveu em diversas anotações anteriores, sobretudo ao artigo 9.º.

São aquilo que o art. 2.º da Lei n.º 43/90 (*Direito de Petição*) considera como *"a apresentação de um pedido ou de uma proposta....... a qualquer autoridade pública no sentido de que tome, adopte ou proponha determinadas medidas"*: imagine-se, por exemplo, um *"requerimento"* feito à Tutela de uma empresa estatal para que demita os seus gestores ou à Assembleia Municipal para que não aprove uma postura que a respectiva Câmara lhe propôs.

Da existência do direito fundamental de petição e reclamação (para os órgãos de soberania e autoridades públicas) deriva que qualquer pessoa tem legitimidade ou direito de as formular mesmo em relação a qualquer procedimento administrativo em curso, à sua tramitação e decisão. Não se trata, aí, porém, de legitimidade para participar no procedimento, mas apenas para fazer simples queixas ou reclamações em relação ao que nele se passa.

III. A solução do Código em matéria de intervenção no procedimento administrativo assenta no conceito de legitimidade procedimental, sendo tal intervenção permitida em função da titularidade de certas **posições jurídicas mate-riais,** em relação à decisão a que o procedimento tende. Têm legitimidade os *"titulares de direitos subjectivos ou de interesses legalmente protegidos no âmbito das decisões que nele..... possam ser tomadas"*, prescreveu-se neste art. 53.º, n.º 1.

Solução diversa, portanto, da do art. 23.º da *Ley de Procedimiento Administrativo* espanhola, de 1958 (ou do § 13.º da lei alemã), onde se adoptou, a esse propósito, um conceito (mais) **formal** de interessados — *"aquellos cuyos intereses legítimos, personales y directos puedan resultar afectados por la resolución* **y se personen en el procedimiento** *en tanto no aya recaído resolución final"* — conceito hermeneuticamente muito mais operativo que o nosso.

Não significa isso que nesses dois ordenamentos não se dê relevância para este efeito às posições jurídicas materiais prévias ou conexas com um procedimento concreto, como se vê, aliás, no preceito transcrito da lei espanhola: consideram-se interessados no procedimento (além das categorias abrangidas no conceito formal seguido), aqueles que o iniciem como titulares de um direito ou interesse legítimo ou os que sejam titulares de direitos que possam vir a ser afectados pela decisão final; e na lei alemã, "interessadas" são também as pessoas que solicitem ou sejam chamadas a participar no procedimento, quando a decisão seja susceptível de afectar os interesses legalmente protegidos de que sejam titulares (caso em que o órgão tem uma faculdade de permitir essa participação) ou quando crie, altere ou suprima direitos (caso em que a possibilidade de participação não pode ser afastada).

IV. Além da menor operatividade do nosso conceito (exclusivamente) material de **legitimidade** — face ao conceito formal de **interessados** —, o art. 53.º sugere que estes são determinados *ex definitione*, por simples referência à legitimidade, o que levaria a considerar, então, como "interessados" num procedimento administrativo todos que tenham legitimidade para aí intervir.

Parece-nos excessiva esta compreensão do conceito de interessados, porquanto o facto de a lei ter respondido afirmativamente à possibilidade de intervenção no procedimento das pessoas que podem ser tocadas pela decisão que aí venha a ser tomada não significa, sem mais, a atribuição da qualidade de interessados: em muitos casos, pelo menos, a categoria dos interessados só se compreende, e só terá virtualidades operativas reais, se for entendida num sentido restritivo em relação à legitimidade.

Este, o requisito de *legitimidade*, tem em vista delimitar (restringir) as categorias dos que podem intervir no procedimento; o conceito de *interessados*, tendo como pressuposto a legitimidade, implica, muitas vezes pelo menos, uma intervenção efectiva (positiva ou negativamente assumida, é indiferente) no procedimento e não a mera possibilidade de aí intervir.

Ou seja, **para se ser interessado** num procedimento, é preciso ter legitimidade procedimental; mas não basta ter legitimidade para se ser (sempre) inte-

Artigo 53.º

ressado e ter direito a todas as posições que a lei reconhece a pessoas titulares dessa qualificação, no seio do próprio procedimento.

V. Percorrendo as inúmeras disposições que, no Código, regulam a posição jurídico-procedimental de "**interessados**", alcança-se facilmente que tal conceito aparece aí utilizado com compreensão e extensão diferentes — e só num ou noutro caso, iguais àquelas que estão ínsitas no (mero preenchimento do) requisito da legitimidade.

Nem admira que assim suceda: estando em causa, nessas referências legais aos "interessados", efeitos e objectivos muito diversos, é natural que o conceito tenha um significado e alcance diversos para cada uma delas: é natural, por exemplo, que a audiência obrigatória do art. 100.º se restrinja a um núcleo mais concentrado de interessados, do que aquele em função do qual se permite o direito de informação ou de participação.

Distinguimos, a este propósito, várias **classes** de normas no Código.

Temos normas que atribuem directamente a um certo círculo de pessoas (dentro daquelas que teriam legitimidade) a qualidade de interessados: acontece assim, para efeitos de comunicação do início de um procedimento oficioso, com o art. 55.º — sendo interessados aí *"os titulares de direitos e interesses legalmente protegidos **que possam ser lesados pelo acto a praticar**"*.

Há, depois, normas que, sem nomear quais são os interessados na respectiva posição procedimental, os restringem implicitamente a certas pessoas, dentre todos aqueles que têm (ou tinham) legitimidade para nele participar: é o caso, por exemplo, dos arts. 54.º, 74.º, n.º 1, 88.º, n.º 1, 95.º, 96.º, 110.º e 111.º.

Noutros casos, já são interessadas todas as pessoas com legitimidade para intervir no procedimento, independentemente de aí estarem (ou deverem estar) activa e efectivamente: é o caso dos arts. 71.º, n.º 2, 82.º e 88.º, n.º 2, e dos arts. 61.º, 62.º e 63.º respeitantes ao direito de informação procedimental — ou, até, do art. 59.º, embora não estejamos aí perante uma possibilidade de intervenção activa.

Outras normas pressupõem um círculo estabilizado de interessados (portanto, fixado em momento prévio), pelo que não indicam quem se inclui no respectivo âmbito de aplicação: é o caso dos arts. 60.º e 100.º.

Referem-se, finalmente, a "interessados" normas que se ligam ao procedimento de elaboração de regulamentos (art. 115.º) e as que se ligam a direitos ou pretensões *reactivas* (art. 134.º, n.º 2, 151.º, n.º 3 e 160.º), de que trataremos nas respectivas anotações.

E há, também, casos duvidosos, como acontece com o conceito de interessados do art. 66.º, daqueles a quem devem ser notificados os actos administrativos.

É, portanto, duma maneira casuística e teleologicamente orientada, que procuraremos, mais adiante, encontrar um sentido adequado a cada um dos preceitos legais em que se verteu o conceito de "interessados".

Artigo 53.°

VI. Além de não ser sempre igual (e pleno, no sentido de que não habilita necessariamente o interessado para intervir globalmente em relação a todas as questões ou decisões do procedimento), o direito, pretensão ou interesse legitimador também não tem sempre a mesma **intensidade**.

Na verdade, a legitimidade procedimental não é, como se disse acima (nota **V**), sinónimo de "interessado" no procedimento. Ou, então, dito de outro modo mais correcto, a posição jurídico-procedimental dos diversos titulares de direitos e interesses protegidos "interessados" no procedimento não é sempre a mesma.

Nuns casos, os respectivos portadores são **interessados obrigatórios** no procedimento, em termos tais que a sua falta (ou a falta do seu chamamento) implica a invalidade da respectiva decisão, no mínimo a sua inoponibilidade ao sujeito em causa: é o caso dos destinatários dos efeitos da decisão a que tende o processo — ou, nos procedimentos de iniciativa particular, também daqueles que nele figuram como requerentes.

Noutros casos, a titularidade de um direito ou interesse legalmente protegido assegura ao respectivo sujeito a faculdade de intervir no procedimento, mas este só assume o estatuto de interessado na parte em que exercer essa faculdade (por sua iniciativa ou chamamento facultativo da Administração). Como se dizia no art. 23.° da lei espanhola de 1958, "*se consideran interesados en el procedimiento administrativo aquellos cuyos intereses legítimos, personales y directos puedan resultar afectados por la resoluctión* **y se personen en el procedimiento** *en tanto no aya recaído resolución final*".

São **interessados secundários ou facultativos** no procedimento, por exemplo, o proprietário do prédio vizinho em relação à construção que ofende as normas urbanísticas ditadas para protecção dessas posições. Questiona-se, em relação a tais pessoas, se uma qualquer participação sua no procedimento (v.g., no âmbito do direito de informação) determina o necessário reconhecimento da sua qualidade de interessado, nomeadamente para efeitos, por exemplo, do dever de notificação (art. 66.°) e do direito de audiência (art. 100.°).

Entendemos que não: há-de tratar-se de uma intervenção do interessado secundário determinada a influenciar a autoridade procedimental, quanto ao sentido da decisão a tomar, uma intervenção qualificada, por isso — como quando apresenta uma exposição relativa ao fundo da questão, quando requer a realização de diligências probatórias, apresenta testemunhas, junta documentação tendente à (contra)prova dos factos que sustentam a pretensão procedimental, etc.

Os interessados secundários devem, portanto, assumir-se, "personalizar-se" ou "personificar-se" no procedimento, **como tais**, como interessados em que a decisão do procedimento (não) venha a ser uma, e não qualquer outra.

Se a sua intervenção se tiver limitado a um pedido de informação, ou a deixar de responder a uma solicitação anterior da instância procedimental, os "interessa-

Artigo 53.º

dos" secundários ou facultativos não têm, salvo cominação específica da lei, de ser ouvidos nem notificados pessoalmente.

Sobre a questão das diferenças e dos pontos de contacto entre as posições procedimentais dos interessados obrigatórios e facultativos no procedimento, expômo-las a propósito das diversas formalidades ou trâmites procedimentais (ver, por exemplo, anotações aos arts. 54.º, 55.º, 61.º, 66.º e 100.º do Código), para onde se remete daqui.

VII. Uma outra distinção que é necessário ter sempre presente, em matéria de legitimidade procedimental, respeita à legitimidade para **iniciar** (para requerer a abertura) e para **intervir no procedimento**.

A **legitimidade para iniciar o procedimento** administrativo refere-se naturalmente aos procedimentos particulares e aos procedimentos públicos: legitimidade para iniciar o procedimento administrativo têm aqueles que (supostamente) são titulares da pretensão ou posição jurídica a cuja satisfação ou realização (plenas) tende a decisão procedimental — e que têm, no procedimento, como dizem os italianos, um *intervento a scopo pretensivo*.

Nos procedimentos oficiosos, não há interessados com legitimidade para iniciar o procedimento, embora a posição dos destinatários dos respectivos actos seja uma posição jurídico-procedimental similar à de um interessado na abertura dos procedimentos particulares ou públicos, desde que tenham, em relação ao seu objecto, à sua decisão, direitos ou interesses legalmente protegidos.

De **legitimidade para intervir**, extensiva, claro, aos procedimentos oficiosos, gozam aqueles que são titulares de (certas) posições jurídico-substantivas directamente afectáveis pela decisão (ou execução) de um procedimento já em curso, ou seja, pela satisfação da pretensão do requerente. Seriam, portanto, não interessados, mas contra-interessados na decisão do procedimento. Estaríamos, então, perante aquilo que a doutrina italiana designa como um *intervento a scopo oppositivo, difensivo*.

Por nós, parecer-nos-ia melhor falar aqui na titularidade de um interesse **concorrente**. Na verdade, se, na larguíssima maioria dos casos dos procedimentos particulares em que hà a intervenção de outros interessados, o aparecimento destes se destina a restringir a extensão ou compreensão da pretensão inicial do requerente — seja arredando-a, diminuindo-a ou condicionando-a, em prol da realização de outros interesses legalmente protegidos, contrários ao dele —, também há casos em que essa intervenção tem em vista a realização de interesses próprios paralelos ou concorrentes com os do requerente, e que constituem fonte de pretensões iguais ou autónomas em relação às que este trouxe ao procedimento, capazes (eventualmente) de subsistir, mesmo que caia a dele.

Artigo 53.º

VIII. O pressuposto da legitimidade não é, em matéria de procedimento administrativo, a *vexata quaestio* em que a respectiva noção se transformou no direito processual.

Há dificuldades a superar, claro: desde logo, pelo facto de o próprio procedimento (e a decisão procedimental), no seu início e no seu desenrolar, ser sobretudo uma manifestação de poder, manifestação de uma norma de competência administrativa, e ser por esse ângulo que devem, portanto, ser privilegiadamente perspectivadas as relações jurídico-administrativas: sucede que, aqui, em matéria de legitimidade, a relação jurídico-administrativa perspectiva-se pela posição em que os particulares estão constituídos perante esse poder, perante essa norma de competência, a qual, as mais das vezes, não foi estruturada para ser vista por esse ângulo, dificultando assim, de algum modo, a aproximação ao problema da legitimidade.

Porque, para além disso, por muitas críticas de que seja passível o critério ou factor base da legitimidade procedimental singular escolhido pelo legislador do CPA — **a titularidade de um direito ou de um interesse legalmente protegido**, em relação à decisão do procedimento —, a verdade é que, se percorrermos os procedimentos administrativos mais frequentes, não se suscitarão grandes dificuldades em acertar com os resultados da aplicação do critério legal.

É evidente que a doutrina — que, além do mais, tem de testar até à última as suas hipóteses de trabalho — é sempre capaz de descortinar casos limite que podem escapar à classificação comum e obrigar a adaptações dogmáticas.

A nós — que não encontramos assim tantos casos, em que a distinção não funcione com um mínimo de clareza (e guardando para melhor oportunidade uma recensão sobre o fundo da questão) —, o que mais nos aflige nela é representar, muitas vezes, como se disse, uma aproximação (relativamente) enviezada à questão da configuração e conteúdo das relações jurídicas entre particulares e Administração, no âmbito do direito administrativo procedimental.

De resto, nem vale a pena atardarmo-nos muito em precisar os contornos da distinção entre direitos (subjectivos) e interesses legalmente protegidos, porque, com algumas especialidades, os regimes da protecção dos direitos e dos interesses legalmente protegidos, entre nós, aproximam-se muito, sobretudo do ponto de vista procedimental — o que faz com que o cerne da questão acabe por residir não nessa distinção, mas na fixação dos seus traços comuns, face à generalidade de outras situações ou interesses, que não conferem legitimidade procedimental.

Aliás, é necessário ter em consideração que os conceitos de interesses directa (direito subjectivo) e indirectamente (legalmente) protegidos têm, como também outros conceitos, figuras e instrumentos da Ciência do Direito Administrativo, um carácter utilitário, prático, instrumental: não se destinam a arrumar certezas teóricas, mas a tornar mais manejável um complexo normativo como este, que alguém já comparou — muito expressivamente, mas aquém (ainda) da realidade — com um "queijo Gruyère", cheio de buracos.

Artigo 53.º

Assim, em vez de procurar afinar conceptualmente a distinção, deve antes procurar ver-se como ela funciona na prática, antepondo a consideração dos interesses em jogo e as exigências de operacionalidade do nosso ordenamento jurídico- -procedimental às certezas dogmáticas, sempre insuficientes face à multiplicidade da vida administrativa.

Como quer que seja, agora que estamos todos obrigados legalmente a lidar com essa classificação e distinção dos *direitos* e interesses *legítimos* (indirectamente *protegidos* ou *reflexos*) e dos interesses *difusos* (*simples, indiferenciados* ou *de facto*) — que a Itália exportou para tanto lado — impõe-se fazê-lo com as devidas cautelas e sempre com escopo assumidamente prático.

IX. É, portanto, na consideração de certas posições jurídicas como sendo *direitos* ou *interesses (legalmente protegidos* ou*) legítimos*, que a lei fez assentar a legitimidade procedimental dos administrados.

Passando por cima da imensa amplitude da fórmula literal da lei, quanto ao campo de incidência dessas duas posições jurídicas — amplitude que se cerceia, nomeadamente, ligando a legitimidade à projecção procedimental do interesse legitimante, como se fará adiante —⸴ vejamos então a que quis o legislador referir- -se, quando elegeu essas categorias como factores da legitimidade para iniciar ou intervir no procedimento.

Diz-se estarmos perante um **direito** (subjectivo), quando a pretensão ou posição que o interessado pretende fazer valer no procedimento lhe advém de uma norma jurídica que existe para proteger directamente o seu interesse específico num determinado *bem* (numa determinada coisa, conduta ou utilidade da vida), assegurando-lhe o poder de exigir de terceiros condutas em conformidade com esse seu interesse, independentemente de isso convir, ou não, ao "devedor" — no caso à Administração, de quem se pretende uma conduta vinculada (nesse aspecto e desde que satisfeitas as condições legais) às exigências da pretensão "credora".

Essa primazia jurídica do interesse do administrado revela-se no facto de, em relação ao *bem* que é objecto da protecção jurídica, ele dispor de poderes *substanciais* (poderes de disposição), estando a realização do interesse em causa dependente, senão da sua vontade, ao menos da sua iniciativa.

Constituem direitos de particulares face à Administração, por exemplo, o direito dos funcionários a diuturnidades ou à licença para férias, o direito de indemnização a favor dos concessionários em caso de resgate, o direito de indemnização a favor dos expropriados, etc.

Diferentemente se passam as coisas com os **interesses legalmente protegidos**.

A referência à titularidade de um "**interesse legalmente protegido**" — utilizada noutro contexto, também pela CRP (n.ᵒˢ 3, 4 e 5 do art. 268.º) —, significa que o administrado beneficia, agora, de uma tutela ou protecção jurídica *indirecta*, *reflexa*. A norma que invoca em sustentação da sua pretensão tutela interesses públicos e não, directamente, o seu próprio interesse individual. Mas como ele é titular duma posição jurídica concreta que o coloca no âmbito de incidência específica da norma, ou seja, como ele é titular de interesses juridicamente subjectivados no âmbito da decisão a tomar, a lei confere-lhe poderes jurídicos instrumentais em ordem a que, realizando-se o interesse público, se satisfaça reflexamente o seu próprio interesse.

Não são poderes jurídicos substantivos, de *disposição* do próprio interesse, do *bem* protegido ou garantido pela norma: o procedimento pode ter lugar independentemente de o interessado o desencadear ou a decisão pode tomar um qualquer sentido, ainda que não o queira o titular do interesse reflexo, admitindo-se mesmo que ele não tenha participado no procedimento sem que isso prejudique de algum modo a consistência jurídica da decisão tomada.

Constituem interesses legalmente protegidos, por exemplo, a posição daquele que tem condições para se candidatar ao preenchimento de uma vaga existente nos quadros de pessoal de um ente público, quanto ao procedimento aberto para esse efeito, ou a daqueles que são proprietários de prédios contíguos do que ameaça ruína.

X. Começa por notar-se que há domínios onde o critério da titularidade de um direito ou interesse legalmente protegido, como factor determinante de legitimidade singular, funciona através de **elementos sucedâneos ou alternativos**, mas, felizmente, até de modo mais linear.

É o que sucede com a legitimidade para **iniciar** (ou requerer a abertura de) **procedimentos particulares de 1.° grau**: ela é fixada, em princípio, pela lei.

Na verdade, a Administração só se constitui no dever de decidir um determinado caso a requerimento de particulares quando a lei confira a estes essa posição, esse poder jurídico de requerer: tem legitimidade para requerer um subsídio estatal o respectivo candidato; para requerer a expropriação por utilidade pública, as entidades públicas e privadas a quem foi conferido o direito de a requerer; para a licença de obras, o proprietário de um prédio urbano; para a renovação da licença de uso privativo, o seu beneficiário, etc.

Desta forma, em muitos casos, não há que fazer intervir aqui (nos procedimentos de iniciativa particular de 1.° grau) o critério da legitimidade procedimental do art. 53.°, n.° 1, do CPA, porque outras leis já estabelecem a instâncias de quem, nesses casos, a Administração se constitui no dever de decisão procedimental.

Já não é assim quanto aos **procedimentos administrativos particulares de 2.° grau**: aí, já terá de se fazer funcionar a cláusula geral da legitimidade. Em matéria de recursos, di-lo expressamente o art. 160.°; em matéria de revogação, o art. 138.°. Quanto aos procedimentos de execução de actos administrativos — admitindo, como admitimos, que eles podem ser iniciados por particulares —,

Artigo 53.º

aplica-se directamente a cláusula geral do art. 53.º, n.º 1, se não forem de carácter obrigatoriamente oficioso.

Outro factor de que nos podemos servir, nesta tentativa de delimitação indirecta da titularidade do direito ou interesse legítimo, é o de que os **destinatários** da decisão procedimental, aquelas pessoas em cujas esferas jurídicas ela projecta (ou vai projectar) directamente o seu efeito, têm legitimidade procedimental. Assim sucede com o respectivo proprietário na expropriação ou na classificação de um edifício, com o suinicultor no abate do respectivo gado, com a cooperativa instituidora no encerramento de uma universidade privada, com o arguido no processo disciplinar, etc..

XI. Em relação aos domínios onde se tenha que recorrer aos conceitos do art. 53.º como factor de legitimidade procedimental, a primeira observação é, como já se disse, a de que a distinção que importa fazer não é entre a legitimidade derivada de um direito ou de um interesse protegido — pois têm regimes idênticos —, mas entre os titulares de interesses que são objecto de uma protecção jurídica específica (directa ou indirecta), por um lado, e os portadores de interesses *simples* ou difusamente protegidos, em relação à decisão do procedimento, por outro lado.

Nesses termos, com essa equação, é muito mais fácil responder à questão de saber se determinada pessoa tem ou não tem legitimidade para intervir no procedimento. É indiferente para tal, que o seu interesse seja directa ou indirectamente protegido, como direito ou interesse reflexo; necessário é que não se trate de um interesse sem protecção legal específica, tutelado como interesse de *facto, simples,* da generalidade das pessoas, indiferenciadamente.

Sempre que estivermos caracteristicamente numa dessas situações, em que o interesse do administrado não é alvo da consideração ou tutela jurídica própria, a questão da legitimidade procedimental resolve-se liminarmente pela negativa — como é, em princípio, o caso das pessoas que vivem nas redondezas dum prédio que ameaça ruína e que só poderiam ter aqui um interesse procedimental nos termos da alínea a) do n.º 2 deste artigo (ao contrário daquelas que vivem em prédios contíguos e que têm um interesse jurídico indirecto na medida administrativa da demolição, pelo abalo que o prédio em ruína provoca nas estruturas dos edifícios de sua propriedade).

Ao invés, os outros interesses que gozam de protecção jurídica específica (directa ou indirecta) conferem legitimidade procedimental ao respectivo titular sem necessidade de averiguar se estamos perante um verdadeiro *direito* ou, apenas perante um *interesse legalmente protegido.*

XII. O segundo postulado a ter em conta, nesta matéria, é o de que a avaliação da legitimidade procedimental se faz sempre **em função de uma decisão concreta e determinada**: a titularidade de um direito ou interesse protegido, para

Artigo 53.º

efeitos de legitimidade, **não se afere em abstracto**, mas confrontando-a com a decisão a que o procedimento tende. Não é pelo facto de se ser arrendatário dum prédio que se pode intervir nos procedimentos que o tenham como objecto (iniciados pelo respectivo proprietário ou oficiosamente), a não ser que se trate, por exemplo, de um procedimento destinado ao licenciamento da demolição do prédio, com a consequente extinção dos direitos de arrendamento que sobre ele recaem: então, aquela posição já lhes pode conferir legitimidade para intervir no procedimento.

Muitas vezes, para se averiguar da legitimidade de intervir num procedimento, nem sequer é suficiente conhecer o objecto da decisão, os seus efeitos. Pense-se, por exemplo, no procedimento administrativo oficioso respeitante à demolição (ou legalização) duma construção, por não satisfazer as condições da respectiva licença: é que, se essa demolição se fundar na inobservância das condições estéticas dela constantes, provavelmente não haverá outros interessados, pelo menos singulares, para além do proprietário,enquanto que, se se basear no desrespeito das distâncias a guardar em relação ao prédio vizinho, o proprietário deste terá legitimidade para intervir no respectivo procedimento.

É necessário, portanto, em casos como estes, determinar os pressupostos ou fundamentos em que se baseia (ou baseará) a decisão do procedimento, para se chegar a uma conclusão sobre a respectiva legitimidade procedimental.

XIII. É preciso, por outro lado, que se trate de uma posição ou interesse protegido (directa ou indirectamente) no **confronto da própria norma a aplicar**, para que se possa falar de um direito ou interesse legitimante da intervenção no procedimento.

Por exemplo, o particular que foi vítima de uma atitude incorrecta ou da falta de diligência de um funcionário não tem legitimidade para o respectivo procedimento disciplinar; como os alunos da universidade privada oficializada não a têm para o procedimento tendente à perda do seu reconhecimento ministerial. Os direitos ou interesses de que ambos são titulares vão ser afectados, mas não se situam *"no âmbito da decisão"* procedimental, isto é, das normas que o procedimento (ou a sua decisão) se destinam a aplicar. O mesmo se passa, por exemplo, com os credores hipotecários do proprietário insolvente de um prédio onde se situa o edifício que é objecto de um procedimento de classificação — a qual inviabilizaria qualquer construção no terreno sobrante ou diminuiria o seu valor de mercado —, por não serem de considerar no confronto da decisão procedimental de classificação, atinente à *protecção do património*, os direitos de execução ou reparação civil que têm sobre o prédio.

Direitos e interesses protegidos confrontáveis com a decisão procedimental, para efeitos de legitimidade, são, por exemplo, os direitos do proprietário vizinho, quanto às licenças de obras que sejam requeridas em contradição com as regras civilistas e urbanísticas postas para defesa dos interesses das construções limítrofes.

Artigo 53.º

Este método que temos vindo a adoptar, da referência da posição jurídica do interessado **às normas que o procedimento se destina a aplicar**, resume-se, como se pode ver, à t*eoria do fim da protecção da norma (Schutznormtheorie)* que, apesar de ter sido criada para resolver problemas de legitimidade contenciosa, serve perfeitamente ao domínio da legitimidade procedimental.

De acordo com tal teoria, o intérprete deve procurar descobrir o âmbito de protecção da norma (quem, o quê, como, etc) e, depois, saber se existe ou não um direito ou interesse legalmente protegidos dependerá, em consequência, "*da existência de uma norma material cujo escopo seja, ou, pelo menos, seja também, proteger os interesses dos particulares, de forma a que estes, com base nessa norma, possam, recortar um poder jurídico individualizado legitimador da defesa dos seus interesses contra* (ou perante) *a Administração* (GOMES CANOTILHO, Direito Constitucional, 6ª edição, pág. 656).

Para além do escopo da norma, refere este autor que a questão da existência de um direito ou interesse legalmente protegido deverá ter em conta (também) "*o complexo normativo material regulador da relação jurídica concreta*", o que poderá conduzir a soluções de legitimidade mais generosas do que aquelas que resultam da referida teoria, dada a exigência de "*ponderação de interesses de terceiros nas relações multipolares*" e da consequente "*tomada em consideração*" destes interesses — o que pode ter relevo sobretudo no domínio da elaboração de planos e no "direito de vizinhança" de cariz urbanístico.

Convém, no entanto, advertir que não se deve levar muito longe esta ideia, alargando a legitimidade para intervir nos procedimentos administrativos até horizontes longínquos, o que traria devastadoras consequências sobre a sua própria funcionalidade e operatividade.

Nesse sentido deve exigir-se que o interesse que legitima alguém para o procedimento seja um **interesse directo** — "*legítimos, personales e directos*", como se referia na lei espanhola de 1958.

Mesmo que não se queira trazer em pleno para aqui, em sede de legitimidade procedimental, o conceito de *interesse directo* — que os administrativistas conhecem, como pressuposto do recurso contencioso de anulação —, a verdade é que a legitimidade procedimental é sempre e necessariamente **função da norma** (ou das normas) **a cuja aplicação o procedimento tende**.

XIV. Outra fórmula próxima desta — mas não inteiramente coincidente com ela — assenta na ideia de que a legitimidade dos titulares de direitos e interesse legalmente protegidos para **intervir** no procedimento **não é plena, não se estende a todas as suas fases e questões**, mas apenas àquelas cuja solução bole com o direito ou interesse legitimador. O proprietário vizinho do edifício a construir tem legitimidade para intervir no procedimento respeitante à aprovação do respectivo projecto, mas apenas para defender as restrições legais que favorecem essa sua

Artigo 53.º

posição (é indiferente que se trate de direitos ou de interesses protegidos), não para discutir aquelas em relação às quais, como particular, não tem senão um interesse *simples, de facto*.

Em matéria de direito de informação ainda se admite, por força do art. 64.º do CPA, que eles possam usar em relação ao procedimento, na sua globalidade, da mesma legitimidade de que gozam para se informar (nos termos dos arts. 61.º a 63.º) sobre as questões que dizem respeito aos seus direitos e interesse protegidos. Já em matéria de audiência (art. 100.º) ou quanto à faculdade de (em exames ou perícias) formular quesitos, é evidente que a **legitimidade do interessado,** no exemplo dado, **se cinge às questões que directamente lhe disserem respeito**, que mexerem com o direito ou interesse que o levaram ao procedimento.

XV. A legitimidade procedimental (a titularidade do direito ou interesse legalmente protegido) há-de verificar-se *ab initio* (desde o momento em que tem lugar a intervenção do interessado), não podendo guardar-se para mais tarde o preenchimento dos requisitos de que depende a iniciativa ou a intervenção de interessados no procedimento: não tenho legitimidade para desencadear um procedimento respeitante a uma licença de obras só porque tenho em vista comprar o respectivo terreno.

A legitimidade afere-se em função da situação e pretensão concretas desenhadas no requerimento que desencadeou o procedimento (ou no despacho oficioso, que ordenou a sua instauração) — nada impedindo, obviamente, que, no caso de se modificarem a situação ou pretensão iniciais, possam perder (ou adquirir) legitimidade pessoas que a detinham (ou não).

E também há casos em que a legitimidade para o procedimento fica dependente da **tempestividade** da manifestação da vontade do interessado nesse sentido.

XVI. A **alegação e prova da legitimidade** para iniciar e intervir expontaneamente no procedimento — e que pode dar origem a um incidente tendente à solução dessa questão prejudicial — constituem (se não se der o caso de os factos em que ela se funda constituirem o próprio objecto da decisão do procedimento) **ónus do respectivo interessado**, que a Administração "sancionará" — quando ele, depois de intimado a fazê-lo, não lhe der resposta suficiente — com a rejeição ou indeferimento liminares (cf.arts. 83.º e 173.º).

Parece-nos, portanto, aqui — ao contrário do que sucede, ao menos em geral, em relação à própria decisão procedimental, pois a Administração, aí, só pode devolver ao interessado o(s) ónus (*allegandi* e) *probandi*, depois de cumprir com os deveres que lhe impõe o princípio do inquisitório — que esses ónus recaem em primeira linha sobre ele, interessado.

XVII. O juízo proferido pela autoridade procedimental em matéria de legitimidade dos interessados para iniciar ou intervir no procedimento só constitui

Artigo 53.º

— **para efeitos de reacção administrativa e contenciosa** — decisão do próprio procedimento em relação aos interessados a quem ela for recusada.

Uma decisão favorável sobre a questão da legitimidade nem é um acto constitutivo de direitos (ou interesses legalmente protegidos) nem uma decisão definitiva da questão da legitimidade, podendo a Administração, a todo o tempo (até ao termo do procedimento e mesmo após isso, dentro do prazo de revogação da decisão procedimental), modificar o juízo que anteriormente formulara sobre ela.

Só através da decisão final — se esta vier a ser desfavorável à pretensão material do interessado, em função da legitimidade procedimental reconhecida a outrem ilegalmente — seria admissível impugnar contenciosamente a ilegalidade decorrente do errado reconhecimento da legitimidade de um particular. Ou seja, a decisão favorável sobre a legitimidade não só não é passível de recurso contencioso, como não funciona, só por si, como causa necessária de invalidade da decisão. Pode dizer-se que, pelo menos na generalidade dos casos, a participação de mais "interessados" cabe no âmbito da natureza inquisitória do procedimento administrativo.

Mas já não é assim quanto à decisão que recusa a legitimidade de um interessado, pois o direito de intervenção no procedimento administrativo é um direito com autonomia substancial suficiente para que a sua lesão deva ser valorada, por si só, em sede de garantias de legalidade.

Ou seja, o art. 53.º teria no Código uma função de garantia dos administrados, investindo-os em posições procedimentais vinculativas para a Administração, mas não impedindo esta de trazer ao procedimento elementos de informação e ponderação vindos de outra proveniência.

E, é claro, desde que, com isso, não se fira nenhum princípio geral do procedimento, designadamente os da igualdade e imparcialidade, ou que se trate de medida administrativa impertinente ou dilatória.

XVIII. Nos termos da parte final do n.º 1 do art. 53.º, nos procedimentos administrativos, podem estar também "*as associações sem carácter político ou sindical que tenham por fim a defesa desses interesses*".

O facto de a legitimidade das associações aparecer reportada a *"esses interesses"* leva-nos a entender que a possibilidade de iniciar ou intervir nos procedimentos administrativos, que aqui se lhes confere, se reporta àquelas associações constituidas para prosseguirem colectivamente a realização dos mesmos direitos ou interesses que legitimam a iniciativa ou intervenção, nos termos da 1ª parte do preceito, das pessoas (individualmente) interessadas.

Nem de outro modo se compreenderia a privação dessa legitimidade colectiva às associações com carácter político ou sindical — excluídas da previsão legal em virtude, certamente, de disporem de meios de pressão que fazem recear pela imparcialidade da decisão do procedimento.

Artigo 53.º

Por outras palavras: a legitimidade conferida pela 2ª parte do preceito não respeita aos casos em que estão em causa interesses próprios das associações — porque nesse caso não há restrições, aplicando-se a regra da 1ª parte do preceito — mas sim aos casos em que elas aparecem a intervir na qualidade de representantes colectivos de interesses individuais.

Assim, exemplificando: as associações — mesmo as de carácter político ou sindical — têm **legitimidade própria** (ao abrigo da 1ª parte do preceito) para os procedimentos onde se discuta sobre a demolição do prédio onde se situa a sua sede ou sobre a requisição de um empregado seu para prestar serviço no ministério ou serviço da Administração; mas, para intervir em procedimentos que visem a realização de pretensões individuais, que elas assumiram ou representam colectivamente — por exemplo, para uma associação nacional de caçadores intervir no procedimento de autorização de caçar (em coutadas do Estado ou de pessoas colectivas públicas) apenas aos indivíduos de certa localidade — a sua legitimidade já não é própria, mas **colectiva** (e derivada), ficando excluídas desta hipótese, pelas razões assinaladas, as associações de carácter político ou sindical; finalmente, é vedado a qualquer associação intervir procedimentalmente para tutela de interesses de associados seus, se a questão que se debate procedimentalmente respeita ao interesse individual de um deles que não cabe no âmbito da respectiva representação colectiva (como sucederá no caso do cancelamento de uma licença de caçar, por infracções à respectiva lei cometidas por um caçador).

art. 53.º, n.º 2

XIX. Diferente da legitimidade conferida para a protecção de direitos ou interesses legalmente protegidos, nos termos do n.º 1, é a legitimidade **procedimental conferida para a protecção de interesses** *simples* **e** *difusos*.

A característica distintiva dos interesses difusos é a **ausência de radicação jurídica subjectiva**: dizem respeito a todos os membros duma determinada colectividade mais ou menos ampla, mas não conferem, por si sós, lugar a posições jurídicas subjectivas em face da decisão procedimental.

Todos têm interesse, por exemplo, num ambiente saudável, mas não têm por isso legitimidade para iniciar ou intervir num procedimento respeitante à construção de um parque natural: todos têm interesse em que a nomeação do chefe de serviços dum hospital público recaia sobre um médico capaz e competente (que preencha os requisitos legais), mas não podem intervir no respectivo procedimento; todos têm interesse que os dinheiros públicos sejam bem geridos, mas ninguém pode intervir, por isso, num procedimento respeitante à atribuição dum subsídio estatal.

São interesses genericamente tutelados pelo direito, por normas jurídicas, mas que não têm portador ou titular singular, não são, em suma, interesses ou direitos especialmente "personalizados", pois a ninguém são conferidos, por essas normas,

Artigo 53.º

posições substanciais ou instrumentais tendentes à realização dos interesses que elas visam prosseguir. As pessoas têm apenas, em geral, um interesse *simples* ou *de facto* no acatamento dessas normas pela Administração.

XX. Não obstante, **tais interesses têm** (alguma) **protecção jurídica.**

Ao nível processual ou contencioso, já de há muito que se protegem interesses desses: a *acção popular*, mesmo se pouco usada, é muito antiga no nosso direito municipal, e tem vindo a alargar cada vez mais o seu âmbito — e até a sua garantia —, como aconteceu com o art. 52.º, n.º 3, da Constituição, concretizado agora através da Lei n.º 83/95 (de 31.VIII).

Em sede procedimental, esse alargamento vinha-se efectuando sem norma ou cláusula geral, havendo, no entanto, procedimentos (nomeadamente em matéria urbanística e ambiental) onde já se previa a participação de cidadãos ou associações cívicas. Outras legislações têm vindo a avançar neste domínio no sentido de propiciar intervenções procedimentais mais amplas neste âmbito, independentemente até da titularidade de uma posição juridicamente subjectivada.

Agora, com o Código (ou com a referida Lei n.º 83/95, nos domínios a que se aplica), passamos a dispor de cláusulas gerais, a esse propósito, embora, como se verá já de seguida, nalguns casos, o seu regime seja compreensivelmente mais comedido do que à primeira vista se presumiria — sem prejuízo das normas especiais que estivessem (ou viessem a estar) em vigor, quando, através delas, se assegurem formas mais extensas de intervenção ou participação de "quaisquer interessados" (nos termos do n.º 7 do art. 2.º do Código).

XXI. Quanto à protecção que estas cláusulas gerais do Código agora lhes vêm reconhecer, começa por notar-se que a tutela procedimental de interesses difusos só está consagrada quando estão em causa **certos tipos de** *bens*: ou **bens do domínio público** — alínea b) — ou **bens fundamentais,** *"como a saúde pública, a habitação, a educação, o património cultural, o ambiente, o ordenamento do território e a qualidade de vida"* — alínea a).

Este último enunciado não é taxativo, como o revela a própria redacção dessa alínea: outros *bens* do mesmo tipo, que tenham (ou venham a ter) a mesma tutela constitucional, valem a mesma coisa em termos de legitimidade procedimental.

XXII. A legitimidade conferida pela alínea a) tem de específico — face à da alínea b) — o facto de depender da existência de um prejuízo ou **dano** (ou ameaça de dano) **concreto** para uma **pessoa,** o **cidadão** que pretende intervir no procedimento.

A fórmula legal apenas permite, na verdade, a intervenção procedimental a partir de uma lógica de **apropriação individual dos interesses difusos** (mesmo que isso não implique necessariamente a restrição da respectiva intervenção à de-

Artigo 53.º

fesa dessa posição individual). Nos termos desta disposição, só têm legitimidade procedimental os cidadãos que forem ou possam ser prejudicados em certos bens, como os que o preceito discrimina.

Tratando-se, embora, de bens e valores em apertada conexão com a questão dos interesses difusos, a verdade é que a legitimidade não tem aqui, como causa, a lesão desse interesse enquanto bem "sem dono" (hipótese em que estaríamos no domínio de uma forma alargada de **procedimento de participação popular**), mas a ocorrência de uma lesão efectiva ou potencial, afectando em concreto um cidadão, num desses valores ou bens protegidos pela Lei Fundamental.

Ou seja, a legitimidade atribuída para a protecção de **interesses difusamente protegidos** ao abrigo da alínea a) do n.º 2 do art. 53.º do CPA não é, ela própria, uma **legitimidade difusa**: não é o facto de os *bens* referidos, como o ambiente, estarem a ser violados (ou em vias de o ser), que legitima um cidadão, qualquer cidadão, a intervir no procedimento.

Significa isto que o Código ficou aquém do que se passa em matéria de defesa judicial dos mesmos bens, dada a institucionalização da nova acção popular a eles respeitante, no art. 52.º, n.º 3, da Constituição (regulada na Lei n.º 83/95, de 31.VIII.) — embora a opção do legislador procedimental, preocupado certamente, e bem, em não deixar que qualquer procedimento administrativo nessa matéria se tornasse um *procedimento de participação popular* (para resolver na "praça" ou no "adro"), não seja, só por isso, criticável.

XXIII. Diferentemente se passam as coisas na hipótese da alínea b), onde se prevê a defesa dos interesses gerais ligados com a utilização dos **bens do domínio público** afectados, directa ou indirectamente, mediata ou imediatamente, à satisfação de necessidades colectivas.

Trata-se não apenas de bens do domínio público de interesse local ou restrito a uma determinada circunscrição (qualquer que seja), a qualquer espaço jurídico--administrativamente relevante, mas também de bens de interesse público geral, cujo uso esteja a ser prejudicado num espaço local ou circunscrito — por exemplo, uma estrada nacional que vai ser encerrada definitivamente num determinado troço.

Supomos ser essa a interpretação que melhor cabe ao preceito da lei. Serão, contudo, a jurisprudência e a doutrina a dizê-lo com melhor autoridade.

A legitimidade aqui conferida não depende de o cidadão invocar a existência (ou ameaça) de um prejuízo pessoal: trata-se, portanto, aqui sim, de uma **legitimidade difusa** para defesa de **interesses difusos**, dependente apenas de ele residir na circunscrição onde se localize o bem dominial em causa.

É esta a única hipótese de *procedimento de participação popular* admitida no CPA: nem se trata da *legitimidade singular* do n.º 1 ou da alínea a) deste n.º 2 nem da hipótese de *legitimidade colectiva* do n.º 3 (ou da parte final do n.º 1).

Artigo 53.º

Outros procedimentos de participação popular, com regime próprio, têm lugar também para defesa dos interesses mencionados no art. 1.º da Lei n.º 83/95, reportada nessa parte ao art. 52.º, n.º 3 da Constituição.

XXIV. Pese a apertada letra do preceito da alínea b), entendemos que a legitimidade aí prevista abrange também aqueles casos em que existe apenas a **possibilidade** ou ameaça de prejuízos, derivados da acção administrativa.

É verdade que a legitimidade para a defesa de interesses difusos aparece lá referida a um bem afectado por uma prévia "actuação" ou "acção" da Administração, parecendo, portanto, pressupor a necessidade de o bem já ter sido objecto de uma acção material lesiva da sua integridade. Seria, então, diminuto o interesse na atribuição da legitimidade procedimental. Entendemos, por isso, que a lesão do bem público a que se refere a lei é a que deriva ou derivará de um acto ou decisão jurídica que provoque ou possa provocar, directa ou indirectamente, essa lesão, fazendo valer aqui o adágio de que "mais vale prevenir do que remediar".

XXV. A legitimidade construída com base em qualquer uma das alíneas do n.º 2 do art. 53.º é uma **legitimidade singular**: no n.º 3 prevê-se, contudo, uma legitimidade colectiva conexa com aquela a que se refere este n.º 2, como se anota já a seguir.

art. 53.º, n.º 3

XXVI. Outras hipóteses de **legitimidade colectiva**, para além daquela a que se referira a parte final do n.º 1 do art. 53.º, admitidas pelo Código são as reconhecidas neste preceito.

Nos casos previstos, opera-se como que uma subjectivização dos interesses difusos nas entidades jurídicas que representam os titulares desses interesses (em vez de se enveredar pela abertura dum *procedimento de participação popular)*, não sendo, obviamente, necessário que tal entidade invoque um prejuízo singular de um qualquer dos seus representados, para intervir procedimentalmente ao abrigo deste preceito — e ainda, mais verosimilmente, na própria iniciativa do procedimento.

Também, neste caso, a legitimidade prevista é função legal dos interesses dos residentes em determinada circunscrição.

XXVII. Têm legitimidade para intervir procedimentalmente na protecção de interesses difusos, em primeiro lugar, as *associações* (sem fim lucrativo) constituídas em vista da defesa específica de um ou vários deles.

Duvidoso é se, nesta primeira hipótese, a defesa colectiva de interesses difusos cabe apenas a associações de âmbito local (ou circunscrito) ou se cabe também às de âmbito geral, parecendo preferível a segunda resposta (dado o estreito campo de aplicação que a figura teria), mesmo se a primeira é mais conforme, do ponto de vista lógico, com a restrição desta intervenção procedimental à protecção dos interesses de residentes em determinada circunscrição.

A ser correcta aquela solução, teríamos, por exemplo, o caso da "QUERCUS" e dos "AMIGOS DA TERRA" em matéria de ambiente, da "DECO", em matéria de publicidade e consumo, etc., etc..

Mas já não cabe, em princípio, na hipótese, o caso da Associação dos Inquilinos ou dos Proprietários, em matéria de habitação, pois não são interesses (públicos) difusos ligados ao problema da habitação, aqueles que eles têm em vista promover, mas os interesses económicos dos respectivos associados.

XXVIII. A segunda hipótese de legitimidade colectiva é a da defesa dos interesses difusos próprios das respectivas populações pelos órgãos autárquicos que as representam — as Câmaras Municipais e as Juntas de Freguesia — nos procedimentos administrativos que correm perante órgãos de outros Poderes (do Estado, da Região Autónoma ou dos respectivos serviços) ou de outras Administrações — como é o caso da defesa dos interesses da população paroquial (pela respectiva Junta) num procedimento municipal.

art. 53.°, n.° 4

XXIX. Consagra-se neste n.° 4, **no âmbito dos procedimentos de segundo grau** (de reclamação e de recurso hierárquico), um princípio do contencioso administrativo de anulação, segundo o qual a aceitação expressa ou tácita de um acto implica ilegitimidade para pôr em causa, nesses procedimentos, a sua consistência.

XXX. Aceitação **expressa** é a que deriva de uma declaração feita com esse objecto ou objectivo; **tácita**, a que resulta da prática de actos que apontem concludentemente nesse sentido, incompatíveis com a vontade de reclamar ou recorrer. E como se trataria, em ambos os casos, de uma espécie de *venire contra factum proprium*, a lei preclude a possibilidade de reclamar ou recorrer do acto que se aceitou.

Os efeitos da aceitação expressa ou tácita podem ser precludidos pelo facto de ela ser manifestada sob reserva (também expressa ou tácita) — como se prevê no preceito — ou serem ditadas por situações de necessidade ou premência, em que não seja razoável pedir ao interessado que recuse o efeito (parcialmente) favorável que o acto lhe traga para poder impugnar aquilo que ele tem de (parcialmente) desfavorável — como resulta da aplicação das regras de que a jurisprudência e doutrina portuguesas se têm feito eco, em matéria de legitimidade para o recurso contencioso de anulação.

E, portanto, se se acata o comando contido num acto para evitar um mal maior (que derivaria do seu não acatamento), não fica precludida, sem mais, a legitimidade para dele reclamar ou recorrer administrativamente.

Artigo 53.º

Por outro lado, a mera reserva formal de não aceitação do acto, quando o particular actua concludentemente no sentido da aceitação, não lhe confere legitimidade para a respectiva impugnação — é o aforismo *protestatio contra factum non valet.*

XXXI. Seria talvez escusado dizer que, se a pessoa que inicia o procedimento carece de legitimidade, a hipótese cairá no âmbito do artigo 83.º ou do artigo 173.º e o procedimento — se já estiver aberto — extinguir-se-à, então, no âmbito da decisão sobre as respectivas questões prévias (ou por falta de pressupostos procedimentais).

Se a falta de legitimidade respeita a alguém que interveio no procedimento, consideram-se não praticados os actos em que ele estivesse envolvido, total ou parcialmente, consoante respeitassem apenas ao seu autor ou também a outros interessados.

PARTE III
Do procedimento administrativo

CAPÍTULO I
Princípios gerais

PRELIMINARES

> *I. Princípios gerais da actividade e do procedimento administrativos.*
> *II. Os princípios do procedimento não constantes do elenco legal.*
> *III. Âmbito de aplicação: a aplicação do Código às relações jurídicas*
> *(comuns e inter-orgânicas) entre Administrações Públicas.*

I. Trata-se aqui de princípios (de conceitos) gerais aplicáveis ao próprio procedimento administrativo, não à actividade ou actuação da Administração em geral, como acontece com os dos arts. 3.º e segs. deste Código. Digamos que, **enquanto autoridade administrativa**, o órgão administrativo actua em conformidade com os princípios consagrados nessas normas do Capítulo II, da Parte I, do Código; **enquanto autoridade procedimental**, além desses, ele está obrigado a observar também os princípios consagrados aqui, neste Capítulo.

II. O elenco de princípios do procedimento, que o CPA estabelece nos artigos seguintes, não abrange todos aqueles que podemos considerar princípios gerais do procedimento administrativo.

De facto, além dos princípios do inquisitório (art. 56.º), da eficácia da actuação procedimental (art. 57.º), da decisão num prazo certo (art. 58.º), da abertura à contradição (art. 59.º), do dever de correcta conduta no procedimento por parte do administrado (art. 60.º, n.º 1) e do dever de colaboração (art. 60.º, n.º 2), o Código — embora não lhes dando autonomia textual — adopta soluções e regras que derivam de outros princípios gerais do procedimento.

Preliminares

Exemplos ou manifestações desses princípios, podemos vê-los, por exemplo:

a)   na regra geral da interpretação mais favorável ao exercício das posições procedimentais dos particulares, que se traduz na resolução em favor do administrado das dúvidas sobre todos os escritos por si apresentados — *in dubio pro actione* (art. 76.°, n.° 2);

b)   no princípio da *informalidade*, frequentemente aqui referido, que pode descobrir-se no art. 57.°;

c)   no princípio da decisão dos procedimentos segundo a *ordem da sua entrada* (revelado nos n.ᵒˢ 1 e 2 do art. 80.°);

d)   no princípio da decisão administrativa como condição do procedimento executivo — *nulla executio sine titulo* (art. 151.°);

e)   no dever de reexame ou revisão administrativa das decisões finais, a requerimento dos interessados (art. 158.°);

f)   na eficácia suspensiva da reclamação e do recurso hierárquico necessários das decisões finais do procedimento (arts. 167.° e 170.°).

III. O facto de o CPA estar pensado na perspectiva das relações da Administração com os cidadãos (art. 2.°, n.° 1), levaria a aplicar as disposições desta Parte III apenas aos procedimentos respeitantes a essas relações, não se abrangendo, em princípio, as **relações entre Administrações Públicas,** sejam as *comuns* (em que uma delas se apresenta como qualquer administrado) sejam as que denominámos como *inter-orgânicas* (ou *inter-administrativas*), próprias de relações entre entes ou órgãos administrativos.

No primeiro caso é óbvio que as regras do Código sobre a marcha do procedimento se aplicam: quando qualquer Administração se apresenta, face a uma outra, na posição de "administrado" — por exemplo, quando o exercício de determinada actividade (industrial) está sujeito a licenciamento ou autorização dos serviços da Direcção Geral de Energia e um serviço municipal ou municipalizado necessitar de levar a cabo tal actividade, como instrumento ou acessório do serviço público, que presta —, as relações entre essas "Administrações" estão sujeitas às regras procedimentais aplicáveis aos mesmos procedimentos em que os interessados (no caso, junto da DGE) sejam particulares. Outro exemplo frequente é o da autorização para construir pretendida junto das Câmaras (ou seus Presidentes, em Lisboa e no Porto) por entes públicos — pelo menos, quando não sejam o Estado e os seus serviços (em relação a bens afectados directamente à realização de atribuições suas). Próximo é também o caso da defesa de interesses difusos por uma autarquia face ao Estado ou por uma autarquia face a uma outra de âmbito territorial mais extenso (art. 53.°, n.° 3).

Exemplo *das relações inter-orgânicas* têmo-lo no caso da revogação do acto do subalterno pelo superior hierárquico ou da aprovação pela Assembleia Munici-

Artigo 54.º

pal dum acto praticado pela Câmara Municipal e, em geral, no caso das decisões formadas e manifestadas no âmbito de relações funcionais de tutela, hierarquia ou superintendência (que não envolvam posições jurídicas *pessoais*, da pessoa colectiva ou dos titulares dos órgãos tutelados, subordinados ou superintendidos).

Algumas disposições do Código há que se aplicam manifestamente a relações destas ou a certos aspectos delas. É o que ocorre, por exemplo, com o n.º 1 do art. 108.º, que — ao estabelecer a regra do deferimento tácito nos casos em que o exercício de uma competência, "a prática de um acto", por um órgão só pode ter lugar depois da aprovação ou autorização de outro órgão — revela estar-se-aí perante um caso de procedimentalização, de acordo com o Código, de relações dessas. Outro exemplo, com recorte semelhante, pode ver-se nos n.ᵒˢ 2 e 3 do art. 99.º, onde se fixa uma regra que vale nas relações entre órgãos consultivos e órgãos da administração activa, mas que já não envolve procedimentalização administrativa.

Já quanto ao caso da revogação pelo superior hierárquico dos actos praticados pelo subalterno, só se seguirá a via procedimental no que concerne às relações com os destinatários ou interessados nesse acto, mas já não no que concerne à relação entre aqueles órgãos.

Em geral, pode considerar-se que a disciplina procedimental do Código — e muitos dos seus princípios gerais também — se aplica supletivamente nas relações inter-orgânicas, sempre que respeite a órgãos ou entes com competência ou atribuições autónomas, próprias (por oposição às do outro órgão ou ente) e desde que a lei, de algum modo, directa ou indirectamente, haja procedimentalizado (até pode ser, como se viu, pela via do art. 108.º, para os casos aí abrangidos) a respectiva relação.

Artigo 54.º

Iniciativa

O procedimento administrativo inicia-se oficiosamente ou a requerimento dos interessados.

  I. Remissão para os comentários preliminares.
  II. Antecedentes procedimentais: seu relevo jurídico.
  III. Iniciativa do procedimento (teses sobre o efeito constitutivo do acto de iniciativa dos interessados).
  IV. Tipos de procedimento em função da respectiva iniciativa: auto e hetero-iniciativa (procedimentos mistos, procedimentos gerais e colectivos). Importância das distinções.

Artigo 54.º

V. **Procedimentos oficiosos** *(peculiaridades): as dificuldades de identificação do acto de abertura.*

VI. *O dever de abertura oficiosa e o dever de decisão dos procedimentos oficiosos e sua omissão.*

VII. *A posição dos interessados nos procedimentos oficiosos (em confronto com a posição dos requerentes no procedimento particular).*

VIII. **Procedimentos particulares:** *classes.*

IX. *O dever de proceder e o dever de (ou o direito à) decisão nos procedimentos particulares.*

X. *Falta de requerimento: consequências. Remissão.*

XI. **Os procedimentos públicos:** *aplicação do Código do Procedimento Administrativo. Remissão.*

XII. *A reacção contenciosa contra a abertura de um procedimento (particular, oficioso ou público).*

XIII. **Os procedimentos de participação popular.**

I. Convém ter presente, na leitura destes comentários (e dos dos artigos subsequentes), o que se disse nos respectivos Preliminares.

II. A noção de procedimento administrativo não abrange todos os actos jurídicos eventualmente relacionados com a decisão a produzir. No procedimento administrativo, em sentido técnico, apenas se incluem os actos que são praticados, por órgãos administrativos ou por particulares, em vista (ou como consequência) da produção da decisão respectiva, **depois de o mesmo se iniciar.**

Há, portanto, actos produzidos com essa finalidade mas que não fazem parte do procedimento, se o antecederam e que tomam o nome de **antecedentes procedimentais** (distintos das *decisões parciais* e *pré-decisões,* que mencionámos acima, em comentário ao artigo 1.º). É o que acontece, por exemplo, com a realização de estudos, de vistorias ou peritagens, para averiguar da eventual expropriabilidade de um terreno com vista à construção de um hospital, que não são actos do procedimento de expropriação que se seguirá (embora possam ou devam constar do respectivo processo).

Já não será esse o caso das diligências antecipadas de prova a que se refere o art. 93.º, porque, aí, há um pré-procedimento (e uma pré-decisão), mais não seja para que o órgão a quem é dirigido o pedido de produção antecipada de prova faça um juízo prévio sobre a sua competência para ordenar a diligência, e embora seja irrefragável que se trata de algo que pode preceder o próprio requerimento de abertura do processo, o certo é que esse pré-procedimento se vai depois integrar no procedimento principal.

Mas, como se disse acima, ficam fora do procedimento uma quantidade indefinida de actos que, servindo eventualmente como pilares ou pressupostos da sua

Artigo 54.º

abertura, não esgotam a utilidade dos seus efeitos nessa função: não entram, por isso, no procedimento, os actos que a sua instauração pressupõe, mas apenas aqueles que são praticados em função da decisão final, como é o caso, desde logo, do requerimento.

Excluídos ficam também, portanto, certos **actos particulares** (como queixas, denúncias, petições, etc.), que estejam na origem da abertura de um procedimento oficioso, pois que não operam como actos procedimentais, nomeadamente como actos de iniciativa procedimental.

Para além de todas as diferenças, entre tais actos e os **requerimentos**, importa chamar a atenção para o facto de o requerimento ser, nos procedimentos particulares, um pressuposto legal do exercício da competência do órgão administrativo, o que o antecedente procedimental não é (em regra, pelo menos). Por essa razão, no caso dos documentos apresentados por particulares para tutela de interesses simples, a abertura do procedimento (que eventualmente se lhes siga) não é afectada pela regularidade ou validade daqueles, enquanto a apresentação de um requerimento inválido tem, claro está, relevantes implicações jurídicas, como se vê em anotação aos arts., 74.º e seguintes.

III. Designamos **actos de iniciativa** do procedimento administrativo aqueles que têm nele um efeito jurídico propulsivo: põem-no em marcha e delimitam (inicialmente) o seu objecto, não obstante se permitir (mesmo nos procedimentos particulares) decisão sobre "*coisa diferente ou mais ampla*" do que aquela a que tendia o acto de iniciativa (cfr. art. 56.º).

Tais actos vêm normalmente designados na lei como **requerimentos**, conceito a cuja compreensão e extensão já nos referimos na nota anterior e desenvolvemos adiante, nas notas ao artigo 74.º.

Duvidoso é se aos actos propulsivos do procedimento de iniciativa dos interessados se deve associar directamente, como efeito jurídico próprio, a **abertura** ou instauração do procedimento. Há propostas doutrinais nos dois sentidos. Nem o preceito do art. 54.º afasta a discussão nesse aspecto, pois prescreve-se lá que o procedimento se inicia "*a requerimento dos interessados*", e não "*com*" ele.

No plano dogmático, a questão apresenta uma enorme complexidade e relevo, aparecendo inclusivamente colocada, frequentes vezes, como manifestação da própria separação de Poderes.

No plano prático, não, pois que as principais implicações jurídico-administrativas do requerimento dos interessados estão estabelecidas na lei de molde a não suscitar dúvidas: assim, a data do início do procedimento é a data da apresentação do requerimento e a falta de decisão sobre este gera (ou permite presumir) o acto silente, independentemente de a Administração ter ou não praticado, em relação a ele, qualquer acto procedimental, nomeadamente o de apreciação da existência dos respectivos pressupostos, para continuidade ou andamento do procedimento. E, por

Artigo 54.º

ambas essas características do seu regime, dir-se-ia que o requerimento dos interessados é o próprio acto de abertura do procedimento.

Mas também se pode objectar que, nessa perspectiva, qualquer petição de um particular desencadearia um procedimento administrativo, ainda que fosse apenas para o dar como não aberto, quando à pretensão nele formulada não correspondesse um dever de decisão por parte da Administração — porque se trata, por exemplo, ou de uma simples queixa, representação ou denúncia, ou de decisão dependente da própria iniciativa legal da Administração. Ou seja, o efeito dos requerimentos dos interessados (como quaisquer manifestações do seu direito de petição) constituem a Administração **no dever (inicial) de se pronunciar ou responder, não no dever de decidir.**

Poder-se-ia, portanto, conceber, neste enquadramento, que o requerimento dos interessados teria a natureza de **pressuposto do procedimento** ou de um requisito de validade da sua decisão — ou ainda que corresponderia ao exercício de um direito (potestativo) seu, ao qual corresponderia um dever vinculado da Administração — não contendo, porém, em nenhuma dessas perspectivas, o próprio efeito de abertura do procedimento. Do mesmo modo que, no termo do procedimento — como se verá em anotação ao art. 110.º do Código — também não é a desistência do interessado, mas a eventual declaração da Administração a propósito do requerimento em que o particular formula esse seu pedido, que extingue o procedimento.

A tese tem a enorme vantagem de não prejudicar ou dificultar a admissibilidade da solução da impugnabilidade graciosa e contenciosa da abertura dos procedimentos particulares, que discutimos a seguir.

Retoma-se a questão, adiante, na anotação ao art. 74.º.

IV. Em função da autoria do acto de iniciativa, costumam distinguir-se os procedimentos de **auto-iniciativa**, isto é, aqueles cujo início é determinado pela entidade que tem competência dispositiva no âmbito da decisão a que o procedimento tende, e os de **hetero-iniciativa.**

No primeiro caso, temos o designado **procedimento oficioso.** No segundo caso, são duas as espécies, consoante o acto de iniciativa pertence aos particulares interessados (ou a um ente administrativo actuando *jure privatorum*) — e temos os designados **procedimentos particulares** — ou é produzido por um órgão administrativo no exercício de uma competência jurídico-administrativa e, então, temos os que podem designar-se como **procedimentos públicos** — conceitos sobre que nos pronunciámos já, por diversas vezes.

Claro que não são procedimentos de hetero-iniciativa — além daqueles que resultam de denúncias, queixas, representações, reclamações ou representações formuladas pelos cidadãos ao abrigo do art. 52.º, n.º 1 da CRP — também aqueles que são abertos na sequência de instâncias ou sugestões de outras autoridades públicas em matéria de competência oficiosa da autoridade decidente.

Artigo 54.º

A lei pode, em certos casos, admitir a alternativa de um início oficioso, particular ou público do procedimento, como acontece com os procedimentos expropriatórios, e, noutros casos, configurá-los como sendo sempre de iniciativa oficiosa (é o caso dos "processos" disciplinares).

Existem, ainda, procedimentos que arrancam por um acto de iniciativa da Administração, mas que não prescindem do requerimento dos interessados: são os procedimentos em que a Administração apenas fixa o prazo dentro do qual os particulares podem encaminhar para si as respectivas pretensões. A escolha do momento de início do procedimento é pública, mas, depois, muito de que neles se passa desenrola-se de acordo com os princípios dos procedimentos particulares.

Os exemplos referidos mostram que, nesta matéria, não há critérios ou classificações doutrinais susceptíveis de enquadrar todas as espécies existentes na lei: a regra é, portanto, que só em face de cada *fattispecie* procedimental, tal como a lei a desenha, se pode classificar um procedimento administrativo — e partir daí para a interpretação e integração do respectivo regime legal, até onde ela for legítima.

É que a distinção entre procedimentos de *auto* e de *hetero-iniciativa* tem uma significativa projecção no que concerne, além do mais, ao **exercício da competência** por parte do órgão a quem cabe a respectiva decisão: não só porque, nos procedimentos de hetero-inciativa, a competência administrativa não pode ser exercida, em regra, sem a prática do acto de iniciativa (que funciona, assim, como pressuposto inultrapassável da validade ou eficácia do exercício dessa competência e do acto em que ela se traduzir), mas também porque impede que a Administração possa, em caso de desistência do interessado, continuar o procedimento para decidir sobre a própria **pretensão que ele formulara** (art. 110.º, n.ºs 1 e 2).

V. Muitas das questões que se suscitam a propósito do procedimento particular e por causa da especificidade do regime do respectivo acto propulsivo, suscitam-se também — embora seja menos conhecida a sua problemática — a propósito dos **procedimentos oficiosos.**

Desde logo, porque mesmo aí (se bem que por outras razões) não é facilmente perceptível e identificável a decisão de o abrir ou instaurar: pode ela não se revestir de autonomia funcional — por não ser mais que um acto prévio de natureza interna dirigida por um órgão a outro no sentido de determinar a este que actue em certo sentido — ou pode, mesmo, não ser praticado expressamente.

Por isso, muitas vezes resta apenas a possibilidade de o dar como **tácita ou implicitamente produzido**: é o que sucede, por exemplo, quando a Administração pratica um acto instrutório que o pressuponha, v.g., a comunicação a que se refere o art. 55.º. Sobre a identificação do acto de abertura nos procedimentos de concurso para a função pública como sendo ou o acto interno que ordena a abertura ou a publicação do respectivo aviso, cfr., o Assento n.º 2/93, do Tribunal de Contas, publicado no Diário da República, I Série, de 27.7.93.

Artigo 54.º

VI. Outra dificuldade que se coloca em matéria de procedimentos oficiosos respeita à questão de saber **quando nasce o dever de acção administrativa**, ou seja, o dever de a Administração promover oficiosamente o início de um procedimento.

Nos procedimentos de hetero-iniciativa, não há dúvidas que o dever (de ofício) de o órgão administrativo desenvolver uma actuação procedimental surge na sequência do acto do requerente ou de outra autoridade, que o obriga a proceder ou a decidir.

Nos procedimentos oficiosos, a solução do problema só pode encontrar-se a partir da própria definição legal dos **pressupostos** da respectiva decisão administrativa: existe o dever de abrir oficiosamente o procedimento quando ocorrerem factos ou existir a situação que, nos termos da lei, vinculem a Administração a actuar, a tomar uma decisão neste ou naquele sentido — podendo a sua determinação fazer-se antes da abertura do procedimento, numa fase de **pré-procedimento,** que o acto de abertura oficiosa (que venha a seguir) põe em contacto com a fase instrutória deste e à qual serão levados os respectivos resultados ou conclusões. O que não quer dizer que o procedimento não possa ser aberto precisamente para determinar da efectiva existência dos factos ou situações que são pressupostos (vinculados ou discricionários) de uma determinada decisão administrativa.

Nem é difícil encontrar, hoje em dia, no nosso ordenamento jurídico, protecção jurisdicional adequada para o incumprimento desse dever oficioso de proceder, seja ao nível da responsabilidade administrativa (por omissão ilegal) seja ao nível de acção para o reconhecimento de um direito ou interesse legalmente protegido.

É certo, contudo, que em regra, como se dispõe na lei alemã (§22), é a *"autoridade administrativa* (que) *decide... se e quando deve iniciar um procedimento"*: não pode, portanto, dizer-se que haja aqui um dever legal de abertura do procedimento oficioso, cuja observância os respectivos interessados possam exigir directamente da Administração:

Mas, mesmo prevalecendo aqui um princípio de *oportunidade*, existe sempre, a cargo da Administração (quanto mais não seja, como dever funcional dos respectivos servidores), essa obrigação de se assegurar sobre se se verificam em concreto as condições a que a lei subordina a actividade administrativa, implicando (ao menos, nessa matéria) um dever de conhecer, verificar e valorar situações e interesses que podem determinar o exercício discricionário da sua competência procedimental e, assim, a abertura de um procedimento, sob pena de poder incorrer em responsabilidade.

Até porque muitos procedimentos oficiosos são de interesse particular (ou, também são de interesse particular), e aí já é admissível a instauração de uma acção para o reconhecimento de um direito ou interesse legalmente protegido.

Outra importante e complexa questão ligada aos procedimentos de iniciativa oficiosa — conexa, aliás, com a anterior — relaciona-se com a determinação das

Artigo 54.º

consequências da abertura oficiosa do procedimento, sobretudo em saber se, uma vez aberto, existe ou não um **dever de proferir decisão**, ainda que seja sobre a sua inutilidade superveniente ou por simples "desistência" ou "renúncia". E a questão põe-se, porque os procedimentos oficiosos não estão expressamente abrangidos pela previsão do dever ou princípio da decisão estabelecido no art. 9.º, que vale apenas quando estejam em causa assuntos ou pretensões apresentadas por interessados (ou por outras autoridades, no caso dos procedimentos públicos) — ao contrário do que ocorre com a lei italiana do procedimento, que estabelece o dever de adopção de acto expresso também nos procedimentos iniciados oficiosamente (art. 2.º).

E bem, de resto, pelo menos em muitos desses procedimentos (como os concursais) que apelam à *concorrência* para se vir relacionar com a Administração, envolvendo, portanto, *oferta e proposta públicas,* e que seria manifestamente anti--jurídico não considerar abrangidos (como as nossas leis, nessa matéria, consideram) no dever de decisão da Administração, bem como no de notificação dessas decisões aos respectivos (contra)interessados.

Atentos os interesses que se suscitam — a protecção do interesse (público e privado) da certeza e segurança jurídicas e os de qualquer pessoa que tenha um direito ou interesse legalmente protegido no âmbito da respectiva decisão —, o que nos preocupa é encontrar uma solução que permita dar por (decidido ou) extinto o procedimento, ainda que a Administração não tenha praticado qualquer acto expressamente com esse objecto, em termos de os interessados com posições procedimentalmente tuteladas poderem exercer os direitos de reacção que teriam quanto a uma sua decisão expressa.

Identificado, ainda que através de outros factores, um acto (ou um momento) de conclusão do procedimento oficioso — o decurso do prazo para a sua conclusão, se mais não houvera —, já se permite a eventuais interessados o desencadear das respectivas garantias administrativas ou contenciosas.

Reconhecendo-se, então, que os titulares desses interesses possam não ter um direito à decisão com o sentido que esperavam ou que lhes foi pré-anunciado, faz, porém, todo o sentido admitir que possam recorrer do acto pelo qual a Administração anuncia a decisão de extinguir o procedimento, se tinham nele um direito ou interesse legalmente protegido (que, por causa da falta de decisão, já não poderão exercer plenamente).

Por tais razões, a Administração — ainda que não esteja obrigada a decidir o procedimento oficioso, praticando o acto que visava com a sua abertura — terá de **fundamentar** a decisão de o extinguir ou arquivar, mesmo se essa decisão pode vir fundada em razões respeitantes não só à valia jurídica, mas também ao mérito administrativo da decisão em falta.

Artigo 54.º

VII. Para além do que ficou referido — e do que se dirá ainda em matéria de impugnação do respectivo acto de abertura —, não são muitas as **peculiaridades de regime dos procedimentos oficiosos** em relação aos procedimentos particulares, nomeadamente no que respeita à posição dos respectivos interessados, ou seja, sempre que existam neles pessoas cujos direitos ou interesses legalmente protegidos podem ser legalmente afectados pela respectiva decisão: do ponto de vista procedimental, a posição desses interessados no procedimento oficioso corresponde, no essencial, à posição dos requerentes nos procedimentos particulares — havendo, como desvios mais relevantes, os aspectos atinentes à formação dos actos tácitos, bem como à desistência e renúncia (ver arts. 108 .º, 109.º e 110.º).

VIII. Embora aplicando-se também aos procedimentos oficiosos, a larga maioria das regras do Código (às vezes mesmo os seus princípios) estão desenhados para os **procedimentos particulares.**

Procedimentos particulares são aqueles que têm por objecto pretensões fundadas no interesse do requerente e, portanto, o procedimento — embora possa virar-se para outros domínios, oficiosos até — visa uma decisão sobre o regime administrativo dessa pretensão ou *bem* do particular, protegido (ou referido) na ordem jurídica administrativa: o objecto do procedimento é a resolução da questão posta pelo particular.

Há procedimentos particulares *individuais e colectivos* quanto aos respectivos requerentes. Nada proibe, na verdade, que dois particulares que pretendam a "mesma coisa" da Administração lho demandem conjuntamente: até a título principal, uns, subsidiário, os outros.

Assim como se admitem actos administrativos colectivos, também se hão-de admitir evidentemente os requerimentos titulados e assinados por várias pessoas. Não há também objecções à existência de requerimentos e *procedimentos gerais* (dos moradores de uma rua, por exemplo), mesmo se, por força da definição de acto administrativo do art. 120.º, se devesse considerar estarmos aí perante petições regulamentares.

Os procedimentos particulares iniciam-se, já o dissemos, a requerimento das pessoas a quem a lei confere tal direito — *como direito (potestativo) condicionado à verificação da existência dos respectivos pressupostos procedimentais* —, traduzindo-se a sua tutela jurídica no facto de, não havendo qualquer pronúncia ou decisão expressa da Administração requerida perante o requerimento apresentado, o procedimento (poder) ficar **decidido** com o seu próprio silêncio (cfr. arts. 108.º e 109.º).

É frequente a ideia de que a pretensão que o interessado quer fazer valer nos procedimentos particulares está necessariamente ligada à produção de um acto que se repercute directamente na sua esfera jurídica pessoal, um acto que lhe proporciona **directa** e **imediatamente** um efeito jurídico favorável (ou extingue ou reduz um desfavorável).

Artigo 54.º

Sendo essa a situação regra, ela nem sempre se verifica: há procedimentos destinados a provocar a produção de um acto que (aproveitando ao requerente) vai desencadear os seus efeitos principais na esfera jurídica de um terceiro. É o que sucede quando uma empresa requer às instituições de segurança social a verificação da eventual incapacidade de trabalhador seu (ou quando uma federação desportiva dirige à entidade competente um requerimento visando o cancelamento do estatuto de utilidade pública de uma federação concorrente). Nestes casos, o requerente ainda visa a obtenção de um efeito jurídico favorável, o qual tem, no entanto, outro destinatário e que só se produz de forma indirecta (mediata ou reflexa) na esfera jurídica do interessado que desencadeou o procedimento.

Há ainda procedimentos de iniciativa particular em que o efeito pretendido não se refere ao alargamento ou manutenção da esfera jurídica do requerente, mas apenas à obtenção de uma decisão jurídico-pública destinada a resolver um conflito administrativo entre particulares. Trata-se daquilo que a doutrina estrangeira designa como **procedimentos destinados a resolver um conflito**, que colocam a Administração numa posição de "árbitro" perante interesses conflituantes. Pouco frequentes no direito português, não são, contudo, desconhecidos: pense-se nos procedimentos destinados à delimitação das respectivas áreas dominiais em zonas de concessões vizinhas, como sucede em relação às áreas de prospecção ou de exploração petrolíferas, e outros similares.

IX. Concebido, ou não, como acto de abertura do procedimento o que é certo é que o requerimento constitui a Administração no **dever de proceder** (não apenas de responder, informar ou encaminhar), instaurando-se uma relação jurídico-administrativa procedimental entre o requerente e o órgão destinatário.

Essa obrigação implica, para a Administração, uma decisão prévia e provisória sobre o preenchimento dos **pressupostos procedimentais** (*competência, legitimidade* do requerente, *tempestividade e intelegibilidade do pedido,* bem como a *actualidade do direito ou interesse* que se pretende exercer), que é — pelo menos para alguns — o acto que expressa ou tacitamente põe em marcha o procedimento (ver nota **III**).

X. Em relação aos procedimentos de iniciativa de interessados, questiona-se se a falta (absoluta) de requerimento implica a ineficácia do procedimento e sua decisão, perante o interessado, ou se arrasta também a respectiva nulidade (por falta absoluta de forma legal ou outro vício com a mesma força).

A segunda solução (logicamente mais coerente) tem, porém, o inconveniente de não permitir o aproveitamento jurídico do respectivo acto, mediante aceitação do interessado ou ratificação, conversão ou redução administrativas — nem, talvez, a recuperação de formalidades já praticadas (ou a informação nelas contida) — o que levaria, então, a propugnar pela solução da ineficácia da respectiva decisão, que o consentimento ou aceitação do interessado poderia suprir.

Artigo 54.º

É claro que existem casos em que a falta de requerimento há-de implicar a nulidade do acto que defira a pretensão a que ele estava votado: assim sucederá nos procedimentos em que existam vários interessados na mesma medida ou decisão administrativa — embora se trate, aqui, muitas vezes, daqueles procedimentos a que nos referimos em comentário anterior (nota **IV**), que não são procedimentos de iniciativa estritamente particular, embora a participação neles dependa de os interessados formularem aí a respectiva pretensão (veja-se, também, sobre o assunto a nota **V** ao art. 133.º).

XI. Embora o Código regule apenas os dois modos descritos de iniciativa do procedimento administrativo, não pode, contudo, esquecer-se o caso dos denominados **procedimentos públicos** respeitantes às **relações administrativas inter-orgânicas**, nos quais, à semelhança do que ocorre com os procedimentos particulares, o respectivo acto propulsivo é alheio ao órgão com competência para decidir (o que facililita a identificação desse acto).

Estamos a pensar, naturalmente, naqueles procedimentos em que dois órgãos administrativos se relacionam no uso de competências jurídico-públicas — excluindo-se os procedimentos em que um deles actua ao abrigo da capacidade de exercício de direito privado da pessoa colectiva de que faz parte, que, esses, são procedimentos particulares. Serão procedimentos inter-administrativos, mas *comuns*, digamos assim, como os designámos nos Preliminares deste Capítulo.

Aqui tem-se, portanto, em vista uma relação inter-orgânica em que os dois órgãos se posicionam *enquanto órgãos administrativos*.

São procedimentos públicos, por exemplo, os respeitantes à requisição dum funcionário, à autorização pela Assembleia Municipal da venda de um imóvel da autarquia, à aprovação pelo Governo de um plano de pormenor autárquico, etc, etc.

As especificidades que há a apontar a esta modalidade de procedimentos respeitam, em primeiro lugar, à qualificação do acto de iniciativa — que não é, em princípio, um requerimento, mas uma proposta (de aprovação), uma requisição (de um funcionário) ou um pedido (de autorização) — e também quanto ao seu regime, remetendo-se, a tal propósito, para a anotação **III** à parte "Preliminar" deste Capítulo.

XII. Em relação ao acto que manda abrir um procedimento oficioso ou particular (mesmo o público), questiona-se se ele é susceptível de **impugnação contenciosa**.

Por nós, parece-nos que não há nenhum obstáculo de princípio a uma solução afirmativa e que, ao invés, é mesmo essa a resposta constitucionalmente exigida. Há, na verdade, casos em que o acto de abertura do procedimento é, por si só, lesivo de interesses ou posições juridicamente tutelados de terceiros: por exemplo, o acto de abertura de um concurso para adjudicação de um serviço "ou obra" que o Estado já contratara com outrem ou o acto de instauração de um procedimento dispositivo (*maxime*, punitivo ou ablatório) em relação a quem não está sujeito a qualquer "jurisdição" da autoridade procedimental.

Artigo 54.º

Nos termos do art. 268.º, n.º 4, da Constituição e do princípio geral da destacabilidade contenciosa, tais actos devem considerar-se passíveis de recurso contencioso, proposição que, em relação ao acto de abertura de procedimentos oficiosos não provoca qualquer surpresa, como o demonstram os exemplos dados. E quanto aos procedimentos particulares?

Não vemos que possa ser oposta a essa possibilidade uma objecção decisiva, dado que a abertura de um procedimento desses pode constituir também, já em si, uma lesão de interesses de terceiro, sujeitando-o a intervir no procedimento administrativo e aos poderes da respectiva autoridade instrutória. E a dificuldade resultante de eventualmente não haver aqui um acto de abertura do procedimento, destacável do requerimento particular — se for essa a configuração correcta da questão acima abordada a esse propósito —, é objecção que deveria considerar-se ultrapassável, em nome do princípio da *garantia judicial efectiva*,admitindo-se, então, a interposição do recurso (qualquer que seja a tese preferível quanto a essa configuração) contra a decisão administrativa expressa ou implícita que desse como verificados os pressupostos do procedimento. Problema é saber se tal recurso poderia, dada a sua demora, ter um efeito útil — o que (se se admitisse a possibilidade de suspensão judicial da eficácia dessa decisão) também não seria incontornável.

XIII. Cabe ainda fazer uma breve referência a certos **procedimentos de (ou com) participação popular**, designadamente aos regulados na Lei n.º 83/95, de 31.VIII, relativos a *"decisões sobre a localização e a realização de obras públicas ou de outros investimentos públicos com impacte relevante"* (sobre o procedimento de participação popular relativo a planos urbanísticos, *vide* comentários ao art. 117.º).

De acordo com o art. 4.º do citado diploma aquelas decisões devem ser precedidas, na fase de instrução dos respectivos procedimentos *"da audição dos cidadãos interessados e das entidades defensoras dos interesses que possam vir a ser afectados"* por elas (se bem que este direito só se torne efectivo se houver sido pedido, nos termos do respectivo art. 7.º, após a consulta pública a que se refere o seu art. 6.º).

Entre a data do anúncio público do início do procedimento e a realização da audição deverão mediar, pelo menos, 20 dias, período durante o qual há lugar à referida consulta dos documentos e demais actos do procedimento.

No entanto, caso a entidade instrutora deva proceder a mais de 20 audições, o procedimento de participação directa (*Unmittelbare Partizipation*) pode ser substituído por um procedimento indirecto ou por via representativa *(Mittelbare Partizipation)*, como decorre do art. 10.º do referido diploma.

Por último, efectuadas as audiências, impende sobre a autoridade instrutora o dever de responder por escrito às observações formuladas pelos interessados justificando a opção tomada (art. 9.º).

Artigo 55.º

Artigo 55.º

Comunicação aos interessados

1. O início oficioso do procedimento será comunicado às pessoas cujos direitos ou interesses legalmente protegidos possam ser lesados pelos actos a praticar no procedimento e que possam ser desde logo nominalmente identificadas.

2. Não haverá lugar à comunicação determinada no número anterior nos casos em que a lei a dispense e naqueles em que a mesma possa prejudicar a natureza secreta ou confidencial da matéria, como tal classificada nos termos legais, ou a oportuna adopção das providências a que o procedimento se destina.

3. A comunicação deverá indicar a entidade que ordenou a instauração do procedimento, a data em que o mesmo se iniciou, o serviço por onde o mesmo corre e o respectivo objecto.

     I. Procedimentos oficiosos. Remissão.

    II. Dúvidas sobre a restrição do dever de comunicação do início do procedimento aos de iniciativa oficiosa.

   III. Os destinatários da comunicação: os lesados (e os outros interessados?).

   IV. O requisito da sua identificabilidade nominal.

    V. Forma da comunicação.

   VI. Consequências da violação do dever de comunicação.

  VII. Dispensa do dever de comunicação: órgão competente.

 VIII. Dispensa legal e administrativa: consequências duma dispensa afectada de erro de facto ou de direito.

   IX. Menções da comunicação: grau de especificidade do objecto.

art. 55.º, n.º 1

I. Reporta-se o preceito ao início ou abertura dos procedimentos oficiosos, regulando apenas a questão da respectiva comunicação aos interessados. Outras questões, que a abertura dos procedimentos oficiosos põe, ficaram analisadas nos Preliminares e nas notas ao art. 54.º.

II. O dever de comunicação do início do procedimento aos interessados está previsto apenas para os **procedimentos oficiosos** . O certo é que nos procedimentos **particulares** (e nos **públicos**) há também, para além do requerente, outras pessoas cujos direitos ou interesses podem ser directamente lesados pela decisão que

Artigo 55.º

recair sobre o requerimento (a proposta ou pedido) e não se descortina razão para não se exigir aí, à mesma, que lhes seja dado conhecimento do início do processo. Pense-se no exemplo dado acima (art. 54.º, **VIII**) sobre procedimentos particulares da iniciativa legal de pessoas diferentes dos destinatários da decisão que nele vai ser tomada.

Não é fácil fugir à força da letra de uma norma redigida como esta, mas seria muito penoso deixar sem protecção interesses de administrados iguais a outros que foram legalmente tutelados. Uma solução que acautelaria esses interesses consistiria, como já se ponderou e alvitrou várias vezes, em distinguir, nos procedimentos de hetero-iniciativa, entre (acto de) iniciativa e (acto de) abertura ou instauração do procedimento: neste sentido, todos os procedimentos, independentemente de terem sido iniciados por força de um acto particular ou "público", teriam um *início oficioso*" e, assim, o dever de comunicação aqui previsto alargar-se-ia literalmente a todos eles, mesmo aos não-oficiosos.

Além disso, há muitos procedimentos de iniciativa dos interessados (v.g., no manifesto ou registo de águas minerais, processos urbanísticos, etc) em que a Administração está legalmente constituída no dever de dar conhecimento (público, edital) sobre o seu início, servindo-se assim, embora em casos contados e por uma via menos segura, os mesmos interesses que o dever de comunicação deste preceito pretende acautelar.

III. Por outro lado, em relação aos procedimentos oficiosos, o dever de comunicação aparece enquadrado numa perspectiva estritamente **garantística**, como uma garantia formal que visa abrir caminho à participação no procedimento daqueles que têm um interesse em aí se **defender**: na verdade, só se dá conhecimento do processo a potenciais vítimas suas.

Mas há outras pessoas que deveriam ter conhecimento do início do procedimento, como aquelas que virão necessária ou provavelmente a beneficiar por força dele — pois, também elas têm legitimidade para "defender" o interesse da melhoria ou engrandecimento da sua própria esfera jurídica. Como seria igualmente razoável que se desse conhecimento do início do procedimento àquelas pessoas cujas petições, queixas, denúncias ou representações hajam levado à sua abertura oficiosa.

IV. É necessário, para que exista o dever de comunicação aqui previsto, que se verifiquem, em relação às pessoas comunicandas, diversos **requisitos cumulativos**: a) a titularidade de um direito ou interesse legalmente protegido face ao acto a que tende o procedimento; b) a ameaça (probabilidade ou mera eventualidade, como a lei sugere?) de lesão; c) e, em terceiro lugar, possibilidade de identificação nominal do destinatário.

A exigência da possibilidade de **identificação nominal** dos interessados previne a excessiva abertura a que conduziriam, em certos casos, os outros dois re-

Artigo 55.º

quisitos. *"Identificação nominal"* é a individualização de uma certa pessoa pelo seu nome — podendo, portanto, este requisito abrir a porta a que a Administração não cumpra ou demore o cumprimento do dever de comunicação, naqueles casos em que as pessoas comunicandas podiam ser (física e juridicamente) individualizadas por outras características, que não o seu nome.

V. A **forma** da comunicação aqui prevista segue as regras do art. 70.º do Código, podendo dar lugar a uma comunicação pessoal ou edital, nos termos (limitados) em que a segunda é aí admitida (cfr. a respectiva anotação).

VI. A falta de comunicação deveria gerar a (mera) **anulabilidade da decisão** do procedimento (ou a sua redução, na parte que respeita ao comunicando) — o que parece, até do ponto de vista do interesse público, melhor solução do que a da mera inoponibilidade do procedimento aos interessados a quem o seu início não foi comunicado. É essa a solução da lei italiana, que, de resto, só permite arguir o vício em causa ao interessado a quem não foi dada comunicação, sendo evidente que o prazo para arguição dessa invalidade se conta desde a data em que ele teve conhecimento da existência do procedimento e do seu objecto.

Claro que não se gera tal invalidade se, não obstante isso, se demonstrar que o interessado em causa teve conhecimento do procedimento (e do respectivo objecto) a tempo de poder nele intervir — e se houver lugar à audiência, o interesse em causa poderá ficar desde logo satisfeito (pese a falta de comunicação) se o interessado considerar que não tem nada a acrescentar àquilo que resultou da anterior instrução do procedimento.

Para além da possível invalidade derivada da falta de comunicação exigida, há ainda lugar à responsabilidade da Administração quanto aos prejuízos provocados pela falta de comunicação, que a anulação não possa reparar.

art. 55.º, n.º 2

VII. Não se esclarece no Código qual é o **órgão a quem cabe a decisão** sobre a dispensa do dever de comunicar o início do procedimento oficioso (ou do particular, se for verdadeira a proposição da nota **II**).

Devendo configurar-se tal decisão como sendo uma medida provisória — quando é tomada para *"não prejudicar... a oportuna adopção das providências a que o procedimento de destina"* — sujeita (parcialmente) ao regime do art. 84.º, ela deve ser, portanto, da autoria do órgão competente para a decisão final, solução que parece consentânea com a importância deste dever de comunicação.

VIII. Os casos em que é permitido dispensar o cumprimento do dever de comunicação ou são previstos **por lei** (e, salvo hipóteses raras, serão aqueles que vie-

Artigo 55.º

rem agora a ser previstos, já que antes do CPA não havia em geral o dever de comunicação sobre o início do procedimento e, portanto, também, a previsão da sua dispensa) ou são determinados **pela Administração,** para salvaguarda da real eficácia da decisão do procedimento.

Quanto aos casos de dispensa legal, exige-se a manifestação legislativa do *animus dispensandi*; pelo menos, não se basta este preceito com a mera falta da previsão desse trâmite em diplomas especiais.

A dispensa do dever de comunicação nos casos em que a revelação da existência do procedimento prejudica a natureza secreta ou confidencial de *"matéria como tal classificada"* é também legalmente vinculada e determinada — embora não resulte (e bem) do preceito a possibilidade de dispensar a comunicação de procedimentos onde se contêm documentos confidenciais ou reservados, (sobretudo os que possam ser mantidos à parte do processo consultável pelo interessado). Note-se, de resto, que uma coisa é, neste aspecto, a dispensa do dever de comunicação do início do procedimento, outra, é a notificação da decisão nele tomada, pois que essa, aos destinatários do acto, é indispensável (por muito secreta ou confidencial que a medida seja) se bulir com a sua conduta ou lhes impuser deveres ou sacrifícios.

Já a cláusula geral de admissibilidade de dispensa administrativa, para não se prejudicar *"a oportuna adopção das providências a que o procedimento tende"*, confere à autoridade procedimental uma ampla liberdade probatória e decisória, embora sujeita a fundamentação, claro. E sempre com a garantia de que uma decisão eventualmente errónea, que se tomar nesse sentido, inquina de ilegalidade a decisão final do procedimento, levando à sua anulação total ou parcial (se for possível reduzi-la), nos mesmos termos em que a falta de comunicação a gera também.

O mesmo vale para a hipótese de se dispensar a comunicação num caso ou com base em pressupostos diversos daqueles que estejam figurados na respectiva lei, como motivos de dispensa.

art. 55.º, n.º 3

IX. As **menções** a incluir na comunicação do início do procedimento são muito simples, mas permitem que ela desempenhe capazmente a sua função (de alertar o interessado para o facto de estar a correr um procedimento com aquele **objecto**).

Nem sempre será muito fácil identificar o *"objecto"* do procedimento (por referência a cada destinatário da comunicação), sobretudo com o rigor técnico--jurídico pressuposto no conceito usado na lei.

Naturalmente que se deve considerar irrelevante, em sede de legalidade, a irregularidade conceitual ou dogmática do "objecto" comunicado, desde que se preencha aquele mínimo do "para bom entendedor, basta".

Artigo 56.º

Artigo 56.º

Princípio do inquisitório

Os órgãos administrativos, mesmo que o procedimento seja instaurado por iniciativa dos interessados, podem proceder às diligências que considerem convenientes para a instrução, ainda que sobre matérias não mencionadas nos requerimentos ou nas respostas dos interessados, e decidir coisa diferente ou mais ampla do que a pedida, quando o interesse público assim o exigir.

> I. *A fórmula legal da consagração do princípio do inquisitório e o conteúdo deste.*
> II. *Procedimentos especiais onde o princípio não se aplica.*
> III. *Sentido e dimensões do inquisitório.*
> IV. *Dimensão formal ou "**ordenadora**": revelações no Código e auto--determinação administrativa.*
> V. *Dimensão material ou "**de conhecimento**": manifestações (vinculatividade administrativa).*
> VI. *Inquisitório e dever de colaboração dos interessados: consequências da sua coexistência.*
> VII. *O poder de decidir coisa diferente (ou mais favorável ou desfavorável) da que foi pedida: significado.*
> VIII. *O poder de decidir sobre coisa mais ampla do que a pedida.*

I. Não parece particularmente feliz a fórmula literal que o legislador encontrou para formular o princípio do inquisitório. Bem lida, ela parece votada a fixar uma solução quanto a dois aspectos da condução ou direcção do procedimento: saber se a Administração pode ou não decidir coisa diferente daquela que foi pedida e se pode promover diligências não requeridas ou sobre questões não suscitadas pelos interessados.

Cremos, de facto, que as ideias e as manifestações que se cobrem sob o manto do conceito de inquisitório são muito mais vastas e relevantes do que se depreende da leitura do art. 56.º, e estão claramente consagradas no CPA num conjunto amplo de regras, das quais as mais importantes são as relacionadas com as questões de prova (arts. 87.º a 93.º).

Sobre essas dimensões (ou conteúdo) do inquisitório, diremos nas notas subsequentes. A opção do Código pela fórmula utilizada explica-se porque os poderes aí descritos correspondem aos patamares mais elevados das faculdades de disposição e autoridade instrutórias; mas não porque o princípio do inquisitório se revele necessariamente só neles.

Artigo 56.º

II. Convém assinalar que o princípio do inquisitório é apenas um **princípio geral** do procedimento administrativo, que pode não se aplicar a **procedimentos especiais**, se as leis respectivas dispuserem em sentido contrário (art. 2.º, n.º 7).

É que o legislador pode estar interessado em inverter certos ónus de instrução, atribuindo-os aos interessados, designadamente em casos de grandes dificuldades na obtenção de prova por parte dos órgãos administrativos, como pode ser o caso da instrução dos procedimentos tendentes à concessão do direito de asilo, ou de outros, em que haja, pelo menos em certos aspectos, um *monopólio de prova* dos interessados.

Também é normal que em procedimentos do tipo concorrencial o princípio do inquisitório possa ceder o passo, em muitos aspectos, a exigências do contraditório, à semelhança do que acontece naqueles casos em que a Administração assume uma posição de "juiz" — como acontece nos exames (na decisão sobre habilitações e qualificações académicas) — ou de "árbitro" num conflito entre terceiros, públicos ou privados.

III. O princípio do inquisitório, que se contrapõe ao princípio dispositivo, significa que a Administração tem no procedimento uma atitude procedimental activa, impondo-se-lhe deveres de agir oficiosamente em duas dimensões fundamentais: uma de cariz **formal** ou *ordenador*, e outra de cariz **material** ou *de conhecimento.*

IV. Em primeiro lugar, é ao órgão administrativo que compete a **ordenação oficiosa da sequência procedimental,** ou seja, a actividade de encaminhar a tramitação segundo a ordem definida por lei (em caso de *procedimentos formais*) ou de acordo com o critério por ele próprio eleito (no caso dos *procedimentos informais).* Ou seja, trata-se de um poder oficioso de imprimir o ritmo do desenvolvimento do percurso procedimental, o que vem a concretizar-se numa ampla e sucessiva actividade de impulso ou de iniciativa dos trâmites do procedimento.

Não quer dizer que o particular não possa, com a sua participação, influenciar a ordenação oficial do procedimento — apresentando pareceres, propostas e sugestões, que o órgão administrativo não pode deixar de considerar. Embora seja um indício administrativo de que o inquisitório não significa um monopólio administrativo da sequência procedimental, o dever de análise cuidada das solicitações dos interessados (cfr. arts. 57.º e 88.º, n.º 2) não perturba, em si mesmo (ainda que possa influenciar), a ordem oficiosa da tramitação.

Esta primeira dimensão do inquisitório traduz-se, pois, no dever de o órgão definir e dirigir a série de actos que nele se realizam (actos que resolvem incidentes funcionalmente autónomos dentro do procedimento, comunicações a efectuar aos interessados, etc.) e de zelar para que se obtenham as finalidades visadas através de cada uma delas e do seu conjunto, de acordo com os princípios procedimentais aplicáveis.

Artigo 56.º

O preceito do art. 56.º, ao estabelecer que os órgãos administrativos "*podem proceder às diligências que considerem convenientes para a instrução*", acaba por reconhecer expressamente uma parcela desta dimensão ordenadora do princípio. Além disso, a ordenação oficiosa do procedimento aparece repetida no Código, inequivocamente, a propósito do princípio da eficácia da actuação procedimental (art. 57.º), devendo considerar-se incluída, também, como princípio geral, na noção de direcção da instrução (art. 86.º, n.º 1).

Nesta sua vertente, o inquisitório permite fazer valer, em sede de procedimento administrativo, entre outros, os princípios gerais (da actividade administrativa) da participação dos particulares (art. 8.º) e da eficiência (art. 10.º).

V. A segunda dimensão do princípio do inquisitório, a **material** ou de *conhecimento*, tem que ver com os poderes de **procura, selecção e valoração dos factos relevantes** e da lei aplicável à "causa" ou caso jurídico-administrativo.

Neste sentido, o inquisitório já não tem que ver com a ordenação do procedimento, mas com os poderes(-deveres) de a Administração proceder às investigações necessárias ao conhecimento dos factos essenciais ou determinantes para a decisão, exigindo-se dela (ou imputando-se-lhe a responsabilidade correspondente) a descoberta e ponderação de todas as dimensões de interesses públicos e privados, que se liguem com a decisão a produzir.

O princípio liga-se, nesta vertente, às ideias de **completude instrutória** ou de **máxima aquisição de (factos e) interesses,** cuja inobservância pode implicar ilegalidade do acto final do procedimento, por *deficit de instrução*, ilegalidade cujo fundamento se encontra, desde logo no art. 91.º, n.º 2, e nos princípios da legalidade e da prossecução do interesse público — que obrigam a Administração a verificar a ocorrência dos pressupostos do acto a produzir —, bem como nas exigências inerentes ao princípio da imparcialidade.

Resulta desta vertente do inquisitório, para além disso, que os órgãos administrativos estão proibidos de adoptar, para a instrução do procedimento, modelos, rituais ou formulários normalizados para uma série de casos (com o que se pretende assegurar a análise concreta e circunstanciada a que cada um deve ser sujeito), embora a regra comporte alguns desvios, *maxime,* em procedimentos mais ou menos automatizados, como, por exemplo, a colocação de professores no ensino secundário e em avaliações similares, ou procedimentos *de massas*.

Note-se, todavia, que a negação de um poder de autodeterminação administrativa, quanto à exigência de investigação dos factos e à ponderação e valoração dos interesses envolvidos, não prejudica a discricionariedade na condução da própria instrução, ligada ao princípio da informalidade do procedimento e à vertente formal ou ordenadora do inquisitório.

Artigo 56.º

VI. A consagração do princípio do inquisitório não significa a **desvalorização da participação e colaboração dos interessados** no procedimento, para apuramento dos factos (e interesses) relevantes. Ou seja: não é pelo facto de existir um dever de instrução dos órgãos administrativos que os particulares estão dispensados de um (dever ou) ónus de intervir nele, com o objectivo de permitir ou auxiliar o órgão na constatação da ocorrência e subsistência dos pressupostos, que lhes interessa serem constatados.

Aliás, em caso de clara deficiência ou omissão desse ónus, ele (contribui ou) pode contribuir para a irrelevância da ilegalidade causada pelo eventual *deficit de instrução* (v.g., em relação às situações em que o particular possua o *monopólio de prova* sobre os pressupostos acima mencionados).

VII. Decompondo o conteúdo do artigo 56.º, verificamos que o inquisitório se desdobra aí no poder de o órgão administrativo proceder às diligências que considere convenientes para a instrução — mesmo que não respeitem a questões, factos ou matérias postas pelos interessados — e no poder de decidir sobre **coisa diferente ou mais ampla que a pedida**, quando o interesse público assim o exigir, revelando--se, por qualquer desses traços, quanto o procedimento administrativo se afasta das exigências do princípio contraditório, processualmente dominante e que se pode afirmar a existência de um princípio de *disponibilidade (relativa) do procedimento* pela Administração.

São estas duas últimas manifestações que agora nos interessam: parece, de facto, um formidável poder, esse de os órgãos administrativos poderem decidir *"coisa mais ampla"* ou, até, *"coisa diferente"* (deveria ser *"sobre coisa diferente"*) daquela que lhes foi pedida pelos interessados, nos procedimentos particulares — mas não, em princípio, nos procedimentos públicos, inter-administrativos.

Preocupa-nos nomeadamente a questão de saber se o órgão administrativo pode, perante um requerimento do particular, vir, não a produzir o acto visado, mas um outro, eventualmente desfavorável (ou mais favorável, ainda, do que aquele que corresponderia ao pedido) ou, até, um acto desligado do que foi requerido.

Deve começar por dizer-se que a decisão sobre coisa diferente não pode nunca contender com um **princípio de congruência entre o pedido e a decisão**, no sentido de que o órgão administrativo não pode, pura e simplesmente, deixar de decidir sobre a pretensão formulada no requerimento.

Tal exigência encontra consagração formal, não só no art. 9.º — que impõe aos órgãos o **dever de se pronunciar sobre todos os assuntos da sua competência,** que lhes sejam apresentados pelos particulares —, como também no art. 107.º, quando refere que, na decisão final expressa, *"o órgão administrativo deve resolver **todas as questões pertinentes suscitadas durante o procedimento"**,* o que é, manifestamente, por excelência, o caso das pretensões formuladas pelo particular no requerimento inicial.

Artigo 56.º

Sendo assim, a questão posta reconduz-se a outra mais restrita de saber se, **além de decidir sobre o pedido,** o órgão administrativo pode ainda decidir coisa diferente.

Cremos, desde logo, que a hipótese de prática de actos dotados de um conteúdo desfavorável, no seio de um procedimento aberto a requerimento do administrado para a prática de um acto favorável, dificilmente poderá admitir-se incluída neste poder de decidir sobre coisa diferente.

Tratar-se-à, antes, na maior parte dos casos admissíveis, de situações de procedimentos oficiosos (tacitamente) iniciados depois da apresentação do requerimento e cujos processos correm acoplados ao procedimento desencadeado pelo interessado (exs: requerimento de um subsídio/inspecção à empresa candidata como condição de atribuição daquele/verificação de infracções/aplicação de sanções; ou, então, pedido de licença para obras de beneficiação de um imóvel/vistoria/ordem de demolição).

O que significaria, quando a lei se refere à decisão sobre coisa diferente, não estaria a admitir a **livre convertibilidade do pedido do interessado** — impossível face ao princípio da decisão do art. 9.º —, mas apenas a possibilitar o exercício de competências de iniciativa oficiosa do órgão administrativo em questão, desde que possam ser exercidas em tempo útil e contanto que o interesse público o exija. E que a boa-fé não o precluda.

Por outro lado, pelo menos em princípio, também nos parece inviável que o órgão competente para decidir possa optar pela produção de um acto diferente, mais favorável do que aquele que corresponderia ao pedido. A não ser que se trate igualmente de uma possibilidade de exercício simultâneo e paralelo de competências oficiosas, o órgão não disporá agora da possibilidade de exercer a sua competência, por falta do respectivo pressuposto (pedido).

O que pode eventualmente acontecer, também, é um fenómeno de "contratualização" do procedimento, que permita ao órgão estabelecer relações de concertação com os interessados integrando ou substituindo o acto correspondente ao pedido destes, por um outro diferente ou mesmo por um acordo ou contrato administrativo. Solução que não é excluída, antes abertamente admitida, no art. 179.º, n.º 1.

VIII. A possibilidade de o órgão decidir sobre **coisa mais ampla que a pedida** tem já um sentido diverso: pretende o legislador conferir aos órgãos administrativos o poder de desenhar um conteúdo para a decisão mais amplo do que aquele que foi solicitado pelo interessado.

Isso permite-lhe, por exemplo, a introdução de cláusulas acessórias do conteúdo principal do acto administrativo (art. 121.º), como um termo, um modo ou uma condição.

Artigo 57.º

Artigo 57.º
Dever de celeridade

Os órgãos administrativos devem providenciar pelo rápido e eficaz andamento do procedimento, quer recusando e evitando tudo o que for impertinente ou dilatório, quer ordenando e promovendo tudo o que for necessário ao seguimento do procedimento e à justa e oportuna decisão.

> *I. O dever de celeridade: sentido.*
> *II. Relevo jurídico-prático: em sede de responsabilidade disciplinar e civil.*
> *III. Em sede de invalidade.*

I. O dever procedimental de actuar com **celeridade** (e eficácia) — manifestação do princípio da desburocratização e eficiência consagrado no art. 10.º do CPA (e no art. 267.º, n.º 1, da CRP) — não significa, obviamente, que a Administração deva actuar tendo em vista uma decisão rápida do procedimento: os fins ou vinculações que ela tem de actuar, através do procedimento, são outros.

Não se pode a Administração dispensar, por exemplo, de averiguar os factos (como eles existem), de aplicar o direito (tal como ele é) e de valorizar os interesses em confronto (tais como eles se põem), por isso ir causar (muito) maior demora no procedimento. Sirva-se de medidas provisórias (se puder), mas não coloque, a par da realização dos interesses administrativos e do respeito pelos direitos e interesses dos cidadãos, o seu dever de celeridade (salvo, obviamente, no caso de procedimentos urgentes e de medidas provisórias).

O que o princípio da celeridade implica é, pois, sobretudo, o poder(-dever) de arredar do procedimento administrativo tudo o que for "*impertinente e dilatório*". Ou seja, a autoridade encarregada de dirigir a tramitação do procedimento administrativo não observará formalidades nem se atardará em diligências que, quanto ao objecto do procedimento, levam a nada — mas, como se diz também nesse preceito, "*deve promover tudo o que for necessário ao prosseguimento do procedimento*", mesmo que isso demore o seu desenvolvimento.

O poder do instrutor, de recusar e evitar tudo o que for impertinente e dilatório, tem, por isso, que ser entendido *cum grano salis*. Nesse sentido, é muito mais rigorosa a lei alemã de procedimento que, no § 24.º, n.º 3, dispõe que "*desde que competente, a autoridade administrativa não pode recusar-se a tomar conhecimento de declarações ou requerimentos dos interessados, alegando que aquelas declarações ou requerimentos são ilícitos ou não fundados*" (ver n.º 2 do art. 88.º do CPA), visando-se assim excluir a possível criação de "filtros procedimentais" (ilegítimos), destinados a desviar ou subtrair ao procedimento alegações dos interessados.

311

Artigo 57.º

II. Nessa sede, da formalidade impertinente ou dilatória, é onde se pode reconhecer ao dever de celeridade, manifestamente, um **significado prático-jurídico relevante**, e pode conceber-se a existência de uma **sanção** jurídica efectiva.

Fora disso, a sua efectividade prática só não é platónica, porque, pelo menos entre nós, há procedimentos que se arrastam por tanto tempo, que a demora se torna ela mesma em negligência (até grave), passível de responsabilidade disciplinar e civil pelos prejuízos e incómodos efectivos que a sua espera causou.

Face, porém, aos interesses que subjazem à consagração do dever e princípio de celeridade e ao seu importantíssimo relevo prático — como exigência de uma Administração "despachada", actuando em tempo oportuno, na realização das necessidades colectivas e individuais — bem poderia a lei ter sido mais explícita nesta matéria, para os casos em que fosse ultrapassado o prazo legal de conclusão do procedimento (ver anotação ao art. 58.º).

Na verdade, o efeito de uma decisão administrativa legalmente muito sã, pode, por uma questão de dias, sair completamente frustrado ou, ao menos, agravadas ou reduzidas significativamente as imposições ou vantagens que dela decorreriam, se fosse tomada ainda em (melhor) tempo.

Nem o facto de haver hoje um prazo legalmente fixado para a conclusão do procedimento e a consagração da figura dos actos tácitos faz desaparecer o interesse prático deste princípio e a necessidade de consideração jurídica autónoma de consequências próprias (da violação) do dever de celeridade, quando haja prejuízos directamente imputáveis à demora da decisão (mesmo à tácita, se o procedimento podia e devia ser resolvido num lapso de tempo mais curto do que os 90 dias necessários para a formação de tais decisões), e não a ela mesma.

Nos casos em que a violação do dever de celeridade pode dar lugar autonomamente a uma acção de responsabilidade civil extracontratual da Administração — à semelhança do que se prevê no art. 94.º, n.º 3 da lei espanhola de 1958 (*"acção que ponha em causa a responsabilidade pessoal da autoridade ou do funcionário negligente"*) —, exige-se, é evidente, a prova da existência dos pressupostos da responsabilidade civil da Administração, o que, sem alguma benevolência judicial, não será muito fácil de conseguir salvo naqueles casos em que a morosidade administrativa tenha origem no cumprimento de formalidades e na realização de diligências impertinentes (ou dilatórias) ou em que haja no processo traços de demoras inexplicadas, de prazos não respeitados, de súplicas tardiamente atendidas sem motivo razoável.

III. É mesmo concebível teoricamente a hipótese de a violação do princípio de celeridade (que não causa a **invalidade** do acto) estar, no entanto, envolvida, pelo menos indirectamente, na **arguição da sua ilegalidade** (ou inoponibilidade).

Pense-se no caso de a Administração praticar intempestivamente um acto cujo efeito jurídico (parcialmente desfavorável, oneroso) lhe havia sido requerido pelo particular, na condição de ele ser deferido num prazo determinado, que não foi respeitado, com indícios de ainda por cima haver demoras injustificáveis.

Artigo 58.º

Seria também o caso de um acto decidir coisa mais ampla que o pedido — sendo válido nessa sede —, mas que a falta de celeridade, aliada às exigências da boa-fé, poderia levar a invalidar parcialmente.

Artigo 58.º

Prazo geral para a conclusão

1. O procedimento deve ser concluído no prazo de 90 dias, salvo se outro prazo decorrer da lei ou for imposto por circunstâncias excepcionais.

2. O prazo previsto no número anterior pode ser prorrogado, por um ou mais períodos, até ao limite de mais 90 dias, mediante autorização do imediato superior hierárquico ou do órgão colegial competente.

3. A inobservância dos prazos a que se referem os números anteriores deve ser justificada pelo órgão responsável, perante o imediato superior hierárquico ou perante o órgão colegial competente, dentro dos 10 dias seguintes ao termo dos mesmos prazos.

I. *O prazo legal de conclusão do procedimento: projecções e relevo jurídico.*

II. *O prazo para a conclusão do processo: sua conjugação com os arts. 108.º, 109.º (e 72.º) do Código.*

III. *Contagem do prazo de conclusão nos diversos procedimentos.*

IV. *Fixação do prazo em "circunstâncias excepcionais": sua (não) repercussão nos actos tácitos ou silentes.*

V. *Prorrogação administrativa do prazo de conclusão do procedimento: limite temporal e autorização "superior".*

VI. *Os limites temporais da prorrogação em procedimentos com prazos de conclusão diversos do prazo-regra.*

VII. *Fundamentação da prorrogação.*

VIII. *Prorrogação do prazo e formação de actos tácitos.*

IX. *Órgão responsável pela (in)observância do prazo de conclusão do procedimento.*

X. *O regime disciplinar da inobservância desse prazo.*

art. 58.º, n.º 1

I. A fixação de um **prazo legal para a conclusão do procedimento** — ou seja, para **ser tomada** a respectiva decisão — não significa que se esgote aí o poder

Artigo 58.º

legal de decidir nem que o acto praticado depois desse prazo esteja ferido do vício de incompetência em razão do tempo ou (mais correctamente, para quem siga na esteira de Rogério Soares) que o órgão, passado esse prazo, se encontre ilegitimado para agir, havendo "perda de legitimação".

O sentido deste princípio geral seria, como está implícito na anotação dos AA. do *Projecto*, o de fornecer ao órgão competente um **factor de ordenação (e escolha) das formalidades** necessárias à formação da respectiva vontade, nos termos do art. 57.º. Porque, directamente, o incumprimento do dever de conclusão do procedimento no prazo fixado pela lei só teria projecção em termos de **responsabilidade disciplinar**, como se revela no seu n.º 3.

A verdade é que, directamente ou não, a existência de um prazo geral de conclusão do procedimento vai concorrer para a produção de outros efeitos: desde logo, para que o silêncio da Administração em procedimentos particulares (e públicos) tenha efeitos conformadores substantivos (art. 108.º) ou reactivos (art. 109.º), como também para que a sua violação dê lugar a uma acção de responsabilidade civil extracontratual — não sendo necessário, aqui (ao invés do que acontece com a responsabilidade derivada do art. 57.º), demonstrar que o órgão podia e devia actuar mais celeremente (basta que o prazo legal tenha sido ultrapassado para se inverter o respectivo ónus probatório). Isto em qualquer procedimento, eventualmente, mesmo nos procedimentos oficiosos.

Parece, portanto, que estamos perante algo mais do que um mero dever profissional dos servidores da coisa pública.

II. Ficou esclarecido agora, com a redacção do Decreto-Lei n.º 6/96 que o prazo de conclusão do processo é de *"noventa dias"*, e não de *"três meses"*, como acontecia na versão de 1991.

Desapareceu, assim, a discrepância entre o prazo fixado para conclusão do procedimento e o prazo para a formação dos deferimentos e indeferimentos tácitos (ou silentes), embora tenha ficado a subsistir o prazo em meses dos arts. 85.º, alínea d) e 11.º, n.º 1 do Código.

Como referíamos na 1ª edição, a divergência (agora desaparecida) até poderia justificar-se, se o legislador tivesse usado o prazo de três meses — mais curto que o de noventa dias — para mostrar que se trataria aqui de um prazo diferente daqueles outros, que a exigência normativa da conclusão dos procedimentos é dirigida apenas à Administração, aos órgãos com competência decisória e instrutória, como norma de bom funcionamento e "bom comportamento", mas que não confere a particulares uma posição jurídica directamente tutelada; haveria, portanto, um prazo abstracto, ideal de **conclusão** do procedimento (**"internamente" relevante**), diferente, por exemplo, do prazo para **decisão** que esse sendo **externamente constitutivo,** responsabilizando juridicamente a Administração perante particulares prolongar-se-ia, para além daquele, mais umas semanas constituindo uma

Artigo 58.º

"moratória", digamos assim, antes de ela entrar em falta ou incumprimento nessa relação jurídica externa.

Como podia entender-se também que o prazo de três meses valeria para efeitos de estar o procedimento concluído para decisão, concluído, portanto, da parte do instrutor, podendo, agora, por mais uns dias, ser equacionada, confrontada e tomada a decisão pelo órgão competente, em termos de se evitar a produção do efeito tácito.

Tudo isso é, porém, irrelevante hoje: relevante é que a consagração deste prazo, nesta parte do Código (e não só nos arts. 108.º e 109.º), permite sustentar efeitos jurídicos, como responsabilidades disciplinares e civis, que aqueles dois preceitos só muito canhestramente permitiriam.

III. O prazo de conclusão do procedimento conta-se, nos procedimentos oficiosos, da data da sua abertura (não da comunicação desta ao interessado) e, nos particulares ou públicos, da data de apresentação do requerimento inicial.

IV. Quanto à existência de **circunstâncias excepcionais**, como factor determinante da fixação administrativa de outro prazo de conclusão do procedimento, há que articular os seus efeitos com os que decorrem da lei, no caso de silêncio da Administração durante o período de tempo necessário para a formação do acto tácito ou silente.

Agora, com a redução a dias do prazo de conclusão do procedimento, sendo ele e os prazos dos arts. 108.º e 109.º juridicamente uniformes, parece-nos ser de resolver a questão posta no sentido da prevalência dos efeitos legais dos arts. 108.º e 109.º, sem se atender às dilacções provocadas pelas referidas circunstâncias. Sob pena de intolerável incerteza e insegurança jurídicas, em matéria que a lei disciplinou, precisamente, em função desses interesses.

Ou seja: deveria, então, interpretar-se a possibilidade de prorrogação do prazo de conclusão do procedimento administrativo, pela ocorrência de circunstâncias excepcionais, como sendo um preceito que funciona no âmbito da relação orgânica a que se refere o art. 58.º, n.º 2 (e talvez em estado de necessidade ou como factor preclusivo de responsabilidade civil), mas já não como uma possibilidade de afastar os efeitos — nesses procedimentos particulares (e públicos) — dos arts. 108.º e 109.º do CPA.

art. 58.º, n.º 2

V. Com o Decreto-Lei n.º 6/96, o n.º 2 da anterior versão passou a n.º 3 e introduziu-se este novo preceito, permitindo que o prazo de conclusão seja prorrogado, por uma ou várias vezes, até mais noventa dias, pertencendo essa decisão ao órgão com competência para decidir (e não a qualquer outro órgão ou agente envolvido na instrução do processo).

Artigo 58.º

A decisão do órgão competente está sujeita a autorização do superior hierárquico ou do órgão colegial (no caso de actos da competência própria ou delegada dos seus membros).

VI. Dúvidas existem, por um lado, quanto à referida prorrogabilidade do prazo em procedimentos com prazos de conclusão inferiores ou superiores a 90 dias e, por outro lado, sobre se o prazo pelo qual eles podem ser prorrogados também é (no máximo) de 90 dias.

À primeira questão — da prorrogabilidade de outros prazos fixados na lei — respondemos afirmativamente, mesmo se essa interpretação não parece a que melhor corresponde à letra da lei. Não se descortina, porém, uma só razão (que não essa) para entender diversamente, pelo menos em geral.

Quanto ao prazo por que os procedimentos de prazos inferiores e superiores a 90 dias podem ser prorrogados, entendemos ser de aplicar-lhes o princípio do paralelismo (quanto à sua extensão máxima), revelado neste n.º 2, o que quer dizer que um prazo de oito dias pode ser prorrogado por outro de oito, e um de cento e vinte por período igual.

VII. A prorrogação deve ser fundamentada, demonstrando a sua necessidade e proporcionalidade.

E deve-o ser não apenas para se poder solicitar a autorização prevista na lei, como também porque a falta de fundamento razoável sobre o atraso verificado não eximirá o órgão competente da responsabilidade dele derivada — ao menos, de passar a recair sobre si o ónus de prova sobre a razoabilidade da prorrogação verificada, quando eventualmente lhe sejam pedidas "contas" disciplinares ou civis por isso.

VIII. O facto de se prorrogar (legal ou ilegalmente) o prazo de conclusão do procedimento não tem, como já se disse, quaisquer efeitos prorrogatórios, nomeadamente, sobre os prazos dos arts. 108.º e 109.º, para formação dos actos silentes.

Se assim não fosse, a lei não poderia deixar de prever que o praticular ou interessado fosse notificado desse prorrogação e, no caso dos arts. 108.º e 109.º haveria (e não há), uma ressalva à cláusula geral expressa fixada a propósito do respectivo prazo.

art. 58.º, n.º 3

IX. Era o n.º 2 da versão de 1991.

O **"órgão responsável"** pela inobservância do prazo de conclusão só pode ser o órgão competente para a decisão final: é ele que deve reportar ao seu superior hierárquico (ou ao órgão colegial a que pertence) a justificação do atraso na conclusão do procedimento.

Artigo 59.º

Outra solução redundaria numa intolerável diluição da responsabilidade e, portanto, na própria inaplicabilidade do preceito.

X. O incumprimento do prazo de conclusão do procedimento — pelo menos, o injustificado e, ainda pior, o habitual — traduz violação dum dever disciplinar específico, em que todos os órgãos e titulares de cargos administrativos estão constituídos, sendo sancionável ou em termos políticos ou em termos de direito "penal-administrativo" (p. ex., com a perda de mandato em relação aos titulares de cargos públicos) ou, ainda, em termos puramente disciplinares.

Quando haja **incumprimento injustificado** do prazo de conclusão, cumulam-se os efeitos dos dois deveres: responde-se, nas respectivas sedes (que até podem, para certos efeitos, ser comuns), quer **pela não conclusão** do procedimento administrativo em tempo legal quer pelo facto de não se ter dado disso **justificação** ao superior hierárquico (ou ao órgão colegial respectivo).

Artigo 59.º
Audiência dos interessados

Em qualquer fase do procedimento podem os órgãos administrativos ordenar a notificação dos interessados para, no prazo que lhes for fixado, se pronunciarem acerca de qualquer questão.

I. O poder de audição (da Administração) e o direito de audiência (do interessado): diferenças (âmbito).
II. O poder de audição e a (in)existência de um dever de coadjuvação dos interessados: consequências da violação do ónus de colaboração destes.

I. Embora anunciados com a mesma epígrafe — e sendo também ambos manifestação de um velado princípio do contraditório (*rectius*, de contradição) que perpassa pelo Código —, este preceito e o do art. 100.º dispõem sobre questões muito diferentes.

Na verdade, a audiência deste art. 59.º respeita ao **poder da Administração** ouvir interessados sobre qualquer questão que se suscite no procedimento, e em **qualquer das suas fases ou trâmites:** aquela respeita a um **direito dos interessados**, a exercer **depois de concluída a fase de instrução** do procedimento.

No conceito de "interessados", para efeitos deste preceito, abrangem-se, pois, por natureza, outras pessoas, para além daquelas que têm legitimidade procedi-

Artigo 60.º

mental plena (e, portanto, direito de audiência) por serem interessadas directamente na respectiva decisão final.

II. O preceito está formulado em termos de sugerir que a este poder da Administração (derivado do princípio do inquisitório) corresponde um **dever de coadjuvação** dos interessados com as autoridades procedimentais, sancionável como desobediência (como não acatamento de uma ordem de autoridade), quando não é assim.

Os interessados pronunciam-se, se quiserem: o que não podem é, por exemplo, **em sede de responsabilidade**, invocar mais tarde os prejuízos imputáveis à falta de correcto esclarecimento da Administração sobre questões que eram do seu interesse, se as mesmas vierem a ser consideradas desfavoravelmente no procedimento — ainda que isso não os impeça, **em sede de invalidade,** de arguirem o acto com base em erro de facto, fazendo a respectiva prova em processo jurisdicional, (salvo se tal arguição viesse a ser considerada como factor de ilegitimidade contenciosa por falta de "interesse legítimo", por má-fé ou similar).

Artigo 60.º

Deveres gerais dos interessados

1. Os interessados têm o dever de não formular pretensões ilegais, não articular factos contrários à verdade, nem requerer diligências meramente dilatórias.

2. Os interessados têm também o dever de prestar a sua colaboração para o conveniente esclarecimento dos factos e a descoberta da verdade.

> *I. Os deveres recíprocos de sã colaboração no procedimento: seu carácter (e sanção para os interessados).*
> *II. Os particulares não interessados face à colaboração pretendida pela Administração.*
> *III. Sanções do dever de boa-fé e de colaboração na averiguação dos factos (a prova dos factos e a não continuação do procedimento).*

I. Da posição procedimental dos interessados — paralelamente com o que acontece com a Administração, também vinculada perante eles com deveres similares — fazem parte estes deveres de actuar com boa-fé e de colaborar com a autoridade procedimental no esclarecimento e na descoberta dos factos (cfr. *supra* anotação ao art. 6.º-A).

O **dever de conduta correcta** no procedimento, ou da **boa-fé** — que tem como contrapartida a competência instrutória para rejeitar tudo o que for imper-

Artigo 60.º

tinente ou dilatório — e, concretamente, o **dever de prestar colaboração** no conveniente esclarecimento dos factos, revelam que o Código é avesso a uma feição estritamente garantística ou defensiva do princípio da participação dos interessados.

A este dever dos particulares correspondem iguais deveres da Administração, traduzidos no Código, *maxime*, no art. 6.º-A e no art. 7.º, ficando assim constituídos, aqueles e esta, numa posição jurídica de recíproca e sã colaboração procedimental.

II. Repare-se que o dever de colaboração aqui prescrito é, obviamente, respeitante aos **interessados no procedimento** — pelo menos daqueles que aí fizeram valer o seu interesse — e não um dever de todo e qualquer particular.

Em relação a estes últimos, a Administração, para os trazer a cooperar no procedimento, pode servir-se de instrumentos como os dos arts. 574.º e 575.º do Código Civil, respeitantes à apresentação e exibição de coisas ou documentos, e dos arts. 531.º e 535.º do Código de Processo Civil.

III. Por nós, entendemos que os interessados respondem pela violação do dever do n.º 1, da conduta correcta ou de boa-fé, do mesmo modo que a Administração responde perante eles pela violação dos deveres e princípios, que nesta matéria, lhe incumbem.

Isto, para além de, como se viu acima, a Administração poder reagir contra essa conduta, rejeitando instrutoriamente tudo o que for impertinente ou dilatório.

Claro que, para se efectivar a responsabilidade civil dos particulares por prejuízos que as suas declarações e pretensões ilegais, falseadas ou dilatórias, hajam provocado, é necessário que elas tenham sido feitas com *reserva mental* ou com base em erro *indesculpável*.

Já quanto ao n.º 2, há dúvidas (nomeadamente) sobre a compreensão jurídica desse dever de colaboração dos "interessados" na descoberta da verdade, pelo menos em certos casos (como o dos contra-interessados) — embora possa haver também aqui lugar ao exercício dos meios civilistas previstos nos arts. 574.º e 575.º do Código Civil, e nos arts. 531.º e 535.º do Código de Processo Civil.

Mas, demonstrando bem a sua costela não estritamente garantística, o Código sanciona juridicamente de modo efectivo a falta de colaboração do particular, como bem o revelam os arts. 88.º e 91.º do Código (em matéria de consideração de prova e continuação do processo), para cujas anotações remetemos daqui.

CAPÍTULO II

Do direito à informação

PRELIMINARES

I. Os direitos não procedimentais de informação dos cidadãos: manifestações constitucionais e legislativas.

II. Os direitos procedimentais de informação dos interessados: a sua medida e âmbito como direito fundamental (direito de informação no decurso do procedimento e na sua decisão).

III. A relatividade de protecção jurídica do direito procedimental de informação: momento da prestação de informação e reservas (legais) de informação: extensão ao procedimento.

IV. Matérias do "foro subjectivo" da Administração.

I. As normas deste Capítulo pretendem concretizar e conferir operatividade procedimental a princípios constitucionais em matéria de informação dos administrados.

Assim, destinados a proteger **interesses e posições não procedimentais**, temos o artigo 35.º da CRP, que consagra o direito de acesso dos cidadãos às informações registadas em ficheiros ou registos informáticos "que lhes digam respeito", bem como o controlo da respectiva utilização — cfr. Lei n.º 10/91, de 29 de Abril (Protecção de Dados Pessoais face à Informática), a Lei n.º 28/94, de 29 de Agosto (Medidas de reforço da protecção de dados pessoais) e a Lei n.º 65/93, de 26 de Agosto (Acesso aos documentos da Administração) — ou o artigo 48.º, n.º 2, da CRP, que dispõe sobre o direito de os cidadãos serem informados *"pelo Governo e outras autoridades acerca da gestão dos assuntos públicos"* (ou seja, no âmbito dos direitos de participação política), no sentido de, como dizem Gomes Canotilho e Vital Moreira, combater o princípio da *"arcana praxis"* ou do segredo.

Na Constituição, é, porém, no art. 268.º, n.º 2, que melhor se revela esta vertente **não procedimental** do direito de informação dos cidadãos. Prevê-se aí que *"os cidadãos têm também direito de acesso aos arquivos e registos administrativos..."*.

321

Preliminares

E depois, ao nível da legislação ordinária, encontramos nesta sede várias projecções desse interesse fundamental do conhecimento público da actividade da Administração e dos Poderes públicos. Temos consagração dele, por exemplo, na Lei n.º 65/93, de 26.VIII alterada e regulamentada pela Lei n.º 8/95, de 29.III e no Decreto-Lei n.º 129/91, de 2.IV.

II. Com o objectivo de tutelar directamente **interesses e posições procedimentais**, encontramos na Constituição o *direito à informação* previsto no art. 268.º, n.º 1, nos termos do qual *"os cidadãos têm o direito de ser informados pela Administração, sempre que o requeiram, sobre o andamento dos processos em que sejam directamente interessados, bem como o de conhecer as resoluções definitivas que sobre eles forem tomadas"*.

Este direito pertence, no entendimento pacífico da jurisprudência e doutrina, ao catálogo dos direitos, liberdades e garantias fundamentais, estando, por isso, sujeito ao regime do art. 18.º da CRP (cf., v.g., o Acórdão n.º 527/96 do Tribunal Constitucional, publicado no DR, I Série-A, de 14 de Maio de 1996).

Alguns aspectos seus careciam, contudo, de intermediação legislativa, e é com esse sentido, de concretização ou densificação (ordinária) de direitos fundamentais, que devem ser interpretadas e aplicadas as normas dos arts. 61.º a 64.º do Código — o que tem repercussões jurídicas importantíssimas, por exemplo, em matéria de delimitação do seu âmbito de aplicação (cfr. art. 2.º, n.º 5 do Código) e na qualificação da sanção aplicável aos actos que violem os direitos neles consagrados (cfr. art. 133.º, n.º 2, alínea *d*).

Opomo-nos decididamente a qualquer pretensão de reduzir o âmbito desse direito fundamental dos interessados (no procedimento administrativo) ao conhecimento do andamento do processo ou das respectivas resoluções definitivas, como se dispõe expressamente no art. 61.º do Código, e já não ao direito à sua consulta e transcrição ou certificação dos respectivos documentos, regulados nos arts. 62.º e 63.º.

De resto, a nossa jurisprudência constitucional e os mais exigentes constitucionalistas também se têm pronunciado contra esse entendimento, servindo-se para o efeito de fundamentação diversa.

Assim, no Acordão n.º 156/92 do Tribunal Constitucional decidiu-se que: *"o direito de acesso aos arquivos e registos administrativos é reconhecido a qualquer cidadão, mesmo que não exista qualquer procedimento administrativo em curso em que seja directamente interessado. Mas, no caso de estar a decorrer um procedimento administrativo, o cidadão interessado tem não apenas o direito de ser informado sobre o seu andamento, mediante informação oral e escrita, nos termos do n.º 1 do art. 268.º, mas também o direito de consultar o processo, com todos os documentos e registos que o componham, e de obter as certidões necessárias, nos termos do n.º 2 do mesmo preceito constitucional..."*.

Preliminares

Para GOMES CANOTILHO e VITAL MOREIRA (ob. cit., pág. 934) os direitos de consulta do processo ou à transcrição de documentos e passagem de certidões integram o *"feixe instrumental"* do direito fundamental de informação procedimental e devem ter, por isso, a mesma extensão deste.

Por nós, o que sucede é que as fórmulas do n.º 1 do art. 268.º da Constituição e do n.º 1 do art. 61.º do CPA — direito de informação sobre o andamento do procedimento e sobre as resolução definitivas que nele forem tomadas — se destinam a esclarecer que tal direito respeita e se exerce não apenas em relação à **decisão** ou conclusão do procedimento, mas também ao seu decurso, ao seu **andamento**. Não é, porém, neles que se define qual o conteúdo das informações devidas nem os instrumentos ou meios através dos quais se realiza o direito de informação procedimental.

Tal função normativa é (em relação a qualquer um dos referidos aspectos) preenchida por outros preceitos: no caso da informação sobre o andamento do processo, por exemplo, através dos direitos ou meios a que se refere o n.º 2 do art. 61.º ou o n.º 1 do art. 62.º do Código; no caso da informação sobre as resoluções definitivas do procedimento, através da notificação ou da publicação (ou da própria consulta e certificação dessa resolução, se não se tiver procedido à sua notificação ou publicação).

Aliás, o Código sustenta perfeitamente, dos pontos de vista literal e sistemático, esta leitura integrada dos diversos direitos ou meios de informação previstos nos seus arts. 61.º a 63.º, e até os configura, todos, no art. 64.º, n.º 1, num " feixe" jurídico, pondo-os a funcionar alternada ou complementarmente, consoante as circunstâncias o exigirem (ou permitirem).

III. É claro que o direito de informação e as diversas faculdades em que se desdobra não gozam, como não goza nenhum direito fundamental destes, de uma **protecção absoluta**: a sua satisfação plena sacrificaria outros interesses e valores constitucionais de igual (ou até maior) valia. É um exemplo "comezinho", mas serve-nos o facto de o direito de consulta do processo não poder ser sempre satisfeito em qualquer momento ou oportunidade, a toda a hora — e no decurso do procedimento é, até, provável que a autoridade procedimental tenha de diferir ou recusar, excepcionalmente, a sua efectivação no momento pretendido pelo interessado, com o limite máximo, é obvio, da fase de audiência. Sobressairá então, alternativamente, outro meio ou instrumento de satisfação do direito à informação procedimental, realizando-se a "consulta" através das informações por escrito (art. 61.º, n.º 2) e/ou das certificações (art. 62.º, n.º 3) — ver anotação ao art. 62.º, n.º 1.

Se não se der o caso, até, de nem esse direito à certificação da documentação ou informação procedimental poder ser realizado em virtude da existência de um qualquer impedimento de ordem física, como sucedeu na espécie julgada no Acórdão do STA (1ª Secção) de 6.X.94 (publicado nos AD n.º 404/405, pág. 905),

Preliminares

em que o processo procedimental tinha sido remetido para averiguações à Procuradoria Geral da República, onde se encontrava. Mesmo nessas circunstâncias, entendemos que o direito de informação deve prevalecer sobre obstáculos do referido género, se estiver em causa a protecção de situações ou interesses graves, devendo o órgão instrutor, por qualquer maneira — pode, por exemplo, diligenciar no sentido de um funcionário se deslocar à Procuradoria, para aí fotocopiar o que for necessário — procurar superar as dificuldades existentes, de modo a não deixar sem a necessária protecção um direito com a importância deste.

O principal obstáculo ao direito fundamental de informação é, todavia, constituído pelo acervo de documentos ou informações *"classificados"*, *"reservados"* ou *"secretos"*, por razões de interesse público ou ligadas com a protecção de intimidade e privacidade das pessoas e com os seus "segredos" legalmente protegidos.

Nessa matéria de reserva de informação por parte da Administração, em relação a dados e documentação secreta, classificada ou confidencial, o **direito à informação cede**. Só o direito dos interessados a conhecer das decisões procedimentais que os tenham **como destinatários**, é que não pode ser prejudicado por essa classificação ou reserva, por ser esse o mínimo da garantia constitucional e de oponibilidade do acto.

Quanto à protecção de intimidade e privacidade das pessoas face ao direito de informação de (outros) interessados, o Código abrange-as no art. 62.º, n.º 2, numa fórmula que, podendo embora ser mais explícita nesse sentido, é, contudo, inviolável: **os dados pessoais**, quando respeitarem à *"reserva de intimidade"* das pessoas (art. 26.º, n.º 1 do CRP) são invioláveis nesta sede de informação procedimental, embora também possam ceder em certas circunstâncias, nomeadamente em sede de informação reactiva (contenciosa ou similar).

De resto, a **lei** (necessariamente geral e abstracta) pode estabelecer restrições, para categorias diversas de documentos procedimentais, em matéria de informação, consulta ou certificação.

É verdade, por outro lado, que essa faculdade de restrição legal dos direitos fundamentais nesta matéria só está prevista explicitamente a propósito do n.º 2 do art. 268.º da CRP, respeitante ao princípio da *administração aberta*, mas ela é imanente também ao direito de *informação procedimental*; o Código assumiu-o, de resto, no seu art. 62.º, n.º 1, excluindo os direitos de consulta e certificação de **documentos** *"classificados"* ou que revelem segredo imposto ou protegido.

Do mesmo modo é claro, igualmente, que — embora o art. 61.º nada refira a esse propósito —, também em sede de meras informações sobre o andamento do processo, se há-de considerar arredado o direito à informação sobre o que conste de documentos desses (salvo a referida informação aos respectivos destinatários quanto às decisões adoptadas).

Sobre a "classificação" de documentos — matéria em que dispõem os artigos 35.º, n.º 1, e 268.º, n.º 2, da Constituição e a Lei n.º 65/93, de 26 de Agosto — aguarda-se a publicação do diploma legal.

Preliminares

Sobre a protecção de outros valores ou interesses neste domínio dos segredos legalmente protegidos, temos a disciplina:

— dos arts. 57.º e segs., 93.º e segs., 139.º e 141.º do Código da Propriedade Industrial (DL n.º 16/95, de 24.I), em matéria de protecção de invenções, patentes, modelos e desenhos industriais;

— do art. 9.º do DL n.º 63/85, de 14.III (e dos arts. 9.º e 10.º da Convenção de Berna, publicada no Diário da República em 26.VII.78), em matéria de protecção da propriedade literária, artística e científica;

— dos arts. 13.º, 18.º e 45.º do Código de Mercado de Valores Mobiliários (DL n.º 142-A/91, de 10.IV), em matéria de segredo profissional dos membros dos órgãos da CMVM;

— do art. 81.º dos Estatutos da Ordem dos Advogados (DL n.º 84/ /94, 16.III), em matéria de segredo profissional dos advogados;

— do art. 13.º do Estatuto da Ordem dos Médicos (DL n.º 282/77, de 5.VII.), em matéria de segredo profissional dos médicos.

IV. É dentro daqueles parâmetros limitativos que têm de ser encaradas as normas procedimentais especiais, que estabelecem uma espécie de reserva do "foro íntimo" da Administração como aconteceria, por exemplo, com as normas que restringiam, em certos termos, o acesso dos interessados às actas das reuniões dos júris dos concursos de recrutamento e selecção de pessoal para os quadros da Administração Pública (v.g., o art. 9.º do Decreto-Lei n.º 498/88, de 30 de Dezembro). Essas normas já foram declaradas inconstitucionais, com força obrigatória geral, pelo Acórdão n.º 394/93 do Tribunal Constitucional, publicado no Diário da República, I série -A, n.º 229, de 29 de Setembro de 1993 (sobre outros casos similares, e no mesmo sentido, *vide* Acórdão n.º 527/96 do Tribunal Constitucional, publicado no DR, I Série-A, de 14 de Maio de 1996).

Não temos essas disposições por necessariamente inconstitucionais. Tudo depende da aplicação que delas se pretende fazer. Aliás, parece que é isso mesmo (ou seja, que nem todos os casos são de configurar sob o mesmo prisma), o que resulta da fundamentação daquela declaração de inconstitucionalidade.

Se com tal restrição se furtar aos interessados o direito de conhecer a fundamentação das respectivas deliberações, claro que tais normas serão inconstitucionais; mas, se se trata apenas de manter a reserva administrativa a propósito de juízos feitos, nomeadamente sobre aspectos privados ou íntimos do comportamento e das qualidades de pessoas, ou naquilo que os juízos classificatórios ou valorativos da Administração (não adstrictos a parâmetros estritamente objectivados) têm necessariamente de *subjectivo,* de avaliação psicológica, não nos parece que haja inconstitucionalidade em os furtar a terceiros interessados — já não à pessoa objecto desses juízos —, sem prejuízo, obviamente, da sua adequada fundamentação.

Artigo 61.º

Em defesa destas restrições ao direito de informação dos juízos administrativos sobre o comportamento e a qualidade das pessoas pode chamar-se à colacção a reserva da intimidade dos sujeitos visados (reserva esta que, além de funcionar como seu fundamento, delimitará também as balizas das limitações a observar).

Por outro lado, esse foro subjectivo da Administração é (tem de ser), até, muito mais radicalmente protegido noutras matérias (como, por exemplo, em relação à negociação e contratação pela Administração, quanto aos "segredos do negócio"), não se vendo porque não poderia sê-lo aqui, nestas matérias, limitadamente — na parte em que não bulir com a fundamentação do acto.

De resto, a extensão dos direitos e deveres (de informação) à actividade de gestão privada dos órgãos da Administração Pública — *ex vi* n.º 2 do art. 5.º — suscita também dúvidas quanto ao seu âmbito, na medida em que o seu reconhecimento irrestrito poderá colocar a Administração numa situação jurídica de grande desfavor face à sua contraparte em relações jurídicas dessas, que se querem paritárias e fundadas na "*autonomia da vontade*" de cada um dos sujeitos do acto ou negócio jurídico privado.

E desde que, claro, não se trate de matéria ou questão que esteja sobre a protecção da Lei n.º 65/93 (Lei do Acesso aos Documentos da Administração, alterada pela Lei n.º 8/95, de 29.III), muito embora também seja óbvio que se há-de respeitar aí, sempre, a reserva da intimidade das pessoas, *bem constitucional ou fundamental de valia superior àqueles que se tutelam nesta matéria da informação administrativa.*

É evidente, porém, que, ao admitir a existência de um foro reservado da Administração, não estamos a "expulsar" os cidadãos dos domínios da actividade administrativa discricionária, zona onde mais se justifica o acesso à informação e ao procedimento, dada precisamente a sua difícil revisibilidade judicial.

Já nos domínios de questões e decisões que caiam no âmbito das tradicionalmente designadas *liberdade probatória ou justiça administrativa*, exigindo-se embora informação e fundamentação sobre os factos considerados, compreende-se muito melhor a degradação jurídica do interesse do conhecimento ou informação sobre os meandros "menores", mais "intímos"ou subjectivos do juízo jurídico-administrativo.

Artigo 61.º

Direito dos interessados à informação

1. Os particulares têm o direito de ser informados pela Administração, sempre que o requeiram, sobre o andamento dos procedimentos em que sejam

Artigo 61.°

directamente interessados, bem como o direito de conhecer as resoluções definitivas que sobre eles forem tomadas.

2. As informações a prestar abrangem a indicação do serviço onde o procedimento se encontra, os actos e diligências praticados, as deficiências a suprir pelos interessados, as decisões adoptadas e quaisquer outros elementos solicitados.

3. As informações solicitadas ao abrigo deste artigo serão fornecidas no prazo máximo de 10 dias.

    I. Remissão.

   II. A reprodução da fórmula geral do n.° 1 do art. 268.° da Constituição: seu significado.

  III. O conceito de "resolução definitiva".

  IV. Os titulares do direito procedimental à informação.

   V. As formas de exercício (ou prestação) do direito (dever) de informação procedimental.

  VI. Forma de exercício (requerimento) e forma de satisfação do pedido de informação (verbal ou escrita).

 VII. Conteúdo ou amplitude do "pedido de informação".

VIII. Prazo de prestação da informação.

  IX. Consequências, em sede de invalidade, da falta de prestação das informações pedidas.

   X. A intimação judicial da Administração para a prestação de uma informação, nos termos do n.° 2 do art. 61.° (aplicação do art. 82.° da Lei de Processo).

art. 61.°, n.° 1

I. Convém ter presente que estamos agora, como se distinguiu nos comentários Preliminares, no domínio do direito (ou dever) de informação procedimental.

II. O n.° 1 do art. 61.° reproduz textualmente o princípio consagrado no art. 268.°, n.° 1, da Constituição, ficando a pecar por ser, ao nível legislativo, tão vago quanto é o nível constitucional. Como sugerimos atrás, o art. 61.°, n.° 1 não tem outro significado, no Código, senão o de facultar aos interessados o **exercício do direito à informação**, não apenas em relação à decisão final (ou às resoluções definitivas), mas também em relação ao próprio decurso do procedimento, ao seu *andamento*, permitindo-lhes manter-se a par do *iter* da formação da respectiva decisão.

Não se trata ainda, portanto, de fixar o regime e os meios ou instrumentos através dos quais se exerce o direito de informação nesses dois momentos — senão

Artigo 61.º

na parte em que se restringe a sua titularidade às **pessoas directamente interessadas no procedimento** e se torna o seu exercício sempre dependente de **requerimento**.

III. "**Resolução definitiva**" é, para efeitos da norma, não apenas a decisão final do procedimento, mas também todas aquelas decisões que, não representando a satisfação (ou denegação) do bem ou interesse a que tende a decisão final, contudo, alteram ou comprimem esferas jurídicas — interpretação que é, por um lado, a mais conforme com o interesse subjacente à consagração constitucional deste direito e, por outro lado, aquela que melhor se compagina com a referência do n.º 2 às "decisões adoptadas", no plural.

IV. O direito à informação procedimental é conferido às pessoas "**directamente interessadas no procedimento**". Não resulta desse advérbio nenhuma restrição em relação à legitimidade dos *"interessados"*, tal como se encontra conferida pelo art. 53.º (ver respectivas anotações).

"Directamente interessados" no procedimento administrativo, para estes efeitos, são, pois, todas as pessoas cuja esfera jurídica resulta alterada pela própria instauração do procedimento ou aquelas que saiam (ou sairão provavelmente) beneficiadas ou desfavorecidas pela respectiva decisão final.

Como se referiu acima, o direito em apreço não se estende a particulares em geral, que não tenham no procedimento um interesse especial, juridicamente protegido — como o corrobora a própria Lei n.º 65/93 (art. 5.º, n.º 2), podendo, porém, eles, enquanto tais, recorrer aos instrumentos dessa lei para conhecer os elementos procedimentais de que carecem, nos termos aí regulados.

V. São diversas as formas de prestação de informação contempladas nos preceitos subsequentes. As três formas típicas, previstas na lei, são a **informação** (directa, a que se refere o n.º 2 deste art. 61.º), a **consulta do processo** (regulada no art. 62.º) e as **certidões** dos respectivos documentos e factos (reguladas nesse artigo e no art. 63.º).

VI. O direito de informação, em qualquer das suas modalidades, exerce-se mediante **requerimento escrito**, eventualmente oral, autuado *ad hoc* ou no contexto de um outro auto. Só esses constituem a Administração no dever de informar. A exigência de requerimento implica a identificação do seu signatário e das informações concretas que pretende, bem como a comprovação mínima dos pressupostos da respectiva legitimidade.

Nada obsta, porém, que a autoridade competente preste estas informações procedimentais a solicitação verbal e informal do particular — embora a sua relevância jurídica esteja (pelo menos em grande parte, v.g., art 7.º, n.º 2, do Código) dependente de a respectiva resposta ser escrita.

Artigo 61.º

art. 61.º, n.º 2

VII. Este preceito serve dois objectivos: dispõe sobre **o conteúdo ou extensão da informação procedimental** e configura o primeiro meio de prestação das informações que a Administração deve aos interessados — **uma resposta** directa e escrita, ao **pedido de informação.**

Quanto à amplitude com que é atribuída esta faculdade, ela é extensiva a *"quaisquer* (outros) *elementos solicitados"*, parecendo, portanto, que a autoridade procedimental não pode sequer pronunciar-se sobre a utilidade de tal informação para o interessado, a não ser que se trate de um caso de ilegitimidade (e sem prejuízo, é óbvio, do dever de recusar informações secretas, confidenciais ou reservadas por lei).

O meio configurado, esse, é o mais elementar, expedito e simples de exercer o direito (e o dever) de informação procedimental: o particular pergunta no requerimento aquilo que quer saber e a Administração, num *ofício*, dá-lhe as respostas pretendidas.

art. 61.º, n.º 3

VIII. As informações devem estar prontas, para entrega ou envio, no **prazo de 10 dias.**

É um prazo muito optimista e algo desfasado da actual realidade.

Mas é um "aperto" necessário, para criar hábitos de rigor e disciplina numa Administração tão carenciada disso, como a nossa.

Terminado aquele prazo, os interessados poderão sempre, caso necessitem urgentemente da informação requerida, deslocar-se ao *"serviço onde o procedimento se encontra"* e procurá-la lá, sem prejuízo, obviamente, de poderem utilizar outros meios informativos procedimentais que ao caso caibam, de poderem, inclusive, utilizar meios processuais específicos (ver nota **X**), tudo sem prejuízo, também, de eventuais responsabilidades em que a Administração se tenha constituído por tal facto.

IX. Coloca-se, naturalmente, a questão de saber que **efeitos tem a recusa** da informação e quais os meios de que o particular se pode servir para reagir contra ela.

Segundo os AA. do *Projecto* (em anotação a este art. 61.º), a violação do direito de informação gera *vício de forma* do respectivo procedimento.

Podem pôr-se, porém, vários problemas quanto a essa proposição: um deles consiste em saber se tal vício gera (pode gerar) nulidade, por haver (poder haver), na falta de prestação de informação, violação de um direito fundamental; a outra, se a ilegalidade derivada daquele vício é insuprível.

Artigo 61.º

No primeiro caso, até para evitar consequências absurdas, tenderíamos a dizer que será nulo o acto de recusa ou reserva de prestação de informação com violação de um direito fundamental, não o acto final do procedimento onde tal recusa ou reserva se verificou.

Quanto à segunda questão, pareceria mais razoável restringir os efeitos da falta de informação, como causa de invalidade da decisão final, àqueles casos em que tal falta se repercutiu de maneira efectiva na posição procedimental do respectivo interessado, diminuindo-a, afectando-a e impedindo-o de levar ou manifestar no procedimento a sua própria perspectiva acerca dos factos e dos interesses envolvidos. Não se verificando esse pressuposto e existindo na lei outros meios sancionatórios, compulsivos e adstritivos, para cumprimento do dever de informação por parte da Administração — como a intimação judicial para consulta e certificação (prevista no art. 82.º da Lei do Processo) e a perda de mandato consequente de desobediência judicial (art. 111.º, n.º 3, do Decreto-Lei n.º 256-A/77, de 17 de Junho) — poderia, na verdade, assumir-se que tal falta corresponderia, nas restritas circunstâncias referidas, à preterição de uma formalidade relativamente essencial.

Só que isso redundaria em transportar para o difícil campo da prova, em processo jurisdicional, a questão da essencialidade procedimental de informação que não foi prestada, pondo o respectivo ónus a cargo do interessado. O que é inadmissível. Como, porém, a jurisprudência tem vindo a admitir, e a doutrina a propor, a inversão desse ónus, com maior ou menor amplitude, em favor do interessado, só abrindo e alargando essa via — que ainda está em discussão — a casos como este, é que poderia admitir-se a sanação, nos termos referidos, da violação do dever de informação.

X. Note-se que a prestação de informações pela Administração, através deste meio elementar de simples resposta escrita ao pedido de informação, pode ser **exigida judicialmente** com a intimação a que se refere o art. 82.º da Lei de Processo — embora esse meio processual esteja expressamente previsto apenas para se mandar dar consulta do processo ou passar as respectivas certidões, e, portanto, aparentemente vocacionado apenas para as omissões aos deveres previstos nos arts. 62.º e 63.º do CPA.

Somos, porém, favoráveis, como sugerem também GOMES CANOTILHO E VITAL MOREIRA (ob. cit., pág. 934), a uma interpretação extensiva daquele art. 82.º da Lei de Processo, ao caso de incumprimento do dever de responder, atempadamente e por escrito, aos simples pedidos escritos de informação procedimental formulados pelos interessados, nos termos deste artigo 61.º.

Do mesmo modo, não constitui obstáculo à aplicação dessa disposição processual o facto de aí se prever que tal intimação se destina a permitir o uso de meios administrativos ou contenciosos de impugnação, como referimos adiante no comentários n.º **XII** ao art. 62.º.

Artigo 62.º

Artigo 62.º

Consulta do processo e passagem de certidões

1. Os interessados têm o direito de consultar o processo que não contenha documentos classificados ou que revelem segredo comercial ou industrial ou segredo relativo à propriedade literária, artística ou científica.
2. O direito referido no número anterior abrange os documentos nominativos relativos a terceiros, desde que excluídos os dados pessoais que não sejam públicos, nos termos legais.
3. Os interessados têm o direito, mediante o pagamento das importâncias que forem devidas, de obter certidão, reprodução ou declaração autenticada dos documentos que constem dos processos a que tenham acesso.

   I. A consulta (do processo) e a certificação (dos seus documentos), como extensões ou formas de exercício do direito de informação.

  II. A proibição de consulta de processos contendo documentos classificados (e reservados): alcance do preceito legal. Meios alternativos de informação.

 III. A confidencialidade derivada da existência de segredos comerciais, industriais, autorais ou profissionais.

 IV. Consulta de documentos nominativos:"exclusão dos dados pessoais".

  V. Responsabilidade da Administração pela consulta e certidão de documentos reservados.

 VI. A consulta: como se requer e efectiva. A eventual "confiança" do processo.

 VII. Momento de realização

VIII. Documentos nominativos.

 IX. Certidões: seu pagamento (e excepções).

  X. Certidões: o objecto da certificação (documentos e dados documentais do procedimento).

 XI. Casos em que é legítima a recusa da sua emissão: remissão.

XII. Sanções da violação do direito de consulta e certificação e intimação judicial para o seu cumprimento.

art. 62.º, n.º 1

I. Além das informações requeridas e obtidas nos termos simples do n.º 2 do art. 61.º, os interessados no procedimento têm à sua disposição dois instrumentos mais formais e completos de protecção do seu interesse na informação procedi-

Artigo 62.º

mental: a **consulta** do próprio processo e a **certificação** dos documentos que o integram, que são direitos procedimentais seus.

Com o Decreto-Lei n.º 6/96 saíram do n.º 1 (passando para um novo n.º 3) as questões respeitantes ao direito de certificação procedimental e estenderam-se aqui, no art. 62.º, os casos em que deve ser recusada a consulta de processos, para efeitos procedimentais, também às hipóteses em que neles existem documentos que revelem *segredos comerciais, industriais ou relativos à propriedade literária, artística ou científica* (para além do caso já considerado dos *documentos classificados*).

II. O âmbito do direito de consulta é, para nós, mais extenso daquele que resulta literalmente do preceito.

Entendemos, na verdade, que inacessível à consulta pelos interessados está apenas aquela parte do processo onde constem documentos classificados e não, como parece querer sugerir o n.º 1, todo aquele processo *"que contenha documentos classificados"*.

Por outras palavras, o direito de consulta deve ser limitado por referência a documentos e não a processos (que contenham um qualquer daqueles documentos) — cfr., a este propósito, n.º 5 do art. 8.º da Lei n.º 65/93.

Não se vê, na verdade, que, no caso de existir um ou outro documento classificado ou de outra natureza secreta, mas destacável do processo, deva ficar completamente vedado o acesso dos interessados aos restantes elementos dele constantes: se tais documentos forem facilmente destacáveis (do ponto de vista físico e do respectivo conteúdo) não há inconveniente burocrático em dar consulta do resto do processo.

Não sendo isso possível, a recusa administrativa de consulta deve ter-se por legítima, e ao interessado restará, para obter a informação de que careça, requerer certidões dos documentos não classificados ou secretos — e até podem ser as respeitantes a todos os documentos não classificados do processo, tarefa que os actuais meios de reprodução gráfica permitem seja realizada, com pouco trabalho e em tempo útil.

III. A proibição de consulta procedimental de processos administrativos estende-se, hoje, por força da nova redacção do n.º 1, àqueles onde se contenham documentos que revelem **segredos comerciais, industriais ou autorais**. A novidade, de aplaudir, deve estender-se então, também, àqueles onde se revelem **segredos profissionais** protegidos ou impostos por lei, como os referidos nos Preliminares deste Capítulo.

Valem, quanto a todos esses segredos (salvo o segredo disciplinar), os comentários feitos na nota anterior, a propósito da sua influência sobre o âmbito da consulta a facultar (ou a recusar).

Artigo 62.º

Assinala-se, ainda, para todos eles, que a excepção legal só vale para os segredos que estiverem protegidos (ou impostos) por lei e que, pelo menos em caso de dúvida, sejam comprovados registralmente.

A questão pode degenerar — aliás, como também em relação aos documentos classificados — num incidente procedimental, que não levará à interrupção do procedimento principal, mas pode vir a condicionar a conclusão deste, se a falta de consulta tiver prejudicado, por exemplo, a resposta dos (ou de alguns) interessados à audiência a que têm direito.

IV. Na consulta, hão-de respeitar-se também os interesses da **reserva constitucional da intimidade** das pessoas, protegidos no n.º 2 deste art. 62.º (ou em outros diplomas, como, por exemplo, sobre o *segredo* das telecomunicações), que não possam ser assegurados por outra via (que não a recusa da consulta) — como, por exemplo, desentranhando ou "tapando" os dados *pessoais*, que não sejam públicos.

V. A Administração que facultar **consulta ou certidão de dados proibidos** constitui-se em responsabilidade — civil, se se tratar de documentos ou dados que afectem cidadãos, ou disciplinar, se respeitar a documentos não acessíveis a consulta por outras razões (sem embargo, claro, em cada um desses casos, da aplicação secundária da outra responsabilidade).

VI. A consulta é dada — com ou sem convocatória — a **requerimento escrito** (ou verbal) do interessado, convindo que a diligência (ou, pelo menos, a respectiva convocatória, se existir) fique autuada, em qualquer dos casos.

A consulta do processo tem **lugar** na sua "sede" — não se admitindo, em princípio, que se dê a sua "confiança" a interessados. E se, em casos excepcionais, ela for admitida — por exemplo, se se tratar de confiança a advogados e solicitadores e a respectiva instrução já estiver concluída —, há que ter em atenção o facto de a conduta da Administração neste aspecto se dever pautar pelas exigências de igualdade e imparcialidade, não podendo, em geral, negar-se a um interessado o que se permitiu a outro, que tinha um interesse similar ou contraditório no procedimento.

Podem consultar o procedimento em nome do interessado, ou coadjuvando-o, as pessoas por este mandatadas ou credenciadas para o efeito.

Pela consulta não são devidas, em princípio, quaisquer quantias, como resulta do confronto do n.º 1 com o n.º 3 deste artigo, bem como da Lei de Acesso aos Documentos Administrativos (Lei n.º 65/93, alínea *a* do n.º 1 do art. 12.º). Mas não está excluído que a Administração exija o pagamento de despesas extraordinárias que se veja obrigada a fazer para poder dar a consulta pretendida.

VII. Note-se que o direito de consulta não pode ser exercido sempre a **todo o momento** ou **em qualquer fase do procedimento.**

Artigo 62.º

Pense-se, por exemplo, na consulta do processo de um concurso quando a respectiva comissão ou júri se encontra em fase de apreciação e classificação de propostas ou quando ele está nas mãos da entidade adjudicante para efeitos de estudo e decisão — havendo mesmo procedimentos em que tal só é admitido a final (ou no termo da instrução), como nos procedimentos disciplinares.

Há, portanto, já o sugeríramos atrás, ocasiões em que o direito de consulta será legitimamente recusado ou diferido, para além daquilo que ao interessado conviria (ver nota **III** dos preliminares a este capítulo).

Mas só com a invocação (e demonstração) da existência de uma circunstância essencial, inquestionável quanto à sua razoabilidade, é que o órgão administrativo pode deixar de dar a consulta pretendida (o máximo — art. 71.º do Código) no prazo de dez dias, como aliás acontece com a emissão das certidões do n.º 3 deste art. 62.º.

Curiosamente, o prazo em que deve ser dada a consulta (ou emitida a certidão) nem vem referido especificamente no Código, resultando da sua regra geral e da lei processual, que permite ao interessado recorrer ao tribunal para intimar a Administração a dar a consulta pretendida, se esta não tiver sido facultada no referido prazo de dez dias, a contar da data em que foi requerida (art. 82.º e segs. da Lei de Processo).

art. 62.º, n.º 2

VIII. "**Documentos nominativos**" são, para estes efeitos (e de acordo com o art. 4.º, da Lei n.º 65/93, de 26 de Agosto), "*quaisquer suportes de informação que contenham dados pessoais*".

"**Dados pessoais**" não-públicos são todas e quaisquer "*informações sobre pessoa singular, identificada ou identificável, que contenham apreciações, juízos de valor ou que sejam abrangidos pela reserva da intimidade da vida privada*", nos termos do mesmo art. 4.º desse diploma.

Deduz-se do citado preceito legal que a consulta (ou certidão) pode ser facultada, desde que excluídos os dados confidenciais.

art. 62.º, n.º 3

IX. O preceito tem agora um n.º 3, que corresponde (com adaptações literais) à parte final do n.º 1 na redacção de 1991, sendo melhor a nova sistematização do artigo.

Desde logo, ficou estabelecido o princípio de que a **consulta** é dada gratuitamente — o que não resultava claramente da disposição anterior — e que, ao contrário, pela passagem de **certidões** aqui prevista é devido um pagamento.

É discutível se podem ser exigidas ao interessado as taxas respeitantes às certidões que ele foi obrigado a requerer naqueles casos em que, por força de proibições legais, não lhe é facultada a consulta do processo por ele pedida.

Artigo 62.º

A lei também não impõe que, pela reprodução de documentação do processo, os requerentes devam pagar **sempre** uma quantia: o que se prevê é que se paguem "*as quantias que forem devidas* ". Como normalmente sucede, por existir norma a prevê-lo.

Mas esta norma (que há-de constar de diploma legislativo da República ou das Regiões, consoante os casos) há-de situar-se próxima da que permite fixar para estes casos um "*encargo financeiro estritamente correspondente ao custo dos materiais usados e do serviço prestado*" (n.º 2 do art. 12.º da Lei de Acesso aos Documentos Administrativos).

Sobre a matéria de taxas e encargos respeitantes a pedidos, buscas, consultas, autenticações e certidões procedimentais, ver a anotação ao art. 11.º.

X. As **certidões** procedimentais são reproduções autenticadas, passadas por ordem ou despacho da autoridade procedimental — ou de outrem com competência própria (art. 63.º) ou delegação "ordinária" (art. 35.º, n.º 2), para o efeito —, de documentos constantes do processo procedimental.

Não apenas dos documentos, pois abrangem-se no preceito, além das certidões, os **certificados**: a Administração também certifica dados constantes dos documentos do processo, como, por exemplo, a prática de actos no procedimento, o seu conteúdo, a sua data, etc, (ver art. 61.º, n.º 2).

XI. O direito à certidão ou reprodução autenticadas dos documentos e factos do procedimento está obviamente sujeito às limitações postas nas anotações anteriores para a consulta de documentos secretos, classificados ou "pessoais": a autoridade procedimental deve passar certidões, mas não dos documentos donde constem (directa ou indirectamente) informações dessas.

É preciso atentar, porém, — e só assim se interpretará correctamente este n.º 3 — que o direito à certificação funciona (também) como um "escape" para os casos em que a Administração, nos termos do n.º 1 (e do n.º 2, *a contrario*) não pode dar consulta do processo, devendo então certificar os documentos que não estejam abrangidos (directa ou indirectamente) pela *ratio* dessa proibição.

Ou seja, a expressão "*a que tenham acesso*", do n.º 3, deve ser lida por referência a "*documentos*" e não a "*processos*" e, por nós, antecedê-la-íamos de uma vírgula: pode haver, na verdade, documentos que não há razão para não certificar ao interessado, apesar de estarem incluídos em processos que não estão acessíveis.

XII. Aplica-se, aqui, em matéria de **consequências da violação dos direitos de consulta e de certidão,** aquilo que dissemos em anotação ao art. 61.º: ou seja, em geral, que essa falta pode ser sancionada ao nível da invalidade da decisão ou do procedimento (de certeza, se ela se repercutir na consistência da posição procedimental do interessado) e que o é em sede de **responsabilidade civil**

Artigo 63.º

(da Administração e do seu servidor) e "**disciplinar**" deste — além, naturalmente (se se tratar de certidão destinada, por exemplo, ao exercício de meios graciosos ou contenciosos de impugnação), de a falta da sua emissão gerar a **interrupção dos respectivos prazos** (ou a possibilidade de produzir alegações complementares).

Contra a falta de prestação da consulta ou da emissão de certidões — *rectius*, contra a decisão final desfavorável da autoridade administrativa sobre a consulta de documentos ou a emissão de certidões — podem os interessados reagir directamente pelo **processo de intimação judicial** (art. 82.º da Lei de Processo).

E, isso, independentemente do facto de as informações denegadas se destinarem, ou não, visível ou provavelmente, ao *"uso de meios administrativos ou contenciosos de reacção"*, como entendeu recentemente o STA (em Acórdãos citados por VIEIRA DE ANDRADE, Lições de Direito Administrativo e Fiscal, cit., pág. 127), sustentando a *"revogação implícita"* desse segmento restritivo do mencionado preceito da lei processual, face às extensões do direito de informação destes arts. 61.º a 64.º do Código, concretizações do art. 268.º, n.º 1 da Constituição.

Na verdade, uma interpretação do art. 82.º da Lei de Processo em conformidade com a Constituição deveria, entende o referido Autor, transformar este meio acessório numa providência autónoma, destinada a assegurar simplesmente, o direito à informação dos administrados — *maxime*, quando não exista outro meio ao seu dispor.

Artigo 63.º

Certidões independentes de despacho

1. Os funcionários competentes são obrigados a passar aos interessados, independentemente de despacho e no prazo de 10 dias a contar da apresentação do requerimento, certidão, reprodução ou declaração autenticada de documentos de que constem, consoante o pedido, todos ou alguns dos seguintes elementos:

- *a)* **Data de apresentação de requerimentos, petições, reclamações, recursos ou documentos semelhantes;**
- *b)* **Conteúdo desses documentos ou pretensão neles formulada;**
- *c)* **Andamento que tiveram ou situação em que se encontram;**
- *d)* **Resolução tomada ou falta de resolução.**

2. O dever estabelecido no número anterior não abrange os documentos classificados ou que revelem segredo comercial ou industrial ou segredo relativo à propriedade literária, artística ou científica.

Artigo 63.º

  I. *Âmbito dos preceitos do Código em matéria de certidões: os certificados.*
  II. *Conteúdo da informação certificável nos termos deste preceito.*
  III. *Especialidades do regime destas certidões: sua autorização ou autenticação procedimentais.*
  IV. *Casos especiais.*
  V. *Contagem do prazo para emissão da certidão.*
  VI. *Violação do prazo fixado (ou do dever de passar certidão).*
  VII. *Excepção ao regime deste artigo, quanto a documentos reservados.*

art. 63.º, n.º 1

I. O preceito revela que as **certidões em matéria de informação procedimental** não são só transcrições ou reproduções de documentos originais, mas também "declarações autenticadas" **sobre factos** e **situações**, como os respeitantes ao andamento e estado do procedimento, a que se refere a alínea c) — e, portanto, rigorosamente, trata-se aqui não só de certidões, mas também de **certificados**, como já assinalámos acima, em comentário ao artigo 62.º, n.º 3.

II. As **certidões** (e **certificados**) abrangidas por este preceito são as **taxativamente** indicadas nas suas diversas alíneas, ou seja, as respeitantes :

  a) à data da apresentação dos documentos de iniciativa nos procedimentos particulares (até porque, nos procedimentos oficiosos, tal não seria, em princípio, necessário — ver art. 55.º);
  b) ao seu conteúdo (incluindo identificação do respectivo signatário) ou pretensão nele formulada (e respectivos fundamentos);
  c) ao andamento que o procedimento já teve (e vai ter?) e ao estado ou situação em que se encontra no momento;
  d) à resolução tomada ou à falta dela (certidão negativa).

Trata-se, portanto, de certidões sobre **dados elementares** do procedimento (do seu início, do seu objecto, do seu estado, da sua decisão) e em relação às quais se justifica a adopção de um regime especial, não apenas porque são mais fáceis (de procurar e) emitir, mas também porque são aquelas de que os interessados mais carecem para saber como se situar face ao procedimento em curso.

III. O **regime especial** das certidões abrangidas por este preceito tem de peculiar, em relação a todas as outras certidões procedimentais, em primeiro lugar, o facto de a sua emissão não depender de despacho do dirigente do serviço emissor.

A lei permitiu, na verdade, que elas fossem passadas pelos "*funcionários competentes* (e) *independentemente de despacho*". Em regra, a emissão de certidões de documentação existente nos serviços administrativos depende de autorização,

Artigo 63.º

ordem ou despacho do respectivo órgão "dirigente" — que pode, é claro, não ser o órgão dirigente da pessoa colectiva — ou de órgãos especialmente designados para o efeito (como se prevê existirem, em todos os organismos públicos para efeitos de acesso à documentação administrativa, na já citada Lei n.º 65/93).

Supomos que o significado da norma deste n.º 1 do artigo 63.º é o de permitir ao instrutor do procedimento ou ao órgão com competência decisória — e apenas a esses, que são os únicos que podem "dispor" do processo — o poder de emitir (ou mandar emitir pelo chefe da respectiva secretaria ou gabinete, por exemplo) as certidões aqui abrangidas, sem necessidade de obter, para tanto, a "autorização" ou despacho do dirigente dos serviços, que, em regra, seria necessária para o efeito.

Por exemplo, no Decreto-Lei n.º 323/89, de 26.IX, prevê-se que a passagem de certidões de documentos dos respectivos dossiers e arquivos carece de autorização de um director de serviços ou de um chefe de divisão. Ora, aqui, quando se trate das informações mencionadas na nota **II**, essa autorização é dispensada: o "funcionário" sob cuja direcção corre a instrução do processo — supomos que é apenas a esse que a lei se refere — tem obrigação de as passar, por sua exclusiva responsabilidade.

IV. Em segundo lugar, estando o regime especial estabelecido para estas certidões ligado não só à imediata disponibilidade dos documentos pela Administração e à elementaridade do seu conteúdo, mas também à indiscutibilidade do interesse daquele que se apresenta a pedi-las, impõe-se distinguir, consoante esse **interesse está revelado e reconhecido no procedimento, ou não está**.

Na verdade, ou se trata de interessado já reconhecido no procedimento, ou, então, poderão existir dúvidas sobre a titularidade de tal interesse por parte daquele que requer a certidão ao abrigo deste número. E, se existirem, não é naturalmente qualquer funcionário, mas só alguém como o instrutor, que pode passar a certidão — reforçando-se, assim, a conclusão antes tirada a tal propósito — além de que o prazo para a emissão da certidão não correrá sem que tais dúvidas estejam esclarecidas.

V. As certidões pedidas para os efeitos deste artigo devem estar prontas, para entrega, dentro dos **dez dias úteis posteriores** à data da apresentação do respectivo requerimento (salvo o disposto na parte final da nota anterior).

VI. A **violação deste preceito** pode traduzir-se ou na falta de cumprimento do prazo ou na falta da própria emissão da certidão. No primeiro caso, as consequências jurídicas podem consistir na dilação de prazos a cumprir (v.g., em reclamação ou recurso, que o requerente pretenda deduzir) e, eventualmente, em responsabilidade civil ou disciplinar. Invalidade, nessas circunstâncias, só se a demora tivesse as mesmas consequências sobre a posição do interessado no procedimento, que a própria falta de certidão.

Aplica-se também aqui, como já se viu a propósito dos outros meios de informação, o processo de intimação judicial do art. 82.° da Lei de Processo, com a extensão que demos em comentário ao art. 62.° do Código.

art. 63.°, n.° 2

VII. O Decreto-Lei n.° 6/96 "puxou" para um n.° 2 a regra contida no anterior n.° 1, sobre a não certificabilidade de documentos que tornam os processos administrativos não consultáveis nessa parte, ou seja, hoje em dia, de documentos classificados ou que contenham segredo pessoal, profissional, industrial, comercial ou autoral, protegido ou imposto por lei, nos termos referidos no artigo anterior.

O funcionário que certifique documentos desses incorre nas consequências referidas nas notas **V** e **XII** do art. 62.°, uma vez verificados os pressupostos também aí assinalados.

Artigo 64.°
Extensão do direito de informação

1. Os direitos reconhecidos nos artigos 61.° a 63.° são extensivos a quaisquer pessoas que provem ter interesse legítimo no conhecimento dos elementos que pretendam.

2. O exercício dos direitos previstos no número anterior depende de despacho do dirigente do serviço, exarado em requerimento escrito, instruído com os documentos probatórios do interesse legítimo invocado.

    I. O direito de informação procedimental de não interessados: enquadramento e requisitos (substancial e documental) do seu reconhecimento.

    II. O interesse "legítimo" ou atendível na informação.

    III. Competência para autorizar a informação.

    IV. Termos do exercício do direito de informação procedimental de não interessados: contagem do prazo.

    V. Consequências da violação deste dever de Administração procedimental: dúvidas sobre a possibilidade de recurso ao processo de intimação judicial do art. 82.° de Lei de Processo.

I. Regula-se neste preceito uma situação diferente da respeitante ao princípio da Administração aberta do art. 65.°. Aqui, trata-se ainda de informação

Artigo 64.º

prestada **no âmbito de um procedimento**, estendendo-se a pessoas que não têm nele a **qualidade de interessados** (na respectiva decisão) e, portanto, também não tinham o direito de se informar, de consultar e de obter certidões de processo, nos termos vistos nos artigos anteriores para o correspondente direito dos interessados.

O direito em causa é reconhecido a esses "estranhos", desde que preencham dois requisitos:

— que tenham um **interesse específico** na informação pedida (enquanto os interessados não precisam de se arrogar tanto, bastando-lhes a posição de interessados) – cf. n.º 1.

— que **comprovem documentalmente** a existência desse interesse (a não ser, obviamente, que ele seja notório, público) – cf. n.º 2.

Fora os próprios interessados no procedimento administrativo, todas as outras pessoas — ainda que nele tenham tido (ou vão ter) intervenção, a qualquer título, como testemunhas, peritos, etc, — hão-de, portanto, preencher esses requisitos substancial e documental, para que lhes seja legalmente devida a informação requerida.

É discutível se os portadores de interesses difusos em relação à decisão do procedimento — quando não subjectivados — podem ser incluídos, só por isso, entre as pessoas que têm o tal "interesse legítimo" nas informações aqui reguladas, votando nós pela negativa.

II. O conceito **interesse legítimo** não corresponde aqui à noção de *interesse legalmente protegido* ou *interesse reflexo,* com os quais esse conceito aparecia tradicionalmente identificado: interesse legítimo na informação pretendida é qualquer **interesse atendível** (protegido ou não proibido juridicamente) que justifique, razoavelmente, dar-se ao requerente tal informação: se **A** (interessado no procedimento) se referiu a **B** como sua contraparte ou associado num negócio jurídico ou na acção ou omissão de qualquer facto, isso pode bastar para justificar o interesse de **B** no conhecimento das declarações que a propósito forem feitas no procedimento (se fundar o seu interesse, por exemplo, no carácter não verídico dessas declarações); **C**, perito que vai participar no procedimento, quer ver o que dele consta ou pretende certidões de peritagens anteriores feitas por outros especialistas.

III. Nestes casos — ao contrário do que sucede com os do art. 63.º — não podem ser os "**funcionários competentes**" a despachar a pretensão formulada, mas apenas o "**dirigente**" do serviço (ou outro agente ou funcionário por delegação dele, nos termos do art. 35.º, n.º 2 do Código).

IV. Com ressalva dos indicados, os **termos do exercício** deste direito de informação procedimental de não interessados são os referidos a propósito dos arts. 61.º a 63.º, pondo-se, quanto à **contagem dos prazos** para satisfação das respectivas informações, a questão de saber se ela se inicia com a apresentação do reque-

Artigo 64.°

rimento ou com o despacho que o defere — parecendo mais lógica esta solução, atendendo, até, ao carácter especial desta consulta.

Entendemos, portanto, que o dirigente do serviço teria os 10 dias do art. 71.° do Código para despachar favoravelmente a pretensão e os serviços outros 10 dias para prestar a informação pretendida — embora tal prazo deva ser encurtado, se o interessado invocar especial urgência ou for inequívoco o interesse existente (como é o caso de peritos, etc.).

V. A **recusa da prestação da informação** deve ser fundamentada — nas razões de facto e de direito que sustentam o juízo sobre a falta de interesse na informação ou na falta de prova documental sobre ele.

Está fora de causa que essa recusa possa afectar o decurso do procedimento ou a consistência da sua decisão, uma vez que se trata de informações prestadas a pessoas não interessadas no procedimento.

Duvidoso é se se admite o uso do processo de **intimação judicial** do art. 82.° da Lei de Processo, contra essa recusa; claro que se o requerente pretendesse a informação requerida para poder exercer meios graciosos ou contenciosos de defesa contra a decisão proferida — que é esse o campo de eleição do respectivo meio processual — poderia inequivocamente fazê-lo.

Mas, aqui, uma situação dessas é de muito improvável ocorrência, pois não se trata de interessados. E a analogia (com a situação regulada nesse preceito da lei processual, mesmo sendo ele tomado no sentido amplo a que nos referimos na nota **XII** do art. 62.°) não é nada clara nesta hipótese, como o era com a satisfação dos direitos de informação dos **interessados**, qualquer que seja o fim a que se destina o seu exercício.

É que, enquanto no mencionado art. 82.° da Lei de Processo se supõe não haver qualquer dúvida quanto à titularidade do direito à informação — trata-se dos interessados ou contra-interessados que querem intervir no procedimento ou reagir graciosa e contenciosamente contra a sua decisão e o que está em causa é a pura omissão da Administração —, nos casos aqui em apreço, o que se questiona é precisamente a existência dum "interesse legítimo" na informação e o juízo negativo que a Administração fez sobre essa matéria. O local indicado para resolver uma questão dessas seria, então, o recurso contencioso de anulação (ou eventualmente uma acção para o reconhecimento de um direito).

Não se trata, obviamente, duma proposição irrefragável: até porque, por esta via, o interesse em tal informação não poderá ser realizado em tempo útil — ficando o lesado reduzido à indemnização dos prejuízos e a Administração patrimonialmente agravada, quando, com facilidade (e menores escrúpulos), se poderia ter prestado a informação pretendida.

E, como temos um entendimento generoso dos meios contenciosos, e deste em particular, não custa admitir o uso também aqui do processo de intimação do

Artigo 65.º

art. 82.º da Lei do Processo, até por ser processualmente o meio, de longe, mais idóneo e adequado para reagir contra a violação desse dever pela Administração.

De resto, a nova configuração (ou extensão) do meio previsto nessa norma processual, leva-nos a considerar mais favoravelmente a possibilidade de recurso a esse meio de intimação judicial também para estes efeitos.

Artigo 65.º
Princípio da administração aberta

1. Todas as pessoas têm o direito de acesso aos arquivos e registos administrativos, mesmo que não se encontre em curso qualquer procedimento que lhes diga directamente respeito, sem prejuízo do disposto na lei em matérias relativas à segurança interna e externa, à investigação criminal e à intimidade das pessoas.

2. O acesso aos arquivos e registos administrativos é regulado em diploma próprio.

    I. O princípio da "administração aberta" : remissão.

    II. O princípio da "administração aberta" e o direito de informação procedimental de não interessados (art. 64.º): diferenças quanto ao âmbito e momento do exercício.

    III. Requisitos deste direito de acesso.

    IV. Conteúdo.

    V. Extensão subjectiva do dever de facultar o acesso a órgãos de outros Poderes do Estado, concessionários e instituições privadas de interesse público. Gestão privada de entes públicos (as "reservas negociais").

    VI. Documentos e arquivos excluídos.

    VII. Violação do dever de facultar o acesso: reacção e sanções.

I. Consagra-se no preceito o princípio da **Administração aberta** (a todas as pessoas que queiram saber o que a Administração Pública sabe), sem que isso represente, porém, qualquer inovação efectiva em relação ao regime em que vivemos actualmente — de aplicação imediata do n.º 2 do art. 268.º da CRP, que este art. 65.º do CPA reproduz na integra.

Inovação, tivemo-la com a recente Lei n.º 65/93, de 28.VIII (alterada e regulamentada pela Lei n.º 8/95, de 29.III), que veio regular as condições de acesso dos cidadãos aos arquivos e registos administrativos.

Artigo 65.º

Confrontando-a, constatamos não se terem confirmado os nossos receios de, como é tão da nossa índole, procurar "fazer Roma e Pavia, num só dia", sendo as soluções adoptadas globalmente equilibradas.

II. Não é, esta do art. 65.º, uma norma de natureza procedimental, como o era a anterior — votada à informação a prestar no âmbito de um procedimento administrativo —, mas tem também os seus reflexos neste: a possibilidade de recorrer aos registos e arquivos administrativos é mais um instrumento de que o particular se pode servir para preparar e documentar a sua posição no procedimento administrativo. Não serve só para isso, é claro, mas serve também para isso — e daí compreender-se a inclusão da norma num Código de Procedimento.

A verdade é que, salvo casos extremos, o direito aqui consagrado não é exercitável no âmbito e no decurso de um procedimento administrativo, mas apenas **após a decisão, até ao seu termo ou arquivo, ou mesmo um ano após isso**, consoante os casos a que se refere o n.º 5 do art. 7.º da Lei n.º 65/93 — se se tratar, claro, de informação sobre o próprio procedimento em curso: mas se a pretensão do interessado respeitar a outros procedimentos já arquivados, é evidente que ela pode ser exercitada a todo o tempo.

Quanto aos registos administrativos, sim, esses estarão disponíveis a todo o momento.

III. Do facto de servirem primacialmente destinos diferentes e de terem também, por isso, objectos diferentes, resulta que este direito de (acesso à) informação administrativa e o direito de informação procedimental, dos arts. 61.º a 63.º, têm **regimes jurídicos diversos**: não se aplicam ao exercício do primeiro as normas procedimentais que vimos disciplinarem este segundo.

Tal diferença está já ilustrada no facto de não haver, no art. 65.º, qualquer referência a **requisitos subjectivos** de titularidade e legitimidade: o direito de acesso é de todos os cidadãos, independentemente de serem ou estarem interessados num procedimento administrativo ou numa decisão administrativa, de estarem ou virem a estar em relação jurídica com a Administração.

Em teoria também, basta chegar a uma repartição administrativa, identificar--se como cidadão e mandar buscar os dossiers que se pretendem conhecer — embora na prática não seja bem assim, até porque facultá-los pode revelar-se actividade bem dispendiosa para a Administração.

De qualquer maneira, tal proposição só valeria para os documentos **não nominativos**; quanto ao direito de acesso aos **nominativos**, já vale a regra do n.º 2 do art. 7.º da Lei n.º 65/93, nos termos da qual ele "*...é reservado às pessoas a quem digam directamente respeito e a terceiros que demonstrem interesse pessoal e directo*", devendo tal demonstração, de acordo com o art. 8.º, ser acompanhada de parecer favorável da Comissão de Acesso aos Documentos da Administração.

Artigo 65.º

IV. Outra questão é saber se o direito de acesso à informação administrativa, a que se refere este artigo, se desdobra em direito de consulta (o que é evidente) e em direito de transcrição autenticada ou **certidão**, como acontece no direito de informação procedimental.

A resposta é afirmativa (art. 12.º da referida Lei n.º 65/93), mas isso não quer dizer que as duas faculdades tenham o mesmo regime jurídico: por exemplo, a consulta será normalmente gratuita — pelo menos, se não implicar "busca" — e a certificação já é paga, como é evidente (art. 12.º, n.º 2).

V. Muito duvidosa é a **extensão subjectiva do dever** de facultar o acesso a registos e arquivos administrativos. Incumbirá ele, também, a órgãos de outros Poderes ou funções do Estado? E aos concessionários e às pessoas colectivas privadas de interesse público? E em matéria de gestão privada, por entes públicos?

Quanto a esta última hipótese, a resposta é evidentemente afirmativa, — embora seja perfeitamente compreensível a **reserva ou segredo negocial** (chamemos--lhe assim) da Administração "contratual", durante a vigência do negócio e na medida em que o conhecimento dos respectivos registos e documentação possa fazer periclitar a sua posição face à contraparte. De resto, os *dossiers* relativos aos negócios ainda em curso de execução não fazem parte dos arquivos administrativos.

E a lei (art. 4.º, n.º 2, da Lei n.º 65/93) não deixa de dar algum incentivo a essa leitura, quando furta ao direito de acesso elementos como "*as notas pessoais, esboços, apontamentos e outros registos de natureza semelhante*" — além dos documentos respeitantes às reuniões do Conselho de Ministros, bem como à sua preparação.

Quanto às restantes dúvidas postas a este propósito, elas estão hoje resolvidas na citada lei, em cujo art. 3.º se dispõe que o direito de acesso respeita à documentação detida "*por órgãos do Estado e das Regiões Autónomas que exercem funções administrativas, órgãos dos institutos públicos e das associações públicas e órgãos das autarquias locais, suas associações e federações e outras entidades no exercício de poderes de autoridade...*".

Ficam, portanto, abrangidos os documentos e registos relativos aos actos de autoridade das concessionárias e das instituições particulares de interesse público, que se enquadram manifestamente no conceito referido. Mas não só: também lá cabe o exercício de funções administrativas em geral, por esses entes (que não envolvam **poderes** e sim, por exemplo, **deveres** da mesma natureza).

Suscitam-se, porém, dúvidas quanto à extensão do preceito em relação aos órgãos do Estado e das Regiões "*que exercem funções administrativas*". Referir--se-á o legislador também à actividade administrativa de órgãos não administrativos ou apenas dos órgãos administrativos? Parece de longe preferível a primeira alternativa, embora a lei se haja referido nas outras disposições, sempre, a "Administração" e "Administração pública".

Artigo 65.º

VI. A Constituição e a Lei n.º 65/93, como o n.º 1 deste art. 65.º, **excluem do direito de acesso** a documentação respeitante à segurança interna e externa, a matérias que estejam em "segredo de justiça" e à intimidade pessoal ou profissional legalmente protegida, das pessoas.

VII. Finalmente, pergunta-se quais são a **sanção e/ou a reacção** apropriadas à violação do direito de acesso à faculdade prevista neste artigo — ou seja, para a falta de resposta ou para a recusa expressa e ilegal de satisfação desse direito.

O particular pode, evidentemente, no caso de a informação pretendida (ao abrigo deste preceito) se destinar a instruir um procedimento administrativo, pedir à autoridade procedimental respectiva que requeira, ela própria, à autoridade depositária dos registos e arquivos, que faculte o acesso ou cópias da documentação pretendida — se, com isso, puder apressar o seguimento do procedimento.

O interessado poderá, sempre, no entanto, apresentar à Comissão de Acesso aos Documentos Administrativos reclamação do indeferimento (expresso ou tácito) do requerimento ou das decisões limitadoras do exercício do direito de acesso, cabendo à Comissão elaborar um relatório de apreciação da situação e enviá-lo, com as devidas conclusões, quer à entidade requerida quer ao requerente. Caso aquela autoridade mantenha a sua posição inicial (apoiada ou não no relatório da Comissão), o interessado pode recorrer judicialmente, aplicando-se, *mutatis mutandis*, as regras do meio processual do art. 82.º da Lei de Processo (cfr. arts. 15.º, n.º 4, 16.º e 17.º da Lei n.º 65/93).

Note-se, por último, que os prejuízos que o interessado sofra por causa da recusa do acesso (ou do acesso tardio) aos arquivos e registos administrativos, podem ser ressarcidos em acção de responsabilidade por acto ilícito de gestão pública.

CAPÍTULO III
Das notificações e dos prazos

SECÇÃO I
Das notificações

Artigo 66.º
Dever de notificar

Devem ser notificados aos interessados os actos administrativos que:
  a) **Decidam sobre quaisquer pretensões por eles formuladas;**
  b) **Imponham deveres, sujeições ou sanções, ou causem prejuízos;**
  c) **Criem, extingam, aumentem ou diminuam direitos ou interesses legalmente protegidos, ou afectem as condições do seu exercício.**

   I. A notificação como direito ou garantia fundamental dos interessados.
  II. Carácter pessoal, oficial e formal da notificação no procedimento administrativo.
 III. A notificação como requisito de eficácia ou de delimitação (oponibilidade) subjectiva dos efeitos de um acto: actos impositivos e actos não impositivos.
 IV. Outros efeitos da falta de notificação.
  V. Conceito de "interessados" para efeitos de notificação: o interesse directo na medida ou efeito do acto.
 VI. Actos que devem ser notificados.
VII. Ónus da prova em matéria de notificação.

I. A regra da sujeição dos actos administrativos à exigência da respectiva notificação aos interessados está consagrada no n.º 3 do art. 268.º da CRP, do qual este preceito procedimental se deve considerar uma concretização legislativa.

Artigo 66.º

Trata-se, como bem sublinham GOMES CANOTILHO e VITAL MOREIRA (ob. cit., pág. 935), de um **direito** dos interessados à notificação — o que tem o seu relevo, não apenas em termos de exigibilidade e de reacção contra eventuais recusas da Administração em notificar, como também porque se afasta assim a possibilidade de considerar realizado esse direito por qualquer outra via legal, sucedânea, que não assegure o conhecimento dos actos pelos interessados.

Esta protecção constitucional do direito à notificação — que tem muito boa e prudente razão de ser — revela a conta em que o legislador constituinte teve a garantia do conhecimento dos actos administrativos, quantas vezes encobertos num anódino jornal oficial ou num edital, e consumados sem que os interessados saibam sequer o que se decidiu a seu propósito.

Os preceitos do Código (e suas opções) respeitantes à notificação não resolvem claramente — suscitam-as, até, às vezes — todas as dúvidas em matéria de concretização desse direito fundamental: ao ponto de, em relação a algumas das suas soluções, poder questionar-se inclusive a existência do vício de inconstitucionalidade (cfr. anotação ao artigo 70.º).

II. A Constituição pretendeu, pois, assegurar aos interessados um conhecimento pessoal, oficial e formal dos actos administrativos — que é nisso que consiste uma notificação.

Pessoal, porque a notificação é comunicação feita e enviada à própria pessoa interessada, ao contrário da publicação (em jornal ou edital) que é impessoal, dá conhecimento de um acto ao público em geral, a uma categoria de pessoas ou a pessoas indeterminadas, mas não assegura que o seu destinatário tome conhecimento dela, como acontece com a notificação.

Oficial, porque é conhecimento dado pelos serviços competentes para o efeito (como acto próprio das suas funções) e não o conhecimento obtido em privado, através do servidor que o comunica particularmente a seu amigo ou conhecido ou, nos corredores ou balcões da repartição, ao interessado que o assedia, para saber o que se passa com o seu *"processo"*.

Formal, porque se traduz numa diligência ou formalidade procedimental, que deve ser documentada no respectivo processo, através da junção da cópia do ofício remetido ou entregue ao destinatário — e do comprovativo dessa remessa ou entrega — ou, no caso dos actos orais, da constatação de a decisão ter sido tomada na presença do(s) interessado(s).

III. A função de garantia dos interessados que, no art. 268.º, n.º 3 da Constituição, se assinala à notificação, completa-se juridicamente com a sua configuração como **requisito da eficácia** (ou de oponibilidade subjectiva) **dos actos impositivos de deveres ou encargos** (art. 132.º do Código).

Artigo 66.°

Não se trata, portanto, realmente de distinguir entre actos favoráveis e desfavoráveis (os actos negativos são desfavoráveis), mas entre actos que impõem encargos ou deveres, ou não. Só em relação a estes actos **impositivos** é que a notificação funcionaria, portanto, nos termos deste preceito e do art. 132.°, como requisito da respectiva eficácia.

Não significa isto, naturalmente, que a violação do dever de notificação consagrado na Constituição e na lei, também, em relação a actos não impositivos — isto é, em relação a todas as outras espécies de actos administrativos, nomeadamente os negativos (que deixam tudo como dantes, não criam deveres, obrigações) e os favoráveis (dispensas, concessões, autorizações, licenças, etc) —, seja desprovida de consequências jurídicas e não suscite reacções do ordenamento jurídico.

Suscita-as. E firmes. Seja como manifestação do direito subjectivo de pessoas, que é, seja como factor de delimitação dos efeitos do acto em causa.

Em primeiro lugar, porque se devem assimilar aos actos impositivos aqueles que extinguem ou modifiquem direitos ou interesses legalmente protegidos de particulares. Por outro lado, noutros casos, os actos não notificados, embora possam ser eficazes, não são, contudo, oponíveis aos destinatários ou interessados a quem não forem notificados: a Administração não pode exigir da pessoa a quem o acto administrativo respeita um comportamento em conformidade com aquilo que não lhe notificou — como acontece, inequivocamente, em matéria de *desobediência* (penal ou disciplinar) mas, também, em caso de *actos favoráveis,* por exemplo, para efeitos de contagem do prazo de um direito constituído pelo acto a favor do seu beneficiário.

Mesmo sendo objectivamente eficaz, capaz de provocar os seus efeitos e de obrigar noutras esferas e instâncias, o acto não notificado ao seu (a um seu) destinatário é-lhe juridicamente inoponível (agora ou depois), pelo período corrido antes da notificação.

Ineficácia ou inoponibilidade (subjectiva) são, portanto, consequências irremediáveis da falta de notificação do acto administrativo, de qualquer acto administrativo, desfavorável ou favorável — que deva ser notificado, claro está.

IV. Mas há outras consequências ou efeitos, ainda, imputáveis à falta de notificação. De qualquer uma, também.

Em primeiro lugar, porque, como se disse, abre a porta ao exercício pelo interessado do direito à notificação, à exigibilidade, face à Administração, de fazer a notificação em falta. Depois, porque gera a responsabilização pelos prejuízos causados pela demora na notificação, se ela não for efectuada no prazo máximo de oito dias (ou, em prazo inferior, quando circunstâncias excepcionais o exigirem, por aplicação do princípio do art. 58.°).

Em terceiro lugar, a falta de notificação de um acto no prazo legal de oito dias (art. 69.°) pode constituir factor determinante, digamos assim, da formação dos

Artigo 66.º

actos tácitos — de tal modo que a notificação intempestiva de um indeferimento expresso não preclude a formação do acto de deferimento tácito da pretensão (se se tratasse de uma hipótese de deferimento) e acarreta, portanto, a impossibilidade de arredar esse efeito, senão através de uma revogação que observe os respectivos requisitos legais.

V. Os *"interessados"* que têm direito a ser notificados dos actos administrativos são aqueles cujas posições jurídicas são **directamente** afectadas (para melhor ou pior, para mais ou menos) pela decisão procedimental. De outro modo, a exigir-se a notificação dos interessados a quem o acto só indirectamente toca, estar-se-ia a dar, quase sempre, ao dever de notificação uma extensão desmesurada, pelo número de pessoas abrangidas, fazendo com que se tornasse numa regra aquilo que, na lei, é (só pode ser) excepcional — a publicação, em vez da notificação, nas circunstâncias previstas na alínea d) do n.º 1 do artigo 70.º.

Um exemplo: as empresas concorrentes daquela a quem se atribui uma subvenção não são "interessados" para efeitos de notificação, porque não é a elas que se reporta o efeito, a medida, do acto; do mesmo modo, a autorização para construir é notificada ao proprietário autorizado, e não aos vizinhos ou arrendatários (que até podem vir a ser duramente afectados pela decisão tomada), a não ser, claro, que estejam perfilados no procedimento como interessados directos na respectiva decisão.

"Interessado" para efeitos de notificação, não é, portanto, a mesma coisa que "interessado" para efeitos de determinação da legitimidade procedimental: esse interesse afere-se, agora, em função dos efeitos directos e concretos da decisão, não dos efeitos indirectos ou potenciais do procedimento.

Noutra perspectiva, dir-se-ia que o direito à notificação do acto é restrito aos **interessados obrigatórios**, ou seja, além do requerente (ou destinatários da medida), também aquelas pessoas que se tivessem perfilado no procedimento a sustentar direitos ou interesses legalmente protegidos concorrentes ou opostos ao da decisão visada (ver comentários ao art. 53.º).

Não têm, pois, de ser notificados todos os interessados que estiveram no procedimento, mas aqueles a cuja esfera de direitos ou interesses respeita o acto praticado, todos os destinatários do efeito expresso no acto final, como o são, também (o caso de ele se traduzir na decisão implícita de outras pretensões juridicamente autónomas, formuladas no procedimento) os titulares das mesmas. Assim, por exemplo, se o vizinho se bateu no procedimento de autorização para construir, não apenas pela negação dessa pretensão, mas pela afirmação de um seu direito ou interesse legalmente protegido na respectiva decisão, o dever de notificação abrange-o também, inquestionavelmente.

A nota subsequente esclarece, talvez melhor, o âmbito subjectivo do direito à notificação dos actos administrativos.

Artigo 67.º

VI. Na verdade, se nos reportarmos aos diversos casos legais de notificação obrigatória, alcança-se mais facilmente o **conceito de interessado directo** para estes efeitos.

O que a lei dispõe, na verdade, **na alínea a)** é que "*devem ser notificados aos interessados os actos administrativos que....... decidam sobre quaisquer pretensões por eles formuladas*". Interessados, são, então, neste caso, as pessoas que desencadearem o procedimento, bem como as que aí formularem pretensões suplementares, juridicamente autónomas ou conexas com a pretensão inicial.

Na alínea b), interessadas na notificação são as pessoas sobre cujas esferas jurídicas impendem, por força da decisão procedimental, "*deveres, sujeições ou sanções ou ..... prejuízos*" — e nenhuma dificuldade se suscita também na sua delimitação, pois se trata de imposições concretas, de sujeito determinado (e só ele é notificado).

Nos termos da **alínea c)**, são notificados aos interessados os actos que "*criem, extingam, aumentem ou diminuam direitos ou interesses legalmente protegidos ou afectem as condições do seu exercício*" — devendo, naturalmente, entender-se também aqui, como nos outros casos, que são notificados apenas aqueles a cujos direitos ou interesses se reporta directamente a medida ou conteúdo do acto (e não todos os que estão em relação jurídica com eles).

VII. O **ónus da prova** em matéria de cumprimento do dever de notificação, seja em processo judicial ou em procedimento administrativo, cabe à Administração (como é imperativo e se encontra consagrado expressamente no § 41.2 da lei de procedimento alemã).

No mesmo sentido se pronunciou a nossa jurisprudência, por exemplo, no Acordão do STA, 1ª Secção de 17.V.90, recurso n.º 27.928.

Artigo 67.º

Dispensa de notificação

1. É dispensada a notificação dos actos nos casos seguintes:
   a) **Quando sejam praticados oralmente na presença dos interessados;**
   b) **Quando o interessado, através de qualquer intervenção no procedimento, revele perfeito conhecimento do conteúdo dos actos em causa.**

2. Os prazos cuja contagem se inicie com a notificação começam a correr no dia seguinte ao da prática do acto ou no dia seguinte àquele em que

Artigo 67.°

ocorrer a intervenção, respectivamente nos casos previstos nas alíneas a) e b) do número anterior.

> I. *A dispensa de notificação e a diminuição da sua garantia consti-tucional; contrapesos da dispensa.*
> II. *Desnecessidade de comunicar a dispensa* ex lege *da notificação.*
> III. *A dispensa de notificação dos actos praticados oralmente: alcance da hipótese. A notificação escrita dos interessados ausentes.*
> IV. *A dispensa de notificação nos casos de "conhecimento oficial" do acto: requisitos do conhecimento.*
> V. *Prazos que se contam da notificação: contagem em caso de sua dispensa.*

art. 67.°, n.° 1

I. A **dispensa do dever de notificar** não é nunca juridicamente inócua, mesmo quando se funda — como sucede no CPA, segundo os Autores do *Projecto* — no facto de não ser necessário fazer uma notificação formal, se já existe uma "notificação" informalmente feita.

É que, sem a notificação formal, o interessado não fica com uma **transcrição oficial e completa** do acto, e, portanto, com as menções necessárias ou convenientes para conhecimento integral dos seus efeitos, da sua legalidade e do seu relevo jurídico.

Por isso, deve considerar-se ínsito no preceito legal (de dispensa da notificação) que o conhecimento que esta asseguraria aos destinatários do acto se alcançou comprovadamente (e integralmente) por outros meios mais informais.

Ao questionar se a admissibilidade destas notificações informais implica diminuição da garantia fundamental do art. 268.°, n.° 3, da Constituição, conformamo-nos, portanto, com uma resposta negativa, desde que se restrinja a dispensa de notificação aos casos em que com tais "notificações" informais ficam preenchidas as exigências ou menções essenciais da lei em matéria de notificação — sendo certo que há menções que, salvo casos raros, as notificações informais não permitem comprovar terem sido feitas, como acontecerá, por exemplo, com as respeitantes à via de recurso (administrativo) a utilizar contra o acto.

De qualquer maneira, o conhecimento adquirido através dessa fórmula, mesmo se serve para conferir ao acto a eficácia ou oponibilidade subjectiva de que ele carecia, não corresponde juridicamente ao conhecimento adquirido através da notificação — e por isso é que, quando assim não suceder, deve ser reconhecido ao interessado o direito de requerer esta, interrompendo-se, durante o correspondente espaço de tempo, o prazo para deduzir os meios de reacção que couberem (salvo se a diligência tiver mero intuito dilatório).

II. A Administração fica, por este preceito, dispensada *ex lege* do dever de notificação formal, não estando evidentemente obrigada a comunicar aos interessados respectivos (pois a dispensa pode reportar-se apenas a alguns) que se dispensou de os notificar.

III. Admite-se, na alínea a) do n.º 1, que os **actos praticados oralmente** possam ser **notificados oralmente**, consistindo esta notificação na prática do próprio acto perante os interessados — desde que fique a constar, no processo, traço formal de o acto ter sido praticado na presença de fulano e/ou beltrano e sem prejuízo, é óbvio, de os interessados poderem exercer o direito que lhes confere o art. 126.º do Código.

Questiona-se, porém, se os actos praticados oralmente, a que se refere esta alínea (como estando dispensados da formalidade da notificação), são os actos que podem legalmente ser praticados com essa forma oral ou, também, os actos que o foram efectivamente. Ou seja, a questão é saber se o acto que legalmente devia ser praticado por escrito, quando tenha sido praticado oralmente na presença dos interessados — sendo naturalmente inválido por isso — é, contudo, eficaz ou oponível perante eles. Resposta que nos parece dever ser negativa — pelo menos, assim, num primeiro relance — dada a nulidade do respectivo acto, *ex vi* alínea f) do n.º 2 do art. 133.º.

Por outro lado, a lei refere-se aos actos praticados *"na presença dos interessados"* para significar que é dispensada a notificação em relação aos que estiverem presentes, porque, em relação aos interessados ausentes, exige-se, claro está, a notificação escrita.

IV. Outro caso de dispensa legal do dever de notificação é o da alínea b), que se refere ao **conhecimento oficial do acto**, isto é, ao facto de o interessado revelar, em qualquer intervenção no procedimento (subsequente à sua decisão) **"perfeito conhecimento"** não só de o acto ter sido praticado, por quem e em que data, como também de todo o seu conteúdo, fundamentação incluída — porque, se revelar conhecimento de apenas uma parte sua (por exemplo, a decisória), a Administração não fica dispensada do dever de notificação.

Note-se que a dispensa do dever de notificar o acto administrativo, em virtude do perfeito conhecimento oficial que o destinatário tem dele, não a dispensa da notificação a que se refere o art. 152.º, de que vai proceder à execução do mesmo.

Quanto à questão de saber se o conhecimento oficial do acto o torna eficaz nos casos em que a notificação é requisito da sua eficácia (como acontece com os actos impositivos do art. 132.º), julgamos dever responder-se afirmativamente, pelo menos no plano da oponibilidade subjectiva do acto em causa — porque, se houver outros interessados com direito à notificação, o acto só lhes é oponível quando esta se verificar.

Artigo 68.º

art. 67.º, n.º 2

V. Começam a correr a partir da notificação, independentemente de outros que a lei especificamente estabeleça, os prazos:

— para requerer a notificação das indicações que tenham sido omitidas na notificação feita (art. 31.º, n.º 1, da LPTA);

— para a reclamação (art. 162.º do Código);

— para a interposição do recurso hierárquico e de outros recursos administrativos (art. 168.º do Código);

— para a interposição do recurso contencioso (art. 28.º da LPTA).

E, portanto, quanto se trata, por exemplo, de impugnar contenciosamente um acto dispensado de notificação (por qualquer dos motivos referidos no n.º 1), o prazo para interpor o recurso começa a contar-se do dia seguinte ao da prática do acto oral ou ao da intervenção do interessado no procedimento. Como, aliás, sempre aconteceria (mesmo que nada se tivesse disposto), por ser essa a regra geral em matéria de contagem de prazos.

É esse o alcance do preceituado no n.º 2, que só se aplica nos casos do n.º 1, ou seja, na hipótese de não se ter feito a notificação, por estar dispensada.

Quando a "notificação" oral ou a intervenção oficial no procedimento administrativo forem defeituosas ou insuficientes — e ainda quando haja sido requerida a redução a escrito da fundamentação dos actos orais (art. 126.º) —, aplica-se o disposto no art. 31.º da Lei de Processo.

Artigo 68.º
Conteúdo da notificação

1. Da notificação devem constar:
  a) **O texto integral do acto administrativo;**
  b) **A identificação do procedimento administrativo, incluindo a indicação do autor do acto e a data deste;**
  c) **O órgão competente para apreciar a impugnação do acto e o prazo para este efeito, no caso de o acto não ser susceptível de recurso contencioso.**

2. O texto integral do acto pode ser substituído pela indicação resumida do seu conteúdo e objecto, quando o acto tiver deferido inteiramente a pretensão formulada pelo interessado ou respeite à prática de diligências processuais.

I. Menções da notificação: o alcance jurídico do preceito face ao regime anterior.

II. A menção do "texto integral do acto": formas e extensão. Remissão.

Artigo 68.º

III. *Identificação do procedimento a que respeita o acto notificado, do autor do acto (bem como da qualidade em que actua) e da data da sua prática.*

IV. *A indicação do órgão de recurso: casos em que é obrigatória.*

V. *Consequências da errónea identificação do órgão de recurso e a presunção da existência de recurso contencioso, caso falte a indicação do órgão de recurso administrativo.*

VI. *A notificação por "extracto": menções que podem (e não podem) ser excluídas.*

VII. *Outros aspectos e requisitos do regime da notificação: remissão.*

VIII. *Consequências da falta de notificação (ou da sua insuficiência): ilegalidade da notificação e ilegalidade do acto.*

art. 68, n.º 1

I. Desaparecem com este preceito as inúmeras preocupações que a notificação dos actos administrativos, nos termos em que era habitualmente realizada entre nós, punha aos administrados: não era raro (embora já fosse mais raro que outrora) deparar com notificações em que se comunicava ao interessado "ter sido indeferido o seu requerimento". Sem mais.

Face ao art. 268.º, n.º 3, da CRP, uma notificação dessas já devia ser penalizada juridicamente — e era-o efectivamente nos arts. 30.º e 31.º da Lei de Processo, pois que o prazo para o recurso só contaria depois de o interessado ter obtido notificação ou certidão dos elementos ou informações omissas (desde que cumprisse o ónus de as requerer dentro do mês seguinte ao da notificação insuficiente).

Agora, o Código ainda melhorou o sistema, pois veio acrescentar as suas exigências àquelas que a Lei de Processo já previa serem necessárias na notificação do acto passível de recurso contencioso. Não se esqueça, portanto, que, para além das que se analisarão nos números subsequentes desta anotação, as notificações devem ainda indicar a qualidade em que o autor do acto actua, como se prevê na alínea a) do n.º 1 do art. 30.º da Lei de Processo.

II. A notificação deve conter, em primeiro lugar, o ***texto integral do acto administrativo*** — quando, na Lei de Processo, só se previa a notificação sobre o *seu "sentido"*.

Portanto, agora, ou se reproduz *ipsis verbis* o acto notificado no ofício de notificação, ou se envia um ofício (com as demais menções) e se junta uma fotocópia oficial do acto — que também é (como o próprio ofício da notificação) um documento autêntico.

Entendemos, em consonância, que a notificação do acto envolve a notificação das informações e pareceres de que o seu autor se apropriou e das "propostas" que aprovou, autorizou ou confirmou.

Artigo 68.º

Não se trata, naturalmente, de remeter ao (ou de reproduzir para o) particular todos os pareceres que constem do procedimento — haveria casos, então, como no licenciamento de loteamentos, que poderiam envolver a notificação de seis, mais ou menos extensos, pareceres —, mas apenas daquele que é determinante do acto praticado (por exemplo, o que, dentre todos eles, leva a autoridade administrativa a indeferir a pretensão formulada) ou, então, quando houver vários que contribuem igualmente para essa decisão, o dever de notificação basta-se com o envio do relatório ou informação final do procedimento, elaborado pelo instrutor, onde se resume o que consta do processo e sobre que é lançado ou praticado o acto administrativo.

O certo é que, sem lhe dar conhecimento da sua fundamentação, não se pode considerar satisfeita a exigência de comunicar ao interessado *"o texto integral do acto administrativo"*, exigência sobre a qual este preceito (conjugado com o do art. 123.º do Código) é claríssimo, confirmando, assim, a proibição da notificação por extracto, contida no n.º 2 do art. 30.º da Lei de Processo (salvo as excepções admitidas no n.º 2 do art. 68.º do Código).

Note-se que a nossa jurisprudência não tem tomado — e bem — a exigência de notificação dos fundamentos do acto administrativo como requisito da respectiva validade, mas não deixa de reconhecer que tal falta se repercute na estabilidade do acto, conceito que julgamos corresponder à sua plena eficácia ou oponibilidade (ver Acórdão do STA, 1ª Secção, de 6.VI.95, publicado nos AD 416/417, pág. 968 e segs., nomeadamente o n.º 3 do respectivo sumário).

III. Na alínea b), exige-se que conste da notificação a *"identificação do procedimento"* (por referência à sua epígrafe, número ou objecto), com indicação do *"autor do acto"* — e, claro, da qualidade em que actua (art. 30.º, n.º 1, da Lei de Processo) —, bem como da *"data"* da sua prática.

IV. A exigência da alínea c) — de que, **no caso de não caber recurso contencioso do acto**, ou seja, no caso dos recursos (e reclamações) administrativos necessários, se indique o órgão competente para conhecer da eventual impugnação que contra ele se queira deduzir — é uma importantíssima garantia dos administrados: não apenas por lhes facilitar melhor esclarecimento duma questão complicada (como são todas as que se ligam à organização e distribuição de competência administrativas), mas, sobretudo, porque constitui uma espécie de estímulo ou apelo a que "não se cale", se tiver algo para dizer.

V. Da identificação errónea, na notificação, do órgão competente para apreciar a impugnação administrativa que se queira deduzir contra o acto notificado, resultam necessariamente consequências jurídicas.

Artigo 68.º

Por um lado, abre-se novo prazo de impugnação a partir do momento em que o interessado tomou conhecimento oficial de se ter dirigido ao órgão incompetente (ou, então, reporta-se a impugnação que se faça perante o órgão competente à data da entrada da impugnação errada); por outro lado, a Administração constitui-se, perante os interessados, em responsabilidade pelos prejuízos que para eles daí derivem.

Nem se julgue que esses erros, face à multiplicidade, heterogeneidade, complexidade e (muitas vezes) equivocidade das regras e princípios estabelecidos, a esse propósito, nas nossas leis, serão muito raros, embora sejam certamente, em grande parte dos casos, desculpáveis para efeitos de responsabilidade pessoal do agente que proceder à notificação.

Outra questão que se põe é a de saber se a falta de indicação do órgão de recurso habilita o particular a presumir — sob responsabilidade da Administração e com renovação do prazo de recurso (se a presunção se mostrar errónea) — que do respectivo acto cabe impugnação contenciosa.

Entendem que sim, por exemplo, SANTOS BOTELHO, PIRES ESTEVES e CÂNDIDO PINHO (*in* Código do Procedimento Administrativo, anotado e comentado, 1ª edição, 1992, pág. 203).

A solução parece-nos óptima em termos de protecção do particular, mas duvidamos que caiba no espírito do nosso sistema jurídico-administrativo, onde a existência de declarações ou de actos jurídicos implícitos (ou tácitos, na terminologia coimbrã) só é admitida, quando eles resultam concludente ou inapelavelmente de uma declaração ou acto explícito ou expresso. E esses pressupostos não se verificam no caso de falta de menção, na notificação, sobre o órgão de recurso competente (assim como, aparentadamente, a falta de indicação da fundamentação não significa necessariamente que o acto careça dela). A estar certa esta objecção, então, tendo dúvidas, o interessado socorrer-se-à, quando muito, para este efeito, do regime de suprimento das notificações defeituosas ou omissas, *maxime* do art. 31.º da Lei de Processo, pedindo à Administração a aclaração do respectivo acto, nesta parte.

Por outro lado, como se exige que a Administração ajuize sobre as vias de recurso, que cabem do acto, seja quais forem (incluindo, portanto, sobre se dele cabe recurso contencioso), não havia inconveniente em exigir-lhe que indicasse expressamente que a via de recurso do acto é a via contenciosa — como expressamente se lhe impunha, aliás, na versão inicial do Projecto — acrescentando-lhe (se se tratar de via administrativa) a indicação do órgão competente (mas não lhe cabendo já, porventura, indicar qual o tribunal competente).

Seria, obviamente, a solução mais escorreita e linear: as outras podem ser literalmente melhores, mas suscitarão dificuldades e encargos que eram perfeitamente evitáveis.

Artigo 68.º

art. 68.º, n.º 2

VI. A possibilidade de notificação do acto administrativo por **extracto** (*"resumo do* seu *conteúdo e objecto"*, escreve-se na lei) é restrita a dois casos e respeita apenas à exigência de nela se conter o seu *"texto integral"*, podendo, por isso, resumir-se apenas o que respeita aos respectivos fundamentos e ao teor da parte decisória, mas já não as outras indicações que devem constar da notificação.

O primeiro caso em que se admite tal possibilidade é o de o acto deferir *"inteiramente"* a pretensão formulada pelo interessado — devendo, portanto, ao menos em princípio, ser notificado o teor integral do acto, se houver, por exemplo, contradição entre os fundamentos da pretensão apresentada e os do deferimento.

Note-se que, nos actos de duplo (triplo, etc) efeito, é óbvio que a possibilidade de notificação por extracto do acto favorável ao requerente, já não é extensível aos contra-interessados que devam ser notificados.

O segundo caso refere-se a notificações respeitantes à prática ou realização de *"diligências processuais"* (*rectius*, procedimentais), não à notificação de "decisões" procedimentais.

VII. Sobre outros requisitos da notificação, ver as anotações aos arts. 69.º e 70.º.

VIII. Consequência da falta de notificação do acto administrativo, a ela sujeito, é a da sua ineficácia.

Se lhe faltar, porém, algum elemento não essencial, a consequência, em relação a ele, será a da sua mera inoponibilidade — o que pode redundar, por exemplo, caso a notificação seja defeituosa ou omissa no que se refere à indicação do órgão competente para conhecer do recurso administrativo necessário, na inexistência do dever de sua impugnação (da que fôr devida) ou na supribilidade de uma impugnação mal deduzida.

Nos comentários ao art. 66.º já se viram algumas implicações dessa insuficiência das menções da notificação.

Ponto importante é, ainda, distinguir a ilegalidade da notificação da ilegalidade do acto notificado. Aquela gera "apenas" a ineficácia ou a inoponibilidade, só havendo invalidade do acto no caso de se tratar de ilegalidade que o afecte a ele mesmo — mesmo que tal ilegalidade também venha revelada ou tenha repercussão na própria notificação.

Artigo 69.º

Artigo 69.º
Prazo das notificações

Quando não exista prazo especialmente fixado, os actos administrativos devem ser notificados no prazo de oito dias.

> *I. Prazo para efectuar a notificação: seu início.*
> *II. Consequências da notificação extemporânea: a validade e eficácia dos actos em causa (excepções e começo de eficácia de actos favoráveis e desfavoráveis).*

I. Temos, finalmente, um preceito geral a fixar o **prazo** (máximo) para se proceder à notificação dos actos administrativos, o que é do maior relevo prático.

O prazo-regra para a notificação (para ela ocorrer, pensamos, e não para ser expedida) é de **oito dias** úteis, contados desde o dia seguinte ao da prática do acto. Ou, tratando-se de acto sujeito a aprovação, desde o dia seguinte ao conhecimento pelo seu autor de que a mesma sobreveio — embora haja muitos casos destes, como o da sujeição a visto do Tribunal de Contas, em que o acto é logo notificado após a sua prática.

Há, no entanto, um caso em que a notificação deverá ser feita antes de decorrido o respectivo prazo de lei: é quando faltam menos de oito dias úteis para se concluir o tempo de gestação do acto tácito. Querendo evitar que este se produza, a Administração tem de apressar a notificação (*vide* nota **IV** ao art. 66.º).

II. A falta de notificação do acto dentro do prazo legalmente estabelecido só é juridicamente relevante, costuma assinalar-se, para efeitos de responsabilidade disciplinar do agente e para efeitos de responsabilidade civil (funcional) da Administração e dele próprio — não derivando daí senão a eventual sustação da eficácia ou oponibilidade do acto, enquanto não for notificado, mas não a invalidade (ou ineficácia) duma notificação posterior.

Assim, no caso dos actos desfavoráveis, quando a Administração quiser reportar os efeitos da notificação à data da prática do acto, isso só será possível em relação à notificação que teve lugar no prazo legal — porque, se ela ocorrer depois, deverá entender-se que o respectivo efeito se produziu apenas a partir desta data.

São concebíveis, porém, outras consequências jurídicas derivadas do facto de uma notificação ter sido tardiamente feita: por exemplo, nos actos favoráveis, o interessado tem direito a exigir que os efeitos do acto sejam contados a partir do termo legal do dever de notificação.

Diferente de haver um prazo para a notificação, é haver um prazo para a prática do próprio acto (a notificar), um prazo para o exercício da respectiva competência, podendo, neste caso, a notificação demorada encobrir até o vício da "incompetência em razão do tempo" ou da "ilegitimação (ou inexistência) da capacidade de agir".

Artigo 70.º

Artigo 70.º.
Forma das notificações

1. As notificações podem ser feitas:
   a) Por via postal, desde que exista distribuição domiciliária na localidade de residência ou sede do notificando;
   b) Pessoalmente, se esta forma de notificação não prejudicar a celeridade do procedimento ou se for inviável a notificação por via postal;
   c) Por telegrama, telefone, telex ou telefax, se a urgência do caso recomendar o uso de tais meios;
   d) Por edital a afixar nos locais do estilo, ou anúncio a publicar no *Diário da República*, no boletim municipal ou em dois jornais mais lidos da localidade da residência ou sede dos notificandos, se os interessados forem desconhecidos ou em tal número que torne inconveniente outra forma de notificação.

2. Sempre que a notificação seja feita por telefone, será a mesma confirmada nos termos das alíneas *a)* e *b)* do número anterior, consoante os casos, no dia útil imediato, sem prejuízo de a notificação se considerar feita na data da primeira comunicação.

    I. Notificação por via postal ou por entrega em mão.

   II. Requisitos da notificação postal — o registo e comprovação que ele oferece.

  III. A notificação "pessoal": sua documentação no processo.

  IV. A notificação por telegrama, telefone, telex ou telefax: urgência, efeitos e conteúdo.

   V. A notificação através de jornal (oficial ou não) ou edital: cautelas de que deve rodear-se a sua admissibilidade.

  VI. Notificação por publicação ou afixação edital previstas por lei (ou regulamento) especial. Exemplos.

 VII. A notificação por afixação edital: extensão e requisitos.

VIII. Actos publicáveis no Diário da República (e no jornal Oficial das Regiões).

  IX. A notificação telefónica do n.º 3 deste art. 70.º: necessidade da sua confirmação e efeitos provisórios.

art. 70.º, n.º 1

I. Há duas **formas-regra de notificação** do acto administrativo a interessados **identificados** e de **paradeiro conhecido**: a) por **via postal**, desde que haja

Artigo 70.°

distribuição domiciliária na localidade do destinatário; b) ou "**pessoalmente**", entregando-a em mão, ao próprio destinatário, desde que não se atrase com isso a notificação do acto (ou quando seja inviável a notificação postal)

Havendo concorrência de pressupostos (isto é, não sendo inviável a notificação postal e não havendo atraso por ela ser feita pessoalmente), a Administração pode, escolher qualquer uma dessas formas de notificação: é a interpretação que fazemos da conjugação das alíneas a) e b) do n.° 1.

II. O envio da notificação pelos **correios** é feito sob a forma **registada**, não havendo nenhuma razão para distinguir neste aspecto o processo judicial e o procedimento administrativo, considerando-se, portanto, que vale aqui, até por razões de certeza, a regra do art. 254.° do Código de Processo Civil: fica feita a prova no processo (ao qual é junto o respectivo talão de "registo") de que a notificação foi enviada e em que data, podendo presumir-se (como em juízo) que os serviços postais entregam, nos prazos normais, aos respectivos destinatários, a correspondência que lhes é confiada.

Note-se, porém, que não funciona para as notificações procedimentais feitas por registo postal a regra aplicável em matéria de notificações judiciais (n.° 3, do art. 1.° do Decreto-Lei n.° 121/76), segundo a qual elas se consideram feitas no terceiro dia posterior à data do registo (ou no primeiro dia útil imediatamente subsequente).

Claro que nada obsta a que subsistam as referências de leis especiais a formas mais exigentes de notificação — por registo com aviso de recepção (v.g., no art. 69.° do regime jurídico de licenciamento de obras particulares) —, mas o registo postal simples fornece os elementos suficientes para se comprovar, em caso de dúvida, quando foi entregue a notificação postal.

III. A **entrega pessoal** da notificação ao seu destinatário, prevista na alínea b), deve obviamente ficar titulada em *livro de protocolo* (ou similar) ou documentada no próprio processo, com assinatura do receptor, na cópia da notificação.

IV. A notificação por **meio telegráfico** (telegrama, telex, telefax) **ou telefónico** usa-se em casos de urgência — podendo subsumir-se aí a hipótese de se estar a esgotar o prazo de oito dias fixado para a notificação —, quando se pretende que o acto seja eficaz (ou comece a ser executado) imediatamente.

Estas notificações mais expeditas do que a notificação pessoal ou postal não têm, porém, a mesma consistência ou efeitos jurídicos desta: por um lado, a comunicação telefónica do acto não tem virtualidade para sustentar a sua eficácia ou oponibilidade mais do que um (ou dois) dia(s), porque, se não se lhe seguir (no dia útil imediatamente subsequente) a notificação *postal* ou *pessoal*, caducam os efeitos da comunicação telefónica. Por outro lado, a notificação feita por meio telegráfico (telegrama, telex ou telefax) não serve, nunca, como a confirmação legalmente exigida para os actos telefonicamente notificados.

Artigo 70.º

Curiosamente, a lei não incluiu estas hipóteses nos casos do n.º 2 do art. 68.º, deixando-nos, assim, na dúvida sobre se há que proceder aqui à notificação do texto integral do acto ou se ele pode ser substituído pelo seu extracto, como, pelo menos no caso do telefone e do telegrama, parece justificar-se.

V. Admite-se, na alínea d), a possibilidade de a notificação ser feita através da **publicação em edital ou em jornal** (oficial ou não). Mas isso só é admissível, quando não se conhece o paradeiro ou a identidade dos interessados a notificar, ou quando o número de pessoas a notificar tornar inconveniente outra forma de notificação.

Esta última hipótese tem, porém, que tornar-se compatível com o conteúdo essencial da garantia fundamental do art. 268.º, n.º 3, da Constituição. É que a notificação de actos que afectem direitos e interesses legalmente protegidos é uma garantia fundamental e a divulgação em jornal oficial ou em edital da notícia do acto não é (jurídico-publicamente) uma notificação, mas sim uma publicação. Admitir esta (e a insegurança dos seus resultados), em detrimento daquela e da garantia de conhecimento efectivo que ela proporciona, constituiria, pois, violação do conteúdo essencial de um direito fundamental.

Esse sacrifício só é admissível, se outros valores ou interesses fundamentais de igual dignidade constitucional se opuserem a tal garantia (e ao que ela representa como pilar de um Estado de Direito), envolvendo *colisão* de direitos ou interesses fundamentais. Que não é manifestamente o caso, quando, com ela, se confronta a mera conveniência da Administração em não repetir muitas notificações iguais, o que ainda por cima, neste mundo de automatismos, informatizações e impressões electrónicas, de telecomunicações escritas, etc, é mínima, salvo em casos absolutamente excepcionais — cabendo ainda perguntar que garantia fundamental seria esta que ficaria dependente de um juízo subjectivo e "discricionário" da Administração sobre a (in)conveniência em enviar 10 (40 ou 100) ofícios.

É precisamente por isso que, em regimes de que o nosso Código se revela profundamente tributário, como o espanhol de 1958, só se admite que a notificação não seja **pessoal** — bastando a comunicação **impessoal**, através de edital ou de jornal — quando os interessados (ou o seu paradeiro) não estão determinados.

A comunicação do acto através duma publicação só é, pois, constitucionalmente legítima, quando a notificação seja impossível, isto é, no caso de a Administração não saber a identidade dos interessados com legitimidade e participação procedimental, de não saber o seu paradeiro, ou, então, quando se trate de números manifestamente inconvenientes, que precludam quase a possibilidade de notificação.

Na lei alemã (§ 69.º, n.º 2), o número de destinatários do acto para efeitos de permitir a sua notificação através de uma publicação é de 300. Comparando a dimensão da organização administrativa e a dimensão populacional dos dois países, diríamos que, entre nós, esse número se deveria situar nos 40 ou 50 destinatários

Artigo 70.º

(pelo menos, não 15 ou 20, certamente) — se não se preferir, antes, como parece mais seguro, no fim de contas, arrimarmo-nos a uma solução análoga à do artigo 10.º da Lei n.º 83/95 (de 31.VIII) que, para efeitos de audição dos interessados, prevê que, no caso de eles serem mais de 20, se organizem para escolher quem os representará na audiência.

Nem surpreenderia, face ao que ficou dito, que possa haver quem sustente a inconstitucionalidade deste preceito (na parte em que se admite a "comunicação" da decisão procedimental por jornal ou edital, aos interessados cujo número torne inconveniente a notificação postal ou pessoal).

VI. Há, também, casos em que a publicação e afixação de edital são consideradas expressamente por *lei* (ou regulamento) *especial*, como formas de notificação dos actos administrativos — é o caso, por exemplo, das notas dos estudantes universitários e de outras situações similares, como a colocação de professores, as listas de admissão e classificação de concursos de pessoal, etc.

Embora assuste um pouco a facilidade com que as leis, ainda hoje, consideram a publicação como forma idónea de dar satisfação ao direito fundamental de notificação dos actos administrativos, a verdade é que, em casos como os referidos, as fórmulas adoptadas já estão consagradas e reconhecidas na prática, não se tendo suscitado até agora ao que julgamos, dúvidas sobre a respectiva constitucionalidade.

VII. A **afixação edital**, como forma de notificação, não é um exclusivo das comunidades locais — pelo contrário, nalgumas, nas grandes urbes e sua cintura, deixou até de o ser, quase completamente. A outros níveis municipais, ao nível paroquial e de certos serviços (em relação aos seus agentes e, em certos casos, aos seus utentes, como no caso das universidades e dos exames), é que a fórmula tem aplicação e resultados efectivos.

Para que a afixação edital sirva os interesses da notificação dos actos administrativos é necessário que ela contenha as menções do n.º 1 do art. 68.º e seja duradoura: se outro prazo não houver na lei ou regulamento, quanto ao tempo por que devem manter-se os editais, só podemos reportar-nos ao prazo geral do art. 71.º do Código.

O uso indevido da notificação edital (segundo o Acórdão do STA, 1ª Secção, de 14.IV.94, *in* AD n.º 400, pág.991) sana-se quando o interessado intervenha no processo sem a arguir logo — dando-se como pressuposto, claro, que já tomou conhecimento dela —, o que significa que não deriva daí, sequer, a nulidade da notificação, quanto mais a do acto editalmente notificado.

VIII. A publicação de actos administrativos, para efeitos da sua notificação (nos casos restritos em que o admite este preceito) deve obedecer também aos requisitos do art. 68.º, e é feita, consoante os casos, nas II e III séries do **Diário da**

Artigo 71.º

República, no continente, no **Jornal Oficial** das Regiões, e também no **Boletim Municipal**, tratando-se de actos dos órgãos municipais.

No Diário da República são publicados, note-se, não só os actos do Governo e dos serviços na sua dependência, mas também os actos de todos os serviços e repartições públicas, de órgãos da Administração Central ou a ela ligadas (incluindo concessionárias e instituições privadas de interesse público) — ver sobre a matéria o disposto no Decreto-Lei n.º 365/70, de 5.VIII e no Despacho Normativo n.º 15/82 de 20.II.

art. 70.º, n.º 2

IX. Pelo Decreto-Lei n.º 6/96, só a notificação telefónica ficou sujeita à necessidade ou formalidade de **confirmação**, passando a considerar-se — ao contrário do que sucede no processo judicial — que as notificações por telegrama, telex ou por fax não carecem dela, sendo plenamente eficazes por si sós, embora impotentes para servir como confirmação de notificações telefónicas.

Na verdade, estas últimas (e só elas, hoje) são consideradas, como se sugeriu acima **notificações provisórias,** às quais podem ser reportados os efeitos do acto, se se lhe seguir uma notificação postal ou pessoal no dia útil imediatamente seguinte; não se verificando estes requisitos, a notificação feita telefonicamente fica privada de efeito útil — provocando, eventualmente, a ilegitimação dos actos de execução que venham depois dela e antes da notificação feita por uma daquelas outras formas.

SECÇÃO II

Dos prazos

Artigo 71.º

Prazo geral

1. Excluindo o disposto nos artigos 108.º e 109.º, e na falta de disposição especial ou de fixação pela Administração, o prazo para os actos a praticar pelos órgãos administrativos é de 10 dias.

2. É igualmente de 10 dias o prazo para os interessados requererem ou praticarem quaisquer actos, promoverem diligências, responderem sobre os assuntos acerca dos quais se devam pronunciar ou exercerem outros poderes no procedimento.

Artigo 71.º

I. *O prazo-regra: âmbito de aplicação.*
II. *Questões por resolver: consequências da inobservância dos pra-
zos procedimentais e critérios da sua (não) essencialidade.*
III. *Início da contagem de prazos.*
IV. *Suspensão de prazos: remissão.*
V. *A fixação de prazos pela Administração.*

I. Reduziu-se agora para 10 dias (no n.º 1 e no n.º 2) o prazo-regra dos actos procedimentais que, na versão de 1991, era de 15 dias. Considera-se razoável a redução — até porque o prazo mínimo (e corrente) da audiência, uma das mais importantes formalidades do procedimento, já era, nos arts. 101.º e 102.º da anterior versão, também de 10 dias.

É, portanto, esse **o prazo-regra** (contado em dias úteis — art. 72.º) para a prática de actos (procedimentais) e para o cumprimento de formalidades no procedimento, seja pelas autoridades que nele intervêm, nomeadamente o instrutor, seja pelos interessados, como acontece, por exemplo, com o prazo para o particular responder a uma solicitação da Administração no sentido de esclarecer ou provar algum facto da sua pretensão ou para designar os peritos que participarão em exame ou vistoria por sua conta.

Não se percebe bem a razão por que são excluídos aqui expressamente deste preceito os arts. 108.º e 109.º e não se exclui também, por exemplo, o art. 58.º.

Não havia, na verdade, razões para excluir qualquer deles, porque do que se trata neste art. 71.º não é de prazos para a conclusão ou decisão do procedimento, mas de prazos para a prática de actos ou para o cumprimento de formalidades **no seio** do procedimento administrativo.

O que parece mais curial ainda é entender que o legislador terá querido estipular que as regras estabelecidas nesta Secção (todas elas) não se aplicam em matéria de actos tácitos, como se discutirá a propósito de algumas das disposições subsequentes.

II. Em contrapartida, ficaram por regular questões tão importantes quanto a do prazo geral para a prática de actos, como é, v.g., a da sua inobservância — pois que as consequências jurídicas daí derivadas são (devem ou podem ser) muito desiguais, consoante a natureza e finalidade da formalidade em causa.

Em muitos casos, com efeito, os prazos legais são considerados como **formalidades não essenciais**, postos com o objectivo de fazer andar o procedimento em direcção à sua conclusão e, por isso, o seu incumprimento (no caso de o interesse que com ele se visava proteger se realizar por outra via) não tem influência na consistência jurídica dos efeitos do procedimento ou da respectiva decisão.

Noutros casos, porém, eles prendem-se com interesses ou garantias principais (da Administração e) dos interessados e, nessas circunstâncias, a sua inobser-

Artigo 71.º

vância já há-de repercutir-se, se não na validade ou eficácia objectiva do acto, ao menos na respectiva **oponibilidade** perante a parte para protecção da qual ele tivesse sido posto — pois que não é admissível que a inobservância do prazo por quem tenha o respectivo ónus possa redundar em prejuízo de interesses com igual ou maior dignidade da contra-parte na relação jurídico-procedimental. Aqui, sim, haverá invalidade, ineficácia ou inoponibilidade jurídicas do respectivo acto.

III. Falta-nos, também, uma regra legal sobre o início da contagem de prazos, no seio do procedimento, naqueles casos em que não haja notificações a preceder o seu desencadear.

Deve entender-se que tais prazos se contam do dia (mês ou hora) seguinte ao da prática do acto que imediatamente antecede, no respectivo rito procedimental, o acto ou formalidade que agora se trata de cumprir, ou seja (consoante os casos), do termo do prazo para a prática do acto ou formalidade anterior — que é a regra — ou do conhecimento efectivo da sua prática.

IV. Questão que não está esclarecida no Código, em geral, é se os prazos procedimentais se suspendem e em que casos (fora, naturalmente, da hipótese de sábados, domingos e feriados) — havendo apenas disposições para casos particulares, como os do art. 108.º, n.º 4, ou do art. 109.º, n.º 3.

A resposta para a questão é naturalmente a de que há, para além dessas, outras hipóteses em que os prazos procedimentais se suspendem. Assinalámo-las nas anotações sobre as formalidades e trâmites do procedimento, a propósito, por exemplo, do caso do convite ao suprimento (art. 76.º) ou da norma respeitante à conclusão do procedimento (art. 58.º), e vê-lo-emos a seguir na nota **III** ao art. 72.º.

V. Admite-se que a **lei** preveja **outros prazos** mais curtos ou mais largos do que o prazo-regra, como também que a própria **Administração fixe prazos diversos** dele, seja oficiosamente ou a pedido dos interessados.

Essas excepções só estão, é certo, previstas no n.º 1, para o caso dos actos a praticar pelos órgãos administrativos, e já não para os actos dos interessados, no n.º 2. Mas elas valem também para estes: a Administração pode conceder aos interessados, quando a lei não lho proíba, **prazos maiores** do que os fixados — desde que se precate, é claro, contra desigualdades e parcialidades, ou que não haja aí intuitos dilatórios.

Já a fixação de um **prazo menor** que o legal, para a prática de acto ou realização de formalidade pelo particular, só poderá ter lugar naqueles casos em que tal prazo não foi estabelecido como garantia ou protecção da posição dos interessados. A conveniência administrativa, a necessidade de acelerar o andamento do procedimento ou a presumida facilidade de realização da diligência, só podem ser usados como fundamento da redução do prazo legal, nesse pressuposto, quando este não seja estabelecido em favor da posição do interessado. Ou, então, em **estado de necessidade.**

Artigo 72.º

Contagem dos prazos

1. À contagem dos prazos são aplicáveis as seguintes regras:
   a) **Não se inclui na contagem o dia em que ocorrer o evento a partir do qual o prazo começa a correr;**
   b) **O prazo começa a correr independentemente de quaisquer formalidades e suspende-se nos sábados, domingos e feriados;**
   c) **O termo do prazo que caia em dia em que o serviço perante o qual deva ser praticado o acto não esteja aberto ao público, ou não funcione durante o período normal, transfere-se para o primeiro dia útil seguinte.**

2. Na contagem dos prazos legalmente fixados em mais de seis meses incluem-se os sábados, domingos e feriados.

> *I. Contagem dos prazos no procedimento administrativo, como prazos processuais; subsistência dos prazos contínuos de procedimentos especiais.*
>
> *II. Excepção quanto aos prazos não procedimentais inseridos no procedimento.*
>
> *III. A contagem e a suspensão de prazos de formalidades ou de conclusão (expressa ou tácita) do procedimento: critérios gerais de aferição da repercussão do prazo de cumprimento de formalidades adicionais nessa conclusão e necessidade, em geral, de apreciação casuística da questão.*
>
> *IV. Prazos que se contam da "data" ou do "evento".*
>
> *V. Interpelações e cominações: regra da sua desnecessidade.*
>
> *VI. Prazos terminados em dias de encerramento dos serviços (ou em que eles não funcionem durante todo o período normal).*
>
> *VII. Os prazos fixados em meses.*

art. 72.º, n.º 1

I. Das regras aqui estabelecidas, tem particular relevo a **da alínea b)**, tornando obsoleta a concepção tradicional sobre o carácter substantivo e a **continuidade** dos prazos procedimentais: agora, os prazos a observar no procedimento, desde a entrada do requerimento inicial ou do despacho oficioso até à sua conclusão, são contados em **dias úteis**, excluindo-se, portanto, sábados, domingos e feriados. Note-se, contudo, que não havendo férias para a Administração — ao contrário do que acontece para os tribunais — os prazos procedimentais, com a ressalva referida, não se interrompem ou suspendem por causa de férias.

Artigo 72.º

Com a regra da contagem em dias úteis, muitos prazos do Código (ou que ele deixou em vigor), mantendo-se, embora, nominalmente iguais, modificaram-se assim radicalmente: por exemplo, os "noventa dias" dos arts. 108.º e 109.º, que passam agora a valer (sem feriados, "pontes", etc) quase dezoito semanas, quando antes, no regime do Decreto-Lei n.º 256-A/77 (17.VI), não "valiam" sequer treze.

Compreensível quanto ao seu fundamento, a disposição carece, porém, de alguns ajustamentos e esclarecimentos.

A começar logo pelo facto de os AA. do Projecto considerarem que esta e as restantes normas sobre prazos são aplicáveis a todos os procedimentos administrativos e respectivas fases. Não obstante, está a firmar-se na jurisprudência a ideia de que, havendo (em procedimentos especiais) disposições que consagrem a continuidade de um qualquer prazo procedimental, elas afastariam a aplicação das regras do Código nesta matéria: ver sobre essa jurisprudência, por todos, o Acórdão do STA (1ª Secção) de 14.VI.94, *in* AD n.º 396, págs. 1932 e segs.

Dado esse pressuposto — de a lei respeitante a um procedimento especial consagrar a continuidade do prazo de um trâmite seu — consideramos boa a tese jurisprudencial exposta.

II. Não se inclui, obviamente, no conceito de prazos procedimentais, o próprio prazo estabelecido na lei como **condição de exercício** (factor de caducidade ou prescrição) **do direito** ou da posição jurídica, a cuja atribuição ou reconhecimento o procedimento tende. É um prazo não procedimental, como acaba por o ser também, por exemplo, o prazo para a revogação *ex officio* do acto administrativo — pois é fixado por referência ao prazo para a interposição do recurso contencioso, que é um prazo substantivo.

O mesmo se diga quanto aos prazos respeitantes à titularidade ou exercício de posições extra-procedimentais, que se queiram levar ao procedimento, como um modo de colaborar na sua instrução ou para decisão de incidentes nela suscitados.

Mas já se incluem na regra geral do Código os prazos respeitantes à conclusão do procedimento ou à instauração de procedimentos (secundários) de execução e de revisão (reclamação ou recurso) da decisão tomada no procedimento principal.

III. Outras questões relevantes ligam-se, uma, com o facto de não se saber quando se **começam a contar os prazos procedimentais**, outra, ao facto de nada se dispôr sobre a **suspensão de contagem dos mesmos** e sobre os casos em que ela se repercute nos prazos de conclusão (e de deferimento ou indeferimento tácito).

Àquela questão, respondemos em anotação ao artigo anterior, para onde se remete.

A segunda é mais complexa: não propriamente porque seja muito difícil determinar casuisticamente, em relação às diversas formalidades do Código, em que casos se justifica razoavelmente a suspensão dos respectivos prazos. Casos de sus-

Artigo 72.º

pensão do prazo, seriam (pelo menos numa perspectiva generosa) o dos arts. 31.º, 43.º, n.º 2, 45.º, 76.º, n.º 1, 91.º, n.º 1 e 108.º. O problema é saber se a suspensão de um prazo intercalar ou procedimental se reflecte no próprio prazo de conclusão do processo e da eventual formação dos actos tácitos.

Só casuisticamente se pode também dar resposta a essa questão: é necessário, porém, não levar esse casuísmo, pelo menos em matéria de actos tácitos de deferimento — já que, quanto aos de indeferimento, só mesmo o requerente é que pode ficcionar (reactivamente) a sua existência — ao ponto de gerar dúvidas e controvérsias, porventura insanáveis, sobre momentos tão decisivos no procedimento, como esses são.

Mas já é plenamente sustentável que, por exemplo, no caso do art. 76.º, n.º 1 — convite ao suprimento de irregularidades e omissões do requerimento inicial —, o prazo para formação do acto tácito se comece a contar do momento em que o interessado apresentou o correspondente suprimento (salvo em hipóteses de suprimento irrelevantes do ponto de vista do andamento do procedimento, como seja, por exemplo, a respeitante à falta de indicação da profissão ou do estado civil).

Os únicos critérios gerais que, nestas circunstâncias, nos atrevemos a propor são, portanto, que a suspensão de que se deu conhecimento aos interessados opera todos os seus efeitos e que não deve aceitar-se a repercussão num prazo que interessa a diversas pessoas, das razões que só a uma respeitam e de que só ela tem conhecimento oficial.

IV. A regra da alínea a) corresponde à da alínea b) do art. 279.º do Código Civil: assim, se um prazo começa a correr a partir de determinado **evento** (v.g., a notificação), a sua contagem inicia-se no dia útil imediatamente a seguir àquele em que ele (ela) teve lugar, salvo se a lei o mandar contar da própria **data** (ver PIRES DE LIMA e ANTUNES VARELA, *Código Civil Anotado*, vol. I, pág. 257).

V. O prazo processual corre, diz-se ainda na alínea b),*"independentemente de quaisquer formalidades"*, sem necessidade de interpelação daquele sobre quem recai o respectivo ónus ou, em geral, de se lhe fazer qualquer comunicação ou cominação sobre a existência e tempo desse prazo.

Note-se que, no caso de o prazo para a prática de um acto terminar a um sábado, domingo ou dia feriado, ele se transfere para o dia útil imediatamente a seguir, ainda que o serviço perante o qual o acto deveria ser praticado funcione nesses dias, como sustentou o Supremo Tribunal Administrativo, na curiosa espécie julgada no seu Acórdão de 29.II.96 (publicado nos AD n.º 413, pág. 569).

VI. Na hipótese da alínea c) — que corresponde à da alínea e) do art. 279.º do Código Civil — ficam abrangidos os casos de **interrupção** do período normal de funcionamento dos serviços (v.g., por paralizações laborais), independentemente

Artigo 72.º

do facto de isso se ter repercutido, ou não, na possibilidade da prática do acto — ou os dias de tolerância de ponto, quando correspondam ao último dia de prazo (Acórdão n.º 8/96 do STJ, no Diário da República, série I-A, de 2.XI.96).

A regra é, talvez, necessária, por razões de certeza. Mas pode causar questões delicadíssimas em matéria de formação de actos silentes ou tácitos, se se aceitasse a repercussão desta interrupção na sua formação.

art. 72.º, n.º 2

VII. Outra questão é a de saber se os **prazos procedimentais fixados em meses** (ou em semanas) se contam entre as datas correspondentes dos respectivos meses — art. 279.º, alínea c) do Código Civil — ou em trinta (ou oito) dias de calendário.

O Decreto-Lei n.º 6/96 aditou um equivoquíssimo n.º 2 à redacção anterior do preceito, para resolver tal questão.

Equívoco, desde logo, porque se fica com a ideia de que aos prazos fixados em meses, no procedimento administrativo, não se aplicaria a regra da alínea c) do art. 279.º do Código Civil, de correrem desde o dia do seu início até ao dia correspondente do último mês (que resultar do número de meses que deverem decorrer para se perfazer o prazo em causa) e para cuja contagem os sábados, domingos e feriados são exactamente iguais e englobados como o são as segundas, terças, quartas, quintas ou sextas-feiras.

Mandando incluir os sábados, domingos e feriados nos prazos fixados em mais de 6 meses — ou mandando, *a contrario*, excluí-los dos prazos iguais ou inferiores a 6 meses — o legislador parece, portanto, entender que os prazos procedimentais em meses devem ser convertidos em dias, para se poder entrar (ou deixar de entrar) em conta com os sábados, domingos e feriados, já que a contagem de prazos em meses (não convertidos em dias) inclui irremediavelmente, seja qual fôr a sua extensão, esses dias não-úteis.

Surpreendente, então, é que essa regra — da convertibilidade necessária em dias dos prazos fixados em meses (a 30 dias cada mês) — não tenha sido afirmada claramente, até por ser contrária ao princípio geral de direito da alínea c) do art. 279.º do Código Civil.

Mais absurdo parece o entendimento de que o legislador só quereria essa convertibilidade para os prazos superiores a 6 meses — para contar os sábados, domingos e feriados, o que aliás não redundará em grande diferença de tempo — e não já para os prazos iguais ou inferiores. Além do mais, resulta *a contrario sensu* do preceito que, nestes casos, já não se contam sábados, domingos e feriados, o que pressupõe obviamente a conversão.

Por outro lado, converter apenas os prazos iguais ou inferiores a 6 meses — onde a diferença temporal já será significativa, por se contarem descontinuamente,

Artigo 73.°

só em dias úteis — redundaria em assumir que o legislador estabeleceu um comando geral pela negação do seu contrário, o que, em termos de técnica legislativa, é insólito, mas que, provavelmente, até corresponde ao melhor entendimento da lei.

Artigo 73.°

Dilação

1. Se os interessados residirem ou se encontrarem fora do continente e neste se localizar o serviço por onde o procedimento corra, os prazos fixados na lei, se não atenderem já a essa circunstância, só se iniciam depois de decorridos:
   a) **5 dias, se os interessados residirem ou se encontrarem no território das Regiões Autónomas;**
   b) **15 dias, se os interessados residirem ou se encontrarem em país estrangeiro europeu;**
   c) **30 dias, se os interessados residirem ou se encontrarem em Macau ou em país estrangeiro fora da Europa.**
2. A dilação da alínea a) do número anterior é igualmente aplicável se o procedimento correr em serviço localizado numa Região Autónoma e os interessados residirem ou se encontrarem noutra ilha da mesma Região Autónoma, na outra Região Autónoma ou no continente.
3. As dilações das alíneas b) e c) do n.° 1 são aplicáveis aos procedimentos que corram em serviços localizados nas Regiões Autónomas.

   I. Dilação: âmbito. Prazos que não estão sujeitos a dilação.
  II. Repercussão da dilação sobre os prazos procedimentais de conclusão e decisão.
 III. O efeito ope legis *da dilação.*
 IV. Casos em que a dilação opera: a residência e a permanência.

I. O âmbito do preceito legal cinge-se aos prazos **fixados na lei**; naqueles que sejam de determinação administrativa, ela (Administração) pode atender, ou não, explicita ou implicitamente, às dilações deste preceito.

Não se distingue, para efeitos de **dilação**, entre actos que pressupõem, ou não, a presença pessoal dos interessados ou possam ser praticados por via postal, sendo o preceito aplicável a todos eles.

Note-se, contudo, que há prazos para a prática de actos procedimentais da Administração que não sofrem dilação, como sucede, por exemplo, com o do

Artigo 73.º

n.º 2 do art. 70.º ou os prazos respeitantes às reuniões (convocatórias, etc.) de órgãos colegiais.

Se a Administração marcar a data de uma formalidade ou diligência (um exame, uma apresentação) sem considerar uma dilação a que havia lugar, realizando mesmo assim a diligência, há ilegalidade que pode (ou não, conforme os casos) repercutir-se na validade do respectivo acto.

II. É duvidoso se as dilações que se verificam durante o procedimento se repercutem no prazo para a conclusão do procedimento e para a formação dos actos tácitos ou silentes. Razões ligadas com a necessidade de certeza e segurança jurídicas fazem-nos responder negativamente, na sequência lógica, até, da proposta que fizemos quanto à interpretação da restrição posta no n.º 1 do art. 71.º do Código.

III. A dilação (como o próprio decurso do prazo) **não depende de quaisquer formalidades**, muito menos de a Administração a assinalar ou reconhecer, ou não. São efeitos que se produzem, são prazos que se alongam, por mera decorrência da lei, não sendo necessário sequer determinar o prazo de dilação procedimental, pois que estão fixados imperativamente para todas as hipóteses em que ela funciona, sem prejuízo, é evidente, da possibilidade de prorrogação administrativa de prazos legais, prevista no art. 58.º, n.º 2 do Código.

IV. É factor de dilação, não apenas a **residência** do interessado, mas também o facto de ele se **"encontrar"** num local diferente daquele onde corre o procedimento (n.º 1) — o que pode gerar algumas dúvidas de aplicação.

Questiona-se, por exemplo, se, para preencher o pressuposto legal, deve exigir-se apenas que o interessado se encontre em local diverso durante o período a que respeitar(em) a(s) diligência(s) de cujo(s) prazo(s) se trata ou, antes, se é necessário (para que a dilação funcione) que se trate de situação oficial ou procedimental do interessado.

Atendendo à letra do preceito, deveria prevalecer a primeira resposta.

Mas, para que haja então lugar à dilação, seria preciso que essa residência esporádica do interessado em local diferente do da sua residência "procedimental", estivesse processualmente documentada no procedimento — não podendo ele prevalecer-se do efeito dilatório pela simples invocação de que, ao tempo da prática do acto (ou da realização da diligência), se encontrava fora do local da sua residência.

O que, afinal, nos leva a optar pela segunda alternativa, muito mais segura e certa.

CAPÍTULO IV
Da marcha do procedimento

SECÇÃO I
Do início

PRELIMINARES

*I. Âmbito das normas respeitantes ao início do procedimento: proce-
dimentos particulares e públicos e "enxertos" particulares nos procedimentos oficiosos.*

*II. Início e abertura dos procedimentos particulares. A distinção entre
o momento do nascimento da obrigação de decidir (fruto do exercício do direito do particular) e o do nascimento do procedimento
(fruto da sua abertura pela Administração).*

*III. Efeitos jurídicos do requerimento. A posição jurídico-procedimen-
tal do requerente: direitos e deveres (ónus) em que se desdobra.*

I. Nesta Secção do Código, só se regula o início dos procedimentos cor-
rentemente designados de *particulares*, isto é, aqueles que são abertos como consequência da pretensão do particular a uma decisão administrativa — mas já não o
início dos procedimentos *oficiosos*, embora, quando se admita o "enxerto" de pretensões particulares nestes, elas devam considerar-se sujeitas aos preceitos desta
Secção, salvo se forem incompatíveis com o desenrolar do procedimento oficioso
onde tal incidente ou sub-procedimento tem lugar.

Quanto aos procedimentos a que chamámos *públicos* — cfr. comentários
Preliminares ao art. 1.º e comentários ao art. 54.º — não se vê inconveniente em
considerá-los submetidos às regras do Código naquilo que, no seu regime específico, seja omisso, e não contrarie a natureza jurídico-pública do respectivo requerente ou da sua relação orgânica com o requerido.

II. Como já se disse em anotação ao art. 54.º, não é pacífico que o início do
procedimento particular corresponda juridicamente à apresentação do requerimento,

Preliminares

que seja este o facto jurídico constitutivo do procedimento: pode conceber-se que esse início corresponde, antes, a uma decisão (explícita ou implícita) do órgão a quem ele é dirigido, recebendo-o como tal e reconhecendo, portanto (pelo menos, liminarmente), existirem os pressupostos básicos de que depende a existência do seu dever de decidir, de proferir uma decisão procedimental. E a verdade é que até há normas no Código que vão de encontro a essa tese — repare-se, por exemplo, no art. 34.º, n.º 1, *maxime* b), e n.º 3.

Podia também argumentar-se que o requerimento só é início do procedimento porque, uma vez recebido, é à sua data que são reportados os efeitos da abertura do procedimento e é à vontade do particular que se recorre para delimitar o objecto (mínimo necessário) procedimental; mas o acto constitutivo do início do procedimento seria da Administração, que, aliás, pode decidir *"sobre coisa diferente ou mais ampla"* (art. 56.º), dando-lhe um significado e rumo procedimentais diversos daquele que ele teria na vontade (e no requerimento) do particular.

Não se deveria, então, confundir o **direito** (fundamental e subjectivo) do particular à decisão — e, portanto, **o direito** a que se inicie ou abra o respectivo procedimento — com coisa diversa, que é o próprio **início ou abertura do procedimento**.

O que estaria, aliás, de acordo com o facto de as pretensões dos particulares à Administração, só por o serem, não constituirem esta em deveres procedimentais, mas apenas no **dever de responder** ou de se **pronunciar**, já que pode tratar-se de uma simples petição, queixa ou representação em defesa da Constituição, da lei e dos interesses gerais, ou tratar-se de matéria em relação à qual a Administração solicitada não tem o dever legal de decidir.

Ou seja, o requerimento (como manifestação de um direito subjectivo público dos administrados, a que corresponde um dever vinculado da Administração) constitui-a na obrigação jurídica de se pronunciar — e, por isso, os prazos ligados à violação dessa obrigação (como os respeitantes à formação dos actos tácitos ou silentes) devem ser contados daí. Mas o procedimento, para efeito dessa decisão, esse abre-o e fá-lo seguir a Administração (ou não, no caso de o requerimento apresentado não preencher os requisitos da respectiva *fattispecie* administrativa — como acontece nos já mencionados casos do n.º 1, b) e n.º 3 do art. 34.º do Código) e, portanto, seria da data em que o iniciou, que se contaria o prazo para a respectiva conclusão (já não para a formação do acto tácito).

A questão não é assim tão importante que mereça mais aprofundamento, pois todos estarão de acordo que, pelo menos perante os interessados, os efeitos respeitantes ao início do procedimento se contam (salvo casos de suprimento ou similares) da data de apresentação do requerimento.

III. A apresentação do requerimento desencadeia os seguintes efeitos:
— constituição da Administração na obrigação de **proceder** — ou seja, de verificar se existe uma pretensão a que corresponde um dever de decidir — e de (nesse caso) **decidir;**

Artigo 74.°

— constituição de uma **posição jurídica procedimental** a favor do requerente;
— **prioridade de conhecimento** dos requerimentos pela ordem da sua entrada.

Desses efeitos, já se analisou o primeiro, ficando o último para anotação ao art. 80.°.

Quanto ao estatuto legal correspondente à *posição procedimental do requerente*, desdobra-se ele nos seguintes direitos (faculdades) ou deveres (ónus):

— direito à decisão (e à sua notificação);
— direito de participação, inclusive em quaisquer sub-procedimentos prejudiciais;
— direito à informação;
— direito à notificação das diligências instrutórias e de nelas participar;
— dever de prestar colaboração no apuramento da verdade;
— dever de prestar informações ou apresentar provas;
— dever de permitir a realização de quaisquer diligências, que dependam de si;
— dever de prova dos factos, quando for o caso;
— direito de ser ouvido, após a instrução e antes de ser proferida decisão;
— direito de desistência;
— direito de conhecer as razões da eventual denegação de sua pretensão;
— direito de reclamação e recurso administrativos da decisão proferida;
— dever do pagamento de taxas e despesas que estiverem legalmente previstas

Sobre a posição jurídica dos interessados no procedimento, cfr. PEDRO GONÇALVES, As regras do procedimento, *in* Seminário sobre o Código do Procedimento Administrativo — CEFA, pág. 65.

Artigo 74.°

Requerimento inicial

1. O requerimento inicial dos interessados, salvo nos casos em que a lei admite o pedido verbal, deve ser formulado por escrito e conter:

a) **A designação do órgão administrativo a que se dirige;**

Artigo 74.º

   b) A identificação do requerente, pela indicação do nome, estado, profissão e residência;

   c) A exposição dos factos em que se baseia o pedido e, quando tal seja possível ao requerente, os respectivos fundamentos de direito;

   d) A indicação do pedido, em termos claros e precisos;

   e) A data e a assinatura do requerente, ou de outrem a seu rogo, se o mesmo não souber ou não puder assinar.

2. Em cada requerimento não pode ser formulado mais de um pedido, salvo se se tratar de pedidos alternativos ou subsidiários.

    I. Noção de requerimento (procedimental) e distinção de figuras afins: as comunicações sobre o exercício de um direito.

   II. Efeitos do requerimento inicial: remissão.

  III. Requerimento escrito: papel e legibilidade.

  IV. Impressos e formulários obrigatórios.

   V. Menções do requerimento: legais e regulamentares.

  VI. A identificação do órgão requerido. Requerimento dirigido a órgão incompetente.

 VII. Identificação do requerente ou do seu representante (e da qualidade em que actuam): elementos essenciais e relativamente essenciais. Sua falta (remissão).

VIII. A exposição dos factos: falta absoluta e relativa da sua menção.

  IX. A indicação dos fundamentos de direito: casos em que a respectiva falta pode ser juridicamente sancionada.

   X. Indicação do pedido: requisitos e consequências da sua falta. Pedido único (remissão).

  XI. Data e assinatura do requerimento: seu diferente relevo.

 XII. Menções não exigidas na lei: as rasuras, as ressalvas e os anexos.

XIII. A proibição de formulação de mais de um pedido por cada requerimento: consequências.

XIV. Âmbito de aplicação da regra: pedidos acessórios ou complementares.

 XV. Excepções à regra. Pedidos alternativos e subsidiários. Requisitos da sua admissão.

art. 74.º, n.º 1

I. A iniciativa particular, diz a lei, tem lugar mediante **requerimento** do interessado. Ora, pelo facto de as leis não serem sempre rigorosas quanto ao *nomen* do acto do particular susceptível de desencadear a abertura de um procedimento

Artigo 74.º

— sendo comum, por um lado, a existência de "requerimentos" que não iniciam procedimentos por não implicarem uma decisão, e, por outro, a referência legal a actos particulares de (ou que desencadeiam a) abertura de procedimentos com designações diversas, por exemplo, *"comunicação"* da pretensão —, é fundamental atender aos contornos jurídicos que deve assumir o acto do particular para que possa considerar-se como acto que dá início a (ou lugar ao início de) um procedimento.

"Requerimento" é todo o acto do **titular de uma posição jurídica substantiva** — direito subjectivo ou interesse legalmente protegido ou de interesses difusos, na medida em que possam ser objecto de pretensões perante a Administração (art. 53.º) —, que visa obter, do órgão administrativo competente, a produção de um efeito jurídico constitutivo ou recognitivo só realizável através da prática de um acto (ou contrato) administrativo. O requerimento há-de necessariamente (pre)tender à produção de uma decisão administrativa, o que não significa que a sua apresentação origine, sem mais, um direito à decisão de fundo da pretensão formulada.

Se o requerimento supõe sempre uma obrigação de proceder que (no caso de não se verificarem quaisquer irregularidades quanto aos pressupostos de recebilidade) se traduz numa obrigação de decidir, já os actos dos particulares, que visam a **tutela de um interesse simples ou de facto** (como as denúncias ou queixas) podem obrigar a autoridade administrativa a tomá-los em consideração, até, eventualmente, para efeito de instauração oficiosa do procedimento, mas não são actos de iniciativa procedimental, por não estarem na origem de qualquer obrigação de tomar uma decisão relativamente a uma posição ou pretensão jurídica substantiva do particular. Não se trata, portanto, de actos de iniciativa procedimentalmente relevantes, embora possam ser considerados factos jurídicos relevantes, em termos de desencadear um procedimento oficioso.

Note-se que o facto de o Código prescrever que nos procedimentos particulares o acto de iniciativa é o requerimento, não significa que não se conheçam outros actos jurídicos dos particulares com aquela virtualidade: é o que se passa com as **comunicações** dirigidas à autoridade administrativa, que anunciam o exercício de um direito (v.g., de manifestação).

Contudo, nestes casos, em que a lei faz depender o exercício do direito de comunicação do interessado, não ocorre apenas uma alteração do *nomen* do acto de iniciativa. É que tal acto não dá necessariamente lugar a um dever de decidir do órgão administrativo competente (significando a inércia deste não oposição ao exercício do direito nos termos comunicados), embora dê origem a um procedimento. Ou seja, as comunicações referidas dão início a um procedimento administrativo — há, pelo menos, uma fase instrutória destinada à verificação da compatibilidade dos termos do exercício do direito com o interesse público — a que pode não se seguir uma fase decisória (não podendo falar-se, por isso, na existên-

Artigo 74.º

cia dum dever de decisão, mas da mera falta de oposição administrativa ao direito em causa).

II. Já nas anotações Preliminares a esta Secção se deu conta da **natureza e efeitos do requerimento inicial**, que investe o peticionante numa posição procedimental de interessado principal, obrigatório.

III. O requerimento inicial (qualquer requerimento, aliás,) deve ser formulado **por escrito** — salvo previsão legal em contrário ou quando a sua natureza e circunstâncias exigirem outra forma (por analogia com o art. 122.º).

Qualquer escrito (à mão ou impresso, articulado ou não) serve, como resulta do art. 2.º do Decreto-Lei n.º 112/90, de 4.IV, cujo art. 1.º — na parte em que se refere ao uso de *"folhas de papel normalizado, brancas ou de cores pálidas, de formato A4 ou papel contínuo"* — deve, portanto, ser entendido como uma norma dirigida aos serviços, no sentido de promover e incentivar, tanto quanto possível, a utilização de suportes normalizados adequados. Ou seja, a falta de uso de suportes desses não redundará em prejuízo procedimental do particular, que pode, quando muito, ser convidado a "normalizar" o seu requerimento (e sem que isso tenha outra influência determinante, por exemplo, em matéria de prazos).

A única exigência insuprível da referida lei, neste particular, é a da **legibilidade** do requerimento, sob pena de rejeição (indeferimento) liminar, eventualmente acompanhada de convite ao requerente para formular um novo.

IV. Questão diferente é saber se uma lei ou um regulamento podem estabelecer ou mandar estabelecer **impressos** ou **modelos oficiais obrigatórios** para a apresentação de requerimentos determinados, em termos de os mesmos serem rejeitados, se forem apresentados de modo diverso — em contradição com regra geral do referido Decreto-Lei n.º 112/90.

Não nos parece, como se disse em anotação ao art. 1.º, que isso traduza, só por si, uma compressão ou violação do conteúdo essencial de qualquer direito fundamental. Uma medida dessas até pode ser tomada por razões de protecção de particulares, como sucede naqueles casos em que a sua posição no procedimento depende de fundamentação complexa e heterogénea, pejada de dados que, num requerimento avulso, facilmente se esquecem, demorando (ou mesmo inviabilizando) a realização do seu próprio interesse procedimental e substantivo.

Neste sentido, o art. 3.º do Decreto-Lei n.º 129/91 sugere a possibilidade de ser exigido, por lei especial, o uso de formulários obrigatórios.

Deve entender-se, contudo, que nos casos em que o impresso não tenha reservado um espaço (ou um espaço suficiente), para a explanação dos factos e/ou das razões de direito que fundamentam o pedido, o particular sempre poderá juntar uma ou mais folhas anexas, devendo fazer disso menção no próprio impresso.

Artigo 74.º

Aliás, dos impressos obrigatórios deveria sempre constar um item para esse efeito — um espaço expressamente destinado a tal menção, onde o particular possa indicar quantas folhas ainda integrantes do próprio pedido pretende juntar, para além dos demais documentos anexos (a acrescer aos eventualmente requeridos no próprio impresso), com que entenda por bem instruí-lo.

Na verdade, a fundamentação do pedido constitui, mais do que um ónus, um verdadeiro direito procedimental do requerente, que não pode ser burocraticamente restringido. Neste aspecto, levantam-se, contudo, problemas análogos aos da obrigatoriedade de fundamentação expressa da decisão final da Administração, no que se refere aos actos praticados em massa, e de uma forma geral, a todos os actos administrativos que concluam procedimentos de iniciativa particular cujo contexto dificilmente se compadeça com tal tipo de adendas: pense-se, desde logo, nos requerimentos cujos suportes documentais terão que passar pelo crivo sensível de um tratamento informático. Impõe-se, nesses casos, que os interessados sejam convidados primeiro (com a devida cominação) a suprir a deficiência do requerimento inicial não normalizado, duvidando-se porém que haja lugar a reportar os efeitos da iniciativa particular à data do seu primeiro escrito, não normalizado.

Não é de rejeitar, também, se legalmente previsto, que os impressos ou modelos oficiais não sejam gratuitos — como, em regra, deve suceder nos termos do art. 3.º do mencionado Decreto-Lei n.º 112/90, de 4.IV.

V. Às **menções do requerimento** referidas no n.º 1 acrescem aquelas que leis especiais (anteriores e posteriores ao Código) imponham — embora se subsumam, normalmente, nas das alíneas c) ou d) deste preceito.

Admite-se, também, que seja a própria Administração, em regulamentos administrativos, a adicionar outras menções às estabelecidas no CPA (ficando a sua obrigatoriedade, naturalmente, dependente da legalidade dessa intervenção normativa dos órgãos administrativos).

VI. A primeira menção, a da alínea a), respeita ao **cabeçalho** do requerimento: consiste na invocação do órgão de quem se pretende uma decisão — mesmo se ele é entregue em serviços dependentes de outros órgãos.

Se o órgão invocado for incompetente para decidir sobre a pretensão formulada, procede-se, não nos termos do art. 76.º, mas do art. 34.º do Código, para cujas anotações daqui se remete.

VII. As menções a que se refere a alínea b) são essenciais (art. 76.º, n.º 3) no que concerne à **identificação do requerente**, em si mesma: a falta de indicação do estado civil ou da profissão (mas já não a da respectiva morada) não deve implicar a rejeição liminar da pretensão e pode nem ser necessário a Administração pedir o suprimento de tais deficiências, pelo menos, para pôr em marcha o procedimento.

Artigo 74.º

A indicação do **nome** (e dos títulos da sua cidadania, como o bilhete de identidade) do requerente, esse sim, é requisito essencial do recebimento procedimental da pretensão.

A norma reporta-se à identificação do requerente, e não à do respectivo representante — omissão que poderia ser suprida na assinatura do requerimento, se a lei tivesse disposto qualquer coisa nesse sentido. Mas não o fez. O requerimento formulado e assinado pelo representante em nome do requerente representado deve, portanto, conter uma menção obrigatória à sua identificação (em termos similares à exigida para o próprio requerente), até porque os actos procedimentais são praticados perante e por ele.

O Código não se referiu especificamente à menção, pelo requerente, da **qualidade em que actua** — a qualidade do (de) representante, essa é, claro, de menção obrigatória — embora ela possa ser fundamental para decidir da recebilidade da sua pretensão. Considerou-se, provavelmente, que isso seria matéria abrangida pela alínea c), pela exposição dos fundamentos de facto e de direito da pretensão.

De qualquer maneira, a falta dessa menção não dá origem à rejeição liminar da pretensão, mas sim ao seu suprimento (pela Administração, se dispuser de dados oficiais, ou pelo interessado, a solicitação dela).

Sobre as consequências da falta de identificação do requerente, ver anotação ao art. 76.º, n.º 3.

VIII. A **exposição dos factos** é, obviamente, requisito essencial da recebilidade de um requerimento — nem que sejam só os factos respeitantes à legitimidade do requerente, se a pretensão se fundar precisamente nisso. A **falta absoluta** da menção de factos ou fundamentos é, portanto, sancionada com a irrecebilidade da pretensão — quanto mais não seja porque, na maior parte das vezes, o pedido nem sequer resultaria determinado ou intelegível (recaindo, então, a hipótese no n.º 3 do art. 76.º).

Tratando-se de **falta relativa**, estamos perante um problema a resolver em sede de inquisitório e instrução — havendo lugar (no caso de não se estabelecerem tais factos no procedimento) à aplicação ou da disposição do art. 91.º, n.º 3, ou da do art. 76.º, n.º 3 (se tais factos resultarem em falta de "clareza" ou de "precisão" do requerimento) — ou, então, é simplesmente questão que se pode resolver pelo simples convite ao seu suprimento.

IX. Quanto à **indicação dos fundamentos de direito**, ela só é pedida, *"quando tal seja possível ao requerente"* — o que, em termos práticos, redunda num dever sem sanção efectiva, salvo se se tratar de pretensão que se possa fundar, alternativamente, em diversos preceitos legais e que, se não for expressamente fundada num deles, sofrerá em matéria de "clareza" e "precisão", com as consequên-

Artigo 74.º

cias do art. 76.º, n.º 3, já que se fica sem saber qual dessas normas o interessado pretende que seja aplicada ao pedido formulado.

X. A mais necessária (salvo a da identificação) de todas as menções legais é a da *"indicação do pedido* (ou dos pedidos) *em termos claros e precisos"*.

Se não houver sequer pedido, já se sabe, não há requerimento.

Se, havendo pedido, não conseguir saber-se em que consiste ele, por ser obscuro ou impreciso (equívoco), há lugar à rejeição (ou indeferimento) liminar (art. 76, n.º 3) — podendo essa obscuridade ou imprecisão resultar, até, da falta de fundamentação, de facto ou de direito, suficiente, como se viu antes.

A indicação de mais de um pedido está vedada pelo n.º 2 (que adiante comentamos), salvo nas hipóteses aí previstas.

XI. O requerimento inicial deve conter, finalmente, *"a data e a assinatura do requerente"* — alínea d).

A indicação da data do requerimento é, obviamente, irrelevante, se o respectivo documento contiver um carimbo (ou similar) de recepção datado, pois é esta a data que contará para todos os efeitos legais.

A **assinatura** do requerente (ou de outrem, a seu rogo) essa é necessária, se não for representado legal ou voluntariamente para estes efeitos, porque, nesse caso, assina o procurador (ou o gestor de negócios), invocando a respectiva qualidade (e juntando a comprovação correspondente).

XII. O Código não mandou mencionar as **rasuras e ressalvas** feitas ao longo do requerimento, o que deveria ser obrigatório.

Mais importante seria, ainda, exigir a menção dos documentos que se juntam ao requerimento, o que julgamos dever, porém, ser acautelado logo pelo funcionário que assina ou rubrica o recibo de entrega (ver anotação ao art. 81.º).

art. 74.º, n.º 2

XIII. Para **"cada pretensão, um requerimento"** — dispõe-se neste preceito —, porque a cada uma daquelas corresponde um procedimento. É a proibição do pedido múltiplo (ou duplo).

Não é uma regra nova no direito português (v. MARCELLO CAETANO, in *Manual de Direito Administrativo*, volume II, pág. 1302), mas revigora-se e amplia-se, agora, nesta sua nova consagração.

A consequência da violação de uma proibição legal, tal como a formulada neste n.º 2, seria a da rejeição liminar do requerimento com dois pedidos, se não existir entre eles qualquer ordenação, explícita ou implícita.

A previsão do art. 76.º, n.º 1, do Código é, contudo, contrária a esse entendimento, augurando que (tendo sido formulados dois pedidos), o requerente seja con-

Artigo 75.º

vidado também a suprir essa deficiência, precisando qual deles é para ser decidido e desistindo (explícita ou implicitamente) do outro.

XIV. A proibição legal deste n.º 2 do art. 74.º do Código respeita obviamente a pedidos autónomos, independentes uns dos outros.

Porque os pedidos respeitantes a **efeitos** (ou aspectos) **acessórios ou complementares** de outro pedido — por exemplo, aqueles que constituem sua execução jurídico-administrativa — podem ser formulados no mesmo requerimento, constituindo tal pedido complementar, no caso de a execução dever correr em separado e oficiosamente, a participação do interessado para os devidos efeitos (sempre admitida, entre nós).

XV. Abriram-se neste preceito duas excepções à proibição (legal) de formulação de mais de um pedido autónomo ou independente: é o caso dos **pedidos alternativos** e dos **subsidiários**.

Alternativo é o pedido que, para o requerente, é indiferente que seja indeferido, desde que se lhe defira outro formulado no mesmo requerimento. **Subsidiário** é aquele que o requerente quer que lhe seja deferido, se for rejeitado o que formulou a título principal.

A admissibilidade da formulação de mais do que um pedido, nesses casos, pressupõe, porém, que o procedimento (e a competência) que serve(m) a um deles também sirva(m) ao outro.

Se não existir essa afinidade procedimental (e competencial), o requerimento que contiver dois pedidos ou determina a abertura de dois procedimentos (e requer duas decisões competentes) ou corre só em vista de um deles, com rejeição liminar do outro pedido. Sendo o procedimento (e a competência) comum aos dois pedidos (formulados alternativa ou subsidiariamente), a decisão final constituirá opção por um deles (ou pelo indeferimento dos dois).

Artigo 75.º
Formulação verbal do requerimento

Quando a lei admita a formulação verbal do requerimento, será lavrado termo para este efeito, o qual deve conter as menções a que se referem as alíneas a) a d) do n.º 1 do artigo anterior e ser assinado, depois de datado, pelo requerente e pelo agente que receba o pedido.

I. Requerimento verbal. Seu termo (ou autuação) no processo.

Artigo 76.º

II. Falta das menções exigidas: responsabilidade.
III. Consequências dessa falta: remissão.

I. Como sucede com outras formalidades e actos do procedimento administrativo que não são praticados por escrito, a **formulação verbal do requerimento** inicial deve ser objecto de **termo** (ou auto) escrito, do qual ficarão a constar as diversas menções do n.º 1 do art. 74.º.

Um procedimento baseado num requerimento oral, cujos traços ficassem na memória (contraditável) do requerente e dos agentes que o ouvissem formular, não preencheria as suas funções nem permitiria ao procedimento administrativo preencher as que lhe são próprias.

II. A falta das **menções** exigidas para o requerimento oral não é da responsabilidade da Administração, mas do interessado que o ditou, ainda que com o conselho do agente administrativo que lavrou o respectivo termo.

III. A falta das menções legais tem aqui, quanto ao respectivo suprimento e consequências (e nos mesmos termos do requerimento escrito), o regime do art. 76.º.

Artigo 76.º
Deficiência do requerimento inicial

1. Se o requerimento inicial não satisfizer o disposto no artigo 74.º, o requerente será convidado a suprir as deficiências existentes.

2. Sem prejuízo do disposto no número anterior, devem os órgãos e agentes administrativos procurar suprir oficiosamente as deficiências dos requerimentos, de modo a evitar que os interessados sofram prejuízos por virtude de simples irregularidades ou de mera imperfeição na formulação dos seus pedidos.

3. Serão liminarmente indeferidos os requerimentos não identificados e aqueles cujo pedido seja ininteligível.

I. Convite ao suprimento de deficiências do requerimento: âmbito de aplicação do preceito. Deficiências insupríveis em matéria de identificação e de inteligibilidade do requerimento.
II. Suprimento oficioso de "irregularidades" ou "meras imperfeições": alcance (diferença do poder de instrução).

Artigo 76.º

III. *A contagem de prazos que são legalmente reportados ao requerimento, no caso de necessidade de suprimento.*

IV. *A rejeição liminar do requerimento deficiente: hipóteses não previstas no preceito do n.º 3.*

V. *As hipóteses previstas: falta de identificação (delimitação) e ininteligibilidade do pedido.*

VI. *Faltas de identificação e de inteligibilidade supríveis.*

VII. *Rejeição ou "indeferimento liminar" dos requerimentos deficientes (precedendo ou não convite ao suprimento).*

art. 76.º, n.º 1

I. A previsão legal do convite ao requerente para o suprimento das deficiências existentes no seu requerimento respeita a **todo o art. 74.º** e, portanto, quer à falta das menções exigidas quer à duplicação de pedidos. Não se vê razão para distinguir, onde a lei não o fez.

Mas, além dos casos da previsão do art. 74.º, estão sujeitas ao regime deste preceito outras deficiências da petição inicial do interessado, como, por exemplo, as respeitantes à comprovação da sua legitimidade.

Questiona-se se os requerimentos com deficiências (supríveis) em matéria de identificação do requerente ou da inteligibilidade do pedido também podem ser supridos nos termos deste n.º 1, tal como se sugere adiante, na anotação **VI**.

É evidente, parece, que se se tratar da falta absoluta de identificação ou da absoluta ininteligibilidade do pedido não há lugar ao convite, aplicando-se imediatamente a cláusula do n.º 3 deste artigo. Melhor é, porém, confrontar essa anotação.

art. 76.º, n.º 2

II. A regularização ou **suprimento oficioso** das deficiências do requerimento inicial só é admitida em relação a *"simples irregularidades"* ou à *"mera imperfeição"* na formulação do requerimento — e não apenas do "pedido"—, pelo que, nesses casos, a Administração (se tiver maneira de as suprir) nem dirige convite ao particular, regularizando e aproveitando, assim, o acto procedimental deste.

Há, portanto, deficiências do requerimento inicial — como, v.g., as respeitantes à legitimidade do requerente ou aos fundamentos de facto da sua pretensão — que não devem ser os órgãos administrativos a suprir oficiosamente, neste momento, em que os seus poderes são restritos a *"simples irregularidades"* ou *"meras imperfeições"*.

Não se deve confundir, na verdade, os poderes que a Administração goza em matéria de suprimento oficioso inicial com os poderes que ela dispõe em matéria de

Artigo 76.º

instrução (e decisão) do procedimento administrativo, por força do princípio do inquisitório: aqui, neste preceito, trata-se apenas de suprir **deficiências formais** do requerimento inicial, naquilo de que ele careça para se poder dar andamento ao procedimento, e não no poder de dirigir o procedimento e de o conformar em consonância com as exigências do interesse público, como se prevê no art. 56.º do Código.

III. Questiona-se se, no caso de haver lugar a suprimento do requerimento inicial pelo requerente, os prazos que legalmente se contem a partir desse requerimento — como os do art. 58.º, 108.º e 109.º — devem reportar-se à data da sua entrada ou à data do seu suprimento.

A resposta não será igual para todos os casos. Saber, por exemplo, se o suprimento era necessário (ou não) para o procedimento poder seguir, ser instruído e decidido pode revelar-se decisivo: pois, se assim for, a Administração eximir-se-à naturalmente de lhe dar qualquer andamento antes de ter a certeza sobre se o procedimento é, efectivamente, para seguir. Seria absurdo, de qualquer modo, contar prazos "contra" ela, quando se devem a descuido ou negligência do interessado.

É verdade, porém, que, os arts. 108.º, n.º 4, e 109.º, n.º 3, literalmente, nem são muito favoráveis a esta interpretação. Mas supomos que a previsão desses preceitos abrange também estes casos, como se refere aí em anotação.

art. 76.º, n.º 3

IV. O preceito do n.º 3 coloca, como se referiu a outros propósitos, diversas dúvidas.

A primeira é a questão de saber se esta rejeição ou indeferimento liminar se aplica apenas nos casos previstos no preceito. Por nós, diríamos que devem nele ser subsumidas, também, **outras hipóteses**: é o caso do requerimento verbalmente formulado sem ter sido lavrado o respectivo termo (ou, pelo menos, do requerimento verbal que devia ser formulado por escrito) ou o do requerimento contendo mais do que um pedido, se for incorrecta a ligação que propusemos entre o n.º 1 deste art. 76.º e ambos os números do art. 74.º (ver nota **VIII** a este último).

V. Outra questão a tomar em conta é saber qual o alcance dos casos de "*falta de identificação*" e de "*ininteligibilidade do pedido*", previstos no n.º 3 do preceito legal.

A falta de identificação, a que ele se reporta, respeita com certeza, à pessoa do requerente e, porventura, também à falta de designação (ou identificação suficiente) dos órgãos requeridos.

Conjugando o n.º 3 deste preceito com a alínea b) do n.º 1 do art. 74.º, haveria falta de identificação quer se omitisse o nome do requerente quer a sua residên-

Artigo 76.º

cia, estado civil ou profissão — mas os resultados dessa proposição seriam perfeitamente absurdos e forçam a distinguir as várias hipóteses.

A falta de indicação do estado civil e profissão cabem na previsão dos preceitos dos n.ºˢ 1 e 2 e não neste n.º 3 — e só resultando infrutífera a possibilidade do seu suprimento, é que poderia pensar-se na aplicação da sanção do n.º 3.

A ininteligibilidade do pedido pode resultar da sua *obscuridade* (não se sabe o que o requerente pretendeu dizer) ou da sua *imprecisão* (sabe-se o que disse, mas não se sabe em que reside o pedido). E pode resultar também, é claro, da sua contradição com os fundamentos que o suportam ou da própria contradição de pedidos (hipótese, porém, que talvez pudesse subsumir-se, antes, no âmbito do n.º 2 do art. 74.º).

A falta de pedido — e não apenas a sua ininteligibilidade — tem o regime que traçámos acima, em anotação ao art. 74.º, n.º 1.

VI. Outra questão que se põe é determinar se, nas hipóteses contempladas neste n.º 3, a Administração ainda está constituída no dever de convidar o requerente a suprir as deficiências de que o requerimento padeça, desde que as mesmas sejam susceptíveis de suprimento, claro.

A hipótese não é inverosímil: há, na verdade, casos objectivos de falta de identificação ou de ininteligibilidade (v.g., saber se dois pedidos se devem entender como principal e subsidiário) meramente relativas, ultrapassáveis com um simples esclarecimento em relação às quais pode caber mal uma rejeição liminar, *tout court*.

Atente-se ainda na possibilidade considerada no último parágrafo da anotação seguinte.

VII. O preceito refere-se ao indeferimento liminar — não da pretensão, mas sim, do "requerimento" — quando, para nós, se deveria tratar, antes, de uma **rejeição** liminar.

Aliás, não se vê como possa ser indeferido ou denegado um pedido ininteligível (ou aquele que não existe). Trata-se, portanto, da *não apreciação* do requerimento, e não de uma decisão quanto à valia da pretensão formulada.

O regime estabelecido para os casos do n.º 3 faz supor que, nos restantes casos de deficiências do requerimento, ele é admitido e o procedimento aberto — correndo as consequências desfavoráveis da omissão dos elementos que deviam ter sido mencionados (maior morosidade da instrução, prazos para os actos tácitos, por exemplo) por "conta" do requerente.

Também é possível, porém, entender que o que se pretendeu foi excluir estes casos do n.º 3 do convite para o suprimento de deficiências previsto no n.º 1 — sem embargo de os requerimentos serem rejeitáveis também noutros casos, como depois de se ter feito convite para o seu suprimento, que resulte infrutífero (o que, aliás, não pode deixar de acontecer, por exemplo, quando não se comprova a legitimidade para o procedimento).

Artigo 77.º

Apresentação de requerimentos

1. Os requerimentos devem ser apresentados nos serviços dos órgãos aos quais são dirigidos, salvo o disposto nos números seguintes.

2. Os requerimentos dirigidos aos órgãos centrais podem ser apresentados nos serviços locais desconcentrados do mesmo ministério ou organismo, quando os interessados residam na área da competência destes.

3. Quando os requerimentos sejam dirigidos a órgãos que não disponham de serviços na área da residência dos interessados, podem aqueles ser apresentados na secretaria do Governo Civil do respectivo distrito ou nos Gabinetes dos Ministros da República para a Região Autónoma dos Açores ou da Madeira.

4. Os requerimentos apresentados nos termos previstos nos números anteriores são remetidos aos órgãos competentes pelo registo do correio e no prazo de três dias após o seu recebimento, com a indicação da data em que este se verificou.

I. Âmbito (requerimentos escritos e orais).

II. Apresentação nos serviços "centrais" : entrega em serviço inapto para receber o requerimento (regime aplicável).

III. Apresentação em serviços desconcentrados: âmbito.

IV. Casos omissos no preceito do n.º 2.

V. Requerimentos que podem ser apresentados no Governo Civil ou no gabinete do Ministro da República nas Regiões Autónomas: âmbito e requisitos ("área de residência").

VI. Remessa de requerimentos não apresentados nos serviços (próprios) dos órgãos competentes e fixação da data da sua apresentação.

art. 77.º, n.º 1

I. As normas deste artigo, que dispõem sobre o **local onde os requerimentos devem** (ou podem) **ser apresentados** — e não sobre o órgão ou a entidade a quem a respectiva **pretensão** deve ser formulada — valem, como as dos anteriores, para todos os requerimentos, sejam escritos ou orais.

II. Os **"serviços"** onde os requerimentos devem ser apresentados, pessoal ou postalmente, são, consoante os casos, os de secretaria ou recepção (ou, então, o próprio gabinete) do titular do órgão com competência decisória, ou seja, os serviços de expediente ou apoio que funcionam junto de si.

Artigo 77.º

Não havendo disposição expressa acerca do regime dos requerimentos apresentados em serviço diverso daquele onde o deviam ser, sugere-se a aplicação analógica do disposto no art. 34.º, respeitante aos erros sobre a competência para decidir do requerido. Não deverá, na verdade, tal regime ser mais desfavorável ao requerente, já que, à provável desculpabilidade do erro cometido, acresce aqui a provável culpabilidade do serviço que recebeu requerimento apresentável noutro.

art. 77.º, n.º 2

III. "**Serviços desconcentrados**", nos termos do n.º 2 — ou seja, para efeitos de receber requerimentos dirigidos aos órgãos "*centrais*" — são não apenas os do Estado (e, obviamente, das Regiões Autónomas e das Autarquias Locais) mas também os de institutos e empresas públicas ou privadas que (actuando jurídico--administrativamente) disponham de unidades administrativas (ou produtivas?) em vários pontos do território.

IV. Pena é que, entre as diversas hipóteses, não se tenha admitido a possibilidade de as **Juntas de Freguesia**, nos concelhos rurais, receberem os requerimentos dirigidos aos órgãos municipais — solução que o princípio fundamental da solidariedade e cooperação entre os diversos grupos territoriais favorece (mais do que a desfavorece uma concepção formal do princípio da autonomia de interesses, serviços e procedimentos entre eles).

Outra omissão — que supomos dever considerar-se superada pela aplicação analógica ou paralela do regime do n.º 2 —, respeita à possibilidade de **apresentar nos serviços centrais** requerimentos dirigidos a órgãos periféricos ou desconcentrados, quando qualquer interesse relevante do requerente o justificar, devendo aplicar-se, mesmo aí, o regime do n.º 4 deste artigo.

art. 77.º, n.º 3

V. A norma do n.º 3 vale apenas para os requerimentos dirigidos a **órgãos do Estado** ou estende-se a requerimentos dirigidos a quaisquer serviços, personalizados ou não, a ele pertencentes (ou a outros que actuam jurídico-administrativamente em seu nome)?

A resposta não se encontra expressamente no Código, nem no Decreto-Lei n.º 252/92, de 19.XI (Estatuto e competência do Governador Civil), nos termos do qual "*compete ao governador civil, como representante do Governo ..., enviar aos membros do Governo ou a quaisquer órgãos administrativos a que se dirijam os requerimentos, exposições e petições que sejam entregues no governo civil, nos termos do n.º 3 do artigo 77.º do Código do Procedimento Administrativo*" (art. 4.º, n.º 1, alínea *c* do referido diploma).

Claro que a expressão "*órgãos administrativos*", estando ali sem restrição, induziria que se trata de qualquer um. Mas também a referência à qualidade de

Artigo 78.º

"*representante do Governo*" do Governador Civil, inculca que se trata só de requerimentos dirigidos a órgãos administrativos do Estado.

Note-se que a faculdade de apresentação dos requerimentos por esta forma só é admitida se se tratar de requerimentos dirigidos a órgãos que não tenham serviços (centrais ou periféricos) na "*área de residência do interessado*", devendo entender-se que a "área" a considerar para este efeito é a do respectivo concelho. Se só houver serviços desses no distrito (ou na Região Autónoma), mas não os houver no respectivo município, o interessado pode então apresentá-lo na secretaria do Governo Civil ou, nas Regiões Autónomas, no gabinete dos Ministros da República.

art. 77.º, n.º 4

VI. Na norma do n.º 4 assume-se, e bem, que é **à data de entrega do requerimento** que se imputam sempre os efeitos da abertura do procedimento. De outro modo, nem se compreenderia a exigência legal dessa menção no ofício de remessa do requerimento, pelo serviço desconcentrado (ou pelos serviços do Governo Civil ou do Ministro da República nas Regiões Autónomas), ao órgão a quem a pretensão foi formulada, nem se alcançariam os fins (constitucionais) que a lei visou servir, ao consagrar esta possibilidade.

É evidente que a obrigação de receber os requerimentos apresentados nos termos dos números anteriores nada tem a ver com o seu registo (ver art. 80.º), que será sempre feito nos serviços ao qual são dirigidos, e não nos do órgão ou serviço receptor.

O cumprimento ou incumprimento pelo serviço receptor do prazo de 3 dias úteis, para fazer a remessa sob registo, não se repercute, portanto, directamente na situação do particular: pode, é, no caso de o atraso ser significativo, servir de fundamento para a autoridade procedimental acelerar formalidades e diligências do procedimento, de modo a concluí-lo no prazo legal e para a eventual responsabilização *disciplinar* dos agentes culpados (e da respectiva pessoa colectiva, nos casos em que esta responde disciplinarmente por actos dos seus agentes).

Artigo 78.º

**Apresentação dos requerimentos em representações diplomáticas
ou consulares**

1. Os requerimentos podem também ser apresentados nos serviços das representações diplomáticas ou consulares sediadas no país em que residam ou se encontrem os interessados.

Artigo 78.º

2. As representações diplomáticas ou consulares remeterão os requerimentos aos órgãos a quem sejam dirigidos, com a indicação da data em que se verificou o recebimento.

> *I. Remissão.*
> *II. Âmbito.*
> *III. Entes com delegações administrativas no estrangeiro.*

I. Estende-se (salvo duas pequenas diferenças) o regime estabelecido no art. 77.º ao caso de interessados que residam ou se encontrem no estrangeiro, que podem fazer a entrega de requerimentos (qualquer um) nas representações diplomáticas ou consulares, pelo que remetemos daqui para as anotações que se fizeram a propósito desse artigo.

Pelas razões que se invocaram a propósito do art. 77.º, também aqui o recebimento do requerimento na instância consular é que marca, para os diversos efeitos legais, a data da sua apresentação do requerimento.

As instâncias consulares não procedem, igualmente, ao registo dos requerimentos recebidos (previsto no art. 80.º, n.º 1), mas apenas a esse seu recebimento (e posterior remessa).

II. O preceito não o refere, mas é óbvio que abrange apenas os requerimentos dirigidos a órgãos do Estado — com excepção dos tribunais — senão, mesmo, apenas os requerimentos dirigidos a membros do Governo. Aliás, ir-se-ia causar o maior reboliço nas nossas representações diplomáticas e consulares, obrigadas, então, a receber toda a espécie de requerimentos dirigidos a autarquias locais ou a serviços, institutos, estabelecimentos e empresas públicas, etc, etc.

Justificar-se-ia, porém, uma extensão da possibilidade prevista neste preceito, pelo menos aos requerimentos dirigidos aos órgãos das Regiões Autónomas.

III. Claro que, tendo os entes públicos delegações administrativas no estrangeiro — é, tipicamente, o caso do Instituto de Comércio Externo Português (ICEP) —, os requerimentos dirigidos aos seus serviços centrais (ou a outras instâncias oficiais em relação às quais ele funcione como intermediário legal ou oficial) podem aí ser entregues.

Artigo 79.º

Envio do requerimento pelo correio

Salvo disposição em contrário, os requerimentos dirigidos a órgãos administrativos podem ser remetidos pelo correio, com aviso de recepção.

I. Envio do requerimento pela "via postal": âmbito e requisitos. Data de apresentação que se considera e ordem de registo.
II. Formas excluídas: sua possível conversão.

I. A possibilidade, em geral, de remessa do requerimento pela via postal (restrita naturalmente aos requerimentos escritos) — que a lei pode arredar explícita ou implicitamente ou regular de forma especial — está condicionada pelo seu envio registado e com aviso de recepção, exigência que se compreende pela necessidade de ficar assinalada a data da apresentação do requerimento, que é a do seu recebimento nos serviços.

É, portanto, à data da entrega feita pelos Correios nos serviços a que são dirigidos, que se atende para efeitos de início do procedimento aberto por requerimento enviado pela via postal, como aliás o revela o art. 80.º, n.º 2. Donde, as consequências dos atrasos ou perdas postais ficarem a cargo dos respectivos requerentes.

Note-se que os requerimentos recebidos na mesma data, têm entradas simultâneas ou separadas consoante provenham da mesma ou de diferentes distribuições postais (art. 80.º, n.º 2).

II. "Correio" exclui, para estes efeitos, telecópias ou telegramas. Os requerimentos formulados por essas vias não devem ser considerados como procedimentais — por frustrarem a segurança jurídica pretendida pelo n.º 2 — merecendo, contudo, resposta (ou pronúncia) da Administração.

Questão é saber se, nos casos em que o requerimento pode ser formulado verbalmente, essas formas poderiam corresponder à sua formulação, preferindo-se, ainda por razões de segurança jurídica, responder negativamente.

Artigo 80.º

Registo de apresentação de requerimentos

1. A apresentação de requerimentos, qualquer que seja o modo por que se efectue, será sempre objecto de registo, que menciona o respectivo número de ordem, a data, o objecto do requerimento, o número de documentos juntos e o nome do requerente.

Artigo 80.º

2. Os requerimentos são registados segundo a ordem da sua apresentação, considerando-se simultaneamente apresentados os recebidos pelo correio na mesma distribuição.

3. O registo será anotado nos requerimentos, mediante a menção do respectivo número e data.

> I. *O registo do requerimento: forma e data.*
> II. *Menções.*
> III. *Efeitos do registo: interesse funcional e garantístico. A apreciação dos requerimentos pela ordem de entrada (ou de registo?) — carácter relativo do princípio.*
> IV. *Data (e registo) dos requerimentos apresentados por via postal: âmbito da regra do n.º 2 do artigo.*
> V. *Menções do registo original do requerimento: data a que se reporta esta menção.*
> VI. *A tese do registo como data a partir da qual se produzem os efeitos do requerimento: seu repúdio.*
> VII. *A falta de registo.*

I. O registo de apresentação ou de entrada de requerimentos passa a ser obrigatório e consta — embora o preceito não proíba outras formas registrais — de livro apropriado (ou de livro de recepção de correspondência que contenha as menções do n.º 1), em que as entradas vão sendo anotadas cronologicamente.

Note-se que a operação de registo não é necessariamente simultânea da entrada do requerimento (e não só nos casos previstos nos n.ºs 2 e 3 do art. 77.º ou no art. 78.º). O que ocorre concomitantemente com esta é o carimbo ou recibo de recepção do requerimento, a que se refere o artigo 81.º; o registo, esse, pode ocorrer depois, quando o requerimento chegar aos serviços centrais ou de secretaria, pois são eles que o lavram no respectivo livro.

II. Do registo constará o número de ordem atribuído ao requerimento, a data (de apresentação, obviamente), o objecto do requerimento (em forma sumária, v.g., licença de construção, concessão de determinado subsídio), o número de documentos juntos (cuja menção devia ser exigida também no caso do art. 81.º) e o nome do requerente (não da pessoa que assina ou o formula em nome ou representação daquele).

III. A exigência de um registo cronologicamente ordenado dos requerimentos não é apenas sinal de uma Administração organizada, mas também garantia dos particulares. Na verdade, (para além das facilidades probatórias daí derivadas), entende-se que a Administração não pode decidir sobre a pretensão de um particular sem ter ponderado e decidido sobre uma pretensão concorrente de outro particular, que haja sido primeiramente apresentada.

Artigo 80.º

É verdade que o princípio não se encontra formulado expressamente nesta disposição — embora, de certa maneira, ela aponte já para ele. Nem faria muito sentido que o fosse, já que a data que conta para tal efeito não é a do registo, mas a de apresentação do requerimento (que pode, como se sabe, não ser simultânea deste).

Note-se que o referido princípio do conhecimento dos requerimentos (concorrentes) pela ordem da sua entrada não significa que a decisão do primeiro tenha que preceder necessariamente a do segundo. O facto de, por exemplo, um requerimento estar mal documentado e instruído (ou de carecer de suprimento) pode prejudicar a precedência temporal da respectiva decisão face a um outro que seja modelar nesse aspecto.

IV. Os requerimentos enviados por via postal consideram-se apresentados na data que constar do aviso de recepção. Mas trata-se apenas dos requerimentos a que se refere o art. 79.º, não aqueles a que se referem os n.ºs 2 e 3 do art. 77.º ou do art. 78.º, pois que, quanto a estes, vale a data da respectiva apresentação "desconcentrada", não a da sua recepção (postal ou outra) pelo órgão com competência decisória.

Consideram-se simultaneamente apresentados os requerimentos enviados nos termos do art. 79.º e recebidos na mesma distribuição do correio.

V. No original do requerimento, que fica autuado no respectivo processo, será anotado o respectivo registo, através da aposição do seu número de ordem e data — enquanto que no duplicado na posse do interessado fica dada quitação da entrega do requerimento, referida à data da sua apresentação, nos termos do art. 81.º. O número de ordem só é obrigatório no original, até porque a sua atribuição pode ser posterior à respectiva apresentação.

A data a mencionar no original do requerimento autuado no processo, se se trata da data do registo (e não da data de apresentação), não tem efeitos jurídicos próprios relevantes — salvo se não estiver fixada a data de apresentação do requerimento (pois, de outro modo, é esta que vale para todos os efeitos).

VI. Santos Botelho, Pires Esteves e Cândido Pinho, no Código anotado que temos vindo a citar, preferem reportar ao momento do registo o início do prazo de conclusão e decisão do procedimento ou de prazos de caducidade ou prescrição, entretanto iniciados, bem como a determinação da lei procedimental (processual) aplicável, sendo certo que está pressuposto na anotação dos referidos AA. que a data do registo é a data em que se apresenta o requerimento. Mas, pode não suceder assim — como já se disse e acontece paradigmaticamente nos casos dos arts. 77.º e 78.º.

E, então, pelo menos no que respeita à contagem de prazos de caducidade, prescrição, preclusão, etc. — como em relação, também, aos casos de deferimento ou indeferimento tácito —, entendemos que os citados efeitos se devem referir à data da entrega do requerimento (ou, eventualmente, à abertura do procedimento,

Artigo 81.º

na hipótese do art. 55.º), por ser a solução mais conforme com o sistema da lei (ou com os princípios gerais dominantes).

Reconhece-se, porém, que a intenção do legislador era, provavelmente, a de consagrar um sistema onde não existisse disparidade (temporal) entre o momento da entrada e do registo e, portanto, logo no momento da apresentação do requerimento, o interessado fosse encaminhado para os serviços centrais ou de secretaria onde se procederia ao respectivo registo.

Como, porém, nem sempre sucede assim (basta atentar, repete-se, nos mencionados artigos 77.º e 78.º do Código, para não falar já na prática corrente de não serem os serviços de secretaria ou de expediente — onde se fazem os registos e se encontram os respectivos livros), mal seria que, sendo diversas as datas de entrada e do registo, não se imputassem à entrega do requerimento (mas ao registo) os efeitos de interrupção dos prazos de caducidade e prescrição, que estavam em curso, ou o início daqueles que o requerimento põe a correr: pôr-se-ia o particular a pagar as consequências de demoras administrativas, quantas vezes, fruto de mero desleixo, negligência ou burocracia. Só no caso de não ser determinável a data de apresentação do requerimento, é que (ou se entende como relevante a data do próprio requerimento, ou então) se recorre, como já admitimos, à data do próprio registo.

Diferentes podem ser as respostas para a questão, em termos de prazo de conclusão do procedimento (art. 58.º) ou para efeitos de determinação da lei procedimental aplicável, embora, quanto a esta hipótese, ainda assim se prefira a data de entrada ou apresentação do requerimento.

VII. A **falta de registo** (ou de registo adequado) do requerimento não tem, obviamente, consequências directas em termos de **perfeição, validade e eficácia da respectiva decisão final** — até porque a data que conta para efeitos legais é, como sustentámos, a de apresentação do requerimento, não a do seu registo.

Artigo 81.º

Recibo da entrega de requerimentos

1. Os interessados podem exigir recibo comprovativo da entrega dos requerimentos apresentados.

2. O recibo pode ser passado em duplicado ou em fotocópia do requerimento que o requerente apresente para esse fim.

    I. Recibo da entrega de requerimentos: formas e menções.
    II. Importância do recibo de entrega.

Artigo 82.°

I. É esta — e não o registo do art. 80.° — a "formalidade" administrativa a cumprir no momento da entrega do requerimento: o registo virá, porventura, logo a seguir, mas pode não acontecer no mesmo dia ou, até, acontecer só dias depois da entrega, como no caso dos arts. 77.° e 78.°.

A pedido do interessado (ou daquele que procede à entrega do requerimento), quem o recebe deve dar quitação da sua apresentação — o que é feito, normalmente, com carimbo oficial dos serviços no duplicado ou fotocópia do requerimento entregue, mencionando o dia, mês e ano da entrega e com a assinatura (ou rubrica) do funcionário ou agente que o recebeu. Pode também ser dado mediante recibo próprio, que contenha essas menções.

O Código não mandou mencionar (no recibo de recepção) o número de documentos juntos ao requerimento, o que constituiria cautela apropriada e que só fica preenchida no momento do registo — embora no caso do recibo dado em duplicado, o problema fique parcialmente resolvido se neste se mencionar o número de documentos entregues. Essa lacuna encontrava-se colmatada no anterior Decreto-Lei n.° 129/91, de 2.IV, em cujo art. 16.° se previa que *"sempre que solicitado, no recibo comprovativo da recepção de documentos, se inscreverá .... o número de documentos entregues"*, o qual, pela sua razoabilidade, consideraríamos em vigor (até por não ter sido objecto da revogação expressa do art. 4.° do Decreto-Lei n.° 422/91, que aprovou o Código).

II. Compreende-se a importância desta formalidade (que aliás os serviços têm cumprido afoitamente), se se tiver em conta os efeitos que são assinalados, em geral, à entrega ou apresentação do requerimento, já referidos em anotações anteriores, nomeadamente, os respeitantes à formação de actos tácitos ou silentes e à interposição de reclamações e recursos — que, em anotação ao artigo anterior, rejeitamos poderem ser imputados, salvo em casos contados, ao registo do requerimento.

Artigo 82.°

Outros escritos apresentados pelos interessados

O disposto nesta secção é aplicável, com as devidas adaptações, às exposições, reclamações, respostas e outros escritos semelhantes apresentados pelos interessados.

> *I. Alcance da extensão do regime do requerimento inicial a outros escritos procedimentais dos interessados, em procedimentos particulares, oficiosos, ou públicos.*
> *II. Adaptações.*
> *III. Extensão aos requerimentos verbais.*

Artigo 83.º

I. Estende-se o regime dos artigos anteriores (salvo, porventura, o do art. 80.º, e, mesmo aí, sem prejuízo da existência de um livro de entradas) — só aplicáveis directamente ao requerimento inicial e, portanto, nos procedimentos particulares — a outros escritos procedimentais, como exposições, reclamações, respostas e outras diligências formuladas pelos interessados perante a instância administrativa procedimental, em procedimento oficioso ou particular (e público também, quando for caso disso).

Com toda a oportunidade, diga-se, tendo em vista a elementaridade e a diversidade dos valiosos interesses que se protegem com os anteriores preceitos deste Código. Tudo se resume, afinal, com aquele regime, a ter os processos bem instruídos e a conferir aos interessados mais distantes do centro as mesmas condições que se oferecem àqueles que aí vivam, bem como a assegurar a todos eles a existência de elementos documentais e comprovativos da respectiva posição procedimental, tal como ela se manifestou no processo.

II. Quando se trate de actos intercalares do procedimento, a aplicação adaptada do disposto nesta Secção implicará, por via de regra, uma menor exigência no formalismo (e menções) dos requerimentos.

Assim, por exemplo, não deverá ser considerado *"deficiente"* um requerimento no qual o interessado solicite a prorrogação de certo prazo ou a realização de certa diligência instrutória apenas pelo facto de aí não ter mencionado (novamente) a sua profissão, estado e residência, limitando a sua identificação ao respectivo nome e à invocação da qualidade de interessado já constituído no procedimento.

III. Apesar do art. 82.º se referir apenas aos *"escritos"*, deve entender-se que, tal como sucede com os actos que revestem essa forma, as disposições desta Secção também se aplicam adaptadamente a pedidos ou actos verbais dos particulares no procedimento.

Artigo 83.º

Questões que prejudiquem o desenvolvimento normal do procedimento

O órgão administrativo, logo que estejam apurados os elementos necessários, deve conhecer de qualquer questão que prejudique o desenvolvimento normal do procedimento ou impeça a tomada de decisão sobre o seu objecto e, nomeadamente, das seguintes questões:

a) **A incompetência do órgão administrativo;**
b) **A caducidade do direito que se pretende exercer;**
c) **A ilegitimidade dos requerentes;**
d) **A extemporaneidade do pedido.**

Artigo 83.º

   I. Terminologia. Conciliação das disposições do Código em matéria
   de conhecimento das questões prévias.
   II. Questões prévias "nominadas": seu diferente relevo.
   III. Questões prévias "inominadas": a prescrição.
   IV. (cont.). As questões prévias dos arts. 9.º e 74.º, n.ᵒˢ 1 e 2 do
   Código.
   V. A decisão (positiva ou negativa) sobre o relevo prejudicial da
   questão.
   VI. Direito de audiência em relação à decisão das questões prévias.

I. A referência da epígrafe e do corpo do preceito a questões que *"prejudi-quem"* o desenvolvimento normal do procedimento é algo equívoca, por poder confundir-se com as *"questões prejudiciais"* do art. 31.º, que não são da natureza e efeitos destas que aqui se regulam.

Por isso, preferíamos usar neste caso os conceitos de *"questões prévias"* ou de *"pressupostos procedimentais"*, paralelamente com a terminologia aplicável no direito processual.

Pode também gerar-se algum equívoco sobre a sequência inicial da activi-dade procedimental, pelas dificuldades de conciliação dos anteriores arts. 33.º, 34.º, 76.º do Código e deste seu art. 83.º.

Por nós, o primeiro juízo ou decisão prejudicial que se pede ao órgão admi-nistrativo é o do art. 74.º, sobre o preenchimento dos requisitos de identificação do órgão requerido e do requerente, bem como dos respeitantes ao pedido.

Só depois disso há lugar a um juízo inicial sobre a competência — que pres-supõe, de resto, a identificação do pedido. Após ele, vêm, então, os juízos res-peitantes aos outros pressupostos (materiais ou formais) do **pedido** e da **instância** procedimentais, referidos no art. 74.º.

II. Questões que *"prejudiquem o normal desenvolvimento do procedimento ou impeçam a tomada de decisão sobre o seu objecto"*, são, nomeadamente, *"a incompetência do órgão"*, a *"caducidade do direito"*, a *"ilegitimidade do reque-rente"* ou a *"extemporaneidade do pedido"*

Podemos designá-las, à semelhança da terminologia processual, como *ques-tões prévias* do procedimento, no sentido indicado, de que a sua verificação con-duz não a uma decisão sobre o pedido ou o objecto do procedimento, mas só a uma decisão sobre a (viabilidade da própria) "instância" procedimental.

Atente-se, porém, na diferente natureza e valia jurídicas destes factores: a de-cisão sobre a caducidade do direito que se pretende exercer é decisão de fundo do procedimento, levando ao indeferimento da pretensão, a uma decisão sobre o pró-prio objecto do procedimento, ao contrário das outras hipóteses, em que não há, com efeito, decisão sobre ele.

Artigo 83.º

III. O preceito **não é taxativo**, como nele se revela.

Por exemplo, a lei não se refere expressamente à **prescrição** do direito. Não é razão para, se houver um caso qualificável como sendo de direito prescrito, deixar de considerar a prescrição (caso tenha sido estabelecida precisamente "em favor" da Administração), como questão que prejudica a sequência ou decisão procedimentais.

Nestes termos, ou se dá a hipótese como subsumível no caso da alínea d), ou se lhe aplica analogicamente a alínea b).

IV. Por outro lado, o próprio Código configura **outras questões** que prejudicam o normal desenvolvimento do processo ou a tomada de decisão sobre o seu objecto.

É o que se passa com os requisitos do seu art. 9.º, n.º 2 — respeitante ao tempo que deve medear entre dois requerimentos iguais — e do art. 74.º, n.º 1 e 2, respeitante às menções obrigatórias do requerimento e à proibição de dupla pretensão ou pedido.

Já não é prejudicial, neste sentido, a questão a que se refere, por exemplo, o art. 91.º, n.º 3.

Também pode obstar ao desenrolar do procedimento, enquadrando-se nas questões prévias de que vimos falando, a sua **inutilidade ou impossibilidade originárias** — se ele visar a prática de um acto jurídica ou fisicamente inútil ou impossível — que, dos casos da sua superveniência, encarregou-se (como factor de extinção do procedimento) o art. 112.º.

V. Mesmo que o órgão administrativo se pronuncie de modo explícito (inicial ou intermediamente) no sentido do preenchimento dos "pressupostos" referidos no presente artigo, os seus juízos preliminares a esse propósito podem ser sempre questionados e negados na decisão final, não se formando antes disso *"caso julgado formal"* no procedimento.

Diferentemente, o juízo segundo o qual a decisão está "prejudicada" pela existência de uma questão destas, pondo termo ao procedimento (ou a uma das suas partes), é uma decisão final, susceptível de **impugnação imediata**, na via hierárquica ou contenciosa.

VI. O preceito não ressalvou o **direito de audiência dos interessados** neste caso, e no art. 100.º do Código tal direito aparece reportado apenas ao termo da instrução, quando aqui, muitas vezes, nem sequer há instrução, mas decisão imediata.

Por nós, preferíamos sustentar que a decisão (negativa) sobre as questões prévias também deve ser precedida da audiência dos interessados a que se refere tal preceito do Código.

A não se entender assim, então, opinamos no sentido de existirem casos em que tem de dar-se audiência, outros, em que não. Por exemplo, no caso da caducidade — embora razões similares sejam invocáveis para o caso da ilegitimidade e da extem-

Artigo 84.°

poraneidade — a decisão da instância administrativa devia ser obrigatoriamente precedida de audiência, mesmo se nesta fase ainda não houver instrução do processo. Quando se trate de deficiências elementares do requerimento (art. 76.°, n.° 3) ou no caso do art. 9.°, n.° 2, é que já poderia não ser necessariamente assim — sem embargo, claro, do direito de reclamação ou de recurso do interessado — embora, por nós, continuemos a votar pela necessidade de audiência, mesmo nessas hipóteses.

Secção II

Das medidas provisórias

Artigo 84.°

Admissibilidade de medidas provisórias

1. Em qualquer fase do procedimento pode o órgão competente para a decisão final, oficiosamente ou a requerimento dos interessados, ordenar as medidas provisórias que se mostrem necessárias, se houver justo receio de, sem tais medidas, se produzir lesão grave ou de difícil reparação dos interesses públicos em causa.

2. A decisão de ordenar ou alterar qualquer medida provisória deve ser fundamentada e fixar prazo para a sua validade.

3. A revogação das medidas provisórias também deve ser fundamentada.

4. O recurso hierárquico necessário das medidas provisórias não suspende a sua eficácia, salvo quando o órgão competente o determine.

    I. Actos preparatórios e medidas provisórias: natureza instrumental (não preparatória) destas.

   II. Medidas provisórias e actos provisórios.

  III. Medidas provisórias e actos praticados em estado de necessidade.

  IV. Medidas provisórias e medidas preventivas.

   V. Atipicidade do conteúdo legal das medidas provisórias.

  VI. Pressupostos da sua adopção.

 VII. Necessidade das medidas: justo receio de grave lesão dos interesses públicos.

VIII. (cont.) Sua adequação objectiva (aspectos vinculados).

  IX. (cont.) A necessária ligação das medidas provisórias aos interesses a realizar através do procedimento. A possibilidade de tutela de interesses de privados.

   X. As medidas provisórias para protecção da decisão final ou do bom desenvolvimento do processo.

Artigo 84.º

XI. *"Fases" e exigências procedimentais da decisão que ordena uma medida provisória.*
XII. *Limites quanto à configuração do conteúdo das medidas.*
XIII. *Recorribilidade contenciosa da decisão que ordena a adopção de medidas provisórias. Dúvidas quanto à eventual suspensão da sua eficácia.*
XIV. *A ressarcibilidade dos prejuízos causados pela adopção de medidas provisórias.*
XV. *A fundamentação e a indicação do prazo de vigência destas medidas.*
XVI. *Alteração das medidas ordenadas.*
XVII. *Sua revogação.*
XVIII. *O recurso hierárquico necessário e a eficácia das medidas provisórias.*
XIX. *Peculiaridades desse recurso.*

art. 84.º, n.º 1

I. Só num conceito muito amplo de **actos preparatórios ou instrumentais** (da produção do acto principal do procedimento) se poderiam integrar as medidas provisórias aqui previstas.

Pois, em sentido estrito, são actos preparatórios todos os que, incluídos na série procedimental, têm uma função meramente instrumental e pré-ordenada à produção do acto final do procedimento. Ora, neste sentido, as medidas provisórias não são actos preparatórios, por lhes faltarem algumas características próprias destes: nem são pressupostos procedimentais ou preparatórios do acto principal do procedimento, nem fazem reflectir a totalidade dos seus efeitos, integral e imediatamente, sobre esse acto nem são, por si mesmas, capazes de provocar lesões de quaisquer interesses dignos de garantia jurídica e jurisdicional autónoma.

De facto, faltam na figura das medidas provisórias (mais correctamente, na decisão que as determina) todas essas dimensões: não funcionam como pressupostos procedimentais do acto principal, que pode ser produzido sem que a elas haja lugar (podendo, quando muito, dizer-se que são ou devem ser pressupostos da máxima utilidade e economia do acto final); não projectam os seus efeitos sobre o acto principal ou visam influenciar a formação do respectivo conteúdo; e possuem autonomia funcional, no sentido de que devem ser consideradas como **incidentes autónomos** no desenvolvimento do procedimento susceptíveis de provocar, directa e imediatamente, lesões de interesses autonomamente reparáveis.

Além disso, (e por causa disso), a decisão que as ordena, se for inválida, não segue o regime normal da invalidade dos actos preparatórios, a qual implica a invalidade derivada de todos os actos sucessivos com eles conexos, praticados no âmbito do procedimento. Ao contrário, a invalidade (e eventual anulação da medida provisória tomada) não terá, em princípio, quaisquer efeitos sobre a tramitação sucessiva do procedimento.

Artigo 84.º

II. As "*medidas provisórias*" estão próximas ainda daquilo que a doutrina designa por **actos provisórios ou interinos** — mas também não cabem nesse conceito.

Consideram-se como tais os actos produzidos num momento em que a Administração não procedeu ainda a uma averiguação completa dos factos que podem determinar uma certa decisão — em que se verificará, portanto, um **déficit de esclarecimento dos factos** — e, mesmo assim, toma-a. Assentam, portanto, numa ideia de precaução ou cautela, sendo emitidos com base na possibilidade ou probabilidade de os pressupostos do acto **definitivo**, a praticar posteriormente, serem os que foram sumariamente averiguados. No momento em que pratica o acto provisório, a Administração não o assume como a última palavra sua, embora admita e pressuponha vir a praticar um acto definitivo com conteúdo idêntico — sendo óbvio que, se o conteúdo deste divergir ou contrariar o do acto provisório, não estaremos perante a revogação de um acto administrativo, mas, sim, perante uma hipótese de caducidade *ipso facto* do acto provisório que tivesse sido adoptado.

Apesar de com eles se estabelecer uma regulamentação provisória para um caso, e possam também ter na sua origem uma ideia de cautela ou precaução, tais actos são distintos das medidas provisórias. Nestas, o desenvolvimento sucessivo da instrução não se destina a permitir que o órgão reaprecie os pressupostos já adivinhados, no sentido de vir a praticar um acto definitivo de conteúdo idêntico ou a retirar o acto provisório praticado: ao ordenar uma medida provisória, o órgão não pretende antecipar o conteúdo do acto que prevê praticar, mas apenas evitar dificuldades ou custos acrescidos, quanto à plena eficácia, operatividade e realização do conteúdo da decisão final (ou à perturbação dos interesses públicos implicados no desenvolvimento da tramitação).

E, portanto, enquanto a *provisoriedade* do ***acto provisório*** resulta de a Administração não conhecer ainda suficientemente os pressupostos para a prática de um tipo legal de acto (mas supor que eles existem na realidade), *a provisoriedade* das ***medidas provisórias*** resulta, formalmente do seu carácter temporal delimitado de vigência e, materialmente do facto de elas se destinarem a permitir que a decisão final que vier a ser tomada seja, ela própria, plenamente eficaz e operativa.

Pergunta-se, contudo, se, ao abrigo do poder de ordenar medidas provisórias, não poderá o órgão administrativo praticar aquilo que, em rigor, são actos provisórios.

Ou seja, pressupondo-se que o desenvolvimento normal de um procedimento significará necessariamente a produção de uma decisão tardia, que pode importar uma lesão grave ou de difícil reparação do interesse público, pergunta-se se o órgão competente para a decisão final não será competente, de acordo com este art. 84.º, para produzir, então, nesse momento prévio, um acto que antecipe o conteúdo que está a prever para ele.

A resposta deve ser negativa: uma situação dessas corresponderia (salvo regime especial ou *estado de necessidade*) a uma ilegalidade por **desvio do pro-**

Artigo 84.º

cedimento. O órgão administrativo não pode utilizar os seus poderes procedimentais no sentido de deslocar arbitrariamente fases ou momentos procedimentais definidos legalmente, nem aproveitar-se de competências que a lei lhe atribui para produzir efeitos ou resultados jurídicos a que elas não estão legalmente votadas.

III. Distinguimos igualmente, das medidas provisórias, os **actos** (administrativos) **praticados em** *estado de necessidade*. Neste caso, estamos perante actos finais produzidos com preterição das regras legais, (mas) perante circunstâncias excepcionais que podem pôr em perigo o interesse público e que exigem uma reacção administrativa urgente.

A semelhança com as medidas provisórias advém de, com a adopção destes actos, se pretender igualmente evitar perturbações do interesse público, que exijam uma reacção administrativa urgente.

A diferença reside no facto de esses actos serem a resposta final da Administração perante uma situação concreta, não se destinando a acautelar provisória e preventivamente (e só enquanto não se produz a decisão final) a eventual perturbação do interesse público: visam, antes, remover definitivamente o perigo que ameaça o interesse público. Não há neles, portanto, como acontece com as medidas provisórias, uma conexão funcional com uma decisão futura.

IV. Igualmente próximas das medidas provisórias, agora admitidas, são as designadas **medidas preventivas** do tipo das referidas, por exemplo, na "Lei dos Solos" (Decreto-Lei n.º 794/76, de 5.XI) — atribui-se, no art. 7.º desse diploma, ao Governo, o poder de sujeitar certas áreas a medidas preventivas *"destinadas a evitar alterações das circunstâncias e condições existentes que possam comprometer a execução de plano ou empreendimento ou torná-la mais difícil ou onerosa"* — ou da suspensão cautelar em procedimento disciplinar (arts. 53.º e 54.º do Decreto-Lei n.º 24/84, de 16.I).

Com as medidas preventivas pretende-se, portanto, evitar uma alteração da situação de facto existente no momento em que se inicia ou quando se presume vir a iniciar-se, em tempo próximo, um determinado procedimento (para aprovação de um plano ou para a elaboração de um projecto), devendo incluir-se na categoria dos **actos conservatórios** — actos destinados a preservar, manter ou conservar uma determinada situação de facto.

Ora, o Código não exclui que as medidas provisórias possam, por si mesmas, determinar uma alteração na situação de facto existente ou que sejam ordenadas para outros efeitos, não relacionados directamente com as circunstâncias factuais a que a decisão final respeita. Embora não lhes seja alheio o carácter **conservatório** (a natureza preventiva), elas não se limitam à função conservatória de manutenção do *status quo*.

Artigo 84.º

Por outro lado, também diferentemente do que ocorre com as medidas preventivas admitidas na Lei dos Solos, as medidas provisórias não podem ser ordenadas antes do início de um procedimento.

V. O Código não esboça qualquer aproximação ao **conteúdo** que as medidas provisórias podem assumir, fixando-se apenas os requisitos e pressupostos de que depende a sua adopção. Vale, portanto, um *princípio de atipicidade* (ou de não vinculação) do conteúdo das medidas provisórias, o que não significa que não haja limites ou requisitos legais atinentes ao seu objecto (ver notas **VIII** e **XII**).

Como exemplo de medidas destas pode citar-se o da suspensão administrativa da eficácia de um acto constitutivo de direitos, no caso de existirem dúvidas sobre a sua validade, que a Administração pretenda averiguar no seio de um procedimento (oficioso ou não) aberto com vista à eventual revogação desse acto.

VI. São os seguintes os pressupostos e requisitos de cuja verificação depende a legalidade da adopção de "medidas provisórias" nos termos do art. 84.º:

a) **estar em curso**, em qualquer das suas fases (*ante* decisão final), **um procedimento administrativo**. As medidas provisórias não podem consistir em actos isolados; são sempre ordenadas no âmbito de um procedimento, são "actos situados", que não podem ser fins em si mesmos. Deste modo, não são medidas provisórias aqueles actos que visam fazer face imediata e totalmente a uma ameaça ou desordem temporária (actos temporários definitivos) ou as medidas preventivas (de procedimentos futuros), que acima comparámos;

b) ser a respectiva adopção determinada pelo **órgão competente para a decisão final** do procedimento (conexão de competências) — ficando afastada a hipótese de ser o órgão instrutor a determiná-las mesmo que lhe estejam delegados os poderes de direcção de instrução (art. 86.º, n.º 2);

c) ser a sua adopção **necessária**, por haver "*justo receio de sem elas, se produzir lesão grave ou de difícil reparação dos interesses públicos em causa*", requisito que mais dificuldades de análise coloca, respeitando simultaneamente aos pressupostos, ao objecto e à finalidade das medidas provisórias;

d) dever a sua adopção (modificação ou revogação) ser **fundamentada**;

e) deverem ser **notificadas** àqueles com cujos direitos e interesses bolem (favorável ou desfavoravelmente).

VII. Quanto à exigência legal da **necessidade** (administrativa) das medidas provisórias, desdobra-se ela em vários factores, referidos aliás no preceito em causa.

Artigo 84.º

O primeiro respeita aos seus pressupostos: há-de existir um *"justo receio"* **de lesão qualificada** de certos interesses envolvidos no procedimento e deve expressar-se em que factos se baseia tal juízo.

O "justo receio" é um receio razoável, em função da sequência normal ou previsível das coisas da vida, nas peculiares ou particulares circunstâncias do **caso concreto** — pois é de pressupor que a haver (numa determinada espécie de procedimentos) receios ou ameaças comuns, de ocorrência normal, afectando previsivelmente todos os procedimentos em causa, que seja o próprio legislador a figurar uma medida adequada à sua prevenção — como sucede, por exemplo, com a suspensão preventiva de funcionário arguido em processo disciplinar.

Do mesmo modo que não é qualquer receio que justifica a medida provisória, também não é qualquer **lesão** que pode fundá-la, mas só uma lesão qualificada, **"grave ou de difícil reparação"**, como exige a lei. É óbvio, porém, que, para justificar a medida provisória, uma lesão de difícil reparação não pode ser insignificante — nomeadamente se se lhe opõem interesses de monta. Já a lesão grave (intensa, profunda) de interesses justifica, só por si, as medidas provisórias, mesmo que tal lesão não seja de difícil reparação.

VIII. O segundo factor de validade legal das medidas provisórias é o da sua **adequação objectiva** (*"que se mostrem necessárias"*, diz a lei) ao fim legal em vista do qual foi conferido ao órgão administrativo a possibilidade de eleger discricionariamente o conteúdo das medidas a adoptar. As medidas adoptadas devem ser tais que, sem elas, as lesões receadas ocorreriam mesmo, de acordo com juízos de *causalidade adequada*: neste espaço não existe qualquer discricionariedade.

E, portanto, embora não havendo tipificação ou previsão legal de medidas provisórias adoptáveis, há critérios da sua **adequação objectiva** — ou causalidade (objectiva), se se preferir — em relação à prevenção da lesão receada, que constituem também momentos vinculados da decisão administrativa.

Seria, porém, uma visão falsa, essa, de se pensar que o juízo administrativo é passível aqui de um amplo controlo, quando, afinal, são sobretudo só a sua lógica e coerência internas que estão em causa.

No resto, designadamente quanto à *oportunidade da medida* — quer quanto à "justeza" daquele receio, quer quanto à gravidade da lesão receada —, a liberdade de avaliação da administração é ampla, já o vimos.

E, como é em função da intensidade desse receio ou lesão que as medidas provisórias devem ser adequadas, é evidente que a liberdade de avaliação de que o órgão goza nessa matéria se projecta, também, no próprio juízo sobre a adequação objectiva da medida provisória à prevenção do interesse determinante da sua adopção.

Respeitados que sejam também, claro está, os princípios ou exigências gerais assinaladas adiante, na nota **XI**.

Artigo 84.º

IX. O terceiro factor normativamente qualificado da exigência legal da **necessidade** da medida provisória respeita aos *interesses* que se pretendem assegurar ou acautelar com a sua adopção (e em função dos quais se mede a respectiva adequação objectiva).

Só **interesses envolvidos no procedimento** é que podem dar lugar à medida provisória; é em função deles que se avalia da respectiva *necessidade*. Doutra maneira, ainda: só por referência a interesses com os quais bole (ou pode vir a bulir) a respectiva decisão procedimental, é que o órgão pode actuar ao abrigo deste art. 84.º. Não é para acautelar outros interesses públicos ou privados, de que não cure a decisão procedimental, que são admitidas as medidas provisórias: não pode, por exemplo, num concurso público em que se demonstra a irregularidade da situação empresarial de um concorrente, cancelar-se a sua admissão ou inscrição noutros concursos que corram sob a égide da mesma autoridade administrativa.

Outra questão é saber o que são "*os interesses públicos em causa*". Serão só interesses da Administração ou poderão ser também **interesses de particulares** (o que não é exactamente a mesma coisa que interesses particulares), a fundar a sua adopção?

Em princípio, não se vê razão para distinções neste campo, parecendo até pouco ético assumir que só para benefício público se pode actuar provisoriamente: o que se terá então querido dizer é que a autoridade procedimental só actuará provisoriamente quando exista qualquer conexão do interesse ameaçado com os interesses públicos que se realizam através do procedimento — os quais podem consistir, inclusive, na atribuição de um direito ou na autorização do seu exercício, a um particular, quando ele esteja conexionado com a realização de interesses públicos. Poderiam ser, portanto, adoptadas medidas provisórias tendo em vista garantir a eficácia plena (ou menos onerosa) dos actos desse reconhecimento ou atribuição.

Aliás, a admissibilidade da adopção de medidas provisórias *pro* administrado poderia ser um modo de solucionar certas ocorrências procedimentais que, a não serem imediatamente acauteladas, podem lesar gravemente interesses privados e (reactivamente) interesses públicos: pense-se na possibilidade de admissão condicional, em concurso, de um concorrente cuja candidatura foi rejeitada, por razões que não há a certeza absoluta de virem a ser judicialmente coonestadas — e se é assim, como supomos que é, a redacção do preceito poderia ser melhorada.

O que o órgão administrativo não pode fazer, por força do art. 84.º, n.º 1, é actuar provisoriamente para acautelar interesses de uns face a outros particulares, **quando se trata de interesses não realizáveis através da decisão administrativa daquele procedimento**.

X. Um aspecto importante na configuração legal desta nova figura é o que se relaciona com o facto de as medidas provisórias não se destinarem (apenas) a assegurar a eficácia ou economia da decisão final do procedimento (o que nos levou a recusar-lhes a natureza de actos preparatórios).

Artigo 84.º

Elas visam, também, evitar perturbações nos **interesses públicos em causa**, o que supõe poder ser a medida destinada a evitar, por exemplo, perturbações no desenvolvimento da tramitação procedimental (como sucede, por exemplo, com a suspensão preventiva do funcionário arguido em procedimento disicplinar).

XI. A natureza cautelar das medidas provisórias explica que as ideias essenciais, quanto ao formalismo da sua adopção, sejam a **informalidade, a celeridade e o aligeiramento de tramitação**.

Informalidade, na medida em que a lei não estabelece trâmite ou formalidade procedimental que deva preceder a respectiva decisão, salvo que ela pode ser tomada a requerimento de particulares, em qualquer fase de um procedimento em curso. A medida provisória pode, portanto, ser objecto de um procedimento incidental ou subprocedimento (autónomo, mas apenso ao processo procedimental respectivo) ou então ser "processualizada" e tomada por despacho lançado neste mesmo, como em geral, acontecerá.

Celeridade, por ser uma resposta urgente e rápida, que os interesses públicos exigem.

Aligeiramento de tramitação, por não serem necessários trâmites destinados a satisfazer as garantias de contradição ou "contraditório", asseguradas aos interessados a propósito da decisão final (art. 100.º).

Note-se que o facto de a questão cautelar se poder colocar por impulso oficioso ou do interessado não significa que a decisão sobre a questão não seja matéria de oportunidade administrativa: isso significa que o requerimento do interessado não gera aqui uma **obrigação de decidir** — nem contenciosamente isso teria qualquer utilidade.

Posta no procedimento a questão da medida provisória, seguir-se-á (ou não) um momento de reflexão ou *instrutório* destinado a verificar a sua *necessidade*, em que deverá ser ponderado o resultado que se pretende alcançar em função dos interesses e posições que vão ter de se sacrificar (critério da **proporcionalidade da medida**).

A *fase dispositiva* divide-se na **fundamentação,** pelo titular da competência, das razões de facto e de direito (justo receio, lesão qualificada e interesse ameaçado), que o motivam a decidir no sentido em que decide, e na própria produção da medida provisória, cujo **conteúdo** deve ser especificadamente determinado, visto, em regra, não estarem legalmente tipificados quaisquer uns.

Nos termos do n.º 2, deve indicar-se também o **prazo** de vigência da medida.

XII. Pelo facto, já assinalado, de o Código não ter definido os conteúdos possíveis ou prováveis das medidas provisórias — limitando-se a exigir, nos termos acima referidos, a *adequação objectiva* da medida à prevenção do interesse público em causa — põe-se a questão de saber se são, ou não, de opor à liberdade *elegendi* da Administração (nesta matéria) **outros limites ou vínculos**.

Artigo 84.º

Não existe qualquer dúvida que eles existem — para além, até, do que já se foi deixando assinalado, por exemplo, quanto ao círculo de interesses a proteger.

É o que acontece com a exigência de respeito pelos direitos fundamentais dos cidadãos (cfr. art. 157.º, n.º 3). Neste sentido, cfr. FREITAS DO AMARAL, Fases do procedimento decisório de 1.º grau, in Direito e Justiça, vol. VI, 1992, pág. 27.

Outros limites derivam dos princípios gerais de Direito Administrativo, designadamente do princípio da proporcionalidade (art. 5.º, n.º 2): não podem ter-se como válidas medidas que afectem em termos desadequados ou desproporcionais os direitos subjectivos ou interesses legalmente protegidos dos particulares, ou seja, não poderão as medidas provisórias constituir um sacrifício dos interesses e direitos de particulares superior ao dano que pretendem evitar.

Em terceiro lugar, só podem admitir-se, como válidas, as medidas que se mostrem **urgentes**, porque são necessárias e úteis **já** — senão analisa-se a situação lá mais para o fim do procedimento, com a instrução em estado mais avançado e "consciente".

Por outro lado, como resulta do que já acima se dissera, não podem as medidas provisórias servir para antecipar o conteúdo da decisão principal do procedimento.

Um outro limite resulta de, com base na competência que aqui lhe é atribuída, o órgão administrativo não poder adoptar uma medida que corresponda a uma competência legalmente conferida a outro órgão, ainda que essa medida possa considerar-se provisória: por exemplo, o embargo administrativo de obras de reconstrução de um imóvel particular classificado (ou que é monumento nacional) — cujo procedimento e competências estão fixados legalmente — não poderá ser determinado como **medida provisória** no âmbito de um procedimento expropriatório da competência de um órgão diverso daquele que legalmente tenha o poder de ordenar o embargo.

Do mesmo modo, não são admissíveis medidas provisórias cujos efeitos só podem obter-se por decisão administrativa legalmente procedimentalizada — salvo, obviamente, no diferente enquadramento do *estado de necessidade*.

XIII. Não nos oferece quaisquer dúvidas a recorribilidade contenciosa da decisão que ordena a adopção de medidas provisórias. Trata-se, como já se viu, de um acto com autonomia funcional, produtor de efeitos jurídicos externos, que pode, por si só, provocar lesões nas posições jurídicas dos particulares.

E, hoje, com o n.º 2 (aditado pelo Decreto-Lei n.º 6/96), quaisquer dúvidas que existissem a esse propósito desapareceram.

A verdade, no entanto, é que a operatividade imediata e consumível dos efeitos destas medidas faz supor que o recurso, em si, de nada servirá ao interessado, pelo menos para o momento em que ele pretende a efectivação da sua protecção, salvo se lhe for reconhecida a possibilidade de obter judicialmente a suspensão dos

Artigo 84.º

efeitos daquela decisão (art. 76.º da LPTA) em incidente do respectivo recurso de anulação — mesmo sabendo-se que a atribuição de efeitos suspensivos parece, aqui, algo complicada.

É que a atribuição do efeito judicial suspensivo depende, afinal, da verificação de requisitos opostos àqueles que determinam as medidas provisórias: estas têm lugar porque, sem elas, poderia ocorrer uma lesão grave do interesse público e a suspensão judicial não pode ser decretada, como se prevê na alínea b) do n.º 1 do art. 76.º da Lei de Processo, precisamente quando determine uma lesão grave desse interesse.

Cremos, porém, que o obstáculo é ultrapassável: assim o exige, aliás, o princípio da defesa judicial efectiva dos direitos e interesses dos cidadãos perante a Administração Pública, recomendando vivamente que se confronte o dano que a suspensão da sua eficácia causa ao interesse público determinante da medida provisória (que eventualmente até pode consistir, como vimos, na tutela de interesses privados realizáveis através da decisão do procedimento) com o dano que a efectividade ou execução dessa medida causa ao (contra-)interessado por ela atingido.

Julgamos, portanto, proibida a recusa *in limine* da apreciação do pedido de suspensão judicial de medidas provisórias, para possibilitar um controlo, nos termos referidos, sobre o dano invocado como seu fundamento e, até, a proporcionalidade desta (permitindo-se ao tribunal a suspensão, também, de medidas claramente desadequadas ou desproporcionadas).

XIV. Claro que, se a tomada de medidas provisórias causou prejuízos ao particular, este pode intentar uma **acção de indemnização**, para se ressarcir dos prejuízos sofridos.

E, não obstante valer, na adopção dessas medidas, o princípio da *oportunidade,* é também de admitir um pedido idêntico, quando o particular possa provar a ocorrência de danos em virtude da não adopção de medidas que haja requerido, pelo menos nos casos em que a decisão (provisória) da Administração se fundou em erro manifesto de apreciação da hipótese concreta, dos valores nela em jogo e da melhor forma de os acautelar.

Por outro lado, é também de admitir que a Administração possa ser responsabilizada, em geral, por acto lícito tomado nesta matéria, que seja gerador de prejuízos anormais e especiais.

art. 84.º, n.º 2

XV. O preceito cria duas exigências e atribui um poder ao órgão administrativo, que decida ordenar medidas provisórias: exige-se-lhe, por um lado, que **fundamente** a sua decisão e que **indique o respectivo prazo de "validade"** (vigência) e confere-lhe, por outro, o poder de **alterar as medidas ordenadas**.

Artigo 84.º

Ao contrário do que se estabelece no art. 124.º, quanto ao âmbito do dever de fundamentação dos actos administrativos, o CPA exige aqui a **fundamentação de todas as medidas provisórias**, independentemente do respectivo conteúdo (*"qualquer medida provisória"*).

O carácter geral da exigência resulta de o conteúdo das medidas em causa não estar especificado, e de, portanto, o órgão dever tornar claras as razões que o levaram, primeiro, a reagir com uma medida provisória e, depois, a desenhá-la com aquele conteúdo.

Parece-nos, no entanto, que a exigência da fundamentação (como, aliás, a indicação do prazo) não se circunscreve às medidas que o órgão ordene ao abrigo do n.º 1 deste artigo: as medidas especificadas em leis avulsas que caiam no conceito de medidas provisórias aqui formulado, devem considerar-se sujeitas ao mesmo regime destas.

Quanto à exigência da fixação do **prazo de vigência** das medidas provisórias, não deve ela ser entendida no sentido de ter que se estabelecer o número de dias (horas, semanas ou meses) da sua vigência: o que importa é que conste delas a indicação de um lapso de tempo para a respectiva vigência, o qual pode ser fornecido indirectamente, por exemplo, através da ligação com a conclusão do procedimento ou com outro qualquer evento procedimentalmente significante.

O que a natureza jurídica das medidas provisórias exclui é a possibilidade de indicação de um prazo de vigência que se prolongue para além da decisão final do procedimento, pois a sua natureza cautelar (conservatória ou instrumental) implica a respectiva caducidade quando tal decisão sobrevier, como o inculca, nos termos referidos, a alínea c) do art. 85.º. Excluída está também, naturalmente, a previsão da vigência da medida provisória "por tempo indeterminado".

Por isso que elas caducarão, em qualquer caso, com a decisão do procedimento — mesmo que não haja produção de decisão final expressa (cfr. anotações ao art. 85.º) — poderia eventualmente entender-se que a falta de indicação do prazo não determina necessariamente a invalidade das medidas provisórias, o que, por nós, por cautela, entendemos dever rejeitar.

XVI. O órgão competente para ordenar as medidas provisórias é o órgão competente para a decisão final: e o preceito do n.º 2 confere-lhe competência para **alterar** as que hajam sido ordenadas. Assim, à medida que o procedimento se vai desenvolvendo, o órgão pode adaptar o conteúdo das medidas provisórias em função dos interesses envolvidos no procedimento, tal qual eles se vão revelando, v.g., estabelecendo novas proibições, levantando ou prorrogando — ver art. 85.º, alínea b — proibições anteriores, etc.

Este poder de alteração das medidas provisórias está sujeito aos mesmos requisitos a que se subordina o poder de as ordenar, incluindo os respeitantes à respectiva publicidade.

Artigo 85.º

art. 84.º, n.º 3

XVII. À **revogação** das medidas provisórias aplicam-se as regras gerais sobre revogação do acto administrativo, que o CPA estabelece (arts. 138.º a 148.º), exigindo-se sempre a sua fundamentação, bem como, claro, a respectiva notificação.

art. 84.º, n.º4

XVIII. O Decreto-Lei n.º 6/96 aditou um n.º 4 a este artigo, estabelecendo que o recurso hierárquico das medidas provisórias não tem efeito suspensivo, salvo se o órgão competente para decidir o recurso assim o determinar.

Compreende-se a solução. Mas isso significa que o recurso hierárquico da medida provisória deixou de ser necessário — sob pena de se frustrar a garantia do recurso contencioso do art. 268.º da Constituição, como se explica mais adiante, nos comentários aos artigos 167.º e 170.º — e o contra-interessado pode impugná--la, desde logo, na via contenciosa e requerer aí a suspensão da sua eficácia, nos termos da lei processual (e com as reservas assinaladas em **XIII**).

XIX. A denegação do efeito suspensivo e o carácter incidental e urgente das medidas provisórias, bem como a sua temporaneidade, justificavam bem um encurtamento dos prazos normais de instrução e decisão a observar nos procedimentos--regra dos recursos hierárquicos (arts. 171.º e segs. do Código), bem como a supressão de algumas das suas formalidades.

Não se recusaria mesmo que a audição de contra-interessados pudesse ser dispensada aqui, no caso de se entender que, para ordenar as medidas provisórias, também não há lugar à audiência do art. 100.º do Código (ver *supra* nota **XI**).

Artigo 85.º
Caducidade das medidas provisórias

Salvo disposição especial, as medidas provisórias caducam:
- *a)* **Logo que for proferida decisão definitiva no procedimento;**
- *b)* **Quando decorrer o prazo que lhes tiver sido fixado, ou a respectiva prorrogação;**
- *c)* **Se decorrer o prazo fixado na lei para a decisão final;**
- *d)* **Se, não estando estabelecido tal prazo, a decisão final não for proferida dentro dos seis meses seguintes à instauração do procedimento.**

I. Âmbito da disposição.

Artigo 85.º

    II. A caducidade das medidas provisórias, como consequência da
    decisão que põe termo ao procedimento.
    III. Decurso do prazo da sua vigência.
    IV. Decurso do prazo fixado para a decisão final.
    V. Decurso do prazo de seis meses.

I. Esta disposição estabelece a regra sobre a cessação dos efeitos das medidas provisórias por **efeito automático da lei,** que acresce às causas de cessação que constem de disposições especiais, bem como à possibilidade da respectiva revogação (alteração ou suspensão).

II. Assim, as medidas provisórias caducam, *"logo que for proferida a decisão definitiva do procedimento".*

A caducidade das medidas provisórias em virtude da *"decisão definitiva do procedimento"* denota a natureza cautelar, funcional ou instrumental que elas têm dentro dele. Não são ordenadas, como vimos, para satisfazer qualquer interesse público independente ou exterior ao procedimento administrativo em causa, mas apenas para acautelar a utilidade ou operatividade da sua decisão. Tomada esta, a medida provisória deixa de ter interesse, por já estar realizado o objectivo que o órgão pretendeu acautelar.

Confessamos não gostar muito dos conceitos aqui usados pelo legislador e pensamos, mesmo, que pode gerar alguma confusão o facto de a caducidade vir referida, sem qualquer esclarecimento, ao momento em que é *"proferida a decisão"*, quando elas são necessárias, pelo menos em muitos casos, até que tal decisão se torne operativa, e não apenas até ao momento de ser proferida a decisão.

Por decisão definitiva do procedimento, entende-se aquela que lhe ponha termo, seja qual for o respectivo factor determinante: tanto faz que seja a decisão expressa da pretensão que é seu objecto, como o seu deferimento tácito, a decisão do seu "indeferimento" ou "arquivamento", por não existirem os respectivos pressupostos procedimentais (art. 83.º), ou por desistência, renúncia, deserção, etc, etc.

III. Prescreve a alínea b) deste preceito que as medidas provisórias caducam *"quando decorrer o prazo que lhes tiver sido fixado, ou a respectiva prorrogação"*, situação que se verificará sempre que o órgão administrativo tenha fixado um termo final para a sua vigência, e este venha a ocorrer antes da tomada da decisão final.

A prorrogação da medida provisória que chega ao seu termo depende (como se viu a propósito do art. 84.º, n.º 2) de fundamentação, de indicação de novo prazo de validade e de notificação, tendo em atenção o n.º 2 do artigo 58.º e aquilo que a esse propósito comentámos — aqui parcialmente afastado, pelo menos quanto à regra do paralelismo do prazo de prorrogação.

Artigo 85.º

IV. Nos termos da alínea c) deste art. 85.º, as medidas provisórias caducam *"se decorrer o prazo fixado para a decisão final"*.

Note-se que, enquanto em relação aos casos de deferimento tácito, a caducidade das medidas provisórias com o decurso do prazo resultaria implicitamente da previsão da alínea a), já quanto aos casos de indeferimento tácito, só esta alínea permite abrangê-los, na medida em que a "decisão" tácita de indeferimento não é decisão de um procedimento e só é figurada no art. 109.º, n.º 1, para efeitos de se poder exercer o respectivo meio de impugnação (com efeitos restritos ao respectivo processo ou procedimento).

Por outro lado, é claro que a caducidade das medidas provisórias por força do decurso do prazo da respectiva decisão final não é restrita aos procedimentos particulares, valendo inteiramente no domínio dos procedimentos oficiosos.

Esse prazo geral para a conclusão do procedimento administrativo é, como se sabe, nos termos do n.º 1 do art. 58.º, n.º 1 do Código, de 90 dias — e se for prorrogado, também a medida provisória pode sê-lo.

V. O factor de caducidade das medidas provisórias referido na alínea d), é o de que *"não estando estabelecido tal prazo, a decisão final não* (ser) *proferida dentro dos seis meses seguintes à instauração do procedimento"*.

Não se contam para efeitos desta alínea, as prorrogações administrativas dos prazos legais já abrangidos na alínea b). Para além dessa certeza, o preceito também suscita algumas dúvidas.

Desde logo, por não se saber exactamente qual é o *"tal prazo"* que não estará estabelecido, a que o preceito se refere: na verdade, a resposta que parece óbvia (o prazo da alínea anterior) gera — como a outra resposta (é o prazo da alínea anterior a essa), aliás, também geraria — alguma perturbação.

Na verdade, se não estiver fixado nas normas de cada procedimento o prazo para a emissão da respectiva decisão final, vale o prazo geral do art. 58.º (ou dos arts. 108.º e 109.º) — que, em qualquer caso, é muito inferior aos seis meses previstos como possíveis para a vigência das medidas provisórias nesta alínea — e haveria sempre, portanto, *"prazo estabelecido"*.

Supomos, então, para dar sentido útil ao preceito, que o referido inciso da alínea d) deste art. 85.º deve ser lido como reportando-se aos casos em que a lei deixa o prazo para a decisão (ou conclusão) do procedimento na discricionariedade do órgão administrativo, afastando a aplicabilidade das regras legais (gerais ou especiais) que vigoram nessas matérias, querendo, portanto, dizer-se que as medidas provisórias nunca se podem prolongar para além de seis meses após a instauração do procedimento, mesmo não estando esgotado ainda o prazo para a sua conclusão e (ou) decisão.

Secção III

Da instrução

PRELIMINARES

    I. Objecto da fase instrutória do procedimento administrativo.

    II. Distinção da instrução no procedimento administrativo e no processo judicial.

    III. A instrução, como dever oficioso da Administração, e a participação dos interessados.

I. O procedimento não pode ser identificado apenas como uma sequência de actos em vista da realização de um certo resultado, a produção do acto final. Além disso, ele é também **sede de individualização, valoração e comparação dos interesses co-envolvidos na acção administrativa.** É que, não obstante nos sistemas jurídico-administrativos de raiz continental a Administração ser chamada a prosseguir um interesse social e juridicamente supra-ordenado à generalidade dos outros interesses relevantes, o interesse público — heterónoma e vinculativamente definido pelo legislador —, a sua realização efectiva pressupõe não só um conhecimento apurado dos factos e das normas que o determinam, como também uma ponderação dos seus efeitos sobre outros interesses (públicos ou privados) que estão envolvidos naquela situação administrativa.

As formalidades da fase **instrutória** ou **de instrução** do procedimento administrativo têm essas duas funções: dar a conhecer, tão exactamente quanto possível, os diversos factos (e normas) e interesses de que a decisão depende ou com que ela mexe e de permitir a sua ponderação relativa.

Assim, se quisermos delimitar o objecto da fase de instrução, diremos que se trata do complexo de actos e operações tendentes a identificar e valorar os dados jurídicos e factuais relevantes para a decisão a produzir, actos e operações que podem consistir no exame de documentos, em inspecções, em convocações e informações várias, em investigações, em exames, em buscas e peritagens, em auditorias, em discussões, em pareceres e relatórios, em testes, em reconstituições, sabe-se lá mais o quê.

É essa complexa actividade, intelectual e material, que fica designada como **instrução.**

II. Embora se reconheçam algumas semelhanças com a instrução de um processo jurisdicional, existem, **na instrução dos procedimentos administrativos,** elementos diversos daquela, em razão, aliás, da diversidade de posições do Juiz e da Administração.

Preliminares

A instrução dos procedimentos administrativos também desempenha, é certo, uma essencial função probatória, desenvolvendo-se aí, como se disse, uma tarefa de conhecimento, de recolha de factos e da respectiva prova. Neste sentido, como nos processos judiciais, a finalidade desta fase é a **aquisição de conhecimentos** que permitam a obtenção de certezas sobre se ocorreram na realidade os factos definidos legalmente como determinantes da resposta procedimental, segundo o **princípio da verdade real**.

Mas, além disso, a instrução destina-se ainda à avaliação e valorização comparativa dos interesses em presença, ou seja, **à introdução no procedimento dos interesses a valorar**.

Este último objectivo, embora ainda animado por uma procura da "verdade real", já não restringe a instrução ao apuramento de uma *verdade histórica*, mas à construção de uma decisão *óptima, oportuna e satisfatória* para o interesse público (e outros interesses envolvidos).

Isto significa que a instrução de um procedimento, além do objectivo de encontrar os acontecimentos que o legislador convocou como pressuposto da actuação da Administração (ou determinante do conteúdo de um acto seu), visa colocar o agente administrativo numa posição que lhe permita dominar o quadro completo de interesses relevantes no âmbito da decisão a tomar e compará-los entre si — daí, aliás, que também nesta fase importe assegurar a efectividade do princípio da imparcialidade, permitindo-se que a Administração se determine, na formação da decisão, por considerações puramente objectivas — situando-o, portanto, numa posição muito diversa do juiz (salvo o dos processos de **jurisdição graciosa**), amarrado este, que está, à verdade real levada ao processo e a uma decisão socialmente neutra, alheia à satisfação de outros interesses, que não seja o da realização do Direito.

III. Exactamente por estar implicada na realização dos princípios da prossecução do interesse público, da legalidade, da imparcialidade e da proporcionalidade, a instrução traduz-se num **dever** da Administração Pública. Daí que toda esta fase seja comandada pelo **princípio da oficialidade ou inquisitório**, em virtude do qual (cfr. anotações ao art. 56.°) a Administração dispõe do mais amplo poder de iniciativa na ordenação, determinação e direcção da actividade instrutória, necessária para a aquisição e integração dos dados relevantes da decisão a tomar.

A oficialidade da instrução não implica, é evidente, a exclusão da participação dos particulares interessados nesta fase — a qual frequentemente corresponde, mesmo, a uma exigência obrigatória para a Administração, como acontece com a *participação-garantia* (art. 100.°) — nem qualquer proibição de o particular intervir colaborativamente na satisfação do interesse público (participação-colaboração).

Artigo 86.º

SUBSECÇÃO I

Disposições gerais

Artigo 86.º

Direcção da instrução

1. A direcção da instrução cabe ao órgão competente para a decisão, salvo o disposto nos diplomas orgânicos dos serviços ou em preceitos especiais.

2. O órgão competente para a decisão pode delegar a competência para a direcção da instrução em subordinado seu, excepto nos casos em que a lei imponha a sua direcção pessoal.

3. O órgão competente para dirigir a instrução pode encarregar subordinado seu da realização de diligências instrutórias específicas.

4. Nos órgãos colegiais, as delegações previstas no n.º 2 podem ser conferidas a membros do órgão ou a agente dele dependente.

I. *"Direcção da instrução" : noção.*

II. *A discricionaridade (instrumental) na direcção da instrução e os seus limites.*

III. *Vinculação quanto à averiguação e investigação dos factos (pressupostos) do exercício da competência.*

IV. *A delegação das competências relativas à direcção da instrução: poderes indelegáveis.*

V. *Inexigibilidade da publicação e especificação dos poderes transmitidos.*

VI. *A realização de diligências avulsas ou específicas por subalterno do órgão competente.*

VII. *A realização de diligências por outros serviços.*

VIII. *A delegação das competências relativas à direcção da instrução no caso de órgãos colegiais.*

art. 86.º, n.º 1

I. A regra de competência, quanto à direcção da fase de instrução dos procedimentos, é a de que ela pertence ao órgão competente para a decisão, admitindo-se, no entanto, a prevalência de disposições especiais em contrário — mas não as de valor infra-legal (salvo diplomas orgânicos) ou internas, como as expressões legais poderiam sugerir.

O preceito suscita também a questão de saber o que deve entender-se por **direcção da instrução**.

Artigo 86.º

Entendemos que tal conceito se refere a uma das dimensões do princípio do inquisitório — a sua dimensão formal ou *ordenadora* (cfr. anotação ao art. 56.º): traduz-se, por isso, no **poder de disposição ou ordenação oficiosa da sequência procedimental**, na actividade de impulso, de iniciativa, de arrumamento e conhecimento das questões do próprio procedimento.

Compete ao titular da competência instrutória ordenar a sequência da tramitação, seja nos termos do desenho legal ou, nos espaços em branco deste, de acordo com critérios por si definidos, que deverão obedecer aos princípios gerais de desenvolvimento do procedimento (celeridade, informalidade, eficiência, participação dos interessados, informação, etc.).

Esta ordenação da sequência procedimental e da escolha dos trâmites a realizar é, por essência, um poder avesso a uma grande rigidez legal. Admite-se a existência obrigatória de certos trâmites, ou a sequência legal de alguns deles, mas dificilmente pode excluir-se uma significativa liberdade de iniciativa, avaliação e decisão do órgão encarregado da instrução. O dever de adoptar uma decisão legal postula, necessariamente, a admissão de uma relativa liberdade no que respeita à actividade cognoscitiva destinada a encontrar os pressupostos daquela decisão, bem como àquela, de carácter valorativo, que se destina a comparar as dimensões dos diversos interesses relevantes.

É nesta sede de instrução procedimental que maior aplicação tem o *princípio da informalidade*, acolhido no art. 57.º.

II. Repare-se que o reconhecimento dessa **discricionariedade instrumental** não significa — como a discricionariedade nunca significa — a ausência de relevo jurídico das opções e operações de instrução realizadas e daquelas que deixaram de realizar-se. Na medida em que os desvios ou omissões patológicas da instrução se expressem ou repercutam na decisão final, não resta outro caminho que não seja o de admitir a relevância do vício — seja um vício de procedimento simples seja um vício de procedimento com reflexos no conteúdo (ou mesmo no fim) da decisão.

Por outro lado, e embora o órgão administrativo disponha do poder de recusar tudo o que for impertinente ou dilatório (art. 57.º), não pode deixar de analisar cuidadosamente as operações solicitadas pelos particulares (art. 88.º, n.º 2).

A direcção da instrução tem ainda que pautar-se por critérios de **objectividade e transparência**, de observar os princípios da **igualdade** no tratamento dos interessados e da **imparcialidade.**

Finalmente, há limitações que derivam dos princípios de **racionalidade** e **congruência** — que supõem uma escolha não arbitrária dos trâmites e das modalidades das várias diligências de instrução — por essa escolha dever ser determinada em função do resultado pretendido.

Artigo 86.º

III. Não pode, contudo, confundir-se a mencionada discricionariedade na direcção ou condução da instrução com uma (pretensa e inexistente) autodeterminação administrativa quanto à **investigação dos factos**. É que, neste caso, estamos já perante um dever administrativo oficioso, de carrear para o procedimento aspectos relevantes para conhecer plena e efectivamente a situação de facto sobre que se vai fundar a decisão (cfr. art. 87.º).

Aquilo que designámos por poder de disposição e ordenação oficiosa da sequência do procedimento, respeita, na verdade, à liberdade de escolha de modalidades instrutórias, à liberdade de escolha do caminho a seguir, que é, afinal, o núcleo da expressão ou conceito de "*direcção de instrução*".

Já no domínio da averiguação (oficiosa) dos factos, a Administração tem sempre o dever, seja qual for o caminho escolhido, de encontrar os factos ou pressupostos do exercício do poder que se expressa na decisão final do procedimento — ou, então, não os encontrando, de se abster de decidir (ou de decidir neste ou naquele sentido).

art. 86.º, n.º 2

IV. O Código permite ao órgão competente para a decisão — e, portanto, também para a instrução (*ex vi* n.º 1) — delegar a sua competência para a direcção da instrução num subalterno (salvo quando a lei imponha que seja ele a dirigi-la pessoalmente). O órgão instrutor passa a ser então diverso do órgão a quem compete a decisão final.

É muito vantajosa essa "desconcentração" ou repartição de poderes procedimentais entre os órgãos ou agentes encarregados da fase instrutória e da fase de decisão: com a distribuição das competências procedimentais por órgãos ou agentes diversos, fomenta-se um enriquecimento do quadro valorativo da decisão.

E é também a institucionalização, nos serviços administrativos, da figura do instrutor do procedimento, que mais se coaduna com a autonomia funcional da proposta de decisão (art. 105.º).

Devem, contudo, considerar-se indelegáveis — mesmo naqueles casos em que a lei não impõe a direcção pessoal da instrução pelo órgão com competência decisória — os poderes que o Código remete expressamente para decisão sua, nomeadamente no caso das medidas provisórias e naqueles casos em que tais intervenções se situam no âmbito da fiscalização ou controlo da actividade do instrutor, em correspondência, aliás, com os princípios gerais aplicáveis em matéria de delegação, afirmados acima em comentário ao art. 35.º.

V. Para além de outras questões relacionadas com a natureza desta delegação, coloca-se sobretudo o problema de saber em que medida ela está sujeita ao regime dos arts. 35.º e segs. do Código, nomeadamente em matéria de exigência da sua publicação (art. 37.º, n.º 2) — que nos parece legalmente desnecessária, não exigida.

Artigo 87.º

E, por outro lado, quanto à especificação dos poderes delegados, parece-nos que é suficiente, aqui, a sua simples referência à matéria de *"direcção da instrução"*, como, aliás, o inculca o n.º 3 deste art. 86.º.

art. 86.º, n.º 3

VI. Este n.º 3 confere ao órgão competente para a direcção da instrução (seja ele qual for) poderes para encarregar qualquer subordinado seu da realização de **diligências avulsas ou específicas**, num procedimento determinado.

Trata-se, portanto, da emanação de uma ordem, que não necessitava de ser legalmente prevista — embora, para a realização de certas diligências, a disposição tenha uma função esclarecedora importante.

VII. Recorde-se que o órgão instrutor pode ainda, de acordo com o art. 92.º, solicitar a realização de diligências de prova específicas a **serviços que não estão dele dependentes**.

art. 86.º, n.º 4

VIII. Reitera-se no n.º 4 a regra de que, mesmo em relação aos **órgãos colegiais,** a instrução cabe em princípio ao órgão competente para decidir, salvo, como se preceitua no n.º 1, o disposto nos diplomas orgânicos dos serviços ou em preceitos especiais.

Na verdade, o que se permite é que essa competência originária do próprio colégio em matéria de instrução possa ser delegada em agente dependente dele ou num membro do próprio órgão.

Neste tipo de órgãos, a situação normal será mesmo essa: se não existirem serviços dependentes encarregados especificamente de desenvolver a actividade instrutória, esta ficará a cargo do membro do colégio (o membro relator) ou do agente designado para o efeito e encerrará com o relatório do instrutor, que elaborará uma proposta de decisão (art. 105.º) a apresentar ao órgão colegial, segundo as regras de funcionamento desse tipo de órgãos.

Artigo 87.º

Factos sujeitos a prova

1. O órgão competente deve procurar averiguar todos os factos cujo conhecimento seja conveniente para a justa e rápida decisão do procedimento, podendo, para o efeito, recorrer a todos os meios de prova admitidos em direito.

Artigo 87.º

2. Não carecem de prova nem de alegação os factos notórios, bem como os factos de que o órgão competente tenha conhecimento em virtude do exercício das suas funções.

3. O órgão competente fará constar do procedimento os factos de que tenha conhecimento em virtude do exercício das suas funções.

   I. Inexistência de uma fase destinada a alegações dos interessados.

   II. Relevância da dimensão material do princípio do inquisitório.

   III. Vinculação administrativa quanto ao conhecimento dos pressupostos da decisão.

   IV. Possibilidade de recurso a todos os meios de prova (a "ciência privada" do agente).

   V. Liberdade de apreciação das provas.

   VI. Factos notórios e factos de que o órgão tenha conhecimento oficial.

   VII. Obrigação de fazer constar do procedimento os factos de conhecimento oficial.

art. 87.º, n.º 1

I. Ao contrário do que se passa nos processos jurisdicionais, em que vigora o princípio do dispositivo ou contraditório, na fase de instrução do procedimento administrativo não há obrigatoriamente uma formalidade ou um momento destinados às **alegações e provas dos interessados** — finalidades que se realizam na fase inicial do requerimento (quando o houver) ou na fase subsequente da audiência.

Resulta isso de a instrução e a actividade probatória, no procedimento administrativo, serem oficiais, de acordo com o princípio do inquisitório, como se estabelece neste preceito e no art. 56.º.

II. Embora, como se viu em anotação ao art. 86.º, se reconheça a existência de discricionaridade no exercício do poder de ordenação da sequência procedimental, essa liberdade está limitada pelo dever oficioso de verificar a subsistência dos pressupostos da actuação administrativa. Este dever de (conhecimento e) averiguação oficiosa e obrigatória dos factos e interesses relevantes no procedimento constitui a vertente material ou *"de conhecimento"* do princípio do inquisitório, com que já deparámos em anotação ao artigo 56.º.

A intensidade desse dever revela-se bem no facto de ele não ficar prejudicado nem relativamente aos factos que o interessado não tenha alegado para sustentação da sua posição procedimental (ver art. 88.º, n.º 1) nem, mesmo, perante a sua eventual falta de colaboração na respectiva prova (art. 91.º, n.º 2).

Artigo 87.º

De resto, é o próprio art. 87.º que estabelece que o órgão competente deve (tem de) procurar averiguar todos os factos cujo conhecimento seja conveniente para a decisão do procedimento.

Cremos ainda que o artigo é uma achega importante à controvérsia que existe em matéria de (directivas de) **autovinculação no exercício de poderes discricionários**: na verdade, por este preceito, os órgãos administrativos não estão nunca dispensados de desenvolver a actividade instrutória adequada à verificação dos **pressupostos legais** em cada situação concreta com que se deparem.

III. O dever de instrução oficiosa em relação a todos os factos cujo conhecimento seja conveniente para uma justa e legal decisão do procedimento não significa que o órgão instrutor não possa ter **liberdade de determinação dos factos** (dos pressupostos e dos motivos) de que depende legalmente a decisão do procedimento, porque, quanto a isso, é a **norma material** (não a procedimental) que dispõe, ou no sentido da sua verificação obrigatória ou da discricionariedade da sua eleição.

Assim, em sede de instrução, a actividade do órgão competente será também vinculada quanto à procura e ao conhecimento dos pressupostos legais da decisão do procedimento: não há, em relação a essa parcela procedimental, qualquer juízo de conveniência ou oportunidade administrativa, ditado por razões de justiça, muito menos de celeridade.

Só em relação a domínios onde exista discricionariedade "material", relativamente aos factos a tomar em conta na decisão, é que a extensão da instrução poderá ser comandada por considerações dessas.

Neste sentido, escreveu-se no acordão do STA de 18.II.1988 (*in* AD, n.º 323, pág. 1362) que "*a falta de diligências reputadas necessárias para a constituição da base fáctica da decisão afectará esta não só se (tais diligências) forem obrigatórias (violação do princípio da legalidade), mas também se a materialidade dos factos não estiver comprovada, ou faltarem, nessa base, factos relevantes, alegados pelo interessado, por insuficiência de prova que a Administração poderia e deveria ter colhido (erro nos pressupostos de facto)*".

Ou seja, as omissões, inexactidões, insuficiências e os excessos na instrução estão na origem do que se pode designar como um **déficit de instrução,** que redunda em erro invalidante da decisão, derivado não só da omissão ou preterição das diligências legais, mas também de não se tomarem na devida conta, na instrução, interesses que tenham sido introduzidos pelos interessados ou factos que fossem necessários para a decisão do procedimento.

IV. Estabelece ainda o n.º 1 que, no desenvolvimento da actividade probatória — destinada a possibilitar um resultado de representação dos factos relevantes, em função da decisão a tomar, demonstrando a sua ocorrência ou falta —, o órgão instrutor pode recorrer a **todos os meios de prova** admitidos em direito, o que, de resto, é postulado pelo princípio do inquisitório e afirmado relativamente a alguns desses meios, nos arts. 94.º a 97.º do Código.

O que o Código não esclarece é se podem ser usadas, na instrução do procedimento, informações não recolhidas durante a instrução, mas que fazem parte da "ciência privada" do instrutor. Cremos que essas informações, por si sós, não poderão ser admitidas, como prova procedimental de factos, embora possam ser aproveitadas para conduzir a instrução no sentido da respectiva prova.

V. Questão que o Código também não esclarece (a não ser incidentalmente, no n.º 2 do art. 91.º) tem que ver com as regras sobre **apreciação da prova.**

Em consonância com o princípio da *oficialidade* e o princípio da *verdade real*, a regra acolhida nesta matéria é a da **liberdade de apreciação das provas.** Resulta isso (além da própria referência ao inquisitório) do art. 57.º, que permite a recusa de tudo o que for **impertinente,** do art. 88.º, n.º 2, na referência a diligências de provas **úteis,** que também remete para um juízo relativamente elástico do órgão instrutor. Só não valerá esta regra de livre apreciação, quando o órgão esteja legalmente vinculado ao valor de provas determinadas.

Exige-se-lhe obviamente, em qualquer caso, que sustente os juízos ou convicções criados sobre o valor das provas. Mesmo que, na fundamentação da decisão do procedimento, a exigência não tenha que ser objecto de consideração específica, a verdade é que, em fase de instrução, a fundamentação dos juízos de apreciação da prova é (normalmente) essencial, para não dizer inerente à própria função da instrução, revelada nos arts. 101.º, n.º 2, e 105.º do Código.

art. 87.º, n.º 2

VI. Estabelece-se a regra geral, em matéria de prova, de que os **factos notórios** não carecem de ser alegados nem provados. Por factos notórios, entendem-se aqueles que são do conhecimento geral das "pessoas regularmente informadas" (art. 514.º, n.º 1 do Código do Processo Civil) ou que uma pessoa de normal diligência possa notar (art. 257.º, n.º 2, do Código Civil).

À mesma regra, de dispensa de prova e de alegação, ficam sujeitos os factos que o órgão competente (para a instrução e/ou para a decisão) tenha conhecimento em virtude do exercício das suas funções — que tem o dever de utilizar no procedimento (ver n.º 3) —, o que significa que podem ser utilizadas provas recolhidas noutros procedimentos ou que constem dos arquivos e registos administrativos, bem como as obtidas em indagações feitas para outros fins.

Quanto às razões de "ciência privada", que o instrutor ou o órgão competente possuam, ver a anotação **IV.**

Artigo 88.º

art. 87.º, n.º 3

VII. Caso o órgão tenha utilizado, como base ou pressuposto da decisão, factos de que teve conhecimento em virtude do exercício das suas funções — o que está obrigado a fazer, como se disse — fica, por esta disposição, obrigado também a esclarecer essa circunstância no procedimento. A lei não especifica a forma de dar satisfação à exigência, devendo, em último caso, ter lugar no relatório do instrutor.

Artigo 88.º

Ónus da prova

1. Cabe aos interessados provar os factos que tenham alegado, sem prejuízo do dever cometido ao órgão competente nos termos do n.º 1 do artigo anterior.

2. Os interessados podem juntar documentos e pareceres ou requerer diligências de prova úteis para o esclarecimento dos factos com interesse para a decisão.

3. As despesas resultantes das diligências de prova serão suportadas pelos interessados que as tiverem requerido, sem prejuízo do disposto no n.º 2 do artigo 11.º.

    I. O ónus de prova dos factos alegados pelos interessados.

    II. A convivência do ónus de prova dos interessados com o dever oficioso de prova, decorrente do princípio do inquisitório.

    III. As situações em que os interessados detêm um monopólio de prova sobre factos que importem à decisão.

    IV. A organização do procedimento no sentido da abertura à participação instrutória (colaborante) dos interessados.

    V. A inexistência de um momento ou fase própria para a intervenção dos interessados.

    VI. O pagamento das despesas resultantes das diligências de prova requeridas: crítica da solução legal.

art. 88.º, n.º 1

I. Temperando o princípio do inquisitório ou da oficialidade em matéria de prova, o CPA estabelece neste preceito a regra de que "***quem alega deve provar***", fa-

Artigo 88.°

zendo recair sobre os interessados o ónus de prova dos factos que interessam à sustentação da sua posição — seja qual for a pessoa que os haja trazido ao procedimento.

O que quer dizer que, a haver aqui um ónus de prova de factos, ele recai sobre o interessado a quem aproveitam (não sobre quem os tenha alegado), como aliás acontece no processo judicial.

II. Mesmo com a reserva nele feita a propósito do n.° 1 do art. 87.°, o preceito carece de esclarecimento.

Na verdade, o dever de prova na instrução do procedimento recai sobre o órgão administrativo competente: é esse, aliás, o entendimento do STA, para quem *"só em princípio incumbe ao interessado a prova dos factos constitutivos do direito ou do interesse invocados ......, porquanto cabe à Administração um papel dinâmico na recolha dos elementos relevantes ...."* (Acordão de 18.II.88, in AD STA, 323).

É que o princípio do inquisitório determina a obrigação, para o órgão administrativo, de proceder a todas as investigações que repute necessárias para encontrar as bases da sua decisão, não podendo, portanto, a Administração — salvo se tiver procedido a todas as diligências possíveis e razoáveis — refugiar-se na falta de cumprimento do ónus de prova, que sobre o interessado impenda, para dar um eventual conteúdo desfavorável à decisão.

III. Claro está, que, as coisas podem ser diferentes no caso de existir um "monopólio" de prova do próprio interessado — isto é, sempre que a prova de determinado facto só possa ser realizada por ele (cfr. anotações ao art. 91.°, n.° 3).

É o que pode passar-se com o ónus de o interessado demonstrar o preenchimento dos requisitos pessoais de que, por vezes, a lei faz depender a atribuição de uma posição jurídica vantajosa — "idoneidade"; "capacidade profissional e financeira"; "capacidade técnica"; "experiência comprovada"; "gestão técnica e economia equilibrada". Neste sentido, escreveu-se no Acordão do Pleno do STA, de 20.2.92 (*in* AD STA, 372, pág.1141) que *"não se pondo em causa o princípio do inquisitório ...... o interessado tem a obrigação de colaborar com a Administração, fornecendo-lhe as informações e dados de que só ele dispõe, de forma a habilitar a Administração a decidir assunto do seu interesse"*.

Ao mesmo regime ficam sujeitos aqueles factos cuja documentação, segundo previsão legal específica, constitui um dever instrutório dos interessados: só que a sua falta não se repercute muitas vezes em sede de instrução e de convicção probatória, mas em sede de recebimento do próprio requerimento.

art. 88.°, n.° 2

IV. A instrução dos procedimentos administrativos é, por excelência, o momento da realização da ideia do "**justo ou devido procedimento**", no sentido

Artigo 88.º

de que é esse o momento do levantamento e ponderação dos interesses envolvidos na decisão, com o objectivo de realizar o interesse público em harmonia com a posição jurídica dos particulares.

Em homenagem a esse ideal, o procedimento deve ser organizado no sentido de aos interessados estarem abertos canais para aí trazerem os seus pontos de vista. E não apenas quanto aos factos que são da sua alegação ou interesse (n.º 1), como quanto a quaisquer factos.

É claro que, em primeira e última instância, é sempre o instrutor o senhor das exigências e necessidades probatórias do procedimento: mas a existência desta faculdade ou direito de participação dos interessados em matéria probatória tem ampla protecção jurídica — nem podia ser doutro modo, se podem recair sobre ele pesadas consequências procedimentais (art. 88.º, n.º 1, do CPA) e se se trata da concretização de um princípio constitucional (art. 267.º, n.º1, da CRP).

A principal garantia dessa posição jurídica, a principal manifestação desse direito de alegação e prova dos interessados, consiste num dever de análise cuidadosa das solicitações por eles feitas, que se liga a um anseio ou princípio de *plenitude* ou *congruência* — no sentido de que a decisão administrativa final há-de ser congruente, pela positiva e pela negativa, não só com o pedido, mas também com as alegações feitas pelos interessados —, bem como ao princípio da abertura do procedimento à contradição.

É nesse sentido que se estabelece no § 24.º, n.º 3 da lei alemã que, desde que competente, a autoridade administrativa não pode recusar-se a tomar conhecimento das declarações ou requerimentos dos interessados, alegando que aquelas declarações ou requerimentos são ilícitos ou não fundados.

Tendo um poder de apreciação sobre a respectiva conveniência, o instrutor defronta-se, por isso, com a necessidade de expor as razões que o levam a não realizar as diligências requeridas ou a não aceitar as provas apresentadas.

Ou seja, deve entender-se que a junção de alguns documentos ou pareceres ou o requerimento de alguma diligência pelos interessados determina, no caso de o órgão instrutor os desatender, um dever de fornecimento ou alegação de prova ou juízo contrário pela instrução procedimental — sob pena de falta de fundamentação ou de preterição de formalidade.

É claro que isso não significa que tenham de ser levadas ao relatório do instrutor ou à fundamentação do acto todas as questões de facto e probatórias que se suscitaram no processo: mas aquilo que for "**pertinente**" para a decisão final irá fundado, em termos de revelar como se apuraram os factos ou conclusões em relação aos quais a instrução revele existir controvérsia (questões a tomar em conta na decisão final).

V. As faculdades aqui conferidas aos interessados podem exercer-se em **qualquer momento**, antes de lhes ser dada audiência, ou nesta mesma — mas só em circunstâncias excepcionais (como, por exemplo, as do art. 104.º) depois disso.

Artigo 89.º

Para o seu exercício poder ser totalmente garantido, faz-se, porém, mister que se cumpram, a tal propósito, os formalismos previstos no art. 82.º.

art. 88.º, n.º 3

VI. Quando os interessados usem do direito de requerer diligências de prova úteis para o esclarecimento dos factos, as **despesas** que delas resultem serão por eles suportadas, salvo o disposto no art. 11.º, n.º 2.

É um princípio algo injusto; pense-se nas diligências requeridas por particulares em procedimentos tendentes ao sacrifício (ou ablação) de direitos seus, e com o objectivo de o atenuar.

Por outro lado, as diligências requeridas pelos interessados para oporem a sua versão e pretensão, contrárias àquelas que a Administração sustenta a mesmo propósito — e que ela venha a reconhecer serem fundadas, precisamente, em resultado dessa diligência — não deviam ser custeadas por eles.

E se o fossem, gerariam um direito de indemnização seu, de valor correspondente (pelo menos) ao das despesas que a Administração lhe facturou.

Artigo 89.º

Solicitação de provas aos interessados

1. O órgão que dirigir a instrução pode determinar aos interessados a prestação de informações, a apresentação de documentos ou coisas, a sujeição a inspecções e a colaboração noutros meios de prova.

2. É legítima a recusa às determinações previstas no número anterior, quando a obediência às mesmas:

> *a)* **Envolver a violação de segredo profissional;**
>
> *b)* **Implicar o esclarecimento de factos cuja revelação esteja proibida ou dispensada por lei;**
>
> *c)* **Importar a revelação de factos puníveis, praticados pelo próprio interessado, pelo seu cônjuge ou por seu ascendente ou descendente, irmão ou afim nos mesmos graus;**
>
> *d)* **For susceptível de causar dano moral ou material ao próprio interessado ou a alguma das pessoas referidas na alínea anterior.**

> *I. Poderes do órgão instrutor quanto a actuações dos interessados em matéria probatória.*

Artigo 89.º

II. *Sentido e valor da determinação referida.*
III. *A "necessidade" da determinação.*
IV. *Recusa legítima ou imposta: consequências.*
V. *Esclarecimentos sobre casos de recusa legítima, por dano moral ou material.*

art. 89.º, n.º 1

I. Confere-se ao órgão instrutor o poder de determinar **quatro tipos de actuações** dos interessados, em matéria probatória:

— a prestação de informações, a que se referem depois os arts. 90.º e 91.º;

— a apresentação de provas (documentos ou coisas), a que igualmente se referem os arts. 90.º e 91.º;

— a sujeição a inspecções, a que se referem o art. 94.º e seguintes;

— a colaboração noutros meios de prova.

II. A letra da lei não é inteiramente esclarecedora quanto ao valor da "*determinação*" nela referida. Tratar-se-á de uma ordem, que, sob pena de **desobediência**, coloca o interessado no dever de cumprir, do mesmo modo que acontece com as ordens dadas por um juiz, em matéria de colaboração de particulares com a Justiça?

A resposta é não, não se trata de desobediência — mesmo se a referência do n.º 2 aos casos em que a recusa é legítima e a expressão "*obediência*" induziriam a pensar assim.

Revelam-no, aliás, os próprios preceitos em que se desdobra esse poder de determinação probatória do instrutor. Assim, por exemplo, no que toca ao dever de prestação de informações e ao de apresentação de provas, aplica-se o disposto nos arts. 90.º e 91.º, constantando-se que a consequência do respectivo incumprimento é apenas, e em casos extremos, o não seguimento do procedimento. O mesmo se passa, também, quanto ao dever de sujeição a inspecções ou de colaboração noutros meios de prova, pois não se trata de conferir ao órgão instrutor o poder de as "ordenar". Apenas se pretende esclarecer que o dever de colaboração se estende até esses domínios, tornando legítimas as determinações instrutórias a esse propósito.

Não se trata, portanto, da criação de deveres de obediência em matéria probatória, mas antes da criação e especificação de ónus procedimentais funcionalmente pré-ordenados a tutelar o interesse procedimental da Administração, mesmo se a determinação se destina a possibilitar a comprovação dos pressupostos ou requisitos legais da pretensão do particular.

III. Embora só implicitamente esteja inscrito no artigo seguinte ("*quando seja necessária........*"), tem que admitir-se a regra de que a determinação da prestação de

Artigo 89.º

informações e da apresentação de provas aos interessados só deve ter lugar quando a Administração as não possa obter e recolher pelos seus próprios meios.

Estamos, pois, com FERREIRA DE ALMEIDA, quando sustenta que uma interpretação sistemática dos preceitos desta Secção do Código, sobretudo se lidos por referência aos princípios do inquisitório e da desburocratização, deve levar a considerar ilegais "*as práticas administrativas, muito frequentes, de solicitação de provas documentais aos interessados ...., quando o órgão instrutor as pode obter mais expeditamente através do accionamento de mecanismos de cooperação entre os diversos serviços públicos*" (ver Dicionário Jurídico da Administração Pública, vol. VI., pág. 481).

Aliás, refere-se no n.º 1 do art. 10.º do Decreto-Lei n.º 129/91 (de 2.IV), que "*só devem ser feitas convocatórias ou avisos, se não houver outras diligências que permitam resolver as questões sem incómodos, perdas de tempo e gastos provocados pela deslocação dos interessados*".

art. 89.º, n.º 2

IV. O facto de a recusa às determinações da instrução nos casos previstos no n.º 2 ser legítima significa que não podem seguir-se, então, as consequências ligadas ao incumprimento dos ónus procedimentais dos interessados.

O interessado está, porém, constituído no ónus de alegar (e, às vezes, é só isso mesmo) a existência dos factos que justificam a sua recusa.

Note-se que nos casos da alínea a) e da primeira parte da alínea b), a recusa não é propriamente legítima, não corresponde a um direito ou faculdade, mas constitui um dever do interessado.

V. É evidente que o facto de a lei considerar legítima a recusa da prestação probatória do interessado, quando ela envolva "*dano moral ou material*" para si próprio ou pessoas que lhe são próximas, não significa, propriamente (pelo menos nos casos de dano material), uma autorização legal para faltar à verdade ou para escamotear ao processo elementos determinantes da previsão ou da estatuição das normas que invocou em favor da satisfação da sua pretensão: quem pretende uma autorização para a instalação de uma unidade industrial não pode escamotear à Administração os dados respeitantes aos elementos da sua indústria, aos perigos que ela acarreta, ou aos requisitos necessários para os evitar, mesmo se isso lhe traz "dano material", porque implicará fazer maiores despesas e investimentos.

O preceito poderia, quanto muito, fazer sentido em relação não ao interessado na pretensão formulada à Administração, mas a outros interessados, a *contra-interessados*, que não estariam obrigados a contribuir com informações ou provas para benefício daquele (e em seu próprio prejuízo) — ou então, mais curialmente, quando a diligência determinada pela Administração implicar para o interessado despesas significativas, que ele não está na disposição de suportar.

Artigo 90.º

Artigo 90.º
Forma da prestação de informações ou da apresentação de provas

1. Quando seja necessária a prestação de informações ou a apresentação de provas pelos interessados, serão estes notificados para o fazerem, por escrito ou oralmente, no prazo e condições que forem fixados.

2. Se o interessado não residir no município da sede do órgão instrutor, a prestação verbal de informações pode ter lugar através de órgão ou serviço com sede no município da sua residência, determinado pelo instrutor, salvo se o interessado preferir comparecer perante o órgão instrutor.

> *I. A notificação para a prestação de informações ou apresentação de provas: exigências e prazo.*
> *II. Consequências da irregularidade da notificação.*
> *III. Residência do interessado em município diferente daquele em que se localizam os serviços do órgão instrutor.*

art. 90.º, n.º 1

I. As determinações do instrutor em matéria de prestação de prova pelos interessados, às quais se refere o artigo anterior, assumem carácter oficial, sendo notificadas (em termos adaptados do art. 66.º e segs.), com menção da forma escrita ou oral que a diligência deve revestir, prazo e condições em que deve ser realizada, bem como as questões sobre que versa.

Na verdade, aplica-se à notificação aqui prevista a regra do n.º 2 do art. 10.º do Decreto-Lei n.º 129/91, de 2.IV., que prescreve que *"nas convocatórias ou avisos dirigidos a qualquer entidade, o assunto a tratar ou o motivo dos mesmos devem ser expressamente descritos, considerando-se inexistentes os que contenham referências vagas, nomeadamente «assunto do seu interesse», «processo pendente» ou similares"*.

Não sendo fixado na notificação um prazo para a realização da diligência, vale naturalmente o do art. 71.º.

A prestação verbal de informações ou de exibição de prova ficará lavrada em auto escrito, assinado pelo interessado.

II. Se a notificação não for regular — ou seja, conforme com as regras gerais aplicáveis em matéria de notificação — não são "contabilizáveis" no procedimento as consequências do incumprimento pelo interessado da determinação do órgão instrutor como se estabelece no art. 91.º, n.º 1.

Artigo 91.º

art. 90.º, n.º 2

III. Em caso de dificuldade ou desnecessidade de deslocação do interessado à sede da instrução do procedimento, pode ele, no caso de residir em município diferente, ser admitido a prestar **informações verbais** (e a exibir prova também), mediante despacho precatório do instrutor para órgão ou serviço sediado naquele município.

A lei não diz se se trata apenas de outro órgão ou serviço da mesma ou também de diferente pessoa colectiva. Embora possa, em certos casos, considerar-se uma obrigação deles (há órgãos e serviços tutelados, há órgãos e serviços coadjutores, há órgãos e serviços com atribuições complementares, etc, etc), não há, porém, em geral, um dever de coadjuvação total e pleno entre autoridades administrativas, pelo que a incumbência aqui prevista é restrita apenas a órgãos e serviços integrados na mesma estrutura orgânica.

Há, sim, frequentemente, deveres especiais de colaboração de umas com outras autoridades administrativas (como acontece, por exemplo, com a Comissão de Acesso aos Documentos Administrativos).

Hipótese diferente desta é a do art. 92.º, que tratamos adiante, e onde se discute com mais pormenor a questão da existência ou inexistência de um dever geral de assistência entre entidades ou autoridades administrativas independentes ou autónomas.

Artigo 91.º

Falta de prestação de provas

1. Se os interessados regularmente notificados para a prática de qualquer acto previsto no artigo anterior não derem cumprimento à notificação, poderá proceder-se a nova notificação ou prescindir-se da prática do acto, conforme as circunstâncias aconselharem.

2. A falta de cumprimento da notificação é livremente apreciada para efeitos de prova, consoante as circunstâncias do caso, não dispensando o órgão administrativo de procurar averiguar os factos, nem de proferir a decisão.

3. Quando as informações, documentos ou actos solicitados ao interessado sejam necessários à apreciação do pedido por ele formulado, não será dado seguimento ao procedimento, disso se notificando o particular.

I. Consequências do incumprimento dos ónus que impendem sobre os interessados, nos termos do art. 90.º.

Artigo 91.º

II. *Pressupostos da nova notificação ou da dispensa da prática do acto.*
III. *A decisão de não prosseguimento do procedimento: condições.*
IV. *Os casos de livre apreciação do incumprimento do ónus de prova.*

I. Fixam-se no n.º 1 as consequências do incumprimento dos ónus de prestação de informações e de apresentação de provas, que recaem sobre os interessados, quando hajam sido notificados regularmente para o fazer — devendo, porém, atender-se sempre aos comentários feitos nomeadamente aos arts. 87.º e 88.º, a propósito da conciliação desses ónus com os deveres oficiosos em que a Administração está constituída em sede probatória.

Às consequências previstas neste número, acresce a do n.º 3, de não seguimento do procedimento, quando se verificarem os pressupostos aí referidos.

II. A realização de uma segunda notificação depende de um pressuposto vinculado — não haver resposta dos interessados à primeira notificação ou de eles responderem a coisa diferente do que se pretendia saber — e de "**as circunstâncias** (não) **aconselharem**", antes, que se prescinda da prática do respectivo acto ou formalidade e recomendem o seguimento do procedimento.

Deve entender-se que o órgão está obrigado a proceder à segunda notificação, pelo menos, sempre que a informação ou prova que o particular não prestou seja determinante para o seguimento do procedimento (n.º 3). Quando o procedimento possa prosseguir sem elas, o órgão prescindirá da informação ou da prova requerida, ou não — que vigora aqui um princípio de desburocratização (como sustentam os AA. do *Projecto*) —, aplicando-se então o preceituado no n.º 2.

III. O incumprimento da determinação do instrutor pelo interessado não dispensa aquele de procurar averiguar os factos, a não ser que se trate dos referidos em anotação ao art. 88.º, que constituam *monopólio* do interessado.

Só depois disso, é que as consequências do incumprimento daquela determinação, previstas no n.º 2 e no n.º 3 deste artigo, se tornam plenas: se o facto em causa respeitar ao requerente, em termos de "ónus" de prova, e for determinante da decisão (sendo também a notificação regular), *"não será dado seguimento ao procedimento"*, como se dispõe no n.º 3, abrangendo-se na expressão legal tanto aqueles casos em que o "não seguimento" corresponde a um indeferimento liminar ou de fundo da pretensão, como aqueles em que haja lugar à aplicação do art. 111.º (deserção) — ver respectivo comentário **III.**

IV. Se o facto não respeitar ao requerente ou não for determinante da decisão, a falta de cumprimento de determinação regularmente notificada, *"é livremente apreciada para efeitos de prova"*.

Artigo 92.º

Artigo 92.º
Realização de diligências por outros serviços

O órgão instrutor pode solicitar a realização de diligências de prova a outros serviços da administração central, regional ou local, quando elas não possam ser por si efectuadas.

> *I. A natureza deste "poder": inexistência de um dever (estrito) de colaboração entre órgãos administrativos.*
> *II. Quem solicita e quem é solicitado.*

I. Na redacção do Decreto-Lei n.º 6/96 incluiu-se a referência a órgãos da Administração *"regional"* (das Regiões Autónomas), que tinham ficado "esquecidos" na redacção de 1991.

Além de poder encarregar um subordinado seu da realização de diligências instrutórias específicas (art. 86.º, n.º 3) e de se servir da possibilidade do art. 90.º, n.º 2, o órgão instrutor pode **solicitar** a colaboração, para efeitos de diligências probatórias, **a outros serviços da "administração central, regional ou local"**: também há aqui, portanto, em sentido figurado, "cartas precatórias" e outros instrumentos similares.

Enquanto em relação àqueles primeiros (aos subordinados), o poder de lhes solicitar a realização destas diligências advém de uma relação hierárquica ou similar, já o poder de as solicitar a outros serviços resulta de uma relação "horizontal", atípica, aliás.

Note-se, porém, que o *"pode solicitar"* da lei não significa que exista um **poder** juridicamente constitutivo (em maior ou menor grau) para o serviço solicitado. Nem existe um dever geral de coadjuvação entre órgãos administrativos das diversas Administrações Públicas, semelhante àquele que as vincula perante os tribunais, por não existir entre nós um preceito geral, como o do §4.º da lei do procedimento alemã, onde se dispõe que todas as autoridades prestam a todas as outras autoridades a assistência completa que lhes for pedida.

A posição aqui assumida não é, contudo, pacífica: a conjugação deste preceito com o art. 94.º, n.º 2 (bem como com o art. 90.º), com os princípios gerais da desburocratização e eficiência (art. 10.º) e com a latitude dos poderes instrutórios dos arts. 56.º e 57.º, pode ajudar a construir uma tese diversa — para a qual contribuiriam ainda, eventualmente, disposições como a do art. 77.º, n.º 3. Tendo, porém, presente que o nosso legislador conhecia, nomeadamente, a lei procedimental alemã (na qual se inspirou largamente), seria surpreendente que quisesse avançar já no mesmo sentido e não o estabelecesse igualmente através de uma cláusula geral, preferindo "salpicar" o Código, aqui e ali, com estatuições sobre matérias ou aspec-

Artigo 93.º

tos específicos de recurso, pela Administração instrutora, à colaboração de outras autoridades administrativas.

Só nessas matérias ou aspectos entendemos, pois, poder configurar-se a existência, no Código, de um dever de o órgão solicitado dar a sua colaboração, podendo, prestá-la ou, então, responder fundamentadamente sobre as razões por que lhe é impossível (ou desproporcionado) fazê-lo.

Naturalmente, e uma vez que se trata de um dever consagrado no âmbito de relações inter-administrativas, o seu incumprimento só relevará em sede disciplinar, e quando muito de responsabilidade civil administrativa (designadamente da entidade de suporte do órgão ou agente inadimplente), se for causa adequada de prejuízos para um particular interessado no âmbito de um procedimento externo.

II. Em regra, não é o órgão instrutor que solicita as diligências nem é ao serviço solicitado que elas devem ser dirigidas. Numa estrutura hierarquizada como a administrativa, estas solicitações são feitas normalmente por órgãos com competência externa ou representativa — ou pelo menos em seu nome — e são dirigidas ao superior hierárquico ou ao órgão dirigente do serviço solicitado.

Mesmo se isso fosse benéfico em termos de eficiência ou celeridade, não parece que este preceito tenha tido em vista criar uma relação orgânica directa entre agentes administrativos, à revelia da intervenção dos respectivos órgãos dirigentes.

Artigo 93.º

Produção antecipada de prova

1. Havendo justo receio de vir a tornar-se impossível ou de difícil realização a produção de qualquer prova com interesse para a decisão, pode o órgão competente, oficiosamente ou a pedido fundamentado dos interessados, proceder à sua recolha antecipada.

2. A produção antecipada de prova pode ter lugar antes da instauração do procedimento.

    I. Urgência da diligência.
    II. Sua realização antes da instauração do procedimento.
    III. Competência para decidir o incidente: consequências da recusa.

I. Para além da previsão da sua possibilidade no procedimento administrativo, a produção antecipada de prova não se reveste aqui de especialidades dignas de relevo.

Artigo 94.º

É uma formalidade procedimental de natureza urgente (com carácter acidental), que permite, inclusive, a sua realização independentemente da abertura do procedimento administrativo a que se reporta, seja ele oficioso ou de iniciativa particular.

II. Tendo lugar antes do procedimento (e, portanto, sem que ele exista ainda), a diligência dará lugar à abertura de um sub-procedimento, onde se justifique, além do mais, o receio de perda daquela prova e a sua provável relação com a decisão final de um procedimento a instaurar. Ao menos, quando haja terceiros abrangidos por essas diligências.

III. Embora o artigo esteja integrado na secção respeitante à instrução, o legislador, ao referir-se ao " **órgão competente**", quis reportar-se ao órgão competente para a decisão final — se a diligência for anterior à instauração do procedimento — ou ao órgão instrutor, se já estiver a correr a fase instrutória do respectivo procedimento administrativo.

A diligência pode ser requerida pelos interessados: mas é óbvio que a sua realização está na dependência de poderes de livre apreciação (instrutória) do órgão competente — embora não seja irrelevante, claro, em sede de invalidade e de responsabilidade, que venha a demonstrar-se que a recusa da diligência antecipada prejudicou a recolha de provas necessárias à decisão do procedimento.

SUBSECÇÃO II

Dos exames e outras diligências

Artigo 94.º

Realização de diligências

1. Os exames, vistorias, avaliações e outras diligências semelhantes são efectuados por perito ou peritos com os conhecimentos especializados necessários às averiguações que constituam o respectivo objecto.

2. As diligências previstas neste artigo podem, também, ser solicitadas directamente a serviços públicos que, pela sua competência, sejam aptos para a respectiva realização.

3. A forma de nomeação de peritos e a sua remuneração são estabelecidas em diploma próprio.

I. Diligências abrangidas. As diligências de particulares: seu relevo procedimental.

Artigo 94.º

II. Exigência de especialização dos peritos da Administração: relevância relativa do requisito.
III. Conteúdo das diligências tipificadas na lei (e dos testes).
IV. Solicitação de juízos de perícia a serviços públicos especializados: pelos órgãos a quem prestam assessoria ou consulta, por outros órgãos e por particulares.
V. Encargos das despesas com a realização de perícias.
VI. Nomeação e remuneração de peritos. Remissão.

art. 94.º, n.º 1

I. Refere-se a norma à utilização da **prova pericial** em procedimentos administrativos, aplicando-se a disciplina desta subsecção (salvo disposição em contrário) a todas as diligências deste tipo que hajam de ser realizadas pela Administração, mesmo em procedimentos especiais, seja por imposição legal ou por decisão tomada no âmbito do procedimento.

As diligências em causa são sempre realizadas sob a égide da Administração, embora se admita, é óbvio, que o sejam também a pedido dos interessados. As diligências que estes promoverem e realizarem, eles próprios, podem, é claro, ser aceites pela Administração como elemento instrutor do procedimento; o que ela não pode é dar aos documentos em que tais diligências são vertidas a força de *documentos autênticos*, como o são (no que toca ao que se passou durante elas) aqueles que respeitam às diligências realizadas pela própria autoridade procedimental.

Como referimos já, as diligências instrutórias consubstanciam-se, as mais das vezes, em operações ou diligências simples, de mera avaliação material dos factos, devendo porém os respectivos resultados ser objecto de relatórios ou autos, que ficam a fazer parte do processo administrativo. São eles (não as operações realizadas) que alcançam por isso relevo procedimental, sem embargo, claro (como refere Rogério Soares), de tais operações poderem ter, em si mesmas, relevo jurídico independente, no caso de não terem sido realizadas segundo as normas por que deviam pautar-se.

II. A exigência de as diligências procedimentais serem efectuadas por peritos com conhecimentos especializados na matéria não é — nem podia ser — muito precisa, quanto ao **grau de especialização** requerido; nem terá, em si, objectivos essencialmente garantísticos, pelo que em termos de validade da decisão final, não há grandes consequências a tirar destes preceitos.

Mas, em todo o caso, o seu incumprimento sempre permite questionar mais efectivamente os resultados a que tenham chegado as pessoas não especialmente preparadas que intervieram (como peritos de Administração) nas referidas diligências, se os seus juízos se repercutirem desfavoravelmente na posição de interessados na decisão do procedimento.

· 434

Artigo 94.º

Por outro lado, o Tribunal, no caso de se ter violado esta exigência, já não poderá fundar a presunção (directa ou indirecta) sobre a legalidade de actos administrativos suportados em juízos técnicos formulados pela Administração no facto de, por serem juízos de perícia, merecerem contenciosamente a mesma credibilidade dos juízos da mesma natureza de peritos particulares (se estes forem notoriamente especializados). Por outras palavras: é mais um elemento a apreciar pelo tribunal, nos limitados termos em que (nomeadamente nos recurso) podem ser avaliados e confrontados juízos de perícia diversos.

III. Os **exames**, **vistorias** e **avaliações** têm como objecto **factos presentes** (incluindo vestígios presentes de factos passados). E embora, na lei ou na prática administrativa, os respectivos conceitos não sejam usados sempre correctamente, do ponto de vista doutrinal, eles reportam-se ao seguinte tipo de actos:

— os exames e vistorias têm por objecto factos e vestígios susceptíveis de inspecção ou exame **ocular**, para determinar o estado ou situação de coisas móveis ou imóveis, ou o modo como elas se comportam;

— as avaliações têm por fim a determinação do valor de bens ou direitos.

Além destes mais típicos, temos ainda, entre diligências instrutórias similares, por exemplo, os **testes** (laboratoriais ou não), nomeadamente os destinados a verificar, mediante equipamentos ou instrumentos adequados, as características ou a qualidade de materiais, equipamentos e projectos (ou como eles se comportam em determinadas condições).

art. 94.º, n.º 2

IV. A **solicitação de exames periciais** a serviços públicos com competência especializada na matéria que interesse à decisão do procedimento — por exemplo, ao Instituto da Soldadura e da Qualidade, ao Laboratório Nacional de Engenharia Civil, ao Instituto da Vinha e do Vinho — respeita obviamente a solicitações da **instância procedimental** e pressupõe que tais serviços tenham o dever de a coadjuvar ou auxiliar, o que acontecerá, além do mais, quando estiver prevista entre as suas funções a de realizar perícias (mediante uma taxa ou preço). Mas então, nesse caso, não serão só as autoridades (como o Governo) — a quem esses serviços tenham o dever legal de coadjuvar tecnicamente — a poder pedir-lhe o juízo de perícia em causa: poderão fazê-lo também as autoridades locais ou até outros serviços públicos, solicitando-o em benefício de procedimentos que perante eles correm e mediante o pagamento da taxa respectiva, se de outro modo não estabelecer a lei.

É óbvio que os interessados no procedimento também podem servir-se — mesmo para as opor à Administração — de perícias que eles próprios obtenham

Artigo 95.º

dos serviços públicos especializados, pagando-lhes aquilo que for legalmente devido por isso.

V. Sempre que as diligências periciais (através de peritos nomeados *ad hoc* ou através de instâncias públicas especializadas) sejam realizadas pela Administração a pedido do interessado (ou, então, por iniciativa dela, mas porque são necessárias à comprovação dos fundamentos da pretensão do interessado), os respectivos **encargos** podem-lhe ser debitados se, antes da sua realização, for pedida a concordância dele ou, pelo menos, comunicada a razão por que se manda proceder à respectiva perícia.

art. 94.º, n.º 3

VI. Ainda não foi publicado, até esta data, o diploma legal sobre a nomeação e remuneração de peritos em procedimentos administrativos, em geral — havendo apenas leis especiais para peritagens determinadas, como no procedimento expropriatório.

Deve é dizer-se que os peritos estão, como outros intervenientes no procedimento, sujeitos às regras sobre impedimentos, escusas e suspeições (arts. 44.º e seguintes).

Artigo 95.º

Notificação aos interessados

1. Os interessados serão notificados da diligência ordenada, do respectivo objecto e do perito ou peritos para ela designados pela Administração, salvo se a diligência incidir sobre matérias de carácter secreto ou confidencial.

2. Na notificação dar-se-á também conhecimento, com a antecedência mínima de 10 dias, da data, hora e local em que terá início a diligência.

> *I. Notificação da realização da diligência instrutória: âmbito da notificação e sua dispensa.*
> *II. Menções específicas desta notificação: seu relevo.*
> *III. Prazo da notificação: como se conta.*

I. As pessoas que estiverem no procedimento administrativo, como interessados ou contra-interessados (quer nos oficiosos quer nos particulares ou públicos),

Artigo 95.º

serão **notificadas das diligências** que hajam sido ordenadas em matéria de exames, vistorias e avaliações, desde que, obviamente, se trate de interessados cuja posição procedimental esteja de algum modo ligada ao objectivo dessa diligência determinada.

Questiona-se se o dever de dar conhecimento aos interessados da realização da diligência abrange tanto o caso de designação de peritos, do n.º 1 do art. 94.º, como também o caso de solicitação de serviços públicos especializados, previsto no n.º 2, parecendo-nos dever a resposta ser afirmativa.

Só se dispensa o conhecimento pelos interessados sobre a realização da diligência, quando se trate de matéria confidencial, secreta ou da reserva de intimidade das pessoas.

II. A notificação prevista destina-se a que os interessados possam exercer, preparada e atempadamente, os direitos que lhes conferem os arts. 96.º e 97.º do Código (para além nos previstos no n.º 2 do art. 45.º, no n.º 2 do art. 48.º e no art. 49.º). Por isso, dela devem constar todos os elementos a que se referem os n.os 1 e 2 deste artigo, inclusive, o nome dos peritos que a Administração haja designado — sob pena de a diligência ter de ser adiada a pedido do interessado ou, até, dada como sem efeito e não considerados os seus resultados, se ele não souber da sua realização.

É que estas exigências legais estão longe de representar valores meramente formais ou de trâmite, destinando-se, antes, à garantia de direitos fundamentais dos interessados em qualquer tipo de procedimento, de princípios gerais fundamentais, como é o do direito de participação que constitui, juntamente com o direito de requerer, de se informar e de ser ouvido, a espinha dorsal da estrutura do nosso procedimento administrativo nesta parte da concretização de princípios constitucionais na matéria (arts. 267.º, n.º 4 e 268.º, n.º 1 da CRP).

III. Dadas as consequências jurídicas que a falta desta notificação tem (ou pode ter) sobre o desenvolvimento do procedimento administrativo, convém determinar uniformemente como é que se conta a **antecedência mínima de dez dias** exigida no n.º 2, para a notificação da diligência a realizar. Por nós, tal prazo respeita à data do conhecimento da notificação pelo interessado e não à data da sua emissão pela Administração: havendo vantagens e inconvenientes quase correspectivos a apontar em ambos os sentidos, preferimos remeter-nos ao facto de a lei se referir ao *"conhecimento"* — o que, em termos de protecção, é muito mais razoável e conforme com o espírito *pro* administrado, que deve prevalecer nestas matérias — para responder à questão naquele primeiro sentido, de deverem mediar, entre a data do conhecimento e a da realização da diligência, 9 dias úteis.

Artigo 96.º

Portanto, se a diligência se realiza a 27, a notificação deve chegar ao conhecimento do interessado no dia 16 (teoricamente, claro, que ainda haverá que contar com os sábados, domingos e feriados), contando-se o prazo de 10 dias de antecedência a partir do dia 17 — ver comentário **II** ao art. 102.º.

Artigo 96.º

Designação de peritos pelos interessados

Quando a Administração designe peritos, podem os interessados indicar os seus em número igual ao da Administração.

> *I. Direito dos interessados à designação de (contra-)peritos: âmbito de aplicação da norma. O caso das Comissões, Juntas (e Júris) criados por leis especiais.*
> *II. Os inconvenientes da aplicação do preceito a todos e cada um dos (contra) interessados.*
> *III. Forma e momento de designação dos peritos dos interessados. Remissão.*

I. A faculdade conferida por este preceito — de o interessado confrontar os peritos designados pela Administração com outros (porventura, tão reputados) designados por si — existe, não apenas quando a Administração se socorre dos peritos do n.º 1 do art. 94.º, como também quando recorre a serviços públicos especializados, nos termos do respectivo n.º 2, solução correspondente, aliás, àquela que assumimos a propósito de questão similar na anotação **I** ao artigo anterior.

Teleologicamente, pelo menos, deveria ser assim. Não é claro, porém, se é esse o âmbito da disposição, querido pelo Código.

Outra questão que se põe é a de saber se para as "Juntas", "Comissões" ou "Júris", que leis especiais predispõem, nomeadamente para apreciação de questões técnicas que se ligam com pressupostos da decisão do procedimento, também vale a disposição deste preceito.

Já analisámos essa questão a propósito da aplicação subsidiária das normas do Código a "procedimentos especiais" na anotação ao n.º 7 do art. 2.º (cfr. notas **XV** e seguintes a esse artigo).

II. Não resulta necessariamente deste preceito que cada interessado e contra--interessado tem direito à designação de peritos em número igual ao da Adminis-

Artigo 96.º

tração, parecendo, aliás, que a letra da lei sugere que seriam todos os interessados a designar, em conjunto, um número de peritos igual ao utilizado pela Administração.

Na verdade, não é necessário, sequer, serem os interessados em grande número, para que a regra, segundo a qual cada interessado pode nomear peritos em número igual ao dos peritos da Administração, tenha muitos inconvenientes de ordem prática, em termos logísticos até.

É evidente, portanto, que aqueles que se reclamam da mesma posição procedimental deveriam para este efeito contar como um só interessado, muito embora o princípio — que a letra da lei, de algum modo, acalenta — possa ser de difícil aplicação prática.

Assim, se a Administração nomeou três peritos, e há três interessados ou contra-interessados com posições convergentes, cada um deles seria chamado a designar um só perito.

É uma solução aproximada àquela que se estabeleceu no art. 10.º da Lei n.º 83/95 — em matéria de audiência — para o caso de haver um número elevado (aí são 20) de co-interessados na realização da diligência, pois que, então, impende sobre eles o dever de se organizarem, para se fazerem representar por alguém que escolham para o efeito.

Se, porém, transportássemos para aqui números desses, teríamos peritagens em que estariam presentes 3 peritos da Administração e 57 (19 vezes 3) dos interessados — já que só sendo eles (pelos menos) 20, é que funcionaria a estatuição legal —, que era o mesmo que tornar a diligência impraticável.

III. O preceito não esclarece como deve ser feita a indicação dos peritos dos interessados, admitindo-se, por isso, que sejam apresentados na própria diligência (munidos das respectivas credenciais e identidade).

Era mais conveniente (por causa também da faculdade do art. 97.º) que se tivesse estabelecido um *modus* (ou um tempo) qualquer para o exercício desta faculdade pelos interessados, pelo menos naqueles casos em que a realização da diligência pressuponha uma preparação especial de peritos e respectivos equipamentos.

Ver também, sobre a questão, a anotação **II** ao artigo subsequente.

Artigo 97.º

Artigo 97.º
Formulação de quesitos aos peritos

1. O órgão que dirigir a instrução e os interessados podem formular quesitos a que os peritos deverão responder, ou determinar a estes que se pronunciem expressamente sobre certos pontos.

2. O órgão que dirigir a instrução pode excluir do objecto da diligência os quesitos ou pontos indicados pelos interessados que tenham por objecto matéria de carácter secreto ou confidencial.

> *I. Âmbito de aplicação do preceito.*
> *II. Forma e tempo da formulação de quesitos, pela Administração e interessados, aos peritos. Quesitos adicionais.*
> *III. Rejeição de quesitos formulados pelos interessados.*

art. 97.º, n.º 1

I. Entendemos que o disposto neste artigo vale tanto para a hipótese do n.º 1, como para a do n.º 2 do art. 94.º, à semelhança do que já anteriormente referimos a propósito do art. 95.º, e nos termos aí propostos.

II. O n.º 1 — no qual continuamos a considerar incluído o advérbio "expressamente, suprimido na republicação do Código — parece estar articulado tendo em vista a formulação de quesitos escritos pelos interessados, **antes da realização da diligência** — como aliás acontece para os quesitos da Administração (art. 94.º).

Como não existe, porém, nenhuma norma (*maxime,* o art. 96.º) que discipline explícita ou implicitamente esta formalidade, admite-se que os interessados possam formular os seus quesitos na própria diligência, pelo menos se o instrutor não lhes estabeleceu cominação e prazo para o efeito.

De qualquer modo, devem os interessados (bem como a Administração) ser admitidos a formular quesitos adicionais na própria diligência — de acordo com o princípio da informalidade —, salvo se houver oposição da outra parte ou seu perito (nomeadamente do interessado), por necessidades de preparação da resposta aos respectivos quesitos, caso em que a diligência deve ser adiada (por dez dias, em princípio), se os quesitos não forem considerados impertinentes pelo órgão instrutor — como, de resto, sugere o Acórdão do STA, 1ª Secção, de 20.III.56, publicado no BMJ, n.º 55, pág. 40.

art. 97.º, n.º 2

III. Os quesitos formulados pelos interessados podem ser **excluídos** com fundamento não apenas no carácter secreto ou confidencial da matéria quesitanda,

mas também com fundamento na sua impertinência ou carácter dilatório (art. 57.°
CPA) — decisão de que não há recurso contencioso directo.

SUBSECÇÃO III

Dos pareceres

Artigo 98.°

Espécies de pareceres

1. Os pareceres são obrigatórios ou facultativos, consoante sejam ou não exigidos por lei; e são vinculativos ou não vinculativos, conforme as respectivas conclusões tenham ou não de ser seguidas pelo órgão competente para a decisão.
2. Salvo disposição expressa em contrário, os pareceres referidos na lei consideram-se obrigatórios e não vinculativos.

   I. *Pareceres: noção e dúvidas. Pareceres oficiais. O relevo de pareceres apresentados por particulares ou emitidos por particulares a instância da Administração e dos oferecidos por particulares.*
   II. *Homologação dos pareceres (homologação vinculada).*
   III. *Pareceres e informações.*
   IV. *A liberdade de opinião do órgão consultivo, mesmo daqueles que estão organicamente subordinados: poderes de direcção procedimental, quanto ao dever de emissão do parecer.*
   V. *Pareceres (não) obrigatórios e (não) vinculativos. Pareceres individuais e colegiais.*
   VI. *Regime regra dos pareceres previstos na lei: o parecer obrigatório e não vinculativo. Consequências da sua emissão e da falta dela.*
   VII. *Pareceres vinculativos (o requisito da sua legitimidade formal): sua adopção. Inobservância e falta.*
   VIII. *Pareceres não obrigatórios (e não vinculativos): sua falta e inobservância.*
   IX. *Pareceres ilegalmente emitidos. Regime.*

I. Pareceres são estudos fundamentados, com as respectivas conclusões, sobre **questões científicas, técnicas ou jurídicas**, elaborados por serviços, colégios ou instâncias administrativos, funcionalmente vocacionados (apenas ou também) para o exercício de tarefas consultivas, emitidos por determinação da lei ou a solicitação dos órgãos com competência para a instrução ou decisão do proce-

Artigo 98.º

dimento, para auxiliarem a tomada dessa decisão (ou a solução de outra questão procedimental).

Só esses são **pareceres oficiais** sujeitos ao regime dos preceitos desta secção e à disposição fundamental do art. 124.º, n.º 1, alínea c).

Pareceres emitidos **a pedido de particulares** por serviços públicos especializados não estão sujeitos ao regime destes preceitos do Código, embora possam evidentemente ser tomados em conta no procedimento, se o entenderem conveniente e pertinente as instâncias procedimentais — que não estão, porém, obrigadas a fundamentar uma decisão que venha a ser tomada, em sentido contrário ao neles proposto.

Outra questão, é saber se pareceres facultativos e não vinculativos emitidos por (gabinetes, consultores e especialistas) particulares a **pedido de autoridade procedimental**, se devem considerar sujeitos, e em que medida, ao regime dos pareceres procedimentais do Código, sobretudo quanto à obrigatoriedade da ponderação e fundamentação das razões de uma eventual discordância do órgão com competência decisória.

Uma resposta afirmativa é possível naqueles casos em que o recurso a especialistas e peritos exteriores à Administração estiver previsto (mesmo sem carácter obrigatório) na norma procedimental. Fora disso, a resposta deve ser negativa — podendo, contudo, dar-se que, estando as conclusões desse parecer, emitido por especialistas particulares, assumidas em informação oficial do instrutor, ele, afinal, acabe por tornar-se, por essa via, causa indirecta do dever de fundamentar a decisão contrária.

Note-se que nem todos os actos que vêm designados como tal na lei se podem considerar verdadeiros pareceres, como acontece, muitas vezes, com os pareceres absolutamente vinculativos, com estrutura de tipo deliberatório e cuja função não é a de servir à tomada de decisão, contendo já esta. A distinção não é simples, dependendo do modo como esses actos estão enquadrados no respectivo procedimento: assim, nos principais procedimentos urbanísticos, os "pareceres vinculativos" aparecem muitas vezes tratados unitariamente com autorizações e aprovações inter-administrativas.

Por isso, sobretudo naqueles casos em que eles provenham de órgãos (de natureza não consultiva) de um ente distinto da pessoa colectiva pública a que pertence o órgão com competência decisória, pôr-se-á a questão de saber se não se tratará antes de verdadeiros actos administrativos e se o regime que lhes é aplicável, na sua falta, é (ou não é) o do art. 108.º, n.º 1, do Código, parecendo-nos dever a resposta ser afirmativa.

II. Sendo uma opinião fundamentada, o parecer oficial (o seu conteúdo), pode transformar-se em decisão através do chamado acto administrativo de ***homologação***.

Tanto faz que se trate de um parecer obrigatório ou facultativo, vinculativo ou não. O que sucede é que o parecer vinculativo (na parte em que o seja) é de

Artigo 98.º

homologação obrigatória — depois de se ter averiguado dos requisitos procedimentais (e formais) da sua emissão.

Com a homologação, os fundamentos do parecer passam a ser os fundamentos do acto administrativo, e a respectiva conclusão, a sua decisão.

III. Dos pareceres, distinguem-se **as informações** — se bem que na prática, a distinção não seja, muitas vezes, nada nítida.

É que, ao contrário daqueles, que provêm de instâncias consultivas e (ou) especializadas, as informações são elaboradas por qualquer instância, departamento ou agente administrativos, que intervenha no procedimento e que se limita a carrear para ele dados da observação corrente sobre questões de facto e de direito postas pelo procedimento, para melhor e mais concentrada leitura do processo pelo órgão que intervém a seguir. Já os pareceres se destinam a permitir uma análise especializada e aprofundada de questões específicas do procedimento, valorizadora das diversas alternativas de solução das questões formuladas.

Isto, embora grande parte das informações dos serviços terminem, hoje, com conclusões e propostas de decisão, de conteúdo valorativo, frequentemente seguidas e adoptadas directamente pela instância decisória — como acontece com as informações consubstanciadas (ou sustentadas) no relatório e conclusões que o órgão instrutor deve elaborar nos termos da norma geral do art. 105.º do Código.

A dificuldade da distinção só não é maior, porque os pareceres e informações estão assimilados, quanto ao aspecto mais relevante da sua dignidade jurídica, no art. 124.º, n.º 1, alínea c) do Código — embora se possa, ainda assim, ver aí uma diferença não insignificante (cfr. respectiva anotação).

IV. A qualificação de um determinado trâmite como "**parecer**" tem, de qualquer modo — mesmo que isso não resulte da relação estatutária que exista entre o órgão que o solicita e aquele que o elabora —, para além do que já se referiu, uma importantíssima implicação jurídica, pois ela pressupõe que aquele a quem cabe emiti-lo fica, no que respeita a essa sua incumbência, **desligado de eventuais vínculos de** (qualquer) **subordinação**, que tenha em relação ao órgão a cuja apreciação o parecer se destina.

A única subordinação que pode existir entre ambos, é a de aquele dever emitir o parecer quando este lho "encomende" e de dar resposta às questões que sejam formuladas — se não for a lei a comandar, mesmo aí.

O parecer pode, portanto, ser *"encomendado"* no que respeita ao **dever da sua emissão** (mas não em relação ao **modo** como o órgão consultivo se há-de desempenhar da sua tarefa, aos **aspectos** a considerar na sua fundamentação e, nomeadamente, quanto ao **sentido das suas conclusões ou fundamentos**). Se tudo isso não estiver na liberdade do órgão consultivo (ou do consultor), não há, técnico-juridicamente, um parecer.

Artigo 98.º

Na informação, sim, é que se admite que a actuação de quem a presta seja dirigida pelo órgão a quem ela é destinada.

V. As noções legais de pareceres obrigatórios e facultativos e de pareceres vinculativos e não vinculativos, parecem-nos claras.

Obrigatórios são aqueles pareceres cuja solicitação ao (ou emissão pelo) órgão consultivo a lei preveja como formalidade do procedimento administrativo; **facultativos**, aqueles que ela prevê poderem ser pedidos ou que a autoridade administrativa pode, no âmbito dos seus poderes de direcção da instrução, solicitar.

Quanto aos pareceres **vinculativos**, há uns que o são em absoluto, qualquer que seja o respectivo conteúdo, porque a decisão final tem sempre que se acolher às suas conclusões, e outros que só o são relativamente, se a sua conclusão for em certo sentido (negativa ou positiva), ficando o órgão com competência decisória, na hipótese contrária, "livre" para agir, como entender mais adequado à realização dos interesses públicos envolvidos.

Relevo jurídico tem também, além disso, a distinção entre pareceres individuais e colegiais, em virtude da necessidade de observância, nestes, do processo colegial de formação da "vontade" administrativa, sob pena de invalidade do parecer ou da decisão que nele assenta.

Como também o pode ter a distinção entre aqueles pareceres em que o órgão consultivo só se pronuncia sobre as premissas da decisão, cabendo ao órgão decisório tirar daí as conclusões que lhe parecerem pertinentes.

VI. Os pareceres previstos em lei, são, como se dispõe no n.º 2 e salvo disposição em contrário, *obrigatórios e não vinculativos*. É solução razoável e facilmente compreensível.

Tais pareceres, **quando emitidos**, ou são seguidos pelo órgão com competência para a decisão — caso em que este pode até remeter-se, na sua fundamentação, por declaração de concordância (não de mero conhecimento ou apreciação) para a fundamentação e conclusões do parecer — ou, então, não são seguidos, quanto às suas conclusões e (ou) fundamentação, caso em que a instância decisória está obrigada, sob pena de invalidade da sua decisão, a indicar as razões que a levaram a afastar-se do parecer e a enveredar por outros fundamentos e (ou) conclusões, como resulta da alínea c) do n.º 1 do art. 124.º do Código.

Se, tendo esses mesmos pareceres (obrigatórios e não vinculativos) sido pedidos, **não tiverem sido emitidos**, a decisão final não ficará afectada de vício de forma invalidante, salvo disposição em contrário da lei, como se prescreve no n.º 3 do art. 99.º. O que sucede é que eles deixam então de ser exigidos e o órgão com competência decisória resolverá a questão por si só (se não entender necessário suprir por qualquer via a falta do parecer esperado).

Artigo 99.º

Diferentemente, no caso de o parecer **não ter sido (sequer) pedido:** então há vício de forma (ou de procedimento) invalidante.

VII. Quanto aos *pareceres vinculativos*, **quando emitidos**, a instância decisória está obrigada a acatá-los nas suas conclusões, como nos seus fundamentos, homologando-os ou transpondo-os para a fundamentação da sua decisão, no caso da sua vinculatividade absoluta. Sendo relativamente vinculativos, a autoridade procedimental só se encontra obrigada a segui-los na sua decisão se eles forem no sentido que legalmente a vincula.

Em rigor, a instância decisória nem sequer está obrigada a ponderar ou a ajuizar sobre o que se sustenta no parecer, **no que respeita ao conteúdo (total ou parcialmente) vinculativo daquele:** o que tem que fazer, é apenas, digamos assim, averiguar da legitimidade formal do parecer — porque, se ele tiver sido proferido em circunstâncias ou condições formais ilegais, não está obviamente obrigada a acatá-lo (devendo mandar repetir a formalidade) — e, confirmada ela, tirar das conclusões do parecer as necessárias implicações em termos de decisão (quando não se trate, pura e simplesmente, de as homologar).

A decisão procedimental contrária ao parecer vinculativo está afectada de ilegalidade insuprível, tanto fazendo que o respectivo vício se qualifique como sendo de "forma" ou de "violação de lei".

Por outro lado, a **falta do parecer vinculativo** gera também, insuprivelmente, vício de forma (ou de procedimento) da decisão final, não havendo aqui lugar à aplicação da excepção do n.º 3 do art. 99.º — embora as leis possam dispor em sentido de eles se tornarem, aqui também, apenas inexigíveis.

Questão ponderosa é a de saber o que acontece ao acto tácito de deferimento que se "formou" sem haver no procedimento um parecer vinculativo de que dependia a sua prática expressa. Remetemos a discussão para anotação ao art. 108.º.

VIII. Os pareceres *facultativos* (não vinculativos, obviamente, ao menos em princípio), **quando emitidos**, têm o mesmo regime dos pareceres obrigatórios, que mencionámos na anotação **VI**, *supra*.

A sua **falta** — para além de eventuais responsabilidades "disciplinares", que suscite — não se repercute no desenvolvimento do procedimento administrativo ou na consistência jurídica da respectiva decisão final.

IX. O regime que definimos para a falta do parecer é aplicável no caso de ele ter sido dado em **condições formais ilegais:** por exemplo, um parecer emitido por um colégio consultivo sem observância das regras legais ou estatutárias sobre

Artigo 99.º

o respectivo funcionamento gerará a invalidade da decisão final, naqueles casos em que tal inobservância a determinasse também, directamente.

Artigo 99.º

Forma e prazo dos pareceres

1. Os pareceres devem ser sempre fundamentados e concluir de modo expresso e claro sobre todas as questões indicadas na consulta.

2. Na falta de disposição especial, os pareceres serão emitidos no prazo de 30 dias, excepto quando o órgão competente para a instrução fixar, fundamentadamente, prazo diferente.

3. Quando um parecer obrigatório e não vinculativo não for emitido dentro dos prazos previstos no número anterior, pode o procedimento prosseguir e vir a ser decidido sem o parecer, salvo disposição legal expressa em contrário.

    I. Falta de fundamentação ou de conclusão dos pareceres. Regime.
    II. Prazo legal de emissão do parecer: fixação (fundamentos) de prazo diferente pela Administração. Inobservância do prazo fixado.
    III. Consequências da falta do parecer obrigatório e não vinculativo, que tenha sido pedido: prosseguimento do procedimento.
    IV. Consequências da falta de pareceres facultativos e vinculativos: superação da falta.

art. 99.º, n.º 1

    I. O parecer, como já dissemos, é sempre **fundamentado**, devendo formular-se nele, também de modo expresso e claro, as **conclusões** com as respostas às questões da consulta, apresentadas pela instância procedimental ou estabelecidas na lei.

    Um parecer sem fundamentação ou sem tais conclusões não preenche a exigência legal de determinada decisão ser tomada com sua ponderação — considerando-se sujeita, portanto, ao regime que fosse aplicável à sua falta, analisado já em anotação ao artigo anterior.

    E se nele se apoiar totalmente a decisão do procedimento administrativo — mesmo que não fosse um parecer obrigatório (nem vinculativo) — é evidente que ela ficará inquinada de ilegalidade, por falta de fundamentação (ou de decisão) clara, suficiente ou congruente.

Artigo 99.°

art. 99.°, n.° 2

II. O **prazo** de lei para a emissão dos pareceres é contado, como é regra, em dias úteis, seja ele de 30 dias — que é o prazo geral para este efeito —, ou outro qualquer especial.

A instância que solicita o parecer pode, em função da sua complexidade ou necessidade, alargar ou encurtar o prazo previsto na lei, desde que o faça fundamentadamente, e não haja lei a prever diversamente.

Se não fundamentar essa sua decisão, o órgão consultivo não fica vinculado a dá-lo no prazo mais curto que for fixado pela autoridade consulente.

Note-se que o parecer dado em prazo mais largo que o estabelecido legal ou procedimentalmente é tão válido e pertinente quanto aquele que foi dado tempestivamente — como, aliás, está implícito na disposição do n.° 3 deste artigo.

art. 99.°, n.° 3

III. A falta do parecer (obrigatório e não vinculativo, ou seja, o parecer-regra) **que foi pedido** não prejudica necessariamente o seguimento do processo e a validade da decisão final do procedimento (salvo se a lei dispuser em contrário).

O procedimento administrativo "pode prosseguir", diz-se na norma geral deste n.° 3.

Tudo depende, pois, de a autoridade instrutora decidir (fundamentadamente) dever esperar mais tempo pelo parecer ou fazer andar imediatamente o procedimento administrativo, sem ele.

O que se exige ao órgão instrutor é, pois, que se pronuncie sobre a questão, não deixando que haja tempos mortos no procedimento e, claro, que actue ou participe "disciplinarmente" do órgão ou agente que não cumpriu a sua função consultiva no tempo legalmente determinado — admitindo-se, até, que o parecer ainda venha a ser junto tardiamente, sem prejuízo, é óbvio, das posições procedimentais dos interessados.

É, portanto, a lei que trata esta sua violação como sendo uma mera *irregularidade*, daquelas que não prejudicam a consistência jurídica da decisão final, repercutindo-se, por exemplo, como aqui acontece, apenas em termos disciplinares (*lato sensu,* claro).

Se, porém, o parecer não tiver sequer sido pedido, a sua falta já origina invalidade, por vício do procedimento.

IV. O regime aplicável nesta parte aos pareceres-regra, vale também para os **pareceres facultativos** pedidos e que não tenham sido emitidos. O procedimento segue normalmente, salvo se for decidido instar novamente pela sua emissão.

Com os **pareceres vinculativos**, já as coisas se passam diversamente: o processo suspende-se (em relação à tramitação subsequente que estivesse conexionada

Preliminares

com o conteúdo ou sentido desse parecer, como será o caso da decisão) e abre-se um incidente tendente a provocar a sua emissão.

O que — tratando-se de pareceres oficiais — é uma questão de tempo, pois os órgãos administrativos estão constituídos no dever de funcionar, como, aliás, lhes é compulsivamente exigível (se mais não for, por demissão ou dissolução).

Claro que, podendo esse tempo ser muito longo, uma de duas: ou há *estado de necessidade* e passa-se sem o parecer, sendo a decisão válida apesar disso, ou, então, a instância com competência decisória — decorridos os noventa dias úteis do art. 58.° e as prorrogações que se estabelecerem — declara-se impossibilitada de se pronunciar e comunica-o para os devidos efeitos aos interessados, os quais, para além de se poderem prevalecer da eventual existência de actos tácitos, poderão também constituir em responsabilidade a pessoa colectiva pública em que se insere o órgão consultivo e os próprios membros destes (se houver culpa funcional deles).

A decisão proferida sem o parecer vinculativo (ou contra ele) é, obviamente, inválida.

SUBSECÇÃO IV

Da audiência dos interessados

PRELIMINARES

    I. O direito de **contradição** *dos interessados no procedimento administrativo (interno ou comunitário): implicações.*

    II. A formalidade da audiência como concretização de princípios ou exigências constitucionais: casos em que o direito de audiência é considerado expressamente como garantia fundamental.

    III. O caso do procedimento administrativo das contra-ordenações. Nulidade por falta de audiência.

    IV. O caso dos procedimentos disiciplinares, nomeadamente em associações profissionais.

    V. Noutros casos.

I. As preocupações garantísticas do Código, em matéria de procedimento, atingem aqui o seu grau mais elevado. Note-se que o direito de audiência está hoje reconhecido no próprio direito comunitário, em relação aos procedimentos administrativos que correm nas suas instâncias, nomeadamente em matéria disciplinar e de concorrência.

Preliminares

Transportar para esta fase do procedimento administrativo a **possibilidade (ou princípio) da** *contradição* é a garantia mais substanciosa que se confere a todos os interessados, de que a sua versão dos factos e do direito ou a tutela dos seus interesses serão tomados em consideração na decisão do procedimento, mesmo que seja para os desqualificar, face a outros que a Administração tenha como prevalecentes.

O direito de audiência é também, sob pena de se lhe retirar grande parte do seu significado prático, o direito a ver ponderadas na decisão final as razões, a "causa de pedir", suscitadas por cada interessado e contra-interessado. Nem que seja para as repudiar.

Representando uma "pequena-grande revolução" na actividade administrativa (cfr. FREITAS DO AMARAL, Princípios gerais do Código do Procedimento Administrativo — CEFA, 1992, pág. 49) e sendo concretização de um direito fundamental ou de um princípio constitucional, o dever de dar audiência aos interessados deve prevalecer sempre, em caso de dúvida, sobre a sua alternativa, nomeadamente para fixação dos casos em que ele é (ou pode ser) legalmente (administrativamente) dispensado, bem como para interpretar *pro* interessado os moldes em que deve ser exercido.

Sobre a audiência dos interessados, ver, monograficamente, PEDRO MACHETE (A audiência dos interessados no procedimento administrativo, 1995).

II. O direito de audiência dos interessados no procedimento constitui uma concretização legislativa do direito de participação dos cidadãos na formação das decisões administrativas que lhes disserem respeito, consagrado no art. 267.°, n.° 4, da CRP, e aplicável à generalidade dos procedimentos — ao contrário do que até agora acontecia, quando o princípio do *"audi alteram partem"* só funcionava por imposição constitucional explícita (art. 269.°, n.° 3) ou imanente, em relação aos procedimentos sancionatórios.

Mesmo, porém, que se duvidasse da generalização da protecção constitucional deste direito, a verdade é que, ao menos, em certos procedimentos, ela é inequivocamente uma concretização legal do direito constitucionalmente consagrado da participação dos interessados na formação das decisões administrativas, assumindo uma dimensão qualificada, como direito de defesa: veja-se, a esse propósito, o caso dos processos de contra-ordenação e do processo disciplinar na função pública, analisados nas anotações seguintes.

III. Nos **processos de contra-ordenação**, a audiência é, ela própria, elevada à categoria de garantia fundamental, na medida em que consta do catálogo dos direitos, liberdades e garantias, dispondo-se no n.° 8 do art. 32.° da CRP que *"são assegurados ao arguido os direitos de audiência e defesa"*.

Ou seja: ainda que a audiência, como instrumento de garantia de defesa do particular, não se configure (como se passa, por definição, no processo penal) como

Preliminares

um instrumento de defesa de um direito, liberdade e garantia (por não estar eventualmente em jogo um valor ou posição jurídica deste tipo), ela própria, em si mesma considerada, é constitucionalmente consagrada como uma garantia fundamental.

E, portanto, a sanção prescrita para a decisão final, quando o arguido não haja sido ouvido, será sempre, neste caso, a da nulidade (e nunca a da anulabilidade), com a consequente insanabilidade do respectivo vício.

IV. Nos **processos disciplinares**, seja por via da consideração do direito substantivo de que a audiência é instrumento (o direito a manter o vínculo de emprego público) seja por via da própria natureza do processo e do tipo de sanção cominada — também se chegará à mesma conclusão: sem audiência do arguido, é nula a decisão final, por violação de uma garantia fundamental que, para estes procedimentos, está consagrada no n.° 3 do art. 269.° da Constituição, segundo o qual *"em processo disciplinar são garantidas ao arguido a sua audiência e defesa"* — garantia que, no entender de GOMES CANOTILHO e VITAL MOREIRA, deveria ser extensiva a todos os procedimentos administrativos sancionatórios, incluindo, por exemplo, os processos de aplicação de multas a concessionários e no âmbito das demais relações especiais de poder, que comportem a aplicação de sanções.

Isto vale reforçadamente para os processos disciplinares instaurados no seio das Ordens, Associações e Câmaras profissionais com poderes disciplinares, em que as sanções prescritas podem comportar a inibição do exercício da profissão (por 10 anos e mais). Note-se — como reforço da razão de ser das nossas preocupações — que, por exemplo, a doutrina francesa e a italiana encaram pacificamente (esta última, pelo menos, no que se refere às decisões emanadas em recurso pelos conselhos superiores das ordens e colégios profissionais) o exercício do poder disciplinar por estes entes públicos (sobre os seus membros) como uma actividade materialmente jurisdicional, e não administrativa.

Parece-nos, pois, que aqui, ou em qualquer outro processo disciplinar em que esteja em jogo um direito, liberdade e garantia, a audiência se configura como instrumento de defesa indissociável da concretização material do mesmo direito (tal como no processo penal, por identidade de razão, e como no contra-ordenacional, por maioria de razão), pelo que a sua falta comportaria também, necessariamente, a nulidade do acto sancionatório.

V. Fora dos casos referidos em que considerámos a falta de audiência como causa de nulidade, resultante da lei ou da natureza das coisas, a tendência é para considerar a sua falta (ou ilegalidade) no procedimento administrativo comum como caso gerador de mera anulabilidade (ver Acórdão do STA, 1ª Secção, de 15.XII.94, AD n.° 403, pág. 783), contando-se o prazo para a impugnação do respectivo vício, obviamente, a partir do momento da decisão final (ou do momento em que se soube existir esta) — a não ser que o interessado tenha boas razões, em

Artigo 100.º

termos de *interesse em agir*, para impugnar, desde logo, contenciosa ou hierarquicamente, a falta de convocação para a audiência que terá sido dada a outros ou que (independentemente disso) lhe devia ser dada a ele.

Note-se, porém, em relação à primeira proposição do parágrafo anterior, que a jurisprudência aí mencionada deve confrontar-se com a ideia de que direitos fundamentais não são apenas aqueles constantes do catálogo formal da Constituição, havendo-os também — como aí mesmo, e a doutrina e a jurisprudência do Tribunal Constitucional pacificamente reconhecem — na própria lei ordinária e um destes podia ser, precisamente, o direito de audiência de interessados nos procedimento administrativo. O que nos conduziria, então, em todos os casos, à nulidade do acto, em cujo procedimento ele devesse ter lugar e não tivesse sido respeitado.

Artigo 100.º
Audiência dos interessados

1. Concluída a instrução, e salvo o disposto no artigo 103.º, os interessados têm o direito de ser ouvidos no procedimento antes de ser tomada a decisão final, devendo ser informados, nomeadamente, sobre o sentido provável desta.

2. O órgão instrutor decide, em cada caso, se a audiência dos interessados é escrita ou oral.

3. A realização da audiência dos interessados suspende a contagem de prazos em todos os procedimentos administrativos.

    I. Aplicação como regra geral: excepções admitidas.

    II. Momento ou fase em que é dada audiência. A eventual necessidade de segunda audiência.

    III. Interessados a quem é dada audiência.

    IV. Consequências da falta de audiência: sua configuração como formalidade absolutamente essencial do procedimento (geradora, inclusive, de nulidade, pelo menos nos casos da sua protecção expressa como direito fundamental): razões por que se rejeita a sua degradação em formalidade relativamente essencial.

    V. O direito a audiência das associações.

    VI. Obrigatoriedade da informação sobre o sentido provável da decisão: inconvenientes e limites.

    VII. Consequências da violação desse dever.

    VIII. Opção do instrutor pela audiência escrita ou oral (insindicabilidade).

Artigo 100.º

> IX. *Suspensão de prazos durante o decurso da audiência: limites e dificuldades.*

art. 100.º, n.º 1

I. A norma do CPA respeitante ao direito de audiência dos interessados é uma das normas que tem sido votadas, pelos comentadores e anotadores do Código, como aplicável a **todos os procedimentos administrativos**, mesmos aos especiais, criados ao abrigo de regimes anteriores. O papel que lhe é atribuído, como pilar do Estado de Direito e da concepção político-constitucional sobre as relações entre a Administração e particulares, não consentiria outra interpretação.

Votam nesse sentido os AA. do *Projecto* do Código — e, particularmente, FREITAS DO AMARAL (*in "O Código do Procedimento Administrativo"* seminário Gulbenkian, 1992, pág. 26).

Estamos absolutamente de acordo. Salvo, é evidente, quando funcionem os factores do n.º 1 do art. 103.º (é o caso de urgência da decisão) ou quando assim resulte da **natureza do próprio procedimento ou da sua decisão** — como podia e pode ainda hoje defender-se (mesmo depois da vigência do art. 67.º do Decreto-Lei n.º 55/95, de 29.III) acontecer, por exemplo, nos concursos públicos ou limitados de adjudicação de empreitadas de obras públicas (em que as propostas são consideradas e analisadas por si mesmas, recomendando-se até que não haja contactos, senão em circunstâncias excepcionais e iguais entre a entidade instrutora ou adjudicante e os diversos concorrentes), em procedimentos certificativos, em exames, etc..

O que se disse para os concursos em matéria de empreitadas, pode, aliás, estender-se a outros procedimentos concursais, votando no mesmo sentido, PEDRO MACHETE (A Audiência dos interessados…, págs. 479 e 480) e DAVID DUARTE (Procedimentalização, Participação e Fundamentação: para uma concretização do princípio da imparcialidade como parâmetro decisório, 1996, pág. 130). Ver, a este propósito, os comentários ao art. 181.º. Ainda tornaremos à questão mais adiante, em comentário **II** ao art. 181.º, e já dissemos também sobre ela em comentário (**XVII**) ao art. 2.º.

Pelo menos nalguma jurisprudência do Supremo Tribunal Administrativo (Acórdão da 1ª Secção, de 7.XII.94, publicado nos AD n.º 409, págs. 17 e segs.) tem-se entendido também que o direito de audiência é regra *"do procedimento administrativo comum, não exigível pela tramitação própria do recurso hierárquico definida nos arts. 166.º e 175.º do …. Código"* — o que só pode ser entendido restritamente, de acordo com o que se escreve em comentário aos arts. 165.º e 171.º (ver, também, nota **V** dos preliminares do art. 158.º).

Artigo 100.º

II. Começa aqui a terceira fase do procedimento: uma **fase de *saneamento***, digamos assim. Acabou a instrução do procedimento, o instrutor entende estarem reunidos os elementos necessários para ponderar qual deve ser a decisão do procedimento, enuncia-os e agora vai ouvir os interessados, para saber o que têm eles a dizer sobre isso.

A audiência é, pois, facultada aos interessados depois de *"concluída a instrução"* — ou seja, após o órgão instrutor considerar estarem carreados para o procedimento administrativo os factos que interessam à sua decisão e as normas que os enquadram — e antes de elaborar a proposta de decisão à instância decisória.

A escolha desse momento para ser dada audiência — e que é naturalmente o mais adequado para o efeito — põe, mesmo assim, problemas de grande complexidade, que não estão resolvidos na lei, como seja o de saber se deve dar-se nova audiência aos outros interessados no caso de a audiência de um (ou uns) deles ter trazido para o procedimento factos novos, que vão (ser considerados no relatório e) influenciar a decisão final. Não receando com isso fazer arrastar, demasiadamente o procedimento administrativo — pois, para tal há remédio —, e tomando em conta a falta de previsão legal, votaríamos pelo dever de dar nova audiência nesses casos — ainda que seja na fórmula "amaciada" do art. 104.º, ao menos, se se tratar de questão que vai ser considerada como decisiva.

Por outro lado, a lei diz também que a audiência é concedida *"antes da decisão final"*, querendo obviamente referir-se ao facto de ela dever ser convocada antes de ponderada decisivamente a decisão final — embora o instrutor deva levar ao conhecimento dos interessados qual é o sentido provável da decisão, nos termos circunscritos a que nos referimos na nota **VI**.

O que está, aliás, bem revelado no facto de, quando a instância instrutora e a decisória no procedimento forem diversas — como será regra —, a audiência preceder a própria elaboração do relatório e da proposta de decisão, que aquela deve legalmente formular —, aproximando, assim, a estrutura dos procedimentos-regra da do procedimento disciplinar, em que a audiência é dada ao arguido sobre uma acusação, só aparecendo o relatório e a proposta do instrutor após ela.

III. O direito de audiência deve ser facultado aos diversos **interessados obrigatórios** na decisão, mesmo àqueles que, tendo podido já intervir no procedimento, não o fizeram.

São interessados tanto aqueles a quem a decisão prejudica ou desfavorece, como aqueles que com ela saem favorecidos — se bem que, em relação a estes, a lei admita (nomeadamente quando não intervieram até aí no procedimento) que o órgão instrutor possa dispensar a sua audiência.

Pelo contrário, os interessados facultativos ou secundários, nomeadamente não tendo intervindo no procedimento, só são ouvidos se a Administração o tiver por conveniente.

Artigo 100.º

IV. O direito de audiência dos interessados cumpre-se dando-lhes o instrutor a possibilidade de se pronunciarem, e não com a sua efectiva pronúncia. Como não podia deixar de ser. Só há, portanto, incumprimento de formalidade pela Administração, se o interessado não foi chamado a pronunciar-se ou se foi chamado a fazê--lo em termos legalmente insuficientes.

A doutrina e a jurisprudência têm entendido, em geral, a audiência como uma formalidade absolutamente essencial, para além, claro, dos casos em que se trata de um verdadeiro direito de defesa (como acontece nos procedimentos sancionatórios). Nos outros casos, entende-se que a omissão desta formalidade gera vício de forma, é certo, mas, pelo menos para alguns AA., só *"quando o interessado viu, de facto, afectados os seus direitos e, em particular, as suas garantias de defesa"* (SANTOS BOTELHO, PIRES ESTEVES e CÂNDIDO PINHO, ob. cit., 1ª ed., pág. 252). Discute-se agora questão diversa da que se tratou nos Preliminares desta Secção: aí queria-se saber se, a existir invalidade por falta de audiência, se tratava de nulidade ou mera anulabilidade; agora, do que se cuida é de saber se essa falta redunda sempre em invalidade.

Por nós, preferimos defender, para já pelo menos, uma posição mais cautelosa: a formalidade da audiência corresponde a um **direito dos interessados**, com dignidade e assento constitucional e legal e degradá-la logo em formalidade relativamente essencial parece-nos excessivo, menosprezando-se o alcance jurídico que se quis dar à sua introdução no procedimento administrativo.

Além disso, com o nosso sistema de garantias contenciosas, baseado na *"presunção da legalidade"* do acto administrativo, tal solução tornar-se-ia um contrasenso: afinal, aquilo que a lei concebeu como um direito dos interessados, tornar--se-ia contenciosamente num ónus seu, pois que seria a eles que competiria fazer a prova de que a omissão da formalidade redundara em prejuízo dos seus interesses ou da sua posição procedimental.

E, portanto, das duas uma: ou se imputa, a partir de agora, esse ónus à Administração (que omitiu a formalidade) ou se considera que tal omissão, quando comprovada, gera a invalidade insuprível (mesmo se relativa) da respectiva decisão.

V. Fundando a sua posição no procedimento numa legitimidade própria, sua, conferida pelo n.º 1 do art. 53.º ou por disposições legais sectoriais, as associações têm, nos mesmos termos em que o têm os particulares interessados, direito a audiência.

É inquestionável, também, o direito de audiência nos casos previstos no n.º 3 do art. 53.º.

VI. Na redacção dada ao n.º 1 pelo Decreto-Lei n.º 6/96, passou a ser obrigatório (na audiência escrita ou oral) informar os interessados sobre o sentido

Artigo 100.º

provável da decisão — além de se lhes darem as informações referidas no n.º 2 do art. 101.º —, em consonância com a interpretação que os AA. do projecto do Código vinham sustentando a propósito desse outro preceito.

Pelas mesmas razões que já avançáramos quanto a essa interpretação, não nos parece nada útil tal alteração, ainda por cima pouco harmoniosa com o disposto no art. 105.º do Código.

Não julgamos, na verdade, curial que o órgão instrutor seja chamado a fazer, neste momento, opções oficiais dessas (eventualmente discordantes das que a instância decisória faria e/ou fará), com o perigo acrescido de a sua opção levar a "baixar a guarda" àqueles interessados a quem ela favoreça, os quais (até para não porem em risco o que assim já "adquiriram") poderão mesmo eximir-se a levar ao processo questões e factos que, dando-lhe igualmente razão, não fossem inteiramente coincidentes com os que o órgão instrutor já avançou.

Por outro lado, haverá muitos casos em que o órgão instrutor não terá ainda opção quanto ao sentido da decisão — destinando-se a audiência, precisamente, a esclarecê-lo melhor — e, por força da nova imposição legal, ele terá, mesmo assim, que manifestar-se a favor de um dos sentidos possíveis da decisão.

Podia também defender-se que uma audiência convocada em termos favoráveis ao interessado deverá ser repetida se, porventura, depois, a proposta de decisão fôr no sentido de desfavorecer a pretensão que ele haja formulado.

Não deixa, porém, de ser verdade que a informação sobre o sentido da decisão não vincula a Administração, nem quanto ao sentido da decisão final nem quanto à confiança que eventualmente tenha criado nos seus destinatários — não se aplicando aqui o princípio da responsabilidade do n.º 2 do art. 7.º do Código. Nem pode, também, salvo em casos contados, chamar-se à baila a violação do princípio da boa-fé: dir-se-ia que, se os interessados deixaram de alegar o que tinham para alegar, *sibi imputet*.

Note-se que leis especiais (como a Lei n.º 83/95, respeitante ao procedimento ou acção popular procedimental ou a Lei n.º 24/84, respeitante aos procedimentos disciplinares) rodeiam, muitas vezes, este dever de audiência de formalidades mais exigentes, do que aquelas que aqui discutimos.

VII. Como quer que seja, a lei previu que a audiência fosse dada com comunicação sobre o sentido provável de decisão — não vinculativo da Administração nem quanto ao sentido que ela virá a tomar nem em sede de boa-fé indemnizatória — e pergunta-se, pois, quais são as consequências da omissão desse dever. Considera-se que há uma falta de audiência, arguível por aquele a quem o acto venha a desfavorecer?

Parece-nos excessivo. De resto, não havendo nenhuma indicação sobre o sentido da decisão, todos os interessados se empenharão no máximo das suas possibilidades (e capacidades), pois ninguém sabe em que sentido pende o instrutor, para formular a sua proposta de decisão. E há muitos casos em que o simples alinhar dos

455

Artigo 100.º

factos apurados e do direito considerado aplicável já sugere o sentido provável da decisão e a indicação desta é redundante.

Poderia, pois, entender-se que, se os interessados não cumprem um ónus de reclamar ou pedir esclarecimento sobre a questão (senão antes, na própria resposta à audiência dada), eventualmente invocando que isso prejudica o seu direito de resposta, fica precludido a possibilidade de se prevalecerem da força invalidante da eventual ilegalidade, a que agora nos referimos.

No máximo, deve, pois, considerar-se a formalidade como não essencial (ou só relativamente essencial), geradora de invalidade apenas quando se pudesse afirmar ter isso redundado em prejuízo do exercício consciencioso e prudente do direito de audiência.

art. 100.º, n.º 2

VIII. É ao órgão instrutor que cabe decidir, sem necessidade de o fundamentar, se a audiência deve ser realizada por **escrito ou oralmente**.

A opção tomada pelo órgão instrutor, em si, é contenciosamente inatacável.

À semelhança do que acontece com outros preceitos desta secção, a competência do órgão instrutor deve, salvo casos excepcionais, considerar-se subordinada às orientações que, neste aspecto, lhe der a instância a quem cabe a decisão do procedimento.

Claro que a audiência dada oralmente, deve ser reduzida a auto assinado pelo interessado, nos termos do art. 102.º, n.º 4.

art. 100.º, n.º 3

IX. É uma nova disposição, introduzida pelo Decreto-Lei n.º 6/96: agora, segundo o novo n.º 3 deste artigo, durante a fase de audiência, os prazos não correm, suspendendo-se *"em todos os procedimentos administrativos"*.

O legislador teve assim em conta, certamente, que a fase da audiência pode complicar-se, demorando para além do esperado, e permite simultaneamente que as autoridades administrativas sejam mais "generosas" na fixação do prazo da resposta (que vinham reduzindo geralmente a 10 dias), sem que isso prejudique o curso dos prazos que para elas próprias estavam a correr, durante o período da audiência dos interessados.

Não são, é claro, todos os prazos procedimentais que se suspendem, mas apenas aqueles respeitantes a decisões ou formalidades cuja prática está dependente do curso da audiência. E pode haver alguns que não estão: se uma parte estiver notificada, por exemplo, para apresentar certos documentos complementares de instrução do seu requerimento em determinado prazo, e for notificada para a audiência, o decurso daquele não se suspende.

A nova disposição vai, porém, causar sérias dificuldades na contagem dos prazos a que se referem os arts. 108.° e 109.° do Código (em matéria de deferimentos e indeferimentos tácitos ou silentes) a não ser que a Administração fosse obrigada — e por lei não o está — a notificar todos os interessados sobre o (início e) termo da fase de audiência (art. 63.°, n.° 1, alínea *c*).

Não se antevê uma vida fácil para os interessados, sempre a correrem ao processo, para ver se, e quando, se suspenderam os prazos procedimentais, por este motivo.

Artigo 101.°

Audiência escrita

1. Quando o órgão instrutor optar pela audiência escrita, notificará os interessados para, em prazo não inferior a 10 dias, dizerem o que se lhes oferecer.

2. A notificação fornece os elementos necessários para que os interessados fiquem a conhecer todos os aspectos relevantes para a decisão, nas matérias de facto e de direito, indicando também as horas e o local onde o processo poderá ser consultado.

3. Na resposta, os interessados podem pronunciar-se sobre as questões que constituem objecto do procedimento, bem como requerer diligências complementares e juntar documentos.

    I. Audiência escrita: âmbito da resposta.
    II. Prazo mínimo da notificação: sua contagem e adiamento da audiência.
    III. Conteúdo da notificação: o "pré-relatório" do instrutor.
    IV. Falta de notificação para a audiência: o caso do interessado que se pronunciou sem ter sido notificado para o efeito.
    V. Questões sobre que versa o direito de audiência.
    VI. Requerimento de junção de documentos e de diligências complementares: momentos da sua formulação. Decisão.
    VII. Casos de segunda audiência oral (direito do administrado ou faculdade instrutória da Administração?).

art. 101.°, n.° 1

I. A notificação dos interessados é para dizerem, por escrito, *"o que se lhes oferecer"*, não podendo, portanto, o órgão instrutor cingi-los a aspectos determinados das questões relevantes para efeitos da decisão. O interessado pode pronunciar-

Artigo 101.º

-se sobre tudo o que se passou e averiguou ou devia ter passado e averiguado, e sobre tudo o que deve ser tomado em conta na decisão final, desde que se trate de questão do seu interesse.

Ver também o que a este propósito se diz no comentário n.º **V**.

II. O **prazo** mínimo de dez dias úteis para fixação da audiência deve ser contado a partir da recepção da notificação: notificação para este efeito recebida no dia 16 garante ao interessado poder apresentar as suas alegações, no mínimo, no dia 26 (mais os feriados, sábados e domingos, que correrem).

É um prazo legal que não pode ser encurtado administrativamente, salvo naturalmente nos casos do n.º 2 do art. 103.º.

Não se adoptou para a audiência escrita a possibilidade de **adiamento** da data marcada (*rectius*, da prorrogação do prazo de audiência), que se estabeleceu em relação à audiência oral, no n.º 3 do art. 102.º. Mas deve valer o mesmo princípio e anotações que aí propomos.

art. 101.º, n.º 2

III. Na notificação para a realização da audiência, deve dar-se **conhecimento aos interessados** do que se considera apurado, em termos de facto e de direito, com relevo para a decisão, bem como das horas e do local onde o processo pode ser consultado.

Face a uma disposição destas, reforçada ainda por cima pela do art. 105.º, ficamos na dúvida sobre as razões em que se sustentam os Autores do *Projecto* do CPA para defender que o instrutor tem o dever de apresentar aos interessados, para estes efeitos, um *projecto de decisão*. Por nós, entendemos que não, que o órgão instrutor nem deveria ter que fazer opções oficiais (que até podiam ser diversas das da instância decisória) sobre a decisão para que os factos apurados e as normas tidas como aplicáveis apontam — sem embargo, naturalmente, de o seu sentido poder estar aí implícito —, quanto mais ter que elaborar um projecto de decisão.

IV. A falta de notificação de interessados conhecidos no procedimento (não há, para estes efeitos, citação edital de desconhecidos, salvo se a lei o exigir) traduz a mais flagrante violação do direito de audiência — mas não é a única — e gera portanto, *vício de procedimento*, nos termos que acima (art. 100.º) propusemos.

Os interessados não notificados, que souberem da existência de um prazo de audiência dado a outrem, podem ir ao procedimento exercer também o seu direito — sem que lhes possa ser recusada a junção da respectiva resposta e sem prejuízo de (ao menos, se o fizerem sob reserva) impugnarem a validade do acto, por falta de audiência em condições suficientes e legais, de certeza e de prazo.

Artigo 102.º

art. 101.º, n.º 3

V. O preceito do n.º 3 pode levar a reduzir um pouco o larguíssimo alcance da expressão final do n.º 1: os interessados só são admitidos a pronunciar-se sobre **"questões que constituem objecto do procedimento"**, embora sobre todas as que julguem pertinentes para sua decisão, sejam ou não daquelas de que os notificou o órgão instrutor, nos termos do n.º 2.

VI. Nas suas respostas ou audiências, os interessados podem **juntar documentos** — mesmo que se trate de documentos que já podiam ter sido apresentados, porque a sanção não é aqui a da sua rejeição, salvo sendo impertinentes ou dilatórios — e requerer **"diligências complementares"**.

O órgão instrutor é, porém — salvo violação de vínculos legais formais e recurso do acto final —, o único a quem compete *"julgar"* da necessidade dessas diligências em termos de instrução do procedimento administrativo e da consistência da comprovação já existente sobre as questões (de facto e de direito) relevantes.

A junção de documentos e o requerimento de diligências complementares deveriam ter lugar simultaneamente com a resposta, acompanhando-a. Em nome do princípio da informalidade, não nos parece, contudo, de rejeitar que essas formalidades possam ocorrer depois disso, se o órgão instrutor o considerar necessário ou útil para boa decisão do procedimento (art. 104.º).

VII. Se alguma das respostas dadas trouxer questão nova, sobre que os interessados não tenham sido chamados a pronunciar-se, pode (ou deve) o órgão instrutor dar-lhes nova audiência — eventualmente oral ou, porventura, na forma mitigada do art. 104.º (como sugerimos acima, em anotação ao art. 100.º, n.º 1).

Artigo 102.º

Audiência oral

1. Se o órgão instrutor optar pela audiência oral, ordenará a convocação dos interessados com a antecedência de pelo menos oito dias.

2. Na audiência oral podem ser apreciadas todas as questões com interesse para a decisão, nas matérias de facto e de direito.

3. A falta de comparência dos interessados não constitui motivo de adiamento da audiência, mas, se for apresentada justificação da falta até ao momento fixado para a audiência, deve proceder-se ao adiamento desta.

Artigo 102.º

4. Da audiência será lavrada acta, da qual consta o extracto das alegações feitas pelos interessados, podendo estes juntar quaisquer alegações escritas, durante a diligência ou posteriormente.

    I. A opção do instrutor pela audiência oral, em primeira (ou segunda) "mão".
    II. Notificação para a audiência oral: requisitos.
    III. Acta da audiência: declaração para a acta, assinatura do interessado e junção posterior de alegações escritas.
    IV. Falta de comparência do interessado: adiamento da audiência e fixação da respectiva dilação.
    V. Remissão.

I. A opção pela audiência oral, que é obrigatória segundo a lei alemã — e que, entre nós, pode ocorrer, com regimes diversos, em primeira ou segunda "mão", nos termos vistos em anotação aos arts. 100.º e 101.º — insere-se no domínio da "liberdade probatória" da Administração, não podendo ser directamente contestada ou impugnada, senão através da sua eventual — e raríssima, certamente, atento até o disposto na parte final do n.º 4 — influência negativa na comprovação de factos que constituem (ou deviam constituir) pressupostos legais da própria decisão final do procedimento administrativo.

II. A convocação dos interessados para a audiência oral — por notificação, é óbvio, quando são conhecidos, identificados e em número razoável (na lei alemã, menos de 300, entre nós, certamente, muito menos, como dissemos em comentário ao art. 70.º) — está sujeita, embora o artigo não o explicite, aos requisitos referidos no n.º 2 do art. 101.º.

Mas já não ao requisito de prazo desse artigo, pois aqui ele comprime-se para uma **antecedência** mínima de oito dias, sendo aliás contado a partir doutro evento: o interessado que recebeu a sua convocação a 16, pode ser ouvido a 24 (mais feriados, sábados e domingos que ocorrerem), uma vez que entre um momento e outro devem medear, pelo menos, os oito dias de lei. Estranho é que o legislador não tenha adoptado aqui o critério de fixação do prazo de que se serviu no art. 101.º, n.º 1: enquanto aí se trata de um prazo para cumprimento da formalidade, terminando ao 10.º dia, neste art. 102.º (como, aliás, também no art. 95.º) trata-se do período que deve medear entre o momento do conhecimento e da resposta.

III. Manda o n.º 4 que seja lavrada **acta da audiência oral** (assinada também pelo interessado), na qual se fará um resumo das suas alegações orais, podendo ele juntar, se assim o entender, alegações escritas, bem como ditar para a acta o que entender (e não for considerado impertinente ou dilatório).

Artigo 103.°

A faculdade de o interessado apresentar alegações escritas posteriormente à realização da audiência justifica-se, por se poder chegar à conclusão que não ficaram convenientemente esclarecidos os pontos de vista expendidos na audiência oral — mas é uma faculdade que parece um corpo estranho no sistema da lei, nomeadamente, transformando a audiência oral numa audiência escrita que, ainda por cima, é consentida para além do prazo legal, sem necessidade de justificativo e à revelia da decisão do órgão instrutor.

É a informalidade a comandar em absoluto esta fase do procedimento (se a Administração optar pela audiência oral) fundada certamente nas especiais condições psicológicas e de constrangimento em que ela decorre (ou pode decorrer).

IV. A falta de comparência dos interessados regularmente convocados só obriga a **adiar a audiência**, quando o respectivo interessado apresentar, antes da mesma se realizar (ou logo a seguir à cessação do evento impeditivo, se este se verificar *in itinere*), justificação da respectiva falta — como resulta do n.° 3 deste art. 102.°.

Noutras circunstâncias, o adiamento depende da decisão livre do órgão instrutor; ou, então, de decisão sua, mas subordinada à do órgão decisório, nos termos referidos em anotação ao n.° 2 do art. 100.°.

É o órgão instrutor que fixa o prazo do adiamento, o qual não será, obviamente, superior ao anteriormente concedido para a primeira audiência.

V. Afirma-se para a audiência oral, embora com adaptações, a regra sobre junção de documentos e requerimentos de diligências complementares que está estabelecida no n.° 3 do art. 101.° para a audiência escrita (ver notas **VI** e **VII** respectivas), bem como sobre aspectos anteriormente considerados quanto às questões sobre que versa a audiência, etc.

Artigo 103.°
Inexistência e dispensa de audiência dos interessados

1. Não há lugar a audiência dos interessados:
   a) **Quando a decisão seja urgente;**
   b) **Quando seja razoavelmente de prever que a diligência possa comprometer a execução ou a utilidade da decisão.**
   c) **Quando o número de interessados a ouvir seja de tal forma elevado que a audiência se torne impraticável, devendo nesse caso proceder-se a consulta pública, quando possível, pela forma mais adequada.**

Artigo 103.º

2. O órgão instrutor pode dispensar a audiência dos interessados nos seguintes casos:

  a) **Se os interessados já se tiverem pronunciado no procedimento sobre as questões que importem à decisão e sobre as provas produzidas;**

  b) **Se os elementos constantes do procedimento conduzirem a uma decisão favorável aos interessados.**

I. Excepções ao dever de dar audiência, nos casos do n.º 1: dúvidas quanto à sua aplicabilidade (pelo menos, nos procedimentos sancionatórios) e possibilidade de conciliação com as medidas provisórias.

II. Os momentos "discricionário" e vinculado da apreciação dos pressupostos da previsão legal de não dar audiência, fixado no n.º 1: sua fiscalização contenciosa.

III. Fundamentação da decisão que dá como verificada uma situação de urgência (material): sua extensão. Fundamentos ininvocáveis (urgência procedimental).

IV. Fundamentação respeitante à utilidade da decisão ou à possibilidade da sua execução: sua fiscalização contenciosa.

V. Inexistência de audiência em função do elevado número de interessados: remissão.

VI. Sucedâneo da inexistência de audiência no caso da alínea c): consulta pública.

VII. Competência para dar como verificados os pressupostos do n.º 1 (e do n.º 2).

VIII. A dispensa administrativa da audiência nos casos do n.º 2 do preceito: aspectos do regime do n.º 1, que se aplicam.

IX. Os pressupostos legais da dispensa administrativa (a inutilidade da audiência): esclarecimentos sobre os conceitos usados na lei para o efeito.

X. O (possível) carácter parcial da dispensa administrativa da audiência.

art. 103.º, n.º 1

I. Não há lugar a audiência dos interessados (ou de alguns interessados, se outros tiverem sido ou puderem ser ouvidos), quando se verifique um qualquer dos pressupostos do n.º 1 deste artigo — pondo-se o problema, então, de saber se podem (ou devem) ser aproveitadas as respostas dos que se tiverem pronunciado entretanto, o que supomos dever merecer, em princípio, resposta afirmativa, salvo eventualmente tratando-se de procedimentos concorrenciais, de selecção e decisão

462

Artigo 103.°

em função do mérito da posição de cada concorrente, ou de procedimentos onde se confrontam interesses conflituantes de diversos interessados.

As excepções admitidas neste n.° 1 só valem como regra geral: porque há procedimentos (os sancionatórios, por exemplo) em que não pode passar-se sem audiência. Aliás, nenhum dos pressupostos referidos nesta disposição permite que se passe, nesses procedimentos, sem audiência, podendo, é, haver aí lugar à adopção de medidas cautelares ou provisórias (art. 84.° do Código), sem sacrificar interesses daquela monta.

II. Nos casos a que se refere este n.°1, a **liberdade da Administração** concentra-se toda na determinação do preenchimento de um dos pressupostos legais, porque — constatado que a decisão é urgente ou que a audiência compromete a utilidade da decisão — o órgão instrutor, uma vez concluída a instrução, está legalmente **vinculado** a passar à fase subsequente do procedimento (nomeadamente à formalidade prevista no art. 105.°), sem proporcionar audiência a (mais) ninguém.

Há, portanto, nesses juízos, elementos de apreciação livre ou subjectiva (só arguível por desvio de poder ou violação de princípios gerais, como o da igualdade ou da imparcialidade), a par de momentos legalmente vinculados, passíveis, nessa medida, de fiscalização contenciosa no plano da *violação de lei*.

O primeiro desses momentos (presente em qualquer deles) respeita à necessidade de fundamentar a respectiva decisão e de a fundamentar por referência à situação material existente (não à procedimental, como se verá adiante), ainda que, para tal se tenha que admitir que não são só as decisões finais que constituem actos administrativos, para efeitos de fundamentação exigida no art. 124.° do Código. Aliás, os Autores do *Projecto*, na sua anotação, consideram essa fundamentação (aqui) como uma exigência insuprível.

E, portanto, a decisão final de um procedimento administrativo em que os interessados não foram ouvidos, por se ter considerado, sem a necessária fundamentação, não haver legalmente lugar a audiência, é uma decisão invalidável, por vício de procedimento. Como o é também o facto de, nestes casos, a "dispensa" da audiência não ser generalizada a todos os interessados (pelo menos nos casos referidos na nota anterior).

III. Na **fundamentação** do juízo referido, exige-se, quanto **aos casos de decisão urgente**, a indicação dos factos que revelam não apenas essa urgência, como também que ela é tal que aniquila a possibilidade de realizar a audiência no prazo mínimo da lei — bem como a eventual ponderação da sua substituição por outras medidas provisórias. Sobre a exigência, pode ver-se o Acórdão do STA (1ª Secção) de 3.XI.94, publicado nos AD n.° 407, pág. 1153.

E também não são razões ligadas com a necessidade de cumprimento do prazo legal de conclusão do processo ou com a necessidade de prevenir o aparecimento de actos tácitos — pelo menos, nos casos em que tais efeitos têm contra-interessados —,

Artigo 103.º

que podem ser invocadas para justificar o preenchimento do pressuposto da urgência da decisão. Para prevenir ou remediar essas situações, a Administração dispõe, com efeito, de poderes situados no âmbito do princípio da informalidade e da celeridade, mas não pode, obviamente, sacrificar posições e direitos procedimentais dos interessados, com o cariz deste.

A urgência da decisão é, portanto, aferida em relação à situação objectiva, real, que a decisão procedimental se destina a regular, não em relação à urgência procedimental, que esta (em regra, pelo menos) não justifica a preterição de formalidades essenciais do procedimento.

Por todas estas vertentes, que são legalmente vinculadas, o juízo sobre a urgência da decisão pode ser objecto de fiscalização contenciosa, a propósito da decisão final.

IV. Quanto à **fundamentação da probabilidade de a audiência prejudicar a utilidade da decisão ou a sua execução** (que é diferente da hipótese, regulada no n.º 2), o juízo de prognose formulado pelo órgão instrutor não tem nada de estranho, em relação aos juízos semelhantes que os tribunais são chamados frequentemente a fazer, em matéria de medidas cautelares e de subida de recursos, não se vendo, portanto, razões para se furtar aos tribunais administrativos uma fiscalização aturada das razões invocadas pelo órgão instrutor.

Não é necessário, obviamente, para justificar neste caso a falta de audiência, que a sua realização comprometa totalmente a utilidade da decisão ou a possibilidade da sua execução, bastando que se trate de um **prejuízo significativo**, no que respeita a aspectos fundamentais da decisão.

V. O Decreto-Lei n.º 6/96 introduziu uma nova alínea c) no n.º 1 deste artigo, onde se prevê não haver lugar há audiência de interessados, (também) quando o seu número *"seja de tal forma elevado que* (ela) *se torne impraticável"* — repescando-se para aqui o princípio afirmado na alínea d) do n.º 1 do art. 70.º, a propósito das notificações a fazer através de edital ou de publicação. Embora aí o factor preclusivo seja a "inconveniência" da notificação, e aqui a "impraticabilidade" da audiência, não parece que se tenha querido dizer coisa substancialmente diferente.

O padrão numérico de que nos servimos para o efeito é o que já usámos acima, para o caso das notificações. Note-se que o STA teve oportunidade de se pronunciar sobre a questão, decidindo (mesmo antes da alteração legislativa efectuada nesta matéria pelo Decreto-Lei n.º 6/96) que *"tendo concorrido largos milhares de candidatos, não haveria que cumprir o art. 100.º do CPA (audiência dos interessados), por se tratar de actos (ou procedimentos) de massa, sendo inviável em tais hipóteses respeitar o preceito"* (Acórdão do STA, 1ª Secção, de 1.VI.95, publicado no AD n.º 408, págs. 1304 e segs.).

Artigo 103.º

VI. Como se refere na alínea c), no caso de não se poder dar audiência, em virtude do elevado número de pessoas a ouvir, procede-se a ***"consulta pública, quando possível, pela forma mais adequada"***.

Não se descortina a que hipóteses se referirá aquele *"quando possível"* do preceito legal, ou seja, quais são os casos em que a própria consulta pública — e não apenas a audiência individualizada — se torna impraticável. E na medida em que se reconheça ser o direito de audiência procedimental um direito fundamental (ver nota **I**), a presente norma padeceria até de inconstitucionalidade material, por, sem razão visível, permitir dispensar o seu mínimo essencial, a própria consulta pública.

A expressão *"forma mais adequada"* da consulta reporta-se provavelmente ao modo e local da publicitação do respectivo anúncio, aos aspectos ou questões sobre que os interessados são chamados a pronunciar-se e, ainda, ao modo de se manifestarem.

É evidente que, quando fôr realizada consulta pública, em vez de audiência, os prazos do procedimento também devem suspender-se, nos termos previstos no art. 100.º, n.º 3.

VII. É em relação a este preceito, bem como ao do n.º 2, que mais se impõe atentar na advertência feita a outros propósitos sobre o facto de a competência do órgão instrutor em matéria de direito de audiência se ter de considerar sujeita às ordens, orientações ou supervisão do órgão com competência decisória.

art. 103.º, n.º 2

VIII. Ao contrário do que sucedia com o n.º 1, nos casos do n.º 2, mesmo que estejam preenchidos os pressupostos de lei, é à Administração que cabe decidir se há, ou não, lugar à audiência. Por isso, nestes casos fala-se de **dispensa administrativa** (naqueles, de "dispensa" legal).

Aplicam-se, porém (e por maioria de razão), quanto à dispensa administrativa de audiência, as regras e princípios afirmados relativamente à sua "dispensa" legal nos casos do n.º 1, em matéria de **fundamentação** e de **impugnação** (ver nota **II**).

Ou seja, também nestes casos, a fiscalização contenciosa da conduta administrativa se circunscreve, no essencial, à exigência da fundamentação e à verificação da ocorrência de uma situação de facto subsumível nesses pressupostos — porque, quanto ao resto, ou seja, quanto à opção feita pela Administração, o controlo da sua legalidade (*stricto sensu*) só será possível, quando muito, em termos de desvio de poder ou de violação de princípios gerais.

IX. As situações a que se referem as duas alíneas deste n.º 2 correspondem ao pressuposto da **inutilidade da audiência** dos interessados, não no sentido que ao conceito se deu no n.º 1 deste artigo (que respeita à utilidade da **decisão**), mas

Artigo 104.º

porque se julga que ela não terá qualquer resultado útil, significativo, para a decisão do procedimento — nuns casos, porque a decisão vai ser favorável aos interessados (b), noutros casos, porque eles já disseram (no procedimento) o que se lhes oferecia, quer sobre as questões que importam à decisão quer sobre todas as provas produzidas (a).

Neste caso da alínea a), importa obviamente atentar qual a natureza que assumiu essa anterior intervenção dos interessados, porque é muito diferente a sua atitude quando cooperam com a Administração durante o desenrolar da instrução (quando são chamados, por exemplo, nos termos do art. 59.º) ou quando se pronunciam, no "confronto" dela e dos restantes (contra-)interessados, em audiência final.

Nem uma pronúncia "desgarrada", ontem e amanhã, sobre questões que vão surgindo ou provas que se vão obtendo, preenche o pressuposto dessa alínea a) deste n.º 2.

Procurando o alcance deste pressuposto pela positiva, díriamos que a pronúncia anterior do interessado deve respeitar a **todas** as questões e provas (as tomadas e as rejeitadas pelo instrutor) consideradas relevantes para a decisão final e que deveriam constar da notificação ou convocação, que se lhes faria, para a audiência, se a ela houvesse lugar.

No caso da alínea b), pressupõe-se que o órgão instrutor tenha já em mente uma opção sobre o sentido da decisão final ou da proposta que fará, para esses efeitos, nos termos do art. 105.º.

É evidente, porém, que se o órgão com competência decisória entender que a decisão final deve ser em sentido desfavorável ao interessado cuja audiência o órgão instrutor dispensou com este fundamento, se imporá, então (sob pena de vício de procedimento invalidante), conceder-lhe tal audiência.

Por outro lado, para fundar a dispensa de audiência com base nesta alínea, é necessário que se trate de uma decisão completamente favorável à posição do interessado manifestada no procedimento.

X. A dispensa da audiência nos casos do n.º 2, com fundamento na sua inutilidade — ao contrário do que acontecia nos casos do n.º 1 — pode respeitar apenas a um ou **alguns dos interessados**, mantendo-se o dever de ouvir outros, a quem tais pressupostos não respeitam.

Artigo 104.º

Diligências complementares

Após a audiência, podem ser efectuadas, oficiosamente ou a pedido dos interessados, as diligências complementares que se mostrem convenientes.

Artigo 104.º

> I. *Diligências complementares posteriores à audiência: sobre que versam.*
>
> II. *A "discricionariedade" da decisão sobre a sua utilidade.*
>
> III. *A utilidade das "diligências complementares" (como a audiência restrita, quando necessária).*

I. Como se viu, no art. 101.º, n.º 3, o legislador já previra que os interessados suscitassem, na resposta à audiência, a necessidade de realização de diligências complementares: o art. 104.º, além de dar efectividade a essa iniciativa, permite também ao instrutor determinar, por si própio, a realização de diligências dessas.

É bom que se tenha previsto expressamente a existência de uma fase posterior à audiência dos interessados, pois esta (ou qualquer outra circunstância) pode ter trazido ao procedimento factos, questões e provas que nela não tivessem sido (adequadamente) considerados pelo instrutor, para efeitos do art. 101.º, n.º 2 (ou do 102.º, n.º 2) do Código.

Referindo-se a **diligências complementares**, a lei não teve certamente a intenção de as reduzir à averiguação de questões complementares daquelas que foram suscitadas, no procedimento, a título principal; a complementaridade das diligências aqui admitidas reporta-se, antes, às necessidades da instrução, cabendo nesse conceito todas as respeitantes a questões principais ou secundárias, que hajam de ser decididas no procedimento respectivo.

II. O juízo sobre a utilidade de tais diligências complementares, para a correcta decisão do procedimento, é do órgão instrutor (sob orientação ou supervisão do órgão administrativo com competência decisória) e abrange tanto as que se devem à sua iniciativa, como aquelas que tenham sido solicitadas na resposta (ou defesa) dos interessados ao abrigo do n.º 3 do art. 101.º — não havendo, portanto, um direito destes à realização das mesmas ou de impugnação autónoma da decisão que denegou a sua realização.

É uma questão de "*liberdade probatória*", sujeita ao regime próprio aplicável nessa matéria.

O que não pode é esta faculdade do instrutor do processo traduzir-se numa subversão da sequência procedimental e guardar-se para esta fase (muito mais informal) o apuramento de questões ou factos necessários para a decisão do processo, que deveriam ser suscitados no relatório elaborado para efeitos de audiência prévia.

Ocorrendo uma situação dessas, o procedimento tem que voltar à fase anterior, dando-se nova audiência aos respectivos interessados, com as garantias dos arts. 100.º e segs. do Código.

III. Entre as diligências complementares a que se refere este preceito, pode incluir-se uma **audiência sumária** de outros interessados sobre questões que tenham sido suscitadas *ex novo* (ou de modo novo) na resposta de um deles.

Artigo 105.º

Claro que haverá casos em que se impõe mesmo, nessa hipótese, dar nova audiência (e em termos formais), com respeito das exigências e prazos da lei — se se tratar, por exemplo, de questão relevante na apreciação da decisão final, que não tivesse sido levada ao procedimento até então — mas, em regra, esta formalidade menos solene pode servir o objectivo de ouvir em segunda "mão" (e sem observância nomeadamente dos referidos prazos) todos os interessados sobre as questões já afloradas, mas ainda não totalmente esclarecidas, que interessam à decisão.

Artigo 105.º
Relatório do instrutor

Quando o órgão instrutor não for o órgão competente para a decisão final, elaborará um relatório no qual indica o pedido do interessado, resume o conteúdo do procedimento e formula uma proposta de decisão, sintetizando as razões de facto e de direito que a justificam.

    I. O relatório final do instrutor: interesse procedimental, âmbito, conteúdo e relevo jurídico sobre a decisão.
    II. Relevo processual ou contencioso.
    III. Quando há lugar a decisão sem relatório final.
    IV. Menções do relatório: a indicação do pedido (ou do objecto).
    V. (cont) O "resumo do conteúdo do procedimento": importância desta parte do relatório.
    VI. (cont.) A formulação de uma proposta de decisão: relatividade da exigência. As propostas alternativas e dubitativas.
    VII. (cont.) As razões de facto e de direito que suportam a "proposta" formulada.
    VIII. A falta de relatório: sua irrelevância (directa) em termos de validade da decisão final.
    IX. Prazo de elaboração do relatório: pedido da sua prorrogação pelo instrutor e respectiva decisão do órgão com competência decisória.

I. Trata-se agora do **relatório final** do instrutor (não daquele que ele elaborou para efeitos do n.º 2 do art. 101.º ou do art. 102.º do Código) e que é, salvo em casos excepcionais, o momento do processo que antecede a respectiva decisão.

Tal relatório desdobra-se em três partes referidas no preceito: o pedido do interessado (ou o objecto do procedimento oficioso), um resumo do conteúdo do procedimento (do que nele se discutiu e avaliou e dos elementos que dele constam) e uma

Artigo 105.º

proposta de decisão, acompanhada de uma síntese das razões de facto e de direito que a sustentam.

A formalidade de elaboração do relatório e da proposta de decisão do instrutor tem **relevo procedimental**, na medida em que representa a visão final das questões de facto e de direito da decisão por aquele que dirigiu a sua instrução e que, portanto, melhor que ninguém, conhece as especificidades, as particularidades e os realces de que ele se reveste.

Por isso, quando a decisão não se conforma à proposta do instrutor, a instância decisória fica obrigada a indicar as razões da sua discordância (art. 124.º, n.º 1, alínea *c* do Código) — ou, então, concordando com elas, admite-se-lhe que se limite a manifestar essa concordância, ficando a sua própria decisão fundamentada na proposta do instrutor.

Ao órgão ou agente a quem compete a instrução do procedimento passa a caber genericamente, portanto — à revelia de previsão legal específica —, a elaboração de um *relatório*, concluído com uma *proposta oficial* da decisão e a indicação das razões que julga poderem suportá-la, com as inevitáveis implicações em termos de extensão da fundamentação da decisão final contrária ou diversa.

Os procedimentos administrativos passam, pois, a correr, nesta fase final, segundo os termos dos procedimentos disciplinares, devendo os respectivos relatório e proposta ser elaborados no prazo-regra de 10 dias (salvo imposição de celeridade ou impossibilidade temporal) e conter as menções que aqui se exigem.

O preceito aplica-se a todos os procedimentos, mesmo os especiais, anteriores à vigência do Código — desde que se verifique o pressuposto da competência separada para a instrução e para a decisão do procedimento.

II. Além do relevo procedimental, o relatório final tem também enorme importância em sede de fiscalização da legalidade, na medida em que será com base nele (e/ou na fundamentação a que dá origem) que se detectarão os eventuais erros ou faltas de avaliação de dados essenciais do caso administrativo procedimental.

III. A previsão deste art. 105.º respeita aos casos em que a instrução do procedimento administrativo coube a **órgão diverso** daquele que tem competência para o decidir — como acontece sempre, por exemplo, quando a competência decisória pertence a órgãos colegiais.

Se a instrução e a decisão do procedimento couberem ao mesmo órgão, não há, em rigor, lugar a esta fase do procedimento: concluída a audiência dos interessados (e realizadas as diligências complementares pertinentes), o órgão competente estuda o processo, forma a sua decisão e (fundamenta-a expressamente), embora o deva fazer nos termos em que se elaboraria o relatório, se a ele houvesse lugar.

IV. De entre as menções ou conteúdo do relatório, a primeira é a "*indicação do pedido*", a qual respeita, é óbvio, aos procedimentos particulares (e *públicos*).

Artigo 105.º

Nos oficiosos — onde tal formalidade também tem lugar —, indica-se o **objecto** do procedimento, o efeito a que tende, as pessoas, coisas ou relações jurídicas a que respeita.

V. O *"resumo do conteúdo do procedimento"* é, parece, um resumo do que se procurou e conseguiu averiguar, dos interesses que nele se suscitaram e da guarida que cada um merece (ou não).

É, porém, aqui que jogam mais intensamente questões fundamentais, como a da imprescindível ponderação (pela instância decisória, e não só pela instrutória) de todos os interesses e posições procedimentalmente relevantes. Por isso, mais do que a palavra *"conteúdo"* poderia sugerir, entendemos que, no fundo, o que se pede aqui ao órgão instrutor é um escrito sistematizado e organizado de tudo o que de relevante ocorreu e se averiguou, de modo a dispensar, na medida do possível, a instância decisória da leitura de todo o processo (e dos anexos que o integram).

E mesmo que só seja obrigado a fundamentar a sua proposta de decisão, é-lhe vedado escamotear no seu relatório tudo o que directa ou indirectamente possa repercutir-se na validade (formal ou substantiva) e no mérito dessa decisão: portanto, se não se lhe exige a fundamentação da rejeição de interesses concorrentes com os que considerou deverem prevalecer, impõe-se-lhe, ao menos, enunciar ao órgão decisório quais eram esses restantes interesses e posições manifestados no procedimento administrativo, a propósito deles.

VI. A formulação de uma *"proposta de decisão"*, exigida ao órgão instrutor, não é uma exigência absoluta. Pode, inclusivamente, o órgão instrutor não saber o que propor — como pode suceder, nomeadamente, em matérias de elevada discricionariedade ou de cariz político-administrativo — e não está excluído, por exemplo (nos casos das normas de máximo e mínimo), que a sua proposta de decisão seja no sentido de ser aplicada a respectiva norma na medida julgada conveniente pelo órgão decisório.

Nem os agentes instrutores estão sempre funcionalmente vocacionados para fazerem os juízos que a decisão do procedimento implica — sendo certo, de resto, que, se os fizerem, nunca poderão ser chamados à responsabilidade por terem induzido a instância decisória em erro (salvo, naturalmente, reserva mental, dolo ou negligência grave).

A proposta de decisão pode, por maioria de razão, ser formulada alternativa ou subsidiariamente, até dubitativamente (como, afinal, o é sempre em certa medida).

No caso porém de haver, no procedimento, um parecer vinculativo quanto à decisão, ao órgão instrutor não caberá formular qualquer proposta, mas remeter-se para o conteúdo desse parecer.

Artigo 105.º

VII. A indicação das ***razões de facto e de direito***, em que se suporta a proposta de decisão feita pelo órgão instrutor, pressupõe que ele seja capaz de eleger, dentre todos os factos (e dentre todas as versões que legitimarem), os que lhe parecem exactos e pertinentes, podendo inclusive indicar apenas alguns deles, insuficientes, por si sós, para lhe permitirem propor mais do que uma decisão condicionada a premissas cuja responsabilidade é da instância decisória.

E pode suceder também que as razões de facto (sobretudo quando forem de carácter técnico) e de direito, que constem do procedimento, num e noutro sentido, sejam de peso tão equilibrado, que o órgão instrutor não saiba, pura e simplesmente, tirar-se da dúvida e tenha de recusar (legitimamente) emitir proposta de decisão, a qual pressupõe ser ele capaz de formular uma opção sobre a controvérsia gerada no procedimento.

VIII. Por tudo isso, votamos no sentido de a preterição da formalidade da **elaboração de uma proposta de decisão**, a incluir no relatório final, não provocar, só por si, a invalidade da decisão final. Esta só será ilegal se revelar desconhecimento dos elementos do procedimento ou se as razões de facto e de direito em que assentar forem inexactas, erróneas ou omissas (insuficientes, obscuras ou contraditórias). Mas não o é, inexoravelmente, por faltar, no relatório final, esta sua parcela.

O problema da falta de indicação das razões de facto e de direito (ou da indicação do pedido do interessado), apesar de ligeiramente diferente, merece a mesma resposta: a validade da decisão final, desde que fundamentada em elementos de facto e de direito constantes do processo, não é prejudicada pela falta do próprio relatório ou de qualquer dos seus elementos: a não ser, eventualmente, que isso se deva a uma decisão ilegítima do órgão decisório de "avocar" o processo, quando o instrutor se preparava para elaborar ou concluir o seu relatório no prazo legal.

Ao contrário, se decorreu já o prazo para o fazer e o processo for imediatamente "avocado", não haverá preterição de formalidade legal invalidante da decisão que vier a ser tomada.

O problema da falta de elaboração do relatório e/ou proposta de decisão pelo órgão instrutor é, também, um problema de relações de hierarquia, tutela ou supervisão existentes entre órgãos (e agentes) administrativos e não, apenas (ou sempre) uma questão de formalidades essenciais do procedimento administrativo, com papel de garantia dos interessados ou do interesse público.

IX. Se o órgão instrutor se vir impossibilitado de elaborar o relatório e a proposta no **prazo** que lhe é conferido para tal (e que é, em regra, de 10 dias úteis), justifica-o imediatamente junto da instância decisória e obtém uma prorrogação do mesmo. Ou não, e então remete-o para decisão no estado em que se encontra.

Artigo 106.º

SECÇÃO IV

Da decisão e outras causas de extinção

Artigo 106.º

Causas de extinção

O procedimento extingue-se pela tomada da decisão final, bem como por qualquer dos outros factos previstos nesta secção.

> *I. "Extinção" do procedimento e "conclusão" do procedimento: a sequência procedimental após o termo da sua fase constitutiva.*
> *II. Actos e factos jurídicos "extintivos".*
> *III. A imputação jurídica da decisão ou facto "extintivo" ao órgão com competência decisória e impugnabilidade contenciosa de todas as declarações neles baseadas.*
> *IV. A subsistência do procedimento para decisão das pretensões de outros interessados.*

I. A lei refere-se à "**extinção**" do procedimento, mas a verdade é que aos actos (e factos) jurídicos a que aqui se reporta, como factores dessa extinção, podem seguir-se outras formalidades e actos integrativos da eficácia ou oponibilidade daquelas — quando não se dá até o caso de a declaração extintiva ser de natureza receptícia —, e só com a prática destes é que o procedimento se pode dizer juridicamente completo e extinto (ou extinguível).

A decisão final, por exemplo, põe termo à *fase constitutiva* do procedimento, ficando definido qual é — para o objecto ou pretensão que estiver em causa — o efeito jurídico-administrativo que lhe cabe. Nesse sentido, pode-se dizer estar o procedimento "concluído", para efeitos, por exemplo, do art. 58.º do Código. Mas há aprovações a obter, notificações a fazer, despesas ou taxas procedimentais a liquidar e cobrar, e tudo isso tem (pode ter) lugar dentro do procedimento administrativo, que não está, portanto, extinto, "morto", arrumado.

O que o legislador pretendeu certamente dizer é que, naquele procedimento, em que há decisão final sobre o seu objecto, ela já não pode ser outra, senão aquela: **esgotou-se a competência dispositiva do respectivo órgão** e, agora, só em novo procedimento (de recurso, de reclamação ou de revogação) se pode retomar outra vez a questão já decidida.

Porém, como se disse, a competência dispositiva não é a única que se exercita nos procedimentos: há competências acessórias e complementares, antecedentes e subsequentes da decisão, que têm natureza instrumental (não autónoma) da competência decisória e que pertencem — precisamente por isso — ao mesmo procedimento.

Artigo 106.°

II. Apesar de a letra do preceito sugerir o contrário, o procedimento extingue-se não (só) por factos, mas (também) por **actos jurídicos** e nestes não se inclui apenas a *"decisão final"*. Mas a circunstância de o legislador ter chamado *"outro facto"* a essa decisão — quando ela é um *acto* — revela bem que tal conceito não aparece aqui utilizado em sentido técnico-jurídico rigoroso.

Aliás, é a própria lei, mais adiante, que vem tratar alguns daqueles que considera *"outros factos"* extintivos, como sendo **pressupostos de uma decisão** (da instância decisória, a propósito da sua ocorrência), e é essa decisão que declara ou provoca, explícita ou implicitamente, o termo da respectiva "instância".

Ou seja, com excepção do caso dos actos tácitos ou silentes (nomeadamente os de deferimento) — em que, aí sim, a causa da "extinção" será um puro facto jurídico (o silêncio administrativo durante um certo prazo) e o efeito constitutivo que a lei lhe liga —, a conclusão ou extinção do procedimento, liga-se sempre a um acto jurídico, como vamos ver a propósito dos arts. 110.° a 113.° do Código.

III. A declaração de extinção do procedimento administrativo, no sentido mencionado — sempre que a ela haja lugar — não cabe portanto, necessariamente, à **instância decisória,** podendo resultar da simples prática de actos complementares ou acessórios e da declaração de que pode ser arquivado.

Tanto como a decisão final, qualquer outra decisão ou declaração que ponha termo ao procedimento é passível de **recurso contencioso de legalidade** — se, porventura, ficaram por decidir questões a cuja resolução ele tendia (omissão de pronúncia) ou se não se praticaram actos complementares ou acessórios "devidos" aos interessados nessa fase (e não daqueles só o devem ser na fase de execução).

IV. As causas de extinção a que a lei se refere nos arts. 110.° e seguintes — embora a proposição também possa ser verdadeira para os casos dos arts. 107.°, 108.° e 109.° — pressupõem naturalmente que o dever de decisão em que a Administração está constituída se reporta apenas ao interessado a quem são imputáveis essas causas de extinção.

Assim, por exemplo, a desistência ou deserção não são causas extintivas do procedimento, se, para além do interessado desistente ou inerte, outros existem que têm, como ele, um direito à decisão administrativa. É o que acontecerá no caso de a pretensão formulada ter conjuntamente, como titulares, vários interessados.

Por outro lado, o chamado indeferimento tácito (do art. 109.°) só em certo sentido se pode considerar causa de extinção do procedimento, na medida em que — como se diz no respectivo comentário **II** — enquanto o particular não reagir contra o silêncio da Administração, esta, mesmo depois de decorrido o prazo para a formação daquele "acto" tácito, continua constituída no dever de decidir o procedimento.

Artigo 107.º

Artigo 107.º

Decisão final expressa

Na decisão final expressa, o órgão competente deve resolver todas as questões pertinentes suscitadas durante o procedimento e que não hajam sido decididas em momento anterior.

> I. *Decisão expressa (sobre o merecimento jurídico, substantivo ou procedimental, da pretensão ou objecto do procedimento).*
> II. *Questões (controvertidas ou não) que devem ser resolvidas na decisão final.*
> III. *Questões que não carecem de ser resolvidas: as questões prejudicadas.*
> IV. *(cont.) As questões decididas anteriormente no procedimento.*

I. A **decisão final** expressa é aquela que se consubstancia numa **manifestação de "vontade" do órgão administrativo**: tanto pode ser manifestação escrita como verbal, explícita como implícita (ou pressuposta). O oposto da decisão expressa é a decisão *tácita* ou *silente*, imputada por lei ao silêncio ou abstenção da Administração (noções e conceitos que se usam aqui com as reservas formuladas adiante, a propósito dos arts. 108.º e 109.º).

A decisão final do procedimento administrativo tanto pode consistir numa decisão de fundo, sobre a valia jurídica da pretensão formulada ou do objecto a que tendia, como numa decisão sobre o (não) preenchimento dos respectivos pressupostos procedimentais (v.g., a incompetência do órgão, a ilegitimidade do requerente, a intempestividade do pedido face ao art. 9.º, n.º 2, a sua falta de clareza, etc.).

A decisão final expressa do procedimento administrativo contém, pois, o juízo da instância decisória acerca do **merecimento jurídico-administrativo (substantivo e/ou procedimental) da pretensão nele formulada**.

A conclusão de que o órgão é incompetente, de que o requerente carece de legitimidade, a decisão (que não é rara) de anular todo o procedimento, são decisões finais, tanto como as que versam sobre a valia da própria pretensão ou do efeito a que o processo tendia.

II. Ao contrário do juiz que, em regra, decide com base nas pretensões e questões levadas ao processo pelas partes, o órgão que decide o procedimento pronuncia-se indistintamente, dentro das suas atribuições e competência, claro, sobre **todas as questões** que ele suscitou ou lhe suscita — a fórmula da lei ("suscitadas durante o procedimento") só é rigorosa em certa medida — e lhe parecem perti-

Artigo 108.º

nentes, podendo, inclusivamente, como permite o art. 56.º, decidir *"coisa diferente ou mais ampla do que a pedida"*, sem embargo, como se assinalou em anotação a essa norma, de ter de se pronunciar sempre sobre o pedido ou pretensão formuladas (nos procedimentos públicos e particulares) — *princípio da congruência entre o pedido e a decisão.*

Por outro lado, o dever de decisão sobre as questões pertinentes impõe ao órgão administrativo que se pronuncie (ainda que por remissão), mesmo acerca daquelas sobre que não tenha havido controvérsia, na medida em que elas constituam fundamento da sua decisão.

III. É claro que, havendo ou podendo haver uma **ordem prejudicial** entre as diversas questões procedimentais, o facto de se resolver negativamente uma delas, implica a inutilidade da decisão expressa daquelas que pressupunham uma sua solução positiva: "decidindo", por exemplo, que é incompetente para se pronunciar sobre o objecto do procedimento, o órgão administrativo não tem que resolver quaisquer outras questões (pertinentes ou não) que se hajam suscitado.

IV. Não têm também de ser resolvidas na decisão final as *"questões pertinentes que hajam sido decididas em momento anterior"*: são, designadamente, aquelas decisões que respeitam à verificação do preenchimento dos pressupostos procedimentais (da competência, legitimidade, tempestividade, etc) e à decisão de eventuais incidentes seus.

Mas já não são decisões procedimentais, para efeitos de as subtrair à exigência da sua consideração na decisão final, aquelas opções que o órgão instrutor tenha revelado — seja qual for o grau da sua convicção — em matéria de existência, selecção e comprovação de factos relevantes ou de interpretação e aplicação do direito. Não há aí *"questão decidida anteriormente"*, impondo-se que o órgão, com competência decisória, as resolva, ainda que por remissão para o relatório ou proposta do instrutor.

Diferentemente se passam as coisas, claro, quando a decisão anteriormente tomada nesses domínios provenha de uma instância judicial (ou, até, de outra instância administrativa com poderes de decisão autónomos dos da instância decisória e a que esta se encontre vinculada).

Artigo 108.º

Deferimento tácito

1. Quando a prática de um acto administrativo ou o exercício de um direito por um particular dependam de aprovação ou autorização de um órgão

Artigo 108.º

---

administrativo, consideram-se estas concedidas, salvo disposição em contrário, se a decisão não for proferida no prazo estabelecido por lei.

2. Quando a lei não fixar prazo especial, o prazo de produção do deferimento tácito será de 90 dias a contar da formulação do pedido ou da apresentação do processo para esse efeito.

3. Para os efeitos do disposto neste artigo, consideram-se dependentes de aprovação ou autorização de órgão administrativo, para além daqueles relativamente aos quais leis especiais prevejam o deferimento tácito, os casos de:

a) Licenciamento de obras particulares;

b) Alvarás de loteamento;

c) Autorizações de trabalho concedidas a estrangeiros;

d) Autorizações de investimento estrangeiro;

e) Autorização para laboração contínua;

f) Autorização de trabalho por turnos;

g) Acumulação de funções públicas e privadas.

4. Para o cômputo dos prazos previstos nos n.ᵒˢ 1 e 2 considera-se que os mesmos se suspendem sempre que o procedimento estiver parado por motivo imputável ao particular.

I. *O deferimento tácito ou silente (diversidade terminológica).*

II. *O tratamento unitário do deferimento tácito nas relações administrativas inter-orgânicas e com particulares, fonte de controvérsia hermenêutica.*

III. *As questões suscitadas: a "promiscuidade" conceitual e sintáctica da previsão do n.º 1 do art. 108.º: a referência da "aprovação" e da "autorização" (tacitamente obteníveis) a ambos os tipos de procedimentos (públicos e particulares) da previsão do preceito.*

IV. *A tese do deferimento tácito como efeito taxativamente fixado no art. 108.º, n.º 3. Incongruências.*

V. *Teses alternativas: o n.º 3 do art. 108.º como preceito que dispensaria a caracterização e subsunção dos casos nele abrangidos na cláusula geral do n.º 1.*

VI. *(cont.) O n.º 3 do art. 108.º como preceito que configura o silêncio como deferimento tácito, mesmo nos casos em que a posição substantiva subjacente não seja configurada na lei como um direito de exercício condicionado.*

VII. *(cont.) O n.º 3 do art. 108.º como norma que estende o deferimento tácito a todos os actos inter-orgânicos e às pretensões de particulares nos casos e matérias nele referidas.*

VIII. *A solução preferida em função da necessidade de clarificação da lei.*

Artigo 108.º

IX. *A questão do sentido formal ou material dos conceitos de "aprovação" e "autorização", e interpretações (sobre a taxatividade do deferimento tácito) que não a suscitam. Solução preferida e objecções.*

X. *Conteúdo e efeitos jurídicos substantivos do deferimento tácito: vinculação da Administração (em sede de execução e de revogação) e de terceiros (em sede da sua observância e respeito).*

XI. *Requisitos gerais de formação do acto tácito.*

XII *(cont.) A ilegalidade da pretensão formulada (ou a essencialidade do respectivo procedimento) e a invalidade do correspondente deferimento tácito.*

XIII. *A revogação pela Administração do deferimento tácito ilegal.*

XIV. *A produção e a notificação tempestivas do acto expresso, como factores preclusivos da formação do acto de deferimento tácito.*

XV. *O dever de notificação do acto de deferimento tácito: perigos a evitar.*

XVI. *O prazo-regra para a formação do deferimento tácito: contagem (diferenças no início da).*

XVII. *A suspensão do prazo de formação do acto tácito.*

XVIII. *As dificuldades procedimentais e contenciosas ligadas à suspensão do prazo do deferimento tácito: a necessidade da sua comunicação aos interessados.*

I. Regula-se no art. 108.º e no art. 109.º do Código, em termos bastante inovadores e que julgamos de aplaudir, em parte significativa, os chamados **actos (de deferimento e de indeferimento) tácitos**, formados a partir da falta de decisão ou do silêncio da Administração — por isso, a denominação, que se vai vulgarizando também, como acontece na Escola coimbrã, de actos *silentes* — durante determinado prazo e ao qual a lei liga automaticamente (ou permite ligar) a produção de um determinado efeito jurídico.

Nos casos deste artigo, esse efeito é o **deferimento** da pretensão formulada ao órgão administrativo e decorre *ex lege* do silêncio da Administração.

A figura já era conhecida no nosso direito administrativo (e frequente, até, em alguns domínios, como o urbanístico), mas agora, como figura (pelo menos, aparentemente) geral, o seu interesse prático torna-se desmesuradamente maior.

Quanto à **terminologia** usada, seguimos por comodidade a do Código — aliás o *"tácito"* do conceito já está, quase onomatopaicamente, no ouvido —, mesmo reconhecendo que parte importante da doutrina prefere o conceito de *"acto silente"* e reserva o conceito "acto tácito" para os actos *pressupostos* noutros (a que os cultores da Escola de Lisboa chamam *implícitos*), uniformizando assim a terminologia administrativa com a do direito civil. O que pode, aliás, constituir uma vantagem de tomo (cfr., nesse sentido, ROGÉRIO SOARES, Direito Administrativo, Coimbra 1978, pág. 312).

Artigo 108.º

Assinala-se que o legislador do Decreto-Lei n.º 6/96, manteve intocada a redacção do preceito da versão de 1991, não permitindo, assim, ultrapassar nenhuma das importantíssimas questões que perante ela se suscitam.

II. O n.º 1 do art. 108.º parte da descrição de dois tipos bem diferenciados de situações, embora acabe por lhes dar, depois, idêntico tratamento ou solução legal.

Temos assim, por um lado, nas relações **inter-administrativas ou inter-orgânicas,** o caso dos actos administrativos dependentes de aprovação (e autorização?) de autoridade distinta, e, por outro, nas **relações com particulares**, o das situações em que o **exercício de direitos** já integrantes da sua esfera jurídica dependa ainda de uma **autorização** (ou aprovação?) administrativa — portanto, de uma autorização meramente **permissiva**, e não constitutiva.

Quer para o primeiro quer para o segundo caso, o Código estabelece o princípio do deferimento tácito ou silente.

A opção do legislador, de tudo tratar num só preceito, não nos parece a melhor: a radical diversidade de natureza e estrutura das situações reguladas (independentemente da identidade de pontos de partida ou de soluções obtidas) requereriam tratamento em locais perfeitamente autónomos.

A previsão legal do art. 108.º ficou assim desenhada no meio de conceitos plurívocos, não se conseguindo determinar claramente, nas orações do texto da lei, quais são os elementos referentes e referenciados

É provável, pois, em função dos conceitos que o legislador utilizou, que a questão do alcance da previsão do n.º 1 do art. 108.º do Código venha a suscitar bastante controvérsia, por não nos ficarem aí indicações positivas quanto ao sentido em que estão tomados.

III. A mais importante dessas controvérsias incide sobre a questão a que nos referimos nas notas **IV** e seguintes.

Antes de a abordar, convém, porém, tentar esclarecer outros aspectos do regime legal do deferimento tácito, que ajudarão a compreender as dificuldades que rodeiam essa tarefa. Um é o respeitante à opção por um **critério material** ou **formal** de qualificação dos actos aí denominados *"aprovação"* e *"autorização"*, o outro (mas de algum modo ligada a essa opção), à questão de saber se tais conceitos são "fungíveis" entre si, se se reportam ambos às duas hipóteses de descondicionamento, ou se cada um deles corresponde a uma só delas.

Qualquer uma destas questões, encaradas por si só, parece inextrincável, mesmo recorrendo ao n.º 3 do preceito — que os AA. do *Projecto* afirmam, em anotação, constituir a chave da interpretação deste artigo. Na verdade, por muitas alternativas que lhe imputássemos, ao menos uma parte das questões referidas continuava sem resposta (senão a chocar entre si).

Artigo 108.º

Debrucemo-nos, por exemplo, sobre a mencionada "fungibilidade" dos conceitos de *"aprovação"* e de *"autorização"* (que a do seu critério, formal ou material, talvez se possa resolver adiante, por outra via), e vemos que não se consegue determinar com clareza, na sequência sintática do preceito, se, na primeira situação prevista (a das relações interorgânicas) a "aprovação" da lei abrange tão só os actos de **aprovação** propriamente ditos — actos de controlo tutelar da legalidade e do mérito do acto já praticado, para o tornar eficaz — ou, antes, apenas as chamadas **autorizações constitutivas da legitimidade de agir**, ou, ainda, ambas as figuras.

Mas, em relação à *"autorização"* prevista, também não se consegue destacar, e pelas mesmas razões, se estão em causa as duas distintas figuras que habitualmente se designam pelo termo **"autorização"** — a autorização no sentido da **autorização constitutiva de legitimação para agir** (que se processa entre dois órgãos administrativos) e a **autorização permissiva** (já no âmbito de relações intersubjectivas e cujo destinatário será, em regra, um particular ou alguém a actuar como eles), ou se também fica abrangida apenas uma delas.

Se reportarmos, por exemplo, a primeira situação prevista apenas ao conceito *"aprovação"*, estamos a fazê-lo corresponder à expressão *"prática de um acto administrativo"*, quando, em rigor, uma aprovação respeita não à prática de um acto, mas à sua eficácia (a autorização constitutiva da legitimação de agir, sim, essa respeita à *prática* de um acto, incide sobre um projecto do acto). Mas também é óbvio que o legislador não quis referir a *"autorização"* apenas às relações inter-orgânicas, pois, se fosse assim, tê-la-ia necessariamente anteposto à "aprovação", além de que, ainda por cima, teria escrito aprovação quando devia ter usado autorização, e esta quando se impunha aquela! Não pode ser, é claro.

O que constitui um fortíssimo indício para dar como resolvida, e com alguma linearidade, esta primeira questão. A previsão da lei no caso das relações **inter--orgânicas (procedimentos públicos)** abrange tanto os casos em que a **prática** de um acto depende de *"autorização"*, como aqueles em que a sua **eficácia** depende de *"aprovação"*.

Mas, então, isso é igualmente indício da bondade da mesma proposição para a previsão legal paralela do descondicionamento administrativo do exercício de direitos por particulares (**procedimentos particulares**): não faria sentido destacar a autorização da aprovação em relação a esta parte da previsão legal, quando já vimos que elas funcionam indiferenciadamente em relação à sua outra parte — sem que haja um só elemento de interpretação a sugerir a diversidade de conexões.

Entendemos, portanto, que, com o mesmo termo **"aprovação"**, o Código abrange quer os actos integrativos de eficácia emanados no âmbito das relações inter-administrativas quer as autorizações permissivas descondicionadoras do exercício de direitos que o legislador sectorial haja designado impropriamente com tal termo — como aliás o vem a corroborar o n.º 3 do artigo —, do mesmo modo que entendemos que com o termo **"autorização"** se refere às duas espécies de autoriza-

Artigo 108.º

ções (constitutivas de legitimação e permissivas do exercício de um direito) desenhadas acima. E isto tudo, note-se, quer se trate de "autorizações" posteriores à prática do acto autorizado ou, vice-versa, de "aprovações" anteriores a ele.

A solução proposta tem inconvenientes, também? Certamente. Tem, porém, a vantagem de ser lógica e de, sem recurso a ela, não termos conseguido (reconhece-se) chegar a resultados jurídicos coerentes e congruentes sobre o sentido e o alcance da lei.

IV. A segunda questão acima enunciada — de saber se os conceitos de *"aprovação"* e de *"autorização"* estão usados na lei formalmente (por referência aos casos em que o próprio legislador qualifica como tais os actos de descondicionamento) ou em sentido material (caindo neles todos os actos da mesma natureza e efeito, seja qual for o conceito com que são descritos na lei) — está ligada a uma outra bem mais importante, nuclear para determinar o alcance e o interesse da figura na nossa ordem jurídica.

Consiste ela em saber se a figura do deferimento tácito ou silente constitui uma **figura geral** aplicável, salvo disposição de lei, a todos os casos de descondicionamentos administrativos do tipo dos aqui previstos — nomeadamente, ao do exercício de direitos de particulares — ou, antes, se se trata de um *fattispecie* restrita aos casos taxativa ou especialmente fixados na lei. Ao que parece (v. JOÃO CAUPERS, Direito Administrativo — guia de estudo, págs. 161 a 163) tal questão surge mais uma vez como consequência de divergências de última hora entre os AA. do *Projecto* e o Governo.

A leitura do n.º 1 parece responder imediata e inequivocamente a essa questão: está lá dito que, *"salvo disposição em contrário"*, a ocorrência daqueles factos determina aqueles efeitos. A questão posta não faria, pois, sentido.

Mas as coisas não são, assim, tão fáceis.

Aliás, nos comentários e anotações formulados ou publicados sobre o novo regime legal dos actos tácitos, já se vêem perpassar dúvidas sobre se o legislador se manteve, ou não, fiel ao princípio da taxatividade dos actos de deferimento tácito, opinando no sentido aqui defendido, por exemplo, SANTOS BOTELHO, PIRES ESTEVES e CÂNDIDO PINHO (ob. cit., pág. 262) e A. FRANCISCO DE SOUSA (Código do Procedimento Administrativo Anotado, 1993, pág. 293).

Se é verdade que a primeira ideia que se retém, numa leitura imediata do art. 108.º, é a de que o legislador, motivado por razões de política legislativa — inspiradas pela moderna doutrina administrativa, no sentido de privilegiar a protecção da esfera de interesses dos particulares face à Administração Pública —, se terá preocupado em inverter o jogo das presunções nos actos silentes favoráveis, aparecendo a proclamar solenemente no n.º 1 do art. 108.º o princípio do deferimento tácito, como figura geral, não é menos certo que, depois, num segundo momento, como

Artigo 108.º

que intimidado com as consequências práticas que tal inversão acarretaria para a actividade administrativa, terá dado um passo atrás, instituindo, no n.º 3 do mesmo artigo, um elenco (supostamente) taxativo de deferimentos tácitos.

Tanto mais que, depois, no art. 109.º, voltou a consagrar a regra do indeferimento tácito, fazendo-o anteceder, ainda por cima, da ressalva que é própria dos preceitos que consagram normas gerais por referência a especiais (*"sem prejuízo do disposto no artigo anterior"*).

E, portanto, no citado n.º 3 do mesmo art. 108.º — na medida em que aí se considera, além dos casos nele especificados, apenas *"aqueles relativamente aos quais leis especiais prevejam o deferimento tácito"* — já estaria, afinal, "esquecida" a cláusula geral do n.º 1.

Se é esta a *"chave da interpretação"* do art. 108.º do Código é, de facto, uma enorme surpresa. Afinal, é como se o n.º 1 do art. 108.º não existisse, não tivesse significado ou utilidade jurídica.

O legislador teria disposto em certo sentido no n.º 1, para, depois, no n.º 3, dizer que já não vale o que aí dispôs — nem a sua suposta cláusula geral nem a ressalva nele estabelecida, respeitante ao seu (dessa cláusula) afastamento por disposição legal em contrário.

E como é sabido que, quando a interpretação de uma norma tira todo o efeito a outra — ou é mesmo incompatível com ela —, se deve procurar e preferir-lhe um sentido coerente com a utilidade e normatividade desta, entendemos, em consonância, que não se devia considerar essa interpretação dada ao n.º 3, como um dado adquirido, se houver outra que permita ao n.º 1 retomar um sentido normativo útil. Não achamos, não pode achar-se, credível uma interpretação que assenta no pressuposto de estarmos a lidar com uma lei intencionalmente "capciosa" — que dá (ou anuncia dar) algo num artigo, para o retirar enviezadamente, depois, no outro.

Aliás, como julgamos também ser dever do jurista o de tirar dos preceitos legais o alcance e sentido neles objectivados, entenderíamos que, se o suposto "capciosismo" imputado ao legislador prejudica o sentido e alcance objectivados num preceito, então seria a ele (ao "capciosismo", não ao preceito) que se desatenderia.

Felizmente, existem para o art. 108.º, n.º 3, como vamos ver, outras interpretações possíveis.

V. Desde logo, a de que não se trata de uma disposição taxativa. Pois não há lá nenhum "apenas", um "unicamente", ou algo similar, com que as disposições taxativas vão, pelo menos na larguíssima maioria dos casos, caracterizadas (e não apenas adornadas)!

Bem podia, portanto, entender-se que, no n.º 3, não se contém um *numerus clausus*. Ao menos, reconhecer-se-á que, literalmente, ele é compatível com outras interpretações.

Artigo 108.º

Excluída a taxatividade desse preceito, pode-se interpretá-lo, desde logo, no sentido de que nos casos da sua previsão, haveria deferimento tácito **sem necessidade de irmos em busca da caracterização do caso** *sub judice*, **como sendo um daqueles que cabe na cláusula geral do n.º 1 do artigo 108.º.** Já noutros casos, não enunciados ou legalmente qualificados (mas admissíveis), **essa caraterização seria necessária**, forçosa.

O n.º 3 do art. 108.º tornava-se, assim, compatível com o seu n.º 1 e este passaria a ser plenamente significante na cláusula geral que, indisfarçavelmente, lá está escrita.

VI. Outra interpretação desse preceito do n.º 3, que não destoa, é a de que seja qual for a configuração que as situações jurídicas respeitantes aos casos nele enunciados (e àqueles outros que a própria lei considere serem de deferimento tácito) tenham nas normas de direito administrativo substantivo — ou seja, ainda que não se trate aí de verdadeiros casos de mero descondicionamento do exercício de direitos —, eles serão sempre considerados, para os efeitos deste artigo, como casos passíveis de deferimento tácito ou silente, por omissão da decisão expressa que a Administração estava vinculada a tomar.

VII. E ainda podia entender-se de outro modo, um pouco mais arrevezado: que, nos casos enunciados nas diversas alíneas do n.º 3, o que é objecto de eventual deferimento tácito são todas as pretensões jurídico-públicas e privadas relacionadas com essas matérias, com a produção dos respectivos efeitos jurídico--administrativos. Ou seja, num procedimento respeitante ao licenciamento de obras particulares, não é passível de deferimento tácito apenas a pretensão respectiva do proprietário, mas também, por exemplo, as aprovações e autorizações que outros órgãos (diversos da entidade licenciadora) sejam chamados legalmente a dar, como precedentes necessários do licenciamento.

Fora desses casos, já só seriam passíveis de deferimento tácito **cada** pedido (em procedimento público) ou pretensão (em procedimentos particulares) que: a) ou estivessem assim configurados em lei especial (n.º 3); b) ou se subsumissem nas cláusulas gerais do n.º 1.

VIII. Provavelmente, nenhuma das alternativas que avançámos nos números anteriores vingará — mesmo se não lhes encontramos, nomeadamente à primeira, nenhum vício mais grave do que aquele que imputámos à pressuposição em que assenta a tese da taxatividade dos casos de deferimento tácito, previsto no n.º 3 deste artigo.

Aliás, essas alternativas são perfeitamente compatíveis com a ressalva inicial do n.º 1 do artigo subsequente, respeitante ao indeferimento tácito.

Artigo 108.º

Apesar dos riscos que isso comporta — e para que a desejada (ou imprescindível) uniformização doutrinal e jurisprudencial nesta matéria não se façam sem o maior debate — propendemos aqui para a tese da consagração do deferimento tácito como figura geral nos casos subsumíveis no seu n.º 1, com a adopção de uma qualquer das alternativas que propusemos (mais a primeira e menos a terceira) quanto ao alcance do seu n.º 3.

Será, eventualmente, a postura minoritária na doutrina e na jurisprudência — até porque exige um empenhamento profundo na qualificação dos casos abrangidos pela cláusula geral. Mas, precisamente por isso, é útil que alguém se perfile em sua defesa, para tentar forçar, ao menos, a clarificação sintáctica e normativa dos n.ºs 1 e 3 do art. 108.º e a adesão esclarecida à vontade neles objectivada.

Ao que, como já se disse, o Decreto-Lei n.º 6/96 (que reviu o Código) se mostrou totalmente indiferente.

IX. Fica assim por resolver a questão de saber se os conceitos de "aprovação" e "autorização" estão tomados na lei em **sentido formal ou material** — a qual se nos põe, porque demos um sentido útil ao preceito do n.º 1, não se suscitando sequer a questão a quem entenda que os casos de deferimento tácito são **só** os do n.º 3.

Preferimos, também aqui, uma interpretação favorável a um entendimento jurídica e teleologicamente aberto da figura do deferimento tácito, consentânea com o relevo que ele tem no desempenho eficiente e útil da Administração, naqueles casos em que o exercício dos direitos dos particulares foi posto na dependência de um acto administrativo descondicionador e este não é praticado, frustrando afinal a própria valia substantiva daquele direito, a fruição ou gozo jurídicos dos bens materiais da vida.

As aprovações e autorizações a que se refere o preceito do n.º 1 seriam, assim, todos os actos de descondicionamento administrativo do exercício de poderes públicos ou de direitos particulares pré-existentes, que, por lei, só possam ser exercidos (em pleno) depois de verificada previamente a sua compatibilidade com os interesses públicos cuja prossecução está a cargo do órgão descondicionador — e isto independentemente do conceito sob que aparecem previstos na lei.

Aliás, nesta questão, o n.º 3 do art. 108.º já seria uma confirmação do n.º 1, pois estão aí considerados como autorizações de exercício de direitos de particulares casos que na lei vêm denominados como "licenciamentos" e "alvarás". O mesmo se diga quanto a certos "pareceres vinculativos" exigidos na lei — nomeadamente em matéria urbanística — e cujo regime muito se aproxima das autorizações e aprovações inter-administrativas.

X. Nos casos a que se reporta o preceito, o acto tácito (formado legalmente a partir do silêncio do órgão competente durante determinado prazo) consiste na aprovação ou autorização pedidas (propostas ou requeridas).

Artigo 108.º

Trata-se, **para todos os efeitos**, de um **acto administrativo**, correspondente àquele que resultaria de a Administração ter decidido expressamente "aprovo" ou "autorizo". Ou seja, noutra perspectiva, o exercício do direito pelo requerente fica, a partir daí, administrativamente descondicionado (mesmo não havendo acto expresso descondicionante).

Não nos parecem muito significantes as diferenças entre as duas concepções ou perspectivas referidas, garantindo-se em ambos os casos uma tutela directa da posição ou pretensão substantiva do particular, que é, afinal, o que se pretende.

Ele pode, na verdade, **exigir do órgão requerido** — e **de terceiros** — o respeito pelo acto tácito praticado ou produzido, isto é, a atribuição e o reconhecimento dos efeitos jurídicos consequentes dessa aprovação ou autorização: pode, nomeadamente, exigir que lhe sejam passadas certidões respeitantes à produção do acto tácito ou as licenças de execução que ele implica. Por outro lado, se o órgão requerido quiser indeferir a pretensão formulada, depois de formado o deferimento tácito, tal acto é uma revogação de um anterior acto constitutivo — tanto, nos casos de procedimentos particulares como nos procedimentos públicos —, só podendo, portanto, ocorrer com fundamento em ilegalidade e dentro do prazo previsto na lei, para o efeito.

E no caso de a Administração adoptar um comportamento que consubstancie uma denegação (ilegal) do acto de deferimento tácito, ao particular é permitido socorrer-se da acção para o reconhecimento de direito ou interesse legítimo (69.º do LPTA), que, nesta circunstância, se prefigura como meio processual idóneo e adequado para assegurar a efectiva tutela jurisdicional do direito ou interesse em causa, pondo fim a todas as dúvidas sobre a sua titularidade.

Assinala-se também que há domínios onde não é admissível tirar da configuração legal do acto de deferimento tácito como acto administrativo, todas as implicações que dogmaticamente ele comporta, mas só por se lhe oporem interesses juridicamente muito mais ponderosos: assim, por exemplo, o deferimento expresso posterior à produção do acto de deferimento tácito, sendo embora acto confirmativo deste, é passível de recurso contencioso, se os contra-interessados não tomaram conhecimento da formação do acto tácito — como aliás acontece, embora provavelmente com *nuances*, em relação ao comum dos actos confirmativos.

XI. A produção do acto de deferimento (de descondicionamento) tácito depende da congregação de diversos requisitos ou pressupostos, positivos, uns, negativos, os outros.

Exige-se, antes de tudo, que tenha sido formulada uma **pretensão** — estando implícito na previsão legal que se trata de pretensões formuladas aos órgãos competentes para as apreciar — e que **não haja decisão** expressa ou implícita (pressuposta) sobre o conteúdo dessa pretensão, em determinado **prazo**.

Artigo 108.º

Não são, porém, apenas esses os pressupostos a atender, quando se configura o silêncio da Administração como um acto de efeitos positivos.

Desde logo, há-de tratar-se de um caso legalmente previsto, como sendo de deferimento tácito, seja através de cláusula geral e/ou de disposição específica da lei (consoante a interpretação do n.º 1 e n.º 3 deste preceito, acima discutida).

Por outro lado, embora o legislador não precisasse, talvez, de dizê-lo, não pode esquecer-se que só há acto tácito, quando estiverem preenchidos todos os pressupostos procedimentais (subjectivos e objectivos) que referimos em anotação, *maxime*, ao art. 74.º do Código, ou seja — para além da *pretensão* (intelegível), da *competência* e da *inexistência de decisão expressa,* também — a *legitimidade* do requerente, a *tempestividade* do pedido, a *actualidade* (não caducidade) *do direito* e a *existência de um dever legal de decidir* (que não existiria se, por exemplo, sobre o mesmo assunto, houvesse decisão há menos de dois anos, cfr. n.º 2 do art. 9.º).

Satisfeitos esses pressupostos, há ou pode haver deferimento tácito: mas a falta de qualquer deles prejudica a produção de tal efeito jurídico.

XII. Já não é, contudo, pressuposto do deferimento tácito (pelo menos, sempre) a legalidade ou — em sentido próximo — a vinculatividade da pretensão: se as obras para cuja realização se pretende "aprovação" ou autorização municipal não estão nas condições regulamentares (esquecendo agora as particularidades do respectivo regime jurídico), o deferimento tácito produz-se à mesma. Invalidamente, claro, mas forma-se. Haverá, inclusive, actos de deferimento tácito nulos, semelhantemente ao que aconteceria com os correspondentes actos expressos.

A doutrina, contudo, vem-se dividindo sobre a questão, encontrando-se um resumo da controvérsia em ALVES CORREIA, *in* "As Grandes Linhas da Recente Reforma do Direito do Urbanismo Português".

Para o referido Autor, a solução correcta e mais equilibrada consistiria em admitir a existência do acto tácito **anulável** — no caso em que as ilegalidades imputáveis à pretensão do requerente gerem apenas essas sanção —, mas não do acto de deferimento tácito **nulo**.

Não vemos, porém, que prejuízo ou diferença decorra do facto de se considerar, antes, que o acto tácito se formou mesmo, embora padecendo de nulidade, pois o regime desta serve precisamente para cobrir os riscos e inconvenientes derivados da existência de vícios que a provoquem e, dogmaticamente, a solução aqui proposta é muito mais coerente com a natureza e configuração dos actos silentes.

O único problema que se suscitará é que, a admitir-se a responsabilidade da Administração pela denegação posterior da pretensão ilegal tacitamente deferida, essa responsabilidade funcionaria mesmo nos casos de nulidade deste, solução que, para alguns autores, seria desequilibrada.

De jure condendo, a proposta poderia ser aproveitada, embora não haja no nosso ordenamento jurídico qualquer disposição que potencie essa distinção, como aliás, o próprio Alves Correia reconhece.

Artigo 108.º

Por outro lado, isso implicaria que fosse o particular, uma vez decorrido o prazo legal de decisão, a tomar a opção sobre a nulidade da sua pretensão, para determinar se está, ou não, perante um caso de acto tácito nulo — quando parece que tal ónus deveria recair sobre a Administração (a quem cabe a verificação dos requisitos legais dos actos administrativos), pois, confrontada com um acto desses, ela tem uma competência perene para averiguar e declarar a sua nulidade, questão que, aliás, em regra, virá imediatamente à baila a propósito da execução (que eventualmente se lhe pedir) do referido acto tácito nulo.

Por outro lado, o argumento de que a solução da inexistência do deferimento tácito, nesse caso, traria maior segurança jurídica não é decisivo, porque a dúvida, sobre se se trata de acto anulável ou, antes, nulo, ou inexistente, sobrevirá em qualquer hipótese.

XIII. Com a questão anterior liga-se, como sugerimos, a da responsabilidade da Administração pela revogação ou declaração de nulidade (legalmente tomadas) do acto de deferimento tácito ilegal ou, melhor, por ter deixado que se formasse um acto administrativo nessas condições de ilegalidade, mas que pode criar direitos ou expectativas de boa-fé, a favor dos interessados.

Parece-nos que as respostas para essa questão devem corresponder àquelas que se derem para o caso de tal revogação ou declaração de nulidade terem como objecto um acto de deferimento expresso ferido da mesma ilegalidade — muito embora, em termos de culpa (como requisito da responsabilidade administrativa), a situação do destinatário do acto expresso ilegal, em regra, esteja melhor acautelada.

XIV. Na questão dos requisitos da formação do acto de deferimento tácito, podemos incluir ainda a de saber se, para que a decisão expressa se considere (presuntivamente) proferida **no prazo legal,** obstando à produção do acto silente, é necessário que ela chegue, neste prazo, ao conhecimento do interessado ou se bastará que tenha sido proferida dentro dele.

O problema levanta-se, julgamo-lo, apenas se a decisão proferida (no prazo legal) não foi notificada ao requerente no prazo (de 8 dias úteis) do art. 69.º ou publicada no prazo do art. 131.º — considerando-se tempestiva a notificação ou publicação da decisão expressa (no sentido de evitar a formação do acto tácito), se elas foram feitas nesse prazo. É, aliás, esse o prazo em que deve legalmente ser notificado o deferimento (ou indeferimento) expresso e, portanto, não há nenhuma dúvida que a resposta, também aqui, é afirmativa.

Não assim, porém, no caso de notificações intempestivas. Continuar, aí, a impender sobre o requerente a prova de a decisão expressa ser posterior ao decurso do prazo (para que houvesse acto tácito) parece uma solução extremamente injusta e que sacrificaria em absoluto a protecção que os princípios e as normas dos arts. 9.º, 58.º, 69.º e 108.º do Código quiseram garantir aos administrados.

Artigo 108.º

Quando muito, portanto, entender-se-ia que cabe à Administração demonstrar, se for caso disso, que a decisão notificada após o decurso do prazo do art. 69.º foi, contudo, proferida antes do termo do prazo da produção do acto de deferimento tácito — o que, para nós, não deve, porém, ser admitido.

XV. Impunha-se que a lei tivesse rodeado a produção dos actos de deferimento tácito de algumas cautelas, nomeadamente publicitárias, uma vez que, havendo interessados e contra-interessados neles, se impunha defender as posições destes face à possibilidade de utilizar esta figura como uma forma de consumar ou de facilitar a consumação de actos ilegais (carentes, nomeadamente, da audiência dos contra-interessados), relegando a presumível intervenção contenciosa destes para um terreno minado de dúvidas formais e para tempos muito distantes.

Entendemos por isso, que produzido um acto tácito de deferimento, está a Administração constituída no dever de o notificar aos particulares, interessados ou contra-interessados.

XVI. O prazo-regra para a formação dos actos tácitos de deferimento é de noventa dias úteis, contados (do dia seguinte ao) da apresentação do pedido, nos procedimentos particulares, ou *"da apresentação do processo para esse efeito"*, nos procedimentos públicos.

A distinção entre os dois momentos de início da contagem do prazo de 90 dias (ou de outro fixado em lei especial) podia ainda reportar-se, por um lado, àqueles casos em que o pedido de aprovação ou de autorização é dirigido e apresentado, para efeitos de instrução, à própria autoridade a quem cabe a respectiva decisão, e, pelo outro, àquelas hipóteses em que a instrução do procedimento cabe legalmente a uma autoridade administrativa, a sua decisão, a outra.

Veja-se também o que dissemos a propósito do suprimento do requerimento inicial (na nota **III** ao art. 76.º) e da sua influência na contagem do prazo de formação do acto tácito.

Há casos de prazos diversos do de noventa dias, fixados em leis especiais, e que se devem contar, hoje, igualmente em dias úteis.

XVII. A contagem do prazo para a produção do acto tácito de deferimento **suspende-se** nos termos do n.º 4, não se compreendendo bem por que razão a lei não chamou para aqui, também, as regras sobre o início do prazo contidas no n.º 3 do art. 109.º e limitou a previsão da suspensão do prazo ao caso do n.º 4 deste art. 108.º — ignorando-se se a omissão tem mesmo o sentido de se não dever entrar em linha de conta com os prazos para cumprir formalidades especiais (iniciais e eventualmente demoradas) do respectivo procedimento.

Nos termos do n.º 4, o decurso (e a contagem) do prazo de que depende a formação do acto de deferimento tácito **suspende-se** sempre que o procedimento estiver parado por **facto imputável ao requerente e por tempo superior àquele**

Artigo 109.º

de que ele dispunha para a prática do acto ou para o cumprimento de forma- **lidades que constituíam um ónus seu** — podendo inclusivamente haver deserção do procedimento, no caso do art. 111.º do Código.

Além disso, é necessário também que se trate de acto ou formalidade sem os quais o procedimento não possa seguir: porque, caso contrário, o procedimento seguirá normalmente, embora as consequências procedimentais daquela falta corram por conta do requerente faltoso.

Quanto à questão da imputabilidade do facto suspensivo do prazo legal ao particular, pode discutir-se se tal imputação assenta no facto objectivo de se tratar de formalidade que a ele cabia preencher ou se se exige que haja também imputação subjectiva, pelo menos a título de mera negligência — admitindo-se, porém, que ele se defenda a esse propósito, invocando e provando os factos que demonstram dever- -se essa demora a circunstâncias estranhas à sua pessoa ou actuação.

XVIII. A suspensão da contagem de prazos para estes efeitos põe problemas acrescidos em termos de certeza e segurança jurídicas, em domínios onde ela mais deveria imperar.

E como, nestas matérias, uma questão de um dia pode ser decisiva, a questão da contagem do prazo — que já não será fácil em nenhum caso — agravar-se-à substancialmente se, na hipótese, tiver havido lugar a qualquer suspensão da sua contagem, com consequências delicadas para interessado e contra-interessados — por exemplo, em matéria de prazo da sua revogação e impugnação contenciosa.

Bom seria, pois, que a lei tivesse sujeito estas suspensões a requisitos de (declaração ou reconhecimento e) publicidade, como acima se sugeriu.

Artigo 109.º

Indeferimento tácito

1. Sem prejuízo do disposto no artigo anterior, a falta, no prazo fixado para a sua emissão, de decisão final sobre a pretensão dirigida a órgão administrativo competente confere ao interessado, salvo disposição em contrário, a faculdade de presumir indeferida essa pretensão, para poder exercer o respectivo meio legal de impugnação.

2. O prazo a que se refere o número anterior é, salvo o disposto em lei especial, de 90 dias.

3. Os prazos referidos no número anterior contam-se, na falta de disposição especial:

> *a*) **Da data de entrada do requerimento ou petição no serviço competente, quando a lei não imponha formalidades especiais para a fase preparatória da decisão;**

Artigo 109.º

   b) **Do termo do prazo fixado na lei para a conclusão daquelas formalidades ou, na falta de fixação, do termo dos três meses seguintes à apresentação da pretensão;**

   c) **Da data do conhecimento da conclusão das mesmas formalidades, se essa for anterior ao termo do prazo aplicável de acordo com a alínea anterior.**

   I. O indeferimento tácito como figura-regra do silêncio da Administração, em face de pretensões de particulares: âmbito de aplicação.

   II. A garantia ou protecção instrumental proporcionada aos interessados pela consagração da figura: não extinção do procedimento.

   III. Os requisitos legais do indeferimento tácito.

   IV. O regime legal (substantivo e procedimental) da situação coberta por um indeferimento tácito.

   V. A especificidade do indeferimento tácito nos recursos hierárquicos (necessários e facultativos).

   VI. O indeferimento tácito como violação (juridicamente sancionável) do dever de deferir ou do dever de decidir.

   VII. A questão da fundamentação do indeferimento tácito, como salvaguarda da tese apreciada.

   VIII. A alternativa da acção para o reconhecimento de um direito (à decisão): sua excepcionalidade, em função da regra da respectiva subsidiariedade.

   IX. Outras concepções sobre a natureza do indeferimento tácito e o regime da situação que lhe corresponde.

   X. Os prazos para a formação do indeferimento tácito.

   XI. Os problemas da contagem desses prazos: analogia com o art. 108.º, n.º 4.

   XII. A suspensão inicial ou intercalar de prazos no indeferimento tácito.

   XIII. Os factores determinantes da contagem do prazo: "formalidades especiais".

art. 109.º, n.º 1

I. Salvo nos casos a que se refere a previsão do n.º 1 e (ou) do n.º 3 do art. 108.º, nas alternativas hermenêuticas atrás vistas, o silêncio da instância decisória competente sobre pretensão formulada por particular (ou de quem actue como tal), no âmbito de um procedimento administrativo, gera o seu indeferimento, *rectius*, a faculdade de o interessado presumir indeferida tal pretensão.

Da conjugação das presunções estabelecidas nos arts. 108.º e 109.º do Código e na solução interpretativa que preferimos para os n.ᵒˢ 1 e 3 daquele primeiro,

Artigo 109.º

temos, portanto, que — enquanto o **deferimento tácito** é a figura-regra em matéria de silêncio administrativo nos procedi-mentos públicos tendentes à aprovação ou autorização da prática de um acto administrativo e nos procedimentos particulares que têm como objecto o descondicionamento administrativo do exercício de um direito pré-existente — o **indeferimento tácito** é a regra geral em todos os outros casos de pretensões dirigidas aos órgãos administrativos para a prática de um qualquer acto da sua competência.

II. Embora com esta figura não se pretenda tutelar *ex lege* uma situação ou posição jurídico-substantiva do particular, como acontecia no caso do deferimento tácito, ela visa, ainda assim, a protecção de interesses seus. A tutela do interesse do requerente projecta-se aqui, porém, apenas num plano **instrumental** (ou **reactivo**): a falta de decisão administrativa não corresponde a um "indefiro", que estivesse escrito no acto, ou seja, à denegação da pretensão formulada, não tem os mesmos efeitos desse "indefiro", mas permite ao requerente presumi-lo, para assim poder obter, em sede de impugnação, uma decisão correctiva daquela que faltou.

Enquanto nos casos do art. 108.º haveria sempre um acto administrativo com os seus efeitos normais e plenos, já no indeferimento tácito só se presume a existência de um acto **para efeitos de exercício do respectivo meio de impugnação** (apesar da sugestão algo diversa do n.º 2 do art. 82.º da LAL, já revogado nessa parte pelo CPA): é, pois, uma faculdade dada ao requerente de presumir a existência de um indeferimento para, ao menos assim, poder suscitar a tomada de decisões administrativas ou contenciosas, que supram a falta de decisão administrativa primária — embora, eventualmente, no caso do art. 175.º, n.º 3 (como comentamos adiante), as coisas possam ser diferentes.

Se, pelo contrário, o interessado opta por não presumir indeferida (tacitamente) a sua pretensão, então deve entender-se que a Administração está (ainda) constituída no dever de decidir, não havendo, portanto, lugar à extinção do procedimento, ao contrário do que sugere a inserção do indeferimento tácito (com esta configuração) nesta Secção do Código. Por outro lado, se o particular apresentar outro requerimento reproduzindo aquele que havia formulado antes, mas sobre o qual não recaiu decisão, renova-se o dever da Administração decidir, não havendo lugar à aplicação do disposto no art. 9.º, n.º 2.

Se não existisse esta faculdade de presumir indeferida a sua pretensão, o requerente não teria outro remédio senão o de continuar a aguardar (indefinidamente) uma decisão expressa do seu procedimento, não dispondo de nenhum meio para reagir à violação pela Administração do "sagrado" dever de decisão, que a esta incumbe.

É verdade que o meio processual da *acção para o reconhecimento de direito*, hoje constitucional e legalmente admitido (art. 268.º, n.º 5, da CRP e art. 69.º e segs. da LPTA), serviria — e de uma maneira mais coerente, digamos assim — os mesmos objectivos. Sucede, porém, que essa acção tem na lei um carácter "subsi-

Artigo 109.°

diário", só podendo ser usado, se outros meios processuais (incluindo as virtualidades do processo de execução da respectiva sentença) não assegurarem uma tutela jurisdicional efectiva do direito ou interesse em causa.

Para valer nesta matéria, **por força da extensão meramente subsidiária que se atribui a si próprio,** o meio processual do art. 69.° da Lei de Processo só se aplicaria, portanto, se não existisse na lei a faculdade de presunção do indeferimento tácito, já que esta proporciona sempre ao administrado (se a exercitar) a anulação judicial do indeferimento tácito: ou por ser indeferimento (no caso de à pretensão corresponder legalmente um deferimento vinculado) ou por violação do dever de decisão expressa (ou, ainda, para quem o preferir, por violação do dever de fundamentação).

III. Os requisitos gerais de formação do acto tácito de indeferimento — *rectius,* da faculdade de o interessado presumir indeferida a sua pretensão — são os mesmos que vimos a propósito do deferimento tácito (nota **XI** ao art. 108°).

Aqui, porém, a questão posta quanto à exigência de preenchimento dos pressupostos procedimentais como requisito de formação do acto tácito surge de maneira diferente: enquanto no caso do deferimento — por estarmos perante um acto administrativo — se admite(iu) que o não preenchimento desses pressupostos não obstava necessariamente à formação do acto tácito (ficando, porém, ele ferido de invalidade), aqui — atendendo também à natureza deste "indeferimento" — a falta do seu preenchimento levará apenas o tribunal ou a instância de recurso a dar a presunção do particular como insubsistente.

IV. Não obstante a clareza da lei — de que se procede no plano da reacção ou impugnação contra o silêncio da Administração, como se houvesse um indeferimento —, a nossa doutrina e os nossos tribunais não têm tirado daí todas as implicações reactivas que essa qualificação legal implica, com consequências perniciosas ao nível, precisamente, da *garantia* que a figura legal pretende ser.

Entendemos assim, em consonância com o regime legalmente estabelecido e com a natureza do indeferimento tácito (que corresponde a esse regime) — bem como com os interesses legalmente protegidos através da sua consagração —, que a situação jurídica (substantiva, procedimental e processual) respectiva se caracteriza:

> — por, **fora do procedimento** (reclamação ou recurso hierárquico) **ou do processo** (contencioso) **de impugnação do indeferimento tácito,** tudo se passar, na ordem jurídica, como não existindo, ainda decisão sobre a pretensão formulada (para efeitos, por exemplo, de desistência ou de revogação do procedimento ou quanto à previsão do art. 9.°, n.° 2 do Código), continuando a Administração constituída no dever de decidir;

Artigo 109.º

— por, ao invés, **no procedimento ou processo de impugnação**, o silêncio poder ser configurado como um **indeferimento** (quando à pretensão formulada correspondesse um deferimento) ou como **omissão do dever de decisão** (no caso de lhe corresponder uma decisão discricionária);

— por o silêncio da Administração **ser sempre ilegal**, por violação do seu dever de decidir (ou de deferir) aquela pretensão.

V. Convém também tomar em atenção a configuração com que surgem os indeferimentos tácitos nos procedimentos administrativos de 2.º grau, como sucede nos recursos hierárquicos necessários.

O indeferimento tácito de um recurso desses interposto de um acto expresso — embora consistindo sempre numa omissão e na presunção que sobre ela forma o interessado — vai, porém, levar ao tribunal, em qualquer caso (haja violação do dever de deferir ou só do dever de decidir), não essa omissão, mas o próprio efeito positivo condensado no acto expresso que havia sido praticado pelo órgão subalterno, como se fosse agora um acto da autoria do seu superior hierárquico.

Não temos, porém, a proposição como inquestionável em todos os seus efeitos: é que, no silêncio do superior hierárquico, há violação do dever de dupla (apreciação e) decisão, e portanto, pode apelar-se, aqui também, à necessidade de o tribunal sancionar sempre essa violação — mesmo se aqui a existência de um acto expresso já confere ao interessado, em termos de garantia judicial, uma posição suficientemente tutelada.

Por outro lado, esta configuração do indeferimento tácito dos recursos administrativos necessários, correspondente àquela que ele assume em procedimentos de 1.º grau — e, portanto, como mera faculdade de presumir indeferido o recurso — não é, porém, indiscutível, dado o teor do n.º 3 do art. 175.º do Código, que sugere, de algum modo, estarmos aí em presença de uma figura algo diversa, de um verdadeiro acto de indeferimento, como se o órgão recorrido tivesse indeferido expressamente o respectivo recurso, com todas as implicações daí derivadas (nomeadamente em matéria de obrigatoriedade da sua impugnação contenciosa imediata, sob pena de preclusão).

Remetemos para os comentários a esse artigo o desenvolvimento da questão.

VI. São conhecidos os argumentos invocados contra a concepção aqui defendida e contra a admissibilidade do regime que se fez corresponder ao indeferimento tácito — por exemplo, o de que seria absurdo a lei criar uma ficção, ela própria, ilegal.

Descontado o facto de os absurdos lógicos serem perfeitamente "digeríveis" no Direito, no qual os valores da composição harmoniosa de interesses sociais, os valores basilares da Justiça, prevaleçam, felizmente muitas vezes, sobre a injustiça

Artigo 109.°

das soluções logicamente coerentes, a verdade é que nem há nenhum absurdo lógico no facto de o silêncio ser, por um lado, um requisito legal da produção do acto tácito e em considerá-lo, por outro lado, como sendo sempre ilegal e anulável.

E não o há, porque, no primeiro caso, o silêncio é valorizado em confronto com as normas que garantem o acesso aos meios contenciosos como via para abrir as portas de uma reacção que, de outro modo, estaria vedada, enquanto que, no segundo caso, esse mesmo silêncio é avaliado em confronto com as normas que disciplinam substantiva e procedimentalmente a conduta da Administração e lhe impõem o dever de se pronunciar (favorável ou desfavoravelmente) de maneira expressa sobre as pretensões dos particulares, cuja efectivação dependa da prática de um acto seu.

A tese proposta tem por si, mais do que isso, um outro ponderosíssimo fundamento: é que restringir a questão judicial do indeferimento tácito à sua apreciação, **como acto de denegação de uma pretensão,** significa deixar os direitos e interesses substantivos e procedimentais dos requerentes — em prol de quem a garantia foi estabelecida — sem qualquer protecção jurídica na grande maioria dos casos (aqueles em que à pretensão não corresponde vinculadamente um deferimento) e que são precisamente os que dela mais careciam, porque não dispõem de nenhuma (mesmo nenhuma) outra para o efeito.

E seria nos casos em que tal protecção era menos necessária, isto é, nos casos em que à pretensão devesse corresponder um deferimento legalmente vinculado — porque aí ainda haveria a protecção da acção de responsabilidade extra-contratual por acto ilícito, dado haver um prejuízo efectivo, em relação à própria satisfação material da pretensão formulada — é que tal garantia era concedida adicionalmente.

Não é, obviamente, esta falta de coerência legislativa que impressiona os defensores da tese que aqui sustentámos, mas sim a falta total da protecção do interesse do particular nos outros casos, pois que nem obtém da Administração a decisão (qualquer que seja) a que tinha direito nem obtém do tribunal uma qualquer reparação, por essa violação da sua posição jurídica substantiva e procedimental.

Na verdade, o tribunal nem lhe concederia o bem material a que tendia o seu direito (ou interesse legítimo) nem uma compensação pecuniária pela falta do seu reconhecimento ou atribuição — por não existir um dever legal de deferir a pretensão — nem, ao menos, uma injunção (indirecta ou instrumental, é óbvio, através da anulação do acto silente) para que a Administração se pronuncie. Rigorosamente nada, em suma.

A tese da valorização do indeferimento tácito, em sede de fiscalização, como **acto de indeferimento**, nuns casos (determinados e certamente mais raros), e como **acto tácito**, nos outros (em geral), tem, portanto, a enorme vantagem de proporcionar uma realização equilibrada dos diversos interesses envolvidos, que as outras teses sobre a mesma questão, porventura, não asseguram.

Artigo 109.º

Mesmo, porém, que esse equilibrio não fosse o desejável, a verdade é que nesta matéria os interesses constitucional e legalmente prevalecentes são os da legalidade administrativa e da protecção dos interessados na sua conduta, os quais têm, obviamente, direito a uma decisão, ainda que à respectiva pretensão não corresponda vinculadamente um deferimento.

Supomos que, quanto a essa proposição — de que é necessário garantir uma tutela jurisdicional qualquer àqueles que não viram decididos expressamente os requerimentos apresentados à Administração, sob pena de a sua omissão se poder prolongar indefinidamente e sem sanção efectiva — todos estaremos de acordo. Não vemos um tribunal a mandar em paz a Administração que violou um seu **dever jurídico** fundamental (de decisão) e a remeter o particular, que veio ali protestar o seu **direito a essa decisão,** para a diligência que a Administração quiser graciosamente pôr na resolução do caso, agora que já lá vão uns quantos anos, desde que lhe apresentou o requerimento.

Com a agravante de, se ela não quiser fazer diligencia alguma, se manter a sua total "impunidade" jurídica — salvo em sede de responsabilidade, mas isso apenas pelos prejuízos derivados da omissão do dever de decisão, não já pelos correspondentes à não realização da pretensão material do particular — o que é o mesmo que dizer que a "reincidência" não seria sancionada.

VII. A tese por nós referida consente alguma modelação dogmática, mas a verdade é que os corolários que resultariam dessa diversa modelação, quanto à questão da inevitável ilegalidade do indeferimento tácito — desde que arguida, obviamente — são os mesmos que tirámos acima.

Imagine-se, então, que se assumia em todas as suas implicações — como em tempos a nossa jurisprudência assumia — a proposição de que a falta de decisão expressa confere ao particular a faculdade de presumir indeferida a sua pretensão para efeitos de impugnação — tudo se passando, portanto, no seio do respectivo processo de impugnação, como se a Administração tivesse proferido um verdadeiro despacho de "indefiro" —, ficando prejudicada a possibilidade de o tribunal declarar o acto ilegal só por ser silente, uma vez que se ficciona existir um acto expresso.

Como poderiam, então, face a essa concepção, sair incólumes as preocupações que acima manifestámos, quanto à "inalienável" necessidade de assegurar uma qualquer tutela jurídica em relação à omissão do dever (da Administração) e do direito (dos particulares) à decisão, naqueles casos em que não está em causa uma pretensão de deferimento legalmente vinculada?

Sendo necessário arranjar uma saída para essa questão — que razões puramente dogmáticas não podem sobrepor-se a valores e interesses fundamentais, como os envolvidos na relação entre o dever de decisão da Administração e o correspondente direito do requerente — não teríamos relutância, então, em ir buscá-

Artigo 109.º

-la à inobservância legal do dever de fundamentar os actos administrativos de indeferimento, na hipótese de se recusar a sua inarredável ilegalidade por violação do dever de decidir.

Note-se que, apesar das cautelas com que a ela nos referimos, a solução não tem nada de absurdo, desde logo, no plano dogmático.

É que a presunção legal da existência de um acto de indeferimento existe para permitir que a instância (administrativa ou jurisdicional) *ad quem*, perante a qual ele é impugnado, possa avaliar, **em função dos critérios de legalidade e validade por que são avaliados os actos administrativos em geral**, se aquele acto (esquecendo o facto de não existir) **seria ou não legal**.

Ou seja, o que se sustenta é que a figura do indeferimento tácito, a presunção de acto criado na lei, existindo para efeitos contenciosos, deverá levar o tribunal a considerar em discussão, como **objecto de recurso**, um acto que (ficcionando-o expresso) seria um "indefiro".

Ora, se a Administração respondesse a um particular com um normal **"não"**, com um "indefiro" (em casos em que a denegação de pretensões formuladas pelos interessados esteja dependente de fundamentação, como acontece em geral), haveria nesse acto ilegalidade invalidante, derivada da falta de fundamentação.

Nem há, nisto — de a lei estar a ficcionar um acto de indeferimento para se declarar, em tribunal, que ele é inválido por falta de fundamentação — nenhuma contradição lógica, como, a propósito similar, se revelou na anotação anterior.

De falta ou contradição lógica, parece padecer a tese oposta. Basta ver as consequências a que conduziria a sua aceitação: doravante, quando não quisesse deferir, por motivos ilegais, uma pretensão formulada por particular, que estava no seu poder discricionário indeferir, a Administração não se pronunciava e o acto (silente) passaria automaticamente a ser legal ou, o que é o mesmo, contenciosamente insindicável, fosse em recurso de anulação fosse em acção de responsabilidade.

Nem passaria pela mente do legislador ou da lei processual — que quiseram, com esta garantia do indeferimento tácito, assegurar os particulares contra a omissão do dever legal de decisão — transformá-la, afinal, num expediente para "convalidar" uma conduta que a lei administrativa (substantiva e procedimental) considera ilegal, só permitindo a sua sanção no caso de à pretensão formulada caber legal e vinculadamente um deferimento.

Não é, porém, por se considerar esta perspectiva como o melhor enquadramento dogmático da questão da garantia contenciosa do indeferimento tácito, que ela ficou aqui traçada. Procurou-se tão só demonstrar que, mesmo assumindo plenamente a ficção da existência de uma situação contenciosa correspondente à do acto expresso de indeferimento — a qual prejudicaria a anulação do indeferimento só por ser tácito —, que, mesmo assim, dizia-se, tal anulação estaria dogmaticamente justificada pelo facto de esse indeferimento não ter a fundamentação legalmente exigida para os actos de indeferimento.

Artigo 109.º

Nem se diga que, então, tal indeferimento tácito também seria ilegal por falta de audiência dos interessados ou por carência de forma legal: é que pode ter havido aquela audiência e a forma legal (a existência de um indeferimento expresso, escrito) é, nesta hipótese, precisamente, o objecto da ficção legal. O que a lei não ficciona (e nunca existe com certeza), no indeferimento tácito, é uma fundamentação.

É certo, como sugere Vieira de Andrade — relutante em aceitar a **perspectiva subsidiária** da violação do dever de fundamentação em tempos proposta por Esteves de Oliveira —, que *"não pertence à função própria do dever de fundamentar o combate à inércia administrativa"*, que melhor e mais adequadamente se combateria *"com outros meios"*.

Estamos obviamente de acordo com essas duas proposições que encaminham a solução do problema pela via da sanção do dever de decisão, como acima se manifestou preferir. E isso bastaria para nos "colarmos" a tão autorizada palavra.

Mas convém não esquecer que a consideração invalidante do dever de fundamentação, **nas circunstâncias simuladas do indeferimento tácito**, não teria como finalidade sancionar a falta de decisão, mas sim a falta da própria fundamentação. O tribunal seria chamado a anular o presumido indeferimento, porque actos como esses devem ser fundamentados, e, portanto, não para que (em execução da sentença) a Administração decida, mas para que decida fundamentadamente, se quiser (como no indeferimento tácito presuntivamente quis) denegar a pretensão formulada.

Por outro lado, a ideia de que, a fazer valer aqui os interesses da fundamentação dos actos de indeferimento, como meio de efectivação das garantias dos interessados, então impor-se-ia logicamente acabar com a própria figura do indeferimento tácito, peca por ser fruto de pura lógica: não é arredando a figura do indeferimento tácito que passa a haver (ou se torna mais consistente) a garantia de as pretensões dos interessados serem decididas expressa e fundamentadamente. Salvo se existisse, em sua substituição, uma qualquer outra garantia mais idónea.

E é precisamente por não haver outra forma de garantir directa e efectivamente o cumprimento do dever de decisão expressa (e fundamentada), que se tem de assumir uma qualquer solução que leve à tutela efectiva dos que são prejudicados pelo silêncio ilegal da Administração.

De preferência, claro, como sugerimos e parece admitir Vieira de Andrade, pela via da sanção do dever de decisão. Mas se esta fosse considerada dogmaticamente incongruente com a presunção legal da existência de uma decisão, então, é que (para salvaguardar o essencial do que aqui está em causa e que é imenso) se proporia o confronto do acto presumido com os diversos parâmetros da legalidade — incluindo o da exigência da sua fundamentação — dos actos administrativos correspondentes àquele que, para protecção do particular, se ficciona existir.

Artigo 109.º

VIII. Diríamos, em conclusão, que o único interesse inultrapassável, nesta matéria, é o de a garantia ou faculdade de reacção conferida ao particular (que não viu a sua pretensão decidida no prazo legal) dever merecer, em todos os casos, uma qualquer tutela por parte do tribunal: se não for através da sanção da ilegalidade do próprio indeferimento, seja, ao menos, para forçar a Administração a pronunciar--se expressamente sobre o requerimento em causa.

Se não se lhe reconhecer esse meio de combater a inércia administrativa, está-se, pura e simplesmente, a recusar-se-lhe qualquer outra protecção, pois não há qualquer prejuízo directamente ligado ao silêncio administrativo (nos casos em que, segundo a lei, tanto pode caber deferimento como indeferimento) susceptível de ressarcimento em sede de responsabilidade extra-contratual.

Donde resultaria que só admitindo, nesses casos, a possibilidade de instauração de uma **acção para o reconhecimento de um direito** (à decisão), é que se poderiam colmatar as lacunas derivadas da não aceitação da tese referida.

Não há, quanto a isso também, qualquer objecção dogmática. Bem pelo contrário.

Veja-se o que sucede no direito alemão, onde se desconhecem os actos tácitos e o requerente é admitido, sempre, por via da acção, a obter a intimação judicial da Administração para que profira a decisão em falta sobre a pretensão formulada (*acção de cumprimento*).

Assim sendo, uma de duas: ou se entende que no meio processual de recurso do acto tácito de indeferimento não pode arguir-se senão o próprio indeferimento, só em si, no seu efeito — e, então, a acção para o reconhecimento de um direito seria o meio idóneo para obter protecção judicial adequada quanto à violação do dever de decidir —, ou se entende que a presunção do indeferimento abre as portas à própria arguição da violação do dever de decidir, não havendo, por isso, lugar ao uso do meio subsidiário.

O problema é que, no direito português, como já dissemos acima, o recurso à acção para o reconhecimento de um direito pauta-se pelo princípio da *subsidariedade* (art. 69.º, n.º 2 da LPTA) — e as **intimações para um comportamento** só podem ser dirigidas directamente contra concessionários ou particulares (art. 86.º, n.º 1).

Deste modo, para que uma acção para o reconhecimento de um direito fosse admissível, nestes casos — em que a decisão do procedimento envolve juízos de discricionariedade, impedindo o tribunal de reconhecer ao administrado o direito à própria pretensão — seria necessário fundá-la na violação do próprio dever de decisão (expressa e fundamentada) da Administração e que não houvesse qualquer outro meio processual capaz de assegurar — conjugadamente com o processo de execução da respectiva sentença — a mesma garantia ou defesa que esse meio (da acção para o reconhecimento de um direito) proporcionaria.

Artigo 109.º

Ora, concebendo e ficcionando a existência de actos tácitos negativos, para efeitos de se poder exercer os respectivos meios de reacção (administrativa ou contenciosa), o nosso ordenamento jurídico assegurou aos particulares lesados pela falta de decisão administrativa a garantia judicial de que carecem para defesa dos seus direitos, arredando assim a possibilidade de recorrerem aos meios ou garantias só subsidiariamente exercitáveis.

Só não será assim — com já vêm defendendo, por exemplo, Rui Medeiros e Vieira de Andrade — nos casos em que à pretensão sobre que não recaiu decisão administrativa expressa correspondesse vinculadamente um deferimento administrativo, porque, então, a simples anulação do indeferimento tácito por violação do dever de decisão (mesmo acompanhada dos respectivos meis de execução da sentença anulatória), e não por violação do dever de deferir, não asseguraria ao particular *"a efectiva tutela jurisdicional do direito ou interesse em causa"*.

Seja qual for a via considerada preferível, uma coisa é certa, portanto: **a violação do dever de decisão sobre pretensão formulada à Administração é sempre sancionável judicialmente, ainda que a tal pretensão não corresponda vinculadamente um deferimento.**

Aceite isto — que é o essencial — pode divergir-se em tudo o resto, não obstante os inconvenientes procedimentais e processuais que dessas divergências poderão derivar para se "acertar" com o meio e os fundamentos a usar, em vista da sanção administrativa ou judicial do indeferimento tácito.

IX. A concepção ou concepções acima referidas sobre a natureza e o regime do indeferimento tácito, bem como sobre as suas implicações, **não é, não são as únicas** que vêm sendo defendidas na doutrina e na jurisprudência.

Sobre o modo como a questão vem sendo encarada na doutrina, pode ver-se Rogério Soares (em Direito Administrativo, págs. 312 e segs.) Vieira de Andrade (ob. cit., págs 156 e segs.) e Rui Machete ("O acto confirmativo do acto tácito de indeferimento e as garantias do recurso contencioso dos administrados", in Estudos de Direito Público em honra do Prof. Marcello Caetano).

art. 109.º, n.º 2

X. O prazo de noventa dias (úteis) fixado no n.º 2 para a formação do acto silente, **só vale** no caso de a lei não dispor em contrário, como acontece, em relação aos procedimentos que correm perante órgãos das autarquias locais, que, para esses, o prazo aplicável é o do art. 82.º da LAL, ou seja, 60 dias — na medida em que só consideramos como revogada nessa disposição aquilo que respeita à configuração do indeferimento tácito, não ao prazo para a sua formação.

XI. Em relação à contagem destes prazos colocam-se questões e dificuldades semelhantes àquelas que se punham para essas mesmas questões face ao art. 108.º.

Uma delas é saber se há lugar, aqui, à aplicação do disposto no n.° 4 do art. 108.° — como para este se punha o problema de saber se se lhe aplicava a disposição do n.° 3 deste art. 109.°.

Se quisesse que o regime de qualquer uma dessas normas fosse aplicável no domínio da outra, o legislador não deixaria certamente de as unificar ou de fazer as necessárias remissões, em vez de, sem qualquer ligação, as estabelecer uma a seguir à outra.

Só isso é que nos leva a hesitar quanto à possibilidade da extensão ou integração recíprocas dos dois regimes, o que, à primeira vista, se justificaria plenamente — por identidade de razão ou similitude de situações e interesses.

É verdade que o problema, em sede de indeferimento tácito, tem menor relevo prático, pois que a única consequência aqui imaginável de um erro de datas é a de o particular ter de esperar mais uns dias pela decisão, ou para interpor recurso da falta dela. Enquanto no caso do deferimento do art. 108.°, um erro de datas pode ter como consequência, não se ter um direito que se considerava já adquirido.

art. 109.°, n.° 3

XII. O n.° 3 deste art. 109.° põe o referido problema de saber se os factos nele referidos só têm influência na data de início da contagem do prazo — como sugere a sua letra — ou se, **ocorrendo no seu decurso**, também têm virtualidade suspensiva.

Não sendo por aplicação directa ou sistemática do art. 108.°, n.° 4 que a questão se resolve, poder-se-à, ao menos, basear uma solução idêntica com fundamento na analogia de situações?

A única razão que parece dificultar o recurso à aplicação analógica prende-se com o (eventual) intuito do legislador em obviar às delicadíssimas questões que a contagem do prazo de formação de um acto tácito "enxameado" de várias suspensões iria provocar — pela necessidade de inúmeras notificações e o risco de se suscitarem permanentemente dúvidas e controvérsias entre os diversos intervenientes no procedimento, acerca do prazo a considerar para estes efeitos.

Sendo um interesse a estimar, é preciso não esquecer, contudo, que ele foi considerado irrelevante, pelo legislador, no caso do próprio deferimento tácito (precisamente onde a questão põe mais problemas) — quanto à previsão específica do n.° 4 do seu art. 108.° — bem como aqui, na questão do prazo de formação do indeferimento tácito, ao fazer reflectir na data de início da contagem do prazo factores complexos e eventualmente controversos de fixação temporal.

XIII. Os factores que determinam o **início da contagem** do prazo do acto silente negativo, descontada a questão enunciada na nota anterior, são:

>   *a)* ou a data da entrada (não de registo) do requerimento no serviço competente — cfr. art. 34.° (mas não os arts. 77.° e 78.°);

Artigo 110.º

b) ou o **termo** do prazo fixado na lei (noventa dias ou especial) para a conclusão de **formalidades especiais** da fase preparatória da decisão, se as houver;

c) ou a data do conhecimento da efectiva conclusão de tais formalidades, se for anterior ao facto da alínea b).

"Formalidades especiais da fase preparatória da decisão" só podem ser obviamente formalidades estabelecidas pela "**lei**" de cada procedimento sectorial — não obviamente as de inspiração do próprio instrutor — e que não se reconduzam a formalidades instrutórias típicas ou gerais, das espécies previstas no Código, salvo se a natureza das "coisas" procedimentais ditar diversamente, como sucede, por exemplo, com as hipóteses assinaladas a propósito do art. 72.º (ver respectiva nota **IV**) ou do art. 76.º (nota **III**).

Na verdade, como se referiu neste último, o início da contagem do prazo legalmente estabelecido para a formação do acto tácito — no caso de o requerimento ter sido objecto de suprimento pelo interessado, em relação a algum dos seus elementos essenciais — situa-se na data deste suprimento e não na da entrada do requerimento.

Artigo 110.º

Desistência e renúncia

1. Os interessados podem, mediante requerimento escrito, desistir do procedimento ou de alguns dos pedidos formulados, bem como renunciar aos seus direitos ou interesses legalmente protegidos, salvo nos casos previstos na lei.

2. A desistência ou renúncia dos interessados não prejudica a continuação do procedimento, se a Administração entender que o interesse público assim o exige.

I. *Âmbito de aplicação da desistência e renúncia: uniformidade do seu regime procedimental.*

II. *A diferença de incidência procedimental das duas figuras.*

III. *A desistência ou renúncia a posições procedimentais do interessado (v.g., audiência).*

IV. *Desistência ou renúncia parciais: casos possíveis.*

V. *A desistência e renúncia: actos ou factos jurídicos extintivos do procedimento: necessidade de declaração do efeito extintivo pela Administração.*

VI. *Renovabilidade da pretensão (ou do pedido) de que se desistiu, a todo o tempo.*

Artigo 110.º

VII. *A continuação do procedimento, em caso de desistência (remissão).*
VII. *Pagamento de despesas e taxas pelo desistente.*

art. 110.º, n.º 1

I. As disposições deste artigo aplicam-se nos **procedimentos "públicos", particulares e mistos**. Só não se aplicam nos procedimentos oficiosos puros.

Note-se que, na exposição subsequente, quando nos referimos à desistência, estamos a pensar também na renúncia. Na verdade, renunciando aos próprios direitos que pretendia fazer valer através do procedimento, o interessado pode provocar também a sua extinção — sublinhando-se que não se trata aí de renúncia a posições procedimentais (como, por exemplo, prescindir do direito de audiência).

Porém, como o regime da *"desistência"* é aplicável à *"renúncia"* (com as ressalvas que expressamente se farão) e "extinguindo" esta o procedimento nas circunstâncias em que aquela o "extingue", basta reportarmo-nos, em geral, a uma delas.

II. Há, apesar disso, uma diferença essencial de natureza ou **incidência procedimental** entre a desistência e a renúncia, como resulta do âmbito em que colocámos esta.

Assim, enquanto o efeito jurídico do acto de *"desistência"* expressa é o oposto do efeito do requerimento (consistindo tão só em deixar cair o direito à decisão final, constituído na esfera do particular com a apresentação daquele requerimento), já o mesmo não se passa com a *"renúncia"* a um direito ou interesse legalmente protegido: verifica-se aqui, antes, em termos de projecção procedimental, uma ilegitimidade superveniente, por perda da titularidade de direito ou interesse legalmente protegido. Isto é, o procedimento poder-se-á extinguir não como um efeito directo da renúncia do particular, mas porque de tal renúncia resulta necessariamente a referida perda de legitimidade (a qual constitui, como se viu, uma questão prévia ou um *pressuposto procedimental subjectivo*).

Resumindo: na *desistência*, o particular mantém (pode manter) a titularidade da posição substantiva que o levara ao procedimento, enquanto que, no caso de *renúncia*, já a perdeu.

III. Pode haver ainda, como acima se referiu incidentalmente, para além da renúncia expressa ao direito que se faz valer no procedimento, também renúncias tácitas ou expressas relativamente a **posições jurídicas procedimentais** que integrem aquele direito — como, por exemplo, ao direito de audiência, não podendo a Administração paralisar o procedimento se o particular ignorar a notificação que haja recebido para o efeito, renunciando assim tacitamente ao direito procedimental, que tem, de se pronunciar a esse propósito.

Artigo 110.º

IV. A possibilidade dada ao particular de desistir apenas de alguns dos pedidos formulados — mantendo-se o procedimento quanto aos restantes — deve ser lida conjugadamente com o art. 64.º, n.º 2 do Código: é permitido, portanto, desistir de um dos pedidos alternativos que se tivessem apresentado, como é possível desistir de um pedido subsidiário ou do próprio pedido principal (mantendo-se aquele agora como pedido principal).

O que não pode é desistir-se de pedidos que sejam essenciais ou prejudiciais em relação a outros, e subsistirem estes. Nesses casos, a desistência do pedido essencial ou prejudicial arrasta consigo a desistência de todos os outros que por ele estivessem condicionados.

V. O preceito legal, tanto no n.º 1 como no n.º 2, parece reportar-se ao efeito da **desistência, enquanto causa extintiva do procedimento,** como sendo resultante de uma **decisão da Administração** que recebe a declaração do interessado e decide se o procedimento, mesmo assim, segue para decisão — desde que, obviamente, esta decisão não se refira a pretensão formulada pelo desistente e que só pudesse ter a sua vontade, como causa jurídica determinante.

Referindo-se à declaração de desistência do interessado como "requerimento", e conferindo à Administração esse poder, a lei não deixa margem para grandes dúvidas: o procedimento não se extingue por força de simples declaração do interessado nesse sentido, mas sim por efeito de acto jurídico da Administração.

Outra configuração da *fattispecie* do preceito consistiria em considerar que o "requerimento escrito" referido no n.º 1 não é, verdadeiramente, um *requerimento*; com tal declaração nada *se requer* ou se peticiona à Administração, antes se *comunica* uma decisão do próprio particular. Tratar-se-ia de um acto jurídico (unilateral, ainda que receptício) do interessado, que opera *ex legis* — apto, pois, a produzir por si só (e sem estar na dependência de qualquer posterior actuação administrativa) o efeito prescrito na norma.

Cremos, porém, que os preceitos da lei são demasiado expressivos para se poder aderir a esta configuração mais ortodoxa, reconhece-se, de uma verdadeira *desistência*. Aqui, o que se passa é que o particular desiste da sua **pretensão,** que essa pertence-lhe; o **procedimento**, não, que aí vigora o princípio da sua *disponibilidade* (relativa, é óbvio) pela Administração. Desde que foi aberto ou iniciado, ele deixou de ser um "bem" na disposição do particular, como o revela, aliás, o Código por tantas vezes (melhor do que todas, talvez, no art. 56.º).

De resto, mal iria outro regime com o facto de, apesar da desistência, a Administração poder continuar o procedimento.

VI. Uma vez que a desistência só extingue o direito à decisão no procedimento a que se reporta — como o confirma, aliás, o art. 90.º, n.º 2 —, o particular poderá sempre despoletar a abertura de **novos procedimentos**, caso haja desis-

Artigo 111.º

tido de outros anteriores com o mesmo objecto (e fundamentos), não havendo quaisquer limitações (nem meramente temporais, como as do art. 9.º, n.º 2) a que assim faça.

Tal hipótese poderia, talvez, ter sido prevenida pelo legislador nesse preceito do art. 9.º, n.º 2 do Código, atendendo às desvantagens manifestas que a existência de sucessivos procedimentos sobre a mesma pretensão (com instauração, instrução, audição e relatório) teria para o interesse público — até porque o pagamento de eventuais taxas ou emolumentos não constitui compensação adequada ou suficiente para a Administração nem motivo suficiente para refrear sempre o ímpeto ou "furor" procedimental do particular.

art. 110.º, n.º 2

VII. Conferiu-se à Administração o poder de continuar o procedimento, mesmo no caso de desistência (ou renúncia) do interessado quando se trate de procedimentos particulares ou públicos — mas não, claro está, o poder de os continuar em relação à própria pretensão de que se desistiu, quando a hetero-iniciativa constituir pressuposto legal da respectiva existência.

Sobre a questão, ver também as anotações ao art. 56.º.

VIII. A continuação do procedimento aberto pelo interessado que agora desistiu dele (ou renunciou ao respectivo direito) não o dispensa, em princípio, do dever de pagar as **despesas, taxas e emolumentos** exigíveis até ao momento da dispensa ou renúncia.

Artigo 111.º

Deserção

1. Será declarado deserto o procedimento que, por causa imputável ao interessado, esteja parado por mais de seis meses, salvo se houver interesse público na decisão do procedimento.

2. A deserção não extingue o direito que o particular pretendia fazer valer.

> I. *Âmbito de aplicação da deserção, como "causa" extintiva do procedimento.*
> II. *A declaração administrativa constitutiva do efeito extintivo da deserção. Os seus pressupostos positivos.*

Artigo 111.º

III. Os requisitos da deserção e o pressuposto (negativo) da prévia notificação ao interessado da paralisação do procedimento (art. 91.º, n.º 3).

IV. A dispensa do dever de decisão como efeito da situação de deserção: a faculdade de decidir.

V. A (falta de) repercussão da deserção na consistência do direito substantivo subjacente à pretensão formulada.

VI. A sindicabilidade da declaração (administrativa) de deserção procedimental do interessado.

art. 111.º, n.º 1

I. O preceito aplica-se aos mesmos procedimentos a que se aplica a desistência ou renúncia — públicos, particulares e mistos, menos aos oficiosos puros.

II. A "declaração" prevista no n.º 1, diferentemente do que a sua designação possa sugerir, é um acto (de efeito) **constitutivo**, através do qual a Administração ajuíza sobre (a verificação de) uma situação de facto e sobre a sua qualificação jurídica, como paralisação do procedimento por tempo superior a seis meses, por facto imputável ao interessado. Juízo inteiramente sindicável, portanto.

Não há, também aqui, um caso de extinção do procedimento que saia do âmbito de uma "decisão final", em sentido amplo, pelo menos. Não é, na verdade, qualquer silêncio do particular, decorrido o prazo legal, que funciona em jeito de desistência silente, como facto extintivo do procedimento — limitando-se a Administração a declará-lo. É ela que emite uma declaração constitutiva (extintiva) a qual supõe o referido juízo de prévia imputabilidade e que impõe, portanto, a sua fundamentação (nos termos do art. 124.º e segs. do Código).

III. São requisitos legais (positivos) da declaração administrativa de deserção a paralisação do procedimento por um período superior a seis meses, por causa imputável ao interessado. Requisito negativo é o da inexistência de um interesse público na continuação do procedimento.

Impõem-se, contudo, alguns esclarecimentos.

Quanto à questão da **imputabilidade** da paralisação ao interessado, para além do que se escreveu em comentário ao art. 108.º, n.º 4, há também que ter em atenção (pelo menos nos casos que caem na respectiva previsão) o ónus imposto à Administração, no n.º 3 do art. 91.º do Código, de notificar o particular de que o procedimento não seguirá, enquanto não der cumprimento à formalidade para que foi notificado, se se tratar, naturalmente, de um caso desses.

Quanto à paralisação do procedimento por **prazo superior a seis meses,** a respectiva contagem inicia-se após o decurso do prazo que estivesse previsto para a prática da formalidade omitida (dez dias, em regra), devendo atender-se ainda ao disposto no art. 72.º, n.º 2, do Código. É evidente também que a paralisação causada há-de respeitar a uma formalidade indispensável à sequência do procedimento, porque, de outro modo, este prosseguirá, embora da omissão da formalidade possam, naturalmente, derivar outras consequências prejudiciais para o respectivo interessado, como pode ver-se do confronto entre os n.ᵒˢ 3 e 2 do art. 91.º do Código.

No que respeita ao requisito negativo da **inexistência de interesse público** na continuação do procedimento para decisão, é necessário, como já se disse noutras ocasiões (v.g., em anotação ao art. 110.º) que não se trate de pretensão que esteja exclusivamente na dependência da vontade do interessado. Acrescente-se que, no conceito de "interesse público" cabem também os interesses de contra-interessados no procedimento.

IV. Note-se que o procedimento não tem que estar **totalmente parado** durante os seis meses previstos na lei. A Administração não está inibida de, entretanto, prosseguir com outras formalidades do procedimento e, nem está, obviamente, vinculada a proferir declaração de deserção; o que se pretende com a norma é tão só (passados os seis meses de paralisação) dispensá-la do dever de decidir, sem prejuízo, porém, de o poder fazer.

art. 111.º, n.º 2

V. Não se entende bem o **alcance** do n.º 2. O que nele se dispõe não vale por estar estabelecido por lei; vale por imperativos da razão jurídica, do Direito.

Com efeito, não há, *de per se*, nenhuma ligação directa entre a extinção do procedimento por deserção do interessado (ou por outra causa análoga, como a desistência) e o direito material subjacente: a deserção só será factor de cessação de um direito nos casos em que este mesmo tenha nascido com o início ou instauração do procedimento, ou em que se tenham esgotado os prazos de caducidade ou prescrição desse direito.

VI. Ao contrário do que se fez no caso do art. 112.º, não se previu aqui a possibilidade de recurso contencioso da declaração de deserção — o que, no mínimo, podia ser equívoco, se não fosse a irrefragabilidade (constitucional, até) dessa proposição (ver a anotação **II** ao referido art. 112.º).

Artigo 112.º
Impossibilidade ou inutilidade superveniente

1. O procedimento extingue-se quando o órgão competente para a decisão verificar que a finalidade a que ele se destinava ou o objecto da decisão se tornaram impossíveis ou inúteis.

Artigo 112.º

2. A declaração da extinção a que se refere o número anterior é sempre fundamentada, dela cabendo recurso contencioso nos termos gerais.

I. Âmbito de aplicação.
II. Recorribilidade contenciosa da decisão.
III. Imputação das despesas do procedimento.

I. Este artigo é aplicável a todos os tipos de procedimentos, mesmo aos oficiosos puros.

A lei refere-se apenas à inutilidade ou impossibilidade supervenientes, derivadas de actos ou factos verificados no decurso do procedimento. A verdade, porém, é que cabem aqui também aqueles casos em que essa inutilidade ou impossibilidade são originárias, derivam de eventos anteriores ao procedimento, embora só hajam sido detectados já no seu decurso.

Na formulação do preceito não estão claramente incluídas as situações em que a finalidade ou efeito que o acto administrativo (que iria concluir o procedimento) visava produzir haja sido entretanto atingida por outra via. Mas trata-se, obviamente, de casos nele abrangidos, subsumíveis no conceito de inutilidade da decisão.

II. A ressalva do n.º 2 é meramente **informativa**: a obrigatoriedade de fundamentação e a recorribilidade de tal acto já decorrem da sua natureza — como acontece em relação à deserção, para a qual o Código não estabelece expressamente qualquer regra nesse sentido — sendo ele, como é, potencialmente lesivo, não apenas do direito à decisão, mas da própria posição jurídica substantiva subjacente.

Ressalvas como esta, quando não têm o mérito de serem sequer minimamente clarificadoras, não são apenas inócuas: elas têm a desvantagem de pôr em causa a recorribilidade (e a obrigatoriedade de fundamentação) de actos análogos, permitindo que se questionem casos e proposições que, por mexerem com a própria garantia judicial dos arts. 20.º, 21.º e 268.º da Constituição, não deviam sê-lo, como sucede, já se viu, com a figura da declaração de deserção.

III. A decisão sobre a inutilidade ou impossiblidade do procedimento não dispensa o interessado do pagamento das quantias que forem devidas, se a respectiva causa ou razão lhe for imputável.

Artigo 113.º

Artigo 113.º
Falta de pagamento de taxas ou despesas

1. O procedimento extingue-se pela falta de pagamento, no prazo devido, de quaisquer taxas ou despesas de que a lei faça depender a realização dos actos procedimentais, salvo os casos previstos no n.º 2 do artigo 11.º.

2. Os interessados podem obstar à extinção do procedimento se realizarem o pagamento em dobro da quantia em falta nos 10 dias seguintes ao termo do prazo fixado para o seu pagamento.

    I. Sentido da alteração legislativa.
  II. Âmbito de aplicação: procedimentos, taxas e despesas abrangidas.
 III. Notificação procedimental da existência do encargo por satisfazer.
 IV. A falta de pagamento como causa de extinção do procedimento: facto jurídico ou decisão administrativa (não vinculada?).
  V. Execução (fiscal) das quantias em dívida por actos processuais: casos em que o pagamento é um ónus (não um dever) do particular.
 VI. Atraso no pagamento: pagamento em dobro ou extinção do procedimento.

art. 113.º, n.º 1

I. O Decreto-Lei n.º 6/96 limitou-se a substituir o conceito de *"actos processuais"* da versão anterior, pelo de *"actos procedimentais"*.

II. O preceito aplica-se aos **procedimentos particulares** (ou mistos, "na parte" particular) — eventualmente aos procedimentos públicos. E, mesmo aos procedimentos oficiosos, se o particular ali requereu a prática de actos legalmente "taxados" e o procedimento oficioso era de seu interesse pessoal.

Questão é saber se as taxas e despesas cuja falta de pagamento leva à extinção do procedimento são quaisquer umas — incluindo as de natureza meramente burocrática, tipo certidões (que, aliás, em regra, são pagas no momento de entrega ou antes, até) — ou se são só aquelas que constituem um ónus necessário do procedimento ou que envolvem (custos significativos de) despesas que hajam sido feitas pela Administração, por conta do interessado.

A expressão "quaisquer" sugere que a primeira interpretação é a correcta.

III. Dado o princípio da gratuitidade do procedimento (art. 11.º do Código) — que torna quaisquer eventuais custos uma excepção carente de **previsão legal** (como o é, a do art. 88.º, n.º 3 do Código) quanto à possibilidade de cobrança

Artigo 113.º

(embora o respectivo montante possa ser fixado administrativamente) — é pressuposto obrigatório de aplicação deste artigo que o interessado haja sido oportunamente notificado pela Administração, presencialmente ou por notificação, da liquidação feita, quanto a taxas e despesas do procedimento que estejam a seu débito e para cobrança.

Parece, de resto, ser exigível à Administração que essa notificação tenha lugar quando se inicie o prazo previsto no n.º 1 (que é o legal ou administrativamente fixado — aplicando-se o prazo supletivo de 10 dias, quando não exista tal fixação), e não em momento subsequente à constatação de estarem as mesmas ainda para pagamento.

IV. Sintaticamente, parece ser este o único caso em que verdadeiramente existe um facto (não pagamento) extintivo (por si só) do procedimento. Não agrada muito, confessamo-lo, essa configuração: ainda aqui (ou, sobretudo aqui) parece preferível a tese da declaração ou decisão administrativa **extintiva**.

Até porque, de acordo com um *princípio de disponibilidade* (relativa) *do procedimento pela Administração* — que se fez ressaltar já em anotação a artigos anteriores do Código — não nos repugna aceitar que a Administração possa não considerar extinto o procedimento (pela falta de pagamento, pelo menos) naqueles casos em que lhe convier continuá-lo (nos termos do art. 110.º), quanto a outras pretensões que nele se possam efectivar.

V. O não pagamento também tem, evidentemente, repercussões em termos de execução fiscal (ver comentários ao art. 155.º), quando a dívida não constitua um mero ónus relativo ao alvará, licença ou documento (necessários para fruir ou gozar o efeito do acto) — porque, quanto a estes, o que a Administração faz não é mandar cobrar a taxa devida, mas sim recusar a documentação e a execução do acto praticado, em favor do particular, enquanto não se verificar o pagamento.

art. 113.º, n.º 2

VI. A disciplina deste n.º 2 pode, de algum modo, levar a sustentar que os particulares deveriam ser notificados de que, não fazendo o pagamento em dobro das taxas e despesas devidas no prazo de 10 dias contados do termo fixado para o seu pagamento em singelo, o procedimento se extinguirá.

Mas o facto de o prazo para o pagamento em dobro começar a contar do dia seguinte ao do termo do prazo inicial de pagamento afasta essa interpretação.

PARTE IV
Da actividade administrativa

CAPÍTULO I
Do regulamento

PRELIMINARES

> *I. A contenção do Código em matéria de procedimentalização regulamentar: a intermediação legislativa.*
> *II. As vantagens actuais da procedimentalização regulamentar.*

I. A disciplina procedimental da produção regulamentar da Administração tem boas razões de ser ... e de não ser. Desde logo, a produção de todos os outros actos jurídico-públicos dos órgãos do Estado ou das Regiões (incluindo os actos legislativos) está mais ou menos procedimentalizada e não há, por aí, razões para distinguir os regulamentos desses outros actos — até porque também há quem admita que funcionem em relação a eles os princípios do *estado de necessidade* ou *urgência*, que são aqueles que imporiam uma valoração especial ou diferente da exigência de procedimentalização da produção regulamentar, no sentido de aligeirar as exigências da sua formação e emissão.

Com este Capítulo realizam-se, num núcleo tão importante da actividade da Administração — e que constitui o principal dinamizador da ordem jurídica administrativa (e não só) —, alguns valores fundamentais da Constituição (v.g., os dos arts. 48.° e 267.°, n.° 4), bem como certos princípios gerais de aplicação a toda a Administração (como vimos nos arts. 3.° e segs. do Código). Além, obviamente, das vantagens decorrentes de as normas jurídicas regulamentares ganharem assim em eficiência, equilíbrio e adesão, resultando de uma decisão mais e melhor reflectida pela Administração e obtida "concertadamente", com participação dos interessados.

O legislador foi, porém, em relação ao projecto que lhe foi apresentado, bastante prudente: naquilo que a procedimentalização aí tinha de mais constrangedor

Preliminares

deferiu para momento posterior a previsão legislativa dos casos e dos termos em que os "constrangimentos" procedimentais institucionalizados no Código operarão os seus efeitos sobre a produção regulamentar da Administração.

Assim, os mais importantes preceitos deste Capítulo — os dos arts. 117.º e 118.º — ficaram em regime de pendência ou intermediação legislativa. Subsistem com operatividade imediata as disposições dos arts. 115.º, 116.º e 119.º que, como se verá, dão algum vazão à preocupação de participação ou protecção dos interesses dos administrados, mas valorizam do mesmo modo (senão mais) razões de eficiência e equilíbrio da intervenção da Administração na dinamização da ordem jurídica.

A situação não se alterou com a revisão a que o Código foi sujeito pelo Decreto-Lei n.º 6/96, que, nesta matéria, não alterou uma vírgula em relação ao que se dispunha na versão de 1991.

A opção inicial do legislador procedimental parece legítima: passar de um regime totalmente autoritário e praticamente desprocedimentalizado para um regime aberto de audiência de interessados e de apreciação pública obrigatórias é um passo demasiado grande. Trata-se de uma primeira experiência e as vantagens colhidas noutros países que aderiram ao ideal da procedimentalização regulamentar, bem como a funcionalidade aí alcançada, não vão certamente revelar--se, assim, de um ápice, numa sociedade como a nossa, que não tem a vivência destas coisas e onde são, consabidamente, muito intensos o corporativismo dos diversos interesses sociais e a "protecção" noticiosa de que gozam — não falando já na falta de hábito ou de "índole" da nossa Administração.

Podia, aliás, o legislador ter enveredado por só impor a audiência de interessados e a apreciação pública dos projectos regulamentares autónomos no domínio da Administração Local — onde o sistema é mais necessário e tem possibilidades de funcionar melhor — e de o ir estendendo aos poucos a outras Administrações, como se passou em ordenamentos jurídicos próximos do nosso.

Por outro lado, terá que tomar-se em conta a (ainda) curta experiência de constitucionalismo democrático português. Na verdade, só agora (passadas praticamente duas décadas sobre a feitura da actual Constituição) os princípios e directivas constitucionais, quer em matéria de justiça administrativa quer em sede de organização e actividade administrativas, se começam a repercutir nos fundamentos legais do sistema administrativo: a partir daqui, terão que decorrer provavelmente outras duas boas décadas para que esses princípios se enraízem na prática administrativa.

Mais vale, efectivamente, ir dando alguns passos de cada vez, de modo a harmonizar as necessidades de produção regulamentar com o grau de funcionalidade e eficiência, que o seu regime procedimental vá alcançando. Assim, evita-se (no momento em que ela seria mais perigosa para a sobrevivência do sistema) uma tendência natural para a politização e partidarização da actividade regulamentar, que a envolveria na teia dos *lobbies*, dos compromissos e das paixões reivindicati-

Artigo 114.º

vas, com prejuízo, afinal, quer da sua eficiência quer do grau da respectiva adesão na fase de execução.

Decorridos 5 anos, o silêncio do legislador do Decreto-Lei n.º 6/96 nesta matéria já parece um pouco mais estranho, por não se ter dado , como já se referiu, nenhum passo em frente, face ao regime instituído em 1991. De qualquer modo, a lição do Código vem sendo aproveitada esparsamente, em diferentes matérias regulamentares, onde se vão estabelecendo regimes de audiência e participação de interessados validantes da emissão dos respectivos regulamentos, como aconteceu, nomeadamente, com a Lei n.º 83/95, de 31.VIII. (na parte que diz respeito aos planos urbanísticos), com a Lei n.º 23/96, de 26.VII. (relativo, no que agora nos interessa, à participação das organizações representativas dos utentes de serviços públicos essenciais, quanto à criação de normas genéricas respeitantes ao enquadramento jurídico de tais serviços), com a Lei n.º 24/96, de 31.VII. (que estabelece formas de participação, pessoal e representativa na definição regulamentar dos direitos e interesses dos consumidores), etc.. Ver, a este propósito, os comentários ao art. 117.º.

II. Por isso, as inovações efectivas do Código nesta matéria não são, em termos procedimentais, da monta que aparentam, valendo até, se calhar, mais pela processualização documental do procedimento, do que por qualquer outra coisa.

Mas "só" isso já não é pouco: com a existência dum processo documental organizado sobre a sequência procedimental deram-se importantíssimos passos não apenas em matéria de certeza hermenêutica, mas, sobretudo, de fiscalização contenciosa da legalidade (de imparcialidade, de proporcionalidade) das normas regulamentares, por ficarem as suas insuficiências e deficiências muito mais patentes, e os tribunais se poderem abalançar em questões sobre a sua conformidade jurídica, que até agora nem se punham, pela quase total irrelevância jurídica do processo de formação da vontade regulamentar.

Artigo 114.º

Âmbito de aplicação

As disposições do presente capítulo aplicam-se a todos os regulamentos da Administração Pública.

> *I. A aplicação de outros capítulos do CPA ao procedimento regulamentar.*
> *II. O conceito (amplo) de "Administração Pública" regulamentar.*
> *III. Amplitude da previsão legal: as diversas classes de regulamentos externos (especialidades).*

Artigo 114.º

    IV. Regulamentos externos (gerais ou especiais) e regulamentos internos, stricto sensu.
    V. Actos gerais (e concretos) e procedimento regulamentar: dúvidas.

I. Não são apenas as **disposições deste capítulo** que se aplicam à actividade regulamentar da Administração Pública. Estas são disposições específicas dela, mas há, no Código, muitos outros capítulos ou normas que se lhe aplicam, sejam, por exemplo, as relativas à formação da vontade colegial e à competência e eventualmente, também, as respeitantes a impedimentos e suspeições.

II. Reportar o conceito de *"Administração Pública"* deste preceito à noção do art. 2.º do Código parece-nos inconveniente, por deixar fora do seu âmbito, à primeira vista, as normas de cariz regulamentar emanadas, por exemplo, de concessionárias (art. 2.º, n.º 3), de instituições particulares de interesse público (art. 2.º, n.º 4), ou outros casos de *exercício privado de funções públicas*, quando a verdade é que existem iguais (ou maiores) razões para lhes aplicar as normas aqui fixadas — embora já não as aplicássemos aos regulamentos em matéria administrativa "doméstica" de outros Poderes do Estado (ver nota **II** ao art. 2.º).

Não se vê, é um facto, por que razão não estariam essas entidades obrigadas a receber as petições regulamentares de interessados, a acompanhar os respectivos projectos de uma nota justificativa e a dizer o que fica revogado pelos regulamentos novos que criarem — facilitando muito, desse modo, a sua interpretação e aplicação.

E, literariamente, a interpretação mais extensa do conceito *"Administração Pública"*, nesta parte, até tem correspondência no modo diferente como ele aparece utilizado nos dois Capítulos: na Parte I do Código, referindo-se explicitamente a uma sua concepção orgânica, aqui, deixando cair a referência a *"órgãos"*.

Ficamos, pois, a aguardar o veredicto da *opinio communis* e, particularmente, dos tribunais, com a impressão que o preceito comporta (literária e sistematicamente) essa extensão, a qual, tendo em vista os dados da situação e os interesses envolvidos, parece também mais útil e equilibrada.

III. Abrangem-se na disposição deste art. 114.º todas as espécies regulamentares admitidas no nosso ordenamento jurídico: desde os regulamentos de *mera execução* da lei até aos *regulamentos autónomos* (e *independentes*, no conceito do art. 115.º, n.º 6 e 7, da Constituição), bem como os regulamentos do Poder Central ou Local, e os dos restantes entes públicos ou privados, que disponham de uma competência administrativa regulamentar.

A todos se aplicam as disposições deste Capítulo, as já eficazes e as que vierem a sê-lo, salvo se a lei de cuja intermediação o Código em parte carece, viesse prever ou estabelecer — como seria preferível, para nós — distinções entre eles, com particulares exigências em matéria de regulamentos autónomos (do Poder Local) e "independentes" (do Poder Central).

Artigo 114.º

Não há, portanto, em princípio, que estabelecer diferenças (salvo no que adiante se refere) entre as várias classes de regulamentos externos, sobre cuja denominação, natureza e espécie se pode ver, com grande vantagem, a lição de AFONSO QUEIRÓ, em "A Teoria dos Regulamentos", R.D.E.S., 1980.

Subsistem ainda, entre nós, algumas dúvidas quanto a esses conceitos e noções, nomeadamente em relação aos regulamentos autónomos e independentes. Consideramos incluídos nos *regulamentos autónomos* todos aqueles que são emanados por entidades que gozam de autonomia normativa (como, desde logo, as autarquias, as universidades e as associações públicas) para regular, sem prejuízo da preferência de lei, aquilo que for das suas atribuições "próprias" — indo aí envolvidas, claro, as diferenças naturalmente existentes entre autonomias constitucionais ou (só) legalmente garantidas.

Quanto às associações públicas, é claro que a sua "autonomia" é restrita às questões técnicas e do respectivo foro deontológico específico, não podendo aí falar-se propriamente de autonomia regulamentar, mas apenas de regulamentos independentes (no sentido a seguir referido).

Quanto ao conceito de *regulamentos independentes*, tomamo-lo no sentido do art. 115.º, n.º 6 e n.º 7, da Constituição, como aqueles que são emanados por autoridade administrativa ao abrigo de uma norma legal que lhe defere a competência para dispor sobre determinada matéria — e não apenas para regulamentar o que a lei dispuser sobre ela, como seria próprio, digamos assim, da norma regulamentar.

É evidente, por outro lado, que a extensibilidade do regime do Código a todos os regulamentos (com efeitos jurídicos externos) não pode deixar de tomar em conta a especificidade, para este efeito, dos regulamentos de (pura) execução da lei, em sentido estrito, de mera concretização do seu comando. Assinale-se, a propósito, que há regulamentos aos quais (tudo) o que se pede é um número — a fixação dum coeficiente, por exemplo, de margens de comercialização, de rendas, etc — e não obstante não deixam de valer para eles as exigências (os interesses) da procedimentalização regulamentar.

Interesse tem, por isso, a consideração da categoria dos chamados *actos indirectamente normativos,* actos da Administração que preenchem, quantificam ou definem elementos indeterminados ou em branco de normas anteriores — por exemplo, o coeficiente de aumento de uma taxa regulamentar — e que devem, parece-nos, valer como actos regulamentares para todos os efeitos, por não terem, em sentido estrito, uma função *concretizadora* de preceitos jurídicos, mas de os tornar aplicáveis ou susceptíveis de aplicação.

Duvidoso é que devam também reconduzir-se a esta categoria, e para estes efeitos, os ***programas informáticos***, que pré-determinam de forma geral e abstracta os critérios que irão servir de base à produção, por computador, de actos concretos e individuais, os designados actos administrativos informáticos (sobre a noção, ver nota **XII** ao artigo 120.º).

Artigo 114.º

IV. São **(todos)** os regulamentos com **eficácia jurídica externa** ou também aquilo que se denomina de **regulamentos internos**, que são objecto da disciplina deste Capítulo do Código do Procedimento Administrativo?

Em princípio, só os primeiros. Incluindo neles, como é por demais evidente, os regulamentos tirados no âmbito das *relações especiais de poder* (os respeitantes, por exemplo, à utilização de um espaço dominial pelas diversas entidades nele licenciadas, à relação Universidade-estudantes, à relação de emprego ou laboral entre a Administração e seus servidores e por aí fora. Ver comentário **XVIII** ao art. 120.º).

Os regulamentos respeitantes às relações gerais de poder (administrativo) — com eficácia na ordem jurídica geral e não apenas na de um círculo de interessados ou relações especiais —, esses constituem o primeiro objecto deste Capítulo I da Parte IV do Código.

Quando excluímos deste âmbito os regulamentos internos, reportamo-nos, pois, apenas àqueles que são questão estritamente "doméstica" da Administração, que respeitam à maneira de executar a respectiva "lide" — v.g., os relativos à utilização dos computadores disponíveis por funcionários de diferentes serviços — e que não bolem com a esfera de direitos e deveres próprios de alguém que esteja (ou pretenda estar) em relação jurídica, geral ou especial, com a Administração.

Em relação aos regulamentos internos assim considerados, não se vê razão para lhes aplicar as disposições deste capítulo.

Aceitamos, mesmo assim, a lição de Rogério Soares nesta matéria, quando defende a natureza jurídica destas normas internas considerando, portanto, ultrapassada a distinção entre *regulamentos jurídicos,* que produzem efeitos nas relações entre a Administração e os cidadãos em geral, e *regulamentos administrativos,* que incorporariam disposições referentes ao interior da Administração, logo, juridicamente irrelevantes. A consequência da quebra de sinonímia entre juridicidade e sindicabilidade obriga a que a distinção a fazer seja entre regulamentos internos e externos, assinalando-se, em qualquer caso, a respectiva juridicidade, ainda que só os segundos, por introduzirem normas no ordenamento jurídico externo (geral ou especial), possam ser objecto de um controlo directo de legalidade.

Também não está afastada a hipótese de se falar de um relevo indirecto na ordem externa dos regulamentos internos, ao *"denunciarem sintomas de ilegalidade ou de violação do princípio da igualdade de tratamento"*, como refere Vieira de Andrade (O ordenamento jurídico administrativo português, *in* Contencioso Administrativo, autores vários, 1986, pág. 61).

O facto de estes regulamentos não estarem sujeitos às regras procedimentais do Código em matéria de produção regulamentar não significa, porém, que não se lhes apliquem, no que for pertinente, os princípios gerais da actividade administrativa (arts. 3.º a 12.º), muito embora isso não se reflicta na proibição da sua sindicabilidade judicial.

Artigo 114.º

V. Quanto aos contornos da figura dos regulamentos, que se deve tomar em conta para este efeito, perguntamo-nos se terá alguma influência aqui o facto de o legislador ter retirado do conceito de acto administrativo do art. 120.º todos os comandos da Administração com destinatário não individualizado (e identificado), parecendo, portanto, que os **actos gerais** — mesmo concretos e imediatamente operativos — iriam cair necessariamente sob a alçada deste capítulo do Código e obedecer só às respectivas formalidades (não às dos procedimentos administrativos disciplinados nos arts. 54.º e seguintes do Código). A questão é demasiado importante para poder ser deixada em claro.

A sua dificuldade resulta de o nosso legislador não ter querido (ainda) aproveitar a experiência da legislação alemã nestes domínios, onde os *procedimentos de massas*, conducentes à prática de actos administrativos (de *massas*), são objecto de regulamentação especial dentro dos quadros do procedimento comum dos actos administrativos, como poderia fazer-se para os actos gerais.

Não recorrendo a qualquer *distinguo* desses, o Código, para resolver um determinado problema — o de prevenir os destinatários dos actos gerais (actos concretos relativos a uma generalidade de pessoas) contra a rejeição do recurso contencioso interposto fora do prazo legal de recurso dos actos administrativos (2 meses) —, veio criar um outro que não sabemos se não resultará mais desvantajoso, sujeitando esses actos ao débil regime procedimental de produção regulamentar e retirando-os do âmbito dos procedimentos mais garantísticos e mais participados de formação dos actos administrativos e da possibilidade de suspensão judicial da sua eficácia (que deveria ser admitida, pelo menos quando se tratar, neste último caso, de actos gerais ou de regulamentos imediatamente operativos).

Essa solução — a ser essa, como se tem sustentado, a solução do Código — pode acarretar, na verdade, nestes aspectos, algumas consequências desastrosas, que também repugna aceitar na totalidade.

Por nós, portanto, o que estaríamos em subscrever é que, nestes domínios, a qualificação da decisão administrativa (concreta e imediatamente operativa), embora de destinatário não individual(izado), geral, deveria, mesmo nesta óptica do Código, ser concebida, para efeitos de sujeição ao regime procedimental, como um acto administrativo — mesmo se isso implicaria algumas adaptações na respectiva disciplina legal (em matéria, por exemplo, de legitimidade, de notificações, de audiências, e, até, de fundamentação) — enquanto que, contenciosamente (pelo menos, em termos de prazo de impugnação, que era o que se queria proteger), elas já se equipararism aos regulamentos.

Reforçaremos a análise da questão a propósito do art. 120.º (nota **XXII**), para onde se remete.

Artigo 115.º

Artigo 115.º
Petições

1. Os interessados podem apresentar aos órgãos competentes petições em que solicitem a elaboração, modificação ou revogação de regulamentos, as quais devem ser fundamentadas, sem o que a Administração não tomará conhecimento delas.

2. O órgão com competência regulamentar informará os interessados do destino dado às petições formuladas ao abrigo do n.º 1, bem como dos fundamentos da posição que tomar em relação a elas.

    I. Fase pré-procedimental nos procedimentos regulamentares.

    II. O reforço legislativo do direito constitucional de petição regulamentar.

    III. A questão da legitimidade na petição regulamentar; confronto com a legitimidade constitucional de petição e com a legitimidade para o procedimento do acto administrativo.

    IV. Aplicação à petição regulamentar de disposições da Parte III do Código: a oficiosidade do procedimento.

    V. A fundamentação da petição regulamentar: distinção da "nota justificativa" de um regulamento.

    VI. Consequências da falta de fundamentos da petição regulamentar.

    VII. O destino (insindicável) da petição regulamentar.

    VIII. O dever de informar os interessados sobre o destino da petição regulamentar.

    IX. O dever de comunicar os fundamentos (livres) da posição tomada sobre a petição regulamentar.

    X. Falta de apreciação ou decisão sobre a petição regulamentar: consequências.

art. 115.º, n.º 1

I. Como vimos acontecer em geral (art. 54.º, nota **IV**), também podemos encontrar aqui, nos procedimentos regulamentares, momentos e actos preparatórios ou instrumentais do acto de sua abertura. Parecer ser esse o caso das petições regulamentares, a que se refere este artigo, uma vez que, em rigor, o procedimento regulamentar deve considerar-se de abertura oficiosa (ver notas **IV** e **X**).

Note-se que todos os restantes preceitos deste Capítulo se referem quer aos regulamentos que são apenas de iniciativa da Administração regulamentar quer aos que brotam dela, após petição dos interessados.

Artigo 115.º

II. O preceito constitui a consagração do direito constitucional de petição em matéria de regulamentos, que já estava reconhecido a título geral no art. 52.º da Constituição e na Lei n.º 43/90, de 10 de Agosto (sem que isso signifique que seja redundante a sua previsão também nesta matéria) e traduz uma manifestação do princípio da participação consagrado no art. 8.º do Código.

Desde logo, há, formalmente, uma diferença significativa, derivada do seu reconhecimento pelo Código: aqui, a petição dá origem a um procedimento (rudimentar, é certo), enquanto o direito geral de petição (ver comentário I ao art. 54.º) não.

III. Uma outra diferença importante, entre o regime dos dois direitos de petição, reside no facto de aqui se tratar de um direito de petição procedimental e, portanto, restrito aos "interessados", como se afirma neste n.º 1 e se segue no n.º 2, bem como no n.º 1 do art. 117.º. Só a formalidade da "apreciação pública" do projecto dos regulamentos, prevista no art. 118.º, é tendencialmente de âmbito universal.

A extensão do conceito de "interessados" tem uma projecção ligeiramente diferente daquela que assumia no art. 53.º do Código, pois que os entes colectivos representativos dos interesses afectáveis de uma colectividade de indivíduos têm uma posição procedimental tão plena quanto qualquer interessado individual, em matéria de iniciativa e em matéria de audiência no procedimento regulamentar — mais até, neste caso, do que os indivíduos afectados, como se vê do art. 117.º.

Por outro lado, os entes colectivos representantes de interesses difusos dos cidadãos — todos eles e não apenas ao nível autárquico ou territorial — têm, nos casos de apreciação pública, plena legitimidade para intervir no procedimento.

IV. Recomenda-se a aplicação à petição regulamentar de algumas regras e princípios fixados na Parte III do Código.

Dir-se-à, por exemplo, que a petição regulamentar deve ser objecto de recibo ou de registo de entrada e também não repugna, de todo, aplicar aqui os regimes dos arts. 80.º e 81.º do Código, em detrimento daqueles que regulam o direito de petição em geral.

Por outro lado, se a petição regulamentar tiver sido dirigida a autoridade incompetente, aplicar-se-ão aqui as regras do art. 34.º do Código — sem que o órgão requerido possa sequer pronunciar-se para efeitos do n.º 1 deste art. 115.º.

Põe-se também o problema de saber da aplicação, aqui, do disposto, por exemplo, nos arts. 75.º a 79.º.

Assinale-se, porém, que, embora a petição regulamentar corresponda a um direito do particular, a decisão de abertura do respectivo procedimento é sempre da Administração: estamos, portanto, perante um procedimento oficioso. A iniciativa dos interessados corresponde apenas a um pedido à Administração, para que se interesse por determinado regulamento, não mais do que isso.

Artigo 115.º

V. As petições regulamentares — como quaisquer outras, de resto — *"devem ser fundamentadas, sem o que a Administração não tomará conhecimento delas"*, diz-se no n.º 1 deste art. 115.º.

Em que deve consistir essa fundamentação não o diz a lei, permitindo assim a dúvida sobre se se trata da fundamentação exigida como suporte dum juízo sério e de bom senso ou de algo técnico-juridicamente mais exigente. A opção mais correcta parece-nos esta, devendo indicar-se na fundamentação da petição regulamentar, não só a lei que se pretende ver regulamentada, como também a necessidade ou as vantagens das normas a elaborar (ou dos projectos a realizar), em termos de execução da respectiva lei ou do desempenho das atribuições administrativas em causa.

Não nos parece, contudo, que se deva exigir aos interessados a apresentação de um projecto de regulamento ou de uma nota justificativa semelhante àquela a que se refere o art. 116.º (embora se lhe possa impôr esta, se apresentar aquele).

Claro que, para além disso, a extensão da fundamentação da petição regulamentar há-de ser estabelecida em função do objecto do regulamento: tratando-se, por exemplo, de modificação de uma norma anterior, há-de confrontar-se o regime proposto com o regime a modificar e, em caso de revogação, os males que se esvanecerão com a extinção do regime vigente.

Sendo, portanto, mais do que um simples raciocínio lógico, a fundamentação em causa não é ainda a nota justificativa de um projecto regulamentar. O que se pretende é que o particular, com a sua petição, convença a Administração de que há boas razões (do ponto de vista jurídico e/ou social) para avançar com um estudo mais aprofundado da utilidade de uma intervenção normativa, e não propriamente que seja o peticionante a proporcionar-lhe esse estudo (embora, se o houver, tanto melhor).

VI. A falta de fundamentação da petição regulamentar dá lugar ao seu desatendimento liminar — se a Administração não encontrar, mesmo assim, razões que a levem a ponderar se é de aprofundar a "pretensão" regulamentar dos interessados, porque, então, não tem necessariamente de deixar de tomar conhecimento delas (como, aliás, a lei lhe possibilita fazer).

Havendo lugar ao referido desatendimento liminar, pergunta-se se a Administração fica dispensada do dever a que se refere o n.º 2 deste preceito, de informar os interessados dos fundamentos da posição tomada, parecendo que a resposta deve ser negativa, não se vendo por que razão não há-de a Administração cumprir, mesmo nos casos de falta absoluta de fundamentação, essa formalidade mínima e tão simples de informar o interessado tão só de que não tomou conhecimento da sua petição, precisamente por isso.

art. 115.º, n.º 2

VII. O destino dado à petição consistirá ou no seu indeferimento liminar, no seu arquivamento (por não se entender legal ou conveniente o regulamento que é

Artigo 115.º

objecto da petição) ou na abertura oficiosa do procedimento regulamentar, para apresentação do respectivo projecto e nota justificativa.

Note-se que a Administração é "senhora" praticamente absoluta do destino dos regulamentos — salvo os controlos tutelares e semelhantes, que haja no seu seio. Não há meios jurisdicionais para tornar efectiva uma pretensão jurídica ao regulamento (quanto mais com certo conteúdo) — nem sequer os há no caso da omissão regulamentar inconstitucional (sobre a questão ver GOMES CANOTILHO e VITAL MOREIRA, ob. cit., pág. 897) — a não ser, eventualmente, no caso dos regulamentos de concessionários (se exigidos pela lei ou pelo respectivo contrato) e demais casos de exercício privado de funções públicas, por força do processo de intimação dos arts. 86.º e segs. da Lei de Processo.

Para além disso, a única hipótese concebível (nos quadros do nosso actual contencioso administrativo) de uma protecção jurisdicional do direito de petição regulamentar seria o da acção para o reconhecimento de um direito à comunicação, pela Administração, da posição que tomou quanto à petição dos interessados e dos fundamentos em que se baseou para tal (ver, contudo, nota **IX**).

VIII. O dever de informar os interessados sobre o destino dado às suas petições é de cumprimento oficioso, não cabendo ao interessado o ónus de o solicitar.

Uma vez que a lei não sujeitou a prestação desta informação a qualquer regime procedimental, pergunta-se se lhe serão aplicáveis algumas das regras vigentes em matéria de notificação, pelos menos as respeitantes a prazos e meios de dar conhecimento.

A resposta deve, ao que parece, ser negativa: o prazo geral de oito dias das notificações não vale com certeza aqui (por não se tomarem em conta neste procedimento as preocupações garantísticas inerentes ao regime dos arts. 66.º e 69.º do Código), valendo, antes, o prazo-regra de 10 dias do art. 71.º.

Já quanto à forma a usar para dar essa informação, deve admitir-se a possibilidade de usar meios de comunicação social ou até jornais oficiais, em casos como os referidos no art. 70.º do Código.

IX. O órgão competente deve informar os interessados, também, dos fundamentos da posição que tomar em relação às suas petições regulamentares, admitindo-se, claro está, que ele se sustente em juízos de pura oportunidade administrativa, quase se diria, de puro arbítrio administrativo, dada a insindicabilidade jurídica das opções da Administração nesta matéria.

A falta absoluta de fundamentação sobre a posição tomada nem tem qualquer relevo em sede de legalidade — pode tê-la é como irregularidade sancionável em sede disciplinar, tutelar ou política (inclusive com perda de mandato) — nem, em princípio, constituirá causa de pedir de qualquer meio processual para o reconhecimento de um direito (à referida fundamentação), salvo, eventualmente, no caso previsto no comentário **VII**, de regulamentos provenientes de entidades privadas

Artigo 116.º

de interesse (ou regime) público, através do meio da intimação judicial (arts. 86.º e segs. da Lei de Processo).

X. A falta de apreciação da petição ou a falta do seu encaminhamento (ou ainda a falta de informação sobre a apreciação feita ou o encaminhamento dado), não correspondem à falta de decisão de um procedimento, nem há aqui deferimento ou indeferimento tácitos, do mesmo modo que a petição regulamentar não é um requerimento no sentido do art. 54.º e do art. 74.º do Código.

O que significa, repete-se, que a abertura do procedimento regulamentar é sempre de natureza oficiosa, mesmo que se trate de decisão tomada na sequência de petição dos interessados nesse sentido, não havendo, naturalmente, qualquer ligação da Administração procedimental ao conteúdo ou aos fundamentos de tal petição — muito menos ainda do que sucede com o estabelecido no art. 56.º do Código.

Artigo 116.º

Projecto de regulamento

Todo o projecto de regulamento é acompanhado de uma nota justificativa fundamentada.

    I. Início da sequência do procedimento regulamentar: a fase de estudo.
    II. A tarefa de preparação do projecto e da nota justificativa do regulamento e a competência para os assumir como suportes do procedimento subsequente.
    III. O projecto do regulamento: fixação do conteúdo proposto.
    IV. A nota justificativa: a diversa extensão da sua fundamentação (jurídica e administrativa).
    V. Consequências da falta de projecto e da nota justificativa.
    VI. O relevo da avaliação feita na nota justificativa: o erro nos seus fundamentos de facto e de direito.

I. Aberto oficiosamente (art. 115.º, **I**, **IV** e **X**) o procedimento com vista à emissão de uma norma regulamentar, segue-se a fase do seu estudo para elaboração de um projecto de regulamento e da respectiva nota justificativa.

Mas, admite-se, é claro, que se decida em qualquer momento desse estudo prévio da situação (e em função dos dados que se forem obtendo) que o procedimento se extinga aí mesmo.

II. O estudo das questões suscitadas, a redacção de um projecto e da respectiva nota justificativa são tarefas procedimentais dos órgãos ou entidades a quem a

Artigo 116.º

Administração com competência regulamentar cometer o seu desempenho: mas a assunção de um projecto e nota justificativa, como suporte ou objecto da sequência procedimental, é da exclusiva competência do órgão com poderes normativos na matéria.

III. A existência de um projecto — contendo o articulado formal ou informal de um regulamento — é um requisito nuclear do procedimento regulamentar em que haja lugar à audiência de interessados ou a apreciação pública (arts. 117.º e 118.º).

É claro que pode, até, a Administração não ter a certeza sobre a solução correcta para cada aspecto da questão regulada. Mas não pode limitar-se a enunciar o seu propósito regulamentar e os fundamentos das dúvidas que tenha sobre a opção a tomar, quanto a este ou aquele aspecto da questão, propondo-se auscultar os interessados, para se esclarecer sobre a melhor opção: exige-se-lhe que, mesmo assim, formule o projecto de preceito normativo que tiver por mais vantajoso — ou menos inconveniente.

Nos procedimentos regulamentares em que não haja lugar a audiências e apreciações exteriores à própria Administração regulamentar, a formalidade da elaboração de um projecto tem uma função de mera ordenação e sistematização.

IV. A **nota justificativa** do projecto de regulamento divide-se na sua fundamentação jurídica (por referência às normas de competências e/ou às normas exequendas) e administrativa (por referência às vantagens e inconvenientes de ordem económica, técnica, cultural ou social que a disciplina regulamentar proposta acarreta para os interesses a realizar nesse domínio e para os outros que por ela são atingidos, favorável ou desfavoravelmente).

É evidente que, neste aspecto, há muitas diferenças de grau entre a nota justificativa de um regulamento de mera execução da lei e a daquele que tem na norma legal apenas a respectiva habilitação regulamentar: o primeiro quase não precisa de justificação, enquanto o segundo envolverá provavelmente estudos técnicos ou económicos desenvolvidos.

E parece conveniente que se faça também uma distinção entre as notas justificativas dos projectos que se destinam a ser apreciados no âmbito de entidades institucionais ou representativas dos interesses sectoriais envolvidos e aquelas que vão ser submetidas à apreciação (inorgânica) do público: nada obsta, aliás, que se componham para o mesmo projecto notas justificativas diversas (desde que harmónicas), consoante os planos em que a audiência e a apreciação pública se vão desenrolar.

A previsão legal de que a nota justificativa seja fundamentada parece redundante: a não ser que se trate de dizer que, para além da sua justificação na generalidade, ela há-de conter também uma fundamentação (na especialidade) quanto às medidas projectadas ou ao seu impacto positivo.

Artigo 116.º

V. Quanto ao **projecto de regulamento**, trata-se de uma formalidade essencial do respectivo procedimento: e, portanto, mesmo havendo uma nota explicativa (e justificativa) do que se quer fazer no regulamento, a falta desse projecto — nos casos de audiência e apreciação pública legalmente obrigatórias — implicará, inevitavelmente, a invalidade do respectivo regulamento.

A falta ou insuficiência manifesta da nota justificativa deve ter — quando se trate também de procedimentos com audiência de interessados e apreciação pública —, consequências directas em matéria de legalidade do regulamento, tal como acontece com a exigência da existência de um projecto.

Mesmo se a função procedimental dessa formalidade não se assemelha à da fundamentação de um acto administrativo, e se poderia destinar mais a servir de suporte para a interpretação das normas regulamentares — como sugerem os AA. do *Projecto* (ob. cit., pág. 181), apesar de, neste domínio, o valor hermenêutico dos trabalhos preparatórios não poder ser muito exaltado —, entendemos que, nessas circunstâncias, não se podem considerar cumpridas as formalidades essenciais da audiência e apreciação pública e os interesses que se quiseram ou quiserem alcançar com a sua exigência legal, pelo que a omissão (ou cumprimento ilegal dela) deve gerar invalidade.

O sacrifício deste interesse normativo, público e geral, da justificação e clarificação do exercício do poder regulamentar, a acrescer àquele outro interesse, singular ou corporativo (sectorial), de os interessados serem ouvidos a propósito da emissão do regulamento, leva-nos a considerar que, pelo menos nos casos em que haja lugar às formalidades da audiência e da apreciação pública, o regulamento apresentado sem (projecto ou) nota justificativa é de considerar inválido. Senão, para que serviria todo este Capítulo do Código? Como umas instruções ou um manual de "escuteirismo" regulamentar?

Além da força directamente invalidante, em certos casos (pelo menos) de falta de cumprimento das formalidades de apresentação do projecto e da nota justificativa, por violação dos direitos de audiência e de apreciação pública — que são derivação de direitos fundamentais dos cidadãos —, há também que assacar a esse incumprimento a consequência de ficar a faltar um processo documental que pudesse auxiliar a interpretação, a integração e a aplicação das normas regulamentares que vierem a produzir-se.

VI. Note-se que a exigência do projecto e (*maxime*) da nota justificativa do regulamento a produzir não significa que a *opção* e a *valoração* normativa que a Administração faça da situação subjacente (quanto às vantagens e inconvenientes do novo regulamento), seja sindicável; que não o é.

Mas isso também não quer dizer que os regulamentos que assentam em pressupostos de facto ou de direito erróneos — embora só os segundos sejam total-

Artigo 117.º

mente sindicáveis, porque necessariamente vertidos no próprio regulamento (art. 115.º, n.º 7 da CRP) — estejam sujeitos ao mesmo regime de insindicabilidade (o que é mais um factor de relevo jurídico, procedimental e contencioso, da referida nota justificativa).

Artigo 117.º

Audiência dos interessados

1. Tratando-se de regulamento que imponha deveres, sujeições ou encargos, e quando a isso se não oponham razões de interesse público, as quais serão sempre fundamentadas, o órgão com competência regulamentar deve ouvir, em regra, sobre o respectivo projecto, nos termos definidos em legislação própria, as entidades representativas dos interesses afectados, caso existam.

2. No preâmbulo do regulamento far-se-á menção das entidades ouvidas.

   I. A sujeição do dever de dar audiência a uma lei-quadro: sua consagração em legislação especial.

   II. Regulamentos abrangidos pelo princípio da audiência: extensão e restrição do conceito delimitador da lei.

   III. A competência para dar audiência e a direcção da instrução do procedimento regulamentar.

   IV. A dispensa administrativa (escrita e fundamentada) da audiência: sindicabilidade do regulamento produzido com dispensa ilegal de audiência.

   V. Exigência-regra da audiência em procedimento regulamentar: significado.

   VI. A exigência da audiência regulamentar em procedimentos de elaboração de planos urbanísticos: importância e dificuldades.

   VII. O regime da audiência regulamentar: o alcance da remissão do Código. O convite (pessoal ou público) para a audiência.

   VIII. A legitimidade "representativa" (e do peticionante).

   IX. Casos de representatividade concêntrica.

   X. Consequências da falta (absoluta ou relativa) de audiência.

   XI. A referência regulamentar às entidades ouvidas: consequências da sua falta.

   XII. A inexigência da fundamentação preambular do regulamento: seus sucedâneos procedimentais.

Artigo 117.º

art. 117.º, n.º 1

I. Resulta deste preceito que a aplicação do **princípio da audiência** em matéria de procedimento regulamentar ficou dependente da publicação de legislação própria, embora já haja, hoje, casos de regulamentos que carecem legalmente dessa formalidade, devendo atender-se, pelo menos enquanto não vem aquela legislação geral, ao que a propósito aí se dispõe, se a Administração *motu proprio* quiser sujeitar-se a essas formalidades.

São exemplo de leis dessas, que exigem já a audiência (ou consulta pública) de interessados como formalidade prévia (e invalidante) da sua emissão, a Lei n.º 83/95, de 31.VIII. (na parte que diz respeito aos planos urbanísticos) — a que nos referiremos, em especial, na nota **VI** —, a Lei n.º 23/96, de 26.VII. (relativo, no que agora nos interessa, à participação das organizações representativas dos utentes de serviços públicos essenciais, quanto à criação de normas genéricas respeitantes ao enquadramento jurídico de tais serviços) e a Lei n.º 24/96, de 31.VII. (que estabelece formas de participação, pessoal e representativa, na definição regulamentar dos direitos e interesses dos consumidores), etc.

O art. 117.º já fornece, contudo, algumas indicações sobre o âmbito e os quadros e princípios, que deverão prevalecer no futuro diploma e é sobre isso que versam os comentários subsequentes.

II. O preceito refere-se apenas aos regulamentos impositivos *"de deveres, sujeições ou encargos"*: é bom, porém, que não se entendam tais conceitos como limitativos da aplicação do princípio da audiência, que se estende, claro, a todos os actos regulamentares que afectam direitos ou interesses legalmente protegidos. É provável que aquele conceito de regulamentos impositivos de *"deveres, encargos ou sujeições"* abranja todas as situações que cabem no âmbito geral desse princípio da audição de titulares de direitos e interesses afectados. Aliás, a parte final do n.º 1 também nos permitiria saltar hermeneuticamente para essa extensão da exigência de audiência.

A imposição de deveres, sujeições ou encargos num regulamento pode ser (ou não ser) uma simples decorrência da lei. Se for, duvida-se que haja lugar aqui à aplicação do princípio da audiência dos interessados: não é ao nível regulamentar que se faz essa opção e, portanto, não tem que se ouvir sobre ela os interessados.

No caso de a referida imposição ser obra própria do poder regulamentar — admitindo-se, como se admite, que tal imposição *praeter legem* é legítima, desde que seja necessária e adequada à realização ou execução do comando legal exequendo ou que se trate de regulamento autónomo (nos limites da respectiva competência e autonomia) — é que haverá, pois, lugar a audiência de interessados.

III. No procedimento regulamentar — e ao contrário do que sucede no procedimento comum do Código —, a audiência é dada e apreciada, não pelo órgão

Artigo 117.º

instrutor, mas pelo **órgão com competência decisória**. É o que sugere o preceito, ao menos nominalmente.

Não parece que o legislador do Código tenha querido com isto carregar o órgão com competência regulamentar com as tarefas da instrução do procedimento: o que se entendeu, provavelmente, é que, aqui, ele é sempre quem dirige e se responsabiliza pela instrução.

Na prática, porém, o mais provável é que ao órgão com competência regulamentar chegue, para apreciação e decisão, só o relatório de um órgão instrutor, sobre os estudos feitos e as alegações apresentadas a propósito do projecto de regulamento.

IV. O dever de dar audiência é **dispensável**, pelo menos no regime do Código, por decisão do órgão com competência regulamentar, se a ela se opuserem (na sua consideração fundamentada) razões de interesse público. Pode tratar-se, por exemplo, de matéria que deva ser confidencial (sob pena de se perder o seu efeito útil) ou de um caso de urgência.

A dispensa do dever de dar audiência, que assumirá obviamente a forma escrita, não é objecto de qualquer publicidade necessária (ao contrário do que fôra proposto no *Projecto* do Código) — nem nos casos em que o procedimento regulamentar surja na sequência de petição —, mas deve ficar a constar do respectivo processo, para efeitos de eventual controlo judicial do cumprimento desta formalidade.

Na verdade, uma dispensa erroneamente fundamentada, do ponto de vista factual ou jurídico, fere o regulamento com invalidade — do mesmo modo que o fere (para nós, pelo menos) o regulamento produzido sem audição de interessados, quando a lei a exija.

V. Não nos parece que — ao prescrever, neste art. 117.º, n.º 1, que o órgão com competência regulamentar *"deve ouvir, em regra"*, os interessados — o legislador esteja a criar mais um caso de (auto)dispensa administrativa do dever de audiência, que permitisse, por exemplo, a um órgão com um bom currículo nesta matéria eximir-se, de vez em quando, a dar audiência, sem isso acarretar qualquer censura jurídica.

Temos, portanto, que dar àquele *"em regra"* um outro sentido no contexto desta norma do art. 117.º: o de que, por exemplo, tal restrição é dirigida programaticamente aos legisladores de sectores ou ordenamentos especiais, que vierem a dispor sobre esta matéria, para que, quando intervierem, não deixem de tratar como excepcionais (ou restritamente) os casos de dispensa do dever de dar audiência.

VI. O direito de participação dos interessados no procedimento de formação e elaboração de uma importante classe de regulamentos (regulamentos pelo menos, em sentido formal) saiu reforçado com a entrada em vigor da Lei n.º 83/95, de 31.VIII., onde se prevê que os procedimentos relativos à adopção de *"planos de*

Artigo 117.º

desenvolvimento das actividades da Administração Pública, de planos de urbanismo, de planos directores e de ordenamento do território .... devem ser precedidos, na (sua) *fase de instrução, da audição dos cidadãos interessados e das entidades defensoras dos interesses que possam vir a ser afectados por aqueles planos"* (art. 4.º, n.º 1).

Para tanto, dever-se-à dar a devida publicidade ao início do procedimento (art. 5.º), bem como deverão os interessados comunicar à entidade instrutora a pretensão de, em audiência pública, serem ouvidos oralmente ou de apresentarem observações escritas (arts. 7.º e 8.º). Efectuada a audiência, a autoridade instrutora responderá às observações formuladas e justificará as opções tomadas, devendo-o comunicar por escrito aos interessados (art. 9.º).

Este procedimento de participação directa pode, no entanto, ser substituído por um procedimento de participação indirecta (por representação), legalmente designado por *"procedimento colectivo"*, na hipótese prevista no art. 10.º.

O reforço do direito de participação trazido por este diploma resulta não apenas de se regular, com um maior grau de minúcia e pormenor, a forma de participação dos interessados no procedimento de formação dos planos urbanísticos, como — o que é bem importante — se prever a realização da audiência pública em momento anterior à adopção de um projecto final do plano (do regulamento).

Na verdade, estipulando que entre a data do anúncio público do início do procedimento para a elaboração do plano e a realização da audiência deverão mediar 20 dias (art. 5.º, n.º 3), a lei permite que, na maior parte dos casos, a participação do administrado se verifique numa altura em que ainda não se adoptou um projecto concreto e final do plano, abrindo, deste modo, as portas à efectiva possibilidade do interessado (por meio de sugestões, observações, propostas, etc) trazer ao processo interesses ou factos relevantes para serem objecto de ponderação, semelhante ao previsto no art. 117.º do Código, pela entidade a quem compete elaborar o respectivo plano.

Possibilita-se, assim, uma modalidade de "participação preventiva dos cidadãos" (*Vorgezogene Bürgerbeteiligung*) ou de "participação tempestiva dos cidadãos" (*Frümzeitige Bürgerbeteiligung*), distinta e mais eficaz do que a "participação sucessiva ou formal" (*Förmiliche Bürgerbeteiligung*), em que o interessado apenas é chamado a exprimir a sua opinião sobre as soluções já adoptadas num projecto acabado do plano ou da norma regulamentar (sobre estas formas de participação, e outras ainda, ver ALVES CORREIA, "O Plano Urbanístico e o Princípio da Igualdade", 1989, pág. 260).

É que, explica Alves Correia, nesta última hipótese, *"qualquer modificação ... implica uma série de repercussões que a Administração não tem certamente interesse em aceitar, para não ter que pôr em causa outras opções que, uma vez alteradas, originariam a modificação de outras e assim sucessivamente ... o que leva a supor que a Administração, na presença de um projecto de plano já adoptado, seja induzida a mostrar-se insensível perante as propostas apresentadas pelos particulares e a assumir .... uma postura de defesa e enquistamento ...."* (ob. cit., pág. 264).

Estas reservas e dúvidas valerão, *mutatis mutandis*, para a audiência dos interessados (do art. 117.°) e para a apreciação pública (do art. 118.°) previstas, em geral, no Código, dado que apenas se prevê a realização de uma e outra, quando já existe um *"projecto de regulamento"*.

VII. As formalidades, prazos, etc, da audiência no procedimento regulamentar hão-de ser objecto de legislação específica.

Note-se que, tendo em conta o texto do art. 117.°, essa legislação seria restrita aos *"termos"* da audiência — ou seja ao modo como ela é dada e respondida —, o que pode, portanto, entender-se no sentido de que, em relação aos casos em que existe o dever de dar audiência, a norma do art. 117.°, n.° 1 seria directa e plenamente operativa, valendo para todos os casos em que haja imposição de deveres, sujeições ou encargos: o legislador encarregado de fixar esses *"termos"* não, poderia, reduzir ou ampliar os casos em que deve ser dada audiência.

Pelo confronto com o art. 118.°, o *"chamamento"* ao procedimento (ou o convite para intervir) das entidades interessadas parece ter de fazer-se necessariamente por convocação ou convite **pessoalmente** dirigido, o que nem sempre será facilmente exequível.

VIII. A legitimidade para participação no procedimento regulamentar é, em regra, das *"entidades representativas dos interesses afectados"* e não (inorganicamente) dos próprios indivíduos interessados, sobre cujas esferas jurídicas recaem os deveres, sujeições ou encargos resultantes das normas regulamentares. E parece até que, *"caso não existam"* (tais entidades), não há lugar a audiência.

A solução não é tão gravosa como parece, se se entender que esse é um dos casos em que o projecto do diploma regulamentar e a respectiva nota justificativa são obrigatoriamente sujeitos a apreciação pública, nos termos do art. 118.°.

"Entidades representativas" são, aqui, tanto entes jurídicos de natureza privada como pública: sejam os municípios (ou a Associação Nacional de Municípios ou as associações de municípios), a Ordem dos Advogados, ou, também, as associações sindicais e patronais, as federações desportivas ou o Comité Olímpico, a Associação Nacional dos Senhorios, etc, etc.

Note-se que não deverão ser consideradas *"entidades representativas de interesses colectivos"* apenas aquelas em que se consubstancie uma representação permanente ou institucional dos interesses afectados: atente-se no caso dos comités ou comissões provisórios, como os que espontaneamente se criam para representar os indivíduos atingidos por calamidades, face ao procedimento de feitura do regulamento para disciplinar intervenções públicas destinadas a fazer face aos prejuízos causados — se a tanto não se opuser a urgência dessas intervenções.

Dúvidas põem-se quanto a saber se a pessoa que tenha estado na origem do

Artigo 117.º

regulamento, peticionando-o nos termos do art. 115.º, é ou não "interessado" para efeitos de necessária audiência, se não couber na previsão de legitimidade representativa a que se refere a lei.

Parece-nos dever responder-se pela negativa, ou seja, pela inexistência da audiência do peticionário não-representativo: ao obrigar a Administração a comunicar não só a sua "posição" sobre o conteúdo da petição, como ainda os "fundamentos" da mesma, a posição do peticionário do regulamento, já está contemplada, no seu todo, de um modo *sui generis*, com cuidados que pecariam por excesso, se ainda viesse a ter lugar a sua audiência.

IX. Questão é saber como se cumprirá a formalidade da audiência, nesta perspectiva da legitimidade: se ouvindo as entidades representativas no mais alto grau ou escalão dos interesses afectados — ou seja no caso das medidas regulamentares relativas ao desporto, em geral, ouvia-se a Confederação de Desporto Português (e não as federações de qualquer modalidade), como num regulamento sobre o futebol profissional se ouvia a respectiva Federação e não as Associações que a integram —, se ouvindo, também, os diversos graus ou estratos de representatividade (já que ouvir apenas os mais "baixos" não parece hipótese concebível).

Claro que, se houver mais do que uma entidade representativa de certo interesse no mesmo grau ou nível de representação, a audiência há-de-lhes ser dada em condições *iguais*, sob pena de invalidade do regulamento produzido.

X. A falta de audiência — em si, ou nalgum dos seus momentos legais fundamentais — é, naturalmente, causa de invalidade do regulamento.

O problema é que, então, essa invalidade poderia ser pedida ou decretada contenciosamente "*a todo o tempo*" (arts. 63.º e 66.º da Lei de Processo) e introduzia-se um factor de instabilidade normativa terrível, do ponto de vista da certeza e segurança jurídicas, ao qual se impõe atalhar sem hesitação.

Prefere-se adoptar, por isso, em troca da instituição legal deste procedimento, uma política de "cuidados intensivos", para não permitir que o ordenamento regulamentar — e a própria operatividade da lei e da política — saiam gravissimamente sacrificados. A verdade é que essa restrição temporal da possibilidade de arguição contenciosa do regulamento procedimentalmente ilegal até parece coerente com o facto de se ter restringido a legitimidade para a audiência no respectivo procedimento (que duvidosamente também poderia estender-se ao respectivo recurso contencioso) às *"entidades representativas"*, e não aos próprios interessados na aplicação do regulamento.

Seria, portanto, uma ilegalidade arguível talvez somente por aqueles entes ou instituições em vista dos quais a formalidade da audiência foi directamente estabelecida — não por aqueles que inorganicamente beneficiariam com ela — e dentro do prazo de arguição contenciosa dos actos anuláveis (se não se entender que

Artigo 117.°

estamos aqui perante uma hipótese de nulidade do regulamento). Aproximam-se assim, de algum modo, a distinção do direito administrativo entre nulidade e anulabilidade, com a correspondente distinção do direito privado.

É claro que a proposta pode não passar, por se entender não ter ela tradução na lei portuguesa do contencioso administrativo; mas lá que tem a enorme vantagem de evitar uma situação de impasse — que levaria, em última instância, a ter que considerar-se que esta norma fundamental do Código é, afinal, destituída de qualquer coercibilidade jurídica, não é norma, mas "sermão" —, isso tem.

Parece, pois, pertinente que se introduza aqui uma nova categoria de invalidade — composta simultaneamente de elementos de uma e outra das suas dicotómicas categorias tradicionais.

art. 117.°, n.° 2

XI. A lei não exige que o preâmbulo do regulamento contenha mais do que a lista das entidades ouvidas — nem sequer, na sua falta, a indicação das razões (dispensa, inexistência de entidades, etc.) por que não foi ouvido ninguém —, embora apoiemos totalmente a tese da extensão do dever de referir preambularmente (ao menos, no caso de dispensa) a razão por que não houve lugar a audição.

O que se publica, note-se, é a lista dessas entidades; não o que elas alegaram, ainda que resumidamente.

O requisito da publicação preambular do rol de entidades ouvidas não deve considerar-se (ao contrário da falta de audiência) requisito de validade do acto regulamentar, mas apenas o seu frontespício democrático: desde que tenham sido ouvidas, as entidades representativas dos interessados não podem prevalecer-se da falta de sua indicação nesse rol, para arguir a ilegalidade do regulamento (a não ser como factor coadjuvante de uma eventual arguição de parcialidade da norma regulamentar).

XII. O facto de não se exigir a fundamentação preambular do regulamento — qualquer que tenha sido o grau de contestação do projecto regulamentar e a extensão daquilo que dele se adoptou ou deixou de adoptar — tem a sua contrapartida na exigência de ficarem a constar do processo procedimental as notas justificativas escritas e as alegações das entidades ouvidas (bem como os documentos fornecidos pela sua apreciação pública).

Material que, estando à disposição de qualquer interessado (art. 61.° do Código), lhes permitirá mais facilmente invocar eventuais vícios, formais ou materiais, de que o regulamento padeça.

Artigo 118.º

Artigo 118.º
Apreciação pública

1. Sem prejuízo do disposto no artigo anterior e quando a natureza da matéria o permita, o órgão competente deve, em regra, nos termos a definir na legislação referida no artigo anterior, submeter a apreciação pública, para recolha de sugestões, o projecto de regulamento, o qual será, para o efeito, publicado na 2ª série do *Diário da República* ou no jornal oficial da entidade em causa.

2. Os interessados devem dirigir por escrito as suas sugestões ao órgão com competência regulamentar, dentro do prazo de 30 dias contados da data da publicação do projecto de regulamento.

3. No preâmbulo do regulamento far-se-á menção de que o respectivo projecto foi objecto de apreciação pública, quando tenha sido o caso.

    I. A concretização legislativa da formalidade de apreciação pública.

   II. Audiência e apreciação pública cumulativas.

  III. A dispensa administrativa de apreciação pública, quando a "natureza da matéria" a regulamentar a não permitir: noção do pressuposto legal, outros pressupostos e regime da dispensa.

  IV. A exigência "em regra" da apreciação pública.

   V. A apreciação pública do projecto (e nota justificativa): respostas.

  VI. Forma e local de publicação do projecto regulamentar.

 VII. Falta de correspondência com o regime da publicação do regulamento.

VIII. Consequências da falta de formalidade da apreciação pública.

  IX. Legitimidade: os requisitos (institucionais ou territoriais) do interesse legitimante.

   X. Forma e prazo das sugestões do "público": a sua fundamentação.

  XI. Competência para apreciação das sugestões feitas.

 XII. Menção preambular da apreciação pública (menções que deveriam exigir-se). Consequências da sua falta.

art. 118.º, n.º 1

I. O dever de sujeitar o projecto a apreciação pública ficou dependente, como o dever de dar audiência, do que vier a ser determinado em legislação especial.

Podem é existir casos especiais em que essa necessidade de submeter o projecto regulamentar à apreciação pública já esteja legalmente prevista, como sucede, por exemplo, com os projectos regulamentares municipais que tenham por objecto a fixação de regras relativas à construção, fiscalização e taxas de obras particulares

Artigo 118.º

(art. 68.º-A do Decreto-Lei n.º 445/91, com redacção que foi dada pelo Decreto-Lei n.º 250/94, de 15.X.) ou às operações de loteamento e de obras de urbanização (art. 68.º-B do Decreto-Lei n.º 448/91, aditado pela Lei n.º 26/96, de 1.VIII.), ou ainda, aos projectos de planos municipais de ordenamento do território (art. 14.º do Decreto-Lei n.º 69/90, de 2.III).

II. Sujeitar o projecto regulamentar à apreciação pública não dispensa o órgão com competência regulamentar de dar audiência às entidades representativas dos interesses afectados nos casos em que esta seja exigida, como se prevê, logo a abrir, neste n.º 1. Não são efectivamente a mesma coisa, a formalidade da audiência de interessados e a da apreciação pública, existindo diferenças juridicamente significantes de regime e fim entre ambas.

Elas residem, desde logo, em que, no caso de audiência, as entidades com legitimidade para intervir são chamadas ou convidadas pessoalmente para se pronunciar (e não através do Diário da República ou de Jornal Oficial) devendo dar-se-lhes conhecimento quer do projecto quer da sua nota justificativa — enquanto no caso da apreciação pública bastaria a publicação do projecto, como sugere nominalmente o próprio preceito do art. 118.º, n.º 1.

Por outro lado, qualquer interessado (*rectius*, qualquer pessoa) tem acesso ou legitimidade para participar na formalidade da apreciação pública, enquanto que a audiência regulamentar apenas é concedida às entidades representativas dos interesses envolvidos, "*caso existam*".

III. A "*natureza da matéria*" regulamentar, como factor da **dispensa da formalidade** de apreciação pública, deve ser apreciada pelo órgão com competência regulamentar e fazer objecto de despacho fundamentado seu.

Não o diz o art. 118.º, mas não se vê porque não valerá aqui a disciplina aplicável em matéria de audiência (ver o preceito do art. 117.º, n.º 1).

Por outro lado, a "*natureza da matéria*" é um conceito mais restrito do que "*as razões de interesse público*" a que se refere também esse art. 117.º, como factor de dispensa da audiência: ele reporta-se a matérias que toquem com a segurança pública, a paz jurídica, a serenidade dos mercados, etc. Não vemos, no entanto, que "*as razões de interesse público*" — mais amplas do que estas — não possam fundamentar igualmente a dispensa de apreciação pública.

Questão é saber se a dispensa de audiência traz ínsita, consigo, a dispensa do dever de sujeitar o projecto à apreciação pública. A resposta lógica é que aquela implica esta: não faria sentido impedir os mais interessados de se pronunciar, se há tempo e razões para dar o projecto à apreciação pública dos menos interessados.

IV. De novo aparece aqui a limitação "*em regra*", para definir os casos em que o projecto deve ser submetido à apreciação pública.

Artigo 118.º

Sob pena de nos envolvermos nos riscos e equívocos a que nos referimos, a seu propósito, em comentário ao art. 117.º, n.º 1, entendemos essa expressão como uma indicação programática dirigida à lei regulamentadora prevista no art. 118.º, n.º 1, para tratar como excepcionais os casos de dispensa do respectivo dever procedimental.

V. A apreciação pública versa apenas sobre o projecto do regulamento — na versão em que se encontrar — e não sobre a nota justificativa, que, atendendo ao confronto entre o n.º 1 do art. 117.º e o do art. 118.º, parece não ter que ser dada (pelo menos obrigatoriamente) à publicidade, para este efeito.

A apreciação pública traduz-se em "sugestões", em exposições, com mais ou menos fundamentação, vindas de quem vierem, embora naturalmente nada obste a que qualquer interessado estenda essa faculdade à apresentação de uma "contestação" ou de uma (contra-)nota justificativa.

Duvida-se que seja praticamente exequível o reconhecimento da existência, aqui, de um dever de dar conhecimento individual e certificado do teor dessa nota justificativa durante o decurso do período de apreciação, embora a sua consulta deva ser facultada, se possível.

VI. A publicação do projecto para efeitos de apreciação pública faz-se "*na 2ª Série do Diário da República ou no jornal oficial da entidade em causa*".

Têm jornal oficial (para além do Estado) as Regiões Autónomas e as autarquias municipais, em geral.

No caso de se tratar de uma entidade "*devolvida*" ou concedida pelo Estado, pelas Regiões Autónomas ou pelos Municípios, para a realização de interesses públicos seus, a publicação dos respectivos projectos regulamentares faz-se no jornal oficial do correspondente "ente primário".

Assim, um projecto regulamentar da competência de um concessionário municipal é publicado no boletim ou jornal da autarquia respectiva, como o do instituto público estadual o é no Diário da República.

Problemas hão-de pôr-se, por exemplo, em relação aos regulamentos como os das freguesias, sendo natural (senão evidente) que, nesses casos, se irá cair na sua publicidade edital.

VII. É curioso o preceito, pois indicia que o regime do local da publicação do projecto regulamentar é diverso do da publicação do próprio regulamento — efectivamente, os regulamentos não se publicam nem na 2ª Série do Diário da República nem no jornal oficial de entidade regulamentar.

O regime do local da publicação dos próprios regulamentos é, actualmente, o seguinte:

      — os Decretos e Resoluções regulamentares, as Portarias (genéricas) e Despachos Normativos de órgãos da República e os Decretos

Regulamentares do Governo das Regiões Autónomas, publicam-se na I Série B do Diário da República (art. 3.°, n.° 3 da Lei n.° 6/83, com a redacção do Decreto-Lei n.° 1/91, de 2 de Janeiro);

— os restantes regulamentos de órgãos das Regiões Autónomas, no Jornal Oficial da Região (art. 57.°, n.° 3, do Estatuto Político-Administrativo da Região Autónoma dos Açores e art. 50.°, n.° 2, do Estatuto Político-Administrativo da Região Autónoma da Madeira);

— os regulamentos das autarquias municipais, no respectivo boletim, quando exista, ou em edital afixado nos lugares de estilo (art. 84.° do Decreto-Lei n.° 100/84, de 29 de Março);

— os regulamentos do Governador Civil, na II Série do Diário da República (art. 2.°, n.° 1, alínea d) do Decreto n.° 365/70, de 5 de Agosto);

— os regulamentos de entidades particulares devolvidas — concessionárias, pessoas colectivas de utilidade pública, empresas públicas — na III Série do Diário da República (art. 3.°, n.° 1 do Decreto n.° 365/70, de 5 de Agosto);

— os regulamentos de concursos públicos de entes públicos, na III Série A do Diário da República (art. 2.°, alínea a) do Decreto-Lei n.° 391/93, de 23 de Novembro).

Fica-nos a dúvida sobre o local de publicação de regulamentos de institutos públicos, de associações públicas e de outras pessoas colectivas públicas, como universidades ou hospitais: se não houver boletim oficial, tais regulamentos são afixados ou circulados ou é dada a conhecer a sua existência, para que os interessados os possam pedir aos serviços respectivos. Mas também podem ser mandados publicar na 2ª série do Diário da República — por analogia, até, com a regra deste preceito — ou encomendada a sua publicação na III Série A (ver Decreto-Lei n.° 391/93, de 23.XII).

VIII. A falta de sujeição de um projecto à apreciação pública, num caso em que o devesse legalmente ser, implica a invalidade do respectivo regulamento?

Entendemos que é, de facto, a solução preferível — embora seja necessário compatibilizar essa invalidade com o regime de arguição contenciosa dos regulamentos a todo o tempo, em termos adaptados, claro está, similares àqueles que se usaram a propósito do art. 117.° (no seu comentário **X**).

art. 118.°, n.° 2

IX. *"Interessados"*, aqui, são quaisquer pessoas interessadas em comentar o projecto e não apenas aquelas que são provavelmente afectadas pelo regulamento a produzir.

Artigo 119.º

Deve, porém, tratar-se de pessoa (cidadão) abrangida na área de jurisdição administrativa da entidade regulamentar e, tratando-se de ordenamento especial, de pessoa a ele sujeita; uma pessoa que resida e labore num município não é chamada a pronunciar-se sobre os regulamentos de municípios vizinhos, a não ser, claro, que a delimitação territorial ou material do regulamento esteja feita de modo a bulir com interesses de pessoas de outras circunscrições.

X. As *"sugestões"* dos interessados devem ser apresentadas por escrito — e parece que não se exigirão outras formalidades, senão a assinatura, a morada, a indicação (e exibição) da respectiva identificação e a data de apresentação — dentro dos trinta dias subsequentes à data de publicação do projecto, devendo, à cautela (para prevenir interpretações mais rigorosas), contar-se o dia da publicação.

É óbvio que as sugestões não têm de ser fundamentadas (embora o possam ser para sua melhor apreciação) — e também é claro que as sugestões não fundamentadas podem simplesmente não ser apreciadas pela Administração.

Sobre tudo isto disporá certamente a lei concretizadora desta exigência do Código.

XI. As "sugestões" são dirigidas e apreciadas, na configuração do Código, pelo órgão com competência regulamentar. O que não obsta, naturalmente, a que os serviços na sua dependência lhe apresentem relatórios ou resumos das sugestões feitas.

art. 118.º, n.º 3

XII. Não se vê que utilidade tem — para além de servir como frontespício democrático — a simples menção, no preâmbulo do regulamento, de que o seu projecto foi submetido à apreciação pública. Justificar-se-ia, sim, se não o foi, que se dissesse isso mesmo e porquê.

A falta de menção preambular sobre o cumprimento da formalidade de apreciação pública não implica, naturalmente, a invalidade do respectivo regulamento — ao contrário da falta da própria formalidade, nos termos em que o sugerimos acima, em comentário ao n.º 1.

Artigo 119.º
Regulamentos de execução e revogatórios

1. Os regulamentos necessários à execução das leis em vigor não podem ser objecto de revogação global sem que a matéria seja simultaneamente objecto de nova regulamentação.

Artigo 119.º

2. Nos regulamentos far-se-á sempre a menção especificada das normas revogadas.

    I. Regulamentos a que se aplica a regra da proibição de revogação global.
    II. Revogação global e parcial.
    III. Consequências da violação da regra: inoperatividade ou ineficácia.
    IV. Inexistência de efeito repristinatório da revogação regulamentar aqui prevista.
    V. A influência da revogação da lei habilitante ou exequenda nos regulamentos complementares.
    VI. A proibição de revogações tácitas: ratio.
    VII. Consequências da falta de revogação expressa, havendo revogação tácita (e vice-versa).
    VIII. Resumo.

art. 119.º, n.º 1

I. A regra da revogação dos regulamentos por substituição da disciplina vigente por outra nova (e não por ab-rogação pura) só vale para os regulamentos de execução ou complementares, destinados a tornar aplicáveis as leis existentes, mas já não para os chamados regulamentos autónomos ou independentes, que se baseiam numa simples norma de competência, despida de conteúdo conformador de relações jurídicas: estes podem ser revogados pura e simplesmente, se essa revogação for expressa.

A regra geral vale também para aqueles regulamentos que existem por imperativo legal, mesmo que a sua disciplina não seja de desenvolvimento normativo de comandos legais.

Pretende-se com esta regra evitar que a Administração se torne senhora da oportunidade da aplicação da lei e que se criem vazios jurídicos prejudiciais para a *unidade* e *coerência* do ordenamento jurídico.

Consequência da regra legal é a de não haver lugar, nos casos em que ela é aplicável, à possibilidade de repristinação das normas que tinham sido revogadas pelo regulamento agora substituído (ver nota **IV**).

II. A proibição da mera revogação dos regulamentos de execução das leis respeita à sua "revogação global" — e não se vê em que difiram a revogação por ilegalidade ou por demérito (embora naquele caso a proibição legal possa ser mais facilmente desaplicada).

É claro, porém, que em função da *ratio* desta regra, a mera revogação parcial (derrogação) do regulamento só é possível, quando se trate de normas desnecessárias à execução da lei.

Artigo 119.º

III. Quais são as consequências jurídicas da revogação pura e simples de um *"regulamento de execução"*, em violação da regra legal deste preceito?

A sanção que deveria caber a essa hipótese é a da inoperatividade ou ineficácia da norma ab-rogatória, até que sobrevenha o regime regulamentar substitutivo: a sanção da invalidade é que não servirá interesse relevante e aumentará drasticamente a instabilidade jurídica decorrente desta situação. Por isso, se a questão tivesse de pôr-se apenas entre relevância e irrelevância jurídica desta ilegalidade, **em sede de validade do regulamento**, ainda preferiríamos a solução da sua irrelevância.

Os interesses que o legislador quis servir com a consagração da regra levam--nos, porém, a enveredar pela via da inoperância ou ineficácia jurídicas desses regulamentos meramente ab-rogatórios, podendo os particulares invocar, em defesa das posições (substantivas ou procedimentais) que a lei exequenda lhes faculte, as normas do regulamento anterior.

A não ser que se optasse (se isso fosse possível) pela repristinação das normas que o regulamento ab-rogado tivesse substituído (existindo elas, claro).

IV. Do facto de, no preceito, se lidar apenas com os casos de revogação por substituição, resulta que não há, neste domínio, repristinação das normas que o regulamento agora revogado tinha, por sua vez, revogado.

O que não é o mesmo que dizer que nenhuma revogação regulamentar possa ter eficácia repristinatória; efectivamente, pode, em alguns casos, considerar-se aplicável aqui, por paralelismo, o regime repristinatório da declaração judicial de ilegalidade de um regulamento, estabelecido no art. 11.º, n.º 2 do ETAF — o que levaria a concluir pela repristinação das normas revogadas com fundamento em ilegalidade, se a revogação do regulamento revogatório, por sua vez, se fundar na legalidade do primeiro (e que tinha sido erroneamente dado como ilegal) e não contiver disciplina que a substitua.

Nos restantes casos, a necessidade de evitar o vazio regulamentar tem que ser confrontada com o fundamento da revogação de anterior regulamento revogatório, para determinar se há aí alguma vontade (implícita ou imanente) quanto à repristinação.

V. E no caso de cair a lei habilitante ou exequenda dos regulamentos autónomos (independentes) ou complementares, o que sucede ao regulamento em vigor, emitido ao seu abrigo?

Em princípio, o regulamento complementar caduca; o autónomo (e o independente), não. Impõe-se esta diferente solução, porque enquanto com a queda da **lei exequenda** se dá um verdadeiro vazio normativo, ficando o regulamento complementar, de execução ou desenvolvimento a "pairar no vácuo" — a não ser que a disciplina da lei exequenda seja substituida por outra nova e o regulamento complementar daquela se mostre, ao menos, parcialmente compatível ou conforme com

Artigo 119.º

a disciplina desta —, já o mesmo não acontece com o desaparecimento da **lei habilitante**, se lhe sobrevier outra que confira a outro órgão a competência nela prevista, podendo sempre a autoridade que "herda" a competência autónoma ou independente optar, ora pela "adopção" ou manutenção do regulamento ora pela sua revogação.

Mais difícil é saber qual o destino do regulamento autónomo ou independente no caso de a lei habilitante, pura e simplesmente, pôr termo à habilitação regulamentar nela contida, em vez de a conferir a diferente órgão administrativo. Parece que a resposta, aqui, deveria ser no sentido da revogação dos regulamentos existentes, salvo nos casos em que o vazio jurídico assim criado deixasse sem qualquer disciplina normativa matérias ou relações jurídicas subsistentes (sobretudo, as fundamentais) que continuem a carecer de protecção do Direito, mantendo-se então, esses regulamentos, até serem substituídos por nova disciplina legal.

art. 119.º, n.º 2

VI. A regra do n.º 2 traduz-se na proibição das revogações regulamentares *tácitas* ou *implícitas*, por simples contradição entre a disciplina do regulamento novo e a do anterior e vale para qualquer espécie de regulamentos (sejam eles autónomos, independentes, de execução ou complementares).

As razões da consagração deste regime prendem-se com a clareza, a certeza e a paz jurídicas e com as dúvidas que a extensão de uma revogação tácita sempre suscita. Depois, qualquer dia, já não se sabe o que está em vigor ou não, sobretudo num ordenamento tão especioso e volátil como é (pelo menos, entre nós) o administrativo.

VII. E como se passam as coisas, se o regulamento não mencionar expressamente as normas revogadas e, mesmo assim, contiver normas contraditórias de anteriores regulamentos?

Temos a questão por muito difícil.

Inclinamo-nos, contudo, para considerar que o requisito posto, da revogação expressa, não é uma condição legal da entrada em vigor das normas dos regulamentos novos, que sejam contrárias às normas anteriores, mas um dever funcional da Administração em relação ao ordenamento jurídico e à necessidade de ordem, de que ele carece.

De resto, a outra solução — a da ineficácia dessas normas novas, por falta de uma disposição revogatória sobre os diplomas ou artigos anteriores que ela contradita ou modifica — poderia ser fonte de equívocos ou dificuldades insolúveis.

Não se julgue, também, que a revogação expressa de uma norma anterior pode passar sempre sem uma revogação por contradição ou substituição. Na verdade, como se viu, por força do n.º 1 deste art. 119.º, isso só é possível tratando-se de regulamento autónomo ou de regulamento de execuções não necessário à aplicação da lei — que os necessários só podem ser revogados havendo nova regulamentação

Artigo 119.º

da matéria, pelo que a mera cláusula de revogação expressa se tem, caso contrário, como ineficaz (ver nota **III**).

VIII. Teríamos assim, em conclusão, conjugando o n.º 1 e o n.º 2:

a) a **revogação regulamentar expressa** de uma norma regulamentar anterior:
  — é imediatamente eficaz, se se tratar de regulamentos autónomos;
  — só opera, quando se tratar de regulamentos de execução, acompanhada de uma nova regulamentação na matéria.

b) a **revogação regulamentar tácita** de uma norma regulamentar anterior:
  — ou opera sempre, na nossa tese.
  — ou opera só quando acompanhada da correspondente revogação expressa, na tese da força invalidante desta forma(lidade).

CAPÍTULO II
Do acto administrativo

PRELIMINARES

I. A importância do acto administrativo na construção e conformação do ordenamento jurídico-administrativo.

II. As funções (concretizadora, tituladora, procedimental e processual) da categoria"acto administrativo".

III. As normas substantivas e procedimentais do Código, em matéria de acto administrativo.

IV. As críticas a este Capítulo do Código: verso e reverso das suas opções.

V. A exclusão da categoria dos actos administrativos "definitivos e executórios".

VI. O relevo jurídico (procedimental e adjectivo) de acções jurídicas da Administração não consubstanciadas (ou consubstanciáveis) em actos jurídicos dos tipos previstos no Código.

I. Os sistemas de Administração Executiva, sobretudo aqueles de que estamos mais próximos (de tipo francês), construiram-se juridicamente em torno da figura do acto administrativo — da *décision* (*executoire*) do direito francês, do *Verwaltungsakt* do direito alemão, do *provvedimenti amministrativi* do direito italiano ou do *acto administrativo* do direito espanhol —, mesmo quando, ao lado ou atrás dele, se foram considerando também outras figuras ou categorias, como a do *service public*, a da *Verwaltungsrechtsverhältnis* (da relação jurídica administrativa) ou a dos *procedimenti amministrativi*.

Nesses sistemas, a Administração (enquanto titular de um interesse público) aparece dotada de poderes de supra-ordenação, autoridade ou imperatividade, características que se transmitem imediatamente aos actos por si praticados.

A faculdade de (de modo imperativo e unilateral) definir uma regulação ou medida jurídica para um caso concreto, e a suposição de que tal regulação é uma

Preliminares

exigência postulada pelo interesse público, transmitem a esse acto uma especial força jurídica, que, entre outras coisas, implica o desencadear na ordem jurídica dos efeitos ou das transformações a que tende, logo que estejam reunidos os requisitos para a produção dos seus efeitos, e nos quais não se inclui a anuência do respectivo destinatário.

Neste sentido, no acto administrativo reflecte-se o poder de que a Administração Pública dispõe para encontrar a solução legalmente **pré-figurada,** (duma maneira mais ou menos densa), como adequada para cada situação jurídico-administrativa concreta.

Apesar da significativa evolução e da crescente utilização de outros modos de actuação, o certo é que o acto autoritário e unilateral ainda é (a par da relação jurídico-administrativa) a figura central do Direito Administrativo continental, estando a compreensão das relações entre a Administração e os cidadãos muito marcada pelo modelo de relação jurídica construído com base nesses actos, concepção de que o próprio Código do Procedimento Administrativo se revela ainda largamente tributário.

II. A categoria do acto administrativo serve diversas funções no ordenamento jurídico.

Começa por ter uma **função concretizadora** (ou **conformadora**): através do acto administrativo, os órgãos da Administração Pública *concretizam* — aplicam e transpõem para a vida real — os preceitos jurídicos gerais e abstractos, constantes da lei, do regulamento e das outras fontes do Direito Administrativo, *conformando* juridicamente as situações concretas em função daquilo que se dispõe nesses preceitos.

A realização, num caso concreto, da medida abstractamente estabelecida na norma jurídica, vinculada ou discricionariamente, é a primeira função da categoria do acto administrativo: ela surge, assim, ao contrário do regulamento, como uma manifestação dos órgãos administrativos aplicável a um caso único ou a casos determinados e concretos da vida real, podendo, por isso, admitir-se (como vamos ver à frente) que a figura dos designados *actos administrativos abstractos* caberia teoricamente melhor na categoria dos actos regulamentares; de facto, ainda que os destinatários estejam determinados, nessas estatuições está em causa a emissão de uma *regra* (de uma *norma*) para ser observada num ou em sucessivos casos indeterminados — que não se sabe se, e como, ocorreram — e não de uma medida reguladora de um caso concreto.

O mesmo já não diremos dos designados *actos administrativos gerais (e concretos),* onde o carácter normativo (da essência do regulamento) está inequivocamente ausente: através deles, a Administração Pública exerce — como quando pratica actos administrativos individuais — uma *função concretizadora* de norma jurídicas, válida para um caso único da vida, consumindo-se a valia conformadora do acto nessa sua aplicação concreta.

Preliminares

Esta função concretizadora (ou conformadora) do acto administrativo pode ser **constitutiva** (actos criadores de posições jurídicas novas, favoráveis ou desfavoráveis), **declarativa** (actos que reconhecem a existência de factos, direitos ou qualidades, a que a ordem jurídica associa determinados efeitos) ou **negativa** (actos de recusa de produção de efeitos jurídicos inovadores ou certificativos, etc.).

Além da referida, o acto administrativo desempenha também uma **função tituladora**: enquanto acto dotado de *executividade*, isto é, dotado de aptidão para, por si só, fundar uma actividade executiva, o acto administrativo desempenha uma função tituladora ou de legitimação da sua execução administrativa, coerciva ou não, jurídica ou material: munida dele, a Administração pode passar à execução da medida tomada (tenha ou não de recorrer aos tribunais, para esse efeito).

Neste sentido — mas só neste — o acto administrativo funciona como pressuposto de legalidade da actuação administrativa executiva subsequente, que deverá conformar-se com ele (art. 151.º, n.º 3).

O acto administrativo é, portanto, título jurídico executivo, com alguma similitude (e algumas diferenças também) em relação ao que se passa com a sentença judicial.

Está-lhe assinalada, ainda, uma **função procedimental**. Na medida em que a previsão ou necessidade da sua prática sujeita os órgãos administrativos a cumprir certos trâmites ou formalidades e a adoptar aí uma certa sequência, muitas vezes legalmente pré-determinada, o conceito tem também uma função (de delimitação) procedimental no nosso ordenamento jurídico.

Não pode, contudo, desconhecer-se a importância do (e o recurso cada vez mais frequente ao) contrato, como forma de constituição de relações jurídicas administrativas, acolhendo-se mesmo, no art. 179.º do Código, um princípio de liberdade de escolha (relativa, é claro) entre essas duas espécies do agir jurídico da Administração. E claro que, dentro dos limites em que tal liberdade é possível, pode reconhecer-se uma certa desvalorização da função (conformadora e) procedimental do acto administrativo, uma vez que para a constituição de efeitos jurídicos semelhantes se pode lançar mão, também, da forma contratual.

Subsiste, no entanto, a questão de saber se (e em que termos) se aplicam a essa opção contratual as regras procedimentais pensadas para incidir no ciclo de formação de acto administrativo (ver notas ao art. 181.º).

Outro desempenho fundamental da categoria ou conceito *acto administrativo* respeita à sua **função processual**, nomeadamente identificando e seleccionando o tipo de actuação administrativa, que pode ser sindicado nos tribunais, no processo do recurso contencioso de anulação.

Neste sentido pode dizer-se (como melhor se verá) que o conceito de acto administrativo deve ser encontrado a partir da prevalência da sua natureza garantística, como instrumento da protecção jurídica dos administrados. É certo que, com a abertura de novos meios de protecção jurisdicional, a questão irá deixar de

541

Preliminares

ter a importância que já teve. Mas, por enquanto, não pode negar-se o interesse nuclear do recurso de anulação, como um dos principais (senão o primeiro) dos meios de protecção jurisdicional dos administrados e, portanto, da importância fundamental do conceito de acto administrativo na sua vertente processual.

III. No presente Capítulo — o maior do Código que se estende por 58 artigos, do 120.º ao 177.º — predominam as normas substantivas, sendo mais escassas, agora, as normas respeitantes ao modo e aos momentos procedimentais da formação da vontade ou decisão administrativa.

Do que se trata, sobretudo, é de fixar os requisitos e os regimes legais da *valia* e da *garantia* jurídicas substantivas dos actos administrativos no ordenamento português, dispondo sobre qual é, em geral — que as leis onde se regula cada tipo ou categoria de actos é o que estabelecem especificadamente — o quadro normativo aplicável à sua determinação, efeitos e meios de reacção administrativa.

Esse alargamento da extensão do Código a matérias ou aspectos não procedimentais do acto não é uma patente portuguesa: a opção é comum em países que vivem em regime administrativo semelhante ao nosso — como acontece, por exemplo, nos casos alemão e espanhol. Neste aspecto, a lei procedimental italiana já é muito mais constrita.

IV. A extensão e a qualidade do modelo português têm sido, porém, objecto de críticas pontuais e globais. Vindas — as mais contundentes — de ROGÉRIO SOARES (em R.D.J., vol. VI, 1992, págs. 22 e segs.), soam tão certeiras que se recomenda a sua leitura no original. Em resumo, aquele juspublicista assinala que a extensão do Código a aspectos substantivos e a invasão dele por conceitos e opções dogmáticas têm os seguintes inconvenientes:

- prestar mais atenção à conformidade e bondade intrínseca das decisões tomadas (sempre difícil de controlar), do que à boa e correcta sequência do procedimento que a antecede, e que é a *"pedra de toque da bondade da acção administrativa"*;

- abafar as tensões criadoras da doutrina e da jurisprudência (num sistema em que nem sequer os próprios alicerces estão construídos), em prol daquilo que pode não ser mais do que uma *"moda fugaz ou até um gosto pessoal"*;

- ceder excessivamente perante a natural *"tentação totalitária"* de qualquer Código e (onde deveria contentar-se com uma regulamentação técnico-processual) cometer o pecado de entrar pelos domínios substantivos, *"entusiasmando-se às vezes, até, a fazer verdadeira teoria"*.

Nada disso se contesta aqui. Mas pensamos também que não pode deixar de ser-se sensível a outros parâmetros político-legislativos da decisão e das opções do Código, nesta matéria.

Cremos, desde logo, que a um regime de *Estado de Direito* (Administrativo), cujas bases se estão agora a procurar estabelecer, convém mais viver com uma regra escrita imperativa (e algo estiolante), do que na perigosa situação de instabilidade a que se tinha chegado, pela manifesta escassez e simplismo da nossa vivência e jurisprudência administrativas, redundando até na denegação habitual da própria garantia contenciosa: não se dispunha ainda de um corpo suficientemente extenso, consolidado e divulgado de princípios e de regras gerais de direito administrativo, de fonte legal ou jurisprudencial, e isso trazia para os administrados, nas repartições e nos tribunais, os mais desconcertantes e desagradáveis "baldes de água fria".

A persistir nessa atitude em relação ao Código — de não ser conveniente cristalizar aquilo que a vida, os tribunais e a doutrina ainda não tiveram oportunidade de experimentar consistentemente — provavelmente nunca mais o teríamos, e o Direito Administrativo continuaria a ser interpretado, aplicado e (sobretudo) a evoluir, como vinha sucedendo, em condições de extrema incerteza e insegurança administrativa e jurisdicionais.

Nesse aspecto, o Código será um factor nada desprezível duma acrescida *pax* jurídica, de que tão carecidas estavam a vida e a prática administrativas: e os cidadãos usarão e lutarão, hoje, muito melhor pelos seus direitos e interesses, face à Administração e perante os tribunais encarregados de garantir a legalidade (e a licitude) da sua actuação — aspecto que, em sede de realização de um Estado de Direito, deve ser maximizado. Aliás, o que se tem passado nestes poucos anos de vigência do Código, em matéria (por exemplo) de audiência e informação, já dá uma ideia dos benefícios que ele trouxe, quanto a uma prática e vivência efectivas do direito administrativo.

Por outro lado, se é certo que há no Código muitas soluções normativas comandadas pelas opções conceptuais e teóricas do legislador, não é menos verdade que existem nele muitas brechas, omissões e intervalos — algumas distorções, até —, que podem servir à doutrina e à jurisprudência para estender ou refrear os respectivos regimes aos seus contornos hermenêuticos adequados, sobre ou subvalorizando os pressupostos e quadros dogmáticos em que assentam essas soluções, no quadro de uma interpretação actualizante e teleologicamente comandada.

O Código terá, portanto, a vantagem de pôr os órgãos que aplicam administrativa e jurisdicionalmente o direito administrativo a pensá-lo no seu todo, relacionando as diversas questões que a seu propósito se põem — valor que é também da máxima importância. Autores, como Vieira de Andrade e Rui Machete, salientam-o, falando aquele do papel "provocatório" que o Código desempenha, dos maiores esforços que ele pede à doutrina e jurisprudência, para uma aplicação pensada (e relacionada) das normas do direito administrativo. Prova (perversa, é certo) disso mesmo, têmo-la no facto de algumas das mais esclarecedoras páginas que se escreveram, entre nós, a propósito da revogação dos actos administrativos terem brotado, precisamente, para revelar algumas deficiências das soluções adoptadas no

Preliminares

Código em tal matéria e às quais, estamos convictos, a doutrina e a jurisprudência — não sobrevindo uma revisão nessa parte — se vão agarrar em interpretações correctivas das disposições legais e na determinação dos princípios gerais do sistema.

Finalmente, também é preciso distinguir entre aquilo que releva de puras opções conceptuais ou dogmáticas e aquilo que, tendo essa feição, traduz uma opção político-legislativa do Código: a conceptualização legal — e a cristalização dogmática que lhe vem pegada — pode corresponder à afirmação e sustentação de um certo Direito Administrativo e de uma certa Administração ou à determinação em enquadrá-los ou fazê-los evoluir em certos termos, sem os deixar resvalar, pelo menos para já, para uma concepção e sistemas diversos: por exemplo, o reconhecimento da *prerrogativa* ou *auto-tutela executivas* da Administração pode não traduzir apenas uma preferência doutrinária por uma certa concepção dogmática da Administração, mas uma opção político-legislativa quanto aos *essentiallia* do regime administrativo português.

O que ao comentador mais preocupa no Código, em relação a este seu Capítulo, é o facto de não se terem muitas vezes definido os conceitos e os pressupostos subjacentes às opções normativas seguidas (ou os quadros em que são pensadas e os interesses que se quiseram privilegiar) — quando não é o caso, até, de aparecerem com sentidos diferentes —, dificultando a ligação sistemática e a construção dogmática em seu redor, que um Código, afinal, tanto podia facilitar. As dificuldades daí derivadas colocam, como já se tem visto em muitos comentários, algumas dúvidas e hesitações hermenêuticas praticamente insolúveis, prejudicando de algum modo a própria *pax* jurídica que com ele se pretenderia alcançar.

Vai isto também à laia de justificação, pelas dificuldades e interrogações, tantas vezes não superadas, que eivam o presente comentário e que, porventura, confundirão o leitor, mais do que o esclarecerão.

V. Absorvendo as implicações da alteração introduzida pela revisão constitucional de 1989, o Código excluiu do conceito de acto administrativo a referência ao carácter definitivo e executório — embora as respectivas expressões ainda apareçam pelo menos nos arts. 152.°, n.° 2, e 186.°, n.° 1.

Trata-se, quanto a este aspecto, de uma opção que merece aplauso e que vinha sendo sustentada de há muito por Rogério Soares e Vieira de Andrade: quanto à *definitividade*, por não distinguir categorias substancialmente diferentes de actos administrativos, mas apenas diferentes regimes de sua impugnação; quanto à *executoriedade*, por introduzir elementos de complexificação e misturar realidades diversas (eficácia, imperatividade e executividade).

VI. Ao referir-se, aqui, na Parte IV — respeitante ao regulamento, ao acto e ao contrato administrativos, como manifestações da actividade jurídico-administrativa — apenas a essas três espécies ou capítulos da expressão ou agir jurídico da

Preliminares

Administração, o legislador mostraria que o princípio da legalidade procedimental, enquadrado e desenhado na Parte I, II e III, tem como domínio ou âmbito de aplicação as manifestações jurídico-administrativas a que ele próprio se refere, porque, por hipótese, só nelas se revelaria a necessidade (ou a possibilidade) de institucionalização imediata de um princípio de legalidade procedimental, relativamente homogéneo e experimentado.

À questão de saber se só a prognose ou "presságio" da prática de um acto administrativo — de um regulamento ou contrato — determina a obrigatoriedade do próprio modelo procedimental do Código, preferimos, portanto, para já, responder que sim, como se tem dado, aliás, por assente noutros comentários que temos visto a esse propósito.

De resto, o conceito de acto administrativo usado aqui pelo legislador vale, como se disse expressamente logo no seu art. 120.º, a abrir este Capítulo, apenas *"para efeitos deste Código"*.

Para nós, porém, o facto de, dentre as múltiplas e heterogéneas formas de actuação jurídica da Administração Pública, o Código só se preocupar com o acto administrativo de autoridade — para além, claro, do contrato e do regulamento —, sem mencionar ou regular procedimental e substantivamente, quaisquer outras, não significa que estas não existam e não sejam jurídico-administrativamente dignas de tutela substantiva, adjectiva e, até, procedimental. Ou seja: nem passaram a ser juridicamente indiferentes nem cairão fora do direito administrativo material e processual.

E não é de excluir, mesmo — pelo contrário — a hipótese de as soluções adoptadas no Código para as modalidades nele previstas poderem ser estendidas (como o são, em muitos casos, até porque correspondem a princípios gerais de direito) a outras modalidades da actuação jurídica da Administração.

Diga-se também que a interpretação aqui rejeitada — de que os princípios e regras dos próprios modelos procedimentais e substantivos do Código se aplicariam, sem mais, a toda a actuação jurídico-administrativa da Administração Pública, independentemente do instrumento em que esta se traduzir — tem, contudo, a seu favor uma leitura (puramente literal, é certo) da primeira parte do n.º 1 do art. 2.º do Código.

Artigo 120.º

SECÇÃO I
Da validade do acto administrativo

PRELIMINARES

I. A referência da epígrafe à "validade" do acto administrativo: equívocos.

I. Tem-se estranhado a epígrafe desta Secção. Não por parecer corresponder a uma opção do legislador quanto ao relevo jurídico (melhor, quanto à falta dele) da distinção entre existência e validade do acto administrativo, mas porque, por exemplo, a referência à **validade** exigia, então, que, ao lado dos requisitos relativos à sua *forma*, à sua *fundamentação* e ao seu *objecto* ou *conteúdo*, se incluíssem nas normas desta Secção, também, os relativos aos seus *pressupostos* e *fim*, para não falar já nos respeitantes à *vontade* nele posta.

É verdade também, inversamente, que há muita coisa, muitos requisitos, nesta Secção que não se reportam à *validade* do acto administrativo, porque a verificação deles não bole com a consistência jurídica dos seus efeitos (vê-lo-emos, por exemplo, nos comentários ao art. 123.º).

Artigo 120.º
Conceito de acto administrativo

Para os efeitos da presente lei, consideram-se actos administrativos as decisões dos órgãos da Administração que ao abrigo de normas de direito público visem produzir efeitos jurídicos numa situação individual e concreta.

I. Funções da categoria ou conceito acto administrativo: remissão.

II. A noção procedimental do Código e outras projecções do seu conceito de acto administrativo.

III. O alcance procedimental da noção do Código.

IV. A similitude e divergência da noção legal do Código com as noções doutrinais.

*V. O acto administrativo como uma **decisão ou estatuição** (autoritária e inovatória): o que é uma decisão.*

VI. A decisão administrativa como acto voluntário.

VII. Os actos opinativos e os actos meramente procedimentais.

VIII. Os actos declarativos.

IX. *As declarações administrativas não vinculantes no confronto de terceiros.*

X. *As operações materiais.*

XI. *Os exames (de pessoas) como acto principal de procedimentos administrativos decisórios.*

XII. *As decisões administrativas tomadas informática (ou electronicamente).*

XIII. *O acto administrativo como decisão de um **órgão da Administração Pública**: extensão orgânica do conceito aos actos em "matéria administrativa" de órgãos públicos não administrativos e de particulares.*

XIV. *Os actos legislativos, judiciais e políticos.*

XV. *O acto administrativo como decisão tomada **ao abrigo de normas de direito público** (previsão): distinção das normas de direito privado.*

XVI. *O acto administrativo como acto **produtor de efeitos jurídicos** (administrativos): papel da vontade na determinação desses efeitos.*

XVII. *Os efeitos jurídicos **externos** do acto administrativo.*

XVIII. *As decisões de efeitos internos e os actos com efeitos em relações especiais de poder: regime destes.*

XIX. *Os efeitos positivos ou negativos do acto administrativo.*

XX. ***Efeitos jurídico-administrativos.***

XXI. *A referência dos efeitos do acto a uma **situação individual e concreta:** o requisito da nominalidade dessa situação (art. 123.°).*

XXII. *Os actos gerais (e os actos colectivos e os actos contextuais): regime de impugnação.*

XXIII. *Os actos individuais e abstractos: admissibilidade.*

XXIV. *Os factores correctivos da qualificação de actos gerais e concretos ou de actos individuais e abstractos.*

XXV. *Os actos que têm como destinatário coisas (de terceiros ou da Administração): actos "reais".*

I. Remete-se para o que, em comentário preliminar deste Capítulo, se disse sobre as **funções** que o conceito ou a categoria do acto administrativo pode ter.

II. De algum modo, parece ser a função procedimental da categoria que o Código acentua, quando propõe um conceito de acto administrativo *"para os efeitos da presente lei"*. Essa limitação está naturalmente ligada à intenção de permitir que se possa, *maxime* para efeitos contenciosos, adoptar outra noção e destina-se a revelar o propósito não conceitual ou dogmático daquela por que aqui se enveredou.

De qualquer modo, se é verdade que nada disso ficaria prejudicado pela falta de auto-reserva do Código — pois outro legislador (de igual grau ou doutro com-

Artigo 120.º

plexo normativo) pode sempre dispor diferentemente e a doutrina não está (nem conceitual nem dogmaticamente) amarrada às noções legais, quando elas próprias estão desajustadas dos dados normativos do sistema (que, na lei, como é sabido, o que vincula é a norma, o comando, não o conceito ou a configuração dogmática) —, de qualquer modo, dizia-se, é bom aceitar o que assim vem expressamente "restringido" pelo próprio Código, até porque o propósito de cingir o campo de aplicação da noção do art. 120.º *"aos efeitos"* do Código parece ter sido desvirtuado, não raras vezes, pelo próprio legislador procedimental.

Na verdade, há muitos outros efeitos para os quais o conceito de acto administrativo é juridicamente relevante: há procedimentos especiais que se reportam a ele, mas não fornecem a correspondente noção; há, por outro lado, leis substantivamente conformadas em função desse conceito e em relação às quais se põe o mesmo problema da extensão e adequação da noção dada pelo Código. E há, depois, a questão da delimitação da garantia contenciosa do art. 268.º, n.º 4, da Constituição — onde, é claro, a noção (ou critério) do acto administrativo não pode sair senão do "ventre" da necessidade de assegurar uma garantia judicial efectiva, como destacámos na nota preliminar deste Capítulo.

Assim, como foi o próprio legislador procedimental que, a propósito do conceito de acto administrativo, se remeteu expressamente para a sua função procedimental, tomamos-lhe a palavra, para afirmar não estar excluído que, para outros efeitos ou funções, se continue a considerar, actos que não cabem na noção do Código (e não o são, portanto, para efeitos procedimentais) como sendo administrativos.

Mesmo cingida a respectiva noção legal a isso, ela cria alguma "cristalização" dogmática em volta de uma figura que deve estar pensada para a resolução de problemas jurídicos de natureza prática, isto é, para a fixação dos actos da Administração Pública que (por possuírem determinadas características) devem estar sujeitos a certas cautelas e regras de natureza procedimental, e isso só se pode ir determinando e delimitando em função da evolução, que é tão profunda e casuística, da realidade jurídico-administrativa.

Questão que se afigura tanto mais delicada, quanto é certo que, como justamente se tem assinalado, a tendência natural será para estender a outros sectores normativos, e a outras funções jurídicas, a noção fornecida pelo Código para efeitos procedimentais.

III. Valer a noção dada no art. 120.º apenas para efeitos do Código já não é, contudo, coisa de pouca monta (nem de pouca dificuldade, como se disse): é que ela fica a constituir não apenas o factor (principal) da delimitação da aplicação do princípio procedimental de formação e exteriorização da vontade jurídica da Administração Pública — dispondo quando é que determinada conduta configurada na lei (ou vinda da Administração) deve seguir os "módulos" procedimentais do Código (Nota Prévia, **VI**) —, como também é em função dela que se determina a aplicação

Artigo 120.°

de todo este capítulo geral do Código, extensivo (salvo excepção expressa) a todos os actos administrativos, a todas as condutas que caibam na noção do art. 120.°.

A função procedimental do conceito de acto administrativo contida no Código desdobra-se, pois, em dois aspectos:

a) quando a Administração estiver perante uma situação de facto ou de direito que lhe demande (num juízo de mera prognose, não de irrefragável certeza) a prática de um acto com as características correspondentes às da noção do art. 120.°, deve ela remeter-se à disciplina ou módulos do Código, para o **preparar**, **praticar** e **exteriorizar**;

b) quando estiver perante um acto já praticado com essas características deve comportar-se, também em relação a ele, em sede de sua **manutenção, revisão e execução**, como o Código determina.

Não é pouca coisa, como se vê, essa de a noção de acto administrativo valer "apenas" para efeitos do Código, ainda para mais, quando a "parte de leão" da produção jurídica administrativa ainda é constituída por actos desse jaez.

IV. A doutrina e a jurisprudência já não se assustam hoje, tanto, com a noção de acto administrativo, como o deixariam entender as múltiplas fórmulas "servidas" para o efeito e as críticas e contra-críticas que despertam. Na realidade, apesar de literalmente diferentes, elas apresentam-se substancialmente muito próximas ou idênticas, reclamando cada uma, para o respectivo conceito, elementos ou características que estão também nas outras, embora sob fórmula diferente.

Compare-se, por exemplo, a noção do Código com a formulada por ROGÉRIO SOARES, segundo o qual, o acto administrativo *"é uma estatuição autoritária, relativa a um caso individual, manifestada por um agente da Administração no uso de poderes de Direito Administrativo, pela qual se produzem efeitos jurídicos externos, positivos ou negativos"* (Direito Administrativo, Coimbra, 1978, pág. 76) — constatando-se depois, a págs. 79 e segs., que a referência a um *caso individual* corresponde à de *situação concreta* usada na fórmula do Código.

Ou com a de FREITAS DO AMARAL, segundo o qual acto administrativo é o *"acto jurídico unilateral praticado por um órgão da administração no exercício do poder administrativo e que visa a produção de efeitos jurídicos sobre uma situação individual num caso concreto"* (Direito Administrativo, vol. III, pág. 66).

Parecendo diversas em alguns aspectos, essas fórmulas só diferem sensivelmente da do Código pelo facto de, neste, o acto administrativo aparecer como um acto de destinatário não só individualizado, mas também (como vai ver-se adiante no n.° **XXI**) identificado. No resto, a diferença de formulação não traz consigo qualquer divergência — pressupondo-se que os efeitos jurídicos a que se refere a noção do Código são naturalmente efeitos jurídicos externos, relativos a uma esfera jurídi-

Artigo 120.º

ca que não é a do próprio autor da decisão ou estatuição (ou da pessoa em que ele se integra), como noutro comentário, mais adiante, se verificará.

Assim, aproveitando as ideias vistas, também poderíamos dizer aqui que, para efeitos do Código, *acto administrativo* é a **medida ou prescrição unilateral da Administração que produz directa, individual e concretamente efeitos de direito administrativo vinculantes de terceiros.** Com uma fórmula diversa (nas palavras), estaríamos a incluir no conceito de acto administrativo, afinal, praticamente os mesmos actos que parecem caber na noção do Código.

Para além de outras particularidades ainda não suficientemente estudadas entre nós — como é o caso de dever (ou não) incluir-se, na noção de acto, uma menção ao facto de ele respeitar a uma relação em que a Administração é parte, à qual se referia ESTEVES DE OLIVEIRA (Direito Administrativo, cit., pág. 397) —, a noção do art. 120.º poderia, portanto, fazer alguma unanimidade.

Há, é sabido, muitas *vexatae quaestiones* em redor, não da noção em si mesma, mas da sua aplicação, nomeadamente, na subsunção nela das *fattispecie* legislativas e administrativas e também quanto à extensão e compreensão de cada um dos elementos que compõem essa noção.

É à análise destes que se dedicam os comentários subsequentes.

V. O primeiro dos elementos da noção legal de acto administrativo consiste em ser ele uma *"decisão"*, no sentido de uma *estatuição* ("ordenar por estatuto, decreto") ou *prescrição* ("ordenar precisamente o que se há-de fazer"), como se vê no Dicionário de Morais (ed. de 1789).

Decisão não significa, note-se, que haja necessariamente no acto administrativo uma opção, uma escolha que seja fruto da vontade do seu autor. *"Decisão"* está aí no sentido de **determinação sobre** ou de **resolução de** um assunto, de uma situação concreta jurídico-administrativa: praticar um acto em inteira subordinação a um comando vinculado envolve decisão, tanto quanto a envolve uma opção discricionária; os actos declarativos e os actos interpretativos também envolvem (em muitos dos aspectos e casos que neles se fala) *decisão* ou *estatuição*.

Adoptou-se no art. 120.º uma fórmula similar à que noutros direitos se utiliza para estes efeitos — como é o caso do *provvedimento* do direito italiano, ou da *Entscheidung* do direito alemão.

Não parece má esta opção do nosso legislador procedimental, de reconduzir a noção de acto administrativo ao elemento *decisão*, que tomamos, de acordo com a lição de Rogério Soares, no sentido do acto administrativo ser uma *estatuição autoritária*, um comando jurídico (positivo ou negativo) vinculativo, que produz, **por si só**, mesmo perante terceiros, os efeitos jurídicos, a modificação jurídica nele definida.

As pessoas a quem se dirige o acto administrativo podem ser chamadas a participar no processo de formação da vontade administrativa — ou ser chamadas a

Artigo 120.º

garantir-lhe eficácia —, mas é a decisão ou determinação que a Administração tome unilateralmente, que define e produz, sózinha, o efeito ou a alteração jurídico-administrativa em apreço: uma vez que determinada situação da vida real se torne jurídico-administrativamente relevante, é à Administração — se ao caso couber um acto administrativo, claro — que compete definir qual é o direito (administrativo) aplicável em tal situação, **decidindo** o *caso* ou *causa* administrativa, como (com as necessárias ressalvas) os tribunais decidem as *causas* judiciais, ficando a constituir essas decisões (à semelhança destas sentenças) títulos executivos.

Note-se que o facto de a noção de acto administrativo se construir (também) em redor do elemento decisão ou estatuição autoritária não significa, para nós, que tal conceito só sirva às relações jurídicas que se traduzam numa "agressão" ou ablação, numa intromição constrangedora da esfera jurídica de terceiros, e não já no domínio da Administração *de prestações*, em que a posição do particular sai beneficiada ou favorecida pela intervenção daquela e em que o momento "autoridade", se não desapareceu, é, pelo menos, completamente desprezável. Como sustenta Rogério Soares, tanto há decisão (autoridade e unilateralidade) nos casos em que a Administração aparece a expropriar um bem particular ou a impor a este um dever, como quando, lhe confere uma vantagem ou lhe presta individualmente uma utilidade produzida por um serviço público, pois que, também neste caso, é a sua determinação unilateral que fixa se, de acordo com a lei ou regulamento aplicável, o particular tem direito (e em que medida) à referida prestação, estando presentes nessa determinação precisamente os mesmos elementos que vamos encontrar na noção tradicional de acto administrativo.

Por outro lado, como *estatuição*, o acto administrativo — criando, modificando, extinguindo (acto com efeitos positivos) ou recusando-se a criar, modificar ou extinguir (acto com efeitos negativos) uma relação jurídica administrativa — define **inovatoriamente** direito para um caso concreto.

São estas notas ou aspectos, da definição **unilateral**, **autoritária** e **inovadora** (em face do ordenamento jurídico exterior à Administração Pública) do acto administrativo, que supomos estarem abrangidas pelo elemento *decisão* da respectiva noção.

VI. Ao elemento *decisão* vem agarrada — na sequência, aliás, do que já se sublinhava no art. 1.º, n.º 1, do Código — uma concepção voluntarista do acto administrativo, no sentido de que ele se traduz numa manifestação de vontade, numa acção querida pelo seu autor, mesmo se há casos em que o legislador a ficciona ou presume (*de jure*) a partir da própria inacção da Administração.

Como se disse na nota anterior, a vontade, aqui, é uma vontade de decidir ou resolver um caso administrativo (não a vontade de o resolver em certo sentido ou com certos efeitos): o acto é decisão voluntária, nesse sentido de vir ao mundo como uma acção jurídica, não no sentido de que tais efeitos se fundam naquela

Artigo 120.º

vontade e são os determinados por ela (como acontece, nos domínios da *autonomia da vontade*, com o negócio jurídico-privado).

Daí, também, a desvalorização da vontade psicológica, em detrimento da vontade manifestada ou declarada, na teoria e no regime do acto administrativo.

VII. O conceito de decisão afasta da noção de acto administrativo, para efeito do Código, algumas formas de acção jurídica da Administração.

É o que acontece, em primeiro lugar, com os **actos opinativos,** através dos quais a Administração declara ou expõe o seu entendimento acerca de determinada questão de facto ou de direito (relativa às suas relações com terceiros) ou manifesta o seu pensar em relação a uma pretensão que o particular, eventualmente, se propõe apresentar-lhe.

Já vimos acima que as informações prestadas pela Administração, mesmo ao nível da mera opinião, têm importantes implicações, particularmente em sede de responsabilidade — e, ocasionalmente, em sede de validade —, se forem dadas por escrito (ver comentários ao art. 7.º, n.º 2).

O acto opinativo não é, pois, acto administrativo, porque não contém qualquer decisão ou comando jurídico sobre o desenrolar das relações da Administração com particulares, limitando-se ela a opinar sobre o que pensa a propósito da conveniência ou da legalidade de uma determinada actuação sua ou do interessado (passada, presente ou futura).

Desses actos opinativos *proprio sensu* devem distinguir-se aqueles outros também assim denominados, mas que correspondem a declarações unilaterais de vontade jurídica da Administração, muito embora, por serem proferidas no seio de relações contratuais (em matéria de sua interpretação e validade, e fora, portanto, dos casos em que, mesmo aí, é dado à Administração praticar actos administrativos) não vinculam a contraparte — senão mediante prévia confirmação judicial —, traduzindo-se assim (em sentido impróprio) em opiniões do contraente público sobre os direitos ou deveres que entende constituírem o conteúdo da respectiva relação contratual (ver, sobre este assunto, comentários ao art. 186.º).

Não sendo actos administrativos, os actos opinativos — que não estão sujeitos, claro, nem às regras do procedimento administrativo nem a recurso contencioso de legalidade — também não se confundem com os **pareceres,** fruto de uma intervenção procedimental (em geral) legalmente prevista de peritos ou especialistas na matéria, que têm como destinatário o órgão com competência decisória, e visam preparar a decisão final do procedimento, enquanto o **acto opinativo** (mesmo que apareça intercalado num procedimento) tem como destinatários terceiros que estão (ou pretendem estar) em relação jurídica com a Administração, ou os próprios serviços desta, e não visam preparar ou auxiliar qualquer decisão administrativa, mas apenas dar conta do entendimento que a Administração tem a propósito de determinada questão. Por isso, pela sua irrelevância procedimental, o acto opinativo — além de

Artigo 120.º

não vincular a Administração — também não a obriga (se porventura decidir um procedimento em sentido diverso do que nele manifestou) a fundamentar a decisão que tome nesse sentido, ao contrário do que sucederia se se tratasse de um parecer.

Por não implicarem decisão, também não são actos administrativo os actos jurídicos auxiliares ou instrumentais de decisões administrativas: chamar alguém a pronunciar-se, optar por ouvir peritos, pedir ou emitir pareceres, ordenar a junção de provas, etc., etc..

Quanto a estes **actos de efeitos meramente procedimentais** (*atti non provvedimentali, Verfahrenshandlungen*), a sua exclusão do conceito de acto administrativo deve-se ao facto de não produzirem efeitos jurídicos inovadores no ordenamento jurídico (não tendo muitos deles, sequer, efeitos sobre a posição procedimental de pessoas que estão envolvidas no procedimento): respeitam à sequência deste, sem repercussões directas e imediatas na esfera jurídica dos administrados, não carecendo, portanto, de uma protecção procedimental (ou jurisdicional) autónoma, que os tenha por objecto.

Mesmo se não se exclui a hipótese de comportarem um *momento decisório* — ou seja, uma volição consequente de uma avaliação ou ponderação (certos pareceres e classificações vinculativos atribuídos por um júri, que depois devam ser homologados) —, ainda assim parece que a ausência de um efeito jurídico extra-procedimental (isto é, o facto de os efeitos dessas *"decisões"* apenas ressaltarem do acto final ou principal do procedimento) implica que possa afirmar-se o seu carácter acessório, instrumental ou preparatório, negando-se-lhe a inclusão na categoria de acto administrativo (veja-se, contudo, o que dizemos a propósito em comentário ao art. 98.º).

Sem rejeitar, claro, que há decisões e actos procedimentais, que, não sendo a sua decisão final, são, contudo, actos administrativos; é o que sucede com os *actos destacáveis* dessa decisão final.

VIII. E em relação aos actos da Administração com **efeitos meramente declarativos**, haverá também, aí, a decisão que permita incluí-los na categoria dos actos administrativos, mesmo se são actos muitas vezes (como se viu na nota **VIII** ao art. 1.º) não sujeitos a procedimento administrativo, ao nível do 1.º grau de decisão?

Trata-se de actos cujo conteúdo não reside na resolução ou determinação sobre um caso jurídico-administrativo, mas apenas na constatação da (in)existência de um facto (de uma qualidade pessoal ou material ou de uma situação jurídica) e na declaração correspondente, esgotando-se nisso o seu efeito próprio e directo: o autor da declaração (de conhecimento, de ciência) não lhe associa, portanto, qualquer efeito de direito, que crie, modifique ou extinga posições ou relações jurídico-administrativas individuais e concretas.

Que responder, então, à pergunta formulada sobre a natureza desses actos declarativos?

Artigo 120.º

Desde logo, advertir que as "fronteiras" entre os actos meramente declarativos e constitutivos estão longe de estar bem traçadas, sendo muitas vezes difícil delimitar o alcance e o sentido das respectivas noções.

Pelo seu conteúdo, nos actos declarativos, não há nem decisão nem inovação jurídica: declaram o que existe (ou não existe) já. Nessa perspectiva, não são actos administrativos, que o seu conteúdo não cria, não modifica ou extingue o que quer que seja.

Mas não é menos verdade que a emissão ou a recusa de emissão do acto declarativo constituem, no âmbito da **função tituladora** da Administração, decisões ou actos, que criam, modificam ou extinguem as relações jurídicas que nesse âmbito se estabelecem entre ela e os interessados (na sua declaração): se alguém se julga com direito a uma declaração administrativa sobre um certo facto ou qualidade, requere-a, e ela é-lhe recusada, há uma decisão administrativa no plano da respectiva função jurídica (tituladora) e o interessado é admitido a impugná-la anulatoriamente, perante a Administração ou os Tribunais.

Nessa medida, em que os actos de objecto e efeitos meramente declarativos introduzem (ou recusam a introdução de) uma *certeza* ou *fé pública* sobre a ocorrência de um certo facto ou a existência de uma certa qualidade, dotando-os de uma consistência e valor jurídico adicionais por provirem da Administração Pública — o que lhes confere, no plano ou *função tituladora,* força jurídica vinculativa inovadora — admite-se que eles possam ser objecto de um procedimento administrativo ou de um recurso contencioso de anulação.

Possibilidade que, em relação aos *actos declarativos de efeitos constitutivos* — ou seja, àqueles actos a que (embora apenas incorporem uma declaração ou constatação administrativa) a lei associa directamente a produção de um determinado efeito jurídico-administrativo inovador — se vem reconhecendo pacificamente. Ninguém recusa, por exemplo, aos actos tributários de liquidação — que se traduzem na verificação (constitutiva) da existência da obrigação fiscal — a natureza de actos administrativos de efeito tributário.

IX. O facto de a *decisão* ser um dos elementos do acto administrativo leva a não incluir também nesta categoria as declarações da vontade administrativa, que não contêm um comando, uma estatuição juridicamente vinculante, para a outra parte na relação jurídica.

Acontece assim, em primeiro lugar, com as declarações de vontade contratual da Administração — embora haja condutas ou declarações de vontade no seio de relações contratuais administrativas que, consubstanciando-se em prescrições juridicamente obrigatórias para a outra parte (à qual só é dado opor-se-lhes por meio de recurso ou acção *ex post,* de anulação ou plena jurisdição, é indiferente), são de considerar como tais.

Os chamados *"actos confirmativos"* (por se limitarem a repetir estatuição

Artigo 120.º

anterior) também não incorporam uma decisão nem inovam no ordenamento jurídico, como assinala Rogério Soares — desde que, claro está, sejam meramente confirmativos.

X. Excluídas do conceito procedimental de decisão (ou acto administrativo), estão finalmente as **operações materiais,** na medida em que se restringem a transportar para o mundo real as alterações jurídicas já introduzidas pelo acto administrativo.

O facto de não serem **decisões** não significa que não possam ser tratadas, em certos casos e para certos efeitos, como actos administrativos — designadamente para efeitos de recurso procedimental ou contencioso —, como no caso da *voie de fait* ou *via de facto* (art. 151.º, n.º 1), ou seja, de operações materiais levadas a cabo pela Administração sem precedência de decisão ou declaração jurídica, de acto administrativo, em suma.

Aqui, no plano procedimental, essas operações materiais serão tomadas como actos administrativos, quando sejam, por exemplo, objecto de reclamações e recursos hierárquicos (admitidos no n.º 3 e no n.º 4 do art. 151.º do Código), por carecerem de precedente jurídico que as legitima.

Mas também no plano substantivo pode suceder — devido à configuração normativa da respectiva *fattispecie* — que seja a operação material, em si mesma, a consubstanciar o próprio acto administrativo (como se admite, por exemplo, em relação a certas acções da polícia de segurança) ou, então, que seja considerada acto administrativo implícito (pelo menos, se assim se assegurar uma melhor reacção contenciosa), como acontece com as operações materiais levadas a cabo em estado de necessidade.

XI. Uma nota especial, a propósito do conceito de decisão, merecem também os **exames** (de pessoas), através dos quais a Administração Pública exerce um controlo sobre os conhecimentos ou a aptidão dos cidadãos.

Importa, para este efeito, distinguir duas situações possíveis: o exame enquanto acto instrutório, com efeitos meramente procedimentais, e o exame como acto principal de um procedimento decisório.

A primeira situação (a que se refere o art. 94.º) abrange aqueles actos que integram a fase preparatória de um procedimento administrativo, em que o acto principal a produzir (normalmente um acto constitutivo que habilita alguém a exercer uma certa actividade) pressupõe a avaliação da capacidade técnica ou da aptidão de um administrado. Nesses casos, o exame é apenas um trâmite procedimental, que não tem uma relevância directa na posição do interessado, a não ser através do acto principal, cujo conteúdo é determinado (entre outros factores) pelo seu resultado. Exemplos desta situação são as avaliações (entrevistas, exames, provas de aptidão) realizadas no âmbito dos concursos de acesso à função pública e os exames médicos para

Artigo 120.º

efeitos, por exemplo, de reforma ou aposentação: o exame não tem aí um valor funcional autónomo, pelo que a sua classificação ou resultado não pode, em princípio, ser considerado acto administrativo.

Diferentes destes, são os casos em que o **exame** é o momento principal de um procedimento administrativo (mais ou menos informal) e que está, por si só, directamente na origem da atribuição de uma certa posição jurídica ao administrado. Agora, ele já não é **acto ancilar ou instrumental** de um acto administrativo, mas pressuposto da aquisição directa de uma nova situação jurídica, que permite ao seu titular fazer (ou intitular-se) algo que, até aí, lhe estava vedado fazer ou intitular-se.

Trata-se, portanto, dos casos em que uma determinada **habilitação** ou estatuto (académico, profissional, etc.) do cidadão apenas pressupõe a realização de uma prova ou a sujeição a um interrogatório, operações que, realizadas com sucesso, lhe conferem directamente a qualificação pretendida: **a classificação do exame**, a decisão administrativa sobre o seu resultado é, então, um acto administrativo.

Exactamente por isso, deve entender-se, nestes casos, que a indicação do resultado do exame ou da prova realizada é a *comunicação ou notificação de um acto administrativo* (o próprio acto administrativo, se se quiser), que dá ao particular inconformado com tal resultado a possibilidade de — em certos termos, claro — recorrer dele, ou, àquele que obteve sucesso, o direito à certificação documental da qualificação obtida, a *certeza* ou *fé públicas* sobre a titularidade desta.

Exemplos de exames deste tipo são, quanto a nós, a avaliação da capacidade técnica, física e psíquica do candidato à obtenção de uma carta de condução (ver artigo 129.º do Código da Estrada) ou o caso dos exames previstos no Decreto-Lei n.º 358/84, de 13 de Fevereiro (lei das carteiras profissionais), que habilitam directamente para o exercício de certas profissões, em função da *"defesa da saúde e da integridade física e moral das pessoas ou da segurança dos bens"*.

Quanto aos exames escolares — quer os dos primeiros graus de ensino, quer os do ensino superior (politécnico e universitário) —, a superação do conjunto das provas previstas em cada um desses graus confere também ao examinando uma qualidade jurídica nova: ora uma habilitação genérica que atesta a posse de um conjunto de conhecimentos de cultura geral (como é o caso da conclusão dos primeiros graus de ensino), ora uma habilitação já especificamente profissional, ou pelo menos direccionada ao exercício de uma determinada profissão, como no caso dos títulos académicos.

Contudo, e diferentemente das habilitações anteriormente referidas (exames para a obtenção de carta de condução, exames profissionais, etc.) as habilitações académicas não são autorizações habilitatórias ou, se se quiser, "verificações constitutivas" de situações subjectivas (actos declarativos a que a lei ligue efeitos constitutivos de situações jurídicas subjectivas). Elas não incidem directamente sobre o agir jurídico dos sujeitos, não estão ligadas a situações concretas, não afectam as relações intersubjectivas: não habilitam o examinando ao exercício de uma profis-

Artigo 120.º

são ou ao desenvolvimento de uma actividade, como a de condução de veículos automóveis ou exercício de uma certa profissão.

Mas para além dos efeitos *preclusivos*, pela introdução no ordenamento jurídico de uma *certeza legal* (irreversível) sobre a existência de um facto ou a ocorrência de um acontecimento doravante incontestável (a posse de determinados conhecimentos pelo habilitado) — com o valor jurídico adicional da sua origem pública ou equiparada (por isso são actos de *certeza pública*) — tais actos não deixam ainda de conferir ao examinando uma qualidade jurídica nova que pode vir a ser pressuposto da criação ou modificação válidas de situações subjectivas — com a ocorrência de ulteriores factos ou actos jurídicos (como é o caso da inscrição numa ordem profissional) — sendo, por isso, *constitutivos de situações jurídicas objectivas.*

Nessa medida não podem, também estes actos, deixar de ser considerados como verdadeiros actos administrativos para efeitos procedimentais, e de serem contenciosamente recorríveis, nos termos limitados em que um acto destes pode ser arguido de ilegalidade.

Em grande número de situações, o exame (a sua classificação) será um acto administrativo de procedimento sumário (ver nota **VIII** do art. 1.º), mas, mesmo quando não seja esse o caso, sempre terão de admitir-se alguns desvios aos regimes gerais, quer quanto à incidência de certas normas do Código (v.g., audiência, fundamentação) — como se acentua na nota n.º **XV** ao art. 124.º — quer quanto à extensão dos recursos dele admissíveis.

XII. Categoria especial de actos administrativos, em termos de *decisão*, são os designados, pela doutrina estrangeira, **actos informáticos ou electrónicos** (*atto amministrativo informatico, automatisch hergesteltte Bescheid*).

Trata-se de manifestações da Administração Pública (por exemplo, nos sectores da Administração Fiscal e Segurança Social), que têm a particularidade de ser "produzidas" por um meio automático, aparentemente sem intervenção humana. Essa circunstância, de não serem o resultado de um agir humano, implica que deva questionar-se se poderão tais acções ser consideradas como *decisões*.

Não se nos suscitam dúvidas quanto à resposta (afirmativa), se os elementos estruturantes do conceito de decisão estiverem reunidos. Ainda que, num certo sentido, pareça forçado dizer-se que cada acto produzido pelo computador é uma decisão, a verdade é que esse acto não é senão o produto de uma elaboração automatizada que subsume certos dados concretos aos dados gerais (comuns às diversas situações) previamente introduzidos pelo responsável — podendo assim o *programa informático* (ver Preliminares do Capítulo respeitante aos Regulamentos) considerar-se como um *acto normativo* ou *indirectamente normativo*. Ora, neste sentido — ainda que o acto apareça como o resultado de uma mera operação mecânica ou automatizada — não pode excluir-se o momento ou vontade decisórios, cujos traços relevantes consistem na identificação e categorização do sujeito e dos dados concretos

Artigo 120.º

respectivos, na sua posterior subsunção aos dados normativos do programa e, final-mente, na "produção" do acto e na sua assinatura pelo órgão competente, a qual (à falta de outros) constituiria, só por si, o momento decisório determinante da clas-sificação proposta.

O facto de *"a capacidade de decidir cada caso"* ter sido transmitida para um meio auxiliar de natureza electrónica não prejudica que a vontade de o decidir e a assunção jurídica do resultado (dado pelo computador) sejam consideradas sufi-cientes para configurar a existência, aqui, de uma *decisão* administrativa.

XIII. Para que uma decisão se consubstancie num acto administrativo é ne-cessário, em segundo lugar, de acordo com a noção do art. 120.º do Código, que ela seja posta por um *"órgão da Administração"*.

É uma referência perigosa esta, na lógica do próprio Código, por poder levar a associar o conceito deste preceito ao de *"órgãos da Administração Pública"* do art. 2.º, n.º 2 —, quando a verdade é que na noção de acto administrativo aqui dada, e no princípio procedimental do Código, cabem também as decisões administrati-vas de órgãos não administrativos do Estado (e das Regiões Autónomas), bem como aquelas que provenham de particulares a quem estejam legalmente conferi-das prerrogativas de autoridade (como resulta claramente da segunda parte do n.º 1 e dos n.ºs 3 e 4 do art. 2.º do Código).

As decisões de órgãos não administrativos do Estado e as de particulares, nos casos referidos, são também decisões que — preenchidos os restantes elementos da noção do art. 120.º — consubstanciam actos administrativos (chame-se-lhes *actos administrativos* ou, mais redutoramente, *actos materialmente administrativos),* enquanto tiverem o mesmo regime procedimental e substantivo — como aliás, também, o contencioso (ver arts. 26.º e 51.º do ETAF) — dos actos dos órgãos da Administração Pública, são actos jurídicos de idêntica natureza e efeito dos dela.

Nem se vê que as razões ou propósitos invocados em defesa de uma concep-ção orgânica ou *estatutária* do acto administrativo — como, por exemplo, as defen-didas por GARCÍA ENTERRÍA e TOMÁS-RAMÓN FERNÁNDEZ, em "Curso de Derecho Administrativo" (1977), págs. 28 e segs. e, entre nós por SÉRVULO CORREIA, "Lega-lidade e autonomia contratual nos contratos administrativos", Coimbra, 1987, pág. 415 — possam obstar a uniformização dogmática exigida pelo facto de se tratar de decisões, de actos jurídicos, com regimes jurídicos procedimental, substantivo e processualmente idênticos.

Não se discute que o princípio procedimental (e algumas regras substantivas) em matéria de actos administrativos estejam predominantemente moldadas num esquema ou modelo básico da organização administrativa. Mas isso só significa que, na parte em que as respectivas decisões provenham de órgãos ou entes de outro modelo ou organização, se terão em conta as diferenças orgânicas ou estatu-

Artigo 120.º

tárias próprias de cada um deles: um contrato de direito privado, por exemplo, também pode, quando intervém um ente ou certos entes jurídico-públicos, ser celebrado em notário privativo destes, e não deixa por isso, claro, de ser um contrato de direito privado.

É por isso que um A. tão exigente quanto Rogério Soares classifica como *"autênticos actos administrativos"* as decisões dos órgãos legislativos e judiciais, que versam sobre questões respeitantes à sua organização e funcionamento administrativos ou que, em vez de referir a noção de acto administrativo às decisões de órgãos da Administração, as reporta, antes, aos *"sujeitos de direito administrativo"* (principal ou secundariamente). Aliás, já em 1981, ESTEVES DE OLIVEIRA (em anotação ao Acordão do STA, de 5.XI.1981 — publicada na Revista de Direito Administrativo n.º 10, pág. 273 e segs. — onde se defendia essa tese numa altura em que as leis ordinárias ainda não haviam assumido, como posteriormente se fez no ETAF, a similitude, pelo menos material e contenciosa, dos actos administrativos desses órgãos), propendia para a sua equiparação com os actos provenientes de órgãos da Administração Pública.

Fica assim suficientemente justificada a nossa opção por uma interpretação extensiva (e "objectiva") do conceito *"órgãos da Administração"* do art. 120.º do Código. E também a razão por que, em nosso entender, este elemento da noção de acto administrativo ficaria mais correctamente delimitado, se se falasse, antes, de *"decisões tomadas no exercício de poderes (e deveres) de autoridade administrativa"* ou de *"decisões tomadas por sujeitos de direito administrativo"*.

XIV. Para o que o qualificativo *"Administração"* do art. 120.º — em qualquer fórmula que se lhe queira dar — pode ter interesse, no seio da fórmula usada, é para distinguir objectiva ou materialmente (não subjectivamente) os actos administrativos dos actos de outras funções do Estado, como a judicial, a política ou a legislativa.

Os actos próprios dessas funções podem ser decisões que, ao abrigo de normas de direito público, visam produzir efeitos numa situação individual e concreta, mas não são actos do exercício da função administrativa: assim, quando o Presidente nomeia o Procurador Geral da República ou um Embaixador, como representante de Portugal no estrangeiro, pratica um acto político (pelo menos nessa vertente); também a intimação judicial de alguém para adoptar um determinado comportamento administrativo (art. 86.º da Lei de Processo) não é um acto administrativo, mas judicial.

XV. O terceiro elemento da noção de acto administrativo do art. 120.º, respeita ao facto de a decisão do órgão da Administração ser tomada "***ao abrigo de normas de direito público***", de normas de direito administrativo.

Artigo 120.º

Com esse elemento, o legislador teve em conta que os órgãos da Administração, quando situados no seio de relações jurídico-privadas, como se de particulares se tratasse, não tomam decisões ao abrigo de normas de direito público ou administrativo — salvo se, excepcionalmente, isso lhes for permitido por lei — mas de direito privado, e não praticam, naturalmente, actos administrativos sujeitos ao regime procedimental e substantivo deste Código, ou a qualquer outro da mesma natureza.

O que são *"normas de direito público"* ou administrativo — por contraposição a normas de direito privado — é, para muitos, uma questão controversa; tanto que se discute sobre o próprio fundamento da distinção. Aqui, para estes efeitos, as dificuldades não são tão desesperantes, pois as normas (de direito público) ao abrigo das quais se pratica um acto administrativo são, antes de mais, *normas de competência* e é, precisamente, em relação a elas que menores dificuldades haverá na separação do direito público e do direito privado, na delimitação entre aquilo que pertence ao domínio administrativo e aquilo a que os simples particulares também estão juridicamente admitidos.

Normas de direito público serão, então, aquelas que regulam situações e relações jurídicas que pelo seu *sujeito, facto, conteúdo* ou *garantia* são insusceptíveis de se constituir entre simples particulares.

Não se perca de vista, por isso, que o carácter "exorbitante" da administratividade jurídica de uma norma substantiva pode resultar de uma lei de competência contenciosa, respeitante à respectiva *garantia*. Se isso constitui, convenha-se, um sintoma elucidativo da juventude e falta de univocidade do direito administrativo, a verdade é que, nas condições relativamente anárquicas e apressadas da sua formação e da sua progressiva extensão a domínios que lhe estiveram inicialmente furtados, a administrativização substantiva de muitas relações jurídicas lhes adveio de terem começado por ser submetidas à jurisdição dos tribunais administrativos, não da sua especificidade relacional (ou organizatória).

XVI. O elemento seguinte da noção legal de acto administrativo, consubstancia-se no facto de a decisão *"visar produzir efeitos jurídicos"* — fórmula cujo alcance está intimamente ligado com o facto de ele constituir uma *decisão.*

A expressão aqui usada — mesmo se corresponde à fórmula mais generalizada — é, em si, algo equívoca, pela excessiva sugestão voluntarista e psicológica que carrega consigo. É que os efeitos jurídicos do acto administrativo não estão causalmente ligados (pelo menos, em geral) ao facto de com a decisão se ter visado precisamente a sua produção, à semelhança do que sucede nos domínios da *"autonomia da vontade"*. Como adverte ROGÉRIO SOARES, a intenção ou vontade de certos efeitos, por parte do seu autor, *"não colhe qualquer significado imediato no domínio do acto administrativo; só numa via indirecta e em apertados limites ela pode ter interesse"*.

Artigo 120.°

Mas não é por aí que a doutrina ou os tribunais se enredarão na delimitação "territorial" da noção de acto administrativo: todos estão conscientes da existência de efeitos jurídicos decorrentes de acto administrativo, cuja produção não se visava com a sua decisão — sendo antes efeitos reportados pela lei àquele tipo de condutas administrativas — ou decisões tácitas ou implícitas e, até, de actos administrativos contidos em simples operações materiais e mecânicas (se admissíveis).

Não deve, porém, deduzir-se do que ficou dito que a vontade de (certos) efeitos manifestada no acto administrativo seja sempre e plenamente indiferente, do ponto de vista jurídico-administrativo.

Desde logo, ela é o primeiro factor da determinação tipológica do acto praticado, do efeito produzido; e com um relevo tal, que, se houver declaração de efeitos em contraste com o tipo enunciado, é aquela que prevalece na determinação do conteúdo do acto — e não a remissão para os efeitos legais do tipo enunciado. Em sede interpretativa e hermenêutica, a *vontade* do autor do acto não é, portanto, juridicamente indiferente.

Nem se deduza também do que ficou dito que essa vontade do seu autor não possa aparecer, em alguns casos, como elemento constitutivo do acto administrativo — como sucede quando a lei expressa ou implicitamente remete para ele a definição dos efeitos a produzir (por exemplo, em matéria de cláusulas acessórias).

É questão, essa, da *vontade* no acto administrativo, das mais conspícuas com que se debatem os administrativistas, a justificar as hesitações manifestadas quer na anterior nota **VII** quer, adiante, quanto ao relevo dos vícios da vontade na invalidade do acto administrativo.

XVII. Relevante é, sim, fixarmos aqui que os efeitos jurídicos que o acto administrativo produz (ou visa produzir) são **efeitos jurídicos externos**: o legislador não o disse por o entender desnecessário, não por entender que a decisão de efeitos jurídicos *internos* também consubstancia um acto administrativo. Se fosse de outro modo, teríamos agora, além de tudo o mais, que a Administração, para tomar as suas decisões internas, devia submetê-las a procedimento administrativo.

Aliás, o legislador já deixara inequivocamente preceituado que o Código se aplicava aos "*órgãos que, no desempenho da actividade administrativa, **estabeleçam relações com particulares**"* (art. 2.°, n.° 1).

Estamos assim, nesta parte, em desacordo com REBELO DE SOUSA (RDJ, vol. VI, 1992, pág. 38), quando considera também incluídas no conceito do art. 120.° do Código as decisões com efeitos jurídicos internos.

Para efeitos do Código, só consideramos, portanto, actos administrativos as decisões administrativas que visem produzir efeitos jurídicos na esfera de terceiros, públicos ou particulares, que com ele, autor do acto, estão (ou pretendem estar) em relação jurídico-administrativa.

Artigo 120.º

XVIII. Decisões com efeitos jurídicos **internos** são todas aquelas que não se reflectem na esfera de interesses juridicamente protegidos de pessoas estranhas àquela (ao órgão) que decide. É o caso paradigmático das *ordens* em matéria de serviço.

Tal critério tem, é evidente, de ser tomado e aplicado com o máximo rigor, pois para que uma decisão relativa ao funcionamento dos serviços deixe de ser puramente interna e passe a ser de efeito externo — apta a poder ser considerada como acto administrativo — basta, por exemplo, que afecte a posição "jurídico-laboral" (privada ou administrativa) de um seu funcionário, que mexa com qualquer direito, dever ou faculdade, que a lei, o acto ou o contrato respectivos lhe confiram.

O mesmo valerá, com as necessárias adaptações, para as restantes relações especiais de poder — seja, nomeadamente, para as relações entre a Administração e os presos, os militares e os alunos (bem como as outras categorias de utentes de serviços públicos divísiveis integrados nas respectivas instituições prestadoras, como os doentes internados nos hospitais, os utilizadores das bibliotecas públicas, etc.).

Por outras palavras: mesmo que a decisão se reflicta juridicamente apenas no ordenamento jurídico próprio dessa relação especial — como acontece, por exemplo, com uma repreensão imposta a uma concessionária pelo concedente, ou pelo Reitor ao estudante — e não no ordenamento jurídico geral (ou nos diversos ordenamentos mais gerais do que esse) ela é, à mesma, uma decisão com efeito jurídico externo, um acto administrativo.

Importa fazer, ainda, mais dois reparos, nesta sede das relações especiais de poder.

O primeiro é que se admite uma maior latitude dos poderes da Administração, face à necessidade de manter a ordem e a disciplina necessárias ao bom funcionamento do respectivo serviço — do que a estabelecida pelo ordenamento jurídico geral, para as relações gerais de poder — nomeadamente, a titularidade de um poder regulamentar *praeter legem*, bem como o poder de praticar (preventivamente) os actos desfavoráveis ou ablatórios necessários à preservação das referidas ordem e disciplina. A tais poderes corresponde um acréscimo das obrigações de *facere* dos administrados, bem como uma menor tipificação quer das condutas proibidas quer das condutas impostas.

Em todo o caso, sempre terá que ser respeitado o princípio da proibição do excesso, nas suas vertentes da adequabilidade, da necessidade e da proporcionalidade em sentido estrito — sobretudo na medida em que tais poderes contendam com direitos fundamentais (liberdade pessoal, liberdade de ensino/direito ao ensino, direito à saúde, etc), dado que, claro está, os respectivos titulares não os perdem ou vêem diminuidos quando estão inseridos no seio de uma dessas relações — mesmo quando se trata de *status* ou situações voluntariamente assumidos.

O segundo reparo é que não se deverá estender o conceito de *"**relação especial de poder**"* para lá dos referidos casos e, nomeadamente, a outras relações aparentemente próximas, como as relações entre os profissionais colegiados e as res-

Artigo 120.º

pectivas ordens, entre certos agentes económicos (agências de viagens, empresas transportadoras, entidades bancárias e para-bancárias, seguradoras, etc) e as respectivas autoridades tutelares, etc. Cada uma destas relações apresentará certamente a sua especificidade: e nesse sentido se fala hoje em *relações administrativas especiais* — precisamente para realçar tais especificidades — , mas não deixam de ser relações gerais de poder.

É que o que continua a exigir a caracterização e diferenciação das clássicas relações especiais e relações gerais de poder é o facto de aquelas assentarem num contacto directo e pessoal entre os administrados e os agentes da Administração, contacto esse que, por apresentar um carácter de permanência e continuidade, requer uma precisa regulamentação do comportamento pessoal dos primeiros, por forma a superar os problemas que sempre surgirão de um convívio (entre uns e outros) e que, muitas vezes, se prolonga pela maior parte do dia útil da respectiva actividade.

XIX. A decisão constitutiva do acto administrativo tanto pode ter um **conteúdo positivo como negativo**, tanto pode consubstanciar-se na prática de um certo acto (ainda que de efeito impositivo ou restritivo), como na recusa expressa em praticá-lo — o que, aliás, pode suceder em procedimentos particulares ou em procedimentos oficiosos e, dentro destes, quer nos de interesse público quer nos de "interesse particular".

Entre os actos de conteúdo negativo, temos as *recusas*, os *indeferimentos,* as *oposições*, proferidos em procedimentos de primeiro ou segundo grau: é o caso de o particular ter direito a exercer uma actividade (a dispensar-se dum dever, a praticar um acto) no caso de não oposição da Administração e esta manifestar tempestivamente essa oposição.

Por outro lado, já se viu que esse efeito jurídico (externo) dos actos administrativos pode resultar não apenas de "vontades" constitutivas da Administração Pública, como também de actos com conteúdo declarativo (de factos ou posições jurídicas), na parte em que tenham um efeito (concretizador, titulador ou procedimental) inovatório e concreto.

XX. É claro que os efeitos jurídicos (externos) de que aqui se trata são **efeitos jurídico-administrativos**, como já estava subentendido no facto de o acto administrativo ser praticado *"ao abrigo de normas de direito público"*.

Mesmo quando o acto administrativo aparece ligado à criação, à modificação ou extinção de relações ou situações jurídico-privadas, sejam elas entre particulares ou entre estes e Administrações Públicas — como (de uma forma ou outra) no plano constitutivo, autenticador ou fiscalizador, tantas vezes sucede — a verdade é que o que nele vale, em sede de qualificação, é o momento ou a decisão sobre a composição administrativa (no plano conformador ou titulador) dos interesses dos sujeitos da

Artigo 120.º

relação jurídico-privada com o interesse público cuja realização a lei quis assegurar, ao prever a intervenção administrativa na situação ou relação em causa. Só esse momento ou decisão é que tem a (valia e a) *garantia* jurídica de acto administrativo.

Até na hipótese extrema (e pressupondo-se que aí há decisão administrativa e não existe inconstitucionalidade) de a Administração ser chamada a **decidir**, segundo o Direito, conflitos de interesses privados surgidos na interpretação ou aplicação de normas de direito privado, não são os direitos e deveres privados reconhecidos que gozam da (valia e) *garantia* jurídica do acto administrativo; é, antes, e só, o seu próprio **reconhecimento** pela Administração.

Ou seja: as acções judiciais (declarativas, condenatórias ou executivas) a que haja lugar entre as partes na relação jurídico-privada administrativamente constituída (ou autenticada), quanto aos direitos e deveres que as ligam, não têm nada a ver com o direito e o contencioso administrativo, sendo, antes, do direito e do foro comum.

XXI. O último elemento da noção legal de acto administrativo é que a decisão respectiva produza (vise produzir) os tais efeitos jurídico-administrativos *"numa situação individual e concreta"*.

A ideia do legislador foi assumidamente (ver FREITAS DO AMARAL, CPA, INA pág. 102) travar a tendência jurisprudencial que se vinha manifestando de considerar como actos administrativos as medidas ou comandos da Administração dirigidos a uma pluralidade determinada ou determinável de indivíduos (os comerciantes inscritos na Associação X ou os moradores na rua Y), a propósito duma **situação concreta**. Sujeitas então, segundo a sua classificação jurisprudencial, com manifesto prejuízo dos destinatários, ao apertado regime de prazos de impugnação dos actos administrativos, essas medidas deixariam agora de poder considerar-se como tais — desmentindo-se assim, de algum modo, a intenção do legislador de cingir a noção legal do art. 120.º aos efeitos do Código —, embora os regimes de formação e de impugnação do acto administrativo sejam mais favoráveis aos destinatários desses actos, do que o dos regulamentos.

Foi tão longe o legislador do Código nesta matéria, que ligou a individualidade do destinatário do acto administrativo à sua própria identificação nele, defendendo Freitas do Amaral (ob. e loc. citados) que *"é preciso individualizar o destinatário pelo seu nome e morada para que haja acto administrativo"*. Parece-nos excessiva a exigência: na verdade, a decisão administrativa não deixa de reportar os seus efeitos a uma *"situação individual"* (como se faz mister no art. 120.º do Código), por o nome e a morada do respectivo destinatário não constarem do acto e a identificação de tal situação se fazer através de qualquer outro factor ou elemento pessoal — pondo-se a questão do nome e da morada do destinatário, como questão respeitante (antes) às exigências de notificação do acto administrativo.

É seguro, por exemplo, que a individualização do destinatário através da referência do acto a uma situação própria e específica dele (*"o proprietário do prédio*

Artigo 120.°

X", *"o requerente"*, *"o concessionário"*, etc) basta, neste aspecto, para que haja acto administrativo, mesmo que ele devesse considerar-se inválido — e, para nós, nem sequer disso se trata (remetendo-se igualmente, para os comentários que se fazem adiante sobre o art. 123.°).

Aliás, a exigência de identificação do destinatário do acto, prevista nesse artigo 123.°, é diversa da do art. 55.° do Código, que essa, sim, é que é uma identificação *"nominal"*

XXII. Valendo a opção do art. 120.°, neste aspecto, apenas para efeitos do Código, perguntar-se-á, então, se não são de considerar como actos administrativos, para os sujeitar aos regimes aí estabelecidos, os **actos administrativos gerais**, ou seja, aqueles que, referindo-se a uma **situação concreta**, se destinam a uma **pluralidade indeterminada de indivíduos** (e que Rogério Soares exemplifica com as medidas tomadas a propósito de uma manifestação, com o anúncio de abertura de um concurso ou com a incorporação militar dos indivíduos de uma determinada idade).

Não tendo em vista uma situação individual ou várias situações individualizadas, a resposta (face ao Código) não pode deixar de ser negativa, não são actos administrativos, mesmo se têm, como dissemos (Preliminares, nota **II**), uma função concretizadora, não normativa.

Do ponto de vista procedimental, se seguíssemos então aqui a opção manifestada pelo legislador do Código — e que, acima, em comentário ao art. 115.°, sugerimos dever ser rejeitada — a resposta à questão de saber se os *actos gerais* têm cariz normativo ou regulamentar, deveria ser afirmativa, ficando eles, assim, sujeitos ao regime dos arts. 114.° e segs., evitando-se o vazio procedimental resultante de não caberem nem na noção de acto nem na de regulamento — consequência, certamente, de se ter querido resolver em sede procedimental um problema de origem contenciosa.

Quanto aos chamados **actos administrativos colectivos** — que se traduzem, para FREITAS DO AMARAL (Direito Administrativo, vol. III, pág. 89), em *"actos que têm por destinatário um conjunto unificado de pessoas"*, dando como exemplo a medida de dissolução duma câmara municipal —, esses, são manifestamente respeitantes a situações individuais ou individualizadas, não se pondo qualquer dúvida sobre a sua qualificação.

Diferente é o conceito de **actos contextuais** — ao qual se refere o art. 38.°, n.° 2, da Lei de Processo — e de que se fala quando vários actos administrativos vêm incorporados no mesmo documento, como se fossem um só acto: é, por exemplo, o caso das declarações de utilidade pública de prédios diversos constarem do mesmo despacho ou da homologação de uma lista de classificação de um concurso.

Sendo os actos administrativos contextuais actos autónomos, entre si, é evidente que cada um deles pode padecer de vícios próprios, mas também podem estar

Artigo 120.º

afectados de ilegalidade que afecte a todos — sendo impugnáveis isolada ou cumulativamente pelos vários destinatários, consoante os casos. Note-se que, no caso de impugnação isolada, a sentença anulatória (mesmo que venha fundada num vício comum) só aproveita ao recorrente.

XXIII. Além de individual, a situação a que se reportam os efeitos da decisão administrativa deve ser uma **situação concreta** da realidade jurídico-administrativa.

Ou seja, se os efeitos jurídicos da decisão administrativa respeitam a uma pessoa (ou a uma coisa), mas se produzem sempre que se verifique determinado facto ou circunstância nela abstractamente definida, não estamos, para efeitos do Código, perante um acto administrativo — ao contrário do que acontece com uma medida tomada a propósito de uma situação concreta e para a regular só a ela, mesmo se destinada a vigorar continuadamente.

Estamos agora, no caso aqui configurado, perante actos individuais e abstractos, só admissíveis quando previstos na lei (ou em regulamento).

Embora se suscitem dúvidas quanto à configuração dessas decisões, como actos administrativos ou como actos normativos (talvez preferível do ponto de vista teórico), parece-nos que pragmaticamente pode prevalecer essa sua primeira configuração, entendendo-os como **actos administrativos de prática automaticamente renovada**. Assim, ao menos, garante-se a possibilidade de suspensão judicial da sua eficácia e assegura-se a existência de um procedimento prévio e idóneo (que são valores essenciais, e que a opção regulamentar não asseguraria, segundo o que se entende actualmente na nossa jurisprudência) permitindo-se também a sua impugnabilidade sucessiva (que é igualmente essencial, e a sua configuração como um acto administrativo simples não garante).

XXIV. As substanciais dificuldades hermenêuticas e as hesitações derivadas da noção estrita dada pelo Código, aconselhariam, porventura, que o legislador apresentasse factores ou critérios complementares ou correctivos dos da generalidade e de abstração (que já apresentam sinais de saturação e não permitem solucionar situações mais complexas), de modo a que as medidas administrativas individuais e abstractas ou as gerais e concretas — ou quaisquer medidas de duvidoso enquadramento — pudessem ficar sujeitas ao regime procedimental e substantivo do acto administrativo, sempre que os interesses aí envolvidos fossem iguais (ou idênticos) àqueles que se revelaram determinantes das soluções nele adoptadas.

E há factores já estudados na doutrina e na jurisprudência — como, entre outros, o da operatividade directa e imediata dos efeitos da decisão ou da necessidade de intermediação de um outro acto jurídico — que poderiam ser utilizados para isso, afastando em tantos casos as consequências hermenêuticas que uma noção fechada e já "saturada" de acto administrativo (qualquer uma, claro, em maior ou menor grau) sempre acarreta.

Artigo 120.º

O que importará, sempre, à frente de tudo o mais, são os valores da protecção procedimental e judicial (mais forte esta, claro) dos cidadãos, dos administrados, cujas esferas jurídicas resultam comprimidas por força de exigências unilaterais da Administração.

XXV. Há actos administrativos que têm como destinatários, não directamente pessoas, mas **bens** ou **direitos**, os quais, naturalmente, sendo da titularidade de pessoas (ou estando no confronto de pessoas) vão também afectar estas, indirectamente. São os chamados **actos reais**.

Essas decisões administrativas que têm como "destinatários" **coisas**, é evidente que cabem nitidamente no conceito *"situação individual"*, se se tratar de bens determinados, da titularidade (uso ou fruição) de terceiros. Nesses casos, mesmo quando os efeitos da decisão são *ob rem* e lhe ficam ligados, independentemente daquele que é seu titular (usuário ou fruidor) — como acontece, por exemplo, com a classificação de um bem particular como sendo *"de interesse público"* (histórico, monumental, cultural, etc) —, a decisão não deixa de ser individual, de respeitar à esfera jurídica de uma pessoa determinada, que vê afectada a sua margem de liberdade jurídica na detenção, uso ou fruição desse bem.

Mas também costumam ser considerados actos administrativos decisões que respeitam às coisas da própria Administração; seja, por exemplo, a *classificação* de um bem, como sendo do domínio público — é uma decisão (aliás, como a do exemplo anterior) que podemos fazer corresponder ao acto administrativo de *admissão* de uma pessoa num determinado serviço público (como funcionário, como estudante, como militar), e que envolvem o seu ingresso numa posição jurídica complexa e "estatutária", à semelhança do que acontece com o bem classificado como dominial.

Diferentemente se passam as coisas, quando, sendo reportada a um bem administrativo (a um museu, a uma escola, etc), a decisão administrativa incide, digamos assim, sobre o modo ou as possibilidade de uso desse bem, como sucede, por exemplo, com o regulamento da sua utilização. Vista pelo lado dos destinatários, essa decisão não produz o seu efeito em situações individuais, mas gerais, sendo por isso normativa.

Artigo 121.º

Artigo 121.º

Condição, termo ou modo

Os actos administrativos podem ser sujeitos a condição, termo ou modo, desde que estes não sejam contrários à lei ou ao fim a que o acto se destina.

> I. *A aposição (pelo seu autor) de cláusulas acessórias nos actos administrativos.*
> II. *A condição e o termo: noções e espécies.*
> III. *O modo: noção e extensão no direito administrativo.*
> IV. *Dificuldades da distinção das diversas cláusulas acessórias.*
> V. *Cláusulas acessórias não previstas na lei: espécies e admissibilidade (as* cláusulas particulares*).*
> VI. *Discricionariedade da aposição e requisitos gerais das cláusulas acessórias.*
> VII. *O requisito da sua compatibilidade com a lei.*
> VIII. *O requisito da sua compatibilidade com o fim a que o acto se destina.*
> IX. *Consequências substantivas da ilegalidade da cláusula acessória.*
> X. *Regime de impugnação das cláusulas acessórias ilegais.*

I. Ao lado do seu conteúdo e efeitos jurídicos **necessários** — aqueles que o definem como acto de uma certa espécie ou classe, correspondendo a uma determinada *fattispecie* normativa —, o acto administrativo pode também ter elementos ou efeitos **acessórios**, resultante de o seu autor, **por opção ou decisão própria** (mesmo que esteja legalmente prevista) lhe aditar outros efeitos ou medidas, para melhor compatibilizar, entre si, os múltiplos e heterógeneos interesses que a situação jurídico-administrativa em causa despoleta.

O problema das **cláusulas acessórias** em direito administrativo é encarado e solucionado pelos Autores de modo muito diverso, não sendo raros aqueles que nem sequer se lhes referem ou aqueles (como Giannini, por exemplo) que, em nome do princípio da tipicidade dos actos administrativos, sustentam a inadmissibilidade da sua aposição ou, pelo menos, da aposição de algumas delas (como o termo e o modo) — dúvidas ou receios que o legislador do Código mostrou não ter.

Do mesmo modo, são muito diversas as posições que se encontram, nomeadamente na doutrina estrangeira, quanto ao regime dessas cláusulas — *maxime*, quanto ao regime do acto que contém uma cláusula acessória ilegal — o que leva a que, em muitos casos, as soluções apresentadas para resolver as questões postas se resumam ao seu enunciado, sem qualquer justificação ou explicação abonatória.

Artigo 121.º

II. São conhecidas as figuras da *condição*, do *termo* e do *modo*, que se aproximam, na teoria do acto administrativo, daquelas dessas cláusulas que podem aparecer associadas também aos actos e negócios jurídicos de direito privado.

Condição é o evento futuro de verificação incerta — o **termo**, o evento futuro certo — de que fica dependente (suspensiva ou resolutivamente) a operatividade dos efeitos, ou de alguns dos efeitos, de um acto administrativo. O acto existe, está "perfeito" ou completo, foram definidos os respectivos efeitos, só que a operatividade destes fica suspensiva ou resolutivamente subordinada à ocorrência de um evento exterior, que permite a sua produção (condição suspensiva e termo inicial) ou os extingue (condição resolutiva e termo final).

Note-se que a condição pode reportar-se a um facto (natural, do próprio destinatário ou de terceiro) que, a ocorrer, ocorrerá necessariamente em momento certo — ou seja, trata-se de um evento *incertus an, certus quando*. Por sua vez, o termo pode ser também *incertus* em relação ao seu *quando*, sendo sempre certo quanto ao seu *an*.

Da condição propriamente dita deve distinguir-se as chamadas **condições impróprias**, cujo elenco (aproveitando a lição dos privatistas) organizamos aqui da seguinte maneira:

> — as condições referidas ao passado ou presente, em que não há pendência de efeitos (o acto tem, ou não tem, *ab initio* os seus efeitos), tudo dependendo dos resultados da verificação que se fizer acerca da sua (não) ocorrência;
> — as condições necessárias ou de verificação impossível;
> — as condições legais.

Estas últimas — as *conditiones juris* — são impróprias, porque respeitam a requisitos legais da prática do respectivo acto ou da operatividade dos seus efeitos. Quando a Administração condiciona a promoção de um funcionário à demonstração da titularidade das habilitações respectivas, os efeitos da adjudicação de um contrato à obtenção do visto do Tribunal de Contas ou a concessão de uma licença ao pagamento da respectiva taxa, não está a sujeitar a produção dos efeitos do acto a uma cláusula acessória, mas a enunciar o que legalmente se exige a mais, para ele ser considerado (perfeito, válido ou) eficaz.

III. Por sua vez, **modo** é a cláusula pela qual o autor de um acto favorável impõe ao respectivo destinatário a obrigação de realização de um encargo (de natureza patrimonial ou não).

O acto (ou negócio) *sub modo* que, nos domínios civilistas, respeita apenas aos actos que importem *liberalidade* — como as doações e deixas testamentárias, (e outros negócios gratuitos) — "moderando-a" (tornando a liberalidade menos vantajosa), é de aplicação mais larga no Direito Administrativo, porque extensível em princípio a todos os actos administrativos de que resulta *vantagem* para os destinatários, mesmo não se tratando de liberalidades — que a Administração, ao con-

Artigo 121.º

trário do que se poderia pensar, também as faz (como no caso, por exemplo, da atribuição de subsídios ou da doação de terrenos estatais ou municipais para realização de fins de instituições particulares de interesse público, da área de desporto ou da benemerência ou, até, a empresas particulares, para actividades ligadas, por exemplo, à habitação social).

Sobre as consequências do incumprimento da cláusula modal pelo destinatário do acto principal — que podem consistir, teoricamente, ou na revogação do acto *sub modo* ou na exigência do cumprimento da cláusula ao destinatário do acto — remete-se para o comentário **VI** dos Preliminares da Secção IV do Capítulo III desta Parte do Código, onde recusamos, em geral, a primeira hipótese, entendendo-se, então, que, nesses casos, a Administração deverá é exigir, pelos meios administrativos ou judiciais ao seu dispor, o cumprimento em espécie do modo não preenchido ou a indemnização pelos prejuízos causados pelo seu incumprimento. A possibilidade de revogação do acto por incumprimento do modo cingir-se-ia àquelas hipóteses configuradas nesse comentário, por exemplo, no caso de ele ter ficado sujeito, também, a uma *reserva de revogação*.

IV. É sabido que as noções referidas, de condição, termo e modo, aparentemente simples, são, contudo, de molde a causar enormes dificuldades práticas: a distinção entre elas é muitas vezes difícil (nomeadamente, no caso do modo e da condição suspensiva potestativa) e tão difícil é, igualmente, distinguir cada uma dessas figuras de outras que lhes estão próximas.

Quanto àquela primeira distinção, recorrendo à lição dos civilistas, diríamos que o acto sujeito a *modo* é imediatamente operativo nos seus efeitos — ao contrário do que acontece com o acto sob condição ou termo suspensivos — e só deixa de os produzir no futuro, (no caso de incumprimento do encargo modal), se for revogado, ao contrário do que acontece com os actos sujeitos a condição e a termo resolutivos, cuja eficácia cessa automaticamente. Quer dizer que o modo não afecta, senão indirectamente, a eficácia do acto administrativo a que é aposto, enquanto que a condição e o termo lhe estão ligados, repercutem-se directa e automaticamente nela.

Claro, porém, que a distinção entre umas e outras dessas figuras depende intensamente da maneira como se encontram estabelecidas em cada acto: a autorização de construção que é tornada dependente da construção dos acessos pelo proprietário, tanto pode ser uma autorização *sub conditione* ou *sub modo*, tudo dependendo, afinal, da própria expressão da vontade administrativa. Nesse aspecto considera-se vantajosa a proposta de M. Stassinopoulos, (Traité des Actes Administratifs, 1954, reimpressão de 1973, pág. 94), segundo o qual o modo surgiria como um acto ou uma medida exterior e autónoma, que acompanharia e acresceria ao acto ou efeito principal, enquanto a condição não modifica ou conforma nenhum efeito do acto, apenas se reflecte na sua operatividade.

Artigo 121.º

Ou, então, servindo-nos de novo da lição dos civilistas, diríamos (de maneira aproximada) que *"o modo obriga, mas não suspende"* enquanto a condição potestativa suspensiva *"suspende, mas não obriga"* — havendo, portanto, neste aspecto, um dever jurídico do destinatário do acto modal e apenas um ónus do beneficiário do acto condicional, se, porventura, o evento que condiciona a respectiva eficácia estiver ligado a uma actuação sua, ou dele dependente.

Em caso de dúvida deve optar-se pela qualificação modal não só por razões semelhantes às de MANUEL DE ANDRADE (Teoria Geral da Relação Jurídica, II, 1987, pág. 394), mas também porque, como considera ROGÉRIO SOARES, *"tal cláusula é a que se traduz, em regra, por uma posição mais vantajosa para o destinatário"* (Direito Administrativo, 1978, pág. 292) — designadamente porque, sendo aposta a um acto favorável, ela não inviabiliza, como a condição inviabilizaria, a sua produtividade imediata.

V. Existem, para além da condição, do termo e do modo, outras cláusulas acessórias possíveis no acto administrativo.

Desde logo, podem existir, nos actos de efeito desfavorável, cláusulas acessórias destinadas a moderá-lo, tornando-o menos desvantajoso para o seu destinatário — ou seja, um *modo* posto do "avesso".

Outra cláusula acessória possível do acto administrativo é a da *reserva de revogação*, destinada a permitir à Administração a possibilidade de revogação futura dum acto administrativo em circunstâncias em que a lei não o admitiria, como é o caso da reserva de revogação em caso de incumprimento da cláusula modal de actos válidos.

Discute-se sobre a admissibilidade desta reserva nas notas ao art. 140.º, n.º 2.

Outra cláusula acessóaria que pode ser aposta aos actos administrativos é a da rectroactividade dos seus efeitos, quando ela é fruto de determinação do autor do acto (mesmo que prevista na lei, como acontece com o n.º 2 do art. 128.º e o n.º 3 do art. 145.º) e não consequência directa de disposição legal.

Já não são cláusulas acessórias de um acto administrativo aquelas que contribuem para modelar o desenvolvimento de actos discricionários de conteúdo não inteiramente prescrito na lei, como acontece, por exemplo, com as eventuais determinações respeitantes à amplitude de um acto de autorização, e que Rogério Soares designa como sendo *cláusulas particulares*, das quais damos outros exemplos em comentário (**IV**) ao art. 123.º.

VI. O poder discricionário conferido neste preceito à Administração, de aditar aos seus actos cláusulas das espécies consideradas — sem quaisquer restrições, que não sejam as postas pela lei ou pelo fim a que o acto se destina — não é tão amplo quanto aparenta.

Artigo 121.º

Desde logo, porque a própria aposição da cláusula acessória (ou esta mesmo, se se preferir) tem que ser **fundamentada**, ainda que o preceito não o esclareça. E é duvidoso, também, que se possa considerar cumprido o requisito do art. 101.º, n.º 2 — sobre o conteúdo da notificação para a audiência —, se os factos determinantes da aposição da cláusula (não a previsão desta mesma, claro) não iam referidos nessa notificação.

Isto, claro, para além de a cláusula acessória dever ser **proporcionada** — aos motivos que a ditaram, aos fins que com ela se visam prosseguir —, **igual** — às que em caso similar têm sido apostas — e **imparcial** — pensada em função de todos os interesses juridicamente legítimos (e só deles) reflectidos no caso concreto.

Outro requisito não mencionado na lei, quanto à aponibilidade destas cláusulas, é o de deverem elas **constar do próprio acto** a que respeitam: a sua estatuição após a prática do acto constitui uma revogação deste (correspondendo a um acto de 2.º grau), sujeita aos requisitos específicos dessa espécie, de que curam, no Código, os artigos 138.º e seguintes.

VII. Por outro lado, o requisito da **compatibilidade** (da não-contradição) da cláusula acessória com a lei deve ser entendido amplamente, implicando a ilegalidade de qualquer cláusula que afecte (reduzindo-os ou ampliando-os) momentos ou elementos vinculados da conduta administrativa ou direitos e posições jurídicas conferidos sem reserva a particulares.

Assim, um acto ou uma competência vinculada no seu *quando* (ou de pressupostos vinculados) não pode ser sujeito a condição ou termo suspensivos; um acto que não pode ser revogado (vinculado no seu *quid*), não pode ser sujeito a termo ou condição resolutivos; um acto de natureza gratuita (ou legalmente tabelado) não pode ser onerado modalmente com (mais) contrapartidas do administrado à Administração.

Note-se também que a incompatibilidade de uma cláusula acessória com a lei pode resultar não apenas de ela ser ilegal, em si mesma, mas também de (sendo legal) *"o seu nexo com o restante conteúdo do acto, a tornar ilegal"*.

VIII. A outra exigência do art. 121.º, em relação à regra da aponibilidade de cláusulas acessórias nos actos administrativos — de que estas *"não sejam contrárias ao fim a que o acto se destina"* —, joga precisamente com esse "nexo".

Hipóteses como, por exemplo, a da aposentação concedida com o encargo de o beneficiário continuar a acompanhar os processos que lhe estavam entregues, caem neste domínio, pela contradição que existe entre um acto destinado a libertar o funcionário da sua relação de emprego, da sua ocupação profissional e uma cláusula destinada a mantê-lo (total ou parcialmente) nessa situação. Contrária ao fim a que o acto se destina seria também, por exemplo, a cláusula acessória que fosse aposta à decisão de um exame académico.

Note-se que a incompatibilidade com o fim do acto dependerá do nexo concreto que se estabelecer com a sua própria medida ou efeito principal: não se pode

Artigo 121.º

dizer em abstracto que seja ilegal a cláusula pela qual se subordina resolutivamente um acto ao facto de uma unidade industrial vir a causar poluição ambiental, se a medida subordinada é precisamente a de autorização do funcionamento dessa indústria, embora já haja ilegalidade dessa cláusula se tal acto respeitar, por exemplo, à autorização para trabalhar por turnos ou para proceder a um despedimento colectivo.

Na verdade, a exigência legal de (mera) compatibilidade da cláusula acessória com o fim a que o acto se destina não pode ser entendida como a permissão para que os órgãos administrativos realizem, através da sua aposição num acto administrativo — no exercício da sua *competência acessória*, digamos assim — qualquer interesse ou fim público desde que compatível com aquele a cuja prossecução se destina a competência principal.

Caso contrário, teríamos — julga-se que pela primeira vez — um poder discricionário conferido não para a prossecução de um determinado fim legal, mas para a prossecução de qualquer fim (que não fosse incompatível com o legal).

Não é, porém, disso que se trata: o art. 121.º do Código não é uma *norma de competência* dos órgãos administrativos, que lhes permita ou os habilite a exercer um poder com vista à realização de um fim específico, de um interesse concreto, das suas atribuições. Trata-se, sim, de uma norma que vive — como acontece também, em certa medida, com as normas revogatórias — na dependência das normas que conferem poderes para a prática de determinado acto e **para servir estas** (normas).

Ou seja, para aplicar uma norma como a do art. 121.º, é necessário que esteja em causa o próprio fim (ou competência) a que aquele acto (ou a norma de competência respectiva) estavam votados, seja para reduzir a intensidade do interesse realizado seja para o harmonizar com outros que lhe estão ligados.

IX. Pergunta-se se a aposição de um cláusula acessória ilegal, num acto administrativo, torna este mesmo inválido, ou se o deixa subsistir, amputado dela?

Note-se que não se trata de questão que se repercute apenas em sede de invalidade. Na verdade, a condição e o termo são cláusulas relativas à eficácia do acto administrativo — diferindo-a para momento posterior (no caso da condição suspensiva ou do termo inicial) ou retirando aquela de que o acto dispunha (no caso da condição resolutiva ou do termo final) — e só o modo não contende, em regra, com tal eficácia, mas com (a validade de) os benefícios e os encargos que o acto cria para os seus destinatários.

Sendo assim, a existência de uma condição suspensiva ou resolutiva ilegais (se elas não implicarem a invalidade total do acto) fará com que este se torne imediata ou definitivamente eficaz, enquanto que, no caso do modo ilegal, não haverá repercussões em sede de eficácia, mas apenas, eventualmente, em matéria de sua validade.

Pode então, agora, passar-se à questão inicial de saber quais as repercussões da cláusula acessória ilegal em relação ao efeito principal do acto, isto é, se o deixa subsistir parcialmente, como se ela não existisse, ou se o derruba todo.

Artigo 121.º

No direito administrativo, a resposta difere, em primeiro lugar, consoante a produção do efeito principal do acto tenha carácter vinculado (no seu *quando* ou no seu conteúdo) ou é fruto de uma decisão de carácter discricionário da Administração, cuja produção a lei permitia, mas não impunha.

No primeiro caso — isto é, quando a cláusula acessória ilegal se projectasse sobre um momento ou elemento vinculado do acto —, a sua ilegalidade não afecta a validade do acto praticado, na parte em que este corresponde à vinculação legal.

No segundo caso, de uma cláusula acessória ilegal incidente em matéria ou questão que é do juízo discricionário da Administração, a solução não é fácil de encontrar.

Na verdade, ao contrário do que acontece no direito privado, onde é a própria lei que fornece as soluções a aplicar no caso de condições, de termos ou de modos ilegais, não existe no direito administrativo nenhuma regra legal, ao menos de aplicação geral, sobre as questões que se põem neste domínio, de saber se a ilegalidade de tais cláusulas se propaga, ou não, ao acto administrativo a que são apostas.

Por isso, muitos Autores "fogem" à questão, outros enunciam as soluções tidas por convenientes sem, contudo, as justificar, com a agravante de serem muito diversas as posturas assumidas a tal respeito. G. Zanobini, por exemplo, estima que, em regra, a cláusula acessória ilegal não prejudica a validade do acto respectivo, tendo-se por não escrita (*vitiatur, sed non vitiat*), enquanto, para R. Alessi, a regra é a de que a condição ilegal torna o acto inválido, ao contrário do que sucederia com o modo ilegal, que não afecta a validade dos restantes efeitos do acto.

Por nós, na impossibilidade de recorrer analogicamente às disposições da lei civil na matéria — cuja disciplina assenta, por um lado, na nulidade absoluta da cláusula acessória e, por outro lado, na autonomia da vontade das partes para retomar o acto ou negócio que assim ficou afectado na totalidade (salvo no caso da condição resolutiva ilegal, que se considera não escrita) — aceitamos, no essencial, a lição de Marcello Caetano, para quem, as questões que se põem a este propósito devem ser resolvidas com base na teoria geral da interpretação do acto administrativo, com vista a determinar se o elemento acessório funcionou, ou não, como motivo determinante da prática ou do conteúdo principal do acto.

Trata-se, no fundo, de recorrer ao critério da *vontade hipotética* do autor ou autores do acto jurídico em causa — critério segundo o qual, o acto ou efeito principal é de manter (na parte não inválida) se, sabendo que não podia incluir a cláusula acessória inválida, fosse de supor que, mesmo assim, o seu autor quereria o acto principal.

Não é de rejeitar a aplicação desse critério, aqui, na determinação da consistência da decisão administrativa discricionária posta ilegalmente em situação de *pendência* (suspensiva ou resolutiva) ou de *modo*: a *vontade hipotética* da Administração é procurada nos elementos hermenêuticos oferecidos pelo próprio procedimento e, na falta deles, deve admitir-se que o tribunal — mesmo se isso é pouco

Artigo 122.º

ortodoxo, em sede de mera anulação ou cassação — procure, ao menos em primeira mão, nos elementos objectivos de interpretação jurídica (tipo do acto, casos antecedentes) a solução "hipotética" da questão, em vez de estar obrigado a anular totalmente o acto, para abrir caminho a uma manifestação expressa da vontade real do órgão administrativo.

Mas há outros critérios ou factores que nos podem ajudar, no direito administrativo, a optar pela solução da manutenção do efeito principal do acto ou pela sua invalidação global: um deles é o de a cláusula acessória ser contrária ao próprio fim a que o acto se destina, caso em que votamos pela manutenção deste, invalidando-se apenas aquela; outra hipótese, em que nos parece ser de manter, em regra, o acto a que foi aposta uma cláusula acessória ilegal, é a de esta ser absurda ou física ou juridicamente impossível.

Em regra, e na dúvida, poderia então dizer-se — aproveitando as sugestões de ESTEVES DE OLIVEIRA (ob. cit., pág. 544 e 550) — que, no caso da condição ilegal, ela se consideraria incindível do respectivo acto, enquanto que a cláusula modal já seria cindível dele, não originando a sua invalidade global, podendo ainda atender--se, no mesmo sentido, a outros princípios de direito, como o da estabilidade das relações jurídicas administrativas ou da conservação (ou aproveitamento) dos actos administrativos e o da confiança dos administrados.

Não lidámos aqui com a hipótese de aposição duma cláusula acessória legal num acto ilegal, por a resposta para a questão (paralela à analisada) ser óbvia: o acto é todo ele, no principal e no acessório, inválido e anulável (ou nulo).

X. Supondo que uma cláusula acessória aposta a um acto administrativo está afectada de ilegalidade, mas que o acto sem ela seria perfeitamente válido, o interessado que pretender fazer sancionar judicialmente tal invalidade não impugnará directamente a cláusula ilegal, mas o próprio acto a que ela foi aposta, pedindo a sua anulação parcial (pela supressão dessa sua parte inválida), no caso de o mesmo se dever ou poder manter sem ela.

Artigo 122.º

Forma dos actos

1. Os actos administrativos devem ser praticados por escrito, desde que outra forma não seja prevista por lei ou imposta pela natureza e circunstâncias do acto.

2. A forma escrita só é obrigatória para os actos dos órgãos colegiais

Artigo 122.º

quando a lei expressamente a determinar, mas esses actos devem ser sempre consignados em acta, sem o que não produzirão efeitos.

    I. A vontade escrita: decisões a que se aplica (dúvidas).

    II. Em que se consubstancia a exigência e a sua decisiva importância jurídica: a nulidade do acto não escrito.

    III. A forma escrita simples: o "Despacho" (características).

    IV. Formas solenes do acto administrativo.

    V. Outras formas admitidas pela natureza das coisas.

    VI. Valor do acto administrativo (e dos actos procedimentais) como documento autêntico.

    VII. As deliberações orais em acta e as deliberações escritas de órgãos colegiais.

    VIII. Como se delibera por escrito nos órgãos colegiais.

    IX. A exigência de fazer constar o acto escrito da acta da reunião.

    X. Violação da forma prescrita: remissão.

art. 122.º, n.º 1

I. A decisão em que se consubstancia o acto administrativo, quando provém dum órgão individual, deve ser tomada ou manifestada "**por escrito**" — o mesmo é dizer que o respectivo titular deve manifestar a sua vontade escrevendo-a, pondo por escrito em que consiste ela.

É uma regra geral, pois há actos de órgãos desses que devem ser praticados oralmente. Seria, por exemplo, o caso de decisões de exames, embora se possa considerar que o acto consiste aí no despacho ou decisão escrita lançada na pauta (ou na lista) de classificação, no livro de termos ou adrede (nota **XI** ao art. 120.º).

A forma escrita não é exigível apenas quando se trata de actos provenientes de órgãos individuais, mas também de actos que provenham de dois ou mais órgãos titulares de uma *competência complexa ou conjunta,* para decisão da mesma situação e ainda que, note-se, se trate de órgãos colegiais.

Já os actos da competência própria ou única de órgãos colegiais, esses, em geral, são praticados oralmente (embora transcritos em acta), como se determina no n.º 2 deste artigo.

II. Ser o acto praticado por escrito não significa que seja necessário vir, todo ele, lavrado pelo punho do seu autor: qualquer folha ou folhas dactilografadas ou impressas (informaticamente ou não) servem para o efeito, desde que o respectivo texto vá assinado por ele. Fica a existir um **documento** — ou seja, um (papel) escrito, susceptível de ser integrado no processo documental do respectivo procedimento (cfr. comentários ao n.º 2 do art. 1.º).

Artigo 122.º

A exigência da forma escrita destina-se a servir como instrumento dos interesses da *segurança* e *certeza* das relações jurídico-administrativas, interesses que a mobilidade dos agentes administrativos e as virtualidades executivas, financeiras e contenciosas dos actos administrativos tornam aqui fundamentais e imperiosos. Não consideramos, pois, a exigência um "luxo", mas uma necessidade do direito das Administrações Públicas, que justifica bem, neste aspecto (também), a diferença do seu regime face ao que lhe corresponde no direito privado.

A exigência é jurídico-administrativamente tão valiosa que consideraríamos, mesmo, a sua inobservância como a primeira hipótese de aplicação da alínea f) do n.º 2 do art. 133.º do Código, respeitante à nulidade do acto que *"careça em absoluto da forma legal"* — mesmo se não parece ser essa a opinião dos AA do *Projecto* do Código (ob. cit., pág. 190).

III. À exigência do art. 122.º, n.º 1, acresce, muitas vezes — por razões ligadas ora ao estatuto do autor do acto ora à especial relevância da matéria deste —, a exigência de uma forma documental mais solene e sacral, do que um simples escrito assinado.

Mas, quando essas formas documentais solenes não estiverem directa ou indirectamente estabelecidas, os actos administrativos são decisões escritas, postas em papel, simples **despachos**, contendo — sem adstrição jurídica a qualquer formulário ou solenidade — os elementos referidos no art. 123.º.

"Despachos (que não é um conceito ou forma exclusiva dos actos administrativos) *são os papéis em que há despachos"*, ou seja — como consta textualmente do Dicionário de Morais (edição de 1789, pág. 421) — em que há a *"resposta de um magistrado a qualquer requerimento por petição, ou em autos"*.

As referências legais à forma de *"despacho"* devem, pois, entender-se nesse sentido, de decisões que são tomadas por escrito, sem necessidade de qualquer outro formalismo especial: lavradas numa petição ou requerimento ou numa folha dum processo.

Note-se que o conceito de *"despacho"* aparece mais ligado às decisões de órgãos individuais — mesmo quando se trata de uma competência conjunta —, sendo rara tal denominação no domínio dos actos provenientes de órgãos colegiais, designados normalmente como *"deliberações escritas"* que são, contudo, também, como é evidente, despachos no sentido que aqui lhe demos.

IV. A forma escrita do acto pode ser dispensada por lei — como quando se prevê o uso da forma oral ou figurativa — e pode também ser por ela agravada, com a exigência de a decisão se dever materializar ou formalizar em documentos escritos solenes ou sacralizados — impondo-se, por exemplo, que sejam vertidos em *Decreto*, em *Resolução*, em *Portaria* ou em *alvará* (no casos em que este seja o próprio acto, e não, obviamente, quando é apenas o título do direito conferido pelo acto).

Artigo 122.º

Claro que não é necessário ser a **"lei"** a estabelecer uma forma documental específica para certos actos administrativos, havendo muitas hipóteses em que isso pode resultar de um regulamento — é o caso de se prever num decreto regulamentar a emissão de um acto através de portaria conjunta.

De rejeitar é que em regulamentos se possa dispensar a forma escrita para categorias de actos administrativos que cairiam no âmbito da regra legal: é que, enquanto ali em cima, no exemplo da portaria exigida por decreto regulamentar, os interesses fundamentais ligados à formalização do acto saem reforçados, aqui sairiam sacrificados, e uma coisa é um regulamento engrandecer um princípio geral da lei (quando isso não redunde em prejuízo de interesses legais alheios), outra, afastá-lo ou reduzi-lo.

V. As restantes excepções à exigência de os actos administrativos serem praticados por escrito não estão especificamente previstas no Código: resultam de a *"natureza ou das circunstâncias do acto"* imporem a adopção de outra forma.

Não basta, portanto, que essa natureza ou circunstâncias tornem recomendável ou conveniente o uso de outra forma: só nos casos que o exigem mesmo, é que não se usará a forma escrita.

Actos cuja **natureza** impõem a adopção de outra forma, têmo-los, por exemplo, nas ordens da polícia ou nas medidas disciplinares tomadas por um professor no decurso de uma aula ou dum exame. Actos cujas **circunstâncias** exigem outra forma podem ser, por exemplo, os actos praticados em situação de urgência ou em certas funções de fiscalização (e similares).

VI. Os escritos em que se consubstanciam os actos administrativos constituem **documentos autênticos** — documentos emitidos por autoridade pública no exercício das suas funções. Mas só, claro, no que respeita a **ter sido tomada** naquela data, por aquele órgão, a decisão (ou deliberação) nele vertida, e não já quanto aos factos em que assenta, muito menos à interpretação das normas ao abrigo do qual é praticado.

Isto é, um acto administrativo — mesmo que já não fosse susceptível de impugnação ou de revogação — nunca faz prova **autêntica** de serem verdadeiros os factos que constituem seus pressupostos (ou motivos): assim, numa acção de responsabilidade intentada pelo particular contra a Administração, para ressarcimento dos prejuízos causados por um acto administrativo não impugnado contenciosamente, os factos nele dados como verificados (ou omitidos), **poderão ser ilididos por qualquer meio de prova**. Em rigor, nesse aspecto, nem prova deviam fazer, cabendo o ónus da sua demonstração judicial à Administração ré.

Se o acto administrativo constitui (nos limites assinalados) um documento autêntico, também os restantes actos do procedimento praticados pela autoridade instrutora ou com competência decisória o são, e isso, na medida assinalada, con-

Artigo 122.º

fere-lhes força probatória igual à daquele. De autenticidade documental gozam também as actas dos órgãos colegiais, quanto à "memória" dos actos administrativos nelas transcritos.

Atente-se, finalmente, que a força de documento autêntico reconhecida ao acto administrativo escrito, no que toca à data da sua prática, quando esta for determinante da sua validade (ou eficácia), coloca nas mãos da Administração, quase incontrolavelmente, a protecção ou *garantia* das posições jurídicas envolvidas — razão por que, ao menos então, se devia considerar vinculativo o prazo do art. 68.º fixado para a respectiva notificação.

art. 122.º, n.º 2

VII. Os **órgãos colegiais** só praticam actos administrativos em **forma escrita**, quando a lei (ou o regulamento, pelo menos no caso dos regulamentos independentes e das posturas das autarquias locais) expressamente o prescreverem.

Compreende-se que, para os órgãos colegiais, a regra seja a inversa da fixada no número anterior para os órgãos individuais ou para os casos de competência colegial conjunta ou complexa (cfr. nota **I**). Os órgãos colegiais — salvo nessas hipóteses — deliberam através da conjunção (numa maioria) dos votos dos seus membros, a propósito de uma proposta que é sujeita à sua apreciação, sendo a vontade do órgão colegial apurada e declarada verbalmente pelo respectivo presidente, levando-se, depois, a deliberação tomada à acta da respectiva reunião, como se descreveu em comentário ao art. 27.º.

Quando a lei o determinar, então sim, as deliberações dos órgãos colegiais devem, elas próprias, ser tomadas por escrito, por uma das maneiras referidas na nota seguinte: são casos fixados normalmente para deliberações que se prendem com questões ou interesses considerados mais relevantes.

A transcrição na acta da deliberação tomada por escrito não implica a transcrição nela de todo o acto administrativo nos termos exigidos no art. 123.º, mas do próprio acto ou deliberação escrita (do documento onde ela está vertida) devem constar, directamente (ou por remissão), todas as menções aí previstas.

Deliberação em **forma escrita** e deliberação (posta) em **acta** escrita são, portanto, coisas muito diversas. Naquele caso, é o **próprio acto** que consta do escrito, neste, a **notícia** de ele ter sido praticado, de ter sido tomada essa deliberação. As actas são, pois, repositórios ou *"memórias"* (Dicionário de Morais, ed. 1789) de actos, embora também aí as encontrássemos com o significado — hoje técnico-juridicamente banido — das próprias *resoluções, determinações de órgãos, como os concílios e parlamentos"*.

VIII. Quando a lei impuser expressamente a adopção da forma escrita para as deliberações dos órgãos colegiais, dever-se-ia então (na estrita lógica colegial)

Artigo 123.º

ou fazer-se circular a proposta escrita da deliberação para que cada um dos seus membros a assine — considerando-se a deliberação tomada, ou não, consoante as assinaturas favoráveis.

A forma mais simples da deliberação escrita colegial consiste, porém, na redução a documento escrito, pelo presidente do órgão colegial, da deliberação tomada por este — caso em que há, afinal, uma deliberação com a forma oral (reduzida a escrito) e não propriamente uma deliberação tomada sob a forma escrita, duvidando-se, pois, da legalidade dessa fórmula.

IX. Lemos a fórmula da parte final do n.º 2 — segundo a qual *"esses actos* (dos órgãos colegiais) *devem ser sempre consignados em acta"* — no sentido de que as próprias deliberações escritas dos órgãos colegiais devem ser levadas à acta da respectiva reunião (ou à sua minuta), para que produzam os seus efeitos. Caso contrário — se se referisse aos actos praticados oralmente, no regime-regra —, ela seria uma mera repetição do que já se encontrava estabelecido no n.º 4 do art. 27.º do Código.

X. E a preterição ou inobservância da forma legalmente prescrita, que consequências jurídicas tem?

A resposta — para além do que se disse na nota **II** deste artigo — dão-na os arts. 133.º e 135.º do Código, em termos que analisamos nos respectivos comentários.

Artigo 123.º

Menções obrigatórias

1. Sem prejuízo de outras referências especialmente exigidas por lei, devem sempre constar do acto:
>   *a)* **A indicação da autoridade que o praticou e a menção da delegação ou subdelegação de poderes, quando exista;**
>   *b)* **A identificação adequada do destinatário ou destinatários;**
>   *c)* **A enunciação dos factos ou actos que lhe deram origem, quando relevantes;**
>   *d)* **A fundamentação, quando exigível;**
>   *e)* **O conteúdo ou o sentido da decisão e o respectivo objecto;**
>   *f)* **A data em que é praticado;**
>   *g)* **A assinatura do autor do acto ou do presidente do órgão colegial de que emane.**

2. Todas as menções exigidas pelo número anterior devem ser enunciadas de forma clara, precisa e completa, de modo a poderem determinar-se inequivocamente o seu sentido e alcance e os efeitos jurídicos do acto administrativo.

Artigo 123.º

I. *Sentido da alteração legislativa.*

II. *Menções relativas ao acto e menções relativas à sua externação: consequências da sua inobservância.*

III. *Aplicação a todos os actos administrativos.*

IV. *Menções especiais.*

V. *Como se fazem constar as menções.*

VI. *A indicação (directa ou indirecta) da autoridade que pratica o acto: sua falta.*

VII. *A indicação da delegação (e da respectiva publicação): sua falta.*

VIII. *A indicação nominada ou circunstanciada do destinatário do acto: sua falta.*

IX. *Identificação (do destinatário) e notificação (dos interessados) do acto administrativo.*

X. *A indicação dos factos (ou pressupostos) do acto.*

XI. *A indicação da fundamentação (no próprio acto): admissibilidade ratificatória de uma fundamentação sucessiva.*

XII. *Factos (pressupostos) e fundamentos (motivos) do acto.*

XIII. *A indicação do "conteúdo" ou do "sentido" do acto.*

XIV. *A indicação do objecto do acto.*

XV. *A indicação da data do acto: importância.*

XVI. *A assinatura do autor do acto.*

XVII. *Relevo comparado das diversas menções.*

XVIII. *A exigência de enunciação clara, precisa e concreta das diversas menções.*

art. 123.º, n.º 1

I. Com as alterações do Decreto-Lei n.º 6/96 — que inverteu a ordem dos n.ºs 1 e 2 deste artigo — desapareceu a referência da sua epígrafe, na versão de 1991, ao "***objecto***" do acto, referência "maligna", segundo a doutrina, porque algumas das menções obrigatórias aqui enunciadas não têm nada a ver com a medida ou decisão nele tomada, não respeitam aos seus efeitos jurídicos (ou às coisas ou relações sobre que estes recaem ou à situação concreta a que se reportam) e não podem, portanto, em nenhuma perspectiva, ser consideradas como ***objecto*** do acto administrativo.

II. Nem todas as menções a que se refere este n.º 1 respeitam a elementos do próprio acto administrativo, não se revelam nele próprio, **na decisão**, referem--se, sim, antes, à sua **externação** ou documentação.

Não se confundam, pois, as menções respeitantes a elementos essenciais do próprio acto e as menções que devem constar do documento onde ele se revela; a falta daquelas gera nulidade, a destas, porventura, nem sequer anulabilidade.

Artigo 123.º

III. O elenco legal das menções obrigatórias das "decisões" ou dos documentos onde se externam os actos administrativos é aplicável a todos eles, mesmo aos que são praticados oralmente ou vertidos em documento solene, sem que possa alegar-se que a respectiva fórmula sacral (a existir) não os comporta todos — caso em que a única saída legal consiste na sua adaptação ao prescrito no Código.

Claro, porém, que a exigência é dificilmente controlável em relação aos actos praticados oralmente: é posteriormente, na sua transcrição ou certificação (bem como na dos respectivos fundamentos), que se apura, afinal, se a decisão exteriorizada continha ou não todas as menções contidas neste elenco legal.

IV. Referências ou menções especiais, podem estar previstas no Código ou fora dele, para determinadas espécies de actos.

No Código temos, por exemplo, a referência à retroactividade, quando se tratar de actos com eficácia retroactiva atribuída pelo seu próprio autor (art. 128.º, n.º 2), ou às cláusulas acessórias que se apuserem a um acto administrativo.

Fora dele, temos, v.g., as menções ou desenvolvimentos a incluir na declaração de utilidade pública da expropriação (art. 10.º do Código das Expropriações), ou nas licenças e autorizações em matéria de redes e equipamentos de telecomunicações e actos similares, para os quais a lei, os regulamentos ou a própria Administração fixam cláusulas (*particulares*) específicas respeitantes aos seus requisitos e exigências técnicas, económicas (ou outras).

V. A ordem por que as referências estão apresentadas no n.º 1 não é, evidentemente, vinculante — salvo, naturalmente, no que respeita à assinatura do acto (que será aposta em último lugar).

Nem é propriamente relevante encontrar no acto (ou na sua externação), **dividida e separadamente**, todas as menções aqui referidas, marcadamente as das alíneas c) e d), (ver notas **X** e **XI**).

VI. A exigência de *"indicação da autoridade que (....) praticou"* o acto — do órgão seu autor, não do nome do respectivo titular — é um elemento indispensável da existência do próprio acto, cuja falta a assinatura não supre; o autor do acto é um órgão, não a pessoa que é seu titular.

Há, porém, casos em que essa indicação se faz ou pode fazer de maneira apenas implícita, como acontece nos actos orais (e nas propostas de deliberação para serem votadas nas sucessivas reuniões dos órgãos colegiais), ou sugerida, como acontece nos despachos lançados por "O Ministro", "O Director Geral", "O Presidente", em requerimentos ou em propostas que lhes são expressamente dirigidas, ou em papel timbrado do respectivo órgão, vendo-se até muitas vezes, em casos desses, a seguir a um simples "indefiro" ou "concordo", apenas uma data e uma assinatura. Praxe que, de futuro, convém evitar.

Artigo 123.º

Como quer que seja, a decisão que não puder ser comprovada e inequivocamente imputada a uma autoridade administrativa, a um determinado órgão da Administração, não é acto administrativo.

VII. A exigência da menção de o acto ter sido praticado por **delegação ou subdelegação de poderes** — se for caso disso, é evidente — não é um elemento essencial do acto administrativo. Nem sequer é um requisito da sua validade (como se viu em comentário ao art. 38.º).

Assinala-se, ainda, que essa menção devia ser acompanhada da exigência da indicação (do local) da publicação do acto de delegação ou subdelegação, sem o que a protecção dos interesses ligados à menção prevista pode sair prejudicada ou, pelo menos, significadamente demorada. Contudo, o preceito legal não determina que se faça tal menção, como já acontecia naquele art. 38.º.

Deveria exigir-se também, em relação ao acto praticado por subdelegação, que se mencionasse igualmente a delegação em que ela se suporta (o que a exigência da indicação sobre a publicação da subdelegação, se existisse, poderia suprir ou garantir).

VIII. A *"identificação adequada do destinatário ou destinatários"* exigida pela alínea *b*) deste n.º 2 do art. 123.º, faz-se pelo nome ou por qualquer outra maneira "adequada" — porque o seu nome pode ser desconhecido ou tratar-se de acto sem destinatário —, como se sugeriu já em nota **XXV** ao art. 120.º e o inculca o próprio Preâmbulo do Código, ao considerar como inexistente o acto que não contiver a *"identificação adequada"* do seu destinatário. Ora, identificar uma pessoa não é necessariamente reconhecê-la pelo seu nome. *"Identificação é o acto ou efeito de identificar, de reconhecer uma coisa ou um indivíduo"* (Dicionário da Porto Editora), o que, naturalmente, se pode alcançar por outras vias, que não a menção do respectivo nome.

O acto tem que assegurar o conhecimento claro e certo de quem é o seu destinatário, permitir a imputação subjectiva dos respectivos efeitos a uma determinada pessoa, mas não tem necessariamente que a identificar pelo seu nome — até porque com aquela exigência fica preenchido o requisito (essencial, na noção de acto administrativo) da *individualidade da situação* a que respeitam os seus efeitos jurídicos, que foi determinante, como expressamente referem os AA. do *Projecto do Código*, para a opção tomada de consagrar expressamente a necessidade da menção ao destinatário.

De resto, o confronto entre este art. 123.º e o art. 55.º, n.º 1, do Código — que se refere expressamente à identificação *"nominal"* das pessoas que possam ser lesadas no procedimento oficioso — revela que a exigência de identificação do destinatário do acto administrativo não é aqui nominal.

Identificar o destinatário do acto administrativo por "requerente" — no despacho lançado sobre um requerimento — ou por o "proprietário do prédio com o

Artigo 123.º

n.º de polícia X da rua Z" é, portanto, possível e legal. Mas também é corolário dessa ideia-matriz que, se a falta do nome do destinatário do acto tornar impossível (ou equívoco) conhecer a pessoa a quem respeitam os seus efeitos, ela implica a própria inexistência ou nulidade da decisão tomada.

IX. A *"identificação"* no acto é restrita ao destinatário do acto, à pessoa em cuja esfera jurídica se projectam directa e imediatamente os seus efeitos: por exemplo, na autorização para construir é identificado o requerente, não os seus vizinhos também interessados na decisão, mesmo que hajam participado no respectivo procedimento.

Mais impressivamente, ainda: no acto de adjudicação (ou de nomeação), com que se conclui um concurso de "material" (ou de "pessoal"), só é identificado o concorrente adjudicatário (ou nomeado) — e não os concorrentes vencidos —, como no acto de concessão de uma "reserva" ao ex-proprietário de terra naciona-lizada, só vem identificado também o reservatário — não a entidade ou a coope-rativa cujo arrendamento ficou reduzido à área sobrante. Ou seja, mesmo nos **actos de duplo efeito**, só é identificável o destinatário directo do acto administrativo.

Coisa distinta da exigência da **identificação do destinatário** do acto admi-nistrativo é, naturalmente, o dever de **notificação dos interessados** (das pessoas cujos direitos ou interesses legalmente protegidos sejam afectadas por ele), que se encontra regulado no art. 66.º do Código.

X. A menção da alínea c), respeitante *"à enunciação dos factos ou actos que lhe deram origem, quando relevantes"*— que há-de confundir-se muitas vezes com as exigências de fundamentação do acto, contida na alínea subsequente — reporta--se aos **factos** antecedentes do acto administrativo, que são relevantes na sua prática ou seja, àquilo que se designa habitualmente como **pressupostos** (de facto) do acto administrativo.

Com a expressão *"quando relevantes"* distingue-se entre antecedentes ou pressupostos relevantes e não relevantes para este efeito, não entre pressupostos de facto legalmente vinculados ou de eleição discricionária (pelo autor do acto): sejam de que natureza forem, eles têm que ser enunciados.

XI. A *"fundamentação"* do acto vai nele indicada especificadamente ou por remissão (total ou parcial), e consiste na *"exposição sucinta das razões de facto e de direito da decisão"*, constando sempre do documento ou da declaração em que se externa o acto — quando for um acto legalmente carecido de fundamentação, claro.

Fundamentação que conste de documento ou de declaração exterior ao acto, mesmo que inserida no procedimento (seja em que lugar for) — e que não esteja apropriada na própria decisão — não é fundamentação desta, nem pode ser tomada em conta para avaliar da sua validade.

Quanto à fundamentação sucessiva, VIEIRA DE ANDRADE (O dever de funda-mentação... cit., págs. 294 e segs.) admite-a com certas limitações, no âmbito de uma convalidação do acto administrativo, a que falte uma fundamentação contextual. Indispensável, para a sua aceitação, é que na fundamentação sucessiva o autor do acto não aduza novos fundamentos, *"no duplo sentido que não podem ser posteriores nem estranhos à prática do acto originário"* (ob. cit., pág. 302).

Questão é saber, também, se uma fundamentação não exigida, mas mencionada no acto por iniciativa do seu autor, constitui um requisito da respectiva validade, nos mesmos termos em que o é a fundamentação legalmente exigida. Remete-se para comentário (nota **IV**) ao art. 124.º a resposta à questão.

XII. Não podem, como já se sugeriu, estabelecer-se separações estanques entre a exigência das referidas alíneas c) e d) do n.º 1 deste artigo.

O que se pode dizer é que, enquanto na alínea anterior, se incluem os factos que levam o órgão administrativo a **agir**, a tomar uma decisão sobre certo caso, aqui, na fundamentação, o que está em causa são as razões que o levam a **agir em certo "sentido"**, a decidir de certa maneira, — ou seja, o juízo, o *iter* lógico, a ponderação que se fez, para chegar à decisão a que se chegou (e não a qualquer outra). Trata-se dos *motivos* do acto administrativo, da sua *motivação* propriamente dita (nota **III** ao art. 124.º).

XIII. Com a redacção dada pelo Decreto-Lei n.º 6/96 à alínea e) deste n.º 1, devem constar do acto não só o seu **"conteúdo ou sentido"** (como anteriormente), mas também o seu **objecto** — reforçando-se assim a ideia de que este conceito corresponde à situação concreta sobre que versa o acto, mesmo se isso não joga, por exemplo, com o conceito de *"objecto"* da alínea a) do n.º 3 do art. 185.º do Código.

São indubitavelmente elementos essenciais do acto administrativo, sem o qual ele não existe ou é nulo, o seu conteúdo (ou sentido) e o seu objecto. A referência ao *"conteúdo"* da decisão reporta-se à própria decisão contida no acto, àquilo que nele se determina (ou declara): é o feixe de direitos e obrigações dele directamente resultantes.

Mencionando alternativamente o seu *"sentido"*, o legislador está a distinguir os casos em que a decisão tem um conteúdo próprio daqueles em que o conteúdo é posto nela em função do conteúdo de um outro acto: numa decisão de "indefiro" vai indicado o seu sentido, mas o seu conteúdo só se alcança por referência ao de outro acto, à pretensão constante do requerimento respectivo.

O que não se permite é que o conteúdo ou sentido do acto sejam nele determinados por remissão para outros documentos do processo, ao contrário do que acontece com a sua fundamentação (ver desenvolvimentos na nota **IV** ao art. 125.º).

XIV. Do acto deve constar também o seu **"objecto"**, no sentido ou da situação concreta (ou seja, uma *fattispecie* de uma determinada norma jurídica) ou das coisas, relações ou actos jurídicos sobre que ele versa.

Artigo 123.º

O *"objecto"* de uma autorização para construir (no sentido deste art. 123.º, n.º 1) seria, portanto, a pretensão de construir um imóvel com certas características (segundo um certo projecto) em determinado local, que haja sido formulada pelo interessado; o *"objecto"* de uma revogação por ilegalidade, na existência de um acto administrativo ilegal; o *"objecto"* de um acto expropriatório, o prédio expropriado.

A exigência do n.º 2 deste artigo, de que no acto administrativo se enunciem com precisão e clareza os elementos referidos no n.º 1, incluindo, portanto, o seu objecto, não significa que este — ao contrário do que sucede com o seu *conteúdo* ou *sentido* — tenha de ser completamente descrito no próprio acto, podendo também (ou, pelo menos, alguns dos seus elementos essenciais) ser encontrados por remissão para o enunciado contido noutro documento do processo, como acontece quando o acto é praticado documentalmente sobre uma informação constante do processo ou sobre o requerimento em que se contém a pretensão *decidendi.*

A falta do próprio enunciado do objecto do acto, no sentido referido, só terá relevo em sede de validade se tornar inviável determinar inequivocamente quais os efeitos que com ele se pretendem produzir ou a situação, coisas ou actos a que estes respeitam.

O mesmo se diga no caso de a menção ao *"objecto"* ser vaga, mas os efeitos do acto serem inequivocamente determináveis, deixando de fazer sentido considerá-lo inválido, por causa disso. Ao invés, se tal imprecisão redundar na impossibilidade de determinação inequívoca dos próprios efeitos do acto, a arguição ou declaração da respectiva ilegalidade faz-se por via desta equivocidade, não daquela falta de precisão.

Considerações estas que valem igualmente para a falta de clareza, precisão ou completude de qualquer outra das menções do preceito, cuja falta seja causa de invalidade (o que, como se sabe, não acontece com todas elas).

XV. Ao contrário do que sustentáramos na 1ª edição, votamos agora pela essencialidade da **menção da data** em que o acto é praticado (à qual se refere a alínea *f* do n.º 1) não, obviamente, como elemento determinante da (in)existência do actos administrativos, mas como factor da sua validade (ou, ao menos da sua operatividade), aproximando-nos assim relativamente da posição defendida por REBELO DE SOUSA — *in* RDJ, vol. VI, 1992, pág. 42 —, quando considera a falta dessa menção como um *"vício formal essencial"*.

Na verdade, o relevo jurídico (em diversas projecções) que tínhamos assinalado a essa menção — *maxime,* quanto à determinação do início dos efeitos do acto (art. 127.º, n.º 2), à contagem de prazos de caducidade ou prescrição a que ele esteja sujeito, ou dos prazos da respectiva notificação (art. 69.º) ou publicação obrigatória (art. 131.º) — não permitem subvalorizá-la em relação às demais menções da lei, como, de resto, o sugere esse mesmo art. 131.º.

Artigo 123.º

Parece-nos, contudo, mais curial (atendendo até aos domínios em que a data do acto se projecta) considerá-la como momento determinante da eficácia do acto, do que como condicionante da sua validade jurídica, com a vantagem de melhor se harmonizarem assim os interesses da Administração e interessados.

XVI. A "**assinatura**" do acto é a última referência do elenco deste n.º 1 do art. 123.º — e já vimos que só com ela existe acto ou decisão administrativa: um acto muito perfeito, mesmo manuscrito e em papel timbrado é um nada jurídico, se faltar a assinatura do seu autor.

O acto pode ser assinado quer pelo seu autor quer eventualmente — que a delegação de assinaturas é hoje objecto de forte contestação, como já nos referimos em comentário ao art. 35.º (nota **VI**) — por quem disponha de poderes para assinar por ele.

XVII. Fomos dizendo, a propósito de cada um dos elementos ou menções do n.º 2 do art. 123.º, em que medida é que as mesmas se devem considerar (ou não) essenciais, de tal modo que, na sua ausência, o acto administrativo não existiria (ou seria nulo). Do exame feito resultaria que seriam imprescindíveis para assegurar que existe um acto administrativo no sentido da noção do art. 120.º — mesmo que seja inválido, por lhe faltar o mais — a confluência dos elementos das alíneas *a*), *b*), *e*) e *g*), ou seja uma **decisão** com um **conteúdo ou sentido** (administrativo) **referida a uma pessoa** e **assinad**a por uma outra, como titular dum órgão administrativo.

Os outros elementos ou menções respeitam a requisitos de validade do acto e também a meros requisitos da sua externação, da sua eficácia ou da sua "*provocatio*", da sua reactibilidade (ou forma de reacção).

Já, porém, para efeitos do art. 131.º do Código (em matéria de eficácia do acto), dir-se-ia que a falta de qualquer um dos elementos do n.º 1 do art. 123.º tem repercussão igual à dos demais — embora não seja (não possa ser) esse o sentido que daquele decorre, como avançaremos a seu propósito.

art. 123.º, n.º 2

XVIII. Esta exigência de enunciar "de forma *clara, precisa e completa*" todas as menções a que se refere o n.º 1 não é, ela própria, muito clara e precisa.

Em primeiro lugar, porque há menções dessas que não são necessariamente enunciadas no acto — como é o caso da identificação nominal do seu destinatário — e, depois, porque um seu enunciado "*completo*" se tornaria, muitas vezes (ao nível , por exemplo, dos antecedentes e da fundamentação do acto em causa), impraticável.

Noutras circunstâncias, sim: a falta de clareza, precisão, coerência ou plenitude das menções obrigatórias do acto — e só dessas, claro, afastando-se, por exemplo, a referência à delegação ou subdelegação, cuja falta tem as consequências vis-

Artigo 124.º

tas em comentário ao art. 38.º — gera a sua invalidade, tanto como a falta da própria menção. Só que, aqui, essa falta não funciona automaticamente, mas apenas pela via ou em função da obscuridade ou equivocidade do próprio acto, do seu sentido, alcance ou efeitos jurídicos, como o inculca a ligação funcional deste dever à possibilidade de ele ser entendido em toda essa sua dimensão.

Artigo 124.º
Dever de fundamentação

1. Para além dos casos em que a lei especialmente o exija, devem ser fundamentados os actos administrativos que, total ou parcialmente:

 a) **Neguem, extingam, restrinjam ou afectem por qualquer modo direitos ou interesses legalmente protegidos, ou imponham ou agravem deveres, encargos ou sanções;**

 b) **Decidam reclamação ou recurso;**

 c) **Decidam em contrário de pretensão ou oposição formulada por interessado, ou de parecer, informação ou proposta oficial;**

 d) **Decidam de modo diferente da prática habitualmente seguida na resolução de casos semelhantes, ou na interpretação e aplicação dos mesmos princípios ou preceitos legais;**

 e) **Impliquem revogação, modificação ou suspensão de acto administrativo anterior.**

2. Salvo disposição da lei em contrário, não carecem de ser fundamentados os actos de homologação de deliberações tomadas por júris, bem como as ordens dadas pelos superiores hierárquicos aos seus subalternos em matéria de serviço e com a forma legal.

> *I. A importância da fundamentação do acto administrativo e consequências da sua configuração como direito ou garantia fundamental: nulidade ou anulabilidade.*
>
> *II. A (ir)relevância da fundamentação nos actos (ou momentos) vinculados do acto.*
>
> *III. O conteúdo da fundamentação: justificação e motivação do acto. Factores da sua extensão.*
>
> *IV. A fundamentação não obrigatória do acto administrativo.*
>
> *V. Casos especiais de fundamentação do acto administrativo: a prevalência do respectivo regime sobre o do Código.*
>
> *VI. A fundamentação parcial do acto favorável e do acto de execução.*
>
> *VII. A fundamentação dos actos restritivos de direitos e interesses legítimos (extensão).*

Artigo 124.º

VIII. *A fundamentação dos actos impositivos de deveres, encargos ou sanções (extensão).*

IX. *A fundamentação das decisões das reclamações e dos recursos administrativos (extensão).*

X. *A fundamentação dos actos que decidem em contrário de pretensão ou oposição dos interessados (extensão).*

XI. *As decisões contrárias a intervenções instrutórias oficiais no procedimento (extensão).*

XII. *A fundamentação de actos diferentes dos de casos precedentes (extensão).*

XIII. *A fundamentação das decisões administrativas revogatórias ou suspensivas de actos anteriores.*

XIV. *A fundamentação das dispensas administrativas.*

XV. *A (dispensa de) fundamentação dos exames.*

XVI. *A fundamentação de actos implícitos.*

XVII. *A fundamentação de actos tomados por escrutínio secreto.*

XVIII. *A fundamentação dos actos praticados em massa.*

XIX. *A dispensa de fundamentação de decisões de homologação de deliberações de júris e das ordens de serviço.*

XX. *Colisão do dever de fundamentação com os valores da confidencialidade legal e similares.*

art. 124.º, n.º 1

I. O dever de fundamentação do acto administrativo foi "repescado" para o Código com minúsculas alterações em relação ao regime constante do Decreto-Lei n.º 256-A/77, havendo, por isso, sobre a matéria, doutrina aprofundada e jurisprudência consistente.

Sendo o dever de fundamentação (nos casos em que é exigido) um importante sustentáculo da legalidade administrativa e instrumento fundamental da respectiva garantia contenciosa, para além de elemento fundamental da interpretação do acto administrativo, o Código dedicou-lhe o espaço correspondente a uma coluna do Diário da República — enquanto outros requisitos do acto não exigiram mais do que umas duas ou três linhas, para não falar daqueles a que ele nem se referiu explicitamente.

Nem admira que assim seja, dadas as preocupações que estão subjacentes à garantia constitucional da exigência de fundamentação, consagrada no art. 268.º, n.º 3 da CRP, em relação a todos os actos administrativos que afectem direitos ou interesses legalmente protegidos dos cidadãos.

Porém, ao nível da sanção jurídica da inobservância do dever de fundamentação, a doutrina e a jurisprudência têm mostrado alguma relutância em tirar todas as consequências desse enquadramento, considerando-se, geralmente, o acto ca-

Artigo 124.º

rente de fundamentação (legalmente exigida) apenas anulável. Justifica-se a solução (VIEIRA DE ANDRADE, "O dever de fundamentação ....", cit.), se tivermos em conta que, de outro modo, se inviabilizaria *total e automaticamente actos que, na generalidade dos casos, visarão até produzir efeitos permitidos ou desejados pela ordem jurídica*".

Só não seria assim nos casos em que, de acordo com um critério de *gravidade* ou *intensidade* especial da lesão da ordem jurídica, se deva sustentar a consequência da nulidade — como aconteceria (num outro exemplo apontado por aquele Autor) com a falta de fundamentação da decisão que considere que a não execução imediata de um acto administrativo objecto de recurso hierárquico necessário causa grave prejuízo ao interesse público, precludindo assim o efeito suspensivo que esse recurso teria (ver art. 170.º, n.º 1).

É claro que a tese da mera anulabilidade, que pode pragmaticamente ser muito valiosa, exige alguns (des)equilíbrios arriscados face ao disposto no art. 268.º, n.º 3 da Constituição, havendo também, ao nível dos constitucionalistas, algumas dúvidas — como revelam GOMES CANOTILHO e VITAL MOREIRA, (ob. cit., págs. 935 e 936) — a apontar no sentido de a falta de fundamentação cair na hipótese da alínea d) do n.º 2 do art. 133.º do Código e implicar a nulidade do acto administrativo, por força da dimensão "subjectivo-garantística" da sua protecção constitucional, bem visível, aliás, no facto de constitucionalmente só se exigir que sejam fundamentados os actos que lesem direitos ou interesses legalmente protegidos. Por essas razões, mais jurídicas e menos pragmáticas, preferiríamos a solução da nulidade da falta de fundamentação dos referidos actos.

Com uma ressalva, porém. É que, jogando com as razões de ordem pragmática, que sustentam a tese da anulabilidade, então também poderia dizer-se que, nos casos de obscuridade, incongruência ou insuficiência da fundamentação — dada a tentativa da Administração fundamentar o acto —, ainda poderia encontrar-se uma "causa justificativa" (ou preclusiva) da sanção da nulidade, dando-se como observado (mesmo assim) o conteúdo essencial desse direito (ou garantia), e afastando-se a estatuição da tal alínea d) do n.º 2 do art. 133.º.

Note-se que, no caso de insuficiência de fundamentação, os referidos constitucionalistas parecem ir em sentido diverso, considerando-a como um atentado tão violento ao referido direito fundamental, quanto o caso da falta, pura e simples, de fundamentação — embora não seja certamente muito fácil justificar essa distinção entre a fundamentação insuficiente e (pelo menos) a incongruente.

II. A função garantística da fundamentação do acto administrativo, e a exigência constitucional de aqueles que afectem direitos e interesses legalmente protegidos virem fundamentados, é também pouco compaginável com alguma jurisprudência que se tem pronunciado no sentido de, nos actos vinculados, ela dever considerar-se irrelevante (cfr., por todos, BMJ n.º 368, pág. 576). Embora com hesi-

Artigo 124.º

tações, parecer ser também essa a propensão de Vieira de Andrade (manifestada em sumários policopiados da disciplina de Direito Administrativo), mas com ressalvas que tornam muito menos drástica e perigosa essa opção.

Por nós, votaríamos em sentido contrário: de outro modo, ou se estaria a admitir que as razões invocadas pela autoridade administrativa, em recurso contencioso de anulação de um acto vinculado (e legal quanto ao seu conteúdo), funcionassem como uma fundamentação sucessiva ratificatória, o que, obviamente, só pode ocorrer em virtude de uma decisão administrativa — e não do que ela invoca, na sua resposta ou alegações, no seio de um processo judicial — ou então (para considerar que os erros da fundamentação do acto vinculado são irrelevantes e este pode, mesmo assim, ser jurisdicionalmente mantido), estar-se-ia a consentir que o Tribunal constatasse e declarasse, ele mesmo, existirem os pressupostos legais não ponderados ou invocados, sequer, pela Administração, mas que, a existirem, justificariam a prática daquele acto — o que constituiria violação da reserva da Administração, na determinação e definição primárias do acto administrativo, uma usurpação de competência administrativa pelo Poder Judicial.

De resto, tal tese representaria igualmente uma violação ou menosprezo frontal pelas disposições constitucionais e legais em matéria de fundamentação, nas quais não se faz (e bem) qualquer distinção, entre a menor ou maior valia jurídica do cumprimento deste dever, quanto aos actos (ou elementos) vinculados ou discricionários.

III. Num sentido estrito — tirado por confronto entre o disposto na alínea *d*) do n.º 1 do art. 123.º, por um lado, e na sua alínea *c*) e no n.º 2 do mesmo artigo, por outro lado —, a fundamentação do acto administrativo abrangeria apenas a indicação dos *motivos* do conteúdo ou sentido da decisão, e não já as razões respeitantes à determinação dos pressupostos do acto.

Começa por assinalar-se que a distinção é inócua em sede de conteúdo (extensão) e de validade do acto administrativo, por a lei (art. 123.º, n.º 1) exigir que se mencionem obrigatoriamente, nos actos administrativos, não apenas os seus motivos, mas também os respectivos pressupostos, e o n.º 2 do mesmo preceito assacar à falta destes (ou á sua obscuridade, imprecisão ou incompletude) sanção igual à cominada no art. 125.º para a falta ou vícios da motivação do acto.

Assente isso, podemos então dizer, com Rogério Soares e Vieira de Andrade, que, sob o conceito de fundamentação, se encobrem duas exigências de natureza diferente: por um lado, está em causa a exigência de o órgão administrativo **justificar** a decisão, identificando a situação real (ou de facto) ocorrida, subsumindo-a na previsão legal e tirando a respectiva consequência; por outro lado, nas decisões discricionárias está em causa a **motivação**, ou seja, a exposição do processo de escolha da medida adoptada, que permita compreender quais foram os interesses e os factores (*motivos*) que o agente considerou nessa opção.

Artigo 124.º

Ao contrário do que possa parecer, não existe, porém — postas as coisas nos termos em que aqueles AA as perspectivam — uma separação estanque entre a justificação (ligada aos pressupostos e que consideram momento de expressão da vinculatividade) e a motivação (ligada ao conteúdo, e que entendem existir quando haja momentos de discricionariedade). É que é pacífico, hoje, que também no primeiro momento (subsuntivo) há espaço para uma ampla "discricionariedade de juízo", de criatividade administrativa, ao nível da determinação dos pressupostos do acto — pense-se, por exemplo, no uso de conceitos mais ou menos indeterminados para definição desses pressupostos (que integram a *justificação* do acto, não a sua *motivação*) — quando não se trata, mesmo, de ser o órgão administrativo a escolher os pressupostos do seu acto em função apenas do fim ou interesse legalmente definido (naqueles casos em que a lei nem sequer de conceitos vagos se serve para os referir).

O conteúdo ou extensão da fundamentação é também, claro, em larga medida, tributário do tipo de acto ou efeitos que estiverem em causa — uma adjudicação em concurso ou a aplicação de uma sanção serão, em princípio, objecto de uma fundamentação mais extensa e elaborada do que um acto que aplica uma taxa — e das observações dos interessados na *audiência* dada. Freitas do Amaral, por exemplo, manifesta-se em sentido particularmente rigoroso quanto à necessidade de consideração, na fundamentação do acto, das razões que os interessados tenham invocado nessa sua intervenção procedimental.

IV. Questiona-se, se o respectivo autor fundamentar um acto administrativo que não carecesse legalmente disso, se tal fundamentação é requisito da sua validade (nos mesmos termos em que o é a fundamentação legalmente exigida), por pecar, imagine-se, por insuficiência ou obscuridade.

Diríamos, em princípio, que sim. A solução é clara naqueles casos em que essa fundamentação revela outra ilegalidade do acto (quanto à idoneidade legal dos seus motivos, nomeadamente); naqueles casos em que a fundamentação em causa padece de um vício próprio (e exclusivo) nomeadamente por insuficiência ou obscuridade — quanto mais nos casos de contradição — a resposta parece dever ser a mesma, dado que os seus destinatários foram colocados, no que respeita à reacção contra o acto, numa situação lógica e teleologicamente similar à do destinatário do acto carente de fundamentação, que assente em motivos incoerentes ou obscuros, pois ambos ficam sem compreender como é que a Administração chegou àquela decisão, com as inerentes dificuldades em matéria impugnatória.

V. Contém-se nas diversas alíneas do n.º 1 deste artigo o elenco dos actos que devem ser fundamentados, dominado pela matriz dos actos *de **gravame**,* ou lesivos dos interesses de terceiros. Admite-se, no entanto, a existência de leis especiais que alarguem esse elenco — há, por exemplo, actos de efeito favorável que devem ser fundamentados (uma hipótese dessas está contemplada no art. 4.º, n.º 2, do DL n.º

Artigo 124.°

380/93, de 15 de Novembro, a propósito da aquisição de acções de instituições financeiras em montante superior a uma percentagem do respectivo capital social).

Deve dizer-se, contudo, que a maior parte desses casos especiais tratados na nossa lei — fora as hipóteses de actos favoráveis — caberiam à vontade numa das alíneas deste art. 124.°. Nem em tais circunstâncias deixam, porém, essas leis especiais de ser juridicamente relevantes, se nelas se vier a estabelecer (para a respectiva fundamentação), em qualquer aspecto, um regime diferente do estabelecido no Código nesta matéria — devendo entender-se, então, que prevalece esse regime especial que venha a ser consagrado para a fundamentação nelas prevista, pois o Código não constitui "lei de valor reforçado" no seu confronto. A não ser, claro, que tal especialidade de regime se traduza na negação do "conteúdo essencial" do dever de fundamentar — que, então, tal norma seria inconstitucional, dando lugar à aplicação subsidiária das normas gerais do Código.

Note-se que a hipótese aqui admitida respeita a leis futuras, não às anteriores ao Código, porque essas — pelo menos a ser correcta a divisão que os AA. do respectivo *Projecto* estabeleceram, para fixar o âmbito de aplicação das suas normas —, respeitando à actividade administrativa, e mesmo sendo especiais, teriam sido substituídas pelas disposições do Código na matéria.

VI. Se, no conteúdo do acto administrativo, se inserirem diversas medidas, a fundamentação respeitará apenas àquelas que caibam na previsão de qualquer das alíneas deste n.° 2, não sendo necessário fundamentar as restantes.

Porém, um acto favorável ao qual é aposta uma cláusula modal (ou uma condição ou termo que diminuam o seu efeito útil) deve, pelo menos, nessa parte, ser fundamentado.

Por outro lado, não carecem de fundamentação as medidas ou determinações do acto relativas à sua execução, a não ser, claro, que elas próprias bulam directamente ou inovatoriamente, nessa sede executiva, com direitos e interesses legalmente protegidos do respectivo destinatário.

VII. A delimitação da previsão das quatro últimas alíneas do elenco do Código, relativas aos actos carentes de fundamentação, não suscita grandes dificuldades — ao contrário do que sucede com aqueles (ou alguns daqueles) a que se reporta a alínea a), que se refere em primeiro lugar, aos actos que ***"neguem, extingam, restrinjam ou afectem por qualquer modo direitos ou interesses legalmente protegidos"***.

São, portanto, actos de conteúdo ou efeito desfavorável (no que quer que ele se traduza) sobre a esfera jurídica do destinatário, independentemente de isso resultar da aplicação vinculada ou discricionária da norma legal.

E quanto aos actos que tenham um efeito desses sobre a esfera jurídica de qualquer interessado, mesmo que para o destinatário sejam favoráveis? Estão eles abrangidos nesta alínea?

Artigo 124.°

Se a lei se referisse aos actos que *"directamente neguem direitos ou interesses legalmente protegidos"*, já essa dificuldade ficaria resolvida — no mau sentido, pensamos. Ao invés, aparece aí um *"por qualquer modo...."*, sugerindo ser qualquer projecção do acto, que conta para este efeito.

Parece-nos ser com essa extensão que deve fazer funcionar-se o dever geral de fundamentação do acto administrativo. Não é, porém, aquela proposição adverbial que leva a essa conclusão — ela está lá colocada (sem vírgulas) por referência apenas aos *"actos que afectem por qualquer modo"* direitos ou interesses legalmente protegidos (que não seja a sua negação, extinção ou restrição) —, mas sim o facto de só assim esse dever jurídico da Administração poder desempenhar o seu papel de garantia subjectiva (e objectiva) do direito ao recurso contencioso, que não é um exclusivo do destinatário, mas de qualquer pessoa cuja esfera jurídica seja por ele lesada. E assim, se, por exemplo, a Administração licenciar o pedido de um particular relativo ao uso privativo de uma parcela do domínio público para efeitos ou actividades que constituíam exclusivo de outra entidade licenciada no mesmo âmbito, a fundamentação será exigível, não obstante o destinatário daquele acto de licenciamento não ser afectado (mas, sim, beneficiado) por ele.

Quanto aos conceitos de *"direitos ou de interesses legalmente protegidos"*, referimo-nos a eles nos comentários ao art. 53.°. Os primeiros são posições jurídicas garantidas ao particular pelo confronto (ou prevalência) do seu interesse com o (ou face ao) da Administração; os segundos, posições de que ele beneficia quando o seu interesse é confluente com o dela — são *"situações de vantagem derivadas do ordenamento jurídico"* (GOMES CANOTILHO e VITAL MOREIRA, ob. cit., pág. 937), e não da proteção por este dispensada ao interesse de determinado sujeito.

VIII. Enquanto na primeira classe de actos referida na alínea *a*) se incluem os actos que comprimem posições jurídicas (favoráveis), ou seja, que diminuem a coluna do *activo* da esfera jurídica das pessoas por ele abrangidas, a segunda classe — dos actos que *"imponham ou agravem deveres ou encargos ou sanções"* — respeita a actos que alargam ou aumentam as posições desfavoráveis em que elas se encontram, a coluna do seu *passivo* jurídico.

Quem diz *"deveres, encargos ou sanções"*, diz, claro, sujeições, ónus ou quaisquer outras posições jurídicas passivas similares.

Note-se que também aqui — à semelhança do que vimos passar-se no caso anterior — o dever de fundamentar existe tanto para os deveres, encargos e sanções vinculadamente previstos na lei, como para aqueles cuja imposição (ou medida) seja do alvedrio discricionário da Administração.

IX. Os actos através dos quais se *"decidam recursos ou reclamações"*, deduzidos contra actos administrativos já praticados, têm de ser fundamentados por força da alínea *b*) do n.° 2 deste artigo. Sejam eles decididos através da questão de

Artigo 124.º

fundo ou de qualquer questão "processual" (a rejeição de um recurso hierárquico extemporâneo, por exemplo, tem de ser fundamentada).

E trata-se tanto dos actos que decidem pela sua improcedência — que, aliás, caberiam também na alínea *c*) — como daqueles que lhes dão provimento — que cabem aqui e caberiam igualmente na alínea *e*).

Autonomizando a categoria, o legislador terá pretendido assinalar a valia dos interesses garantísticos subjacentes a um procedimento de reexame (ou revisão) de acto já praticado. Isso não significa, porém, que, na fundamentação dos actos que decidem recursos ou reclamações, se tenham de confrontar todos os fundamentos com base nos quais os mesmos foram deduzidos — se bem que a proposição não vá muito bem com a tese de que a Administração deve, na fundamentação do acto administrativo, ponderar as questões que hajam sido suscitadas na audiência dada aos interessados, defendida, como se viu atrás, por Freitas do Amaral e os AA. do *Projecto* do Código.

X. A hipótese legal da primeira parte da alínea *c*) do n.º 1 do art. 124.º é restrita, naturalmente aos actos (***contrários a pretensão ou oposição formulada***), que decidem o procedimento.

Os actos intercalares do mesmo, em iguais circunstâncias, embora também devam ser fundamentados, sê-lo-ão por razões de princípio (cfr. art. 9.º, n.º 1 do Código), e não porque a falta da sua fundamentação se repercuta directamente na validade da decisão final.

E é restrita também, esta hipótese, às decisões contrárias a *pretensão* (ou *oposição)* **de interessado**, que corresponda a uma intervenção sua legalmente determinante ou constitutiva do procedimento: ou seja, trata-se da *pretensão* formulada no requerimento inicial (ou em seu adicional) e da *oposição* de interessado, com posição ou interesse procedimental da mesma valia (mas contrário) do do requerente — ou, como acontece nos processos oficiosos, com a oposição daquelas pessoas a quem a sua abertura deve ser comunicada (art. 55.º do Código) —, não de qualquer outra pretensão ou oposição que nele tiver sido eventualmente deduzida por pessoa não directamente interessada na questão em apreço.

XI. Os actos que *"decidam em contrário de parecer, informação ou proposta oficial"* respeitam, claro, aos casos em que tais formalidades são legalmente obrigatórias, mas também a todos os casos em que elas são **oficiais**, isto é, fruto da intervenção dos serviços ou de terceiros (caso, por exemplo, dos peritos) que haja sido suscitada oficialmente na instrução do procedimento.

Consideramos, para estes efeitos, como pareceres, informações e propostas oficiais, não apenas aqueles actos procedimentais que são praticados tendo por finalidade directa e imediata a ponderação final a efectuar pelo órgão com competência decisória, mas também os que se produziram durante o procedimento — ou, até,

Artigo 124.º

antes dele — e têm esse carácter: é o caso, por exemplo, da existência das informações a que se refere o n.º 2 do art. 7.º, bem como do relatório preparado pelo instrutor nos termos do art. 100.º, n.º 1 (para efeitos de audiência dos interessados), ainda que, neste último caso, haja, em princípio, o dever de renovação do direito de audiência, como se sugeriu em comentário a esse propósito.

Ao invés, um parecer ou uma proposta juntos pelos interessados — no exercício do seu direito de participação — não obrigam a autoridade administrativa, só porque decide contra eles, a fundamentar a sua decisão, embora a possam obrigar (relativamente) a isso, no âmbito do dever de audiência (ver nota **IV** ao art. 88.º).

O dever de fundamentar a decisão contrária aos actos instrutórios de que aqui se trata, não se restringe aos casos em que o seu conteúdo ou sentido é diverso do dado, informado ou proposto oficialmente, mas também aos casos em que são diferentes os respectivos (pressupostos e) motivos determinantes; os pareceres, pelo menos, têm de ser valorados quanto à sua fundamentação, embora quanto às puras informações isso já seja mais duvidoso.

A proposição da necessidade de fundamentação nestes casos, quando se trate de pareceres — isto é, de intervenções consultivas (ou de instâncias consultivas técnicas ou administrativas) —, vale tanto para os pareceres obrigatórios como para os facultativos, apelando-se aqui, normalmente, a exigências garantísticas ou a um princípio de racionalidade, para justificar tal extensão.

Quanto às informações oficiais são, claro, as de natureza instrutória que devam constar do procedimento: a informação (ou relatório) final do órgão instrutor, se for contrariada na decisão final, obriga a fundamentar esta. O mesmo vale em relação a outras intervenções dessas, que não tenham carácter pré-final, mas sejam oficiais e manifestadas no exercício de uma posição que esteja procedimentalmente reconhecida na lei.

Igual doutrina vale para as propostas oficiais.

Assinale-se, finalmente, que os actos que se conformam com pareceres, informações ou propostas oficiais não deixam, por isso, de ter de ser fundamentados, se cairem em quaisquer das outras alíneas do n.º 1 deste artigo; só que a fundamentação pode ser encontrada aí por remissão ou concordância para o conteúdo do acto instrutório (art. 125.º).

XII. A exigência de fundamentação dos actos que *"decidam de modo diferente da prática habitualmente seguida"* é, como facilmente se compreende, um poderoso instrumento de igualdade, imparcialidade e justiça administrativa, para não falar já num suporte da sua legalidade. Exige-se então, nesses casos, que se indiquem os motivos que levaram a Administração a valorar os mesmos factos e a aplicar as mesmas normas de uma maneira diversa da que usara anteriormente.

Repare-se que só uma prática habitual — necessariamente plural — seria pressuposto legal do dever de fundamentar, neste caso. Cremos, porém, que não

Artigo 124.°

pode seguir-se ou ler-se essa exigência de maneira estrita: há actos em relação aos quais se criam praxes com dois casos, ou até, eventualmente, só com um.

Como há também casos em que são só os actos ou decisões **de conteúdo ou sentido diverso** (àquele que vem sendo adoptado em procedimentos semelhantes), que vinculam a Administração a fundamentar a sua decisão nova — não já actos com motivação diversa dos anteriores, como parece resultar da letra da lei. É indiferente, portanto, que essa diversidade de conteúdo se funde em razões novas de conveniência e oportunidade administrativas, ou numa interpretação ou aplicação diferente de princípios (gerais) e preceitos legais ou regulamentares (valendo a exigência no domínio da opção discricionária, da determinação de conceitos técnicos ou indeterminados ou da fixação do sentido da norma vinculante).

Note-se que a falta de fundamentação do novo acto diferente ou divergente implica vício de forma. E, por outro lado, a sua fundamentação não preclude a invocação de ele estar (eventualmente) ferido de *desigualdade*.

XIII. Mesmo que não venham na sequência de provimento de reclamação ou recurso, não se traduzam em afectação de direito e interesses legalmente protegidos e não respeitem a actos anteriores fundamentados, os actos administrativos que *"impliquem revogação, modificação ou suspensão"* de outros actos anteriores carecem sempre de fundamentação, como se dispõe na alínea e) — é, no fundo, a ideia de que não se põe em causa um acto de autoridade sem haver muito boas razões para isso.

Trata-se aqui dos actos revogatórios, cujo objecto é o mesmo de actos anteriores (que visam a mesma situação jurídico-administrativa tomada em conta nestes), e não dos actos cujo conteúdo ou efeitos se vão projectar indirectamente na consistência ou na extensão dos efeitos de acto anterior, como acontece com a suspensão disciplinar do funcionário em relação ao acto da sua nomeação — fundamentável, é claro, mas não por força desta alínea e).

XIV. Devem ser fundamentados, além dos referidos nas diversas alíneas deste n.° 1, também todos os actos de *dispensa* (ou **isenção**) do cumprimento de deveres ou encargos legais, seja daqueles que cabem à Administração seja dos que impendem sobre particulares.

XV. Quanto aos **exames** ou avaliações de pessoas — quando estes actos, ou a sua classificação, devam ser considerados actos administrativos (ver notas ao art. 120.°) —, a questão coloca-se por não termos uma norma, como a da lei alemã, que exclui o dever de fundamentação no caso dos actos de controlo de conhecimentos, de verificação da aptidão dos administrados (ou de controlos semelhantes que incidem sobre a valia e a qualidade de pessoas), embora o art. 24.°, n.° 2 pudesse servir como ponto de partida para defender uma tese dessas.

Artigo 124.º

Aliás, como afirma Vieira de Andrade, em casos como estes, a obrigatoriedade de fundamentação pode colidir com outros valores constitucionalmente protegidos (honra e bom nome, intimidade privada), pelo que conclui que, se, nalguns casos, esses valores podem condicionar o dever de fundamentação, noutros poderão mesmo excluí-lo.

Para além dessa colisão, pode questionar-se ainda se deve admitir-se a exclusão do dever de fundamentação em caso de exames, por razões ligadas à natureza, estrutura ou função do próprio acto. Não nos parece que o acto de exame seja, por princípio, avesso ao dever de fundamentação (veja-se, por exemplo, a exigência legal de fundamentação nos actos dos júris de mestrado e de doutoramento — Decreto-Lei n.º 216/92, de 13 de Outubro), nem que esse dever seja irrealizável ou, mesmo, de difícil realização. O que se passa é que muitos dos actos administrativos de exame são produzidos no âmbito de uma actividade semi-desprocedimentalizada e *em massa* (por exemplo, os exames escolares), podendo, por isso, admitir-se alguns condicionamentos ao dever de fundamentação, e mesmo a sua exclusão naqueles casos em que o padrão ou critério determinante do exame assenta não em factores objectivos e perduráveis, mas (mais) numa convição e conjunção de factores subjectivos e perecíveis, ligados ao foro do examinador.

XVI. No caso dos **actos implícitos** (ou tácitos, para a escola coimbrã) — actos ou efeitos contidos necessária ou concludentemente em actos explícitos — a sua fundamentação encontrar-se-à, normalmente, na própria fundamentação do acto explícito.

Não sucedendo assim, o acto implícito é inválido, se se tratar, claro, de acto para cuja prática fosse legalmente exigida a fundamentação.

XVII. Quanto à fundamentação das **deliberações de órgãos colegiais tomadas por escrutínio secreto**, remetemos para o comentário **XI** do art. 24.º, n.º 3.

XVIII. Quanto à figura dos **actos praticados em massa** — respeitantes a uma multiplicidade de indivíduos ou de casos, sobretudo os que são decididos por meios mecânicos ou informatizados — o art. 125.º, n.º 3 dispõe que isso não pode conduzir à diminuição das garantias da fundamentação legalmente exigida.

art. 124.º, n.º 2

XIX. Os actos de *"homologação"* das deliberações tomadas por júris em procedimentos administrativos destinados a ajuizar da aptidão (absoluta ou relativa) de pessoas — ou dos projectos ou propostas por elas apresentados — com vista ao seu ingresso em determinada posição jurídico-administrativa, são actos administrativos e, segundo este preceito, não carecem de fundamentação.

A razão de ser da exclusão do dever de fundamentação, nestes casos, deve-se à circunstância de tal fundamentação constar das próprias deliberações do júri, pelo que a homologação corresponde a uma aceitação ou remissão (implícita ou tácita)

Artigo 124.º

para elas: ou seja, o preceito dispensa o órgão com competência homologatória de dizer por que razões é que homologa. É, portanto, óbvio que não se trata de qualquer exoneração do dever de fundamentar nos procedimentos administrativos em que intervenham júris com competência para propor o conteúdo de um acto administrativo da competência de outro órgão.

Note-se, porém, que esse princípio de favor de que as deliberações dos júris sempre gozaram não pode levar a aceitar sempre, como boas, fundamentações que a jurisprudência — às vezes bem generosa — vem relevando, do tipo de que o dever de fundamentação dos actos dos júris dos concursos públicos *"deve considerar-se cumprido desde que das actas conste(m) .... os elementos, factores, parâmetros ou critérios na base dos quais o júri procedeu à ponderação determinante do resultado concreto a que chegou"* (Acórdão do STA, 1ª Secção, de 31.V.94, AD n.º 394, pág. 1118 e segs.), tese que, pelo menos nos concursos de material, carece muitas vezes de melhor reflexão.

Note-se que, se as decisões de homologação não carecem de fundamentação, as de **não homologação**, por aplicação da alínea *c*) do n.º 1, já carecem.

As *"ordens"* dos superiores aos subalternos em matéria de serviço não são, em princípio, actos administrativos salvo na parte em que possam colidir com o estatuto profissional dos segundos, isto é, com a sua relação de emprego. Presume-se, então, que não se exigirá, nem quanto a isso, a fundamentação da ordem (que, de outro modo, não sendo actos administrativos, não fazia sentido a menção a elas, como não carecendo de fundamentação).

Não se percebe muito bem a referência da lei ao facto de a ordem ser dada *"com a forma legal"*, porque a falta dessa forma não a transforma num acto fundamentável (abrindo apenas ao subalterno o direito de exigir que ela lhe seja dada com a forma legal).

XX. A obrigatoriedade de fundamentação dos actos do elenco legal (e daqueles que lhes equiparámos para esse efeito) pressupõe que os fundamentos justificativos da prática do acto administrativo não se situam no âmbito de matérias legalmente subtraídas ao conhecimento de terceiros, como sucederá nomeadamente no caso de eles se referirem a assuntos classificados ou do segredo do Estado e como poderá suceder também se eles envolverem a divulgação de dados pessoais não públicos ou de segredos industriais, autorais, científicos ou profissionais.

Nesses casos, pelo menos no primeiro, é óbvio — aliás, o n.º 2 do art. 97.º do Código inculca-o — que o dever de fundamentação cederá perante as exigências legais de confidencialidade ou segredo, mesmo se se deve exigir, para que isso não se torne num instrumento de encobrimento de ilegalidades, que, em sede contenciosa, o tribunal seja chamado a pronunciar-se (perante provas não autuadas que a autoridade administrativa lhe ofereça para esse efeito) sobre se a invocação de tal segredo ou confidencialidade é, ou não, legítima.

Artigo 125.º

Artigo 125.º

Requisitos da fundamentação

1. A fundamentação deve ser expressa, através de sucinta exposição dos fundamentos de facto e de direito da decisão, podendo consistir em mera declaração de concordância com os fundamentos de anteriores pareceres, informações ou propostas, que constituirão neste caso parte integrante do respectivo acto.

2. Equivale à falta de fundamentação a adopção de fundamentos que, por obscuridade, contradição ou insuficiência, não esclareçam concretamente a motivação do acto.

3. Na resolução de assuntos da mesma natureza, pode utilizar-se qualquer meio mecânico que reproduza os fundamentos das decisões, desde que tal não envolva diminuição das garantias dos interessados.

I. A fundamentação expressa: significado da exigência.

II. A fundamentação sucinta: significado e relevo da exigência.

III. Conteúdo da fundamentação: a ligação subsuntiva das razões de facto e de direito (requisitos).

IV. A fundamentação por concordância ou remissão: admissibilidade e significado (a proibição da decisão por mera concordância). Remissão para documentos ou actos oficiais.

V. Notificação das fundamentações enunciadas por concordância.

VI. A falta de fundamentação.

VII. A obscuridade, insuficiência e contradição dos fundamentos (ou da sua expressão): significado de cada uma dessas ilegalidades.

VIII. O esclarecimento "concreto" da motivação do acto, como critério das exigências legais da fundamentação.

IX. A reprodução mecânica da fundamentação de actos idênticos.

art. 125.º, n.º 1

I. O primeiro dos requisitos enunciados neste preceito é o que a fundamentação deve ser **expressa**.

Significa tal qualificativo que ela deve ser **manifestada** ou **declarada** (por escrito ou oralmente, consoante a forma do acto), pela autoridade com competência decisória, e **no próprio acto** (ver art. 123.º, n.º 1, nota **XI**). Ou seja, para dar cumprimento à exigência de fundamentação não basta que o autor do acto determine e pondere os factos e factores jurídico-administrativos em presença, à luz dos interesses que no caso caiba realizar, é também necessário que **revele externamente os**

Artigo 125.º

termos, a sequência lógica, dessa determinação e ponderação (sem prejuízo, claro, de os fundamentos do acto poderem ser expressos ou manifestados por concordância com as razões manifestadas no procedimento, em outros actos).

O que não houver sido expresso ou manifestado directamente ou por concordância — mesmo que se mostrasse, depois, ter sido objecto de ponderação —, não constitui fundamentação do acto administrativo, como justificadamente vem sentenciando a nossa jurisprudência (podendo colocar-se, por isso, delicados problemas em matéria de certificação dos fundamentos das decisões tomadas na forma oral).

Sendo assim, fundamentações do tipo *"pelos motivos revelados no processo"* ou *"pelas razões feitas saber"* não são expressas, por não virem declarados quais são esses motivos ou razões. Não estando eles enunciados ou manifestados no acto, a fundamentação "falta", não existe, o que é diferente, claro, de, estarem, mas serem insuficientes ou obscuros.

II. A exposição ou expressão dos fundamentos do acto deve também ser **sucinta** (curta, breve).

Ou seja, tendo-se pedido (art. 105.º) ao instrutor do procedimento que faça, no seu relatório, um resumo do "conteúdo" do procedimento e formule uma proposta (fundamentada, claro) de decisão, o processo chegará às mãos da autoridade decisória — quando não for ela própria a entidade instrutora — com uma síntese dos fundamentos ponderados e dos considerados decisivos. E é assim, sinteticamente, que os fundamentos do acto administrativo devem ser enunciados — o que não significa, note-se, que eles possam cingir-se a meros juízos conclusivos, do *tipo "indeferido, por não satisfazer os requisitos legais de idoneidade"* ou *"punido por ter infringido o seu dever de zelo"*, etc.

A exigência tem, obviamente, um carácter relativo: há fundamentações que se podem formular num parágrafo, outras que exigem folhas. Trata-se, no fundo, de harmonizar a necessidade de uma fundamentação *suficiente* com a da sua *clareza*, da sua apreensibilidade — requisitos que variam *"em função do tipo de acto administrativo"* — e, por isso, dificilmente a exigência funcionará por si só: uma fundamentação que podia ser expressa num parágrafo, e o foi em dez, não é, só por isso, ilegal. Se for clara, que mal há nisso?

Há, aliás, fundamentações que não podem deixar de ser extensas, como acontece com as decisões disciplinares, ou com as adjudicações em concursos, quando há inúmeras propostas para apreciar e classificar.

Em verdade, a experiência portuguesa até leva a recear mais as fundamentações breves, do que as extensas: estas podem pesar algo a digerir, mas traduzem frequentemente um maior cuidado na instrução do procedimento e na ponderação dos interesses envolvidos.

Se a desnecessária extensão da fundamentação prejudicar a sua clareza — ou, até (podia admitir-se teoricamente), se dificultar a possibilidade de impugnação

Artigo 125.º

tempestiva e plenamente consciente do acto (existem recursos administrativos que devem ser deduzidos em prazos curtíssimos) — então, é claro que haveria lugar a invalidade e à consequente anulação. Não será, porém, muitas vezes, um problema de extensão da fundamentação, mas sim do "emaranhado" dos seus fundamentos.

III. Sobre o conteúdo de fundamentação, já se disse algo na nota **II** ao art. 124.º.

Devem ser expressos (sucintamente) na fundamentação, as **razões de facto** e **de direito** determinantes da prática do acto e do conteúdo da decisão.

Aqui já não há que distinguir, como se fazia nas alíneas *c*) e *d*) do n.º 1 do art. 123.º, entre os pressupostos (os antecedentes) e os motivos do acto administrativo, porque tudo isso deve constar da fundamentação do acto administrativo, em sentido amplo —, embora uns sirvam para determinar a situação a que o acto se refere, os outros, para justificar a medida que para ela se adoptou. E, mesmo que dogmaticamente se considere dever fazer-se sempre tal distinção, a verdade é que essas duas parcelas do acto estão sujeitas ao mesmo regime (arts. 123.º, n.º 2 e 125.º, n.º 1), e a sua falta à mesma sanção.

Para cumprir a exigência legal não basta, contudo, que se indiquem e exponham as razões factuais e jurídicas que se ponderaram ao tomar a decisão. É necessário que com elas se componha um juízo lógico-jurídico — tendencialmente subsuntivo (no caso de poderes vinculados) ou teleologicamente orientado (poderes discricionários) —, de permissa maior e menor, das quais saia "mecanicamente", digamos assim, aquela conclusão: a fundamentação deve revelar claramente qual foi o *iter* lógico, o raciocínio do autor do acto para, perante a situação concreta do procedimento, tomar aquela decisão.

Por outro lado, quanto à indicação das **razões de direito** em que se funda o acto, vem-se entendendo, nomeadamente no campo jurisprudencial, não ser necessária a indicação (numerada ou específica) das normas tidas por aplicáveis, mas apenas da disciplina jurídica com base na qual se decidiu — entendimento que não sufragamos para muitas hipóteses (por exemplo, para os actos sancionatórios) e que pode dificultar significativamente a avaliação pelos interessados da (i)legalidade do acto com que se confrontam. Mais ainda, quando se entenda — como já se entendeu jurisprudencialmente, por exemplo, no Acórdão da 1ª Secção do STA, de 24.XI.94 (publicado nos AD n.ᵒˢ 401, pág. 594), em que se sustentou que se deve concluir pela existência da fundamentação exigida, "*quando o destinatário normal, suposto na posição do interessado em concreto, atentas as suas habilitações literárias e os seus conhecimentos profissionais, o tipo legal de acto, os seus termos e as circunstâncias que rodearam a sua prolação, não tenha dúvidas àcerca das razões que motivaram a decisão*" — que nem sequer a invocação da disciplina legal aplicável é necessária, se o destinatário do acto conhece o quadro legal em que ele foi praticado.

Artigo 125.º

Por nós não enveredaríamos por aí: é pôr nos domínios do arbítrio ou do subjectivismo do julgador um juízo, uma exigência que a lei definiu vinculada e objectivamente, de uma maneira clara: **a fundamentação contém os** *"fundamentos de facto e de direito"* e há-de, portanto, existir remissão para uma qualquer norma orgânica ou material, que, ao menos, lhe confira (aqueles) poderes na matéria. Senão, degrada-se a exigência objectiva da lei em opção subjectiva do julgador, mais ou menos rigoroso no juízo sobre a equação jurídica abstracta e valorativa referida naquele Acórdão.

Note-se que as "razões de direito" a invocar pelo órgão, para fundamentar a sua decisão, não são (só) as respeitantes às *normas de competência*, que lhe conferem "jurisdição" na matéria, mas sim, sobretudo, as que respeitam (em abstracto) à situação concreta *decidendi* e às medidas que a Administração deve (ou pode) providenciar para elas (ou aos interesses ou necessidades que nelas devam ser prosseguidos).

À semelhança, porém, do que vimos acontecer com o requisito anterior, também aqui se pode ir do "oito ao oitenta": de hipóteses de mero enunciado de um facto e de uma norma — no qual fica claro o raciocínio subsuntivo — até aqueles em que se lida com factos complexos e prolongados no tempo, ou em que se confrontam provas, "realidades" e teorias diversas, há de tudo. É que, como se diz no Acórdão do STA de 8.VI.95, 1ª Secção, *"a fundamentação é um conceito relativo que varia em função do tipo legal de acto a fundamentar..."*

Imprescindível, em termos absolutos, é que a fundamentação não se cinja só às razões de facto ou só às de direito — casos em que se considera faltar ou ser insuficiente.

IV. Em vez de indicar no próprio acto a fundamentação da decisão, o seu autor pode remeter-se para os fundamentos constantes de *"parecer, proposta ou informação anteriores"* — que será, nomeadamente, o caso do relatório e proposta do instrutor, referidos no art. 105.º do Código.

Mister é que o faça de uma maneira clara e assumida: não é necessário mais do que um simples *"concordo"* — di-lo a própria lei —, mas é preciso que as fórmulas usadas não deixem dúvidas, nem quanto à vontade de apropriação dos fundamentos contidos noutro acto ou documento nem quanto à extensão dessa concordância. Por exemplo, um *"concordo"* lançado na primeira folha duma proposta de decisão revela bem serem os fundamentos desta (proposta), que são objecto do juízo de concordância; mas, se, em documento separado dela se lança um despacho de *"concordo com o que vem proposto"* e existem no processo várias informações ou propostas respeitantes à mesma decisão, já não se sabe quais são os fundamentos tomados pelo autor do acto, considerando-se tal fundamentação como não expressa (ou obscura, se se preferir).

Artigo 125.º

Note-se que, se a lei admite que a fundamentação do acto seja indicada por remissão (para propostas, etc), já não o permite, contudo, no que respeita ao seu "*conteúdo*" ou "*sentido*": uma decisão administrativa não pode, pois, consistir (nunca) num mero "*concordo*"; há-de ser, pelo menos, um "*concordo e (in)defiro*". Os efeitos, o conteúdo ou sentido, do acto têm sempre de vir enunciados nele próprio.

É duvidoso se a proposição final deste n.º 1 — considerando parte integrante do acto aquilo que é objecto da declaração de concordância — se reporta aos fundamentos apropriados por essa declaração, ou aos documentos em que eles se contêm. Parece-nos ser esta a melhor resposta não só por ser aquela que, em termos de organização do processo administrativo e de conhecimento dos interessados, melhor protege os interesses envolvidos, como igualmente porque, ficando os documentos em causa a fazer parte integrante do acto, também os fundamentos que deles constam estarão sempre "à mão" dos interessados, junto a esse acto.

Não se refere a lei, aqui — ao contrário do que aconteceu na alínea *c*) do n.º 1 do art. 124.º — ao facto de dever tratar-se de pareceres, informações ou propostas **oficiais**.

Entende-se, porém, que a exigência é apropriada também neste domínio.

V. Nos casos em que a fundamentação do acto é expressa pela concordância ou remissão para outros actos do procedimento, a sua notificação pressupõe que estes mesmos sejam remetidos ao particular ou que nela se indique o que deles consta textualmente quanto a esse aspecto — como resulta consabidamente da alínea a) do n.º 1 do art. 68.º e do n.º 1 do art. 123.º do Código.

art. 125.º, n.º 2

VI. A falta de fundamentação é um vício gerador de invalidade do acto administrativo que dela carecesse, mas não se confunde — como se assinalou em comentário ao art. 68.º — com a falta de notificação dos fundamentos do acto, a qual bole apenas com a sua eficácia ou oponibilidade.

Trata-se de uma hipótese de anulabilidade, segundo a tese maioritária, ou de nulidade nalguns casos especiais ou para a tese minoritária (nota **I** do art. 124.º).

VII. À inexistência de fundamentação expressa (de facto e de direito), equipara a lei a adopção de fundamentos que "***não esclareçam concretamente a motivação do acto***".

Isto é, mesmo estando enunciadas razões de facto e de direito, é como se não o estivessem, porque:

      — ou são *obscuras*, e não se percebe **em que consistem** (ou que ligação existe entre elas);

      — ou são *insuficientes* e (percebendo-se quais são) não justificam **toda** a decisão;

Artigo 125.º

— ou são *contraditórias*, entre si (ou com a conclusão tirada), **desdizendo-se**.

Obscuro, é por exemplo, invocar a *"conveniência do serviço"*, para justificar o resgate de uma concessão; ou que o projecto a aprovar é *"incaracterístico"*; ou que foram ponderadas as *"qualidades pessoais"* do candidato escolhido.

Insuficiente, é, por exemplo, aplicar uma sanção agravada, sem se terem indicado os factos agravantes, mas só os da moldura da infracção; ou revogar uma licença de uso privativo, porque a Administração carece de uma parcela da área licenciada; ou, ainda, fundamentar um acto praticado *sub modo*, sem indicar as razões por que se lhe apôs aquela cláusula modal.

Contraditória (ou incongruente) é, por exemplo, a invocação na fundamentação de factos que são atenuantes legais e a aplicação da pena mais alta da respectiva moldura legal; ou fundamentar a concessão de um subsídio de início de actividade no facto de se tratar de um empreendimento idóneo duma empresa experiente.

À obscuridade ou insuficiência dos fundamentos corresponde (como se vê até pelos exemplos dados) — e com as mesmas consequências invalidantes — a obscuridade ou a insuficiência da sua expressão.

Note-se que, para invalidar o acto, não basta que haja na sua fundamentação motivos obscuros ou contraditórios (ou insuficientes), se houver outros, claros e congruentes, que bastem, por si sós, para esclarecer concretamente qual a respectiva motivação (e se a sua lógica subsuntiva não ficar prejudicada pela existência daqueles).

VIII. O resultado de qualquer um dos vícios da fundamentação, que se apontaram, é que não resulta *"concretamente"* esclarecida a motivação do acto (como se diz na parte final do preceito), sendo este inválido por vício de forma, salvo hipótese de aclaração (ver nota **VI** ao art. 128.º).

O advérbio de modo usado significa também — ou pode aproveitar-se para significar — que a aptidão da fundamentação do acto para esclarecer a sua motivação é algo que se avalia em concreto, face ao circunstancionalismo de cada situação ou decisão.

Mas o seu significado normal é o de que as razões invocadas na fundamentação devem ser concretizadas — por exemplo, as faltas ao serviço, como fundamento da sanção disciplinar, devem ser reportadas aos dias em que aconteceram, a necessidade da expropriação, à obra pública que se trata de realizar e às suas características.

art. 125.º, n.º 3

IX. Prevê-se a possibilidade de o órgão administrativo se servir, para fundamentar as decisões procedimentais sobre situações concretas que envolvam a avaliação dos mesmos factores, de **uma única exposição de motivos**, não sendo necessário, nesses casos, portanto, que a fundamentação seja ponderada e expressa ou

Artigo 126.º

manifestada autonomamente para cada um deles, reproduzindo-se mecanicamente aquela fundamentação para os diversos casos envolvidos (e desde que com isso não saia prejudicada a exigência do anterior n.º 2, de que tal fundamentação esclareça concretamente as razões da decisão tomada).

Ou seja, constatando-se pela instrução do procedimento a existência de uma situação jurídico-administrativa concreta idêntica (no sentido referido) a outras que já tenham sido objecto de ponderação e decisão anteriores, pode o órgão administrativo dispensar-se de fazer, a propósito do novo (ou do segundo) caso, uma específica ponderação e exposição de motivos, mandando reproduzir nele a fundamentação usada no caso anterior.

Mas a norma deste n.º 3 está mais virada para aqueles casos de resolução concomitante de assuntos da mesma natureza, em procedimentos chamados de *massas*, resolvidos através de qualquer meio mecânico que vá reproduzindo para cada caso a mesma exposição de motivos (com a reserva acima assinalada).

Artigo 126.º

Fundamentação de actos orais

1. A fundamentação dos actos orais abrangidos pelo n.º 1 do artigo 124.º que não constem de acta deve, a requerimento dos interessados, e para efeitos de impugnação, ser reduzida a escrito e comunicada integralmente àqueles, no prazo de 10 dias, através da expedição de ofício sob registo do correio ou de entrega de notificação pessoal, a cumprir no mesmo prazo.

2. O não exercício, pelos interessados, da faculdade conferida pelo número anterior não prejudica os efeitos da eventual falta de fundamentação do acto.

    I. Casos que não se incluem na previsão legal.
   II. O dever de fundamentação oral e o dever de a reduzir (fielmente) a escrito: consequências.
  III. O dever de reduzir a escrito o (próprio) acto oral.
  IV. A finalidade "impugnatória" do pedido da redução da fundamentação a escrito: dúvidas.
    V. Prazo para pedir a redução a escrito.
  VI. Prazo para reduzir a fundamentação a escrito (e para a comunicar).
 VII. Consequências da falta do pedido de redução a escrito.
VIII. Consequências da falta de resposta da Administração ao pedido: intimação judicial e anulação do acto.

Artigo 126.º

art. 126.º, n.º 1

I. Os actos praticados em forma oral **que constem de acta** — como as deliberações de órgãos colegiais — encontrarão aí (ou nos seus anexos) a sua fundamentação, sob pena de invalidade, não havendo, pois, lugar à possibilidade da sua posterior redução a escrito, como aqui se prevê.

Só se enquadram na previsão do preceito, os actos orais **que não constem de acta** e que, como é óbvio, careçam de fundamentação — suponha-se, por exemplo, o pedido de identificação do cidadão feito pelo agente da Polícia, sendo este obrigado, nos termos da lei, a indicar as razões por que a pede (se é que não estamos aí perante uma simples interpelação, não perante um acto administrativo) —, mas já não aqueles que estão legalmente dispensados dela.

Do mesmo modo, também não se incluem aqui os actos praticados oralmente que devessem ser praticados por escrito.

II. A estatuição desta norma não dispensa a exigência de a fundamentação do acto oral ser contemporânea deste, sob pena de invalidade — suprível pela invocação posterior da sua motivação, a título de ratificação de um acto ilegal.

O que se permite aqui é que a fundamentação oralmente aduzida — só ela e toda ela — seja reduzida a escrito, se um interessado o requerer ao respectivo autor.

Claro que é grande a possibilidade de se "ajeitar" (ilegalmente) a fundamentação oral do acto, no momento de a passar a escrito e escassa a probabilidade de prova em contrário — ainda para mais, se se considerar que o documento onde tais fundamentos estão reduzidos a escrito constitui documento autêntico sobre o facto de haverem já sido formulados no próprio momento da prática do acto oral.

Sempre se pode dizer, contudo, em sede de garantias dos administrados, que é melhor existir o dever de transcrição com os perigos que comporta, do que não existir nada.

III. É estranho que a lei não imponha a redução a escrito (não apenas da fundamentação mas) do **próprio acto** praticado na forma oral — na medida em que essa transcrição escrita do acto oral não significa que este passe a ter a forma escrita.

Tal imposição deve, talvez, considerar-se ínsita na que aqui se formula (quanto à sua fundamentação) e caberia sempre no dever de certificação do art. 62.º, n.º 3 do Código.

IV. Não se compreende muito bem — a não ser por referência às razões de expediente administrativo — que a lei só imponha o dever de transcrição da fundamentação oral para efeitos de impugnação (administrativa ou contenciosa): o cidadão "curioso" de saber as razões do acto que lhe "caiu em cima", já não o poderia requerer. E parece que o mesmo se devia dizer de quem procura saber a funda-

Artigo 126.º

mentação do acto, não para o impugnar, mas para se fazer ressarcir dos prejuízos por ele causados — entendimento que também afastamos completamente.

A ressalva feita tem, contudo, um interesse quase só teórico — salvo, talvez, em termos de tempo do requerimento —, porque basta a simples invocação de eventualmente se pretender reclamar ou recorrer do acto oral, para que a Administração fique constituída no dever de reduzir a escrito a fundamentação oralmente manifestada.

V. Haverá prazo para requerer a redução a escrito da fundamentação do acto, uma vez que a mesma aparece legalmente destinada a efeitos impugnatórios?

A tentação de responder que sim liga-se também ao facto de a memória dos fundamentos de uma decisão oral se ir perdendo e ser difícil (ou, até, impossível), depois de algum tempo, reproduzi-la fielmente, parecendo absurdo impor à Administração um dever (sem prazo), que ela só poderia cumprir infielmente (ou por acaso).

Mas, por outro lado, também é verdade que podem encontrar-se na fundamentação sintomas da eventual nulidade do acto, impugnável (ou arguível) a todo o tempo, — além de que o prazo para a acção de responsabilidade é de 3 anos (prazo suficientemente longo para aquela memória se perder, pelo menos numa parte substancial) e ser justo considerar que o dever de escrever a fundamentação também existe aí, para possibilitar uma tutela judicial efectiva do particular.

Por outro lado, o prazo de um ano concedido ao Ministério Público para deduzir o recurso contencioso de anulação, permite-lhe requerer a redução a escrito da fundamentação oral até muito tempo depois da prática do acto, quando a memória dela — e do próprio acto — será já reduzida, o que vem esbater as razões invocáveis em sede de fidelidade e memória da fundamentação, para considerar que deveria existir um prazo curto para requerer a transcrição da fundamentação oral.

Mesmo assim, entre uns e outros argumentos, é difícil a opção. Na verdade, se as razões invocadas aqui em último lugar levariam a propender para o alargamento do prazo em causa, não se pode esquecer o relativo paralelismo desta situação com, por exemplo, a da regulada no art. 31.º da Lei Processo, que limita a um mês o prazo para requerer nova notificação ou certidão do acto que foi notificado ou publicado sem indicação integral dos seus fundamentos, sem qualquer distinção para os actos nulos ou para os requerimentos do Ministério Público, quando pretenda recorrer contenciosamente.

VI. As fórmulas legalmente usadas na delimitação dos prazos para a redução da fundamentação a escrito e para a sua comunicação postal ou notificação ao interessado —, menos nítidas do que as fórmulas usadas no Decreto-Lei n.º 256-A/77 — podem ser lidas ou no sentido de que ambas as formalidades deveriam estar cumpridas no prazo de 10 dias úteis, ou seja, que só há 10 dias úteis para reduzir a fundamentação a escrito e para notificar disso o interessado ou, então, no sentido de existir um prazo igual para o cumprimento de cada uma dessas formalidades.

Artigo 126.º

Votamos pela primeira leitura, literal e sistematicamente mais razoável — basta pensar que não existe nenhuma razão para alargar aqui o prazo-regra das notificações, que é de 8 dias úteis.

Além disso, parece excessivo conceder à Administração 20 dias úteis para este efeito: ultrapassa-se o prazo da reclamação (15 dias úteis), esgota-se quase todo o prazo da impugnação hierárquica (30 dias úteis) e lá se vai metade do prazo do recurso contencioso (2 meses corridos). A não ser, claro está, para esta última hipótese, que se considere aplicável ao caso a doutrina do art. 31.º da LPTA — ou, até, que se considerasse esta aplicável à própria reclamação e impugnação hierárquica.

Mesmo assim, o excesso do prazo revelar-se-ia no facto de os 10 dias úteis aqui referidos, abrangendo a redução a escrito da fundamentação e a sua notificação ao particular, já representar um alargamento (praticamente para o dobro) dos prazos cumulativos de 3 dias e de 48 horas, que o Decreto-Lei n.º 256-A/77, de 17 de Junho, conferia para esses efeitos.

A verdade é que a cumulação dos dois prazos de 10 dias é a solução defendida no comentário feito pelos próprios AA. do *Projecto* a este preceito (ob. cit., pág. 196).

art. 126.º, n.º 2

VII. O não exercício pelos interessados da possibilidade que lhes confere o n.º 1 — de requerer a redução a escrito da fundamentação do acto oral — não tem, no que respeita à própria arguição da respectiva ilegalidade, as consequências do não cumprimento de um ónus: o particular pode continuar a invocar, não apenas a ilegalidade de uma eventual falta de fundamentação, como se dispõe no preceito, mas também as que derivam da violação de outros requisitos da fundamentação estabelecidos no art. 125.º do Código, v.g., o de ela (não) respeitar aos factos e ao direito, ou (não) ser clara, suficiente e congruente.

O problema é "tão só", como já se alvitrou, o de como se há-de fazer prova dessas ilegalidades, se a autoridade administrativa, na sua resposta em processo contencioso, sustentar que fundamentou oralmente o acto e "ajeitar" as respectivas razões.

VIII. Não cumprindo a Administração — nem mesmo após o pedido previsto no art. 31.º da Lei de Processo — o dever em que está constituída de reduzir a escrito aquela fundamentação oral, pode o particular ou recorrer ao processo judicial de intimação — previsto no art. 82.º e segs. do mesmo diploma — ou, então, partir para o recurso contencioso de anulação, tendo como *causa de pedir* a falta de fundamentação, pois, no mínimo, caberá à Administração provar que tal fundamentação existia efectivamente e que só foi violado o seu dever de transcrição, não o de fundamentação oral.

Preliminares

SECÇÃO II

Da eficácia do acto administrativo

PRELIMINARES

> *I. A categoria da eficácia no Código.*
> *II. A eficácia e as dificuldades derivadas da "poligonalidade" dos efeitos ou da relação criada pelo acto administrativo.*
> *III. A eficácia do acto: o "disparo" ou "explosão" jurídica dos seus efeitos.*
> *IV. As diversas perspectivas da eficácia jurídica e a sua confluência: a "eficácia retroactiva diferida".*
> *V. Categorias ou conceitos afins da eficácia.*

I. Seguimos VIEIRA DE ANDRADE (CEFA, pág. 91) nos encómios a esta inovação do Código — de atacar normativamente as questões ligadas à eficácia do acto — e relevamos a discrição do primeiro responsável pelo *Projecto*, ao admitir que as soluções aqui encontradas já estavam tomadas e consagradas na doutrina e na jurisprudência portuguesa, quando, afinal, o Código veio ordenar e disciplinar questões importantíssimas, frequentemente esquecidas até agora.

Pese o facto de, aqui e ali, se poderem fazer reparos (como era inevitável acontecer) às soluções que vieram a ser consagradas.

II. Um desses aspectos — comum, aliás, a outras secções deste Capítulo — é o de haver muitos casos em que a questão da eficácia aparece tratada sem atender à (eventual) *"poligonalidade"* da relação jurídica subjacente, ou seja, ao facto de haver nela interesses e interessados diversos, cujas posições mereceriam também ser diversamente contempladas: o legislador remeteu-se aqui, as mais das vezes, para uma relação jurídica bilateral, entre autor do acto e o seu destinatário, sem prevenir como é que os respectivos efeitos se projectam para as esferas jurídicas de outras pessoas, por ele também tocadas.

Por certo que isso vai criar dificuldades de aplicação das normas do Código nesta parte, senão mesmo conduzir a soluções de duvidoso equilíbrio jurídico.

III. O acto administrativo é, como se viu, uma decisão tomada para produzir efeitos jurídico-administrativos numa situação individual e concreta. Sendo assim, tomada a decisão, ou seja, ultrapassada a *fase preparatória* e concluída a *fase constitutiva* do procedimento — segundo a construção "sandulliana" —, é necessário que a medida nele definida projecte os seus efeitos na direcção das esferas jurídicas dos respectivos destinatários e demais interessados (ficando a fazer parte do seu "activo" ou "passivo" jurídico), o que vai suceder com o preenchimento da *fase integrativa de eficácia*, se houver, claro, requisitos deste cariz a preencher.

Na primeira fase, prepara-se a prática do acto, a tomada da respectiva decisão; na segunda, decide-se, pratica-se o acto; na fase integrativa de eficácia, cumprem-se ou verificam-se os requisitos de que, segundo a lei (ou a sua natureza), depende a projecção ou realização dos efeitos da decisão tomada.

Ser (ou não ser) um **acto eficaz**, consiste precisamente (digamos assim) na sua **"explosão" jurídica,** em ter sido puxado o seu "gatilho", "disparando-se" os respectivos efeitos. Noutras palavras: eficácia é a aptidão ou idoneidade do acto administrativo para projectar na vida ou realidade jurídica os efeitos nele definidos (ou ínsitos).

IV. A questão jurídica da eficácia do acto consiste, portanto, na análise dos requisitos dessa "explosão", o que é preciso fazer para ela se dar, do modo e das direcções em que se projecta.

Sendo sobretudo isso, o tema da eficácia do acto administrativo abrange muitas outras sub-questões ou categorias normativas, que lhe estão próximas ou ligadas — mas que são passíveis de outras perspectivas — e cuja heterogeneidade muito tem dificultado a vida dos diversos "parceiros" administrativos.

Como, aliás, se revela bem com as categorias da *eficácia diferida* e da *eficácia retroactiva,* que parecem categorias alternativas ou opostas, reciprocamente excludentes, nos termos em que as apresenta o Código. Ora, colocando as referidas categorias nos planos diversos a que pertencem — considerando como sendo de eficácia diferida o acto que não pode "explodir" imediatamente, logo que é praticado, e mantendo a questão da eficácia retroactiva no plano da direcção dos efeitos do acto —, elas podem coexistir perfeitamente, sem qualquer sintoma ou manifestação de rejeição: os actos de *eficácia retroactiva diferida* são actos que, quando (ou se) se tornarem eficazes, vinculam (para o futuro e também) para o passado.

É importante ter sempre presentes esses diversos planos (o da imediatividade e o da direcção dos efeitos do acto), para que se possam tirar das soluções legais entendimentos juridicamente correctos.

V. Ligando-se, de diversas maneiras, ao tema da eficácia do acto administrativo, estão as questões da sua *exequibilidade, executividade, executoriedade e oponibilidade.*

Seguindo Rogério Soares, diremos que **exequibilidade** é a característica dos actos administrativos que carecem de posteriores operações (materiais) e/ou actos (jurídicos, mas não inovatórios), para cumprirem a finalidade a que estão destinados. São, pois, **actos exequíveis** os actos que necessitam ser complementados por operações e actos que garantam a produção de todos os efeitos visados com a sua emanação, consistindo, assim, a sua **execução** na prática das ditas operações e actos.

Preliminares

Note-se que diferentemente da dicotomida eficácia/ineficácia (que se reporta aos efeitos jurídicos do acto), a dicotomia exequibilidade/inexequibilidade reporta-se à projecção dos efeitos práticos ou úteis do mesmo acto na ordem jurídica: quer istosignificar que os **actos praticamente inexequíveis** são juridicamente eficazes, alcançando todas as modificações que pretendem operar só pela sua produção, *rectius*, com o começo dos seus efeitos jurídicos: é o caso da extinção de uma autorização para o exercício de uma actividade económica, que não carece de nenhuma operação ou acto adicional de execução, para que os seus efeitos se produzam plenamente.

Por **executividade** de um acto administrativo deve entender-se, por sua vez, a susceptibilidade de eles fundarem directamente uma execução, sem necessitarem para tanto de uma declaração judicial de conformidade (ou compatibilidade) jurídica — independentemente dessa execução ser levada a cabo pela própria Administração ou pelos Tribunais. Tenha-se presente que este conceito de executividade é mais específico, ou mais concretizador, do que o da **imperatividade** (característica dos actos jurídico-públicos da Administração), e da qual decorre tão só, e mais genericamente, a existência de um poder da Administração (que esta partilha com os outros poderes do Estado) de, no exercício das suas atribuições e competências, definir unilateralmente o direito a aplicar em cada situação concreta.

Só os actos eficazes gozam de executividade, claro.

A **executoriedade**, por sua vez, é o poder que a ordem jurídica confere à Administração — como regra, nos sistemas mais autoritários, como excepção, nos sistemas mais sensíveis ao princípio da tutela judicial — de recorrer à força para vencer a resistência (ou para suprir a desobediência) do destinatário inconformado com as determinações do acto exequendo.

Só os actos eficazes (e exequíveis) são executórios.

Finalmente, com o conceito da (in)**oponibilidade** referimo-nos àqueles casos em que o acto, embora eficaz e capaz para produzir os seus efeitos no confronto de diversas esferas jurídicas ou de diversos sujeitos de direito administrativo, não pode, contudo, ser feito valer (desde já também) perante outras — como acontecerá, por exemplo, quando o cumprimento de um acto de efeito plúrimo (ou duplo) ainda não seja exigível àquele a quem vai sacrificar ou reduzir direitos, em benefício de outrem, mas já possa ir sendo reclamado por este perante a Administração. Já nos referimos a essa questão em comentário **III** ao art. 66.º do Código.

Artigo 127.º

Artigo 127.º
Regra geral

1. O acto administrativo produz os seus efeitos desde a data em que for praticado, salvo nos casos em que a lei ou o próprio acto lhe atribuam eficácia retroactiva ou diferida.

2. Para efeitos do disposto no número anterior, o acto considera-se praticado logo que estejam preenchidos os seus elementos, não obstando à perfeição do acto, para esse fim, qualquer motivo determinante de anulabilidade.

    I. Remissão para os comentários preliminares.
    II. O princípio geral da eficácia do acto administrativo praticado.
    III. Desvios.
    IV. A eficácia retroactiva e diferida: (im)precisão conceitual e literária. Figuras próximas da rectroactividade.
    V. Os conceitos de "elementos" do acto administrativo e da sua "perfeição"; confronto com os arts. 120.º e 123.º.
    VI. A repercussão da invalidade do acto em sede de eficácia: actos anuláveis e actos nulos. Dificuldades práticas.

art. 127.º, n.º 1

I. Sobre as perspectivas, os conceitos e noções basilares em matéria de eficácia, e as suas relações com outros que lhe são próximos (exequibilidade, executividade, executoriedade, etc.), ver os Preliminares desta Secção.

II. Se outra coisa não se dispuser na lei ou resultar do próprio acto, os efeitos deste produzem-se **desde a data em que foi praticado**, imediatamente, podendo exigir-se ou ser exigidos desde esse momento, pelo seu autor ou destinatário. Ou seja: tais efeitos tornam-se reciprocamente invocáveis ou oponíveis entre eles.

É um princípio geral, esse, de os efeitos do acto serem imediatamente actuantes, a partir da sua prática.

III. Não obstante o princípio afirmado neste n.º 1, de que o acto administrativo produz os seus efeitos desde a data em que for praticado, o certo é que na generalidade dos casos (ou nos casos qualitativamente mais significativos), o que se verifica é que tais efeitos só se tornam operativos ou oponíveis em momento posterior: podem ser actos sujeitos a publicação obrigatória (art. 130.º, n.º 2), podem carecer de notificação aos interessados (art. 132.º, n.º 1) ou estarem dependentes de qual-

Artigo 127.º

quer circunstância legal, que defira a produção dos seus efeitos para o momento da respectiva verificação.

IV. Sucede, desde logo, que o acto administrativo produz os seus efeitos desde a data em que for praticado, se — como se dispõe no n.º 1 — a lei (ou o autor do acto) não dispuserem que determinada categoria de actos (ou o acto praticado) têm eficácia retroactiva ou diferida.

Já alertámos (Preliminares, nota **IV**) para as precauções que é necessário tomar ao abordar as categorias da eficácia retroactiva ou diferida do acto administrativo, tendo-se aí falado de actos com *eficácia retroactiva diferida*, como uma possibilidade jurídica, por eficácia retroactiva ou diferida não serem figuras que se opõem entre si, devendo ser vistas, antes, cada uma delas pela perspectiva da questão a que respondem — aquela à questão da direcção (temporal) em que os efeitos do acto se projectam, esta ao momento em que eles se produzem.

A essa oposição entre eficácia retroactiva e diferida, a que parece reportar-se o Código, deve pois preferir-se, por ser dogmaticamente mais correcta, por um lado, a dicotomia entre eficácia *retro* e *proactiva* — entre o acto que se projecta (também) para o passado, e o que só "explode" para o futuro — e, por outro, entre eficácia *diferida* (adiada, demorada) e eficácia *imediata*.

Para além disso, eficácia proactiva e retroactiva correspondem a categorias abstractas, incapazes para enquadrar a multiplicidade de combinações e situações possíveis: hipotise-se o caso do acto constitutivo de deveres praticado a 6, notificado a 14 e com efeitos reportados a 6, que poderia então dizer-se, produzir efeitos "retroactivamente, desde a sua prática" (sendo um caso de retrotracção, a que nos referimos a seguir).

Efectivamente, estamos a lidar com uma noção ampla de eficácia retroactiva correspondente à do Código, quando há várias distinções a estabelecer a esse propósito, como Rogério Soares tão bem sugere na sua lição.

Nessa contracção da noção de retroactividade, devemos, então, distingui-la da **retrotracção**, da **retrodatação** e da **pseudo-retroactividade**.

Pseudo-retroactividade existe naqueles casos em que os efeitos do acto são reportados a um momento anterior ao da sua perfeição, àquele em que é produzido, mas isso por força da sua própria natureza, por se reportar (declarativamente) a um acto anterior e os seus efeitos "retroagirem" consequentemente ao momento constitutivo deste (como acontece com a revogação anulatória ou com os actos interpretativos). Na retroactividade *stricto sensu*, a projecção dos efeitos de um acto para o passado não deriva de ele se referir a um acto anterior, mas da vontade legal ou administrativa de o pôr a influir sobre situações constituídas no passado.

De *retrodatação* fala-se quando, devendo um acto ser praticado em certa data, por circunstâncias excepcionais, só o pode ser posteriormente, mas com efeitos a partir da data em que deveria ter lugar. É o caso, por exemplo, de um funcionário ter direito à aposentação a partir de determinada data e, por ausência do titular do órgão competente para a reconhecer, tal acto só poder ser praticado uns dias depois, após o seu regresso, datando-se, então, por referência ao dia em que deveria ter sido praticado.

Retrotracção existe quando, não sendo simultâneos os momentos em que o tipo legal do acto administrativo fica perfeito e aquele em que pode iniciar-se a sua produtividade (que fica dependente de um acto integrativo de eficácia), a lei admite que os respectivos efeitos se contem desde o momento da sua constituição (e não do da prática do acto integrativo). A retrotracção explica exactamente o desfasamento que se verifica entre o momento determinante da eficácia e o momento a que ela se reporta, como acontece (ou pode acontecer) no caso do acto praticado sob condição suspensiva.

art. 127.°, n.° 2

V. Começa por dispor-se neste n.° 2, que, para efeitos de eficácia do acto, ele se considera praticado *"logo que estejam preenchidos os seus elementos"*, ou, como também se diz aí, logo que o acto esteja *"perfeito"* (completo, como acto administrativo).

Quanto ao conceito de *"perfeição"* do acto — que significa na lição "sandulliana", donde foi tirado (como ainda tanta coisa se tira, hoje), a conjunção dos respectivos elementos constitutivos ou a conclusão da fase constitutiva do procedimento, através do qual se revela a sua prática —, ele liga-se, indubitavelmente, ao preenchimento dos requisitos do art. 120.° (e à previsão do art. 133.°, n.° 1) do Código. Ao invés disso — e do que o Código aparenta —, não existe correspondência entre a previsão deste n.° 2 do art. 127.° e a estatuição do art. 123.°, pois algumas das exigências formuladas neste último não precludem a *"perfeição"* do acto, o facto de ele se considerar praticado.

Elementos do acto aqui, no art. 127.°, são pois aqueles que integram a respectiva noção, são os elementos constitutivos dela, que, postos em conjunto, compõem ou formam um acto administrativo. Combinando-os com os referidos no mencionado art. 123.° (que sejam aplicáveis), temos os seguintes elementos de "perfeição" dum acto administrativo:

a) a indicação da *"autoridade que o praticou"* (que corresponde ao elemento **orgânico** da noção de acto administrativo);

b) a indicação do *"objecto"* e do *"destinatário"* do acto (que correspondem à **situação individual e concreta,** a que se reportam os seus efeitos);

c) o *"conteúdo ou sentido da decisão"* (que correspondem aos **efeitos jurídico-administrativos** que ele se destina a produzir);

d) a *"assinatura do autor do acto"* (que corresponde, digamos assim, à **decisão** que ele constitui).

Artigo 127.º

Não é, portanto, necessário o preenchimento de nenhuma das restantes menções do art. 123.º — sejam a da (sub)delegação, a dos factos que dão origem à decisão, a da fundamentação e (embora questionavelmente) a da sua data — para que o acto administrativo se considere praticado ou "perfeito", para este fim.

VI. Na parte final deste n.º 2 vem-se esclarecer — *a contrario* — que, mesmo se estiverem reunidos ou preenchidos todos os elementos do acto, este não é eficaz, quando estiver afectado de ilegalidade que gere a sua nulidade.

Trata-se, portanto, de determinar qual é a repercussão da questão da invalidade do acto em sede da sua eficácia — salientando-se que também a questão da ineficácia de um acto se pode projectar (indirectamente) na da validade (como acontecerá com os actos de execução de acto ineficaz, que são inválidos).

No que agora nos interessa, o acto administrativo é, portanto, eficaz e vinculativo *ab initio*, sem necessidade de se fixar ou acertar previamente a sua validade e não podendo os destinatários repudiar os seus efeitos, mesmo que o considerem afectado de uma vício de ilegalidade gerador de mera anulabilidade.

É uma manifestação substantiva do princípio da auto-tutela declarativa da Administração em relação aos actos administrativos: eles são — imediata ou diferidamente — eficazes, capazes para produzir os seus efeitos, mesmo se a sua consistência (e permanência) fica "condicionada" resolutivamente à inexistência duma causa de anulabilidade, em termos tais que, se esta for constatada em instância competente para tanto, os efeitos que se tinham e vinham produzindo *ab initio* são apagados e destruídos, como se o acto nunca tivesse sido praticado.

Já não é assim, juridicamente, com os actos administrativos feridos de nulidade. Estes são, como o determina o art. 134.º do Código, despidos de efeitos (salvo os putativos), não obrigam ninguém — a não ser no interior da própria Administração, que os funcionários só podem deixar de obedecer às ordens que envolvem a prática de crime — e nada se altera na esfera jurídica dos respectivos destinatários, por força deles.

As proposições formuladas a propósito da impotência jurídica inicial do acto nulo, não são, contudo, assim tão fáceis de manejar, quanto o sugeririam os termos rigorosos e firmes em que são apresentadas na lei e na lição dos AA. Só o seriam se a nulidade que afecta o acto fosse reconhecida e "acatada", na prática, por todos os "parceiros" administrativos envolvidos pelos respectivos efeitos — o que não sucede na grande maioria dos casos.

O juízo sobre a nulidade do acto pode, na verdade, ser controverso — quando se fundar, por exemplo, numa falta de atribuições do seu autor, numa ofensa do conteúdo essencial de um direito fundamental ou de um caso julgado — e é natural que uns (a Administração, em princípio) o tenham por válido, eventualmente por anulável, e outros, por nulo, ou seja, aquela a considerá-lo eficaz e a exigir a sua execução, estes (os lesados) a desobedecer-lhe. E acontece mesmo, em muitos casos,

Artigo 128.º

que nenhum dos sujeitos abrangido pelos efeitos do acto se dá conta da sua nulidade, todos o acatam, como acto (válido e) eficaz, até que um tribunal a detecte e a declare (oficiosamente).

É, portanto, teoricamente concebível e frequente na prática que o acto nulo esteja a regular situações da vida real, a produzir na prática, concretamente, os seus efeitos, como se fosse eficaz, até que o tribunal (oficiosamente ou por iniciativa de um interessado ou do Ministério Público) venha declarar a sua nulidade.

A diferença dessa situação, em relação à produção de efeitos pelos actos anuláveis, é que toda a execução do acto nulo (antes da sua invalidação) é ilegítima e toda a desobediência legítima, enquanto ali, no caso do acto anulável, a respectiva execução é legítima e a desobediência ao acto ilegítimo — mesmo se a distinção acaba por se esbater em parte, em virtude do efeito (*pseudo-*)retroactivo da invalidação do acto anulável.

Artigo 128.º

Eficácia retroactiva

1. Têm eficácia retroactiva os actos administrativos:
   a) **Que se limitem a interpretar actos anteriores;**
   b) **Que dêem execução a decisões dos tribunais, anulatórias de actos administrativos, salvo tratando-se de actos renováveis;**
   c) **A que a lei atribua efeito retroactivo.**

2. Fora dos casos abrangidos pelo número anterior, o autor do acto administrativo só pode atribuir-lhe eficácia retroactiva:
   a) **Quando a retroactividade seja favorável para os interessados e não lese direitos ou interesses legalmente protegidos de terceiros, desde que à data a que se pretende fazer remontar a eficácia do acto já existissem os pressupostos justificativos da retroactividade;**
   b) **Quando estejam em causa decisões revogatórias de actos administrativos tomadas por órgãos ou agentes que os praticaram, na sequência de reclamação ou recurso hierárquico;**
   c) **Quando a lei o permitir.**

   I. Remissão para os comentários preliminares.
   II. A habilitação legal (não regulamentar) da eficácia retroactiva.
   III. Acto interpretativo (e aclarativo): a vinculação hermenêutica e o "animus interpretandi". A eficácia da interpretação ilegal.

Artigo 128.º

IV. A *eficácia* ex nunc *dos actos interpretativos.*

V. *Competência (genérica ou específica) da Administração para interpretar os actos administrativos.*

VI. *A retroactividade dos actos administrativos de aclaração.*

VII. *Actos administrativos de execução de sentenças anulatórias.*

VIII. *A questão dos actos renováveis.*

IX. *Casos especiais de retroactividade legal de actos administrativos.*

X. *A retroactividade por determinação do autor do acto: sua expressão no próprio acto.*

XI. *A retroactividade favorável ao interessado.*

XII. *A retroactividade no caso da alínea b) do n.º 2 do art. 128.º (confronto com o art. 145.º, n.º 3 do Código).*

XIII. *Outros casos previstos na lei.*

art. 128.º, n.º 1

I. Há importantes referências ao conceito de retroactividade do acto administrativo nos Preliminares desta Secção.

II. A eficácia retroactiva do acto administrativo — **tomada agora a expressão no seu sentido amplo** (nota **IV** ao art. 127.º) —, a projecção dos seus efeitos "para trás", a situações passadas e a efeitos gerados antes da sua prática, começa por ser característica de certas classes de actos administrativos legalmente estabelecidas neste n.º 1, enunciando-se no n.º 2 os actos a que o seu autor pode atribuir expressamente eficácia retroactiva (embora não a tenham, por si sós).

Note-se que a eficácia retroactiva do acto administrativo ou é derivada de lei ou fruto (conjugado) da vontade do seu autor, mas nunca de regulamento, pois, se não houver lei a prevê-la, funciona a regra do art. 127.º, n.º 1, do Código — e o princípio geral de direito correspondente —, invalidando os regulamentos que dispusessem contra.

Podia o legislador ter determinado também quais as classes de actos que não têm nunca efeitos retroactivos, como é, por exemplo, o caso dos actos restritivos de direitos, liberdades ou garantias constitucionais — embora, obviamente, a regra valha por simples força do art. 18.º, n.º 3, da Constituição.

III. Os actos administrativos *interpretativos* de outros actos antecedentes têm eficácia retroactiva (no sentido amplo referido ou, então, eficácia pseudo-retroactiva), considerando-se valerem os actos interpretados, desde a sua prática, no sentido naqueles fixado — e é essa a primeira classe de actos a que a lei imputa efeitos retroactivos.

Note-se que, sendo a interpretação administrativa, nestes casos, uma actividade juridicamente vinculada, a Administração não pode pôr nada de discricionário,

Artigo 128.º

nada da sua própria vontade ou opção no acto administrativo interpretativo: ele assenta na existência de um *animus interpretandi*, ou seja, na referência (explícita ou implícita) ao sentido ou conteúdo de um acto anterior, sobre o qual se suscitam dúvidas, e que o acto interpretativo vem declarar como deve ser entendido.

Praticado o acto interpretativo, o acto interpretado fica a valer no ordenamento jurídico em consonância com o que nele se dispõe, mesmo que, porventura, não fosse essa a interpretação que lhe devia ser dada hermeneuticamente: ele "despoleta", ainda assim, o seu efeito (retroactivo) hermenêutico — com ressalva eventualmente dos efeitos e direitos constituídos durante a aplicação do acto interpretado com um sentido diferente do que agora se lhe dá (AGUSTIN GORDILLO, Tratado de Derecho Administrativo, vol. III, pág. XII.9).

Embora a interpretação pela Administração de actos anteriores seus não tenha, obviamente, valor *autêntico*, como o tem a interpretação feita pelo legislador — podendo o seu desvalor hermenêutico ser sempre posto em causa nos tribunais competentes —, a verdade é que, dispondo (autoritariamente) sobre o modo como ela própria interpreta o acto e se considera titulada ou obrigada juridicamente por ele — e, portanto, sobre o modo como os seus serviços o vão entender e executar — a Administração imprime a essa interpretação um valor (a força) de acto administrativo.

A única maneira de sobrestar a essa eficácia interpretativa do acto administrativo consiste na sua impugnação por ilegalidade (ou na impugnação do acto interpretado pela ilegalidade da interpretação que lhe foi dada). O que interessa é que — enquanto não sobrevier decisão que anule (ou revogue) o acto interpretativo (ou o acto interpretado com o sentido que ele lhe deu) — é como se aquele estivesse agarrado a este, fizesse parte dele.

IV. Questão é a de saber, em relação aos efeitos retroactivos de actos interpretativos, se eles são obrigatórios ou podem ser afastados pelo órgão interpretante, no caso, por exemplo, de (apesar de ser essa a melhor interpretação) o acto ter vindo a ser executado com outro sentido, conteúdo ou alcance, na boa-fé de todas as pessoas. Não havendo interesses públicos ou privados em contrário, não vemos por que a solução não possa ser adoptada.

V. Outra questão reside em determinar se a competência para a interpretação dos actos administrativos pertence, genericamente e sem reserva, aos órgãos seus autores.

A competência revogatória que lhes cabe indiciaria, em princípio, a competência interpretativa: se o acto ainda não se "despegou" do seu autor, se ele ainda não esgotou a sua "jurisdição" na matéria e se pode pronunciar (quer com efeitos *ex novo* ou *ex ante*) sobre a situação administrativa em causa, em termos, inclusivamente, de dizer não querer o acto anterior, porque não deve poder dizer o sen-

Artigo 128.º

tido com que o mesmo deve valer e ser observado? Trata-se, no fundo, de fazer funcionar aqui o brocado *ejus est interpretare, cujus est condere*.

Não gostamos muito do princípio do paralelismo (ou de que "quem pode o mais pode o menos"), como factor de interpretação neste domínio. De qualquer modo, a aceitação dessa tese levaria, desde logo, a cingir a competência *interpretandi* (além do mais) no mesmo âmbito temporal da competência *revogandi*, afastando-se, por aí, a possibilidade por exemplo de interpretação desfavorável, a todo o tempo, dos actos constitutivos de direitos.

Mesmo assim, não temos por esclarecido que a Administração disponha (tenha que dispor) sempre duma competência para fixar o sentido em que deve valer o seu acto. Até porque considerando — e preferiríamos considerar — a competência interpretativa como sendo de exercício desprocedimentalizado, estar-se-ia a abrir caminho, por exemplo, para a utilização da figura como manto de revogações de "última hora", sem haver lugar a instruções e audições procedimentais.

VI. Os actos *aclarativos* ou de *aclaração* teriam também, por maioria de razão, eficácia retroactiva; porque, na aclaração não se trata de eleger um de entre os vários possíveis sentidos que um acto administrativo comporta, mas apenas de decifrar ou esclarecer algum elemento que nele estava pouco claro. Não se trata, pois, de uma tarefa hermenêutica, mas apenas de desvendar o que estaria disposto ou escrito de uma maneira equívoca no acto, implicando, nesse sentido, uma sua modificação (que não existe no caso da mera interpretação).

Por outras palavras: na aclaração, o acto praticado fica com um conteúdo — ou uma redacção, se se preferir — diferente da que tinha (tornando-se inequívoco o elemento equívoco, decifrando-se o que não estava definido completamente). Com o acto interpretativo, nada se modifica no acto praticado, apenas se define a maneira de o entender ou aplicar (ver AGUSTIN GORDILLO, ob.cit., pág. XII-8).

VII. Têm eficácia retroactiva (*lato sensu*), por força de lei, também, os actos administrativos de execução de sentenças anulatórias de actos administrativos anteriores, nulos ou anuláveis.

Na verdade, como a invalidação de um acto opera retroactivamente os seus efeitos, é necessário reportar os actos administrativos pelos quais se repõe a Administração e os outros interessados na posição em que estariam (se, em vez de um acto ilegal, tivesse sido praticado o acto legal) à data deste. É, portanto, necessário "ir" ao passado e destruir a teia de actos que nele se tenham praticado por causa do acto ilegal, bem como construir uma nova teia administrativa para a situação concreta em apreço.

Esses actos administrativos de "demolição" e "reconstrução" jurídica do passado têm, assim, efeitos retroactivos às datas dos actos anteriores anulados ou dos pressupostos dos novos actos praticados em consequência dessa anulação.

Artigo 128.º

VIII. O que se quis dizer com a parte final do preceito da alínea b) não é que os actos renováveis (*rectius*, renovadores) não têm eficácia retroactiva — como uma sua leitura mais apressada poderia sugerir — mas, sim, que, no caso de o acto anulado ser renovável, os actos de execução de sentença anulatória já não têm o efeito retroactivo que a primeira parte dessa alínea lhes assaca, em geral.

E isso porque, nessas circunstâncias, a questão da projecção dos efeitos (destrutivos ou reconstrutivos) da sentença anulatória já não é resolvida ao nível dos actos da sua execução, mas pelo próprio acto renovador (parecendo subentendido que se trata aqui de um acto com o mesmo sentido ou efeito do acto anterior).

Entender o preceito no sentido de que, no caso de actos renováveis, já não haveria lugar à reposição da situação actual hipotética, resultaria num absurdo (salvo, claro, se os pressupostos do acto renovável não existiam à data do acto anulado) e vai contra tudo o que se tem entendido em matéria de reposição das situações atingidas pelo acto que foi objecto da sentença anulatória.

Basta consultar a obra de FREITAS DO AMARAL sobre "A execução das sentenças nos Tribunais Administrativos" (edições Ática, 1967) e respigar daí algumas ideias do A. sobre a questão — como a de que *"a fim de que seja reintegrada a ordem jurídica, a Administração .... tem de praticar um novo acto administrativo, **com efeitos retroactivos**, que substitua o acto ilegal"* (pág. 109), ou a de que *"ponto é que seja praticado um acto administrativo legal, que resolva a questão que o primeiro tivera por objecto, e que por conseguinte substitua, **com efeitos retroactivos**, o acto anulado"* (pág. 111) — para constatar que o próprio responsável pelo *projecto* do Código não tinha dúvidas, em muitos casos, sobre a retroactividade do acto renovável.

Como também há casos em que não se suscitam dúvidas sobre a irretroactividade do acto renovado: é o caso do acto desfavorável ao particular anulado com base em vício de forma, que a Administração depois renova, expurgando-o do vício formal de que padecia. Como avisadamente sustentava AFONSO QUEIRÓ (RLJ, 119, págs. 302 e segs.) *"... o novo acto, porém, não obstante se inserir na execução da sentença segue a regra da irrectroactividade do acto administrativo. Aliás, se assim não fosse, frustrar-se-ia a reintegração da ordem jurídica violada, pois tudo se passaria como se o acto ilegal, anulado, continuasse a produzir efeitos desde a data da sua emissão, tornando na prática inútil um recurso contencioso que mereceu provimento. Por outro lado, a retroactividade dos efeitos do novo acto deixaria sem efectiva sanção jurídica a actuação ilegal da Administração, permitindo ainda manter uma situação, criada por essa actuação, lesiva de direitos ou interesses legítimos do recorrente"*.

No mesmo sentido se pronunciou também, abundantemente, a jurisprudência mais recente das instâncias administrativas, como, por exemplo, no caso dos Acordãos do STA publicados nos AD n.ºs 317 (pág. 657) e 293 (pág. 625), havendo mesmo sentenças que seguem tal orientação proferidas já no domínio da vigência do CPA (Acordão de 14 de Fevereiro de 1995, processo n.º 36.265).

Artigo 128.º

Aliás, as hipóteses na matéria podem desdobrar-se em tantos casos diferentes, que será provavelmente impossível abrangê-los todos numa fórmula, como a da alínea b) do n.º 1 do art. 128.º. A interpretação do preceito que nos parece mais razoável é então a de que, **se não há lugar à renovação do acto anulado**, os actos de execução de sentença anulatória têm necessariamente efeito retroactivo; mas, **havendo lugar a essa renovação**, à substituição do acto anulado por um novo acto de conteúdo idêntico (expurgado das ilegalidades que afectavam aquele), é em relação a este que se deve pôr a questão da existência ou inexistência de retroactividade, e já não em relação aos actos de execução de sentença *stricto sensu*, ou seja, àqueles que (supondo a retirada definitiva do acto anulado do ordenamento jurídico) se limitam a colocar tudo como se nunca tivesse existido, nem viesse a existir (através da sua eventual renovação), aquele acto administrativo que se anulou.

Há, provavelmente, outras leituras ou interpretações do preceito, mas o seu confronto proporcionou-nos sempre resultados e conclusões mais ou menos absurdas. Ficamos assim com a ideia de que, sendo possível a renovação do acto anulado — aliás, a expressão "acto renovável" da lei só pode referir-se a este — se deveria arredar a estatuição da primeira parte do preceito, de que os actos administrativos de execução de sentença anulatória têm efeito retroactivo, porque, pura e simplesmente, deixarão de ser praticados (em sede de mera execução de sentença anulatória).

IX. Têm eficácia retroactiva, também, os actos a que a lei a atribua (validamente).

É, por exemplo, o caso da retroactividade do acto revogatório com fundamento na invalidade (anulabilidade) do acto revogado, consagrada no art. 145.º, n.º 2, e a do acto rectificativo, à qual se refere o art. 148.º, n.º 2.

art. 128.º, n.º 2

X. Só o autor do acto administrativo (para além da lei) lhe pode atribuir — **e expressamente no próprio acto** — eficácia retroactiva.

Resulta daí, por exemplo, que o superior hierárquico do autor do acto — mesmo que tenha competência dispositiva igual à do subalterno —, se pretendesse imprimir eficácia retroactiva a um acto anterior deste, que não a tinha (nem por imposição legal nem por vontade do seu autor), estaria a revogá-lo por inconveniência, e não poderia, portanto, nunca, fazer retroagir os efeitos da revogação a momento anterior à sua prática (art. 145.º, n.º 3, do Código).

É uma solução dogmaticamente vigorosa, mas administrativamente (em termos de harmonia e coordenação da prossecução do interesse público) danosa, por deixar inteiramente nas mãos dos subalternos a questão da retroactividade do acto — quando não lhes deixou a questão da sua existência e essência, permitindo ao superior revogá-los.

Artigo 128.°

Finalmente, é claro, também, que a retroactividade decidida pelo próprio autor do acto só pode ter lugar nos casos em que a lei o preveja, referindo-se o Código aos que se analisam a seguir.

XI. A primeira categoria de casos em que a lei confere ao autor do acto administrativo a possibilidade de lhe atribuir eficácia retroactiva é a da alínea *a)* deste n.° 2 e respeita às hipóteses em que ela seja **favorável ao interessado**.

Não trata este preceito, note-se, do caso da revogação de um acto desfavorável ao interessado, que constitui uma situação especialmente regulada no art. 145.°, n.° 3 do Código e cai no âmbito da previsão da alínea *c)* — não na alínea *a)* — deste n.° 2; trata, sim, dos casos em que a retroactividade do acto, **ela mesma**, é favorável ao interessado.

Sendo a retroactividade favorável ao interessado (ou interessados), exige-se também que não lese (seja inócua para) os direitos ou interesses legalmente protegidos de outras pessoas, de terceiros.

O terceiro requisito de aponibilidade e de validade dessa cláusula de retroactividade é o de que os pressupostos legais da respectiva competência e decisão existissem à data a que se reportam os efeitos do acto — parecendo menos bem que a lei se refira à existência *"dos pressupostos da retroactividade"* (que, em rigor, são a sua favorabilidade para o interessado e inocuidade para terceiros), quando o que interessa aqui é que o acto já pudesse ter sido praticado legalmente à data a que agora se reportam os seus efeitos, por já existirem então os seus próprios pressupostos.

XII. A disposição da alínea *b)* do n.° 2 do art. 128.° — resultante de alteração do projecto inicial do Código, pelo Governo — tem provocado grande celeuma, quer quanto ao seu sentido quer quanto à sua conjugação com os n.ᵒˢ 2 e 3 do art. 145.° do Código (onde se disciplinam os efeitos da revogação do acto administrativo, feita com base na ilegalidade ou na sua inconveniência) e acompanhamos a perplexidade que a introdução desta alínea causou aos Autores do respectivo *Projecto* (ob. cit., pág. 204), e que os levou a considerá-la, pura e simplesmente, como irrelevante.

Nem nos parece que a tentativa de conciliação entre os dois preceitos, que esboçámos na 1ª edição deste comentário, mereça ser seguida.

Mais curial seria, então, ler o preceito desta alínea *b)* no sentido de que, se houver revogação (pelo seu próprio autor) de actos administrativos praticados no seio ou sequência de reclamação ou recurso hierárquico, eles se têm como não praticados *ab initio*, dando (ou podendo dar) lugar à repristinação dos actos que tinham sido objecto dessa reclamação ou recurso. Ou seja, a revogação (pelo próprio autor) de acto praticado no seio desses procedimentos reactivos, significa (ou pode significar, se ele o dispuser) que o acto inicial (reclamado ou recorrido) volta a vigorar, como se não tivesse sido arredado pela decisão ou acto administrativo praticado

Artigo 129.º

no seio de tais procedimentos — evitando-se, assim, que a mesma situação concreta seja objecto de disciplinas jurídico-administrativas diversas em momentos tão chegados no tempo.

Não existiria, então, a mencionada sobreposição dos arts. 128.º, n.º 2, alínea *b*) e 145.º, n.º 3 do Código: regulam-se neles hipóteses diferentes, de modo diferente também. Mas é evidente que, se era isto que o legislador pretendia dispor, deveria (poderia) tê-lo feito de forma muito mais clara, para não dar azo a considerar esta disposição, face ao art. 145.º, como sendo pura e simplesmente irrelevante.

XIII. Na hipótese da alínea *c*) deste n.º 2 do art. 128.º cabem aqueles casos em que a atribuição do efeito retroactivo ao acto, pelo seu autor, está especificamente prevista na lei — como acontece, por exemplo, com o art. 145.º, n.º 3, do próprio Código, respeitante à retroactividade da decisão revogatória fundada em inconveniência.

Artigo 129.º

Eficácia diferida

O acto administrativo tem eficácia diferida:
- *a*) **Quando estiver sujeito a aprovação ou a referendo;**
- *b*) **Quando os seus efeitos ficarem dependentes de condição ou termo suspensivos;**
- *c*) **Quando os seus efeitos, pela natureza do acto ou por disposição legal, dependerem da verificação de qualquer requisito que não respeite à validade do próprio acto.**

I. Eficácia diferida (e imediata) ou eficácia retroactiva (e proactiva).
II. As espécies de eficácia diferida da alínea a).
III. A noção (e função) da "aprovação" e do "referendo".
IV. A eficácia do acto sujeito a condição ou termo suspensivos: constatação da respectiva ocorrência.
V. Casos especiais da eficácia diferida: distinção dos requisitos de validade.

I. Já nos referimos acima — ver comentários preliminares e ao art. 127.º — aos equívocos que o **conceito de eficácia diferida** pode suscitar.

Uma coisa é, na verdade, o momento **em que** brotam os efeitos do acto, outra, o momento **a que** (tendo brotado) são reportados esses efeitos; até falámos, acima, de uma "eficácia retroactiva diferida"— como acontecerá com o acto carente de aprovação tutelar, que se reporta a uma situação passada.

Artigo 129.º

Trata-se, no fundo, de opor eficácia *diferida* a eficácia *imediata*, e não a eficácia *retroactiva* (à qual se opõe a eficácia *proactiva*).

Ora, os casos a que se refere o presente artigo reportam-se àquilo que chamámos o momento da "explosão" (dos efeitos) do acto, à distinção entre eficácia diferida e imediata, não sendo, portanto, casos opostos ou contrários àqueles a que se refere o artigo 128.º.

II. Os efeitos dos actos legalmente sujeitos a **aprovação** ou a **referendo** só brotam deles após a verificação (positiva) destes meios do seu controlo ou fiscalização — a não ser, claro, que na lei se disponha diversamente ou haja, ainda, outros requisitos de eficácia a preencher.

A primeira questão que esses conceitos utilizados na lei suscitam é a de saber se vale, para estes efeitos, um critério formal (que leve a considerar como aprovações ou referendos aquelas hipóteses que estejam assim denominadas) ou, antes, um critério material, tirado da sua noção, a partir da natureza e função das diversas espécies legais.

Preferimos naturalmente ater-nos ao segundo critério, só considerando factores da eficácia diferida de um acto as espécies legais que correspondam à respectiva noção (nota subsequente), independentemente da fórmula ou conceitos que a lei tenha usado para as designar.

III. A **aprovação** é um acto emanado no âmbito de uma relação inter-administrativa de supra-infra ordenação (normalmente de tutela), através do qual o órgão supra-ordenado manifesta um juízo sobre a oportunidade ou a legalidade de um acto já praticado pelo órgão infra-ordenado, atribuindo-lhe (ou denegando-lhe) eficácia. Diferentemente da autorização (que tem por efeito, normalmente, legitimar *ex ante* o exercício de uma determinada competência ou direito), a aprovação incide sempre sobre *actos* — sendo concebível inclusive a sua incidência sobre negócios jurídicos de privados (como de concessionários) — que já estão perfeitos (e que não podem ser modificados ou alterados pela entidade tutelar), actuando apenas *ex post* sobre a operatividade dos respectivos efeitos jurídicos.

O **referendo** é também um acto que exprime o consentimento de quem referenda relativamente ao mérito de uma decisão tomada, mas cuja eficácia está dependente de tal consentimento superveniente. Contudo, este acto não provém "de cima", como a aprovação, mas da "base", podendo-se estabelecer um paralelismo com a dicotomia nomeação/eleição: na sequência da iniciativa de uma Administração corporativa (que pode ser o Estado, uma autarquia local, uma universidade ou uma associação pública), a comunidade ou substracto respectivo constituem-se em assembleia deliberativa, determinando o resultado da votação nela feita a concessão (ou denegação) de eficácia à decisão referendada. Prevêem a realização de referendos, por exemplo, a Lei n.º 49/90, de 24 de Agosto (referendo local), em exe-

Artigo 129.º

cução do art. 241.º, n.º 3 da CRP, ou — embora o exemplo não seja dos melhores, porque, na generalidade dos casos, não estão aí em causa referendos sobre actos administrativos — o art. 52.º do Estatuto da Ordem dos Engenheiros (Decreto-Lei n.º 119/92, de 30 de Junho), para o caso de votação de projectos de propostas de alteração do Estatuto, do Código Deontológico, da própria dissolução da Ordem ou de outras matérias que devam ser submetidas a referendo.

Quer dizer que já existe nestes casos, um acto administrativo anterior de um órgão com *competência dispositiva na matéria e a quem estão conferidas as respectivas atribuições* — acto no qual se contêm todos os elementos da respectiva noção (art. 120.º) —, limitando-se outro órgão a exercer uma competência de natureza fiscalizadora, manifestando a sua concordância ou discordância com o acto praticado, mas sem lhe acrescentar intrinsecamente o que quer que seja: o acto administrativo após a aprovação ou o referendo é exactamente o mesmo que os antecedia. Só que agora a medida nele definida já é (ou pode ser) juridicamente actuante ou eficaz.

IV. Referimo-nos aos conceitos de *condição* e *termo suspensivos* mais acima (art. 121.º).

A eficácia do acto só se desencadeia, nestes casos, após a verificação do evento a que corresponde a condição ou o termo — mesmo que estes lhe tenham sido ilegalmente apostos.

Sendo inquestionável que os efeitos do acto são sempre reportados à data da verificação desse evento, pode suceder, no entanto, que a ocorrência dele careça de uma prévia constatação ou *accertamento* administrativo (a manifestar oficiosamente ou a pedido dos interessados) — mesmo que, eventualmente, isso não tenha sido prevenido no próprio acto condicionado ou sujeito a termo.

A distinção entre as diversas hipóteses pode estar ligada, por exemplo, às necessidades de execução (hierarquicamente subordinada) do acto sujeito a condição ou termo suspensivos ou ao facto de a verificação do evento em causa carecer de um qualquer juízo valorativo.

V. Além dos casos referidos de eficácia diferida, prevê-se na alínea *c*) do preceito que existam outros, postos por disposição especial da **lei** ou impostos pela **natureza do acto,** e que não respeitem à sua validade.

No primeiro caso, estão, por exemplo, os actos sujeitos a *visto* do Tribunal de Contas, ou seja, aqueles que, vindo de certos órgãos da Administração, implicam a realização de despesa (e sobre cuja eficácia dispõem, actualmente, os arts. 12.º e segs. da Lei n.º 86/89, de 8 de Setembro) e ainda os actos administrativos sujeitos a uma "actividade executiva complementar" como, por exemplo, passagem de alvará que titula a licença, pagamento de uma taxa, depósito de uma caução.

Artigo 130.º

No segundo caso, cabem os actos administrativos *receptícios,* que apenas produzem efeitos quando o respectivo conteúdo for conhecido pelo destinatário, como é o caso dos actos impositivos. Devem ainda incluir-se aqui os actos administrativos praticados por órgãos colegiais, que não produzem efeitos antes de aprovadas as actas das reuniões em que foram produzidas (nota **XI** ao art. 27.º).

A distinção entre requisitos ou casos de validade e de eficácia não apresenta teoricamente grandes dificuldades: os primeiros respeitam a momentos anteriores ou concomitantes do exercício da competência dispositiva na matéria, os segundos são posteriores; os primeiros manifestam-se na prática ou no sentido da decisão e repercutem-se na definição nela própria contida, os segundos não têm aí assento ou influência, reflectindo-se apenas na ineficácia ou inoperatividade do respectivo acto.

Artigo 130.º

Publicidade obrigatória

1. A publicidade dos actos administrativos só é obrigatória quando exigida por lei.

2. A falta de publicidade do acto, quando legalmente exigida, implica a sua ineficácia.

    I. Publicidade e publicação: modos de publicitação dos actos administrativos.

    II. A exigência legal ou regulamentar da publicidade do acto.

    III. Casos de publicação obrigatória.

    IV. A publicidade como condição necessária (não suficiente) da eficácia do acto: diferenças com a publicidade a cargo do particular.

art. 130.º, n.º 1

I. A exigência de **publicação** ou **publicidade** dos actos administrativos liga-se à sua divulgação ou difusão junto do público — sem cuidar de saber quem soube dessa divulgação —, enquanto a exigência da sua **notificação** respeita ao conhecimento que é (deve ser) dado ao respectivo destinatário ou destinatários.

Aquela difusão tem lugar, em regra, através da imprensa oficial(e/ou particular), mas há outras formas de difusão ou divulgação pública de um acto, como sejam a sua publicação através de editais afixados ou circulados, a sua leitura na rádio ou televisão.

Veja-se a nota **II** do art. 131.º, quanto ao local da publicação dos actos administrativos.

Artigo 130.º

II. A publicidade dos actos administrativos pode estar prevista na lei ou em norma regulamentar. Numa norma regulamentar capaz disso: é óbvio que, por exemplo, uma concessionária (que pode ter competência regulamentar) não pode dispor sobre publicações na 1ª e 2ª Série do Diário da República, mesmo se há outras formas de publicidade que podem ser previstas nessas normas regulamentares, como os editais, a imprensa não oficial, a 3ª série do Diário da República (acessível mediante pagamento da publicidade inserta).

Mas, segundo o n.º 1 deste preceito, só a **exigência legal** de publicidade de um acto é obrigatória. Donde, *a contrario*, a sua exigência em regulamento não impediria que o acto possa ser eficaz antes dessa publicidade: só pelo facto de ser notificado, ele já valeria (pelo menos) nas relações entre a Administração e o notificado.

A ser verdadeira esta leitura do n.º 1, votaríamos, no entanto, por se assimilarem às hipóteses de exigência legal de publicidade aquelas outras previstas em normas regulamentares originárias dos ordenamentos jurídicos autárquicos ou autónomos, quanto aos actos administrativos aí criados no âmbito da respectiva *autonomia* normativa.

III. Estão sujeitos a publicação obrigatória, por exemplo:
— os actos administrativos das autarquias, quando tenham eficácia externa (art. 84.º da LAL);
— os actos administrativos relativos à situação e movimentação de funcionários e agentes do Estado (art. 1.º do Decreto-Lei n.º 328//87, de 16.IX.);
— as declarações de utilidade pública de expropriação (art. 15.º, n.º 1 do Código das Expropriações);
— os actos administrativos de concessão de alvará de loteamento ou de licença de construção de obras particulares (respectivamente, art. 33.º do Decreto-Lei n.º 448/91, de 29.XI. e art. 9.º do Decreto-Lei n.º 445/91, de 20.XI.).
— os actos administrativos de concessão de benefícios emitidos pela Administração Pública a favor de particulares, seja a título de subsídio, subvenção, bonificação, ajuda, incentivo ou donativo, bem como os respeitantes à dilação de dívidas de impostos e de contribuições à Segurança Social (art. 1.º, n.º 1 e 2 da Lei n.º 26/94, de 19.VIII.);

Note-se que no caso citado em último lugar estamos perante hipóteses de publicitação obrigatória que não constitui requisito da eficácia dos respectivos actos, só tendo a mesma lugar após os mesmos terem produzido os seus efeitos (cfr. art. 3.º, n.º 3 e art. 4.º, n.º 2 do citado diploma).

Artigo 130.º

art. 130.º, n.º 2

IV. Enquanto não for publicitado na forma legalmente exigida, o acto administrativo é ineficaz — cumprindo-se assim uma parte da imposição do n.º 2 do art. 122.º da Constituição. Os direitos e deveres que dele derivam não podem ser exigidos de (ou por) ninguém.

Mas também há casos em que a falta de publicidade briga com a validade do acto ou, até, com a sua existência. Podíamos dizer, por exemplo, que a falta de publicidade de reunião pública (por imperativo legal) gera a invalidade desta, *rectius*, das deliberações nela tomadas.

À falta de publicação equiparamos a sua ininteligibilidade, quando ela é feita em termos de não se saber que acto foi praticado. Ou seja, trata-se de um vício que gera a ineficácia do acto publicitado, não a sua invalidade (a não ser que ele resultasse de o próprio acto ser ininteligível, ou de lhe faltar alguma das menções do art. 123.º do Código).

Por vezes, a publicidade do acto administrativo (quando legalmente prescrita) embora seja condição necessária da sua eficácia, não é, contudo, condição suficiente dela: por exemplo, o acto sujeito a visto do Tribunal de Contas, que foi publicitado oficialmente sem tal visto ter sido dado (expressa ou tacitamente), não é, só por isso, eficaz, como não o é igualmente o acto publicado em relação àqueles interessados a quem se impõe a sua notificação (ver comentários ao art. 132.º).

Em outros casos, a exigência legal de publicidade não recai apenas sobre a Administração, a quem é imputável a prática do acto, mas também sobre os seus destinatários: acontece assim, por exemplo, em matéria de licenciamento de obras particulares e de loteamentos, exigindo-se aos seus beneficiários que publicitem a existência das respectivas licenças ou alvarás no próprio prédio ou terreno a lotear.

São, porém, coisas distintas, porque, enquanto o dever administrativo de publicar o acto se reflecte na sua (in)eficácia, já a falta da respectiva publicidade pelos seus beneficiários não contende com ela, mas apenas com a licitude da posição do particular, havendo tão só lugar à aplicação de sanções administrativas decorrentes do incumprimento desse seu dever.

Artigo 131.º

Artigo 131.º

Termos da publicação obrigatória

Quando a lei impuser a publicação do acto mas não regular os respectivos termos, deve a mesma ser feita no *Diário da República* ou na publicação oficial adequada a nível regional ou local, no prazo de 30 dias, e conter todos os elementos referidos no n.º 2 do artigo 123.º.

> *I. Âmbito da previsão legal.*
> *II. Modo e local da publicação (os actos de entidades administrativas "devolvidas" ou "concedidas").*
> *III. Prazo da publicação: quando se considera feita (a distribuição).*
> *IV. A publicação feita fora do prazo fixado.*
> *V. As menções da publicação: consequências da sua falta (dúvidas).*
> *VI. Distinção entre a falta de menções na publicação e a sua falta no acto publicado.*
> *VII. "Termos" de outros meios de publicidade do acto administrativo.*

I. O preceito do art. 131.º só é aplicável se, na norma que impõe a publicidade de uma categoria de actos, não estiverem fixados os **termos** em que ela deve ter lugar, como acontece, por exemplo, com os actos relativos à situação e movimentação de funcionários do Estado, publicáveis em apêndice à II Série do Diário da República (Decreto-Lei n.º 328/87, de 16 de Setembro).

Esses termos consistem no modo, no local, no tempo e no conteúdo da publicidade do acto.

II. Quanto ao *modo* da publicidade do acto administrativo, a lei escolheu, como regra geral, a sua divulgação por escrito, através da imprensa oficial.

E, portanto, se na lei que obriga à publicação dum acto não se determinar o modo e local dessa publicação, aplicam-se as seguintes regras:

— os actos administrativos constantes de **decreto** (do Governo da República) são publicados na I Série, Parte B, do Diário da República, por força da alínea *a*) do n.º 3 do art. 3.º da Lei n.º 6/83, de 29 de Julho, com a redacção dada pelo Decreto-Lei n.º 1/91, de 2 de Janeiro;

— os actos administrativos de **membros do Governo** (ou praticados por sua delegação) são publicados na II Série do Diário da República, por força do art. 2.º do Decreto-Lei n.º 365/70, de 5 de Agosto;

— os actos administrativos dos **membros dos Governos Regionais** são publicados no Jornal Oficial da Região, por força do n.º 3 do art. 57.º do Estatuto Político-Administrativo da Região Autónoma dos Açores, e n.º 2 do art. 50.º do Estatuto Político-Administrativo da Região Autónoma da Madeira;

Artigo 131.º

— os acto administrativo das **autarquias municipais**, no respectivo boletim, por força do art. 84.º da LAL;

— os actos administrativos praticados pela **Assembleia da República** — bem como as deliberações dos órgãos independentes que funcionarem junto desta — na II Série do Diário da Assembleia da República, por força do art. 123.º do Regimento da Assembleia da República;

— os actos administrativos respeitantes a **concursos públicos de entes públicos**, na III série, Parte A, do Diário da República, por força do art. 2.º, alínea *a*) do Decreto-Lei n.º 391/93, de 23 de Novembro;

— os actos administrativos emanados de **empresas públicas, concessionárias**, ou de **pessoas colectivas de utilidade pública administrativa**, na III Série do Diário da República, por força do art. 3.º, n.º 1 do Decreto-Lei n.º 365/70, de 5 de Agosto.

Esta última regra da publicação deve aplicar-se cuidadosamente, pois há casos em que actos praticados por órgãos de pessoas colectivas que derivam as suas atribuições (ou as suas prerrogativas administrativas) do Estado, das Regiões Autónomas e das Autarquias Locais devem ser publicados nos jornais oficiais das respectivas entidades "delegantes" ou concedentes, e não na III Série do Diário da República.

III. A publicação do acto deve ter lugar no prazo de 30 dias (úteis), como aqui se dispõe.

A diferença entre este e o prazo de 8 dias fixado, no art. 69.º, para a sua notificação, só se compreende pelas eventuais dificuldades de uma publicação imediata, em jornais sobrecarregados ou de mais escassa periodicidade.

Por outro lado, o prazo de 30 dias deve contar-se não a partir do momento em que o acto ficar *perfeito* (no sentido do art. 127.º, n.º 2), mas sim do momento em que se preencherem outros requisitos posteriores da sua eficácia, que devem anteceder a sua publicação: o acto sujeito a visto do Tribunal de Contas, por exemplo, só tem que ser publicado dentro dos trinta dias subsequentes à emissão desse visto.

Para efeitos de contagem de outros prazos que se iniciarem com a publicação do acto, vale como dia da publicação o da *distribuição* do jornal — que é o dia em que é posto à venda (art. 1.º da Lei n.º 6/83, de 29 de Julho) — começando o respectivo prazo a contar, em regra, do dia seguinte, de acordo com o disposto na alínea a) do n.º 1 do art. 72.º do Código.

IV. Outra questão é saber quais são os efeitos do decurso do referido prazo sem que se tenha feito a publicação legalmente exigida?

Deve entender-se que se trata de uma simples imposição de carácter procedimental ou, antes, que (decorrido esse prazo) se consideraria caduca a decisão

Artigo 131.º

tomada, obrigando o autor do acto a pronunciar-se, de novo, ao menos no sentido de o confirmar?

Se já em relação à falta de notificação dum acto administrativo, no prazo legal de 8 dias, se pôs em destaque a tese de que não deve o mesmo considerar--se afectado, só por isso, de ineficácia (invalidade ou caducidade), por maioria de razão o entendemos aqui —a não ser, claro, que a própria lei estabeleça um termo resolutivo para o início da produção dos efeitos do acto, resultando daí a sua caducidade no caso de ele (termo) não ser observado.

Claro que a solução proposta carece de contrapesos: por um lado, o acto desfavorável só é eficaz a partir da sua publicação efectiva, enquanto o acto de efeito favorável deve ser reportado — oficiosamente ou a pedido do interessado — à data em que a publicação devia ter ocorrido, solução penalizante, é certo, em termos de certeza e segurança, mas que resulta melhor em termos de legalidade e de protecção dos administrados.

A falta de publicação atempada pode também ser fundamento de responsabilidade civil da Administração, se der lugar a prejuízo dos interessados e, no caso de se tratar de hipóteses de deferimento tácito, a sua extemporaneidade leva a que se forme tal acto (ver nota **XIV** ao art. 108.º).

V. Exige-se que a publicação contenha *"todos os elementos mencionados no art. 123.º, n.º 2 do Código"*, não se abrindo aqui qualquer excepção que admita a publicação de um extracto do acto, como sucede no caso da notificação (a que se refere o art. 68.º, n.º 2).

Dir-se-ia estar esta disciplina precisamente ao contrário do que o senso comum recomendaria, pela necessidade de não sobrecarregar os jornais oficiais com publicações extensíssimas.

A verdade é que a nossa jurisprudência tem entendido uniformemente que a falta de indicação dos diversos elementos do acto administrativo nos instrumentos através dos quais os mesmos são divulgados ao público ou aos seus destinatários, briga com a sua *estabilidade* ou eficácia (não com a respectiva validade, como já se viu acima, na nota **IV** ao art. 130.º).

A solução que nos parece mais correcta — mesmo se não é sempre facilmente praticável — é a de considerar que a falta de indicação dos elementos em causa no próprio acto prejudica a sua validade, mas não a eficácia do mesmo (ainda que naturalmente a publicação também não os refira); ao invés, a falta de indicação desses elementos nos meios da sua notificação ou publicação (desde que eles constem do próprio acto) só brigam com a respectiva eficácia ou oponibilidade.

Apesar de, muitas vezes, ser difícil aos administrados saber qual das hipóteses se verifica — o que a consulta do processo ou a certidão do próprio acto esclarecerão —, a tese jurisprudencial, quanto às consequências de uma publicação insuficiente, parece juridicamente irrepreensível face ao disposto na parte final deste preceito.

De jure condendo, preferiríamos, porém, que, ou se permitisse a publicação por extracto, ou que só se considerasse ineficaz o acto administrativo no caso de faltar na respectiva publicação qualquer das suas menções ou elementos essenciais, que não permitam conhecer o seu autor, o seu conteúdo, o seu objecto e destinatário — eventualmente a respectiva data, também (ver nota **XV** ao art. 123.°) —, solução aproximada daquela que se continha no referido art. 30.° da Lei de Processo.

É evidente, porém, que a falta de menção, na publicação do acto, de quaisquer outros dos seus elementos, como a fundamentação, teria como consequência não poder **essa menção** ser oposta, para nenhum efeito, aos respectivos destinatários. É isso que explica as soluções adoptadas na lei procedimental ou processual (v.g. art. 31.° da Lei do Processo) quanto, por exemplo, à falta de menção da (sub)delegação ou da fundamentação do acto: os prazos para interposição do recurso devido só começam a contar-se a partir do momento em que o destinatário tenha conhecimento oficial da existência da delegação ou conheça o teor da fundamentação do acto.

VI. Se a falta de publicação das menções exigidas resultar não de deficiência da publicação, mas da sua falta no próprio acto, então a questão já não será de (in)eficácia, mas de (in)validade, como assinalámos na nota anterior.

VII. Quando a lei fixe outro meio de publicidade (ou local de publicação) do acto administrativo, que não a sua publicação em jornal oficial, devem ser observados, em tudo quanto não se mostrem incompatíveis, os outros "termos" (tempo e conteúdo) deste art. 131.°.

Artigo 132.°
Eficácia dos actos constitutivos de deveres ou encargos

1. Os actos que constituam deveres ou encargos para os particulares e não estejam sujeitos a publicação começam a produzir efeitos a partir da sua notificação aos destinatários, ou de outra forma de conhecimento oficial pelos mesmos, ou do começo de execução do acto.

2. Presume-se o conhecimento oficial sempre que o interessado intervenha no procedimento administrativo e aí revele conhecer o conteúdo do acto.

3. Para os fins do n.° 1, só se considera começo de execução o início da produção de quaisquer efeitos que atinjam os destinatários.

    I. Actos cuja eficácia depende de notificação: extensão e compreensão (constitucional) da previsão legal.

Artigo 132.º

II. *A eficácia dos actos sujeitos cumulativamente a publicação e a notificação obrigatórias.*

III. *As "alternativas" legais da notificação do acto administrativo: seu significado ou relevo.*

IV. *O "conhecimento oficial" do acto: requisitos.*

V. *O "começo da execução" do acto: efeitos e requisitos.*

art. 132.º, n.º 1

I. Só estão abrangidos expressamente na previsão deste preceito os actos que constituam **deveres ou encargos** para os particulares, ou seja, os actos impositivos.

Há, porém, boas razões para sustentar que também o devem estar, ao menos, os actos que modifiquem (para menos) ou extinguem direitos ou interesses legalmente protegidos pré-existentes.

Actos que constituem deveres ou encargos para os particulares são aqueles que os vinculam a condutas activas ou omissivas (ou a prestações) face à Administração ou a outros particulares, e também aqueles que modificam o sentido ou medida de deveres e encargos antecedentemente impostos ou de direitos antes conferidos.

A solução legal (de diferir para o momento da notificação a eficácia destes actos lesivos) lida à luz do n.º 3 do art. 268.º da Constituição, compreende-se pelo absurdo jurídico que seria exigir de uma determinada pessoa o cumprimento da respectiva imposição — e sancioná-la pela sua inobservância — sem estar assegurado que ela tomou conhecimento efectivo do acto. E, isso, a sua divulgação pública (em jornal ou edital) não garante minimamente.

Como as soluções do Código nem patrocinam largamente a exigência e a importância constitucional da notificação (consagrada no art. 268.º, n.º 3 da Constituição), mais uma razão para se apertarem as rédeas do controlo da constitucionalidade de interpretações e aplicações amplas, que a Administração venha a fazer, das soluções fixadas neste art. 132.º. Ou, então, lá se vão as garantias fundamentais na matéria.

II. Por outro lado, incluem-se na previsão legal de ineficácia *ante* notificação os actos com tais efeitos (impositivos), **mesmo que também estejam dependentes de publicação**; isto apesar de o preceito possibilitar uma leitura diferente (que Vieira de Andrade também critica em CEFA, pág. 92), no sentido de que, se o acto carece de publicação, é a partir desta que ele se torna eficaz, sendo indiferente o momento da notificação.

Não é efectivamente assim que deve ser lido este n.º 1 do art. 132.º: por nós, entendemos que, nesses casos, em que são exigidas tanto a publicação como a notificação do acto (como acontece, por exemplo, com a declaração da utilidade pública da expropriação — art. 15.º, n.ºˢ 1 e 6 do Decreto-Lei n.º 438/91, de 9 de Novembro), ele é eficaz a partir da formalidade que ocorrer em último lugar.

Ou então dir-se-à, se se preferir, que o acto é eficaz com a publicação e exigível

Artigo 132.º

ou oponível com a notificação (se esta for posterior àquela). Isto é, nos casos referidos, mesmo feita a publicação, os deveres ou encargos jurídicos resultantes do acto não podem ser exigidos aos particulares com eles onerados, enquanto não lhes forem notificados pessoalmente, nos termos do art. 66.º e segs. do Código.

É essa também a leitura que está ínsita nos comentários dos AA. do *Projecto* a este artigo (ob. cit., pág. 204 e seg.), e que o art. 268.º, n.º 3, da Constituição igualmente privilegia.

III. A justificação constitucional do diferimento da eficácia de um acto administrativo impositivo (ou dos outros que lhe equiparámos na nota **I**) para o momento da sua notificação significa que a parte final do preceito deste art. 132.º — no que respeita ao *"começo da sua execução"* — não pode ser vista como uma alternativa à notificação, enquanto requisito legal de eficácia dos actos constitutivos de deveres ou encargos (ou restritivos de direitos), como também o propugnam claramente os AA. do *Projecto* (ob. cit., págs. 204 e segs.), referindo o preceito à disposição do art. 29.º, n.º 2, da Lei de Processo.

O que sucede — apesar de a redacção da lei não o deixar ver claramente — é que o *"começo da execução"* do acto permite ao particular opô-lo à Administração, nomeadamente para efeitos de reacção contenciosa ou administrativa, mesmo se ele ainda não é legalmente eficaz.

E, por outro lado, é claro também que o *"conhecimento oficial"* do n.º 2 só é alternativa à notificação, como requisito da eficácia do acto, se com isso se der satisfação ao exigido no art. 67.º do Código: não é qualquer conhecimento nem qualquer intervenção do interessado no procedimento, que permitem considerar o acto eficaz apesar da falta de notificação, como acrescentamos nos comentários seguintes (e na nota **IV** ao art. 67.º).

art. 132.º, n.º 2

IV. O conhecimento oficial do acto aqui referido — e que consiste numa presunção *juris et jure* inilidível, se estiverem preenchidos os respectivos pressupostos — não corresponde integralmente ao da alínea *b*) do n.º 1 do art. 67.º, onde se exige que se revele um **"perfeito conhecimento"** seu, para ser dispensável a respectiva notificação — o que, até, pode suscitar a dúvida sobre se se teria querido estabelecer alguma diferença entre as duas estatuições legais.

Responder-se-ia afirmativamente se se assentasse que, enquanto a Administração para se dispensar da notificação do acto teria que verificar (e provar) que o destinatário o conhece completamente (em todos os aspectos que o art. 123.º nele manda revelar) — hipótese do referido art. 67.º do Código —, já o interessado, para poder impugnar um acto (como se ele lhe tivesse sido notificado), não necessitaria de o conhecer na perfeição, bastando-lhe *quantum satis* para esse efeito — hipótese deste art. 132.º, n.º 2.

Artigo 132.º

Se, porém, o conhecimento oficial que aqui se prevê é de molde a dispensar a notificação do acto quando esta seja requisito da sua eficácia, é evidente que ele deve ser entendido no sentido do *"perfeito conhecimento"* a que se refere o art. 67.º, n.º 1, al. b) — e é evidente que se trata de uma eficácia ou oponibilidade subjectiva do acto em relação apenas àquele interessado que dele tem conhecimento oficial, não a outros que não o conheçam e devam igualmente ser notificados da sua prática, como alvitrámos em comentário (**IV**) àquele art. 67.º.

Quanto à *"intervenção no procedimento"*, através da qual se revelaria esse conhecimento oficial, assinala-se que deve ela ter tradução escrita (mesmo que extra procedimento) e ser posterior à prática do acto.

art. 132.º, n.º 3

V. Já vimos nos comentários ao n.º 1 qual é a repercussão do *"começo da execução"* do acto em termos da sua eficácia: não se trata, disse-se, de considerar legal a execução do acto não notificado, de considerar este eficaz, mas de permitir ao interessado reagir contra ele, como se fosse eficaz — à semelhança do que se dispõe no n.º 2 do art. 29.º da Lei de Processo — considerando-se igualmente pertinente a proposta de PAULO OTERO (DJAP, vol. VI, págs. 494 e seg.) no sentido de que o começo de execução pode ser um instrumento da eficácia do acto mas apenas no confronto de terceiros (com interesses reflexos na decisão) e que não têm de ser notificados da prolação desta.

Enquanto pressuposto da reacção contenciosa do acto não notificado, reportar-se-ia o *"começo da execução"*, aqui em vista, não apenas àqueles actos ou operações administrativas que têm lugar no confronto directo do próprio sujeito passivo do dever ou encargo constituído, mas também aos actos que se reportam a terceiros, na medida em que as suas posições estejam numa relação de conexão ou correspectividade com o destinatário da sua parte desfavorável — eventualmente, até, aos actos internos e preparatórios da execução, que estejam a ser praticados antes da notificação da decisão exequenda.

Porém, se se concebesse que o começo da respectiva execução conferia mesmo eficácia ao acto não notificado, tornando-o oponível pela Administração ao seu destinatário (em alternativa à sua notificação) seria tudo ao contrário: só o começo administrativo da sua execução, no confronto do respectivo destinatário e que permitisse revelar perfeitamente o conteúdo do acto, é que poderia ser tomado em conta como tal.

Tal solução é pura e simplesmente de rejeitar, pois a consideração do começo da execução, como determinante da eficácia do acto impositivo ou similar (a par da notificação ou conhecimento oficial), seria uma solução inconstitucional (violentíssima) e contrária ao significado do importantíssimo art. 151.º desta lei procedimental. O que nos leva a rejeitar liminarmente a referida proposição.

Preliminares

Secção III

Da invalidade do acto administrativo

PRELIMINARES

> *I. A noção de invalidade jurídica: confronto com a de ilegalidade e a de ineficácia.*
>
> *II. O acto administrativo nulo e o acto administrativo inexistente: o alcance desta categoria no Código e diferenças de regime entre o acto inexistente e o acto nulo.*
>
> *III. Diferenças entre o acto administrativo inexistente e a inexistência de acto administrativo: consequências.*

I. A invalidade do acto administrativo é um mal, uma "doença", resultante da sua desconformidade com as leis aplicáveis à respectiva prática e efeitos — mesmo se se trata, de "doença" não conhecida da ciência médica de então, e que só se revela face ao ordenamento jurídico superveniente (consoante se trata de uma invalidade originária ou superveniente).

Residindo a causa da invalidade do acto na sua desconformidade com as regras e os princípios aplicáveis à sua prática, as consequências da invalidade traduzem-se em o acto "doente" poder (ou não poder) ter uma vida jurídica estável ou plena, ou ser, mesmo, incapaz para qualquer vida ou efeito, um "nado-morto" — consoante se trata de anulabilidade ou nulidade.

A invalidade é, portanto, a sanção que o ordenamento jurídico comina, em regra, para o acto administrativo **praticado** (ou nascido) em desconformidade com os seus princípios e regras, ou seja, para o acto administrativo ilegal (ver comentários ao art. 135.°).

Reportando a invalidade à prática (ou nascença) do acto em desconformidade com o ordenamento jurídico, estamos já a distinguir os respectivos requisitos dos da sua eficácia; o acto ineficaz (por exemplo, o acto não aprovado ou não publicitado) não viola nenhuma norma — como aconteceria, se, além disso, fosse também inválido —, só não está aprovado ou publicitado e, portanto, a sua "vida" ainda não pode ser "vivida", os seus efeitos não operam, não se despegam dele para irem viver incrustados na esfera jurídica do respectivo destinatário. Mas não há aí nenhuma desconformidade com o ordenamento jurídico (salvo se se pretender tornar operativos na prática os efeitos latentes no acto ineficaz).

O acto ineficaz não é, pois, inválido nem o acto eficaz é, necessariamente, válido; do mesmo modo que o acto inválido pode ser eficaz e o acto válido ineficaz. Categorias jurídicas bem distintas, as duas, portanto, como o são, igualmente, os requisitos de que dependem uma e outra.

Preliminares

II. Diversas são também, em teoria pelo menos, as categorias do **acto administrativo inexistente** e a do **acto administrativo inválido**, a que se referem separadamente o art. 137.°, n.° 1 e 139.°, n.° 1, alínea *a*) do Código. Seria inexistente o acto administrativo para cuja ilegalidade a lei comina a sanção da inexistência jurídica.

Só que os sinais deixados pelo legislador, no Código, quanto ao reconhecimento da diferença entre acto nulo e juridicamente inexistente parecem tão ténues, que a doutrina — que nunca gostou muito do acto inexistente — tem propendido para deixar cair a respectiva categoria, reduzindo a sua previsão e o seu interesse prático ao da figura da nulidade. Nesse sentido já votou REBELO DE SOUSA (Rev. citada, pág. 44).

Não é tão de desconhecer, porém, a categoria do acto juridicamente inexistente, já que o Código se lhe refere (art. 137.°, n.°1 e art. 139.°, n.° 1, alínea *a*), admitindo, portanto, que ela subsista, pelo menos, para os casos em que esteja consagrada na lei.

Parece-nos que a distinção entre as duas categorias poderia ter alguma razão de ser, algum interesse procedimental e processual. De resto, ao admitir que a dicotomia se mantém (mesmo no plano de leis especiais), o legislador está a reconhecer que haverá efectivamente, aí pelo menos, diferenças de regime entre actos inexistentes e nulos, que aqueles estão sujeitos a uma disciplina ainda mais constrangedora nalguns aspectos, que a destes.

Tais diferenças manifestar-se-iam, por exemplo:

— em não dever o acto juridicamente inexistente, em princípio (nota **IV** ao art.134.°) ter, sequer, efcitos putativos (ao contrário do acto nulo);

— em, no caso de inexistência jurídica, as condutas executivas da Administração serem necessariamente vias de facto (o que não sucederia sempre em matéria de nulidade);

— em a declaração de inexistência jurídica de um acto poder eventualmente ser proferida *erga omnes* em qualquer ordem de Tribunais (o que não acontece com a nulidade — nota **III** do art. 134.°).

III. Convém, por outro lado, atentar na diferença entre um **acto administrativo inexistente** e a situação de **inexistência de um acto administrativo**: ali tratar--se-ia de uma sanção jurídica para a violação de uma norma respeitante à sua prática, considerada fundamental pelo ordenamento jurídico, enquanto na situação de inexistência de um acto, não é de uma sanção que se trata, mas, sim, do facto de uma qualquer figura ou situação jurídica não poder configurar-se — apesar de o poder aparentar — como acto administrativo.

É o caso, por exemplo, de uma declaração de um órgão administrativo no âmbito do direito privado ou de uma ordem dada a um subalterno: aqui, a diferenciação entre a inexistência dum acto administrativo e um acto nulo é bem mais nítida.

Artigo 133.º

Desde logo, porque, enquanto o acto nulo (e bem assim o acto inexistente) tem autonomia jurídica própria — podendo ser objecto de um procedimento administrativo ou de um processo judicial, independentemente de a Administração (ou outrem) estar, ou não, a tirar dele efeitos —, já no caso de inexistência de um acto administrativo a sua consideração procedimental ou processual só tem lugar quando alguém que esteja numa posição de supra-ordenação jurídico-pública face a outrem pretenda fazer valer esse não-acto administrativo, como se ele o fosse.

Pode, portanto, pedir-se a um tribunal (ou à Administração) a declaração de nulidade de qualquer acto administrativo ou que ele é inexistente; não se lhes pode pedir — a não ser naquelas circunstâncias — que declarem que não existe em certa situação uma conduta administrativa, mas que não é configurável como acto administrativo.

Artigo 133.º

Actos nulos

1. São nulos os actos a que falte qualquer dos elementos essenciais ou para os quais a lei comine expressamente essa forma de invalidade.

2. São, designadamente, actos nulos:

a) **Os actos viciados de usurpação de poder;**

b) **Os actos estranhos às atribuições dos ministérios ou das pessoas colectivas referidas no artigo 2.º em que o seu autor se integre;**

c) **Os actos cujo objecto seja impossível, ininteligível ou constitua um crime;**

d) **Os actos que ofendam o conteúdo essencial de um direito fundamental;**

e) **Os actos praticados sob coacção;**

f) **Os actos que careçam em absoluto de forma legal;**

g) **As deliberações de órgãos colegiais que forem tomadas tumultuosamente ou com inobservância do quórum ou da maioria legalmente exigidos;**

h) **Os actos que ofendam os casos julgados;**

i) **Os actos consequentes de actos administrativos anteriormente anulados ou revogados, desde que não haja contra-interessados com interesse legítimo na manutenção do acto consequente.**

    I. Remissão para os comentários preliminares.

    II. Aplicação do regime de nulidade do Código aos actos de todas as Administrações: o caso dos órgãos das autarquias locais.

Artigo 133.º

III. *A nulidade como sanção excepcional de invalidade do acto administrativo: o alargamento do campo da sua aplicação por determinação legal e cláusula geral.*

IV. *Os casos de nulidade por determinação legal.*

V. *Os actos nulos por "natureza": dificuldades que coloca a cláusula legal (da "falta de qualquer elemento essencial" do acto) e sua densificação. O caso dos actos administrativos que aplicam norma inconstitucional.*

VI. *A usurpação de poder: casos abrangidos.*

VII. *A usurpação de poder e a inconstitucionalidade da lei que atribui à Administração um poder constitucional alheio.*

VIII. *Actos estranhos às atribuições do autor do acto: noção e extensão.*

IX. *Actos cujo objecto seja impossível ou ininteligível.*

X. *Os actos que constituem ou envolvem a prática de crime (exemplos): noções e sua extensão.*

XI. *A nulidade dos actos ofensivos "do conteúdo essencial de um direito fundamental": delimitação (a ofensa de princípios fundamentais da Constituição).*

XII. *Os actos praticados sob coacção; o erro e o dolo (remissão).*

XIII. *A nulidade dos "actos que careçam em absoluto da forma legal": exemplos e dúvidas sobre os casos abrangidos.*

XIV. *A nulidade das deliberações dos órgãos colegiais tomadas tumultuosamente ou sem as maiorias exigidas: especificações.*

XV. *A nulidade dos "actos que ofendam casos julgados": pressuposto e âmbito.*

XVI. *A nulidade dos actos consequentes de actos anulados ou revogados: âmbito de regra legal e casos em que funciona a sua excepção.*

art. 133.º, n.º 1

I. Há, nos comentários Preliminares desta Secção, referências úteis para a leitura dos comentários subsequentes.

II. O regime sobre actos nulos contido no Código aplica-se a todos os actos administrativos, sejam da Administração Central, Regional ou Local ou dos entes que actuam por sua devolução ou concessão, devendo nesta medida considerar-se alargado o rol de actos nulos dos órgãos autárquicos contido no art. 88.º da Lei das Autarquias Locais.

Não que deixem de ser nulos os actos afectados pelas ilegalidades aí previstas e que não integram agora o elenco deste art. 133.º — como é o caso, por exemplo, das deliberações que transgredirem as disposições legais respeitantes ao lançamento de impostos, que nomeiem funcionários sem concurso ou tomadas com

Artigo 133.°

preterição de formalidades essenciais ou de preferências legalmente estabelecidas. Mas passam a ser nulos, também, os actos autárquicos cuja ilegalidade se subsume em qualquer dos casos deste preceito.

III. O legislador começou por afirmar e regular no Código, em matéria de espécies de invalidade, a excepção, os casos de nulidade do acto administrativo, para só depois, nos arts. 135.° e segs., tratar da regra geral, da sua anulabilidade.

Compreende-se razoavelmente essa opção pela sanção-regra da anulabilidade, se se tiverem presentes os tópicos caracterizadores da posição da Administração, e o modelo de relação que se estabelece entre ela e os cidadãos nos sistemas ditos de *Administração Executiva* (ver comentário **I** dos Preliminares deste Capítulo II): como o regime da nulidade implica a improdutividade automática e imediata do acto administrativo — correspondendo por isso a um enfraquecimento da posição da Administração que não pode executar o acto nem pretender que os destinatários lhe obedeçam — considerou-se mais ajustado, num sistema como o nosso, o princípio de que os actos ilegais são anuláveis, assegurando-lhe (pelo menos) uma eficácia provisória e impondo ao interessado o ónus de pôr em movimento o sistema de garantias, para fazer vingar a invalidade de que estejam afectados.

É preciso, contudo, dizer que o Código, mantendo a nulidade como a sanção excepcional que sempre tem sido no nosso direito administrativo, alargou muito o campo da sua aplicação, não apenas por prever mais espécies ou casos específicos de nulidade, mas também por prever a sua aplicação mediante cláusula geral.

Ou seja, deixou de haver apenas casos de nulidade por determinação legal (do Código ou lei avulsa) e passou a havê-los também por natureza.

IV. Quanto aos casos de nulidade por determinação legal, têmo-los, em primeiro lugar, no caso do art. 29.° e do art. 185.° do Código, bem como, concentradamente, neste n.° 2 do art. 133.°, a que nos referimos adiante.

Nos casos figurados em leis avulsas — de que temos, hoje, exemplos frequentes em matéria de ambiente e urbanismo — fica muitas vezes a dúvida sobre a sua pertinência e a sua proporcionalidade com a gravidade e o significado substantivo do vício ou ilegalidade que os afecta.

V. Mais interesse tem, obviamente, para determinação dos casos de **nulidade por natureza**, a compreensão e extensão da cláusula geral contida neste n.° 1, sobre os *"actos a que falte qualquer elemento essencial"* .

Adoptou-se aqui uma solução semelhante à que ficou consagrada na lei alemã, onde se estabelece que *"é nulo o acto administrativo afectado por um vício especialmente grave, desde que isso resulte evidente de uma avaliação razoável das circunstâncias a tomar em consideração"*, embora o Código pareça afastar-se da lei alemã, quanto à fixação do critério densificador das nulidades por natureza, que já não é o "vício grave", mas a "falta de elementos essenciais".

Artigo 133.º

A cláusula da nossa lei coloca, portanto, a questão da densificação do conceito "*elementos essenciais*".

É líquido que os elementos essenciais a que se refere o artigo 133.º, n.º 1 não são os elementos ou referências que, nos termos do artigo 123.º, n.º 2 "*devem sempre constar do acto*", ou seja, o elenco das referências que devem conter-se no documento por meio do qual o acto se exterioriza. Como também é claro que "*elementos essenciais*" do acto administrativo não podem ser os elementos da respectiva noção contidos no art. 120.º, que, aí, do que se trata é de uma situação de inexistência de acto administrativo (cfr. nota **III** dos Preliminares desta Secção). Depois, é que é mais difícil avançar.

Pode considerar-se, contudo, serem nulos os actos administrativos que careçam de elementos que, no caso concreto, devam considerar-se essenciais, em função do *tipo de acto* em causa ou da *gravidade* do vício que o afecta, podendo encontrar-se assim casos de nulidades similares àqueles que a cláusula geral da lei procedimental alemã potencia.

Neste sentido, seria, por exemplo, *elemento essencial* de uma verificação constitutiva (v.g., a inscrição de um licenciado em Direito, como estagiário ou como advogado) a veracidade dos factos certificados, considerando-se, portanto, nulos os actos declarativos ou "certificativos" que incorporem uma constatação falsa, não verdadeira — embora possam ser meramente anuláveis alguns actos administrativos (não certamente a inscrição na Ordem dos Advogados de pessoa que não é licenciada em Direito) que os têm como pressuposto.

Elemento essencial do acto deve considerar-se também, nos procedimentos de participação concorrente (como os procedimentos concursais), a existência de requerimento ou pretensão tempestiva dos interessados, afastando-se aí a solução da respectiva ineficácia pela qual se tinha primacialmente votado em relação a outros procedimentos, no comentário **X** ao art. 54.º.

Do mesmo modo se deve considerar o acto realizado em vista de um fim particular (que será nulo, por força de determinação legal, no caso de se tratar de um fim criminoso, daqueles a que se refere o art. 256.º do Código Penal de 1982).

Aliás, indo um pouco mais longe, não se vêem razões para não considerar nulo, em geral, o acto que esteja inquinado com um vício anormal ou especialmente grave, ou até um vício "normal", mas resultante de uma anormal má-fé ou intenção dolosa.

"*Elementos essenciais*", no sentido do n.º 1 do art. 133.º do Código — cuja falta determina a nulidade do acto administrativo — seriam, pois, todos aqueles que se ligam a momentos ou aspectos legalmente decisivos e graves dos actos administrativos, além daqueles a que se refere já o seu n.º 2. E, como dispomos do elenco exemplificativo ou concretizador dessa norma, nem será muito difícil apurar, por paralelismo (entre a qualidade e a quantidade de interesses públicos ou privados envolvidos em cada hipótese), outros casos de nulidade derivada da falta de elementos essenciais da sua prática.

A aplicação jurisprudencial e a experimentação doutrinal permitirão ir deter-

Artigo 133.°

minando quais são, para além dos exemplificados, outros casos típicos e característicos de invalidade absoluta.

Quanto ao facto de a falta de audiência prévia ou do dever de fundamentação, por exemplo, poderem gerar nulidade, já se deixaram algumas sugestões na nota **IV** ao art. 100.° e na nota **I** ao art. 124.°.

É discutível também se a sanção jurídica que deve caber ao acto administrativo que aplique norma inconstitucional é a da nulidade. Como linha de orientação, o que poderá dizer-se, quando muito, é que o acto que seja execução de norma inconstitucional não será nulo, mas anulável, por erro sobre os pressupostos de direito, se esse for o único vício do acto e se ele (vício) não for enquadrável em nenhuma das alíneas do n.° 2 do art. 133.° do CPA, sobretudo na alínea d).

Sobre esta questão, pode ver-se o Acórdão do STA (1ª Secção), de 27 de Junho de 1995, AD n.° 409, pág. 75 e segs.

art. 133.°, n.° 2

VI. A prática pela Administração, qualquer Administração (seja a estatal, a regional, a local, a institucional ou a "concedida"), através de um acto administrativo, de acto que seja da competência de órgãos de outros Poderes do Estado (do Judicial, do Legislativo ou do Político) — mesmo que materialmente se trate de actividade administrativa desses outros órgãos — constitui uma **usurpação de poder**.

Não há usurpação de poder, é claro (mas apenas falta de atribuições), quando um órgão do Poder Local invade a esfera de competência da Administração do Estado, ou vice-versa, porque aí não se trata de exercer poderes, funções, que pertencem materialmente a outro Poder do Estado, em violação do **princípio da separação de poderes** (ou funções), que está na origem do presente vício.

Por exemplo, o acto administrativo dirimindo conflito pertencente à jurisdição dos tribunais (administrativos, comuns ou arbitrais) — como o acto que, ao abrigo do artigo 80.°, n.° 4 do Código das Expropriações, venha fixar a indemnização devida pela requisição de bens imóveis (hipótese lembrada por Alves Correia) — está ferido de usurpação de poder, como foi, de resto, decidido, em casos similares, nos Acórdãos do STA (1ª Secção), de 2.V.95 (AD, n.° 406, pág. 1102 e segs.) e de 24.V.94 (AD n.° 398, pág. 167 e segs.).

Do mesmo vício estarão também feridos os actos administrativos praticados por órgãos governamentais em matéria administrativa da Assembleia da República ou do Poder Judicial, seja o caso das medidas disciplinares aplicadas ao pessoal ao serviço da primeira, pelo Ministro dos Assuntos Parlamentares, ou aos juízes, pelo Ministro da Justiça (se o Conselho Superior da Magistratura for considerado como órgão de Poder Administrativo, nem por isso deixariam de haver aí nulidade por falta de atribuições do Ministro nessa matéria).

Estão ainda feridos de usurpação de poder os actos (materialmente) administrativos praticados por órgãos do Poder Político, Legislativo ou Judicial, se os

Artigo 133.º

mesmos eram da competência dum órgão do Poder Executivo (central, regional, local ou institucional).

A figura de usurpação de poder não se confunde, porém, com a da **usurpação de funções administrativas** que (constitui crime e) se verifica sempre que alguém não investido como titular de um órgão administrativo, mas arrogando-se essa qualidade, pratica actos que são próprios da Administração Pública.

VII. Coloca-se a questão de saber se a usurpação de poder apenas se verifica quando a autoridade administrativa, sem que a lei lhe atribua esse poder, decide em matérias reservadas aos tribunais ou ao legislador, ou se ela deve ter lugar igualmente nos casos em que uma lei (inconstitucional) atribua à Administração um poder materialmente jurisdicional, legislativo ou, mesmo, um poder administrativo, que caiba constitucionalmente àqueles.

Neste caso, o tribunal, verificando a inconstitucionalidade do poder legalmente atribuído e desaplicando a respectiva norma, porá o acto praticado, naturalmente, à mercê de arguição da nulidade por usurpação de poder.

VIII. Um acto é **estranho às atribuições do seu autor** (e, portanto, nulo nos termos da alínea *b* do n.º 2 deste art. 133.º) quando respeita a uma situação ou a uma pretensão que está sob *"alçada administrativa"* — e, portanto, não há usurpação de poder — mas *"de órgão doutro ministério ou de outra pessoa colectiva"*, actuando, pois, o autor do acto fora do elenco dos interesses públicos cuja prossecução a lei entregou ao ministério ou ao ente público de que faz parte.

Em atenção à complexidade da organização do ente público Estado e à multiplicidade das atribuições que lhe estão cometidas, aceita-se que as suas grandes repartições organizatórias, os Ministérios, dispõem igualmente de atribuições e não apenas de competências diversas (como seria de supor, pelo facto de serem órgãos). Por isso, a lei considera igualmente nulos os actos da competência de órgãos de ministérios diferentes daquele em que se insere o órgão seu autor.

O mesmo regime é aplicável, claro, quando se trata de violação, entre si, da esfera de atribuições das Secretarias Regionais (os "Ministérios") das Regiões Autónomas; já não, quando se trate de violações da esfera de atribuições, no seio do Município, entre Câmaras e Assembleias Municipais ou entre órgãos distintos de pessoas colectivas institucionais.

Por outro lado, reportando-se a previsão desta alínea *b*) aos *"ministérios e pessoas colectivas referidas no art. 2.º"* ficam incluídas automaticamente — como convinha, de resto — as entidades concessionárias e as instituições particulares de interesse público.

Excluídas ficariam, então, as violações da distribuição legal de interesses ou atribuições, entre os vários órgãos do Poder Judicial ou Legislativo — não são ministérios nem pessoas colectivas — cometidas por eles na prática dos actos em

Artigo 133.º

matéria administrativa, que sejam da competência desses Poderes. Mas não foi, obviamente, essa a intenção do legislador (que, aliás, não tinha de preocupar-se especificamente com a hipótese), dado que o regime desses actos é exactamente igual ao dos actos administrativos do Poder Executivo.

IX. São nulos, a seguir, *"os actos cujo objecto seja impossível, ininteligível ou constitua um crime"*.

Estamos com Rebelo de Sousa (RDJ, vol. VI, 1992, pág. 45), quando considera abrangidas nesta alínea *c*) do n.º 2 deste art. 133.º todas aquelas noções possíveis de objecto do acto administrativo, quer se trate da situação concreta a que o acto se reporta (pode ser ininteligível) quer se trate do seu objecto imediato (do seu conteúdo ou medida, que pode constituir em si mesma um crime) quer se trate ainda do seu objecto mediato (da coisa, do bem sobre que recai esse efeito, que pode já não existir fisicamente).

Não somos, também, nesse particular, adeptos de restrições conceituais, pois que o acto tem de ser sempre nulo, em qualquer dessas hipóteses.

São de objecto impossível os actos cujo efeito ou medida seja jurídica ou fisicamente impossível e não quando se trata apenas de efeitos proibidos pela ordem jurídica. Casos de actos de objecto juridicamente impossível, têmo-los, por exemplo, na revogação de um acto nulo ou na expropriação de um bem que já foi vendido à Administração expropriante; de actos de objecto fisicamente impossível, a ordem de demolição de um prédio que já ruiu ou a ordem de cessação de fabrico dada a uma empresa que ainda não tem instalações.

A ininteligibilidade de um acto administrativo resulta, não de ele ser passível de duas ou mais interpretações, mas de não se saber o que aí se determina. Um acto de expropriação que pode ser lido de maneira diversa quanto às extremas da área expropriada nele estabelecidas, não cabe na previsão desta alínea, pedindo, porventura, aclaração (ou interpretação). Cabem nela, sim, por exemplo, as hipóteses em que se aplique a "sanção que legalmente cabe à infracção cometida" ou em que se declare a utilidade pública da expropriação "do terreno que for necessário".

X. Consideramos abrangidos na parte final desta alínea *c*) — mesmo se parece estranho o facto do legislador se referir apenas ao *"objecto"* do acto administrativo — também aqueles que, não sendo crime por esse lado, o são pela sua motivação ou finalidade, quando esta seja relevante para a respectiva prática. Diríamos, portanto, serem nulos não apenas os actos **cujo objecto** (cujo conteúdo) constitua um crime, mas também aqueles **cuja prática envolva** a prática de um crime.

Estão nessas circunstâncias, por exemplo, os actos que se fundem em documentos administrativamente falsificados (actas ou convocatórias forjadas, etc) ou os actos que sejam praticados mediante suborno ou por corrupção.

Acto nulo, por o seu objecto constituir crime, seria, por exemplo, o acto pelo qual o Ministro da Segurança Social, cujo gabinete se encontrasse decorado com

Artigo 133.º

peças de arte requisitadas a museus, mandasse abrir concurso para a sua alienação e atribuisse as respectivas receitas à Santa Casa da Misericórdia, cometendo assim o crime de peculato (art. 375.º do Código Penal).

XI. São nulos, seguidamente, nos termos da alínea *d*), os actos administrativos que *"ofendam o conteúdo essencial de um direito fundamental"*.

Têm-se discutido bastante o âmbito de aplicação desta fórmula.

Que a previsão legal é extensível à violação dos direitos, liberdades e garantias do Titulo II da Parte I da Constituição, ninguém põe em causa — do mesmo modo que todos aceitam a sua aplicação aos direitos de carácter análogo (àqueles) espalhados pela Constituição (*"direitos fora do catálogo"*) ou, mesmo, que se encontrem fora da Constituição, com assento em norma de direito internacional (ou comunitário) ou em lei ordinária (cfr. art. 16.º, n.º 1.º da CRP), como pode ser o caso dos direitos especiais da personalidade, consagrados no Código Civil e "esquecidos" no catálogo formal da Constituição, seja o direito ao nome, à reparação dos danos em geral, etc. (ver VIEIRA DE ANDRADE, Direitos Fundamentais na Constituição Portuguesa de 1976, págs. 87 e segs.).

Temos muitas dúvidas sobre se cabem também nesta alínea d) — embora a letra da lei vá nesse sentido — os direitos económicos, sociais e culturais do Título III da Constituição (e os respectivos direitos análogos, *ex vi* art. 16.º, n.º 1 da CRP). Sempre se exigirá, em qualquer caso, que o direito em causa já tenha sido objecto de concretização legislativa, para que se possa dar como assente a existência de uma acto administrativo que prejudica, para lá de qualquer dúvida, aquilo que esse direito tem, ao nível "ordinário", de "essencial". São (ou podem ser), assim, nulos, os actos que violem tais direitos, se e na medida em que estes representem a densificação legal mínima ou nuclear de direitos fundamentais.

Pensamos, ainda assim, que esta solução poderá, em certos casos, trazer resultados inconvenientes, pelo alargamento excessivo da sanção da nulidade a hipóteses de violação do ordenamento jurídico que não reclamariam punição tão severa, sobretudo num ramo de Direito onde a sanção-regra é a da anulabilidade.

Desta forma, a entender-se que os direitos económicos, sociais e culturais se subsumem nesta alínea, o juiz deve mostrar-se especialmente rigoroso e exigente na verificação de uma violação que afecte o *"conteúdo essencial"* do direito em causa.

Quanto aos *direitos, liberdades e garantias* não se exige — dado que se revestem, logo ao nível constitucional, de uma especial determinabilidade ou densidade de conteúdo —, qualquer *interpositio legislatoris*. Para que o acto administrativo que os viole sofra de nulidade exige-se, no entanto, que essa violação ponha em causa o *"conteúdo essencial"*, o *"núcleo duro"* do respectivo direito. Caso contrário, a sanção adequada será a da anulabilidade.

Note-se, por outro lado, que, em certos casos, também a violação de bens fundamentais (como a saúde, o ambiente, o património cultural, etc.) pode subsumir-se

Artigo 133.º

nesta alínea d) — veja-se, a propósito, o Acordão do STA, 1ª Secção, de 14.IV.94 (*in* BMJ, n.º 436, págs. 220 e segs.), apesar de, no caso concreto, o tribunal não ter decidido pela nulidade do acto de licenciamento em causa.

Questão que deve colocar-se nesta sede é saber se também a violação, por acto administrativo, dos chamados **princípios fundamentais** implicará anulabilidade ou nulidade.

A regra é, naturalmente, aquela. Entendemos, no entanto, que, em casos excepcionais, esses princípios — sobretudo os da universalidade, da igualdade, da irretroactividade em matéria de direitos, liberdades e garantias — devem ter um tratamento, ao nível das sanções jurídicas, de verdadeiro direito fundamental, pelo que a sua violação deve dar lugar, aí, à nulidade do acto administrativo que o ofenda chocante e gravemente, isto é, *mutatis mutandis*, que o ofenda no seu **conteúdo essencial**. Deve, assim, distinguir-se estes casos daqueles outros em que a ofensa é juridicamente menos dramática. Trata-se, porém, de distinção em relação à qual, obviamente, a jurisprudência é senhora e rainha, por ser questão que só no palpar da realidade pode ser decidida (no sentido afirmado no texto, veja-se o Acordão do STA, 1ª Secção, de 20.V.93 — sumário publicado na RDP, n.º 14, págs. 113 e 114).

Note-se que não nos referimos aqui aos específicos (e dispersos) direitos de igualdade consagrados na Constituição, que esses são, sem dúvida, verdadeiros direitos fundamentais, não meras exigências do princípio da igualdade.

Assinale-se, por outro lado, que, se em relação aos mencionados princípios fundamentais, na sua generalidade, se podem suscitar dúvidas, já quanto, por exemplo, à violação do princípio da irretroactividade dos actos restritivos de direitos, liberdades e garantias (art. 18.º, n.º 3 da CRP) a consideramos sempre geradora de nulidade, se tal violação se consubstanciar através de acto administrativo.

Para rematar esta questão, falta observar que na previsão dos actos administrativos que ofendem o conteúdo essencial de um direito fundamental, incluem-se, além dos que o violam pelo seu conteúdo ou motivação, também aqueles em cujo procedimento se postergaram, e nessa intensidade, direitos dessa natureza dos interessados.

XII. Abrangem-se na alínea *e*) do preceito os actos praticados sob *coacção absoluta ou relativa* — aos quais cabe no direito privado, respectivamente, a sanção da nulidade e da anulabilidade, (cfr. art. 246.º e art. 255.º do Código Civil).

A livre manifestação da vontade do Poder, da vontade jurídico-pública, é, contudo, um valor ou princípio de dignidade constitucional inalienável: a sua violação é tão chocante, para nós, no caso da coacção resistível, como o é na irresistível. Nesta, em rigor, nem sequer há decisão (acto administrativo), enquanto ali, embora a haja, o acto em que ela se fez sentir não é da vontade do titular do órgão administrativo, da Administração, mas do coactor; de qualquer maneira, o acto praticado sob coacção relativa envolve a prática de crime e por aí, em nosso critério, já seria nulo (cfr. nota **IX** *supra*).

Artigo 133.º

O legislador não se referiu ao **dolo** como causa de nulidade do acto administrativo, devendo então (em princípio) o caso ser tratado, jurídico-administrativamente (se não envolver a prática de crime, claro), como se de uma hipótese de mero erro se tratasse.

Note-se que o dolo do administrado pode levar à revogação do próprio acto constitutivo de direitos — solução reforçada, agora, com a consagração (no art. 6.º-A do Código) do princípio da boa-fé.

Quanto ao erro, como causa de invalidade do acto administrativo, remete-se para a nota **II** do art. 135.º.

XIII. A fórmula da nulidade dos *"actos que careçam em absoluto de forma legal"* — da alínea *f)* deste n.º 2 — é a tradicional, é certo, mas algo inexpressiva (senão mesmo equívoca), precisando de ser esclarecida.

Pode, talvez, dizer-se que um acto administrativo praticado sem procedimento nos casos em que este, por lei ou por natureza, não está excluído — é um acto destes. Pode, talvez, dizer-se que no caso de acto sujeito a forma solene ou, mesmo, apenas a forma escrita, a decisão oral também integrará o conceito de *"carência absoluta de forma legal"*. Pode, talvez, dizer-se — se a hipótese não for configurável noutro domínio, por exemplo, na falta dos seus elementos essenciais (n.º 1 do art. 133.º) — que está nessas circunstâncias, também, o acto não-oficioso que não seja precedido de requerimento do interessado (ver, contudo, nota **II** ao art. 54.º e notas **I** e **VII** ao art. 74.º).

Quanto à prática por escrito de um acto para que a lei preveja a forma oral, a sua nulidade não está necessariamente excluída, pelo menos quando tal exigência corresponda à necessidade da prática do acto perante o público ou os interessados e o uso da forma escrita se destinar precisamente a precludir esse interesse.

Como nulos devem ser considerados também os actos praticados por órgãos colegiais fora duma reunião formal e oficialmente realizada (salvo fora dos quadros da *necessidade* administrativa) — em sessões de convívio, nas suas instalações ou fora delas — e situações similares.

A partir daí as dúvidas são maiores: ao ponto de se questionar, até, se a fórmula legal respeita apenas à forma da decisão administrativa ou também às formalidades do respectivo procedimento, consideradas **em si mesmas** (v.g., falta absoluta de audiência) — e não à sua falta global, à falta do próprio procedimento, porque então impõe-se sempre a sanção da nulidade.

Em princípio, não a consideramos (a falta de formalidades) aqui incluída: o acto não carece em absoluto da forma legal e criar-se-ia uma fonte injustificada de incerteza e instabilidade das relações jurídico-administrativas, se fossemos para soluções tão largas.

Aliás, os riscos que se correm ao avançar nesse sentido são demasiado grandes, para que venha a ser adoptado, logo de início, um entendimento alargado da previsão legal.

Artigo 133.°

XIV. *"Tumulto"* — para efeitos da alínea *g*) deste n.° 2 do art. 133.° do Código — é *"algazarra, amotinação, banzé, desordem, distúrbio, pandemónio, pé de vento, tourada, zaragata"* (Dicionário de Sinónimos da Porto Editora).

A tumultuosidade da reunião de orgão colegial ora se prova pela respectiva acta (e pelas declarações de voto nela insertas) ora por elementos probatórios exteriores — estando, aliás, o presidente e os outros membros do órgão administrativo colegial constituídos no dever de coadjuvar o tribunal, a esse propósito.

Por sua vez, os actos "praticados" por órgãos colegiais sem a presença do quórum legal ou sem a maioria (relativa, absoluta ou qualificada) exigida para a sua aprovação colegial, são também nulos — senão inexistentes, por falta de deliberação ou decisão.

Caso particular é o das actas forjadas ou sustentadas em factos convocatórios falsos: supomos porém que hipóteses como essas deverão ser levadas à alínea *c*) deste n.° 2 do art. 133.°, como actos que envolvem a prática de um crime.

XV. O Código estabelece na alínea *h*), como motivo autónomo de nulidade de um acto administrativo, a *ofensa de caso julgado*.

O preceito da alínea *h*) é um reflexo do princípio constitucional da obrigatoriedade das decisões judiciais (art. 208.° da CRP) e supõe, é claro, que se trata de um *caso julgado* que vincula a Administração, e no âmbito em que a vincula — que, por exemplo, um caso julgado obtido por um utente num processo de intimação a um concessionário de serviço público, ao abrigo do art. 86.° da Lei de Processo, não vincula a Administração concedente a abrir processo disciplinar ou a sancionar disciplinarmente o seu concessionário com base nos factos que o tribunal considerou infringirem as normas aplicáveis à concessão nem obriga a Administração a interpretar, para o futuro, as normas em causa nos termos em que as entendeu o tribunal, no processo de intimação.

Outro apontamento que a norma suscita é o que se prende com o alargamento desta hipótese de nulidade, a qual, antes (nos termos do art. 9.°, n.° 2, do Decreto-Lei n.° 256-A/77, de 17 de Junho) estava prevista apenas para os actos administrativos *"praticados em desconformidade com a sentença"* proferida em **contencioso administrativo**. Agora, independentemente da ordem do tribunal autor da sentença, o acto que a ofenda, depois de transitada, é sempre nulo.

Casos paradigmáticos de ofensa do caso julgado são, porém, esses verificados no âmbito da execução administrativa das sentenças anulatórias dos tribunais administrativos, revelando-se a categoria, mesmo aí (onde já vem sendo contemplada de há muito) algo complexa.

A autoridade de caso julgado das sentenças anulatórias de actos administrativos inclui, para além de um **efeito constitutivo** (concretizado na anulação), um **efeito preclusivo** que impede a Administração Pública, em sede de execução, de renovar o acto anulado com reiteração dos vícios que estiveram na origem da anu-

Artigo 133.º

lação (proibição de reincidência nos vícios cometidos) — podendo ver-se sobre os vários efeitos das sentenças anulatórias, VIEIRA DE ANDRADE, Lições de Direito Administrativo e Fiscal, pág. 194. Assim, a sentença anulatória tem um alcance negativo, configurável em torno de uma regra não apenas de compatibilidade ou não contrariedade (cfr. AROSO DE ALMEIDA, Sobre a autoridade do caso julgado das sentenças de anulação de actos administrativos, Almedina, 1994), tornando nulos os actos que com ela sejam incompatíveis, mas também os actos desconformes com o que aí se decidira.

Além deste efeito preclusivo das sentenças, pode falar-se, ainda com o referido Aroso de Almeida, de um seu efeito preclusivo complementar, que impede a Administração Pública de renovar um acto anulado quando, invocando novos motivos, não consiga objectivamente demonstrar que eles são outros (diferentes) e qual a razão pela qual não foram inicialmente considerados. Faltando esta demonstração (por via da fundamentação), parece que o acto renovatório deve ser entendido também como praticado com o intuito de defraudar o resultado querido pela sentença anulatória (sendo, por isso, ofensivo do caso julgado e nulo).

Quanto aos actos administrativos que violam um anterior ***caso resolvido administrativo***, eles devem ser considerados como revogações administrativas (ilegais, se não se contiverem dentro da disciplina em que esta é permitida). Somos, por isso, de opinião contrária à veiculada por alguma jurisprudência (ver AD n.º 318, pág. 709 e AD n.º 320, pág. 1038) que, equiparando o *caso resolvido* administrativo ao caso julgado, entende dever aplicar-se àquele acto a sanção da nulidade, prevista na alínea h) do art. 133.º.

XVI. Assinala-se que a nulidade que está em causa na alínea *i*) do art. 133.º é a dos **actos administrativos consequentes**, que haviam sido praticados antes, na sequência do acto que agora se anulou ou revogou retroactivamente, e não a dos actos que é preciso praticar depois (por força do mencionado efeito reconstrutivo que estas decisões suscitam), para execução da decisão anulatória ou revogatória — cuja nulidade poderá é cair sob o *imperium* da alínea anterior.

Actos consequentes são os actos que foram produzidos ou dotados de certo conteúdo, por se suporem válidos actos anteriores que lhes servem de causa, base ou pressuposto (FREITAS DO AMARAL, A execução das sentenças dos Tribunais Administrativos, págs. 112 a 116): são, diríamos, aqueles actos (ou contratos) cuja prática ou sentido foram determinados pelo acto agora anulado ou revogado, **e cuja manutenção é incompatível com a execução da decisão anulatória ou revogatória**.

Só quando se verificar esta incompatibilidade com a execução da sentença anulatória é que os actos consequentes se podem considerar nulos, directa e automaticamente: caso contrário, nem anuláveis são. Neste sentido, o Supremo Tribunal Administrativo, em Acórdão da 1ª Secção de 17.I.93 (*in* **Revista de Direito Público**, ano VII, n.º 14, pág. 99) decidiu que "*a regra de que são nulos os actos consequentes de*

Artigo 134.°

actos anulados deve atingir apenas os actos ou partes do acto que seja estritamente necessário atingir para reconstruir a situação hipotética; de contrário, será violado o princípio da proporcionalidade, nomeadamente se, com isso, se atingirem direitos constituídos". Em igual sentido *vide* Acórdão do mesmo Tribunal, de 22.II.94.

De resto, há muitos casos em que essa incompatibilidade não existe — como quando, por exemplo, um acto é anulado por vício de forma, já que a possibilidade da sua renovação tal qual (no seu conteúdo ou sentido) não leva a considerar automaticamente nulo o acto consequente. A sua desconformidade jurídica, nesses casos, só pode encontrar-se por referência ao acto que seja praticado agora em substituição do acto anulado, mas então já o acto consequente não poderá ser revogado (se constitutivo de direitos) nem anulado, por terem decorrido, há muito, salvo em casos excepcionalíssimos, os prazos para o fazer.

Tem de aplaudir-se a excepção legalmente estabelecida — nos casos em que o acto consequente é (seria) nulo — nesta alínea *i*) do art. 132.°, n.° 2: se existirem contra-interessados com interesse legítimo na sua manutenção, põe-se dúvidas quanto a saber se o acto passa, então, a ser anulável (e apenas desapareceu a automaticidade da sanção da nulidade) ou se deixa, mesmo, de ser inválido e deve ser mantido. É esta, naturalmente, a boa solução.

Por outro lado, se o (contra-)interessado no acto consequente era também o contra-interessado no acto anulado ou revogado e, nessa qualidade, participou nos respectivos processos, já não deve funcionar a excepção legal: trata-se, portanto, na previsão legal, apenas de contra-interessado nesse ou nesses actos consequentes, mas alheios à disputa sobre o acto principal, anulado ou revogado, interpretação que o conceito de *"interesse legítimo"* (na manutenção do acto consequente) de algum modo sufraga.

Artigo 134.°

Regime da nulidade

1. O acto nulo não produz quaisquer efeitos jurídicos, independentemente da declaração de nulidade.

2. A nulidade é invocável a todo o tempo por qualquer interessado e pode ser declarada, também a todo o tempo, por qualquer órgão administrativo ou por qualquer tribunal.

3. O disposto nos números anteriores não prejudica a possibilidade de atribuição de certos efeitos jurídicos a situações de facto decorrentes de actos nulos, por força do simples decurso do tempo, de harmonia com os princípios gerais de direito.

I. A ineficácia e a impotência jurídicas (intrínsecas) do acto nulo: cautelas.

Artigo 134.º

II. *A invocação da nulidade: tempo, legitimidade e demais pressupostos.*
III. *A declaração administrativa e jurisdicional da nulidade. Regimes geral e especiais: casos de efeito restrito e erga omnes.*
IV. *Os efeitos putativos de actos nulos: precisão e âmbito.*

art. 134.º, n.º 1

I. O acto nulo é juridicamente impotente, *ab initio*, para produzir efeitos jurídicos, como resultado directo da sua própria estatuição. O rigor dogmático da proposição não tem, contudo, total correspondência na realidade, em virtude da posição de supremacia jurídica da Administração face ao destinatário dos seus actos, o que lhe permite ir procedendo, muitas vezes, na prática, como se o acto não fosse nulo. Por outro lado — para além dos seus possíveis efeitos putativos (n.º 3) —, há que considerar ainda os efeitos que tais actos projectam no seio da própria Administração, entre os órgãos que os praticam e aqueles que são chamados, subordinadamente, a dar-lhe sequência (publicitária ou) executiva. Na verdade, ao contrário do que sugerem os AA. do *Projecto* (ob. cit., pág. 208), votamos, com GOMES CANOTILHO e VITAL MOREIRA (ob. cit., pág. 953), pela prevalência do dever de obediência hierárquica sobre o princípio da legalidade, mesmo no caso do acto nulo — salvo se a nulidade derivar do facto de ele implicar a prática de um crime —, em consonância material com o que se dispõe no art. 271.º, n.º 3 da Constituição. Já na relação tutelar, por exemplo, as coisas não se passam assim e aí a ilegalidade (se geradora da nulidade) prevalece sobre a relação orgânica.

"Efeitos jurídicos" do acto nulo, têmo-los, ainda, no facto de, pela sua simples prática, se abrirem imediatamente as portas da respectiva reacção contenciosa ou administrativa e de darem lugar à responsabilidade da Administração.

Fora disso, o acto nulo é totalmente ineficaz do ponto de vista jurídico, não vincula ninguém — particulares, tribunais, outros entes administrativos ou os próprios órgãos da pessoa colectiva, que não estejam em relação hierárquica com o autor do acto —, independentemente de ter sido, ou não, proferida uma declaração de nulidade a esse propósito. O que não significa que esta seja indiferente do ponto de vista prático-jurídico, até pela maior certeza que confere às correspondentes situações jurídicas.

Sobre a declaração de nulidade de um acto administrativo, ver os comentários (subsequentes) ao n.º 2 deste artigo.

art. 134.º, n.º 2

II. A nulidade jurídica de um acto administrativo é invocável ou arguível a todo o tempo, sem dependência de qualquer prazo. Isto significa que ele pode ser objecto de reacção contenciosa ou administrativa em qualquer altura, independen-

Artigo 134.º

temente dos prazos estabelecidos nos arts. 162.º e 168.º deste Código ou no art. 28.º da Lei de Processo, para os actos anuláveis.

E pode a questão da nulidade do acto ser invocada ou suscitada por qualquer interessado — mas aí, ela não se distingue (em teoria) do regime da anulabilidade.

A invocação da nulidade dum acto administrativo — já o dissemos acima, quando distinguimos o seu regime do do acto inexistente — basta-se com a prática do próprio acto, não se exigindo ao interessado mais do que suscitar a apreciação da ilegalidade cometida, na instância competente para declarar a respectiva nulidade, independentemente de a Administração estar, ou não estar, a pretender tirar dele efeitos jurídico-práticos.

III. A declaração da nulidade do acto administrativo pode ter lugar oficiosamente ou por invocação do interessado.

A questão que se põe é a de saber se qualquer instância administrativa ou jurisdicional será competente para declarar essa nulidade, como o sugere a redacção da 2ª parte do n.º 2 deste artigo, correspondente, aliás, a uma fórmula tradicional e generalizada. Teoricamente, poderia dizer-se que sim: o vício é grave e evidente, o acto é impotente para todos os efeitos, nenhum Tribunal ou Administração lhe está vinculado e, portanto, se forem postos em confronto dele, que declarem a sua nulidade.

Isto salvo, claro, aqueles casos em que a própria lei (processual ou substantiva) estabelece um regime especial de declaração da nulidade de uma certa categoria de actos nulos, como sucede, por exemplo, em matéria de nulidade de actos de execução de sentenças anulatórias, que deve seguir um processo específico, regulado no Decreto-Lei n.º 256-A/77, de 17.VII.

Quanto àquela regra geral, têmo-la, no entanto (tal como as suas premissas, de resto) por inadequada: a nulidade não é uma evidência e quem olhar para as sucessivas questões que pusemos a propósito da delimitação do âmbito das diversas cláusulas do n.º 1 e do n.º 2 do art. 133.º, logo se apercebe disso mesmo. Dar a qualquer órgão administrativo ou a qualquer tribunal a competência para declarar *erga omnes* a nulidade dum acto corresponderia, pois, a pôr a ordem jurídica administrativa em grave risco.

A boa estruturação do ordenamento jurídico, leva-nos a sugerir nesta matéria o seguinte regime:

    a) a **declaração administrativa** (*erga omnes*) da nulidade dum acto pressupõe um procedimento que corra perante ou no confronto do seu autor ou de órgão que esteja em posição supra-ordenada em relação a ele (em termos de legalidade); outros órgãos poderão *desaplicar* o acto num caso concreto sob sua alçada, mas não declará-lo nulo em termos vinculativos para a autoridade que o praticou ou para terceiros, para tribunais, etc;

Artigo 134.º

b) a declaração de nulidade (ou a desaplicação de acto nulo) **por órgão administrativo** tem de ser entendida como um acto administrativo, impugnável contenciosamente, de acordo, aliás, com o que tem sido decidido pela jurisprudência;

c) qualquer **tribunal** pode desaplicar o acto nulo em processo que perante ele corra, se não quiser remeter as partes para tribunal administrativo; mas só pode formar-se caso julgado (geral) sobre a sua invalidade, em recurso contencioso perante os tribunais administrativos, em processo no qual o autor do acto intervenha como "contraparte".

Eventuais pontos fracos desta sugestão deverão ser colmatados; o que não pode, nunca, é aceitar-se que qualquer instância, seja administrativa ou judicial — e sem se garantir o contraditório do próprio autor do acto —, se possa pronunciar *generaliter* sobre a nulidade de actos de quaisquer (outros) órgãos administrativos.

Dir-se-ia, em suma, que o significado da parte final do preceito do n.º 2 do art. 134.º do Código é o de que a nulidade do acto administrativo pode ser reconhecida, a todo o tempo, em qualquer procedimento administrativo ou processo jurisdicional (em que se suscite oficiosamente ou a invocação do interessado), **nos moldes e com os efeitos que sejam próprios da respectiva instância e meio procedimentais ou jurisdicionais usados.**

Assinale-se, também, agora na esteira de VIEIRA DE ANDRADE, que deveriam colocar-se alguns limites à possibilidade de declaração **em qualquer tempo**, por órgão administrativo, da nulidade de todos os actos administrativos: *"talvez não devesse admitir-se a declaração de nulidade de actos favoráveis a todo o tempo, mas apenas num prazo razoável, contado do conhecimento do vício. ... tal como deveria recusar-se ou limitar-se (esta competência administrativa), quando não é evidente a existência desse tipo de invalidade ou, relativamente a determinados vícios, quando estes sejam inteiramente imputáveis ao órgão administrativo"* (em A "revisão" dos actos administrativos no direito português, *in* Cadernos de Ciência da Legislação, INA, n.º 9/10, 1994).

Palavras que o reconhecimento explícito de um princípio da boa-fé (art. 6.º-A) mais certeiras tornaram.

art. 134.º, n.º 3

IV. A possibilidade de produção dos chamados **efeitos putativos,** diz-se (e já se referiu na nota **II** dos Preliminares desta Secção), seria uma característica própria do regime do acto nulo, face ao do acto inexistente.

A proposição deve, contudo, ser tomada com muitas cautelas: nem todo o acto nulo tem efeitos putativos e não é inconcebível que os possa ter o acto juridicamente inexistente posto em prática, desde que o rodeiem as circunstâncias de boa-fé, plausibilidade e estabilização no tempo, próprias da categoria dos efeitos putativos.

Exemplo de escola sobre efeitos putativos (neste enquadramento) é o dos *funcionários* ou *agentes putativos,* com dez anos de exercício pacífico, contínuo e público de funções, em que tenham sido investidos por acto nulo; ou, então, o caso previsto no Decreto-Lei n.° 413/91 (de 19 de Outubro) sobre o provimento, em lugares do quadro correspondente, de funcionários que tenham sido promovidos com preterição das disposições legais respectivas, que gere nulidade ou inexistência jurídica.

Os efeitos putativos considerados no preceito legal são apenas os derivados do decurso do tempo, ou seja, os que resultam da efectivação prática dos efeitos do acto nulo por um período prolongado de tempo — o que mostra quão falaciosa é, do ponto de vista jurídico-prático, a ideia de que o acto nulo não produz efeitos, independentemente da declaração da sua nulidade.

A verdade é que também há (pode haver) efeitos putativos ligados a outros factores de estabilidade das relações sociais, como os da protecção da confiança, da boa-fé, do *suum cuique tribuere,* da igualdade, do não locupletamento, e até da realização do interesse público — princípios que podem, todos, ser chamados a colmatar situações de injustiça derivadas da aplicação estrita do princípio da legalidade e da "absolutidade" (REBELO DE SOUSA, rev. cit., pág. 48) do acto nulo.

Não pode, nunca, é assacar-se efeitos putativos favoráveis ao particular em cuja conduta se funda a nulidade do acto, como nos casos de coacção ou crime, ou até, simplesmente, de dolo ou má-fé do interessado.

Artigo 135.°
Actos anuláveis

São anuláveis os actos administrativos praticados com ofensa dos princípios ou normas jurídicas aplicáveis para cuja violação se não preveja outra sanção.

   I. A anulabilidade como sanção geral da ilegalidade.
   II. O erro como fonte de ilegalidade: justificação.
  III. A falta de correspondência entre ilegalidade e anulabilidade: as formalidades não essenciais.
  IV. Outras "causas justificativas da ilegalidade": o "estado de necessidade", a urgência e a "razão de Estado".
   V. A anulabilidade como sanção geral residual da ilegalidade do acto administrativo: as sanções (não) preclusivas da invalidade.

Artigo 135.º

I. A sanção geral da invalidade do acto ferido de ilegalidade — ou seja, o acto desconforme com o ordenamento jurídico, por ofensa ou dos princípios gerais de direito ou de normas jurídicas escritas constitucionais, internacionais, comunitárias, legais ou regulamentares (omitindo-se referência paralela às normas consuetudinárias, por não serem consideradas generalizadamente fontes formais de direito administrativo) ou, ainda, por ofensa de vinculações derivadas de acto jurídico ou contrato administrativo anterior — é a da **anulabilidade**.

Compreende-se a regra: ela decorre dos tópicos caracterizadores da posição da Administração e do modelo de relação que se estabelece entre ela e os cidadãos nos sistemas ditos de *Administração Executiva* (ver comentário Preliminar deste Capítulo II). Contrariaria tal modelo um regime-regra de nulidade, que implica a improdutividade automática e imediata do acto administrativo — correspondendo, por isso, a um enfraquecimento da posição da Administração, que não poderia executar o acto nem pretender que os seus destinatários lhe obedeçam. Considera-se, então, mais ajustado, num sistema como o nosso, o princípio de que os actos ilegais são anuláveis, permitindo a eficácia (provisória, pelo menos) do acto e impondo ao interessado o ónus de pôr em movimento o sistema de garantias para fazer valer essa invalidade.

II. Questiona-se muito se o erro também é, a par da ilegalidade, fonte de invalidade do acto administrativo, da sua anulabilidade — que causa de nulidade não é, de certeza absoluta (por confronto com a alínea *e* do n.º 2 do art. 133.º).

Se se tratar de **erro-vício** — do erro na formação da vontade — e ele incide sobre um dos requisitos de legalidade do acto administrativo, estamos perante um *erro impróprio*, e o que releva, então, é a ilegalidade cometida: julgando que um acto não carecia de fundamentação, quando, afinal, a lei a exigia, o erro cometido pelo autor do acto redunda na ilegalidade deste, mas por falta de fundamentação. É o caso também dos erros de facto e de direito sobre os pressupostos, que levam à invalidade por falta dos pressupostos legalmente exigidos.

E a verdade é que até haverá muito pouco espaço para a consideração de *erros próprios* na formação da vontade administrativa: as hipóteses mais consistentes, que vêm sendo aí enquadradas (ver VIEIRA DE ANDRADE, O dever de fundamentação ..., cit., págs. 337 e segs.) podem ser reportadas, mais ou menos apertadamente, aos casos de violação de requisitos legais de validade do acto administrativo. Pense-se na hipótese do acto ser praticado na convicção de existir no caso uma vinculação legal em certo sentido e, afinal, tratar-se de um poder de escolha ou opção discricionária, hipótese em que pode ver-se, ainda assim (*grano salis* à mistura), um *desvio de poder* — uma opção ou decisão tomada não em vista de melhor servir o fim da lei, mas em vista de cumprir a opção ou decisão que se julga resultar vinculadamente dela.

A tentação em fazer passar essa ideia, da sobressaliência do erro impróprio é grande: trazer o erro próprio para os domínios do acto administrativo é, efec-

Artigo 135.º

tivamente, um "sarilho" com que os tribunais e a doutrina ainda lidam muito mal e resulta em deixar (praticamente) ao arbítrio da Administração o âmbito da revogação por invalidade. Sem um estudo cuidado e aprofundado da questão e uma qualquer orientação legislativa, todos continuamos a fugir mais ou menos celeremente da questão e a resolvê-la com base em razões simplistas de natureza pragmática.

Quanto ao **erro-obstáculo** (ao erro na declaração da vontade), consistente em se declarar uma coisa, quando se queria manifestar outra, ele refere-se obviamente àqueles aspectos — o seu conteúdo ou a sua fundamentação — em que, no acto administrativo, há uma declaração (seja constitutiva ou não).

Se a declaração respeita ao conteúdo ou sentido do acto e este é vinculado, poderia votar-se pelo relevo do erro (ou pela falta dele), quando a declaração for desconforme (ou conforme) com o conteúdo ou sentido vinculados na lei. Se se trata de um acto de conteúdo ou sentido discricionário, o erro na declaração deveria redundar ou manifestar-se na contradição com os respectivos fundamentos — pois, supostamente, a respectiva vontade ter-se-ia formado correctamente — e (ou há possibilidade de rectificação ou) o acto é anulável por isso. Em certo sentido, está-se aqui, ainda, perante um *erro impróprio*, imputável à incongruência da fundamentação.

Por outro lado, se os fundamentos do acto são coerentes com a vontade declarada pela Administração, muito dificilmente ela (ou o interessado) provará que houve efectivamente erro na declaração. Nos casos, porém, em que esses fundamentos possam ir bem com dois sentidos ou conteúdos possíveis do acto discricionário, julgamos que se deve ser particularmente exigente na prova do erro e na sua relevância invalidante, para não se pôr nas mãos da Administração um instrumento de revogabilidade de actos constitutivos de direitos, de uso muito tentador, quando novas interpretações da conveniência administrativa levassem o órgão a já não querer o acto praticado.

Se o erro-obstáculo respeita à declaração sobre os fundamentos do acto, aplicaríamos (pelo menos em princípio) as soluções postas nos parágrafos anteriores para o erro na declaração respeitante ao conteúdo ou sentido do acto administrativo.

III. A previsão legal do art. 135.º está formulada com amplitude demasiada. A crermos na letra da lei, julgar-se-ia, na verdade, que qualquer ilegalidade (para a qual não se previsse legalmente outra sanção) redundaria sempre em anulabilidade do acto.

Não encontrámos nenhum comentário a este propósito, que nos pudesse orientar mais seguramente na discussão dessa proposição e na opção por um significado ou valor pleno (ou, antes, ponderado) das ilegalidades de um acto administrativo.

O absurdo duma interpretação cingida à letra da lei — quando confrontamos o interesse da estabilidade do acto com os interesses que, por exemplo, certas normas procedimentais menores e meramente burocráticas do procedimento adminis-

Artigo 135.º

trativo visam proteger — é tal, que não custa vaticinar que, pelo menos nos casos mais nítidos, a jurisprudência e a doutrina chamadas a interpretar e a aplicar o Código não deixarão de retirar força invalidante à inobservância de normas dessas. Como sempre fizeram, mesmo na omissão de lei que o permitisse.

Referimo-nos nomeadamente à chamada *teoria das formalidades* (não) *essenciais*, e aceitamos — nessas hipóteses de notória inocuidade procedimental ou decisória do incumprimento de formalidades legais, quando a finalidade que com a sua prática se pretendia assegurar legalmente, se realizou na mesma, pese a sua inobservância — que não haja aí anulabilidade, dando-se assim expressão ao princípio do aproveitamento do acto administrativo.

E como também nos aparecem no Código reflexos ou manifestações expressas da tese subjacente a essa teoria — seja em matéria de convocação de reuniões de órgãos colegiais (art. 21.º) seja em matéria de audiência prévia (art. 103.º, n.º 2) ou, para os regulamentos, quanto à menção de o seu projecto ter sido objecto de apreciação pública (art. 118.º, n.º 3) — é de presumir que ela continue a ser considerada como um princípio geral de direito administrativo, potencialmente "justificativo" da ilegalidade do procedimento e do acto administrativo, no que, aliás, os tribunais e os comentadores parecem estar de acordo (veja-se, por todos, o Acórdão do STA, Pleno, de 28.IV.87, AD n.º 312, págs. 1600 e segs.).

Temos, sim, dificuldade em aceitar — dada a substantividade dos interesses subjacentes à previsão legal da maior parte das formalidades procedimentais — a distinção feita a este propósito, no Acórdão de 1.III.95 (AD n.º 407, págs. 1165 e segs.), onde se retoma, de certo modo, o dogma ancião da irrelevância substancial ou valorativa das formalidades legais e se sustenta que a violação de normas que têm carácter meramente adjectivo ou instrumental seria irrelevante, mera irregularidade, face ao princípio do aproveitamento do acto administrativo, desde que "*à luz dos preceitos materiais que conformam o seu conteúdo dispositivo, outra não pudesse ter sido a decisão tomada*", sobretudo quando, como aí acontecia, eram inúmeras as violações de preceitos procedimentais.

IV. Seriam "causas justificativas" da ilegalidade, também, o *estado de necessidade*, a *urgência* e a *razão de Estado*, pois retira(ria)m a uma ilegalidade a sua força invalidante.

O princípio convalidante do *estado de necessidade* tem, no CPA, uma consagração expressa (arts. 3.º e 151.º, n.º 1). Tal como já nos referimos em comentário ao artigo 3.º, o estado de necessidade não legitima propriamente o **acto inválido**, mas apenas a invalidade derivada da "ilegalidade" que, por causa dele, se cometeu. Sobre os requisitos do estado de necessidade convalidante, vejam-se os comentários **X, XI** e **XII** a esse preceito.

A *urgência* administrativa pode igualmente fundamentar a "legalização" da violação de uma norma legal. Não se tratando de um princípio geral, a urgência

Artigo 135.°

pressupõe (para que seja causa justificativa da ilegalidade) que se encontre expressamente prevista na lei. Sobre o alcance e pressupostos da urgência administrativa, veja-se comentário **X** do art. 3.°.

Quanto à *razão do Estado*, ela não é hoje — porque já o foi, em tempos, através da *teoria do móbil político* — causa justificativa da ilegalidade, na perspectiva da convalidação do acto ilegal: claro que a decisão administrativa está prenhe muitas vezes de preocupações políticas e, se a Administração não se contiver nos estreitos limites das exigências (nomeadamente) da discricionariedade e imparcialidade, a "razão de Estado" andará por lá, algumas vezes, sem isso resultar numa invalidade aparente.

Outra coisa, porém, é (ao praticar um acto administrativo) invocar razões de Estado, mesmo de evidência objectiva, para desaplicar uma lei: o acto praticado mantém-se como acto jurídico-administrativo — não se transmuda em acto político ou da função política (presidencial, parlamentar, governamental ou regional) — e nada o pode subtrair, num Estado de Direito, à fiscalização da legalidade e consequente invalidação.

V. A anulabilidade, di-lo o preceito, é a sanção correspondente a uma ofensa do ordenamento jurídico pelo acto administrativo, para a qual não se preveja outra sanção que seja de natureza a afastar aquela — o que não é o caso da "sanção" da ineficácia (aliás, aí não há ofensa de nada, como se assinalou nos Preliminares desta Secção).

É de molde a afastar sempre a regra da anulabilidade, a previsão legal de uma determinada ofensa jurídica constituir caso de nulidade ou de inexistência jurídica.

Já nos casos em que se estabeleça que a inobservância de um requisito legal da prática do acto constitui o respectivo agente em responsabilidade disciplinar ou a Administração (e ele) em responsabilidade civil, haverá que diferenciar as diversas hipóteses de sanções (ou responsabilidades): numas tratar-se-à efectivamente de considerar o acto como válido, noutras não, tratando-se apenas de acrescentar (ou de reconhecer que existem) outras sanções, para além da da invalidade do acto — como acontece, por exemplo, quando se estabelece que a inobservância de determinada exigência legal constitui infracção grave para efeitos disciplinares.

Claro que também não é sanção preclusiva da de invalidade a estipulação, na lei, da *responsabilidade orgânica ou representativa* dos titulares de órgãos administrativos, como acontece com a **perda de mandato** dos membros dos órgãos autárquicos: ela acresce a todas as outras sanções ou responsabilidades acima referidas.

Artigo 136.º

Artigo 136.º
Regime da anulabilidade

1. O acto administrativo anulável pode ser revogado nos termos previstos no artigo 141.º.

2. O acto anulável é susceptível de impugnação perante os tribunais nos termos da legislação reguladora do contencioso administrativo.

    I. A obrigatoriedade ou eficácia do acto administrativo anulável.

  II. A convalidação temporal do acto anulável (diferença da sanação da ilegalidade).

 III. O poder ou dever de revogação do acto anulável: remissão.

 IV. O regime da impugnação do acto anulável: invocação e sua anulação nos tribunais administrativos (a competência incidental de outros tribunais).

  V. Efeitos da anulação do acto administrativo (similitude com a declaração de nulidade).

*<div align="right">**art. 136.º, n.º 1**</div>*

I. O regime do acto ilegal anulável aparece estabelecido não apenas neste preceito, mas também noutros, para que daqui se remete expressamente. Nele estão já, contudo — e ditas de forma dogmaticamente apurada —, proposições e indicações valiosas do ponto de vista da estrutura do nosso ordenamento jurídico-administrativo, nesta parte.

Começa porque é aí que se encontra o reconhecimento de que o acto anulável é um acto juridicamente capaz de produzir os seus efeitos jurídicos decisórios, é um acto juridicamente eficaz. O que significa que é necessário haver uma declaração posterior sobre a sua invalidade para o derrubar (e aos seus efeitos); enquanto não vierem decisões juridicamente fortes para isso — como a sua anulação administrativa ou jurisdicional —, o acto anulável vai vivendo, vinculando e produzindo os seus efeitos, como se válido e legal fosse (ver comentário **VI** ao art. 127.º).

Teoricamente, já se viu, trata-se de uma situação contrária à do acto nulo, "absolutamente" impotente para produzir efeitos jurídicos.

II. Outra das indicações fundamentais do regime da anulabilidade contida no art. 136.º é a de que, decorrido um certo tempo, o acto administrativo anulável já não pode mais ser anulado pela Administração ou impugnado perante os tribunais: a sua ilegalidade deixa de poder fundamentar uma anulação administrativa ou uma sentença anulatória e, portanto, ele passa a ser visto no ordenamento jurídico

Artigo 136.º

como um acto tão consistente quanto um acto legal, ficando sujeito ao regime da revogação dos actos administrativos válidos (ver *supra* nota **XVI** ao art. 133.º).

Não que desapareça a ilegalidade de que o acto padecia — resultado que só se obtém pela sua sanação (ou cura) através da ratificação, da reforma ou conversão (a analisar no artigo seguinte). O que sucedeu é que tal ilegalidade perdeu (no que a ele respeita) a sua força invalidante: o acto tornou-se inimpugnável com esse fundamento.

Efectivamente, ao fim de um determinado período de tempo — que é, normalmente, um ano contado da sua prática (publicação ou notificação), como resulta da remissão feita nos n.ᵒˢ 1 e 2 deste artigo do Código para o seu art. 141.º e para a lei do contencioso administrativo (art. 28.º da Lei de Processo) —, o acto já não pode mais ser revogado (anulado) pela Administração ou impugnado perante os tribunais competentes para o anular, passando a viver, nesta perspectiva (mas já não, por exemplo, em sede indemnizatória) como se de um acto válido se tratasse.

Pode acontecer, no entanto, que, por omissão do dever administrativo de fazer uma notificação, o acto só chegue ao conhecimento de um dos interessados (directos) na sua anulação muito tempo depois da respectiva prática, não se podendo então recusar-lhe o direito de fazer valer a sua anulabilidade em tribunal — do mesmo modo que eventualmente se abre, de novo, prazo para a Administração o revogar (até à resposta ao recurso).

III. O *"pode"* ser revogado (do n.º 1 do art. 136.º) é para ser lido em conformidade com os comentários posteriores ao art. 141.º. *"Quem"* pode revogar, é questão que se trata em comentário ao art. 142.º (e ao art. 174.º).

art. 136.º, n.º 2

IV. Viu-se acima qual o regime da invocação e declaração (a todo o tempo, por qualquer interessado), em todos os tribunais, da nulidade do acto administrativo, e das cautelas que é preciso tomar na sua fixação.

Quanto à impugnação judicial do acto anulável, além de só poder ser deduzida por interessados ou pelo Ministério Público (mas não oficiosamente conhecida pelo tribunal), e em determinado prazo — actualmente os do art. 28.º da Lei de Processo —, tem que o ser perante os tribunais do contencioso administrativo com competência na matéria. A verdade, porém, é que tais menções, também aqui, têm de ser cautelosamente ponderadas.

Quanto ao facto de o acto administrativo anulável só ser susceptível de impugnação contenciosa (*"nos termos da legislação reguladora do contencioso administrativo"*) perante os **tribunais administrativos**, começa por não haver muita diferença em relação aos pedidos de declaração da sua nulidade (a título principal), sujeitos também à mesma jurisdição (ver nota **III** ao art. 134.º).

Artigo 137.º

Questão que se põe, face a este n.º 2, é saber se a ilegalidade do acto anulável pode, para efeitos da sua desaplicação, ser conhecida incidentalmente noutros tribunais (que não os administrativos), por invocação das partes entre quem corre o respectivo processo. Por nós, não arriscando pôr em causa directamente a valia do art. 97.º do Código de Processo Civil, diremos, no entanto, que, em casos destes, tal hipótese seria rara: era preciso, primeiro, que não estivessem esgotados os prazos do recurso do acto para particulares e, também, que a Administração, sua autora, estivesse presente no processo judicial respectivo. Mesmo assim, a hipótese é de muito duvidosa conformidade e praticabilidade jurídica — pela necessária adaptação que o processo nos outros tribunais teria que passar para seguir os moldes de fiscalização "cassatória" da legalidade do acto administrativo.

Pode, pois, dizer-se haver neste aspecto, do conhecimento incidental da anulabilidade dos actos administrativos nos tribunais de outro foro, algumas diferenças, mas também algumas semelhanças, entre o regime da nulidade (a que nos referimos nas notas ao art. 134.º) e da anulabilidade do acto.

V. Pelos efeitos das respectivas sentenças, não se distinguem nitidamente os processos contenciosos de declaração da nulidade e da anulação do acto administrativo — sem prejuízo, é evidente, de uma ser meramente declarativa, outra, constitutiva.

Anulado o acto ilegal, tudo se passa na ordem jurídica como se ele não tivesse sido praticado, valendo a sentença *erga omnes;* ficam destruídos os seus efeitos, os actos consequentes podem ser nulos e praticam-se (retroactivamente também — art. 128.º, n.º 1) — os actos necessários para a repor (à ordem jurídica) na situação em que hoje estaria, se o acto ilegal não tivesse vindo à luz do dia. Como acontece com o acto nulo, que eventualmente tenha sido aplicado e executado.

De resto, os sacrifícios legais do interesse dos administrados resultantes da plena eficácia retroactiva da sentença anulatória — ser a Administração a proceder à sua execução e poder invocar causa legítima de inexecução — valem igualmente para o caso da declaração de nulidade.

Artigo 137.º

Ratificação, reforma e conversão

1. Não são susceptíveis de ratificação, reforma e conversão os actos nulos ou inexistentes.

2. São aplicáveis à ratificação, reforma e conversão dos actos administrativos anuláveis as normas que regulam a competência para a revogação dos actos inválidos e a sua tempestividade.

Artigo 137.º

3. Em caso de incompetência, o poder de ratificar o acto cabe ao órgão competente para a sua prática.

4. Desde que não tenha havido alteração ao regime legal, a ratificação, reforma e conversão retroagem os seus efeitos à data dos actos a que respeitam.

    I. Sanação da ilegalidade.

    II. Noção e fundamento da ratificação.

    III. Noção e fundamento da reforma e da conversão.

    IV. Proibição legal de sanação do acto nulo.

    V. Competência e prazo para a sanação do acto administrativo anulável.

    VI. O procedimento da ratificação (reforma e conversão): paralelismo procedimental.

    VII. Competência para a ratificação do acto anulável por incompetência do respectivo autor.

    VIII. Os pressupostos da retroactividade dos efeitos da ratificação, reforma e conversão.

art. 137.º, n.º 1

I. Trata-se neste preceito da **sanação** ou supressão **da própria ilegalidade** do acto — e não de, mantendo-a, lhe retirar ou negar a sua força invalidante, como acontece com o decurso do prazo do recurso contencioso (ou para sua anulação administrativa).

A *ratificação, reforma* e *conversão* são actos secundários (*"que versam directamente sobre um acto primário e só indirectamente sobre a situação real subjacente"* a ele), consistindo em *"confirmar ou substituir o acto inválido, harmonizando-o com a ordem jurídica"*, como diz Freitas do Amaral: em vez de se revogar o acto que está ferido de ilegalidade, ele é depurado das suas imperfeições iniciais e mantido (total ou parcialmente) na ordem jurídica, técnica que deve ser considerada como manifestação do princípio do aproveitamento do acto administrativo.

II. Tradicionalmente, a ***ratificação(-sanação)*** é o acto através do qual o órgão competente sana o vício de incompetência (relativa) de um acto da autoria de um órgão incompetente.

O conceito de "ratificação" é, por vezes, objecto de específica previsão legal, a propósito de casos em que (em determinadas circunstâncias anómalas) é permitido a um órgão normalmente incompetente exercitar poderes da competência de outro órgão. Acontece assim, por exemplo, no caso de assunção de poderes por parte dos Governadores Civis, em situações de urgência, cujo exercício fica sujeito a uma posterior *"ratificação"* do Governo — hipóteses em que não se trata, naturalmente, de uma ratificação no sentido estrito referido, mas da denominada *ratificação-confirmação*.

663

Artigo 137.º

Deve entender-se que a ratificação não é restrita à sanação do vício da incompetência, como o sugere, aliás, o n.º 3 do preceito legal: inclui-se no conceito, portanto, a sanação dos restantes vícios não atinentes ao conteúdo do acto (porque se tratará então de uma reforma, conversão ou de uma revogação por ilegalidade), ou seja, as invalidades formais e procedimentais, quando estas sejam superáveis (nesse momento *post* acto).

A ratificação, para efeitos do Código, será assim o acto através do qual o órgão competente para a prática de um acto administrativo procede à sanação de um vício seu, relativo à respectiva competência, forma ou formalidades: é o caso, por exemplo, do acto praticado sem a fundamentação legalmente exigida, que pode ser objecto de uma ratificação posterior, praticando-se fundamentadamente.

III. A **reforma** é também um acto de sanação de um anterior acto administrativo inválido, mas ou diz respeito a uma ilegalidade do seu conteúdo ou reflecte-se neste. Traduz-se ela em manter, desse acto, a parte que nele não estava afectada de ilegalidade, alterando-se ou suprimindo-se a parte ilegal.

Com a **conversão,** substitui-se um anterior acto inválido de determinado tipo, por um acto de tipo legal (de natureza ou conteúdo) diferente, aproveitando os seus elementos que não estão afectados de ilegalidade para compor ou integrar um novo acto (em que o anterior se converte): será o caso da transformação de um acto ilegal de nomeação definitiva, para a função pública, num acto de nomeação provisória ou de admissão a um estágio remunerado.

IV. A insusceptibilidade de ratificação, reforma ou conversão de actos nulos ou inexistentes era tida, no direito administrativo, como uma impossibilidade jurídica, não uma determinação ou proibição legal, como agora aparece no Código. Mas é muito mais seguro trabalhar a partir das soluções legais (que são inequívocas) do que de verdades dogmáticas daquelas, pois, na prática, nada impediria que o acto nulo também pudesse ser objecto de sanação, como o é o acto anulável — o que, aliás, sucede no direito civil, quanto à redução e conversão de actos nulos (ver arts. 292.º e 293.º do respectivo Código).

O facto de a ilegalidade do acto nulo (ou inexistente) não poder ser sanada não significa que não possam aproveitar-se passos ou formalidades do procedimento onde ele se gerou, para os integrar como elementos do procedimento tendente à prática de um novo acto legal.

art. 137.º, n.º 2

V. Resulta do n.º 2 que se aplicam às figuras da ratificação, reforma e conversão as regras sobre a competência e prazo para a revogação de actos administrativos com fundamento em invalidade — salvo o disposto no n.º 3 deste art. 137.º.

Artigo 137.°

Ou seja, competente para proceder à sanação do acto ilegal é o seu autor, bem como (se ele não tiver competência dispositiva exclusiva na matéria) o seu superior hierárquico e o órgão delegante (ou subdelegante) — eventualmente o órgão tutelar do autor do acto também —, podendo a sanação ter lugar dentro do prazo do recurso contencioso (1 ano, em princípio) ou, tendo ele sido interposto, dentro do prazo para resposta da autoridade recorrida.

VI. Há, o próprio preceito o revela, regras procedimentais a aplicar na sanação administrativa de ilegalidades de anterior acto administrativo, como sucede em matéria de competência e prazos.

Poderia assim dizer-se que tais decisões sanatórias não estariam, em regra, sujeitas ao regime procedimental dos actos administrativos ou ao regime (de paralelismo) dos actos revogatórios — pois a remissão deste n.° 2 é apenas para aquelas questões de competência e prazos.

Mas a verdade é que havia razões especiais para o fazer apenas em relação às duas, e (pelo menos) a reforma e a conversão de acto ilegal podem mexer com direitos e interesses constituídos, justificando-se, aí, portanto, a aplicação da regra do paralelismo (art. 144.°) própria dos procedimentos revogatórios — bem como o respeito pelas regras procedimentais próprias dos actos reformados ou convertidos, se as houver.

art. 137.°, n.° 3

VII. Como a regra da competência revogatória do autor do acto (ou do seu superior hierárquico), estabelecida no art. 142.° do Código — e chamada à colação em matéria de ratificação, reforma e conversão pelo n.° 2 deste art. 137.° —, não podia ser aplicada à ratificação do acto do órgão incompetente (que ficaria, então, a padecer do mesmo vício), previu-se neste n.° 3 que essa ratificação compete ao órgão que é titular legal da competência em causa.

Não é só nesse aspecto que o preceito dispõe diversamente do regime da competência em matéria de revogação anulatória — que, como afirmamos em comentário ao art. 142.°, está vedada ao titular legal da competência ilegalmente exercida no acto revogando. Parece ser também no facto de a ratificação só poder ter lugar, nesse caso, por autoria do órgão competente para a prática do acto (e eventualmente pelo seu delegante ou subdelegante), mas já não pelo seu superior hierárquico. O que, aliás, parece curial — salvo na hipótese de existência de um poder de substituição plena (do superior) na competência do subalterno.

Claro está que o superior hierárquico (ou tutelar) do autor do acto anulável (por incompetência) não pode, como ele não pode, ratificá-lo.

Preliminares

art. 137.º, n.º 4

VIII. Não nos devemos bastar com o pressuposto legal estabelecido neste n.º 4 — que "*não tenha havido alteração ao regime legal*" — para considerar que os efeitos da ratificação, reforma e conversão retroagem à data do acto ratificado, reformado ou convertido.

Pela mesma razão que se estabelece esse pressuposto, parecia dever exigir-se também que se lhe acrescentasse o de já existirem à data a que se remonta a eficácia da ratificação (reforma ou conversão) os pressupostos justificativos da decisão — à semelhança da alínea a) do n.º 2 do art. 128.º do Código — e que a situação concreta em causa (não apenas o seu regime legal) não tenha sofrido alterações de facto, desde a data da prática do acto ratificado, reformado ou convertido.

Aquele primeiro pressuposto corresponde, no direito administrativo, ao que se estabelece no art. 288.º, n.º 2 do Código Civil, sobre a confirmação do negócio anulável, depois de ter cessado o vício que era causa dessa anulabilidade. O segundo, mesmo se não está explicitamente consagrado, corresponde a um princípio geral de direito.

SECÇÃO IV

Da revogação do acto administrativo

PRELIMINARES

 I. Dificuldades de leitura do Código (revogação anulatória e relações poligonais).

 II. A revogação propriamente dita.

 III. A revogação anulatória (ou anulação administrativa).

 IV. A revogação fruto da mesma competência exercida no acto revogado: esclarecimento.

 V. A revogação expressa (intencional ou dirigida) e a revogação implícita, por acto contrário.

 VI. A alteração superveniente dos pressupostos (de facto ou legais) do acto administrativo: consequências.

 VII. A revogação-sanção e o incumprimento do modo: poderes genéricos da Administração?

 VIII. A declaração de caducidade do acto administrativo e a revogação.

 IX. A suspensão da eficácia e a revogação do acto administrativo.

 X. A revogação e a convalidação do acto administrativo.

Preliminares

I. As dificuldade de leitura, entendimento e comentário que o CPA suscita em alguns lados, também são sensíveis aqui, em sede de revogação do acto administrativo. Não apenas porque se trata de matéria delicada e controvertida, referida a conceitos e pressupostos de sentido nem sempre bem estabelecido, mas igualmente porque as necessidades de condensação levaram o legislador a ter de passar, muitas vezes, por cima da diversidade jurídica das situações reguladas, criando embaraços acrescidos à colocação e aplicação das soluções legais.

A questão surge principalmente — como VIEIRA DE ANDRADE (R.D.J., vol. IV, 1992, págs. 53 e segs.) demonstrou — por se ter unificado, sob o mesmo conceito e (parcialmente sobre o mesmo) regime, a revogação *stricto sensu*, por inconveniência, e a revogação anulatória, que tem por fundamento a anulabilidade do acto administrativo, quando se impunha, em tantos aspectos não considerados, a sua diferenciação.

Outra dificuldade que a fixação e a aplicação do regime estabelecido suscita deriva do facto, já assinalado, de o Código, ao contrário do que aconteceu no plano procedimental, não se ter preocupado ponto por ponto, no plano substantivo, com as relações *poligonais*, com a existência de outros interessados e contra-interessados, para além do destinatário do acto revogado (GOMES CANOTILHO, Relações jurídicas poligonais, ponderação ecológica de bens e controlo judicial preventivo, *in* RJUA, n.° 1, págs. 56 e segs.).

II. A **revogação** (propriamente dita) consiste na extinção de todos ou parte dos efeitos de um acto administrativo, provocada por um novo acto administrativo que se pratica, explícita ou implicitamente, com fundamento em inoportunidade ou inconveniência do primeiro (ou dos seus efeitos), nos termos em que esses valores da actividade administrativa estão referidos em nota ao art. 159.°.

Por outras palavras: é uma decisão administrativa dirigida à cessação dos efeitos de outra decisão administrativa prévia, por se entender que os efeitos desta não são convenientes, não representam uma maneira adequada de prosseguir o interesse público em causa: licenciou-se um determinado espaço da via pública e verifica-se que, afinal, isso embaraça o trânsito.

III. Da revogação propriamente dita deve distinguir-se a **anulação administrativa** ou revogação anulatória (que o Código designa como *"revogação de actos inválidos"*), cuja função é a de **destruir** — e não apenas fazer cessar — os efeitos de uma anterior decisão administrativa inválida (*rectius,* anulável), sendo tal invalidade a causa determinante do acto de revogação anulatória.

As diferenças de enquadramento e de regime entre as duas figuras são assinaláveis (ver, por exemplo, as notas ao art. 141.°).

Próxima da anulação administrativa (mas só por ter igualmente como fundamento a invalidade de um acto administrativo) está a **declaração administra-**

Preliminares

tiva de nulidade de actos administrativos, a que nos referimos já na anotação ao artigo 134.º, n.º 3.

Aqui, apenas importa referir que a anulação administrativa, a revogação anulatória, tem lugar nos termos previstos no Código, nos casos em que o acto administrativo padece de um vício determinante da sua anulabilidade; a declaração de nulidade tem lugar nos casos em que o acto é nulo, hipótese em que pode ser declarado ou desaplicado como tal a todo o tempo e por qualquer órgão administrativo, nos termos restritos em que o admitimos a propósito daquele art. 134.º.

IV. Comum às duas noções — além doutros aspectos — é o facto de ambas essas espécies revogatórias corresponderem ao exercício da mesma competência que se exerceu para praticar o acto revogado ou anulado. A mesma competência em 1.º ou 2.º grau de exercício, é claro: a competência para revogar uma nomeação ou um licenciamento — até porque pode cingir-se à mera apreciação (ou *revisão*) do acto, sem possibilidade de o alterar ou substituir por outro — não é rigorosamente a mesma que se exerceu antes, ao nomear ou ao licenciar, **mas só porque se trata de uma competência de 2.º grau:** o que significa que os interesses a prosseguir através do seu exercício são exactamente os mesmos que se deveriam prosseguir através da competência de 1.º grau.

V. A doutrina costuma colocar a questão de saber se devem incluir-se no conceito de revogação, para além dos actos administrativos que indiquem ou contenham explicitamente um conteúdo revogatório — determinando a cessação ou destruição dos efeitos do acto anterior, revogando este — também aqueles que, não assumindo expressamente essa revogação, produzam, **para a mesma situação concreta**, efeitos incompatíveis com os de um acto administrativo anterior (as designadas *revogações implícitas* ou *actos contrários*), não podendo, portanto, subsistir os dois no ordenamento jurídico, a produzir simultaneamente os seus efeitos.

Note-se que também se fala de *actos contrários*, a propósito daqueles actos administrativos que, **não se dirigindo à situação concreta regulada pelo acto anterior**, mas a uma outra, criam para esta um efeito que arreda os que tinham sido produzidos por esse acto: é o caso da demissão disciplinar do funcionário nomeado por acto administrativo anterior, que põe termo aos efeitos deste, mas que é fruto de uma competência diversa da que se exerce no acto de nomeação.

Não é dessa pseudo *contrariedade* que aqui se trata, mas sim da acima referida, **respeitante à mesma situação concreta**, revelando-se a contradição no próprio conteúdo da segunda decisão e sendo ambas (ela e a primeira) fruto da mesma competência.

Os actos contrários ou as revogações implícitas de que agora falamos não se distinguem da revogação propriamente dita apenas por esta ser uma medida expressa, e por aquela outra ser tácita ou implícita. É também porque, enquanto a revogação é

Preliminares

um acto secundário em que se aprecia (directa ou indirectamente) o mérito de um acto precedente, o acto contrário é um acto de primeiro grau, que visa produzir efeitos numa determinada situação, sem se reportar ao facto de ela já ter sido objecto de uma outra decisão administrativa (com todas as implicações que isso tem, claro, ao nível procedimental): é a sua determinação que é incompatível com a determinação de anterior acto administrativo que dispunha sobre a mesma situação.

Não se nega, com isto, que o acto contrário tenha eficácia revogatória do acto anterior. Só que, quando a sua prática não estiver prevista, deve entender-se que as revogações implícitas só podem ser admitidas nos termos do regime da revogação (explícita) legalmente prevista. A não ser, obviamente, quanto ao regime ou requisitos que estão ligados ao facto de estas serem *expressas e dirigidas* ao acto primário (como é o caso, por exemplo, da regra mitigada do paralelismo de procedimento), inaplicável directamente na revogação implícita de que aqui se trata, que segue, sim, os trâmites do procedimento primário correspondente.

VI. É discutida a questão de saber quais as repercussões sobre o acto administrativo, que a **alteração objectiva superveniente dos seus pressupostos de validade** tem. A hipótese é a de, estando estes preenchidos no momento em que o acto foi praticado, já não o estarem depois, resultando daí que, se o acto fosse produzido no momento actual, seria inválido. Pode tratar-se de uma alteração do direito aplicável relacionada com as normas jurídicas que conformaram a prática do acto ou pode tratar-se dos factos tidos em conta para aplicar essas normas, isto é, os seus pressupostos concretos (v.g., o destinatário de um acto com eficácia duradoura deixa de reunir os pressupostos que a lei exige para a validade desse acto).

Pergunta-se, então, se ele pode ser anulado (revogado anulatoriamente) pela Administração.

O rigor da norma que fixa os limites temporais para o exercício da competência anulatória (artigo 141.°, n.ᵒˢ 1 e 2) parece excluir um extenso número de casos em que a questão possa colocar-se. Mas, mesmo assim, não está excluído o problema, nas hipóteses em que a invalidade sobrevém durante o prazo em que ainda podem ser exercidas as competências administrativas anulatórias, duvidando-se então sobre a solução por que optar, uma vez que a resposta (em princípio) afirmativa tem que ser confrontada com outros vectores, como o próprio princípio da legalidade, que manda reportar o juízo sobre a validade dos actos administrativos ao momento da sua prática.

Isto não exclui, claro, nomeadamente quanto aos actos de eficácia duradoura, que existam leis especiais que prevejam, por exemplo, a *revogação* (o cancelamento ou a caducidade) de títulos administrativos, no caso de o administrado deixar de satisfazer as exigências legais necessárias, independentemente do tempo em que isso ocorrer. Fazem-no normalmente, por exemplo, as leis respeitantes ao exercício de actividades empresariais ou profissionais sujeitas a licença, autorização ou registo.

Preliminares

VII. Diferente das figuras que vimos, mas ainda inserida nas decisões extintivas de efeitos de actos administrativos prévios, é a designada **revogação-sanção** (por vezes, legalmente designada *cancelamento*), fazendo cessar a operatividade de uma decisão administrativa (de eficácia duradoura) ampliativa da esfera jurídica de um administrado, pelo facto de este não ter cumprido obrigações legalmente exigidas pela titularidade ou para o exercício de uma certa posição jurídica.

Pode tratar-se tanto de uma decisão sancionatória principal, tomada num procedimento iniciado com uma *intenção repressiva*, ou de uma sanção acessória no âmbito de um processo contra-ordenacional. Mesmo o *nomen iuris* deste tipo de actos se apresenta variado: *revogação* de uma *autorização, cassação de um alvará, cancelamento de uma licença, etc.*

Esta "revogação", embora reportando-se ao acto anterior, não retira os efeitos deste por causa dos vícios (de mérito ou legalidade) que ele próprio comportava ou pelos da situação que cria, mas porque o seu titular deixou de cumprir os deveres a que a sua titularidade obrigava. Nem é fruto da mesma competência (primária ou secundária) exercida no primeiro acto. Não se trata, pois, de uma verdadeira revogação, sujeita ao regime desta.

A figura coloca diversos problemas. Primeiro, é o de saber se, no silêncio da lei, deve admitir-se uma competência (implícita) para "sancionar" com a revogação dos respectivos actos administrativos, os administrados que não cumpriram as determinações legais ligadas ao gozo dos seus efeitos. Dir-se-á que, no silêncio da lei, não parece admissível a legalidade da revogação-sanção de um acto por o administrado deixar de cumprir essas obrigações: a sua conduta apenas poderá ser sancionada com a revogação do acto, quando expressamente previsto (seja a título principal ou no âmbito do ilícito de mera ordenação social) ou quando respeitar a obrigações "sinalagmáticas" do interessado, respeitantes à titularidade dos efeitos do acto administrativo.

O segundo problema é o de saber se a revogação pode ter lugar quando o destinatário de um acto administrativo constitutivo não tenha cumprido um encargo modal, que resultava dele. Essa possibilidade (expressamente admitida na lei alemã do procedimento administrativo), de revogação por incumprimento *do modo*, deve, na ausência de uma norma atributiva de tal competência — a menos, talvez, que o órgão se tenha reservado esse poder, por *reserva de revogação* — considerar-se excluída e, portanto, que o incumprimento da cláusula modal do acto administrativo não confere ao órgão administrativo o poder de revogar este, mas, sim, o de exigir o cumprimento do respectivo encargo ou de o obrigar a ressarcir os prejuízos daí derivados para o interesse público ínsito na cláusula modal.

VIII. Da revogação deve distinguir-se ainda a **declaração de caducidade**, pela qual a Administração Pública declara, verificados certos factos, que determinam objectivamente a extinção dos efeitos de um acto administrativo (v.g., queda do prazo

Preliminares

dentro do qual o acto poderia vigorar ou verificação de uma condição resolutiva), sem curar de saber se ele era, ou não, ilegal ou inconveniente.

Diz-se, por vezes, que a declaração de caducidade pronunciada pela Administração Pública é um mero acto declarativo de factos e direitos objectivos, que nada inova no ordenamento jurídico, ao contrário da revogação. Sendo isso verdade para um extenso número de casos, não pode, porém, negar-se, noutros, a existência de uma margem administrativa de apreciação (e decisão), quanto à verificação do facto determinante da caducidade.

IX. Há também conveniência em distinguir a **suspensão de efeitos** de um acto (regulada ou referida nos arts. 124.º, n.º 1, alínea *e*, 150.º, n.º 2 e 163.º, n.ᵒˢ 3 e 4 do Código) e a sua revogação: mediante esta um órgão da Administração Pública exclui definitivamente a operatividade de um acto, ao passo que, ali, na suspensão, essa exclusão é temporária ou provisória.

Em anotação aos referidos artigos relacionados com a suspensão da eficácia ou execução de um acto, falaremos do *deficit* de regulação legislativa dessa competência administrativa no Código. Por isso mesmo, e ainda que se deva distinguir da revogação — exigindo-se nomeadamente a fixação de um termo final para a operatividade do efeito suspensivo —, convirá não perder de vista a possibilidade de fazer corresponder, nalguns aspectos ou efeitos, o regime da suspensão ao da revogação do acto administrativo.

Deve, porém, partir-se do princípio de que a suspensão administrativa só é possível como uma espécie de medida provisória no âmbito de um procedimento tendente à extinção dos efeitos do acto (anulação, revogação, revogação-sanção, etc). Fora disso, ou a suspensão está excluída ou, então, terá que ter um termo final — que, não estando indicado no próprio acto, poderá ser o do art. 85.º, alínea *d*).

X. Por último, distinguem-se da revogação (anulatória, claro) os instrumentos de **sanação do acto administrativo** (como a conversão, reforma e ratificação — art. 137.º, notas **II** e **III**), porquanto mantêm (total ou parcialmente) o acto primário, sem que se ponha termo aos seus efeitos, apenas lhe retirando as imperfeições de que padecia.

No resto, como se viu, é a própria lei que manda aplicar, com algumas ressalvas, o regime da revogação à ratificação, reforma e conversão dos actos administrativos.

Artigo 138.º

Artigo 138.º
Iniciativa da revogação

Os actos administrativos podem ser revogados por iniciativa dos órgãos competentes, ou a pedido dos interessados, mediante reclamação ou recurso administrativo.

    I. Noção de revogação: remissão.
    II. O poder legal da Administração "voltar atrás com a sua palavra".
    III. O procedimento revogatório oficioso e por iniciativa de particulares: o dever (de reapreciação e) de revogação do acto ilegal.
    IV. Regimes-regra do procedimento revogatório oficioso e particular.

I. Remete-se para os Preliminares a noção de revogação (ou anulação) administrativa e o seu confronto, bem como o do respectivo regime essencial, com figuras próximas ou afins.

II. Este preceito atribui, em primeiro lugar, o "poder" de a Administração retirar os seus actos e os respectivos efeitos — como, em certos termos, também o Poder Legislativo e o Poder Judicial são admitidos a fazer aos seus.

É importante, porém, dizê-lo expressamente, porque os actos jurídicos públicos, pela autoridade e efectividade jurídica que o ordenamento jurídico lhes confere, não são coisa de que se ponha e disponha à vontade de cada um — risco agravado, ainda por cima, pela mudança mais ou menos frequente dos titulares dos cargos públicos correspondentes — e, portanto, sem expressa permissão constitucional ou legal, eles tenderiam, depois de praticados, a ser juridicamente intocáveis.

Mas o *"podem ser revogados"* da lei não significa que se trate de uma mera possibilidade ou faculdade do órgão administrativo, para ele exercer a seu bel-prazer, independentemente das razões por que o faz ou deixa de fazer — como se estivesse aqui consagrada a tese de que, mesmo no caso da ilegalidade do acto revogando, a Administração não estaria constituída no dever de o retirar.

Nessas circunstâncias, pelo menos (cfr. **III**), entendemos até existirem no Código revelações de que o poder de revogar é (deve ser) considerado, hoje, um *dever jurídico* para o órgão administrativo.

III. A revogação tem lugar em procedimento administrativo de segundo grau (mas autónomo do do acto revogado), desencadeado oficiosamente pela autoridade competente ou por força de reclamação ou recurso de interessado, podendo, em ambos os casos, visar tanto a revogação como a anulação administrativa do acto.

Artigo 138.º

O facto de o procedimento revogatório ser iniciado oficiosa ou particularmente, com um fundamento ou outro, pode, porém, não ser indiferente, ao contrário do sugerido pelo art. 56.º do Código, em matéria de inquisitório.

Na verdade, se, quanto aos procedimentos (oficiosos ou particulares) iniciados com fundamento em inconveniência, se admite que a revogação sobrevenha por ilegalidade — sem sequer haver pronúncia quanto ao demérito do acto revogado —, já nos iniciados (pelo menos por particulares) com fundamento em ilegalidade se impõe ao órgão administrativo reclamado ou recorrido, mesmo que entenda poder o acto ser revogado também por inconveniência, que se pronuncie sobre a respectiva ilegalidade, pelo interesse que o particular (e o ordenamento jurídico) terá (tem) em o acto vir a ser revogado retroactivamente.

No caso do acto inválido reclamado ou recorrido por interessado, constituída que fica no dever de sua repreaciação, a Administração estaria, portanto, obrigada a retirá-lo, se constatar a sua ilegalidade, não podendo concordar que um acto administrativo é ilegal e, mesmo assim, mantê-lo — descontadas, claro, as implicações do princípio (absoluto) do estado de necessidade, e salvo sempre o direito de indemnização do interessado.

Nem parece que seja necessário invocar mais do que a existência do princípio da legalidade e do dever de exercício legal de funções públicas, para sustentar a solução; a força dessas exigências só poderia ser afastada por disposição expressa e não a conhecemos. Aliás, há no Código soluções que só se entendem nesse quadro (como, por exemplo, a do art. 141.º, n.º 1 e a do 158.º, n.º 1).

E a objecção de que o órgão administrativo, em reclamação ou recurso, deve poder optar por manter o acto ilegal (por razões de conveniência ou estabilidade, só pode ser), embora sujeitando-se à responsabilidade civil daí derivada, vai carregada de tais perigos e "hipocrisia" jurídica, face às exigências de um Estado de Direito, que, se sugere ser afastada, sem mais.

É verdade que a reacção contenciosa do interessado, no caso de a Administração não revogar o acto inválido, se reporta directamente ao acto ilegal — de que reclamou ou recorreu (infrutiferamente) —, não propriamente à violação do dever jurídico de revogar esse acto ilegal. Mas isso é questão diferente, de oportunidade e celeridade dos meios de defesa contenciosa, que não prejudica o núcleo da tese defendida (basta pensar na possibilidade de, a ser verdadeira a tese sustentada, se responsabilizar a Administração por não ter retirado o acto ilegal).

IV. O procedimento revogatório **oficioso** corre, em regra, como vai ver-se (art. 144.º), nos mesmos termos em que correu o procedimento do acto a revogar, embora haja adaptações a considerar e formalidades ou fases a reduzir ou suprimir (nomeadamente em sede instrutória).

O procedimento revogatório de **iniciativa particular**, esse segue os regimes de reclamação ou recurso, dos arts. 159.º e segs. do Código.

Artigo 139.º

A reclamação ou recurso a que faltem os respectivos pressupostos procedimentais (v.g., de tempo ou legitimidade), podem eventualmente vir a ser consideradas no âmbito do direito de petição e, como tal, dar lugar a um procedimento revogatório oficioso.

Artigo 139.º

Actos insusceptíveis de revogação

1. Não são susceptíveis de revogação:
   a) **Os actos nulos ou inexistentes;**
   b) **Os actos anulados contenciosamente;**
   c) **Os actos revogados com eficácia retroactiva.**
2. Os actos cujos efeitos tenham caducado ou se encontrem esgotados podem ser objecto de revogação com eficácia retroactiva.

> *I. Impossibilidade jurídica da revogação.*
> *II. Pressupostos da revogação (com eficácia retroactiva) de actos de efeitos já caducos ou esgotados.*

art. 139.º, n.º 1

I. Afirmam-se aqui casos em que não há lugar a revogação, por impossibilidade jurídica do seu objecto. Uma vez que a revogação se destina a eliminar da Ordem Jurídica actos (ou efeitos de actos) anteriores, quando tais actos não existam, não se pode concebê-la. Não se trata, pois, de uma proibição legal de revogar um acto (de um genéro revogável), mas de afirmar uma impossibilidade jurídica.

Não são revogáveis por tal razão, como aí se dispôs, nem os actos nulos ou inexistentes, desprovidos por natureza de efeitos jurídicos — podem é ser declarados como tais — nem aqueles que já tenham desaparecido ou cessado, por outra qualquer razão, como acontece com actos anulados contenciosamente ou objecto de revogação anulatória retroactiva (pois a que fôr feita só para o futuro, com fundamento em inconveniência, deixa em vigor os efeitos anteriores a ela, para eventualmente poderem ainda ser revogados retroactivamente, com fundamento em ilegalidade).

Os actos com eficácia suspensa, esses, claro está, podem ser revogados.

art. 139.º, n.º 2

II. Contém-se no n.º 2 uma evidência que é corolário da mesma ideia que está na base da alínea *c)* do n.º 1, mas que só há vantagem em ser dita: os actos

Artigo 140.º

cujos efeitos já caducaram ou se esgotaram, podem ainda, em relação aos efeitos antes produzidos, ser revogados com eficácia retroactiva, tirando-se assim o suporte jurídico ao que deles ainda restasse.

Desde que se trate, claro — como bem advertem os AA. do *Projecto* (ob. cit., pág. 213) — de efeitos jurídicos que perdurem; se já não há (senão nos "arquivos" da Ordem Jurídica) vestígios dos efeitos dos actos caducados ou esgotados, nada há para revogar (nem sequer com eficácia retroactiva).

Artigo 140.º

Revogabilidade dos actos válidos

1. Os actos administrativos que sejam válidos são livremente revogáveis, excepto nos casos seguintes:
> *a)* **Quando a sua irrevogabilidade resultar de vinculação legal;**
> *b)* **Quando forem constitutivos de direitos ou de interesses legalmente protegidos;**
> *c)* **Quando deles resultem, para a Administração, obrigações legais ou direitos irrenunciáveis.**

2. Os actos constitutivos de direitos ou interesses legalmente protegidos são, contudo, revogáveis:
> *a)* **Na parte em que sejam desfavoráveis aos interesses dos seus destinatários;**
> *b)* **Quando todos os interessados dêem a sua concordância à revogação do acto e não se trate de direitos ou interesses indisponíveis.**

> I. *O princípio da livre revogabilidade do acto administrativo válido: sentido e alcance.*
> II. *Alcance e sentido do regime (excepcional) da "irrevogabilidade" de actos válidos.*
> III. *A irrevogabilidade dos actos válidos vinculados.*
> IV. *A irrevogabilidade dos actos válidos constitutivos de direitos e interesses legalmente protegidos: dúvidas sobre a similitude do regime legal.*
> V. *A irrevogabilidade dos actos válidos constitutivos de direitos.*
> VI. *A irrevogabilidade do acto criador de obrigações ou de direitos irrenunciáveis da Administração.*

Artigo 140.º

VII. *Casos em que é admitida por lei a revogação de actos válidos constitutivos de direitos (ou interesses reflexos): revogação parcial do efeito desfavorável e consentimento dos interessados.*

VIII. *A reserva de revogação por inconveniência: a questão da sua admissibilidade.*

IX. *A relevância da má-fé e do dolo do interessado para efeitos revogatórios de actos em regra irrevogáveis.*

art. 140.º, n.º 1

I. Afirma-se no n.º 1 o princípio da **livre revogabilidade dos actos administrativos válidos:** o que significa que eles podem ser revogados com fundamento na sua **inconveniência** (só, claro) e **a todo o tempo** — mas com efeitos apenas **para o futuro** —, salvo nos casos exceptuados na lei.

Porém, como acentua VIEIRA DE ANDRADE (*A "revisão" dos actos administrativos no direito português, in* Cadernos de Ciência de Legislação, INA, n.º 9/10, Janeiro/Junho de 1994, págs. 185 e segs.), o art. 140.º, n.º 1 do Código não afirma, em rigor, que nos casos nele exceptuados não pode haver revogação, *"mas tão só que os actos administrativos não são livremente revogáveis, o que pode levar a entendimentos habilidosos susceptíveis de permitir soluções diferenciadas"*.

A partir daí, faz-se assentar o regime do Código nessa distinção entre a revogação de *actos válidos* e a de *inválidos* (a que chamámos revogação anulatória ou anulação administrativa), em substituição da dicotomia *actos constitutivos* e *não constitutivos* (de direitos), em que radicava anteriormente o sistema legal nesta matéria (consagrado no art. 18.º da Lei Orgânica do S.T.A. e no art. 77.º, n.º 1, alínea *a* da Lei das Autarquias).

Nem sempre, porém, o Código teve presente essa distinção fundamental (que ele próprio estabeleceu), oferecendo regimes que assentam a uma das espécies, mas contrariam a natureza da outra.

II. A lei estabelece excepções ao princípio da livre revogabilidade dos actos válidos, havendo actos (que não são, portanto, livremente revogáveis, ou seja) que **não podem ser revogados nem a todo o tempo nem com base em inconveniência.** Ou porque não podem ser revogados — alíneas *a)* e *c)* —, ou porque só podem sê-lo quando previsto — como sucede em relação ao caso da alínea *b* —, já que o n.º 2 deste mesmo artigo permite, em certos casos, a revogação de actos desses, constitutivos de direitos.

Por outro lado, a estabilidade que advém (aos actos válidos constitutivos de direitos ou de interesses legalmente protegidos) da proibição ou restrição da sua revogação não se estende a tudo o que neles se contém e se declara, aos seus motivos, aos seus juízos, às suas avaliações, aos seus pressupostos: a Administração pode, no futuro, a propósito de outra situação concreta, relativa à mesma pessoa e igual pretensão, constatar e afirmar factos e juízos diferentes dos que a levaram a proferir a primeira estatuição, para dispor em relação a essa situação de modo diferente, sem haver nisso qualquer revogação de anterior decisão sua.

Só o conteúdo ou sentido do primeiro acto é estável, fica imune a novas ponderações e revogações da Administração.

III. Os actos válidos não podem, porém, ser revogados — nesse sentido e com esse alcance, claro — quando sejam fruto ou correspondam (ainda) a uma **vinculação legal**.

Se a lei os impõe e eles foram praticados de acordo com ela, a sua revogação corresponderia a uma ilegalidade — que é disso mesmo que se trata (sem ter medo das incrustrações de discricionariedade existentes em todos os actos administrativos ou nos respectivos procedimentos), sendo evidente que o Código apenas afirma a irrevogabilidade do acto válido **na parte** em que ele seja fruto de vinculação legal.

É isso, necessariamente, o que significa a fórmula da alínea *a)* do n.° 1, embora também lá se possa ver inscrito que não podem ser revogados os actos cuja revogação a lei proibe.

IV. Não podem ser revogados os actos válidos **constitutivos de direitos e de interesses legalmente protegidos** (cuja prática fosse do poder discricionário da Administração).

A assimilação entre *"direitos"* (subjectivos) — os únicos que no regime anterior não eram livremente revogáveis — e *"interesses legalmente protegidos"*, feita no Código também a este propósito, permite ultrapassar muitas das dúvidas que se punham para delimitar o conceito de **actos constitutivos de direitos,** obrigando a contorcionismos doutrinais e jurisprudenciais, que assegurassem a protecção jurídica de situações manifestamente merecedoras da tutela legal da irrevogabilidade, mas dificilmente subsumíveis no conceito de "direito subjectivo".

Desaparecida essa dificuldade — dado que, se tais situações não são direitos, são, pelo menos, interesses legalmente protegidos —, começamos, então, por nos referir aos actos constitutivos de interesses desses, reflexa ou indirectamente protegidos.

Vieira de Andrade não concorda totalmente com a solução a que se chegou — e que pode alargar de forma incomportável os actos insusceptíveis de revogação —, por haver casos em que os interesses em presença pediriam uma solução mais equilibrada, menos garantística, e porque os actos constitutivos de interesses legalmente protegidos são, pelo menos muitos deles, revogáveis — exemplificando com o caso das concessões e licenças administrativas (ver ob. cit., págs. 60 e seg., CEFA, págs. 95 e seg.).

Artigo 140.º

Também se entende aqui que a extensão da proibição legal da revogação aos actos válidos constitutivos de interesses legalmente protegidos é excessiva, se se reportar o conceito a todas as situações de interesses desses — parecendo, portanto, não poder ser essa a ideia do legislador, ainda por cima personificada num jus-publicista que sempre defendeu, na sua lição, a revogabilidade de actos desses.

O que se quereria, então, dizer com a referência à irrevogabilidade de actos constitutivos de interesses legalmente protegidos é que são irrevogáveis os actos administrativos que investem o seu titular numa posição jurídica estável e consistente e que, após a prática daqueles, deixou de ser protegida apenas em função dos interesses públicos que estão directamente na origem da sua constituição (reflexa), passando a ser vistos como *bens* dignos de uma protecção substantiva própria.

Esses actos só devem pois considerar-se irrevogáveis na parte em que a posição jurídica em que investiram o particular já se aproxima, afinal, de um verdadeiro direito, já se subjectivou concretamente na esfera jurídica de alguém.

V. Quanto à irrevogabilidade dos **actos constitutivos de direitos** (validamente praticados no exercício de poderes discricionários), já é pacífico hoje que cabem nessa categoria tanto os próprios actos constitutivos de direitos *stricto sensu,* como os que investem alguém numa posição estatutária favorável ou aqueles que removem obstáculos (à titularidade ou) ao exercício de direitos dos administrados — ou seja, tanto o reconhecimento de uma universidade privada, como a nomeação dum funcionário ou a autorização (ou não oposição) do Banco de Portugal para a aquisição de uma participação accionista qualificada em instituição bancária.

VI. Não é permitido também, por força da alínea *c*) deste n.º 1, revogar com fundamento em inconveniência administrativa actos válidos pelos quais se tenham constituído **obrigações legais ou direitos irrenunciáveis**, na esfera jurídica da Administração.

Supõe-se naturalmente que se trata de obrigações assumidas discricionariamente e não por força de imposição legal, que essas já ficaram abrangidas pela alínea *c*) deste n.º 1 do art. 140.º — neste sentido ver ROBIN DE ANDRADE, A revogação dos actos administrativos, 2ª edição, 1985, pág. 163.

art. 140, n.º 2

VII. Permite-se excepcionalmente, no n.º 2, que os actos válidos constitutivos de direitos e interesses legalmente protegidos (ver comentários **IV** e **V**) sejam revogados **em duas circunstâncias**.

A primeira é a de se conter neles uma parte desfavorável ao destinatário do acto: um acto favorável sujeito a *modo* pode ser revogado por inconveniência — a todo o tempo [tanto para o futuro, como para o passado (art. 145.º, n.º 3)] —

Artigo 140.º

na parte que respeita à instituição da cláusula modal, subsistindo o direito criado ou o interesse subjectivado, despidos dos ónus e encargos que sobre eles antes impendiam. Isto é, caindo a sua *ratio* garantística, caiu também a regra da irrevogabilidade dos actos válidos constitutivos de posições jurídicas favoráveis.

A segunda hipótese legal de revogação do acto administrativo (válido) constitutivo de direitos e interesses legalmente protegidos, prevista no n.º 2 deste artigo, é a de os titulares dessas posições jurídicas darem o seu assentimento à revogação do acto. Salvo, claro está, se esse assentimento tiver por objecto posições jurídicas indisponíveis, irrenunciáveis, como seria o caso da concordância daquele a quem foi atribuída a nacionalidade portuguesa, para que fosse revogada essa atribuição ou, então, da concordância dada por um **concessionário do Estado** à revogação de uma licença municipal de construção de um imóvel integrante do estabelecimento ou instalações da concessão — trata-se de um exemplo, que obras dessas não estão sujeitas hoje a licenciamento municipal — no caso de os bens desse estabelecimento serem da propriedade estatal ou só serem desafectáveis por acto ou com a autorização do Estado.

Não se trata, portanto, apenas de posições jurídicas objectivamente irrenunciáveis, mas também daquelas em que o sujeito que dá a sua concordância à revogação não pode, por si só, dispor dessa posição, carecendo da vontade (ou da não-oposição) de outrem para o efeito.

A concordância dos interessados pode ser dada expressa ou tacitamente (pela prática de acto incompatível com o acto revogando) e, embora a lei não o sugira, parece que nada se opõe a um assentimento posterior à revogação.

VIII. Para além dos casos legalmente previstos de revogação de actos constitutivos de direitos ou interesses legítimos, a doutrina vem admitindo também outros: já o fazia em 1969, Robin de Andrade — a quem a jurisprudência de resto muito seguiu — em relação (será o exemplo mais simples) às hipóteses de **actos precários** (como as licenças dominiais).

Caso mais discutido é o da **reserva de revogação**, aposta como cláusula acessória do acto administrativo, permitindo à Administração revogar o acto constitutivo e válido, com fundamento na sua (eventual) inconveniência para o interesse público — desde que estivessem preenchidos os requisitos gerais da aponibilidade dessas cláusulas previstas no art. 121.º. Propendem no sentido de a admitir tanto ROGÉRIO SOARES (Interesse Público, Legalidade e Mérito, pág. 445), como ROBIN DE ANDRADE (ob. cit., pág. 177) e VIEIRA DE ANDRADE (ob. cit., pág. 63).

É estranho, contudo, que o legislador não se lhe haja referido expressamente nem no art. 121.º nem neste art. 140.º, n.º 2, ao contrário do que se passa, por exemplo, com as leis do procedimento administrativo alemã e espanhola, que tanto seguiu nestas matérias.

Também se poderia dizer que a reserva de revogação (num acto constitutivo destes) seria uma cláusula acessória contrária à lei, porque implicaria a livre revo-

Artigo 140.º

gabilidade de um acto que ela considera não ser livremente revogável. A não ser, claro, que se trate de actos constitutivos de direitos e interesses legitímos, que a lei configure como sendo de natureza precária ou resolúvel ou de uma reserva de revogação para o caso do destinatário do acto modal não cumprir a respectiva cláusula acessória — que essas julgamos serem hipóteses inquestionadas.

Quanto à tese da inadmissibilidade, em geral, da reserva de revogação do acto constitutivo e da sua virtual contradição com o preceito deste art. 140.º, n.º 2, é preciso não esquecer que o acto constitutivo (quando praticado no exercício de poderes discricionários) é fruto de uma opção que a Administração poderia ter recusado pura e simplesmente assumir — denegando o direito ou interesse constituídos — e que, portanto, se lhe deveria permitir dizer "sim" com a reserva de amanhã poder dizer "não", em vez de dizer já que não, definitivamente.

Para sustentar este entendimento, perante o silêncio do Código, ir-se-ia cair na *"concordância"* do interessado, regulada na alínea b) desse n.º 2 do art. 140.º, embora tal enquadramento não seja nem dogmaticamente muito pertinente — já que o assentimento do particular só será descortinável pela não impugnação da inclusão dessa cláusula ou reserva no acto constitutivo — nem teleologicamente muito adequado à protecção dos particulares, que, no momento da prática do acto constitutivo, e para o obter, tendem a concordar com tudo que a Administração queira.

Podia ainda conceber-se consistir a reserva de revogação numa mera *condição resolutiva*, estando, portanto, expressamente prevista e admitida no próprio art. 121.º — não sendo inverosímil configurar condições que funcionem como tais.

Mas então afastar-se-iam, pelo menos, as reservas de revogação puramente discricionárias ou livres, vinculando-as sempre a eventos ou pressupostos concretos pré-determinados, mesmo que situados no domínio da conveniência administrativa — o que não é despiciendo, sabendo-se da posição desfavorecida em que o administrado muitas vezes se encontra, pela referida necessidade que tem do acto constitutivo (mesmo com uma reserva destas, acabando por preferir "aceitá-la" tacitamente).

IX. Mais recentemente, VIEIRA DE ANDRADE (ob. cit., pág. 61) pronunciou-se também no sentido do alargamento dos casos previstos no Código a outras hipóteses ou pressupostos de revogabilidade do acto constitutivo. Entendemos ser pertinente a sua objecção em relação ao caso da má-fé ou dolo do interessado, por desaparecerem aí as razões que levaram à consagração da regra legal, ligadas à protecção da confiança na estabilidade dos actos administrativos (cfr. anotação ao art. 6.º-A).

Artigo 141.º
Revogabilidade dos actos inválidos

1. Os actos administrativos que sejam inválidos só podem ser revogados com fundamento na sua invalidade e dentro do prazo do respectivo recurso contencioso ou até à resposta da entidade recorrida.

2. Se houver prazos diferentes para o recurso contencioso, atender-se-á ao que terminar em último lugar.

    I. A anulação administrativa de actos inválidos: advertência.
    II. A revogação dos actos inválidos por inconveniência: admissibilidade.
    III. A revogação de actos inválidos dentro do prazo do recurso contencioso ou da "resposta" da autoridade recorrida: excepções (para mais e para menos) admissíveis.
    IV. O prazo para a revogação do acto inválido: alternativas.
    V. A revogação no maior prazo do recurso contencioso: explicação e possível extensão do preceito.

art. 141.º, n.º 1

I. É evidente que a "invalidade", a que se referem a epígrafe e o n.º 1 deste preceito (bem como os outros preceitos subsequentes), é apenas a do acto anulável, não a invalidade do acto nulo, que esse é insusceptível de revogação.

Feita a precisão, seguimos nos comentários subsequentes a terminologia usada na lei, para não dificultar, mais ainda, a respectiva leitura.

Além da revogação por inconveniência dos actos válidos, há, portanto, também, a revogação por ilegalidade ou invalidade, isto é, (a revogação anulatória ou) **a anulação administrativa do acto ilegal**: os actos feridos de invalidade são anuláveis pela Administração, mediante acto administrativo.

A revogação de actos inválidos é, porém, como explica Vieira de Andrade (A "revisão" cit., pág. 54) algo de juridicamente bem distinto, funcional e estruturalmente, da revogação por conveniência administrativa (ou por razão de interesse público), o que, como se disse, nem sempre se reflecte nas soluções do Código.

II. A redacção do preceito do n.º 1 sugere que os actos inválidos só são revogáveis por **invalidade** — e os AA. do *Projecto* justificam a solução (ob.cit., pág. 217) por *"não fazer sentido invocar a inconveniência* (se) *o acto constitui um modo ilícito de prosseguir o interesse público"*.

Quando se conhece e tem a certeza sobre a invalidade do acto, claro, a solução legal é a única admissível. Mas pode suceder que a invalidade passe desaper-

Artigo 141.º

cebida — quanto mais a uma Administração que não é suposto conhecer o Direito Administrativo, como o conhecem os tribunais e os administrativistas — e se revogue o acto inválido pela sua inconveniência para o interesse público, ignorando estar ele afectado de ilegalidade. Face ao art. 141.º, n.º 1, isso seria ilegal, o que pode não ser nada razoável, como esclarece Vieira de Andrade.

Estando a ilegalidade do acto revelada e acertada no procedimento da sua revogação anulatória, então, sim, a proibição de o revogar por inconveniência compreende-se, até para evitar que a Administração retirasse os seus efeitos *ex nunc*, apenas para o futuro.

III. As críticas mais cerradas à solução da lei reportam-se ao facto de o acto inválido só poder ser anulado administrativamente *"dentro do prazo do respectivo recurso contencioso ou até a resposta da entidade recorrida"*, sem se ter deixado margem para qualquer excepção, quando algumas se justificariam bem e permitiriam compor um sistema juridicamente muito mais compreensivo (ver VIEIRA DE ANDRADE, ob. cit., pág. 57).

O legislador foi, antes, por uma solução de indisponibilidade pública do valor da anulabilidade: terá considerado que, se a Administração não retirou o acto no prazo de um ano e os interessados se conformaram com ele, e se se sabe que os tribunais já não o podem anular — em suma, se existe uma situação de paz jurídica e as pessoas encarreiram a sua vida de acordo com o acto estabilizado —, seria irrazoável admitir que a Administração, que esteve quieta tanto tempo, viesse agora pôr tudo isso em causa.

A verdade, porém, é que as razões que levaram o legislador a considerar excepcionalmente (no n.º 2.º do art. 140.º) a possibilidade de revogação por inconveniência de actos constitutivos de direitos válidos, levariam a que se adoptasse a mesma solução para os casos avançados por aquele administrativista, respeitantes aos actos inválidos desfavoráveis ou com a concordância dos interessados e ainda para a hipótese da má-fé destes (pelo menos no encobrimento da ilegalidade) — hipótese que sai reforçada, agora, com o art. 6.º-A do Código —, casos a demandar, todos, uma consideração especial em matéria da regra da revogabilidade dentro do prazo do recurso.

Mais controversa é a proposta do citado A., de que a revogação do acto inválido constitutivo de direitos, quando o particular esteja de **boa-fé** e tenha razões para confiar no acto administrativo, só devesse ter lugar (mesmo dentro do prazo do recurso) se o interesse público o impusesse — carecendo a hipótese de um tratamento muito cuidado ao nível legislativo, como reconhece o próprio Vieira de Andrade. É evidente, porém, que a solução do Código (permitindo, embora, a revogação do acto inválido constitutivo de direitos) não prejudica a protecção da confiança e da boa-fé do interessado, tuteláveis sempre em sede ressarcitória, no caso de aquele acto vir a ser retirado por ilegalidade.

Artigo 141.º

IV. O **prazo-regra** para efectivar a revogação do acto inválido é, portanto — por referência ao (maior) prazo actual do recurso contencioso do acto anulável, a que se refere a alínea *c*) do n.º 1 do art. 28.º da Lei de Processo —, de um ano, contado nos termos dessa lei processual.

Se, porém, for interposto recurso contencioso, o prazo para proceder à revogação por invalidade, já não é esse, funcionando em alternativa (como factor de delimitação do prazo da revogação), a resposta da autoridade recorrida no recurso contencioso (art. 47.º da Lei de Processo).

É evidente que o facto de a lei se referir apenas à *"resposta da entidade recorrida"* não significa que a regra não funcione quando a sua "defesa", no recurso, se realiza através de uma *contestação*, como acontece no caso da impugnação contenciosa dos actos dos órgãos das autarquias locais ou de outros a quem seja aplicável, na matéria, o regime de processo do Código Administrativo.

O regime estabelecido deve ser lido, então, no sentido de que, **se não houver recurso ou contestação**, o prazo que se considera é o de um ano; **havendo-o**, se a resposta processual da autoridade recorrida vier antes do decurso do prazo de um ano, temporalmente esgota-se aí o seu poder (ou de outrem) de revogar; finalmente, se a resposta da autoridade recorrida vier depois de decorrido um ano, o acto impugnado pode ser revogado até ao momento dessa resposta, sendo de rejeitar a outra interpretação literal que o preceito comporta.

Parece resultar da alternativa legal, quanto ao prazo de revogação neste caso, que, **depois de interposto o recurso contencioso** de um acto, **só a autoridade recorrida** (não já, por exemplo, o seu superior hierárquico ou o delegante) **o pode revogar**.

art. 141.º, n.º 2

V. A redacção deste n.º 2 — de que havendo prazos diferentes para o recurso contencioso, atender-se-à ao que terminar em último lugar — só se pode explicar pelo facto de ele ter sido concebido para um n.º 1 diferente daquele que acabou por ficar no Código (em virtude das alterações introduzidas pelo Governo, nesta parte do *Projecto* que lhe foi apresentado), suscitando-se graves dificuldades na sua interpretação e aplicação.

Em princípio — dada a legitimidade do Ministério Público para recorrer contenciosamente, no prazo de um ano, de qualquer acto administrativo (e a impossibilidade de ele *aceitar* um acto administrativo) —, não haveria lugar à aplicação desta regra legal: ela está referida aos *"prazos diferentes para o recurso contencioso"*, e, em princípio, não se admitiria que qualquer outro prazo de impugnação se possa prolongar tanto, como o conferido ao Ministério Público.

Há, porém, casos em que a estatuição legal pode funcionar: uma hipótese é a de haver diferentes prazos para a resposta das autoridades recorridas (quando fos-

Artigo 142.º

sem mais do que uma) — aceitando-se nesse caso a extensão do preceito a uma hipótese não contemplada na sua letra.

Outra hipótese é a de indevidamente o acto só chegar ao conhecimento de algum interessado, com direito a impugná-lo, depois de já ter corrido o prazo de um ano contado da sua prática (ou publicação), caso em que — estando esgotado o tempo de recurso para o Ministério Público — ainda haveria lugar à abertura de recurso para esse interessado e, portanto, à possibilidade da revogação do acto pela Administração.

Artigo 142.º

Competência para a revogação

1. Salvo disposição especial, são competentes para a revogação dos actos administrativos, além dos seus autores, os respectivos superiores hierárquicos, desde que não se trate de acto da competência exclusiva do subalterno.

2. Os actos administrativos praticados por delegação ou subdelegação de poderes podem ser revogados pelo órgão delegante ou subdelegante, bem como pelo delegado ou subdelegado enquanto vigorar a delegação ou subdelegação.

3. Os actos administrativos praticados por órgãos sujeitos a tutela administrativa só podem ser revogados pelos órgãos tutelares nos casos expressamente permitidos por lei.

  I. *A competência revogatória do autor do acto e de outros órgãos: esquema geral.*

 II. *A proibição de revogação do acto "incompetente" pelo órgão competente: alcance. Meios de defesa da competência administrativa (relativamente) "usurpada".*

III. *A revogação do acto administrativo pelo superior hierárquico: casos de competência exclusiva do subalterno (necessidade de distinguir entre revogação e anulação administrativa).*

 IV. *Factores da competência exclusiva dos subalternos.*

  V. *A competência revogatória do delegante em relação aos actos do delegado e vice-versa.*

 VI. *A revogação tutelar: casos e âmbito.*

art. 142.º, n.º 1

I. Competente para revogar um acto administrativo é, sempre e sem reserva, o respectivo **autor**, mesmo que a revogação se funde na sua própria incompetência para o praticar.

Depois, verificados determinados pressupostos, são também competentes, em regra, para revogar:

— o delegante e subdelegante, em relação aos actos administrativos praticados ao abrigo da delegação ou subdelegação;

— o superior hierárquico, em relação aos actos administrativos dos seus subalternos (que não disponham de competência exclusiva).

Excepcionalmente, é-o ainda — quando a lei lhe conferir (genérica ou especificadamente) tutela revogatória ou anulatória — o órgão tutelar em relação aos actos administrativos do tutelado.

Não está inscrita no elenco anterior a hipótese de o delegado revogar, após a delegação, os actos que houvessem sido praticados pelo seu delegante, mas já vimos (nos comentários **IV** e **IX** do art. 39.° e no comentário **V** deste artigo) ser esse um caso inquestionável de competência revogatória.

São estas as disposições dos n.ᵒˢ 1, 2 e 3 do art. 142.°, quanto à competência para revogar.

II. Questão que as disposições legais referidas põem é a de saber se o *órgão competente* **pode revogar o acto administrativo do** *órgão incompetente.*

O Código não lhe conferiu tal poder — não incluiu a hipótese no elenco do art. 142.° — e, portanto, dir-se-ia que ele não pode legalmente proceder à revogação do acto "incompetente". Solução que corresponde, aliás, a uma das teses que a este propósito se degladiam, fundada na inexistência de um poder geral de superintendência das autoridades administrativas sobre os actos das outras.

Continuamos, porém, a achar — como os AA. do *Projecto* admitem (ob. cit., pág. 218) e dado o n.° 1 do art. 29.° — que a questão ainda está em aberto.

De resto, se se permite expressamente (no art. 137.°) ao órgão competente que ratifique o acto do órgão incompetente — criando-se o poder de controlo ou supervisão recíproca, entre todos os órgãos administrativos, que se pretendia evitar com a tese referida —, não se vê que razão levaria a proibi-lo de o revogar. Ou pretender-se-à que um órgão só possa "velar" pela sua competência, para a defender da intromissão de outros, se estiver parcialmente de acordo com o conteúdo do acto por estes praticados e quiser sanar a ilegalidade de que ele padeça?

Sendo o juízo que se permite ao órgão competente, em matéria de ratificação do acto incompetente, exactamente o mesmo em que assentaria a sua revogação, estar-se-ia a fechar a porta a uma coisa que pode entrar pela janela — pois ele ratificaria o acto e, depois, já o podia revogar. Parece realmente absurdo.

Mesmo que não se aceite a tese aqui defendida, nada obriga, claro, o titular efectivo da competência dispositiva na matéria (respeitante ao acto revogando) a ficar quieto e passivo, perante ele: poderá nomeadamente suscitar, em processo adequado, o conflito de competência (art. 42.°) e poderá, ainda, ao nível dos órgãos e serviços na sua dependência, obstar à execução do acto do órgão incompetente.

Artigo 142.º

Claro é, também, que a proibição de revogação do acto ferido de incompetência pelo titular efectivo dos poderes dispositivos em causa, não valeria, nunca, quando o órgão competente seja superior hierárquico ou delegante (ou similar) do próprio autor do acto. E a verdade é que essa será, até, a hipótese normal — pois, para que se trate de um acto ferido de incompetência revogável, ou seja, de uma incompetência meramente relativa, é necessário (aliás, estaríamos perante um caso de acto nulo, nos termos do art. 133.º, n.º 2 do Código) que ela tenha lugar no seio do mesmo ministério ou da mesma pessoa colectiva e aí, em princípio, há laços orgânicos de hierarquia e delegação capazes de justificar a anulação do acto "incompetente" pelo órgão competente —, pelo que o alcance da omissão legal nesta matéria acaba por nem ser muito relevante.

III. Um dos casos em que as dificuldades do tratamento unitário, pelo Código, da revogação e da anulação administrativa, mais se fazem sentir, como revela VIEIRA DE ANDRADE (ob. cit., pág. 54), respeita ao poder do **superior hierárquico** para anular o acto inválido do subalterno, **mesmo que este tenha competência dispositiva exclusiva na matéria** — hipótese que este art. 142.º, n.º 1 (afeito exclusivamente à revogação de actos válidos com fundamento em inconveniência) parece excluir.

O preceito não pode, contudo, ser interpretado assim.

Aliás, se ele proibisse os superiores hierárquicos de revogarem, nesses casos de competência exclusiva dos seus subalternos, actos praticados por estes (válida ou invalidamente) o art. 142.º, n.º 1 entraria em colisão com o art. 174.º, n.º 1 do Código, que permite ao superior hierárquico, em recurso, revogar o acto do subalterno (sem o modificar ou substituir), mesmo que este tenha o exclusivo da respectiva competência dispositiva. E também pareceria muito estranho que o poder de superintendência do superior hierárquico ficasse restrito a uma função de *garantia* dos interessados e indiferente à consideração dos interesses públicos na matéria (que são, evidentemente, os predominantes na relação orgânica), se só admitíssemos a revogação nestes casos, quando requerida pelo interessado em recurso administrativo.

E, portanto, ou se faz como Vieira de Andrade, considerando que a parte final do n.º 1 do art. 142.º só se aplicaria à revogação por inconveniência ou, então, faz-se uma adaptação da sua tese e sugeriríamos que o preceito fosse lido como significando que o superior hierárquico pode revogar o acto do subalterno, modificando-o ou substituindo-o, **como se fosse o seu próprio autor**, desde que este não tenha competência exclusiva na matéria: porque, se tiver, então, o superior já não o pode revogar como se fosse o seu próprio autor (modificando-o ou substituindo-o também), tendo apenas poderes para o retirar, nos termos do art. 174.º, e "devolvendo" de novo a competência dispositiva ao autor do acto.

Note-se ainda que a reserva deste n.º 1, em relação à competência revogatória dos superiores hierárquicos, não funciona, se eles forem simultaneamente órgãos delegantes; aplica-se então o n.º 2.

Artigo 142.º

IV. A titularidade, no subalterno, de uma **competência dispositiva exclusiva** apura-se em função de diversos factores: pode resultar de disposição explícita nesse sentido, ou de outra que a estabeleça indirectamente em função da natureza do órgão ou da exclusão da hierarquia em certas matéria, etc.

art. 142.º, n.º 2

V. O **poder revogatório dos (sub)delegantes** em relação aos actos dos (sub)delegados não se depara, naturalmente, com a reserva que a lei faz para a revogação pelo superior hierárquico — a única reserva aqui é que haja avocação — porque, no exercício da delegação, os delegados nunca são titulares de uma competência exclusiva face aos delegantes, tendo ambos a mesma competência dispositiva.

Mesmo assim, Vieira de Andrade sugere, em nome da desconcentração administrativa, que se deveria restringir o poder do delegante à revogação de actos inválidos — o que face ao sistema do Código (ver também art. 39.º, n.ᵒˢ 1 e 2), é, para já, de rejeitar, como ele próprio admite.

Por sua vez, os órgãos (sub)delegados podem revogar os seus próprios actos — se subsistir a (sub)delegação —, mas não podem revogar (mesmo durante ela) aqueles que forem praticados pelo delegante, **por avocação**, o que explica que o requerimento para revogação do acto delegado dirigido ao delegante tenha os efeitos do art. 33.º da Lei de Processo, mas já não o tenha o requerimento dirigido ao delegado para revogação do acto do delegante praticado na sequência dessa avocação.

E não pode também esquecer-se uma regra afirmada antes a este propósito, que é a de, **após a (sub)delegação**, também o (sub)delegado poder revogar os actos praticados **antes dela** pelo delegante: parece-nos um simples corolário da tese de que o exercício normal da competência dispositiva em causa pertence agora, depois da (sub)delegação, ao (sub)delegado.

Não seria, pois, aplicável neste caso, a regra ou proibição geral de revogação dos actos do delegante pelo delegado — como também não o seria no caso de a própria delegação envolver poderes desses (o que, em princípio, se admite).

Se houver simultaneamente hierarquia e delegação, os poderes de revogação (não necessariamente todos os outros poderes do órgão supra-ordenado) exercem-se no quadro da relação de delegação, e não no da hierárquica: isto é, pressupõem avocação e não estão limitados pela reserva da parte final do n.º 1 do art. 142.º.

art. 142.º, n.º 3

VI. No âmbito de relações tutelares, entre órgãos de pessoas colectivas distintas, o poder de revogação dos actos do órgão tutelado, pelo órgão tutelar, só existirá nos casos em que a lei expressamente o preveja (de uma maneira explícita ou ímplicita), como se vem considerando ser regra geral em matéria de delimitação dos poderes de tutela.

Artigo 143.º

Somos favoráveis, no mínimo — enquanto esse princípio, da excepcionalidade da tutela correctiva (da legalidade), se mantiver — a uma sua interpretação aberta, que permita afirmá-la onde exista qualquer outro poder tutelar em que ela (a tutela revogatória ou anulatória) esteja implícita ou de que seja instrumento ou complemento normal.

Nos casos em que essa tutela correctiva esteja, genérica ou especificamente, cingida a questões de legalidade — como acontece quando, existindo ela, nada se disponha sobre o seu âmbito (art. 177.º, n.º 3) — é evidente que o órgão tutelar só pode revogar os actos do tutelado com fundamento, precisamente, em invalidade.

A competência revogatória do órgão tutelar exerce-se oficiosamente ou mediante o recurso a que se refere o art. 177.º do Código.

Artigo 143.º

Forma dos actos de revogação

1. O acto de revogação, salvo disposição especial, deve revestir a forma legalmente prescrita para o acto revogado.

2. No entanto, deve o acto de revogação revestir a mesma forma que tiver sido utilizada na prática do acto revogado quando a lei não estabelecer forma alguma para este, ou quando o acto revogado tiver revestido forma mais solene do que a legalmente prevista.

    I. A forma da decisão revogatória: quando prevista e não prevista.
    II. Casos em que funciona o princípio do paralelismo de forma do acto revogado e revogatório.
    III. A revogação expressa e a revogação tácita: remissão e precisões.

art. 143.º, n.º 1

I. O preceito refere-se à forma da decisão revogatória, não às formalidades do respectivo procedimento, das quais trata o artigo seguinte.

Não há, pode dizer-se, uma regra geral na matéria.

A decisão revogatória deve, em primeiro lugar, manifestar-se na forma legalmente prescrita para ela própria — podendo a lei prever uma forma diversa (mais ou menos solene) da do acto revogado.

Depois, sim, é que se aplica a regra do art. 143.º, n.º 1, segundo a qual a revogação deve ser feita pela forma **legalmente prescrita** para o acto revogado, mesmo que este tenha sido praticado sob outra forma, se for menos solene do que a pre-

Artigo 143.º

vista na lei (como se vê pela parte final do n.º 2, onde se contém disciplina diferente para a hipótese de o acto a revogar ter sido praticado por forma mais solene que a legalmente prevista).

art. 143.º, n.º 2

II. A regra do n.º 1 é afastada neste n.º 2, em dois casos, em que funciona o princípio do *paralelismo de forma* do acto revogatório com a **forma efectivamente tomada** pelo acto revogado.

Sucede assim quer quando não haja forma legalmente estabelecida para o acto revogado quer quando este tiver revestido forma mais solene que a legalmente exigida.

A primeira hipótese, ou se entende que não tem lugar — porque a lei, por cláusula geral ou previsão especial, estabelece sempre a forma dos actos administrativos — ou se entende que está referida aos casos em que não existe disposição especifica sobre a forma de um acto, que deve então ser praticado, como a sua revogação, por escrito (art. 122.º do Código).

A segunda hipótese prevista no n.º 2 — que poderia vedar a revogação (e também a ratificação, reforma e conversão?) pelo órgão competente do acto praticado por órgão incompetente, se as formas por este usadas estiverem vedadas àquele — aplica-se em contraposição à regra do n.º 1: se o acto revogando tiver forma mais solene que a legal, está na liça o n.º 2; se for menos solene, aplica-se o n.º 1.

III. Outra questão é saber se a revogação dum acto administrativo tem — como a de um regulamento — de ser expressa ou se pode haver revogação tácita, decorrente da prática de um acto administrativo de conteúdo (total ou parcialmente) diferente de outro anterior, referido à mesma situação concreta.

Já atrás, nos Preliminares desta Secção (nota **V**) reflectimos sobre a questão, remetendo-se o leitor para aí.

Confirmaríamos agora a resposta afirmativa aí dada, pelo menos nos casos em que é patente o órgão administrativo ter tido em conta a existência do acto revogando, embora a sua decisão não seja reportada àquele, mas à situação sobre que ele versou. Na hipótese inversa, de o acto novo ter sido praticado na ignorância (procedimental e decisória) de já haver sido praticado acto administrativo anterior tendo por "objecto" a mesma situação concreta, a solução afirmada deve ser confrontada com outros interesses, podendo, inclusive, verificar-se não haver revogação tácita e tratar-se, antes, de um erro de facto nos pressupostos do segundo acto (de se julgar virgem de definição administrativa uma determinada situação jurídico-administrativa que, afinal, já fora objecto de decisão).

Artigo 144.º

Artigo 144.º
Formalidades a observar na revogação

São de observar na revogação dos actos administrativos as formalidades exigidas para a prática do acto revogado, salvo nos casos em que a lei dispuser de forma diferente.

> I. *O princípio do paralelismo mitigado (ou adaptado) das formalidades do procedimento revogatório e do acto revogado: formalidades dispensadas por "natureza".*
>
> II. *Formalidades específicas (por lei ou natureza) do procedimento revogatório.*
>
> III. *O paralelismo do procedimento revogatório em sede de eficácia da respectiva decisão.*

I. O acto revogatório é, como já se viu, praticado no seio de um procedimento aberto oficiosamente ou por iniciativa do interessado e o preceito refere-se às formalidades desse procedimento (não à forma da sua decisão, que está regulada no art. 143.º), estipulando-se que "*são de observar as formalidades exigidas para a prática do acto revogado, salvo nos casos em que a lei dispuser diferentemente*".

Não é, porém, a lei o único fundamento de inaplicabilidade do princípio.

Considerou-se, foi, que era desnecessária (ou descabida) a referência à dispensa das formalidades cuja prática não se justificasse no procedimento revogatório, e que nos parecia utilíssima — embora, segundo os AA. do *Projecto*, ela seja de considerar implícita no preceito.

É muito importante, a este propósito do paralelismo procedimental da decisão revogatória, distinguir, por exemplo, entre formalidades postas no procedimento para tutela de valores de conveniência e eficiência das outras postas para protecção de valores de legalidade (de imparcialidade, de igualdade, etc.): na verdade, se o procedimento revogatório for restrito a questões de legalidade, aquelas primeiras, visando o mérito da decisão revoganda, podem eventualmente ser dispensadas. E a inversa também pode ser verdadeira.

II. Em contrapartida, também, há casos de exigência *por natureza* de formalidades revogatórias (de 2.º grau) que não têm que ser observadas na prática, em 1.º grau, do acto revogado: como sucede com o requerimento de recurso contra o acto que tenha sido praticado num procedimento oficioso ou com a audiência do interessado para a revogação de acto que lhe era favorável.

Para além disso há que observar, também sem adstrição à regra do *paralelismo*, as formalidades que estiverem especificamente estabelecidas para o próprio proce-

Artigo 145.º

dimento revogatório — como sucede com os já mencionados procedimentos da revogação em sede de reclamação ou de recurso administrativos.

São, portanto, de observar aqui não apenas as formalidades exigidas na lei para a prática do acto revogado (e que não sejam dispensáveis por "natureza"), como também aquelas que são consideradas (por lei ou "natureza") requisitos da prática do próprio acto revogatório. É nesse sentido que deve ser lida a parte final do art. 144.º.

III. O princípio do paralelismo de formalidades em matéria do procedimento revogatório não é, porém, restrito aos requisitos ou formalidades ligadas à prática (perfeição ou validade) do acto revogado; funciona também em relação àqueles que condicionam a **eficácia** deste (identidade revelada no art. 148.º, n.º 2 do Código).

Assim, se o acto revogado estava sujeito, por exemplo, a aprovação tutelar também a sua revogação (em princípio) o está, sob pena de ineficácia — salvo se, porventura, tal formalidade era exigida apenas para um certo sentido ou efeito do acto revogado (com que a revogação vem cortar), caso em que também esse requisito paralelo da sua eficácia se considerará dispensável por "natureza".

Artigo 145.º

Eficácia da revogação

1. A revogação dos actos administrativos apenas produz efeitos para o futuro, salvo o disposto nos números seguintes.

2. A revogação tem efeito retroactivo, quando se fundamente na invalidade do acto revogado.

3. O autor da revogação pode, no próprio acto, atribuir-lhe efeito retroactivo:

a) **Quando este seja favorável aos interessados;**

b) **Quando os interessados tenham concordado expressamente com a retroactividade dos efeitos e estes não respeitem a direitos ou interesses indisponíveis.**

   I. Âmbito do preceito.

 II. A proactividade-regra da revogação por inconveniência: efeitos.

III. A retroactividade-regra da revogação anulatória: efeitos.

IV. A revogação retroactiva por inconveniência: pressupostos (conjugados com os do art. 128.º) e forma.

Artigo 145.º

art. 145.º, n.º 1

I. Neste artigo traça-se, digamos assim, o cenário da "destruição" provocada pelo acto revogatório (ou anulatório); nos artigos subsequentes (arts. 146.º e 147.º), o cenário da "reconstrução" desse mundo que ele destruiu.

II. Estabeleceu-se aqui a regra geral da irretroactividade: a revogação do acto só produz efeitos para o futuro, *ex nunc* — *"desde a sua prática"*, como se diz no art. 128.º —, quando se fundamenta na **inconveniência administrativa** do acto **revogado** (e desde que não se lhe atribua eficácia retroactiva nos termos do n.º 3 deste mesmo artigo, como vai ver-se).

Padece, portanto, de invalidade a revogação feita por inconveniência à qual que seja atribuída eficácia retroactiva (fora dos pressupostos desse n.º 3 e, ainda, dos do n.º 2 do art. 128.º).

Nestes casos-regra, de eficácia proactiva da revogação, se se tratar de uma revogação pura (apenas de retirar o acto revogado), então, os efeitos deste deixam de vigorar a partir daí, ficando a situação concreta em "vazio" jurídico-administrativo, sem qualquer regulação para o futuro (salvo se houver lugar a qualquer efeito repristinatório — art. 146.º). Se, além de retirar o acto anterior, o acto revogatório o substituir por uma outra estatuição sobre a mesma situação concreta, subsistem os efeitos já produzidos e, a partir de agora, produzem-se os que constam do acto revogatório.

art. 145.º, n.º 2

III. O legislador tomou em conta, neste caso, a diferença existente entre a revogação propriamente dita e a revogação anulatória (ou a anulação administrativa), prescrevendo que, no caso de revogação com fundamento em invalidade do acto revogado, os seus efeitos retroagem à data deste, produzem-se *ex tunc*.

A retroactividade da revogação anulatória de um acto administrativo não é, como alerta Vieira de Andrade, uma imposição irremediável da lógica jurídica — muito menos nos casos de boa-fé do destinatário (e de inocuidade jurídica para terceiros) — e bem poderia a lei abrir uma cláusula geral que permitisse afastá-la em certos casos.

Projectando-se retroactivamente à data do acto revogado, a anulação administrativa faz com que se tenham de retirar do ordenamento jurídico todos os efeitos dele, bem como os dos seus actos consequentes, tudo se passando (salvo o caso julgado, claro) como se o acto revogado tivesse sido anulado em tribunal.

Não é bem assim, porém, como também refere aquele juspublicista: pode suceder, por exemplo, que a anulação tenha o seu fundamento num vício formal e que, portanto, nada obrigue a considerar destruídos também, necessariamente,

Artigo 146.º

todos os actos consequentes do acto revogado (e renovável), agora que se lhe dá a forma legal, solução que, porém, só poderá ser apreciada *in casu*.

art. 145.º, n.º 3

IV. O legislador volta, no n.º 3, à revogação do acto administrativo com fundamento na sua inconveniência, permitindo que lhe seja atribuída administrativamente eficácia retroactiva, no caso de se verificar um (ou o outro) dos seus pressupostos.

A verdade é que os pressupostos aqui estabelecidos têm que ser lidos conjugadamente com os do n.º 2 do art. 128.º. Deve entender-se, pois:

— que a revogação retroactiva do acto inconveniente, com fundamento em ela ser favorável aos interessados, respeita a **todos os interessados** — art. 128.º, n.º 2, alínea *a*), 1ª parte e art. 145.º, n.º 3, alínea *a*), tratando-se, claro, de direitos disponíveis;

— que, se houver modificação ou substituição do acto revogado por inconveniência, a sua retroactividade depende de já existirem, na respectiva data, os pressupostos justificativos do novo acto — art. 128.º, n.º 2, alínea *a*), 2ª parte;

— que a concordância dos interessados com a retroactividade se pode manifestar expressamente ou na reclamação ou recurso do respectivo acto, que hajam deduzido — art. 128.º, n.º 2, alínea *b*) e art. 145.º, n.º 3, alínea *b*).

Quanto à questão **forma**, assinale-se que o efeito retroactivo (permitido nestes casos) tem de ser **estabelecido no próprio acto** — a sua fixação posterior configurava a revogação (parcial) do acto de revogação (válido), só admissível no terrmos estabelecidos no art. 140.º do Código.

Artigo 146.º
Efeitos repristinatórios da revogação

A revogação de um acto revogatório só produz efeitos repristinatórios se a lei ou o acto de revogação assim expressamente o determinarem.

> *I. A possibilidade de repristinação do acto revogado por determinação legal ou administrativa.*
> *II. A repristinação implícita ou "por natureza" : casuísmo da solução.*
> *III. Requisitos do efeito repristinatório não legalmente determinado.*

Artigo 147.º

I. Significa a disposição deste artigo que a revogação, mesmo a retroactiva, dum anterior acto (também) revogatório só o destrói, mas não faz reviver os actos revogados por este, a não ser que expressamente assim se imponha na lei ou disponha no segundo acto revogatório.

II. Há, porém, casos em que a solução natural e razoável é precisamente a contrária e poderia, ao menos, ter-se esclarecido de modo inequívoco que aquele "expressamente" abrange também a repristinação implicitamente querida na revogação, isto é, a repristinação que não seja juridicamente cindível do fundamento da revogação.

Na verdade, se se revoga uma revogação anterior, porque esta assentava na ilegalidade dum acto, que agora se constata ser válido, a nova revogação deveria (pelo menos em certos casos) ter efeito repristinatório desse acto: não se pode, em princípio, "querer" revogar a revogação ilegal do acto legal, sem juridicamente "querer" este mesmo.

Mas a proposição é, reconheça-se, relativa e casuística: também há casos em que a revogação de um acto revogatório por ilegalidade (derivada da legalidade do acto revogado por este) não deve implicar repristinação, quando, por exemplo, não é feita (ou não está implícita), na segunda revogação, uma avaliação sobre a actualidade dos pressupostos do acto originariamente revogado.

III. A declaração administrativa do efeito repristinatório de uma revogação pressupõe, naturalmente, em qualquer caso, que o seu autor tenha competência dispositiva para a prática do acto que havia sido inicialmente revogado — embora não se lhe exija também, claro, que faça preceder essa repristinação da prática de formalidades paralelas às do respectivo procedimento.

Artigo 147.º

Alteração e substituição dos actos administrativos

Na falta de disposição especial, são aplicáveis à alteração e substituição dos actos administrativos as normas reguladoras da revogação.

> *I. A alteração e substituição de actos administrativos: enquadramento e pressuposto.*
>
> *II. A alteração e substituição com fundamento em ilegalidade ou em inconveniência: desvios e especialidades em relação ao regime-regra da revogação.*

Artigo 147.°

I. Podendo ser meramente eliminatória e consistir na retirada do acto revogado do ordenamento jurídico, a revogação também pode, porém, conter (ou resultar de se estabelecer) uma nova disciplina para a situação em apreço.

É o que se passa com a revogação modificatória ou substitutiva, ou seja, com a *alteração ou substituição* do acto revogado por um novo acto — e que não seja enquadrável na sua reforma ou conversão — ou com a determinação da represtinação de actos anteriores ao acto revogado, nos casos vistos em comentário ao artigo anterior.

É evidente que constitui pressuposto essencial dessa alteração ou substituição do acto administrativo, que o seu autor disponha de competência dispositiva na matéria — o que não sucede na relação tutelar e pode não suceder na relação hierárquica — ou seja, que não se trate de uma competência exclusiva do autor do acto revogado, porque, então, podendo o seu acto (como se admitiu atrás) ser retirado por aqueles órgãos, já não pode ser por eles modificado ou substituído.

II. A alteração ou substituição de acto administrativo pode ter como fundamento a sua inconveniência ou a sua invalidade; como se diz neste artigo 147.°, são aplicáveis aqui, salvo disposição legal em contrário, as normas reguladoras da (simples) revogação ou anulação administrativas.

Dessa aproximação ao regime da revogação — além do referido caso de substituição (proibida) do acto subalterno com competência exclusiva —, há que excluir um outro aspecto: é que, aqui, o facto de se anular administrativamente um acto anterior com fundamento na sua ilegalidade, não quer dizer que a autoridade administrativa não possa, ao alterá-lo ou substituí-lo por outro, predispor-lhe uma medida tomada também por razões de diferente conveniência administrativa.

Pode inclusivamente fazer-se reportar retroactivamente essa medida à data do acto anulado, se estiverem preenchidos os pressupostos do n.° 2 do art. 128.° (ou do n.° 3 do art. 145.°) — caso contrário, a anulação em si mesma tem eficácia retroactiva, mas tal medida, determinada por novas razões de conveniência, só tem efeitos para o futuro.

Outras normas do regime da revogação dos actos administrativos, que não podem ser aplicadas à sua alteração ou substituição, são as respeitantes à liberdade de revogação de actos válidos, que não são, como é óbvio, livremente alteráveis ou substituíveis (art. 140.°), como também não lhes aplicaríamos as regras afirmadas acima (em comentário ao art. 144.°) acerca da dispensa do paralelismo de certas formalidades do procedimento revogatório.

Artigo 148.º

Artigo 148.º
Rectificação dos actos administrativos

1. Os erros de cálculo e os erros materiais na expressão da vontade do órgão administrativo, quando manifestos, podem ser rectificados, a todo o tempo, pelos órgãos competentes para a revogação do acto.
2. A rectificação pode ter lugar oficiosamente ou a pedido dos interessados, tem efeitos retroactivos e deve ser feita sob a forma e com a publicidade usadas para a prática do acto rectificado.

> I. *Rectificação: noções e requisitos.*
> II. *A prevalência da vontade real ou da vontade escrita no acto antes da rectificação do erro.*
> III. *Os erros não manifestos: regime.*
> IV. *A natureza e o regime (não procedimental ou decisório) da rectificação: a regra absoluta do paralelismo em matéria (apenas) de forma e publicidade.*

art. 148.º, n.º 1

I. Claro que a **rectificação** de que aqui se trata respeita aos erros cometidos a propósito de elementos relevantes da prática ou do conteúdo do acto rectificado.

Erros de cálculo são erros aritméticos ou de contagem; *erros materiais* ou de escrita, os que se verificam quando o órgão administrativo escreveu ou representou, por lapso, coisa diversa da que ia escrever ou representar, o chamado "*lapsus calami*".

Erros de cálculo, para efeitos da rectificação aqui prevista, são daqueles a que se referem exemplificativamente PIRES DE LIMA e ANTUNES VARELA (Código Civil Anotado, vol. I, 1987, pág. 234), a propósito do art. 249.º desse diploma, como no caso de se fixar em 31 de Dezembro o termo de um contrato de seis meses iniciado em 1 de Agosto; erros de escrita, da mesma natureza, existem quando o órgão, ao somar 100 com 100, escreveu 1000, em vez de 200.

Quando existirem erros desses, **que sejam manifestos** — revelados no próprio contexto da declaração ou através das circunstâncias em que ela é feita (art. 249.º do Código Civil) — e que são detectáveis por um qualquer destinatário (normal) do acto, podem os órgãos administrativos competentes (o autor do acto e quem o pode revogar) proceder, sem limites temporais, à sua rectificação, corrigindo o erro cometido, dando-se assim expressão ao princípio do aproveitamento do acto administrativo.

O carácter manifesto destes erros revela-se não só na sua evidência, mas também, como se dispõe no art. 249.º do Código Civil ou no art. 667.º do Código de Processo Civil, pelo facto de a discrepância ser perceptível "*no próprio contexto da declaração ou através das circunstâncias em que é feita"* — ou seja, aqui, no próprio acto ou no procedimento que o antecedeu.

II. Fica por saber-se se, não havendo (ou enquanto não houver) rectificação, o acto vale com o sentido ou medida que lhe dá o erro (com o sentido declarado) ou deve valer com o sentido efectivamente querido.

Isto porque parece resultar do regime estabelecido na lei que só após a rectificação o acto pode ser tomado no sentido manifestamente certo: e então um órgão administrativo subordinado do autor do acto (e encarregado da sua execução) ficaria obrigado àquilo que ele manifestamente não quis, porque não teria poderes para rectificar o erro cometido.

Julga-se (pois estamos a lidar com erros manifestos) que se trataria de solução desajustada e que não protege nenhum interesse digno de registo, nem o da certeza jurídica. O erro manifesto do acto administrativo deve, pois, como acontece com os desvalores graves e flagrantes do ordenamento jurídico (seja, por exemplo, o caso de nulidade) considerar-se sujeito a um regime de livre declaração (ou desaplicação) por qualquer órgão — embora nos quadros da responsabilidade disciplinar e civil.

Aliás, se a solução proposta não fosse boa, ficaria por explicar como é que se poderia permitir fazer a rectificação a todo o tempo e com efeitos retroactivos, atingindo, muitos anos depois, situações que por causa do desleixo e inércia do órgão competente até poderiam já estar estabilizadas e consolidadas.

III. Quanto aos **erros não manifestos** na expressão da vontade administrativa, aplica-se-lhes o regime estabelecido acima em comentário **II** ao art. 135.°, no que respeita ao erro-obstáculo, na declaração ou manifestação da vontade administrativa.

Está completamente fora da previsão deste art. 148.°, essa hipótese. Por isso, não obstante considerarmos plenamente válida a tese sobre a rectificação de actos administrativos constante do n.° 2 do sumário do Acórdão de 24.V.94, do STA (1ª Secção) — *in* AD n.° 398, págs. 167 e segs. — entendemos que a espécie aí regulada ("rectificação" do valor a atribuir por bens nacionalizados, por circunstâncias posteriores terem demonstrado que tal valor não correspondia ao real) não cabe na previsão deste preceito, sendo-lhe aplicável, quando muito, o regime da revogação, da alteração ou da sanação do acto inválido.

art. 148.°, n.° 2

IV. Parece demasiado regime, este estabelecido no n.° 2 do art. 148.°, para a rectificação de um simples e manifesto erro de cálculo ou material. É claro, porém, que não se trata nem de abrir procedimento para efeito de rectificar um erro de

Preliminares

cálculo ou de escrita nem de praticar um novo acto administrativo, por consideração de uma situação jurídico-administrativamente concreta.

A rectificação dum acto administrativo, neste sentido, é a mesma coisa que fazer rasuras ou emendas num acto jurídico onde haja um erro manifesto: o órgão, em vez de detectar logo que, ao somar 100 mais 100, pusera o resultado 1000 — e escrever no acto "digo, duzentos" — faz mais tarde essa emenda evidente, manifesta. Não se trata, pois, de nova decisão administrativa.

A rectificação, que pode ter lugar a todo o tempo, faz com que o acto rectificado valha, como devia valer sempre, desde a sua prática, com o sentido e a medida agora corrigidas.

Ao contrário do que acontece com a revogação (e com a ratificação, a reforma, a conversão, etc.) do acto administrativo, a rectificação segue sempre a forma efectivamente usada para o acto rectificado e, quando isso se justifique, a mesma publicidade.

SECÇÃO V

Da execução do acto administrativo

PRELIMINARES

    I. A autotutela (ou prerrogativa) executiva da Administração: a execução coactiva e a execução autoritária (mas não coactiva) do acto administrativo e a necessidade de recurso aos tribunais para impor a medida executiva autoritária.

    II. Os sistemas de autotutela executiva: modalidades.

    III. A contestação (da constitucionalidade) do poder administrativo de execução coactiva.

    IV. Execução administrativa e direitos fundamentais.

    V. As diversas dimensões (procedimental, autoritária e coactiva) da execução dos actos administrativos.

    VI. Panorâmica procedimental do procedimento de execução.

    VII. Actos carecidos e não carecidos de execução.

    VIII. Procedimentos diversos dos da execução de acto administrativo. (v.g., a execução administrativa das leis).

    IX. O figurino executivo do Código, como meio de superar o incumprimento de acto impositivo.

    X. Outras espécies abrangidas (actos não impositivos).

    XI. A execução destinada a impor o "respeito pelas limitações que derivam de um acto administrativo".

XII. Execução administrativa e cumprimento do acto pelo destinatário.
XIII. Cumprimento pela Administração das obrigações derivadas de um
acto: as "garantias" do particular.
XIV. A execução do acto administrativo e dos actos procedimentais.

I. A autotutela administrativa das situações jurídico-administrativas desdobra-se em dois momentos diversos: no primeiro, da *autotutela declarativa*, o poder da Administração expressa-se na **imperatividade** e **executividade** dos actos administrativos — na definição obrigatória do que é direito em determinada situação ou relação jurídico-administrativa concreta (em que a Administração está envolvida), sem necessidade de se dirigir aos tribunais. O acto administrativo constitui, aí, um *título executivo*, um acto que sustenta, por si só, a execução do comando ou medida nele contida, sem necessidade de prévia declaração judicial da sua conformidade jurídica.

A *executividade* do acto administrativo traduz-se só nisso, na sua aptidão executiva ou para execução, mas não significa que ele possa fundar uma execução (coactiva ou não) por meios administrativos. Esta é questão que se coloca já num segundo momento, no âmbito da ***autotutela executiva*** da Administração.

Cuida-se agora de saber se a execução — que o acto (por si só) legitima — supõe a decisão e intervenção do Tribunal, ou se a Administração o pode executar por sua própria decisão e com os seus próprios meios, sem necessidade de recurso à via judicial para determinar da conformidade jurídica do acto (ou título executivo) por ela criado.

A *autotutela executiva* de que a Administração goza pode, porém, revelar-se em momentos e aspectos diversos dos procedimentos de execução do acto administrativo, e não apenas em relação ao momento em que se torna necessária a sua imposição pela força. Embora até aqui essa seja uma dimensão pouco focada a este propósito — lembra-nos, entre nós, como excepção, Rui Machete —, a execução do acto administrativo é relevante, logo, por ser uma **actividade juridicamente procedimentalizada, cabendo a direcção desse procedimento à Administração**, mesmo que não se trate de recorrer a meios coercivos para realizar os efeitos do acto.

A Administração dispõe, com efeito, nos procedimentos executivos, dum poder genérico de definição e quantificação das medidas em que consistirá a execução, de adopção de medidas provisórias ou cautelares, de escolha dos instrumentos e meios de execução material. Tudo isso já é execução, já se situa no âmbito da autotutela executiva, da execução administrativa, se se preferir, sendo à Administração (sem necessidade de prévio recurso ao tribunal) que cabe fixar unilateral e autoritariamente esses traços ou momentos fundamentais, formais e materiais, do procedimento executivo. A não ser, claro, que a lei lhe retire também a própria competência para tal.

Preliminares

Problema é saber, então, não só qual o processo ou meio judicial de que a Administração se há-de servir para o efeito — que, quanto à competência, ela pertence aí indubitavelmente à jurisdição administrativa (art. 214.º, n.º 3 da Constituição) — e que espécie de controlo é dado ao tribunal da execução (coactiva ou autoritária) realizar sobre a legitimidade e validade do acto exequendo.

À primeira pergunta respondemos que (se outro meio não se encontrar especialmente previsto) a Administração podia servir-se nomeadamente do meio processual da *intimação* regulado nos arts. 86.º e segs. da Lei de Processo. Esse processo parece, contudo, estar instituído para dirimir conflitos administrativos entre particulares e a solução proposta encerra, portanto, uma sua interpretação extensiva — não muito forçada, mesmo assim, que o Ministério Público também tem legitimidade (activa) para o respectivo processo.

À segunda questão posta responde-se que o tribunal de execução só controla a *"legitimidade"* da autoria do acto que é chamado a impor e a legitimidade (passiva) do sujeito executado — para além, claro, da sua eventual nulidade. O executado, se pretender pôr em causa a própria validade do acto exequendo ou do acto executivo, deve fazê-lo em recurso próprio de anulação (não no próprio processo judicial de execução), salvo o mencionado caso da sua nulidade (ver comentário ao art. 134.º).

II. A prerrogativa ou autotutela executiva da Administração — assim como a declarativa —, herdadas do Estado Absoluto, apareceram, nos Estados Constitucionais do século XIX, associadas à separação do Poder Executivo e Judicial: independente dos tribunais, a Administração não carecia deles nem para definir o direito (administrativo) aplicável à situação concreta nem para o executar e, se necessário, compelir os destinatários dessa definição, pela força pública (que ela própria comanda).

Já há muito se perdeu, contudo, a força dessa ligação da execução administrativa à separação de Poderes: a *garantia executiva* do acto administrativo transformou-se num dos pilares de alguns dos regimes de *Administração Executiva* (ou de direito administrativo), que a sujeição da actuação administrativa à fiscalização dos tribunais (administrativos) em nada prejudicou.

Pelo contrário: as exigências do Estado Providência quanto à prevalência do interesse público sobre o particular, as necessidades de eficiência administrativa, os custos financeiros de um novo corpo de tribunais capazes de assegurar a horas o despacho executivo dos actos de uma Administração tentacular, suporte da realização de tantas necessidades essenciais ao quotidiano de todos os cidadãos, não se compadeceram nesses sistemas com outro regime que não fosse o da existência de autotutela executiva da Administrativa — salvo em casos determinados relativos a posições fundamentais dos cidadãos, em matéria de liberdade e propriedade.

Viveu-se, assim, durante os últimos cinquenta anos, em regime de fiscalização judicial *ex post*, tanto em matéria de declaração, como de execução de actos

Preliminares

administrativos, embora se ergam hoje, de muitos lados, vozes a clamar contra o reconhecimento genérico da titularidade na Administração de um poder de execução (coactiva), dos actos administrativos, como primeiramente contestou, entre nós, Rogério Soares, e que Rui Machete também vem defendendo.

Note-se, porém, que, em ordenamentos jurídicos como o alemão e o espanhol, que foram fonte de grande inspiração do nosso legislador e são procedimentalmente dos mais avançados e experimentados, prevalece ainda hoje a ideia da executoriedade ou poder executivo próprio da Administração.

Em Espanha, dispõe sobre a matéria o art. 95.° da Lei n.° 30/1992, no qual se estabelece que *"las administraciones Públicas, a través de sus órganos competentes en cada caso, podrán proceder, previo apercibimiento, a la ejecución forzosa de los actos administrativos, salvo en los supuestos en que se suspenda la ejecución de acuerdo con la ley, o cuando la Constitución o la ley exijan la intervención de los Tribunales"*.

Na Alemanha, o princípio é o de que os actos impositivos podem ser executados coactivamente, nos termos da lei que regula o procedimento executivo, embora, em regra, essa execução apenas possa ter lugar depois de esgotado o prazo dentro do qual o lesado poderia impugnar o acto, circunstância que (conjugada com o efeito suspensivo da interposição da acção de anulação ou do recurso pré-contencioso) afasta as maiores desvantagens apontadas ao princípio da *execução prévia* pela Administração.

III. A contestação da prerrogativa ou auto-tutela executiva da Administração tem-se fundado entre nós, além do mais, no facto de, encontrando-se reconhecida ou consagrada na Constituição a autotutela declarativa — como se alcança através da referência do art. 268.°, n.ᵒˢ 3 e 4 ao conceito de *actos administrativos* —, nada se dispor nela acerca dos poderes que a Administração gozaria para executar esses actos.

E só na lei constitucional, diz-se, se poderia encontrar suporte para a desigualdade jurídica em que a prerrogativa da execução coactiva (ou autoritária) coloca a Administração e os destinatários dos seus actos.

O argumento só seria, contudo, procedente, se o sistema ou situação de que o legislador da Constituição partiu, para estabelecer os traços fundamentais do ordenamento jurídico-administrativo português nesta parte, fosse um sistema vazio, em *branco*, não regulado.

E não era assim: o sistema jurídico que se deparava ao constituinte era o da titularidade, na Administração, de poderes de autotutela declarativa e executiva — traduzida esta, além do mais, na inexistência de um meio processual ou judicial (salvo em matéria de cobrança de impostos e taxas) afeto à execução dos actos administrativos.

Sendo para (ou face a) esse sistema que a Constituição de 1976 (e as suas sucessivas revisões) dispunham, fê-lo sem retirar à Administração a prerrogativa

Preliminares

executiva e sem elevar a questão ao foro constitucional (deixando-a, antes, continuar assente na lei ordinária), ciente certamente que o fulcro da questão, a verdadeira prerrogativa da Administração, está na autotutela declarativa (dos seus direitos e deveres administrativos), e essa reconheceu-a e consagrou-a expressamente.

Nem, aliás, se podia passar do sistema existente a um sistema de execução judicial dos actos administrativos, sem que a lei instituísse, concomitantemente, uma jurisdição e os meios processuais específicos de realizar essas tarefas — o que não se fez.

Não era, também, ao legislador do Código de Procedimento, sózinho, que cabia modificar as coisas e seguir as pisadas daqueles que votam pela jurisdicionalização dessas tarefas ou pela necessidade de a sua administrativização estar (vir a ser) constitucionalmente consagrada. O que o legislador do Código fez foi estabelecer quadros gerais exigentes e rigorosos de legalidade para as medidas administrativas executivas e coactivas — quadros que, anteriormente, nem sequer existiam —, embora mantendo, no essencial, essa prerrogativa da Administração, de executar, em nome e por autoridade própria, os actos administrativos que careçam de execução.

E, mesmo quando lhe recusou o poder de exigir pela sua própria força o cumprimento ou o respeito dos actos administrativos, o Código não a apeou da posição supra-ordenada que ela tem, face ao particular, na respectiva relação jurídica. Desde logo, porque os actos administrativos que devem ser judicialmente executados não perderam, por isso, o seu carácter de "títulos executivos", permitindo a passagem imediata ao processo judicial de execução, sem ter de passar por uma acção judicial condenatória; e, depois, porque não se lhe retirou também a competência para ser ela, já em procedimento de execução, a concretizar e definir o conteúdo das medidas de execução, a adoptar medidas provisórias e cautelares, a escolher os meios, os modos e instrumentos de realização material dos efeitos do acto administrativo, através dos quais se procederá à execução deste, sem que o tribunal seja chamado a avaliar previamente do seu mérito ou legalidade.

IV. Mesmo em matéria de direitos fundamentais, não parece que as coisas se ponham de maneira totalmente diferente.

Sobre o assunto pode ver-se RUI MACHETE (Privilégio da execução prévia, *in* Dicionário Jurídico da Administração Pública, vol. VI, págs. 448 e segs.) que alerta para o facto de a auto-tutela executiva em matéria de direitos fundamentais só poder ser estabelecida por diploma da Assembleia da República — *vide* também MARIA DA GLÓRIA FERREIRA PINTO (Breves reflexões sobre a execução coactiva dos actos administrativos, *in* Estudos do Centro de Estudos Fiscais, 1983).

Cremos, a este propósito, dever distinguir entre procedimento executivo e acto administrativo impositivo. É este acto que pode originar o conflito com o direito fundamental, obrigando o cidadão a fazer, a suportar ou a abster-se de fazer alguma coisa, e é, portanto, a competência primária (e vinculativa) da Administração para a

Preliminares

sua prática que deve considerar-se perturbadora do cidadão e dos seus direitos e garantias face àquela.

A desvalorização da questão ou matéria executiva, do plano ou dignidade constitucional a mero problema de política legislativa, traduz isso mesmo. Claro que a Administração tem de respeitar, na execução do acto administrativo, os direitos fundamentais do cidadão, mas é exactamente o mesmo que lhe é exigido fazer em qualquer outra sua actividade, não havendo aqui, por essa perspectiva, nada de essencialmente diverso do que se passa nos outros capítulos da actividade administrativa.

V. A execução dos actos administrativos não é um capítulo que tenha por tema relevante apenas a executoriedade do acto, a sua imposição coerciva pela Administração, perspectiva em que — como aconteceu no Código — aparece predominantemente considerada.

A execução do acto administrativo começa logo a ser juridicamente relevante por se tratar de uma **execução procedimentalizada**, sujeita ao princípio da legalidade procedimental. Disse-o o legislador impressivamente, logo a abrir o Código, no n.º 1 do seu art. 1.º, e é essa dimensão procedimentalizada da execução do acto administrativo que interessa primeiramente ao direito administrativo, traduza-se ela, ou não, na adopção de medidas coactivas de imposição.

E é-o também (como decorre disso mesmo) pelo facto de a execução se manifestar, em muitos aspectos — em que não está em causa (ou ainda não está em causa) qualquer medida coactiva —, através de acções jurídicas ou materiais definidas unilateral e autoritariamente pela Administração, de que falamos adiante (nota **VIII**) nestas notas preliminares: ou seja, por haver a par de uma execução coactiva, uma execução (que chamamos aqui) "**autoritária**".

Fica já a advertência, porque, sem ter em conta essas várias dimensões do problema ou do tema da execução administrativa do acto administrativo, as proposições mais elementares da lei e da ciência jurídica a tal propósito podem facilmente redundar em absurdos e equívocos, que convém evitar.

VI. O procedimento executivo, sendo autónomo mas derivado do procedimento tendente à prática do acto, não carece de uma procedimentalização tão rígida ou extensa como a dele.

Começando pela decisão de proceder à execução, segue-se uma notificação desse decisão (com o conteúdo que *infra* lhe damos) e, depois, comsoante a finalidade da execução, observar-se-ão as formalidades especificamente postas no Código ou em lei especial que disponha sobre o modo de realizar os diversos fins da execução, integrando a sua disciplina pelos princípios e regras gerais daquele.

Fora disso, ao procedimento executivo presidem, em regra, os princípios da oficiosidade, da informalidade, da eficiência e da desburocratização.

Preliminares

VII. Praticado o acto administrativo, declarado unilateralmente o seu efeito jurídico — e sendo ele eficaz —, a transformação ou conjunto de transformações jurídicas em que se consubstancia esse efeito estabelecem-se, incrustam-se, na ordem jurídica: adjudicada num concurso uma prestação (um contrato com a Administração), o destinatário do acto é o adjudicatário (os outros, não-adjudicatários) e tem, portanto, direito a contratar nos termos do caderno de encargos e da sua proposta; demitido um funcionário, ele deixou de ocupar o lugar correspondente nos quadros de pessoal da respectiva pessoa colectiva.

Existem, até, casos em que o acto administrativo nem carece de mais do que isso, da declaração jurídica nele contida, pois os respectivos efeitos jurídicos consomem-se na sua prática e não há quaisquer alterações ou operações materiais a realizar — são os designados actos administrativos **não exequíveis** (cfr. Preliminares da Secção II deste Capítulo do Código), como acontece, em regra, com os actos negativos, com os actos sobre actos, com os actos-declarações de ciência, com os actos primários permissivos, etc.

Nem sempre basta, porém, a produção ou definição jurídica do efeito do acto administrativo para que tudo fique perfeito e consumado, em termos jurídicos e materiais, de *direito* e de *facto*. Pelo contrário: em geral, a transformação jurídica por ele produzida exige actividades subsequentes de complementação jurídica ou de adequação física das coisas, destinadas a conformar a ordem jurídica e a ordem material com o que nele se dispõe. Fala-se, então, de **actos exequíveis**, traduzindo a indispensabilidade da sua execução (jurídica ou material) que realiza os efeitos úteis a que a declaração contida no acto tende — tendo-se já falado nessa distinção em comentários preliminares ao art. 127.° do Código.

Não se julgue, porém, que os diversos tipos de actos administrativos podem ser compartimentados, assim, tão nitidamente. Há actos que, em certas situações, se comportam como actos inexequíveis e que, noutras, já carecem de execução administrativa: a revogação administrativa de uma autorização para construir, por exemplo, que é ou pode ser um acto inexequível, se tiver lugar num procedimento de legalização de construção iniciada antes dessa autorização não funciona como os normais actos negativos, envolvendo (ou podendo bem envolver) condutas executivas da Administração — como a demolição do que estiver construído —, ainda que seja para obter o cumprimento, não do próprio acto, mas dos limites ou obrigações legais que dele derivam.

VIII. Comece, então, por separar-se o procedimento de execução do acto administrativo de outros procedimentos próximos dele.

Desde logo, os respeitantes a actos posteriores ao acto administrativo, que têm neste o seu **pressuposto**, são **consequentes** dele. São procedimentos autónomos do desse acto, e não destinados à sua execução: a abertura de um concurso para um lugar vago no quadro de pessoal dum serviço do Estado não é execução

Preliminares

administrativa do acto anterior, através do qual se aposentou um funcionário ou se procedeu à sua demissão, do mesmo modo que a sanção administrativa por incumprimento de um acto administrativo não é execução deste. São **actos consequentes** de um acto anterior, mas não representam execução dele mesmo.

Também não se considera como procedimento de execução dum acto administrativo a actividade ou procedimentos administrativos tendentes **à liquidação e cobrança das taxas, emolumentos, despesas e demais encargos** do procedimento administrativo no seio do qual esse acto foi praticado: são procedimentos de carácter tributário (ou similar), autónomos daqueles onde se declara e executa a decisão administrativa, o acto exequendo — sem embargo, claro, de poderem aparecer também como uma sequência ou "enxerto" procedimental seu, integrada na própria execução.

Outros procedimentos próximos dos da execução do acto administrativo são os respeitantes à actividade administrativa de "**execução directa das leis**", por exemplo, no âmbito da actividade de polícia. Aí o que há, normalmente, é a produção directa de um acto ou operação de execução da própria lei, visando prevenir ou reintegrar a legalidade ameaçada ou violada e sem ter por precedente um acto administrativo impositivo produtor do efeito jurídico em causa. São casos em que não há lugar ao procedimento declarativo ou executivo do acto administrativo, mas sim, apenas, à *interpelação* para cumprimento de uma obrigação legal e à demanda ou imposição através dos órgãos competentes (administrativos ou judiciais) das obrigações derivadas da lei.

Não há, portanto, lugar à procedimentalização dessa actividade directa da execução da lei, nos termos em que a regula o Código. A aplicação deste só fará sentido, aqui, quando a execução das leis se realize, ela própria, através da prática de actos administrativos: veja-se o que se passa com as normas que disciplinam o exercício da actividade industrial e nas quais se prevê, muitas vezes, a possibilidade de, no âmbito da fiscalização do respectivo cumprimento, ser determinada a suspensão da laboração ou o encerramento preventivo do estabelecimento. A execução das leis, em casos como este, não determina a produção imediata de actos materiais ou de interpelações, mas de um acto jurídico, colocando, portanto, subsequentemente, o problema da sua execução nos termos do Código.

IX. A execução de um acto administrativo, isto é, a actuação que se segue à sua prática e que visa realizar os seus efeitos, pode desenvolver-se, como se viu, em dois domínios: através da prática de actos jurídicos ou de operações materiais. Ponto é que, em qualquer caso, estejamos perante uma actividade desenvolvida como modo de realização ou efectivação necessária de uma situação jurídica previamente definida, e funcionalmente votada à realização plena dos próprios efeitos dessa definição.

O funcionário demitido há-de, por exemplo, desocupar a casa de habitação que lhe estava atribuída em virtude do exercício do seu cargo, do mesmo modo que

Preliminares

aquele a quem foi liquidado o imposto o há-de pagar; a entidade adjudicante há-de acertar o contrato a celebrar (e predispôr as demais formalidades da lei) com o concorrente, que ganhou o concurso, enquanto que a entidade expropriante há-de tomar posse do prédio expropriado.

São muito heterogéneas — a começar logo pelo facto de umas serem exigíveis à própria Administração, outras, aos destinatários do acto — essas acções ou abstenções que a plena operatividade jurídica ou material dos efeitos de um acto administrativo exige (ou pode exigir), cabendo todas num conceito lato de *execução do acto administrativo*.

Porém, embora venha designada como *"Execução do acto administrativo"*, esta Secção do Código não pretende regular, como se viu, toda a problemática suposta nessa epígrafe, já que parece estar essencialmente vocacionada para o estabelecimento de regras aplicáveis à execução coactiva de actos administrativos incumpridos. Tratar-se-ia, portanto, de responder aos problemas colocados pelos actos impositivos ou similares, quando o destinatário não cumpra o dever ou encargo dele emergente (ou se sujeite às restrições nele fixadas), de estabelecer um conjunto de regras que dotam os órgãos administrativos de meios destinados a vencer a inércia do destinatário dos actos praticados e que permitem executá-lo por via da própria autoridade e força administrativa.

O figurino executivo do Código estará, porventura, delineado prevalecentemente para essa hipótese, de os particulares não cumprirem voluntariamente a imposição contida no acto administrativo exequendo, mas não a abrange apenas a ela. E, por outro lado, também não abrange toda ela.

X. Abrangem-se primeiramente aí, também, aqueles casos em que a execução se faz à revelia da intervenção do destinatário do acto, sem lhe ser exigido (ou dado, sequer) apresentar-se a cumpri-lo voluntariamente — a posse administrativa do bem, cuja expropriação foi declarada de utilidade pública, obtém-na a Administração por diligência própria, não pela entrega do expropriado; a demolição de um prédio a ameaçar ruína imediata não se faz com ou contra a vontade do interessado, mas sem ela.

Há, por outro lado, actos que não têm conteúdo directamente impositivo, como uma classificação ou afectação dominial (ou a declaração do interesse ou utilidade monumental ou histórica de um bem), que carecem de execução, por parte da Administração, no confronto de pessoas que não são as destinatárias directas dos seus efeitos. Outros actos não impositivos que carecem de execução são, por exemplo, as adjudicações feitas em procedimentos de concurso, como se viu acima.

A execução administrativa não respeita, pois, exclusivamente, a actos impositivos não cumpridos, embora seja em relação a eles que os problemas jurídicos executivos se põem com maior premência e frequência.

Preliminares

XI. No capítulo sobre a execução do acto administrativo — além do cumprimento das obrigações (positivas ou negativas) aí estabelecidas — o Código incluiu também a execução para *"assegurar o respeito* (ou evitar e reprimir o desrespeito) *das limitações derivadas do acto"*, (art. 149.°, n.° 2), conferindo assim à Administração a possibilidade de impor, por sua própria autoridade e força, a observância desses limites.

Ou seja, quando a Administração faz cessar uma licença, ela pode exigir executivamente ao particular, não apenas, por exemplo, a devolução do título — que seria ainda execução — mas também o respeito pela obrigação legal de não exercer aquela actividade sem licença. Reconhece-se, assim, à Administração um poder coactivo autónomo, que não se circunscreve à execução do próprio efeito do acto administrativo.

É que, em rigor, já não é da execução do acto que se trata nesse último caso: a obrigação de não exercício sem licença, não é uma obrigação derivada (ou criada) pelo acto de revogação da licença, mas da lei (ou ligada pela lei a essa revogação) e é o respeito por esta que se quer obter através dessa actividade executiva da Administração.

Pode até dar-se o caso de ser um acto *inexequível*, não carecido de execução directa (como os actos negativos), que o desrespeito das limitações por ele criadas pode ser objecto de peculiares procedimentos executivos da Administração, embora não se trate aí propriamente de executar um acto administrativo.

XII. Por outro lado, no capítulo da execução do acto administrativo, esta aparece regulada **enquanto actividade da própria Administração**, ou seja, para os casos em que, com o objectivo de tornar efectiva a medida ou decisão do acto já praticado, se exigem novos actos ou condutas à Administração, perante aqueles a quem respeitam os seus efeitos.

O capítulo da execução do acto administrativo, **como capítulo procedimental da actividade administrativa**, não respeita, pois, aos deveres em que os particulares ficam constituídos por força do acto, às acções (ou omissões) que se lhes pedem para tanto, mas, sim, àquilo que a Administração pode (ou deve) fazer para obter a concretização plena dos efeitos do seu acto. Os particulares **não executam** actos administrativos; **cumprem-nos**. A Administração (além de os cumprir, naturalmente) é que os **executa**.

XIII. Também não trata o Código da execução das prestações a que **a Administração fica vinculada por força de acto administrativo,** ou seja, do que podem os particulares fazer para obter o seu cumprimento, quando o acto constitui deveres, restrições ou encargos para a Administração, em favor deles.

Esse capítulo (tão importante) do Direito Administrativo consome-se, ainda hoje, no recurso contencioso de anulação — contra a recusa da prática do acto ad-

Artigo 149.º

ministrativo de execução (favorável ao interessado), a que a Administração estava obrigada — ou na acção para o reconhecimento de um direito ou interesse legítimo (nessa execução), processos aos quais se seguirá o da execução administrativa ou judicial das respectivas sentenças.

XIV. Também não está aqui regulada a execução de actos procedimentais, que não o acto administrativo terminal ou final do procedimento. Deve, não obstante, considerar-se aplicável à execução desses actos (pelo menos os destacáveis) o regime de execução aqui previsto, em tudo quanto seja compatível com ele e necessário para assegurar a efectivação do acto intermédio do procedimento e a sequência deste em direcção à decisão final.

Em sentido contrário, ver RUI MACHETE (R.D.J., vol. VI, 1992, pág. 67).

Artigo 149.º

Executoriedade

1. Os actos administrativos são executórios logo que eficazes.

2. O cumprimento das obrigações e o respeito pelas limitações que derivam de um acto administrativo podem ser impostos coercivamente pela Administração sem recurso prévio aos tribunais, desde que a imposição seja feita pelas formas e nos termos previstos no presente Código ou admitidos por lei.

3. O cumprimento das obrigações pecuniárias resultantes de actos administrativos pode ser exigido pela Administração nos termos do artigo 155.º.

> I. *Remissão para os comentários preliminares.*
> II. *O conceito de "executoriedade" do acto administrativo no n.º 1 deste artigo.*
> III. *A regra geral no direito português quanto à imposição coerciva dos actos administrativos (directa ou indirectamente) impositivos.*
> IV. *A panóplia das medidas coercivas: sua generalidade, amplitude e suficiência administrativa.*
> V. *O recurso à força pública para imposição das medidas executivas.*
> VI. *Medidas complementares (ou coadjuvantes) da execução do acto administrativo.*
> VII. *A execução judiciária dos actos impositivos de prestações pecuniárias: a posição privilegiada da Administração no processo de execução fiscal.*
> VIII. *A irrenunciabilidade do recurso às execuções fiscais.*

Artigo 149.º

art. 149.º, n.º 1

I. Muitos dos comentários a este e aos artigos subsequentes pressupõem a leitura dos comentários preliminares desta Secção, onde se encontram as perspectivas e os quadros fundamentais sobre o tema da execução administrativa de actos administrativos.

II. Uma vez que já vem consagrado (no n.º 2 deste preceito) o princípio de que os actos administrativos, sendo eficazes, podem ser exigidos compulsoriamente de terceiros, pela própria Administração — não sendo necessária a intervenção do tribunal para tornar (jurídica e materialmente) efectiva a medida neles contida —, este n.º 1, ou se assume como o frontespício desse princípio num capítulo mais vasto (mas onde são proeminentes os actos do n.º 2) ou, então, querendo dizer alguma coisa diversa, é provavelmente que os actos administrativos (podem e) *devem ser executados, implicam execução*, logo que praticados (ou eficazes) — não havendo dilações ou adiamentos da exigibilidade da sua execução e cumprimento.

O que se diria, pois, neste n.º 1, seria que o acto administrativo carecido de execução, quando eficaz, é título suficiente para que ela deva ter lugar. É certo que por essa via se perde o significado técnico-jurídico do conceito de *executoriedade* aqui utilizado — e que a doutrina liga unanimemente à susceptibilidade de execução compulsória ou coerciva dos actos administrativos, como vem afirmado no n.º 2 deste artigo para os actos (directa ou indirectamente) impositivos.

Não se querendo assumir essa divergência e reportando, então, o conceito legal de executoriedade do n.º 1 à realização coactiva dos efeitos dos actos administrativo, o intérprete chegaria à conclusão de que, afinal, ficou consagrado logo aqui, **para todos os actos administrativos** (não exceptuados legalmente), o princípio da sua autotutela ou *garantia executiva*, o princípio da sua realização compulsória pela Administração. Se necessária, claro.

Desaparecido o conflito conceitual, surgia, porém, o conflito sistemático deste n.º 1 com o n.º 2 — o qual devia referir qual a relação de especialidade, complementaridade ou prejudicialidade que com ele tem — e, sobretudo, com o art. 150.º (ver comentário **I** respectivo), em que o conceito de executoriedade está claramente ligado ao facto de os actos administrativos implicarem execução, deverem ser cumpridos ou executados, se e logo que eficazes.

art. 149.º, n.º 2

III. Entre uma garantia executiva plena da Administração e a necessidade de execução judiciária do acto administrativo (sempre que a lei não confira pontualmente aquela garantia), o Código optou, quanto aos próprios actos administrativos dos quais resultam (directa ou indirectamente) deveres ou limitações para parti-

Artigo 149.º

culares, pela solução de ser a Administração a executá-los, em seu próprio nome e autoridade, **mesmo que tal não esteja expressamente previsto, desde que siga ou adopte um dos figurinos ou medidas executivas previstas genericamente na lei para tal efeito** — e de que o Código fornece já alguns modelos, nos artigos subsequentes, tendo ficado esclarecido com o Decreto-Lei n.º 6/96 que esses modelos passam a aplicar-se, portanto, independentemente de estarem (ou não) previstos em lei especial a propósito da execução de cada espécie ou género de actos administrativos.

Previstos genérica ou especializadamente (para certos actos), o importante é que os meios de imposição executiva da Administração estejam estabelecidos em lei: é o princípio da taxatividade (legal) da forma e dos termos da execução.

De jure condito (salvo no plano da constitucionalidade, como discutimos nos comentários preliminares), fica assim pouca margem de argumentação para os defensores da tese de que a Administração não gozaria do poder de tornar efectivos, por sua própria autoridade e força, os actos administrativos que praticou.

IV. Para efeitos deste n.º 2, consideram-se *"admitidas na lei"*, como medidas coactivas utilizáveis pelos órgãos administrativos para concretização plena dos efeitos dos seus actos administrativos, não apenas as referidas nos art. 155.º e segs. do Código, mas também aquelas que venham previstas em leis especiais, como instrumentos da plena realização dos seus efeitos: destruição de coisas ou bens, encerramento de estabelecimentos ou industriais, ocupações ou desocupações de prédios, etc..

A conjugação dos meios coercivos previstos no Código e nessas leis, apesar da sua aparente singeleza, traduz a existência dum campo de medidas administrativas executivas tão amplo quanto aquele de que a Administração mais "ambiciosa" necessita — ainda por cima quando ela pode, se for caso disso, servir-se da força pública para as impor contra a própria resistência dos interessados.

Quando a execução do acto administrativo respeitar a **uma coisa**, a Administração pode inclusivamente tomar *posse administrativa* dela — que é a maior de todas as medidas executivas nesse domínio, ficando assim cobertas (por exemplo) todas as necessidades administrativas sentidas em matéria de despejos, desocupações, devoluções, expropriações, servidões, resgates, sequestros, etc, etc..

Por sua vez, quando a execução tiver por objecto **um facto** — em relação ou não com a titularidade de direitos sobre uma coisa — que deva ser prestado ou omitido, temos, para o caso da **prestação de facto fungível**, o máximo a que se podia aspirar, de a Administração pôr a fazer por outrem, à custa do obrigado (executável para o efeito, através do processo de execução fiscal), aquilo a que este estava vinculado pelo acto administrativo.

Quando a imposição do acto consiste numa **proibição**, num dever de omitir ou se abster, a Administração obtem-na pela via da força pública, impedindo fisicamente os particulares da conduta proibida, tal como previsto nas leis das forças policiais ou militarizadas.

Artigo 149.º

Só fica a faltar o caso de execução de **obrigações pecuniárias**, bem como as de **obrigações positivas de prestação de facto infungível.** No primeiro caso, quando a obrigação decorrente do acto administrativo respeitar a uma quantia certa, a Administração não executa directamente a prestação em dívida, devendo recorrer aos tribunais tributários — embora seja ela que define a obrigação e depois liquida (acerta) o respectivo montante. No caso das obrigações positivas de prestação de facto infungível, ou existe previsão legal de constrangimento físico ou a Administração, para além de medidas sancionatórias que estejam ao seu alcance, terá de recorrer aos tribunais para os fazer sentenciar criminalmente por desobediência.

V. A *força* pública de que a Administração necessita para impor as medidas executivas do acto administrativo, obtém-na ela pela coadjuvação das diversas forças policiais ou militarizadas, incluindo a polícia marítima ou florestal, sejam elas estatais ou municipais.

Esse dever de coadjuvação está previsto, nomeadamente, na alínea *b*) do art. 5.º do Decreto-Lei n.º 321/94, de 29.XII, para a Polícia de Segurança Pública, a quem cabe *"garantir a execução dos actos administrativos emanados da autoridade competente"*, devendo esta, nos termos do respectivo art. 12.º: *"dirigir os seus pedidos ou requisições* (nesse sentido) *à autoridade policial da área"*, a qual só pode recusá-los fundamentadamente com base na falta de "jurisdição" da PSP na matéria ou por emanarem de entidade absolutamente incompetente, carente de atribuições na matéria — porque, se se tratar de acto apenas anulável (por força da incompetência relativa do seu autor), as autoridades policiais não se podem furtar ao seu dever de coadjuvação.

Menos claro quanto a este aspecto é o Estatuto da Guarda Nacional Republicana (Decreto-Lei n.º 231/93, de 26.VI), em cujo rol de atribuições não se contém nenhuma referência expressa à sua coadjuvação na execução, pela força, de actos administrativos. Mas do n.º 1 do respectivo art. 17.º resulta inequivocamente que, na área territorial da sua jurisdição, cabe à GNR esse dever de assegurar (sob requisição das autoridades que os praticarem) a execução dos actos administrativos, salvo se a requisição — ou, claro, o acto a que ela respeita — sofrerem de *"invalidade manifesta"*. *"Invalidade"* que só pode ser entendida, claro, no sentido de nulidade, que o acto anulável tem de ser acatado pelas forças ou órgãos encarregados da sua execução.

VI. Além das medidas consagradas no Código, como meios ou instrumentos genéricos de execução do acto administrativo, existem ainda outras medidas configuradas em leis sectoriais — embora algumas sejam comuns a certos tipos de intervenção administrativa —, como meios destinados a compelir ou induzir os destinatários do acto ao seu cumprimento. Podem não consistir na execução do acto administrativo, mas auxiliam-a.

Artigo 149.º

Um meio de coacção conhecido nos direitos alemão e espanhol é a possibilidade de o órgão administrativo constranger o destinatário de um acto impositivo não cumprido (e enquanto não o cumpra) ao pagamento de quantias pecuniárias que não têm uma finalidade repressiva, antes visam forçá-lo ao cumprimento da obrigações que constam do acto administrativo.

Outras medidas especiais destinadas a assegurar a execução ou o cumprimento de certos actos funcionam lateralmente em relação à própria imposição neles contida, sobre um seu acessório ou complemento, cuja privação influencia a vontade do particular em cumprir a obrigação decorrente do acto. Assim acontecia, por exemplo, quando se permitia aos órgãos do Ministério da Indústria ou do Trabalho (e outros) que solicitassem às entidades respectivas o corte de energia eléctrica aos estabelecimentos comerciais que não cumpram certas normas ou os deveres resultantes de um acto administrativo — que, hoje, por força do art. 5.º, n.º 4, da Lei n.º 23/96 (de 26.VII), essa possibilidade está excluída.

Quando não se trata, até, de medidas dessas (suspensivas dum fornecimento ou duma prestação, por falta de pagamento das correspectivas taxas) tomadas por entidades que prestam bens e utilidades em regime de serviço público, para obter o cumprimento de obrigações legais ou decorrentes de acto administrativo, como o são os de (imposição ou) liquidação das referidas taxas — ao menos, naqueles casos em que tais actos mereçam essa qualificação — que, em tais circunstâncias, dada a sinalagmaticidade de prestações, a referida lei já não obsta a que a prestação do serviço seja suspensa.

Neste heterogéneo capítulo incluiríamos ainda as **sanções administrativas**: embora não esteja aí em causa a procura de um meio para obter dos particulares o cumprimento de obrigações legais ou decorrentes de acto administrativo, mas sim a aplicação de uma medida repressiva autónoma (que tem por pressuposto o não cumprimento dessas obrigações), algumas delas podem, no entanto, acompanhar a execução coactiva do acto, quando seja intenção da ordem jurídica não só a imposição de uma sanção ao administrado, mas também a produção de um resultado material (ou jurídico) correspondente ao do acto administrativo desrespeitado.

Além das medidas sancionatórias relativas ao ilícito de mera ordenação social e aos ilícitos disciplinares dos diversos tipos, são ainda importantes as que têm por conteúdo a "revogação" de um título atributivo de uma posição jurídica vantajosa (v.g., cancelamento de uma licença, rescisão de uma concessão).

Acresce a tudo isto o facto de o particular que não cumpre com a ordem da autoridade — *"autoridade ou funcionário competente"*, como se diz no artigo 388.º do Código Penal — se constituir em responsabilidade criminal, por *desobediência*. Não é uma medida de execução do acto, mas é, certamente, um dos mais efectivos meios de compulsão psicológica para sua execução e acatamento.

art. 149.°, n.° 3

VII. Exceptuam-se da regra geral do n.° 2, desde logo, a exigência pela Administração do cumprimento de obrigações pecuniárias em que os particulares ficam constituídos por força de actos administrativos, remetendo-se a execução dessas obrigações para o processo de cobrança ou *execução fiscal* do Código de Processo Tributário, aprovado pelo Decreto-Lei n.° 154/91, de 23 de Abril.

Não se reconhece, portanto, à Administração o poder de se apossar de quantias ou de bens de particulares, com vista a fazer-se pagar das obrigações pecuniárias em que eles estejam constituídos (perante ela), por força de actos administrativos.

Isso não significa que a Administração tenha perdido a sua posição privilegiada face ao particular: é ela que liquida a verba em dívida e o processo judicial de execução fiscal é um processo sumário, de contraditório limitado, onde não se discute da legalidade do acto exequendo, senão quanto a aspectos especificamente determinados na lei, como tudo se pode ver nos arts. 233.° e segs. do Código de Processo Tributário.

VIII. Nos termos em que a norma do n.° 3 está redigida, poderia entender-se que as prestações pecuniárias devidas por actos administrativos podem ou não ser cobradas pelo processo judical de *execução fiscal*.

Quando não é assim: pelo menos se se tratar (como deve suceder) de receitas públicas, não se admite — se mais não fosse, do ponto de vista jurídico-financeiro — a sua cobrança negociada ou em tribunal comum, ou por qualquer outra forma que envolvesse renúncia à prerrogativa da *execução fiscal*, através do meio processual previsto na lei.

Artigo 150.°

Actos não executórios

1. **Não são executórios:**
   a) **Os actos cuja eficácia esteja suspensa;**
   b) **Os actos de que tenha sido interposto recurso com efeito suspensivo;**
   c) **Os actos sujeitos a aprovação;**
   d) **Os actos confirmativos de actos executórios.**
2. **A eficácia dos actos administrativos pode ser suspensa pelos órgãos competentes para a sua revogação e pelos órgãos tutelares a quem a lei conceda**

Artigo 150.°

esse poder, bem como pelos tribunais administrativos nos termos da legislação do contencioso administrativo.

    I. *A inexecutividade (e inexecutoriedade) dos actos ineficazes.*

    II. *A suspensão administrativa ou judicial da eficácia do acto administrativo: regime.*

    III. *A suspensão administrativa em procedimento de reclamação ou recurso: remissão.*

    IV. *A ineficácia de actos sujeitos a aprovação (ou a outros requisitos de eficácia).*

    V. *A "ineficácia" de actos confirmativos de actos administrativos anteriores: significado.*

    VI. *Competência administrativa para a suspensão e similitude com o regime da revogação.*

    VII. *Actos que não podem ser administrativamente suspensos. A suspensão de actos nulos e negativos: desvios à regra..*

    VIII. *A suspensão administrativa de actos irrevogáveis.*

    IX. *A suspensão judicial da eficácia (e da execução) dos actos administrativos: remissão.*

    X. *Requisitos da suspensão administrativa da eficácia de um acto administrativo (face aos da suspensão judicial).*

art. 150.°, n.° 1

I. Não se trata aqui, como já se sugeriu acima, e como deixaria supor o conceito de "executoriedade", da insusceptibilidade de execução coerciva, mas de qualquer execução (coerciva ou não) de um acto, da possibilidade de nele se fazer apoiar legalmente uma execução, ou seja, de estes actos poderem funcionar como títulos executivos, dizendo-se sem grande utilidade, precisamente, que não podem ser executados os actos administrativos nele alinhados.

II. Em primeiro lugar, não consentem execução, claro, os actos cuja eficácia tenha sido suspensa, por determinação administrativa ou judicial — mencionados nas alíneas a) e b) deste preceito. Inserem-se aqui todas as situações em que um acto administrativo não está actualmente a produzir efeitos, embora já tenha estado em condições de o fazer ou já tenha mesmo iniciado a sua operatividade (o que pode ocorrer nos **actos de eficácia continuada).**

III. É preciso, agora (com a alteração do artigo 163.° do Código, pelo Decreto-Lei n.° 6/96) aditar na alínea b) deste n.° 1, aos casos de que se tenha inter-

Artigo 150.º

posto recurso, os casos em que foi deduzida reclamação com efeito suspensivo, adaptação a que o legislador não procedeu.

IV. No caso da alínea *c*), o acto não é nem nunca foi eficaz e, por isso, susceptível de execução.

Não se percebe a referência exclusiva da lei aos actos carentes de aprovação, quando existem outras condições ou requisitos da sua eficácia "diferida", como os restantes a que se reporta o art. 129.º do Código, aos quais se deve estender, naturalmente, a prescrição deste art. 150.º.

V. Quanto aos actos confirmativos de actos administrativos anteriores já **executivos ou executórios**, a ausência da sua "executoriedade" é evidente: deve--se ao facto de ser o acto "confirmado" que deve ser executado, não o acto que se limita a confirmá-lo, o qual não tem relevo jurídico substantivo, procedimental e processual autónomos.

O interesse da categoria do acto confirmativo (para além do didáctico), cinge--se praticamente ao plano da sua relevância contenciosa — para rejeitar os recursos que dele se interponham —, negando autorizada doutrina que tais actos possam ser considerados actos administrativos, por não terem efeito jurídico inovatório (criador, modificativo ou extintivo) de relações ou situações jurídico-administrativas.

E isto é assim, mesmo que porventura a produção desse acto confirmativo esteja dependente de um procedimento de cariz decisório, em que a Administração aparece constituída no dever de agir procedimentalmente, como acontece no caso do art. 9.º, n.º 2 do Código.

art. 150.º, n.º 2

VI. Quanto à competência para suspender administrativamente a execução ou a eficácia de um acto administrativo, prevê-se que ela pertence aos órgãos que sejam competentes para a sua revogação (incluindo, portanto, os órgãos tutelares que disponham desse poder).

A essa similitude da revogação e suspensão em termos de competência, corresponderia, em princípio, a sua similitude em matéria de admissibilidade (razoabilidade) e de fundamento — e, portanto, a aplicação aqui dos arts. 139.º e segs. do Código — levando a entender, além do mais, que o acto não revogável também não pode ser suspenso.

Não há, porém, que estabelecer total paralelismo entre uma e outra figura. Assim, por exemplo, enquanto a revogação está em termos procedimentais (mais ou menos extensamente) sujeita à regra do paralelismo (arts. 143.º e 144.º), já o mesmo não sucede com a suspensão da eficácia ou da execução do acto administrativo — quanto mais não seja por ela poder ser enquadrável, para este efeito, no

Artigo 150.º

âmbito das medidas provisórias do art. 84.º; se não puder dar-se-lhe esse enquadramento, é o regime previsto para a reclamação e o recurso administrativos, nos arts. 161.º e segs. e arts. 166.º e segs. do Código, que se aplica, descontadas, claro, as disposições respeitantes à iniciativa dos interessados.

A consideração da suspensão administrativa do acto administrativo como uma medida provisória — posição que sustentámos no art. 84.º — permitiria pensar que, em sede da sua admissibilidade, ela possa, afinal, estar sujeita apenas ao pressuposto da *necessidade* a que se refere esse artigo, e não aos dos arts. 139.º e seguintes do Código; enquanto que, inserida numa reclamação ou recurso, a suspensão tem o regime previsto nos arts. 163.º e 170.º.

VII. Não podem ser objecto de suspensão de eficácia pela Administração (ou pelos tribunais), costuma dizer-se, os **actos de conteúdo negativo**, que se traduzem no indeferimento de uma pretensão do particular ou na recusa da prática de um acto, porque tal suspensão corresponderia provisoriamente, enquanto durasse, ao deferimento dela (pretensão) ou à prática do acto — o que, com as ressalvas indicadas a seguir no texto, nem à Administração deve ser admitido fazer: se entender que há razões para não decidir imediatamente no sentido do indeferimento, havendo outras a apontar também no sentido do deferimento, o que lhe cabe fazer é praticar um acto positivo sob condição ou termo resolutivos (ou adoptar uma medida provisória ou cautelar).

Ao rigor dogmático inicial da proposição, têm a jurisprudência e a doutrina oposto casos e hipóteses da vida administrativa em que o confronto de interesses em presença recomenda, muitas vezes, a admissibilidade da suspensão do acto negativo.

Já se pode considerar pacífico hoje, como se referiu acima, que da denegação de uma pretensão do administrado, ou seja, de um acto de conteúdo negativo — por exemplo, do indeferimento de um pedido de prorrogação de uma situação em vias de extinção jurídica, (v.g., uma licença que era renovável por acto da Administração) — pode resultar não a manutenção, mas a modificação do *statu quo ante* (no caso, a cessação da licença existente) e, então, já não funciona a razão invocada para afastar a possibilidade de suspensão do acto negativo. Justifica-se que se permita, em casos desses, a sua suspensão, podendo eventualmente o particular continuar a exercer (por certo tempo) a actividade licenciada, até que seja decidida a reclamação ou recurso que se tenha deduzido contra o acto negativo.

Em casos desses e similares, considera Vieira de Andrade (Lições…, cit., pág. 124), que o acto negativo pode ser suspenso, desde que haja *utilidade* nessa suspensão — como no caso dos actos negativos que alteram directamente a situação do requerente — e se verifique a *"aparência de bom direito"*, como sucede no caso de recusas não fundamentadas de pedidos de prorrogação ou manutenção de situações jurídicas (designadamente quando a lei preveja estas hipóteses).

Em sede de suspensão judicial da eficácia do acto (meramente) negativo, a nossa jurisprudência ainda não abandonou a concepção tradicional, senão nesses aspectos já pacíficos, hoje. Veja-se, nesse sentido, o Acórdão do STA, 1ª Secção, de 2 de Junho, de 1992, e, no mesmo processo, o subsequente Acórdão do Tribunal Constitucional, de 24 de Março, de 1994. Confirmando a jurisprudência do STA, diz, em suma, o Tribunal Constitucional, neste último Acórdão, que, cabendo ao legislador a liberdade conformadora de fixar requisitos e condicionantes relativamente às situações em que se permite a suspensão de eficácia dos actos administrativos, na mesma ordem de razões não enfermará de inconstitucionalidade a interpretação do art. 76.° e segs. da LEPTA que conclua pela inviabilidade da suspensão de eficácia de actos de conteúdo negativo.

Um e outro Tribunal limitam-se a ressalvar, como única exigência decorrente do princípio constitucional da tutela judicial efectiva, a possibilidade da suspensão dos efeitos positivos ablatórios que eventualmente, e a título secundário, o acto negativo ainda produza — caso tais efeitos afectem, portanto, directa e actualmente a situação do recorrente.

Em sentido contrário, e na esteira das mais recentes doutrina e jurisprudência italianas nesta matéria, ver CLÁUDIO MONTEIRO, "A suspensão de eficácia dos actos administrativos de conteúdo negativo", Lisboa, 1992. Sobre a jurisprudência do Tribunal Constitucional, em matéria de suspensão de eficácia dos actos administrativos, ver FERNANDA MAÇÃS (A relevância constitucional da suspensão judicial da eficácia dos actos administrativos, in Estudos sobre a Jurisprudência do Tribunal Constitucional, Lisboa, 1994).

O que se vem sustentando nesses domínios, quanto à suspensão administrativa de actos negativos, é a admissibilidade de a Administração se servir de medidas cautelares de conteúdo positivo especificado — em casos em que a não suspensão do acto negativo se traduzisse na perda de qualquer utilidade (ou da utilidade essencial) da pretensão em causa, se se viesse a demonstrar ser ela inteiramente legítima —, o que permitiria ao interessado ir usufruindo, provisória ou condicionalmente, de algumas das utilidades ínsitas na pretensão formulada, se os valores envolvidos tiverem dignidade para justificar essa eficácia positiva provisória dum acto de conteúdo negativo. Pense-se no caso do estudante que não foi admitido a inscrever-se e a quem se permite ir frequentando as aulas e realizando provas, na condição de vir a ser provida uma reclamação ou um recurso seu desse acto de não-admissão (ou de efeito similar).

Outra questão respeita à impossibilidade (puramente teórica) da suspensão da eficácia de **actos nulos**.

É claro que a Administração não pode suspender a eficácia de um acto por o considerar nulo, devendo antes, nesse caso, declarar tal nulidade e retirar (ou desaplicar) o acto em causa do ordenamento jurídico: pois se ele não produz efeitos, é juridicamente impossível suspendê-los.

Artigo 150.º

Já vimos, porém, acima — em comentários preliminares e ao art. 134.º do Código — que uma coisa é um acto ser juridicamente nulo, outra, a de tal nulidade ser reconhecida pela Administração sua autora (ou executante) e pelos interessados. E podendo dar-se a hipótese de a Administração estar a pretender tirar os efeitos jurídicos ou práticos que esse acto comportaria, se fosse válido, surge a possibilidade da sua suspensão — eventualmente até, para se confirmar se se trata (ou não) de um acto nulo.

VIII. Outra questão, que já se enunciou na nota **VI** deste artigo, é saber se a eficácia dos actos administrativos irrevogáveis (por exemplo, os actos válidos constitutivos de direitos) pode ou não ser suspensa.

É evidente que o acto constatadamente irrevogável não pode ser objecto de suspensão.

Em todo o caso, como tal irrevogabilidade pode não estar ainda "acertada", confirmada, não há obstáculos lógicos ou teleológicos que se oponham à sua suspensão, até que, precisamente, se determine se ele padece ou não de determinada ilegalidade.

Com duas restrições, claro: em primeiro lugar, que essa suspensão do acto constitutivo seja fundamentada em razões que indiciem a existência de ilegalidade: em segundo lugar, que ela (suspensão) seja por prazo certo (determinado ou determinável), não excedendo nunca o prazo legal para a decisão da reclamação ou recurso administrativos, que pudessem ser deduzidos contra a decisão *suspendendi*.

IX. Regem, em geral, sobre a **suspensão judicial** da eficácia dos actos administrativos os arts. 76.º e segs. da Lei de Processo — em que o respectivo processo aparece como um incidente do recurso contencioso de anulação.

Podem encontrar-se em PEDRO MACHETE ("A suspensão jurisdicional da eficácia de actos administrativos", em O Direito, ano 123.º) além dos Autores já citados, referências úteis às questões que aí se têm suscitado e às correntes jurisprudenciais que se vêm formando, com maior ou menor uniformidade e esclarecimento.

X. Não valem, em matéria de **suspensão administrativa**, os requisitos da suspensão judicial da eficácia do acto administrativo, ou pelo menos, não valem nos mesmos termos.

Quanto ao requisito da inexistência de um grave dano para o interesse público, pode aqui passar-se sem ele, no caso de o órgão competente entender que, apesar disso, o caso pede outra solução — flexibilidade de que o juiz não dispõe ao ponderar se deve, ou não, suspender a eficácia do acto administrativo recorrido.

Também não funciona aqui — esse, em termos nenhuns — o requisito da irreparabilidade (ou difícil reparação) dos prejuízos derivados da execução, sem o qual o tribunal não pode suspender o acto recorrido; a Administração pode fazê-lo, mesmo que tais prejuízos sejam perfeitamente reparáveis e/ou determináveis.

Artigo 151.º
Legalidade da execução

1. Salvo em estado de necessidade, os órgãos da Administração Pública não podem praticar nenhum acto ou operação material de que resulte limitação de direitos subjectivos ou interesses legalmente protegidos dos particulares, sem terem praticado previamente o acto administrativo que legitime tal actuação.

2. Na execução dos actos administrativos devem, na medida do possível, ser utilizados os meios que, garantindo a realização integral dos seus objectivos, envolvam menor prejuízo para os direitos e interesses dos particulares.

3. Os interessados podem impugnar administrativa e contenciosamente os actos ou operações de execução que excedam os limites do acto exequendo.

4. São também susceptíveis de impugnação contenciosa os actos e operações de execução arguidos de ilegalidade, desde que esta não seja consequência da ilegalidade do acto exequendo.

I. *O princípio da precedência do acto administrativo exequendo. Âmbito: actos impositivos, actos limitativos e actos ampliativos; actos materiais/actos jurídicos.*

II. *A sanção em sede de ilicitude e de validade da execução (limitativa) não precedida de acto administrativo exequendo.*

III. *A execução administrativa imediata: a aplicação do princípio do estado de necessidade neste domínio.*

IV. *A impugnação dos actos de execução praticados em estado de necessidade.*

V. *O princípio da proporcionalidade em matéria de execução: a desproporção por excesso (do prejuízo) ou defeito (de benefício).*

VI. *O interesse público, como primeiro parâmetro da proporcionalidade das medidas executivas.*

VII. *A fiscalização da legalidade da execução desproporcionada.*

VIII. *A impugnabilidade autónoma da violação (além ou aquém) do acto executado pelo acto de execução: sentido e alcance.*

IX. *As diferentes hipóteses de impugnação dos actos de execução.*

X. *A impugnação de "actos e de operações de execução": a admissão da impugnabilidade das operações materiais.*

XI. *As ilegalidades próprias dos actos de execução: ilegalidades meramente consequentes.*

XII. *Outras garantias procedimentais e processuais contra a execução ilegal.*

Artigo 151.º

art. 151.º, n.º 1

I. O princípio aqui afirmado é o de que o acto administrativo (exequendo) é pressuposto da legalidade do procedimento executivo.

Enquadrando a norma no âmbito da execução administrativa coactiva, e tomando-a no aspecto estritamente garantístico — pois podia-se enquadrá-la num âmbito mais vasto —, o legislador reduziu o princípio da precedência de acto administrativo à garantia da esfera jurídica de particulares contra *"actos ou operações materiais de que resulte limitação de direitos ou interesses"* seus.

Mas a verdade é que o princípio da precedência do acto administrativo (que a legitima) é válido para toda a execução administrativa: a Administração não pode praticar actos ou operações materiais de execução de actos administrativos, mesmo daquelas que alarguem a esfera jurídica de particulares em situações ou relações jurídico-administrativas, sem que tenha antes declarado qual é o conteúdo desse alargamento ou dessa situação.

Por outro lado, o princípio legal parece limitado nesta norma à restrição ou "invasão" **física (material)** da esfera da propriedade e liberdade alheia, quando deve valer também — mesmo se em termos algo diferentes — para os actos jurídicos que traduzam igual limitação ou invasão: não se vê que, por exemplo, o registo apropriado da classificação de um imóvel como monumento nacional, de interesse histórico, cultural (ou outro), que é um acto jurídico, deva ter um regime diferente, nesta parte, da operação que se traduz na aposição nele de uma placa a identificá-lo como tal. Entende-se, pois, que ao alternar expressamente "actos" e "operações materiais", o legislador, com a primeira, estava a referir-se aos actos jurídicos.

Aliás, os n.ᵒˢ 3 e 4 deste mesmo artigo não são compatíveis com outra ideia.

II. O princípio de que as medidas executivas só podem ter lugar havendo acto administrativo exequendo que legitime tal execução, é um princípio fundamental do ordenamento jurídico-administrativo e protege valores e interesses de tal grandeza, que mal ficaria penalizar a sua violação com a sanção da mera anulabilidade, como se se tratasse de um caso de "mera" falta de pressupostos legais. A execução não legitimada por acto administrativo anterior é um problema de licitude e não, estritamente, de legalidade, ilicitude que, nalguns casos, pode mesmo transformar-se em desvalor de natureza criminal.

Quando se trate de um caso de falta de acto administrativo, de ele não ter sido sequer produzido, quando nenhuma decisão configurável como acto administrativo há — e se tratar de condutas executivas limitativas dos direitos ou interesses de terceiro —, a execução de acto administrativo é absolutamente proibida e inválida, nula, traduzindo-se numa *"via de facto"* ou *voie de fait*. Parece ser isso mesmo que resulta do facto de nos n.ᵒˢ 3 e 4 deste mesmo art. 151.º não se prever a hipótese de falta de acto administrativo exequendo, como um dos casos de impugnação de legalidade dos actos de execução.

Artigo 151.º

Sempre, aliás, se consideraram as *"voies de fait"* como casos de inexistência ou nulidade do acto administrativo (eventualmente ficcionado), susceptíveis de impugnação a todo o tempo.

Duvidoso é se tal solução valerá também para o caso de, não havendo acto administrativo exequendo, ter sido notificado ao interessado o começo de uma execução (em observância do disposto no art. 152.º do Código): parece-nos, à primeira vista, que não existem razões para distinguir esta hipótese da anteriormente enunciada, pois a ambas corresponde a situação de falta de procedimento (declarativo) e decisão respectiva.

É preciso assinalar, em todo o caso, que nos estamos a referir aqui aos casos de falta de acto administrativo e não aos casos da sua ineficácia (nomeadamente, por falta da publicidade legalmente exigida), caso que deve ser avaliado procedimentalmente nos termos dos n.ᵒˢ 3 e 4 subsequentes, e não deste n.º 1.

III. O princípio da precedência de acto administrativo exequendo é afastável em caso de *estado de necessidade* (art. 3.º, n.º 2).

Isto é, se as circunstâncias e os interesses envolvidos forem de molde a configurar um estado de necessidade administrativa, já é dado à Administração praticar actos jurídicos ou operações materiais "limitativas" ou extensivas da esfera jurídico-administrativa de particulares, sem ter que praticar previamente o acto administrativo habilitante.

Pode ver-se um caso especial desses no Código das Expropriações (art. 39.º, n.º 2), no qual se dispõe que, *"quando a necessidade de expropriação decorra de calamidade pública, exigências de segurança interna e de defesa nacional, o Estado ou as autoridades públicas por este designadas poderão tomar posse imediata dos bens destinados a prover à necessidade prevista no mencionado preceito, sem qualquer formalidade, indemnizando os interessados nos termos gerais de direito, seguindo-se, quanto ao mais, a tramitação prevista para os processos de expropriação litigiosa"*.

Em conformidade com o que se disse a propósito do n.º 2 do art. 3.º, assume-se aqui que o princípio da dispensa de acto administrativo em estado de necessidade só é aplicável se a situação for tal que não consinta nem o desenrolar do procedimento nem sequer a tomada ou emissão de uma decisão jurídico-administrativa. Caso contrário, passa-se sem procedimento, mas não sem decisão (mesmo que tomada em regime de estado de necessidade).

IV. Praticado o acto ou operação material executivos em estado de necessidade, sem existir o acto precedente (que os legitimaria, como vias formais de direito), não estamos, contudo, perante uma via de facto, mas sim perante uma via de direito: e, por isso, o interessado é admitido a impugná-las (às operações materiais), como tal.

Artigo 151.º

Ou seja, para efeitos de reacção dos interessados, ficciona-se o acto que teria sido praticado (em circunstâncias anormais, como as existentes, e em função do conteúdo e alcance dos actos ou operações materiais que foram realizados), a fim de o impugnar em sede de recurso contencioso — se se der o caso de tais operações serem ilegais por falta dos pressupostos da situação de necessidade ou por desproporcionalidade. Isso, claro, na pressuposição de que, ao menos, tal situação de necessidade foi invocada e fundamentada perante as pessoas a quem respeita o acto ou operação material em causa.

Mesmo, porém, sem tal invocação, pode recorrer-se hoje a outros meios processuais, como a acção para o reconhecimento de um direito, tornando dispensável aquela ficção da existência de acto administrativo exequendo, como meio de discutir contenciosamente as medidas tomadas.

Além disso, os prejuízos causados por actos ou operações materiais praticados ao abrigo do estado de necessidade podem fundar uma acção de indemnização por acto lícito contra a pessoa colectiva de direito público responsável pela sua prática, se tiverem provocado sacrifícios especiais aos particulares (cfr. art. 9.º, n.º 2 do Decreto-lei n.º 48.051, de 21 de Novembro de 1967); se os resultados produzidos pudessem ter sido alcançados de outro modo (mediante actos administrativo prévio ou noutra proporção), é que o acto ou operação material deixa de ser válido, por não estar coberto pelo estado de necessidade, abrindo lugar à possibilidade de uma indemnização por actos ilícitos.

art. 151.º, n.º 2

V. A consagração explícita do princípio da proporcionalidade (ou da *necessidade*) no n.º 2, não pode deixar de ser tomada como um sinal do seu especial relevo neste domínio — e que advém, também, de ser aqui mais fácil averiguar da sua (in)observância, pela existência de um parâmetro concreto e densificado de comparação da proporcionalidade das medidas tomadas e das medidas possíveis.

Para além do sentido jurídico da imposição, ela mostra que no procedimento executivo se formulam juízos e opções autónomos, que obrigam a não considerar puramente factual a actividade que aí se desenvolve (mesmo quando se consubstancia em operações materiais).

O preceito legal parece desenhado apenas em termos de actos impositivos, ou seja, de menor ou maior prejuízo do executado, mas pensamos que ele deve aplicar-se também em matéria de actos favoráveis ao particular, que devem ser executados, também, segundo o princípio do maior ou melhor benefício (em harmonia com o interesse público).

Resulta daqui que toda a execução que envolva confronto com direitos e interesses de terceiros — seja-lhes favorável ou desfavorável — deve ser sempre pautada pela ideia da utilização dos instrumentos ou medidas executivas que menor prejuízo (ou maior benefício) lhes causem.

Artigo 151.º

Usando meios excessivos (ou defeituosos) em relação àquilo que a execução do acto pedia, a Administração actua ilegalmente, resultando daí a invalidade dos respectivos actos (ou a sua eventual responsabilização em sede de ilícito).

VI. O princípio da proporcionalidade tem ínsita, em si, a ideia da prevalência do interesse público, sendo em função da sua intensidade concreta que se avalia se as medidas em causa são, ou não, em sede executiva, as menos desfavoráveis (ou as mais favoráveis) para os administrados.

Ou seja, o acto administrativo não se executa para realizar equilibrada e harmoniosamente os interesses público e particular nele envolvidos, mas para, realizando integralmente aquele, "danificar" o menos (ou favorecer o mais) possível este.

O legislador, pelo menos, segue essa concepção privilegiada do interesse público, na medida em que promoveu a primeiro parâmetro da proporcionalidade da execução *"a realização integral dos objectivos"* do acto, acrescentando que, *"na medida em que isso for possível ...., serão utilizados os meios que ... envolvam menor prejuízo para os particulares"*.

Interesse público para este efeitos são, note-se, os *"objectivos do acto"*: se ele respeitar a direitos e interesses de particulares — no confronto de outros particulares —, é o interesse público ligado ao reconhecimento ou atribuição dessa posição particular que funcionará como padrão da proporcionalidade (ou necessidade) dos meios utilizados.

VII. A fiscalização da desproporcionalidade dos meios executivos utilizados — desde que a medida da intensidade do interesse público esteja definida pela lei, pelo autor do acto exequendo ou pela própria Administração executiva — é relativamente fácil de fazer, bastando determinar se havia meios executivos causadores de menor prejuízo (ou de maior benefício) para o destinatário ou interessados no acto.

Nesse pressuposto — estando fixada, de qualquer maneira, a dimensão do interesse público a realizar —, a consagração explícita da exigência da proporcionalidade (que, afinal, impregna constitucional e legalmente toda a actividade administrativa) há-de tomar-se como um sinal do legislador, para que os tribunais encarregados de a apreciar finquem a sua atenção neste aspecto da execução dos actos administrativos, ou seja, que asseguram nesta matéria a justiciabilidade plena do princípio — quando, noutros domínios, a sua aplicação se faz em função de parâmetros e critérios muito mais flexíveis e relativos, que dificilmente permitem um juízo seguro e convicente de desproporcionalidade.

art. 151.º, n.º 3

VIII. É principio geral o da inimpugnabilidade contenciosa ou administrativa autónoma dos actos de execução de anterior acto administrativo, por não con-

Artigo 151.º

terem outros efeitos jurídicos que não sejam a mera concretização ou desenvolvimento da estatuição jurídica contida no acto executado — sendo, portanto, este que deve ser objecto de impugnação.

O que se vem dizer neste preceito, na sequência aliás de jurisprudência e doutrina uniformes, é que, se a execução ultrapassar (na sua compreensão ou extensão) o conteúdo do acto executado, os seus "limites" ou efeitos, se ela for concretização de algo que o acto executado não comportava, então, o acto de execução — que não constitui, em circunstância alguma, revogação (tácita) do acto que executa — já se considera autonomamente impugnável em via administrativa ou contenciosa.

Nós diríamos, antes, em consonância com o que se vem afirmando, que a execução é impugnável autonomamente quer vá além quer fique aquém do conteúdo do acto executado: *contra, além* ou *aquém* do acto executado, são, portanto, as preposições com que se delimita o campo de aplicação do preceito do n.º 3 deste art. 151.º do Código. O que interessa para efeitos da sua impugnação autónoma, é que o acto de execução se apresente com efeito jurídico *inovador,* em relação ao acto executado.

Trata-se, aqui, de uma causa ou questão diversa da da proporcionalidade dos actos ou operações de execução, a que nos referimos acima em comentário ao n.º 2. Agora, averigua-se da conformidade do acto de execução com a medida contida no acto executado, havendo ilegalidade se tal acto vai além (ou fica aquém) dessa medida; ali, em sede de proporcionalidade, o parâmetro do acto administrativo de execução não é o conteúdo do acto executado, mas a necessidade de realização (integral) dos seus efeitos, havendo desproporcionalidade se se praticaram actos de execução que, cabendo — pela sua extensão, conteúdo (ou eficácia) — na medida executada, são, porém, desproporcionados à realização dos interesses que, com ela, se visavam.

Assim, por exemplo, o acto de aplicação de uma sanção por 15 dias é executado desproporcionadamente se se proíbe o funcionário de, durante esses 15 dias, ir, sequer, ao local de trabalho, buscar os bens pessoais que aí tenha; mas já se trata de uma execução *além* do acto executado, se se ordena aos serviços de contabilidade que procedam à retenção da remuneração correspondente a todo o mês em que foi cumprida a sanção.

O facto de se distinguir a hipótese do n.º 2 e do n.º 3, não quer dizer, como se viu, que o acto de execução desproporcionado não seja também autonomamente impugnável.

IX. Sobre o confronto entre a previsão do n.º 3 e a do n.º 4 subsequente — que não é nada fácil de estabelecer em termos rigorosos — diremos a propósito desta última.

Fica claro, porém, que seja qual for o critério correcto de distinção, a solução, em termos de garantia de impugnação e defesa, há-de ser sempre a mesma: enquadrando-se numa ou noutra das previsões da lei, a execução que ultrapasse o acto

Artigo 151.º

executado é sempre questionável autonomamente em juízo ou administrativamente, devendo ser anulada na parte correspondente por nulidade ou anulabilidade.

Mas também se podia entender que no n.º 3 estão incluídos os vícios dos actos de execução que decorrem de uma falta (relativa) de legitimação pelo acto administrativo executado — aproximando tais situações daquelas em que falta de todo o acto legitimador, enquanto que, no n.º 4, estariam em causa os vícios próprios dos actos de execução (nos seus pressupostos específicos) ou que só neles se reflectem, por ser posterior à decisão e extinção do procedimento declarativo (como, por exemplo, quando o acto de execução fosse desproporcionado).

X. Revela este n.º 3 — bem como o n.º 4 — que, ao referir-se à execução como sequência de *"actos ou operações materiais"*, o legislador tinha em vista também actos (jurídicos) administrativos, não apenas acções físicas ou materiais.

O curioso é que se tenha admitido a impugnabilidade das *"operações de execução"* — parecendo (embora haja divergência literal) que se trata das operações materiais a que se refere o n.º 1 deste artigo.

Estará o legislador a referir-se apenas à impugnação administrativa de operações materiais, sempre possível, dentro do esquema aberto das reclamações e recursos administrativos, ou estará a admitir mais do que isso? A admitir, por exemplo, que se pode impugnar contenciosamente qualquer operação material (ficcionada em acto administrativo), se ela extravazar do seu antecedente jurídico, para, uma vez anulada, a Administração ficar directamente obrigada a repor as coisas como estariam hoje, se elas não tivessem tido lugar? Pensamos ser esta a solução pretendida e estabelecida neste n.º 3.

Esta possibilidade é, aliás, uma contrapartida natural da formidável prerrogativa executiva da Administração, tanto mais justa quanto é conhecida a tradicional estreiteza, incompletude e falta de flexibilidade dos meios judiciários administrativos — embora, hoje, com a acção para o reconhecimento de um direito (ao menos, quando perder o seu carácter subsidiário), as coisas se apresentem menos sombrias.

E não ficaria mal que, pelo menos de vez em quando, seja o legislador material a determinar as opções possíveis em matéria de *garantia* (processual), em vez de ser esta a determinar a consistência efectiva da posição conferida por aquele.

Entendemos, portanto, que se o particular for vítima duma operação material que exceda os limites do acto executado (ou de antecedente acto jurídico de execução), ela própria é passível de recurso de anulação. Ou de acção para o reconhecimento de um direito, preferirão alguns.

art. 151.º, n.º 4

XI. Consagra-se aqui uma segunda excepção ou desvio à regra da inimpugnabilidade contenciosa dos actos do procedimento de execução.

Artigo 152.º

Enquanto no n.º 3 estava em causa o facto de o acto de execução ser contra, ir além ou ficar aquém do acto executado, aqui está em causa o facto de ele ser directamente desconforme com o regime legal instituído para actos de tal categoria executiva.

Se se tratar de uma dessas ilegalidades próprias, específica do acto de execução, ele passa (já o vimos) a ser também administrativa e contenciosamente impugnável. Ao invés, se a ilegalidade do acto (ou operação) de execução corresponder ou derivar de alguma ilegalidade que já afectava o acto executado, é este que deve ser impugnado, não podendo sê-lo (autonomamente) o acto de execução.

Cabem, então, neste n.º 4 — segundo o enquadramento que acima pareceu preferível, embora praticamente desnecessário, por todas as hipóteses concebíveis estarem cobertas por ele ou pelo n.º 3 —, os casos de invalidade da execução previstos nos n.ᵒˢ 1 e 2 deste preceito, bem como a violação do princípio da proporcionalidade (da igualdade, etc) ou da precedência de acto administrativo eficaz, e ainda a inobservância das normas específicas do próprio acto de execução (sobre competência, conteúdo e prazos, etc).

XII. Ao admitir que os actos de execução são passíveis de impugnação administrativa ou judicial, o preceito está a admitir, claro, que também a sua execução pode (ou deve) ser sustida ou suspensa, nos termos em que isso está legalmente previsto na lei procedimental, para a impugnação do acto administrativo em geral, e sobre os quais dissemos o essencial em nota ao art. 150.º, n.º 2.

Artigo 152.º

Notificação da execução

1. A decisão de proceder à execução administrativa é sempre notificada ao seu destinatário antes de se iniciar a execução.

2. O órgão administrativo pode fazer a notificação da execução conjuntamente com a notificação do acto definitivo e executório.

I. A decisão de proceder à execução (dependência e autonomia em relação à decisão do procedimento declarativo).

II. A importância do preceito na concepção e nas garantias de execução dos actos administrativos: a autonomia legal do procedimento executivo (coactivo ou não).

III. A notificação da decisão de proceder à execução (como contrapartida da não recepticialidade dos actos administrativos impositivos).

Artigo 152.º

IV.   *O conteúdo da decisão de execução e da sua notificação.*

V.   *Os requisitos legais da decisão de proceder à execução.*

VI.   *A decisão e notificação sobre o recurso à execução judiciária (fiscal).*

VII.   *A notificação contextual do acto executado e da decisão de o exe-cutar (casos em que não é possível). A notificação da execução de actos ineficazes.*

art. 152.º, n.º 1

I. A centralidade da decisão do procedimento declarativo do acto administrativo (art. 151.º) não pode ocultar a dimensão procedimental-decisória da actuação administrativa que se segue àquele, para pôr a ordem jurídica e a realidade material em conformidade com o que nele se dispôs.

Ou seja, se a produção do acto administrativo é, nos termos vistos (nota ao art. 151.º), uma condição necessária da legalidade do procedimento executivo, não é, no entanto, uma condição suficiente: é preciso também que se **notifique** (àqueles cuja pessoa, direitos ou bens estão envolvidos nessa execução) que se vai proceder a ela, **externar** essa decisão executiva, mesmo naqueles casos em que o acto administrativo (*maxime,* os impositivos) não deixa dúvidas sobre a passagem à fase de execução.

Ora, a necessária externação e comunicação da **decisão de proceder à execução** implica a aceitação de que o procedimento executivo se inicia com uma decisão administrativa diversa e autónoma daquela que esteve na sua origem e que essa decisão — embora condicionada na sua prática e seu conteúdo pelo acto administrativo precedente — passa a ser o acto central do procedimento executivo, importando analisar o seu alcance, conteúdo e as exigências legais quanto à sua produção.

II. O preceito é, pois, a revelação formal da autonomia legal do procedimento de execução do acto administrativo, em relação ao procedimento da sua formação e manifestação, reconhecida logo no art. 1.º do Código: praticado o acto administrativo, só se inicia (oficiosamente ou a pedido de interessado) o procedimento executivo, não apenas com a **decisão de proceder** ao mesmo, mas também com a **notificação dessa decisão** — que deve anteceder o início da execução administrativa.

Revelação formal, sim, mas que é fruto de uma profunda alteração do sistema jurídico-administrativo português, em sede de execução do acto administrativo, no sentido de uma protecção acrescida dos interesses dos administrados. Tradicionalmente, olhava-se para a actividade executiva da Administração como uma actividade juridicamente (quase) indiferente, concebida como mera extensão de um poder ínsito na produção do acto administrativo. Agora, a obrigação de noti-

Artigo 152.º

ficar a decisão de proceder à execução supõe a alteração daquele quadro, por chamar a atenção para dois factores essenciais: a autonomia jurídica do procedimento executivo (figurando como uma nova intervenção administrativa na esfera jurídica ou material do administrado) e a ideia de que há um quadro valorativo próprio da actividade executiva, que se traduz, designadamente, na escolha jurídica do momento e das medidas concretas de execução, bem como dos meios que se devem usar para as realizar.

A decisão de proceder à execução existiu sempre, mas como acto interno (não impugnável nos tribunais): a alteração que a obrigação de sua notificação indicia é a de que aquela decisão deixou de ter relevância apenas interna e — por supor um juízo autónomo e inovador — terá que ser comunicada ao administrado.

Tal decisão passa, assim, a ser o acto central do procedimento executivo: os actos materiais e jurídicos da execução administrativa, se o início do procedimento executivo não foi notificado, são ilegais por vício na tramitação do respectivo procedimento, que o destinatário pode invocar (autonomamente) contra eles.

Valoriza-se assim a ideia, referida pelos AA. do *Projecto* do Código (ob. cit., pág. 231), de que a execução dos *actos impositivos* passa pela **obrigação** de dar aos respectivos destinatários a possibilidade de os cumprirem voluntariamente — surgindo a execução coerciva, por parte da Administração, como "último recurso" —, embora não se possa dizer que tal ideia seja imediatamente reconhecível no preceito legal, o qual (ao contrário do que aconteceu com outros desta Secção) não está posto apenas para os actos impositivos e poderia hipoteticamente (sem grande utilidade até) abarcar a execução de qualquer acto administrativo. Aliás, mesmo para aqueles, o Código só fala expressamente de notificação dessa decisão a propósito da execução para a prestação de facto fungível, no seu art. 157.º, n.º 1.

Mas é, evidentemente, em relação aos actos impositivos — para qualquer dos interessados na relação jurídica administrativa, ainda que seja favorável ao seu primeiro destinatário — que o preceito tem o melhor do seu significado, nomeadamente naqueles casos em que o incumprimento do acto administrativo (a que se seguirá a execução coerciva) tem que ser objecto de constatação ou verificação administrativa.

III. Para quem sustenta, com base no art. 132.º, a tese da não recepticialidade dos actos administrativos impositivos — questão a que nos referimos no respectivo comentário —, a obrigação da notificação da decisão de proceder à execução evitaria, ao menos, que o destinatário fosse totalmente surpreendido pela sujeição a um acto administrativo, cuja existência não lhe foi dada a conhecer directa e seguramente, através da notificação exigida.

Ao menos assim, o interessado pode deduzir imediato recurso contencioso (ou hierárquico necessário) contra a decisão de iniciar o procedimento e pedir a sua suspensão imediata (que não vemos lhe possa ser recusada), sem o ónus de ter que

Artigo 152.°

procurar conhecer o acto primário que lhe deveria ter sido notificado, para impugnar este (se fosse, ele próprio, ilegal), ou para indiciar a ilegalidade da decisão de início do procedimento executivo.

IV. Está ínsita, no preceito do n.° 1, a exigência de a decisão de proceder à execução levar consigo não apenas a determinação de que a execução se vai iniciar, mas também a fixação das modalidades e condições da sua observância ou do seu cumprimento voluntário pelo respectivo destinatário.

Só faz sentido, efectivamente, notificar a decisão de proceder à execução se esta contiver as determinações administrativas sobre o modo, pelo menos inicial, como o particular a pode cumprir, ou como a Administração a vai executar, quando isso seja necessário. Mas o conteúdo dessa decisão e notificação podem variar muito, em função não só do conteúdo do acto executado, como das características da situação a que ele se refere.

A decisão de que se vai proceder à execução pode, por exemplo, consistir na mera intimação para o cumprimento ou observância do acto — quando se tratar, por exemplo, de uma proibição administrativa — duvidando-se que, no caso de desobediência, a Administração ainda tenha de notificar novamente o particular de que vai impor-lhe coercivamente tal proibição.

Já a decisão de proceder à execução para prestação de facto positivo ou entrega de coisa certa — ainda que haja a possibilidade de ser o particular a cumprir voluntariamente (o que nem sempre acontece) — deve ser notificada com a indicação das datas, dos locais e das modalidades do respectivo cumprimento e de tudo mais que for necessário para que o particular sofra o menos (ou beneficie o mais) possível com o modo de cumprir.

Em todo o caso, a decisão e notificação de se ir proceder à execução é mais uma decisão e notificação sobre o conteúdo e os termos da execução administrativa (ou da observância voluntária do acto), do que a mera comunicação da abertura do procedimento executivo — o que não realizaria os interesses da protecção e *garantia*, que se quiseram conferir com esta norma (nota **III**).

V. Em consonância com tudo o que se dispõe nos artigos anteriores, são requisitos de validade dessa decisão de proceder à execução, em primeiro lugar, a existência de um acto administrativo eficaz, susceptível (já ou ainda) de produzir os seus efeitos: o acto nulo, o acto carente de aprovação, o acto cujo termo resolutivo já se verificou, etc, etc, não constituem suporte legal idóneo da decisão de proceder à execução.

Em segundo lugar, são competentes para tal decisão, consoante os casos, o próprio autor do acto executado ou os órgãos a quem compete estatutariamente a execução das decisões ou deliberações daquele, como acontece entre órgãos deli-

729

Artigo 152.º

berativos e executivos (Câmara Municipal e respectivo Presidente), entre órgãos hierarquicamente superiores e subalternos, entre órgãos requisitantes e coadjuvantes.

Já referimos na nota anterior qual o conteúdo da decisão de proceder à execução.

Quanto à sua forma, ela é escrita (art. 122.º) e não existem formalidades procedimentais gerais que devam ser observadas aqui.

VI. Põe-se a questão de saber se a letra do n.º 1 do artigo, ao falar em *"execução administrativa"*, não está a afastar a obrigação de decidir e notificar a execução naquelas hipóteses em que se trata de execução para pagamento de quantia certa (art. 155.º), e que se efectivam (pelo menos, em determinada fase) através de um processo jurisdicional.

Se bem que não se possa falar, então, numa execução administrativa (plena), parece que, para os efeitos visados pela obrigação de notificar, a distinção não faz sentido: há aqui, do mesmo modo, uma decisão de proceder à execução, bem como a necessidade de proteger os interesses dos particulares lesados, eventualmente interessados no cumprimento voluntário da obrigação administrativa pecuniária.

art. 152.º, n.º 2

VII. A notificação da decisão de proceder à execução administrativa pode ser feita conjuntamente com a notificação do acto executado — no mesmo documento ou resultar, até (tácita ou implicitamente), daquele — *maxime*, se forem ambos (o acto executado e a sua execução) da competência do mesmo órgão. O preceito parece, porém, não excluir nenhuma hipótese de contextualidade, a qual, aliás, não afecta em nada (senão documentalmente) o princípio da autonomia do procedimento executivo, que afirmámos a propósito do n.º 1.

A contextualidade da notificação do acto administrativo e da decisão de proceder à execução devia ser afastada naqueles casos em que a passagem à fase coerciva da execução pressupõe a verificação (ou *accertamento*) pela Administração do incumprimento das obrigações dele derivadas — não bastando, portanto, que na notificação contextual se advirta o executado que, se não cumprir (até tal data), se passará à execução coerciva.

A notificação conjunta dos dois actos pressupõe, naturalmente, que o acto "definitivo" ou exequendo seja já eficaz. Porém, no caso de tal acto ter a sua eficácia diferida — por força, por exemplo, de publicação obrigatória a que haja lugar —, a notificação conjunta da decisão de proceder à execução não será inválida, se os seus efeitos forem (explícita ou implicitamente) diferidos também para esse momento.

Artigo 153.º
Proibição de embargos

Não são admitidos embargos, administrativos ou judiciais, em relação à execução coerciva dos actos administrativos, sem prejuízo do disposto na lei em matéria de suspensão da eficácia dos actos.

> *I. A proibição de embargos judiciais e administrativos à execução de um acto administrativo pela Administração: significado.*
>
> *II. A admissibilidade dos embargos à execução administrativa no caso da "voie de fait" administrativa.*
>
> *III. Os meios de reacção contra a execução ilegal do acto administrativo: a suspensão administrativa ou judicial da respectiva eficácia e o direito de resistência (defensiva).*

I. No direito processual civil, a lei admite que o executado (ou terceiro que nisso tenha interesse) se oponha à execução por meio de embargos, mesmo se em termos relativamente apertados, do ponto de vista processual e substancial. No procedimento administrativo executivo isso não é possível, não se admitindo que a execução coerciva posta em marcha pela Administração seja sustada (senão nos casos e pelos meios previstos na lei).

A proibição geral de embargos à execução administrativa significa que o interessado em sustar a execução do acto administrativo o deve fazer através da impugnação da sua legalidade e do pedido de suspensão da sua eficácia: não é admitido, portanto, a ninguém parar directamente uma execução invocando o perigo de prejuízos irremediáveis daí resultantes, se essa pretensão não for deduzida através da invocação da sua ilegalidade em processo contencioso apropriado.

Também poderá ter aqui um papel relevante a acção para o reconhecimento de um direito ou interesse legítimo, que leve, por exemplo, um terceiro abrangido pela execução administrativa a procurar que o tribunal administrativo reconheça o seu direito (a sua pessoa ou bens) a ficar imune a essa execução.

II. A proibição de embargos desaparece (pelo menos, quanto aos judiciais) quando se trate de execução não precedida de acto administrativo legitimante, ou seja, quando se trate de uma "via de facto" — cfr. comentários aos arts. 151.º e 152.º —, podendo eles, nesse caso, ser deduzidos (e, eventualmente, pedida a declaração de inexistência jurídica de acto administrativo *rectius*, da nulidade de execução), mesmo nos tribunais comuns.

Artigo 154.º

III. Quanto à inadmissibilidade de **embargos administrativos**, ela é plena em relação a embargos decretados por autoridade diversa do autor do acto — a não ser, claro, quando se trate de outros órgãos que possam (por razões de hierarquia ou tutela) obstar à continuação da execução, à manutenção da eficácia dos actos de órgãos que lhes estejam infra-ordenados.

No âmbito da Administração, o sentido da norma é, então, o de que não há um procedimento administrativo próprio para o particular declarar e tornar efectiva a sua oposição à execução, embora a Administração possa (a seu pedido) suspender o acto executado, de que é autora: mas aí paraliza-se a eficácia do acto exequendo, não a execução em si mesma, por causa que lhe seja imputável. E, sem prejuízo, é claro, de as regras aplicáveis quanto à suspensão administrativa dos actos administrativos valerem, também, quanto aos actos de execução.

Quanto à proibição de a execução de acto administrativo ser judicialmente embargada, existe a alternativa da suspensão da eficácia do acto executado, se o mesmo for objecto de impugnação contenciosa ou, então, de suspensão do próprio acto (ou operação) de execução, como procedimento preliminar ou cautelar do processo de impugnação judicial dele mesmo (nos casos em que a sua impugnação autónoma seja admissível).

Claro também que, se o acto executado ou o de execução forem nulos, o particular poderá opor-se à sua execução, exercendo o seu direito de resistência (defensiva), nomeadamente, se se estiver no domínio dos direitos, liberdades e garantias, como alguns sustentam que sempre se estará em sede de execução coerciva sobre a liberdade ou propriedade de particulares.

Artigo 154.º
Fins da execução

A execução pode ter por fim o pagamento de quantia certa, a entrega de coisa certa ou a prestação de um facto.

> *I. Fins da execução do acto administrativo: os fins legalmente regulados no Código.*
> *II. Execuções não reguladas: a liquidação da quantia devida e a determinação da coisa a entregar.*

I. Estabelecem-se, nesta norma, os fins ou resultados que a execução pode visar, nos mesmos termos em que o faz o Código do Processo Civil — em função da natureza da imposição que o acto administrativo tenha criado.

Artigo 155.º

Se ele criou uma *obrigação de dar,* a execução terá por fim o pagamento de uma quantia (certa) ou a entrega de coisa certa; se criou uma obrigação de *fazer, não fazer* ou *suportar,* a execução visa a prestação de um facto, fungível ou infungível, positivo ou negativo.

Note-se que, através da execução de um acto, pode visar-se mais do que um resultado executivo daqueles que aqui se previram, tudo dependendo da unidade ou multiplicidade dos efeitos do acto executado.

Indicam-se, portanto, aqui os **fins da execução** de acordo com as obrigações criadas. Coisa diferente são as modalidade ou **meios de execução,** de que o órgão se pode servir para chegar àqueles fins e aos quais se referem os restantes artigos desta Secção.

II. O Código não se referiu, por exemplo, à execução que tenha por fim (ou objecto) a **liquidação de quantia incerta** ou a **determinação da coisa a entregar** — eventualmente por considerar, até, que seria nessa liquidação ou nessa determinação que residiria o próprio acto administrativo a executar. A verdade é que nem sempre sucede assim.

Tudo está, supomos, em averiguar como é que os respectivos procedimentos declarativos estão delineados e qual o seu objecto ou efeitos (por exemplo, a quem cabe essa liquidação ou determinação), para determinar o que é, aí, declaração administrativa e execução dela. Assim, por exemplo, no caso do art. 155.º, n.º 4 (e 157.º, n.º 2), a liquidação da quantia a pagar pelo administrado é feita, no seio do próprio procedimento executivo, pela Administração.

Artigo 155.º
Execução para pagamento de quantia certa

1. Quando, por força de um acto administrativo devam ser pagas a uma pessoa colectiva pública, ou por ordem desta, prestações pecuniárias, seguir-se--á, na falta de pagamento voluntário no prazo fixado, o processo de execução fiscal regulado no Código de Processo Tributário.

2. Para o efeito, o órgão administrativo competente emitirá nos termos legais uma certidão, com valor de título executivo, que remeterá, juntamente com o processo administrativo, à repartição de finanças do domicílio ou sede do devedor.

3. Seguir-se-á o processo indicado no n.º 1 quando, na execução de actos fungíveis, estes forem realizados por pessoa diversa do obrigado.

Artigo 155.º

4. No caso previsto no número anterior, a Administração optará por realizar directamente os actos de execução ou por encarregar terceiro de os praticar, ficando todas as despesas, incluindo indemnizações e sanções pecuniárias, por conta do obrigado.

I. *Sentido da alteração legislativa e da remissão legal.*

II. *Âmbito desta execução: aplicação aos actos administrativos de entes jurídicos privados.*

III. *A sequência administrativa e contenciosa do processo de execução fiscal.*

IV. *A executividade da prestação pecuniária sucedânea liquidada pela Administração.*

V. *Sentido da fórmula* "realizados por pessoa diversa do obrigado".

VI. *Processo de execução fiscal: remissão.*

VII. *Verbas abrangidas na obrigação pecuniária sucedânea: sanções e indemnizações.*

VIII. *As relações da Administração exequente e terceiros* "substitutos" *do executado.*

art. 155.º, n.º 1

I. A alteração trazida pelo Decreto-Lei n.º 6/96 ao n.º 1 deste artigo consistiu na referência à aplicação deste meio executivo nos casos de *"falta de pagamento voluntário no prazo fixado"* — em vez de *"sendo caso disso"* — e à remissão para o *"Código de Processo Tributário"* — que substituiu a referência ao Código de Processo das Contribuições e Impostos, revogado por aquele.

Note-se que se trata de uma norma atributiva de competência aos tribunais tributários e não de uma norma sobre o regime de cobrança que deva (ou possa) ser seguido pela autoridade administrativa executiva, mesmo se a redacção do preceito podia sugerir esta última leitura.

Os AA. do *Projecto* referem-se mesmo à inconstitucionalidade dessa interpretação "administrativa" da remissão do Código do Procedimento para o *"processo de execução regulado"* no Código de Processo Tributário.

Já dissemos também (em comentário ao n.º 3 do art. 149.º) que a necessidade de recorrer à via judiciária não significa que a Administração tenha perdido aqui o essencial da sua prerrogativa ou estatuto: basta dizer, além do mais, que ao particular não é admitido, no processo de execução fiscal, questionar a ilegalidade do acto exequendo (ou o seu valor) — arguível, naturalmente, mas só em processo de impugnação (nos tribunais administrativos ou fiscais, consoante os casos).

A execução aqui tida em vista é a execução das prestações pecuniárias resultantes do próprio acto — porque aquelas que são devidas à Administração em virtude de taxas, despesas ou emolumentos do procedimento administrativo que desembocou em acto administrativo não estão abrangidas por este preceito, embora sejam cobráveis também (pelo menos em princípio) através do meio da *execução fiscal*, mas em processo distinto.

II. Outra questão é, se, no caso de entes jurídico-privados (como os concessionários e as instituições privadas de interesse público), não havendo pagamento voluntário das quantias que lhe sejam devidas em consequência de acto administrativo da sua competência, eles podem, ou não, socorrer-se do processo de execução fiscal aqui previsto, já que o preceito se refere apenas às pessoas colectivas de direito público.

Temos por evidente que as razões materiais que determinaram o legislador a prescrever a o processo de execução fiscal judiciária para as prestações pecuniárias fixadas em acto administrativo de entes públicos valem igualmente para o caso de execução dos actos administrativos daqueles outros entes: basta notar que, para o caso das execuções do art. 156.° e, sobretudo, do art. 157.°, n.° 3 — mais agressivas, claro, que aquela execução judiciária — o legislador já estendeu a toda a Administração "de actos administrativos", genericamente considerada, sem atender a quem a exerce, os meios executivos próprios da Administração Pública, *stricto sensu*.

Pode argumentar-se, em sentido contrário, que o legislador do Código não podia ter querido ultrapassar o "âmbito natural" da execução fiscal fixado na lei da jurisdição tributária, e que aí aparece reportado (em geral) apenas às dívidas ao Estado (ver art. 233.° do Código de Processo Tributário) — e às Regiões Autónomas e Autarquias Locais (ver, por exemplo, art. 22.° da Lei das Finanças Locais).

Se esta solução prevalecer, poderia o legislador ter esclarecido, então, por que meio se cobram as quantias emergentes de actos administrativos praticados por outros entes que não os aqui referidos. Vão a tribunal administrativo? No processo de intimação? Ou põem uma acção de responsabilidade? Vão a tribunal comum? Instaurando acção declarativa? Ou o acto administrativo serve-lhes de título executivo?

art. 155.°, n.° 2

III. O Decreto-Lei n.° 6/96 introduziu este novo n.° 2 no art. 155.°, ficando definitivamente esclarecido que não é perante o órgão administrativo que corre o processo de execução fiscal, mas sim que ele o faz seguir através das repartições fiscais e tribunais competentes, depois de cumpridas as formalidades aqui estabelecidas.

Consistem elas (constatada a falta de pagamento) na emissão de uma certidão — donde constem os elementos essenciais dos arts. 53.°, 249.° e 250.° do Código de Processo Tributário —, que terá valor de título executivo, e na sua remessa, juntamente com todo o processo procedimental, à repartição de finanças competente.

Artigo 155.º

É evidente que se pressupõe já ter havido nessa altura a notificação a que se refere o art. 152.º, porque, caso contrário, a execução fiscal deve ser precedida dela com a cominação de um prazo para pagamento (se a lei não o fixar).

A partir daí, segue-se o regime estabelecido nos arts. 233.º e segs. do referido Código, da competência das autoridades fiscais e dos tribunais tributários, e que consiste essencialmente nos seguintes trâmites:

— citação do executado;

— eventual oposição ou pagamento, por parte dele;

— penhora (ou outra garantia), se não for paga a dívida exequenda;

— venda judicial dos bens e pagamento à Administração credora da quantia que estava em dívida.

art. 155.º, n.º 3

IV. Estende-se a disciplina do n.º 1, sobre a execução contenciosa do acto administrativo, àqueles casos em que a prestação de facto fungível a que o executado estava vinculado por força do acto exequendo se transforma, no caso do seu incumprimento (em virtude do n.º 2 do art. 157.º — execução por outrem, à custa do obrigado), em prestação pecuniária.

Ou seja, o que se diz neste preceito é que, convertida a prestação de facto em prestação pecuniária, a executividade que acompanhava aquela está agora ligada a esta, exercendo-se (como é próprio nas prestações pecuniárias) pela via dos tribunais de *execução fiscal*: a prestação pecuniária sucedânea de obrigação de facto segue o regime da execução fiscal do Código de Processo Tributário.

E no n.º 4 dispõe-se, depois, sobre a medida ou o valor da prestação assim executável.

V. É óbvio que a previsão do preceito não está completa: não é a actos fungíveis "*realizados por pessoa diversa do obrigado*" que ela deve ser reportada, mas sim àqueles actos desses que sejam realizados em virtude do cometimento (pela Administração) a terceiro da prestação a que o executado estava obrigado, e que não cumpriu (é a hipótese do n.º 2 do art. 157.º).

O executado pode, muitas vezes, na prestação de facto fungível, fazer-se substituir (ele próprio) por terceiro — ou então aparecer este a prestar por sua iniciativa — e, nessas hipóteses, não se aplica o n.º 2 deste art. 155.º, como é evidente.

VI. O processo de execução fiscal, nesta hipótese do n.º 3, corresponde ao referido na nota **III** deste preceito.

art. 155.º, n.º 4

VII. Se a opção sistemática do n.º 3 já parece discutível, a deste n.º 4 aparenta estar ainda mais deslocada, constituindo uma mera reprodução do n.º 2 do art. 157.º (remetendo-se, portanto, daqui para o que, a propósito deste, se dirá mais adiante).

O que se diz (ou aparenta dizer-se) neste n.º 4 é algo de bem relevante do ponto de vista jurídico: é que a prestação pecuniária sucedânea da prestação de facto abrange não apenas as despesas que a Administração teve que suportar para executar o acto administrativo, directamente ou por terceiro (em vez do particular que a ele estava obrigado), mas também *"as indemnizações e sanções pecuniárias"* a que haja lugar.

Tratar-se-à, então, de indemnizações e de sanções pecuniárias liquidadas e aplicadas através de actos administrativos da Administração, em consequência do incumprimento da prestação de facto fungível. À primeira vista pode parecer estranho que a lei queira atribuir directamente à Administração o poder de fixar administrativamente o valor das indemnizações devidas por incumprimento do acto administrativo: se tal poder não existisse, é claro que o valor da indemnização em causa já não seria executável fiscalmente por força de simples declaração ou liquidação da Administração; só o relativo às sanções pecuniárias (se previstas, obviamente) o seria.

A verdade, porém, é que não repugna aceitar aqui essa competência executiva acrescida da Administração, uma vez que a situação criada deriva de facto imputável ao executado e já comporta uma série de incómodos e demoras para a Administração, que não parece razoável agravar, sujeitando-a ainda a ir a tribunal, para obter uma condenação prévia do executado no pagamento dos prejuízos causados. Pode, por isso, admitir-se a hipótese de ser, antes, a este que, se não estiver de acordo com a fixação administrativa do montante dos prejuízos derivados do (seu) incumprimento da prestação de facto, vá a tribunal obter a anulação do acto da sua liquidação administrativa.

VIII. As relações entre a Administração exequente e o terceiro com quem contratou a prestação do executado em falta pautam-se pelo direito administrativo (por exemplo, empreitada de obra pública) ou pelo direito privado e têm o regime próprio que lhes couber, situando-se, claro, em princípio (salvo caso de requisição ou similar) dentro do âmbito contratual.

Artigo 156.º

Artigo 156.º
Execução para entrega de coisa certa

Se o obrigado não fizer a entrega da coisa que a Administração deveria receber, o órgão competente procederá às diligências que forem necessárias para tomar posse administrativa da coisa devida.

I. *A posse administrativa como meio possessório administrativo geral, "real" ou "obrigacional".*
II. *Em que consiste a posse administrativa e como se reage a ela.*
III. *O procedimento da posse administrativa: formalidades essenciais.*
IV. *O recurso à força pública.*

I. Em matéria de entrega de coisa certa — para a determinação de coisa incerta, ver o que se disse em comentário ao art. 154.º — o poder executivo da Administração é o máximo a que ela podia aspirar: o legislador conferiu-lhe genericamente o poder geral de tomar **posse administrativa** das coisas a cuja entrega ou uso tem um direito decorrente de acto administrativo, **mesmo que sobre o caso não haja disposição legal específica** a permitir esse apossamento administrativo.

Não precisa, pois, nunca, a Administração de recorrer aos tribunais para o efeito de se investir como possuidora ou detentora dessas coisas — que é diferente de se investir na sua propriedade, essa já dependente de acto judicial.

Ao contrário dos meios possessórios de direito civil, a posse administrativa tanto pode proteger direitos "reais" como "obrigacionais" da Administração, desde que definidos em acto administrativo: é indiferente que a obrigação em que se consubstancia o acto administrativo seja correlativa de um direito "**real**" administrativo, digamos assim (directamente da Administração com a coisa) ou puramente "**creditícia**" (pressupondo a sua prestação ou exigência através do respectivo titular originário), que a Administração pode sempre auto-investir-se na posse administrativa do bem.

II. Tomar a posse administrativa de um bem significa poder a Administração investir-se no seu *corpus* com *animus possidendi,* em virtude de simples declaração unilateral sobre o seu *direito* (de natureza administrativa) *a essa posse*, podendo usar a força pública, se necessário, para efeito de se apropriar dela e de a manter.

As operações conducentes à posse administrativa podem consistir, no caso de **imóveis**, em fazer, por exemplo, desocupar ou despejar o prédio em causa por aqueles que nele (ainda) se encontrem e em selar ou ocupar o mesmo para o efeito tido em vista. No caso de **móveis**, traduzem-se na sua apreensão, para depósito, utilização ou entrega a outrem.

Artigo 156.º

Tudo sem intervenção prévia de tribunal, mediante declaração e imposição pela Administração.

Aliás, como se viu já, em comentário ao art. 153.º, a posse administrativa — salvo no caso de representar uma *voie de fait* — não é susceptível de embargos judiciais ou administrativos. Embora, claro está, seja impugnável (e susceptível de suspensão judicial), directa ou indirectamente, através do acto administrativo executado ou, então, do acto de execução, se este mesmo estiver ferido de excesso ou ilegalidade própria.

III. Conferindo à Administração, em geral, o poder de se investir na posse administrativa das coisas a cuja entrega ou uso tem direito (em virtude de acto administrativo), o legislador não regulou, contudo, o respectivo procedimento, suscitando-se dúvidas sobre qual dos regimes especialmente previstos na nossa lei, a diversos propósitos, se deve considerar como procedimento-regra, quando não haja regulamentação legal específica na matéria.

Temos dessa espécie, na nossa lei, entre outros, os casos da posse administrativa: a) de bens objecto de declaração de utilidade pública expropriatória; b) o de obras que estejam em regime de empreitada incumprida ou atrasada; c) e o respeitante à posse administrativa de prédios ou terrenos onde se realizem obras ou loteamentos, sem o necessário licenciamento ou em desconformidade com ele.

O regime da posse administrativa na expropriação por utilidade pública tem inconvenientes e está muito moldado na ideia da urgência e da posterior extinção de todos os direitos do expropriado (salvo o de justa indemnização), enquanto o regime da posse administrativa das obras públicas está virado para casos em que existem muitas pessoas e bens relacionados juridicamente com a obra de que a Administração se vai apossar; o último dos regimes referidos, contido no art. 7.º do Decreto-Lei n.º 92/95, de 9.V, pareceria assim preferível, com adaptação, como regime-regra desta posse, assentando num acto administrativo que a determine e que será notificado ao dono da obra e aos titulares de direitos reais sobre o respectivo terreno, procedendo-se depois, na data fixada — e com o acompanhamento de força policial, se necessário — ao respectivo auto.

Onde quer que se vá buscar o regime-regra da posse administrativa, a verdade é que ela há-de ser sempre precedida duma formalidade: a elaboração de um auto *ad perpetuam* (*rei memoriam*), feito em vistoria ou exame da coisa sobre que recai a posse, bem como na assinatura de um auto e entrega do seu duplicado à pessoa desapossada.

Sem esquecer, claro, também a exigência da sua notificação prévia ao interessado — quer quanto à decisão de posse quer quanto à data em que se vai tomá-la materialmente, para ele poder estar presente (se o quiser) e assinar o respectivo auto.

IV. Quando a Administração não conseguir investir-se na posse da coisa — de que já se declarou possuidora —, recorrerá às forças da ordem, da Polícia de

Artigo 157.º

Segurança Pública e da Guarda Nacional Republicana (nos termos referidos acima na nota **V** ao art. 149.º, n.º 2) ou a quaisquer outras forças públicas (municipais, marítimas, florestais, etc.) que tenham "jurisdição" na respectiva matéria.

Artigo 157.º
Execução para prestação de facto

1. No caso de execução para prestação de facto fungível, a Administração notifica o obrigado para que proceda à prática do acto devido, fixando um prazo razoável para o seu cumprimento.

2. Se o obrigado não cumprir dentro do prazo fixado, a Administração optará por realizar a execução directamente ou por intermédio de terceiro, ficando neste caso todas as despesas, incluindo indemnizações e sanções pecuniárias, por conta do obrigado.

3. As obrigações positivas de prestação de facto infungível só podem ser objecto de coacção directa sobre os indivíduos obrigados nos casos expressamente previstos na lei, e sempre com observância dos direitos fundamentais consagrados na Constituição e do respeito devido à pessoa humana.

    I. Classificações juridicamente relevantes.
    II. O procedimento da execução da prestação de facto fungível.
    III. A conversão da prestação de facto fungível em prestação (ou pagamento) de quantia certa: o montante desta.
    IV. A execução das obrigações positivas de prestação de facto infungível.
    V. Os limites da coacção directa.
    VI. Os meios acessórios ou sucedâneos da coacção directa.
    VII. A execução das obrigações negativas (e dos actos negativos).
    VIII. A execução das obrigações de suportar (de patere*).*

I. As prestações de facto podem derivar de actos administrativos que constituam os destinatários na obrigação de adoptar um certo comportamento — **imposições ou comandos** — ou de se absterem dele — **proibições** — ou, ainda, de suportarem a actuação de outras entidades — **sujeições**.

Tais obrigações podem conjugar-se em duas categorias: de prestação de facto positivo (fazer) e de prestação de facto negativo (não fazer ou suportar).

Noutra perspectiva, classificam-se as prestações de facto em fungíveis ou infungíveis, consoante a realização do interesse público visado no acto possa ser

Artigo 157.º

realizada pela prestação de outra pessoa (que não o obrigado) ou não prescindam da actuação pessoal deste.

II. O procedimento de execução da **prestação de facto fungível** inicia-se com a notificação do art. 152.º, na qual se fixará um prazo razoável para a prática do facto devido, se ele não estiver já legalmente estabelecido.

A essa menção acrescerá a indicação do acto que se executa — se a respectiva notificação não for conjunta — e o comportamento em que se concretiza o facto devido (se tal for necessário), não sendo de aplicar aqui as restantes menções constantes do art. 68.º do Código.

III. Se o executado não prestar, no prazo fixado, o facto fungível a que se refere o acto administrativo exequendo, a Administração pode ou realizá-lo ela, por administração directa, através dos seus próprios meios, ou por contrato (de empreitada, de fornecimento ou de prestação de serviços) com terceiro, prevendo-se, pelo menos em alguns casos (Decreto-Lei n.º 92/95, de 9.V.), que tal contrato possa ser celebrado mediante ajuste directo.

Em qualquer dessas hipóteses, passa a impender, agora, sobre o executado, uma obrigação administrativa de carácter pecuniário, cujo objecto consiste no pagamento de todas as despesas que tenham advindo da falta de cumprimento do acto administrativo, incluindo indemnizações e sanções; ou seja, todas as despesas que se hajam realizado — directa ou contratualmente — para obter de terceiro o facto fungível omitido pelo executado, bem como as indemnizações e sanções pecuniárias a que haja lugar, por causa disso.

Os problemas que daí decorrem, já os enfrentámos em nota aos n.ᵒˢ 3 e 4 do art. 155.º.

art. 157.º, n.º 3

IV. No domínio da execução das **obrigações positivas de facto infungível**, isto é, dos actos que tenham por conteúdo uma prestação que só pode ser realizada ou prestada pelo respectivo destinatário, o Código estabelece, em primeiro lugar, uma excepção ao princípio da auto-tutela executiva (art. 149.º, n.º 2). É que a execução administrativa destes actos — a execução policial compulsória, como se lhe referia Otto Mayer — supõe a coacção directa, por não ser possível obter de outro modo a prestação em falta. E essa só pode ter lugar *"nos casos expressamente previstos na lei"*, como aqui mesmo se dispõe.

A lei onde se prevê especificamente o recurso a meios de coacção directa para execução destes actos administrativos tanto pode ser a lei onde se regula a sua prática, como leis gerais das forças policiais, que lhes permitam em certos domínios compelir pela força os cidadãos a fazer algo, como acontece nos casos previstos no

Artigo 157.º

art. 9.º, n.º 4, alínea *b*), do Decreto-Lei n.º 321/94 (de 21 de Dezembro) sobre a PSP e — nos termos referidos acima, na nota **V** do art. 149.º — no n.º 1 do art. 17.º do Decreto-Lei n.º 231/93, de 26 de Junho, respeitante à GNR.

V. Mesmo se prevista especialmente, a coacção directa (na medida em que se trata de forçar fisicamente uma pessoa a adoptar certa conduta) deve ser exercida com observância dos direitos fundamentais da Constituição e do respeito devido à pessoa humana. Não pode, portanto, por exemplo, ser usada de modo a causar lesão física (salvo defensiva) ou com a entrada em casa da pessoa visada (salvo autorização especial).

VI. O facto de não ser permitida à Administração exequente usar, em geral, a coacção física para compelir o executado a prestar o facto infungível em dívida, não significa que ela esteja desprovida de meios acessórios ou sucedâneos que lhe permitam obter por via indirecta essa prestação.

Meios administrativos como sejam a aplicação de sanções, multas, inibições, a suspensão e revogação de licenças ou autorizações, etc. E sobretudo o recurso a meios judiciais, como a participação ou queixa pelo crime de desobediência (art. 388.º do Código Penal)

VII. Não vem regulada no Código a execução de **obrigações negativas de prestação de facto**, que são sempre de natureza infungível.

É preciso notar, em primeiro lugar, que a obrigação de *non facere* em que o administrado fique constituído por força de um acto administrativo corresponde, muitas vezes, a uma obrigação de *facere* (v.g., a proibição de permanecer em certo local corresponde a uma ordem para se retirar) e, nesses casos, a execução do acto realiza-se segundo o modelo da prestação de facto positivo infungível.

Quando se trata de uma obrigação puramente negativa — a proibição de demolir ou de proceder a um despedimento colectivo — a execução administrativa do acto consistirá, como refere Rui Machete, em *"acção ou acções tendentes a evitar que se dê a violação ou transgressão"*. E quando tal suceder, havendo certamente lugar a medidas administrativas de reacção, elas inserem-se já no seio de outros procedimentos sancionatórios ou visando a *restitutio*; não são execução do acto que criou a obrigação negativa, são actos novos que têm como pressuposto ou causa a sua violação.

Quanto à execução de actos negativos — não é de obrigações, mas de actos, que se fala agora — eles, se forem praticados no seio de relações jurídicas administrativas já constituídas entre a Administração e o executado, implicam (ou podem implicar) execução, traduzida nos actos e operações necessárias para que a relação jurídica siga o seu curso inalterado, como estava já previsto, sem a alteração a que levaria o acto positivo (e com que o acto negativo não mexeu). Só que aqui não há necessariamente infungibilidade, podendo o caso cair, antes, na previsão dos n.ºs 1 e 2 deste artigo.

VIII. Hipóteses de **obrigações de suportar** têmo-las, por exemplo, nas situações de servidão administrativa ou nas de sujeição concreta de particulares ao poder disciplinar e de fiscalização, acompanhamento ou vigilância (por parte da Administração) do estado ou da actividade de particulares, seja no âmbito de relações gerais ou especiais de poder.

A execução de tais obrigações, quando o particular lhes resistir, traduz-se no "afastamento da resistência", através de medidas coactivas que implicam o uso da força pública (ROGÉRIO SOARES, Direito Administrativo, polic., pág. 218), referindo-se o A, como exemplos, à fiscalização aduaneira de navios, à fiscalização sanitária dos mesmos ou de habitações (e empresas), ao abate de animais doentes ou destruição de coisas perigosas, internamento de pessoas portadoras de doenças infecto-contagiosas, etc..

Os meios de realizar tais obrigações podem consistir, portanto, ora na apreensão ou ocupação de uma coisa, ora no acesso coactivo ao local vigiado, à empresa fiscalizada, ora no internamento de pessoas, tudo consoante o conteúdo do direito em causa.

SECÇÃO VI

Da reclamação e dos recursos administrativos

PRELIMINARES

> I. *Âmbito desta Secção.*
>
> II. *A impugnação administrativa do acto administrativo, como direito e garantia dos interessados.*
>
> III. *Objectos possíveis dos meios impugnatórios.*
>
> IV. *A impugnação administrativa como procedimento de 2.º grau.*
>
> V. *Consequências do carácter secundário do procedimento da impugnação administrativa: as formalidades de audiência nestes procedimentos.*
>
> VI. *Dever de decisão da impugnação administrativa.*

I. Regula-se nesta Secção o regime da reacção dos interessados (efectivos ou institucionais, como o Ministério Público) contra um acto administrativo já prati-

Preliminares

cado, quando tenham razões para querer a respectiva revogação, modificação ou substituição (não estando excluído que tal reacção vise também a sua ratificação, reforma ou conversão), por meio da sua **impugnação junto da própria Administração.**

Note-se que os conceitos de reclamação e recurso aparecem usados na lei e na prática administrativas, para significar indistintamente os actos de iniciativa procedimental, os requerimentos respectivos ou os procedimentos que se lhes seguem.

II. A impugnação na via administrativa dos actos administrativos, com vista a retirá-los (ou a retirá-los tais como estão) do ordenamento jurídico, nos moldes em que aparece agora reconhecida no Código — como um **direito** dos interessados — tem uma importante função de *garantia* da posição jurídico-administrativa destes face a um acto administrativo, impondo à Administração o dever de questionar o seu próprio acto e de reavaliar novamente a situação concreta (ou a decisão que sobre ela versou).

E com um ganho apreciável, em vários aspectos, em relação aos processos da sua impugnação judicial, pois, por um lado, permitem questionar (não apenas a sua invalidade, mas também) a inconveniência do acto administrativo e, por outro lado, potenciam a revisão e retirada céleres de um acto que os tribunais, naturalmente, demorariam muito mais tempo a conhecer.

Por isso se falou, na Nota Prévia desta obra, na possibilidade de configurar o procedimento administrativo como uma compensação (antecipação) para as desvantagens ou insuficiências dos meios de reacção judicial contra a actividade administrativa.

Mesmo que a decisão da reclamação ou do recurso sejam desfavoráveis a quem os deduziu, a verdade é que a decisão "confirmativa" proferida na sua sequência tem vantagens para o próprio reclamante ou recorrente, garantindo-lhes um melhor conhecimento das razões administrativas da prática do acto e consequentemente a possibilidade de melhor o impugnar (por, no caso de deficiência, aquelas ressaltaram mais nitidamente) ou de se conformar com ele mais convictamente, no caso de a sua legalidade vir mais bem sustentada.

Dir-se-ia, mesmo, face ao aumento da cobertura normativa das categorias da impugnação administrativa, que o legislador apostou fortemente nelas como um meio de mais e melhor se harmonizarem, na vida administrativa, os interesses públicos e privados, que se joguem em cada situação, e de se evitar a sua frequente judicialização com todos os males que isso revela e inconvenientes que traz: a persistência, na ordem administrativa, de um acto de cuja consistência jurídica se desconfia, e que só ao fim de vários anos será julgado definitivamente em tribunal, é fonte de prolongados e pesados problemas (para os particulares e Administração), que a ninguém convêm. Por isso, a delimitação e definição normativas que agora se fizeram no Código são tão importantes.

Preliminares

A verdade, porém, é que, apesar dos notáveis progressos feitos em matéria de consistência, de amplitude e de regime de procedimento de reclamação e de recurso — como se vai ver nos comentários desta Secção —, também aqui as soluções e a sistematização do Código suscitam algumas dúvidas, sugerindo que, afinal, o legislador acabou por não lhes assegurar o alcance prático que pareciam destinadas a ter, muito embora o Decreto-Lei n.° 6/96 haja introduzido algumas melhorias de vulto ao regime inicialmente estabelecido pelo Decreto-Lei n.° 422/91.

REBELO DE SOUSA e PAULO OTERO (*"Regime dos actos administrativos"* in RDJ, vol. VI, 1992, págs. 47 e segs. e *"As garantias impugnatórias dos particulares no Código do Procedimento Administrativo"* in Scientia Juridica — Tomo XLI, 1992, n.ᵒˢ 235/237, págs. 50 e segs., respectivamente) já assinalaram algumas das interrogações que se suscitam a esses dois propósitos, propondo-se discuti-las aqui, no essencial, em comentários subsequentes.

III. Os meios impugnatórios previstos têm por objecto a revogação (ou a anulação) e a modificação (ou substituição) dos actos administrativos.

A reclamação e o recurso impugnatórios podem visar, porém, outros efeitos jurídicos, como sejam o pedido de declaração da nulidade (art. 134.°) ou da sanação do acto anulável (art. 137.°) — que interessa nomeadamente àquele que foi beneficiado por ele.

A tudo (com excepção dos pedidos de interpretação ou aclaração do acto) se deve aplicar, em regra — no que não esteja especificamente previsto — o regime da presente Secção (com as adaptações exigíveis, claro), pois todos eles se consubstanciam na reapreciação administrativa de uma decisão anterior e na sua revisão ou confirmação.

IV. A reclamação e os recursos administrativos são procedimentos (ou actos) de iniciativa de particulares, que têm, então, como objecto, a reapreciação de um acto administrativo anteriormente praticado — e supostamente eficaz.

E incluem-se nos chamados procedimentos *de 2.° grau,* por respeitarem a uma decisão primária, ou de 1.° grau, através da qual se definiram os efeitos administrativos de (ou para) uma determinada situação concreta.

A distinção entre procedimentos do 1.° grau (de decisão) e os dos graus sucessivos (de *revisão*) assenta em que, enquanto aqueles têm como objecto uma situação concreta e a decisão versa sobre ela, nos termos a que nos referimos em comentário ao art. 123.°, nos de *revisão*, a decisão respeita sempre — seja nos procedimentos ditos de **reexame** seja nos de **revisão**, *stricto sensu* — ao modo como essa situação já foi jurídico-administrativamente conformada por decisão anterior.

Isto é, mesmo que a reclamação ou recurso não tenham por objecto determinar, apenas, se um anterior acto administrativo conformador é ilegal ou inconveniente (revisão), mas qual o acto que seria adequado à situação existente (reexame),

Preliminares

a decisão do procedimento secundário passa sempre pela fiscalização (da legalidade ou mérito) do acto anterior e pela sua retirada do ordenamento jurídico, eventualmente para ser substituído por outro.

V. Para além dessa diferença de base (ou de objecto) entre os procedimentos em 1.º grau e noutros graus de decisão administrativa, é claro que a ligação destes àquele tem inúmeras aplicações procedimentais.

É que o facto de os procedimentos de revisão versarem sobre um anterior acto de conformação jurídico-administrativa duma situação concreta significa, desde logo — salvo casos excepcionais —, que os factos e os interesses (que são pressupostos e motivos da decisão administrativa do caso) já foram analisados e fixados instrutoriamente no procedimento de 1.º grau, valendo ou podendo valer, portanto, toda a respectiva documentação como suporte processual do procedimento de 2.º grau.

E há, também, paralelamente, formalidades dos procedimentos de 1.º grau, que não é preciso cumprir agora — como já se sugeriu em comentário ao art. 144.º —, o que, aliás, pode suceder com a própria formalidade de audiência, nos termos da alínea *a*) do n.º 2 do art. 103.º.

A jurisprudência, por exemplo, vem entendendo que esse trâmite fundamental dos procedimentos de 1.º grau (ou *"comuns"*, como lhes chama) não tem lugar nos procedimentos impugnatórios. Assim se sustentou, nomeadamente, no Acórdão da 1ª Secção do STA, de 7.XII.94 (*in* AD n.º 409, págs. 17 e segs), onde se alegou que, se o interessado deve invocar, para instaurar o procedimento de recurso, todos os fundamentos da sua posição, já nada mais haverá a dizer em sustentação dela, sendo então dispensável a sua audiência.

Mas, como também se reconhece aí, nos procedimentos de reclamação e recurso, a audiência é mesmo obrigatória — embora ela já não esteja colocada (como no procedimento de 1.º grau) no final da fase de instrução, mas, compreensivelmente, como seu primeiro passo — para os *contra*-interessados, notificados apenas da reclamação ou do recurso deduzido. Para nós, porém, também os *co*-interessados — aqueles que tenham no recurso um interesse paralelo (ou dependente) do do requerente — devem ser chamados à audiência, como propomos adiante, em comentário ao art. 171.º.

De qualquer modo, tratando-se de procedimentos de 2.º grau, explica-se, por exemplo, que a lei reduza, em medida substancial, o prazo de decisão do procedimento de 2.º grau no confronto dos prazos de decisão fixados para os de 1.º grau, nos arts. 58.º, 108.º e 109.º do Código — aplicando-se aqui, tanto à reclamação como ao recurso, o prazo de 30 dias, mesmo se, para o último, existem regras especiais de contagem desse prazo (cfr. arts. 165.º e 175.º).

Outro reflexo da ligação (estrutural e funcional) entre os procedimentos de 1.º e de outro grau de decisão administrativa está, por exemplo, no facto de a legiti-

Artigo 158.º

midade para participar nestes se aferir (positivamente) em função da intervenção naqueles, na qualidade de interessado, sem prejuízo, claro, de nele poderem intervir também outros interessados, que não participaram no de 1.º grau.

VI. Os procedimentos de reapreciação dum acto administrativo por iniciativa de interessados exigem **decisão** da autoridade reclamada ou recorrida.

Eles constituem, pois, uma manifestação distinta do direito fundamental de petição conferido pelo art. 52.º da Constituição e do dever de *resposta* previsto na alínea *b*) do n.º 1 do art. 9.º do CPA, para todas as *"petições, representações, reclamações ou queixas"*, que sejam apresentadas aos órgãos administrativos em assunto da sua competência.

Sendo o dever de resposta denominador comum a todas essas manifestações do direito de petição, no caso da reclamação ou recurso de acto administrativo ele aparece reforçado, implicando já um **dever de decisão**, *stricto sensu*, da autoridade administrativa — o que leva a lei a regular rigorosamente os respectivos procedimentos e a enquadrar a sua falta nos parâmetros da figura do indeferimento tácito (ver comentário **V** ao art. 109.º do Código).

SUBSECÇÃO I

Generalidades

Artigo 158.º

Princípio geral

1. Os particulares têm direito de solicitar a revogação ou a modificação dos actos administrativos, nos termos regulados neste Código.

2. O direito reconhecido no número anterior pode ser exercido, consoante os casos :

　　a)　**Mediante reclamação para o autor do acto;**

　　b)　**Mediante recurso para o superior hierárquico do autor do acto, para o órgão colegial de que este seja membro, ou para o delegante ou subdelegante;**

　　c)　**Mediante recurso para o órgão que exerça poderes de tutela ou de superintendência sobre o autor do acto.**

　I. Remissão.

　II. O direito de reclamação e recurso e os correspectivos deveres de decisão e de revogação da Administração: a autonomia procedimental da recusa de revogação do acto inválido ou inconveniente.

Artigo 158.º

III. A autonomia (procedimental e contenciosa) da decisão expressa ou tácita do meio impugnatório.

IV. O dever de decisão administrativa após a interposição de recurso contencioso.

V. As decisões (ou procedimentos impugnatórios) de reexame e revisão.

VI. Os vários meios procedimentais de impugnação dos actos administrativos: sua correspondência com a competência para os revogar.

VII. A forma de exercício do direito impugnatório dos interessados.

art. 158.º, n.º 1

I. Sobre a matéria do presente artigo e dos que se lhe seguem — nomeadamente quanto ao fundamento, ao objecto e à secundariedade dos meios impugnatórios administrativos — aconselha-se a leitura dos comentários preliminares desta Secção.

II. É no n.º 1 que se confere aos meios impugnatórios de actos administrativos regulados nesta Secção uma valia reforçada, em face das manifestações simples do direito de petição, a que se refere a alínea *b*) do n.º 1 do art. 9.º do Código, configurando-os como direitos formais dos interessados (não de simples particulares, claro) a uma decisão administrativa, com o correspectivo dever de decisão da Administração — e a faculdade, consequente, de presumir ou considerar tacitamente indeferida a petição sobre que ela não se pronunciou.

E o facto de o legislador se ter referido a um *"direito de solicitar"* em vez do *"direito de requerer"* — parecendo hesitar sobre a efectividade do direito conferido — não prejudica a consistência da posição jurídica garantida ao interessado nesta matéria.

É, talvez, este o mais forte dos indícios no Código de que também existe, efectivamente, a par do dever de decidir a reclamação ou o recurso, um dever de revogar o acto que é seu objecto — ou seja, que, acertada ou constatada, nos respectivos procedimentos, a existência de uma invalidade, a Administração estaria obrigada a revogá-los: nem, aliás, aquele direito a uma decisão teria alcance prático, ou faria sentido falar em indeferimento tácito da reclamação ou do recurso procedimentais.

A decisão de não revogar um acto que fosse reconhecido, em reclamação ou em recurso, como sendo ilegal (ou inconveniente) consubstanciaria uma decisão administrativa autónoma da decisão reclamada ou recorrida, até para efeitos contenciosos, por assentar em pressupostos ou motivos diferentes dos que levaram à prática do acto anterior, baseado, claro, na sua então presumida legalidade (ou conveniência).

Artigo 158.º

O que não significa que, juridicamente, se assimile ao dever de retirar o acto reconhecido como ilegal um dever, também, de retirar o acto tido, na reclamação ou recurso, por inconveniente.

III. A decisão da reclamação ou do recurso **é devida** ao particular, havendo lugar ao seu indeferimento tácito uma vez decorridos os prazos legais da respectiva decisão — mais curtos aqui (arts. 165.º e 175.º) do que o prazo-regra do n.º 2 do art. 109.º.

O principal problema que a decisão destes procedimentos secundários suscita é o da sua autonomia estrutural e funcional em relação ao acto reclamado ou recorrido.

Se a reclamação ou recurso forem considerados procedentes e levarem à revogação, modificação ou substituição desse acto, a resposta afirmativa é inquestionável, pois estamos perante o único comando que subsiste no ordenamento jurídico, tendo desaparecido o acto reclamado ou recorrido.

É na hipótese da sua improcedência, se o acto anterior for integralmente mantido na reclamação ou recurso, que as coisas se complicam: ficará a valer no ordenamento jurídico a decisão subsequente, confirmativa, ou o acto anterior, confirmado?

Se se tratar de um **indeferimento tácito** da reclamação ou recurso, deve prevalecer o acto anterior (como se fosse da autoria do superior hierárquico, no caso do recurso), funcionando a presunção legal do indeferimento quando muito (no caso de recurso hierárquico necessário) como abertura da via contenciosa à decisão que já foi impugnada administrativamente — mas a omissão do dever de pronúncia e decisão da reclamação ou recurso, só por si, não gera invalidade contenciosamente arguível, como sucede nos procedimentos de 1.º grau (ver comentário **V** ao art. 109.º), uma vez que existe uma anterior decisão expressa, sendo ela que deverá ser subsequentemente impugnada, mesmo se imputada à autoria do órgão *ad quem* silente.

Se se tratar de uma **decisão expressa de improcedência** ou indeferimento da reclamação ou recurso, parece-nos que deve distinguir-se: na decisão sobre a reclamação, subsiste sempre o acto reclamado (não a decisão que o mantém); no caso da decisão de indeferimento do recurso, a solução pode variar consoante a natureza e o fundamento da competência de revisão do acto pelo órgão *ad quem*, ou seja, consoante, ele disponha em relação ao acto recorrido de uma competência dispositiva igual à do subalterno (e o recurso é necessário) ou apenas de poderes de superintendência sobre as suas decisões (e o recurso é facultativo) — reconhecendo-se a autonomia da decisão naquele caso, negando-se-lha neste.

A questão é, contudo, de difícil solução e não ficaria nada mal que, por razões de certeza e segurança jurídicas, o legislador tivesse disposto algo sobre ela.

IV. Outra questão é saber se há ainda lugar ao dever de decisão do meio impugnatório administrativa, se, na sua pendência, o interessado interpuser um recurso contencioso de anulação do respectivo acto administrativo.

Artigo 158.º

Se a reclamação ou recurso administrativos se fundarem em inconveniência, a resposta afirmativa parece óbvia. Nem, aliás, esse poder de revogar se esgota ou deve esgotar (na tese de Vieira de Andrade) com a resposta da autoridade recorrida, prestada no recurso contencioso.

Se a impugnação administrativa também se fundava na invalidade do acto, a sua posterior impugnação contenciosa não põe em causa o dever de decidir (ou a competência para revogar) até à resposta em recurso contencioso — se bem que, mesmo aqui, Vieira de Andrade propugne pela subsistência da competência revogatória para além desse momento (*ibidem*), como se viu *supra*, em comentário ao art. 141.º.

V. Podemos definir o recurso de **reexame** como aquele em que "*o órgão* ad quem *se substitui ao órgão* a quo, *e exercendo a competência deste ou uma competência idêntica, vai apreciar a questão respeitante ao acto recorrido, podendo tomar sobre ela uma nova decisão de fundo*" (FREITAS AMARAL, Direito Administrativo, vol. IV, pág. 45). Diríamos, portanto, que nestes casos o órgão *ad quem* pode "substituir" o órgão *a quo*, definindo de novo o direito aplicável ao caso concreto — e no ordenamento jurídico subsiste agora apenas o seu acto.

No recurso de **revisão**, diz o mesmo A., "*o órgão* ad quem *não se pode substituir ao órgão* a quo, *nem pode exercer a competência deste ou uma competência idêntica, limitando-se a apreciar se a decisão recorrida foi ou não legal ou conveniente, sem poder tomar uma nova decisão de fundo sobre a questão*" — e o seu acto só tem autonomia jurídica se foi no sentido de revogar o acto recorrido.

No primeiro dos recursos referidos, reaprecia-se a questão decidida pelo órgão *a quo* (em função do acto por ele praticado) e pode praticar-se sobre ela novo acto; no segundo, reaprecia-se apenas o acto praticado (que é objecto do recurso), mas ele apenas pode ser revogado, não substituído por outro.

art. 158.º, n.º 2

VI. Enunciam-se no n.º 2 do art. 158.º os diversos meios de que os interessados se podem servir para impugnar procedimentalmente um acto administrativo (sobre o âmbito e o regime de cada um deles, dir-se-à em comentário aos arts. 161.º e segs. do Código).

O acto administrativo, ou se impugna junto do seu autor — e temos a **reclamação** —, ou impugna-se perante outro órgão que está, de qualquer modo, organicamente supra-ordenado àquele — e temos os **recursos** administrativos.

Estes, por sua vez, desdobram-se em **recursos hierárquicos**, em **recursos (hierárquicos) impróprios** e em **recursos tutelares**, aos quais se referem as alíneas *b*) e *c*) deste n.º 2.

Nos termos em que estas duas alíneas estão redigidas, dir-se-ia ficarem abrangidos nos diversos meios impugnatórios todas as hipóteses de competência para revogar actos administrativos, previstas no art. 143.° do Código — mesmo a da delegação intersubjectiva (a que se refere Paulo Otero, As garantias impugnatórias dos particulares... cit., págs. 57 e segs.) e que podíamos reportar quer à alínea *b*) quer à *c*), se bem que, depois, no art. 176.°, o legislador se tenha referido apenas à delegação entre órgãos da mesma pessoa colectiva.

VII. O direito de impugnar um acto administrativo exerce-se, em regra, mediante **requerimento escrito**.

Mas também pode ser ditado para a acta, no caso da reclamação ou recurso de deliberação de órgão colegial tomada na presença dos reclamantes ou recorrentes, desde que tenham direito a intervir na reunião — como sucede nos *actos públicos* de concursos e procedimentos similares — ou, nas reuniões de órgãos colegiais, com os titulares *institucionais* de um direito de oposição ou recurso (como sucede com os respectivos presidentes ou naqueles casos em que é membro do órgão colegial um representante do Ministério Público).

Admitem-se também reclamações orais, não formalizadas, em certos casos (v.g. o presidente a reclamar para o próprio órgão colegial) — as quais devem, naturalmente, ser levadas à acta, embora não sejam ditadas para ela.

Os requerimentos em que se exerce o direito de reclamação ou recurso são fundamentados (ver comentários aos arts. 159.° e 166.°) e obedecem aos requisitos do art. 74.° do Código, mas não têm que se auto-qualificar expressamente como tais.

Basta que neles se ponha em causa a conveniência ou a legalidade de um acto anterior — e que essa arguição apareça directamente ligada a um interesse (material) na respectiva procedência jurídica —, para serem considerados como tais, independentemente do modo como vêm configurados pelo requerente.

Artigo 159.°

Fundamentos da impugnação

Salvo disposição em contrário, as reclamações e os recursos podem ter por fundamento a ilegalidade ou a inconveniência do acto administrativo impugnado.

  I. Conceitos.
  II. A utilização alternativa, cumulativa ou exclusiva dos fundamentos impugnatórios: não adstrição da Administração ao fundamento utilizado na impugnação.

Artigo 159.º

III. As diferenças de regime entre a impugnação administrativa por "invalidade ou inconveniência" : remissão.

I. A impugnação administrativa de um acto pelo interessado pode fundar-se em inconveniência ou invalidade — não apenas em ilegalidade, como refere a lei, dado que o acto ilegal não inválido (mas meramente irregular) não pode ser revogado, senão com base em inconveniência.

Quando a impugnação se fundar em invalidade, ela tanto pode dar lugar à revogação anulatória do acto (no caso da sua anulabilidade), como à declaração da respectiva nulidade (se o vício que o afecta gerar esta).

A **conveniência** ou a **oportunidade** do acto administrativo traduzem-se na conformidade deste com regras técnicas e de boa administração. Realmente, a Administração no exercício das suas competências não está vinculada só por regras jurídicas, e quando ele (esse exercício) envolva uma qualquer margem de apreciação ou escolha, há que dar cumprimento a um **dever jurídico** de boa administração, em confronto com a verdadeira liberdade de que, nesse aspecto, no seu agir jurídico, gozam os particulares. Sintoma inequívoco dessa juridicidade do dever de boa administração têmo-lo no art. 6.º do Decreto-Lei n.º 48.051, de 21 de Novembro, ao considerar ilícitos e civilmente responsabilizantes da Administração e dos seus agentes os actos jurídicos que violem as regras de ordem técnica e de prudência comum, que devam ser tidas em consideração.

Contudo — apesar da intrínseca juridicidade do juízo de mérito do acto que envolva poderes de livre apreciação administrativa —, decorre do princípio da separação de poderes não ser o mesmo fiscalizável em sede de impugnação contenciosa, funcionando neste âmbito um sistema de auto-controlo pelo recurso aos específicos mecanismos da hierarquia e da tutela administrativa.

Convém salientar, para precisar um pouco melhor a distinção, que são ilegais — e não inconvenientes — os actos praticados no exercício de poderes discricionários que violem os princípios gerais da actividade administrativa (art. 266.º da Constituição).

Por outro lado, a inconveniência do acto pode resultar de ele ser inadequado à realização do interesse público, como à realização dos interesses de particulares, quando seja na tutela de interesses destes que se consubstancia o interesse administrativo desse acto.

II. A possibilidade de fundar a reclamação ou recurso em invalidade ou inconveniência não significa que o interessado se possa servir sempre, alternativamente, de qualquer um desses fundamentos de impugnação (ou dos dois cumulativamente), como, aliás, o legislador expressamente ressalvou. Às vezes, a lei só deixa espaço para o uso de um desses fundamentos.

Assim, enquanto a invalidade pode fazer sempre objecto de reclamação e recurso, a inconveniência, essa, nem sempre.

Não há, por exemplo, recurso administrativo respeitante à inconveniência do acto administrativo quando os poderes do órgão de recurso sejam poderes tutelares ou de superintendência restritos à legalidade dos actos do órgão tutelado ou superintendido. Nem o há também quando se trate de reclamações ou recursos administrativos interpostos pelo Ministério Público (ver notas ao art. 160.°), cujas funções se cingem naturalmente ao controlo de legalidade dos actos administrativos.

Note-se que o facto de a reclamação ou o recurso de um acto administrativo assentarem apenas em um dos fundamentos possíveis da sua revogação não significa que eles não possam ser decididos favoravelmente com base no outro (princípio que tem manifestações legais no art. 56.° e no art. 174.° do Código).

III. Sobre as diferenças entre o regime de impugnação administrativa por inconveniência ou invalidade, podem ver-se a nota **II** do art. 160.°, a nota **IV** do art. 167.° e a nota **III** do art. 173.°.

Artigo 160.°

Legitimidade

1. Têm legitimidade para reclamar ou recorrer os titulares de direitos subjectivos ou interesses legalmente protegidos que se considerem lesados pelo acto administrativo.

2. É aplicável à reclamação e aos recursos administrativos o disposto nos n.ᵒˢ 2 a 4 do artigo 53.°.

>   *I. A legitimidade do Ministério Público (para a impugnação fundada em invalidade): extensão.*
>
> *II. A legitimidade derivada de direito ou interesse legalmente protegido (directa e pessoalmente) lesado ou beneficiado pelo acto: requisitos (na impugnação por ilegalidade e inconveniência).*
>
> *III. A legitimidade própria e "representativa" dos titulares de interesses difusos.*
>
> *IV. A aceitação do acto como factor preclusivo da legitimidade impugnatória.*

art. 160.°, n.° 1

I. Já atrás assinalámos, incidentalmente, que existem semelhanças e diferenças entre o regime da legitimidade activa nestes procedimentos de 2.° grau e o do art. 53.° do Código.

Artigo 160.º

A primeira diferença é a de também o Ministério Público ser parte legítima nos procedimentos de impugnação dos actos administrativos — só podendo, porém, fazê-lo com fundamento em **ilegalidade**, como também já se viu.

Não pode hesitar-se, sequer, quanto ao acerto da proposição, naqueles casos de reclamação ou recurso administrativos **necessários** de acto administrativo (para sua posterior impugnação contenciosa); mas também nos bateríamos pela sua legitimidade nos recursos facultativos, por não se ver razão para se furtar ao Ministério Público a possibilidade de obter rapidamente uma decisão administrativa de invalidade do acto praticado, em vez de ter que recorrer logo à via contenciosa.

O Ministério Público, ao contrário de outros recorrentes, não precisa (no caso dos meios necessários, obviamente) de invocar qualquer interesse na impugnação do acto, embora se lhe exija a arguição da inavalidade objectiva do acto. Atente-se, porém, que — se se admitisse (e não se admite) dispor o Ministério Público dum prazo mais alargado que o dos particulares para impugnar, em recurso hierárquico necessário, um acto administrativo inválido (por paralelismo com os prazos respectivos do recurso contencioso) — estar-lhe-ia vedado, logo que decorrido o prazo de recurso para os particulares, invocar pelo menos a violação de normas que se limitem a proteger interesses destes e não (também) o interesse público. Outra solução (que permitisse ao Ministério Público agir a instâncias de um particular queixoso), quanto mais decorrido o prazo de recurso deste, iludiria a própria lei do contencioso administrativo, que (não por acaso) diferencia os prazos de recurso para um e para outro.

Duvidoso é saber se o agente do Ministério Público competente para impugnar administrativamente os actos administrativos é o que age junto do tribunal competente, se é o que existe (eventualmente) junto da autoridade ou entidade administrativa respectiva. É que há órgãos administrativos que integram ou que são assessorados por magistrados do Ministério Público (pense-se nas comissões que presidem ao acto público dos concursos de empreitadas ou na Comissão de Alvarás de Empresas de Obras Públicas e Particulares — art. 8.º, n.º 3 e art. 9.º, n.º 2 do Decreto-Lei n.º 99/88, de 23 de Março) e questiona-se, então, se nas suas funções se abrange essa, da impugnabilidade administrativa das respectivas deliberações.

Por nós, sustentaríamos, quanto aos recursos hierárquicos ou administrativos em geral (diferentemente do que sucederá em relação aos contenciosos), que os agentes do Ministério Público junto das entidades cujos órgãos praticaram os actos que se querem impugnar, pelo menos, também podem deduzi-los.

II. Não são apenas as pessoas lesadas por um acto que podem dele reclamar ou recorrer: aquele que foi beneficiado por um acto administrativo — além de poder ter interesse em maior benefício (v.g., supressão dum modo) — pode também estar interessado na sua modificação "convalidante" e, portanto, em reclamar ou recorrer do acto tal qual foi praticado.

Artigo 160.º

III. Pelo n.º 1 deste artigo, podem reclamar ou recorrer os que se considerem lesados, pelo acto administrativo, nos seus direitos ou interesses legalmente protegidos — conceitos com que já lidámos a propósito do art. 53.º do Código e que devem ser tomados aqui adaptadamente, pois a legitimidade para a reclamação ou recurso é, ao contrário da legitimidade para o procedimento (respectivo) de 1.º grau, uma posição aferida pelos efeitos que um acto **já praticado** (e delimitado) já projectou.

O legislador só se referiu à legitimidade dos titulares (singulares ou colectivos) de direitos e interesses legalmente protegidos, mas somos de opinião que vão aqui abrangidas todas as pessoas ou entidades que intervieram no procedimento de 1.º grau ao abrigo de qualquer uma das disposições do art. 53.º do Código.

O Código não utilizou uma fórmula análoga à prescrita para o acesso ao recurso contencioso de anulação, assente na existência de um *interesse directo, pessoal e legítimo* (resquício de remotas concepções da natureza do contencioso administrativo e do próprio direito administrativo substantivo), embora tenha adoptado, também, nesta matéria, uma concepção subjectivista de legitimidade. Exige-se, pois, como condição de acesso aos meios de impugnação administrativa, já não um simples interesse em agir, mas uma coincidência da relação jurídica procedimental com a relação jurídica substantiva prefigurada — entre o direito de acção e o direito material.

Assim, da clássica interpretação dos preceitos legais relativos à legitimidade para o recurso contencioso, mantêm a sua pertinência nesta sede, como requisitos meramente procedimentais do *interesse* exigido ao reclamante, o seu carácter *directo* — bem como a sua actualidade (e não eventualidade), devendo a revogação ou modificação proporcionar ao requerente uma satisfação imediata, e não remota — e *pessoal*, correspondente à titularidade de um **interesse especial**, de uma relação de uma pessoa (dos seus direitos e bens) com os efeitos de um acto, distinguível do interesse que possa ter a generalidade das pessoas na referida revogação ou modificação.

Para além desses caracteres — de que nunca se prescinde — e na esteira do que já é doutrina assente em sede de legitimidade contenciosa, o referido interesse (lesado) para ser *legítimo* exigirá, já não uma situação de mera compatibilidade com a ordem jurídica (de não ser excluído por esta), mas de ser objecto de uma protecção directa ou reflexa da lei, de traduzir a titularidade de uma posição jurídica substantiva.

Com isso, porém, restringe-se o direito de acesso aos meios administrativos de reacção e tal restrição é aparentemente contraditória com o disposto no artigo anterior — da admissibilidade da inconveniência do acto, como fundamento de reclamação ou recurso.

Na verdade, como se admite que a mera inconveniência do acto impugnado pode constituir fundamento da reclamação ou do recurso — e aí não se argui, por definição, a violação de nenhum direito ou interesse legalmente protegido — poder-se-á falar apenas da legitimidade derivada da lesão de um **interesse simples**, de um interesse não protegido pela ordem jurídica, ligado a uma norma atributiva de poder discricionário, preocupada tão só com o interesse público e esquecida dos interesses

Artigo 160.º

dos particulares envolvidos. De um interesse quiçá directo e pessoal, mas não **legítimo** no sentido acima apurado, de uma pretensão conforme com a ordem jurídica.

E, portanto, ou se volta a aceitar aqui a concepção tradicional de "interesse legítimo", reconhecendo-se os meros interesses em agir numa dimensão exclusivamente procedimental da legitimidade para reclamar ou recorrer — pela permissão do acesso à "justiça" administrativa dos titulares de interesses simples, desde que próximos de um interesse público (constituindo este o único interesse intencionalmente protegido, e figurando, por esta via, o particular reclamante ou recorrente como um mero instrumento da sua satisfação) — ou, então, aceita-se que, além desse papel auxiliar da realização do interesse público, a pretensão do particular a um exercício conveniente ou meritório de poder administrativo (objectivamente configurado, sob a óptica do interesse público) se apresenta, afinal — e ainda que apenas em sede graciosa —, como uma verdadeira posição jurídica substantiva, ampliando-se assim, neste instituto do Código, o conteúdo do conceito legal de interesse legalmente protegido.

Na segunda hipótese, repete-se, já constituem interesses legalmente protegidos dos particulares os interesses que possam ser afectados por actos administrativos discricionários, se estes forem desiguais, injustos, imparciais ou desproporcionados (sendo normas genéricas de protecção desses interesses legalmente protegidos o art. 266.º, n.º 2 da Constituição, e os arts. 5.º e 6.º do Código). Assim, a pretensão a uma decisão discricionária correcta nessas vertentes passaria a ser, também, um interesse legalmente protegido em sede administrativa, configurando-se como suas normas de protecção (conjugadamente) os arts. 159.º e 160.º do Código.

Outras disposições do Código parecem supor esta premissa, nomeadamente a disposição que confere ao recurso dos actos do subalterno, praticados no exercício de competência exclusiva, um efeito atributivo de competência (de mera revogação) ao seu superior, mas com fundamento quer na ilegalidade quer na inconveniência do acto recorrido.

As dúvidas que subsistem sobre a matéria poderão, em última circunstância, solucionar-se (menos dogmaticamente) no seguinte esquema:

> — na impugnação do acto por invalidade, são interessados, na reclamação ou recurso, aqueles cujos direitos ou interesses legalmente protegidos sejam lesados directa, pessoal e ilegitimamente pelo acto impugnando;
>
> — quando se fundar em inconveniência, a reclamação ou recurso podem ser deduzidos também por aqueles que tenham um interesse de facto (apenas), mas directo e pessoal, na procedência da reclamação ou recurso.

art. 160.º, n.º 2

IV. Valem aqui, com as adaptações que se mostrem necessárias, os comentários tecidos a propósito do n.º 2 do art. 53.º, pois que aos titulares de interesses

Artigo 161.º

difusos nele referidos também se confere aqui legitimidade para reclamar e recorrer dos actos administrativos que os lesem.

No resto, aplicam-se as regras dos n.ᵒˢ 3 e 4 desse art. 53.º, para as quais este n.º 2 do art. 160.º remete de modo igualmente expresso — embora inutilmente quanto ao referido n.º 4, por a sua disciplina já contemplar expressamente essa hipótese.

Às hipóteses aí ressalvadas, de aceitação irrelevante (ou não preclusiva de legitimidade), acrescentam-se aqueles casos de má-fé ou de pressão da Administração para que o particular "consinta" no acto praticado: a aceitação deste deve ser *livre* (e convincente), sem o que não fica arredado o direito de recorrer desse acto.

SUBSECÇÃO II

Da reclamação

Artigo 161.º

Princípio geral

1. Pode reclamar-se de qualquer acto administrativo, salvo disposição legal em contrário.

2. Não é possível reclamar de acto que decida anterior reclamação ou recurso administrativo, salvo com fundamento em omissão de pronúncia.

    I. Remissão.

   II. A reclamação impugnatória do acto administrativo: dever de decisão (remissão).

  III. A exclusão legal da impugnabilidade de um acto junto do seu autor: juízo de constitucionalidade.

  IV. As reclamações necessárias e facultativas (em sede de legalidade).

   V. A irreclamabilidade da decisão dos procedimentos de 2.º grau: excepções (o art. 9.º, n.º 2 do Código).

  VI. A reclamação do indeferimento tácito de procedimento impugnatório anterior.

art. 161.º, n.º 1

I. Convém ter em atenção o que dissemos nos comentários preliminares desta Secção, a propósito do fundamento, do objecto e da secundariedade do procedimento reclamatório.

Artigo 161.º

II. Trata-se aqui da reclamação enquanto garantia impugnatória de actos administrativos — e não de reclamações no sentido do art. 52.º da Constituição ou do art. 9.º, n.º 1, alínea *b*), deste Código — com todas as implicações que se descreveram já, nomeadamente nos Preliminares desta Secção, em matéria de dever de decisão e suas projecções.

III. Todo o acto administrativo é reclamável, *"salvo disposição legal em contrário"* — como acontece quando a lei considera imediatamente esgotada a competência do seu autor ou manda enviar imediatamente o processo para outro órgão.

O legislador do Código não viu, portanto, nenhuma inconstitucionalidade na exclusão do direito de reclamação, quando, afinal, noutra vertente, ele até é um direito fundamental dos cidadãos (n.º 1 do art. 52.º da Constituição); deve, talvez, entender-se que a reclamação do acto pode ser afastada, sem violação da Lei Fundamental, se subsistirem outros meios administrativos da sua revisão (como o recurso imediato para outro órgão com competência dispositiva), por tudo caber no conceito dessa "reclamação" constitucional e se garantir, assim, uma melhor apreciação, graciosa, do acto administrativo, uma vez que é feita por pessoa mais desprendida dele do que o seu autor.

IV. À semelhança do que acontece com os recursos hierárquicos, também as reclamações podem ser **necessárias** — se são pressuposto legal do recurso contencioso (ou de recurso hierárquico necessário) de certos actos — ou **facultativas**, que constituem, aliás, a regra. É claro que a distinção só tem aplicação no seio das reclamações com fundamento na invalidade do acto administrativo.

Não são raros esses casos, em que o legislador exige aos destinatários de um acto, se não se conformarem, a sua prévia reclamação junto do respectivo autor, para se poder seguir depois (caso ela improceda) a via da sua impugnação contenciosa ou hierárquica. Temos exemplos desses nas reclamações (v.g., contra a admissão e exclusão de concorrentes e propostas) perante as comissões que presidem aos actos públicos dos concursos.

A *necessidade* de reclamação, neste sentido, não significa, claro, necessidade da respectiva decisão expressa: no silêncio da Administração, decorrido o prazo legal, o particular pode continuar na via impugnatória, através do meio procedimental ou contencioso de que ela (reclamação) era pressuposto ou formalidade prévia.

Não vemos razão para considerar inconstitucional, face ao art. 268.º, n.º 4 da Constituição, a referida exigência legal de uma reclamação prévia do recurso contencioso de um acto administrativo lesivo de direitos e interesses legalmente protegidos — do mesmo modo que não nos parece serem-no, sequer, os recursos hierárquicos necessários (ver comentários ao art. 167.º). É que, a reclamação de acto de que não caiba recurso contencioso tem sempre efeito suspensivo (art. 163.º), e isso basta para salvaguardar o essencial, como se comenta, *infra*, a propósito do efeito suspensivo dos recursos necessários (e da sua eventual exclusão).

Artigo 162.º

art. 161.º, n.º 2

V. Não se pode reclamar procedimentalmente (em termos de constituir a Administração no dever de decidir) do acto que tenha sido objecto de decisão proferida já em procedimento de reclamação ou de recurso — dispõe o n.º 2 deste artigo — havendo é, porventura, lugar ao meio de reacção administrativa ou contenciosa subsequente.

A única excepção admitida no preceito respeita à hipótese de esse procedimento anterior de 2.º grau ter sido "decidido" tacitamente, ou seja, em caso de omissão (total ou parcial) de pronúncia — porque aí não há acto decisório, mas apenas a presunção legal do art. 109.º.

A proibição não funciona também, talvez, no caso de não terem estado no procedimento da reclamação ou recurso anterior todos os interessados, sendo permitido àqueles à revelia dos quais correu (se não tiveram oportunidade de aí participar) que reclamem. embora apenas facultativamente, da decisão proferida no procedimento de 2.º grau.

VI. Nos casos de omissão de decisão sobre a primeira reclamação apresentada, a renovação da reclamação tem (quando se trata de acto não impugnável contenciosamente) a vantagem de tornar certo que se mantém o efeito suspensivo da primeira reclamação.

Questiona-se se a omissão de decisão (que permite uma segunda reclamação nestes casos) é a total ou também a parcial e se, dentro desta, cabe a falta de referência da decisão sobre a reclamação ou recurso a todos os fundamentos com base nos quais eles foram deduzidos — respondendo-se afirmativamente à primeira questão e à segunda como se deixou dito na nota **VII** ao art. 56.º.

Artigo 162.º

Prazo da reclamação

A reclamação deve ser apresentada no prazo de 15 dias a contar:
a) **Da publicação do acto no *Diário da República* ou em qualquer outro periódico oficial, quando a mesma seja obrigatória;**
b) **Da notificação do acto, quando esta se tenha efectuado, se a publicação não for obrigatória;**
c) **Da data em que o interessado tiver conhecimento do acto, nos restantes casos.**

I. Extensão da disposição a todos os meios impugnatórios.

Artigo 162.º

II. *Apresentação da reclamação: requisitos especiais (a repetição das alegações de audiência).*
III. *O prazo da reclamação: a reclamação post-prazo.*
IV. *Início da contagem do prazo da reclamação (ou do recurso).*
V. *Início da contagem com o conhecimento do acto.*

I. A presente disposição, no que respeita ao início do prazo de apresentação da reclamação, está deslocada, como já assinalou REBELO DE SOUSA (R.D.J., vol. VI, 1992, pág. 48): cabia na Subsecção I, por dever abranger também os recursos, e está na Subsecção II, que apenas abrange, sistematicamente falando, a impugnação reclamatória.

O que significa que quase tudo quanto se comenta a seguir (salvo no que respeita aos prazos aplicáveis) vale também para as outras espécies de impugnação procedimental de acto administrativo.

II. A reclamação deve ser apresentada na forma já referida em nota **VII** ao art. 158.º, aplicando-se-lhe, com as adaptações necessárias, o que se dispõe nos arts. 74.º e segs. do Código (eventualmente por força do disposto no respectivo art. 82.º).

Pode, por exemplo, ser-se mais maleável no que diz respeito à *clareza e precisão do pedido* — se a intenção e alegação impugnatórias estiverem bem reveladas — e mais exigente no que respeita à fundamentação (nomeadamente de direito) da reclamação ou recurso, do que se é em relação ao requerimento inicial.

Não parece de excluir que a impugnação reclamatória possa ser a mera repetição das alegações eventualmente oferecidas pelo interessado na audiência dada no procedimento de 1.º grau; mas é evidente que, nesse caso, também a fundamentação da decisão da reclamação (ou do recurso) pode consistir na mera remissão para a avaliação ou ponderação feita no acto impugnado — supondo, claro, que este já respondia às objecções suscitadas naquelas alegações.

III. O prazo da reclamação — da reclamação com os efeitos jurídicos procedimentais referidos — é de quinze dias úteis contados do dia seguinte ao dos eventos referidos nas diversas alíneas deste artigo (salvo quando houver lugar às dilações do art. 73.º do Código).

Depois disso, a reclamação ainda é possível, mas tudo o que nela era procedimentalmente determinante se esvaneceu, como seja a constituição do dever de decisão, a suspensão de efeitos do acto e o seu carácter de pressuposto processual (quando se tratar de reclamação *necessária*), convertendo-se então numa simples manifestação do direito fundamental de petição — do art. 52.º da Constituição e do art. 9.º, n.º 1, alínea *b*) do Código; já não é uma sua manifestação *qualificada*, como a da reclamação procedimental de um acto administrativo.

Entendemos, porém, que — estando em causa, na fixação deste prazo (tão apertado), não deixar que o acto reclamado seja suspenso a partir dum momento

Artigo 162.°

em que a medida nele tomada já se vai expandindo e se torna mais díficil sustá-la — tal prazo só deveria valer para os casos em que a reclamação incide sobre acto que ainda não é susceptível de recurso contencioso (art. 163.°, n.° 1).

Nos outros casos, de reclamação facultativa — em que não há efeito suspensivo — deveria prevalecer o interesse impugnatório do particular, até porque a competência do autor do acto para a sua revogação (inclusive por invalidade) se mantém ainda, pelo menos, por mais uns (dois ou) três meses, só cessando com o termo do prazo para a resposta em recurso contencioso.

IV. A determinação do início da contagem do prazo da reclamação deve ser feita com muitas cautelas — pelo menos, quando se tratar de reclamações de actos de que não caiba recurso contencioso ou em que ela é pressuposto legal deste (ver comentários ao art. 161.°).

Na verdade, nesses casos (pelo menos), o prazo da reclamação deve contar-se, mesmo que a publicação do acto seja obrigatória, da sua notificação, **se esta também o for** — por aplicação das regras dos arts. 66.° e 132.° do Código.

De resto, na sequência do que já se disse em comentário a este último, preceitos destes devem ser lidos sempre no sentido da garantia do interesse constitucionalmente protegido do **conhecimento efectivo** do acto (proporcionado pela notificação) — e não do seu conhecimento hipotético (no caso de publicação) — ou, então, no sentido de que, existindo dois requisitos legais de eficácia do acto, esta só se verifica após a produção do último, pois em tais casos (salvo excepção legalmente prevista) a eficácia depende sempre do preenchimento cumulativo dos diversos requisitos estabelecidos.

E, portanto, o entendimento a dar à ideia de que a contagem do prazo da reclamação, **quando a publicação seja obrigatória**, se conta a partir desta, é que o particular, mesmo que tenha sido notificado do acto antes dela (publicação) ocorrer, só começará a contar esse prazo depois de a mesma ter tido lugar — é a hipótese da alínea *a*). Ou seja: acto que seja notificado, se é de publicação obrigatória, só se torna eficaz e é reclamável com a publicação exigida.

Em consonância, a alínea *b*) diz que é aquela notificação que conta para o efeito, se o acto não for de publicação obrigatória.

O que é diferente de o acto que é de **notificação obrigatória** dever ser reclamado no prazo de 15 dias a contar da publicação, mesmo que esta seja obrigatória —, o que o preceito da alínea *a*) sugeriria literalmente. Deve contar-se então o prazo da reclamação, repete-se, da data em que ocorrer tal notificação.

Esta desvalorização relativa da publicação (mesmo da obrigatória), em sede de prazo de reclamação (ou recurso), que aqui defendemos — se a notificação for obrigatória — não tem, aliás, nada de estranho do ponto de vista dos interesses práticos da vida administrativa: as mais das vezes, a publicação é obrigatória não por ser considerada o meio mais idóneo para levar o acto ao conhecimento dos seus des-

Artigo 163.º

tinatários (pense-se em alguém que resida na província, em local recôndito), ou por ser o único possível (por impraticabilidade de notificar todos os destinatários), mas por outros motivos, como o do interesse geral da divulgação do acto (também em função de terceiros), não devendo, pois, mexer com as regras respeitantes à protecção de outras posições, de destinatário e de contra-interessados, que só se satisfazem pela notificação constitucional e legalmente exigidas.

V. Nos casos em que não haja lugar a publicação ou notificação obrigatória do acto — ou, então (quando não havendo lugar a publicação do acto) não se tenha feito a sua notificação —, o prazo para deduzir a reclamação conta-se do dia seguinte àquele em que o interessado teve conhecimento oficial e perfeito dele (do seu teor, fundamentação e demais elementos respeitantes à sua validade), nos termos comentados a propósito dos arts. 67.º e 132.º do Código.

Artigo 163.º

Efeitos da reclamação

1. A reclamação de acto de que não caiba recurso contencioso tem efeito suspensivo, salvo nos casos em que a lei disponha em contrário ou quando o autor do acto considere que a sua não execução imediata causa grave prejuízo ao interesse público.

2. A reclamação de acto de que caiba recurso contencioso não tem efeito suspensivo, salvo nos casos em que a lei disponha em contrário ou quando o autor do acto, oficiosamente ou a pedido dos interessados, considere que a execução imediata do acto causa prejuízos irreparáveis ou de difícil reparação ao seu destinatário.

3. A suspensão da execução a pedido dos interessados deve ser requerida à entidade competente para decidir no prazo de cinco dias a contar da data em que o processo lhe for apresentado.

4. Na apreciação do pedido verificar-se-á se as provas revelam uma probabilidade séria de veracidade dos factos alegados pelos interessados, devendo decretar-se, em caso afirmativo, a suspensão da eficácia.

5. O disposto nos números anteriores não prejudica o pedido de suspensão de eficácia perante os tribunais administrativos, nos termos da legislação aplicável.

> *I. A regra do efeito suspensivo da reclamação sobre o acto insusceptível de recurso: âmbito. As reclamações e os recursos necessários.*
>
> *II. O alcance (preclusivo da suspensão de efeitos do acto reclamado) das diversas excepções previstas no Código.*

Artigo 163.º

III. As excepções à regra estabelecidas por lei: sua (in)constitucionalidade.
IV. A oposição administrativa à suspensão dos efeitos do acto reclamado: prazo e (in)constitucionalidade.
V. A reclamação não suspensiva do acto de que cabe recurso contencioso.
VI. A suspensão administrativa a pedido dos interessados: prazo da decisão.
VII. O juízo administrativo sobre a suspensão (oficiosa ou não) dos efeitos do acto reclamado.
VIII. A não prejudicialidade da suspensão administrativa em relação ao correspondente pedido judicial (em recurso contencioso de anulação): significado da regra.

art. 163.º, n.º 1

I. A **reclamação** de acto administrativo de que não caiba recurso contencioso (leia-se directamente, imediatamente) **suspende** a sua eficácia.

É da máxima importância a disposição legal, tanto mais que agora (com o Decreto-Lei n.º 6/96) se retirou do Código a disciplina do seu art. 164.º, na versão de 1991.

Aplica-se o preceito em duas hipóteses:
a) nos casos em que a lei impõe a reclamação, como precedente necessário da sua subsequente impugnação pela via do recurso hierárquico e/ou contencioso;
b) nos casos em que o acto de que se reclama está sujeito a recurso hierárquico necessário.

Conferindo-se, nestes casos, efeitos suspensivos à reclamação assegura-se a legitimidade constitucional das reclamações necessárias que referimos na alínea a) e — no caso da alínea b) — não se empurra o interessado, logo, para o recurso hierárquico necessário (onde ele obteria também esse efeito suspensivo).

Por isso, permite-se-lhe que, antes disso, reclame da decisão perante o seu próprio autor e consiga assim, muito mais simples e celeremente, a realização dos interesses (públicos ou privados) ligados à retirada de um acto ilegal ou inconveniente.

É esse o domínio de aplicação do preceito, restrito que é à reclamação de **"actos administrativos"** — o que significa não valer o seu regime para a "reclamação" de actos preparatórios ou instrumentais do procedimento e só estar, portanto, em causa (em relação à insusceptibilidade de recurso contencioso) a sua não definitividade vertical ou competencial.

A finalizar, diga-se que seria erróneo, também — além de flagrantemente inconstitucional (art. 268.º, n.º 4) — ver no preceito um reflexo da ideia de que haveria (ou poderia haver) actos administrativos, no sentido do art. 120.º, insusceptíveis de recurso contencioso.

Artigo 163.º

II. Prevê-se que a **suspensão da eficácia** do acto contenciosamente irrecorrível, derivada da sua reclamação perante o respectivo autor, **seja arredada** (nas circunstâncias referidas nos comentários susbsequentes) sempre que: a) a lei disponha em contrário; b) ou quando o órgão se oponha administrativamente a essa suspensão.

São excepções com diferente alcance.

Enquanto no caso de ser a lei a afastar o efeito suspensivo, este nunca se verifica, no caso de ser o próprio autor do acto a opor-se-lhe, já a interposição da reclamação suspende inicialmente os efeitos do acto, embora só até que sobrevenha oposição fundamentada do seu autor.

Se não vier assim, a falta dessa fundamentação gera, como propõe Vieira de Andrade, nulidade do acto que denegou o efeito suspensivo (ver comentário **I** ao art. 124.º).

III. No enquadramento referido no comentário **I**, só se concebe que a lei possa retirar efeito suspensivo à reclamação de um acto administrativo não impugnável contenciosamente, por ele ser, então, objecto de recurso administrativo necessário e com efeito suspensivo. De outro modo, e tratando-se de actos lesivos, a disposição que afastasse o recurso contencioso (e o efeito suspensivo de uma reclamação necessária) seria inconstitucional, face ao mencionado art. 268.º, n.º 4 da Lei Fundamental.

Nem o facto de o Decreto-Lei n.º 6/96 ter conferido à reclamação de actos insusceptíveis de recurso contencioso a virtualidade de suspender o prazo de interposição de recurso hierárquico necessário preclude tal proposição, pois são coisas muito diversas a suspensão da eficácia do acto (a que se refere o art. 163.º) e a suspensão do prazo para dele recorrer hierarquicamente (art. 164.º).

IV. A admissibilidade de o seu autor impor expressamente a execução do acto administrativo não recorrível contenciosamente, que tenha sido reclamado (à qual aplicaríamos adaptadamente o que se escreveu no comentário n.º **III** ao art. 170.º) parece estar aqui prevista apenas para situações de **necessidade** administrativa, carentes de invocação e fundamentação expressa no despacho que ordena a continuação da execução do acto — pelo menos, pelos termos em que está redigido, o preceito referir-se-ia apenas aos graves prejuízos para o interesse público, sem que pudessem ser os interesses de outros destinatários do acto a justificá-lo (até por oposição ao n.º 2 deste mesmo artigo).

Pela redacção da parte final do preceito, dir-se-ia que se trata apenas da suspensão (e de se poder recusar a suspensão) de actos de execução, quando a verdade é que a disposição é extensiva a todos os casos de suspensão, mesmo que se trate de suspender a simples eficácia de actos que não carecem de qualquer execução material ou jurídica, de actos *inexequíveis*, portanto (no sentido que lhe demos acima no comentário n.º **V** preliminar da Secção respeitante à eficácia do acto administrativo).

Questão é a de saber se existe, ou não, um prazo para o órgão a quem é dirigida uma reclamação, num caso destes, se pronunciar a propósito da execução do acto (que a simples interposição da reclamação suspendeu). A resposta afirmativa é óbvia e deveria mesmo exigir-se (como sugerimos similarmente em comentário ao art. 83.º) que o órgão reclamado dispusesse sobre isso logo na sua primeira intervenção no procedimento — não se admitindo, em nenhuma hipótese, que essa decisão possa ser posterior à decisão procedimental sobre o cumprimento dos pressupostos procedimentais (das questões prévias) da reclamação, previstos no art. 83.º do Código.

Isto, se não se considerar pura e simplesmente — como discutimos em comentário ao n.º 3 deste artigo — que o prazo de 5 dias nele fixado se aplica precisamente à decisão sobre a suspensão do acto a pedido do interessado, que estenderíamos, então, aqui, na reclamação necessária, à decisão que mantém a executividade ou eficácia do acto reclamado.

Em consonância com as posições tomadas acima, sustenta-se que ou é proibido pelo art. 268.º, n.º 4 da Constituição precludir o efeito suspensivo da reclamação de acto verticalmente irrecorrível em sede contenciosa ou, então, insistindo a Administração nisso, em manter a execução do acto reclamado necessariamente, teria de se considerar que ele se tornou, só por causa disso, imediatamente impugnável em tribunal (ou na via hierárquica necessária, o que lhe conferia, de novo, efeito suspensivo).

Solução que parece ser de preferir à de se admitir recurso contencioso da decisão administrativa que resolveu manter a execução do acto, por o particular pouco de útil poder obter aí, cautelarmente: a celeridade e utilidade da garantia judicial recomendam vivamente aquela outra solução, e a rejeição desta.

art. 163.º, n.º 2

V. Se do acto administrativo reclamado (já) couber recurso contencioso, a reclamação não suspende a respectiva eficácia — diferença que se justifica porque, havendo aqui o recurso jurisdicional de anulação, há a possibilidade de requerer nele a suspensão judicial do acto.

Admitem-se, porém, excepções à regra: quer quando a lei disponha em contrário, quer quando o autor do acto reclamado o determine (oficiosamente ou a pedido do respectivo destinatário), com fundamento na irreparabilidade ou dificuldade de reparação dos prejuízos que a sua execução cause. Ou seja: mesmo que não se trate de reclamação suspensiva, por si mesma, o autor do acto pode suspender a eficácia do acto reclamado.

A noção de *"prejuízo irreparável"* corresponde àquela que a doutrina e a jurisprudência estabeleceram a propósito dos requisitos da suspensão judicial de eficácia do acto administrativo, estabelecidos no art. 76.º da Lei de Processo

Artigo 163.º

— ou seja, não apenas aos prejuízos cuja dimensão (ou o correspectivo económico) é impossível ou difícil de fixar, dado o seu carácter difuso ou aleatório, como também quando seja impossível a (futura e eventual) reconstrução da situação (pretérita ou actual) hipotética — se se vier a concluir pela revogação do acto reclamado.

Não seria descabido reportarmo-nos também, nesta sede, à própria gravidade e intensidade do prejuízo, considerando susceptíveis de levar à suspensão os prejuízos mais relevantes, mesmo que reparáveis.

art. 163.º, n.º 3

VI. A redacção deste n.º 3 podia ser bastante melhorada e, se não se suscitam dúvidas quanto ao seu sentido, é só porque, obviamente, o prazo aí fixado — contando-se da data da apresentação do processo ao órgão competente — apenas pode ser o prazo para este decidir se concede, ou não, a suspensão da eficácia do acto, que lhe foi requerida.

Porque, se atendessemos apenas ao texto da lei, pareceria (podia parecer) que tal prazo se reporta ao pedido de suspensão formulado pelos interessados.

art. 163.º, n.º 4

VII. A probabilidade séria da veracidade dos factos alegados no pedido de suspensão (sobre a existência e a gravidade ou irreparabilidade dos prejuízos que a sua execução causaria) corresponde a uma hipótese de ocorrência verosímil desses prejuízos, segundo o senso de uma pessoa prudente, pouco crédula, que fizer um juízo de prognose sobre a situação em causa.

E é evidente que esse juízo, que se impõe fazer para decretar a suspensão a pedido do interessado, é exactamente o mesmo que se deve fazer para o caso de ela ser decretada oficiosamente.

A suspensão administrativa decreta-se (em despacho fundamentado, se houver contra-interessados) e não é a executoriedade do acto, mas a sua própria eficácia, que fica prejudicada — não sendo ele exequível, seja por que forma ou vontade for, mesmo por "mútuo acordo", enquanto a suspensão administrativa não for retirada.

art. 163.º, n.º 5

VIII. A disposição deve ser lida no sentido de que, mesmo não havendo suspensão administrativa do acto, se pode pedir a sua suspensão judicial.

Difícil é saber (se o acto reclamado tiver sido administrativamente suspenso) o que acontece quando, eventualmente, a reclamação for decidida desfavoravelmente — pois, quando favorável, o acto reclamado e suspenso é pura e simplesmente revogado e deixa de pôr-se o problema — e se passar para a via hierárquica ou para o plano contencioso.

Artigo 164.º

Sendo a reclamação indeferida de modo expresso, cai necessariamente o efeito suspensivo que lhe tivesse sido atribuído por lei ou pela Administração; porém, se a própria reclamação não for objecto de decisão e se apenas se presumir tacitamente indeferida, pode entender-se que o efeito suspensivo concedido se manteria (não sendo o particular prejudicado com isso), em conformidade com a natureza e os efeitos vistos do indeferimento tácito, até decisão do recurso contencioso (embora possa, mesmo assim, a cautela justificar que se formule o pedido judicial de suspensão da eficácia, que tivesse sido legal ou administrativamente concedida).

Artigo 164.º
Prazos de recurso

1. A reclamação de actos insusceptíveis de recurso contencioso suspende o prazo de interposição do recurso hierárquico necessário.

2. A reclamação dos demais actos não suspende nem interrompe o prazo de interposição do recurso que no caso couber.

> *I. A reclamação e a interrupção dos prazos dos recursos administrativos necessários.*
> *II. Contagem de prazos contenciosos.*
> *III. As consequências da interposição de recurso do acto sobre o procedimento da reclamação.*

art. 164.º, n.º 1

I. Com a nova redacção dada ao n.º 1 pelo Decreto-Lei n.º 6/96, a apresentação da reclamação suspende o prazo para a interposição do recurso hierárquico necessário dos **actos (ainda) insusceptíveis de recurso contencioso** — como também suspende, nos termos do art. 163.º, n.º 1, a própria eficácia da decisão reclamada.

O que quer dizer que, nestes casos, suspensa a decisão reclamada e também o prazo para interpor o respectivo recurso necessário, a Administração não poderá deixar mesmo de decidir expressamente a reclamação, sob pena de se eternizar a situação criada de ineficácia do acto (bastando que o interessado nunca mais considere, como lhe é dado não considerar, que a sua pretensão nesta matéria foi indeferida tacitamente).

Ganhou a reclamação, portanto, uma importância muito maior do que a que tinha na versão de 1991 — onde se lhe recusava qualquer efeito suspensivo ou interruptivo sobre os prazos de recursos hierárquicos subsequentes —, impondo-se, nessa altura, a apresentação destes, quando ainda nem sequer decorrera o prazo para o órgão reclamado se pronunciar sobre a reclamação.

Artigo 165.º

Agora, nos casos referidos, o prazo para a interposição do recurso hierárquico necessário *"interrompe-se"* com a reclamação, o que significa que, para a sua contagem, não se toma em conta o período que decorreu desde que a reclamação foi deduzida até ao momento em que foi decidida — contando-se porém (salvo se se tratar de reclamação também necessária para a interposição do recurso hierárquico) os dias úteis que correram antes de ela ser apresentada.

art. 164.º, n.º 2

II. A reclamação não suspende, porém, como resultava já do preceito do n.º 1, o prazo para a interposição de recursos dos *"demais actos"*, ou seja, daqueles de que cabe recurso contencioso (directo), e que podem ser também impugnados facultativamente na via hierárquica.

III. Questão é a de saber se a interposição dum recurso (necessário ou contencioso) prejudica a utilidade ou efeitos jurídicos da reclamação, em termos de o órgão reclamado já não estar constituído no dever de decidir dela (ou do seu eventual efeito suspensivo).

A solução é duvidosa, podendo optar-se por razões de certeza e segurança, pela prevalência da competência de recurso e pela preclusão (salvo o disposto no art. 172.º), mesmo, da competência ou do dever do autor do acto reclamado se pronunciar.

Artigo 165.º

Prazo para decisão

O prazo para o órgão competente apreciar e decidir a reclamação é de 30 dias.

> *I. Prazo para instrução e decisão do procedimento (justificação) e prazo para notificação da decisão.*
> *II. As formalidades do procedimento da reclamação.*
> *III. A "decisão" tácita (ou presumida) e a decisão expressa da reclamação: seus efeitos e autonomia face ao acto reclamado.*

I. A fixação do prazo de 30 dias para *"apreciar e decidir"* a reclamação, mais curto do que o prazo normal da decisão procedimental (de 1.º grau), deve-se, como se explicou, ao facto de estarmos perante um procedimento de 2.º grau, já muito

Artigo 165.º

desenvolvido no aspecto instrutório, pela instrução e produção de prova a que houve lugar em 1ª "instância", razão que reforça a tese jurisprudencial de não haver, nestes casos de 2.º grau, exigência de audiência — preferindo nós dizer que não há audiência do reclamante (ou recorrente), mas há, claro, audiência dos contra-interessados, se a intenção da autoridade reclamada for a de deferir a reclamação (ver comentário **V** dos preliminares à Secção IV).

Dentro do referido prazo tem que se praticar as formalidades a que houver lugar — e é claro que uma regra pura de paralelismo de forma do acto revogatório traria algumas dificuldades nesta matéria — e tem que ser proferida decisão (datada).

Já a notificação dessa decisão deve ter lugar nos oito dias subsequentes (art. 69.º), pelo que, em rigor, só a partir do 38.º dia útil — a não ser que o reclamante vá ao processo tomar conhecimento oficial da inexistência da decisão — é que ele pode começar a pensar em **indeferimento tácito** da reclamação.

É essa, digamos, a sanção para a falta de cumprimento tempestivo do dever de decidir as reclamações necessárias.

II. O legislador dispensou, no aspecto procedimental, maior atenção à própria decisão sobre a suspensão dos efeitos do acto, do que à decisão da reclamação, ficando sem se saber que formalidades devem ser observadas aqui — ao contrário do que acontece no caso dos recursos, sobre os quais dispõem os arts. 171.º e 172.º.

É por eles que nos guiamos para sugerir, dubitativamente, que sejam cumpridas as seguintes formalidades no procedimento da reclamação :

— notificação imediata dos *co* e *contra*-interessados, para se pronunciarem no prazo de dez (art. 71.º, n.º 2) ou de quinze dias (art. 171.º);

— pedido imediato ao instrutor do procedimento reclamado (se não foi designado já para continuar a sua tarefa), para se pronunciar adicionalmente sobre a decisão tomada, à luz dos fundamentos da reclamação;

— decisão e sua fundamentação.

Mesmo assim, dada a comparação entre o silêncio do legislador neste aspecto e a sua prolixidade em relação ao procedimento a observar em sede de recursos administrativos, dá-se como assente a prevalência do princípio da informalidade em matéria de procedimento reclamatório, cabendo ao órgão administrativo determinar discricionariamente que formalidades devem cumprir-se ou, mesmo, se devem cumprir-se algumas.

Com a ressalva, claro — forçada até pelo princípio da igualdade — de se dever garantir, também aqui, aos *co* e *contra*-interessados o direito à audiência — mesmo se ela se deve realizar imediatamente, e não apenas depois de concluída a instrução do procedimento reclamatório.

Artigo 166.º

III. Se não for objecto de decisão expressa no prazo legal, a reclamação necessária tem-se (pode ter-se) por indeferida e, então, o particular presume, para efeitos de recurso, que subsiste no ordenamento jurídico o acto reclamado — ou, então, não presume nada e deve manter-se o eventual efeito suspensivo que a reclamação tivesse, por força de lei ou por determinação administrativa, continuando interrompido o prazo para a interposição do recurso a que houvesse lugar.

Se a decisão expressa da **reclamação facultativa** confirmar a decisão reclamada, uma de duas: ou é meramente confirmativa e, nesse caso, tudo se passa como se só houvesse o acto confirmado — é ele que se executa e é dele que se recorre — ou só o é parcialmente e, então, considera-se que o acto reclamado vale com a (nova) fisionomia que lhe deu a decisão da reclamação, mas o prazo para o recurso de ilegalidade respeitante à parte confirmada do acto, e só a essa — note-se, que estamos a falar apenas de reclamações facultativas — conta-se desde a data do acto anterior (dado o disposto no n.º 2 do art. 164.º).

SUBSECÇÃO III

Do recurso hierárquico

Artigo 166.º

Objecto

Podem ser objecto de recurso hierárquico todos os actos administrativos praticados por órgãos sujeitos aos poderes hierárquicos de outros órgãos, desde que a lei não exclua tal possibilidade.

> *I. Remissão.*
> *II. Âmbito: os recursos hierárquicos próprios (instrumentos ou canais da relação hierárquica).*
> *III. A titularidade no superior hierárquico, nos procedimentos de 2.º grau, da competência dispositiva própria do subalterno; recursos de reexame (remissão).*
> *IV. A exclusão legal do recurso hierárquico: a não aplicação do art. 142.º.*

I. Já deixámos nos Preliminares desta Secção do Código alguns comentários sobre a natureza, espécie e *"conteúdo essencial"* dos meios impugnatórios em geral, que convém reler a propósito das matérias que seguem.

Artigo 166.º

II. Trata-se nesta Subsecção III dos recursos hierárquicos **próprios**, ou seja, fundados ou inseridos numa relação de hierarquia, *proprio sensu* — vindo depois, na Subsecção IV, os recursos (ditos) hierárquicos **impróprios**, que não têm lugar no seio de uma relação hierárquica, mas de outra relação de supra/infra-ordenação orgânica ou funcional, se a lei previr aí a possibilidade de recurso.

A existência de uma relação hierárquica entre dois (ou mais) órgãos da mesma pessoa colectiva implica a possibilidade (sem necessidade de previsão específica) de os actos administrativos praticados pelos subalternos constituirem objecto de impugnação— por inconveniência ou invalidade — junto dos seus superiores, a fim de serem (ou não) revogados, modificados ou substituídos por estes. Só o acto do órgão mais elevado da escala hierárquica é recorrível em sede contenciosa — só ele é (de certa maneira) manifestação *definitiva* ou *representativa* da vontade da pessoa colectiva, salvo, evidentemente, se se tratar de acto administrativo particado por órgãos subalternos com competência exclusiva na matéria.

Não é preciso, portanto, que a lei preveja especificamente, para cada acto administrativo, a faculdade ou direito de recurso hierárquico ou que o diga para os actos de certo órgão: **existindo a relação hierárquica, existe recurso ou impugnação hierárquica**. Salvo disposição em contrário, claro está.

Por isso, a lei refere o recurso hierárquico aos actos administrativos de órgãos *"sujeitos aos poderes hierárquicos de outros órgãos"* — entendidos como um feixe típico de poderes (de direcção, de orientação, de fiscalização, de supervisão, disciplinar e, eventualmente, de substituição) — e não a um ou outro poder (desgarrado) daqueles que se encontram na relação de hierarquia, mas que também se podem encontrar numa relação tutelar ou de supervisão não hierárquica.

O recurso hierárquico é, portanto, um meio impugnatório de reapreciação do acto recorrido, destinado a permitir ou a suscitar a competência dos superiores hierárquicos para revogar, modificar ou substituir os actos dos seus subalternos. Ou seja, é um instrumento da hieraquia administrativa — melhor se diria, talvez, um seu "canal", pois estes recursos estão também valorizados, no Código, como um **direito dos interessados**, não como mero instrumento de realização do interesse público da melhor decisão administrativa.

III. Da conjugação deste art. 166.º com o disposto no art. 174.º resulta que, no nosso ordenamento jurídico, os superiores hierárquicos têm também, em regra, além daquela que lhes cabe como própria, uma competência dispositiva idêntica à que é própria (ou originária) dos seus subordinados, transformando os recursos hierárquicos em recursos ou processos de reexame.

Mesmo que o superior não possa, como hoje sustenta Freitas do Amaral, exercer originariamente, em 1.º grau de decisão, a competência do subalterno — salvo tendo poderes de substituição hierárquica, ou em situação de *necessidade* (v.g. por impedimento ou recusa de cumprimento de ordens pelo subalterno) —,

Artigo 166.º

a verdade é que lhe é dado, oficiosamente ou sob iniciativa dos interessados, não apenas revogar os actos daquele, mas também dispor de novo (por conveniência ou validade) para a situação concreta a que se referia o acto deste. Isto por a competência exclusiva dos subalternos não ser de regra, não ser geral.

O que se disse não significa que não seja defensável — e que não haja quem defenda — a tese de que (salvo no caso de competência exclusiva do subalterno) o superior hierárquico pode sempre exercer, **em primeiro grau de decisão**, a competência dele, só sendo o recurso hierárquico atributivo de competência ao superior (e meramente anulatório ou de revisão) nessas hipóteses, em que o subalterno goza de poderes exclusivos.

A conjugação do disposto nos arts. 166.º e 174.º revela que os recursos hierárquicos de que aqui se trata (os recursos hierárquicos próprios) são recursos de **reexame,** de apreciação da situação concreta, para ver que acto ela pede (se o praticado, se um novo acto) e não de mera **revisão** — cujo objecto é, não a situação concreta (senão indirectamente, claro), mas sim o acto praticado e se trata de ver se ele é ou não adequado, do ponto de vista legal ou da sua conveniência, para tal situação.

Só assim não será quando a lei, directa ou indirectamente (mas de maneira expressa) — como se comenta mais adiante, no art. 174.º — excluir a decisão de reexame e cingir a autoridade hierárquica à mera reapreciação do acto praticado pelo subalterno no exercício de uma sua competência exclusiva.

IV. A recorribilidade hierárquica do acto administrativo, como se diz na parte final do preceito, só pode ser excluída por lei (ou com fundamento em habilitação legal) — e não basta para tal que se trate de acto directamente impugnável em sede contenciosa, pois existem também recursos hierárquicos facultativos.

Também não basta que se trate de uma competência exclusiva do subalterno, para que o recurso hierárquico fique afastado — revela-o (apesar do art. 42.º) o art. 174.º claramente, como se vê adiante, nos respectivos comentários — pois o recurso hierárquico pode cingir-se à mera *revisão* do acto praticado.

São casos de **competência excludente** do subalterno, cujos actos não podem então ser sequer revogados pelo superior (seja oficiosamente ou a pedido dos interessados), havendo lugar apenas a reacções contenciosas directas e imediatas contra eles, embora não fique prejudicada a hipótese de se reclamar deles facultativamente ou, se a lei assim o dispusesse, necessariamente.

Será, portanto, necessário que a lei arrede mesmo o conhecimento ou revogabilidade de certos actos pelo superior hierárquico — em recurso —, para que se considere não existir a possibilidade de impugnação hierárquica do acto, mesmo se restrita à sua mera *revisão*.

E pode bem dizer-se serem excepcionais, entre nós (face ao art. 174.º), os casos em que das decisões dum subalterno não poderá recorrer-se para o superior hierárquico.

A não ser, claro, se estivéssemos a pensar nos casos em que não existe o recurso hierárquico, porque não existe hierarquia — e que não são, obviamente, aqueles a que se refere a excepção deste art. 166.º.

Artigo 167.º
Espécies e âmbito

1. O recurso hierárquico é necessário ou facultativo, consoante o acto a impugnar seja ou não insusceptível de recurso contencioso.

2. Ainda que o acto de que se interpõe recurso hierárquico seja susceptível de recurso contencioso, tanto a ilegalidade como a inconveniência do acto podem ser apreciadas naquele.

> *I. Recursos necessários e facultativos: os órgãos que praticam actos (vertical ou organicamente) susceptíveis de recurso contencioso. Diferença de regimes procedimentais.*
>
> *II. A não inconstitucionalidade do recurso hierárquico necessário: condições.*
>
> *III. A extensão do regime dos recursos hierárquicos necessários aos outros recursos necessários.*
>
> *IV. A ilegalidade e inconveniência do acto no recurso facultativo e contencioso: reflexos da decisão de um no outro.*

art. 167.º, n.º 1

I. O recurso hierárquico do acto administrativo é **necessário** quando a sua interposição e decisão (tácita ou expressa) é condição ou pressuposto de acesso ao recurso contencioso; **facultativo**, quando o acto já pode ser objecto de recurso contencioso, independentemente da decisão que nele vier a ser (ou não) proferida.

A lei está a referir-se exclusivamente aos actos administrativos e, portanto, não era preciso dizer que a insusceptibilidade de recurso contencioso de que aqui se trata é apenas a derivada de razões de *verticalidade* do acto ou hierarquia administrativa, e não a que deriva de não ser um acto (materialmente) definitivo, um acto lesivo de esferas jurídicas alheias, enfim, de não ser um acto administrativo *tout court*.

Note-se que os recursos **necessários** — pelo menos em sede hierárquica — são, como se disse já, recursos de **reexame**; os recursos hierárquicos facultativos tanto podem ser de reexame, como de mera revisão e também são fundados em inconveniência ou invalidade.

Artigo 167.º

II. Já se referiu acima não seguirmos a tese da desconformidade ou incompatibilidade da exigência de recurso hierárquico necessário face ao art. 268.º, n.º 4 da Constituição, naqueles casos em que a lei confira efeito suspensivo à sua interposição.

A norma que previsse que um acto lesivo deveria ser previamente impugnado na via administrativa, mas sem efeito suspensivo, essa, sim, seria inconstitucional, como se devem considerar as excepções previstas na parte final do n.º 1 do art. 170.º — salvo se se admitir, então, dever o tribunal, nessas circunstâncias, receber o recurso contencioso imediato que se interponha dos actos recorridos hierarquicamente cuja eficácia tenha sido mantida e conhecer o (eventual) pedido de suspensão judicial da sua eficácia, que se deduza perante ele.

A proposição do primeiro parágrafo deste comentário está confirmada pelo recente Acórdão do STA, 1ª Secção, de 16.II.94 (publicado nos AD n.º 400, pág. 383 e segs.).

III. A disciplina estabelecida nesta Subsecção para os recursos hierárquicos necessários vale também, salvo no que estiver excepcionado ou dever ser adaptado, para os recursos necessários inseridos noutras relações orgânicas ou funcionais (como, v.g. a tutelar), como se dispõe expressamente no art. 176.º, n.º 2 e no art. 177.º, n.º 2.

art. 167.º, n.º 2

IV. O recurso hierárquico facultativo tanto pode ser fundado em invalidade como em inconveniência do acto, diz-se nesta disposição, com o intuito de afastar as dúvidas que o preceito do art. 21.º da anterior Lei Orgânica do STA suscitava, ao reservar para o tribunal (para o recurso contencioso) nestes casos, o conhecimento da invalidade do acto.

Se os dois recursos (o facultativo e o contencioso) correrem simultaneamente, sobrevindo no primeiro uma decisão administrativa revogatória, extingue-se (por inutilidade superveniente da lide) o recurso contencioso. Se vier primeiro a decisão judicial do recurso, extingue-se o recurso facultativo, no caso de aquela consistir na anulação do acto; se a sentença não anular o acto, o recurso administrativo pode ainda seguir para revogação do acto válido com base na sua inconveniência, quando esta for ainda de admitir.

Artigo 168.°

Artigo 168.°

Prazos de interposição

1. Sempre que a lei não estabeleça prazo diferente, é de 30 dias o prazo para a interposição do recurso hierárquico necessário.

2. O recurso hierárquico facultativo deve ser interposto dentro do prazo estabelecido para interposição de recurso contencioso do acto em causa.

> I. *Prazos da interposição do recurso hierárquico necessário (de actos expressos): sua suspensão.*
>
> II. *Consequências da extemporaneidade do recurso hierárquico necessário.*
>
> III. *Prazo do recurso hierárquico necessário de (presunções de) indeferimentos tácitos.*
>
> IV. *Prazos especiais de recurso hierárquico necessário.*
>
> V. *A não sujeição dos actos nulos ao (prazo do) recurso hierárquico necessário.*
>
> VI. *O prazo para a interposição do recurso hierárquico facultativo.*

art. 168.°, n.° 1

I. O prazo de 30 dias deste n.° 1, fixado para a interposição de recurso hierárquico necessário de actos expressos, conta-se nos termos do art. 72.° e do art. 162.° e valerá, em princípio, quer o recurso necessário seja interposto por interessado seja pelo Ministério Público.

A brevidade deste prazo prejudicava, na versão do Código de 1991, a plena utilidade da reclamação do acto em causa para o seu autor, uma vez que tal reclamação não interrompia nem suspendia os prazos deste recurso.

Hoje, com a disciplina do art. 164.°, n.° 1 do Código (introduzida pelo Decreto-Lei n.° 6/96), as coisas já não se passam assim, porque, nestes casos (dos recursos necessários), a reclamação interrompe o decurso do prazo para a sua interposição.

II. Da inobservância do prazo fixado neste preceito resulta que o acto administrativo deixa de ser contenciosamente impugnável, o que é uma terrível sanção, para mais sendo o prazo de interposição do recurso necessário de 30 dias e não o de dois meses do recurso contencioso (como deveria acontecer, para melhor protecção e segurança do particular).

Impõe-se, pois, que as regras sobre conhecimento pleno e efectivo dos actos administrativos pelos seus destinatários sejam aqui aplicadas com grande rigor, de molde a não se pôr em causa, por razões menos claras e de imputação admi-

775

Artigo 168.º

nistrativa, a garantia fundamental do recurso à Justiça (arts. 20.º e 268.º, n.º 4, da Constituição).

Ao prever, na alínea *c*) do n.º 1 do art. 68.º, que se indique (na notificação do acto) se existe recurso hierárquico dele e para quem, o legislador do Código preveniu, porém, muitos dos riscos que os particulares corriam, nesta sede, no regime anteriormente vigente. E, se a disposição não for cumprida ou a informação dada for errónea, não é, naturalmente, o particular que ficará prejudicado por isso.

III. No caso de a Administração não se pronunciar sobre a pretensão deduzida pelo particular no procedimento de 1.º grau, abrindo lugar à presunção do seu indeferimento tácito prevista no art. 109.º do Código, deve entender-se que o prazo de interposição do respectivo recurso hierárquico necessário é, por aplicação analógica do disposto na alínea *d*) do n.º 1 do art. 28.º da Lei de Processo, de um ano, e não já de 30 dias, como em geral.

IV. Há casos em que — para o recurso de actos expressos — a lei fixa prazos diversos do aqui prescrito, ainda mais curtos do que o já curto prazo de 30 dias: sejam dez dias, oito dias, às vezes cinco dias ou, até, menos, como sucede quando o particular tem que deduzir o recurso hierárquico no próprio momento em que lhe é dada a conhecer a posição do subalterno (v.g., nos procedimentos de recurso contra as decisões de exclusão de concorrentes e propostas, mesmo se se lhes faculta, depois, um prazo mais largo para alegações).

Salvo circunstâncias excepcionais — em procedimentos nos quais a celeridade desempenhe um papel primordial — prazos desses (nomeadamente os de 5 dias ou semelhantes) deveriam ser considerados pura e simplesmente inconstitucionais, por afectarem no seu conteúdo essencial o direito a uma tutela judicial efectiva: é que, se o particular (com tão pouco tempo para se aconselhar, para pensar, para se decidir e para elaborar o requerimento de recurso) se atrasar um só minuto em relação à hora do expediente administrativo, lá se vai a própria garantia do recurso contencioso, consequência da falta de interposição atempada do recurso necessário.

V. Os **actos nulos** não estão sujeitos a recurso hierárquico necessário, podendo o pedido da declaração da sua nulidade ser deduzido a todo o tempo, em qualquer sede impugnatória, incluindo a judicial (art. 134.º).

Mesmo que se entenda que esse pedido (no caso de acto de subalterno) deveria, legalmente, ser formulado primeiro perante o respectivo superior hierárquico, é evidente que não se aplicaria, então, o prazo de 30 dias previsto nesta disposição, sendo o acto nulo recorrível hierarquicamente a todo o tempo.

Solução contrária constituiria, efectivamente, uma absurda e violenta violação do princípio fundamental da impugnabilidade contenciosa da ilegalidade, na sua vertente de nulidade e uma contradição nos termos com o facto de a mesma, por natureza, poder ser deduzida a todo o tempo. Se o acto é absolutamente ilegal, nulo, é de sua natureza ser impugnável a todo o tempo, seja no plano administrativo seja no contencioso.

art. 168.°, n.° 2

VI. O prazo para a interposição do **recurso hierárquico facultativo** é o do correspondente prazo para o recurso contencioso: ou seja, hoje, o particular pode interpô-lo no prazo de dois meses contados nos termos do art. 162.° e o Ministério Público (nos casos em que isso seja admissível) no prazo de um ano, como resulta do art. 28.° da Lei de Processo.

Questão é a de saber se o recurso hierárquico facultativo pode ser interposto depois de se ter pedido a anulação judicial do acto, ou concomitantemente com este. Não parece que deva obstar-se a essa possibilidade, quer quando ele se fundamente em inconveniência quer quando se fundamente em ilegalidade, dado que o art. 141.° permite a revogação do acto inválido até à resposta da autoridade recorrida: mesmo se, na prática, a decisão do recurso facultativo nessas circunstâncias parece difícil — pela celeridade exigida —, a verdade é que ele mantém abertas as portas da revogabilidade hierárquica do acto recorrido por inconveniência, que não se fecham necessariamente (como eventualmente as da revogação por invalidade) com o termo do prazo da resposta contenciosa do autor do acto.

Artigo 169.°

Interposição

1. O recurso hierárquico interpõe-se por meio de requerimento no qual o recorrente deve expor todos os fundamentos do recurso, podendo juntar os documentos que considere convenientes.

2. O recurso é dirigido ao mais elevado superior hierárquico do autor do acto, salvo se a competência para a decisão se encontrar delegada ou subdelegada.

3. O requerimento de interposição do recurso pode ser apresentado ao autor do acto ou à autoridade a quem seja dirigido.

> I. *Interposição do recurso: regras geralmente aplicáveis.*
> II. *O recurso hierárquico único (ou de maior "alçada"): o caso da delegação.*
> III. *A apresentação do recurso ao próprio autor do acto.*

Artigo 169.º

art. 169.º, n.º 1

I. O preceito do n.º 1 deveria constar da Subsecção I, respeitante às disposições comuns aos meios de impugnação administrativa do acto administrativo.

Aplicam-se ao requerimento de recurso as regras do art. 74.º e segs. do Código, com as adaptações necessárias, para mais — como a identificação do acto recorrido — ou para menos, por se estar aqui perante um procedimento de 2.º grau.

Casos há, também, em que a lei prevê que os recursos hierárquicos sejam interpostos mediante declaração verbal — autuada ou ditada para uma acta —, embora as respectivas alegações devam ser apresentadas posteriormente por escrito: é o que sucede, por exemplo, na fase de admissão e exclusão de concorrentes em procedimentos concursais das empreitadas de obras públicas.

Não se exige, note-se, que o recorrente indique no requerimento de recurso se há (e quem são) os eventuais contra-interessados.

O que se exige é que nele se exponham **todos** os fundamentos da impugnação e junte ou refira as provas que os suportam — que já não há lugar (necessariamente, pelo menos) a audiência do requerente, mas apenas dos *co* e *contra*-interessados.

A exigência da invocação de todos os fundamentos do recurso hierárquico não tem, pois, nada a ver com a delimitação do conteúdo da decisão nele proferida, que pode ser ditada no sentido pretendido pelo interessado com fundamentos diferentes daqueles que ele invocou — não havendo aqui, ao contrário do que sucede com o recurso contencioso, um ónus de alegação (e prova) que leve a excluir dos poderes de cognição do órgão *ad quem* as ilegalidades não arguidas pelo recorrente —, mas apenas com o facto de assim ficar "preenchida", na medida do possível, uma formalidade (audiência) desse processo, que se quer célere e não consentiria o uso de trâmites mais formais e demorados.

Nem, por outro lado, o particular fica proibido de invocar, em posterior recurso contencioso da decisão de improcedência do recurso hierárquico, outros fundamentos respeitantes à ilegalidade do acto administrativo praticado — embora a jurisprudência nem sempre se pronuncie nesse sentido (cfr. Acórdão da 1ª Secção do STA, de 7.X.93).

art. 169.º, n.º 2

II. Tornou-se aqui obrigatório aquilo que, segundo a alínea b) do art. 34.º da Lei de Processo, era uma faculdade do interessado: o recurso é dirigido ao órgão competente para proferir a decisão contenciosamente impugnável, sem intervenção dos órgãos da hierarquia existentes entre ele e o autor do acto.

Onde vigorou já o princípio da (necessidade de) exaustão dos meios graciosos ou da escala hierárquica — depois relativizado pela Lei de Processo (art. 34.º)

Artigo 170.°

— passou a vigorar agora o princípio do *recurso único* ou de um só grau (de maior "alçada"), com a consequente revogação do art. 34.° da Lei de Processo.

É ilegal, portanto — com as respectivas consequências, em matéria de irrecorribilidade contenciosa — o recurso hierárquico necessário que seja dirigido a órgão intermédio nessa escala (aplicando-se à hipótese o disposto no art. 34.° deste Código ou na alínea c) do n.° 1 do art. 68.°).

É evidente que se houver, dentro da escala hierárquica, uma delegação de competência, o recurso do acto do subalterno já não deve ser dirigido ao órgão que nela está mais alto, mas ao delegado deste — já que o seu acto tem a mesma força "final" ou contenciosa da do acto do delegante — sem prejuízo, claro, de, sendo dirigido ao delegante, dever o mesmo ser remetido ao delegado (por aplicação do art. 33.° da Lei de Processo).

art. 169.°, n.° 3

III. O recurso **dirigido** (obrigatoriamente) ao órgão administrativo *ad quem*, pode no entanto ser **apresentado** ao próprio autor do acto recorrido, ao órgão *a quo*, em vez de o ser nos serviços (ou no gabinete) do próprio órgão de recurso.

Em princípio, trata-se de uma mera faculdade do interessado, sem repercussão na própria sequência e regime procedimental do recurso: o respectivo requerimento seria recebido pelo órgão *a quo* e proceder-se-ia, depois, como disposto no art. 77.°, n.° 4, para os casos aí previstos. Estranho é que o Código não o tenha prescrito expressamente, ou nesse art. 77.° ou aqui.

Como é, porém, ao órgão competente para decidir que cabe averiguar do preenchimento dos pressupostos de admissibilidade do recurso (arts. 83.° e 173.° do Código) e lhe compete também notificar os contra-interessados (art. 171.°), dir-se-ia que, apesar dessa omissão, o regime consagrado seria efectivamente esse, de imediata remessa do requerimento recebido pelo órgão *a quo* ao órgão *ad quem*.

Só que, lidos os artigos subsequentes, fica-se com a ideia que não é assim tão indiferente, do ponto de vista procedimental, a apresentação do requerimento do recurso ao órgão recorrido ou ao órgão para que se recorre. Manifestamos tais dúvidas em comentário aos arts. 171.° e 172.°, nas respectivas notas **I**.

Artigo 170.°

Efeitos

1. O recurso hierárquico necessário suspende a eficácia do acto recorrido, salvo quando a lei disponha em contrário ou quando o autor do acto considere que a sua não execução imediata causa grave prejuízo ao interesse público.

Artigo 170.º

2. O órgão competente para apreciar o recurso pode revogar a decisão a que se refere o número anterior, ou tomá-la quando o autor do acto o não tenha feito.

3. O recurso hierárquico facultativo não suspende eficácia do acto recorrido.

 I. *O efeito suspensivo do recurso hierárquico necessário: desde quando existe e até quando se mantém.*

 II. *As leis que afastam o efeito suspensivo do recurso hierárquico necessário: os actos lesivos de direitos e "interesses legítimos".*

 III. *Requisitos e regras da decisão administrativa de oposição ao efeito suspensivo do recurso hierárquico necessário: a invocação do estado de necessidade administrativa (contrapartidas constitucionais dessa invocação).*

 IV. *A decisão do superior hierárquico sobre o efeito suspensivo do recurso: competência "secundária".*

 V. *Excepções ao princípio do efeito não suspensivo do recurso hierárquico facultativo.*

art. 170.º, n.º 1

I. A **interposição do recurso hierárquico necessário** suspende a eficácia do acto recorrido, até que venha a sua decisão expressa — que a "tácita", derivada da falta de decisão expressa do recurso, não preclude, ou pode não precludir, a (continuação da) suspensão de eficácia, em conformidade com o que se disse no art. 109.º a propósito da natureza e efeitos do indeferimento tácito.

Questão mais difícil é saber se a interposição de recurso contencioso dessa "decisão" tácita do recurso hierárquico, faz cessar o efeito suspensivo deste. Podia responder-se negativamente — votando-se, portanto, por ficar suspensa a eficácia do acto até decisão do recurso contencioso, (até porque o incidente judicial da suspensão não se fundamenta na existência de um *bonus fumus iuris*, sendo uma decisão baseada apenas no confronto de interesses particulares e públicos, que já estaria tomada no seio do recurso hierárquico) —, embora tal resposta deva ser confrontada ainda com a hipótese de as decisões tácitas dos recursos hierárquicos parecerem poder ter um regime específico, diverso do do indeferimento tácito regra, contemplado no art. 109.º (o que, de resto, recusamos na nota V ao art. 175.º).

Também podia discutir-se se a eficácia suspensiva do recurso hierárquico se deve imputar à interposição de recurso ou à decisão (explícita ou implícita) do seu recebimento pela autoridade administrativa *ad quem*, devendo optar-se pela primeira alternativa por, além de tudo o mais, ser a única que oferece alguma garantia face ao

Artigo 170.º

eventual silêncio da Administração e a mais conforme com o facto de a decisão que recusa a suspensão da eficácia do acto recorrido hierarquicamente ser considerada pela lei (art. 170.º, n.ᵒˢ 1 e 2) como uma oposição a algo que já vinha agarrado ao recurso, e não o título ou o fundamento da produção do efeito suspensivo.

Em qualquer caso, os efeitos suspensivos do recurso hierárquico necessário reportam-se necessariamente à data da sua interposição.

II. A lei que — como admite este art. 170.º — disponha que o recurso hierárquico necessário não tem efeito suspensivo da eficácia do acto recorrido, não pode ser aplicada no caso de se tratar de um acto lesivo de direitos ou interesses legalmente protegidos, no sentido do art. 268.º, n.º 4, da Constituição.

Pois, sendo tais actos, por força desse preceito da lei fundamental, susceptíveis de recurso contencioso imediato, só podem passar pela necessidade de um recurso administrativo prévio (do contencioso) enquanto não estiverem a lesar posições jurídicas dessas, isto é, se se admitir que a lesão neles contida só pode tornar-se efectiva perante o interessado quando lhe ficarem abertas as portas do recurso contencioso.

Já dissemos sobre a questão (em comentário **II** ao art. 167.º) o suficiente, adiantando-se-lhe algo mais na nota subsequente a esta.

III. A decisão administrativa de não deixar suspender a eficácia do acto administrativo objecto de recurso hierárquico necessário — se e quando for admitida — está sujeita às seguintes regras:

— competente para ela é originariamente o autor do acto recorrido, embora o órgão *ad quem* possa revogá-la ou tomá-la, na omissão daquele (ver nota **IV**);

— não pressupõe audiência do interessado;

— deve ser proferida no prazo fixado no art. 171.º;

— deve ser expressa e circunstanciadamente fundamentada em sério receio de grave prejuízo público;

— deve ser notificada.

Acrescente-se que, não podendo, evidentemente, ser-se insensível à eventual existência de um estado de necessidade administrativa tal, que imponha a imediata execução de certos actos, só se consente nisso, na condição de o acto a cuja suspensão a Administração se opõe com invocação desse estado de necessidade, passar, então, a ser imediatamente recorrível em sede contenciosa (como vimos na nota anterior).

O (sub)procedimento desta decisão de não suspensão da eficácia do acto recorrido diverge consoante o requerimento do recurso seja apresentado perante o autor do acto recorrido ou perante o órgão competente para decidir deste.

Naquele caso, o normal é que o autor do acto recorrido, mesmo antes de remeter o processo ao superior hierárquico, se pronuncie imediatamente (se entender

Artigo 170.º

necessário) sobre a questão do efeito suspensivo do recurso. No segundo caso, o processo só lhe chega às mãos depois de o órgão *ad quem* cumprir várias formalidades e ele terá então, se quiser, que se pronunciar sobre a questão, abrindo-se (no caso de recusa do efeito suspensivo do recurso) um sub-procedimento para recurso imediato de tal decisão para o superior hierárquico — ou para o tribunal —, uma vez que (sem isso) o processo só voltaria à posse deste passado bastante tempo: é um procedimento, portanto, que sobe imediatamente ("fora dos autos") e com efeito suspensivo.

art. 170.º, n.º 2

IV. Se o autor do acto recorrido, o órgão *a quo*, tiver decidido "forçar" a sua execução, nos termos do n.º 1, o órgão *ad quem*, competente para decidir o recurso, pode revogar essa decisão e conceder a suspensão — como pode também, se nada tiver sido decidido antes, obstar ele próprio ao efeito suspensivo da interposição do recurso, com as consequências já vistas sobre a possibilidade de recurso contencioso imediato.

Estamos "idilicamente" no campo dos recursos apresentados perante o autor do acto recorrido, porque no caso da sua apresentação ao superior as "coisas", procedimentalmente falando, já se complicam bastante.

A decisão do superior — em qualquer dos sentidos acima referidos — é então tomada quando o recurso hierárquico subir ou chegar às suas mãos, após a apreciação que o subalterno fez da questão da suspensão, e não imediatamente, mesmo que o requerimento de recurso tenha sido apresentado a ele próprio, superior.

A decisão do superior hierárquico, no caso de o subalterno não se ter pronunciado, segue o regime indicado no comentário **III**.

art. 170.º, n.º 3

V. Se do acto administrativo já couber recurso contencioso, a interposição de recurso hierárquico (**facultativo**) não suspende os efeitos do acto — salvo se a lei o dispusesse, claro (o que o Código, contudo, não previu) — nem interrompe o curso dos prazos da impugnação contenciosa.

Se quiser uma decisão (obrigatória) sobre a questão da produção imediata (ou não) dos efeitos do acto, o interessado terá, portanto, que ir pedi-la ao próprio tribunal do recurso contencioso, nos termos do art. 76.º e segs. da Lei do Processo.

Isto, sem embargo de — até porque se deve aplicar aqui o disposto no art. 150.º, n.º 2, do Código — os órgãos competentes nesta matéria, o órgão *a quo* e *ad quem*, poderem (oficiosamente ou a pedido do interessados) suspender administrativamente a sua eficácia, se considerarem ser de interesse público (ou conforme à justiça e imparcialidade) suspender a eficácia do acto, pelo menos até que sobrevenha decisão judicial incidental sobre a questão da sua execução ou suspensão (no caso de ela ser suscitada no tribunal de recurso).

Artigo 171.º

Artigo 171.º
Notificação dos contra-interessados

Interposto o recurso, o órgão competente para dele conhecer deve notificar aqueles que possam ser prejudicados pela sua procedência para alegarem, no prazo de 15 dias, o que tiverem por conveniente sobre o pedido e os seus fundamentos.

> *I. Necessidade de uma interpretação correctiva do preceito (face aos arts. 169.º, n.º 3 e 172.º, n.ᵒˢ 1 e 2).*
>
> *II. A notificação de interessados na improcedência e na procedência do recurso: interesses a acautelar.*
>
> *III. Regime da notificação: menções.*
>
> *IV. Regime das alegações: prazo.*

I. Põem-se delicados problemas de conciliação formal entre o disposto neste preceito com as regras do n.º 3 do art. 169.º e as dos n.ᵒˢ 1 e 2 do art. 172.º, por ter sido introduzida na lei uma referência ao *"órgão competente para conhecer"* do recurso, que não constava do respectivo projecto — ficando sem se perceber como se procederá, para dar cumprimento à exigência legal, nos casos em que o requerimento de recurso (dirigido ao superior hierárquico) é apresentado ao próprio autor do acto recorrido.

Para não falar já nas dificuldades suscitadas acima, a propósito da decisão sobre o efeito suspensivo do recurso hierárquico.

Nos termos em que o preceito se encontra no Código, entende-se que, tendo o recurso hierárquico sido apresentado perante o autor do acto impugnado, deve o respectivo requerimento ser enviado ao órgão *ad quem* — depois de aquele decidir, ou não, sobre a questão da suspensão de efeitos — para que averigue dos pressupostos procedimentais (arts. 83.º e 173.º) e mande notificar os *co* e *contra-interessados*, no caso de os haver.

Os elementos hermenêuticos disponíveis — *maxime*, o aditamento introduzido pelo legislador ao projecto apresentado — apontam claramente para a atribuição de poderes de controlo e de impulso procedimentais ao superior hierárquico destinatário do recurso, logo no início do procedimento.

II. A notificação àqueles que forem prejudicados pela eventual procedência do recurso — fórmula similar à da legitimidade passiva particular em recurso contencioso de anulação — podia (e devia) ser acompanhada de notificação, também, àqueles que eventualmente sejam afectados pela sua improcedência, os *co*-interessados que tenham, no recurso, um interesse similar ao do recorrente.

Artigo 171.º

Em termos de razão "contraditória", a solução era muito mais razoável (pelo menos em relação aos co-interessados que já tivessem estado no procedimento de 1.º grau). Até porque, se houver mais do que um interessado na procedência do recurso, pode acontecer que um deles se antecipe com menor cuidado ou interesse, prejudicando a consideração procedimental de outras posições paralelas, mais fundadas, consistentes ou empenhadas — e se se permitir a essas pessoas que venham ou participem no recurso já interposto (pelo seu parceiro), evita-se a necessidade de abertura de novos procedimentos impugnatórios do mesmo acto e à Administração o cansaço de tantos processos, *dossiers* e burocracia sobre uma mesma questão.

A autoridade *ad quem*, no uso da sua competência para dirigir o procedimento de recurso, poderá (deverá) fixar o que lhe parecer melhor para harmonizar os diversos interesses procedimentais aí presentes, e, portanto, se o julgar oportuno (para nós seria mesmo mais do que isso), chamar ou notificar para alegações também os que sairiam beneficiados com a procedência do recurso que haja sido interposto por outro interessado numa sua decisão favorável.

III. A notificação para alegações não é feita aqui no modo estabelecido no art. 101.º, n.º 2, mas, pura e simplesmente, juntando uma cópia do recurso interposto ao ofício em que se formula o convite para alegar e se informa perante quem a alegação deve ser oferecida e apresentada, bem como o respectivo prazo.

IV. Os *contra*-interessados têm 15 dias para alegar — e também os *co*-interessados, se prevalecer o entendimento que sustentámos na nota **II.**

É mais do que o prazo mínimo de audiência (10 dias) em procedimentos de 1.º grau, não se percebendo bem as razões deste alargamento — ainda para mais agora, que o Decreto-Lei n.º 6/96 reduziu de 15 para 10 dias o prazo geral no procedimento administrativo — num processo que todos conhecem melhor do que conheciam em 1ª instância, em que a situação concreta está muito mais concentrada e em que o prazo de conclusão é metade (45 dias) do previsto para os de 1.º grau. Será, talvez, porque agora a vertente "contraditória" do procedimento assume maior relevo, e por o recorrente ter tido 30 dias para preparar e estudar o recurso, pretendendo-se assim equiparar minimamente a posição das "partes".

As alegações serão fundamentadas e acompanhadas de todas as provas de que os notificados disponham (art. 169.º, n.º 1) e aparentemente só devem versar sobre as questões postas em recurso (*"sobre o pedido e os seus fundamentos"*).

Não nos parece, porém, que tenha de ser necessariamente assim. Até porque pode estar a correr, ainda, prazo para os *co* ou *contra*-interessados (notificados para alegações no recurso já interposto) também recorrerem hierarquicamente do acto nele impugnado e, nesse caso, ou se admite que qualquer deles interponha o seu próprio recurso ou se admite que invoque fundamentos ou causas "próprias" nas alegações de resposta no recurso que já esteja a correr — solução, mesmo assim,

Artigo 172.º

menos custosa (salvo eventual direito de audiência do próprio recorrente inicial), do que a de abrir novo procedimento de 2.º grau, como vimos no comentário **II**.

O melhor é, como já sugerimos aí, reconhecer o poder de direcção procedimental da Administração (do órgão a quem compete decidir o recurso, claro), cabendo-lhe decidir se a impugnação passa a ter uma causa de pedir mais alargada do que a definida pelo recorrente inicial ou se outros interessados deverão abrir novo procedimento para este efeito.

Artigo 172.º

Intervenção do órgão recorrido

1. No mesmo prazo referido no artigo anterior deve também o autor do acto recorrido pronunciar-se sobre o recurso e remetê-lo ao órgão competente para dele conhecer, notificando o recorrente da remessa do processo.

2. Quando os contra-interessados não hajam deduzido oposição e os elementos constantes do processo demonstrem suficientemente a procedência do recurso, pode o autor do acto recorrido revogar, modificar ou substituir o acto de acordo com o pedido do recorrente, informando da sua decisão o órgão competente para conhecer do recurso.

I. Vantagens que o regime do Código proporciona.

II. Dificuldades da sua determinação, nomeadamente de comutação com o art. 169.º, n.º 3.

III. Natureza da resposta da autoridade recorrida.

IV. As formalidades subsequentes e a eventual retratação do órgão recorrido: pressupostos.

V. Sentido da alteração legislativa.

VI. Retratação: regime.

VII. O efeito da interposição de recursos impugnatórios sobre reclamação que tivesse sido deduzida.

art. 172.º, n.º 1

I. A redacção dada ao preceito do n.º 1, pelo Decreto-Lei n.º 6/96, não permite esclarecer todas as dúvidas que a concatenação do regime dos arts. 169.º, n.º 3, 171.º e 172.º do Código suscitam.

Com as alterações introduzidas no n.º 1:

    a) esclareceu-se que o prazo para o órgão subalterno se pronunciar é o mesmo fixado para as alegações dos *co* ou *contra*-interessados — o que antes não era claro;

Artigo 172.º

b) impôs-se o dever de notificar o recorrente (findo o prazo de alegações e pronúncia) sobre a remessa do processo ao órgão competente para dele conhecer — o que não estava previsto antes;

c) ficou sem se saber, exactamente, como se conta o prazo de 15 dias para a pronúncia do subalterno, no caso de não haver lugar à notificação de interessados — o que a disciplina anterior estabelecia;

d) continua a falar-se de "remessa" do processo (entre o autor do acto recorrido e o órgão competente) apenas aqui, quando há pelo menos mais dois momentos de remessas dessas, entre eles: quando o subalterno remete o recurso que lhe foi apresentado ao superior a quem é dirigido (art. 169.º, n.º 3) e quando este o faz baixar de novo para que aquele se pronuncie, nos termos deste art. 172.º, n.º 1.

II. Continuamos, porém, a ter grandes dificuldades para "acertar" com o regime legal, quando lemos o art. 172.º, n.º 1 conjuntamente com o n.º 3 do art. 169.º e o art. 171.º do Código.

Sabe-se :

a) que, antes da interposição do recurso, o processo respeitante ao acto recorrido está nas mãos do subalterno;

b) que, por outro lado, o recurso, embora dirigido ao órgão superior (*ad quem*), pode ser apresentado tanto a ele próprio, como ao órgão subalterno (*a quo*) — art. 169.º, n.º 3;

c) mas que é sempre o órgão *ad quem* que notifica os *co* ou *contra*-interessados (no recurso) para alegarem — art. 171.º;

d) e que, portanto, o processo há-de subir sempre (mesmo que apresentado perante o subalterno) às mãos do superior — art. 169.º, n.º 3;

e) que, feita a sua apreciação preliminar (arts. 83.º e 173.º) e as notificações a que haja lugar, pelo órgão *ad quem*, o processo do recurso baixará outra vez ao subalterno, para este se poder pronunciar — art. 172.º;

f) que as respostas dos interessados (apesar de eles terem sido notificados pelo superior) devem ser enviadas ao órgão subalterno, para que este possa dar (ou não) sequência ao n.º 2 deste artigo;

g) que, em princípio, ele (subalterno) se pronunciará sobre o recurso pelo simples confronto do respectivo requerimento, sem considerar as respostas dos demais interessados, como resulta de serem iguais os prazos da lei para esses dois efeitos — art. 172.º, n.º 1, 1ª parte;

h) que o órgão *a quo*, após isso, remeterá o processo ao órgão competente para dele conhecer e notificará o recorrente dessa remessa — art. 172.º, n.º 1, 2ª e 3ª partes;

Artigo 172.°

    i) mas que não terá que fazer isso (remessa e notificação), no caso de, não havendo oposição de interessados (o que só se saberá no termo do respectivo prazo de resposta), resolver revogar o acto recorrido — art. 172.°, n.° 2.

Parece-nos francamente demais e demasiado complicada, esta teia, a exigir inclusive a prática de formalidades que não estão previstas na lei — como, por exemplo, a notificação dos interessados para apresentarem as suas respostas ao órgão recorrido (não ao órgão que os notifica) ou as questões suscitadas pela eventual não suspensão de efeitos, as sucessivas "subidas" e "baixas" do processo, etc.

III. Realce-se que o cumprimento deste dever de *"se pronunciar"* que impende sobre o órgão *a quo*, previsto no art. 172.°, n.° 1, não constitui uma "pronúncia" — acto administrativo de 2.° grau, como o previsto no n.° seguinte — só cabendo na disposição legal:

    a) um simples acto instrutório da decisão de recurso, destinado a (melhor) esclarecer a autoridade *ad quem* (e não num acto de revogação, modificação ou substituição do acto impugnado);

    b) e ainda, a decisão incidental de afastamento dos efeitos suspensivos decorrentes da interposição do recurso (com efeito suspensivo) prevista no art. 170.°, n.° 1 — cabendo então imediatamente recurso dessa decisão para a autoridade *ad quem* (devendo-se inferir essa possibilidade do art. 170.°, n.° 2, sob pena de inconstitucionalidade da parte final deste preceito, bem como do n.° 2 do mesmo artigo), e desta para os tribunais, mas agora sem efeito suspensivo necessário, a conceder ou não pelo tribunal no seio do pedido incidental de suspensão de eficácia do acto recorrido.

Os casos em que a lei (ver, por exemplo, o art. 1.°, n.° 1, alínea *g*, do Decreto-Lei n.° 370/83, de 6 de Outubro) veda ao órgão recorrido que se pronuncie de novo, em recurso, sobre os actos por si praticados, devem reportar-se a um regime de recurso onde prevalecia a vertente "impedimentos", quando agora se assume, muito mais extensamente, para os procedimentos de recurso, a perspectiva e o interesse do contraditório entre o autor do acto e os interessados na sua revogação ou anulação administrativas — devendo, portanto, em princípio considerar-se revogados tais preceitos, como se sustentou já em Acórdão da 1ª Secção do STA, de 11.II.93.

IV. Pela sequência estabelecida, o autor do acto recorrido deverá, então, pronunciar-se sobre as questões postas no recurso interposto — imediatamente sobre o seu efeito suspensivo — no mesmo ou no maior prazo de que os contra-interessados dispuserem para responder, supondo-se naturalmente que, feita a notificação daqueles pelo órgão *ad quem*, o processo baixa imediatamente ao órgão *a quo*.

Elaborada a sua resposta — em princípio (se tivesse tempo) guardar-se-ia para o último dia desse prazo, à espera que venham as alegações dos interessados

Artigo 172.º

— remetê-la-à (bem como todo o processo) ao órgão competente para decidir o recurso, no próprio 15.º dia ou no dia seguinte, começando depois a correr a data para a decisão do procedimento impugnatório.

A lei impõe, hoje, também, que seja notificado o recorrente (pelo órgão *a quo*) de o processo ter sido remetido, em determinada data, para decisão do órgão competente, a fim de o fazer ciente de ter começado a correr o prazo para decidir o recurso (e para formação do indeferimento tácito ou silente).

Só não existem esses deveres de pronúncia e de remessa do processo para decisão do órgão superior, na hipótese de *retratação* do n.º 2 deste artigo — mesmo se a autoridade recorrida deve, ainda aí, dar conhecimento à autoridade de recurso, de que revogou o acto que praticara e que constituía objecto do recurso hierárquico.

art. 172.º, n.º 2

V. O Decreto-Lei n.º 6/96 acrescentou (ao preceito da versão de 1991) a formalidade da comunicação ao órgão competente para conhecer do recurso, de que o autor do acto recorrido o revogou, modificou ou substituiu, *"de acordo com o pedido do recorrente"*, prevalecendo, pois, o interesse particular no recurso sobre a competência deferida ao superior hierárquico pela sua interposição.

VI. A possibilidade dada ao seu próprio autor de revogar (modificar ou substituir), no seio do recurso hierárquico, o acto recorrido — ou seja a possibilidade de se **retratar** — dependeria, segundo o preceito legal de:

a) não haver *oposição* (podendo haver alegações sem oposição) dos contra-interessados particulares no recurso;

b) haver, no processo, *elementos suficientes* que mostrem a ilegalidade ou inconveniência do acto;

c) essa decisão ser conforme com o pedido do recorrente;

Quanto à alínea *a*), observa-se que, havendo oposição de contra-interessados (na procedência do recurso interposto), fica precludida a competência revogatória do autor do acto recorrido.

Quanto ao requisito referido em *b*), deve entender-se serem aproveitáveis quaisquer elementos do procedimento de recurso ou do de 1.º grau, de que ele emergiu.

Atente-se na restrição da alínea *c*) sobre o âmbito dos poderes de cognição e decisão do autor do acto recorrido no seio do recurso hierárquico que dele se interpôs — restrição que não impende sobre o próprio órgão de recurso (art. 174.º).

A única decisão que se permite ao autor do acto recorrido, por este n.º 2, é de ele proceder como é pedido pelo recorrente; ou, então, manter o seu acto. Não lhe seria dado, então, pronunciar-se em qualquer outro sentido, nomeadamente *in pejus*.

Artigo 173.º

Duvidoso é se a hipótese de retratação prevista no preceito perderá muitas das suas virtualidades, por o órgão recorrido, para a poder aplicar, ter de aguardar até ao último minuto do prazo de pronúncia ou retratação pelo aparecimento de alegações com a oposição de contra-interessados — pois, se estas vierem, fica precludida a possibilidade que ele tem de revogar ou se retratar e, então, pronuncia-se nos termos do n.º 1, manifestando apenas a sua oponião acerca da (im)procedibilidade do recurso.

VII. Repare-se que deste art. 172.º, nomeadamente do seu n.º 2, parece resultar que, existindo reclamação (facultativa, claro) ainda não decidida, a interposição do recurso hierárquico (necessário ou facultativo) prejudicaria a subsistência dessa reclamação e o dever de a decidir e, até, a própria competência autónoma do autor do acto para o revogar (salvo, agora, no âmbito da referida retratação).

Artigo 173.º
Rejeição do recurso

O recurso deve ser rejeitado nos casos seguintes :
- *a*) **Quando haja sido interposto para órgão incompetente;**
- *b*) **Quando o acto impugnado não seja susceptível de recurso;**
- *c*) **Quando o recorrente careça de legitimidade;**
- *d*) **Quando o recurso haja sido interposto fora do prazo;**
- *e*) **Quando ocorra qualquer outra causa que obste ao conhecimento do recurso.**

   I. A rejeição do recurso por falta dos pressupostos procedimentais: enunciado legal (e a ineptidão da petição).
   II. A (in)competência do órgão do recurso.
   III. A (ir)recorribilidade hierárquica do acto.
   IV. O recurso mal qualificado (como necessário ou facultativo) ou fundamentado (em inconveniência).
   V. A (i)legitimidade para o recurso hierárquico: remissão.
   VI. A (in)tempestividade do recurso.
   VII. A decisão de rejeição: competência e consequências procedimentais e contenciosas.

I. A rejeição por falta dos pressupostos procedimentais é comum a todos os procedimentos, mesmo se, em relação aos oficiosos — embora se lhes aplique tam-

Artigo 173.º

bém (adaptadamente) o disposto no art. 83.º do Código —, a questão aparece minorizada, sendo nos procedimentos de iniciativa dos interessados que ela sobressai.

Por força da cláusula geral do art. 83.º, já deviam ser sempre rejeitados os requerimentos de recurso dirigidos a órgãos incompetentes, por pessoas sem legitimidade, fora do prazo ou em relação aos quais existisse qualquer outra questão que impedisse a tomada de decisão sobre o seu objecto.

Adoptando essa cláusula geral do art. 83.º — que, aliás, reafirmou na sua alínea *e*) — inscreveram-se aqui, no art. 173.º, para além daqueles três fundamentos de rejeição, apenas a referência à inimpugnabilidade hierárquica do acto recorrido.

A verdade, porém, é que há outros casos de rejeição de recurso, que mereciam especificação — por corresponderem a hipóteses reguladas no Código —, como é o caso da ineptidão insuprível (ou insuprida) do respectivo requerimento (arts. 34.º e 76.º do Código).

II. Quanto ao pressuposto da competência do órgão de recurso, deverá ter-se em atenção as regras dos arts. 34.º e 169.º, n.º 1 e n.º 2 do Código — bem como as do art. 77.º e do 169.º, n.º 3 — além das respeitantes, por exemplo, ao caso da delegação (art. 33.º da LPTA).

III. O acto administrativo é insusceptível do recurso hierárquico regulado nesta Subsecção, quando não exista hierarquia (como no caso de se recorrer para o delegante de acto do delegado) ou em casos de competência *excludente* do subalterno (no sentido de FREITAS DO AMARAL, *in* Direito Administrativo, vol. I, pág. 614), em que o superior não pode, sequer, rever o acto praticado, para o revogar ou confirmar, e o particular "só" tem à sua disposição o recurso contencioso.

IV. Questão é a de saber se o recurso deve ser rejeitado no caso de o acto não ser susceptível do recurso concretamente interposto, tal como venha configurado, necessário ou facultativamente: se, por exemplo, o acto não carecer de recurso hierárquico necessária e o recurso interposto vier assim concebido, deve ser o mesmo recebido como facultativo? E na inversa, de se apresentar como facultativo, aquele que era necessário?

No primeiro caso, a resposta é provavelmente que o recurso não deve ser recebido, devendo o particular ser notificado imediatamente da sua rejeição e respectivo fundamento; no segundo caso, **se ainda se estiver dentro do prazo em que o mesmo deve ser deduzido** (art. 168.º, n.º 1), o recurso deve ser recebido como necessário (necessariamente, quando venha fundado em invalidade, mas também, provavelmente, em inconveniência).

Artigo 174.º

Outro caso que deve ser apreciado neste grupo de hipóteses é o de o recurso que só é admitido com fundamento em ilegalidade vir interposto com fundamento em inconveniência, parecendo que deve, então, ser rejeitado.

V. Quanto à questão da legitimidade para o recurso hierárquico, remete-se para o que já se disse, a propósito, em comentário aos arts. 53.º e 160.º do Código.

VI. A questão da tempestividade do recurso hierárquico é relevante, nomeadamente em relação aos recursos necessários — porque a sua interposição intempestiva (ou extemporânea, se se preferir) preclude a posterior impugnação judicial do acto recorrido (a não ser que a decisão do recurso, que mesmo assim fosse tomada, não seja meramente confirmativa desse acto e na parte em que não o seja).

Relembre-se que o recurso hierárquico necessário de acto nulo — a conceber-se como tal (ver comentário **IV** ao art. 168.º) — pode sempre ser interposto a todo o tempo. A opção contrária é de rejeitar liminarmente — desde logo por pôr em causa o "conteúdo essencial" do conceito de nulidade, a sua impugnabilidade a todo o tempo, mesmo contenciosamente.

VII. A decisão de rejeição (prejudicial ou liminar) do recurso só pode ser proferida pelo órgão competente para decidir do mesmo — nunca pelo autor do acto recorrido, mesmo que o requerimento tenha sido apresentado a ele próprio.

A decisão torna obviamente dispensável as notificações aos contra-interessados ou o pedido à "autoridade recorrida" para que se pronuncie. Escusado será também dizer que a decisão de rejeição tem de ser expressa, fundamentada e notificada.

O recurso rejeitado pode ser aproveitado como uma *queixa* ao órgão superior, desde que, claro, este detenha competência oficiosa para revogar o acto, caso em que mandará iniciar o correspondente procedimento.

A decisão de rejeição pode também ser objecto de recurso contencioso, questionando-se se (no caso de recurso hierárquico necessário) a impugnação judicial deve, então, incidir sobre o próprio acto recorrido, funcionando a decisão de rejeição liminar do recurso como pressuposto processual da interposição do recurso contencioso, ou se é apenas a própria decisão de rejeição que deve ser objecto deste.

Prefere-se, naturalmente, a primeira solução, não só por razões de economia e celeridade processuais, como sobretudo por razões de (acesso e) defesa judicial efectiva.

Artigo 174.º

Decisão

1. O órgão competente para conhecer o recurso pode, sem sujeição ao pedido do recorrente, salvas as excepções previstas na lei, confirmar ou revo-

Artigo 174.º

gar o acto recorrido; se a competência do autor do acto recorrido não for exclusiva, pode também modificá-lo ou substituí-lo.

2. O órgão competente para decidir o recurso pode, se for caso disso, anular, no todo ou em parte, o procedimento administrativo e determinar a realização de nova instrução ou de diligências complementares.

I. O poder revogatório em sede de recurso: especialidades. Dever de decisão e de revogação.

II. A extensão da competência revogatória, em recurso, aos actos da competência exclusiva dos subalternos.

III. As excepções legais: a excepcional competência excludente.

IV. A regra do reexame hierárquico dos actos da competência própria do subalterno.

V. Os fundamentos da decisão do recurso: princípio do inquisitório.

VI. A decisão (tácita e expressa) dos recursos hierárquicos facultativos e necessários: casos de autonomia substantiva e contenciosa (e actos confirmativos).

VII. A anulação do procedimento de 1.º grau por insuficiência para a decisão do recurso: sua integração pelo procedimento de recurso (nos casos de competência não exclusiva do subalterno).

VIII. Medidas provisórias ou cautelares da decisão de recurso.

art. 174.º, n.º 1

I. Não é só de um poder, do poder revogatório, que se trata de atribuir ou reconhecer no n.º 1 deste artigo — que, aliás, esse já estava conferido ao superior hierárquico no art. 143.º, n.º 1 do Código. Está em causa, aqui, na verdade — que se está a regular um procedimento — também o **dever de decisão** desse procedimento.

Este poder revogatório tem, por isso, de específico, face ao do art. 143.º, o facto de ser exercido para responder a um recurso, e, portanto, poder ter, aqui ou ali, especialidades em relação ao regime geral da revogação. Uma das quais é, de certeza, o facto de ser um poder de exercício vinculado: a Administração, que constata padecer o acto de invalidade (ou o convalida, quando possível ou) está obrigada legalmente a anulá-lo.

Claro que o desrespeito dessa vinculação não se faz sentir autonomamente em sede de anulação contenciosa — pois, se não se revogou o acto inválido, é a ilegalidade deste que conta, depois, em recurso contencioso. O ordenamento administrativo não é só, porém, a (i)legalidade administrativa, mas muito mais para além disso; e é evidente que em sede funcional, disciplinar ou ressarcitória, por exemplo, a recusa de revogação do acto constatadamente ilegal tem importantes repercussões substantivas e processuais, devendo considerar-se, obviamente, um acto ilícito.

Artigo 174.º

II. Prevê-se, então, no n.º 1, em primeiro lugar, que o superior anule ou revogue os actos da competência exclusiva do subalterno sem sujeição ao pedido do recorrente, *"salvas as excepções previstas na lei"*.

Poderia duvidar-se se essa ressalva legal se refere aos casos em que a lei especial nem sequer consentisse na mera revisão do acto ou, antes, aos casos em que a lei adstringe o órgão de recurso a decidir com sujeição ao pedido e à causa de pedir do recorrente, parecendo preferível esta interpretação.

Se não se trata, mesmo, de excepcionar as duas hipóteses, o que é mais inverosímil.

III. Deduz-se da lei que, em procedimento de recurso hierárquico, o superior pode (deve, se inválido) revogar o acto de subalterno, mesmo que se trate de acto praticado no exercício de uma *competência exclusiva* deste; enquanto que o art. 142.º, n.º 1 não o permitiria, como se viu, quando se trate de uma manifestação normal ou oficiosa da superioridade hierárquica, que essa, aí, assenta na titularidade, no órgão superior, de uma competência dispositiva igual à do autor do acto (portanto, não exclusiva deste).

A anulação ou revogação, pelo superior hierárquico, dos actos (inválidos ou inconvenientes) do subalterno com **competência exclusiva** na matéria, que vem permitida aqui, surge, portanto, como uma manifestação de um poder hierárquico de **controlo** de toda a actividade dos subalternos (salvo a excludente de qualquer outra), e não como um poder de administração activa, que o poder revogatório da Secção IV ainda (ou também) é.

O que indicaria que o recurso hierárquico, nestes casos de competência exclusiva do subalterno, visa uma decisão de *mera apreciação* (da legalidade e ou da conveniência do acto), resultante de uma competência que só existe em função da interposição do recurso e que não abrange poderes de modificação e substituição do acto recorrido — é um mero poder de controlo, quer dos actos ilegais (verificação de conformidade com regras de legalidade) quer dos actos inconvenientes (verificação de conformidade com regras técnicas e regras de boa administração), e de cujo exercício resultará apenas a reposição do ordenamento violado pelo acto ilegal (no segundo caso, em resultado do incumprimento de deveres de boa administração).

Será ao subalterno que cabe extrair as necessárias consequências da anulação, e (re)exercitar a sua competência, através da prática de um acto legal e/ou conveniente sendo duvidoso, se não o fizer, se poderá (deverá) então o superior suprir a sua inércia, *substituindo-se-lhe no exercício* da competência exclusiva — embora se tratasse ainda, nesse caso, de um poder de controlo, actuante a título excepcional e diverso do poder normal de modificar ou substituir o acto do subalterno detentor de uma competência *própria* (mas *não exclusiva*).

IV. Já, porém, quanto aos actos que não provêm de uma competência exclusiva do subalterno — e são, na terminologia de Freitas do Amaral, da sua *com-*

Artigo 174.º

---

petência própria —, o recurso hierárquico pode levar o superior não apenas a anular ou revogar o acto recorrido, mas também (caso entenda que dispõe de todos os elementos necessários para proferir uma decisão plena) a modificá-lo ou substituí-lo, pois a sua competência aqui já não é de "mera apreciação" ou *revisão* (do acto) e passou a ser, também, de *reexame* (da situação concreta).

V. A competência do superior hierárquico, em sede de recurso — seja no âmbito da mera apreciação, seja no âmbito das decisões de reexame, trate-se de ilegalidade ou de inconveniência do acto recorrido — não está adstrita aos fundamentos (ou interesses) invocados pelo recorrente.

Mesmo, portanto, que se trate de um recurso atributivo da competência revogatória do superior — caso dos actos de competência exclusiva do subalterno — depois, o exercício da competência daquele deixa de ser tributária do recurso, podendo a revogação ou a anulação ter lugar por qualquer título, ou por ilegalidade, quando se arguiu inconveniência, ou por uma ilegalidade, quando se arguiu outra.

É um corolário, nesta sede, do princípio do inquisitório afirmado no art. 56.º do Código.

VI. O recurso hierárquico pode ser decidido expressamente ou — faltando decisão expressa no prazo legalmente fixado para a sua emissão — tacitamente, permitindo-se então ao recorrente presumi-lo indeferido, para poder exercer o competente meio contencioso de impugnação, se não é que não se deva antes, configurar-se este indeferimento tácito do recurso hierárquico com um verdadeiro acto administrativo (nos termos vistos a propósito do art. 109.º ou naqueles a que se refere o comentário **V** ao art. 175.º).

Claro que, em termos de protecção jurídica, a falta de pronúncia em caso do recurso hierárquico facultativo nada acrescenta à posição do recorrente: ele já podia ir a tribunal e a decisão que se impugna no processo judicial é a decisão administrativamente recorrida, não aquela que decidiu "tacitamente" esse recurso.

Quanto às decisões expressas do recurso hierárquico, confirmativas do acto recorrido, a distinção deve fazer-se em função da competência que o órgão *ad quem* exerce: se se trata de uma mera instância de controlo ou fiscalização hierárquica — como no caso da competência exclusiva do subalterno —, a decisão ou o acto administrativo que fica a valer no ordenamento é o do órgão recorrido; ao invés, se se trata de exercer poderes dispositivos iguais aos dele, de administração activa, a decisão jurídica que vale a partir de agora é a do superior hierárquico.

A questão não deixa de ser relevante e fica aqui posta.

art. 174.º, n.º 2

VII. É duvidoso qual é o objecto da anulação procedimental (total ou parcial) do procedimento a que se refere este n.º 2 do art. 174.º.

Artigo 175.º

Claro parece ser que se trata apenas de *anulação*, portanto, com fundamento em ilegalidade (por deficiência ou insuficiência) procedimental: ao contrário do que fez nas restantes normas desta Secção, aqui, efectivamente, o legislador assumiu que se tratava apenas de "anular". Mas, mesmo isso, não é tão certo quanto aparenta.

Note-se que a decisão de anulação do procedimento de 1.º grau, proferida no procedimento de recurso, é (ou pode ser) acompanhada da determinação da realização de nova instrução ou de diligências complementares, só se anulando o procedimento anterior na parte em que esteja afectado de ilegalidade, mas conservando-se o resto que nele tenha sido validamente praticado, *maxime*, antes da falta ou preterição da formalidade que deu origem à anulação do procedimento.

Questão é saber onde se realiza essa instrução e diligências complementares, qual a sua sede procedimental: parece ser a de 2.º grau, como o inculca também a falta de qualquer distinção no n.º 2 do art. 175.º. A não ser que se trate de um caso da competência exclusiva do subalterno ou de mera *revisão* do acto recorrido porque, então, parece que ao superior hierárquico resta apenas anular (ou confirmar) o procedimento seguido em 1.º grau de decisão e, no caso de o anular, devolver de novo a questão para o órgão subalterno exclusivamente competente.

VIII. Quanto à adopção de medidas provisórias ou cautelares da decisão do recurso, ver comentários aos arts. 84.º e 85.º.

Artigo 175.º
Prazo para decisão

1. Quando a lei não fixe prazo diferente, o recurso hierárquico deve ser decidido no prazo de 30 dias contado a partir da remessa do processo ao órgão competente para dele conhecer.

2. O prazo referido no número anterior é elevado até ao máximo de 90 dias quando haja lugar à realização de nova instrução ou de diligências complementares.

3. Decorridos os prazos referidos nos números anteriores sem que haja sido tomada uma decisão, considera-se o recurso tacitamente indeferido.

> *I. O prazo de decisão do recurso.*
> *II. Início da contagem do prazo: dificuldades e adaptações.*
> *III. Prazo especial de decisão: anulação do procedimento.*
> *IV. Regime da instrução do procedimento anulado.*
> *V. O indeferimento tácito do recurso hierárquico: acto administrativo ou mera presunção de indeferimento?*

Artigo 175.º

art. 175.º, n.º 1

I. O prazo-regra para decidir os recursos hierárquicos é — salvo disposição especial, como, por exemplo (em matéria de concursos de empreitadas de obras públicas) a do art. 54.º do Decreto-Lei n.º 405/93, de 10 de Dezembro — de 30 dias úteis, qualquer que seja a sua espécie (necessária ou facultativa, de legalidade ou mérito) podendo, a partir daí, presumir-se ou considerar-se tacitamente indeferido, como se distingue na nota **V.**

II. O prazo referido começa a correr do dia seguinte ao da remessa do respectivo processo ao órgão competente para dele conhecer, nos termos previstos no n.º 1 do art. 172.º do Código, que exige, como se viu, que o recorrente seja notificado (no *e*) do momento em que tal remessa ocorreu — não prevendo, porém, a lei que tal notificação se faça também aos restantes interessados, que têm, normalmente, nisso um interesse prático (e juridicamente tão carente) quanto o é o do recorrente.

art. 175.º, n.º 2

III. No caso de o órgão *ad quem* ter anulado o procedimento de 1.º grau ou ter determinado a realização de nova instrução ou diligências complementares — nos termos do art. 174.º, n.º 2 —, o prazo para decisão do recurso sobe de 30 para 90 dias, que é o prazo para a conclusão e decisão de um procedimento de 1.º grau, em que (em certa medida) o recurso agora se transformou.

Pressupõe-se, naturalmente, não só que o recorrente e os demais interessados tomarão (directa ou indirectamente) conhecimento destas decisões, como também se pressupõe que a decisão de anulação do procedimento é, ela própria, a decisão do recurso hierárquico, considerando-se anulado (ou revogado) também o acto recorrido, salvo eventualmente em caso de anulação parcial do procedimento e de declaração do órgão *ad quem* de que o acto recorrido se mantém até estarem completadas as novas diligências a realizar.

De qualquer modo, a determinação de novas diligências ou de nova instrução, no caso de recursos hierárquicos facultativos — que não suspendem automaticamente os efeitos do acto nem interrompem os prazos de recurso contencioso —, **se não se considerar como a própria revogação implícita do acto praticado**, não precludiria que o particular interessado deva interpor recurso contencioso muito antes de se ter esgotado o prazo prolongado da decisão do recurso hierárquico.

O prazo de 90 dias conta-se, naturalmente, nos mesmos termos em que se contava esse prazo na hipótese do n.º 1.

IV. Sobre a nova instrução e diligências complementares do procedimento, no caso da respectiva anulação, ver anotação ao art. 101.º, ao art. 104.º e ao art. 174.º.

Artigo 175.º

art. 175.º, n.º 3

V. Já nos referimos, por várias vezes, ao facto de a falta de decisão dos recursos hierárquicos nos prazos legalmente fixados implicar indeferimento tácito da respectiva pretensão. E também dissemos da falta de autonomia substantiva e contenciosa, que essa "decisão" tácita tem, no caso dos recursos hierárquicos facultativos (ver comentários aos arts. 109.º e 174.º).

Quanto à "decisão" tácita dum recurso hierárquico necessário, suscita-se, porém, aqui, uma dúvida fundamental: a de saber se o indeferimento tácito, a que se refere este art. 175.º, n.º 3, é a faculdade de presumir indeferido o recurso interposto — tratada no art. 109.º do Código —, ou se se trata de uma figura diversa, de um verdadeiro acto administrativo tácito, que imponha ao particular o ónus da sua impugnação contenciosa subsequente, nos prazos normais de recurso do acto expresso anulável.

No Parecer do Conselho Consultivo da Procuradoria Geral da República de 11 de Fevereiro de 1993 (Parecer n.º 42/92), parece ter-se feito aplicação desta ideia — mesmo se é verdade que o caso aí considerado não é exactamente igual àquele com que aqui se lida em geral —, pois se considerou aí que a decisão tácita de um recurso, nesses casos, faz com que o acto recorrido recobre a eficácia suspensa com a interposição do recurso, o que não deveria acontecer se a decisão tácita ou silente do recurso hierárquico tivesse, aqui, a natureza e efeitos do art. 109.º, n.º 1 do Código, consubstanciados na mera faculdade de presumir indeferida a pretensão formulada. É verdade que no referido parecer não se equacionou, sequer, a questão aqui suscitada, sustentando-se a sua decisão no pressuposto de que um indeferimento tácito do art. 109.º faz com que se esvaneçam os efeitos suspensivos impostos antes (por lei ou decisão administrativa) ao acto recorrido, o que, face ao âmbito meramente reactivo da presunção do indeferimento, como se disse então, temos como inadequado.

É verdade, porém, que a redação da lei, aqui, é diferente daquela usada no art. 109.º, para se referir a essa faculdade. E o facto de aí se prever a existência de *"disposição em contrário"* pode bem significar que o legislador se estava a referir (além do mais que mencionámos na nota **I** a esse artigo) a casos em que, em vez da faculdade de presumir o indeferimento silente, este existiria mesmo como acto administrativo.

Daí resultaria então que, afastado o regime do art. 109.º, considerando-se o recurso hierárquico como tendo sido objecto de uma decisão, se imporia que o respectivo recurso contencioso fosse deduzido nos prazos normais do art. 28.º da Lei de Processo e não no prazo de um ano da sua alínea d).

As razões invocadas para defender tal tese não prejudicam que ela devesse resultar claramente da lei, sendo estranho que o legislador não tivesse feito, em lado algum, uma ressalva inequivoca a tal propósito.

Artigo 176.º

Com a agravante do disposto no art. 161.º, n.º 2 do Código — não permitindo reclamar de acto que decida anterior reclamação ou recurso administrativo, *"salvo com fundamento em omissão de pronúncia"* — parecer muito mais próximo da tese deste indeferimento como mera presunção, do que daquela que veria em tal omissão um verdadeiro acto de indeferimento. Caso contrário, não havia nenhuma razão para distinguir, nessa sede, entre indeferimentos expressos e tácitos (ou omissão de pronúncia): ambos deviam obstar à possibilidade de reclamar do acto que decidisse do recurso.

Pelo que, no fim de contas, acabamos por sustentar o enquadramento do indeferimento tácito dos recursos administrativos no regime do art. 109.º do Código, com todas as implicações daí derivadas.

SUBSECÇÃO IV

Do recurso hierárquico impróprio e do recurso tutelar

Artigo 176.º

Recurso hierárquico impróprio

1. Considera-se impróprio o recurso hierárquico interposto para um órgão que exerça poder de supervisão sobre outro órgão da mesma pessoa colectiva, fora do âmbito da hierarquia administrativa.

2. Nos casos expressamente previstos por lei, também cabe recurso hierárquico impróprio para os órgãos colegiais em relação aos actos administrativos praticados por qualquer dos seus membros.

3. São aplicáveis ao recurso hierárquico impróprio, com as necessárias adaptações, as disposições reguladoras do recurso hierárquico.

    I. Recursos hierárquicos impróprios: remissão.

    II. Noção de recursos hierárquicos impróprios: supervisão.

   III. O recurso dos actos do delegado para o delegante (confronto com o art. 158.º): natureza do recurso.

   IV. Sujeição ao preceito de todos os restantes casos de supervisão não hierárquica.

    V. O recurso dos actos dos membros dos órgãos colegiais.

   VI. O regime procedimental dos recursos hierárquicos impróprios.

Artigo 176.º

art. 176.º, n.º 1

I. Sobre a natureza e o alcance dos recursos hierárquicos impróprios já nos referimos atrás (art. 158.º, nota **VI** e art. 166.º, nota **II**), para onde se remete.

II. Denominam-se recursos hierárquicos impróprios as impugnações de actos administrativos feitas para um órgão que exerce poderes de supervisão sobre (os actos de) outros órgãos, fora do âmbito de uma relação hierárquica.

Na lição de **Freitas do Amaral** (vol. I. do seu Curso de Direito Administrativo), propõe-se a substituição do conceito **superintendência** — designação tradicional do poder de controlo administrativo sobre *actos* (poder que consistia, segundo Marcello Caetano, na faculdade própria do superior hierárquico de rever, modificar, revogar ou confirmar actos administrativos praticados pelos subalternos) — pelo conceito **supervisão,** dado que aquele primeiro estaria definitivamente conotado pelo nosso legislador constituinte com o poder próprio do Estado (ou de outra pessoa colectiva pública territorial) de emanar directivas e de definir os critérios de actuação dos entes públicos delas dependentes (art. 202.º, alínea d), da CRP).

Note-se que, nessa lição, o tal conceito de supervisão aparece restringido ao poder de revogar e suspender os actos dos subalternos, autonomizado, portanto, do poder de "*decidir recursos*" e ainda do de substituição de actos.

III. O preceito cinge estes recursos às hipóteses em que estão em causa dois órgãos da **mesma** pessoa colectiva (ver, contudo, o art. 158.º, **VI**) exercendo um deles poder de supervisão sobre o outro, mas fora do âmbito da hierarquia administrativa.

Exemplo de escola da espécie aqui considerada é o caso do recurso para o (sub)delegante do acto do (sub)delegado, quando são órgãos do mesmo ente jurídico (e ainda que exista entre eles uma relação de hierarquia) — pois um dos efeitos da delegação é precisamente o de suspender, durante o tempo por que se prolonga a (sub)delegação e **quanto ao exercício da competência delegada**, a relação hierárquica que, porventura, exista entre delegante e delegado (ver arts. 39.º, n.º 2, 143.º, n.º 2 e 158.º, n.º 2) pondo este a decidir como se fosse (organicamente) aquele a fazê-lo.

Mas detendo o delegante (em geral, por força do art. 142.º, n.º 2 do Código) um poder de supervisão sobre os actos do delegado, ainda que tenha cessado a relação de hierarquia, mantém-se aquele poder e há, portanto, lugar a recurso hierárquico impróprio, dos actos do delegado para o delegante.

Note-se que, neste caso, o delegante detém a mesma competência dispositiva do delegado e pode não apenas anular ou revogar o acto recorrido, mas também modificá-lo ou substituí-lo, seja por ilegalidade ou inconveniência. Trata-se, portanto, de um recurso de reexame e não de mera revisão.

Porém, ao contrário do que sucede nos recursos hierárquicos próprios, não funciona aqui a regra do recurso para o órgão mais elevado na respectiva relação orgânica: ou seja, dos actos do subdelegado não se recorre (impropriamente) para o de-

Artigo 176.º

legante, mas para o subdelegante, como resulta da parte final da alínea b) do n.º 2 do art. 158.º.

IV. Com excepção dos recursos a que se refere o n.º 2, todos os restantes recursos hierárquicos impróprios (para além dos que cabem no âmbito da delegação) estão sujeitos a este n.º 1. Ou seja, o recurso existirá onde existir **poder de supervisão**, sem necessidade de se prever expressamente a possibilidade de recorrer para o órgão "superior".

Considera-se existir um **poder de supervisão** (na lição de **Freitas do Amaral**, ob. cit., pág. 642), quando é atribuida " *a faculdade do superior revogar ou suspender os actos administrativos praticados pelo subalterno*", devendo, claro, para estes efeitos, os conceitos de "superior" e "subalterno" ser substituídos pelas de "qualquer órgão" e "outro órgão".

art. 176.º, n.º 2

V. Ao contrário do que sucedia com o caso dos recursos abrangidos no n.º 1, o recurso para os órgãos colegiais dos actos praticados pelos membros que o integram só existe quando estiver expressamente previsto — sendo evidente que ambos são órgãos da mesma pessoa colectiva.

Como refere Paulo Otero, nestes casos, a extensão do poder revogatório do órgão que exerce poderes de supervisão sobre outrém depende muito do modo como está legalmente configurado esse poder de supervisão, podendo ser um recurso de reexame ou de mera revisão, de legalidade ou de mérito.

Por exemplo, no caso de recurso de actos do presidente da câmara municipal para esta mesma (regulado no art. 52.º da LAL), ele deve ser configurado como sendo de revisão; mas já no caso de recurso de actos das secções do Conselho Superior da Ordem dos Advogados para o mesmo Conselho (reunido em sessão plenária), regulados no art. 40.º do Estatuto da Ordem dos Advogados, o recurso é de reexame.

art. 176.º, n.º 3

VI. Os recursos hierárquicos regulados nesta Subsecção têm o mesmo regime dos recursos a que dão lugar as relações de ordenação hierárquica, com as adaptações resultantes da sua especial inserção orgânica.

A lei não pressupõe, efectivamente, que estes recursos impróprios sejam por natureza diferentes daqueles que têm lugar no âmbito das relações hierárquicas e, portanto, manda aplicar-lhes (com a única reserva de necessidade de adaptações) o regime dos arts. 167.º e segs. do Código — diversamente, do que sucede em relação aos recursos tutelares do art. 177.º, em que a aplicação do regime do recurso hierárquico propriamente dito (só) tem lugar em pressupostos diferentes.

Podem, assim, ter aqui lugar as distinções entre recursos necessários e facultativos, de legalidade ou conveniência, de reexame ou revisão, que se estabeleceram a propósito do recurso hierárquico *stricto sensu*, sendo-lhes aplicáveis, nomeadamente, as regras dos arts. 158.º e segs., do art. 162.º e dos arts. 167.º e segs. do Código. Considerarem-se os mesmos como meramente facultativos ou necessários é, depois, uma pura questão hermenêutica.

Aliás, porque o recurso hierárquico impróprio pode ser das mesmas espécies do recurso fundado na hierarquia, a questão primacial é mesmo essa, de averiguar, primeiro, em que espécie ele cabe — introduzindo-lhe, depois, as adaptações que sejam necessárias em relação ao modelo correspondente dos recursos hierárquicos próprios.

Artigo 177.º

Recurso tutelar

1. O recurso tutelar tem por objecto actos administrativos praticados por órgãos de pessoas colectivas públicas sujeitas a tutela ou superintendência.

2. O recurso tutelar só existe nos casos expressamente previstos por lei e tem, salvo disposição em contrário, carácter facultativo.

3. O recurso tutelar só pode ter por fundamento a inconveniência do acto recorrido nos casos em que a lei estabeleça uma tutela de mérito.

4. A modificação ou substituição do acto recorrido só é possível se a lei conferir poderes de tutela substitutiva e no âmbito destes.

5. Ao recurso tutelar são aplicáveis as disposições reguladoras do recurso hierárquico, na parte em que não contrariem a natureza própria daquele e o respeito devido à autonomia da entidade tutelada.

    I. *Extensão das relações de tutela e superintendência: noções.*

    II. *Sujeitos do recurso tutelar (o caso das concessionárias e os entes privados de interesse público).*

    III. *A necessidade de previsão expressa (explícita ou implícita) do recurso tutelar.*

    IV. *O fundamento do recurso tutelar.*

    V. *O carácter excepcional dos poderes dispositivos do órgão ad quem, no recurso tutelar: sua caracterização como recurso de revisão.*

    VI. *Regime (subsidiário) aplicável aos recursos tutelares.*

Artigo 177.º

art. 177.º, n.º 1

I. Remetemo-nos, por comodidade, para as noções de tutela e superintendência propostas por FREITAS DO AMARAL.

Tutela é o *"conjunto de poderes de intervenção de uma pessoa colectiva pública na gestão de outra pessoa colectiva, a fim de assegurar a legalidade ou o mérito da sua actuação"* (ob. cit., vol. I, 2ª ed., pág. 699). Exemplo de tutela, temo-lo nas relações entre o Estado e as autarquias locais, no que concerne à fiscalização da legalidade da actuação dos órgãos destas (embora não haja aí lugar a recursos tutelares).

Superintendência é o *"poder conferido ao Estado, ou a outra pessoa colectiva de fins múltiplos, de definir os objectivos a guiar a actuação das pessoas colectivas públicas de fins singulares colocadas por lei na sua dependência"* (ob. cit., pág. 717). Caso de superintendência têmo-lo nas relações entre o Estado (ou outras pessoas colectivas territoriais que exerçam poderes de orientação, seja por meio de *directivas* ou de *recomendações*) e pessoas colectivas detentoras de funções de administração indirecta, como os institutos, as empresas ou os estabelecimentos públicos.

Em ambos os casos, trata-se de relações entre órgãos de pessoas colectivas diferentes — de casos diferentes, portanto, dos recursos hierárquicos, sejam próprios ou impróprios, situados no seio da mesma pessoa colectiva.

As relações entre delegante e delegado, quando são órgãos de pessoas colectivas diferentes podiam, eventualmente caber aqui, para quem não queira considerá-las como uma mera delegação — ao menos harmonizava-se, assim, as disposições desta Subsecção com as dos arts. 39.º, 142.º e 158.º deste Código.

II. O Código limitou o recurso tutelar, neste n.º 1, às relações existentes entre órgãos de pessoas colectivas públicas ligados por relações de tutela ou superintendência.

Não se vê, porém, que tais recursos e o respectivo regime não pudessem ser estendidos também àqueles casos em que a pessoa colectiva colocada sob o poder de tutela ou superintendência de outra é de natureza jurídico-privada, quando lhe estão confiadas a realização de interesses públicos, como acontece com as sociedades concessionárias e com as instituições particulares de interesse público (a que se referem os n.ºs 3 e 4 do art. 2.º do Código).

Não é assim tão raro, na verdade, que as leis respectivas (ou os contratos de concessão) prevejam a existência de recursos de deliberações suas para as entidades concedentes ou que supervisionam no sector onde as referidas instituições actuam.

Quando assim sucede, julgamos ser de aplicar a tais recursos a disciplina deste art. 177.º, mesmo se rigorosamente eles não cabem no âmbito do seu n.º 1.

Artigo 177.º

art. 177.º, n.º 2

III. Para que o recurso tutelar seja admissível é preciso que o órgão de uma pessoa colectiva tenha, por força de lei expressa, competência revogatória em relação aos actos de órgãos de outra pessoa colectiva — ou, por outra via, que os actos desta estejam sujeitos a recurso para o órgão de outra pessoa colectiva.

Não basta, pois, que, a lei preveja a existência de uma relação de tutela: é preciso que essa tutela abranja especificadamente poderes de supervisão (revogação ou recurso) do órgão tutelar em relação aos actos do tutelado (ou outros poderes que o pressuponham).

É o que resulta deste n.º 2 deste art. 177.º.

art. 177.º, n.º 3

IV. O recurso tutelar — sem qualificativo legal especial — é um recurso respeitante à legalidade do acto administrativo, só se estendendo ao seu mérito se a relação tutelar em que esse recurso se insere respeitar também à conveniência ou oportunidade administrativa da actuação do órgão do ente tutelado. Ou seja: desde que a lei admita (directa ou indirectamente) o recurso tutelar, já não é necessário que se diga que ele também abrange o mérito dos actos do tutelado, se a relação tutelar for legalmente (ao contrário do que acontece, por exemplo, na relação Estado--Autarquias) extensiva ao mérito da actividade do órgão infra-ordenado.

Donde resulta que, na falta desse pressuposto legal — da previsão de uma tutela de mérito — o recurso tutelar fundado em inconveniência pode (deve) ser rejeitado por simples referência à alínea *a*) — ou à alínea *e*) — do art. 173.º do Código.

art. 177.º, n.º 4

V. O recurso tutelar, quando existir, é de mera reapreciação ou **revisão** (da legalidade) de actos administrativos respeitantes a actos da competência dispositiva exclusiva do tutelado, que o órgão tutelar apenas pode anular (ou confirmar) — embora esse poder de mera revogação anulatória já lhe permita obviar aos actos sectoriais daquele, que se mostrem incompatíveis com o interesse (global) cuja coordenação lhe está atribuída.

Mas pode, claro, a lei configurar os recursos tutelares como sendo de âmbito e alcance diversos desses, que lhe cabem em princípio.

Só, portanto, por estatuição expressa da lei (que prevê a competência revogatória do órgão tutelar ou o recurso do acto do tutelado) é que aquele poderá não apenas anular, mas também modificar ou substituir o acto recorrido pelo que seria legal (ou conveniente, se a tanto se estender a tutela).

Artigo 177.º

Note-se que este poder vai ainda além da tutela substitutiva, a que a lei o refere, assumindo-se que essa espécie de tutela (substitutiva), aqui, destina-se (também) ao suprimento da inércia do tutelado e não se restringe ao poder de supervisão típico do superior hierárquico, (não só de confirmar ou revogar, mas também) de modificar ou substituir os actos do subalterno, o qual supõe, portanto, a actuação do órgão controlado, não a sua inércia.

art. 177.º, n.º 5

VI. Enquanto que o regime dos recursos hierárquicos impróprios é, em princípio, o dos recursos hierárquicos próprios, já para estender este aos recursos tutelares se tem que tomar em conta a sua natureza, nomeadamente de recursos de mera revisão, característicos de uma administração de controlo, cingida à legalidade do acto recorrido, para verificar se a solução predisposta para os recursos hierárquicos próprios não é totalmente desenhada para um cenário que contrarie essa natureza e âmbito (regra) dos recursos tutelares.

CAPÍTULO III
Do contrato administrativo

PRELIMINARES

> *I. A existência e autonomia do contrato administrativo no Código.*
> *II. A autonomia procedimental dos contratos administrativos.*
> *III. A autonomia substantiva do contrato administrativo.*
> *IV. A autonomia contenciosa do contrato administrativo: extensão.*
> *V. Problemas suscitados pela falta de autorização legislativa para revisão do Código em matéria de contratos.*

I. Os contratos administrativos são reconhecidos no Código, a par dos actos administrativos e dos regulamentos, como instrumentos próprios do agir jurídico das Administrações Públicas (*stricto* e *lato sensu*), no âmbito do Direito Administrativo. Reconhecimento que se traduz no relevo da categoria no campo procedimental, substantivo e contencioso, que o Código sujeitou-os, em todos esses domínios, a um regime jurídico (em parte comum, em parte) específico, face, por um lado, aos contratos de direito comum (privado) e, pelo outro, aos actos jurídico-públicos unilaterais.

As opções do Código nesta matéria não deixam margens para dúvidas sobre essa valia jurídica autónoma da figura dos contratos administrativos, ficando, por isso, as teses que negam a admissibilidade, a existência, a autonomia ou o interesse da figura arredadas do "terreiro" da prática jurídica. Sem embargo, claro, do seu enorme interesse no estudo e construção do Direito Administrativo.

Também na doutrina portuguesa se tem manifestado, de algum modo, essa controvérsia. A generalidade dos AA. — com FREITAS DO AMARAL (A utilização do domínio público pelos particulares), SÉRVULO CORREIA (Legalidade e Autonomia Contratual nos Contratos Administrativos) e CASALTA NABAIS (Contratos Fiscais) à frente, pela força e clareza das ideias — votando pela sua admissibilidade e autonomia jurídica, como agora, o Código reconheceu e assumiu expressamente. Diverge MARIA JOÃO ESTORNINHO (Requiem pelo contrato administrativo, 1990),

Preliminares

propugnando pela uniformização jurídica de toda a actividade contratual da Administração, nos quadros gerais de um direito comum de contratação e autonomia da vontade.

II. A figura do contrato administrativo tem autonomia procedimental na medida em que a disciplina da formação jurídica da vontade de contratar pela Administração está aqui sujeita a um procedimento específico, distinto, por um lado, daquele que (eventualmente) regula a sua vontade de contratar no âmbito do direito privado e, por outro lado, distinto daquele que regula a prática, a revisão e a execução dos seus actos administrativos. É o que resulta dos arts. 181.º e segs. do Código e que muitas outras disposições legais já consagravam, antes, entre nós.

Quando negoceia, contrata e executa contratos em termos de direito privado, *jure privatorum utendo*, a Administração actuaria como sujeito de direito privado, diz-se, e, em princípio, não está (como não estão os particulares) sujeita às amarras de um procedimento administrativo, como forma jurídica específica da formação da sua vontade. Coisa diferente, claro, é estarem certos contratos de direito privado da Administração — como os que **envolvem despesa** com obras, aquisição ou realização de bens e serviços para o Estado e que, de resto, são normalmente contratos administrativos — sujeitos a um regime jurídico-**financeiro** de contratação, passando então a formação da sua vontade de contratar nesse domínio pela adopção de procedimentos tendentes a garantir a *sanidade financeira* do respectivo acto; pelo contrário, os contratos administrativos (independentemente de envolverem encargos e despesa) estão sujeitos **sempre** a vinculações de natureza procedimental, destinados a garantir a *sanidade administrativa* da respectiva vontade pública.

Em sentido algo diverso, veja-se SÉRVULO CORREIA (ob. cit., págs. 532 e seg.), para quem a procedimentalização não é característica dos contratos administrativos, mas da contratação pela Administração, princípio geral que, segundo o A., se encontraria consagrado extensivamente no n.º 4 do art. 267.º da Constituição — subsunção que não deixa de ser questionável.

III. O contrato administrativo é também reconhecido como uma figura material ou substantivamente distinta da figura do negócio ou contrato juscivilista, investindo as partes numa posição ou relação jurídica diversa daquela que resulta para os contraentes que se comprometem no domínio do direito privado.

Essa autonomia traduz-se, em última análise, no facto de, acima do acordado pelas partes, do *pacta sunt servanda*, poder prevalecer (em certos termos) o factor ***interesse público***, a ditar, inclusive, o sacrifício da estabilidade dos contratos, que, salvo violação (ou intervenção) de princípios fundamentais, domina imperialmente no direito privado. Como sugestivamente referem BARBOSA DE MELO e ALVES CORREIA (Contrato Administrativo, CEFA, 1984, pág. 8) "*o interesse público que constitui o fim do contrato administrativo penetra no seu interior, modela as prestações, actualiza-as "pari passu" de acordo com as suas variações*".

Preliminares

Ou seja, quando contrata administrativamente, a Administração contrataria sempre **sob reserva** *de compatibilidade do contrato* **com o interesse público**; mesmo nos domínios contratuais chamados de *cooperação paritária* ou de *atribuição* (ver *infra*, art. 178.°), essa reserva existiria sempre. Se o Estado cria, por exemplo, um regime de incentivos à pesca ou à agricultura e se se compromete contratualmente com o armador X ou o agricultor Y à entrega de subsídios anuais de reconversão, o que se convencionou pode (porventura) ser alterado, se político-legislativamente ou, mesmo, ao nível administrativo for decidido alterar também as prioridades do apoio estatal naqueles sectores da pesca ou agricultura.

A existência e (possível) prevalência da **reserva de interesse público**, sobre o acordo de vontades do contrato — que caracteriza muito do contrato administrativo face ao seu congénere de direito privado — tem, claro, o seu "preço". Se outro não se convencionar, traduzir-se-à ele na reposição do *equilíbrio* (económico-)*financeiro do contrato* — ou (é o mesmo) na responsabilidade da Administração pelos danos emergentes e lucros cessantes daí derivados para a *equação financeira* do contrato —, o que corresponde ao retorno à ideia ou princípio pactício afastado antes, quando se colocara o contraente privado na posição (infra-ordenada) de aceitar, por razões de interesse público, reservas ao contratado, como (por exemplo) a modificação das prestações convencionadas.

Desse confronto entre os interesses que o contraente administrativo e o particular procuram realizar através do contrato, resulta uma disciplina jurídica substantiva própria para os contratos administrativos, *exorbitante* em relação àquela que os particulares adoptam (podem adoptar) nos seus contratos.

Veremos isso, com mais detalhe, a propósito dos arts. 180.°, 182.°, 186.° e 187.° do Código. E também, desde logo, do próprio art. 178.°.

IV. Enquanto que, para efeitos substantivos (ou procedimentais), se discute a autonomia da figura do contrato no direito administrativo, já para efeitos contenciosos todos reconhecem que, entre nós, sempre existiu a necessidade de os distinguir dos contratos não administrativos — impunham-no as nossas mais antigas leis de contencioso administrativo, impô-lo o Código Administrativo de 1936-40 e, depois, já nos anos 80, o ETAF e a Lei de Processo complementar dele.

Só a partir destas últimas leis é que a distinção contenciosa dos contratos administrativos se passou, porém, a fazer em função de um critério material ou cláusula geral de administrativização jurídica, que substituíram a enumeração considerada generalizadamente taxativa constante do art. 815.°, § 2.° do Código Administrativo (e de legislação jurídico-pública avulsa).

A autonomia contenciosa dos contratos administrativos não se traduz apenas no facto de os tribunais competentes para o conhecimento das questões que se levantam quanto a eles serem os tribunais da jurisdição administrativa, mas também no facto de as questões que aí se põem e os meios processuais usados, quer quanto à

Artigo 178.º

formação, execução e extinção do contrato (art. 9.º, n.º 3 do ETAF) quer quanto aos processos executivos de sentenças do tribunal competente (art. 187.º do Código, arts. 5.º e segs. do Decreto-Lei n.º 256-A/77 e art. 74.º da Lei do Processo), serem distintos dos usados nos tribunais judiciais para as questões que neles põem sobre contratos de direito privado.

V. O Decreto-Lei n.º 6/96 alterou muitas das disposições que a versão de 1991 continha em matéria de contratos, mesmo se isso não havia sido objecto de autorização legislativa concedida ao Governo para este efeito, através da Lei n.º 34/95, de 18.VIII.

Daí resulta que seríamos obrigados a considerar organicamente inconstitucionais todas as alterações que, em matéria de contratos, dissessem respeito às "garantias dos administrados" (ou "à responsabilidade da Administração"), que estão sob reserva de competência legislativa da Assembleia da República.

Acontece, porém, que as disposições alteradas pelo Decreto-Lei n.º 6/96 só numa interpretação muito lata desses conceitos poderiam ser vistas como violação de tal reserva; sendo assim, por não mexerem com essas garantias — ou apenas no sentido de as reforçarem — ou com essa responsabilidade, não carecia o Governo de autorização para legislar na matéria.

Artigo 178.º

Conceito de contrato administrativo

1. Diz-se contrato administrativo o acordo de vontades pelo qual é constituída, modificada ou extinta uma relação jurídica administrativa.

2. São contratos administrativos, designadamente, os contratos de:
  a) **Empreitada de obras públicas;**
  b) **Concessão de obras públicas;**
  c) **Concessão de serviços públicos;**
  d) **Concessão de exploração do domínio público;**
  e) **Concessão de uso privativo do domínio público;**
  f) **Concessão de exploração de jogos de fortuna ou azar;**
  g) **Fornecimento contínuo;**
  h) **Prestação de serviços para fins de imediata utilidade pública.**

  I. *O contrato administrativo como acordo de vontades.*
  II. *A repercussão na vontade administrativa contratual do princípio da legalidade (procedimental): a legalidade pré-contratual.*

Artigo 178.º

III. O conceito de relação jurídica-administrativa (como critério do
contrato administrativo): noção, critérios e marcas da relação jurídico-administrativa.

IV. A administratividade de contratos previstos (e não regulados) na
lei administrativa, concorrentes dos contratos ou relações paritárias de direito civil.

V. Os contratos administrativos de cooperação, de atribuição e de
colaboração.

VI. Espécies de contratos administrativos.

VII. Os contratos administrativos entre particulares.

art. 178.º, n.º 1

I. Na noção de contrato administrativo dada no Código, o que é distintivo e
decisivo, por oposição aos contratos de direito privado (comuns ou da Administração), é o facto de ele ter como efeito a **constituição** (a modificação ou a extinção)
de uma relação jurídica administrativa.

No resto, quanto ao enlace ou **acordo jurídico das vontades** dos dois contraentes, a noção de contrato administrativo não se afasta da noção de direito privado:
há acordo (de vontades) quando as declarações de vontade **recíprocas e de igual
valia jurídica** de dois sujeitos se interpenetram, de modo a criar um **acto (um efeito)
jurídico único**.

Por isso, curiosamente, o Código (art. 185.º, n.º 2) manda aplicar ao contrato
administrativo, em sede de vontade, o regime civilista da falta e vícios de vontade no
negócio jurídico.

II. Há, contudo, especificidades administrativas a considerar (mesmo nesse
domínio do *acordo de vontades*) no contrato administrativo.

É verdade que, embora no procedimento de formação e celebração do contrato administrativo participem, pelo lado do contraente público, titulares de diferentes órgãos e cargos administrativos — infra ou supra-ordenados em relação ao
titular da competência para contratar —, só se considera que existe o acordo contratual quando é este próprio a manifestar o compromisso da pessoa colectiva.
Antes disso não há vontade contratual da Administração e, portanto, o problema de
saber onde está e qual é a vontade dela não é de molde a agravar muito, nesse
aspecto, a tarefa do jurista.

Pode é acontecer que, em virtude da sua vinculação à legalidade procedimental, ao modo como se forma a sua vontade contratual, a Administração apareça "vinculada" ao contrato antes do próprio acordo formal de vontades, em termos muito
mais adstringentes do que aqueles que impendem sobre o particular na fase pré-contratual: com efeito, a vinculação administrativa à legalidade pode levar não só a anu-

Artigo 178.º

lar o contrato que se tenha celebrado em contradição (positiva ou negativa) com actos anteriores do procedimento de contratação administrativa, como também, a impor à Administração um contrato contrário à sua actual vontade (de contratar).

Ou seja, assim como no direito civil se fala de uma **responsabilidade pré-con-tratual** dos contraentes (art. 227.º do Código Civil) — obrigando-os a ressarcir os prejuízos que a ruptura injustificada das negociações cause à outra parte — aqui, no âmbito da contratação administrativa, pode falar-se de um princípio de **legalidade pré--contratual**, como condicionante da própria vontade de contratar da Administração.

O que se disse quanto à vontade "legal" de contratar administrativamente é igualmente verdade no que toca a certas declarações de vontade administrativa no seio da execução do contrato, e que se consubstanciam em decisões administrativas procedimentalizadas (art. 181.º).

III. São administrativos, segundo o n.º 1 deste art. 178.º — como, para efeitos contenciosos, já o eram no ETAF (art. 9.º, n.º 1) — os contratos pelos quais se constituem, modificam ou extinguem **relações jurídicas administrativas**.

O que deve considerar-se relação jurídico-administrativa, para este ou outros efeitos — que o conceito assume já hoje dignidade constitucional (art. 214.º, n.º 3 da CRP), delimitando o âmbito de jurisdição dos tribunais administrativos — é questão que daria para um tratado, por envolver, desde logo (e não só) a questão da distinção ou delimitação entre direito público e privado.

É que, como já tão sugestivamente dizia Rocha Saraiva, a propósito semelhante, definir o direito administrativo — ou a relação administrativa — *"(...) como o direito* (ou a relação) *contido nas leis administrativas* (....) *é arredar a dificuldade sem lhe encontrar a solução, visto ficar ainda por dizer o que se deveria entender por leis administrativas".*

Os juspublicistas de hoje, com a experiência de quase mais um século, já sabem que o rigor e a separação dogmática estanque entre o direito público e privado é, será sempre (ou cada vez mais), uma meta inatingível, se aí se quiserem abranger todos os casos sem excepção; sabendo de todas essas dificuldades, os AA. lá vão avançando, por vias mais ou menos paralelas, com as suas próprias ideias e perspectivas sobre os critérios e factores de distinção e de delimitação entre os dois sectores da Ordem Jurídica e sobre a noção e o critério de relação jurídica administrativa no nosso ordenamento.

Assim, por exemplo, para Freitas do Amaral (Direito Administrativo, vol. III, págs. 439-440), relação jurídica administrativa é *"aquela que confere poderes de autoridade ou impõe restrições de interesse público à Administração perante os particulares, ou que atribui direitos ou impõe deveres públicos aos particulares perante a Administração".*

Sérvulo Correia, por sua vez, entende ser administrativa a relação jurídica *"disciplinada em termos específicos do sujeito administrativo, entre pessoas colec-*

Artigo 178.º

tivas da Administração ou entre a Administração e os particulares" (Legalidade e Autonomia ..., cit., pág. 397).

Em consonância com essas noções, administrativos serão, sem margem para quaisquer dúvidas, aqueles contratos celebrados por "administrações públicas", que tiverem na lei uma regulamentação específica (substantiva ou contenciosa) de direito administrativo, assente ou não na prerrogativa de autoridade, quando não se tratar até da sua pura qualificação legal como administrativos.

Há, até, contratos regulados na lei sem referências claras de prerrogativa, ou sequer de administratividade, mas que, pelo simples facto de não serem passíveis de negócios jurídicos entre simples particulares — isto é, pelo facto **de aquela lei não poder ser invocada como fonte de um contrato entre esses sujeitos** — devem ser considerados administrativos.

Não é direito administrativo para este efeito, portanto, apenas o direito de supra-ordenação jurídica da Administração face ao particular — em que aquela (no lado activo ou passivo da relação) define unilateralmente o conteúdo da posição de ambos, os direitos e deveres recíprocos de ambos —, podendo sê-lo também as normas que estabelecem relações juridicamente paritárias entre eles, e que são exorbitantes apenas pelo facto de não poderem ser invocadas como fonte de direitos e obrigações entre particulares: o empréstimo bonificado de dinheiros públicos, ligado à realização de necessidades colectivas por que é responsável a própria entidade pública mutuante, para serem afectados (pelo mutuário) em actividades ou bens cuja promoção cabe nas atribuições daquela entidade, pode ser um contrato administrativo, mesmo que não haja no respectivo regime legal nenhuma norma a conferir explicitamente ao mutuante prerrogativas (ou deveres) de autoridade.

Entre esses factores de administrativização do contrato pode, até, incluir-se hoje, em determinados termos (nota **IV** e comentários ao art. 179.º), a própria *intenção* das partes.

Por nós, decisiva para este efeito é a simples ligação expressa do contrato à **realização de um resultado ou interesse especificamente protegido no ordenamento jurídico, se e enquanto se trata de uma tarefa assumida por entes da própria colectividade**, isto é, **de interesses que só têm protecção específica da lei quando são prosseguidos por entes públicos** — ou por aqueles que actuam por *"devolução"* ou *"concessão"* pública. Por nós, essa é, pode ser, a marca determinante (ou "agravante") da administratividade de um contrato.

As relações jurídicas constituídas nesses domínios são, salvo se o contrário resultar da lei, relações jurídico-administrativas.

A nossa jurisprudência já se pronunciou sobre uma hipótese dessas: depois das decisões das instâncias, veio a fixar-se em Tribunal Pleno que um arrendamento de um imóvel do domínio privado de uma autarquia (o chamado "Restaurante Panorâmico de Monsanto"), em que o arrendatário se comprometia em diversas prestações — entre as quais a obrigatoriedade de abertura em todos os dias de semana, segundo

Artigo 178.º

certos horários, e da existência de ementas turísticas — que não são explicáveis ou não são próprias do *ambiente* normativo dos arrendamentos de direito comum, levava a considerar o respectivo contrato como administrativo.

É um caso em que se revela bem o critério acima enunciado: afinal, o facto de a promoção turística da cidade de Lisboa só ser objecto de protecção normativa específica, quando prosseguida por entes públicos (pela respectiva autarquia nomeadamente) é que contribuiu para subtrair o arrendamento em causa ao regime juscivilista, levando a ler cláusulas que aí se encontravam (e que podiam, sem impossibilidade jurídica, figurar também em contrato entre privados) como situadas em ambientes jurídico-públicos, como sendo administrativas.

As marcas de administratividade dos contratos administrativos não residem, portanto, só na atribuição ou assunção explícita da prerrogativa de autoridade (se bem que ela seja, claro, factor iniludível de administratividade): há casos em que se chega à existência da prerrogativa, precisamente, através da presença de outras marcas ou factores de administrativização jurídica da respectiva relação.

IV. Pensamos, aliás, que essa proposta, de trazer para o direito administrativo todos os contratos que tragam **marcas — importantes e juspublicisticamente protegidas (específica ou exclusivamente) — de administratividade**, é a única compatível com a imputação constitucional (art. 214.º, n.º 3) da jurisdição do direito administrativo e das relações jurídico-administrativas aos tribunais administrativos.

Está aí assumido, como o está no art. 1.º, n.º 1 do ETAF — e agora no Código do Procedimento Administrativo —, que o direito das relações jurídico-administrativas não é um direito que extravaza dos institutos ou das categorias do direito privado, mas que é um direito (potencialmente) concorrente com ele em todos os domínios, desde que esteja a regular a vida jurídica de entes encarregados da realização de tarefas da própria colectividade ou o modo de realização de interesses assumidos como sendo públicos, da própria colectividade.

Recusa-se assim — na esteira de VIEIRA DE ANDRADE (CEFA, pág. 101) — que tais entes tenham que recorrer ao direito privado para fazer (ou obter) um empréstimo, para dar ou tomar um arrendamento. Admite-se-lhes, ao invés (pelo menos quando se trate de Administrações Públicas estatutárias), que peçam ao direito administrativo as regras ou os princípios sobre a formação, o conteúdo, a execução, a extinção (e a *garantia*) de contratos, permitindo-lhes fazer inflectir, num ou noutro ponto essencial, a disciplina correspondente de direito privado — como pode até acontecer numa simples compra e venda.

Isto é, admite-se que, no caso de **uma figura contratual prevista para ser utilizada por Administrações Públicas** não ter disciplina específica na lei administrativa — como sendo um contrato exorbitante (do) ou inconcebível no direito privado ou, pelo menos, distinto dos que lhe correspondem, quando celebrados entre particulares — ela (tal figura) possa, mesmo assim, ser reportada ao direito

Artigo 178.º

administrativo contratual, ao regime deste capítulo do Código, por decorrência de qualquer marca significativa de administratividade assumida e querida no respectivo título.

Sem prejuízo, claro está, de essa opção, dever vir fundamentada pela Administração em razão que suporta a conveniência ou as vantagens do recurso a ela.

Consagração destas ideias, encontramo-la, aliás, no artigo 179.º do Código, para cujo comentário (nota **I**) daqui se remete.

art. 178.º, n.º 2

V. Distinguimos as seguintes classes ou espécies de contratos administrativos:
- a) contratos administrativos de ***cooperação ou coordenação***, entre entes públicos que cooperam na realização de atribuições comuns e/ou cumprimento de deveres legais da mesma natureza;
- b) contratos administrativos ***de atribuição***, os que têm por causa--função a atribuição de certos benefícios ao contraente particular em vista de uma actividade que interessa ao contraente público;
- c) contratos administrativos de ***colaboração***, aqueles que associam ou comprometem o particular no desempenho regular de atribuições administrativas, em cuja realização ficam a colaborar.

Usamos esta classificação por ser uma das mais amplas e estar mais ou menos próxima da de SÉRVULO CORREIA (ob. cit., págs. 420 e segs.), que distingue entre contratos de *colaboração* (aqueles pelos quais uma das partes se obriga a proporcionar à outra uma colaboração temporária no desempenho de atribuições administrativas, mediante remuneração) e de *atribuição* (aqueles que têm por causa-função atribuir uma certa vantagem ao co-contratante da Administração) — ficando-se, porém, na dúvida sobre o enquadramento que o A. dá aos contratos que denominámos acima de *coordenação* ou *cooperação*.

Claro que, sendo diferentes os fundamentos de administratividade desses contratos, diferente é também a intensidade das suas amarras ao direito administrativo ou das especifidades do seu regime face ao regime dos contratos de "direito comum". O próprio Código o reconhece (por exemplo, na referência à *natureza* do contrato, no art. 180.º ou no regime procedimental do art. 182.º), embora, provavelmente, se pudesse ter ido um pouco mais longe do que se foi, na ponderação dessa diversidade de espécies.

VI. A exemplificação do n.º 2 — o elenco dos contratos administrativos nominados no Código — respeita apenas àqueles que se considerou acima serem os contratos administrativos de *colaboração*, associando o particular ao "*desempenho regular das atribuições administrativas*" (ver também art. 182.º, n.º 1).

São eles os de:
- *a)* empreitada de obras públicas;

Artigo 178.º

b) concessão de obras públicas;

c) concessão de serviços públicos;

d) concessão de exploração do domínio público;

e) concessão de uso privativo do domínio público;

f) concessão de exploração de jogos de fortuna ou azar;

g) fornecimento contínuo;

h) prestação de serviços para fins de imediata utilidade pública.

Mais importante do que fornecer aqui uma noção de cada um desses contratos enunciados no n.º 2 — até pela impossibilidade de tomar em conta os "espinhos" que cada uma delas comporta —é deixar um rol das espécies contratuais que vêm sendo consideradas (em países com sistema similar ao das cláusulas gerais do art. 9.º, n.º 1 do ETAF e do art. 178.º, n.º 1 do Código) como sendo administrativos, mesmo não estando nominadamente indicados como tais.

Assim, por exemplo, em França, incluem-se (vimo-lo em A. Laubadère, F. Moderne, P. Delvolvé, Traité des Contrats Administratifs, I, Paris, 1983, págs. 323 e segs.) nesse género, as concessões consideradas não dominiais (de minas, de terrenos, de alojamento), algumas compras e vendas da Administração, certos contratos de locação *"sur dependances du domaine privé"*, alguns contratos de mandato, seguro, empréstimo, depósito, caução e transação, etc.

Em Espanha, a anterior Ley de Contratos del Estado (LCE), de 1965, referia--se (art. 4.º, n.º 2), *inter alia*, a certos contratos de empréstimo, depósito, transporte, arrendamento e sociedade como sendo administrativos (sobre o assunto, cfr., Garcia de Enterría e T.R. Fernandéz, Curso de Derecho Administrativo, I, 5ª edição, 1990, págs. 691 e segs.).

Hoje, a Ley de Contratos de las Administraciones Publicas (Lei 13/1995, de 18 de Maio), para além de qualificar directamente como contratos administrativos *"aquellos cuyo objeto directo, conjunta o separadamente, sea la ejecución de obras, la gestion de servicios públicos y la realización de suministros, los de consultoría y asistencia o de servicios y los que se celebren excepcionalmente con personas físicas para la realización de trabajos específicos y concretos no habituales"* (art. 5.º, n.º 1, al. *a*), prescreve que os contratos *"de objeto distinto a los anteriormente expresados, pero que tengan naturaleza administrativa especial por resultar vinculados al giro o tráfico específico de la Administración contratante, para satisfacer de forma directa o inmediata una finalidad pública de la específica competencia de aquélla o por declararlo así una Ley"* (art. 5.º, n.º 1, al. *b*) são também administrativos — cláusula que acaba, afinal, por ser de uma generosa amplitude quanto à qualificação de certos contratos como administrativos.

A esses casos — que têm certamente de ser adaptados às especificidades do ordenamento jurídico português — poderíamos acrescentar, entre nós, por exemplo, os contratos de venda de empresas reprivatizadas, os contratos relativos a benefícios fiscais (v.g. Decretos-Lei n.ᵒˢ 194/80 e 132/83), as cessões gratuitas de bens da

Administração por motivos de interesse público, os contratos de viabilização (Decreto-Lei n.° 124/77), os contratos de desenvolvimento (Decreto-Lei n.° 718/74), os acordos de reequilíbrio económico e financeiro de empresas públicas (Decreto-Lei n.° 353-C/77), os contratos de financiamento entre os municípios (e/ou os particulares) e os institutos de crédito estatais de apoio à habitação (Decretos-Lei n.°ˢ 163/93, 164/93 e 165/93), os contratos-programa e os acordos de cooperação de natureza sectorial ou plurissectorial entre administração central e os municípios (Decreto-Lei n.° 384/87) ou entre o Estado e as freguesias (Decreto-Lei n.° 219/95), o contrato de investimento estrangeiro (Decreto-Lei n.° 197-D/86 e Decretos Regulamentares n.°ˢ 24/86 e 17/93), o contrato de investimento para projectos de natureza estruturante (Decreto-Lei n.° 246/93), e, pelo menos em certas circunstâncias, o contrato de arrendamento de imóveis necessários à instalação de serviços públicos (Decreto-Lei n.° 228/95), etc.(ver Esteves de Oliveira, Enciclopédia Polis, Contrato Administrativo).

VII. Questão duvidosa é saber se um acordo de vontades **entre particulares** pode constituir relações jurídicas administrativas, se há contratos destes entre particulares ou se, pelo contrário, é da sua natureza a presença, **como parte**, de um ente jurídico público (integrado por "órgãos administrativos" — art. 179.°).

A controvérsia tem estado na mente dos administrativistas e os tribunais também se vêm defrontando com ela, cada vez no sentido de uma maior abertura, de resto.

Não repugna nada considerar como administrativos — mesmo que porventura não caibam, ponto por ponto, no desenho geral do respectivo contrato tipificado na lei — os contratos ou sub-contratos celebrados por empresas públicas ou privadas, concessionárias de obras e serviços públicos, bem como aqueles que os concessionários de bens dominiais celebrem em vista de actividades a exercer por terceiros no próprio bem dominial, como, aliás, se reconheceu no caso Petrogal *vs.* Noviself (intimação para um comportamento), julgado em recurso no S.T.A., 1ª Secção (sob o número 34.155).

Não se trata, pensamos, duma mera faculdade sua, que o direito administrativo lhes reconheça por simples capricho ou "vaidade" autonómica, mas de uma necessidade ou de um instrumento destinado a salvaguardar os interesses públicos confiados à diligência e cuidado de particulares: permitir, por exemplo, que se façam valer perante a Administração dominial uma posse ou direitos de natureza juscivilista, que um ente privado houvesse constituído a favor de terceiro sobre parcelas do bem dominial (que lhe foi confiado enquanto tal), seria pôr em causa o próprio regime da dominialidade, fundamental, entre nós, para salvaguarda dos interesses ligados à utilização de bens públicos da Administração.

Na lição de Sérvulo Correia sustenta-se que os particulares que detêm capacidade para praticar actos administrativos podem também celebrar contratos administrativos, ao menos no que respeita aos bens ou serviços em relação aos quais essa prerrogativa se encontra conferida, como é, por exemplo, da BRISA, SA, em

Artigo 179.º

relação às auto-estradas, da Águas do Douro e Paiva, SA (Decreto-Lei n.º 116/95), em relação à àgua ou da EDP, SA (Decreto-Lei n.º 7/91) em relação à produção de energia em alta tensão, etc., etc..

Para poder ser sujeito administrativo de um contrato administrativo basta, pois, que o ente jurídico-privado (ou com forma jurídico-privada) se encontre adstrito por título jurídico-público ao exercício de uma actividade que, por lei ou por natureza, deva ser realizada (total ou parcialmente) em regime jurídico-administrativo, ou seja, que se trate de *entes de direito privado e regime administrativo*: nessa parte, tais particulares podem ser sujeitos administrativos de um contrato administrativo e ligarem--se administrativamente com outros particulares, ficando (nessa medida) supra-ordenados juridicamente em relação a estes, como o ficaria o ente público principal, que celebrasse o mesmo contrato.

Já não são administrativos, claro, os contratos que dois particulares celebrem entre si, com vista ao gozo ou ao cumprimento de direitos ou obrigações **legais** administrativos**,** que lhes caibam: a permuta de lugares em universidades públicas entre dois candidatos — mesmo aceite pela Administração respectiva — não configura um contrato administrativo nem a sua garantia se realiza através de meios procedimentais ou contenciosos administrativos, mas sim, em tribunal comum, embora haja questões (as ligadas à intervenção administrativa nesse contrato entre estudantes) que podem ir parar incidentalmente ao foro administrativo.

Artigo 179.º
Utilização do contrato administrativo

Os órgãos administrativos, na prossecução das atribuições da pessoa colectiva em que se integram, podem celebrar quaisquer contratos administrativos, salvo se outra coisa resultar da lei ou da natureza das relações a estabelecer.

> *I. Importância e significado do preceito: a "autonomia contratual pública" (seu alcance objectivo e subjectivo, como instrumento jurídico próprio ou concorrente do acto administrativo e do negócio jurídico-privado).*
>
> *II. Exclusão legal e "natural" da autonomia da Administração em matéria de contrato administrativo.*
>
> *III. Requisitos e limites do recurso ao contrato administrativo substitutivo ou integrativo de acto administrativo.*
>
> *IV. Os contratos administrativos concorrentes dos contratos de direito privado: a qualificação do contrato em função da intenção (ou remissão) das partes.*
>
> *V. A inexistência jurídica do n.º 2 do art. 179.º.*

Artigo 179.º

I. É uma importantíssima disposição a deste art. 179.º, ao reconhecer a *autonomia pública contratual* da Administração, isto é, a possibilidade de ela recorrer aos contratos administrativos para realizar as atribuições que estiverem a seu cargo, mesmo que o efeito jurídico visado não esteja previsto na lei como sendo (podendo ou devendo ser) fruto de um contrato desses. Pode, pois, SÉRVULO CORREIA considerar-se bem recompensado do seu porfiado trabalho na matéria (Legalidade e Autonomia Contratual dos Contratos Administrativos), que, sem a sua notável intervenção doutrinária, o legislador não teria certamente podido avançar com uma inovação deste tamanho tão seguramente como o fez.

É evidente que, para além dos casos em que, assim, se tornou lícito à Administração recorrer ao contrato administrativo em substituição da prática de um acto administrativo ou da celebração de um contrato de direito privado, existem também — e são esses os casos típicos de contrato administrativo — aqueles casos em que a produção do respectivo efeito jurídico está prevista na lei, como sendo própria de um contrato desses. Podemos, portanto, afirmar que além dos contratos administrativos *com objecto próprio ou exclusivo*, haverá então, hoje, contratos desses *com objecto próprio de acto administrativo* ou *com objecto próprio de contrato de direito privado*.

Como diz VIEIRA DE ANDRADE (CEFA, pág. 101), o preceito "*consagra o contrato administrativo como figura de utilização geral*" — admitindo, portanto, quaisquer contratos atípicos, incluindo os contratos com objecto passível de acto administrativo (ou de contrato privado) — apenas com as limitações decorrentes da lei ou da natureza das relações a estabelecer. Fala-se, hoje, por isso, de *contratos administrativos substitutivos e integrativos de actos administrativos*, naqueles casos em que a Administração, em vez de alcançar o efeito jurídico tido em vista através de acto administrativo — ou de o alcançar totalmente por essa via —, celebra um contrato com o destinatário desses efeitos, acordando com ele sobre o modo de harmonizar reciprocamente os interesses que cada um tem na situação concreta em causa.

Do mesmo modo, se na lei estiver prevista a utilização de instrumentos de direito privado para a prossecução de atribuições dos órgãos de entes jurídico-públicos, também aí eles podem recorrer ao contrato administrativo para realizar tais atribuições como instrumentos *substitutivos (ou integrativos) do negócio jurídico-privado* (salvo se aquela estatuição legal estiver formulada em termos de se excluir o uso de quaisquer outros intrumentos jurídicos para tal efeito).

Do sistema da enumeração taxativa do Código Administrativo chegou-se, pois, a um regime de generalização da figura do contrato administrativo, posta a concorrer na criação de efeitos jurídicos que só estavam previstos e regulados como resultado ou fruto de decisões unilaterais ou de negócios jurídico-privados.

Não significa isto que, ao recorrer, nesses casos, à figura do contrato administrativo substitutivo de actos administrativos ou de contratos de direito privado, a Administração o possa fazer arbitrariamente: a sua opção por aquela figura vincula-a a "fundamentar" a sua decisão — em termos, por exemplo, de justificar por

Artigo 179.º

que é que as características de interesse público do contrato e do seu desenvolvimento a levaram a enveredar por formas jurídico-administrativas, em vez dos contratos *comuns* adequados ao efeito ou mesmo previstos na lei para estabelecimento desse tipo (abstracto) de relações jurídicas.

Temos, pois, a Administração a poder concertar e negociar com os respectivos destinatários, através de contrato administrativo, a produção de efeitos jurídicos que até agora lhe era exigido decidir e assumir unilateralmente em acto administrativo: não se lhe permite negociar e obter esses efeitos mediante contratos de direito privado, mas através de contratos administrativos (sob reserva mais ou menos extensa de interesse público) sim.

Duvidoso é se a autonomia aqui prevista deve ser reconhecida apenas aos entes ou órgãos *estatutariamente* administrativos ou se deve estender-se a quaisquer particulares que estejam investidos no exercício de funções públicas. Que estes possam usar o contrato como alternativa aos actos administrativos que lhes é dado praticar, aceita-se naturalmente (na esteira da lição de Sérvulo Correia, já citada); duvidoso é que possam recorrer à figura do contrato administrativo em alternativa à utilização de instrumentos jurídico-privados, como admitimos em relação aos entes públicos estatutários.

II. Nem se pode dizer que o legislador do Código, ao reconhecer assim tão largamente o valor da autonomia contratual pública, não tenha guardado o essencial, pois inviabilizou a utilização do contrato administrativo, quando, da lei ou da própria natureza da relação jurídica resultar o contrário. Não parece, sequer, que sejam muito difíceis de determinar, em concreto, os casos em que isso sucederá.

Actos ou efeitos insusceptíveis, **por natureza**, de contrato administrativo são, por exemplo, os disciplinares e os de polícia ou as decisões de reclamações ou recursos (obrigatoriamente objecto de acto administrativo). Trata-se de domínios para os quais ainda vale a ideia anciã da impossibilidade de contratualização da actividade administrativa *de autoridade*, que, noutros espaços, vem perdendo gradualmente terreno, no seio do direito administrativo, para a figura do mútuo acordo.

Excluídos **por natureza** do âmbito do contrato administrativo estão também todas aquelas posições em que só se admite investidura em termos de direito privado: uma **fiança** (ou um aval) dados pela Administração em favor de um particular, num contrato particular, pode até ser fruto de obrigações administrativas do fiador, mas é dada em termos de direito privado, se for dessa natureza a obrigação do ente afiançado (ou avalizado) perante terceiro.

Insusceptíveis de contrato administrativo, **por lei**, são, por exemplo, as relações laborais, nos casos de entes públicos ou agentes com estatuto de contrato de trabalho, cuja prestação constará obrigatoriamente de contratos de natureza privada, regulados por aquela lei.

Artigo 179.º

Tem-se posto igualmente a questão de saber se a alternatividade entre acto e contrato administrativos, admitida no art. 179.º, se deve considerar também excluída naqueles casos em que lei nova (posterior ao Código) preveja expressamente a produção de certo efeito através de acto administrativo. Vota-se aqui pela negativa, não só por não haver razões para afastar a autonomia contratual da Administração, que o legislador quis para vigorar em geral, mas pelo facto de (na maior parte dos casos) não ser de presumir que o legislador novo, ao prever a produção unilateral daquele efeito jurídico, tivesse sequer presente a existência do art. 179.º do Código e o alcance que poderia ter, para estes efeitos, o facto de se vir referir apenas à sua produção através de acto administrativo.

III. O recurso pela Administração à figura do contrato administrativo — para além de ficar precludido nos casos vistos — está sujeito a certos requisitos (já referimos a fundamentação no caso de contrato administrativo substitutivo de acto administrativo ou contrato de direito privado) e tem, sempre, que conter-se dentro de certos parâmetros.

O principal é que o *contrato substitutivo* (ou integrativo) *de acto administrativo* está, quanto aos respectivos pressupostos, conteúdo e consistência, sujeito às mesmas limitações ou vinculações que impendiam sobre este — salvo, obviamente, as que aí pudessem ser expressamente afastadas por assentimento do destinatário —, o que pode jogar um papel importante em matéria, por exemplo, de cláusulas acessórias ou de revogação do contrato. O contrato não serve, pois, para obter do particular contrapartidas que não lhe podiam ser exigidas no acto administrativo — pense-se na licença de loteamento —, constrangendo-o ou pressionando-o a aceitar, contratualmente, encargos que através de acto administrativo não lhe podiam ser assacados.

Como também não serve para a hipótese inversa: de lhe dar aquilo que através de acto administrativo não lhe podia ser dado. Pense-se num subsídio maior do que o atribuível ao abrigo de lei, que fixa o seu máximo.

Pode ver-se também, no art. 179.º, como dissemos, a admissibilidade de contratos administrativos de vontade paritária (salvo *fait du prince*, político-legislativo ou regulamentar), em todas as áreas que a lei ou a natureza da relação não a afectem incindivelmente ao direito privado, mesmo se é nos domínios deste que tais relações aparecem reguladas sistematicamente.

IV. Admitida essa hipótese, estamos a imputar outro corolário ao princípio da autonomia contratual pública, na feição que lhe deu este art. 179.º: que é o de, doravante, a vontade das partes (a sua intenção comum) revelada e fundamentada no contrato sobre uma remissão para um ou outro ramo de direito — por declarações expressas, concludentes ou precludentes — poder ser decisiva para a sua qualificação, com vista a determinar se os devemos subsumir no direito da contratação

Artigo 179.º

administrativa ou da contratação correspondente de direito privado, ou seja, para saber qual o seu enquadramento e regulamentação (de base).

Põe-se assim parcialmente de lado o dogma ancestral de que a existência (ou essência) da relação jurídico-administrativa contratual não estava na disponibilidade das partes — o contrato era administrativo, se a lei o configurava (ou à sua disciplina) assim, e não em função do que as partes nele declaravam entender ou querer, da opção que formulam por um ou outro ramo do direito contratual.

Não, claro, que um contrato passe agora a ser administrativo só por os contraentes o declararem: a sua opção não passa a ser critério ou condição suficiente — mas meramente hermenêutica ou auxiliar — da administratividade do contrato, a não ser que se revele aí, nas próprias declarações das partes (ou nas circunstâncias que rodearam a celebração do contrato), que a disciplina deste foi talhada, de algum modo, para assegurar ou facilitar a realização de interesses públicos ligados às atribuições do respectivo sujeito administrativo.

Do que se trata é de aceitar a relevância da sua opção, se ela se manifesta de qualquer maneira, naqueles casos em que contratos de certa espécie, sendo regulados no direito privado, respeitam a espécies também possíveis e adequadas no domínio da contratação pública (pense-se em contratos de locação de imóveis do domínio privado da Administração, que poderiam ser celebrados quer como arrendamentos privados quer como cessões de uso administrativas).

V. Na republicação do Código, anexa ao Decreto-Lei n.º 6/96, aditou-se um n.º 2 ao art. 179.º, que não constava nem do Decreto-Lei n.º 422/91 nem dessa sua alteração legislativa. Escreveu-se aí que:

> *"2. Os órgão administrativo não pode exigir prestações contratuais desproporcionadas ou que não tenham uma relação directa com o objecto do contrato"*.

Como se disse, este número não aparece nem na versão de 1991 nem no Decreto-Lei n.º 6/96 e põe-se, portanto, o problema de saber se o que aí se preceitua — para além de poder corresponder a princípios gerais de direito — vale como lei.

Por nós, não vale. A republicação do Código não corresponde ao exercício de uma competência legislativa — ainda por cima autorizada, como sucede com o Decreto-Lei n.º 6/96 — mas apenas a uma transcrição (textual e sistematizada) do que se contém na própria lei; e os poderes do "escriba" da lei, ou do seu compilador, não lhes conferem o poder de introduzir ou aditar normas às que o legislador editou.

É, portanto, como se este n.º 2 não constasse do Código.

O que não significa que a sua disciplina, por corresponder a princípios gerais de direito ou a exigências de *unidade* do ordenamento jurídico, não seja, à mesma, aplicável nas relações contratuais.

Artigo 180.°

Artigo 180.°
Poderes da Administração

Salvo quando outra coisa resultar da lei ou da natureza do contrato, a Administração Pública pode:

a) Modificar unilateralmente o conteúdo das prestações, desde que seja respeitado o objecto do contrato e o seu equilíbrio financeiro;

b) Dirigir o modo de execução das prestações;

c) Rescindir unilateralmente os contratos por imperativo de interesse público devidamente fundamentado, sem prejuízo do pagamento de justa indemnização;

d) Fiscalizar o modo de execução do contrato;

e) Aplicar as sanções previstas para a inexecução do contrato.

I. Os poderes contratuais da Administração e as diversas espécies contratuais.

II. A dissociabilidade dos diversos poderes contratuais da Administração.

III. O poder de modificação unilateral do contrato: diferença de situação e regime entre modificações contratuais e exteriores ao contrato e sua ligação aos correspectivos deveres ou contrapartidas da Administração.

IV. O poder de modificação unilateral: objecto e limites.

V. O poder de direcção do contraente administrativo: âmbito.

VI. O poder de rescisão por imperativos de interesse público: certeza positiva e negativa do conceito.

VII. O poder de fiscalização do modo de execução do contrato administrativo: importância. Instrumentos.

VIII. O poder sancionatório contratual.

IX. Outros poderes ou direitos administrativos em contratos administrativos.

X. O regime dos actos administrativos destacáveis em que se consubstancia o exercício dos poderes (contratuais) de direito público de que dispõe o sujeito administrativo.

I. O contrato administrativo implica, por regra, os poderes aqui previstos — mas também é evidente que a existência (pelo menos, normativa) deles numa relação contratual implica que o contrato seja configurado como jurídico-administrativo.

Artigo 180.º

Aquela primeira proposição não pode, porém, ser entendida em toda a extensão com que a formulámos: na verdade, os poderes do contraente público aqui conferidos não são todos inerentes à qualificação de um contrato como administrativo. O próprio Código admite, como vimos, que resulte outra coisa das normas reguladoras de cada contrato (ou categoria de contratos), bem como da sua própria natureza, excepção que pode ter largo campo de aplicação, nomeadamente no domínio dos contratos chamados *de cooperação* (entre entidades públicas).

Nuns contratos, os contratos administrativos de *colaboração* (subordinada) — como aqueles a que se refere o n.º 2 do art. 178.º — existirão todos eles; noutros, apenas alguns deles e, até, pode dar-se que nenhum deles esteja especificamente previsto na respectiva disciplina legal ou pactícia. Há contratos desses, paritários, não só entre os que chamámos (ver nota **V** ao art. 178.º) de *cooperação* (ou coordenação) — ou seja, que ligam contratualmente entes públicos, na prossecução das suas atribuições e missões — como nos designados de *atribuição*.

Não é, portanto, da natureza dos contratos administrativos a existência concentrada de todos esses poderes, às vezes, nem sequer de qualquer um deles: na verdade, tais contratos não são só de feição supra-ordenatória, não se resolvem sempre em *poderes,* havendo-os também quando o contraente administrativo se relaciona apenas em termos de *direitos e obrigações*, de *créditos e débitos*.

É razoável que o legislador não tenha querido distinguir expressamente para este efeito (como fez no art. 182.º) as diversas espécies de contratos administrativos, deixando à doutrina e jurisprudência o trabalho de as ir separando, paulatinamente, à medida que as necessidades (teóricas e) práticas o forem exigindo. Com a vantagem de, assim, também veicular — como convinha a uma lei que assume, como a nossa assumiu, a cláusula geral do art. 178.º, n.º 1 — que a situação ou posição de **poder** por parte do contraente administrativo, não tem à partida nada de estranho, seja qual for a espécie contratual em causa, isto é, envolva ou não associação do particular à realização regular das atribuições administrativas.

II. Já sugerimos que os poderes referidos neste artigo (não existem necessariamente em todos os contratos administrativos ou), quando existem, não aparecem necessariamente acoplados: a própria lei o traduz, ao assumir que alguns poderes dependam de previsão ou estipulação expressa — como o da alínea *e*) — e os outros não.

Por exemplo, o poder de fiscalização — que é um formidável poder, mesmo se não associado aos outros — pode existir muitas vezes isolado. Nos subsídios ou empréstimos feitos através de contrato administrativo, o poder de fiscalização, só por si, já permite ao ente administrativo, através do acompanhamento da actividade do mutuário, assegurar-se que este vai cumprindo o objecto do contrato e intervir a tempo de evitar o incumprimento ou a não realização das suas prestações. O poder modificatório também não pressupõe, forçosamente, os outros; o mesmo se diga do

Artigo 180.º

poder de rescisão unilateral conferido à Administração. Já, por exemplo, o poder sancionatório andará normalmente associado ao poder de dirigir o modo de execução das prestações contratuais e, naturalmente, ao poder de fiscalização.

Mas também é verdade que nos contratos administrativos do n.º 2 do art. 178.º, ditos de *colaboração* (ou de *associação*), todos esse poderes existirão, normalmente, em conjunto — mesmo que só alguns estejam previstos pela lei ou pelas partes.

Duvidoso é que, **nestes contratos**, os poderes em causa sejam renunciáveis ou dispensáveis pela Administração contraente, para além dos casos em que a lei o prevê expressamente, como sucede com os poderes referidos na alínea *e*) deste artigo — pelo que consideraríamos nula (e não escrita) a cláusula pela qual a Administração se comprometesse a não exerçer alguns destes poderes, mesmo que o interesse público o exigisse.

III. Os contratos administrativos são, como quaisquer outros, para ser executados ou "prestados" nos termos pactuados, vigorando neles o princípio *pacta sunt servanda*.

Mas a Administração tem o **poder contratual de modificar unilateralmente** o conteúdo das prestações a que o particular está obrigado, com fundamento em razões de interesse público, se, depois de celebrado o contrato, sobrevierem vicissitudes jurídicas que vão repercutir-se na aptidão administrativa das respectivas relações contratuais, nomeadamente, no modo, na qualidade ou na quantidade respectiva e na sua adequação à realização dos interesses públicos envolvidos no contrato.

Note-se que, frequentemente, o contrato ou a lei estabelecem um limite dentro do qual o contraente da Administração é obrigado a aceitar a modificação ditada por ela, e, para além do qual, ele fica dispensado desse dever (e a Administração obrigada a celebrar novo contrato).

Tais vicissitudes tanto podem acontecer por facto da própria Administração co-contratante, como de outras Administrações Públicas ou, até, de outros Poderes do Estado — inclusivamente por força de decisões políticas ou legislativas.

A distinção é importante, porque o regime do exercício, da execução e da *garantia* (no plano da legalidade ou da responsabilidade) destes poderes ou medidas, quando elas são do foro contratual, é, naturalmente, muito mais rigoroso e apertado que o regime aplicável aos casos de modificação do contrato decorrente de poderes normativos ou administrativos gerais da entidade co-contratante — quanto mais de outros órgãos, entes ou Poderes.

Nestas últimas hipóteses, se as modificações são imputáveis a outra Administração (ou a outro Poder), que não a co-contratante, tais vicissitudes, mesmo se se repercutem no seio do contrato administrativo, darão lugar (em princípio), apenas à aplicação da cláusula *rebus sic stantibus* ou à assistência (financeira) do contraente administrativo ao seu co-contratante —, embora não esteja excluído que se estabeleçam, contratualmente, casos em que elas possam também gerar o dever de reposi-

Artigo 180.º

ção do equilíbrio financeiro do contrato (à revelia da existência dos requisitos da cláusula *rebus sic stantibus*) e que haja, até, casos em que são os próprios princípios gerais a fazer funcionar essa regra por causa de alterações exteriores aos contraentes, tomadas com o intuito de provocar (legitimamente) a adaptação do contrato aos novos tempos, ao modo como o interesse público evoluiu.

O mesmo vale, claro, por maioria de razão, para a hipótese de a alteração em causa ter sido provocada por essa via exterior ao contrato, mas com o intuito (ilegítimo) de arredar as consequências que derivariam do exercício do poder contratual de modificação unilateral do contrato.

O que é certo é que, quando se trata de alterações provenientes da própria Administração contratante, elas são tidas, em princípio, como manifestações do poder contratual de modificação, implicando a *"reposição do equilíbrio financeiro"* do contrato — ou seja, o direito do particular exigir essa reposição, se a equação económico-financeira do contrato ficou de algum modo afectada pela alteração decidida — e bem assim, também, a procedimentalização da respectiva decisão.

Nesses casos, fica a cargo da Administração compensar a contraparte pelo aumento de custos (ou diminuição de receitas) daí resultante, em consonância com a equação custos e receitas inerente ao mútuo acordo. O que pode naturalmente não se traduzir num cálculo puramente aritmético e proporcional (como acontece com os trabalhos *a mais* na empreitada de obra pública), se a modificação introduzida prejudicar a própria equação do contrato.

A *reposição* pode, pois, fazer-se de vários modos: se a modificação consistir num aumento ou diminuição da quantidade de prestações contratuais, o equilíbrio do contrato, regra geral, far-se-à aumentando ou diminuindo os preços (contratualmente previstos) para as quantidades inicialmente contratadas; se ele implicar a realização de prestações de espécie diversa das contratadas, então, a regra é a de que a sua exigibilidade ao contraente da Administração terá, como correspectivo o pagamento de um preço calculado a partir da equação económico-financeira inicial, de modo ou a deixá--la intocada ou a aumentá-la na proporção que se considerar adequada, consoante as novas prestações caibam ou não na capacidade normal de prestar do contraente a quem são exigidas — e salvo, nessa hipótese, o seu direito à rescisão, quando a exigência de novas prestações ultrapassar limites pré-fixados ou que ele não tenham possibilidade de realizar, ainda que com um reforço razoável dos meios de que dispõe.

Sucede também que se prevê, muitas vezes, nas leis e nos contratos onde estas vicissitudes ocorrem mais frequentemente, que o cálculo da contrapartida correspondente à reposição do equilíbrio do contrato deve ser feito por comissões arbitrais.

Pode ainda suceder que as modificações contratuais sejam originadas em facto extra-contratual da Administração contraente (por exemplo, no exercício de um poder normativo geral de que ela seja titular) e não do seu poder contratual de modificação do conteúdo das respectivas prestações: tratando-se, portanto, de modificações que não são de aplicação apenas ao caso das prestações daquele contrato, mas

Artigo 180.º

de aplicação geral — ou, sendo feitas só para ele, tratar-se de matéria subtraída de maneira expressa (na lei ou no respectivo título) do âmbito contratual —, caso em que a modificação introduzida não tem de dar lugar àquela reposição financeira do contrato, mas a outros instrumentos como os referidos, da cláusula *rebus sic stantibus* ou da assistência financeira.

Há, pois, nesta matéria, fronteiras bem nítidas, mas também bem tremidas: o exemplo de um regulamento autárquico sobre o modo de prestação de um serviço público contratualmente concedido em regime de exclusivo na autarquia, pode bem vir a ser considerado como uma *medida* contratual destinada a modificar o contrato, embora apareça encoberta sob a capa ou o manto do poder regulamentar da autarquia.

IV. O poder de modificação unilateral conferido na alínea *a*) respeita ao *"conteúdo das prestações"*, mas essa expressão não pode ser entendida em termos demasiado rigorosos, porque abrangem-se aí, também, as diversas condições ou termos convencionados para as prestações, de modificação muito mais frequente, de resto, que o seu conteúdo (*stricto sensu*).

Este poder de modificação unilateral pode respeitar, por exemplo, à modificação do projecto da obra contratada (ou aos materiais a empregar nela), aos preços a praticar junto dos utentes pelo concessionário de serviço ou obra pública, às exigências estéticas ou funcionais dos acessórios que se coloquem num espaço dominial ocupado privativamente, aos espectáculos turísticos ou de variedades a apresentar nos casinos de jogo, etc, etc.

O que não pode é modificar-se unilateralmente o *"objecto do contrato"*, devendo esse conceito ser entendido como a própria obrigação contratual ou a coisa a que o contrato respeita: implica modificação do objecto de um contrato para a construção e exploração de uma estação de tratamento de resíduos sólidos, se, em vez do seu tratamento, como estava estipulado, se previr agora, por exemplo, o seu enterramento; já modificar as características ou intensidade da combustão ou o número de chaminés da estação não bole com o objecto do contrato, mas com o conteúdo das suas prestações, o que pode ser admitido, pelo menos em princípio.

O *objecto* do contrato, em si mesmo, é, portanto, um espaço que, como o Código dispõe, está necessariamente subtraído ao poder unilateral da Administração co-contratante e sempre dependente do mútuo acordo.

V. O **poder de direcção** da Administração contratante respeita ao modo de execução das prestações contratuais a cargo do contraente particular e, não sendo exclusivo dos contratos que associam particulares ao desempenho regular de atribuições públicas do ente administrativo (e de cuja *maitrise* estes não podem sequer prescindir) é, porém, neles que se revela melhor.

É evidente que a direcção do modo de execução das prestações não significa que se possa por essa via modificar as próprias prestações contratuais — é, antes, um poder de mera integração dispositiva (por regras de eficiência, proporciona-

Artigo 180.º

lidade e custo) do contrato, no que diz respeito ao modo de execução concreta das prestações que estão a cargo do contraente privado.

O poder de direcção pode, às vezes (em função do especificamente previsto na lei ou no contrato), manifestar-se inclusivamente através da *orientação* da actividade do contraente privado, ou seja, do poder de fixar os objectivos e os resultados a que tenderá a sua actividade em domínios que sejam contratualmente relevantes: fixação de mínimos a produzir, de extensões a fazer, etc.

VI. Sendo o mais "chocante" dos poderes contratuais do contratante administrativo, o **poder de lícita ou legitimamente rescindir** o contrato por conveniência administrativa corresponde àquilo que antes designámos como *reserva de interesse público* e que (com mais ou menos intensidade) vimos ser comum a todos os contratos, mesmo os que denominámos de *atribuição*.

Mas, em termos de palavra dada, este poder de rescisão por conveniência ainda é mais atentatório do acordo de vontades, do que o de modificação unilateral das prestações do contrato, muito embora, o seu exercício dê, naturalmente, lugar ao pagamento de uma justa indemnização — que deve ser aferida pelos princípios e regras da responsabilidade por actos lícitos, menos gravosa, para a Administração, da que sobre ela impenderia por causa de actos ilícitos.

Que *"imperativos de interesse público"* são esses, então, que permitem à Administração furtar-se dessa maneira ao acordado?

Há-de, em primeiro lugar, tratar-se necessariamente de casos **imperiosos**, seja pela dimensão do evento (uma profunda alteração política), seja pela importância do interesse público envolvido, não podendo servir como tal nem o comportamento do co-contratante — eventualmente sancionável, mas com outros requisitos procedimentais — nem as desvantagens económicas do contrato, por exemplo.

Há-de, por outro lado, tratar-se de imperativos que se liguem ao próprio objecto ou *ratio* do contrato: a empreitada de obra pública de uma estrada de montanha a ligar duas povoações pode rescindir-se por ter surgido um outro percurso alternativo, muito menos perigoso (e não se vai construir uma estrada desnecessária). Nesses casos não haverá dúvidas — como as não haverá em relação àqueles "imperativos" que resultassem apenas da falta de disponibilidades financeiras da Administração para cobrir os encargos do contrato, que não fundamentam, obviamente, uma rescisão destas e que dão lugar a indemnização total dos danos emergentes e lucros cessantes,

Exemplo paradigmático do poder de rescisão com fundamento em imperativos de interesse público é o **poder de resgate** das concessões administrativas que envolvam transmissão de poderes públicos para particulares.

VII. Mesmo isoladamente dos demais, o **poder de fiscalização** do modo de execução do contrato é um poder contratual considerável, pois permite ao con-

Artigo 180.º

traente "público" acompanhar a actividade do contraente privado e ir constatando (e documentando) as eventuais insuficiências ou as deficiências das respectivas prestações.

A verdade, porém, é que ele aparece associado, em regra, aos poderes de direcção e sancionatório (senão mesmo ao poder de rescisão unilateral, por recusa de sujeição à fiscalização prevista, se, a hipótese de rescisão por incumprimento de qualquer dever do contraente estiver prevista no contrato).

A fiscalização dos contratos realiza-se por meio da apreciação de actos de gestão, de acompanhamento operacional, de exames e vistorias, autos, perícias, livros de obra ou de serviço, de reclamações e é, muitas vezes, acompanhada da possibilidade de dar ordens ou formular exigências ao co-contratante, quanto ao modo de execução do contrato.

VIII. Não pode pensar-se em deixar aqui um panorama das questões que as **sanções administrativas contratuais** suscitam, de tal monta são.

No Código esclarece-se que o poder sancionatório da Administração só existe se estiver expressamente previsto na lei ou no contrato — o que arreda já um sem número de dificuldades.

Pode afirmar-se também que a previsão legal ou contratual dessas sanções leva a considerá-las, no seio dos contratos administrativos, como objecto de *poderes* de decisão e aplicação unilateral pelo contraente público, mediante acto administrativo (dito *destacável do contrato*), sem embargo, claro, do dever de prévia audiência da contraparte e, em geral, da procedimentalização da prática desse acto.

As sanções contratuais administrativas fundam-se apenas em incumprimento **objectivo** da lei, do contrato ou de determinação (legítima) do contraente administrativo e podem ter natureza pecuniária ("multas" por dias de atraso) ou não, como no caso da rescisão.

As "multas" contratuais aplicadas por acto administrativo têm, como se viu já, um regime de execução fiscal (favorecido) e pode até, muitas vezes, estar predisposta também ao seu pagamento uma caução de execução do contrato, sobre a qual a Administração contratante gozará (ou não) do direito de apreensão prévia.

Uma sanção especial de certos contratos administrativos consiste no **sequestro** (de obras, serviços ou bens, objecto ou afectos ao contrato), que se traduz em a Administração contratante tomar posse administrativa da obra, do serviço ou do bem em causa e fazê-lo funcionar ou gerir por ela própria ou por terceiro, mas por conta (e risco) do contraente privado.

IX. Para além dos referidos, podem existir nos contratos administrativos outros poderes e direitos exorbitantes, de supra e infra-ordenação jurídica, entre contraente administrativo e particular.

Artigo 180.º

É o caso do poder ou direito de apreensão de garantias. Ou da denúncia, com efeitos imediatos e vinculativos, e que em certos casos — como nos arrendamentos de imóveis do domínio privado administrativo — aparece (mesmo hoje, com o novo regime do arrendamento urbano) como um regime exorbitante ou especial em relação ao regime comum desses contratos.

A Administração tem também, por vezes — como acontece, por exemplo, na empreitada de obra pública — o poder de tomar a *posse administrativa* dos bens que são objecto do contrato, seja no âmbito dos seus poderes de fiscalização, de rescisão ou de um sequestro.

X. Os poderes de que o contraente administrativo goza face ao seu co-contratante, no seio do contrato administrativo, **são poderes de direito administrativo e exercitáveis mediante actos administrativos**, ou seja, no âmbito da **autotutela declarativa**. O Código não o disse de modo expresso, mas assumiu-o claramente, *a contrario,* no art. 186.º, n.º 1.

E mesmo se, em relação a alguns deles (poderes) retirou à Administração a auto-tutela executiva (art. 187.º), a lei reconheceu, no entanto, que o exercício destes poderes contratuais da Administração se faz através de actos administrativos, a que ela própria chama (um pouco desactualizadamente) *"definitivos e executórios"*.

Manteve-se o legislador, assim, fiel à tradição do nosso direito — expressamente consagrado no art. 9.º, n.º 3 do ETAF — do reconhecimento da categoria dos actos administrativos destacáveis do contrato, respeitantes quer à sua formação (como é evidente, mas também) à sua execução e extinção. "Destacáveis" em sentido impróprio, claro, que não se trata, como no caso dos actos destacáveis *proprio sensu*, de decisões tomadas num procedimento que visa a produção de outra decisão ou efeito diferente desse que se destacou (embora também haja em procedimentos de formação ou de execução dos contratos administrativos actos destacáveis em sentido próprio, como, por exemplo, a exclusão de um concorrente num procedimento concursal).

É evidente que as decisões da Administração nesses domínios devem sempre obedecer aos requisitos procedimentais da prática dos actos administrativos, como é evidente, também, que os contraentes particulares têm direito ao recurso contencioso de tais decisões.

Mas deve, em geral, reconhecer-se-lhes mais do que isso: reconhecer-lhes, em relação a todas as decisões proferidas no seio de um contrato administrativo, o direito de acesso directo a um meio contencioso de plena jurisdição, como o legislador das empreitadas de obras públicas (em fórmulas nem sempre absolutamente claras) tem feito.

Não é que tal extensão se possa fazer sem dúvidas, pois uma decisão de plena jurisdição nessas matérias briga com um dos princípios do nosso contencioso administrativo (de o Tribunal não se substituir à Administração, no exercício da competência própria ou primária desta). Mas como já se admitem outras brechas nele, e a plenitude da garantia jurisdicional, aqui, aparece como uma razoável contrapartida dos poderes de que a Administração goza, é provável que se venha a abrir mais esta. Em geral e não apenas para certos contratos.

Ainda se cuidará mais desta matéria a propósito dos arts. 186.° e 187.° do Código.

Artigo 181.°

Formação do contrato

São aplicáveis à formação dos contratos administrativos, com as necessárias adaptações, as disposições deste Código relativas ao procedimento administrativo.

> *I. Finalidades e âmbito da procedimentalização da formação da vontade administrativa de contratar.*
> *II. A redução do procedimento pré-contratual ao necessário: a audiência em procedimentos concursais.*
> *III. A decisão de contratar como acto final dos procedimentos contratuais.*
> *IV. A decisão de não-contratar.*

I. Quando se fala na *formação* dos contratos administrativos tem-se em vista a actividade da Administração e dos seus potenciais co-contratantes, destinada não apenas a definir ou eleger a entidade com quem vai contratar, mas também a definir os *"termos"* em que se contratará — bem como outras tarefas complementares ou acessórias, como a redacção da minuta do contrato, a constituição de sociedades, a prestação e libertação de garantias — podendo dizer-se, em geral, que ela visa aumentar as garantias de celebração de um contrato bom e fiável.

Com o preceito do art. 181.°, o que o legislador quis, porém, foi assinalar, em primeiro lugar, que o processo de formação da vontade nos contratos administrativos é um processo juspublicístico, sujeito (mais ou menos intensamente) ao direito administrativo do Código — ver, contudo, art. 185.° — e, em segundo lugar, que, havendo procedimento, este termina numa decisão administrativa de contratar prévia do contrato.

Note-se, porém, que a procedimentalização da vontade administrativa contratual não se cinge à fase da sua *formação*: em matéria de *execução* e de *extinção* do contrato, sempre que o contraente administrativo use dos poderes unilaterais que a lei ou o contrato lhe confiram a sua decisão está também sujeita às referidas exigências procedimentais.

Artigo 181.º

II. A formação procedimentalizada dos contratos administrativos não é um imperativo jurídico absoluto — há-os em que o procedimento é, no fundo, apenas a documentação da vontade de contratar de ambas as partes.

Mas nos casos em que, por cláusula geral (arts. 182.º e 183.º) ou por disposição especial, houver lugar a procedimento, é pelas regras do Código que as autoridades competentes para intervir na formação do contrato se devem pautar. Assim sucederá, por exemplo, na formação dos contratos a que chamámos de *atribuição*, em que é o beneficiário dele que desencadeia, através de requerimento, o procedimento tendente a obter da Administração uma decisão de contratar favorável à sua pretensão: por força deste art. 181.º do Código, tal procedimento (ou requerimento) está sujeito às disposições dos seus arts. 74.º e segs.

Noutros casos, se a formação deste ou daquele contrato estiver sujeita a um **procedimento especial** (como tantas vezes acontece, seja em matéria de empreitadas e concessões de obras públicas, de concessões de serviços ou de fornecimentos), a aplicação das **regras procedimentais** do Código — não as outras, que se aplicam directamente — terá lugar a título meramente supletivo, por força do disposto no n.º 2 do seu art. 7.º.

Aplicam-se ao procedimento contratual, por exemplo, as normas respeitantes à colegialidade, aos prazos, aos impedimentos, à competência — para não falar já nas relativas aos princípios gerais —, mas não se aplicam, sem mais e inadaptadamente, normas que aí vigoram, por exemplo, em matéria de direito de informação e de participação incondicionada de interessados ou, eventualmente, de direitos de audiência.

De resto, em geral, a aplicação dos princípios e regras procedimentais gerais do Código à formação da vontade administrativa de contratar não pode fazer-se por mera remissão: um contrato não é um acto de autoridade e a Administração não pode, quando negoceia contratos, abrir-se à participação e intervenção dos interessados — até sob pena de grave prejuízo próprio —, como tem de se abrir no procedimento do acto administrativo.

O que é essencial guardar do procedimento administrativo comum, aqui, são certas regras e os princípios fundamentais — da eficiência, da igualdade, imparcialidade e transparência a toda a prova — e não pretender aplicá-lo todo, em bloco, à formação do contrato. Que a Administração tenha, por exemplo, no seio do procedimento contratual, de realizar perícias ou exames (para avaliação das propostas apresentadas) seguindo todos os trâmites dos arts. 86.º e segs. do Código é, senão impossível, muitas vezes inadequado às exigências do procedimento de formação concursal do contrato.

Por isso é que o legislador previu que a aplicação das disposições procedimentais do Código fosse feita aqui *"com as necessárias adaptações"*.

Uma delas, talvez a principal, é saber se há aqui lugar ao princípio da audiência dos interessados no procedimento (do art. 100.º e segs. do Código): nos procedimentos de concurso (ditos *de material*), a formalidade não vinha merecendo acolhi-

Artigo 181.º

mento legal (confronte-se, por exemplo, o Decreto-Lei n.º 405/93, de 10 de Dezembro, em matéria de empreitadas de obras públicas). Mas, agora, com o Decreto-Lei n.º 55/95, de 29 de Março — onde se regulam os actos e contratos que implicam a realização de despesas, v.g., com aquisição ou realização de obras, bens e serviços do Estado e das Regiões, bem como dos seus serviços personalizados (que não sejam empresas públicas), das Autarquias Locais ou de associações destas, entre si, ou com algum daqueles entes públicos — essa formalidade tornou-se obrigatória em todos os procedimentos prévios dos referidos contratos, sejam os de concursos, de ajuste directo ou por negociação.

Assim resulta dos seus artigos 67.º, 86.º, 87.º, 91.º e 93.º, inaplicáveis, contudo (pelo menos, directamente) no domínio das empreitadas, das concessões e dos fornecimentos de obras públicas — já que, por força do art. 103.º desse diploma de 1995, só lhes são aplicáveis as normas dos seus arts. 1.º a 19.º, nas quais não se abrangem as respeitantes ao direito de audiência — não existindo (nos procedimentos concursais dessas empreitadas, concessões e fornecimentos de obras públicas) uma fase especificamente destinada a essa formalidade.

É verdade que a admissão dessa formalidade vai causar muitos embaraços, demoras e controvérsia no seio dos concursos (pelo menos naqueles onde domina o princípio da imutabilidade das propostas), tornando os respectivos procedimentos quase contraditórios, votando-se aqui pela sua inexistência naqueles procedimentos concursais, em que, por força da respectiva regulamentação (positiva ou "negativa" — ver comentário **XVII** ao art. 2.º) não há lugar a audiência nem se aplicam supletivamente as normas procedimentais do Código.

É curioso, aliás, que as directivas comunitárias existentes em matéria de procedimentalização concursal, sendo tão minuciosas, tão "chatas" às vezes, nada dispõem sobre a obrigatoriedade ou existência de uma audiência dos concorrentes e que, também no ordenamento jurídico português, a própria decisão de exclusão do concorrente ou de rejeição de propostas é proferida, muitas vezes — nos procedimentos concursais de formação de vontade — em termos tais (no acto público e oralmente) que não consentem a formalidade de audiência anterior; nem a possibilidade de dedução da reclamação ou de recurso hierárquico, contra o respectivo acto, pode ser vista como uma espécie de audiência *ex post*.

Em sentido aproximado pronunciou-se PEDRO MACHETE (A audiência dos interessados no procedimento administrativo, pág. 479 e 480) para quem, aos procedimentos de escolha do co-contratante da Administração Pública baseados em concurso público e às decisões de avaliação de qualidades pessoais com base apenas nos elementos por ela fornecidos é aplicável, directamente ou por analogia o disposto no art. 103.º, n.º 2, alínea a) do Código, havendo, portanto, lugar à dispensa de audiência.

Se (e quando) se entender, nesses casos em que ela não está especificamente prevista, que deve ser dada audiência em procedimentos concursais, parece razoá-

Artigo 181.º

vel o procedimento que se tem utilizado, em certos casos, de a entidade adjudicante fazer preceder a adjudicação duma comunicação da sua intenção (de adjudicação), sobre a qual os diversos concorrentes (incluindo o pré-adjudicatário) são chamados a pronunciar-se — como aliás veio a ser consagrado no art. 67.º do Decreto-Lei n.º 55/95, de 29 de Março, para os contratos a que tal disposição se aplica. Assinale--se que essa formalidade vai, de resto, muito além da protecção ou garantia conferida pelo art. 102.º do Código — pois, em regra, os destinatários do acto administrativo não são notificados (como nesta matéria são) da própria decisão que se vai tomar, mas só sobre aquela que o instrutor pensa propor.

III. O procedimento prévio da formação do contrato administrativo **termina sempre** — mesmo quando a ela se segue uma série de formalidades anteriores ainda à celebração do contrato, como a fixação final do seu texto, a prestação de garantias, a constituição jurídica formal do ente jurídico cocontratante, etc. — com uma **decisão administrativa de contratar** (ou **de não contratar**).

Decisão que pode ser explícita ou implícita, mas que deve assacar-se a todos os procedimentos — mesmo os de ajuste directo —, mais não fosse para autonomizar o acto administrativo, de modo a que, no caso de o cocontratante (ou outro interessado) não se conformar com a decisão tomada, a poder impugnar administrativa ou contenciosamente, de uma forma (cómoda e) destacável.

Ou seja, mesmo nos procedimentos legais onde não haja lugar a um acto como o acto de adjudicação dos procedimentos concursais, deve considerar-se existir sempre uma decisão implícita nesse sentido, imputável, por exemplo, ao momento em que a Administração comunicou ou convocou alguém para outorgar o contrato ou para prestar a caução exigida, na sequência de um ajuste directo.

IV. O procedimento administrativo de formação da vontade de contratar também pode terminar com a **decisão de não-contratar** o que quer que seja, com quem quer que seja.

Nesta matéria, a decisão do contraente administrativo não é, porém, sempre (as mais das vezes, sequer) fruto de uma vontade juridicamente autónoma, apenas vinculada à sua própria opção sobre a utilidade ou conveniência do negócio para a realização dos interesses que se propusera obter com ele, na fase pré-contratual — como sucede no âmbito da contratação privada. A Administração fez (em sentido figurado) uma *"promessa pública"* e há, portanto, que ter em conta os vínculos que assumiu com isso e os direitos e interesses criados a terceiros.

Já dissemos efectivamente (ver nota **II** ao art. 178.º) que, em matéria de formação de vontade de contratar pela Administração, o esquema jurídico não é apenas o da *responsabilidade pré-contratual* (por culpa na não formação do contrato), mas também o da *legalidade procedimental* (de vinculação às condições do procedimento aberto).

Artigo 182.°

Há, efectivamente, procedimentos administrativos de formação da vontade contratual — como os concursais —, cuja abertura corresponde a uma auto-vinculação quanto à vontade de contratar, por parte das entidades que os promovem, e cujos actos, em virtude de estarem sujeitos ao princípio da legalidade, ficam assim vinculados — em sede de validade — ao cumprimento das condições daquela abertura. Desde que haja propostas que caibam nos parâmetros definidos nas normas do respectivo procedimento, a Administração fica obrigada a contratar com a melhor delas, salvo se se verificarem os pressupostos (vinculados) que permitem à entidade adjudicante desobrigrar-se do compromisso inicial de adjudicação à melhor proposta.

É isso mesmo que se afirma, como princípio, no art. 99.° do Decreto-Lei n.° 405/93 (do regime dos contratos de empreitadas, concessões e fornecimentos de obras públicas) e no art. 71.° do Decreto-Lei n.° 55/95, que só permitem a decisão de não-adjudicar nos casos ou com base nos pressupostos aí contemplados — e, sempre, sem embargo, embora isso não esteja aí dito, da responsabilidade em que a Administração incorre, no caso de essa decisão (mesmo sendo legal) não se fundar em deficiência ou insuficiência de todas as propostas.

Artigo 182.°

Escolha do co-contratante

1. Salvo o disposto em legislação especial, nos contratos que visem associar um particular ao desempenho regular de atribuições administrativas o co-contratante deve ser escolhido por uma das seguintes formas:
   a) **Concurso público;**
   b) **Concurso limitado por prévia qualificação;**
   c) **Concurso limitado sem apresentação de candidaturas;**
   d) **Negociação, com ou sem publicação prévia de anúncio;**
   e) **Ajuste directo.**

2. Ao concurso público são admitidas todas as entidades que satisfaçam os requisitos gerais estabelecidos por lei.

3. Ao concurso limitado por prévia qualificação somente podem ser admitidas as entidades seleccionadas pelo órgão administrativo adjudicante.

4. Ao concurso limitado sem apresentação de candidaturas apenas serão admitidas as entidades convidadas, sendo o convite feito de acordo com o conhecimento e a experiência que o órgão administrativo adjudicante tenha daquelas entidades.

Artigo 182.º

5. Os procedimentos por negociação implicam a negociação do conteúdo do contrato com um ou vários interessados.
6. O ajuste directo dispensa quaisquer consultas.

    I. Sentido da alteração legislativa.
   II. O âmbito da previsão legal.
  III. Exigência (e dispensa) de procedimento administrativo de escolha concursal do contratante em leis especiais.
  IV. O alcance da estatuição legal: exigência genérica de procedimento.
   V. A distinção entre a escolha por procedimento concursal e por outros procedimentos: generalidades.
  VI. A distinção entre concursos públicos e concursos limitados: critérios.
 VII. A preferência legal pelo concurso público.
VIII. Principais características do regime do concurso público.
  IX. O concurso limitado por prévia qualificação: regime (o concurso de selecção e o concurso de adjudicação).
   X. O concurso limitado sem apresentação de candidaturas: regime.
  XI. Os procedimentos por negociação: regime.
 XII. O ajuste directo.

art. 182.º, n.º 1

I. Não são tão significativas quanto aparentam as alterações introduzidas pelo Decreto-Lei n.º 6/96, em matéria de escolha do co-contratante da Administração, nos casos em que, através do contrato, há uma *"associação"* sua ao desempenho regular de atribuições administrativas.

Teve-se em vista, apenas, inscrever no preceito as formas dessa escolha (já previstas no Decreto-Lei n.º 55/95, de 29.III., respeitante ao regime da realização de despesas públicas), nas quais se inclui a *"da negociação com ou sem publicação prévia de anúncio"* e a diferenciação dos concursos limitados com ou sem prévia qualificação, matérias desconhecidas da versão do Código de 1991.

II. A estatuição do preceito respeita aos contratos do n.º 2 do art. 178.º, que *"visem associar um particular ao desempenho regular de atribuições administrativas"* do contraente público, e que são, afinal, aqueles a que chamámos de *colaboração* (subordinada) em nota a esse preceito.

Primeira questão é saber em que consiste essa **associação** do particular ao desempenho de atribuições administrativas. Exigir-se-á, por exemplo, que o particular fique a desempenhar a própria atribuição administrativa, por sua conta e risco? E será necessário que a associação ou colaboração do particular respeite ao próprio desempenho da atribuição, como a fórmula do preceito literalmente sugere?

Artigo 182.º

A resposta é negativa nos dois casos: nomeadamente **não é preciso que a prestação do particular consista, ela própria**, no desempenho da atribuição administrativa — e com isso também já fica respondida a primeira questão. Podendo ele limitar-se a fornecer os bens ou serviços com que a necessidade colectiva vai ser realizada, e sem os quais não poderia ser prosseguida directamente pelo próprio contraente administrativo.

É dessa espécie um contrato de fornecimento contínuo de remédios a um hospital público: o fornecedor não desempenha a própria atribuição administrativa (prestação de cuidados de saúde), mas os seus fornecimentos são directamente necessários àquela e é nessa medida que pode falar-se em associação *"ao"* desempenho da atribuição pública. Pelo contrário, o papel de escrita ou de impressão destinado aos serviços burocráticos do hospital pode ser instrumentalmente muito útil, mas já não respeita directamente à questão "cuidados de saúde", às suas atribuições.

Por outro lado, não se trata de uma associação incidental, mas **regular**, que supõe uma relação e prestação continuada. É curial, então, que a Administração se rodeie de cautelas na escolha das pessoas a quem vai estar ligada por períodos mais ou menos prolongados de tempo, exigindo-se-lhe especiais requisitos de idoneidade e capacidade.

III. O facto de o legislador do Código só ligar a exigência genérica de um procedimento de escolha do co-contratante (e do teor do contrato) aos casos dos contratos ditos de *colaboração*, justifica-se por que é essa a hipótese em que são nitidamente preocupações de índole estritamente administrativa que estão na origem da exigência, e devem, portanto, valer para todos os entes públicos (ou seus "apêndices" em regime administrativo) que chamem terceiros a colaborar regularmente no desempenho das suas próprias atribuições administrativas.

Mas há muitas leis especiais a estabelecer exigências semelhantes para um sem número de outros contratos da Administração (como acontece com o Decreto--Lei n.º 55/95, que contém exigência semelhante para *"a contratação relativa à prestação de serviços e aquisição de bens"* (n.º 1 do art. 31.º), e entre os quais se incluem alguns contratos que não cabem na categoria dos contratos que associam um particular ao desempenho regular de atribuições administrativas), do mesmo modo que as há igualmente — admite-o, aliás, o próprio preceito — a furtar a Administração ao dever de escolher o seu co-contratante por via (mais ou menos) concorrencial.

IV. A estatuição do preceito do n.º 1 deste artigo não consiste na exigência de uma determinada forma de escolha do co-contratante da Administração, mas sim na exigência da realização de um procedimento formalizado — e, portanto, fundamentado — de escolha do co-contratante (e, se for caso disso, da definição dos termos do contrato a celebrar).

Artigo 182.º

A verdade, porém, é que, por aplicação do disposto no artigo subsequente (e também da aplicação do Decreto-Lei n.º 55/95, para o qual remete o Código no art. 189.º), a exigência legal é, efectivamente, de realização de concurso público, e só se este for dispensado é que se recorre (de acordo com o princípio da sucessão dos procedimentos pré-contratuais) às outras formas.

Todas elas, ajuste directo incluído, implicam, porém, a procedimentalização da escolha do co-contratante e também (se eles não estiverem completamente fixados de antemão) da determinação dos termos do contrato a celebrar. Mesmo no caso de ajuste directo simples (com dispensa de consulta prévia a três entidades), para escolha da entidade a contratar, há sempre lugar a um qualquer procedimento, necessário, pelo menos para a fixação dos termos do contrato a celebrar ou das garantias a prestar e para a justificação da dispensa do uso de procedimentos concorrenciais mais formais, previstos por lei.

V. O que os processos de *concurso* têm de característico, face aos restantes procedimentos de escolha dos co-contratantes da Administração, é que, naqueles, essa escolha — para além de decorrer num procedimento dominado pelas regras da igualdade, da publicidade e da transparência, quase se diria do contraditório — assenta em critérios e factores pré-fixados (e imutáveis) de habilitação de concorrentes, admissão e classificação de propostas, imutáveis, também estas, desde o momento que são apresentadas à Administração. Enquanto que, nos outros procedimentos, a Administração nem fixa os critérios de preferência das propostas (quando muito de preferência dos concorrentes que serão convidados a apresentar propostas) e, depois de ter em seu poder as dos concorrentes que considerou preferíveis (ou que convidou para o efeito) vai negociá-las com cada um deles, para determinar quais as condições do (melhor) contrato que pode obter.

Quando não se dá o caso, como sucede no ajuste directo (não precedido de consulta a três entidades), de não haver mesmo mais nada, para além da dispensa fundamentada do recurso aos outros procedimentos do que a negociação (não publicitada) dum contrato com a única entidade escolhida para o efeito.

art. 182.º, n.ᵒˢ 2, 3 e 4

VI. A distinção entre concurso público e concurso limitado deve assentar no facto de aquele ser aberto para uma generalidade de pessoas — todas as que preencham as condições fixadas em abstracto no anúncio ou no programa publicado podem apresentar as suas propostas —, enquanto o segundo assenta numa selecção prévia (procedimentalizada ou não) da Administração sobre as empresas entre que se estabelecerá a concorrência, dentre as quais pretende escolher o seu co-contratante, e que são, portanto, individualmente convidadas a apresentar propostas para efeitos de contratação. É essa a distinção que, entre uns e outros, se faz quer no Decreto-Lei n.º 405/93 (em matéria de empreitada de obras públicas) quer no

Decreto-Lei n.° 55/95 (em matéria de despesas públicas) e hoje, também, de certo modo, no art. 182.°, n.ᵒˢ 2, 3 e 4 do Código.

Na versão de 1991, o legislador tinha enveredado por outra noção, considerando limitados os concursos em que a Administração tivesse pontualmente estabelecido requisitos especiais de acesso, para além dos que constam em geral da lei para acesso ao serviço, obra ou bem posto a concurso.

Essa noção — que podia originar alguma confusão hermenêutica, agravada pela tentação de aplicar a tais concursos limitados regimes legais estabelecidos para uma distinção diversa — esvanecer-se-ia, como se disse, com a nova redacção dada ao n.° 3 e ao n.° 4 deste artigo, se não fosse o facto de continuarmos a ter a disposição do n.° 2 a definir, como concursos públicos, aqueles em que *são admitidas todas as entidades que satisfaçam os requisitos gerais da lei"*.

Já dissemos, e repetimos agora, que também são públicos aqueles concursos a que podem concorrer todos os que satisfaçam as referidas condições gerais da lei, bem como as especialmente estabelecidas no regulamento ou programa respectivos, desde que se fundem na especialidade ou intensidade do objecto posto a concurso.

VII. As formas procedimentais geralmente admitidas de contratação por parte da Administração não têm todas a mesma valia e dignidade legal: a forma preferida é a do **concurso público,** e não só no domínio dos contratos ditos de *"associação do particular ao desempenho regular de atribuições administrativas"*.

É assim, mesmo em geral, por força do preceito do art. 183.° do Código e da sua conjugação com o regime do Decreto-Lei n.° 55/95, de 29.III., aí prevista.

Ver-se-á melhor no comentário ao art. 183.°, quais são os casos em que é obrigatório ou é dispensável o recurso às diversas formas de contratação previstas neste art. 182.°, por forma a respeitar o princípio da sucessão dos procedimentos pré-contratuais adoptáveis, estabelecido em consonância com a ordem decrescente do grau de exigência procedimental de cada um.

VIII. As principais características do **regime do concurso público** (em geral, ou nos *de material*, os mais característicos dentro da espécie) são:

— publicidade adequada da sua abertura e das principais condições procedimentais de admissão e escolha de pessoas ou propostas;

— imutabilidade das regras fixadas;

— admisssão ao concurso de todas as pessoas ou propostas que preencham os requisitos gerais da lei e aqueles que tenham sido anunciados (também em geral) para o concurso em espécie;

— publicação suficiente dos anúncios de concurso, com fixação dos critérios da respectiva decisão;

— apresentação tempestiva de propostas imutáveis;

— admissão de concorrentes e propostas em sessão pública;

Artigo 182.º

— abertura (ou formulação) das propostas em sessão pública;
— decisão prévia de reclamações e recursos hierárquicos das respectivas deliberações tomadas nessa sessão;
— avaliação em termos absolutos da capacidade e idoneidade dos concorrentes e proibição de essa avaliação influenciar a comparação das respectivas propostas;
— avaliação e classificação *"económica"* e *técnica"* das propostas admitidas;
— audiência dos concorrentes (quando exigida);
— relatório da comissão;
— adjudicação ou escolha.

Alguns concursos públicos realizam-se através de leilão ou de hasta, através de licitação por proposta verbal ou carta fechada.

Aí — que se trata apenas de avaliar o preço que os interessados oferecem — a concorrência manifesta-se através de "lances" ou ofertas progressivas, que vão sendo declaradas pelos concorrentes, enquanto houver mais do que um a "lançar", se não se tratar de caso de licitação por carta fechada.

IX. Não se realizando (por dispensa legal ou administrativa) o concurso público, seguem-se-lhe, em grau de procedimentalização e dignidade concorrencial, as duas espécies previstas de concurso limitado.

Em primeiro lugar, o **concurso limitado por prévia qualificação**: nele, a Administração escolhe o seu co-contratante de entre um grupo restrito de candidatos, eleitos em prévio concurso público de *selecção*, só eles sendo (previamente) qualificados para apresentar proposta, enquanto os outros interessados não são chamados a fazê-lo.

Há, portanto, aqui dois concursos: um confinado à avaliação da (melhor) capacidade e idoneidade de potenciais concorrentes, e a que poderíamos chamar concurso *de selecção*; o outro, de *adjudicação*, destinado à determinação da proposta mais vantajosa, de entre as apresentadas pelos candidatos previamente qualificados (ou seleccionados).

Em função do seu objecto, os concursos de selecção ou pré-qualificação têm naturalmente, em muitos aspectos, um regime diverso do fixado para os concursos públicos de adjudicação, embora se devam fazer-se valer aí subsidiariamente os princípios e regimes gerais fixados para estes, como aliás se dispõe nos arts. 79.º e 86.º do Decreto-Lei n.º 55/95.

Os concursos limitados de adjudicação, entre os concorrentes pré-qualificados, correm segundo as mesmas regras estabelecidas para o concurso público a partir do termo da fase de admissão de concorrentes, vigorando, nessa "comunidade" concursal mais restrita, os mesmos princípios (de igualdade, publicidade, transparência e concorrência) vigentes para aquele.

Artigo 182.º

X. Vem, depois, o **concurso limitado sem apresentação de candidaturas**: neste, a Administração convida as entidades que considera mais idóneas ou especializadas (para se candidatarem ou, desde logo,) para apresentar as suas propostas, informando-as, no convite, das condições procedimentais da candidatura e (ou) da proposta.

Entre as entidades convidadas, este concurso limitado vale nos mesmos termos e segundo os mesmos princípios estabelecidos para o concurso público a partir da fase de habilitação dos concorrentes.

art. 182.º, n.º 5

XI. Temos, hoje, admitidos no Código, os procedimentos de escolha do co--contratante através de **negociação,** com ou sem publicação prévia de anúncio (público, subentende-se).

Estes procedimentos estão regulados, em termos não inteiramente coincidentes, nos arts. 35.º e 36.º e nos arts. 88.º e segs. do Decreto-Lei n.º 55/95, de 29.III., para os contratos administrativos em geral, e no art. 119.º do Decreto-Lei n.º 405/93, para os contratos de empreitada, de concessão e de fornecimento de obras públicas, e nuns casos são concebidos como "concursos por negociação", noutros, como processos ou "procedimentos de negociação" (não concursais), como se pode ver no Decreto-Lei n.º 405/93 e no Decreto-Lei n.º 55/95, respectivamente.

As respectivas formalidades dependem de se tratar de negociação com ou sem prévia publicação de anúncio, embora se possa dizer consistirem elas essencialmente no convite aos interessados (em geral ou limitadamente) para apresentarem as suas candidaturas ou as suas propostas que, depois de analisadas — e valoradas, relativa ou absolutamente, como (mais) vantajosas — são objecto de discussão e negociação com o respectivo autor, para melhor as harmonizar com o interesse público, escolhendo-se a proposta adjudicatária em função não (apenas) do que dela constava inicialmente, mas (também) do que nela se corrigiu ou introduziu naquelas negociações. Não vigora aqui, portanto, o princípio da imutabilidade das propostas, próprio dos concursos públicos e concursos limitados.

As negociações decorrem com cada concorrente, devendo, porém, ser reduzidas a acta assinada por todos os intervenientes na respectiva sessão de negociações, enquanto que a escolha da pessoa ou proposta "mais vantajosa" será fundamentada na ordenação das propostas, tal como elas resultaram da negociação feita.

art. 182.º, n.º 6

XII. Quanto ao **ajuste directo**, veja-se o que se disse acima na nota **IV**.

As características específicas do seu regime, que aí se descreveram, constam hoje do Decreto-Lei n.º 55/95, de 29. III.

Artigo 183.º

Novidade, no Código, é a regra do n.º 6 do seu art. 182.º, que dispensa a necessidade de consultas (a mais do que uma entidade) no ajuste directo, ao contrário do que sucedia na versão de 1991.

Artigo 183.º

Obrigatoriedade de concurso público

Com ressalva do disposto nas normas que regulam a realização de despesas públicas ou em legislação especial, os contratos administrativos devem ser precedidos de concurso público.

> I. *Necessária referência da previsão legal ao art. 182.º e sua harmonização com os regimes de outros diplomas.*
> II. *Âmbito da ressalva legal.*
> III. *A regra da precedência de concurso público: significado.*
> IV. *O regime de dispensa de concurso público.*
> V. *Os pressupostos legais e outros requisitos da dispensa expressa do(s) concurso(s).*
> VI. *A autonomia (reactiva) da decisão de dispensar o concurso.*

I. O Decreto-Lei n.º 6/96 retirou do Código as normas do anterior artigo 183.º, cingindo-se agora o seu preceito à estatuição da regra geral da obrigatoriedade da realização de concurso público para a efectivação de contratos administrativos, com ressalva do disposto nas normas que regulam a realização de despesas públicas ou em legislação especial.

A primeira questão que o preceito põe é a de saber se a obrigatoriedade aqui estabelecida é extensiva a todos os contratos administrativos, ou se deve considerar-se restrita aos contratos a que se refere o n.º 1 do art. 182.º, de "associação" de um particular à prossecução de atribuições administrativas. Textualmente, o confronto entre as duas disposições levaria a optar pela primeira alternativa.

Há, contudo, mais razões a apontar no segundo sentido, do que nesse: por um lado, são numerosos os contratos administrativos (por exemplo, os ditos de *cooperação* e muitos dos de *atribuição*) que são celebrados com pessoas determinadas, não se pondo aí problemas de escolha de co-contratantes ou dos termos do contrato a celebrar e, pelo outro lado, a disposição do n.º 1 do art. 182.º, então, não seria limitada aos contratos aí previstos e deveria ter sido delineada para todos os contratos administrativos.

Nem se vê que haja qualquer inconveniente neste entendimento, uma vez que os contratos em que a questão da precedência do concurso se põe com acuidade

Artigo 183.º

(para além daqueles que se referem no n.º 1 do art. 182.º) já estão sob o *imperium* dessa regra, por força combinada do art. 32.º (contratos de valor superior a 20.000 contos) e do 34.º do Decreto-Lei n.º 55/95.

Reconhece-se, porém, ser muito estranho que, se o legislador quisesse ressalvar da regra de precedência do concurso quaisquer espécies de contratos administrativos, se tenha pronunciado nos termos em que o fez neste preceito.

II. Outra questão é a de saber se a ressalva do disposto no Decreto-Lei n.º 55/95, aqui estabelecida a propósito da obrigatoriedade de realização de concursos públicos, se aplica apenas aos contratos do Código correspondentes aos aí regulados ou se se aplica, antes, a todos os contratos de *"associação"* pública de particulares previstos no art. 182.º — eventualmente, até, a todos os contratos administrativos, se se entender que a previsão deste art. 183.º os abrange *in totum* —, transpondo, portanto, os princípios e regras fixados nesse diploma para os casos aqui regulados. A questão é, pois, saber se o concurso público é dispensável (em todos os contratos em que, segundo o Código, fosse legalmente obrigatório) de acordo com as regras estabelecidas especialmente no Decreto-Lei n.º 55/95.

A solução correcta é, naturalmente, esta: de outro modo o legislador do Código não necessitava de dispor aqui o que quer que fosse sobre tal ressalva, porque, então, ela resultaria directamente da norma especial, restrita aos casos da sua previsão.

Essa remissão ou "reenvio" do Código (feito neste artigo e também no art. 189.º) para as normas que regulam a realização das despesas públicas tornou-se, de resto, fonte de dúvidas acrescidas, porque estas, inversamente, consideram o Código como sua lei subsidiária.

III. A regra da formação dos contratos administrativos é, pois, a de eles serem "adjudicados" precedendo concurso público, isto é, mediante concurso aberto a todas as pessoas que preencham as condições de acesso (gerais e/ou especiais) fixadas para o efeito, como se referiu no comentário **IV** ao artigo anterior.

O simples facto de a Administração estabelecer, para além das da lei geral, condições especiais de acesso não seria, então, considerado como derrogação do dever de abrir concurso público que sobre ela impenda: pode, quando muito, suceder é que essas condições especiais não sejam legais, havendo, então, invalidade procedimental do concurso público lançado — e não uma dispensa (implícita, ilegal ou não) da sua realização e vontade da sua substituição por concurso limitado. Ou, então, que tais condições sejam postas para afastar (ilegalmente) concorrentes, empresas, de que não se "gosta", sendo a exigência especial inválida por isso — não por ser especial.

Quando a lei exige concurso público, o contraente administrativo não pode substituí-lo por um concurso limitado com pré-qualificação pública (salvo nos casos e nos termos estabelecidos no Decreto-Lei n.º 55/95): ou seja, o concurso público a

Artigo 183.º

que a lei aqui se reporta, como procedimento de formação de vontade de contratar, é o concurso de adjudicação, não de selecção (ver comentário ao art. 182.º).

IV. O regime das leis nacionais sobre a dispensa do concurso público e da opção por outro procedimento pré-contratual é, hoje, largamente tributário das directivas comunitárias vigentes na matéria (sendo especialmente relevantes as Directivas n.ᵒˢ 93/36/CEE, 93/37/CEE e 93/38/CEE, todas de 14 de Junho e publicadas no respectivo JOCE de 9.VIII.1993) e constam do já citado Decreto-Lei n.º 55/95 (bem como noutros diplomas, como, v.g., o Decreto-Lei n.º 405/93, de 10.XII., para as empreitadas, concessões e fornecimentos de obras públicas), devendo transpor-se esse regime, com as necessárias adaptações, para o domínio dos contratos regulados no Código, *ex vi* seu art. 189.º.

Prevêem-se aí, no Decreto-Lei n.º 55/95, não só os casos típicos em que tal dispensa pode ocorrer (v.g. art. 34.º, n.º 1) como também os casos em que, em vez do concurso, se privilegiam outras modalidades procedimentais (*maxime*, arts. 32.º, n.ᵒˢ 1 e 2, 34.º, 35.º e 36.º), como acontece nomeadamente em função do valor do respectivo contrato ou despesa ou se trate da obtenção de trabalhos ou serviços de investigação.

Como se prevê, igualmente, que essa dispensa deva ser objecto de uma decisão ou autorização de órgão especialmente qualificado (art. 8.º), sob proposta fundamentada da entidade por onde a despesa deva ser liquidada e paga.

Regime que se aplica aos contratos das autarquias locais, dada a revogação do regime do Decreto-Lei n.º 390/82, de 17.IX., pelo Decreto-Lei n.º 55/95 (ver art. 107.º, alínea *e* deste diploma), salvo no que respeita aos contratos de concessão celebrados por aqueles entes.

A confluência de diversos regimes legais para preencher a *norma em branco* do art. 183.º (e as omissões e equívocos da disciplina do Decreto-Lei n.º 55/95) suscitarão dificuldades sensíveis nesta matéria, considerando-se por isso que seria preferível ter regulado a matéria no próprio Código, como se tinha feito na versão de 1991.

V. São pressupostos típicos da dispensa de concurso, segundo essas normas e os princípios gerais vigentes, por exemplo:
> — o facto de só haver uma entidade que pode realizar a prestação pretendida;
> — o facto de se tratar de um contrato sobre um bem ou serviço complementar de outro em curso de execução;
> — o facto de um concurso anterior ter ficado deserto ou ter terminado com a decisão de não adjudicar;
> — a urgência do contrato, quando ela não derivar de negligência da entidade adjudicante;
> — o facto de se tratar de obra ou serviço que implique com a segurança externa ou interna do Estado.

A esses casos tradicionais, acrescem hoje outros que podem encontrar-se não apenas nas referidas Directivas, como também nas diversas alíneas dos arts. 35.º, 36.º e 37.º do Decreto-lei n.º 55/95 (ou dos arts. 51.º e 52.º do Decreto-Lei n.º 405/93), mitigando relativamente o princípio antes afirmado (ver nota **VII** ao artigo anterior) da sucessão dos procedimentos pré-contratuais adoptáveis (de acordo com a ordem decrescente do seu grau de exigência procedimental).

É curioso notar que a lei (o Decreto-Lei n.º 55/95) não prevê directamente um só caso em que deva utilizar-se o *concurso limitado sem apresentação de candidaturas*, donde resulta poder ele ser adoptado naqueles casos em que se prevê a possibilidade de se recorrer aos procedimentos dos "concursos por *negociação* e de *ajuste directo*", por serem os únicos que oferecem menores garantias do que aquele (ver arts. 32.º e 37.º).

VI. A decisão de dispensar um procedimento aberto a todos os interessados (seja na modalidade de concurso público ou limitado com prévia qualificação ou na de negociação com publicação prévia de anúncio) pode ser reclamada e recorrida administrativa ou contenciosamente pelo Ministério Público ou por quaisquer pessoas que quisessem (e pudessem) concorrer à adjudicação do respectivo contrato administrativo, se se tivesse usado a forma procedimental legalmente prevista (e ilegalmente dispensada).

Artigo 184.º

Forma dos contratos

Os contratos administrativos são sempre celebrados por escrito, salvo se a lei estabelecer outra forma.

> *I. A forma escrita do contrato administrativo.*
> *II. As normas legais escritas no (e inderrogáveis pelo) contrato.*

I. Os contratos administrativos são celebrados por escrito, quando a lei não estabeleça outra forma (mais solene, pressupõe-se, que, senão, aquele *"sempre"* até seria erróneo). Ter-se-à assim acabado, ao nível da lei administrativa, com a contratação não escrita — como aliás já se vinha propugnando, através da exigência da revelação do contrato em documentos e papéis escritos do processo.

A verdade, porém, é que os arts. 5.º, 8.º e 12.º do Decreto-Lei n.º 55/95, de 29 de Março, respeitante aos requisitos dos contratos que implicam despesa, não exigem (ou permitem dispensar), em vários casos, a sua celebração por escrito.

Artigo 185.º

Há ainda muitos contratos que são celebrados em forma escrita simples, muitas vezes, até, em impressos normalizados assinados pelo particular e por um órgão de estrutura ("carimbada") do ente administrativo — nomeadamente se se trata de contratos ampla ou suficientemente regulados.

Mas também já em relação a grande número de contratos administrativos, se vão pedindo formas mais solenes, nomeadamente a da escritura pública lavrada por notário ou outro tabelião público, em livros oficiais (por exemplo, o contrato de concessão celebrado por uma autarquia local, *ex vi* art. 14.º do Decreto-Lei n.º 390/82, de 17.IX).

Outro exemplo de forma especialmente exigida respeita aos contratos de empreitada de obra pública, que constarão de documento autêntico oficial, exarado ou registado em livros do Ministério ou do serviço adjudicante (art. 111.º do Decreto-Lei n.º 405/93).

II. No documento contratual pode incluir-se a transcrição de **obrigações legais** que advêm, para os contraentes, de normas jurídicas e não apenas as resultantes da sua (pura) vontade pactícia, ou seja, apenas **obrigações contratuais**.

É importante distinguir essas obrigações legais das puras obrigações contratuais, porque, ao contrário destas, aquelas estão subtraídas ao mútuo acordo e têm, naturalmente, no contrato, uma influência e um regime diversos.

Artigo 185.º

Regime da invalidade dos contratos

1. Os contratos administrativos são nulos ou anuláveis, nos termos do presente Código, quando forem nulos ou anuláveis os actos administrativos de que haja dependido a sua celebração.

2. São aplicáveis a todos os contratos administrativos as disposições do Código Civil relativas à falta e vícios da vontade.

3. Sem prejuízo do disposto no n.º 1, à invalidade dos contratos administrativos aplicam-se os regimes seguintes:

> **a) Quanto aos contratos administrativos com objecto passível de acto administrativo, o regime de invalidade do acto administrativo estabelecido no presente Código;**

> **b) Quanto aos contratos administrativos com objecto passível de contrato de direito privado, o regime de invalidade do negócio jurídico previsto no Código Civil.**

Artigo 185.°

  I. *Sentido da alteração legislativa: a invalidade do contrato adminis-*
     trativo derivada da invalidade dos actos do procedimento da sua
     formação.
 II. *A remissão do CPA para o Código Civil em matéria de "falta e ví-*
     cios de vontade": significado.
III. *"Ratio" e âmbito dessa remissão.*
 IV. *A regra da equiparação da invalidade do contrato administrativo*
     à do acto administrativo (ou do contrato de direito privado) com o
     mesmo objecto.
  V. *Âmbito e alcance da regra da equiparação ao regime de invali-*
     dade do acto administrativo
 VI. *O princípio da prioridade (pelo menos, de base) do direito adminis-*
     trativo no "julgamento" da (in)validade do contrato administrativo
     substitutivo de acto administrativo, mesmo no domínio da "vontade".
VII. *A confluência dos dois ramos na regulação do contrato administra-*
     tivo alternativo de contrato de direito privado.
VIII. *Resumo do direito administrativo substantivo e processual da inva-*
     lidade do contrato administrativo.

art. 185.°, n.° 1

I. Com o Decreto-Lei n.° 6/96 inscreveu-se no n.° 1 deste artigo o princípio da invalidade derivada ou consequencial, isto é, o princípio da anulabilidade ou nulidade dos contratos administrativos quando sejam anuláveis ou nulas as decisões (destacáveis ou finais) dos procedimentos que hajam precedido a sua celebração e que, obviamente, tenham tido repercussão na decisão de contratar — o que, aliás, se entendia já pacificamente na jurisprudência e na doutrina, embora sem grandes certezas quanto ao paralelismo entre as formas de invalidade do procedimento e do contrato, como agora ficou esclarecido.

É evidente, porém, que (pelo menos) a invalidade do contrato derivada de anulabilidade de anteriores actos procedimentais só pode tornar-se efectiva pela impugnação tempestiva desses actos; por outro lado, a legitimidade activa para os processos de invalidação procedimentalmente derivada dos contratos administrativos é restrita (quer nos casos de anulabilidade quer nos de nulidade) àquelas pessoas que tenham legitimidade para a impugnação da invalidade procedimental originária.

art. 185.°, n.° 2

II. O Decreto-Lei n.° 6/96 trouxe para o n.° 2 deste preceito a regra do n.° 1 da versão anterior do Código, sobre a aplicação neste domínio das disposições do Código Civil relativas ao regime da **invalidade por falta de vícios da vontade.**

Artigo 185.º

Suprimiu-se, assim, como parecia curial, a referência à sujeição do regime geral da anulabilidade ou nulidade do contrato administrativo às normas civilistas, que considerávamos perigosa — ainda para mais na sistematização anterior do preceito, por (parecer) situar a questão da (in)validade do contrato administrativo sob um regime primeiramente tirado do direito privado — quando, em si mesma, essa referência se traduzia precisamente na assunção do princípio contrário: as questões da validade do contrato administrativo são reguladas prioritariamente no direito administrativo, podendo dar-se o caso, como aqui acontece, de ele remeter explicitamente a sua disciplina (em certos aspectos) para o direito privado.

Com efeito, o princípio geral em matéria de invalidade do contrato administrativo é o de que ele é nulo ou anulável quando, segundo os princípios do direito administrativo, constitua (pela sua autoria, procedimento, forma, pressupostos, conteúdo ou fim) uma violação de exigências legais ou regulamentares a que a Administração estivesse normativamente sujeita nessa matéria.

III. O preceito do n.º 2 apela, como se disse à aplicação (pela jurisdição administrativa competente) das disposições do Código Civil, dos seus princípios, regras e sistemas, quando se discuta sobre a *"falta e vícios de vontade"* no contrato administrativo.

A remissão, para a disciplina civilista, do regime da **falta e vícios da vontade** no contrato administrativo — porque para o acto administrativo, isso foi menosprezado, como tradução de que se considerava (ou considera) ser ele fruto de uma *vontade normativa* —, compreende-se bem, do ponto de vista teórico: por um lado, o direito administrativo não tem uma teoria geral da vontade administrativa; por outro lado, o contrato administrativo é, como o contrato civil, um *acordo de vontades*, não se distinguindo essencialmente dele nessa parte e pode, portanto, aplicar-se-lhe, no que à *vontade* respeita, as normas do Código Civil.

Deve começar por notar-se que o regime civilista só é aplicável (aqui) no que respeita àquilo que é objecto específico, próprio, do acordo de vontade entre os contraentes: os contratos administrativos estão, em muitos aspectos, subtraídos ao *imperium* da autonomia da vontade e disciplinados normativamente por preceitos vinculantes para os contraentes. E aí, a falta ou vício da vontade (formada ou declarada) no contrato administrativo não se mede com certeza apenas pelas normas juscivilistas.

Também não é de excluir que haja a necessidade de só aplicar regras e princípios do Código Civil nesta matéria de uma maneira adaptada aos interesses em presença, ao menos nos contratos administrativos a que se refere o art. 178.º, n.º 2 e o art. 182.º.

Por outro lado, nos contratos precedidos de **procedimento concursal** — não tanto já nos casos de ajuste directo e da negociação directa — o erro (não provocado) na formação ou na declaração da vontade, tanto o erro-vício como o erro-obstáculo, estarão praticamente afastados.

Artigo 185.º

Em geral é, porém, o regime do Código Civil que deve aplicar-se para julgamento das questões respeitantes à falta e vícios do *acordo de vontades* do contrato administrativo e o recurso a essas disposições, a esse regime, tem alguns reflexos bem pertinentes: como é o caso de ele tornar indiscutível aqui, sem qualquer excepção, a impossibilidade de a Administração se socorrer (em matéria de prova) da existência de eventuais poderes certificativos ou de autenticação de declarações e actos jurídicos seus, nas disputas que a oponham a particulares, em matéria de vontade contratual (ou falta dela).

art. 185.º, n.º 3

IV. A disposição deste novo n.º 3 manda aplicar às questões da invalidade (não derivadas na invalidade do procedimento de formação) dos contratos administrativos o regime de invalidade fixado neste Código ou, então, o do Código Civil, consoante o contrato de que se trata seja passível de acto administrativo ou de contrato de direito privado.

É uma curiosa inovação no que respeita a este segundo caso, na medida em que, além do mais, traduz o reconhecimento de que a Administração pode transformar uma relação jurídica contratual que seria tendencialmente de direito privado numa relação jurídico-administrativa, pela incorporação de cláusulas "exorbitantes" (o que representa uma larga margem de manobra jurídica a seu favor, de que, até aqui, se duvidava ela poder gozar), como já se sugerira *supra*, em comentários aos arts. 178.º (nota **IV**) e 179.º (nota **I**).

V. Nem sempre será muito fácil estabelecer o âmbito de aplicação desta regra de equiparação dos casos de nulidade ou anulabilidade do contrato administrativo aos da invalidade do acto administrativo — que tivesse por objecto a mesma situação e medida concreta —, por não estar explícito na lei a que hipóteses ela se destina.

Parece que se trata de uma referência àqueles casos em que se recorreu ao contrato como alternativa para a produção dum efeito que a lei previa ser obtido através de acto administrativo — o que a anotação deste preceito pelos AA. do *Projecto* (ob. cit., pág. 271) corroboraria —, e então a regra já não valeria quando a realização do contrato administrativo fosse consequência de a lei remeter directamente a Administração para este instrumento.

A equiparação, em termos de invalidade do contrato, ao acto administrativo que tivesse por objecto a mesma situação concreta e a mesma medida administrativa, redunda na exigência de que se comparem não apenas esses elementos, mas também todos aqueles requisitos do contrato que com eles se relacionam (sejam a competência, as formalidades, a forma e o fim do contrato), e que não sejam objecto de disposição específica para a relação contratual, ou avessos à natureza desta.

Artigo 185.º

VI. A solução que o legislador — com um propósito que se louva — adoptou para evitar que a abertura do Código à figura do contrato administrativo e à possibilidade da sua alternância com o acto administrativo (art. 179.º) se tornasse uma porta para a ilegalidade administrativa, é, para nós, como já se referiu, mais do que isso, é a própria revelação de que as questões da (in)validade do contrato administrativo se resolvem normativamente, primeiro, no campo do direito administrativo e, só por **remissão** sua, no campo do direito civil (mesmo se, efectivamente, o preceito não é explícito a propor tanto), não bastando, como o demonstra o art. 189.º, que haja uma lacuna ou omissão na disciplina administrativa do contrato administrativo para se recorrer ao direito privado.

O que nele se dispõe é que o contrato administrativo é nulo ou anulável, quando o fosse um acto administrativo *"com o mesmo objecto e idêntica regulamentação da situação concreta"* (para usar a expressão anterior da lei), que agora, combinada com a do n.º 1 da actual redacção, já nos parece imune às críticas que se haviam feito à sua utilização.

VII. Quanto à aplicação do regime civilista de invalidade do negócio jurídico aos contratos administrativos com objecto passível de contrato de direito privado — para além do relevo que conferimos mais acima ao reconhecimento dessa possibilidade — é evidente poder haver neles cláusulas que (pela sua natureza exorbitante) sejam impossíveis num negócio jurídico-privado e nem por isso serão de considerar nulos, dada a sua administratividade.

Assinala-se estar também excluída da aplicação dessa regra tudo o que respeitar ao procedimento de formação dos contratos em causa, regulado e sancionado nos termos do n.º 1 deste artigo.

VIII. Pode dizer-se que o direito administrativo tem normas suficientes para se compor um quadro jurídico-público relativamente extenso de princípios e regras próprios, aplicáveis em matéria de (in)validade dos contratos administrativos.

Assim, consideramos o contrato administrativo inválido por força de normas administrativas:

- *a)* se for celebrado por autoridade que não disponha de competência administrativa para o efeito;
- *b)* se for realizado sem precedência do procedimento administrativo legalmente previsto;
- *c)* ou se tal procedimento padecer de ilegalidades;
- *d)* ou se for celebrado sem observância da forma estabelecida para o efeito;
- *e)* ou fora dos casos em que se permite produzir o efeito nele contido;
- *f)* se a lei administrativa previr que o seu efeito não pode ser objecto de contrato;

g) ou quando este, pura e simplesmente, não pode ser produzido jurí-dico-administrativamente;

É o que resulta conjugada e inequivocamente dos arts. 179.º, 181.º, 182.º, 183.º, 184.º e 185.º, deste Código — e é essa importante função, de "assacar" todo este regime ao direito administrativo, que o último desempenha.

Acresce que a essas ilegalidades — pelo menos as conexas com a invalidade do correspondente acto administrativo — também estão reguladas no direito administrativo (v.g. art. 133.º e 135.º), e este é muito mais equilibrado que os regimes jus-civilistas onde não se tomam em conta factores relevantes ou determinantes das relações jurídico-administrativas, como são, por exemplo, a ponderação (ou proe-minência) do interesse público, a exclusão dos domínios de ilicitude, a existência de prerrogativas de autoridade, as diferentes formas de garantias contenciosas, etc., etc..

Pertencem também ao direito administrativo todas as especialidades proces-suais que haja a considerar quanto à invocação e arguição das ilegalidades do contrato administrativo numa acção (ou até num recurso) que corra perante os tribu-nais administrativos.

Existe, portanto, um quadro relativamente composto de princípios e normas para aplicar em matéria de invalidade do contrato administrativo — mas também, claro, para além disso, muitas omissões (intencionais ou não) que se resolvem, então, pela remissão (secundária ou derivada, como assinalámos) para o regime do Código Civil.

Artigo 186.º
Actos opinativos

1. Os actos administrativos que interpretem cláusulas contratuais ou que se pronunciem sobre a respectiva validade não são definitivos e executó-rios, pelo que na falta de acordo do co-contratante a Administração só pode obter os efeitos pretendidos através de acção a propor no tribunal competente.

2. O disposto no número anterior não prejudica a aplicação das dispo-sições gerais da lei civil relativas aos contratos bilaterais, a menos que tais pre-ceitos tenham sido afastados por vontade expressa dos contratantes.

I. A admissibilidade de actos administrativos na execução e extinção do contrato administrativo.

II. A irrelevância contratual da declaração administrativa sobre a interpretação das cláusulas ou sobre a validade do contrato admi-nistrativo (actos opinativos): extensão e alcance da regra.

Artigo 186.º

---

    *III. A interpretação pela Administração contratante das normas legais
aplicáveis ao contrato.*

    *IV. Os meios processuais de confirmação da interpretação (ou do juízo
de validade) do contrato feita por qualquer dos contraentes.*

    *V. A sujeição contratualmente estabelecida do contraente privado
aos "actos opinativos" do contraente público.*

art. 186.º, n.º 1

I. É só *a contrario sensu* que se afirma, neste preceito, o princípio de que ao contraente "público" é (pode ser) dado praticar ***actos administrativos*** que têm por objecto a sua relação contratual administrativa com terceiros e que vinculam estes, enquanto *parte* nesse contrato — como sucede, pelo menos, no exercício daqueles poderes a que se refere o art. 180.º do Código.

Ínsito nestes dois preceitos, um princípio tão caracterizador dos contratos administrativos — ao menos, dos de *colaboração* — talvez pudesse ter ficado reconhecido directamente na lei. Sem embargo, claro, de não ser por isso menos imperativo.

II. Os actos ou declarações do contraente administrativo sobre a **interpretação** ou **validade** de cláusulas contratuais, esses não vinculam a contraparte e não podem ser operados, sem o seu consentimento, senão através de acção (e decisão) judicial prévia. O que é o mesmo que dizer que, nestas matérias, o contraente administrativo não tem poderes para praticar actos administrativos ("*definitivos e executórios*", diz o Código) face ao seu contraente.

É uma regra já velha do nosso direito no que respeita à interpretação do contrato (veja-se o art. 851.º do Código Administrativo), mas ainda muito sã: corolário seu, já anunciado atrás, é que, nestas matérias, os poderes conformadores e probatórios dos documentos e dos actos administrativos relativos aos factos e ao direito do contrato se esvanecem, vivendo paritariamente com todos os outros meios de conformação e prova jurídicas.

A grande questão que se levanta é saber se a regra estabelecida vale apenas para os actos que tenham por objecto a interpretação ou validade do contrato ou vale também para aqueles que, tendo outro objecto, assentam em determinada interpretação do contrato ou na sua validade. Sendo esta interpretação ampla a teoricamente preferível — até para evitar que a Administração abrisse a janela àquilo a que o legislador fechou a porta — a verdade, porém, é que, a ser aceite, ela inviabilizaria, e não pode inviabilizar, a prática de qualquer acto administrativo (por exemplo, em matéria de direcção e de sanções contratuais) que estivesse ligado a uma cláusula contratual, já que chamar esta à baila, aplicá-la, representa sempre um acto da sua interpretação e uma afirmação da sua validade.

III. E quanto à interpretação de normas legais (incluindo as que, porventura, estejam também insertas no contrato), pela Administração co-contratante, estará

Artigo 186.º

ela sujeita ao mesmo regime que se estabelece aqui, no n.º 1 do art. 186.º, para a interpretação administrativa das cláusulas e da validade do próprio contrato?

A resposta é que, se tal norma é aplicável através de actos administrativos da competência da Administração que é parte no contrato e neles vai ínsita uma certa interpretação da lei aplicável, a interpretação assim feita vale (até ser anulada ou revogada) nos mesmos termos em que vale um acto administrativo — não se aplicando, então, a regra do n.º 1 deste art. 186.º.

IV. Querendo que valha, perante o co-contratante, o efeito do seu acto puramente "opinativo" — ver o que dissemos quanto à impropriedade do conceito em comentário n.º **VII** ao art. 120.º —, o contraente administrativo há-de pedir aos tribunais que declarem ser correcta a sua interpretação sobre o conteúdo ou a (in)validade das cláusulas contratuais em causa, para a poder exigir, depois, contra a própria vontade da contraparte.

Se o particular já tiver desencadeado, em reacção ao acto opinativo da Administração, um meio processual que leve a um conhecimento e decisão jurisdicional equiparáveis (e no mesmo tribunal) àqueles que o contraente público obteria em acção proposta para confirmação da sua interpretação ou juízo de validade, não necessita este, claro, de propô-la: a questão dirime-se no primeiro processo.

Esta necessidade de confirmação judicial tem-na também o particular quando quiser fazer valer o seu juízo interpretativo ao contraente administrativo. As diferenças residem (agora que a prerrogativa executiva que a Administração tinha desapareceu, provavelmente, com a revogação do art. 187.º, n.º 2 da anterior versão do Código), eventualmente, na exigência, que às vezes se encontra, de aquele só poder exercer esse seu direito face ao contraente público, depois de lhe demandar formalmente o reconhecimento prévio do seu direito, permitindo-se-lhe, então, em caso de recusa, ir a juízo obter a condenação da Administração contratante na interpretação ou validade que ela lhe recusara.

É uma restrição (insensível) ao direito de acesso ao tribunal, mas compreensível aqui, como em muitos outros aspectos do contrato administrativo, pela necessidade não só de dar à Administração a oportunidade de se pronunciar sobre a questão, mas também pelas drásticas consequências que a resolução ou suspensão, pelo co-contratante, do convencionado com a Administração poderia ter sobre a regularidade e continuidade da realização de interesses públicos.

art. 186.º, n.º 2

V. Estabelece-se na primeira parte do n.º 2 do art. 186.º, a regra de que se aplicam aqui, no domínio contratual administrativo, as regras e princípios gerais da lei civil relativos aos contratos bilaterais.

Quer-se com isto significar que a reciprocidade ou sinalagmaticidade das obrigações administrativas dos contraentes, caracterizadora dos contratos bilaterais, tem

Artigo 187.º

consequências no nascimento, desenvolvimento e extinção da relação contratual administrativa.

Nem em todas as matérias, porém. Alguns contratos há em relação aos quais, pela sua natureza e importância administrativa (para, por exemplo, assegurar a continuidade das prestações de serviços públicos essenciais) não se admitem, por exemplo, nem a aplicação automática da *exceptio non adimpleti*, no caso de a Administração se encontrar em falta perante o respectivo concessionário, empreiteiro ou fornecedor, nem da *condição resolutiva tácita*.

Na parte final do preceito prevê-se (de acordo com as sugestões da anotação dos AA. do *Projecto*, ob. cit., pág. 272) que as partes possam convir que as declarações da Administração sobre a interpretação e validade do contrato administrativo valham perante o contraente privado, não como se fossem declarações de uma das partes num contrato civil bilateral, mas, sim, como imposições vinculantes para a contraparte.

Mesmo assim parece uma maneira muito enviezada de disciplinar essa possibilidade — se era, efectivamente, isso que se queria dispor no preceito.

Artigo 187.º

Execução forçada das prestações

Salvo disposição legal em contrário, a execução forçada das prestações contratuais em falta só pode ser obtida através dos tribunais administrativos.

> *I. Significado da revogação do anterior n.º 2 do art. 187.º.*
> *II. A declaração através de acto administrativo da situação de incumprimento do particular.*
> *III. Âmbito da exigência de execução processualizada das prestações contratuais em falta.*
> *IV. Aplicação subsidiária do Código de Processo Civil.*

I. Revogou-se, com o Decreto-Lei n.º 6/96, o n.º 2 da anterior redacção do art. 187.º, do qual resultava que a Administração contraente tinha que recorrer aos tribunais para obter a condenação do seu co-contratante no cumprimento de prestações contratuais em falta, pelo menos quando se tratasse de prestação de um facto ou de entrega de coisa certa — embora obtida essa condenação, ela pudesse, depois, promover a execução da respectiva sentença *"mediante acto administrativo definitivo e executório"*.

Artigo 187.º

A revogação desse preceito deve-se (também) ao facto de haver casos em que a lei ou o próprio contrato concebeu as declarações do contraente público relativos à exigência de cumprimento do contrato pelo particular, como emanações da auto-tutela declarativa da Administração, vinculantes para o seu co-contratante independentemente da decisão jurisdicional que as confirmasse como sendo conformes à lei ou ao contrato (e salvo sempre, claro, o direito à reacção contenciosa *ex-post* do particular).

Com tal revogação ter-se-á eventualmente pretendido, também, pôr cobro aos poderes executivos da Administração, quando o reconhecimento da situação (e medida) de incumprimento do particular proviesse de sentença condenatória do tribunal, discutindo-se adiante (nota **III**) em que medida é que essa suposta intenção legiferante deve ser atendida.

II. Reduzido ao anterior n.º 1, a previsão do preceito refere-se, pois, apenas, à exigência de a *"execução forçada das prestações contratuais em falta"* dever ser feita através dos tribunais administrativos e é nesse sentido que ele deve ser lido.

Assim, por um lado, a falta de cumprimento das obrigações contratuais do contraente particular pode ser tomada como pressuposto de um acto administrativo sancionatório e este é, não obstante, susceptível de execução administrativa, já que não se trata de caso que caiba na previsão do preceito — restrito a um (eventual) direito da Administração de, em caso de incumprimento de qualquer prestação contratual, impor a sua execução (da própria prestação) à contra-parte através dos meios executivos que o Código lhe confere nos seus arts. 155.º e seguintes.

Por outro lado, não formulando o Código a exigência de que a **declaração** administrativa sobre a existência e a medida do incumprimento pelo particular seja objecto de confirmação judicial prévia (da sua execução), a Administração contratante mantém, nos domínios da auto-tutela declarativa, os poderes exorbitantes que a lei ou o contrato lhe concedam nessa matéria. Só no domínio da **execução** da respectiva declaração administrativa é que se exige, portanto, o recurso aos tribunais, não se permitindo à Administração que, constatada e declarada (mesmo através de acto administrativo "definitivo") a falta do seu co-contratante, ela execute, por sua própria autoridade e força, junto da pessoa ou do património do contraente privado, **a prestação em falta**.

III. Se, porém, a Administração não dispuser legal ou contratualmente de poderes de auto-tutela administrativa em matéria de declaração de incumprimento do particular e não puder, portanto, definir e exigir mediante acto administrativo as prestações em falta, ela estará então obrigada a recorrer ao tribunal para fazer reconhecer essa situação de incumprimento e a condenação do particular.

O meio processual idóneo para obter a prestação em falta é, neste caso, a acção sobre contrato administrativo, uma acção de plena jurisdição visando a condenação

Artigo 187.º

do particular na prestação — não sendo o recurso a tribunal, portanto, necessário (apenas) para efeitos de execução dum anterior título executivo, mas sim para se obter o próprio título executivo, uma sentença sobre a existência da prestação contratual em falta.

A questão que se põe, então, é a de saber se, obtida essa sentença, a Administração poderá executá-la por seus próprios meios, ou terá, ainda aí, que recorrer novamente ao tribunal para a fazer executar.

Agora que o art. 3.º do Decreto-Lei n.º 6/96 suprimiu o n.º 2 da anterior versão do art. 187.º do Código — no qual se permitia à Administração que (em caso de condenação judicial do seu co-contratante em quantia ou coisa certa, pelo incumprimento de prestações contratuais em falta) promovesse a execução coerciva da sentença pela via administrativa, através de acto administrativo "definitivo" e "executório" —, dir-se-ia que não, que já não é assim.

Mantemos, fundadas dúvidas a esse propósito. Não se esqueça que a supressão de uma disposição legal não significa necessariamente a cessação ou revogação da disciplina nela contida — ainda por cima quando a revogação do anterior n.º 2 do art. 187.º se pode ter ficado a dever apenas à intenção de não obrigar a Administração a ir sempre a tribunal, para obter a condenação do seu contraente no cumprimento das prestações em falta, e não propriamente ao facto de não dever ser ela a executar a sentença judicial obtida — e que, por outro lado, seria algo contraditório permitir à Administração Pública que executasse administrativamente, face ao seu co-contratante, as determinações contidas em actos administrativos praticados no seio do contrato (ver art. 186.º, n.º 1, *a contrario*) e não lhe permitisse executar direitos e outras posições jurídicas acertadas, com muito mais garantias e segurança, por um tribunal.

Não repugnaria, por isso, votar no sentido de a execução forçada das prestações em falta só ter que ser obtida através dos tribunais naqueles casos em que a declaração sobre a existência (e a medida) do incumprimento do particular é fruto da auto-tutela declarativa da Administração sobre essa situação, e não, já, quando é o próprio tribunal que profere a sentença condenatória do contraente faltoso.

Até porque, se fosse assim, o actual art. 187.º não deveria referir-se apenas *"à execução forçada das prestações em falta"*, como factor de recurso prévio ao tribunal administrativo, mas também à própria (verificação ou) condenação no cumprimento dessas prestações.

Se se enveredar por esta tese da administratividade do procedimento da execução da sentença judicial que reconheça o direito da Administração à prestação contratual da contraparte, então, seria inevitável considerar como contenciosamente impugnável o acto que ordena essa execução, se ele violasse, por qualquer maneira, os limites da sentença de condenação judicial da contraparte, nos termos que se deixaram referidos a propósito do art. 151.º.

Apesar de tudo, reconhece-se, é muito duvidoso que o legislador ao revogar o n.º 2 do art. 187.º, não tenha querido revogá-lo na totalidade, quanto às duas preposições que nele se continham (e, mesmo que não fosse essa a sua intenção, a verdade é que foi isso que ficou objectivado na lei) e não tenha querido, portanto, obrigar a Administração não apenas a obter a condenação judicial do particular, como também a promover a execução da sentença condenatória em tribunal.

Pena é que não se tenha, então, procedido a nenhuma adaptação na parte que se manteve em vigor deste art. 187.º, esclarecendo que o recurso ao tribunal é necessário quer quanto à verificação da situação de incumprimento do particular quer quanto à execução da respectiva sentença — omissão esta que justifica a subsistência das dúvidas que aqui levantamos.

IV. Nos casos em que a Administração tem que recorrer ao tribunal para obter a execução das prestações em falta — necessariamente, nos casos em que foi ela a definir, unilateral e vinculativamente, a existência de uma situação de incumprimento (salvo se, mesmo assim, a lei lhe conferir poderes de execução própria) e, eventualmente, nos casos em que essa definição se contém em sentença judicial —, tal execução correrá nos tribunais administrativos, através das diversas formas de processo executivo previstas no Código de Processo Civil (aplicável por força do art. 1.º da Lei de Processo nos Tribunais Administrativos), não cabendo a hipótese na previsão do art. 74.º desta lei.

Artigo 188.º

Cláusula compromissória

É válida a cláusula pela qual se disponha que devem ser decididas por árbitros as questões que venham a suscitar-se entre as partes num contrato administrativo.

> I. *Compromissos arbitrais e cláusulas compromissórias: admissibilidade.*
> II. *Questões administrativas "contratuais" insusceptíveis de submissão à arbitragem..*

I. São aqui admitidas, em consonância com o que se dispõe no art. 2.º, n.º 2, do ETAF, as cláusulas compromissórias e também (não obstante a epígrafe e a letra do preceito) os compromissos arbitrais. Na verdade, parece não existir nenhuma razão para que, admitida em geral a cláusula compromissória, não o seja igualmente

Artigo 188.º

o compromisso arbitral, tese favorecida ainda pela citada disposição do art. 2.º do ETAF.

É essa igualmente a opinião de VIEIRA DE ANDRADE (Direito Administrativo e Fiscal, cit., pág. 76), dando o autor indicação sobre os inúmeros casos em que recentemente se tem previsto legalmente o recurso à arbitragem contratual.

Como se estipula no n.º 2 do art. 1.º da Lei n.º 31/86, de 29.VIII. — diploma que, na falta de regulação especial, deve ter-se por aplicável, com as necessárias adaptações, aos tribunais arbitrais encarregados de conflitos contratuais administrativos —, se a convenção de arbitragem tiver por objecto um litígio actual designar-se-à **compromisso arbitral**; se tiver por objecto um litígio eventual emergente de uma determinada relação jurídica contratual denominar-se-à **cláusula compromissória**.

Note-se que a admissibilidade do compromisso arbitral se reporta apenas aos casos que não estejam ainda *sub judicio*, o que significa não ser permitido o desaforamento de uma causa que já esteja a ser julgada nos competentes tribunais administrativos.

II. Aparentemente, todas as questões que se podem suscitar entre as partes num contrato administrativo são susceptíveis de ser dirimidas através de tribunal arbitral, pois não se contém no preceito nenhuma reserva ou distinção a esse propósito.

Apesar da latitude do preceito do Código, colocam-se, porém, dúvidas quanto à possibilidade de entregar a tribunal arbitral a questão da (i)legalidade de actos administrativos respeitantes à execução, modificação ou extinção do contrato, que o contraente "público" pratique no exercício de competências que lhe estejam conferidas para esse efeito (pela lei ou pelo contrato), preferindo-se responder aqui pela negativa.

É o entendimento mais consentâneo com o princípio da indisponibilidade dos interesses contenciosos em matéria de actos e regulamentos administrativos e com o n.º 2 do art. 2.º do ETAF (ou, mesmo, com o n.º 4 do art. 1.º da Lei da Arbitragem), dos quais resulta que o recurso a tribunal apenas seria admissível *"no domínio do contencioso dos contratos administrativos"* — entendendo-se aquela expressão no sentido de "questões contratuais", como a da responsabilidade contratual administrativa — ou quando o preveja lei especial (como sucede com os regulamentos municipais que fixem taxas sobre obras particulares, *ex vi* art. 68.º-A do Decreto-Lei n.º 445/91, na redacção do Decreto-Lei n.º 250/94).

De resto, um entendimento amplo do âmbito da cláusula compromissória ou do compromisso arbitral, como resulta da letra do art. 188.º, até poderia ser arguido de inconstitucional por violar o núcleo essencial da competência típica ou normal (face ao art. 214.º, n.º 3 da Constituição) da juridição administrativa.

Artigo 189.º

Legislação subsidiária

Em tudo quanto não estiver expressamente regulado no presente Código são aplicáveis aos contratos administrativos os princípios gerais de direito administrativo e, com as necessárias adaptações, as disposições legais que regulam as despesas públicas e as normas que regulem formas específicas de contratação pública.

  I. Sentido do novo preceito.
  II. Os princípios gerais de direito administrativo.
  III. Outras fontes integrativas do regime dos contratos administrativos.
  IV. A aplicabilidade interna do direito comunitário: seu primado.
  V. Regimes comunitários de procedimentalização contratual.

I. É um artigo novo do Código introduzido pelo art. 2.º do Decreto-Lei n.º 6/96, relativo ao preenchimento das lacunas de regulamentação que nele se verificam em matéria de contratos administrativos, e que deve ser feito através dos princípios gerais de direito, das disposições sobre a realização das despesas públicas ou das regras que disciplinem formas específicas de contratação pública.

A norma não se refere só, como se vê, à disciplina dos procedimentos contratuais, mas também à disciplina dos contratos administrativos, a toda ela, e — corroborando o que acima afirmámos sobre a prevalência do direito administrativo na regulação das questões respeitantes aos contratos administrativos (e sobre a sua autonomia procedimental e substantiva), bem como sobre o carácter explícito, específico e secundário do recurso ao direito privado — não há qualquer apelo à aplicação subsidiária em geral das normas de direito privado contratual.

II. A aplicação de princípios gerais de direito administrativo para suprir as lacunas do Código em matéria de contratos administrativos, mostra não só a importância deles (princípios) como fonte de direito administrativo, mas também que a sua disciplina é sempre, de base, nuclear e ambientalmente, pertencente ao direito administrativo, e que o direito privado ou civil é aqui chamado porque a norma administrativa remete para ele explícita e especificamente.

Os princípios gerais de direito administrativo em matéria contratual têm largo campo de aplicação quer no direito dos procedimentos pré-contratuais quer no direito da constituição, modificação, execução e extinção do contrato, podendo referir-se, entre eles:

   — os princípios da igualdade, da proporcionalidade e da imparcialidade;

Artigo 189.º

— os princípios da concorrência, da transparência e da publicidade nos procedimentos concursais;
— o princípio da boa-fé;
— o princípio da consensualidade do contrato administrativo;
— o princípio da colaboração do particular e da prerrogativa da Administração;
— o princípio da equivalência de prestações e da garantia da equação do contrato, consequente de modificações unilaterais;
— o princípio da execução pessoal nos contratos que associem o particular ao desempenho de funções administrativas;
— o princípio da prevalência do interesse operacional (ou funcional) da Administração e do interesse económico do seu contraente.

III. Não havendo preceito legal no Código, ou princípio geral no direito administrativo, que regule uma questão contratual administrativa, aplicam-se-lhe, com as adaptações necessárias, as normas que regulam as despesas públicas e as que regulam formas específicas de contratação pública.

Quanto às primeiras (contidas hoje, essencialmente, no Decreto-Lei n.º 55/ /95, de 29.III) assinala-se que, sendo supletivas do Código, este também o é para elas. Com efeito, no art. 106.º desse diploma considera-se o CPA como sua lei subsidiária.

Esse "ping-pong" normativo, embora possa provocar algumas "consanguinidades" perigosas (ou curiosas) não apresenta maiores inconvenientes, em termos de plenitude jurídica, do que os que apresentaria qualquer outro esquema integrativo.

O mesmo se diga quanto ao recurso às normas que regulam formas específicas de contratação pública. O legislador do Código refere-se, certamente, ao caso das leis sobre o regime das empreitadas de obras públicas ou de fornecimentos públicos, bem como a casos em que haja legislação aplicável a certos órgãos, organismos ou serviços administrativos para as contratações (ou certas contratações) que queiram fazer, como acontece com o Decreto-Lei n.º 405/93 (respeitante às empreitadas, concessões e fornecimentos de obras públicas) ou ainda, parcialmente, com o Decreto--Lei n.º 390/82, no que respeita às concessões celebradas pelas autarquias locais — que, no resto, o diploma foi revogado pelo Decreto-Lei n.º 55/95.

IV. A tarefa de harmonização jurídica dos procedimentos contratuais nos diversos Estados membros da União Europeia tem vindo a colocar novos e complexos problemas no seio desses procedimentos.

Na verdade, essa tarefa de enquadramento tem sido levada a cabo por uma fonte de direito (comunitário) de estrutura *sui generis*, as Directivas, a qual a doutrina e jurisprudência nacionais só agora começam a "descobrir" em toda a sua plenitude.

E se, na sua própria estrutura, a directiva comunitária já apresenta problemas de monta, as questões agravam-se e multiplicam-se, quando elas não são, pura e

Artigo 189.º

simplesmente, objecto de transposição para o direito interno ou, então, quando esse dever de transposição (que impende sobre os Estados membros seus destinatários) é mal executado, defeituosamente cumprido pelo "legislador" nacional, que, na feitura do diploma de direito interno não observa rectamente aquilo que se dispunha na Directiva a esse propósito.

Num e noutro caso, a questão que de imediato se coloca é saber se (não obstante a inobservância ou cumprimento defeituoso desse dever de transposição) a disciplina constante da Directiva é ou não suporte jurídico suficiente para fundar pretensões (anulatórias, indemnizatórias, etc) dos particulares intervenientes em procedimentos de actos ou de contratos administrativos que, respeitando a lei nacional, se revelam desconformes com o que naquele acto comunitário se dispõe.

A resposta é, em geral, afirmativa.

Na verdade, a solução negativa — assente na tese de que as directivas comunitárias, ao contrário dos respectivos regulamentos, não são susceptíveis de aplicabilidade directa na ordem jurídica interna, estando inscrito no regime dessa figura a necessidade de ela dever ser ulteriormente complementada com uma medida estadual que lhe dê execução (que a transponha) e, por outro lado, no facto de, existindo esse acto jurídico interno de transposição, ser nele, e não na directiva executada, que se encontra a disciplina jurídica internamente vinculante sobre a matéria em causa —, a solução negativa, dizíamos, embora encontre apoio textual no 3.º§ do art. 189.º do Tratado da União Europeia, esquece que este preceito tem sido objecto de uma interpretação e aplicação evolutivas e actualizantes, por força das quais foram sendo reconhecidas às directivas efeitos jurídicos e normativos cada vez mais fundos e intensos, no seio da ordem jurídica interna dos Estados membros, pretendendo-se, com isso, garantir o "efeito útil" das mesmas e reafirmar o seu carácter obrigatório.

Não sendo este o lugar — nem havendo aqui o tempo — para se dar conta dessa evolução (que, refira-se, se iniciou com o Acórdão do Tribunal das Comunidades, de 4 de Dezembro de 1974, proferido no célebre caso VAN DUYN — que foi o primeiro acordão a tratar da questão da força vinculativa interna de uma directiva isoladamente considerada) deixaremos apenas aqui, na medida do possível, o traço geral do regime das directivas, o qual, porém, num ou noutro aspecto, ainda não constituirá jurisprudência assente, e dependerá muito da configuração do caso concreto.

Não havendo legislação nacional adoptada em vista da transposição da directiva (e tendo já decorrido o prazo fixado para a respectiva transposição), a disciplina desta constante só terá virtualidade para vincular internamente se os preceitos em causa forem, do ponto de vista do seu conteúdo, incondicionais e suficientemente precisos, hipótese em que serão dotados de efeito directo (isto é, serão susceptíveis de, em procedimento concursal, serem invocados enquanto tais pelos particulares como fonte directa de poderes ou direitos). Já se reconheceu aliás — Acórdão **Gebräeders Beentjes BV** *v.* **Estado dos Países Baixos**, de 20.IX.88, do Tribunal das Comunidades — que, por exemplo, os arts. 20.º, 26.º e 29.º da Directiva 71/305/CEE (hoje,

Artigo 189.º

os arts. 18.º, 27.º e 30.º da Directiva n.º 93/97/CEE), sobre procedimentos concursais em matéria de empreitadas de obras públicas, são de aplicação directa e "*podem ser invocadas por um particular perante os órgãos jurisdicionais nacionais*".

No caso contrário, de ter havido uma *interpositio legislatoris* em vista da transposição da directiva, mas de ela ser defeituosa — porque na legislação nacional não se observou aquilo que autoritariamente se dispunha na directiva —, a primeira via a considerar é a da eventual conciliação dos dois actos jurídicos. Assim, quando possível, e mesmo que o acto comunitário não seja dotado de efeito directo, a autoridade nacional deve tomar a directiva como norma de referência na interpretação e aplicação das disposições internas adoptadas para a sua execução (veja-se, neste sentido, o Acordão do Tribunal das Comunidades, de 20.V.76, caso **Mazzalai**).

Quando essa tarefa de conciliação não seja possível, então aos particulares é dado, em princípio, invocar as disposições da directiva, devendo a autoridade nacional, por força do primado do direito comunitário, considerar inaplicáveis ao caso concreto as regras nacionais incompatíveis com a directiva, e aplicar esta (veja-se, a este propósito, o Acordão do Tribunal das Comunidades de 1.II.77, caso **Verbond Van Nederlandse Öndernemigen**, e de 13.XI.90, caso **Marleasing**).

Nestas situações, portanto, a directiva comunitária passa a constituir parâmetro de validade das disposições nacionais adoptadas para sua execução, sendo que, em caso de inconciliabilidade jurídica, opta-se, em processo de revisão de legalidade, pela desaplicação da lei interna contrária e pela subsequente aplicação da disciplina contida na directiva prevalecente ou, então, se isso não for possível (por absoluta insuficiência normativa desta última), mediante a integração do direito interno (por parte do juiz nacional) na parte em que isso for necessário, e em consonância com os princípios e as regras da directiva.

V. Existem directivas e regulamentos comunitários vinculativos (nos termos anteriormente referidos), que devem ser aplicados administrativamente nos procedimentos contratuais nacionais por eles abrangidos.

É o caso da Directiva n.º 93/36/CEE (de 14.VI.93), relativa à coordenação dos processos de adjudicação dos contratos públicos de fornecimentos e o da Directiva n.º 93/37/CEE (também de 14.VI.93), para os processos de adjudicação de empreitadas de obras públicas — as quais, de resto, foram transpostas muito imperfeitamente, nomeadamente pelo Decreto-Lei n.º 405/93, podendo suscitar-se por aí problemas de conformidade ou compatibilidade, como aqueles com que lidámos na nota anterior.

Quanto à Directiva n.º 93/38/CEE (de 14.VI.93), relativa aos processos de celebração de contratos de empreitada, de fornecimentos e de prestação de serviços, nos sectores da água, da energia, dos transportes e das telecomunicações, ela só será directamente aplicável no ordenamento interno após a sua transposição, que deverá necessariamente ocorrer, salvo eventual prorrogação do prazo, até ao dia 31 de Dezembro de 1997.

LEGISLAÇÃO AVULSA

DECRETO-LEI N.° 112/90

de 4 de Abril

O Decreto Lei n.° 2/88, de 14 de Janeiro, veio dar nova redacção ao artigo 2.° do Decreto-Lei n.° 435/86, de 31 de Dezembro, que permitia a utilização de papel azul de 25 linhas nos documentos em que anteriormente se requeria o uso de papel selado.

No entanto, o Decreto-Lei n.° 2/88 é muito restritivo, ao impor ao cidadão a escolha entre a utilização da papel azul de 25 linhas ou de papel branco, liso, de formato A4 que não ultrapasse 25 linhas, quando é desejável que o número de linhas a inscrever tenha apenas por limite a legibilidade. Daí que, sem excluir o papel azul, se tenha agora liberalizado o número de linhas a inscrever em qualquer documento, bem como a cor, desde que esta seja branca ou pálida, em conformidade com o projecto de norma portuguesa n.° 3983.

Verificou-se, por outro lado, que a utilidade da fixação de margens, prevista no último dos diplomas mencionados, era prejudicada frequentemente por interpretações demasiado restritivas. De forma a evitar os inconvenientes que têm vindo a ser gerados, entende-se agora que os suportes deverão ser aceites sempre que esteja salvaguardada a sua legibilidade, devendo em todas as ocasiões prevalecer o procedimento mais favorável ao utente. Por isso se omitem as referências as margens dos suportes.

Verifica-se também que a intensificação do uso da informática banalizou o papel contínuo, estando muito difundido o de formato de 8,5'' x 12''. De forma a potenciar economias pela exploração da informática, o presente diploma permite a utilização deste tipo de papel.

Assim:

Nos termos da alínea *a*) do n.° 1 do artigo 201.° da Constituição, o Governo decreta o seguinte:

ARTIGO 1.° — 1. Sempre que uma pessoa, singular ou colectiva, se dirija por escrito a qualquer serviço público, designadamente nos requerimentos, petições, queixas, reclamações ou recursos, devem ser utilizadas folhas de papel normalizadas, brancas ou de cores pálidas, de formato A4 ou papel contínuo.

2. O disposto no número anterior é ainda aplicável aos contratos celebrados entre quaisquer pessoas, singulares ou colectivas.

3. Os suportes referidos no n.° 1 podem incluir elementos identificadores da pessoa, singular ou colectiva, nomeadamente sigla, logotipo, endereço ou referências de telecomunicações.

ARTIGO 2.° — Salvo no caso dos actos judiciais e dos contratos a que se refere o n.° 2 do artigo anterior, não é permita a recusa de aceitação ou tratamento de documentos de qualquer natureza com fundamento na inadequação dos suportes em que estão escritos, desde que não fique prejudicada a sua legibi1idade.

ARTIGO 3.° — Os serviços públicos devem facultar gratuitamente aos utentes que o solicitem os suportes de escrita adequados.

ARTIGO 4.° — É revogado o artigo 2.° do Decreto-Lei n.° 435/86, de 31 de Dezembro, na redacção que lhe foi dada pelo Decreto-Lei n.° 2/88, de 14 de Janeiro.

Visto e aprovado em Conselho de Ministros de 1 de Março de 1990. — *Aníbal António Cavaco Silva — Luís Miguel Couceiro Pizarro Beleza.*

Promulgado em 22 de Março de 1990.

Publique-se.

O Presidente da República, MÁRIO SOARES.

Referendado em 24 de Março de 1990.

O Primeiro Ministro, *Aníbal António Cavaco Silva.*

DECRETO-LEI N.° 129/91

de 2 de Abril

As Grandes Opções do Plano para 1989-1992, aprovadas pela Lei n.° 115/88, de 30 de Dezembro, apontam para a construção de um modelo de administração pública em que, a par de outros factores, se:

Privilegie o serviço público, a atenção ao serviço prestado, ao resultado final da organização;

Criem condições para que a Administração passe oficiosamente a promover diligências que hoje incumbem ao cidadão, reforçando as suas garantias;

Adoptem formas de organização descentralizadas e flexíveis e processos de decisão desconcentrados;

Dê prioridade às formas de organização e circulação célere da informação, com amplo recurso às tecnologias de informação;

Limitem os procedimentos administrativos aos casos em que da regulação da Administração se retirem contrapartidas de eficácia e eficiência.

As Grandes Opções do Plano dão ainda ênfase ao empenhamento na transparência do processo de tomada de decisão, à valorização da participação dos parceiros sociais e à descentralização de competências.

Também a Comissão das Comunidades Europeias se tem dedicado ao estudo de medidas de simplificação administrativa dos Estados membros. Vem suscitando uma reflexão sobre matérias tão importantes como a simplificação da legislação, a melhoria da recolha de dados e a melhoria da gestão administrativa, no sentido de reduzir a complexidade que pode desestimular os agentes económicos, em especial os de pequena envergadura. Faz apelo à adopção de formulários simples e com indicações práticas úteis aos seus destinatários e à utilização das comunicações electrónicas, que assumirão progressivamente uma importância capital, tomando o lugar dos meios hoje usados.

Igualmente países da Organização para a Cooperação e Desenvolvimento Económico (OCDE) realizam programas orientados para uma administração mais receptiva aos utentes.

O conceito de cliente das administrações, hoje pacificamente aceite no contexto da modernização administrativa, elege qualquer tipo de utente como o elemento mais importante da sua actividade: ao utente é devida uma prestação de serviços de qualidade, desde o atendimento prestável e personalizado até a satisfação célere das solicitações legítimas ou decorrentes do cumprimento de obrigações.

A necessidade de prestar serviços com uma vertente muito marcada de qualidade é hoje um valor que não suscita qualquer reserva em Portugal. Aliás, não deixa indiferentes os gestores da Administração Pública empenhados na inovação de atitudes, métodos e equipamentos.

Em resultado do esforço de aproximação da Administração aos seus utentes que tem sido desenvolvido nos últimos anos é palpável uma mudança de atitudes de alguns serviços. Importa, contudo, reforçar os meios legais ao dispor dos gestores dos serviços públicos, de modo a incentivar as iniciativas de melhoria da qualidade dos serviços prestados.

Estão, assim, delimitados os contornos de uma administração aberta e transparente, mais empenhada na qualidade dos seviços que presta e que importa implantar no terreno da aproximação aos cidadãos e agentes económicos.

Assim:

Nos termos da alínea *a*) do n.° 1 do artigo 201.° da Constituição, o Governo decreta o seguinte:

Artigo 1.°

Âmbito

1. O presente diploma aplica-se a todos os serviços da administração central, regional autónoma e local, bem como aos institutos públicos nas modalidades de serviços personalizados do Estado ou fundos públicos.

2. A aplicação à administração regional autónoma faz-se sem prejuízo da possibilidade de os competentes órgãos introduzirem as adaptações necessárias.

Artigo 2.º
Prevalência do procedimento mais favorável ao utente

Nas situações em que sejam possíveis procedimentos diferentes para a concretização de um mesmo resultado, os serviços deverão adoptar o procedimento mais favorável ao utente, nomeadamente para obtenção de documentos, comunicação de decisões ou transmissão de informação.

Artigo 3.º
Formalidades não previstas na regulamentação

Não podem ser exigidos formulários, formalidades ou pagamentos que não sejam expressamente mencionados em lei ou regulamento.

Artigo 4.º
Obrigatoriedade de resposta

1. Toda a correspondência, queixas, reclamações, sugestões, críticas ou pedidos de informação cujos autores se identifiquem, dirigida a qualquer serviço, será objecto de análise e decisão, devendo ser objecto de resposta com a maior brevidade possível, que não excederá, em regra, duas semanas.

2. Nos casos em que se conclua pela necessidade de alongar o prazo referido no número anterior deve o serviço dar informação intercalar da fase de tratamento do assunto em análise.

3. Os relatórios anuais de actividades devem incluir indicadores que quantifiquem as solicitações entradas e as respectivas respostas.

Artigo 5.º
Programas de receptividade ao utente

Os serviços, através das suas unidades de gestão, estudos, planeamento, relações públicas ou outras, estudarão a necessidade de melhorar o nível de receptividade aos seus utentes, em especial nos seguintes domínios:

a) Adequação de disposições locais desactualizadas e estudo da racionalização e simplificação de formalidades;
b) Melhoria de instalações;
c) Formação de atendedores de público;
d) Melhoria de equipamentos que constituam infra-estruturas ao atendimento;

e) Adopção de sistemas, métodos e técnicas inovadores que potenciem uma pronta resposta às solicitações legítimas dos utentes;
f) Avaliação da qualidade e do impacte dos serviços prestados pelo serviço.

Artiso 6.º
Audição de utente

1. Sempre que se mostrem úteis à melhoria da qualidade dos serviços prestados, podem ser criados, mediante despacho do dirigente máximo do serviço, mecanismos de audição dos utentes em serviços centrais ou desconcentrados cuja dimensão os justifique.

2. Para além do sistema de opiniões e sugestões institucionalizado pela Resolução do Conselho de Ministros n.º 36/87, de 10 de Julho, podem os serviços adoptar livro de reclamações, cuja existência será sempre divulgada nos locais de atendimento.

Artigo 7.º
Divulgação de actividades e formalidades

Os serviços cuja actividade se traduza em contactos directos com os utentes editarão, para difusão junto do seu público, guias, folhetos, desdobráveis e outros materiais com informação sobre as suas actividades e formalidades inerentes.

Artigo 8.º
Identificação dos serviços

1. Nos documentos de comunicação externa dos serviços será sempre inscrita a designação oficial sem abreviaturas, bem como o respectivo endereço, números de telefone, telex, fax, videotex ou outro meio de comunicação existente.

2. Todos os serviços devem providenciar pela inclusão e actualização nas respectivas listas públicas dos números dos seus meios de telecomunicação.

3. A menção do ministério será igualmente considerada quando for necessário estabelecer uma destrinça inequívoca com outros organismos com designações semelhantes ou de algum modo confundíveis.

4. Os serviços poderão usar nos seus documentos internos e de comunicação externa logótipo próprio simbolizando a sua natureza ou

Decreto-Lei n.° 129/91, de 2 de Abril

actividade, o qual, pelo seu grafismo, proporcione uma identificação unívoca e célere do serviço.

5. Os serviços cujas atribuições se exerçam no estrangeiro ou nele tenham significativas repercussões poderão integrar o escudo nacional nos seus logótipos.

6. Num mesmo serviço só haverá um logótipo, a aprovar pelo dirigente máximo.

Artigo 9.°
Atendimento presencial

1. Sempre que a aglomeração de pessoas seja frequente, será instalado meio de marcação de vez adequado.

2. Será dada prioridade no atendimento dos mais desprotegidos ou carecidos, em especial de idosos, doentes, deficientes, grávidas.

3. Os locais de atendimento em que se verifiquem aglomerações de utentes serão dotados, para uso do público e bem sinalizados, de telefones públicos, dispositivos para fornecimento de água potável e de instalações sanitárias.

Artivo 10.°
Convocatórios e avisos

1. Só devem ser feitas convocatórias ou avisos se não houver outras diligências que permitam resolver as questões sem incómodos, perdas de tempo e gastos provocados pela deslocação dos interessados.

2. Nas convocatórias ou avisos dirigidos a qualquer entidade o assunto a tratar ou o motivo dos mesmos devem ser expressamente descritos, considerando-se inexistentes os que contenham referências vagas, nomeadamente «assunto de seu interesse», «processo pendente» ou similares.

3. As convocatórias devem marcar a data de comparência com uma antecedência mínima de uma semana e referir expressamente o dia, a hora, o local exacto de atendimento, bem como o nome do funcionário a contactar.

Artigo 11.°
Terminologia simples

Na redacção dos documentos e formulários, designadamente ofícios, requerimentos, avisos, convocatórias, certidões e declarações, deve usar-se linguagem simples, clara e significativa, sem expressões reverenciais ou intimidatórias.

Artigo 12.°
Modelos de requerimento

1. Nas minutas e nos modelos de requerimento só devem constar os dados indispensáveis, ficando vedada a exigência de elementos que não se destinem a ser tratados ou não acrescentem informação relevante à já existente no serviço ou não conste dos documentos exigidos.

2. As minutas e os modelos de requerimentos e formulários deverão respeitar os princípios e orientações de normalização e incluir instruções de preenchimento simples e suficientes.

3. A identificação das pessoas, singulares ou colectivas, far-se-á, em princípio, apenas pelo nome ou designação social, respectivamente, endereço e número de telefone, completados por um único de entre os seguintes meios de confirmação:

a) Número de bilhete de identidade e sua validade;

b) Número de identificação de pessoa colectiva e sua validade;

c) Número de identificação de entidade equiparada a pessoa colectiva e sua validade;

d) Número de identificação de empresário em nome individual e sua validade;

e) Número de identificação de estabelecimento individual de responsabilidade limitada e sua validade;

f) Número fiscal e data da sua emissão;

g) Número de contribuinte ou de beneficiário de sistema ou subsistema de segurança social e sua validade.

Artigo 13.°
Pedido verbal de documentos

A emissão de documentos poderá, se a natureza da matéria o permitir, efectuar-se mediante pedido verbal ou telefónico, com dispensa de requerimento, desde que o serviço reconheça inequivocamente a legitimidade do solicitante.

Artigo 14.°
Certificado multiuso

1. Os atestados, certidões, certificações ou qualquer outro tipo de documento destinado a

Decreto-Lei n.º 129/91, de 2 de Abril

declarar ou a fazer prova de quaisquer factos podem, durante o seu prazo de validade, ser utilizados em diferentes serviços ou com distintas finalidades.

2. Para obtenção dos documentos referidos no número anterior é irrelevante a indicação dos fins a que se destinam.

Artigo 15.º
Respostas sem franquia

Quando for necessário recolher inforrnação que dispense a presença do utente, poderá ser-lhe enviado documento pedindo o preenchimento de formulário para reenvio por carta ou postal de resposta sem franquia, autorizada pelos CTT — Correios e Telecomunicações de Portugal.

Artigo 16.º
Recepção de documentos

1. Sempre que solicitado, será emitido recibo autenticado comprovativo da recepção de documentos, no qual se inscreverá a data e hora de entrega, se esta for relevante para o efeito, bem como os documentos entregues.

2. Não pode ser recusada a aceitação ou recepção de documentos com fundamento na deficiente instrução do processo, sem prejuízo de informação ao interessado dos elementos em falta e dos respectivos efeitos.

3. A informação referida no número anterior será prestada por escrito, quando solicitada.

Artigo 17.º
Restituição de documentos

1. Sempre que possível, a comprovação de declarações ou de factos far-se-á pela simples exibição de documentos, os quais, após anotação ou confirmação dos dados deles constantes, serão restituídos aos interessados ou aos seus representantes, preferencialmente no acto de apresentação, ou por remessa postal, se a primeira solução não for viável.

2. Nos casos em que a análise dos processos torna indispensável a permanência temporária de documentos probatórios, poderão estes, depois de decorridos os prazos de recurso contencioso sobre os actos definitivos e executórios a eles inerentes, ser devolvidos, mediante solicitação, ainda que verbal, e contra recibo do interessado.

3. Só serão retidos os documentos que permanentemente sejam necessários nos processos.

Artigo 18.º
Remessa postal de documentos

1. Sempre que sejam produzidos documentos destinados aos utentes, devem os serviços facultar a opção de remessa por via postal, sempre que possível sem acréscimo de encargos.

2. A remessa postal referida no número anterior poderá ser feita com registo ou aviso de recepção, a pedido do interessado e a expensas deste.

3. A cobrança de importâncias devidas pela prestação de serviços, nomeadamente os que se concretizam pela remessa postal de documentos, poderá efectuar-se através dos correios, para o que serão celebrados protocolos com os CTT — Correios e Telecomunicações de Portugal.

Artigo 19.º
Utilização da delegação de competências

1. Todos os serviços adoptarão, nos termos dos artigos 13.º, 14.º e 15.º do Decreto-Lei n.º 323/89, de 26 de Setembro, mecanismos de delegação de competências que propiciem respostas céleres às solicitações dos utentes e proporcionem um pronto cumprimento de obrigações.

2. Os normativos de delegação de competências devem consagrar a limitação da intervenção dos decisores na tomada de decisão sobre matérias rotineiras, correntes ou de impacte reduzido a um máximo de dois níveis hierárquicos consecutivos.

Artigo 20.º
Comunicações informáticas

1. Sempre que os serviços tenham capacidade para recepção de dados transmitidos por meios informáticos, a transferência de informação por esta via far-se-á segundo normas e condições definidas por despacho do membro do Governo competente.

2. Na utilização do tipo de comunicações referido no número anterior deverá ser assegurada a autenticidade da informação e da identidade dos seus emissores por meios adequados.

Decreto-Lei n.º 129/91, de 2 de Abril

Artigo 21.º
Meios automáticos de pagamento

Os pagamentos podem ser efectuados através da rede pública de caixas automáticas ou de terminais dedicados a pagamentos, em condições a acordar com as entidades gestoras de sistemas de transferência electrónica de fundos, com salvaguarda do registo das operações.

Artigo 22.º
Achados

1. Os documentos achados nos serviços serão remetidos aos seus titulares ou legítimos detentores com celeridade e pela forma mais expedita, nomeadamente por via postal, sempre que seja conhecido o respectivo endereço.

2. Nos casos em que não seja possível aplicar o disposto no número anterior serão os documentos ou outros materiais achados remetidos para a secção de achados da Polícia de Segurança Pública ou da Guarda Nacional Republicana da respectiva área territorial, que praticarão os procedimentos habituais nesta matéria.

Visto e aprovado em Conselho de Ministros de 25 de Outubro de 1990. — *Aníbal António Cavaco Silva — Vasco Joaquim Rocha Vieira — Lino Dias Miguel — Joaquim Fernando Nogueira — Joaquim Fernando Nogueira —Manuel Joaquim Dias Loureiro — Luis Miguel Couceiro Pizarro Beleza — Luís Francisco Valente de Oliveira — Manuel Pereira — Alvaro José Brilhante Laborinho Lúcio — João de Deus Rogado Salvador Pinheiro — Arlindo Marques da Cunha — Luís Fernando Mira Amaral — Roberto Artur da Luz Carneiro —Joaquim Martins Ferreira do Amaral — Arlindo Gomes de Carvalho — José Albino da Silva Peneda — Fernando Manuel Barbosa Faria de Oliveira — Fernando Nunes Ferreira Real — António Fernando Couto dos Santos.*

Promulgado em 20 de Março de 1991.

Publique-se.

O Presidente da República, MÁRIO SOARES.

Referendado em 25 de Março de 1991.

O Primeiro-Ministro, *Aníbal António Cavaco Silva.*

LEI N.º 65/93*

de 26 de Agosto

Acesso aos documentos da Administração

A Assembleia da República decreta, nos termos dos artigos 164.º, alínea *d*), 168.º, n.º 1, alíneas *b*), *d*) e *v*), e 169.º, n.º 3, da Constituição, o seguinte:

CAPÍTULO I
Disposições gerais

Artigo 1.º
Administração aberta

O acesso dos cidadãos aos documentos administrativos é assegurado pela Administração Pública de acordo com os princípios da publicidade, da transparência, da igualdade, da justiça e da imparcialidade.

Artigo 2.º
Objecto

1. A presente lei regula o acesso a documentos relativos a actividades desenvolvidas pelas entidades referidas no artigo 3.º.

2. O regime de exercício do direito dos cidadãos a serem informados pela Administração sobre o andamento dos processos em que sejam directamente interessados e a conhecer as resoluções definitivas que sobre eles forem tomadas consta de legislação própria.

Artigo 3.º
Âmbito

Os documentos a que se reporta o artigo anterior são que têm origem ou são detidos por órgãos do Estado e das Regiões Autónomas que exerçam funções administrativas, órgãos dos institutos públicos e das associações públicas e órgãos das autarquias locais, suas associações e federações e outras entidades no exercício de poderes de autoridade, nos termos da lei.

---

* Com as alterações introduzidas pela Lei n.º 8/95, de 29 de Março.

Existe um "Regulamento Interno" da Comissão (publicado em anexo à Lei n.º 8/95, de 29.III) contendo regulamentação de alguns aspectos das pretensões que lhe são formulados.

Artigo 4.º
Documentos administrativos

1. Para efeito do disposto no presente diploma, são considerados:

a) Documentos administrativos: quaisquer suportes de informação gráficos, sonoros, visuais, informáticos ou registos de outra natureza, elaborados ou detidos pela Administração Pública, designadamente processos, relatórios, estudos, pareceres, actas, autos, circulares, ofícios-circulares, ordens de serviço, despachos normativos internos, instruções e orientações de interpretação legal ou de enquadramento da actividade ou outros elementos de informação;

b) Documentos nominativos: quaisquer suportes de informação que contenham dados pessoais;

c) Dados pessoais: informações sobre pessoa singular, identificada ou identificável, que contenham apreciações, juízos de valor ou que sejam abrangidas pela reserva da intimidade da vida privada.

2. Não se consideram documentos administrativos, para efeitos do presente diploma:

a) As notas pessoais, esboços, apontamentos e outros registos de natureza semelhante;

b) Os documentos cuja elaboração não releve da actividade administrativa, designadamente referentes à reunião do Conselho de Ministros e de secretários de Estado, bem como à sua preparação.

Artigo 5.º
Segurança interna e externa

1. Os documentos que contenham informações cujo conhecimento seja avaliado como podendo pôr em risco ou causar dano à segurança interna e externa do Estado ficam sujeitos a interdição de acesso ou a acesso sob autorização, durante o tempo estritamente necessário, através da classificação nos termos de legislação específica.

Lei n.º 65/93, de 26 de Agsoto

2. Os documentos a que se refere o número anterior podem ser livremente consultados, nos termos da presente lei, após a sua desclassificação ou o decurso do prazo de validade do acto de classificação.

Artigo 6.º
Segredo de justiça

O acesso a documentos referentes a matérias em segredo de justiça é regulado por legislação própria.

Artigo 7.º
Direito de Acesso

Todos têm direito à informação mediante o acesso a documentos administrativos de carácter não nominativo.

2. O direito de acesso aos documentos nominativos é reservado à pessoa a quem os dados digam respeito e a terceiros que demonstrem interesse directo e pessoal, nos termos do artigo seguinte.

3. O direito de acesso aos documentos administrativos compreende não só o direito de obter a sua reprodução, bem como o direito de ser informado sobre a sua existência e conteúdo.

4. O depósito dos documentos administrativos em arquivos não prejudica o exercício, a todo o tempo, do direito de acesso aos referidos documentos.

5. O acesso a documentos constantes de processos não concluídos ou a documentos preparatórios de uma decisão é diferido até à tomada da decisão, ao arquivamento do processo ou ao decurso de um ano após a sua elaboração.

6. O acesso aos inquéritos e sindicâncias tem lugar após o decurso do prazo para eventual procedimento disciplinar.

7. O acesso aos documentos notariais e registrais, aos documentos de identificação civil e criminal, aos documentos referentes a dados pessoais com tratamento automatizado e aos documentos depositados em arquivos históricos rege-se por legislação própria.

Artigo 8.º
Acesso aos documentos nominativos

1. O direito de acesso a dados pessoais contidos em documentos administrativo é exercido,

com as necessárias adaptações, nos termos da lei especial aplicável ao tratamento automatizado de dados pessoais.

2. As informações de carácter médico só são comunicadas ao interessado por intermédio de um médico por si designado.

3. A invocação do interesse directo e pessoal, nos termos do n.º 2 do artigo anterior, deve ser acompanhada de parecer favorável da Comissão de Acesso aos Documentos da Administração, solicitado pelo terceiro que pretenda exercer o direito de acesso.

4. O acesso de terceiro a dados pessoais pode ainda ser autorizado nos seguintes casos:

    a) Mediante autorização escrita da pessoa a quem os dados se refiram;

    b) Quando a comunicação dos dados pessoais tenha em vista salvaguardar o interesse legítimo da pessoa a que respeitem e esta se encontre impossibilitada de conceder autorização, e desde que obtido o parecer previsto no número anterior.

5. Podem ainda ser comunicados a terceiros os documentos que contenham dados pessoais quando, pela sua natureza, seja possível aos serviços expurgá-los desses dados sem terem de reconstruir os documentos e sem perigo de fácil identificação.

Artigo 9.º
Correcção de dados pessoais

1. O direito de rectificar, completar ou suprimir dados pessoais inexactos, insuficientes ou excessivos é exercido nos termos do disposto na legislação referente aos dados pessoais com tratamento automatizado, com as necessárias adaptações.

2. Só a versão corrigida dos dados pessoais é passível de uso ou comunicação.

Artigo 10.º
Uso ilegítimo de informações

1. A Administração pode recusar o acesso a documentos cuja comunicação ponha em causa segredos comerciais, industriais ou sobre a vida interna das empresas.

2. É vedada a utilização de informações com desrespeito dos direitos de autor e dos direitos de propriedade industrial, assim com a reprodução, difusão e utilização destes documentos e respectivas informações que possam configurar práticas de concorrência desleal.

Lei n.° 65/93, de 26 de Agsoto

3. Os dados pessoais comunicados a terceiros não podem ser utilizados para fins diversos dos que determinaram o acesso, sob pena de responsabilidade por perdas e danos, nos termos legais.

Artigo 11.°
Publicações de documentos

1. A Administração Pública publicará, por forma adequada:
   a) Todos os documentos, designadamente despachos normativos internos, circulares e orientações, que comportem enquadramento da actividade administrativa;
   b) A enunciação de todos os documentos que comportem interpretação de direito positivo ou descrição de procedimento administrativo, mencionando, designadamente, o seu título, matéria, data, origem e local onde podem ser consultados.

2. A publicação e o anúncio de documentos deve efectuar-se com a periodicidade máxima de seis meses e em moldes que incentivem o regular acesso dos interessados.

CAPÍTULO II
Exercício do direito de acesso

Artigo 12.°
Forma de acesso

1. O acesso aos documentos exerce-se através de:
   a) Consulta gratuita, efectuada nos serviços que os detêm;
   b) Reprodução por fotocópia ou por qualquer meio técnico, designadamente visual ou sonora;
   c) Passagem de certidão pelos serviços da Administração.

2. A reprodução nos termos da alínea *b)* do número anterior far-se-á num exemplar, sujeito a pagamento, pela pessoa que a solicitar, do encargo financeiro estritamente correspondente ao custo dos materiais usados e do serviço prestado, a fixar por decreto-lei ou decreto legislativo regional, consoante o caso.

3. Os documentos informatizados são transmitidos em forma inteligível para qualquer pessoa e em termos rigorosamente correspondentes ao do conteúdo do registo, sem prejuízo da opção prevista na alínea *b)* do n.° 1.

4. Quando a reprodução prevista no n.° 1 puder causar dano ao documento visado, o interessado, a expensas suas e sob a direcção do serviço detentor, pode promover a cópia manual ou a reprodução por qualquer outro meio que não prejudique a sua conservação.

Artigo 13.°
Forma do pedido

O acesso aos documentos deve ser solicitado por escrito através de requerimento do qual constem os elementos essenciais à sua identificação, bem como o nome, morada e assinatura do interessado.

Artigo 14.°
Responsável pelo acesso

Em cada departamento ministerial, secretaria regional, autarquia, instituto e associação pública existe uma entidade responsável pelo cumprimento das disposições da presente lei.

Artigo 15.°
Resposta da Administração

1. A entidade a quem foi dirigido o requerimento de acesso a um documento deve, no prazo de 10 dias:
   a) Comunicar a data, local e modo para se efectivar a consulta, efectuar a reprodução ou obter a certidão;
   b) Indicar, nos termos do artigo 268.°, n.° 2, da Constituição e da presente lei, as razões da recusa, total ou parcial, do acesso ao documento pretendido;
   c) Informar que não possui o documento e, se for do seu conhecimento, qual a entidade que o detém ou remeter o requerimento a esta, comunicando o facto ao interessado;
   d) Enviar ao requerente cópia do pedido, dirigido à Comissão de Acesso aos Documentos Administrativos, para apreciação da possibilidade de acesso à informação registada no documento visado.

2. Em caso de dúvida sobre a possibilidade de revelação do documento, a entidade requerida pode solicitar parecer da Comissão de Acesso aos Documentos Administrativos, a emitir num prazo não superior a 20 dias, sendo enviada ao requerente cópia do pedido.

Lei n.º 65/93, de 26 de Agsoto

3. Se a Administração nada comunicar ao requerente no prazo de 35 dias, o pedido considera-se tacitamente indeferido.

4. O interessado pode apresentar à Comissão de Acesso aos Documentos Administrativos reclamação do indeferimento expresso ou tácito do requerimento ou das decisões limitadores do exercício do direito de acesso.

5. O recurso à via contenciosa fica dependente do cumprimento do disposto no número anterior e terá sempre a tramitação prevista no artigo 17.º.

Artigo 16.º
Reclamação

1. A reclamação do interessado deve ser apresentada à Comissão de Acesso aos Documentos Administrativos no prazo de 10 dias.

2. A Comissão de Acesso aos Documentos Administrativos tem o prazo de 30 dias para efectuar o correspondente relatório de apreciação da situação, enviando-o, com as devidas conclusões, quer à entidade requerida quer ao requerente.

3. Recebido o relatório referido no número anterior, a entidade que recusou o acesso deve comunicar ao requerente a sua posição final no prazo de 15 dias, sem o que se considera haver indeferimento tácito.

Artigo 17.º
Recurso

Da decisão final a que se refere o n.º 3 do artigo anterior pode o interessado recorrer judicialmente, nos termos da legislação sobre os tribunais administrativos e fiscais, aplicando-se, com as devidas adaptações, as regras do processo de intimação para consulta de documentos ou passagem de certidões.

CAPÍTULO III

Da Comissão de Acesso aos Documento Administrativos

Artigo 18.º
Comissão

1. É criada a Comissão de Acesso aos Documentos Administrativos (CADA), a quem cabe zelar pelo cumprimento das disposições da presente lei.

2. A CADA é uma entidade pública independente, que funciona junto da Assembleia da República e dispõe de serviços próprios de apoio técnico e administrativo.

Artigo 20.º
Composição da CADA

1. A CADA é composta pelos seguintes membros:

a) Um juiz conselheiro do Supremo Tribunal Administrativo, designado pelo Conselho Superior dos Tribunais Administrativos e Fiscais, que preside;

b) Dois deputados eleitos pela Assembleia da República, sendo um sob proposta do grupo parlamentar do maior partido que apoia o Governo e o outro sob proposta do maior partido da oposição;

c) Um professor de Direito designado pelo Presidente da Assembleia da República;

d) Duas personalidades designadas pelo Governo;

e) Um representante de cada uma das Regiões Autónomas, designados pelos respectivos Governos das Regiões;

f) Uma personalidade designada pela Associação Nacional dos Municípios Portugueses;

g) Um advogado designado pela Ordem dos Advogados;

h) Um membro designado, de entre os seus vogais, pela Comissão Nacional de Protecção de Dados Pessoais e Informatizados.

2. Todos os titulares podem fazer-se substituir por um membro suplente, designado pelas mesmas entidades.

3. Os mandatos são de dois anos, renováveis, sem prejuízo da sua cessação quando terminem as funções em virtude das quais foram designados.

4. O presidente aufere a remuneração e outras regalias a que tem direito como juiz conselheiro do Supremo Tribunal Administrativo.

5. À excepção do presidente, todos os membros podem exercer o seu mandato em acumulação com outras funções.

6. Os direitos e regalias dos membros são fixados no diploma regulamentar da presente lei.

7. Nas sessões da Comissão em que sejam debatidas questões que interessam a uma dada

Lei n.° 65/93, de 26 de Agsoto

entidade pode participar, sem direito de voto, um seu representante.

Artigo 20.°
Competência

1. Compete à CADA:

a) Elaborar a sua regulamentação interna;

b) Apreciar as reclamações que lhe sejam dirigidas pelos interessados;

c) Dar parecer sobre o acesso aos documentos nominativos, nos termos do n.° 3 do artigo 8.°;

d) Pronunciar-se sobre o sistema de classificação de documentos;

e) Dar parecer sobre a aplicação do presente diploma e bem como sobre a elaboração e aplicação de diplomas complementares, a solicitação da Assembleia da República, do Governo e dos órgãos da Administração;

f) Elaborar um relatório anual sobre a aplicação da presente lei e a sua actividade, a enviar à Assembleia a República para publicação e apreciação e ao Primeiro-Ministro.

2. O disposto nos artigos 8.° e 9.° não prejudica a possibilidade de reclamação à CADA, se for recusado o direito de acesso.

3. O regulamento interno da CADA é publicado na 2.ª série do *Diário da República*.

4. Os pareceres são elaborados por membros da CADA ou por técnicos dos seus serviços, designados, nos termos do regulamento interno, pelo presidente.

5. Os pareceres são publicados nos termos do regulamento interno.

Artigo 21.°
Cooperação da Administração

Os agentes da Administração Pública estão sujeitos ao dever de cooperação com a CADA, sob pena de responsabilidade disciplinar.

CAPÍTULO IV
Disposições finais e transitórias

Artigo 22.°
Informação ambiental

O acesso a documentos em matéria de ambiente efectua-se, nos termos da presente lei, com o âmbito e alcance específicos decorrentes da Directiva n.° 90/313/CEE, de 7 de Junho.

Artigo 23.°
Entrada em funções da CADA

Os membros da CADA são designados até 30 dias após a entrada em vigor dos diplomas regulamentadores da presente lei e tomam posse perante o Presidente da Assembleia da República nos 10 dias seguintes à publicação da respectiva lista na 1.ª série do *Diário da República*.

Artigo 24.°
Regulamentação

O Governo regulamentará, no prazo de 90 dias, a presente lei.

Aprovada em 2 de Julho de 1993.

O Presidente da Assembleia da República, *António Moreira Barbosa de Melo*.

Promulgada em 28 de Julho de 1993.

Publique-se.

O Presidente da República, MÁRIO SOARES.

Referendada em 3 de Agosto de 1993.

Pelo Primeiro-Ministro, *Joaquim Fernando Nogueira*, Ministro da Presidência.

LEI N.º 6/94

de 7 de Abril

Segredo de Estado

A Assembleia da República decreta, nos termos dos artigos 164.º, alínea *d*), 168.º, n.º 1, alíneas *b*), *c*) e *r*), e 169.º, n.º 3, da Constituição, o seguinte:

Artigo 1.º
Objecto

1. O regime do segredo de Estado é definido pela presente lei e obedece aos princípios de excepcionalidade, subsidiariedade, necessidade, proporcionalidade, tempestividade, igualdade, justiça e imparcialidade, bem como ao dever de fundamentação.

2. As restrições de acesso aos arquivos, processos e registos administrativos e judiciais, por razões atinentes à investigação criminal ou à intimidade das pessoas, bem como as respeitantes aos serviços de informações da República Portuguesa e a outros sistemas de classificação de matérias, regem-se por legislação própria.

3. O regime do segredo de Estado não é aplicável quando, nos termos da Constituição e da lei, a realização dos fins que ele visa seja compatível com formas menos estritas de reserva de acesso à informação.

Artigo 2.º
Âmbito do segredo

1. São abrangidos pelo segredo de Estado os documentos e informações cujo conhecimento por pessoas não autorizadas é susceptível de pôr em risco ou de causar dano à independência nacional, a unidade e integridade do Estado e à sua segurança interna e externa.

2. O risco e o dano referidos no número anterior são avaliados caso a caso em face das suas circunstâncias concretas, não resultando automaticamente da natureza das matérias a tratar.

3. Podem, designadamente, ser submetidos ao regime de segredo de Estado, mas apenas verificado o condicionalismo previsto nos números anteriores, documentos que respeitem às seguintes matérias:

a) As que são transmitidas, a título confidencial, por Estados estrangeiros ou por organizações internacionais;

b) As relativas a estratégia a adoptar pelo País no quadro de negociações presentes ou futuras com outros Estados ou com organizações internacionais;

c) As que visam prevenir e assegurar a operacionalidade e a segurança do pessoal, dos equipamentos, do material e das instalações das Forças Armadas e das Forças e serviços de segurança;

d) As relativas aos procedimentos em matéria de segurança na transmissão de dados e informações com outros Estados ou com organizações internacionais;

e) Aquelas cuja divulgação pode facilitar a prática de crimes contra a segurança do Estado;

f) As de natureza comercial, industrial, científica, técnica ou financeira que interessam à preparação da defesa militar do Estado.

Artigo 3.º
Classificação de segurança

1. A classificação como segredo de Estado nos termos do artigo anterior é da competência do Presidente da República, do Presidente da Assembleia da República, do Primeiro-Ministro, dos Ministros e do Governador de Macau.

2. Quando, por razão de urgência, for necessário classificar um documento como segredo de Estado, podem fazê-lo, a título provisório, no âmbito da sua competência própria, com a obrigatoriedade de comunicação, no mais curto prazo possível, para ratificação, às entidades referidas no n.º 1 que em cada caso se mostrem competentes para tal:

a) O Chefe do Estado-Maior-General das Forças Armadas;

b) Os directores dos serviços do Sistema de Informações da República.

3. A competência prevista nos n.ᵒˢ 1 e 2 não é delegável.

Lei n.º 6/94, de 7 de Abril

4. Se no prazo máximo de 10 dias contados a partir da data da classificação provisória esta não for ratificada, opera-se a sua caducidade.

Artigo 4.º
Desclassificação

1. As matérias sob segredo de Estado são desclassificadas quando se mostre que a classificação foi incorrectamente atribuída ou quando a alteração das circunstâncias que a determinaram assim o permita.

2. Apenas tem competência para desclassificar a entidade que procedeu à classificação definitiva.

Artigo 5.º
Fundamentação

A classificação de documentos submetidos ao regime de segredo de Estado, bem como a desclassificação, devem ser fundamentadas, indicando-se os interesses a proteger e os motivos ou as circunstâncias que as justificam.

Artigo 6.º
Duração do segredo

1. O acto de classificação especifica, tendo em consideração a natureza e as circunstâncias motivadoras do segredo, a duração deste ou o prazo em que o acto deve ser revisto.

2. O prazo para a duração da classificação ou para a sua revisão não pode ser superior a quatro anos.

3. A classificação caduca com o decurso do prazo.

Artigo 7.º
Salvaguarda da acção penal

As informações e elementos de prova respeitantes a factos indiciários da prática de crimes contra a segurança do Estado devem ser comunicados às entidades competentes para a sua investigação, não podendo ser mantidos reservados, a título de segredo de Estado, salvo pelo titular máximo do órgão de soberania detentor do segredo e pelo tempo estritamente necessário à salvaguarda da segurança interna e externa do Estado.

Artigo 8.º
Protecção dos documentos classificados

1. Os documentos em regime de segredo de Estado são objecto de adequadas medidas de protecção contra acções de sabotagem e de espionagem e contra fugas de informação.

2. Quem tomar conhecimento de documento classificado que, por qualquer razão, não se mostre devidamente acautelado deve providenciar pela sua imediata entrega à entidade responsável pela sua guarda ou à autoridade mais próxima.

Artigo 9.º
Acesso a documentos em segredo de Estado

1. Apenas têm acesso a documentos em segredo de Estado, com as limitações e formalidades que venham a ser estabelecidas, as pessoas que deles careçam para o cumprimento das suas funções e que tenham sido autorizadas.

2. A autorização referida no número anterior é concedida pela entidade que conferiu a classificação definitiva e, no caso dos Ministros, por estes ou pelo Primeiro-Ministro.

3. O disposto nos números anteriores não é aplicável ao Presidente da República e ao Primeiro-Ministro, cujo acesso a documentos classificados não fica sujeito a qualquer restrição.

4. A classificação como segredo de Estado de parte de documento, processo, ficheiro ou arquivo não determina restrições de acesso a partes não classificadas, salvo na medida em que se mostre estritamente necessário à protecção devida às partes classificadas.

Artigo 10.º
Dever de sigilo

1. Os funcionários e agentes do Estado e quaisquer pessoas que, em razão das suas funções, tenham acesso a matérias classificadas são obrigados a guardar sigilo.

2. O dever de sigilo a que se refere o número anterior mantém-se após o termo do exercício de funções.

3. A dispensa do dever de sigilo na acção penal é regulada pelo Código de Processo Penal.

Lei n.° 6/94, de 7 de Abril

Artigo 11.°
Legislação penal e disciplinar

A violação do dever de sigilo e de guarda e conservação de documentos classificados como segredo de Estado pelos funcionários e agentes da Administração incumbidos dessas funções é punida nos termos previstos no Estatuto Disciplinar dos Funcionários e Agentes da Administração Central, Regional e Local, no Código de Justiça Militar e no Código Penal e pelos diplomas que regem o Sistema de Informações da República Portuguesa.

Artigo 12.°
Fiscalização pela Assembleia da República

A Assembleia da República fiscaliza, nos termos da Constituição e do seu Regimento, o regime do segredo de Estado.

Artigo 13.°
Comissão de Fiscalização

1. É criada a Comissão para a Fiscalização do Segredo de Estado, a quem cabe zelar pelo cumprimento das disposições da presente lei.

2. A Comissão de Fiscalização é uma entidade pública independente, que funciona junto da Assembleia da República e dispõe de serviços próprios de apoio técnico administrativo.

3. A Comissão é composta por um juiz da jurisdição administrativa designado pelo Conselho Superior dos Tribunais Administrativos e Fiscais, que preside, e por dois deputados eleitos pela Assembleia da República, sendo um sob proposta do grupo parlamentar do maior partido que apoia o Governo e outro sob proposta do grupo parlamentar do maior partido da oposição.

4. Compete à Comissão aprovar o seu regulamento e apreciar as queixas que lhe sejam dirigidas sobre dificuldades ou recusa no acesso a documentos e registos classificados como segredo de Estado e sobre elas emitir parecer.

5. Nas reuniões da Comissão participa sempre um representante da entidade que procede à classificação.

Artigo 14.°
Impugnação

A impugnação graciosa ou contenciosa de acto que indefira o acesso a qualquer documento com fundamento em segredo de Estado está condicionada ao prévio pedido e à emissão de parecer da Comissão de Fiscalização.

Artigo 15.°
Regime transitório

As classificações de documentos como segredo de Estado anteriores a 25 de Abril de 1974 ainda vigentes são objecto de revisão no prazo de um ano contado a partir da entrada em vigor da presente lei, sob pena de caducidade.

Artigo 16.°
Regulamentação e casos omissos

Sem prejuízo de o Governo dever regulamentar a matéria referente aos direitos e regalias dos membros da Comissão de Fiscalização, nos casos omissos e, designadamente, no que diz respeito a prazos, aplica-se o disposto na Lei do Acesso aos Documentos da Administração.

Artigo 17.°
Entrada em vigor

A presente lei entra em vigor no prazo de 30 dias a contar da data da sua publicação.

Aprovado em 24 de Fevereiro de 1994.

Para ser publicada no *Boletim Oficial de Macau.*

O Presidente da Assembleia da República, *António Moreira Barbosa de Melo.*

Promulgada em 16 de Março de 1994.

Publique-se.

O Presidente da República, Mário Soares.

Referendada em 18 de Março de 1994.

O Primeiro-Ministro, *Aníbal António Cavaco Silva.*

LEI N.° 26/94

de 19 de Agosto

Regulamenta a obrigatoriedade de publicitação dos benefícios concedidos pela Administração Pública e particulares

A Assembleia da República decreta, nos termos dos artigos 161.°, alínea *d*), e 169.°, n.° 3, da Constituição, o seguinte:

ARTIGO 1.° — 1. É obrigatória a publicidade das transferências correntes e de capital que os ministérios, as instituições de segurança social, os fundos e serviços autónomos, os institutos públicos e os executivos municipais efectuam a favor de pessoas singulares ou colectivas exteriores ao sector público administrativo a título de subsídio, subvenção, bonificação, ajuda, incentivo ou donativo.

2. Serão igualmente objecto de publicação:

a) As dilações de dívidas de impostos e de contribuições à segurança social, deferidas por acto administrativo de competência governamental, quando superiores a 90 dias;

b) A concessão por contrato ou por acto administrativo de competência governamental de isenções e outros benefícios fiscais não automáticos cujo acto de reconhecimento implique uma margem de livre apreciação administrativa, não se restringindo à mera verificação objectiva dos pressupostos legais.

3. A obrigatoriedade de publicitação consagrada no presente artigo não inclui as verbas da segurança social respeitantes às prestações sociais decorrentes da aplicação dos direitos e normas regulamentares vigentes, nem os subsídios, subvenções, bonificações, ajudas, incentivos ou donativos cuja decisão de atribuição se restrinja à mera verificação objectiva dos pressupostos legais.

ARTIGO 2.° — 1. O disposto no n.° 1 e na alínea *b*) do n.° 2 do artigo 1.° só é aplicável quando os montantes em questão excederem o valor equivalente a três anualizações do salário mínimo nacional.

2. O disposto na alínea *a*) do n.° 2 do artigo 1.° só é aplicável quando o montante da dívida de imposto exceder o valor equivalente a seis anualizações do salário mínimo nacional.

3. Não é permitida a cisão dos montantes quando da mesma resulte a inaplicabilidade do disposto no artigo anterior.

ARTIGO 3.° — 1. Sem prejuízo de outros requisitos que forem legalmente exigíveis, a publicitação prevista nos artigos anteriores, respeitante a actos incluídos na competência dos ministérios, das instituições de segurança social, dos fundos e serviços autónomos e dos institutos públicos, efectua-se através de publicação semestral no *Diário da República*, com indicação da entidade decisora, do beneficiário, do montante transferido ou do benefício auferido e da data da decisão.

2. A publicitação a que estão obrigados os executivos municipais deve efectuar-se em jornal local e em boletim municipal ou, na falta deste, em editais afixados nos lugares de estilo.

3. As publicações far-se-ão até ao fim do mês de Setembro, para os montantes transferidos no 1.° semestre de cada ano civil, e até ao fim do mês de Março, para os respeitantes ao 2.° semestre, através de listagem organizada sectorialmente e contendo as indicações determinadas no n.° 1 do presente artigo.

ARTIGO 4.° — 1. Os actos de doação de um bem patrimonial registado em nome do Estado ou das autarquias locais a uma pessoa singular ou colectiva privada devem ser publicados com indicação da entidade decisora, do beneficiário, do valor patrimonial estimado e do seu fundamento.

2. A publicação exigida no n.° 1 far-se-á em conjunto com as listagens previstas no artigo 3.°, independentemente de o acto já ter sido objecto de publicação ao abrigo de outro dispositivo legal.

ARTIGO 5.° — A Conta Geral do Estado deverá relevar o montante global das indemnizações pagas pelo Estado a entidades privadas, com

Lei n.º 26/94, de 19 de Agosto

explicitação autónoma da verba total daquelas cujo valor não tenha sido fixado judicialmente.

ARTIGO 6.º — As Regiões Autónomas aprovarão, no prazo de 120 dias, por diploma legislativo regional, as medidas e adaptações necessárias à aplicação da presente lei, atentas as especificidades regionais.

ARTIGO 7.º — A presente lei entra em vigor em 1 de Setembro de 1994.

Aprovada em 23 de Junho de 1994.

O Presidente da Assembleia da República, *António Moreira Barbosa de Melo*.

Promulgada em 27 de Julho de 1994.

Publique-se.

O Presidente da República, MÁRIO SOARES.

Referendada em 29 de Julho de 1994.

O Primeiro-Ministro, *Aníbal António Cavaco Silva*.

LEI N.º 83/95

de 31 de Agosto

Direito de participação procedimental e de acção popular

A Assembleia da República decreta, nos termos dos artigos 52.º, n.º 3, 164.º, alinea d), e 169.º, n.º 3, da Constituição, o seguinte:

CAPÍTULO I
Disposições gerais

Artigo 1.º
Âmbito da presente lei

1. A presente lei define os casos e termos em que são conferidos e podem ser exercidos o direito de participação popular em procedimentos administrativos e o direito de acção popular para a prevenção, a cessação ou a perseguição judicial das infracções previstas no n.º 3 do artigo 52.º da Constituição.

2. Sem prejuízo do disposto no número anterior, são designadamente interesses protegidos pela presente lei a saúde pública, o ambiente, a qualidade de vida, a protecção do consumo de bens e serviços, o património cultural e o domínio público.

Artigo 2.º
Titularidade dos direitos de participação procedimental e do direito de acção popular

1. São titulares do direito procedimental de participação popular e do direito de acção popular quaisquer cidadãos no gozo dos seus direitos civis e políticos e as associações e fundações defensoras dos interesses previstos no artigo anterior, independentemente de terem ou não interesse directo na demanda.

2. São igualmente titulares dos direitos referidos no número anterior as autarquias locais em relação aos interesses de que sejam titulares residentes na área da respectiva circunscrição.

Artigo 3.º
Legitimidade activa das associações e fundações

Constituem requisitos da legitimidade activa das associações e fundações:
a) A personalidade jurídica;
b) O incluírem expressamente nas suas atribuições ou nos seus objectivos estatutários a defesa dos interesses em causa no tipo de acção de que se trate;
c) Não exercerem qualquer tipo de actividade profissional concorrente com empresas ou profissionais liberais.

CAPÍTULO II
Direito de participação popular

Artigo 4.º
Dever de prévia audiência na preparação de planos ou na localização e realização de obras e investimentos públicos

1. A adopção de planos de desenvolvimento das actividades da Administração Pública, de planos de urbanismo, de planos directores e de ordenamento do território e a decisão sobre a localização e a realização de obras públicas ou de outros investimentos públicos com impacte relevante no ambiente ou nas condições económicas e sociais e da vida em geral das populações ou agregados populacionais de certa área do território nacional devem ser precedidos, na fase de instrução dos respectivos procedimentos, da audição dos cidadãos interessados e das entidades defensoras dos interesses que possam vir a ser afectados por aqueles planos ou decisões.

2. Para efeitos desta lei, considera-se equivalente aos planos a preparação de actividades coordenadas da Administração a desenvolver com vista à obtenção de resultados com impacte relevante.

Lei n.° 83/95, de 31 de Agosto

3. São consideradas como obras públicas ou investimentos públicos com impacte relevante para efeitos deste artigo os que se traduzam em custos superiores a um milhão de contos ou que, sendo de valor inferior, infuenciem significativamente as condições de vida das populações de determinada área, quer sejam executados directamente por pessoas colectivas públicas quer por concessionários.

Artigo 5.°
Anúncio público do início do procedimento para elaboração dos planos ou decisões de realizar as obras ou investimentos

1. Para a realização da audição dos interessados serão afixados editais nos lugares de estilo, quando os houver, e publicados anúncios em dois jornais diários de grande circulação, bem como num jornal regional, quando existir.

2. Os editais e anúncios identificarão as principais características do plano, obra ou investimento e seus prováveis efeitos e indicarão a data a partir da qual será realizada a audição dos interessados

3. Entre a data do anúncio e a realizacão da audição deverão mediar, pelo menos, 20 dias, salvo casos de urgência devidamente justificados.

Artigo 6.°
Consulta dos documentos e demais actos do procedimento

1. Durante o período referido no n.° 3 do artigo anterior, os estudos e outros elementos preparatórios dos projectos dos planos ou das obras deverão ser facultados à consulta dos interessados.

2. Dos elementos preparatórios referidos no número anterior constarão obrigatoriamente indicações sobre eventuais consequências que a adopção dos planos ou decisões possa ter sobre os bens, ambiente e condições de vida das pessoas abrangidas.

3. Poderão também durante o período de consulta ser pedidos, oralmente ou por escrito, esclarecimentos sobre os elementos facultados.

Artigo 7.°
Pedido de audiência ou de apresentação de observações escritas

1. No prazo de cinco dias a contar do termo do período da consulta, os interessados deverão comunicar à autoridade instrutora a sua pretensão de serem ouvidos oralmente ou de apresentarem observações escritas.

2. No caso de pretenderem ser ouvidos, os interessados devem indicar os assuntos sobre que pretendem intervir e qual o sentido geral da sua intervenção.

Artigo 8.°
Audição dos interessados

1. Os interessados serão ouvidos em audiência pública.

2. A autoridade encarregada da instrução prestará os esclarecimentos que entender úteis durante a audiência, sem prejuízo do disposto nos artigos seguintes.

3. Das audiências serão lavradas actas assinadas pela autoridade encarregada da instrução.

Artigo 9.°
Dever de ponderação e de resposta

1. A autoridade instrutora ou, por seu intermédio, a autoridade promotora do projecto, quando aquela não for competente para a decisão, responderá às observações formuladas e justificará as opções tomadas.

2. A resposta será comunicada por escrito aos interessados, sem prejuízo do disposto no artigo seguinte.

Artigo 10.°
Procedimento colectivo

1. Sempre que a autoridade instrutora deva proceder a mais de 20 audições, poderá determinar que os interessados se organizem de modo a escolherem representantes nas audiências a efectuar, os quais serão indicados no prazo de cinco dias a contar do fim do período referido no n.° 1 do artigo 7.°

Lei n.º 83/95, de 31 de Agosto

2. No caso de os interessados não se fazerem representar, poderá a entidade instrutora escolher, de entre os interessados, representantes de posições afins, de modo a não exceder o número de 20 audições.

3. As observações escritas ou os pedidos de intervenção idênticos serão agrupados a fim de que a audição se restrinja apenas ao primeiro interessado que solicitou a audiência ou ao primeiro subscritor das observações feitas.

4. No caso de se adoptar a forma de audição através de representantes, ou no caso de a apresentação de observações escritas ser em número superior a 20, poderá a autoridade instrutora optar pela publicação das respostas aos interessados em dois jornais diários e num jornal regional, quando exista.

Artigo 11.º
Aplicação do Código do Procedimento Administrativo

São aplicáveis aos procedimentos e actos previstos no artigo anterior as pertinentes disposições do Código do Procedimento Administrativo.

CAPÍTULO III
Do exercício da acção popular

Artigo 12.º
Acção procedimental administrativa e acção popular civil

1. A acção procedimental administrativa compreende a acção para defesa dos interesses referidos no artigo 1.º e o recurso contencioso com fundamento em ilegalidade contra quaisquer actos administrativos lesivos dos mesmos interesses.

2. A acção popular civil pode revestir qualquer das formas previstas no Código de Processo Civil.

Artigo 13.º
Regime especial de indeferimento da petição inicial

A petição deve ser indeferida quando o julgador entenda que é manifestamente improvável a procedência do pedido, ouvido o Ministério Pú-

blico e feitas preliminarmente as averiguações que o julgador tenha por justificadas ou que o autor ou o Ministério Público requeiram.

Artigo 14.º
Regime especial de representação processual

Nos processos de acção popular, o autor representa por iniciativa própria, com dispensa de mandato ou autorização expressa, todos os demais titulares dos direitos ou interesses em causa que não tenham exercido o direito de auto-exclusão previsto no artigo seguinte, com as consequências constantes da presente lei.

Artigo 15.º
Direito de exclusão por parte de titulares dos interesses em causa

1. Recebida petição de acção popular, serão citados os titulares dos interesses em causa na acção de que se trate, e não intervenientes nela, para o efeito de, no prazo fixado pelo juiz, passarem a intervir no processo a título principal, querendo, aceitando-o na fase em que se encontrar, e para declararem nos autos se aceitam ou não ser representados pelo autor ou se, pelo contrário, se excluem dessa representação, nomeadamente para o efeito de lhes não serem aplicáveis as decisões proferidas, sob pena de a sua passividade valer como aceitação, sem prejuízo do disposto no n.º 4.

2. A citação será feita por anúncio ou anúncios tornados públicos através de qualquer meio de comunicação social ou editalmente, consoante estejam em causa interesses gerais ou geograficamente localizados, sem obrigatoriedade de identificação pessoal dos destinatários, que poderão ser referenciados enquanto titulares dos mencionados interesses, e por referência à acção de que se trate, à identificação de pelo menos o primeiro autor, quando seja um entre vários, do réu ou réus e por menção bastante do pedido e da causa de pedir.

3. Quando não for possível individualizar os respectivos titulares, a citação prevista no número anterior far-se-á por referência ao respectivo universo, determinado a partir de circunstância ou qualidade que lhes seja comum, da área geográfica em que residam ou do grupo ou comunidade que constituam, em qualquer caso sem vinculação à identificação constante da petição

inicial, seguindo-se no mais o disposto no número anterior.

4. A representação referida no n.º 1 é ainda susceptível de recusa pelo representado até ao termo da produção de prova ou fase equivalente, por declaração expressa nos autos.

Artigo 16.º
Ministério Público

1. O Ministério Público fiscaliza a legalidade e representa o Estado quando este for parte na causa, os ausentes, os menores e demais incapazes, neste último caso quer sejam autores ou réus.

2. O Ministério Público poderá ainda representar outras pessoas colectivas públicas quando tal for autorizado por lei.

3. No âmbito da fiscalização da legalidade, o Ministério Público poderá, querendo, substituir-se ao autor em caso de desistência da lide, bem como de transacção ou de comportamentos lesivos dos interesses em causa.

Artigo 17.º
Recolha de provas pelo julgador

Na acção popular e no âmbito das questões fundamentais definidas pelas partes, cabe ao juiz iniciativa própria em matéria de recolha de provas, sem vinculação à iniciativa das partes.

Artigo 18.º
Regime especial de eficácia dos recursos

Mesmo que determinado recurso não tenha efeito suspensivo, nos termos gerais, pode o julgador, em acção popular, conferir-lhe esse efeito, para evitar dano irreparável ou de difícil reparação.

Artigo 19.º
Efeitos do caso julgado

1. As sentenças transitadas em julgado proferidas em acções ou recursos administrativos ou em acções cíveis, salvo quando julgadas improcedentes por insuficiência de provas, ou quando o julgador deva decidir por forma diversa fundado em motivações próprias do caso concreto, têm eficácia geral, não abrangendo, contudo, os titulares dos direitos ou interesses que tiverem exer-

cido o direito de se auto-excluírem da representação.

2. As decisões transitadas em julgado são publicadas a expensas da parte vencida e sob pena de desobediência, com menção do trânsito em julgado, em dois dos jornais presumivelmente lidos pelo universo dos interessados no seu conhecimento, à escolha do juiz da causa, que poderá determinar que a publicação se faça por extracto dos seus aspectos essenciais, quando a sua extensão desaconselhar a publicação por inteiro.

Artigo 20.º
Regime especial de preparos e custas

1. Pelo exercício do direito de acção popular não são exigíveis preparos.

2. O autor fica isento do pagamento de custas em caso de procedência parcial do pedido.

3. Em caso de decaimento total, o autor interveniente será condenado em montante a fixar pelo julgador entre um décimo e metade das custas que normalmente seriam devidas, tendo em conta a sua situação económica e a razão formal ou substantiva da improcedência.

4. A litigância de má-fé rege-se pela lei geral.

5. A responsabilidade por custas dos autores intervenientes é solidária, nos termos gerais.

Artigo 21.º
Procuradoria

O juiz da causa arbitrará o montante da procuradoria, de acordo com a complexidade e o valor da causa.

CAPÍTULO IV
Responsabilidade civil e penal

Artigo 22.º
Responsabilidade civil subjectiva

1. A responsabilidade por violação dolosa ou culposa dos interesses previstos no artigo 1.º constitui o agente causador no dever de indemnizar o lesado ou lesados pelos danos causados.

2. A indemnização pela violação de interesses de titulares não individualmente identificados é fixada globalmente.

Lei n.º 83/95, de 31 de Agosto

3. Os titulares de interesses identificados têm direito à correspondente indemnização nos termos gerais da responsabilidade civil.

4. O direito à indemnização prescreve no prazo de três anos a contar do trânsito em julgado da sentença que o tiver reconhecido.

5. Os montantes correspondentes a direitos prescritos serão entregues ao Ministério da Justiça, que os escriturará em conta especial e os afectará ao pagamento da procuradoria, nos termos do artigo 21.º, e ao apoio no acesso ao direito e aos tribunais de titulares de direito de acção popular que justificadamente requeiram.

Artigo 23.º
Responsabilidade civil objectiva

Existe ainda a obrigação de indemnização por danos independentemente de culpa sempre que de acções ou omissões do agente tenha resultado ofensa de direitos ou interesses protegidos nos termos da presente lei e no âmbito ou na sequência de actividade objectivamente perigosa.

Artigo 24.º
Seguro de responsabilidade civil

Sempre que o exercício de uma actividade envolva risco anormal para os interesses protegidos pela presente lei, deverá ser exigido ao respectivo agente seguro da correspondente responsabilidade civil como condição do início ou da continuação daquele exercício, em termos a regulamentar.

Artigo 25.º
Regime especial de intervenção no exercício da acção penal dos cidadãos e associações

Aos titulares do direito de acção popular é reconhecido direito de denúncia, queixa ou participação ao Ministério Público por violação dos interesses previstos no artigo 1.º que revistam natureza penal, bem como o de se constituírem assistentes no respectivo processo, nos termos previstos nos artigos 68.º, 69.º e 70.º do Código de Processo Penal.

CAPÍTULO V
Disposições finais e transitórias

Artigo 26.º
Dever de cooperação das entidades públicas

1. É dever dos agentes da administração central, regional e local, bem como dos institutos, empresas e demais entidades públicas, cooperar com o tribunal e as partes intervenientes em processo de acção popular.

2. As partes intervenientes em processo de acção popular poderão, nomeadamente, requerer às entidades competentes as certidões e informações que julgarem necessárias ao êxito ou à improcedência do pedido, a fornecer em tempo útil.

3. A recusa, o retardamento ou a omissão de dados e informações indispensáveis, salvo quando justicados por razões de segredo de Estado ou de justiça, fazem incorrer o agente responsável em responsabilidade civil e disciplinar.

Artigo 27.º
Ressalva de casos especiais

Os casos de acção popular não abrangidos pelo disposto na presente lei regem-se pelas normas que lhes são aplicáveis.

Artigo 28.º
Entrada em vigor

A presente lei entra em vigor no 60.º dia seguinte ao da sua publicação.

Aprovada em 21 de Junho de 1995.

O Presidente da Assembleia da República, *António Moreira Barbosa de Melo.*

Promulgada em 8 de Agosto de 1995.

Publique-se.

O Presidente da República, MÁRIO SOARES.

Referendada em 11 de Agosto de 1995.

Pelo Primeiro-Ministro, *Manuel Dias Loureiro*, Ministro da Administração Interna.

ÍNDICE IDEOGRÁFICO *

A

ABERTURA DO P.A.
— **antecedentes procedimentais — 54.° II; 93.°**
— **data a que se reporta — 54.° III; P.74.° II; 76.° III; 77.° VI; 78.° I; 80.° VI**
— **oficioso**
— – dificuldade de identificação do acto de abertura — **54.° V**
— – consequências da abertura oficiosa do p.a. — **54.° VI**
— – dever de comunicação da decisão de abertura: regime e falta — **55.° III, VI, VII**
— – dispensa do dever de comunicação — **55.° VIII, IX**
— – recorribilidade da decisão de abertura — **54.° XII**
— **particular — 54.° III, IX; 74.° II**
— – iniciativa do p.a. — **54.° III; 74.° II**
— – dificuldades de identificação do acto de abertura do p.a. — **54.° III**
— – dever de comunicação da abertura do p.a. — **55.° II**
— – recorribilidade do acto de abertura do p.a. — **54.° XII**
— **público (**v. PROCEDIMENTOS PÚBLICOS**)**
— **regulamentar — 115.° I, IV, X; 116.° I**

ABSTENÇÃO
— **do exercício de uma competência (**v. COMPETÊNCIA**)**
— **de voto — 23.°**

ACEITAÇÃO DO A.A. (v. tb. CONSENTIMENTO DO INTERESSADO**)**
— **factor de preclusão da impugnação administrativa — 53.° XXIX, XXX; 160.° IV**
— **factor de eficácia do acto não requerido em p.a. particular — 54.° X**
— **factor de retroactividade do a.a. — 128.° XI; 145.° IV**

ACESSO À JUSTIÇA (v. PRINCÍPIO DO**)**

ACLARAÇÃO (v. tb. ACTOS INTERPRETATIVOS**)**
— **distinção da interpretação e efeitos — 128.° VI**
— **inaplicabilidade dos meios impugnatórios ao pedido de — 158.° III**

ACTAS (v. tb. ACTAS DOS ÓRGÃOS COLEGIAIS**)**
— **noção e significado jurídico — 122.° VII**
— **da audiência oral — 102.° III**
— **actos e formalidades que devem ser reduzidos a (**v. tb. AUTOS e TERMOS**) — 1.° XI; 122.° VII; 126.° III**

---

* Recomendações para o seu uso:
— a referência em algarismos árabes respeita ao artigo; a referência em algarismos romanos, à nota respectiva;
— nos casos em que, a seguir à indicação do artigo, não aparece qualquer indicação em algarismos romanos, a referência feita respeita apenas ao artigo onde a matéria é tratada;
— o uso de "NP" refere-se à Nota Prévia do comentário ao Código;
— o uso do "P" antes do número de um artigo refere-se a uma nota incluída nos preliminares anteriores a esse artigo;
— "a.a.", "c.a." e "p.a." correspondem a acto, contrato e procedimento administrativos.

Índice Ideográfico

— **requerimentos de impugnação administrativa ditados para**
  - – especificidade de conteúdo — **158.°** VII
— **e negociação de contratos — 182.° XI**

ACTAS DE ÓRGÃOS COLEGIAIS (v. tb. ACTA)
— **anexos às — 126.° I**
— **aprovação das**
  - – natureza e efeitos da — **27.° V**
  - – quórum de — **25.° II; 27.° VI**
  - – em reunião seguinte — **27.° VII**
  - – em minuta — **27.° V, IX**
— **assinatura das — 27.° VIII, XI**
  - – consequências da sua falta — **27.° VIII, IX**
  - – das minutas das — **27.° X, XI**
  - – de negociação dos contratos — **182.° XI**
— **competência para lavrar — 27.° IV**
— **conteúdo da acta**
  - – regra geral — **27.° I, II**
  - – fundamentação das deliberações tomadas — **24.° XI; 27.° II; 126.° I**
  - – em minuta — **27.° X**
  - – registo de votos vencidos — **28.° I**
  - – menções dos a.a. transcritos — **123.° VI**
— **dever de transcrição dos actos escritos — 122.° VII**
— **e eficácia das deliberações colegiais — 27.° XI; 122.° VII; 129.° V**
  - – valia das actas erróneas — **27.° I**
  - – de deliberações constantes da minuta — **27.° IX, X, XI**
  - – requisitos formais da acta — **122.° VII**
— **dos júris — 124.° XIX**
— **livros de actas — 27.° IX**
  - – apensação das minutas aos — **27.° X**
— **de reuniões suspensas — 14.° VIII**

ACTIVIDADE ADMINISTRATIVA
— **e actividade não administrativa da Administração — 2.° II**
— **exercício por particulares — 120.° XIII**
  - – deferida por contrato administrativo — **2.° VIII; 178.° V; 182.° II**
  - – deferida por lei — **2.° IX, X**

— **de gestão privada** (v. GESTÃO PRIVADA)
— **e actividade técnica — 2.° XI**
— **de gestão pública** (v. GESTÃO PÚBLICA)
— **de órgãos não administrativos do Estado — 2.° III, VI, VII; 120.° XIII**
— **actuações jurídicas da Administração não consubstanciáveis em actos, contratos ou regulamentos administrativos**
  - – dúvidas sobre a aplicação do Código — **P.120.° VI**

ACTO ADMINISTRATIVO
— **funções da categoria**
  - – em geral — **P.120.° II**
  - – como título executivo — **P.149.° I; 155.° III**
— **aclaração do** (v. ACLARAÇÃO)
— **abstracto**
  - – qualificação teórica — **P.120.° II**
  - – qualificação pragmática — **120.° XXIII**
— **actos *"em matéria administrativa"***
  - – aplicação do regime do Código aos — **2.° VI; 34.° VI; 120.° XIII; 133.° VII**
  - – regime de impedimentos (v. IMPEDIMENTOS)
  - – extensão do regime do Código aos contratos (e regulamentos) *"em matéria administrativa"* — **2.° VI; 114.° III**
  - – excepções à aplicação do regime do Código — **13.° II**
— **acto colegial — P.14.° I**
— **actos gerais** (v. ACTOS GERAIS)
— **assinatura do**
  - – consequências da sua falta — **123.° XVI**
  - – menções que a acompanham — **123.° VI, VII**
  - – delegação de — **35.° I, VI**
— **certificativo** (v. ACTOS CERTIFICATIVOS)
— **colectivo**
  - – regime de impugnação — **120.° XXII**
— **concreto**
  - – elemento da noção de a.a. — **120.° XXI**
  - – e geral (v. tb. ACTOS GERAIS) — **120.° XXIV**

886

Índice Ideográfico

— **confirmativo**
 – – de indeferimento tácito — **109.° V; 158.° III; 165.° III; 175.° V**
 – – nas decisões proferidas ao abrigo do art. 9.°, n.° 2 — **9.° VII**
 – – "inexecutoriedade" do — **150.° V**
 – – em reclamação necessária ou facultativa — **158.° III; 165.° III**
 – – em recurso hierárquico necessário ou facultativo — **109.° V; 158.° III; 174.° VI**
 – – (in)impugnabilidade contenciosa — **9.° VII; 150.° V**
— **contextuais** (v. tb. NOTIFICAÇÃO DO A.A.)
 – – requisitos e autonomia substantiva e impugnatória — **120.° XXII**
— **no contrato administrativo** (v. CONTRATO ADMINISTRATIVO)
— **data do**
 – – menção obrigatória no a.a. — **123.° XV**
 – – falta da menção — **123.° XV; 131.° V**
 – – retrodatação do a.a. — **127.° IV**
— **declarativo** — **120.° V, VIII**
 – – falta de requisitos essenciais (casos de nulidade) — **133.° V**
— **definitivo e executório**
 – – desvalor do conceito legal — **NP.I, P.120.° V**
 – – no seio de contratos administrativos — **186.° II**
— **(praticado) por delegação de poderes**
 – – menções do acto — **38.° I; 123.° VII**
 – – regime de impugnação — **38.° II; 39.° X; 158.° VI; 176.° III**
 – – substituição do acto do delegado pelo delegante — **39.° II, VIII**
 – – revogação do acto — **142.° V**
 – – menções da notificação e da publicação do acto — **68.° III; 131.° II**
— **desprocedimentalizado**
 – – em geral — **1.° VIII**
 – – actos declarativos e interpretativos — **120.° VIII; 128.° V**
 – – dúvidas quanto aos actos de sanação — **137.° VI**
 – – exames — **1.° VIII; 120.° XI**
 – – sua necessária procedimentalização em 2.° grau — **1.° VIII; 120.° VIII, X**
 – – actos rectificativos — **148.° IV**

 – – medidas provisórias — **84.° XI**
— **destacável** (v. ACTOS DESTACÁVEIS)
— **como documento autêntico**
 – – seu alcance e limites — **122.° VI**
— **efeitos do** (v. tb. EFICÁCIA DO A.A.)
 – – autotutela declarativa da Administração — **127.° V; P.149.° I**
 – – relações poligonais — **P.127.° II**
 – – sobre relações ou actos jurídico-privados — **120.° XX**
— **em procedimentos informativos**
 – – casos em que a informação se consubstancia em a.a. — **7.° VII, VIII, XIII**
— **exames** (v. EXAMES)
— **implícito**
 – – noção e fundamentação — **124.° XVI**
 – – casos — **146.° II; 175.° III**
— **individual**
 – – elemento da noção de a.a. — **120.° XXI**
 – – nominalidade do destinatário? **120.° XXI; 123.° VIII**
 – – e abstracto — **120.° XXIII**
— **informatizado** — **114.° III; 120.° XII**
— **interno** (v. ACTOS JURÍDICOS)
— **interpretativo** (v. ACTOS INTERPRETATIVOS)
— **praticados em massa**
 – – natureza — **114.° V; 120.° XV, XXII**
 – – audiência de interessados — **103.° VI**
 – – fundamentação — **124.° XVIII; 125.° IX**
— **menções do**
 – – em geral — **123.°**
 – – das cláusulas acessórias — **121.° VI; 123.° IV**
 – – da sua retroactividade — **123.° IV; 128.° X**
— **negativo**
 – – noção — **120.° XIX**
 – – suspensão administrativa ou judicial — **150.° VII**
— **objecto do**
 – – menção obrigatória no a.a. — **123.° XIV**
 – – ilegalidade do — **133.° IX, X**
 – – nos actos tácitos (v. ACTOS TÁCITOS)
 – – passível de contrato administrativo — **179.° I, III; 185.° IV a VI**

Índice Ideográfico

– – relações ou actos jurídico-privados —
120.º XX
— **e operações materiais** (v. OPERAÇÕES MA-
TERIAIS)
— **de particulares**
– – sujeição ao Código — 2.º VIII a XII;
120.º XIII
– – execução de a.a. — 155.º II
— **perfeição do** (v. EFICÁCIA DO A.A.)
— **prejudicial** (v. DECISÃO)
— **provisório — 84.º II**
— **real**
– – noção e requisitos — 120.º XXV
— **receptício — 129.º V; 132.º I**
— **e relações especiais de poder** (v. RELA-
ÇÕES ESPECIAIS DE PODER)
— **tácito** (v. ACTOS TÁCITOS)

ACTOS CERTIFICATIVOS (v. tb. CERTIDÕES)
— **como actos de administração ordinária
— 35.º XI, XV, XVI**
— **e impedimentos e suspeições — 44.º VII,
XI, XII**

ACTOS CONSEQUENTES
— **casos e requisitos de nulidade — 133.º
XVI; 145.º III**
— **distinção de actos de execução —
P.149.º VIII**

ACTOS CONSTITUTIVOS
— **de deveres, encargos, imposições**
– – fundamentação — 124.º VIII
– – obrigatoriedade de notificação — 66.º
III, VI; 132.º I
– – extensão a actos restritivos de direitos
e interesses legalmente protegidos —
66.º III; 132.º I
— **de deveres para a Administração**
– – exigência e modos da sua execução
— P.149.º XIII; 152.º II
— **de direitos e interesses legalmente protegidos** (v. tb. DIREITOS SUBJECTIVOS)
– – (ir)revogabilidade — 140.º IV, V, VII
– – em procedimentos informativos — 7.º
VII
– – fundamentação da sua parte desfavorável — 124.º VI

– – dúvidas sobre a sua sujeição ao princípio da proporcionalidade — 5.º V
— **de obrigações legais e de direitos irrenunciáveis da Administração**
– – irrevogabilidade — 140.º VI

ACTOS DESTACÁVEIS
— **noção e interesse da figura — 12.º I, II**
– – destacabilidade imprópria — 180.º
VIII, X
— **impugnabilidade necessariamente des-
tacada — 12.º III**
– – desvios — P.100.º V
— **exemplos de**
– – decisão de abertura do procedimento
— 54.º XII
– – decisão negativa sobre a competência
— 33.º IV
– – decisões sobre impedimentos — 50.º
V
– – decisões do presidente do colégio —
14.º IX
– – decisões de suspensão do a.a. — 163.º
IV
– – exclusão de interessados dos procedimentos em curso — 1.º IV; 12.º II;
180.º X; 181.º II
– – medidas provisórias — 84.º XIII
– – nomeação de júris — 12.º II
– – qualificação do erro (desculpável ou
indesculpável) na apresentação de requerimento — 34.º V
– – em procedimentos concursais — 183.º
VI
– – em procedimentos multifaseados —
1.º IV, V; 12.º II

ACTOS GERAIS
— **noção e dúvidas — P.120.º II; 120.º XXII**
— **regime procedimental e processual —
114.º V; 120.º XXII**

ACTOS INTERPRETATIVOS
— **força dos**
– – vinculatividade e retroactividade —
128.º III, IV
— **requisitos dos — 128.º III, V**
— **inaplicabilidade dos meios impugnatórios ao respectivo pedido — 158.º III**

— no seio de contratos administrativos (v. ACTOS OPINATIVOS)

ACTOS IMPOSITIVOS (V. ACTOS CONSTITUTI-VOS)

ACTOS INEXISTENTES
— regime geral
  – – efeitos putativos — **P.133.° II; 134.° IV**
  – – via de facto — **P.133.° II; 151.° II**
— casos — 123.° XVI
— e inexistência de a.a. — P.133.° III

ACTOS JURÍDICOS
— actos jurídico-privados da Administração (v. GESTÃO PRIVADA)
— actos de particulares no p.a.
  – – actos procedimentais — **1.° IX**
  – – distinção dos actos e negócios de direito privado com influência no p.a. **— 1.° IX**
  – – aproveitamento dos — **1.° IX; 34.° VII; 76.° II**
— actos meramente procedimentais
  – – noção — **120.° VII**
  – – forma dos (v. tb. DOCUMENTOS) — **1.° X**
— actos políticos
  – – noção e regime — **120.° XIV**
  – – acto administrativo com móbil político — **135.° IV**
— internos
  – – não são actos administrativos — **120.° XVII**
  – – ordens (v. ORDENS DE SERVIÇO)

ACTOS OPINATIVOS
— em sentido próprio — 120.° VII
— em sentido impróprio (ou por determinação legal) — 186.° II

ACTOS PROCEDIMENTAIS DE PARTICULARES (V. ACTOS JURÍDICOS)

ACTOS RENOVÁVEIS
— requisitos de validade dos actos renovados e sua violação — 133.° XV
— questões sobre a sua (ir)retroactividade — 128.° VIII

ACTOS TÁCITOS
— dever de decisão e acto tácito — 9.° VI
— requisitos gerais da formação dos actos tácitos
  – – pretensão do interessado — **108.° XI; 109.° III**
  – – competência do órgão — **108.° XI**
  – – falta de decisão expressa — **9.° VI; 108.° XI**
  – – falta de decisão (e notificação ou publicação) tempestiva do p.a. — **69.° II; 108.° XIV; 109.° X**
  – – início da contagem do prazo para a tomada de decisão expressa — **76.° III; 108.° XVI; 109.° XI**
  – – consequências da suspensão ou prorrogação de prazos na formação de — **58.° II, IV, VIII; 72.° III; 100.° IX; 108.° XVII, XVIII; 109.° XII**
— deferimentos tácitos
  – – âmbito da figura — **108.° III a IX**
  – – nulos e anuláveis — **108.° XII**
  – – revogação dos — **108.° XIII**
— indeferimentos tácitos
  – – âmbito, natureza e função garantística da figura em p.a. de 1.° grau — **109.° I, II**
  – – ilegalidade do indeferimento tácito em p.a. de 1.° grau — **109.° VI, VII**
  – – liberdade de renovação da pretensão não decidida em 1.° grau de decisão — **9.° X; 109.° II**
  – – sua natureza e efeitos em recursos necessários — **109.° V; 174.° VI; 175.° V**
  – – e recursos facultativos — **109.° V; 174.° VI**
  – – de reclamações — **165.° III**

ADJUDICAÇÃO
— dever de (e excepções) — 181.° IV
— dúvidas sobre a necessidade de audiência de interessados (v. AUDIÊNCIA)

ADJUNTOS (OU COADJUTORES) — (V. COADJU-VAÇÃO, ÓRGÃOS)

ADMINISTRAÇÃO ABERTA
— em geral — 65.°
— consagração constitucional do princípio da — P.61.° III; 65.° I

Índice Ideográfico

— e Comissão de Acesso aos Documentos Administrativos — 2.° III; 65.° I, II

— extensão subjectiva do dever de facultar o acesso a registos e arquivos administrativos — 65.° V

ADMINISTRAÇÃO ORDINÁRIA (ACTOS DE)

— noção e implicações — 35.° XI; 44.° XI, XII

— actos abrangidos

– – actos de expediente — 44.° VII, XI

– – actos certificativos — 35.° XI, XV, XVI; 44.° VII, XI; 94.° I

– – outras hipóteses — 44.° XI

— habilitação genérica da delegação para a prática de actos de — 35.° XV

– – a prevalência de lei colegial especial — 35.° XVI

ADMINISTRAÇÃO PÚBLICA

— âmbito da sujeição ao Código — 2.° II, III; 13.° II

— regime da Administração Executiva

– – características principais do — P.120.° I; P.149.° I, V

– – repercussões em matéria de validade do a.a. — 135.° I

– – repercussões em sede de execução do a.a. — P.149.° I

— uso do conceito objectivo ou material de Administração Pública no Código

– – em matéria de a.a. — 120.° XIII

– – em matéria de c.a. — 178.° VII; 179.° I

– – em matéria de regulamento — 114.° II

— órgãos da (v. ÓRGÃOS)

ADVOGADOS (v. tb. REPRESENTAÇÃO)

— especialidades da sua intervenção procedimental — 52.° III

– – confiança do processo — 1.° XII; 62.° VI

AGENTES (v. tb. ÓRGÃOS)

— equiparação procedimental aos órgãos administrativos — 35.° IX; 44.°; 45.° VI; 47.° I; 48.° II, III, IV; 49.° IV; 51.° I; 76.°

— putativos — 134.° IV

— usurpadores — 133.° VI

AJUSTE DIRECTO

— regime — 182.° IV, V, XII

ALVARÁS

— como forma do a.a. — 120.° IV

— publicidade por particulares — 130.° IV

ALTERAÇÃO DO A.A. (v. SUBSTITUIÇÃO DO A.A.)

ANULABILIDADE DO A.A. (v. tb. INVALIDADE DO A.A.)

— regra geral de invalidade — 133.° III, 135.° I, V

— espécies duvidosas de nulidade ou anulabilidade (v. NULIDADE DO A.A.)

— e ilegalidade — 135.° III

— eficácia e obrigatoriedade do acto anulável — 127.° VI; 136.° I

— regime da — 136.° I, II, IV, V; 137.° IV; 141.° I; 147.° II

APRECIAÇÃO PÚBLICA (v. PROCEDIMENTO REGULAMENTAR)

APROVAÇÃO

— como factor de eficácia do a.a. — 129.° II, III; 150.° I

— como factor de deferimento tácito — 108.° II, IX

— exigência de aprovação paralela de actos de 2.° grau — 144.° III

ARQUIVAMENTO (v. PROCEDIMENTO ADMINISTRATIVO)

ARQUIVOS (v. DOCUMENTOS)

ASSEMBLEIA DA REPÚBLICA

— sujeição ao Código em matéria administrativa — 2.° VII

— publicação dos seus a.a — 131.° II

ASSESSORIA (v. REPRESENTAÇÃO)

ASSISTENTES

— dúvidas sobre a sua existência no procedimento administrativo — 52.° II

Índice Ideográfico

ASSOCIAÇÕES
— **legitimidade para o p.a.**
  – – de 1.º grau — **53.º XVIII, XXVI, XXVII**
  – – de 2.º grau — **160.º III**
— **direito de audiência das — 100.º V**

ASSOCIAÇÕES PÚBLICAS
— **sujeição ao Código — 2.º III**
— **conflitos de atribuições — 42.º IV, V**

ATRIBUIÇÕES ADMINISTRATIVAS
— **conflitos de** (v. CONFLITOS DE ATRIBUI-ÇÕES)
— **delegação de — 35.º I, II**
— **nulidade do a.a. por falta de — 133.º VIII**
— **desempenho por particulares de** (v. tb. ACTIVIDADE ADMINISTRATIVA)
  – – seu sentido como factor de c.a. — **182.º II**

AUDIÊNCIA
— **poder da Administração durante a instrução do p.a.**
  – – âmbito — **59.º I**
  – – inexistência de um dever de coadjuvação dos interessados — **59.º II**
— **direito de audiência dos interessados**
  – – enquanto direito fundamental — **P.100.º II a V; 100.º IV**
  – – regime geral (em 1.º grau de decisão) — **100.º I**
  – – das associações — **100.º V**
  – – em matéria de questões prévias — **83.º VI**
  – – influência da resposta na fundamentação do a.a. — **P.100.º I; 124.º III**
  – – em procedimento de 2.º grau — **100.º I; P.158.º V; 165.º II; 171.º II**
  – – em procedimento contra-ordenacional — **P.100.º III**
  – – em procedimentos disciplinares e sancionatórios — **P.100.º IV**
  – – em procedimentos concursais — **2.º XVII; 100.º I; 181.º II**
  – – inexistência legal de audiência (consulta pública) — **103.º II a VI**
  – – dispensa administrativa de audiência — **103.º VIII, IX, X**

– – quando há lugar a 2ª audiência — **100.º VI; 104.º III**
  – – consequências da falta de audiência — **P.100.º III, IV, V; 100.º IV**
— **em matéria de regulamentos** (v. PROCEDIMENTO REGULAMENTAR)

AUTARQUIAS LOCAIS
— **sujeição ao Código — 2.º III**
— **poder regulamentar próprio — 3.º IV; 29.º I; 114.º III**
— **casos de nulidade dos a.a. das — 133.º II**
— **conflitos de atribuições — 42.º IV, V**

AUTORIZAÇÃO
— **como factor de deferimento tácito — 108.º II, IX**

AUTOS (v. tb. TERMOS)
— **de diligências instrutórias — 94.º I**
— **de informações verbais prestadas em sede de instrução — 90.º I**
— **de posse administrativa — 156.º III**

AVOCAÇÃO
— **em caso de impedimento — 47.º II**
— **de competência delegada — 39.º V, VI; 142.º V; 169.º**
  – – genérica ou específica — **39.º V, VI**
  – – conhecimento da avocação pelos interessados — **39.º VII**
  – – falta de avocação — **39.º V**
— **dúvidas sobre a existência do poder de avocação hierárquica — 47.º II**

B

BOA FÉ (v. PRINCÍPIO DA)

BOLETIM MUNICIPAL
— **instrumento de notificação do a.a. — 70.º V, VIII**
— **publicação da delegação de poderes — 37.º IV**
— **publicação de a.a. — 131.º II**
— **publicação de regulamentos e respectivos projectos — 118.º VI, VII**
— **formas sucedâneas de publicidade — 130.º I; 131.º VIII**

C

CAPACIDADE
— procedimental — 52.º
— contratual da Administração — 179.º I

CASO JULGADO
— ofensa do — 133.º XV

CASO RESOLVIDO
— ofensa do — 133.º XV

CELERIDADE (v. PRINCÍPIO DA)

CERTIDÕES
— certidões procedimentais
– – âmbito e limitações — 62.º X, XI; 63.º II
– – conteúdo da informação certificável — 62.º X; 63.º II
– – gratuitas e não gratuitas — 62.º IX
– – sujeitas a autenticação ou autorização — 63.º III
– – consequências (e suprimento) da falta de cumprimento do prazo ou da falta de emissão da certidão — 61.º X; 62.º XII; 63.º VI
– – extensão do direito procedimental a não interessados — 64.º I, II
— certidões extra-procedimentais (v. tb. ADMINISTRAÇÃO ABERTA)
– – como direito de acesso à informação administrativa — 65.º IV
– – dever de colaboração da Administração na sua obtenção — 65.º IV; 89.º II, III
— e certificados — 62.º X; 63.º I

CLÁUSULA COMPROMISSÓRIA (v. CONVENÇÕES DE ARBITRAGEM)

CLÁUSULAS ACESSÓRIAS (v. tb. MODO)
— noção — 121.º I
— espécies — 121.º II, III, IV
– – não previstas no Código — 121.º III, V; 140.º VIII
— admissibilidade e regime substantivo — 121.º I, VII, VIII; P.138.º VI; 140.º VIII
— requisitos formais de aposição

– – sua menção no acto — 121.º VI; 123.º IV
– – fundamentação da — 121.º VI
— ilegalidade da cláusula acessória e suas consequências — 121.º IX; 129.º XIV
— regime de impugnação das cláusulas acessórias ilegais — 121.º X

COACÇÃO
— causa de nulidade do a.a. — 133.º XII
— no contrato administrativo — 185.º II, III

COADJUVAÇÃO (v. tb. DEVER DE COADJUVAÇÃO)
— noção e figuras abrangidas — 35.º III
— suplência do órgão coadjuvado — 35.º XIV
— órgãos coadjutores — 2.º VII; 41.º IV

CÓDIGO
— âmbito de aplicação — 2.º ; 13.º; 114.º II
— âmbito derrogatório — 2.º XX
— republicação do
– – errónea — 20.º V; 31.º I; 179.º V
– – sua irrelevância normativa — 179.º V
— tipos de normas existentes no — NP.II, III
— normas concretizadoras de preceitos constitucionais
– – normas abrangidas — 2.º XIV
– – sua aplicação a todas as actuações da Administração: dúvidas — 2.º XI, XII, XIV
– – extensão da sua aplicação a órgãos não administrativos — 2.º XII
— normas orgânicas
– – procedimentos (ou entidades) a que não se aplicam — 2.º VIII; 13.º I, II
— normas procedimentais (v. PROCEDIMENTOS ESPECIAIS)
— normas de direito público e privado — 2.º IV; 120.º XV
— legislação subsidiária do (v. CONTRATO AD-MINISTRATIVO, DOCUMENTOS)

COLABORAÇÃO (v. PRINCÍPIO DA)

COLEGIALIDADE (v. tb. ÓRGÃOS COLEGIAIS)
— acto colegial — P.14.º I

Índice Ideográfico

— corolários da — **P.14.° V**
— espécies de — **P.14.° II**
— o subprocedimento colegial — **P.14.° IV**

COMISSÃO DE ACESSO AOS DOCUMENTOS ADMI-
NISTRATIVOS (V. ADMINISTRAÇÃO ABERTA)

COMPETÊNCIA (V. tb. INCOMPETÊNCIA, HIERAR-
QUIA)
— **controlo prévio da — 33.° II; 34.° I**
  – – competência exclusiva da Adminis-
    tração em matéria de — **33.° I**
  – – decisão positiva — **33.° III**
  – – decisão negativa — **33.° IV**
— **conflitos de** (V. CONFLITOS DE COMPETÊN-
CIA)
— **fixação do órgão competente — 30.° II**
  – – princípio legal da competência — **3.°
    IV; 29.° I, II**
  – – competências implícitas — **142.° VI;
    177.° IV**
  – – extensão às questões prejudiciais do
    procedimento — **31.° IV, VI**
  – – e estado de necessidade — **3.° X, XI**
  – – modificação de facto determinante da
    — **30.° III, V, VI**
  – – modificação de direito determinante
    da — **30.° III, IV**
— **irrenunciabilidade e inalienabilidade da
— 133.° IV**
  – – dever de exercício de competência —
    29.° III, VI, VII
  – – e faculdade de abstenção nos órgãos
    colegiais — **23.° II**
  – – dos poderes contratuais da Adminis-
    tração — **180.° II**
— **proibição de recurso ao direito privado,
no caso de titularidade de poderes públicos — 29.° V**
— **proibição de auto-vinculação — 29.° V**
— **substituição no exercício da** (V. SUBSTI-
TUIÇÃO)

COMPROMISSO ARBITRAL (V. CONVENÇÕES DE
ARBITRAGEM)

COMUNICAÇÕES (V. tb. NOTIFICAÇÕES PROCEDI-
MENTAIS)
— **sobre alteração das reuniões de órgãos
colegiais — 16.° III, IV, V**

— **da redução a escrito da fundamentação
de actos orais — 126.° VI**
— **da revogação ou modificação do a.a. pelo
órgão *a quo* ao órgão *ad quem* — 172.° V**

CONCESSIONÁRIOS
— **sujeição ao Código — 2.° VIII; 114.° II**
  – – excepções — **2.° VIII; 13.° II; 44.° V**
  – – actividade técnica ou de gestão priva-
    da dos — **2.° XII**
— **a.a. dos**
  – – sujeição ao Código — **2.° VIII; 120.°
    XIII**
  – – publicação dos — **131.° II**
  – – nulidade dos — **133.° VIII**
  – – recursos tutelares dos — **177.° II**
— **contratos administrativos com terceiros
— 2.° VIII; 178.° VII**
— **regulamentos dos**
  – – sujeição ao Código — **2.° VIII; 114.° II**

CONCURSOS LIMITADOS (V. tb. PROCEDIMEN-
TOS PRÉ-CONTRATUAIS)
— **noção — 182.° VI**
— **espécies e regime**
  – – com pré-qualificação — **182.° V, IX**
  – – por convite — **182.° X; 183.° V**

"CONCURSOS" POR NEGOCIAÇÃO (V. tb. PRO-
CEDIMENTOS PRÉ-CONTRATUAIS)
— **espécies e regime — 182.° V, XI**
  – – mutabilidade (negociada) das propos-
    tas — **182.° XI**

CONCURSOS PÚBLICOS (V. tb. PROCEDIMENTOS
PRÉ-CONTRATUAIS)
— **noção — 182.° VI; 183.° III**
— **espécies**
  – – de adjudicação — **182.° VIII; 183.°
    III**
  – – de selecção — **182.° IX**
— **realização de**
  – – âmbito da regra da obrigatoriedade —
    182.° IV, VI; 183.° I, III
  – – dispensa da — **183.° IV**
  – – destacabilidade contenciosa do acto
    de dispensa — **183.° VI**
— **regime e princípios dominantes — 182.°
V, VI, VIII**
  – – (não) realização de audiência prévia
    — **2.° XVII; 100.° I; 181.° II**

Índice Ideográfico

– – imutabilidade de condições e de propostas — **182.º V, VIII, IX, XI**

CONDIÇÃO (v. tb. CLÁUSULAS ACESSÓRIAS)
— **suspensiva**
– – como factor (automático ou não) de eficácia diferida do a.a. — **121.º II; 129.º IV**
– – retrotracção do efeito condicionado — **127.º V**

CONFLITOS DE ATRIBUIÇÕES
— **catálogo legal e problemas de constitucionalidade — 42.º IV**
— **resolução dos**
– – competência para a — **42.º V, VI, VII**
– – regras procedimentais — **43.º I, II**
– – efeitos da decisão — **43.º III**
— **legitimidade para recorrer de decisões sobre — 42.º VII**

CONFLITOS DE COMPETÊNCIA
— **espécies**
– – comuns — **42.º VIII; 142.º II**
– – territoriais — **32.º I**
— **regime de resolução**
– – competência para — **32.º I; 42.º VIII**
– – regras procedimentais — **43.º II**
– – efeitos da decisão — **32.º II; 43.º III**

CONFLITOS DE JURISDIÇÃO
— **e órgãos independentes do Estado — 42.º I**
— **regime quanto aos conflitos entre órgãos e tribunais administrativos e fiscais — 42.º III**

CONHECIMENTO OFICIAL DO A.A
— **como factor de dispensa da notificação — 67.º IV**
— **como factor de eficácia do a.a. sujeito a notificação — 132.º III, IV**

CONSELHO DE MINISTROS
— **"colegialidade" — 13.º II; P.14.º II**
— **natureza da delegação da sua competência — 35.º IV**

CONSENTIMENTO DO INTERESSADO
— **como factor de retroactividade do a.a. — 145.º IV**
— **como factor de revogação do a.a. — 140.º VII; 141.º III**

CONSULTA DO PROCESSO (v. tb. DIREITO À INFORMAÇÃO)
— **regime da consulta procedimental — P.61.º II, III; 62.º**
– – confiança do processo a advogado ou solicitador — **1.º XII; 62.º VI**
– – confidencialidade (relativa ou absoluta) do processo e sua violação pela Administração — **62.º II a V**
– – por interessados no procedimento — **64.º I**
— **no âmbito do princípio da Administração aberta — 65.º IV**

CONSULTA PÚBLICA (V. AUDIÊNCIA)

CONTRADITÓRIO
— **o vector "contradição" no p.a. — NP.VI**
— **manifestações no procedimento comum — 56.º II, X; 88.º IV; 97.º II; P.100.º I**
— **procedimentos quase contraditórios** (v. PROCEDIMENTO ADMINISTRATIVO)

CONTRATO ADMINISTRATIVO
— **noção de**
– – c.a. e acordo de vontades — **178.º I, II**
– – c.a. e relação jurídica administrativa — **178.º III**
— **autonomia do — P.178.º I**
– – contenciosa — **P.178.º IV**
– – procedimental — **P.178.º II**
– – substantiva — **P.178.º III**
— **e *autonomia de vontade***
– – a vontade "legal" da Administração contratual — **178.º II, 181.º IV**
— **espécies de**
– – nominadas e não nominadas no Código — **178.º V, VI**
– – com "objecto" próprio de c.a. — **179.º I**
– – com "objecto" passível de acto administrativo: requisitos — **179.º I, III**
– – insusceptibilidade de contratualização de certas relações de autoridade — **179.º II**

Índice Ideográfico

– – com "objecto" passível de contrato de direito privado — **179.º I**

– – empréstimos administrativos — **178.º III, IV, VI**

– – arrendamentos administrativos — **178.º III, IV; VI; 179.º IV; 180.º IX**

– – compra e venda administrativas — **178.º IV, VI**

— **critérios de administratividade**

– – por determinação legal (substantiva ou adjectiva) — **178.º IV**

– – a cláusula geral de administratividade — **178.º I, III, IV**

– – o acordo de vontades como factor de qualificação do contrato administrativo — **178.º IV; 179.º IV; 185.º IV**

– – a administratividade de contratos paritários — **178.º III; 179.º III; 180.º I**

— **sujeitos do c.a.**

– – os c.a. entre particulares — **2.º VIII; 178.º VII; 179.º I**

– – os c.a. de outros Poderes do Estado — **2.º VI**

— **poderes contratuais da Administração (seus limites ou contrapartidas) — 180.º I a X**

– – poder de modificação: distinção de causas e regimes — **180.º III, IV**

– – sanções contratuais — **180.º VIII**

– – previsão específica ou implícita de — **180.º II; VII, VIII**

– – irrenunciabilidade dos poderes contratuais da Administração — **180.º II**

– – exercitáveis mediante a.a.: casos — **180.º VIII, X; 181.º III; 183.º VI; 186.º I; 187.º I**

– – "destacabilidade" e impugnabilidade desses a.a. — **180.º VIII, X; 181.º III; 186.º I**

– – sujeição do a.a. "contratual" ao p.a. comum do a.a. — **180.º X**

– – execução do a.a. praticado no seio do contrato — **180.º X; 187.º III**

– – os "actos opinativos" em matéria de interpretação e validade do c.a. — **186.º II**

– – a possibilidade de "actos opinativos" unilateralmente vinculantes — **186.º V**

– – inexistência de poderes probatórios

especiais da Administração — **185.º III; 186.º II**

— **forma do — 184.º I, II**

— **formação procedimental do** (v. PROCEDIMENTOS PRÉ-CONTRATUAIS)

— **obrigações contratuais e obrigações legais no c.a.**

– – diferença de regimes — **184.º II; 185.º III; 186.º III**

— **contencioso do**

– – em matéria de (falta de) cumprimento do c.a. — **180.º X; 186.º II; 187.º**

– – em matéria de interpretação e validade do c.a. — **186.º IV, V**

– – recurso (de plena jurisdição) em matéria de actos administrativos destacáveis — **180.º X; 181.º III, IV; 183.º VI**

– – recurso à arbitragem (v. CONVENÇÕES DE ARBITRAGEM)

– – execução fiscal no c.a. — **180.º VIII**

— **decisão de (não) contratar — 181.º I, III, IV**

— **direito extravagante ou subsidiário do Código — 183.º II; 189.º I, II, III**

– – directivas comunitárias — **181.º II; 183.º IV, V; 189.º IV, V**

– – direito interno — **183.º II; 188.º I; 189.º I; II, III**

— **recurso à disciplina do Código Civil**

– – carácter secundário do — **185.º VI; 189.º I, II**

– – em matéria de invalidade do c.a. — **185.º II, III**

– – sobre a bilateralidade das obrigações contratuais — **186.º V**

— **invalidade do c.a.** (v. INVALIDADE DO C.A.)

CONVENÇÕES DE ARBITRAGEM

— **espécies — 188.º I**

— **âmbito da sua admissibilidade em matéria contratual — 180.º III; 188.º I**

– – questões excluídas — **188.º II**

– – proibição de desaforamento dos processos em curso — **188.º I**

CONVERSÃO (v. SANAÇÃO)

Índice Ideográfico

CONVOCATÓRIAS
— **convocatória e ordem do dia — 17.° I, IV**
— **requisitos das — 17.° II; 21.° I**
 – – suprimento de ilegalidades das convocatórias — **21.° II, III, IV**
— **regime da 2ª convocatória — 22.° IV a VII**
— **inaplicabilidade das regras sobre dilação de prazos às — 73.° I**

D

DADOS PESSOAIS (NÃO PÚBLICOS)
— **noção — 1.° XIV; 62.° VIII**
— **exclusão do direito de consulta e de certidão dos documentos nominativos que contenham — P.61.° III; 62.° IV, XI**

DECISÃO (v. tb. DEVER DE DECISÃO, PROCEDIMENTO ADMINISTRATIVO)
— **elemento da noção de a.a. — 120.° V**
— **destacável** (v. ACTOS DESTACÁVEIS)
— *decisões parciais e pré-decisões* — **1.° IV, V; 7.° VII, VIII; 12.° II; 54.° II**
— **prazo da** (v. ACTOS TÁCITOS, PRAZOS PROCEDIMENTAIS)
— **proibição da decisão por remissão — 123.° XIII; 125.° IV**
— **proposta de — 105.° VI, VII**

DELEGAÇÃO DE ATRIBUIÇÕES — **35.° II**

DELEGAÇÃO DE PODERES (v. tb. SUBDELEGAÇÃO)
— **noção e figuras excluídas — 35.° I a VI**
— **acto de delegação e seus requisitos**
 – – natureza e impugnabilidade — **35.° VIII**
 – – lei habilitante — **29.° VII; 35.° VII**
 – – habilitações genéricas — **35.° X, XI, XV**
 – – acto expresso — **35.° VIII**
 – – especificação dos poderes delegados — **37.° I, II**
 – – poderes indelegáveis — **35.° XVII**
 – – publicação do acto de (e excepções) — **37.° III, IV, V, X; 86.° V**
 – – revogação do acto de — **40.° II, III**
 – – caducidade do acto de — **40.° III**

— **delegações genéricas** (v. tb. ADMINISTRAÇÃO ORDINÁRIA)
 – – em matéria de "administração ordinária" — **35.° X a XV**
 – – para a direcção da instrução — **86.° IV a VIII**
— **conteúdo da relação entre delegante e delegado**
 – – em geral — **39.°**
 – – interferência sobre outras relações existentes entre eles — **39.° I**
 – – poderes de direcção e instrução vinculantes — **39.° III, IV**
 – – poder de avocação — **39.° V, VI**
 – – revogação no seio da delegação de poderes — **39.° II, VIII; 40.° II; 142.° I, V**
 – – o caso especial da revogação pelo delegado dos actos do delegante — **39.° IX; 142.° V**
 – – impugnação para o delegante dos actos do delegado — **39.° X; 158.° VI; 176.° III**
— **actos praticados por** (v. ACTO ADMINISTRATIVO, REVOGAÇÃO DO A.A.)
— **inexistência ou ineficácia da**
 – – recurso do acto que a invoca — **38.° III**

DELIBERAÇÕES COLEGIAIS (v. tb. ACTAS DE ÓRGÃOS COLEGIAIS, COLEGIALIDADE, ÓRGÃOS COLEGIAIS)
— **forma das**
 – – regra — **122.° VII**
 – – excepções — **122.° VIII**
 – – dever geral de transcrição em acta — **27.° I, II; 122.° IX**
— **formas de votação** (v. VOTAÇÃO)
— **exemplos de ilegalidades específicas das (e eventuais meios de seu suprimento)**
 – – derivadas da convocatória — **21.° I**
 – – derivadas da ordem do dia — **19.° IV; 21.° III**
 – – derivadas da violação das normas sobre a realização de reuniões públicas — **20.° VI**
 – – derivadas da falta de quórum (v. QUÓRUM)
 – – derivadas da forma de votação — **24.° X**

Índice Ideográfico

– – derivadas da falta de maioria de votação — **133.° XIV**

– – derivadas da tumultuosidade da reunião — **133.° XIV**

– – tomadas fora de reunião formal — **133.° XIII**

– – derivadas da violação da proibição da abstenção — **23.° VIII**

— **objecto das — 19.°**

— **quórum** (v. QUÓRUM, VOTAÇÃO)

— **requisitos de eficácia das — 22.° I; 27.° X, XI; 129.° V**

— **reacções colegiais às**

– – recurso contencioso pelo presidente (v. ÓRGÃOS COLEGIAIS)

– – reacções dos restantes membros — **14.° III**

— **obrigatoriedade das deliberações tomadas para todos os membros do colégio — P.14.° V; 28.° III**

DESBUROCRATIZAÇÃO (v. PRINCÍPIO DA)

DESERÇÃO (v. EXTINÇÃO DO P.A.)

DESISTÊNCIA (v. tb. EXTINÇÃO DO PROCEDIMENTO)

— **vinculante quanto à pretensão formulada em p.a. particular — 54.° IV**

DESPACHO

— **forma-regra do a.a. escrito — 122.° III**

DESPESAS DO P.A. (v. ENCARGOS PROCEDIMENTAIS)

DEVER DE COADJUVAÇÃO (v. tb. COADJUVAÇÃO)

— **das autoridades policiais na execução de a.a.** (v. FORÇA PÚBLICA)

— **entre autoridades administrativas — 90.° III, 92.° I; 94.°**

DEVER DE DECISÃO

— **importância procedimental — 9.° III**

— **dever de decidir**

– – em procedimentos particulares e públicos — **9.° IV; 54.° IX**

– – em procedimentos oficiosos — **9.° IV; 54.° VI**

– – em procedimentos impugnatórios — **138.° III; P.158.° VI; 158.° II, IV**

– – e direito de petição — **9.° I**

– – e dever de pronúncia — **9.° I, II**

— **princípios gerais em matéria de**

– – duplo grau de decisão — **12.° IV**

– – dever de nova decisão — **9.° VII**

– – não-vinculação ao pedido e à causa de pedir em p.a. de 1.° grau ou impugnatórios — **56.° VII, VIII; 107.° II; 159.° II; 169.° I; 174.° V**

— **pressupostos procedimentais do** (v. QUESTÕES PRÉVIAS)

– – questões prévias em 1.° grau de decisão — **83.° I a IV**

– – questões prévias em procedimentos impugnatórios — **173.° I a VII**

– – unicidade do pedido (e excepções) — **74.° XIII, XIV, XV**

– – decurso do prazo sobre pretensão igual já decidida — **9.° XII**

— **consequências da violação do**

– – deferimento tácito da pretensão — **108.° XI**

– – ilegalidade do indeferimento tácito da pretensão — **109.° VI**

– – responsabilidade da Administração — **9.° VI**

DEVER DE PRONÚNCIA (v. DEVER DE DECISÃO)

DIÁRIO DA ASSEMBLEIA DA REPÚBLICA

— **delegações publicáveis no — 37.° IV**

DIÁRIO DA REPÚBLICA

— **1ª série**

– – delegações publicáveis na — **37.° IV**

– – regulamentos publicáveis na — **118.° VII**

– – a.a. publicáveis na — **131.° II**

— **2ª série**

– – delegações publicáveis na — **37.° IV**

– – projectos regulamentares publicáveis na — **118.° VI**

– – regulamentos publicáveis na — **118.° VII**

– – a.a. publicáveis na — **131.° I, II**

— **3ª série**

– – delegações publicáveis na — **37.° IV**

– – regulamentos publicáveis na — **118.° VII**

– – a.a. publicáveis na — **131.° II**

Índice Ideográfico

— **casos duvidosos**
 – – delegação de poderes de órgãos não administrativos *em matéria administrativa* — **37.° IV**
 – – regulamentos das pessoas colectivas públicas — **118.° VII**
 – – publicação de delegações na 2ª série — **37.° IV**

DILAÇÃO
— **de prazos do p.a.**
 – – em virtude da residência do particular ou da localização do serviço — **73.° III, IV**
— **prazos não sujeitos a — 17.° II; 73.° I**

DILIGÊNCIAS COMPLEMENTARES (DA INSTRUÇÃO)
— **regime geral — 104.°**
— **solicitadas na audiência — 101.° VI; 102.° V**
— **eventual renovação do direito de audiência — 104.° III**
— **por determinação do órgão de recurso — 174.° VII**

DILIGÊNCIAS INSTRUTÓRIAS
— **tipos e noções — 94.° I, III**
— **avulsas — 86.° VI**
— **a cumprir por outros serviços — 86.° VII; 92.°**
— **inexistência jurídica da convocatória para a realização de — 90.° I**
— **impertinentes e dilatórias — 57.° I; 60.° III; 87.° V; 97.° III**
— **dever de notificação da sua realização — 95.° I; 96.° I**
— **irrecorribilidade das decisões de recusa da realização de — 57.° III; 97.° III; 104.° II**

DIRECTIVAS
— **comunitárias** (v. EMPREITADA DE OBRAS PÚBLICAS, CONTRATO ADMINISTRATIVO)
— **do delegante** (v. DELEGAÇÃO DE PODERES)
— **de discricionariedade** (v. DISCRICIONARIEDADE)

DIREITO À INFORMAÇÃO (v. tb. ENCARGOS PROCEDIMENTAIS, PRINCÍPIO DA COLABORAÇÃO, ADMINISTRAÇÃO ABERTA)

— **direito fundamental — P.61.° I, II, III**
— **concretizações**
 – – informação simples — **7.° VIII; 61.° V**
 – – consulta do processo (v. CONSULTA DO PROCESSO)
 – – certidões (v. CERTIDÕES)
— **exercício do**
 – – requerimento — **61.° II, VI; 62.° VI**
 – – pelos interessados — **61.° IV**
 – – por intimação judicial — **61.° X; 62.° VII, XII; 63.° VI; 64.° V**
— **limites ao — P.61.° III**
 – – relativos à indisponibilidade do processo — **62.° II, III, IV**
 – – relativos à legitimidade do requerente — **63.° IV**
 – – relativos ao conteúdo da informação — **P.61.° IV; 62.° II, IV**
 – – relativos ao c.a. — **181.° II**
— **violação do (e seu suprimento) — 61.° VIII, IX, X**
— **de não-interessados no procedimento**
 – – enquadramento e requisitos — **64.° I**
 – – exercício do direito — **64.° II, IV**
 – – e princípio da administração aberta — **65.° II**
— **deveres especiais de informação da Administração**
 – – sobre a competência e prazo para as impugnações administrativas necessárias — **68.° IV, V; 169.° II**
 – – sobre o órgão competente para a pretensão erroneamente dirigida — **34.° II, III**
 – – sobre a fundamentação de acto oral — **126.° II**
 – – sobre a remessa do processo impugnatório ao órgão competente — **172.° I, IV**

DIREITO DE PETIÇÃO (v. DEVER DE DECISÃO)

DIREITOS SUBJECTIVOS (v. tb. ACTOS CONSTITUTIVOS)
— **noção de — 53.° IX; 124.° VII**
— **irrelevância procedimental da distinção com os interesses legalmente protegidos — 53.° VIII**

Índice Ideográfico

– – desvios — **140.° IV**

— **direitos dos particulares como condicio-nante da actividade administrativa — 4.° III, IV**

DIREITOS FUNDAMENTAIS — **NP. IX**

— **irretroactividade dos actos restritivos de direitos, liberdades e garantias — 128.° II; 133.° XI**

— **sanção dos actos que violam — 133.° XI**

— **direitos fundamentais procedimentais**

– – direito à informação — **P.61.° I, II, III**

– – direito à audiência — **P.100.° II a V; 100.° IV**

– – direito à notificação do a.a. — **66.° I**

– – direito à fundamentação — **124.I**

– – direito à impugnação administrativa — **P.158.° II; 166.° II**

DISCRICIONARIEDADE

— **directivas de — 5.° I; 29.° V; 87.° II**

— **na instrução do procedimento — NP.II; 86.° II**

– – para dar audiência aos co-interessados em recurso: alternativa — **171.° II, IV**

– – para restringir as questões do recurso hierárquico: alternativas — **171.° IV**

DOCUMENTOS

— **âmbito procedimental da noção — 1.° XIII**

— **organização documental do processo administrativo**

– – documentos de abertura e encerramento do p.a. — **1.° XX**

– – autuação e numeração — **1.° XVIII**

– – obrigatoriedade de transcrição documental de diligências instrutórias — **94.° I**

– – requisição de documentos — **1.° XIX**

– – desaparecimento, falsificação ou destruição — **1.° XIX**

– – dever de conservação ou/e de restituição — **1.° XXI**

– – pré-arquivagem de documentação — **1.° XV**

– – utilização fora do procedimento — **1.° XIX**

– – responsabilidade pela deficiente — **1.° XI, XVIII**

– – regimes supletivamente aplicáveis na — **1.° XII, XV, XIX, XXI**

– – deveres de coadjuvação das autoridades administrativas — **1.° XIX**

— **força probatória dos — 1.° XIX**

– – a autenticidade dos documentos oficiais do procedimento — **122.° VI**

– – a autenticidade do a.a. e seus limites: alcance — **122.° VI**

– – a acta como documento autêntico — **27.° I; 122.° VI**

– – a autenticidade da transcrição da fundamentação oral do a.a. — **126.° II**

– – documentos não legalizados — **1.° XVII**

– – irrelevância da autenticação dos documentos administrativos em matéria de c.a. — **185.° III, 186.° II**

— **requisitos formais dos**

– – idioma (e tradução) dos documentos procedimentais — **1.° XVI**

– – legalização de documentos oficiais estrangeiros — **1.° XVI, XVII**

– – em impressos oficiais — **74.° IV**

— **inacessibilidade a (v. tb. DIREITO À INFORMAÇÃO)**

– – nominativos contendo dados pessoais não públicos — **1.° XIV; 62.° VIII**

– – classificados — **1.° XIV; P.61.° III**

– – contendo segredos legalmente protegidos — **1.° XIV; P.61.° III**

– – responsabilidade da Administração pela violação do dever de confidencialidade — **62.° V; 63.° VII**

DOMÍNIO PÚBLICO

— **actos constitutivos de direitos sobre o — 140.° IV**

— **contratos com objecto dominial — 178.° VII**

— **legitimidade em p.a. que afecte bens do — 53.° XXIII**

E

EDITAIS (V. NOTIFICAÇÃO DO A.A., PUBLICAÇÃO OBRIGATÓRIA DO A.A. e PUBLICAÇÕES)

Índice Ideográfico

EFICÁCIA DO A.A. (v. tb. EXECUÇÃO DO A.A.)
— **noção e distinção de figuras afins —
P.127.° I, II, V**
— **princípio geral — 127.° II**
– – perfeição do acto — **127.° V**
– – desvios — **127.° III**
— **requisitos de**
– – distinção dos requisitos de validade
— **127.° VI; 129.° V; P.133.° I**
– – postos por regulamento — **130.° II**
– – aprovação e referendo como — **129.°
II, III; 150.° IV**
– – termo e condição como — **129.° IV;
121.° II; 127.° V**
– – a notificação como — **66.° III; 67.°
IV; 132.° I**
– – a publicação como — **130.° IV**
– – cumulação de — **129.° II; 132.° II;
162.° IV**
– – irrelevância do começo de execução
do acto como — **132.° III, V**
— **imediata e diferida**
– – noções — **P.127.° IV; 127.° IV;
129.° I**
– – casos de diferimento da eficácia —
129.° II, IV, V
— **retroactiva e proactiva** (v. RETROACTIVI-
DADE DO A.A.)
— **e relações poligonais — P.127.° II**
— **suspensão da**
– – de actos negativos — **150.° VII**
– – de actos nulos — **150.° VII**
– – de actos irrevogáveis — **150.° VIII**
– – como medida provisória da Administração — **84.° V; 150.° VI**
– – competência para decidir sobre a —
150.° VI
– – como consequência legal de impugnação administrativa necessária —
163.° I, III; 170.° I, II
– – em impugnação administrativa facultativa — **163.° V; 170.° V**
– – por decisão judicial — **150.° IX; 170.°
V**
– – de actos inexequíveis — **163.° IV**

EFICIÊNCIA (v. PRINCÍPIO DA)

EMBARGOS
— **pela Administração de actuações de
particulares — 157.°**
— **proibição de embargos à execução do
a.a — 153.° I, III**
– – excepções — **153.° II**
– – alternativas — **153.° I, III**

EMPREITADA DE OBRAS PÚBLICAS (v. tb. CON-
TRATO ADMINISTRATIVO)
— **e direito de audiência — 100.° I; 181.° II**
— **directivas comunitárias aplicáveis à —
183.° IV; 189.° IV; V**
— **aplicação subsidiária do seu regime aos
contratos administrativos em geral —
189.° III**

EMPRESAS PÚBLICAS
— **sujeição ao código — 2.° III**
– – c.a. de — **178.° VII**
– – em matéria de gestão privada — **2.°
XII**

ENCARGOS PROCEDIMENTAIS (v. tb. EXECUÇÃO
FISCAL)
— **princípio da gratuitidade procedimental**
– – significado — **11.° I; 62.° VI**
— **excepções ao princípio da gratuitidade**
– – certidões — **62.° IX**
– – realização de diligências probatórias
— **88.° VI**
– – taxas e despesas legais — **11.° II**
– – despesas extraordinárias pela consulta
do processo — **62.° VI**
— **isenções e dispensas**
– – insuficiência económica — **11.° III**
– – pela passagem de certidões do processo cuja consulta foi recusada —
62.° IX
– – pela realização de diligências probatórias — **88.° VI**
— **falta (ou atraso) de pagamento — 11.°
II; 113.°**

ERRO
— **de cálculo e de escrita** (v. tb. RECTIFICA-
ÇÃO)
– – manifestos — **148.° I**
– – não manifestos — **148.° I, III**
— **relevo da vontade no a.a. — 120.° VI,
XVI; 135.° II**

900

Índice Ideográfico

— relevo da vontade no c.a. (v. CONTRATO ADMINISTRATIVO)
— na identificação da autoridade requerida — 34.° III a VII
— na notificação pela Administração sobre o recurso a interpor — 68.° V
— na qualificação do recurso administrativo pelo recorrente — 173.° V
— sobre os pressupostos e motivos do a.a.: relevo — 135.° II

ESCRUTÍNIO SECRETO (v. VOTAÇÃO)

ESCUSA (v. SUSPEIÇÃO)

ESTADO DE NECESSIDADE
— noção e requisitos — 3.° IX, X, XI
— figuras afins
– – medidas provisórias — 3.° XII; 84.° III
– – urgência administrativa — 3.° XI, XIV
— sua força validante
– – do a.a. ilegal: alcance — 3.° X, XI, XII
– – de actos praticados após se suscitar o impedimento do seu autor — 46.° IV
– – da execução administrativa não precedida de a.a. — 150.° III
– – de operações materiais — 3.° X; 151.° I, III, IV
– – de regulamentos — 3.° X
– – da dispensa de procedimentos pré-contratuais — 3.° X; 183.° V
– – da recusa de suspensão de efeitos dos actos objecto de impugnação necessária — 163.° IV; 170.° III
— contencioso do estado de necessidade
– – peculiaridades — 3.° XIII

ESTABELECIMENTOS PÚBLICOS
— sujeição ao Código — 2.° III

EXAMES
— enquanto a.a.
– – a classificação do exame — 120.° XI
– – fundamentação — 120.° XI; 124.° XV
– – procedimento e audiência- 1.° VIII; 120.° XI; 124.° XV

– – recorribilidade — 120.° XI
— enquanto diligência instrutória
– – objecto — 94.° III
– – alcance — 120.° XI
– – solicitação de exames periciais a serviços públicos especializados — 94.° IV

EXECUÇÃO DO A.A.
— auto-tutela executiva — P.120.° I, P.149.° I, V
– – execução autoritária e/ou coactiva — P.149.° I, III, V
– – distinção da execução administrativa das leis — P.149.° VII
– – casos de execução judiciária do a.a. — P.149.° I; 155.° I, II, VII; 157.° III; 187.° II, III;
– – resistência à execução — 153.° III
— conceitos envolvidos
– – actos exequíveis — P.149.° VII
– – actos executivos — P.149.° I
– – actos "executórios" — 149.° V
— regras e princípios gerais do procedimento executivo
– – exigência de procedimento — 1.° VII; P.149.° IV; 152.° I
– – necessidade de a.a. precedente: excepções — 151.° I, II, III
– – autonomia (e seus limites) em relação ao procedimento declarativo — P.149.° VI
– – decisão de proceder à execução — 152.° I, II, IV, V
– – notificação da decisão de proceder à execução — 151.° II; 152.° III, IV; 157.° II
– – fixação de prazo para cumprimento voluntário — 155.° II; 157.° II
– – princípio da tipicidade legal da forma e dos termos da execução — 149.° VI
– – recurso à força pública (v. FORÇA PÚBLICA)
– – suspensão da execução (v. EFICÁCIA DO A.A.)
– – proibição de embargos à execução — 153.° ; 156.° II
– – princípio da proporcionalidade — 151.° V, VI
— finalidades e meios da

Índice Ideográfico

– – para a entrega de coisa certa — **154.º
I; 156.º I a IV**

– – para o pagamento de quantia certa —
154.º I; 155.º I, II, III, V; 157.º III

– – para o pagamento de quantia incerta
ou entrega de coisa incerta — **154.º II**

– – para a prestação de facto fungível —
154.º I, 155.º IV, V; 157.º I a III

– – para a prestação de facto infungível
— **154.º I; 157.º I, IV, VI, VII, VIII**

– – medidas complementares da execução — **149.º VI; 157.º VI**

— **de a.a. constitutivos de deveres para a
Administração**

– – lacuna do Código: eventuais alternativas — **P.149.º XIII; 152.º II**

— **contencioso da**

– – execução fiscal (v. EXECUÇÃO FISCAL)

– – ilegalidade do acto executado —
151.º II, IV, XI

– – ilegalidades próprias dos actos de
execução — **151.º II, IV, VII, XI**

EXECUÇÃO FISCAL

— **casos**

– – em sede de execução do a.a. — **149.º
VII; 155.º I, IV; 157.º III**

– – para pagamento de taxas e despesas
do p.a. — **113.º V; P.149.º VIII;
155.º I**

— **procedimento da** — **149.º VII; 155.º III**

– – irrenunciabilidade ao — **149.º VIII**

— **sua extensão aos a.a. de particulares —
155.º II**

— **no seio do c.a. — 180.º VIII**

EXTINÇÃO DO P.A.

— **por decisão de questões prévias — 83.º
V; 173.º VII**

— **por decisão da pretensão**

– – expressa — **107.º**

– – deferimento tácito (v. tb. ACTOS TÁ-
CITOS) — **108.º**

– – o indeferimento tácito como causa
(eventual) de extinção do p.a. de 1.º e
2.º graus — **106.º IV; 109.º II; 165.º
III; 175.º V**

— **por causas alheias à decisão**

– – deserção: âmbito — **111.º I**

– – desistência ou renúncia: âmbito —
110.º I, IV

– – impossibilidade ou inutilidade supervenientes ou originárias: âmbito —
112.º I

– – falta de pagamento de taxas ou despesas: requisitos prévios — **11.º I; 113.º
III, IV, VI**

— **regime geral da extinção por causas
alheias à decisão**

– – a necessidade de a.a. extintivo —
**106.º I, II, III; 110.º V; 111.º II, III;
113.º IV**

– – impugnabilidade contenciosa do a.a.
extintivo — **106.º III; 111.º VI; 112.º
II**

– – prosseguimento do p.a. por decisão
administrativa — **110.º IV, VII;
111.º IV, V; 113.º IV**

– – prosseguimento do p.a. por existência
de outros interessados com direito à
decisão — **106.º IV**

F

FACTOS NOTÓRIOS (v. PROVA)

FACTOS DE CONHECIMENTO DO INSTRUTOR (v.
PROVA)

FORÇA PÚBLICA

— **admissibilidade e limites do seu uso na
execução do a.a. — P.149.º I; 149.º IV, V**

— **seu dever de coadjuvação na execução
do a.a.**

– – regra geral — **149.º V**

– – em relação a a.a. anuláveis e nulos —
149.º V

– – para assegurar a posse administrativa
— **156.º V**

– – para assegurar a execução de prestações
de facto infungíveis — **157.º IV, V**

– – para assegurar a execução de obrigações de suportar — **157.º VIII**

— **quem a assegura — 149.º V**

FORMA DO A.A.

— **regra da forma escrita** (v. tb. DESPACHO)
— 122.º I

Índice Ideográfico

– – acto escrito e acta — **122.° VII, IX**

– – importância — **122.° II**

– – actos escritos dos órgãos colegiais: transcrição em acta — **122.° I, VII, VIII**

– – formas solenes — **122.° III, IV**

— **forma oral**

– – pela natureza do acto — **122.° V**

– – por determinação legal — **122.° VII**

– – dever de consignação em acta das deliberações orais dos órgãos colegiais — **27.° I; 122.° VII**

– – dever de redução a escrito do acto oral — **126.° III**

— **paralelismo de forma**

– – em caso de revogação — **P.138.° V; 138.° IV; 143.° II**

– – em caso de sanação — **137.° VI**

– – em caso de rectificação — **148.° IV**

— **falta da forma legalmente exigida** (v. tb. NULIDADE DO A.A.) — **122.° II; 133.° XIII**

FORMALIDADES

— **inclusão no p.a. de formalidades que o antecederam — 54.° II; 93.°**

— **regra do paralelismo de** (v. REVOGAÇÃO DO A.A.)

— **dos procedimentos contratuais** (v. PROCEDIMENTOS PRÉ-CONTRATUAIS)

— **do procedimento regulamentar** (v. REGULAMENTOS)

— **falta ou preterição de**

– – formalidades essenciais e não essenciais — **135.° III**

– – o prazo legal como formalidade (não) essencial — **71.° II**

– – sanções em sede de invalidade — **1.° III, IV; 133.° XIII**

– – respeitantes à eficácia do acto — **129.° V**

FORMULÁRIOS (v. REQUERIMENTO INICIAL)

FUNDAÇÕES PÚBLICAS

— **sujeição ao Código — 2.° III**

FUNDAMENTAÇÃO (v. tb. FUNDAMENTAÇÃO DO A.A.)

— **da dispensa de formalidades essenciais do p.a.**

– – da notificação — **67.° I**

– – da audiência — **103.° II, III, IV, VIII**

– – da realização de procedimentos concursais — **182.° IV; 183.° IV**

– – de outras formalidades — **124.° XIV**

— **das decisões do presidente dos órgãos colegiais — 14.° VIII**

— **de actos e medidas instrutórias — 34.° III; 87.° V**

— **da decisão sobre produção antecipada da prova — 93.° II**

— **dos pedidos de impedimento e de suspeição ou escusa — 45.° III; 49.° I**

— **das petições de reclamação e de recurso** (v. RECLAMAÇÃO DO A.A., RECURSOS HIERÁRQUICOS)

— **no procedimento regulamentar**

– – da petição regulamentar — **115.° V**

– – da resposta à petição regulamentar — **115.° VIII**

– – da nota justificativa do projecto regulamentar — **116.° IV**

– – da não concessão de audiência dos interessados e de apreciação pública — **117.° IV; 118.° III**

– – (ir)repercutibilidade na validade do regulamento — **115.° VI; 116.° VI; 117.° IV; 118.° III**

FUNDAMENTAÇÃO DO A.A.

— **como direito fundamental: dúvidas — 124.° I**

– – colisão do dever de fundamentar com outros valores constitucional ou legalmente protegidos — **124.° XV, XX**

— **a.a. sujeitos a fundamentação**

– – em geral — **124.° VII a XIII**

– – actos de dispensa ou isenção de obrigações de particulares ou da Administração — **124.° XIV**

– – actos favoráveis — **124.° V, VI**

– – da aposição de cláusula acessória — **124.° VI**

– – medidas provisórias — **84.° XV, XI**

– – decisões de extinção do p.a. à revelia da vontade do interessado — **111.° II; 112.° II**

– – deliberações dos júris — **124.° XIX**

– – actos de execução — **124.° VI**

– – de actos conformes com as conclusões de parecer, mas divergentes da sua fundamentação — **124.° XI**

Índice Ideográfico

– – de recusa de suspensão de eficácia de actos reclamados ou recorridos necessariamente — **163.° II; 170.° III**

– – da concessão de efeito suspensivo no caso de reclamações e recursos facultativos — **163.° V; 170.° V**

— **actos não sujeitos a fundamentação**

– – decisões de exames — **124.° XV**

– – homologação de deliberações de júris — **124.° XIX**

– – ordens de serviço — **124.° XIX**

— **relevo da fundamentação não obrigatória — 124.° IV**

— **de actos orais — 126.°**

— **de deliberações colegiais**

– – regra geral — **124.°**

– – das deliberações tomadas por escrutínio secreto — **24.° XI; 124.° XVII**

– – sua inclusão nas actas — **24.° XI; 27.° II**

— **requisitos da fundamentação expressa**

– – conteúdo: sua relatividade — **124.° III; 125.° III; 162.° II**

– – justificação e motivação — **123.° XII; 124.° III**

– – de facto e de direito — **125.° III**

– – clareza, congruência e suficiência — **125.° VII, VIII**

– – fundamentação parcial — **124.° VI**

– – dever de fundamentação contextual e contemporânea: desvios — **123.° XI; 125.° I; 137.° II**

– – por remissão para actos ou documentos oficiais — **124.° XI; 125.° IV**

– – fundamentação de actos praticados *em massa*: reprodução mecânica — **124.° XVIII; 125.° IX**

– – conexão com a resposta à audiência — **P.100.° I; 124.° III**

– – nos actos implícitos — **124.° XVI**

— **(ir)relevância da fundamentação dos a.a. vinculados — 124.° II**

— **consequências da falta e vícios da fundamentação — 124.° I, XII; 125.° VI, VII, VIII**

– – fundamentação sucessiva por ratificação — **123.° XI; 137.° II**

G

GESTÃO DE NEGÓCIOS

— **sua admissibilidade no p.a. — 52.° I**

GESTÃO PRIVADA

— **noção — 2.° XI**

— **âmbito subjectivo e objectivo da sujeição ao Código — 2.° II, IV**

– – aplicação das normas concretizadoras de preceitos constitucionais e dúvidas que se suscitam — **2.° XI, XII, XIV**

– – aplicação dos princípios gerais da actividade administrativa — **2.° XI, XIII**

– – entes não abrangidos pela referida aplicação — **2.° XII**

— **irrecorribilidade pelo Presidente das deliberações de gestão privada dos órgãos colegiais — 14.° X**

— **vinculação a uma regra de compatibilidade legal — 3.° VI**

GESTÃO PÚBLICA

— **noção — 2.° IV**

— **âmbito subjectivo e objectivo da sujeição ao Código — 2.° II, IV**

— **vinculação a uma regra geral de conformidade legal — 3.° VI**

GRATUITIDADE DO P.A. (V. ENCARGOS PROCEDIMENTAIS)

H

HOMOLOGAÇÃO

— **de pareceres — 98.° II**

— **a questão da fundamentação da homologação de deliberações de júris — 124.° XIX**

HIERARQUIA (V. tb. RECURSOS HIERÁRQUICOS, SUBSTITUIÇÃO)

— **hierarquia e competência do subalterno no p.a.**

– – em caso de competência própria — **47.° II; 170.° IV; 174.° IV**

– – em caso de competência exclusiva — **142.° III, IV; 174.° II, VII; 175.° IV**

Índice Ideográfico

– – em caso de competência excludente — **166.º IV; 173.º III; 174.º III**

— **ordens de serviço** (v. ORDENS DE SERVIÇO)

— **poderes procedimentais inerentes à**

– – em matéria de impedimentos e suspeições — **45.º IV; 46.º III; 49.º III; 50.º I**

– – em matéria de conflitos de competência — **42.º VIII**

– – em matéria de delegação ordinária de poderes — **35.º X a XIV**

– – em matéria de prorrogação e de incumprimento do prazo de conclusão do p.a. — **58.º V**

– – em matéria de direcção da instrução — **86.º IV, VI, VIII; 93.º III; 104.º II; 105.º IX**

– – em matéria de instrução complementar ou anulação do p.a., no caso de recursos administrativos de a.a. da competência exclusiva do subalterno — **174.º VII**

— **hierarquia e delegação de poderes** (v. DELEGAÇÃO DE PODERES)

— **"substituição" do superior pelo subalterno** (v. SUBSTITUIÇÃO, SUPLÊNCIA)

I

IGUALDADE (V. PRINCÍPIO DA)

IMPARCIALIDADE (V. PRINCÍPIO DA)

IMPEDIMENTOS (v. tb. SUSPEIÇÃO OU ESCUSA)

— **distinção das incompatibilidades e das suspeições — 44.º III, IV; 48.º II, III**

— **âmbito subjectivo dos — 24.º XII; 44.º II, V**

— **âmbito objectivo**

– – taxatividade do elenco legal — **44.º VI; 48.º II**

– – intervenções proibidas e admitidas — **44.º VII, XI**

– – intervenções necessárias do impedido (medidas provisórias) — **46.º III, IV**

– – intervenção do autor do acto na instrução do respectivo recurso administrativo — **172.º III**

— procedimento (incidental) sobre — **45.º; 46.º I; 47.º**

— **consequências (invalidantes) da intervenção do impedido**

– – regra geral — **24.º XIII; 51.º I, II**

– – suspensão do impedido e ratificação (confirmação) dos actos necessários por ele praticados após a suspensão — **46.º II; 47.º I**

– – necessidade de renovação ou convalidação dos actos anteriores à suspensão ou à decisão positiva do incidente — **47.º I; 51.º III**

– – nulidade ou anulabilidade do a.a. ou do c.a. da autoria do impedido — **51.º I, II**

– – irrelevância contenciosa da falta de reconhecimento administrativo da existência do impedimento — **45.º II**

— **consequências disciplinares pela omissão do dever de comunicação do impedido — 51.º IV**

IMPOSSIBILIDADE (FÍSICA OU JURÍDICA)

— **consequências no a.a.**

– – da cláusula acessória do a.a. — **121.º IX**

– – do objecto do a.a. — **133.º IX**

— **consequências no p.a.** (v. EXTINÇÃO DO P.A.)

IMPRESSOS (V. REQUERIMENTO INICIAL)

IMPUGNAÇÃO ADMINISTRATIVA

— **meios de** (v. tb. RECLAMAÇÃO DO A.A., RECURSOS) — **158.º VI**

— **como procedimento de 2.º grau**

– – finalidades possíveis da impugnação administrativa — **P.158.º III**

– – aproveitamento do processo instrutório de 1.º grau — **P.158.º V; 171.º IV**

– – existência do direito de audiência — **100.º I; P.158.º V; 165.º II; 171.º II**

– – legitimidade — **P.158.º V; 160.º I a III**

– – irreclamabilidade da decisão expressa de 2.º grau: excepção — **161.º V**

– – casos de restrição às questões de invalidade — **159.º II; 160.º I**

— **dever de decisão** (v. DEVER DE DECISÃO)

Índice Ideográfico

INCOMPATIBILIDADES (V. IMPEDIMENTOS)

INCOMPETÊNCIA (v. tb. COMPETÊNCIA, CONFLI-
TOS DE COMPETÊNCIA)
— **requerimento dirigido a órgão incompetente — 34.° ; 173.° II**
— **actos praticados por órgãos incompetentes**
— — sanção de anulabilidade ou nulidade
— **133.° VIII**
— — sua revogação — **142.° II**
— — sua sanação — **137.° VII**
— — convalidação do p.a. iniciado por órgão incompetente — **30.° II**
— **arguição da incompetência no p.a. —
33.° V**
— **como questão prévia do p.a. — 83.° II;
173.° II**

INCONVENIÊNCIA
— **noção e distinção da ilegalidade — 159.° I**
— **como fundamento da revogação do acto
— P.138.° II; 140.° I**
— **como fundamento de reclamações e recursos (excepções) — P.158.° II; 159.°;
167.° IV; 160.° I**
— **inimpugnabilidade contenciosa do acto
por — 12.° III**
— **sua apreciação no âmbito de relações
tutelares — 177.° III**

INDEFERIMENTOS
— **a.a. de indeferimento expresso**
— — sujeitos a fundamentação — **124.° X**
— — requisitos para a renovação da pretensão — **9.° VIII, IX, X**
— — "confirmativos" de indeferimentos tácitos — **109.° V; 158.° III; 165.° III;
175.° V**
— **liminar do requerimento** (V. QUESTÕES
PRÉVIAS)
— **tácitos** (V. ACTOS TÁCITOS)

INEXISTÊNCIA DO A.A. (V. ACTOS INEXISTEN-
TES)

INFORMAÇÕES
— **direito procedimental dos interessados**
(V. DIREITO À INFORMAÇÃO)

— **no âmbito do dever de colaboração da
Administração — 7.°**
— — regime jurídico — **7.° IV a XII**
— **oficiais — 7.° IX, X**
— — distinção dos pareceres — **98.° III**
— — fundamentação do acto divergente
com as — **124.° XI**

INQUISITÓRIO (V. PRINCÍPIO DO)

INSTITUIÇÕES PARTICULARES DE INTERESSE PÚ-
BLICO
— **requisito de sujeição ao Código — 2.° X**
— **a.a. das — 120.° XIII**
— — sujeição a recursos tutelares — **177.°
II**

INSTITUTOS PÚBLICOS
— **sujeição ao Código — 2.° III**

INSTRUÇÃO (v. tb. PROVA)
— **funções da fase de — P.86.° I, II**
— — instrução e inquisitório — **56.° I, IV,
V; P.86.° III**
— **direcção da** (v. tb. HIERARQUIA)
— — regime — **86.°**
— — delegação em matéria de (limites e
peculiaridades) — **86.° IV, V**
— **dever de colaboração na**
— — de interessados — **59.° II; 60.° I; 89.°
I, II**
— — de contra-interessados — **60.° III;
89.° V**
— — de terceiros — **60.° II**
— — consequências da violação — **60.° I,
III; 89.° II, III; 91.° III**
— **direitos dos interessados na — 88.° IV,
V; 94.° IV; 96.° I; 97.° II**
— **diligências** (v. DILIGÊNCIAS INSTRUTÓRIAS,
DILIGÊNCIAS COMPLEMENTARES)
— **ilegalidades da**
— — relevo — **87.° III; 94.° I**
— — regra da não destacabilidade — **57.°
III; 97.° III; 104.° II**
— **utilização de meios civilistas na instrução — 60.° II, III**

INSUFICIÊNCIA ECONÓMICA (V. ENCARGOS PRO-
CEDIMENTAIS)

906

Índice Ideográfico

INTERESSADOS (v. tb. LEGITIMIDADE)
— **conceito de interessados e sua polissemia no Código — 53.° V**
 – – conceito de interessados para efeitos de notificação — **66.° V**
— **co-interessados**
 – – direito de intervenção procedimental independente — **52.° II**
 – – direito de audiência em reclamações ou recursos administrativos: alternativas — **165.° II; 171.° IV**
— **contra-interessados**
 – – seu interesse na manutenção de actos anulados ou revogados — **133.° XVI; 145.° III**
 – – sua posição face à retroactividade do a.a. determinada pela Administração — **128.° VI**
 – – sua posição em matéria de solicitação de provas instrutórias — **89.° V**
 – – deficiências do Código em matéria de protecção da posição jurídica dos — **P.127.° II; P.138.° I**
 – – direito de audiência em procedimentos de 2.° grau — **165.° II; 171.° IV**
— **representação dos** (v. REPRESENTAÇÃO)

INTERESSES (v. tb. LEGITIMIDADE)
— **difusos**
 – – noção — **53.° XIX, XX**
 – – relativos a bens do domínio público — **53.° XXI, XXIII**
 – – relativos a bens fundamentais — **53.° XXI**
 – – legitimidade singular e colectiva no domínio dos — **53.° XXV, XXVI**
 – – e interesse "legítimo" ou atendível no direito à informação — **64.° I**
— **legalmente protegidos** (v. tb. DIREITOS SUBJECTIVOS)
 – – noção — **5.° III; 53.° VIII, IX**
 – – seu enquadramento em matéria de impugnação por inconveniência — **160.° III**

INTERESSES PÚBLICOS
— **definição legal dos — 4.° II**
— **prossecução dos** (v. PRINCÍPIO DA PROSSECUÇÃO DO INTERESSE PÚBLICO)

— como obstáculo à realização de direitos ou interesses procedimentais dos interessados — **4.° II**
 – – em matéria de direito de audiência — **103.° IV**
 – – em matéria de prosseguimento do procedimento — **110.° VII; 111.° III**
 – – em matéria de suspensão de eficácia legalmente prevista — **163.° IV; 170.° III**
 – – em matéria de informação procedimental — **P.61.° III; 62.° II; 63.° VII**
 – – em matéria de fundamentação dos a.a. — **124.° XX**
— **equiparação dos interesses particulares para efeitos procedimentais — 84.° IX**
— **sua relevância no seio do c.a.**
 – – como factor de autonomia e administratividade do c.a. — **P.178.° III**
 – – fundamento da modificação unilateral do c.a. — **180.° III**
 – – fundamento de rescisão do c.a. — **P.178.° III; 180.° VI**

INTIMAÇÃO JUDICIAL
— **para efectivação do direito à informação — 61.° X; 62.° VII, XII; 63.° VI; 64.° V; 65.° VII**
— **para um comportamento**
 – – como meio de superar a falta de decisão de certas Administrações — **9.° VI; 109.° VIII**
 – – como meio de efectivação dos deveres da Administração em sede de execução do a.a.? — **P.149.° I**
 – – como meio de execução de a.a. de particulares — **155.° II**

INUTILIDADE DO P.A. (v. EXTINÇÃO DO PROCEDIMENTO)

INVALIDADE DO A.A. (v. tb. ANULABILIDADE DO A.A., NULIDADE DO A.A.)
— **noção e figuras afins — P.133.° I, II**
 – – ineficácia — **127.° VI; 129.° V; P.133.° I**
 – – irregularidade — **135.° III, 159.° I**
 – – inexistência jurídica e inexistência de a.a. — **P.133.° III**
— **distinção entre vícios do a.a. e vícios das formas de sua comunicação — 130.° IV; 131.° V**

Índice Ideográfico

— **das deliberações colegiais** (v. DELIBERA-
ÇÕES COLEGIAIS)
— **como consequência da ilegalidade de
cláusulas acessórias** (v. CLÁUSULAS ACES-
SÓRIAS)
— **de execução** (v. EXECUÇÃO DO A.A.)
— **como fundamento da impugnação administrativa**
– – decisão da impugnação não vinculada
à invalidade invocada — **159.° II;
174.° II, V**
– – obrigatoriedade da sua apreciação —
138.° III; P.158.° VI; 158.° II
– – obrigatoriedade da anulação administrativa do acto inválido — **136.° I;
158.° II; 174.° I**
— **impugnação contenciosa da**
– – em caso de inexistência jurídica —
P.133.° III
– – em caso de nulidade — **P.133.° II**
– – em caso de anulabilidade — **136.° IV**
– – efeitos das respectivas sentenças —
136.° V
— **parcial — 121.° X; 137.° III**
— **revogação por** (v. REVOGAÇÃO DO A.A.)

INVALIDADE DO C.A. (v. tb. NULIDADE DO C.A.)
— **185.° III**
— **regime geral da invalidade do c.a. —
185.° I, II, V, VIII**
— **aplicação secundária dos regimes de
direito privado — 185.° II, VI**
– – aos casos de falta ou vícios da vontade — **185.° II, III**
– – aos contratos substitutivos de contratos de direito privado — **185.° IV,
VII**
– – limites à aplicação das regras civilistas — **185.° VII; VIII**
— **substitutivos de a.a. — 185.° IV, V, VI**
— **com objecto próprio de c.a. — 185.° V**
— **consequente da invalidade dos actos do
p.a. de formação de vontade contratual
— 185.° I**

INVALIDADE DO P.A.
— **escassez da regulamentação do Código**
– – sua previsão em matéria de recursos
administrativos: regime — **174.° VII;
175.° III**

– – aproveitamento de formalidades em
caso de acto nulo — **137.° IV**
— **invalidade parcial ou total do p.a. decidida em recurso**
– – influência sobre o acto recorrido —
175.° III
— **dos actos do p.a. praticados pelo impedido antes da sua suspensão, até à sua
suspensão ou até à decisão positiva do
incidente — 47.° I, 51.° III**

INVALIDADE DO REGULAMENTO (v. REGULA-
MENTOS)

IRREGULARIDADE
— **do a.a.**
– – distinção de invalidade — **135.° III;
159.° I**
– – em caso de formalidades não essenciais — **135.° III, VI**
– – por falta de emissão de parecer obrigatório e não vinculativo — **99.° III**
– – por falta de indicação do sentido da
decisão para efeitos de audiência —
100.° VII
– – por omissões do relatório final do instrutor — **105.° VIII**
— **do requerimento** (v. REQUERIMENTO INI-
CIAL)

J

JUSTIÇA (v. PRINCÍPIO DA)

L

LEGALIDADE (v. PRINCÍPIO DA)

LEGITIMIDADE (v. tb. INTERESSADOS)
— **em procedimentos de 1.° grau — 53.°**
— **em procedimentos impugnatórios —
53.° X**
– – também para impugnar actos "favoráveis" — **160.° II**
– – do Ministério Público — **160.° I**
– – das associações e autarquias — **160.°
III**

Índice Ideográfico

— em procedimentos regulamentares (v. PROCEDIMENTO REGULAMENTAR)
— falta de (v. QUESTÕES PRÉVIAS)

LEGISLAÇÃO SUBSIDIÁRIA (v. CONTRATO ADMINISTRATIVO, DOCUMENTOS)

M

MEDIDAS PROVISÓRIAS — **84.° ; 150.° VI**
— **caducidade das — 85.°**
— **e direito de audiência — 84.° XI**
— **recurso hierárquico das — 84.° XIX**
— **recurso contencioso das (peculiaridades) — 84.° XIII**

MINISTÉRIO PÚBLICO
— **legitimidade procedimental de 2.° grau — 159.° VII; 160.° I**
— **prazos para a impugnação administrativa pelo — 168.° I, VI**
— **exclusividade do fundamento das suas impugnações — 159.° II; 160.° I**

MINUTAS (v. ACTAS)

MODO (v. tb. CLÁUSULAS ACESSÓRIAS)
— **incumprimento do modo**
  – – com ou sem reserva de revogação — **121.° III; P.138.° VI; 140.° VIII**

N

NEGOCIAÇÃO (v. "CONCURSOS" POR NEGOCIAÇÃO)

NORMAS DO CÓDIGO (v. CÓDIGO)

NOTA JUSTIFICATIVA (v. PROCEDIMENTO REGULAMENTAR)

NOTIFICAÇÃO DO A.A. (v. tb. NOTIFICAÇÕES PROCEDIMENTAIS)
— **noção de notificação — 66.° II**
  – – distinção da publicação — **70.° V**
— **direito dos interessados à**
  – – como direito fundamental — **66.° I**

– – a.a. que devem ser notificados — **66.° VI; 132.° I**
– – conceito de interessados — **66.° V**
– – interessados facultativos — **53.° VI**
— **notificação para a execução do a.a. — 152.° III, IV**
— **conteúdo da**
  – – regra geral sobre as menções e anexos da notificação — **68.° I, II, III, IV**
  – – por extracto — **68.° VI**
  – – contextualidade da notificação do acto e da sua execução — **152.° VII**
— **efeitos da (ou da falta da)**
  – – requisito de eficácia de actos impositivos e similares — **66.° III, IV; 132.° I, III**
  – – notificações provisórias e sua confirmação — **70.° IX**
  – – cumulação da obrigatoriedade legal de publicação e notificação — **132.° II; 162.° IV**
  – – consequências da falta de notificação (ou da sua confiança) — **68.° VIII; 70.° IX**
  – – consequências da errónea identificação do órgão de recurso — **68.° V**
  – – consequências da notificação extemporânea — **69.° II; 108.° XIV**
— **dispensa de — 67.° I, II, V**
  – – dos actos orais (excepções) — **67.° III**
  – – dos actos do perfeito conhecimento oficial dos interessados — **67.° IV; 132.° III, IV**
— **formas da — 70.°**
— **prazo para proceder à**
  – – regra geral — **69.° I**
  – – contagem — **67.° V**
  – – consequências da sua violação — **69.° II; 108.° XIV**

NOTIFICAÇÕES PROCEDIMENTAIS (v. tb. COMUNICAÇÕES)
— **para a audiência de interessados**
  – – conteúdo — **101.° III; 171.° III**
  – – falta de notificação — **101.° IV**
  – – aplicação à audiência oral — **102.° II**

Índice Ideográfico

— **em caso de errónea apresentação dos requerimentos — 34.º III**
– – sobre a qualificação do erro — 34.º VII
– – sobre a remessa do processo ao órgão competente — 34.º VI
— **da decisão de proceder à execução** (v. EXECUÇÃO DO A.A.)
— **na fase de intrução**
– – para prestação de informações e provas pelos interessados — 90.º; 91.º II
– – para audição — 59.º
– – para a realização de diligências instrutórias — 95.º
— **em procedimentos impugnatórios**
– – notificação dos *co* e *contra*-interessados para o recurso: conteúdo — 171.º I a III
– – da remessa do processo hierárquico para decisão — 172.º I, IV

NULIDADE DO A.A. (v. tb. INVALIDADE DO A.A.)
— **causas de**
– – por determinação da lei — 29.º VII; 133.º IV, VI a XVI; 185.º
– – por natureza — 133.º V
– – por falta de identificação do seu destinatário — 123.º VIII
– – por falta ou ininteligibilidade do conteúdo e de objecto — 123.º XIII; 133.º IX
– – por falta de forma legalmente prescrita — 122.º II; 133.º XIII; 135.º
– – por violação do conteúdo essencial de direitos fundamentais — 5.º IV; 133.º XI
– – dos actos das autarquias locais — 133.º II
– – por renúncia ou alienação da competência — 29.º V, VII
– – por falta de audiência em procedimentos sancionatórios — P.100.º III, IV
— **casos duvidosos**
– – dos actos do impedido ou suspeito — 51.º II
– – por falta de audiência dos interessados — 100.º IV; 133.º XI

– – dos actos de recusa de prestação de informações obrigatórias — 61.º IX
– – por falta de fundamentação — 124.º I; 125.º VI; 163.º II
– – por violação de princípios fundamentais — 133.º XI
– – dos actos que apliquem norma inconstitucional — 133.º V
– – admissibilidade de deferimentos tácitos nulos — 108.º XII
– – a falta de requerimentos nos procedimentos particulares — 54.º X; 133.º V
— **regime da**
– – regime geral — 134.º
– – ineficácia do acto nulo — 127.º VI
– – impossibilidade da sua sanação e revogação — 137.º IV; 139.º I
– – relevo substantivo e procedimental do acto nulo — P.133.º II, III
– – efeitos putativos do acto nulo — 134.º IV
– – aproveitamento de formalidades do respectivo p.a. — 137.º IV
– – efeitos nas relações tutelares — 134.º I
— **declaração de**
– – com efeitos gerais: requisitos — 134.º II, III
– – desaplicação administrativa ou judicial do acto nulo — 134.º III

O

ÓNUS DE ALEGAÇÃO (v. PROVA)

ÓNUS DA PROVA (v. PROVA)

OPERAÇÕES MATERIAIS
— **sujeição aos princípios gerais da actividade administrativa e às normas que concretizam preceitos constitucionais — 2.º XI**
— **consubstanciadoras de a.a.**
– – em estado de necessidade — 120.º X
— **em sede de instrução de procedimento — 1.º IX**
– – dever de redução a auto — 1.º IX; 94.º I
— **em sede de execução do a.a.**

Índice Ideográfico

– – precedência necessária de a.a. — **151.° I, II**

– – fundadas em estado de necessidade — **151.° III**

– – desconformidade ou excesso com o acto executado — **151.° V**

– – sua impugnabilidade contenciosa — **151.° IV, X**

OPOSIÇÃO

— dos contra-interessados em recurso administrativo

– – manifestação — **171.° IV**

– – factor de preclusão do poder de retratação — **172.° IV, VI**

— dos membros dos órgãos colegiais à realização de reunião convocada ilegalmente — 21.° III, IV

— da Administração ao exercício de direitos — 74.° I

ORDEM DO DIA

— das reuniões colegiais

– – ordinárias — **18.° I**

– – extraordinárias — **17.° IV; 18.° I**

— a quem cabe elaborar a — 18.° I, III

— dever de comunicação da

– – exigência das reuniões ordinárias — **16.° II, III, IV**

– – sua inclusão na convocatória das reuniões extraordinárias — **17.° IV**

— elaboração da

– – regime geral — **18.° II, III**

– – limites da ordem do dia em 2ª convocatória — **22.° IV**

— invalidade das deliberações sobre assuntos não incluídos na — 19.° IV

– – excepção — **19.° III**

ORDENS DE SERVIÇO

— natureza e efeitos jurídicos

– – não são a.a.: excepção — **120.° XVIII; 124.° XIX**

– – dever de cumprimento das ordens que envolvam actos nulos: excepção — **134.° I**

– – nunca carecem de fundamentação — **124.° XIX**

ÓRGÃOS

— noção — P.13.°

— da Administração Pública

– – noção do Código — **2.° III; 13.° I; 114.° II; 120.° XIII**

– – casos de restrição do regime do Código aos — **13.° I, II; 114.° I, II**

– – dever de exercício da competência — **29.° III**

– – e agentes (v. AGENTES)

– – coadjutores (v. COADJUVAÇÃO)

– – colegiais (v. ÓRGÃOS COLEGIAIS)

– – consultivos (v. ÓRGÃOS CONSULTIVOS)

– – dúvidas sobre a existência de um dever geral de coadjuvação entre — **92.° I**

– – casos especiais de coadjuvação — **90.° III; 92.° I; 94.° IV**

— não administrativos

– – de outros poderes do Estado — **2.° VI**

– – independentes do Estado — **2.° III, VII**

– – constitucionais auxiliares — **2.° VII**

– – de concessionários e de outros entes privados — **2.° VIII, IX, X, XII**

– – inaplicabilidade-regra das normas orgânicas do Código — **13.° I, II**

– – extensão do regime do Código aos respectivos a.a., regulamentos e c.a. — **2.° VI, VIII, XIX; 114.° II; 120.° XIII; 178.° VII; 179.° I**

– – publicação de actos, regulamentos e delegações de — **37.° IV**

— titulares dos

– – faculdade ou proibição de abstenção — **23.°**

– – substituição ou suplência — **15.°**

ÓRGÃOS COLEGIAIS (v. tb. ACTAS DOS ÓRGÃOS COLEGIAIS; COLEGIALIDADE; DELIBERAÇÕES COLEGIAIS; ORDEM DO DIA; REUNIÕES)

— noção e figuras afins — P.14.° I

– – perfeitos e imperfeitos — **P.14.° II**

– – de maioria e de consenso — **P.14.° II**

– – e instâncias plurais da Administração — **P.14.° III**

— a formação da vontade dos — P.14.° I

— princípio da continuidade dos órgãos — 15.° V; 22.° VI; 41.° I, V

– – desvio — **14.° X**

Índice Ideográfico

— **competências específicas dos**
 – – em matéria de impedimentos (suspeições) do Presidente — **45.º V; 50.º I**
 – – delegação em matéria de instrução nos procedimentos da sua competência — **86.º VIII**
 – – em matéria de recursos hierárquicos (impróprios) de actos dos seus membros — **176.º V**
— **representação dos**
 – – poderes de representação externa do presidente — **14.º V**
 – – em recurso interposto pelo presidente — **14.º X; 15.º II**
— **presidente**
 – – modos de escolha — **14.º IV**
 – – poderes e funções — **14.º II, VI, VII, IX**
 – – substituição — **15.º I, II, III, V**
 – – voto de qualidade e de desempate — **26.º II**
 – – competência delegada em matéria de administração ordinária do órgão colegial — **35.º XV**
— **membros**
 – – direitos e deveres — **14.º III, IX; 17.º III; 18.º III, IV**
 – – proibição de assistir às reuniões em que se delibere sobre assunto do seu interesse — **24.º XII, XIII**
 – – substituição de membro impedido (suspeito) — **47.º III; 50.º III**
— **secretário**
 – – escolha — **14.º IV**
 – – competência para lavrar a acta — **27.º IV**
 – – substituição — **15.º I a III**
— **relações internas nos**
 – – relações do presidente com o órgão colegial — **14.º V, IX**
 – – relações do presidente com o secretário — **14.º IV**
 – – relações do presidente com os membros do colégio — **14.º III; 17.º III; 18.º III, IV**
 – – recursos dos membros contra actos do Presidente que afectem os seus direitos — **14.º III, IX**

— **a.a. dos membros dos**
 – – cabe recurso hierárquico impróprio — **176.º V**
— **recursos das deliberações colegiais pelo presidente**
 – – peculiaridades — **14.º X**
 – – o incidente da suspensão de eficácia nestes recursos — **14.º XI**
 – – representação do órgão colegial — **14.º X; 15.º II**

ÓRGÃOS CONSULTIVOS
— **proibição de abstenção**
 – – sentido da — **23.º I, II, III**
 – – violação da — **23.º VIII**
— **votos vencidos nos — 28.IV**

P

PAGAMENTO (V. ENCARGOS PROCEDIMENTAIS)

PARECERES
— **espécies de — 98.º**
— **regime-regra — 98.º V**
— **forma e prazo dos — 99.º I, II**
 – – fundamentação do encurtamento do prazo — **99.º I**
— **fundamentação dos — 98.º I, II; 99.º I; 124.º XI**
— **dos órgãos colegiais — 29.º IV**
— **oficiais e não-oficiais — 98.º I; 124.º XI**
— **consequências da sua falta — 99.º III, IV; 108.º IX**

PARTICIPAÇÃO (V. PRINCÍPIO DA)

PEDIDO (V. tb. REQUERIMENTO INICIAL)
— **de escusa — 49.º I, II**
— **princípio do pedido único — 74.º XIII**
 – – pedidos acessórios, alternativos e subsidiários — **74.º XIV, XV; 76.º IV, VI**
— **não-vinculação da Administração ao pedido (ou causa de pedir) do interessado e seus limites** (V. DEVER DE DECISÃO)
 – – alteração do pedido — **56.º VIII**
— **renovação do pedido indeferido — 9.º V, VII a XII**
— **requisitos do** (V. QUESTÕES PRÉVIAS)

912

PERITOS
— sujeição ao regime dos impedimentos (e suspeições) — 94.º VI
— diligências realizadas com intervenção de
  – – formulação de quesitos aos — 97.º
  – – formalidades — 95.º ; 96.º III
— indicação pelos interessados de — 96.º I a III
— direito de informação procedimental — 64.º I

POSSE ADMINISTRATIVA — 149.º X; 156.º
— insusceptível de embargo — 156.º II
— no seio do c.a. — 180.º IX

PRAZOS ESPECIAIS (v. tb. PRAZOS PROCEDIMEN-TAIS)
— de conclusão do p.a. — 58.º I, II; 72.º II
— de convocação de reuniões extraordinárias — 17.º II
— de convocação de reuniões públicas — 20.º V
— da decisão do incidente do impedimento — 46.º I
— da decisão do incidente de suspeição ou escusa — 50.º II
— da deserção do p.a. — 111.º II, III, IV
— de eficácia de prorrogação de medidas provisórias — 85.º III, IV, V
— para emissão de pareceres — 99.º II
— da formação de decisões tácitas (v. ACTOS TÁCITOS)
— da invocação de impedimento ou suspeição pelos interessados: consequências da sua inobservância — 45.º II, 48.º VI
— da notificação para a realização de diligências instrutórias — 95.º III
— da notificação do a.a. — 69.º I
  – – contagem do prazo da — 67.º V
— da ordem do dia
  – – para remessa da — 18.º V
  – – para agendamento de assuntos a pedido dos vogais — 18.º III, IV
— para pagamento em dobro de taxas e despesas do p.a. — 113.º VI
— para pedir e reduzir a escrito a fundamentação dos actos orais — 126.º V

— para a prática de actos procedimentais
  – – prazo-regra — 71.º I
— em matéria de informação procedimental
  – – para prestação de informações — 61.º VIII
  – – para consulta do processo — 62.º VII
  – – para emissão de certidões — 62.º VII; 63.º V
— da publicação obrigatória do a.a. — 131.º III
— para a realização de reuniões em 2ª convocatória — 22.º VII
— nas reclamações
  – – para reclamar — 162.º III, IV, V
  – – para decidir sobre o efeito suspensivo da reclamação — 163.º IV, VI
  – – para decidir sobre a reclamação — 165.º I
— nos recursos administrativos
  – – para interposição de recursos facultativos — 168.º VI
  – – para interposição de recursos necessários — 168.º I
  – – para alegação dos contra (e co) interessados — 171.º IV
  – – para o órgão recorrido se pronunciar — 172.º I
  – – para remessa ao órgão competente para decidir — 172.º IV
  – – para decisão do recurso — 175.º I, II
  – – em caso de realização de nova instrução ou diligências complementares — 175.º III
— da remessa de requerimentos aos órgãos competentes
  – – quando dirigidos a órgãos incompetentes — 34.º VII
  – – quando apresentados noutros serviços — 77.º II
— da renovação da mesma pretensão — 9.º XII
— da resolução administrativa de conflitos de atribuições e de competência — 43.º
— da resposta à audiência
  – – escrita — 100.º IX; 101.º II
  – – oral — 102.º II, IV
— para resposta aos quesitos — 97.º II

Índice Ideográfico

— da sanação e revogação de actos inválidos — 137.° V; 141.° IV, V

PRAZOS PROCEDIMENTAIS (v. tb. PRAZOS ESPECIAIS)
— fixação de prazos pela Administração
– – regra geral — 71.° V
– – de duração de medidas provisórias — 84.° XV; 85.° III
– – para cumprimento do acto executado — 155.° II; 157.° II
– – prorrogação de prazos pela Administração: irrepercutibilidade na formação de actos tácitos — 58.° IV a VIII; 72.° III
– – em caso de falta justificada à audiência oral — 102.° IV
— contagem dos
– – início da — 71.° III; 72.° I; 108.° XVI; 109.° X, XI; 162.° IV, V; 175.° II
– – regras gerais quanto à — 72.° I, II III
– – existência de prazos contínuos — 72.° I
– – prazos fixados em meses — 72.° VII
– – do prazo do art.° 9.° , n.° 2 — 9.° XII
– – do prazo de conclusão dos p.a. — 58.° III
– – dilação (v. DILAÇÃO)
— suspensão dos — 71.° IV; 72.° III
– – durante a audiência de interessados — 100.° IX
– – por efeito de reclamação — 164.° I
– – e deserção do procedimento — 111.° III
– – irrepercutibilidade na formação de actos tácitos: excepções — 58.° IV, VIII; 72.° III; 108.° XVII, XVIII
– – por necessidade de suprimento do requerimento — 76.° III
— termo dos
– – em dia de encerramento ou não funcionamento normal do serviço — 72.° VI

PRECEDENTES (v. PRINCÍPIO DA IGUALDADE)

PRESIDENTE DA REPÚBLICA
— sua sujeição ao Código em matéria administrativa — 2.° VII

PRESSUPOSTOS PROCEDIMENTAIS (v. QUESTÕES PRÉVIAS)

PRINCÍPIO DO ACESSO À JUSTIÇA
— actos finais e actos destacáveis — 12.° II, III
— condicionamento do acesso resultante da impugnação necessária do acto — 12.° IV
– – requisitos da constitucionalidade desse condicionamento — 161.° IV; 163.° I; 167.° II; 171.° I, II

PRINCÍPIO DA BOA-FÉ
— noção, conteúdo e regime geral — 6.°-A
— como dever dos particulares na instrução — 57.° III; 60.° I, II
– – consequências da violação — 60.° III
— como fundamento de efeitos putativos — 134.° IV
— eventual influência no regime da revogação — 6.°-A.V, VII; 140.° IX; 141.° III

PRINCÍPIO DA CELERIDADE
— sentido — 57.° I
— consequências em sede de invalidade e responsabilidade — 57.° II, III
— compromisso com outros valores do procedimento — 10.° III

PRINCÍPIO DA COLABORAÇÃO
— relevo procedimental — 7.° I, II
– – inaplicabilidade (relativa) nos procedimentos contratuais — 2.° XIII; 181.° II
— coexistência com o princípio do inquisitório — 56.° VI
— da Administração e interessados (v. tb. INFORMAÇÕES)
– – poder de audição de interessados: consequências do não acatamento — 59.° II
– – deveres recíprocos de colaboração — 7.° II; 60.° I, III
– – em matéria de acção popular — 7.° II
– – em matéria de fornecimento ou obtenção de elementos ou certidões para os interessados — 60.° I; 88.° II; 89.° III
– – em matéria de instrução — 7.° III; 56.° VI; 60.° III; P.86.° III; 88.° IV; 89.° I, III

914

Índice Ideográfico

– – enquanto manifestação do princípio da boa-fé — **6.°-A II**

— **irrelevância do princípio perante terceiros — 60.° II**

— **entre autoridades administrativas — NP.II; 1.° XIX; 90.° III; 92.° I**

PRINCÍPIO DA DECISÃO (v. DECISÃO, DEVER DE DECISÃO)

PRINCÍPIO DA DESBUROCRATIZAÇÃO

— **em geral — 10.°**

— **o dever procedimental de celeridade e eficácia como manifestação do — 57.° I**

PRINCÍPIO DA EFICIÊNCIA

— **o p.a. como factor de eficiência administrativa — NP.II; 57.° I**

— **como vector fundamental do princípio da informalidade — 10.° III**

— **prevalência em caso de colisão sobre a vertente garantística do p.a. — NP.IX**

PRINCÍPIO DA GRATUITIDADE (V. ENCARGOS PROCEDIMENTAIS)

PRINCÍPIO DA IGUALDADE

— **em geral — 5.°**

— **relevo dos precedentes — 5.° II**

— **violação do**

– – sanções — **5.° I, IV; 133.° XI**

PRINCÍPIO DA IMPARCIALIDADE

— **sentido e dimensões — 6.° III**

— **relevo jurídico-procedimental — 6.° IV**

— **sua repercussão em matéria de instrução — 56.° V; 86.° II**

PRINCÍPIO DA INFORMALIDADE PROCEDIMENTAL

— **como síntese da desburocratização e eficiência — 10.° III**

— **e inexistência de p.a.-regra — NP.VIII**

— **no procedimento reclamatório — 165.° II**

— **na adopção de medidas provisórias — 84.° XI**

— **discricionariedade instrutória — 1.° XVIII; 86.° I, II**

PRINCÍPIO DO INQUISITÓRIO

— **em geral — 56.°**

— **manifestações do**

– – não vinculação ao pedido e à causa de pedir (v. DEVER DE DECISÃO)

– – em matéria de prova — **P.86.° III; 86.° I; 87.° II, V**

– – princípio da máxima aquisição — **56.° V**

– – conciliação com os ónus dos interessados — **87.° II; 91.° III**

— **e procedimentos especiais — 56.° II**

PRINCÍPIO DA JUSTIÇA — **6.° I, II**

PRINCÍPIO DA LEGALIDADE

— **alcance**

– – extensão subjectiva do — **3.° II**

– – distinção entre compatibilidade e conformidade — **3.° III**

– – opção revelada no Código — **3.° III, IV**

– – limites — **3.° IV; 29.° I; 114.° III**

— **procedimental — 1.° VI, VII, VIII**

— **da competência — 29.° I**

— **da delegação de poderes — 35.° VII, XIV, XV**

— **e estado de necessidade** (v. ESTADO DE NECESSIDADE)

— **e gestão privada — 3.° VI**

— **repercussão na vontade de contratar da Administração — 178.° II**

— **violação do — 3.° VII, VIII**

PRINCÍPIO DA PARTICIPAÇÃO (v. tb. PRINCÍPIO DA COLABORAÇÃO)

— **âmbito — NP.VI; 8.° I**

— **relevo procedimental**

– – em geral — **8.° II, III, IV**

— **limites em matéria de procedimentos contratuais — 2.° XIII; 181.° II**

PRINCÍPIO DA PROPORCIONALIDADE

— **sub-princípios da adequação, da necessidade e da proporcionalidade em sentido estrito — 5.° VI**

— **relevo procedimental — 5.° VIII**

— **desproporcionalidade favorável ao interessado — 5.° V**

Índice Ideográfico

— a imparcialidade e o — **6.° III**

— **em matéria de execução do a.a. — 151.°
V a VIII**

— **violação do — 5.° VII; 133.° XI**

PRINCÍPIO DA PROSSECUÇÃO DO INTERESSE PÚ-
BLICO

— **sentido — 4.° I**

— **aplicação da regra da conformidade —
4.° II**

PRINCÍPIO DO RESPEITO PELOS DIREITOS E IN-
TERESSES DOS CIDADÃOS

— **sentido — 4.° IV**

— **aplicação da regra da compatibilidade
— 4.° III**

PRINCÍPIOS GERAIS (v. tb. PRINCÍPIOS INOMI-
NADOS NO CÓDIGO)

— **da actividade administrativa**

– – aplicáveis a todas as actuações da Administração Pública — **2.° II, XI, XII,
XIII**

– – aplicáveis à gestão pública de particulares — **2.° VIII**

– – com assento constitucional — **P.3.° II**

– – não constantes do elenco legal — **P.3.°
I**

— **de direito administrativo**

– – sua distinção dos princípios gerais do
p.a. — **P.3.° I**

– – aplicação subsidiária em matéria contratual — **189.° II**

— **do p.a.**

– – sua distinção dos princípios gerais da
actividade administrativa — **P.54.° I**

– – não constantes do elenco legal —
P.54.° II

PRINCÍPIOS INOMINADOS NO CÓDIGO

— **do aproveitamento dos actos administrativos — P.3.° I**

– – em matéria de formalidades não essenciais — **135.° III**

– – em matéria de rectificação — **148.° I**

– – em matéria de sanação — **137.° I**

– – em matéria de cláusulas acessórias ilegais — **121.° IX**

— **do aproveitamento de actos procedimentais de particulares — 1.° IX**

– – suprimento de irregularidades do requerimento — **76.° II**

– – aproveitamento de requerimentos dirigidos a órgãos incompetentes — **34.°
V**

— **do aproveitamento do processo instrutório de 1.° grau — P.158.° V**

— **da conformação do p.a. segundo os direitos fundamentais — P.3.° I**

— **da congruência entre o pedido e a decisão — 56.° VII; 107.° II**

— **da continuidade do órgão — 15.° V; 22.°
VI; 41.° I, V**

– – desvio — **14.° X**

— **da disponibilidade (relativa) do p.a pela
Administração — 56.° VII; 113.° IV**

— **da globalidade da decisão final — 107.°
I, II**

– – não conhecimento de questões "preju-
dicadas" — **107.° III**

– – não conhecimento de questões decididas anteriormente — **107.° IV**

— **da publicidade e transparência dos procedimentos concursais — 182.° V, IX;
189.° II**

— **do recurso administrativo único (ou para
o órgão mais elevado) — 169.° II; 176.°
III**

— **da responsabilidade por danos — P.3.° I**

— **da taxatividade legal das formas e termos da execução — 149.° III**

PROCEDIMENTO ADMINISTRATIVO

— **noção — 1.° II**

— **e actos desprocedimentalizados** (v. ACTO
ADMINISTRATIVO)

— **importância da figura**

– – como instrumento da protecção dos interesses e posições jurídico-administrativas — **NP. IV, IX**

– – como factor da racionalidade, eficiência e organização administrativas —
NP.II, IX

– – prevalência da funcionalidade sobre a
vertente garantística do p.a. — **NP.IX**

– – outros vectores importantes do p.a. —
NP.VII

— **procedimentos quase contraditórios —
54.° VIII; 181.° II; 182.° V**

— **e actos complexos — 1.° III**

916

Índice Ideográfico

— **delimitação funcional do** — 1.º IV, V

– – inclusão no p.a. de formalidades que o antecederam — **54.º II; 93.º**

– – inexistência de um p.a.-regra — **NP.VIII**

— **desvio do p.a.** — **84.º II**

— **formais e informais** — **56.º IV**

— **iniciativa** — **54.º IV**

– – p.a. mistos — **54.º IV**

– – p.a. oficiosos — **54.º V**

– – p.a. particulares — **54.º VIII**

– – p.a. públicos — **54.º XI**

– – p.a. de participação popular — **54.º XIII**

— **início ou abertura do** (v. tb. ABERTURA DO PROCEDIMENTO)

— **marcha e instrução do** (v. tb. INSTRUÇÃO)

– – inexistência de um p.a.-regra — **NP.VIII**

– – princípio da ordenação oficiosa — **56.º IV, 76.º II; P.86.º III; 86.º I; 87.º II**

– – aproveitamento do processo instrutório de 1.º grau — **P.158.º V**

— **exemplos dos principais incidentes procedimentais** — 1.º V

– – sobre o suprimento de deficiências do requerimento — **76.º I, II**

– – sobre a competência do órgão — **33.º; 34.º**

– – sobre impedimentos e suspeições — **45.º I, II, III; 48.º I, III, VI; 50.º IV**

– – sobre o suprimento de incapacidade — **52.º V**

– – sobre medidas provisórias — **84.º**

– – sobre a recusa e a falta de prestação de provas — **89.º III, IV; 91.º III, IV**

– – sobre a produção antecipada da prova — **93.º II, III**

– – sobre a insuficiência económica do interessado — **11.º III**

– – sobre a suspensão de efeitos em reclamação e recurso por determinação administrativa — **170.º III, IV**

— **suspensão do**

– – e questões prejudiciais — **31.º IV**

– – para substituição do instrutor impedido ou suspeito — **46.º II; 47.º I, II, III**

– – por causa imputável ao interessado — **108.º XVII; 109.º XI; 111.º III**

— **anulação do** (v. INVALIDADE DO P.A.)

— **extinção do** (v. EXTINÇÃO DO PROCEDIMENTO)

PROCEDIMENTO REGULAMENTAR (v. tb. REGULAMENTOS)

— **âmbito de aplicação**

– – objectivo (dúvidas sobre os actos gerais) — **114.º III a V**

– – subjectivo — **114.º II**

— **insuficiência da disciplina legal** — **P.114.º I**

– – aplicação de outros capítulos do Código — **114.º I; 115.º IV**

– – necessidade de interposição legislativa — **117.º I; 118.º I**

– – vantagens contenciosas da disciplina legal — **P.114.º II**

— **início do** — **115.º**

– – legitimidade — **115.º III**

— **projecto de regulamento** — **116.º**

– – publicação — **118.º VI, VII**

— **participação dos interessados no**

– – audiência de interessados — **117.º I a IX**

– – apreciação pública — **118.º I a V**

– – legitimidade — **117.º VI a IX; 118.º IX**

— **procedimentos de participação popular** (v. PROCEDIMENTOS DE PARTICIPAÇÃO POPULAR)

— **invalidades do** (v. REGULAMENTOS)

PROCEDIMENTOS ESPECIAIS

— **noção e âmbito para efeitos do art.º 2.º** — **2.º XVIII**

– – o caso especial do procedimento tributário — **2.º XIX**

— **aplicação das normas procedimentais do Código aos**

– – requisitos da aplicação directa ou supletiva — **2.º II, XV, XVI**

– – obstáculos à aplicação supletiva — **2.º XVII**

— **e princípio do inquisitório** — **56.º II**

PROCEDIMENTOS OFICIOSOS (v. tb. PROCEDIMENTO ADMINISTRATIVO)

— **dever de proceder e dever de decisão nos** — **54.º VI**

Índice Ideográfico

— posição dos interessados nos — **54.° VII**
— acto de abertura dos
 – – pré-procedimento — **54.° VI**
 – – comunicação — **55.°**
 – – recorribilidade — **54.° XII**

PROCEDIMENTOS DE PARTICIPAÇÃO POPULAR
— respeitantes a a.a. — **54.° XIII**
— respeitantes a regulamentos — **117.° VI**

PROCEDIMENTOS PARTICULARES (v. tb. PRO-
CEDIMENTO ADMINISTRATIVO e REQUERI-
MENTO INICIAL)
— iniciativa
 – – do interessado seu destinatário —
 54.° VIII
 – – de terceiros interessados — **54.° VIII**
— classes — **54.° VIII**
— dever de proceder e de decisão nos —
54.° IX; P.74.° III
— recorribilidade do acto de abertura —
54.° XII

PROCEDIMENTOS PRÉ-CONTRATUAIS
— espécies de
 – – concursais (v. CONCURSOS PÚBLICOS,
 CONCURSOS LIMITADOS, "CONCUR-
 SOS" POR NEGOCIAÇÃO)
 – – ajuste directo (v. AJUSTE DIRECTO)
— como procedimentos oficiosos ou particulares — **54.° IV, VI**
— formação do — **181.° I**
 – – exigência genérica de procedimento
 — **182.° IV**
 – – sujeição e desvios à aplicabilidade do
 procedimento do a.a. — **2.° XVII;
 100.° I; 181.° II**
 – – princípio da sucessão dos procedimentos pré-contratuais adoptáveis (sua relatividade) — **182.° IV, VII; 183.° V**
 – – princípio do mínimo de procedimento
 — **182.° IV**
 – – princípio da imutabilidade das condições do concurso e das propostas nos
 procedimentos concursais: desvio —
 182.° V, XI
 – – vinculação do contrato ao procedimento pré-contratual — **P.178.° II; 178.°
 II; 181.° IV**

 – – exigência de procedimento concursal
 em leis especiais — **182.° III**
— para a prática de a.a. respeitantes à execução e extinção do c.a.
 – – aplicação directa das normas do Código sobre o p.a. comum — **181.° I**

PROCEDIMENTOS PÚBLICOS (v. tb. PROCEDIMEN-
TO ADMINISTRATIVO, RELAÇÕES JURÍDICAS)
— noção — **54.° IV, XI**
— aplicação do Código — **2.° V; P.54.° III;
54.° XI**
 – – desvio — **56.° VII**
— deferimentos tácitos no âmbito dos —
108.° III
— recorribilidade do acto de abertura —
54.° XII

PROCESSO (ADMINISTRATIVO)
— noção — **1.° XI, XIII**
— e procedimento administrativo — **1.° I,
XI**
— documentação do (v. DOCUMENTOS)
— consulta do (v. CONSULTA DO PROCESSO)
— remessa do
 – – entre órgão a *quo* e *ad quem*, em sede
 de recursos — **169.° III; 172.° I, II, IV**
 – – ao tribunal — **1.° XXII**

PROPORCIONALIDADE (v. PRINCÍPIO DA)

PROVA (v. tb. INSTRUÇÃO)
— factos *probandi*
 – – sujeitos a prova — **87.°**
 – – não carentes de prova — **87.° IV, VI,
 VII**
 – – do conhecimento privado do instrutor
 — **87.° IV, VI**
 – – factos indiciados e actos provisórios
 — **84.° II**
 – – do monopólio dos interessados —
 88.° III; 91.° III
 – – consequências da falta (objectiva) de
 prova — **88.° III; 89.° II; 91.° III**
— produção da prova solicitada a interessados
 – – poderes do órgão instrutor — **89.° I**
 – – natureza sucedânea — **88.° II; 89.° III**

Índice Ideográfico

– – recusa legítima — **89.° IV; V**

– – formalidades a observar — **90.°**

– – falta da prestação de provas — **91.°**

— **produção da prova solicitada a terceiros — 60.° II**

— **produção da prova solicitada a outros serviços — 92.°**

— **ónus da — 88.° I, II, IV**

– – e princípio do inquisitório — **P.86.° III; 86.° I; 87.° II, V**

— **ónus de prova da Administração**

– – em matéria de estado de necessidade — **3.° XIII**

– – da data da acta em caso de notificação (publicação) tardia — **108.° XIV**

– – em matéria de notificação — **66.° VII**

– – em matéria de conclusão tardia do p.a. — **58.° I, VII**

— **avaliação da**

– – necessidade de fundamentação — **87.° V; 88.° IV**

— **meios de**

– – possibilidade de recurso a todos os — **87.° IV**

– – diligências instrutórias: tipos — **94.°**

– – e insuficiência económica dos interessados — **11.° I a III; 89.° V**

– – possibilidade de recurso aos meios (processuais) civis — **60.° II, III**

— **produção antecipada da — 93.°**

— **despesas das diligências de — 88.° VI; 94.° V**

PUBLICAÇÃO OBRIGATÓRIA DO A.A.

— **casos de — 130.° II, III**

— **menções da — 131.° V, VI**

— **modo e local da — 131.° II**

— **prazo da — 131.° III**

— **falta da — 130.° III, IV**

— **extemporânea — 131.° IV**

— **em cumulação com a notificação obrigatória — 132.° II; 162.° IV**

PUBLICAÇÕES (v. tb. PUBLICAÇÃO OBRIGATÓRIA DO A.A.)

— **dos actos de delegação e sub-delegação**

– – em geral — **37.° III, IV, V**

– – inexigibilidade da publicação do acto de avocação — **39.° II**

— **do anúncio das reuniões públicas dos órgãos colegiais — 20.° IV a VI**

— **do regulamento e do seu projecto — 118.° VI, VII**

Q

QUESITOS (v. PERITOS)

QUESTÕES PREJUDICIAIS

— **noção — 1.° V; 31.° II**

– – dúvidas sobre a delimitação do conceito — **31.° III**

— **terminologia — 31.° I; 83.° I**

— **regime das — 31.° IV a X**

QUESTÕES PRÉVIAS (DO PROCEDIMENTO ADMINISTRATIVO)

— **terminologia — 31.° I; 83.° I**

— **recusa da qualificação de certas hipóteses legais como — 83.° IV**

— **prioridade e ordem do seu conhecimento — 33.° I, II; 34.° I; 83.° I**

— **tipos comuns**

– – inteligibilidade do pedido — **74.° X; 76.° IV; 83.° IV; 162.° II; 173.° I**

– – competência do órgão — **83.° II; 173.° II**

– – não cumulação de pedidos — **74.° XIII; 83.° IV; 173.° I**

– – identificação do requerente e do requerido — **74.° VI, VII; 83.° IV**

– – legitimidade — **83.° II; 173.° V**

– – tempestividade do pedido — **9.° VII; 83.° II; 173.° VI**

— **específicas dos recursos e reclamações**

– – não aceitação do acto pelo interessado — **53.° XXIX, XXX; 160.° IV**

– – impugnabilidade do acto recorrido ou reclamado — **161.° V; 173.° IV**

— **consequências da decisão sobre — 33.° III, IV; 76.° V a VII; 83.° II, V; 173.° VII**

— **direito de audiência a propósito da decisão "prévia" — 83.° VI**

QUÓRUM (v. tb. VOTAÇÃO)

— **necessário para deliberar — 22.° I**

– – em 1ª convocatória e em 2ª convocatória — **22.° IV**

– – em reuniões ilegalmente convocadas — **21.° III**

Índice Ideográfico

— **necessário para aprovar deliberações (maiorias)**
 – – regra geral — **22.° II, III**
 – – excepções — **22.° V, VI**
— **para aprovar actas**
 – – acto colegial ou acto individual dos membros do colégio — **27.° VI**

R

RASURAS
— **não são menção legal — 74.° XII**

RATIFICAÇÃO (v. tb. SANAÇÃO)
— **ratificação-sanação**
 – – noção — **137.° II**
 – – elementos do a.a. sobre que versa — **137.° II**
 – – do acto "incompetente" pelo órgão competente — **137.° VII**
— **ratificação-confirmação**
 – – dos actos do impedido — **46.° V**
 – – dos actos urgentes do Governador Civil — **3.° XI; 137.° II**

RECIBO DE ENTREGA DE REQUERIMENTOS (v. tb. REGISTOS, REQUERIMENTO INICIAL) — **81.°**

RECLAMAÇÃO DO A.A. (v. tb. IMPUGNAÇÃO ADMINISTRATIVA, PRAZOS ESPECIAIS)
— **direito de — 158.° II**
 – – irreclamabilidade das decisões de procedimentos impugnatórios — **161.° V**
 – – exclusão legal do — **161.° III**
— **necessária e facultativa — 161.° IV**
— **dedução da**
 – – por escrito (ou oralmente) — **158.° VII; 162.° II**
 – – fundamentação do requerimento — **158.° VII; 162.° II**
 – – prazo para — **162.° III, IV, V**
 – – reclamação extemporânea — **162.° III**
— **efeitos suspensivos da eficácia do acto e dos prazos de recurso obrigatório**
 – – nas reclamações necessárias — **161.° IV; 163.° I, III; 164.° I**
 – – nas reclamações facultativas — **163.° V**

— **formalidades do procedimento reclamatório**
 – – informalidade — **165.° II**
 – – existência de requisitos mínimos — **165.° II**
— **decisão da reclamação**
 – – prazo de decisão — **165.° I**
 – – decisão expressa — **158.° III; 165.° III**
 – – decisão tácita — **158.° III; 161.° VI; 165.° III**

RECLAMAÇÕES
— **como manifestação do exercício de direito de petição — 53.° II; P.158.° VI; 162.° III**
— **de actos preparatórios e procedimentais — 163.° I**

RECTIFICAÇÃO (v. tb. ERRO)
— **objecto**
 – – erros de cálculo e de escrita — **148.° I**
 – – erros manifestos — **148.° I**
 – – a rectificação de erros não manifestos — **148.° III**
— **paralelismo de forma e publicidade — 148.° IV**
— **sentido do acto rectificado antes da rectificação — 148.° II**

RECURSOS HIERÁRQUICOS (v. tb. IMPUGNAÇÃO ADMINISTRATIVA, PRAZOS ESPECIAIS)
— **direito de recorrer — 158.° II**
 – – exclusão legal do — **166.° IV, 173.° III; 174.° III**
— **interposição**
 – – órgão a quem é dirigido o recurso — **169.° II**
 – – requisitos do requerimento — **169.° I**
 – – requerimento escrito — **158.° VII**
 – – recursos interpostos oralmente — **158.° VII; 169.° I**
 – – fundamentação do requerimento — **158.° VII; 169.° I**
 – – apresentação do requerimento — **77.°; 78.° ; 169.° III**
— **recursos necessários — 167.° I**
 – – requisitos da sua não inconstitucionalidade: suspensão da eficácia do acto — **167.° II; 170.° I, II**

Índice Ideográfico

– – requisitos e consequências da rejeição administrativa do efeito suspensivo — **170.° III, IV**

– – prazos especiais — **168.° IV**

– – prazo em caso de indeferimento tácito — **168.° III**

– – prazo de interposição em casos de actos nulos — **168.° V**

– – consequências da extemporaneidade do — **168.° II**

– – regra-geral quanto ao âmbito dos poderes de decisão — **166.° III; 174.° III, IV**

– – extensão do regime a outros recursos necessários — **167.° III**

— **recursos facultativos — 167.° I**

– – efeitos não suspensivos da eficácia do acto ou do prazo do recurso contencioso: excepções — **170.° V**

– – e recurso contencioso — **167.° IV**

– – interposição pelo Ministério Público — **159.° VII; 160.° I**

– – regra-geral quanto ao âmbito dos poderes de decisão — **166.° III**

— **procedimento dos**

– – dúvidas sobre a sequência do procedimento — **171.I; 172.° I, II**

– – notificação de contra e co-interessados e seu conteúdo — **171.° I a IV**

– – alternativas à audiência de co-interessados — **171.° II, IV**

– – intervenção do órgão recorrido — **172.° I, III, IV**

– – regime das alegações dos diversos interessados — **171.° III, IV**

– – remessa ao órgão *ad quem* — **169.° III; 172.° I, II, IV**

— **decisão do**

– – rejeição do recurso (v. QUESTÕES PRÉVIAS)

– – dever de decisão e de revogação em caso de invalidade — **174.° I**

– – retratação prévia do órgão recorrido — **172.° IV, VI**

– – não adstrição (relativa) aos fundamentos do recurso — **159.° II; 174.° II, V**

– – fundamentação da — **124.° IX**

– – recursos de reexame — **158.° V; 166.° III; 174.° IV**

– – recursos de revisão — **158.° V; 166.° III; 174.° III**

– – (falta de) autonomia da decisão confirmativa do acto recorrido — **174.° VI**

– – natureza e (falta de) autonomia das decisões tácitas do recurso — **174.° VI; 175.° V**

– – anulação do procedimento e prorrogação do prazo de decisão — **174.° VII; 175.° III**

RECURSOS HIERÁRQUICOS IMPRÓPRIOS

— **noção — 166.° II; 176.° II**

— **regime geral aplicável — 176.° VI**

— **casos em que é admitido — 176.° IV**

– – para o (sub)delegante dos actos do (sub)delegado — **158.° IV; 169.° II; 176.° III**

– – casos em que se interpõe para o superior do (sub) delegante — **39.° X**

– – em caso de delegação de atribuições — **158.° VI**

– – em caso de actos do presidente do órgão colegial interposto por um seu membro — **14.° III, IX; 176.° V**

– – em caso de actos dos membros do órgão colegial — **176.° V**

RECURSOS TUTELARES

— **âmbito — 142.° I, VI; 177.°**

REFERENDO

— **noção — 129.° III**

— **condição de eficácia diferida do a.a. — 129.° II**

REFORMA (v. tb. SANAÇÃO)

— **forma de sanação — 137.° I, III**

— **noção e elementos do a.a. sobre que versa — 137.° III**

REGIÕES AUTÓNOMAS

— **aplicação aos órgãos das Regiões das disposições do Código sobre o Estado ou seus órgãos — 42.° IV; 77.° III; 78.° II**

— **apresentação de requerimentos dirigidos a órgãos das — 77.° III, V, VI; 78.° II**

— **publicação de actos das**

– – delegação de poderes — **37.° IV**

Índice Ideográfico

— – dos regulamentos e respectivos projectos — **118.° VI, VIII**
— – dos seus a.a — **131.° II**
— **dilação**
  — – em função da residência do interessado ou da localização do órgão procedimental numa Região Autónoma — **73.°**

REGISTOS
— **de requerimentos — 1.° XVIII; 79.° I; 80.°**
  — – apresentados perante outros órgãos — **77.° VI; 78.° I; 80.° I, VI**
  — – e recibo de entrada — **81.°**
  — – e ordem de entrada e (decisão) dos requerimentos — **80.° III**
— **administrativos** (v. ADMINISTRAÇÃO ABERTA)

REGULAMENTOS (v. tb. PROCEDIMENTO REGULAMENTAR)
— **e actos para-regulamentares**
  — – actos indirectamente normativos — **114.° III**
  — – actos gerais — **114.° V; P.120.° II; 120.° XII**
  — – *programas informáticos* — **114.° III; 120.° XII**
— **autónomos — 117.° II**
  — – das autarquias e princípio da legalidade — **3.° IV; 29.° I; 114.° III**
— **de execução — 114.° III; 119.° I**
— **independentes**
  — – proibição constitucional do regulamento independente de lei de habilitação — **114.° III**
  — – excepção — **3.° IV; 29.° I**
— **impositivos e restritivos**
  — – sujeitos a audiência dos interessados — **117.° II**
— **no âmbito de relações especiais de poder**
  — – e regulamentos externos — **114.° IV**
— **internos**
  — – não sujeição ao procedimento regulamentar — **114.° IV**
  — – sujeição ao n.° 5 do art.° 2.° do Código — **114.° IV**
— **em *matéria administrativa*** — **2.° VI; 114.° II**

— **menções obrigatórias do preâmbulo dos**
  — – âmbito — **117.° XI; 118.° XII**
  — – inexigência de fundamentação — **117.° XII**
— **invalidades ou irregularidades do regulamento e do seu procedimento**
  — – derivadas da falta de resposta (fundamentada) à petição regulamentar — **115.° VII, IX**
  — – derivada dos fundamentos erróneos do regulamento — **116.° VI**
  — – por dispensa ilegal ou falta de audiência — **117.° X**
  — – por não sujeição à apreciação pública — **118.° VIII**
  — – por falta de menções obrigatórias — **118.° XII**
  — – por falta de projecto e de nota justificativa — **116.° V**
  — – vantagens contenciosas da existência de um processo documental — **P.114.° II**
— **repristinação dos** (v. REPRISTINAÇÃO)
— **revogação dos**
  — – proibição da mera ab-rogação de regulamentos de execução e consequências da sua violação — **119.° I, II, III**
  — – proibição da revogação tácita — **119.° VI**
  — – disparidade entre a revogação expressa (ou a falta desta) e a revogação tácita — **119.° VII**

RELAÇÕES JURÍDICAS
— **relação jurídico-administrativa**
  — – como elemento da noção de c.a.; critérios — **178.° III**
  — – como elemento caracterizador da gestão pública — **2.° IV**
— **relações inter-administrativas** (v. tb. PROCEDIMENTOS PÚBLICOS)
  — – entre entes públicos nessa qualidade — **2.° V, P.54.° III; 54.° XI**
  — – e deferimentos tácitos — **108.° III**

RELAÇÕES ESPECIAIS DE PODER
— **noção e distinção das relações administrativas especiais — 120.° XVIII**

Índice Ideográfico

— actos administrativos no âmbito das — 120.° XVIII

— regulamentos no âmbito das — 114.° IV

RELATÓRIO

— como certificação ou transcrição de diligências instrutórias — 94.° I

— final do instrutor — 105.°

– – dúvidas sobre o seu conteúdo- 87.° VII; 105.° IV a VIII

– – relevo em sede de fundamentação — 125.° IV

RENÚNCIA (V. EXTINÇÃO DO P.A.)

REPRESENTAÇÃO (v. tb. ADVOGADOS)

— intervenção do representante no procedimento — 52.°

— voluntária e legal — 52.° I, V

— dos órgãos colegiais (v. ÓRGÃOS COLEGIAIS)

REPRISTINAÇÃO

— do a.a. — 128.° XII; 146.° II, III

— do regulamento — 119.° IV

REQUERIMENTO INICIAL

— noção e figuras afins — 74.° I

— conjunto — 54.° VIII

— e abertura do p.a. particular ou público (V. ABERTURA DO P.A.)

— requisitos do (v. tb. PEDIDO)

– – informalidade do requerimento escrito — 74.° III

– – requerimento verbal: redução a escrito — 75.° I

– – formulação em impressos obrigatórios — 74.° IV

— menções do

– – elenco legal — 74.° V a XI

– – menções não previstas na lei — 74.° V

– – menções insupríveis (dúvidas) — 76.° I, V

– – suprimento de deficiências — 76.° VI

– – suprimento de irregularidades — 76.° II

– – do requerimento reclamatório — 162.° I

– – do requerimento de recurso — 169.° I

— apresentação do (v. tb. ABERTURA DO P.A.)

– – efeitos da — P.74.° III

– – recibo de requerimento — 81.°

– – registo de requerimentos — 80.° I, II, IV, V, VII

– – recibo e registo de requerimentos apresentados noutros serviços — 77.° IV; 78.° I

– – data que se conta para efeitos de início do p.a. — 80.° III, VI; 77.° IV; 78.° I

– – importância da ordem de entrada — 80.° VI; 81.° II

– – distinção do requerimento dirigido a órgão incompetente — 34.° I, II, VI, VII

– – remessa postal — 79.°

– – em serviços que não os podem receber — 77.° II

— assinatura do

– – por quem é feita — 52.° VI; 74.° XI

– – consequências da sua falta — 76.° I, IV, VII

– – requerimentos verbais — 75.° I

— falta do

– – consequências — 54.° X; 133.° V

REQUERIMENTOS

— sujeição (adaptada) de quaisquer outros requerimentos procedimentais ao regime dos requerimentos iniciais — 82.° I, II

– – extensão (adaptada) aos requerimentos verbais do regime dos requerimentos escritos — 82.° III

RESPONSABILIDADE DA ADMINISTRAÇÃO

— exemplos de responsabilidade procedimental

– – por informações escritas erróneas — 7.° IV a VI, IX, X

– – pela não conclusão atempada do procedimento — 57.° II

– – resultante da não prestação da informação pedida no prazo legal — 61.° VIII

– – pela falta da prestação da consulta e emissão de certidões — 62.° XII; 63.° VI

– – pela prestação da consulta e certidão procedimentais de documentos reservados — 62.° V; 63.° VII

Índice Ideográfico

– – por medidas provisórias ilegais — **84.° XII, XIII, XIV**

– – pela realização de notificações ou publicações fora do prazo legal — **66.° IV; 131.° IV**

– – pela prática de actos de execução desproporcionados — **151.° V**

– – pela revogação de informações constitutivas ilegais — **7.° VII, VIII**

— **exemplos de responsabilidades contratuais**

– – pela modificação unilateral do c.a. — **180.° III**

– – pela rescisão do c.a. por motivo de interesse público — **180.° VI**

– – responsabilidade pré-contratual da Administração e sua conexão com o princípio da legalidade procedimental — **178.° II; 181.° IV**

RESPONSABILIDADE DOS PARTICULARES

— **por incumprimento de prestação de facto fungível — 155.° VII; 157.° III**

— **por violação dos seus deveres gerais procedimentais — 60.° I, III**

— **sanção da violação dos seus deveres contratuais — 180.° VIII; 186.° II**

— **por violação do princípio da boa-fé — 6.°-A**

RETRATAÇÃO

— **noção, requisitos e dúvidas — 172.° V**

RETROACTIVIDADE DO A.A.

— **noção e figuras afins — P.127.° IV; 127.IV**

— **por determinação administrativa**

– – elenco do Código — **128.° X a XIII**

– – espécies avulsas no Código — **145.° IV**

– – exigência de habilitação legal — **128.° II, X**

– – o caso especial da repristinação do acto revogado — **128.° XII; 146.° I, II**

— **por determinação legal**

– – elenco do Código — **128.° VII, IX**

– – espécies avulsas no Código — **137.° VIII; 145.° II; 148.° IV**

— **o caso especial dos actos renováveis — 128.° VIII**

REUNIÕES (v. tb. CONVOCATÓRIAS, DELIBERAÇÕES DE ÓRGÃOS COLEGIAIS, ORDEM DO DIA, QUÓRUM)

— **noção — 16.° I**

— **actas das** (v. ACTAS DE ÓRGÃOS COLEGIAIS)

— **extraordinárias**

– – noção — **17.° I**

– – convocatória e seus requisitos — **17.° I, II, III**

– – entrega da convocatória — **17.° IV; 18.° V**

— **ordinárias**

– – noção — **16.° II**

– – alteração da sua realização e respectiva comunicação — **16.° III, IV, V**

– – extensão do seu objecto — **19.° III**

— **ordem do dia** (v. ORDEM DO DIA)

— **públicas**

– – consequências da falta ou irregularidade da sua publicidade — **20.° VI; 130.° IV**

— **lugar de realização das — 16.° V**

— **interrupção das**

– – unicidade da respectiva acta — **14.° VIII**

— **absolutamente carentes de forma legal**

– – reuniões informais — **133.° XIII**

– – reuniões tumultuosas — **133.° XIV**

REVOGAÇÃO DO A.A.

— **noção de revogação propriamente dita — P.138.° II**

— **noção de revogação anulatória — P.138.° III**

— **figuras afins da — P.138.° IV, VII a X**

— **revogação expressa e actos contrários — P.138.° V; 143.° III**

— **revogação de actos inválidos**

– – regime legal e dúvidas que suscita — **141.° I, II, III**

– – invalidade superveniente — **P.138.° VI**

– – dever jurídico de — **138.° II, III; 158.° II; 174.° I**

– – por inconveniência — **138.° III; 141.° II**

– – responsabilidade por — **141.° III**

— **revogação de actos válidos**

– – regime — **140.°**

Índice Ideográfico

– – limites da sua estabilidade — **140.° II**

– – reserva de revogação e o incumprimento do modo — **121.° V; P.138.° VII**

– – (in)admissibilidade — **140.° VIII**

— **competência revogatória**

– – regra geral — **142.° I**

– – casos em que só o autor pode revogar o acto inválido — **141.° IV**

– – revogação pelo superior no caso de competência exclusiva do subalterno — **142.° III; 174.° II, III**

– – revogação do acto de órgão incompetente — **142.° II**

– – revogação no seio da (sub)delegação de poderes — **39.° II, VIII, IX; 40.° II; 142.° I, V**

– – o caso especial da revogação pelo delegado dos actos do delegante — **39.° IX; 142.° I, V**

– – revogação tutelar — **142.° I, VI**

— **forma e formalidades da**

– – princípio do paralelismo — **138.° IV; 143.° II; 144.° I**

– – exigência de fundamentação não paralela do acto revogatório — **124.° XIII**

– – outras adaptações do princípio do paralelismo — **143.° I; 144.° I a III**

— **eficácia da**

– – por inconveniência — **P.138.° II; 145.° II, IV**

– – por invalidade — **P.138.° III; 145.° III**

– – paralelismo (relativo) com os requisitos de eficácia do acto revogado — **144.° III**

– – efeito repristinatório da revogação do acto revogatório — **146.° I, II; 128.° XIII**

REVOGAÇÃO DO REGULAMENTO (V. REGULAMENTOS)

S

SANAÇÃO

— **noção e espécies — 137.° I, II, III**

— **competência para a — 137.° V**

– – o caso especial dos actos do órgão incompetente — **137.° VII**

— **relatividade do paralelismo procedimental com o acto sanado e seus requisitos de eficácia — 137.° VI**

— **retroactividade da — 137.° VIII**

— **proibição legal de sanação dos actos nulos ou inexistentes — 137.° IV**

— **prazo — 137.° V**

SECRETÁRIO (V. ÓRGÃOS COLEGIAIS)

SECRETÁRIOS DE ESTADO

— **natureza da sua competência administrativa — 35.° III**

SOCIEDADES

— **quais (e quando) estão sujeitas ao Código — 2.° IX**

SOLICITADORES (V. ADVOGADOS, REPRESENTAÇÃO)

SUBDELEGAÇÃO (V. tb. DELEGAÇÃO DE PODERES)

— **regime geral — 36.°**

— **regimes especiais — 36.° II**

— **publicidade — 36.° III**

— **actos do subdelegado**

– – paralelismo com o regime dos actos dos delegados — **36.° IV; 38.°; 39.°**

– – valia competencial ou vertical dos — **36.° IV**

– – impugnação administrativa dos actos dos subdelegados (para o subdelegante) — **39.° X; 158.° VI; 176.° III**

— **relações entre subdelegante e subdelegado**

– – similitude com a relação delegante-delegado — **39.°**

— **em matéria de administração ordinária — 35.° XIV; XV; 36.° I**

SUBSTITUIÇÃO (V. tb. SUPLÊNCIA)

— **noção — 41.° I**

— **regime — 15.°; 41.°**

— **princípio da continuidade do órgão — 41.° I, V**

— **poderes de substituição do superior em relação ao subalterno**

Índice Ideográfico

– – casos em que (não) é admitida — **166.º III; 170.º IV; 174.º III**

— **para aprovação de actas em reunião posterior — 27.º VII**

SUBSTITUIÇÃO DO A.A. (v. tb. REVOGAÇÃO DO A.A.)

— **regime — 147.º**

— **por repristinação do a.a. revogado — 146.º I, II**

— **dos actos do delegado pelo delegante — 39.º II, VIII**

— **em recurso administrativo — P.158.º III**

SUPERIOR HIERÁRQUICO (v. HIERARQUIA)

SUPERVISÃO

— **noção — 176.º II**

SUPLÊNCIA (v. tb. SUBSTITUIÇÃO)

— **noção e confusão terminológica — 15.º I; 41.º I**

— **causas — 15.º II; 41.º II**

— **chamamento e investidura do suplente — 41.º III**

— **competência do suplente — 41.º V**

– – as competências delegadas no "substituído" — **41.º V**

– – sua competência "própria" — **35.º XIV**

— **regras gerais de suplência nos órgãos colegiais — 15.º III, IV, V**

– – do presidente do órgão colegial — **15.º I, II, III**

– – do secretário do órgão colegial — **15.º I, II**

– – em matéria de impedimentos (suspeições) — **41.º V**

SUSPEIÇÃO OU ESCUSA (v. tb. IMPEDIMENTOS)

— **diferença entre o impedimento e a suspeição ou escusa — 44.º IV, V; 48.º II, III**

— **fundamentos**

– – não taxatividade — **48.º II**

– – casos previstos na lei — **48.º V**

– – integração através da cláusula geral da lei — **48.º II, IV**

— **intervenção do suspeito no procedimento**

– – não sendo reconhecido como tal: consequências — **50.º III**

– – sendo reconhecido como tal — **50.º III; 51.º III**

— **prazo para suscitar o incidente da suspeição**

– – consequências da sua inobservância — **48.º VI**

— **procedimento**

– – por iniciativa do interessado: requisitos — **49.º I, II**

– – audiência do suspeito — **49.º IV**

– – por iniciativa do suspeito: requisitos — **49.º I, II**

– – competência para a decisão — **48.º III; 49.º III; 50.º I**

– – forma da decisão — **50.º IV**

– – prazo da decisão — **50.º II**

T

TAXAS PROCEDIMENTAIS (v. tb. ENCARGOS PROCEDIMENTAIS)

— **distinção das taxas respeitantes à satisfação da pretensão objecto do p.a. — 11.º II**

TERMO (v. CLÁUSULAS ACESSÓRIAS)

TERMOS (v. tb. AUTOS; RELATÓRIO)

— **redução a termo de requerimentos verbais — 75.º I**

TOLERÂNCIA DE PONTO

— **dispensa a prática do acto no último dia do prazo — 72.º VI**

TUTELA (v. RECURSOS TUTELARES)

TÍTULO EXECUTIVO

— **o a.a. como — P.120.º II; P.149.º I; 155.º III**

— **certidões sobre despesas, indemnizações e dívidas do interessado para efeitos de execução fiscal — 155.º III, IV, VI**

— **certidões de despesas e taxas procedimentais — 88.º VI; 155.º I**

U

USURPAÇÃO DE PODERES
— **noção e espécies — 133.° VI, VII**
— **e usurpação de funções administrativas — 133.° VI**

V

VEREADORES (v. tb. ÓRGÃOS COLEGIAIS)
— **actos praticados pelos**
  – – (in)validade — **P.130.° III**
— **como coadjutores do Presidente da Câmara — 35.° V**

VOGAIS (v. ÓRGÃOS COLEGIAIS)

VONTADE (v. tb. ERRO)
— **e contrato administrativo**
  – – acordo de vontades (v. ACORDO DE VONTADES)
  – – a vontade das partes como factor de qualificação do c.a. — **178.° III; 179.° IV**
— **reflexos voluntaristas na noção de a.a.**
  – – vontade psicológica e normativa — **120.° VI, XVI; 135.° II**

VOTAÇÃO (v. tb. DELIBERAÇÕES COLEGIAIS, VOTOS)
— **formas de votação — 24.° IV a VII**

— **desempate da votação — 25.°**
  – – voto (nominal) de qualidade do presidente — **26.° II**
  – – adiamento ou repitação da votação (secreta) — **25.° IV, V**
  – – passagem à votação nominal — **26.° III**
— **procedimento da — 24.° I a III**
— **quórum de aprovação das deliberações colegiais** (v. tb. QUÓRUM)
  – – regra geral — **25.° I**
  – – casos especiais — **25.° II; 26.° III**

VOTOS
— **contagem dos — 26.° I**
— **voto de qualidade e de desempate — 26.° II**
— **vencidos**
  – – direito de registo em acta — **28.° I, II**
  – – dever de registo nos órgãos (ou funções) consultivos — **28.° IV**
  – – e escrutínio secreto — **28.° II; 24.° VI**
  – – conteúdo da respectiva declaração nos órgãos (ou funções) deliberativos e consultivos — **28.° I, IV**
  – – obrigação de acatar a deliberação vencedora — **P.14.° V; 28.° III**
  – – exoneração de responsabilidade do respectivo membro — **28.° III, IV**
  – – fundamentação dos — **28.° I, III**